APRÈS-GUERRE

DU MÊME AUTEUR

La Responsabilité des intellectuels. Blum, Camus, Aron, Calmann-Lévy, 2001.

Un passé imparfait. Les intellectuels en France, 1944-1956, Fayard, 1992.

La Reconstitution du parti socialiste. 1921-1926, Presses de la Fondation nationale des sciences politiques, 1976.

TONY JUDT

APRÈS-GUERRE

Une histoire de l'Europe depuis 1945

Traduit de l'anglais par Pierre-Emmanuel Dauzat

HACHETTE
Littératures

Collection fondée par Georges Liébert
et dirigée par Joël Roman

ISBN : 978-2-01-279460-3

Titre original : *Postwar. A History of Europe since 1945*

Cartographie : Jean-Pierre Magnier

Pour Jennifer

« [...] *Le caractère ancien d'une histoire n'est-il pas d'autant plus profond, plus accompli et plus légendaire qu'elle se déroule plus immédiatement "auparavant*[1] " » ?

Thomas Mann, *La Montagne magique*

1. [Thomas Mann, *La Montagne magique*, trad. M. Betz, Paris, Fayard, 1961, p. 7.]

L'Europe en 1947

FINLANDE
Helsinki
Léningrad
Tallinn
Riga
Moscou
Vilnius
Kaliningrad
UNION DES RÉPUBLIQUES
SOCIALISTES SOVIÉTIQUES
(URSS)
Minsk
Varsovie
GNE
Kiev
Kharkov
Cracovie
UIE
Chisinau
Budapest
RIE
ROUMANIE
Bucarest
Belgrade
Mer Noire
Mer Caspienne
OUGOSLAVIE
BULGARIE
Sofia
Skopje
Istanbul
Ankara
TURQUIE
IRAN
ALBANIE
GRÈCE
Mer Egée
Izmir
Athènes
SYRIE
IRAK
Crète
LIBAN
CHYPRE
PALESTINE

Préface et remerciements

L'Europe est le plus petit des continents. En vérité, elle n'est pas même un continent : un simple appendice sous-continental de l'Asie. L'Europe entière, à l'exclusion de la Russie et de la Turquie, comprend juste 5,5 millions de km^2 : moins des deux tiers de la superficie du Brésil, à peine plus que la moitié de la Chine ou des États-Unis. Elle est un nain en comparaison du géant russe, avec ses 17 millions de km^2. En revanche, par l'intensité de ses différences et contrastes intérieurs, l'Europe est unique. Aux dernières nouvelles, elle comprenait quarante-six pays. La plupart consistent en États-nations possédant leurs langues propres ; nombre d'entre eux incorporent des nations et des langues supplémentaires sans États ; tous ont leurs histoires, leurs systèmes politiques, leurs cultures et leurs mémoires qui se chevauchent tout en restant distinctes ; et chacun d'eux a été abondamment étudié. Même pour la courte période des soixante années d'histoire européenne écoulées depuis la fin de la Seconde Guerre mondiale – en vérité, surtout pour cette période –, la littérature secondaire en anglais est inépuisable.

Nul ne saurait donc aspirer à écrire une histoire réellement exhaustive ou définitive de l'Europe contemporaine. En ce qui me concerne, la proximité m'est un handicap supplémentaire : né peu après la fin de la guerre, je suis contemporain de la plupart des événements décrits dans ce livre et puis me souvenir d'avoir suivi ou observé – quand je n'y ai pas pris part – une bonne partie de cette histoire à mesure qu'elle se déroulait. M'est-il de ce fait plus facile, ou plus difficile, de comprendre l'histoire de l'Europe après-guerre ? Je ne sais. Ce que je sais, en revanche, c'est que cette proximité rend parfois très difficile à trouver la bonne distance qu'on attend de l'historien.

Ce livre ne prétend pas à ce détachement olympien. Sans pour autant, je l'espère, délaisser l'objectivité et l'équité, *Après-guerre* propose une interprétation ouvertement personnelle du passé européen récent. Pour employer un mot qui a acquis des connotations péjoratives imméritées, c'est un livre *d'opinions*. Certains de ses jugements seront peut-être controversés, d'autres se révéleront faux. Tous sont faillibles. Pour le meilleur ou pour le pire, ce sont les miens, comme toutes les erreurs qui ont pu se glisser dans un ouvrage de cette longueur et de cette ampleur. Mais si les erreurs sont jugulées, et qu'au moins une partie des évaluations et des conclusions de ce livre s'avèrent durables, je le dois dans une large mesure aux nombreux spécialistes et amis à qui je m'en suis remis au cours de mon travail de recherche et d'écriture.

Un livre de cette nature repose, en tout premier lieu sur les épaules d'autres livres[1]. Parmi les classiques de l'histoire contemporaine dans lesquels j'ai cherché une source d'inspiration et un exemple, je citerai Eric Hobsbawm, *L'Âge des extrêmes* ; George Lichtheim, *Europe in the Twentieth Century* ; A. J. P. Taylor, *English History*, 1914-1945 ; et *Le Passé d'une illusion* du regretté François Furet. Très différents à tout autre égard, ces ouvrages et leurs auteurs partagent une assurance née d'un vaste savoir et le genre d'aplomb intellectuel qu'on trouve rarement chez leurs successeurs – aussi bien qu'une clarté de style qui devrait être un modèle pour tout historien.

Parmi les chercheurs dont les travaux sur l'histoire européenne récente m'ont le plus appris, je dois particulièrement mentionner et remercier Harold James, Mark Mazower et Andrew Moravcsik. L'empreinte de leur œuvre sera claire dans les pages qui suivent. Comme quiconque étudie l'Europe moderne, j'ai contracté une dette particulière envers Alan S. Millward et ses études savantes et iconoclastes de l'économie d'après-guerre.

Si je puis revendiquer quelque familiarité avec l'histoire de l'Europe centrale et orientale – sujet souvent négligé par les histoires générales de l'Europe, écrites en fait par des spécialistes de la moitié occidentale du continent –, je le dois au travail d'une talentueuse cohorte de jeunes chercheurs, dont Brad Abrams, Catherine Merridale, Marci Shore et Timothy Snyder, aussi bien qu'à mes amis Jacques Rupnik et István Deák. De Timothy Garton Ash, j'ai beaucoup appris non seulement sur l'Europe centrale, sujet qu'il a fait sien depuis de longues années, mais aussi et surtout sur les deux Allemagne au temps de l'*Ostpolitik*. Au fil de longues années de conversation avec Jan Gross – et grâce à ses écrits pionniers –, j'ai appris non seulement un peu d'histoire polonaise, mais aussi à comprendre les conséquences sociales de la guerre – un sujet sur lequel Jan a écrit avec une intuition et une humanité sans égales.

Les sections de ce livre sur l'Italie sont clairement redevables au travail de Paul Ginsborg, tout comme les chapitres traitant de l'Espagne reflètent ce que j'ai appris en lisant et en écoutant le remarquable Victor Perez-Diaz. À eux deux, et à Annette Wieviorka – dont la magistrale analyse de la réponse ambivalente de la France d'après-guerre à l'Holocauste, *Déportation et génocide*, a profondément marqué mon explication de cette histoire troublée –, je dois des remerciements particuliers. Mes réflexions finales sur « l'Europe comme mode de vie » ont été très influencées par les écrits d'une brillante juriste internationale, Anne-Marie Slaughter, dont le travail sur les « États désagré-

1. Dans les chapitres qui suivent, les notes en bas de page sont, pour la plupart, de type traditionnel : autrement dit, elles commentent le texte plutôt qu'elles n'identifient une source. On trouvera une bibliographie générale en fin de volume.

gés » plaide avec force pour la forme de gouvernance internationale de l'Union européenne : non qu'elle soit intrinsèquement meilleure ou qu'elle représente un modèle idéal, mais parce que, dans le monde qui est le nôtre, rien d'autre ne marchera.

À travers l'Europe entière, amis, collègues et auditoires m'en ont appris infiniment plus sur le passé récent du continent que je n'en aurais jamais pu glaner dans les livres et les archives. Je suis particulièrement reconnaissant à Krzysztof Czyzewski, Peter Kellner, Ivan Krastev, Denis Lacorne, Krzysztof Michalski, Mircea Mihaes, Berti Musliu, Susan Neiman et David Travis de leur hospitalité et de leur aide. Je sais gré à Istvan Rév de sa précieuse insistance à me rappeler que, si désagréable que fût l'expérience, je devais visiter la Maison de la Terreur à Budapest. À New York, mes amis et collègues Richard Mitten, Katherine Fleming et Jerrold Seigel ont été généreux de leur temps et de leurs idées. Dino Buturovic a eu la gentillesse d'éplucher mon tableau de l'imbroglio linguistique yougoslave.

Je sais gré aux doyens successifs de la Faculty of Arts & Sciences de New York University – Philip Furmansky, Jess Benhabib et Richard Foley – d'avoir soutenu ma propre recherche ainsi que le Remarque Institute, que j'ai fondé afin d'encourager d'autres à étudier l'Europe et à en discuter. Je n'aurais pu développer le Remarque Institute – qui a accueilli nombre des ateliers et conférences où j'ai tant appris – sans l'aide et la protection généreuses d'Yves-André Istel ; et je n'aurais pu écrire ce livre tout en dirigeant Remarque sans la collaboration de sa directrice administrative, Jair Kessler, toujours d'humeur égale et d'une extrême efficacité.

Comme tant d'autres, je suis profondément redevable à l'amitié et aux conseils de mes agents Andrew Wylie et Sarah Chalfant ; ils ont indéfectiblement soutenu un projet qui a demandé plus de temps – et pris plus d'ampleur – qu'ils n'auraient jamais pu le prévoir. En remerciant mes éditeurs, Ravi Mirchandani et Scott Moyers, je me dois de saluer tout spécialement Scott et sa collègue, Jane Fleming, de Penguin Press, à New York : ils savent combien je leur suis redevable d'avoir conduit ce livre avec succès jusqu'à la publication. Grâce à l'hospitalité de Leon Wieseltier, quelques-unes des évaluations et opinions qui apparaissent dans les chapitres 12 et 14 ont déjà été publiées, sous forme d'essai, dans les remarquables pages « arts » qu'il cultive à la fin de *The New Republic*. Sur un plan professionnel, je ne suis redevable à personne plus qu'à Robert Silvers, rédacteur en chef hors pair de *The New York Review of Books*, qui au fil des ans m'a encouragé à écumer un champ politique et historique toujours plus vaste, avec tous les risques et bénéfices qu'implique pareil aventurisme.

Ce livre a largement bénéficié de la contribution de mes étudiants à New York University. Certains d'entre eux – en particulier, les Dr. Paulina Bren, Daniel Cohen, désormais à Rice University, et Nicole Rudolph – ont nourri ma compréhension de la période à travers leurs propres recherches historiques, qu'ils verront reconnues dans ces pages. D'autres – Jessica Cooperman et Avi Patt – ont accompli un précieux travail d'assistants. Michelle Pinto, avec Simon Jackson, s'est transformée, sans un murmure, en talentueuse chercheuse d'images. Alex Molot a diligemment identifié et accumulé les statistiques et rapports, publiés ou inédits, dont un livre de ce genre est inévitablement et très naturellement tributaire. Je n'aurais absolument pas pu l'écrire sans eux.

Ma famille vit depuis bien longtemps en compagnie de l'Europe de l'après-guerre : dans le cas de mes enfants encore jeunes, depuis le début de leur vie. Non seulement ils ont toléré les absences, voyages et obsessions auxquelles le livre a donné naissance, mais ils ont fait des contributions signalées à son contenu. À Daniel, le livre doit son titre ; à Nicholas, le rappel que les bonnes histoires ne connaissent pas toutes un heureux dénouement. Ce livre doit aussi énormément à ma femme, Jennifer, et notamment deux lectures très soignées et constructives. Mais son auteur lui doit beaucoup, beaucoup plus. *Après-guerre* lui est dédié.

Note sur la traduction française

Suivant l'usage en France, nous avons rajouté quelques notes en bas de pages, quasiment absentes de l'édition originale, afin d'identifier la source des citations les plus importantes. Pour beaucoup de citations concernant l'histoire culturelle, singulièrement de la France, le lecteur trouvera les références complètes dans les autres ouvrages de l'auteur traduits en français.

Toutes les notations entre crochets sont des ajouts du traducteur.

Conformément aux vœux de l'auteur, et à l'exemple de l'édition *paperback* de l'automne 2006 en langue anglaise, la version française est suivie d'une bibliographie mise à jour et adaptée pour le lecteur français.

P.-E. D.

Introduction

« Toute époque est un sphinx qui plonge
dans l'abîme sitôt l'énigme résolue. »
Heinrich Heine

« Les circonstances, que certains messieurs tiennent pour rien,
donnent en réalité à tout principe politique sa couleur distinctive
et son effet discriminant. »
Edmund Burke

« Les événements, mon cher, les événements. »
Harold Macmillan

« L'histoire universelle n'est pas le lieu de la félicité.
Les périodes de bonheur y sont ses pages blanches. »
Georg Wilhelm Friedrich Hegel

J'ai pris la décision d'écrire ce livre en changeant de train à la Westbahnhof, le principal terminus ferroviaire de Vienne. C'était en décembre 1989, un moment propice. Je rentrais de Prague, où les dramaturges et historiens du *Forum civique* de Václav Havel délogeaient un État policier communiste et jetaient dans les poubelles de l'histoire quarante années de « socialisme réellement existant ». Quelques semaines plus tôt, contre toute attente, une brèche avait été ouverte dans le Mur de Berlin. En Hongrie comme en Pologne, tout le monde relevait les défis de la politique postcommuniste : l'ancien régime – encore tout-puissant quelques mois plus tôt – sombrait dans l'insignifiance. Le parti communiste de Lituanie venait de se déclarer pour l'indépendance immédiate vis-à-vis de l'Union soviétique. Et dans le taxi qui me conduisait à la gare, la radio autrichienne donna les premières nouvelles d'un soulèvement contre la dictature népotiste de Nicolae Ceausescu, en Roumanie. Un séisme politique ébranlait la topographie figée de l'Europe d'après la Seconde Guerre mondiale.

Une époque s'achevait. Une nouvelle Europe naissait. C'était on ne peut plus clair. Mais avec la disparition de l'ordre ancien, de nombreux postulats reçus de longue date allaient être remis en question. Ce qui avait jadis paru permanent et plus ou moins inévitable devait revêtir un caractère plus transitoire. L'affrontement de la guerre froide, le schisme séparant l'Est de l'Ouest, la lutte opposant « communisme » et « capitalisme », les histoires hermétiquement séparées d'une Europe occidentale prospère et des satellites du bloc soviétique, à l'est : il n'était plus possible d'y voir les produits d'une nécessité idéologique ou de la logique d'airain de la politique. C'étaient des accidents de l'histoire, et l'histoire était en train de s'en débarrasser.

L'avenir de l'Europe semblerait très différent – de même que son passé. Rétrospectivement, on verrait désormais dans les années 1945-1989 non pas le seuil d'une époque nouvelle, mais plutôt un âge intermédiaire : une parenthèse de l'après-guerre, les effets inachevés d'un conflit qui se termina en 1945, mais dont l'épilogue avait duré encore un demi-siècle. Quelque forme que l'Europe dût prendre dans les années à venir, l'histoire familière et bien ordonnée de ce qui s'était produit avant avait à jamais changé. Quant à moi, en ce mois de décembre glacial en Europe centrale, il me parut évident que l'histoire de l'après-guerre européen demandait à être réécrite.

Le moment était propice ; le lieu aussi. Vienne, en 1989, était un palimpseste des passés compliqués, et qui se chevauchaient, de l'Europe. Dans les premières années du XXe siècle, Vienne *était* l'Europe : le cœur fertile et énervé, qui se berçait d'illusions, d'une culture et d'une civilisation au seuil de l'apocalypse. Entre les deux guerres, réduite de l'état de glorieuse métropole impériale à celui de capitale rétrécie et appauvrie d'un minuscule État-croupion, Vienne connut une disgrâce progressive jusqu'à finir en avant-poste provincial d'un empire nazi auquel la plupart de ses citoyens prêtèrent serment avec enthousiasme.

Après la défaite de l'Allemagne, l'Autriche tomba dans le camp occidental, se voyant attribuer le statut de « première victime » de Hitler. Cette aubaine doublement imméritée autorisa Vienne à exorciser son passé. Son allégeance nazie opportunément oubliée, la capitale autrichienne – une ville « occidentale » entourée par l'Europe « orientale » soviétique – acquit une identité nouvelle de jockey et de représentant du monde libre. Pour ses anciens sujets maintenant pris au piège en Tchécoslovaquie, en Pologne, en Hongrie, en Roumanie et en Yougoslavie, Vienne représentait l'« Europe centrale » : une communauté imaginaire à la civilité cosmopolite que les Européens avaient tant bien que mal fourvoyée au cours du siècle. Dans les années d'agonie du communisme, la ville était devenue une sorte de poste d'écoute de la liberté, un lieu rajeuni de rencontres et de départs pour les Européens de l'Est se réfugiant en Occident et les Occidentaux jetant des ponts vers l'Est.

Vienne, en 1989, était donc un bon endroit d'où « penser » l'Europe. L'Autriche incarnait tous les attributs légèrement autosatisfaits de l'Europe occidentale de l'après-guerre : prospérité capitaliste étayée par un État-providence richement doté ; paix sociale garantie grâce à des emplois et des à-côtés libéralement distribués dans les principaux groupes sociaux et partis politiques ; sécurité extérieure assurée par la protection implicite du parapluie nucléaire occidental, tandis que l'Autriche elle-même affichait avec suffisance sa « neutralité ». Dans le même temps, par-delà la Leitha et le Danube, à quelques kilomètres plus à l'est, s'étendait l'« autre » Europe de la lugubre pauvreté et de la police secrète. La distance séparant les deux trouvait un excellent résumé dans le contraste entre l'énergique et dynamique Westbahnhof, d'où les hommes d'affaires et les vacanciers embarquaient dans des trains aérodynamiques à grande vitesse à destination de Munich, Zurich ou Paris ; et la sinistre et rébarbative Südbahnhof : rendez-vous pouilleux et miteux, vaguement menaçant, d'étrangers impécunieux qui descendaient de trains crasseux en provenance de Budapest ou de Belgrade.

De même que les deux principales gares de la ville reconnaissaient involontairement le schisme géographique de l'Europe – l'une tournée avec optimisme et profit vers l'ouest quand l'autre valait concession négligente à la vocation orientale de Vienne –, les rues mêmes de la capitale autrichienne attestaient l'abîme de silence qui séparait le tranquille présent de l'Europe de son fâcheux passé. Les édifices imposants et majestueux qui bordent la grande Ringstrasse étaient un rappel de la vocation jadis impériale de Vienne – bien que le Ring lui-même parût d'une certaine façon trop grand et trop vaste pour servir de simple artère aux banlieusards qui font quotidiennement la navette dans une capitale européenne de taille moyenne – et, à juste raison, la ville était fière de ses édifices publics et de ses espaces civiques. En vérité, Vienne aimait à invoquer ses gloires anciennes. En revanche, s'agissant d'un passé plus récent, elle était franchement réticente.

Et la ville n'était jamais plus réticente qu'envers les Juifs qui avaient jadis occupé maint édifice du centre-ville et apporté des contributions décisives à l'art, la musique, le théâtre, la littérature, le journalisme et les idées qui *firent* Vienne à son apogée. La violence même avec laquelle les Juifs de Vienne avaient été chassés de leurs foyers, expédiés depuis la ville vers l'est et effacés de sa mémoire aidaient à expliquer ce calme coupable du présent viennois. La Vienne d'après-guerre – comme l'Europe occidentale d'après-guerre – était un édifice imposant couronnant un passé indicible. Pour une bonne part, le pire de ce passé avait eu lieu dans des terres tombées sous la coupe des Soviétiques, et c'est bien pourquoi il fut si facile de l'oublier, à l'Ouest, ou de le refouler, à l'Est. Avec le retour de l'Europe orientale, le passé ne serait pas moins indicible : désormais, cependant, on aurait inévitablement à en parler. Après 1989, plus rien ne serait jamais pareil : ni l'avenir, ni le présent ni, par-dessus tout, le passé.

Si c'est en décembre 1989 que j'ai décidé d'entreprendre une histoire de l'Europe d'après-guerre, l'écriture n'a commencé qu'après de longues années. Des circonstances se sont interposées. Avec le recul, ce fut heureux : maintes choses qui sont devenues un peu plus claires aujourd'hui étaient encore obscures en ce temps-là. Les archives se sont ouvertes. Les inévitables confusions qui accompagnent une transformation révolutionnaire se sont dissipées et, du moins pour certaines, les conséquences à plus long terme du bouleversement de 1989 sont maintenant intelligibles. Et les répliques du séisme de 1989 ont tardé à se calmer. Quand je retournai à Vienne, la ville était aux prises avec des dizaines de milliers de réfugiés de la Croatie et de la Bosnie voisines.

Trois années après, l'Autriche abandonna son autonomie soigneusement cultivée d'après-guerre et rejoignit l'Union européenne, dont l'émergence en tant que force dans les affaires européennes fut une conséquence directe des révolutions est-européennes. Visitant Vienne en octobre 1999, je trouvai la Westbahnhof couverte d'affiches du parti de la Liberté de Jörg Haider, qui, malgré son admiration déclarée pour les « hommes honorables » des armées nazies qui « accomplirent leur devoir » sur le front est, obtint 27 % des voix cette année-là en exploitant l'angoisse et l'incompréhension de ses concitoyens autrichiens face aux changements intervenus dans leur monde au fil de la dernière décennie. Après un demi-siècle de passivité ou presque, Vienne, comme le reste de l'Europe, était rentrée dans l'histoire.

*

Ce livre traite de l'histoire de l'Europe depuis la Seconde Guerre mondiale et commence donc en 1945 : *Stunde nul*, comme disaient les Allemands, « heure zéro ». Mais comme toute chose, au XXe siècle, son histoire se ressent de la guerre de trente ans qui commença en 1914, lorsque le continent européen amorça sa descente dans la catastrophe. La Première Guerre mondiale elle-même fut un champ de carnage traumatique pour tous les participants – la moitié des hommes serbes de 18 à 55 ans trouvèrent la mort au combat –, mais elle ne résolut rien. L'Allemagne, contrairement à une croyance largement répandue à l'époque, ne sortit pas anéantie de la guerre ou du règlement de l'après-guerre, sans quoi on aurait peine à expliquer qu'en l'espace de vingt-cinq ans seulement elle ait pu se hisser à une position de domination quasi-totale de l'Europe. En vérité, l'Allemagne n'ayant pas payé ses dettes de la Première Guerre mondiale, le coût de la victoire pour les Alliés excéda celui de la défaite pour l'Allemagne, qui émergea ainsi relativement *plus forte* qu'en 1913. Le « problème allemand », qui était apparu en Europe avec l'essor de la Prusse une génération auparavant, demeurait irrésolu.

Les petits pays qui émergèrent de l'effondrement des anciens empires en 1918 étaient pauvres, instables et peu sûrs, mais aussi pleins de ressentiment envers leurs voisins. Dans l'entre-deux-guerres, l'Europe comptait de nombreux États « révisionnistes » : la Russie, l'Allemagne, l'Autriche, la Hongrie et la Bulgarie. Tous étaient sortis défaits de la Grande Guerre et attendaient l'occasion d'un redressement territorial. Après 1918, il n'y eut ni restauration de la stabilité internationale ni rétablissement de l'équilibre entre les puissances, mais juste un simple intermède né de l'épuisement. La violence de la guerre ne devait pas retomber. Elle se métamorphosa plutôt dans les affaires intérieures : en polémiques nationalistes, préjugés raciaux, affrontements de classes et guerre civile. Dans les années 1920 et surtout les années 1930, l'Europe s'enfonça dans une zone crépusculaire entre des lendemains de guerre et l'anticipation du nouveau conflit qui se profilait.

Les conflits intérieurs et les antagonismes interétatiques de l'entre-deux-guerres furent exacerbés – et, dans une certaine mesure, provoqués – par l'effondrement de l'économie européenne qui les accompagna. De fait, la vie économique en Europe essuya dans ces années-là un triple coup. La Première Guerre mondiale infléchit l'emploi intérieur, détruisit le commerce et dévasta des régions entières – sans compter les États en faillite. De nombreux pays – par-dessus tout en Europe centrale – ne se remirent jamais de ses effets. Ceux qui le firent sombrèrent à nouveau dans le marasme des années 1930, quand la déflation, les faillites et les efforts désespérés pour dresser des barrières douanières contre la concurrence étrangère se soldèrent par des niveaux sans précédent de chômage et de gaspillage des capacités industrielles, mais aussi par l'effondrement du commerce international (entre 1929 et 1936, le commerce franco-allemand tomba de 83 %) sur fond d'âpre concurrence et de ressentiment entre États. Puis survint la Seconde Guerre mondiale, dont la Première Partie de ce livre étudie l'impact sans précédent sur les populations *civiles* et les économies intérieures des pays touchés.

L'impact cumulé de ces coups fut de détruire une civilisation. L'ampleur du désastre que l'Europe avait fait s'abattre sur elle sauta aux yeux des contemporains alors même que la catastrophe se produisait. D'aucuns, à l'extrême gauche comme à l'extrême droite, virent dans l'auto-immolation de l'Europe bourgeoise une occasion de se battre pour quelque chose de mieux. Les années 1930 furent cette « basse et déshonnête décennie » dont parle Auden ; mais elles furent aussi une époque d'engagement et de foi politique, culminant avec les illusions et les vies perdues de la guerre civile espagnole. Ce fut l'été indien des visions révolutionnaires du XIXe siècle, désormais investies dans les engagements idéologiques violents d'un âge plus sombre : « Rarement le désir d'un nouvel ordre humain fut aussi ardent et répandu que dans l'entre-deux-guerres, mais quelle pitoyable incapacité à se hisser à la hauteur de ces aspirations ! » (Arthur Koestler)

Désespérant de l'Europe, d'aucuns s'enfuirent : d'abord vers les dernières démocraties libérales de l'extrême-ouest européen, puis – s'ils purent sortir à temps – vers les Amériques. Et certains, comme Stefan Zweig ou Walter Benjamin se donnèrent la mort. À la veille de l'ultime descente du continent dans l'abysse, la perspective de l'Europe semblait désespérée. Jamais on ne retrouverait tout ce qui s'était perdu au cours de l'implosion de la civilisation européenne – une perte dont Karl Kraus et Franz Kafka avaient de longue date perçu les implications dans la Vienne de Zweig. Dans le film classique éponyme de Renoir (1937), *La Grande illusion* de l'époque était le recours à la guerre et aux mythes de l'honneur, des castes et des classes qui l'accompagnaient. En 1940, cependant, pour les Européens attentifs, la plus grande de toutes les illusions de l'Europe – désormais irrémédiablement discréditées – était la « civilisation européenne » elle-même.

Au vu de ce qui s'était passé avant, il est tentant, on le comprend, de raconter le redressement inespéré de l'Europe après 1945 sur le mode de l'autocongratulation, voire sur un ton lyrique. De fait, tel a bien été le thème sous-jacent dominant des histoires de l'Europe d'après-guerre, surtout de celles écrites avant 1989, de même que ce fut le ton adopté par les hommes d'État européens quand ils se penchaient sur leurs propres réalisations au cours de ces décennies. La seule survie puis la résurgence des États séparés de l'Europe continentale après le cataclysme de la guerre totale ; l'absence de conflits interétatiques et l'extension régulière de formes de coopération intra-européenne institutionnalisées ; l'arrachement durable à trente années de marasme économique mais aussi la « normalisation » de la prospérité, de l'optimisme et de la paix : tout se prêtait à l'hyperbole. Le redressement de l'Europe fut un « miracle ». L'Europe « post-nationale » avait tiré les leçons amères de l'histoire récente. Un continent irénique et pacifique avait surgi, « tel un Phénix », des cendres de son passé meurtrier – et suicidaire.

Comme bien des mythes, ce tableau assez flatteur de l'Europe dans la seconde moitié du XXe siècle contient un noyau de vérité. Mais il pèche largement par omission. L'Europe de l'Est – de la frontière autrichienne à l'Oural, de Tallinn à Tirana – n'y a pas sa place. *Ses* décennies d'après-guerre furent certainement pacifiques en comparaison de ce qui s'était passé avant, mais ce ne fut que grâce à la présence intempestive de l'Armée rouge ; ce fut une paix de cour de prison, imposée par les chars. Et si les pays satellites du bloc soviétique s'engagèrent dans une coopération internationale superficiellement comparable aux développements de l'Ouest, ce fut uniquement parce que Moscou leur imposa de force des institutions et échanges « fraternels ».

On ne saurait raconter l'histoire des deux moitiés de l'Europe d'après-guerre en les isolant l'une de l'autre. L'héritage de la Seconde Guerre mondiale – mais aussi des décennies de l'avant-guerre et de la guerre qui avait précédé – imposa aux gouvernements et aux peuples de l'Europe, de l'Est comme de l'Ouest, un certain nombre de choix draconiens quant à la meilleure façon d'ordonner leurs affaires pour éviter tout retour au passé. Une option – poursuivre l'ordre du jour radical des mouvements de fronts populaires des années 1930 – fut initialement très en vogue dans les *deux* parties de l'Europe, ce qui rappelle que 1945 n'a jamais vraiment été tout à fait le nouveau départ qu'on dirait parfois. Une espèce ou une autre de transformation radicale était inévitable en Europe de l'Est. Tout retour à un passé discrédité était hors de question. Mais alors, par quoi le remplacer ? Le communisme a sans doute été la mauvaise solution, mais le dilemme auquel il répondait était bien réel.

À l'ouest, la perspective d'un changement radical fut écartée en douceur, notamment grâce à l'aide, et aux pressions, des Américains. L'attrait du programme du front populaire – et du communisme – s'estompa : dans les deux cas, il s'agissait de prescriptions pour temps difficiles et à l'Ouest, du moins après 1952, les temps n'étaient plus si difficiles. Ainsi oublia-t-on, au fil des décennies suivantes, les incertitudes de l'immédiat après-guerre. Mais la possibilité que les choses prennent un tour différent – à vrai dire, la probabilité qu'elles suivent un autre cours – avait paru très réelle en 1945 ; c'est pour empêcher le retour des vieux démons (chômage, fascisme, militarisme allemand, guerre et révolution) que l'Europe occidentale suivit la voie nouvelle qui nous est aujourd'hui familière. L'Europe postnationale, pacifique et coopérative des États-providence n'est pas née du projet optimiste, ambitieux et progressiste que se plaisent de nos jours à imaginer rétrospectivement les Euro-idéalistes. Elle est la fille vulnérable de l'angoisse. À l'ombre de l'histoire, ses dirigeants mirent en œuvre des réformes sociales et créèrent de nouvelles institutions à vocation prophylactique, pour tenir le passé en respect.

Cela devient plus facile à saisir quand nous nous rappelons que les autorités du bloc soviétique étaient, au fond, engagées dans le même projet. Elles aussi étaient par-dessus tout soucieuses d'instaurer une barrière contre une rechute politique, même si, dans les pays sous régime communiste, cela devait se faire non pas tant par le progrès social que par l'application de la force physique. L'histoire récente fut réécrite – et les citoyens furent encouragés à l'oublier – en accord avec l'idée qu'une révolution sociale accomplie sous la houlette des communistes avait définitivement effacé non seulement les insuffisances du passé, mais aussi les conditions qui les avaient rendues possibles. Cette affirmation, on le verra, était aussi un mythe ; au mieux, une demi-vérité.

Mais le mythe communiste témoigne involontairement de l'importance, et de la difficulté, dans les *deux* moitiés de l'Europe, de gérer un héritage encombrant. La Première Guerre mondiale détruisit la vieille Europe ; la Seconde Guerre mondiale créa les conditions d'une Europe nouvelle. Mais après 1945, de longues décennies durant, l'Europe entière vécut dans la longue ombre portée par les dictateurs et les guerres de son passé immédiat. C'est là une des expériences que les Européens de la génération d'après-guerre partagent les uns avec les autres et qui les sépare des Américains, pour qui le XXe siècle est porteur de leçons assez différentes et nettement plus optimistes. Et c'est le point de départ nécessaire pour quiconque cherche à comprendre l'histoire européenne avant 1989 – et à apprécier combien les choses ont changé par la suite.

*

Dans son tableau de la vision tolstoïenne de l'histoire, Isaiah Berlin établit une distinction qui a fait école entre deux styles de raisonnement intellectuel, citant un vers fameux du grand poète grec Archiloque : « Le renard sait quantité de choses, le hérisson n'en sait qu'une seule de la plus haute importance. » Dans la terminologie de Berlin, ce livre n'est nullement un « hérisson ». Je n'ai pas de grande théorie de l'histoire contemporaine de l'Europe à proposer dans ces pages ; pas de thème général à exposer ; pas d'histoire unique, qui embrasserait tout, à raconter. Il ne s'ensuit pas, cependant, que l'histoire de l'Europe après la Seconde Guerre mondiale n'aurait, de mon point de vue, aucune forme thématique. Bien au contraire : elle en a plus d'une. Tel le renard, l'Europe sait beaucoup de choses.

En premier lieu, c'est une histoire de réduction de l'Europe. Les États qui constituent l'Europe ne pouvaient plus aspirer, après 1945, à un statut international ou impérial. Les deux exceptions à cette règle – l'Union soviétique et, pour une part, la Grande-Bretagne – n'étaient toutes d'eux qu'à demi européennes à leurs propres yeux et en tout état de cause, à l'issue de la période relatée ici, elles aussi étaient considérablement réduites. Pour l'essentiel, le reste de l'Europe continentale avait été humilié par la défaite et l'Occupation. Elle n'avait pas été capable de se libérer du fascisme par ses propres efforts ; pas plus qu'elle n'était capable, sans assistance, de tenir le communisme en respect. L'Europe d'après-guerre avait été libérée – ou enfermée – par des étrangers. Ce n'est qu'au prix d'un effort considérable et sur de longues décennies que les Européens reprirent leur destinée en mains. Dépouillés de leurs territoires d'outre-mer, les anciens empires maritimes de l'Europe (Grande-Bretagne, France, Pays-Bas, Belgique et Portugal) s'étaient tous rétrécis au fil de ces années-là jusqu'à se réduire à leurs noyaux européens, leur attention se trouvant ainsi redirigée vers l'Europe elle-même.

En deuxième lieu, les dernières décennies du XXe siècle ont vu le dépérissement des « maîtres récits » de l'histoire européenne : les grandes théories de l'histoire du XIXe siècle, avec leurs modèles de progrès et de changement, de révolution et de transformation, qui avaient alimenté les projets politiques et les mouvements sociaux qui déchirèrent l'Europe dans la première moitié du siècle. Une fois de plus, c'est une histoire qui ne prend tout son sens que sur une toile paneuropéenne : le déclin de la ferveur politique en Occident, si ce n'est au sein d'une élite intellectuelle marginalisée, s'est accompagné – pour des raisons très différentes – d'une perte de foi politique et d'un discrédit du marxisme officiel à l'Est. Certes, pendant une courte période, dans les années

1980, il put sembler que la *droite* intellectuelle pourrait orchestrer un retour autour du projet, lui aussi du XIXe siècle, d'un démantèlement de la « société » et de l'abandon des affaires publiques à un marché sans entraves et à l'État minimaliste ; mais le spasme passa. Après 1989, l'Europe ne devait plus connaître de grand projet idéologique de gauche *ou* de droite – hormis la perspective de la liberté, qui était une promesse désormais accomplie pour la plupart des Européens.

En troisième lieu, et ce fut là un modeste substitut des défuntes ambitions du passé idéologique de l'Europe, est apparu tardivement – et largement, par hasard – le « modèle européen ». Né d'un assortiment éclectique de législation social-démocrate et démocrate-chrétienne et de l'extension institutionnelle, en crabe, de la Communauté européenne et de l'Union qui lui a succédé, il s'agissait d'une manière typiquement « européenne » de réguler les rapports sociaux et les relations interétatiques. Embrassant tout, des soins pédiatriques aux normes légales interétatiques, cette approche européenne représentait bien plus que les pratiques bureaucratiques de l'Union européenne et de ses États-membres ; au début du XXIe siècle, elle était devenue une balise et un exemple pour ceux qui aspiraient à rejoindre l'UE ainsi qu'un défi global pour les États-Unis et la séduction rivale de l'*American Way of Life*.

Cette transformation tout à fait imprévue de l'Europe, d'expression géographique (passablement troublée, de surcroît) en un modèle de rôle et en aimant pour les individus comme pour les pays, fut un processus lent et cumulatif. Pour reprendre la paraphrase ironique qu'a donnée Alexandre Wat des illusions des hommes d'État polonais dans l'entre-deux-guerres, l'Europe n'était pas « condamnée à la grandeur ». Les circonstances de 1945, voire de 1975, n'auraient certainement pas permis de prédire son émergence sur ce plan. Cette nouvelle Europe n'avait rien d'un projet commun préconçu : personne n'entreprit de le faire valoir. Mais une fois qu'il devint clair, après 1992, que l'Europe *occupait* bien cette nouvelle place dans l'ordre des choses international, ses relations avec les États-Unis, en particulier, revêtirent un aspect différent – pour les Européens comme pour les Américains.

Tel est le quatrième thème entremêlé dans ce tableau de l'Europe d'après-guerre : ses relations compliquées et souvent mal comprises avec les États-Unis d'Amérique. Les Européens de l'Ouest souhaitaient que les États-Unis s'impliquassent dans les affaires européennes après 1945, mais ils s'offusquèrent aussi de cette immixtion et de ce qu'elle signifiait quant au déclin de l'Europe. De plus, malgré la présence américaine en Europe, surtout après 1949, les deux côtés de l'« Ouest » restèrent des lieux très différents. En Europe occidentale, la guerre froide suscita une réaction très différente de la réponse passablement alarmiste qu'elle provoqua aux États-Unis, et, on le verra, on exagère souvent l'« américanisation » de l'Europe qui s'ensuivit dans les années 1950 et 1960.

L'Europe de l'Est, bien entendu, voyait tout autrement l'Amérique et ses attributs. Mais là encore, il serait trompeur d'exagérer l'influence exemplaire des États-Unis sur les Européens de l'Est tant avant qu'après 1989. Des critiques dissidents dans les deux moitiés de l'Europe – Raymond Aron, en France, par exemple, ou Václav Havel en Tchécoslovaquie – prirent grand soin de rappeler qu'ils ne voyaient aucunement dans l'Amérique un modèle ou un exemple pour leurs sociétés. Et si une jeune génération d'Européens de l'Est, après 1989, aspira un temps à une libéralisation de leurs pays sur le modèle américain, avec des services publics limités, des impôts peu élevés et un marché sans entraves, la mode n'a pas pris. Le « moment américain » de l'Europe appartient au passé. L'avenir des « petites Amériques » d'Europe de l'Est réside bel et bien en Europe.

Enfin, l'histoire de l'Europe d'après-guerre est une histoire voilée de silences, d'absence. Le continent européen était jadis une tapisserie complexe et entremêlée de langues, de religions, de communautés et de nations qui se chevauchaient. Nombre de ses villes – notamment les plus petites, à l'intersection des anciennes et nouvelles frontières impériales, comme Trieste, Sarajevo, Salonique Czernowitz, Odessa et Vilnius – étaient des sociétés, réellement multiculturelles avant la lettre, où catholiques, orthodoxes, musulmans, juifs et autres se côtoyaient dans une juxtaposition familière. Gardons-nous d'idéaliser cette vieille Europe. Ce que l'écrivain polonais Tadeusz Borowski a appelé « l'incroyable melting-pot, presque comique, de peuples et de nationalités qui grésillent dangereusement au cœur de l'Europe » était périodiquement déchiré par des émeutes, des massacres et des pogroms, mais il était réel et a laissé un vif souvenir.

Entre 1914 et 1945, cependant, *cette* Europe-là a été réduite en poussière. L'Europe plus rangée qui en est sortie, clignant des yeux, dans la seconde moitié du XXe siècle, comptait beaucoup moins de fils perdus. Du fait de la guerre, de l'Occupation, des ajustements de frontière, des expulsions et du génocide, tout le monde ou presque vivait désormais dans son pays, parmi les siens. Quarante années durant, après la Seconde Guerre mondiale, les Européens des deux moitiés de l'Europe vécurent dans des enclaves nationales hermétiques, où les minorités religieuses ou ethniques survivantes – les Juifs de France, par exemple – ne représentaient qu'un infime pourcentage de l'ensemble de la population et étaient profondément intégrés à la vie politique et culturelle dominante. Seules la Yougoslavie et l'Union soviétique – un empire, plutôt qu'un pays, et en tout cas partiellement européen seulement, on l'a dit – se tenaient en marge de cette nouvelle Europe d'ensembles homogènes.

Cette nouvelle présence d'« autres » vivants de l'Europe – peut-être quinze millions de musulmans dans l'UE telle qu'elle est actuellement constituée, par exemple, avec quatre-vingt millions d'autres en Bulgarie et en Turquie, qui attendent d'y être admis – a mis en relief non seulement l'actuelle gêne de l'Europe devant la perspective d'une diversité toujours plus grande, mais aussi la facilité avec laquelle les « autres » morts du passé de l'Europe étaient sortis de leur esprit. Depuis 1989, il est apparu plus clairement qu'autrefois combien la stabilité de l'Europe d'après-guerre reposait sur l'œuvre accomplie par Joseph Staline et Adolf Hitler. Avec le concours de collaborateurs pendant la guerre, tous deux avaient dévasté la lande démographique sur laquelle furent ensuite posées les fondations d'un nouveau continent moins compliqué. Depuis les années 1980, cependant, et par-dessus tout depuis la chute de l'Union soviétique et l'élargissement de l'Union européenne, l'Europe est confrontée à un avenir multiculturel. Les réfugiés, les travailleurs immigrés, les ressortissants des anciennes colonies de l'Europe attirés vers la métropole impériale par la perspective d'emplois et de liberté, ainsi que les immigrés volontaires ou involontaires des États en faillite ou répressifs des marges élargies de l'Europe ont, ensemble, transformé Londres, Paris, Anvers, Amsterdam, Berlin, Milan et une douzaine d'autres villes en villes mondiales cosmopolites, que cela leur plaise ou non.

Cette déconcertante anomalie dans le récit lisse qu'on faisait de la marche de l'Europe vers les « vastes hauteurs baignées de soleil » de Winston Churchill fut largement passée sous silence dans les deux moitiés de l'Europe d'après-guerre, tout au moins jusque dans les années 1960, après quoi on ne devait habituellement l'invoquer qu'en référence à l'extermination des Juifs par les Allemands. À d'épisodiques exceptions controversées près, le dossier des autres bourreaux – et des autres victimes – devait rester clos. L'histoire et la mémoire de la Seconde Guerre mondiale étaient typiquement confinées à un ensemble familier de conventions morales : le bien contre le mal, antifascistes contre fascistes, résistants contre collaborateurs, etc.

Depuis 1989 – avec le dépassement d'inhibitions enracinées de longue date –, il s'est révélé possible de reconnaître, non sans susciter parfois une opposition et des dénis virulents, le prix moral payé pour la renaissance de l'Europe. Polonais, Français, Suisses, Italiens, Roumains et autres sont aujourd'hui mieux à même de savoir – s'ils le souhaitent – ce qui s'est réellement produit dans leur pays il y a juste quelques petites décennies. Même les Allemands revisitent eux aussi l'histoire reçue de leur pays – avec des conséquences paradoxales. Désormais, pour la première fois depuis des décennies, c'est la souffrance *allemande* et la qualité de victime des *Allemands*, frappés par les bombes britanniques ou entre les mains des soldats russes et des Tchèques qui les expulsèrent, qui retiennent l'attention. Les Juifs, suggère-t-on à nouveau timidement dans certains milieux respectables, ne furent pas les seules victimes…

Ces discussions sont-elles une bonne ou une mauvaise chose ? Le débat est ouvert. Toute cette remémoration publique est-elle un signe de santé politique ? Ou est-il parfois plus prudent d'oublier, ainsi que de Gaulle, parmi d'autres, ne l'avait que trop bien compris ? Je reviendrai sur cette question dans l'Épilogue. Je me contenterai d'observer ici que ces tout derniers accès de rappel troublant ne doivent pas être compris – comme ils le sont parfois, notamment aux États-Unis, juxtaposés aux explosions contemporaines de préjugés ethniques ou raciaux – comme une preuve flagrante du Péché originel de l'Europe : de son incapacité à tirer les leçons des crimes passés, de sa nostalgie amnésique, de sa propension toujours imminente à retourner à 1938. Ce n'est pas, pour citer Yogi Berra, « encore et toujours du déjà vu ».

L'Europe ne réintègre pas son passé troublé du temps de guerre. Bien au contraire, elle le quitte. L'Allemagne actuelle, comme le reste de l'Europe, est plus consciente de son histoire du XXe siècle qu'elle ne l'a jamais été dans les cinquante dernières années. Mais cela ne veut pas dire qu'elle y *replonge*. Car cette histoire n'a jamais disparu. Comme je tâche de le montrer dans ces pages, la longue ombre de la Seconde Guerre mondiale continue de marquer pesamment l'Europe d'après-guerre. Toutefois, elle ne pouvait être pleinement reconnue. Le silence pesant sur le passé récent de l'Europe était la condition nécessaire de la construction d'un avenir européen. Aujourd'hui, dans le sillage des douloureux débats publics qui agitent tous les autres pays européens ou presque –, il paraît tant bien que mal légitime, en tout cas inévitable, que les Allemands se sentent enfin capables, eux aussi, de questionner ouvertement les canons d'une mémoire officielle bien intentionnée. Tout cela peut bien nous mettre mal à l'aise ; peut-être n'est-ce pas même de bon augure. Mais c'est une manière de tourner la page. Soixante ans après la mort de Hitler, sa guerre et ses conséquences entrent dans l'histoire. L'après-guerre en Europe aura duré très longtemps, mais il touche, enfin, à sa fin.

Première Partie

Après-guerre : 1945-1953

I

L'héritage de la guerre

« Ce n'est pas une lente décadence que le monde européanisé a connue ; d'autres civilisations ont chancelé et se sont effondrées ; la civilisation européenne a été, pour ainsi dire, soufflée. »
H. G. Wells, *War in the Air* (1908)

« Personne n'a encore imaginé, encore moins regardé en face le problème humain que laissera la guerre derrière elle. Il n'y a jamais eu de telle destruction, de telle désintégration de la structure de la vie. »
Anne O'Hare McCormick

« Partout règne un désir ardent de miracles et de guérisons. La guerre a ramené les Napolitains au Moyen Âge. »
Norman Lewis, *Naples' 44*

L'Europe, au lendemain de la Seconde Guerre mondiale, offrait un tableau de misère et de désolation absolues. Les photographies et les documentaires de l'époque montrent de pitoyables flots de civils démunis se traînant à travers un paysage dévasté de villes éventrées et de champs stériles. Des orphelins errent tristement devant des groupes de femmes usées qui fouillent les gravats. Faméliques et malades, des déportés au crâne rasé et des détenus de camps de concentration en pyjamas rayés fixent sans énergie l'objectif. Même les trams, propulsés de manière incertaine sur des rails endommagés par un courant électrique intermittent, paraissent commotionnés par des explosions. Tout le monde, tout, partout, à l'exception notable des forces d'occupation alliées bien nourries, paraît usé, sans ressources, exténué.

C'est une image qui demande à être nuancée si nous voulons comprendre comment le même continent ébranlé a pu se remettre si rapidement dans les années suivantes. Mais elle est porteuse d'une vérité essentielle sur la situation de l'Europe dans le sillage de la défaite de l'Allemagne. Les Européens *se sentaient* désespérés, ils *étaient* épuisés – et pour de bonnes raisons. La guerre européenne qui commença avec l'invasion de la Pologne par Hitler en septembre 1939 et s'acheva par la reddition sans condition de l'Allemagne en mai 1945 fut une guerre totale. Elle embrassa les civils aussi bien que les soldats.

En vérité, dans les pays occupés par l'Allemagne nazie, de la France à l'Ukraine, de la Norvège à la Grèce, la Seconde Guerre mondiale fut *d'abord* une expérience civile. Les combats militaires proprement dits restèrent confinés au début et à la fin du conflit. Dans l'intervalle, ce fut une guerre d'occupation, de répression, d'exploitation et d'extermination, dans laquelle soldats, troupes d'assaut et policiers disposèrent de la vie quotidienne et de l'existence même de dizaines de millions de gens emprisonnés. Dans certains pays, l'occupation dura la majeure partie de la guerre, semant partout la peur et les privations.

Contrairement à la Première Guerre mondiale, la Seconde, la guerre de Hitler, fut une expérience quasi universelle. Et elle dura longtemps – près de six ans pour les pays (Grande-Bretagne, Allemagne) qui y furent engagés du début à la fin. En Tchécoslovaquie, elle commença plus tôt encore, par l'occupation nazie du territoire des Sudètes, en octobre 1938. En Europe orientale et dans les Balkans, elle ne s'acheva pas même avec la défaite de Hitler, puisque l'occupation (par l'armée soviétique) et la guerre civile se poursuivirent longtemps après le démembrement de l'Allemagne.

Les guerres d'occupation n'étaient pas inconnues de l'Europe, bien entendu. Loin de là. Les souvenirs populaires de la guerre de Trente Ans, dans l'Allemagne du XVIIe siècle, au cours de laquelle des armées de mercenaires étrangers vécurent du pays et terrorisèrent la population locale, restaient encore vifs trois siècles plus tard, sous forme de mythes locaux et de contes de fée. Jusque dans les années 1930, en Espagne, les grands-mères calmaient les enfants têtus en agitant la menace de Napoléon. L'expérience de l'Occupation, dans la Seconde Guerre mondiale, n'en eut pas moins une intensité particulière. Et cela tient en partie à l'attitude très particulière des nazis envers les populations soumises.

Jadis, les armées d'occupation – les Suédois dans l'Allemagne du XVIIe siècle, les Prussiens en France après 1815 – vivaient des ressources de la terre, brutalisaient et tuaient les civils du coin de manière occasionnelle, voire aléatoire. Mais les populations qui passèrent sous la coupe des Allemands après 1939 furent soit placées au service du Reich, soit vouées à la destruction. Pour les Européens, ce fut une expérience nouvelle. Outre-mer, dans leurs colonies, les États européens avaient engagé, voire asservi, les indigènes pour leur propre bénéfice. Ils n'avaient pas dédaigné de recourir à la torture, aux mutilations ou aux massacres afin de contraindre leurs victimes à obéir. Mais, depuis le XVIIIe siècle, ces pratiques étaient largement inconnues parmi les Européens eux-mêmes, tout au moins à l'ouest du Bug et du Prut.

C'est donc au cours de la Seconde Guerre mondiale que fut mobilisée pour la première fois toute la force de l'État européen moderne, dans le dessein premier de conquérir et d'exploiter d'autres Européens. Afin de combattre et de gagner la guerre, les Britanniques exploitèrent et mirent sens dessus dessous leurs *propres* ressources : à la fin de la guerre, la Grande-Bretagne consacrait plus de la moitié de son Produit national brut à l'effort de guerre. L'Allemagne nazie, cependant, livra la guerre – surtout dans les années

L'Europe occupée par les puissances de l'Axe, novembre 1942

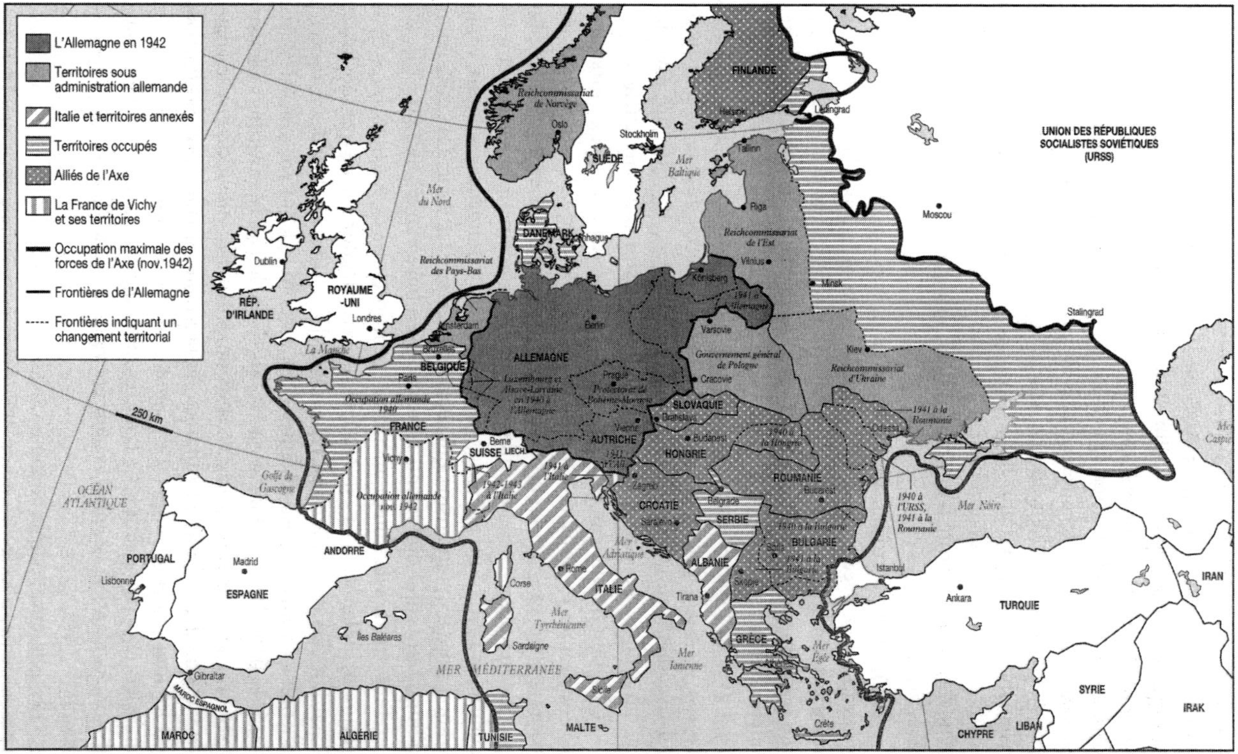

suivantes – en mettant amplement à contribution les économies pillées de ses victimes (largement comme l'avait fait Napoléon après 1805, mais avec une efficacité incomparablement plus grande). La Norvège, les Pays-Bas, la Belgique, la Bohême-Moravie et, surtout, la France apportèrent de significatives contributions involontaires à l'effort de guerre allemand. Mines, usines, fermes et chemins de fer furent placés au service des besoins allemands et leurs populations furent obligées de travailler pour la production de guerre allemande : d'abord dans leurs pays, puis en Allemagne elle-même. En septembre 1944, on dénombrait 7 487 000 étrangers en Allemagne, pour la plupart présents contre leur gré ; au total, ils représentaient 21 % de la main-d'œuvre du pays.

Les nazis vécurent aussi longtemps qu'ils le purent de la richesse de leurs victimes, et ce avec tant de succès que ce n'est qu'en 1944 que les civils allemands eux-mêmes se mirent à ressentir l'impact des restrictions et des pénuries en temps de guerre. À cette date, cependant, le conflit militaire se refermait sur eux, d'abord à travers les campagnes de bombardement alliées, puis avec la progression simultanée des armées alliées de l'est comme de l'ouest. Et c'est dans cette dernière année de guerre, au cours de la période relativement brève de campagne active à l'ouest de l'Union soviétique, qu'eurent lieu, pour une large part, les pires destructions matérielles.

Du point de vue des contemporains, l'impact de la guerre se mesura non pas en termes de profits et pertes industriels, ou de valeur nette des actifs nationaux en 1945, en comparaison de ce qu'ils étaient en 1938, mais plutôt par les dommages visibles infligés à leur environnement immédiat et à leurs communautés. C'est par cela qu'il nous faut commencer si nous voulons comprendre le traumatisme qui se trouve derrière les images de désolation et d'impuissance qui ont retenu l'attention des observateurs en 1945.

Très peu de villes ou de métropoles européennes de quelque ampleur survécurent indemnes à la guerre. Par un accord informel ou par un heureux hasard, les centres anciens ou renaissants d'une poignée de villes européennes célèbres – Rome, Venise, Prague, Paris, Oxford – n'avaient jamais été visés. Dans la première année de la guerre, en revanche, les bombardiers allemands avaient rasé Rotterdam puis entrepris de détruire la ville industrielle anglaise de Coventry. La Wehrmacht effaça de nombreuses villes plus petites situées sur les routes de l'invasion en Pologne, puis en Yougoslavie et en URSS. Des quartiers entiers du centre de Londres, notamment les quartiers plus pauvres des docks, dans l'East End, avaient été victimes de la *Blitzkrieg* au cours de la guerre.

Les plus gros dégâts matériels avaient été infligés par les campagnes de bombardement sans précédent des Alliés occidentaux en 1944 et 1945, et l'avancée implacable de l'Armée rouge depuis Stalingrad jusqu'à Prague. En France, l'aviation américaine éviscéra diverses villes côtières : Royan,

Le Havre et Caen. Hambourg, Cologne, Düsseldorf, Dresde et des douzaines d'autres villes allemandes furent dévastées sous les tapis de bombes larguées par l'aviation britannique et américaine. À l'est, 80 % de la ville biélorusse de Minsk était détruite à la fin de la guerre. Kiev, en Ukraine, n'était que ruines fumantes, tandis que, dans l'automne 1944, l'armée allemande battant en retraite brûla et dynamita systématiquement Varsovie, la capitale polonaise, maison après maison, rue après rue. Lorsque la guerre en Europe s'acheva – en mai 1945, quand Berlin tomba entre les mains de l'Armée rouge, après avoir reçu 40 000 tonnes d'obus dans les quatorze derniers jours –, la capitale allemande se trouvait largement réduite à des collines fumantes de gravats et de poutrelles métalliques déformées. 75 % des immeubles étaient inhabitables.

Les villes en ruines étaient la preuve la plus évidente – et photogénique – de la dévastation, et elles devaient servir de raccourci visuel universel du malheur de la guerre. Parce qu'une bonne partie des dommages avaient été infligés aux maisons et aux immeubles d'habitation, et que tant de gens se retrouvèrent de ce fait sans toit (on estime leur nombre à 25 millions en Union soviétique, et 20 millions en Allemagne, dont 500 000 dans la seule Hambourg), le paysage urbain jonché de décombres était le rappel le plus immédiat de la guerre qui venait de s'achever. Mais ce n'était pas le seul. Les transports et les communications étaient gravement perturbés en Europe occidentale : sur les 12 800 locomotives que comptait la France avant la guerre, il n'en restait plus que 2 800 en service au moment de la capitulation de l'Allemagne. Les Allemands en retraite, les Alliés qui avançaient ou la Résistance avaient fait sauter quantité de routes, de voies ferrées et de ponts. La flotte marchande française avait été coulée aux deux tiers. Dans la seule année 1944-1945, la France perdit 500 000 habitations.

Mais les Français – comme les Britanniques, les Belges, les Hollandais (qui perdirent 219 000 hectares de terres inondées par les Allemands et qui, en 1945, ne possédaient plus que 40 % de leurs voies ferrées, de leurs routes et de leurs canaux d'avant-guerre), les Danois, les Norvégiens (qui avaient perdu 14 % du capital du pays avant la guerre au cours de l'occupation allemande) et même les Italiens – furent relativement chanceux, même s'ils ne le savaient pas. Les véritables horreurs de la guerre s'étaient déroulées plus à l'est. Les nazis traitèrent les Européens de l'Ouest avec quelque respect, ne serait-ce que pour mieux les exploiter, et ces derniers leur retournèrent le compliment en ne faisant pas grand-chose pour perturber ou contrarier l'effort de guerre allemand. Dans l'Est et le Sud-Est de l'Europe, les occupants allemands furent implacables, et pas uniquement parce que les partisans – en Grèce, en Yougoslavie et en Ukraine, notamment – livrèrent contre eux une bataille désespérée mais sans relâche.

À l'Est, les conséquences matérielles de l'occupation allemande, de l'avancée soviétique et des combats des partisans furent d'un tout autre ordre que l'expérience de la guerre en Occident. En Union soviétique, 70 000 villages et 1 700 villes furent détruits au cours de la guerre, en même temps que 32 000 usines et 64 000 kilomètres de voies ferrées. Quant à la Grèce, elle avait perdu les deux tiers de sa marine marchande vitale ; un tiers de ses forêts avait été saccagé et un millier de villages effacés. Dans le même temps, la politique allemande consistant à fixer les frais d'occupation en fonction des besoins de l'armée plutôt que de la capacité grecque de payer engendra une hyperinflation.

La Yougoslavie perdit 25 % de ses vignobles, 50 % de son cheptel, 60 % des routes du pays, 75 % de ses charrues et ponts de chemins de fer, une habitation sur cinq de son parc immobilier d'avant-guerre et un tiers de sa richesse industrielle limitée – ainsi que 10 % de sa population. En Pologne, les trois quarts des voies ferrées à gabarit normal étaient inutilisables et une ferme sur six hors service. La plupart des villes et métropoles pouvaient à peine fonctionner (bien que seule Varsovie eût été totalement détruite).

Mais même ces chiffres, si dramatiques soient-ils, ne donnent qu'une partie du tableau : le lugubre arrière-plan physique. Or, les dégâts matériels subis par les Européens au cours de la guerre, si terribles qu'ils aient été, furent insignifiants au regard des pertes humaines. On estime à près de trente-six millions et demi le nombre des Européens qui trouvèrent la mort entre 1939 et 1945 de causes liées à la guerre (soit l'équivalent de la population *totale* de la France au début de la guerre) – c'est-à-dire déduction faite des morts de causes naturelles dans ces années et sans tenir compte du nombre d'enfants qui ne furent pas conçus ou ne vinrent pas au monde à cette époque ou plus tard à cause de la guerre.

Le bilan total des morts est renversant (les chiffres donnés ici ne comprennent pas les morts non européens, japonais, américains ou autres). Il écrase les chiffres de la mortalité pour la Grande Guerre de 1914-1918, si obscènes qu'ils fussent. Aussi loin qu'on remonte dans l'histoire, aucun autre conflit ne tua tant de gens en un laps de temps aussi court. Mais le plus frappant, dans ce bilan, c'est le nombre des civils non combattants parmi les morts : au moins 19 millions, soit plus de la moitié. Le bilan des morts civils excéda les pertes militaires en URSS, en Hongrie, en Pologne, en Yougoslavie, en Grèce, en France, aux Pays-Bas, en Belgique et en Norvège. Les pertes militaires ne dépassèrent les civiles qu'au Royaume-Uni et en Allemagne.

Les estimations des pertes civiles sur le territoire de l'Union soviétique varient considérablement, même si elles dépassèrent très probablement les 16 millions de personnes (en gros, deux fois le chiffre des pertes militaires soviétiques – 78 000 soldats étant tombés dans la seule bataille de Berlin). Les morts civils, sur le territoire de la Pologne d'avant-guerre, approchaient les 5 millions ; 1,4 en Yougoslavie ; 430 000 en Grèce ; 350 000 en France ; 270 000 en Hongrie ; 204 000 aux Pays-Bas ; et 200 000 en Roumanie. Parmi ceux-ci, et particulièrement dans les chiffres polonais, hollandais et hongrois, il y avait 5,7 millions de Juifs, auxquels il convient d'ajouter 221 000 Tziganes (Roma).

Au nombre des causes de mort parmi les civils, citons l'extermination de masse, dans les camps de la mort et les champs de carnage, d'Odessa à la Baltique ; la maladie, la malnutrition et la famine (induites ou autres) ; les otages exécutés ou brûlés vifs – par la Wehrmacht, l'Armée rouge et les partisans en tous genres ; les représailles contre les civils ; les effets des bombardements, des pilonnages et des batailles d'infanterie dans les champs ou en ville, sur le front est tout au long de la guerre et à l'Ouest, depuis les débarquements de Normandie en juin 1944 jusqu'à la mort de Hitler en avril suivant ; le mitraillage délibéré des colonnes de réfugiés et l'exploitation jusqu'à ce que mort s'ensuive d'une main-d'œuvre servile dans les industries de guerre et les camps de prisonniers.

C'est l'Union soviétique qui subit les pertes militaires les plus lourdes, puisqu'elle aurait perdu 8,6 millions d'hommes et de femmes sous les armes ; viennent ensuite l'Allemagne, avec 4 millions de victimes ; l'Italie, qui perdit 400 000 soldats, marins et aviateurs ; et la Roumanie, dont quelque 300 000 militaires furent tués, la plupart en combattant avec les armées de l'Axe sur le front russe. En proportion de leur population, cependant, ce sont les Autrichiens, les Hongrois, les Albanais et les Yougoslaves qui subirent les pertes militaires les plus lourdes. Si l'on comptabilise toutes les morts – civiles aussi bien que militaires –, ce sont la Pologne, la Yougoslavie, l'URSS et la Grèce qui furent les plus durement touchées. La Pologne perdit près d'un cinquième de sa population d'avant-guerre, dont un pourcentage bien plus élevé de sa population instruite, délibérément visée par les nazis[1]. La Yougoslavie perdit un huitième de sa population d'avant-guerre ; l'URSS, un habitant sur onze, et la Grèce, un sur quatorze. À titre de comparaison, le taux de perte fut de 1/15 en Allemagne ; 1/77 en France et 1/125 en Grande-Bretagne.

Dans les pertes soviétiques figurent en particulier les prisonniers de guerre. Les Allemands capturèrent quelque 5,5 millions de soldats soviétiques au cours de la guerre, dont les trois quarts dans les sept premiers mois qui suivirent l'offensive contre l'URSS de juin 1941. Parmi ceux-ci, 3,3 millions moururent de faim, de froid et de mauvais traitements dans les camps allemands – plus de Russes moururent dans les camps allemands de prisonniers de guerre au cours des années 1941-1945 que dans toute la Première Guerre mondiale. Sur les 750 000 soldats soviétiques capturés lorsque Kiev tomba entre les mains des Allemands, en septembre 1941, 22 000 seulement survécurent pour voir la défaite de l'Allemagne. Les Soviétiques, à leur tour, firent

1. Ou par Staline, qui ordonna de fusiller 23 000 officiers polonais dans la forêt de Katyn en 1940, puis en accusa les Allemands.

3,5 millions de prisonniers de guerre (allemands, autrichiens, roumains et hongrois, pour l'essentiel) ; la plupart rentrèrent au pays après la guerre.

Au vu de ces chiffres, il n'est guère étonnant que l'Europe d'après-guerre, surtout l'Europe centrale et orientale, ait souffert d'une pénurie aiguë d'hommes. En Union soviétique, le nombre de femmes dépassait de 20 millions celui des hommes : il faudrait plus d'une génération pour corriger ce déséquilibre. De ce fait, l'économie rurale soviétique se trouva fortement tributaire des femmes pour toutes sortes de tâches : non seulement il n'y avait pas d'hommes, mais il n'y avait presque pas de chevaux. En Yougoslavie – du fait des actions de représailles allemandes, qui se soldèrent par l'exécution de plus de 18 % des hommes –, de nombreux villages se retrouvèrent sans aucun homme adulte. En Allemagne, deux hommes sur trois nés en 1918 ne survécurent pas à la guerre de Hitler : dans une communauté pour laquelle nous disposons de chiffres détaillés – Treptow, dans la banlieue de Berlin –, il n'y avait en février 1946 que 181 hommes pour 1 105 femmes parmi les adultes âgés de 19 à 21 ans.

On a fait grand cas de cette surreprésentation des femmes, en particulier dans l'Allemagne d'après-guerre. Les surhommes des armées étincelantes de Hitler n'étaient plus qu'une troupe de prisonniers de guerre loqueteux. Rentrés tardivement, ces hommes humiliés et ravalés furent tout ahuris de retrouver une génération de femmes endurcies qui, par la force des choses, avaient dû apprendre à survivre et à se passer d'eux. Tout cela n'a rien d'une fiction : l'ex-chancelier Gerhard Schroeder n'est qu'un des milliers et milliers d'enfants allemands qui grandirent après la guerre sans leurs pères. Rainer Fassbinder a fait un usage cinématographique efficace de cette image de la féminité allemande d'après-guerre dans le *Mariage de Maria Braun* (1979), où l'héroïne éponyme tire partie de sa bonne mine et de ses énergies cyniques, alors même que sa mère la supplie de ne rien faire « qui pourrait nuire à [son] âme ». Mais alors que la Maria de Fassbinder portait le fardeau de la désillusion et des rancœurs d'une génération ultérieure, les femmes allemandes de 1945 affrontèrent des difficultés plus immédiates.

Dans les derniers mois de la guerre, alors que les armées soviétiques avançaient vers l'ouest, en Europe centrale et en Prusse orientale, des millions de civils – pour la plupart allemands – fuirent devant eux. Le diplomate américain George Kennan a décrit la scène dans ses mémoires : « La catastrophe qui s'est abattue sur cette région avec l'entrée des forces soviétiques est sans parallèle dans l'expérience européenne moderne. À en juger d'après les éléments dont on dispose, dans de vastes régions il ne restait guère un homme, une femme ou un enfant indigène en vie après le passage initial des forces soviétiques [...]. Le nettoyage de la population autochtone par les Russes était sans équivalent depuis le temps des hordes asiatiques. »

Les hommes adultes, s'il en restait, et les femmes de tous âges furent les principales victimes. À Vienne, suivant les rapports des dispensaires et des médecins, les soldats soviétiques violèrent 87 000 femmes dans les trois semaines qui suivirent l'arrivée de l'Armée rouge dans la ville. À Berlin, elles furent légèrement plus nombreuses à connaître le même sort lorsque les Soviétiques marchèrent sur la ville, pour la plupart dans la semaine du 2 au 7 mai, juste avant la capitulation de l'Allemagne. Ces deux chiffres sont très certainement en deçà de la réalité, car ils ne tiennent pas compte du nombre inconnu des femmes violentées dans les villages et les villes situés sur la route suivie par les forces soviétiques dans leur progression en Autriche et, par-delà la frontière occidentale de la Pologne, en Allemagne.

La conduite de l'Armée rouge n'était guère un secret. Milovan Djilas, proche collaborateur de Tito dans l'armée de partisans yougoslaves et à l'époque fervent communiste, aborda même la question avec Staline. La réponse du dictateur, telle que la rapporte Djilas, est révélatrice : « L'écrivain Djilas ignore-t-il ce que sont la souffrance et le cœur des hommes ? Ne peut-il admettre qu'un soldat puisse rechercher le plaisir auprès d'une femme, et se payer du bon temps lorsqu'il a marché des milliers de kilomètres à travers le feu, le sang, et la mort[2] ? »

Si monstrueuse que fut sa réponse, elle se comprend à moitié. Il n'était pas question de permissions dans l'armée soviétique. Nombre des fantassins et de ses équipages de char avaient derrière eux trois années de combats terribles, dans une série ininterrompue de batailles et de marches à travers l'URSS occidentale, la Russie et l'Ukraine. Au cours de leur progression, ils virent les atrocités allemandes et en entendirent amplement parler. Le traitement infligé par la Wehrmacht aux prisonniers de guerre, aux civils, aux partisans comme à tout ce qui se trouvait sur sa route, homme ou matériel, d'abord dans sa marche triomphale vers la Volga et les portes de Moscou et de Leningrad, puis dans sa retraite sanglante et acharnée, avait laissé sa marque sur la face de la terre et dans l'âme des hommes.

Quand l'Armée rouge finit par atteindre l'Europe centrale, ses soldats exténués découvrirent un autre monde. Le contraste entre la Russie et l'Occident avait toujours été grand – le tsar Alexandre Ier, longtemps avant, avait regretté qu'il fût permis aux Russes de voir comment vivaient les Occidentaux – et s'était creusé encore au cours de la guerre. Alors que les soldats allemands multipliaient dévastations et massacres à l'Est, l'Allemagne elle-même demeurait prospère, à tel point que sa population civile ne prit que très tardivement la mesure du coût matériel de la guerre. L'Allemagne du temps de guerre était un monde de villes et d'électricité, de vivres et de vêtements, de boutiques et

2. [M. Djilas, *Conversations avec Staline*, trad. Y. Massip, Paris, Gallimard, 1971, p. 132.]

de biens de consommation, de femmes et d'enfants assez bien nourris. Le contraste avec son propre pays dévasté dut paraître insondable au soldat de troupe soviétique. Les Allemands avaient fait des choses terribles à la Russie ; à leur tour maintenant de souffrir. Leurs biens et leurs femmes étaient à prendre. Avec le consentement tacite de ses chefs, l'Armée rouge se déchaîna sur la population civile des territoires allemands tout juste conquis.

Sur la route de l'ouest, l'Armée rouge viola et pilla (pour une fois, l'expression, dans toute sa brutalité, est de mise) en Hongrie, en Roumanie, en Slovaquie et en Yougoslavie ; mais ce sont de loin les Allemandes qui endurèrent le pire. Entre 150000 et 200000 « bébés russes » devaient naître dans la zone d'occupation soviétique, en Allemagne, dans les années 1945-1946, et encore ces chiffres ne tiennent-ils pas compte du nombre inconnu des avortements, qui se soldèrent par la mort de nombreuses femmes avec leurs fœtus non désirés. Nombre des enfants survivants rejoignirent la cohorte croissante des enfants désormais orphelins ou sans foyer : les épaves humaines de la guerre.

Dans la seule ville de Berlin, on dénombrait 53 000 enfants perdus à la fin de 1945. Les jardins du Quirinal, à Rome, devinrent un temps tristement célèbres comme le lieu de rendez-vous de milliers de petits Italiens errants, mutilés et défigurés. La Tchécoslovaquie libérée comptait 49 000 orphelins ; les Pays-Bas, 60 000 ; en Pologne, on estimait leur nombre à 200 000 environ, alors qu'ils approchaient les 300 000 peut-être en Yougoslavie. Parmi ces enfants, il y avait peu de Juifs : les enfants juifs qui avaient survécu aux pogromes et aux exterminations des années de guerre étaient pour l'essentiel des adolescents. À Buchenwald, on découvrit 800 enfants en vie à la libération du camp ; à Bergen-Belsen, juste 500, dont certains qui avaient même survécu à la marche de la mort depuis Auschwitz.

Survivre à la guerre était une chose, survivre à la paix en était une autre. Grâce à l'intervention précoce et efficace de la toute nouvelle administration des Nations unies pour les secours et la reconstruction (UNRRA) et des armées alliées d'occupation, on put éviter des épidémies sur grande échelle et la propagation incontrôlée de maladies contagieuses : le souvenir de la grippe asiatique qui avait balayé l'Europe au lendemain de la Première Guerre mondiale était encore vivace. En revanche, la situation était assez sombre. Pendant une bonne partie de 1945, la population de Vienne subsista avec une ration de 800 calories par jour ; à Budapest, en décembre 1945, la ration quotidienne assurée par les autorités n'était que de 556 calories (les enfants, en crèche, avaient droit à 800). En Hollande, au cours de « l'hiver de la faim » 1944-1945 (alors que diverses parties avaient déjà été libérées), la ration calorique *hebdomadaire* dans certaines régions tomba en deçà de l'allocation *quotidienne* recommandée par la Force expéditionnaire alliée pour ses soldats ; 16 000 Hollandais moururent, pour l'essentiel des personnes âgées et des enfants.

En Allemagne, où la ration moyenne d'un adulte avait été de 2 445 calories par jour en 1940-1941 et de 2 078 en 1943, elle était tombée à 1 412 calories pour l'année 1945-1946. Mais ce n'était qu'une moyenne. En juin 1945, dans la zone américaine d'occupation, la ration quotidienne officielle des consommateurs allemands « normaux » (à l'exclusion des catégories d'ouvriers privilégiées) était de 860 calories seulement. Ces chiffres donnaient un sens lugubre à cette blague allemande du temps de guerre : « Mieux vaut profiter de la guerre, la paix sera terrible ! » Mais la situation ne valait guère mieux dans la majeure partie de l'Italie et elle était plutôt pire dans certaines régions de Yougoslavie et de Grèce[3].

Le problème tenait en partie aux fermes détruites, en partie au désordre des communications et surtout au simple nombre de bouches démunies et improductives qu'il fallait nourrir. Où les paysans européens *pouvaient* produire des vivres, ils répugnaient à les livrer aux villes. La plupart des devises européennes ne valaient plus rien ; et même s'il y avait eu les moyens de payer leurs produits aux paysans en devises fortes, celles-ci avaient peu d'attrait pour eux : il n'y avait rien à acheter. On trouvait bien des vivres au marché noir, mais à des prix que seuls les criminels, les riches et les occupants pouvaient payer.

Pendant ce temps, les gens mouraient de faim et tombaient malades. Un tiers de la population du Pirée, en Grèce, souffrait de trachome en 1945 en raison de déficience aiguë en vitamines. Au cours d'une épidémie de dysenterie à Berlin en juillet 1945 – résultat d'un réseau d'égouts endommagé et de la pollution de l'approvisionnement en eau –, on déplora 66 morts de nouveau-nés pour 100 naissances d'enfants vivants. Robert Murphy, conseiller politique des États-Unis pour l'Allemagne, rapporta en octobre 1945 qu'une dizaine de personnes mouraient en moyenne tous les jours à la gare de Lehrter, à Berlin, d'épuisement, de malnutrition et de maladie. Dans la Zone britannique de Berlin, en décembre 1945, le taux de mortalité des enfants de moins de un an était de un sur quatre, alors qu'au cours du même mois on dénombra 1 023 nouveaux cas de typhoïde et 2 193 cas de diphtérie.

De longues semaines encore après la fin de la guerre, dans l'été 1945, le risque demeura grave, surtout à Berlin, de maladies liées aux cadavres en putréfaction. À Varsovie, une personne sur cinq souffrait de tuberculose. En janvier 1946, les autorités tchécoslovaques rapportèrent que, sur les quelque 700 000 enfants nécessiteux du pays, la moitié étaient touchés par la maladie. Les enfants de l'Europe entière souffraient de maladies liées aux privations : la tuberculose et le rachitisme, notamment, mais aussi la pellagre, la dysenterie et l'impétigo. Les enfants malades avaient peu de recours : pour les

3. À titre de comparaison, en 1990, la consommation calorique moyenne par jour en France était de 3 618.

90 000 enfants de Varsovie libérée, il n'y avait qu'un seul hôpital et cinquante lits. Des enfants par ailleurs en bonne santé moururent d'une pénurie de lait (des millions de têtes de bétail furent massacrées au cours des batailles dans le sud et l'est de l'Europe en 1944-1945), et la grande majorité souffraient d'une sous-alimentation chronique. À Vienne, dans l'été 1945, la mortalité infantile était quatre fois plus élevée qu'en 1938. Même dans les rues relativement prospères des villes occidentales, erraient des enfants faméliques tandis que la nourriture était strictement rationnée.

Le problème de l'alimentation, du logement, de l'habillement et des soins des civils malmenés de l'Europe (et des millions de soldats emprisonnés des anciennes puissances de l'Axe) se trouva compliqué et amplifié par l'échelle unique de la crise des réfugiés. C'était quelque chose d'inédit dans l'expérience européenne. Toutes les guerres disloquent la vie des non-combattants : en détruisant leur terre et leurs foyers, en perturbant les communications, en enrôlant et en tuant les maris, les pères et les fils. Dans la Seconde Guerre mondiale, cependant, ce sont les politiques de l'État, plutôt que le conflit armé, qui infligèrent les pires dommages.

Staline avait continué, comme avant la guerre, à déplacer des populations entières à travers l'Empire soviétique. Plus d'un million de personnes furent déportées vers l'Est depuis la Pologne sous occupation soviétique, mais aussi de l'Ukraine occidentale et des pays Baltes entre 1939 et 1941. Dans les mêmes années, les nazis refoulèrent également vers l'est 750 000 paysans polonais de Pologne occidentale pour offrir les terres évacuées aux *Volksdeutsche*, Allemands de souche de l'Europe de l'Est occupée, invités à « revenir au bercail » dans le cadre du nouveau Reich élargi. Cette offre attira quelque 120 000 Baltes d'origine allemande, 136 000 Allemands de Pologne occupée, et 200 000 de Roumanie et d'ailleurs – qui tous allaient être à leur tour expulsés quelques années plus tard. La politique hitlérienne de transferts et de génocides raciaux dans les territoires conquis par l'Allemagne à l'Est doit donc être mise en relation directe avec le projet nazi de retour au sein du Reich (et d'installation dans les propriétés évacuées de leurs victimes) de toutes les lointaines communautés de peuplement allemandes qui remontaient au Moyen Âge. Les Allemands déplacèrent les Slaves, exterminèrent les Juifs et importèrent une main-d'œuvre servile de l'ouest comme de l'est.

À eux deux, Staline et Hitler déracinèrent, transplantèrent, expulsèrent, déportèrent et dispersèrent quelque 30 millions de personnes dans les années 1939 à 1943. Avec la retraite des armées de l'Axe, le processus se renversa. Les Allemands réinstallés depuis peu se joignirent aux millions d'Allemands de communautés allemandes implantées de longue date en Europe de l'Est dans une débandade générale devant l'Armée rouge. Ceux qui réussirent à se réfugier en Allemagne se retrouvèrent mélangés à la cohue grouillante des autres personnes déplacées. William Byford-Jones, officier de l'armée britannique, a décrit en ces termes la situation qui régnait en 1945 :

> « Épaves et débris ! Femmes qui avaient perdu maris et enfants, maris qui avaient perdu leurs femmes : hommes et femmes qui avaient perdu foyers et enfants ; familles qui avaient perdu des fermes et des domaines immenses, des boutiques, des distilleries, des usines, des minoteries, des manoirs. Il y avait aussi des gamins qui étaient seuls, avec leur petit balluchon et la pathétique étiquette qu'on leur avait attachée. Ils s'étaient d'une manière ou d'une autre détachés de leurs mères, à moins que leurs mères fussent mortes et eussent été enterrées par d'autres personnes déplacées quelque part, sur le bord de la route. »

De l'est, affluèrent des Baltes, des Polonais, des Ukrainiens, des Cosaques, des Hongrois, des Roumains et d'autres : d'aucuns fuyaient simplement les horreurs de la guerre, d'autres se réfugiaient à l'Ouest pour éviter de tomber sous le régime communiste. Un reporter du *New York Times* décrivit une colonne de 24 000 soldats cosaques avec leurs familles qui traversaient le sud de l'Autriche : « Au fond, rien ne les distinguait de ce qu'un artiste aurait pu peindre dans les guerres napoléoniennes. »

Des Balkans n'affluèrent pas simplement des Allemands de souche, mais plus de 100 000 Croates du régime fasciste déchu d'Ante Pavelic, fuyant le courroux des partisans de Tito[4]. En Allemagne et en Autriche, outre les millions de soldats de la Wehrmacht détenus par les Alliés et les soldats alliés libérés depuis peu des camps allemands de prisonniers de guerre, il y avait beaucoup de non-Allemands qui avaient combattu les Alliés aux côtés des Allemands ou sous le commandement allemand : les soldats russes, ukrainiens et autres de l'armée antisoviétique du général Andreï Vlassov ; les volontaires de la Waffen SS de Norvège, des Pays-Bas, de Belgique et de France ; ainsi que les combattants allemands auxiliaires, le personnel des camps de concentration et autres libéralement recrutés en Lettonie, en Ukraine, en Croatie et ailleurs. Tous avaient de bonnes raisons de chercher à se soustraire à la vengeance des Soviétiques.

Puis il y avait les hommes et les femmes dernièrement libérés après avoir été recrutés par les nazis pour travailler en Allemagne. Acheminés dans les fermes et les usines allemandes depuis le continent tout entier, ils se comptaient par millions, dispersés à travers toute l'Allemagne et les territoires

4. Ils avaient de bonnes raisons d'avoir peur. L'armée britannique, en Autriche, devait plus tard les livrer aux autorités yougoslaves (dans le cadre d'un accord allié promettant de restituer ces prisonniers aux gouvernements contre lesquels ils avaient combattu) : au moins 40 000 d'entre eux furent tués.

annexés et formant de loin le plus fort groupe de personnes déplacées par les nazis en 1945. La migration *économique* involontaire fut donc la principale expérience sociale de la Seconde Guerre mondiale pour bien des civils européens, dont 280 000 Italiens déportés en Allemagne par leur ancien allié après la capitulation de l'Italie devant les Alliés en septembre 1943.

La grande majorité des travailleurs étrangers de l'Allemagne y avaient été acheminés contre leur gré, mais pas tous. Certains travailleurs étrangers pris dans le sillage de la défaite allemande de mai 1945 étaient venus de leur propre chef – comme ces Hollandais au chômage qui acceptèrent des offres de travail dans l'Allemagne nazie avant 1939 et y restèrent[5]. Même aux salaires dérisoires que versaient les patrons allemands en temps de guerre, des hommes et des femmes d'Europe de l'Est, des Balkans, de France et du Benelux s'en tiraient souvent mieux là-bas que s'ils étaient restés au pays. Quant aux travailleurs soviétiques (ils étaient plus de deux millions en Allemagne en septembre 1944), même s'ils avaient été conduits de force en Allemagne, ils n'étaient pas nécessairement désolés d'y être. Comme le rappela l'une d'entre eux, Elena Skrjabena, après la guerre : « Aucun ne se plaint de la manière dont les Allemands les ont envoyés travailler dans l'industrie allemande. Pour eux tous, c'était l'unique possibilité de quitter l'Union soviétique. »

Un autre groupe de personnes déplacées, les survivants des camps de concentration, avait une perception passablement différente. Leurs « crimes » étaient divers : opposition politique ou religieuse au nazisme ou au fascisme, résistance armée, raflés dans le cadre de châtiments collectifs après des attentats contre des soldats ou des installations de la Wehrmacht, transgressions mineures de règlements de l'Occupation, activités criminelles réelles ou imaginaires ou démêlés avec les lois raciales nazies. Ils avaient survécu à des camps où, à la fin de la guerre, s'entassaient les cadavres et où sévissaient toutes sortes de maladies endémiques : dysenterie, tuberculose, diphtérie, typhoïde, typhus, broncho-pneumonie, gastro-entérite, gangrène et ainsi de suite. Mais même ces survivants étaient mieux lotis que les Juifs puisqu'ils n'avaient pas été systématiquement et collectivement voués à l'extermination.

Il restait peu de Juifs. Parmi ceux qui furent libérés, quatre sur dix moururent dans les semaines qui suivirent l'arrivée des armées alliées : leur état sortait du domaine de compétence de la médecine occidentale. Mais les Juifs survivants, comme la plupart des autres millions de sans-foyers d'Europe, se frayèrent un chemin jusqu'en Allemagne. C'était là que se trouvaient les agences et camps alliés – et, en tout état de cause, l'Europe orientale n'était pas sûre pour les Juifs. L'après-guerre, en Pologne, connut une série de pogromes

5. Reste que eux non plus n'avaient pas vraiment le choix ; au cours des années de crise, qui repoussait une offre de travail venue d'Allemagne risquait de perdre ses indemnités de chômage en Hollande.

après lesquels de nombreux Juifs survivants partirent pour de bon : 63 387 se réfugièrent en Allemagne entre juillet et septembre 1946.

Ce qui se déroulait en 1945, et qui était engagé depuis au moins un an, c'était un exercice sans précédent de nettoyage ethnique et de déplacements de population. Il s'agissait en partie d'une séparation ethnique « volontaire » : des Juifs survivants quittant une Pologne où ils n'étaient pas en sécurité et restaient indésirables, par exemple, ou des Italiens préférant quitter la péninsule istrienne plutôt que de vivre sous le régime yougoslave. Maintes minorités ethniques qui avaient collaboré avec les forces d'occupation (Italiens en Yougoslavie, Hongrois dans la Transylvanie du Nord sous occupation hongroise désormais revenue sous la coupe de la Roumanie, Ukrainiens dans l'ouest de l'Union soviétique, etc.) fuirent avec la Wehrmacht en retraite pour éviter le châtiment de la majorité locale ou de l'Armée rouge qui progressait et ne devaient jamais revenir. Sans doute leur départ n'avait-il pas été imposé ou forcé par les autorités locales, mais elles n'avaient guère le choix.

Ailleurs, toutefois, la politique officielle se mit à l'œuvre avant la fin de la guerre. Ce sont les Allemands, bien entendu, qui commencèrent, avec l'élimination et le génocide des Juifs, ainsi que l'expulsion massive des Polonais et autres nations slaves. Sous l'égide allemande, entre 1939 et 1943, Roumains et Hongrois firent la navette de part et d'autre des nouvelles frontières de la Transylvanie disputée. Les autorités soviétiques, à leur tour, organisèrent une série d'échanges de population forcés entre l'Ukraine et la Pologne ; un million de Polonais fuirent ou furent chassés de leurs foyers dans ce qui était alors l'Ukraine occidentale, tandis qu'un demi-million d'Ukrainiens quittèrent la Pologne pour l'Union soviétique entre octobre 1944 et juin 1946. En l'espace de quelques mois, ce qui avait été autrefois une région où s'entremêlaient des confessions, des langues et des communautés différentes se scinda en deux territoires mono-ethniques bien distincts.

La Bulgarie renvoya 160 000 Turcs en Turquie ; la Tchécoslovaquie, en vertu d'un accord de 1946 avec la Hongrie, échangea les 120 000 Slovaques qui vivaient en Hongrie contre un nombre équivalent de Hongrois issus de communautés au nord du Danube, en Slovaquie. D'autres transferts de même nature eurent lieu entre la Pologne et la Lituanie, mais aussi entre la Tchécoslovaquie et l'Union soviétique ; 400 000 habitants du sud de la Yougoslavie furent déplacés vers le nord pour prendre la place des 600 000 Allemands et Italiens qui étaient partis. Ici comme ailleurs, on ne demanda pas leur avis aux populations concernées. Mais le contingent le plus fort fut celui des Allemands.

Les Allemands d'Europe orientale auraient probablement fui en tout état de cause vers l'ouest : en 1945, ils étaient indésirables dans les pays où leurs familles étaient établies depuis des centaines d'années. Entre un authentique désir populaire de châtier les Allemands du coin des ravages de la guerre et de l'Occupation, et l'exploitation de cet état d'esprit par les gouvernements d'après-guerre, les communautés germanophones de Yougoslavie, de Hongrie, de Tchécoslovaquie, de Pologne, mais aussi de la Baltique et de l'Union soviétique occidentale étaient condamnées et elles le savaient.

Finalement, on ne leur laissa pas le choix. Dès 1942, les Britanniques avaient, en privé, accédé aux demandes tchèques d'un déplacement de la population allemande des Sudètes ; les Russes et les Américains s'alignèrent sur cette position l'année suivante. Le 19 mai 1945, le président tchécoslovaque Edouard Beneš décréta : « Nous avons décidé d'éliminer une fois pour toute le problème allemand dans notre république[6] ». Les Allemands (aussi bien que les Hongrois et autres « traîtres ») durent placer leurs biens sous le contrôle de l'État. En juin 1945, ils furent expropriés de leurs terres et le 2 août de la même année perdirent la citoyenneté tchécoslovaque. Près de trois millions d'Allemands, pour la plupart du territoire tchèque des Sudètes, furent ensuite chassés vers l'Allemagne dans les dix-huit mois suivants. Autour de 267 000 moururent au cours des expulsions. Alors que les Allemands formaient 29 % de la population de Bohême et de Moravie en 1930, ils n'étaient plus que 1,8 % d'après le recensement de 1950.

De Hongrie furent encore expulsés 623 000 Allemands, de Roumanie 786 000, de Yougoslavie près d'un demi-million et de Pologne 1,3 million. Mais le contingent de loin le plus fort de réfugiés allemands vint des anciens territoires orientaux de l'Allemagne elle-même : Silésie, Prusse orientale, Poméranie orientale et Brandebourg oriental. Au sommet de Potsdam réunissant les États-Unis, la Grande-Bretagne et l'URSS (17 juillet-2 août 1945), il fut convenu, dans les termes de l'article XIII de l'accord qui s'ensuivit, que les « trois gouvernements reconnaissent que le transfert vers l'Allemagne de populations allemandes, ou d'éléments de celles-ci, demeurant en Pologne, en Tchécoslovaquie et en Hongrie devra être engagé ». Pour une part, ce texte ne faisait que prendre acte de ce qui s'était déjà produit, mais c'était aussi une reconnaissance officielle des implications du déplacement vers l'ouest des frontières de la Pologne. Quelque sept millions d'Allemands devaient maintenant se retrouver en Pologne, et les autorités polonaises (ainsi que les forces soviétiques d'occupation) souhaitaient les voir partir – en partie de sorte que les Polonais et d'autres qui avaient perdu leur terre dans les régions orientales désormais absorbées dans l'URSS pussent à leur tour être réinstallés sur de nouvelles terres à l'ouest.

---

6. Dans un discours prononcé le 9 mai 1945 à Bratislava, Beneš déclara que les Tchèques et les Slovaques ne souhaitaient plus vivre dans le même État que des Hongrois et des Allemands. Ce sentiment – et les actions qui suivirent – n'a cessé de hanter depuis lors les relations germano-tchèques et slovaco-hongroises.

La conséquence en fut une reconnaissance *de jure* d'une réalité nouvelle. L'Europe orientale avait été de force nettoyée de ses populations allemandes : ainsi que Staline l'avait promis en septembre 1941, il avait rendu la « Prusse orientale au monde slave, auquel elle appartient ». Dans la Déclaration de Potsdam, il fut convenu que « tout transfert qui se produit doit se faire de manière ordonnée et humaine », ce qui n'était pourtant guère vraisemblable compte tenu des circonstances. Certains observateurs occidentaux furent choqués du traitement réservé aux communautés allemandes. Anne O'Hare McCormick, correspondante du *New York Times*, rapporta ses impressions le 23 octobre 1946 : « L'ampleur de cette réinstallation, et les conditions dans lesquelles elle intervient, sont sans précédent dans l'histoire. Quiconque en voit les horreurs aux premières loges ne saurait douter que c'est un crime contre l'humanité pour lequel l'histoire exigera un terrible châtiment. »

L'histoire n'a rien exigé de tel. En vérité, la société ouest-allemande installa et intégra les 13 millions d'expulsés avec une remarquable réussite, bien que les souvenirs persistent et qu'en Bavière (où beaucoup se dirigèrent) le sujet continue de susciter de vifs sentiments. Les oreilles contemporaines seront peut-être écorchées d'entendre décrire les expulsions d'Allemands comme un « crime contre l'humanité » quelques mois après la révélation de crimes d'une tout autre ampleur commis au nom de ces mêmes Allemands. Car lesdits Allemands étaient alors en vie et présents, tandis que leurs victimes – avant tout, les Juifs – étaient pour la plupart morts et partis. Pour citer Telford Taylor, le procureur américain aux procès des dirigeants nazis à Nuremberg, écrivant de longues décennies plus tard, entre les expulsions d'après-guerre et les nettoyages du temps de guerre, existait une différence cruciale : « quand les expulseurs accompagnent les expulsés pour s'assurer qu'ils soient parqués dans des ghettos puis les tuent ou s'en servent comme d'une main-d'œuvre servile ».

À l'issue de la Première Guerre mondiale, on avait inventé et ajusté des frontières, tandis que, dans l'ensemble, la population était demeurée sur place[7]. Après 1945, ce fut plutôt le contraire : à une seule grande exception près, les frontières restèrent largement intactes et ce sont les populations qui furent déplacées. Chez les responsables occidentaux prévalait le sentiment que la Société des Nations et les clauses des traités de Versailles sur les minorités avaient échoué et que ce serait une erreur que d'essayer même de les ressusciter. Aussi acquiescèrent-ils assez volontiers aux transferts de population. Si l'on ne pouvait assurer de protection internationale efficace aux minorités survivantes d'Europe centrale et orientale, autant les envoyer vers des lieux plus

7. À l'exception significative des Grecs et des Turcs, à la suite du traité de Lausanne, en 1923.

accommodants. Si l'expression de « nettoyage ethnique » n'était pas encore d'usage courant, la réalité existait bel et bien, et elle était loin de susciter la désapprobation ou la gêne générale.

L'exception, comme souvent, fut la Pologne. Le réaménagement géographique de la Pologne – 178 000 km² de terres frontalières orientales perdues au profit de l'Union soviétique, compensées par un peu plus de 100 000 km² de terres plutôt meilleures prises sur les territoires allemands à l'est de la ligne Oder-Neisse – fut dramatique et lourd de conséquences pour les Polonais, les Ukrainiens et les Allemands des terres concernées. Mais dans les conditions de 1945, cela n'avait rien d'inhabituel, et la chose doit être plutôt considérée dans le cadre de l'ajustement territorial général que Staline imposa le long de la frange occidentale de son empire : récupérant la Bessarabie sur la Roumanie, soustrayant la Bucovine et la Ruthénie subcarpathique à la Roumanie et à la Tchécoslovaquie, respectivement, absorbant les États baltes dans l'Union soviétique et conservant la péninsule de Carélie prise à la Finlande au cours de la guerre.

À l'ouest des nouvelles frontières soviétiques, il y eut peu de changement. La Bulgarie reprit un petit morceau de terre à la Roumanie dans la région de Dobroudja ; la Tchécoslovaquie obtint de la Hongrie (puissance de l'Axe vaincue et incapable de faire valoir la moindre objection) trois villages sur la rive droite du Danube, face à Bratislava ; Tito parvint à conserver une partie de l'ancien territoire italien autour de Trieste et de la région de Venezia-Giulia que ses forces occupèrent à la fin de la guerre. Par ailleurs, les terres prises de force entre 1938 et 1945 furent restituées et l'on revint au *statu quo ante*.

À quelques exceptions près, il en résulta une Europe d'États-nations ethniquement plus homogènes que jamais. L'Union soviétique, bien entendu, resta un empire multinational. La Yougoslavie ne perdit rien de sa complexité ethnique malgré les luttes intercommunautaires de la guerre. La Roumanie possédait encore une forte minorité hongroise en Transylvanie et un nombre inconnu – plusieurs millions – de Tziganes. La Pologne, en revanche, dont la population n'était qu'à 68 % polonaise en 1938, comptait une écrasante majorité de Polonais en 1946. L'Allemagne était presque entièrement allemande (exclusion faite des réfugiés temporaires et des personnes déplacées) ; la Tchécoslovaquie, dont la population avant Munich était à 22 % allemande, 5 % hongroise, 3 % ukrainienne des Carpates et 1,5 % juive, était désormais presque exclusivement tchèque et slovaque : sur les 55 000 Juifs slovaques qui survécurent à la guerre, tous, sauf 16 000, devaient partir d'ici 1950. Les anciennes diasporas de l'Europe – les Grecs et les Turcs dans le sud des Balkans et autour de la mer Noire, les Italiens en Dalmatie, les Hongrois en Transylvanie et dans le nord des Balkans, les Polonais en Volhynie (Ukraine), Lituanie et Bucovine, les Allemands de la Baltique jusqu'à la mer Noire, du

Rhin jusqu'à la Volga, et les Juifs un peu partout – se racornirent et disparurent. Une nouvelle Europe « plus rangée » était née.

La gestion initiale des personnes déplacées et des réfugiés – rassemblement, organisation de camps pour les accueillir et ravitaillement en vivres, en vêtements et en soins médicaux – fut pour l'essentiel le fait des armées alliées qui occupaient l'Allemagne, tout spécialement l'armée américaine. Il n'y avait pas d'autre autorité en Allemagne, ni non plus en Autriche et en Italie du Nord, les autres régions de rassemblement des réfugiés. Seule l'armée avait les ressources et la capacité, en termes d'organisation, pour administrer l'équivalent démographique d'un pays de taille moyenne. C'était une responsabilité sans précédent pour une immense machine militaire qui, jusque quelques semaines plus tôt, s'était consacrée presque exclusivement à combattre la Wehrmacht. Le général Dwight Eisenhower, commandant suprême des forces alliées, en fit l'observation au président Truman, le 8 octobre 1945, en réponse aux critiques visant la manière dont l'armée traitait les réfugiés et les survivants des camps de concentration : « Dans certains cas, nous n'avons pas été à la hauteur, mais je ferais observer qu'une armée tout entière s'est trouvée confrontée à un problème complexe, devant s'ajuster du combat au rapatriement de masse, puis à la phase statique présente avec ses problèmes d'assistance uniques. »

Sitôt le système des camps mis en place, cependant, la responsabilité des soins et du rapatriement final ou de la réinstallation des millions de personnes déplacées incomba de plus en plus à l'administration des Nations unies pour les secours et la reconstruction. L'UNRRA fut créée le 9 novembre 1943 à Washington, lors d'une réunion des représentants des 44 futurs membres des Nations unies, organisée en prévision des probables besoins de l'après-guerre, et elle devait jouer un rôle vital dans la situation d'urgence de l'après-guerre. Cette agence dépensa 10 milliards de dollars entre juin 1945 et juin 1947 – une somme versée dans sa presque totalité par les gouvernements des États-Unis, du Canada et du Royaume-Uni. Une bonne partie de cette aide devait aller directement aux anciens alliés d'Europe orientale – Pologne, Yougoslavie et Tchécoslovaquie – et à l'Union soviétique, aussi bien qu'à l'administration des personnes déplacées en Allemagne et ailleurs. Parmi les anciens pays de l'Axe, seule la Hongrie reçut une aide de l'UNRRA, mais somme toute assez modeste.

À la fin de 1945, l'UNRRA gérait 227 camps et centres de secours pour personnes déplacées et réfugiés en Allemagne, mais aussi 25 autres dans l'Autriche voisine et une poignée en France et dans les pays du Benelux. En juin 1947, l'Europe occidentale comptait 762 unités de ce type, pour l'écrasante majorité dans les zones occidentales de l'Allemagne. À son faîte, en septembre 1945, le nombre de civils libérés des Nations unies (sans compter les citoyens d'anciens pays de l'Axe) pris en charge ou rapatriés par l'UNRRA et d'autres organisations alliées s'élevait à 6 795 000, auxquels il convient d'ajouter 7 autres millions sous autorité soviétique et plusieurs millions d'Allemands déplacés. Par nationalité, les contingents les plus forts venaient d'Union soviétique : prisonniers libérés et anciens travailleurs forcés. Puis venaient 2 millions de Français (prisonniers de guerre, STO et déportés), 1,6 million de Polonais, 700 000 Italiens, 350 000 Tchèques, plus de 300 000 Hollandais, 300 000 Belges et d'innombrables autres.

Le ravitaillement alimentaire de l'UNRRA joua un rôle essentiel, en particulier en Yougoslavie : sans les contributions de l'agence, on aurait déploré bien plus de morts dans les années 1945-1947. En Pologne, l'UNRRA aida à maintenir la consommation alimentaire à 60 % de ses niveaux de l'avant-guerre, en Tchécoslovaquie à 80 %. En Allemagne et en Autriche, elle partagea la responsabilité de la gestion des personnes déplacées et des réfugiés avec l'OIR, Organisation internationale des réfugiés, dont l'Assemblée générale des Nations unies approuva la charte en décembre 1946.

L'OIR était elle aussi largement financée par les puissances alliées occidentales. Dans son premier budget (1947), la part des États-Unis était de 46 %, et devait passer à 60 % en 1949 ; celle du Royaume-Uni de 15 % et celle de la France de 4 %. Du fait du désaccord entre les Alliés occidentaux et l'Union soviétique sur le problème des rapatriements forcés, l'URSS (puis le bloc soviétique) devait toujours tenir l'OIR pour un instrument purement occidental, et ses services furent donc confinés aux zones placées sous le contrôle des armées occidentales d'occupation. Par ailleurs, sa mission étant de répondre aux besoins des réfugiés, les personnes déplacées allemandes n'avaient pas droit non plus à ses services.

Cette distinction entre personnes déplacées (censées avoir, quelque part, un foyer à regagner) et les réfugiés (classés comme sans domicile) n'était qu'une des multiples nuances introduites au cours de ces années. Les gens étaient traités différemment suivant qu'ils étaient les ressortissants d'un pays allié du temps de guerre (Tchécoslovaquie, Pologne, Belgique, etc.) ou d'un ancien État ennemi (Allemagne, Roumanie, Hongrie, Bulgarie, etc.). Cette distinction entra aussi en ligne de compte quand il s'agit d'établir des priorités pour le rapatriement des réfugiés. Les premiers concernés et renvoyés chez eux étaient les ressortissants de pays des Nations unies libérés des camps de concentration ; puis les prisonniers de guerre, suivis des personnes déplacées de pays des Nations unies (bien souvent, d'anciens travailleurs forcés), puis des personnes déplacées originaires d'Italie et enfin des ressortissants d'anciens États ennemis. Les Allemands furent laissés sur place pour être absorbés localement.

Rapatrier les Français, les Belges, les Hollandais, les Britanniques ou les Italiens dans leur pays d'origine était relativement simple ; les seuls obstacles étaient logistiques : déterminer qui avait le droit d'aller où et trouver suffisamment de trains pour les y acheminer. Au 18 juin 1945 les 1,2 million de Français trouvés en Allemagne au moment de la capitulation, un mois plus tôt, avaient tous, sauf 40 550, regagné la France. Les Italiens durent attendre plus longtemps, en tant que ressortissants d'un ancien pays ennemi, mais aussi parce que le gouvernement italien n'avait aucun plan coordonné pour rapatrier ses citoyens. Tous n'en étaient pas moins rentrés en 1947. À l'Est, cependant, il y eut des complications de taille. Certaines personnes déplacées d'Europe orientale étaient techniquement apatrides et n'avaient donc aucun pays où retourner. Et beaucoup n'avaient aucune envie de rentrer chez eux. Cela commença par dérouter les administrateurs occidentaux. En vertu d'un accord signé à Halle, en Allemagne, en mai 1945, tous les anciens prisonniers de guerre et autres citoyens de l'Union soviétique devaient rentrer chez eux, et chacun imaginait que tel était leur désir. Il y avait une exception : les Alliés occidentaux ne reconnurent pas l'absorption des pays baltes dans l'URSS opérée par Staline à la faveur de la guerre, et ils laissèrent donc aux Estoniens, aux Lettons et aux Lituaniens des camps de personnes déplacées, dans les zones occidentales d'Allemagne et d'Autriche, la possibilité de se trouver un nouveau foyer à l'Ouest plutôt que de rentrer à l'Est.

Mais les Baltes n'étaient pas les seuls à n'avoir aucune envie de rentrer. Bon nombre d'anciens citoyens soviétiques, polonais, roumains et yougoslaves préféraient également demeurer dans des camps temporaires en Allemagne plutôt que de retourner dans leurs pays. Dans le cas des citoyens soviétiques, cette répugnance tenait souvent à une peur très justifiée de représailles contre quiconque avait séjourné quelque temps à l'Ouest, fût-ce dans un camp de prisonniers. Dans le cas des Baltes, des Ukrainiens, des Croates et d'autres, c'était une répugnance à regagner des pays désormais sous contrôle communiste, *de facto* sinon encore nommément : dans bien des cas, cette répugnance était nourrie par la peur d'un châtiment pour crimes de guerre réels ou imputés, mais aussi le désir de passer à l'Ouest en quête d'une meilleure vie.

Tout au long de 1945 et 1946, les autorités occidentales préférèrent, dans l'ensemble, faire fi de ces sentiments et obliger les citoyens est-européens, soviétiques et autres, à retourner au pays, parfois de force. Alors que les autorités soviétiques battaient activement le rappel des leurs dans les camps allemands, les réfugiés de l'Est cherchaient désespérément à convaincre les autorités françaises, américaines et britanniques médusées qu'ils ne voulaient pas retourner « chez eux » et préféreraient rester en Allemagne – plus que partout ailleurs. Ils n'y parvinrent pas toujours : entre 1945 et 1947, les Alliés occidentaux rapatrièrent 2 272 000 citoyens soviétiques.

Il y eut des scènes terribles de lutte désespérée, notamment dans les premiers mois de l'après-guerre, lorsque des troupes britanniques ou américaines rassemblèrent des émigrés russes qui n'avaient jamais été soviétiques, des partisans ukrainiens et beaucoup d'autres pour les pousser – parfois littéralement

– de l'autre côté de la frontière dans les bras du NKVD qui les attendait[8]. Une fois entre les mains des Soviétiques, ils rejoignirent des centaines de milliers d'autres ressortissants soviétiques rapatriés, mais aussi des Hongrois, des Allemands et d'autres anciens ennemis déportés vers l'est par l'Armée rouge. En 1953, 5,5 millions de ressortissants soviétiques, au total, avaient été rapatriés. Un sur cinq devait être finalement abattu ou expédié au Goulag. Beaucoup d'autres furent directement exilés en Sibérie ou affectés à des bataillons de main-d'œuvre.

Le rapatriement forcé ne cessa qu'en 1947, avec le début de la guerre froide et une nouvelle disposition à traiter les personnes déplacées originaires du bloc soviétique comme des réfugiés *politiques* (les 50 000 Tchèques encore en Allemagne et en Autriche au moment du coup de force communiste de Prague, en février 1948, se virent accorder sur-le-champ ce statut). Au total, 1,5 million de Polonais, de Hongrois, de Bulgares, de Roumains, de Yougoslaves, de Soviétiques et de Juifs évitèrent ainsi le rapatriement. Si l'on y ajoute les Baltes, ceux-ci formaient l'écrasante majorité des personnes déplacées restées dans les zones occidentales de l'Allemagne et de l'Autriche ou en Italie. En 1951, la Convention européenne des droits de l'homme allait codifier la protection à laquelle avaient droit les étrangers déplacés et leur donner enfin des garanties contre un retour forcé à la persécution.

La question n'en demeurait pas moins : qu'allait-il advenir d'eux ? Les réfugiés et les DP (personnes déplacées) eux-mêmes n'en doutaient pas un instant. Si l'on en croit Genêt (Janet Flanner), écrivant dans *The New Yorker* en octobre 1948, les personnes déplacées « sont prêtes à aller n'importe où sur terre, sauf chez elles ». Mais qui les accepterait ? Les États ouest-européens, à court de main-d'œuvre et en pleine reconstruction économique et matérielle, se montrèrent initialement tout disposés à importer certaines catégories d'apatrides. La Belgique, la France et la Grande-Bretagne avaient tout particulièrement besoin de mineurs, d'ouvriers du bâtiment et de travailleurs agricoles. En 1946-1947, la Belgique accueillit 22 000 personnes déplacées (avec leurs familles) pour les mines de Wallonie. La France en reçut 38 000 pour divers travaux manuels, et la Grande-Bretagne 86 000, dont maints anciens combattants de l'armée polonaise et des Ukrainiens qui avaient combattu dans la division « Halychnya » de la Waffen SS[9].

8. À la fin du mois de mai 1945, l'armée britannique livra aux autorités yougoslaves 10 000 soldats et civils slovènes qui s'étaient réfugiés en Autriche. La plupart furent acheminés en camion vers le sud, dans les forêts de Kocevje, pour y être sommairement exécutés.

9. La division Halychnya ou Galicienne de la Waffen SS se composait d'Ukrainiens qui avaient été citoyens de la Pologne dans l'entre-deux-guerres et dont la région d'origine fut intégrée à l'URSS au lendemain de la guerre. Ils ne furent donc pas rapatriés en Union soviétique, alors même qu'ils l'avaient combattue dans les rangs de la Wehrmacht ; les autorités occidentales les traitèrent comme des apatrides.

Les critères d'admission étaient simples : les États ouest-européens étaient intéressés par les travailleurs manuels robustes (de sexe masculin), et ne furent aucunement gênés de favoriser les Baltes, les Polonais et les Ukrainiens sur cette base, quels que fussent leurs états de service pendant la guerre. Les femmes célibataires étaient aussi les bienvenues en tant que travailleuses manuelles ou domestiques, mais, en 1948, le département canadien du Travail rejeta les filles et les femmes demandant à émigrer au Canada pour des places de domestiques quand rien n'indiquait qu'elles avaient poursuivi leurs études au-delà du secondaire. Et personne ne voulait des personnes âgées, des orphelins ou des femmes seules avec des enfants à charge. En règle générale, les réfugiés ne furent donc pas accueillis à bras ouverts : les sondages d'opinion réalisés après la guerre aux États-Unis et en Europe occidentale témoignent que leur triste sort n'inspirait guère la sympathie. La plupart des gens exprimaient le désir d'une réduction de l'immigration, plutôt que d'un accroissement.

Le problème des Juifs était à part. Dans un premier temps, les autorités occidentales traitèrent les DP juives comme toutes les autres, les réunissant dans des camps en Allemagne avec nombre de leurs anciens persécuteurs. En août 1945, cependant, le président Truman annonça qu'il fallait aménager des installations séparées pour toutes les DP juives de la zone américaine en Allemagne : suivant un rapport d'enquête sur la question commandé par le président, les camps et les centres précédemment intégrés étaient une « approche singulièrement peu réaliste du problème. Le refus de reconnaître les Juifs en tant que tels a pour effet [...] de fermer les yeux sur leur persécution précédente et plus barbare ». À la fin du mois de septembre 1945, tous les Juifs de la zone américaine bénéficièrent donc d'un traitement spécial.

Il n'avait jamais été question de renvoyer les Juifs à l'Est : nul, en Union soviétique, en Pologne ni ailleurs, ne montra le moindre intérêt pour leur retour. Les Juifs ne furent pas non plus particulièrement bien accueillis à l'Ouest, surtout s'ils avaient fait des études ou exerçaient des professions non manuelles. Assez paradoxalement, ils restèrent donc en Allemagne. La difficulté de « placer » les Juifs d'Europe ne fut donc résolue que par la création de l'État d'Israël : entre 1948 et 1951, 332 000 Juifs européens partirent pour Israël, soit depuis les centres de l'OIR en Allemagne, soit directement de Roumanie, de Pologne et d'ailleurs, pour ceux qui restaient encore dans ces pays. À ceux-ci, il faut ajouter les 165 000 qui émigrèrent vers la France, la Grande-Bretagne, l'Australie et l'Amérique du Nord ou du Sud.

Là, devaient les rejoindre les personnes déplacées et réfugiés restants de la Deuxième Guerre mondiale, auxquels allait s'ajouter une nouvelle génération de réfugiés politiques des pays d'Europe centrale et orientale dans les années 1947-1949. Au total, les États-Unis admirent 400 000 personnes dans ces années-là, puis encore 185 000 arrivées entre 1953 et 1957. Le Canada admit un total de 157 000 réfugiés et DP, et l'Australie 182 000 (dont 60 000 Polonais et 36 000 Baltes).

L'ampleur du phénomène mérite d'être soulignée. D'aucuns, notamment certaines catégories d'Allemands de souche de Yougoslavie et de Roumanie, furent laissés dans les limbes parce que les accords de Potsdam ne couvraient pas leur cas. Mais en l'espace d'une demi-douzaine d'années, sur un continent balafré, aigri et appauvri sortant de six années de guerre terrible et anticipant déjà les divisions de la guerre froide, les gouvernements militaires alliés et les agences civiles des Nations unies réussirent à rapatrier, intégrer et réinstaller des nombres sans précédent – plusieurs millions – de gens désespérés de tout le continent et issus de douzaines de nations et de communautés différentes. À la fin de 1951, quand l'UNRRA et l'OIR laissèrent la place au tout nouveau Haut Commissariat des Nations unies aux Réfugiés (UNHCR), il ne restait plus dans les camps de personnes déplacées en Europe que 177 000 âmes – pour l'essentiel des gens âgés et des infirmes, parce que personne ne voulait d'eux. Le dernier camp de DP, à Föhrenwald en Bavière, ferma en 1957.

Les personnes déplacées et les réfugiés d'Europe avaient survécu non seulement à une guerre générale, mais à toute une série de guerres civiles locales. En fait, de 1934 jusqu'en 1949, l'Europe connut une succession sans précédent de guerres civiles meurtrières au sein des frontières des États existants. Dans bien des cas, l'occupation étrangère qui suivit – que ce fût par les Allemands, les Italiens ou les Russes – servit par-dessus tout à faciliter et à légitimer la poursuite des agendas et antagonismes politiques d'avant-guerre par des moyens nouveaux et violents. Les occupants n'étaient pas neutres, bien entendu. Typiquement, ils associèrent leurs forces à des factions au sein de la nation occupée pour combattre un ennemi commun. De cette manière, un courant politique ou une minorité ethnique qui avait eu le dessous dans la vie politique en temps de paix put exploiter le changement de circonstances afin de régler des comptes localement. Les Allemands, notamment, se firent un plaisir de mobiliser et d'exploiter ces sentiments non seulement afin de diviser pour mieux régner, mais aussi pour réduire les ennuis et les coûts de l'administration et de la police dans les territoires conquis : ils pouvaient compter sur les collaborateurs locaux qui s'en chargeraient à leur place.

Depuis 1945, le mot « collaborateur » a acquis une connotation morale singulière et péjorative. Mais les divisions et les affiliations locales du temps de guerre eurent souvent des implications locales autrement plus compliquées et ambiguës que l'impliqueraient les simples attributions – « collaboration » ou « résistance » – après la guerre. Ainsi, dans la Belgique occupée, des Flamands, répétant une erreur qu'ils avaient déjà commise au cours de la Première Guerre mondiale, furent tentés par la promesse d'autonomie et l'occasion de briser l'emprise de l'élite francophone sur l'État belge et se réjouirent donc de la domination allemande. Ici comme ailleurs, les nazis jouèrent volontiers la carte communautaire du moment qu'elle servait leurs fins : les prisonniers flamingants furent libérés en 1940, dès la cessation des hostilités, tandis que les Wallons francophones restèrent dans des camps de prisonniers de guerre tout au long du conflit.

En France et en Belgique, comme en Norvège, la résistance contre les Allemands fut bien réelle, surtout dans les deux dernières années de l'Occupation, quand les efforts nazis pour astreindre des jeunes hommes au travail forcé en Allemagne en poussèrent beaucoup à prendre le maquis, qui leur apparaissait comme un moindre risque. Mais ce n'est qu'à la fin même de l'Occupation que le nombre de résistants actifs dépassa les effectifs des ceux qui collaborèrent avec les nazis par conviction, vénalité ou intérêt égoïste : en France, on a pu estimer que le nombre probable d'hommes et de femmes pleinement engagés avait été le même dans les deux camps, entre 160 et 170 000 tout au plus. Et, les Allemands étant largement absents, ils furent bien souvent les uns pour les autres leur principal ennemi.

En Italie, la situation était plus compliquée. Les fascistes étaient au pouvoir depuis vingt ans quand Mussolini fut renversé par une révolution de palais en juillet 1943. Peut-être est-ce la raison pour laquelle il y eut peu de résistance locale au régime ; les antifascistes actifs étaient pour la plupart exilés. Après septembre 1943, quand le pays devint officiellement « cobelligérant » du côté allié, le Nord du pays sous occupation allemande fut déchiré entre un régime fantoche – la « République de Salò » de Mussolini – et une petite mais courageuse résistance de partisans coopérant avec les armées alliées en marche et parfois soutenue par elles.

Mais ici aussi ce que les deux camps présentèrent comme une majorité d'Italiens sensés aux prises avec une bande marginale de terroristes meurtriers de mèche avec une puissance étrangère fut, dans les années 1943-1945, une authentique guerre civile, avec des nombres significatifs d'Italiens engagés de part et d'autre. Les fascistes de Salò étaient en vérité les collaborateurs peu représentatifs d'un occupant brutal, mais ils pouvaient à l'époque compter sur un soutien qui n'est pas négligeable, et certainement pas sensiblement inférieur à celui de leurs adversaires les plus acharnés : les partisans conduits par les communistes. La résistance antifasciste ne fut en réalité qu'un aspect d'une lutte entre Italiens, dont le souvenir fut opportunément occulté dans les décennies d'après-guerre.

En Europe de l'Est, les choses étaient encore plus compliquées. Les Slovaques et les Croates profitèrent de la présence allemande pour instaurer des États théoriquement indépendants en accord avec les projets chers aux partis séparatistes d'avant-guerre. En Pologne, les Allemands ne cherchaient pas des collaborateurs ; mais plus au nord, dans les États Baltes et même en Finlande, la Wehrmacht fut initialement bien accueillie comme solution de rechange à l'occupation et à l'absorption par l'Union soviétique. Les Ukrainiens, en particulier, firent de leur mieux pour tirer partie de l'occupation allemande après 1941 afin d'asseoir une indépendance qu'ils recherchaient de longue date, et les terres de la Galicie orientale et de l'Ukraine occidentale virent un conflit civil meurtrier entre partisans ukrainiens et polonais sous l'égide d'une guerre de partisans aussi bien antinazie qu'antisoviétique. Dans ces conditions, les belles distinctions entre guerre idéologique, conflit intercommunautaire et lutte pour l'indépendance politique perdirent leur sens, singulièrement pour les populations locales qui étaient dans tous les cas les principales victimes.

Polonais et Ukrainiens se battirent avec ou contre la Wehrmacht, l'Armée rouge et les uns avec les autres suivant les moments et les endroits. En Pologne, ce conflit, qui après 1934, se métamorphosa en guerre de guérilla contre l'État communiste, coûta la vie à quelque 30 000 Polonais dans les années 1945-1948. Dans l'Ukraine sous occupation soviétique, le dernier chef des partisans, Roman Choukevitch, fut tué près de Lviv en 1950, bien que des activités antisoviétiques sporadiques aient persisté quelques années encore, notamment en Ukraine et en Estonie.

C'est cependant dans les Balkans que la Seconde Guerre mondiale fut vécue, par-dessus tout, comme une guerre civile, de surcroît singulièrement meurtrière. En Yougoslavie, le sens des étiquettes conventionnelles – collaborateur, résistant – était particulièrement opaque. Comment qualifier Draûa Mihajlovič, le chef serbe des partisans tchetniks[10] ? Était-il un patriote ? Un résistant ? Un collaborateur ? Qu'est-ce qui poussait les hommes à se battre ? La résistance contre l'occupant (allemand, italien) ? Le désir de prendre leur revanche sur les ennemis politiques intérieurs de l'État yougoslave de l'entre-deux-guerres ? Des conflits interethniques entre Serbes, Croates et musulmans ? Des objectifs pro- ou anticommunistes ? Pour beaucoup, entrait en ligne de compte plus d'un mobile.

Ainsi, le régime oustachi d'Ante Pavelic, dans l'État fantoche de Croatie, massacra Serbes (bien plus de 200 000) et musulmans. Mais les partisans royalistes de Mihajlovič, (pour la plupart serbes) tuèrent aussi des musulmans. Pour cette raison, sinon pour d'autres, les musulmans de Bosnie coopérèrent parfois avec les armées allemandes pour se défendre. Alors que leur objectif stratégique était de débarrasser la Yougoslavie des forces allemandes et italiennes, les partisans communistes de Tito consacrèrent du temps et des moyens à détruire d'abord les Tchetniks – et notamment parce que c'était un objectif à leur portée. Écrivant une décennie plus tard et déjà revenu de ses illusions sur l'issue des batailles entre partisans et Tchetniks dans lesquelles

10. Les partisans « tchetniks » du temps de guerre furent ainsi baptisés du nom d'une bande de guérilleros montagnards qui avaient combattu les dirigeants ottomans de la Serbie au XVIIIe siècle.

lui-même avait joué un rôle héroïque, Milovan Djilas témoigna de la véritable expérience de la guerre et de la résistance dans la Yougoslavie occupée. « Des heures durant, les deux armées escaladèrent des ravins rocailleux pour échapper à l'anéantissement ou détruire un petit groupe de leurs compatriotes, souvent des voisins, sur quelque pic saillant à 1 800 mètres d'altitude, dans un pays captif, affamé et blessé. Et on se disait : voilà ce qu'étaient devenues toutes nos théories et visions de la lutte des ouvriers et des paysans contre la bourgeoisie. »

Plus au sud, la Grèce, comme la Yougoslavie, vécut la Seconde Guerre mondiale comme un cycle d'invasion, d'occupation, de résistance, de représailles et de guerre civile, dont le point culminant fut cinq semaines d'affrontements à Athènes, entre les communistes et les forces britanniques soutenues par les royalistes en décembre 1944, avant la conclusion d'un armistice en février 1945. Mais les combats reprirent en 1946 pour durer encore trois ans lorsque les communistes se firent chasser de leurs bastions dans le nord montagneux. S'il n'est pas douteux que la résistance grecque aux Italiens et aux Allemands fut plus efficace que les mouvements de résistance mieux connus de France et d'Italie – dans les seules années 1943-1944 elle tua ou blessa plus de 6 000 soldats allemands –, elle fit bien plus mal encore aux Grecs eux-mêmes. La guérilla KKE (communiste) et le gouvernement du roi, installé à Athènes et soutenu par les Occidentaux, terrorisèrent les villages, détruisirent les voies de communication et divisèrent le pays pour plusieurs décennies. À la fin des combats, en septembre 1949, 10 % de la population était sans foyer. La guerre civile grecque n'avait pas toute la complexité ethnique des combats en Yougoslavie et en Ukraine[11] ; sur le plan humain, cependant, elle fut encore plus coûteuse.

L'impact dans l'après-guerre de ces guerres civiles européennes fut immense. Très simplement, elles signifient que la guerre en Europe ne s'arrêta pas en 1945, avec le départ des Allemands. C'est là un des traits traumatiques caractéristiques de la guerre civile : après même que l'ennemi est défait, il reste sur place ; et avec lui, la mémoire du conflit. Mais les luttes fratricides de ces années-là eurent un autre effet. Avec la brutalité sans précédent des occupations nazies, puis soviétiques, elles corrodèrent le tissu même de l'État européen. Après elles, rien ne serait jamais pareil. Au sens le plus fort d'une expression dont on a usé et abusé, elles transformèrent la Seconde Guerre mondiale – la guerre de Hitler – en révolution sociale.

Pour commencer, l'occupation en série du territoire par des puissances étrangères éroda inévitablement l'autorité et la légitimité des dirigeants

11. Pas toute la complexité, mais, par opportunisme, les communistes grecs soutinrent l'annexion des régions ethniquement slaves de la Grèce du Nord par la Bulgarie communiste – ce qui ne servit guère leur cause.

locaux. Alors qu'il était soi-disant autonome, le régime de Vichy – comme l'État slovaque du père Józef Tiso ou le régime oustachi de Pavelic, à Zagreb – était un agent dépendant de Hitler, et la plupart des gens le savaient. Au niveau municipal, les autorités locales collaboratrices de Hollande ou de Bohême conservaient une certaine marge d'initiative, mais à condition seulement d'éviter de contrarier leurs maîtres allemands. Plus à l'est, les nazis, puis les Soviétiques remplacèrent les institutions préexistantes par des hommes et un appareil à eux, sauf quand il leur parut utile d'exploiter un temps à leur avantage les divisions et ambitions locales. Paradoxalement, seuls conservèrent un degré de réelle indépendance locale, tout au moins jusqu'en 1944, les pays alliés aux nazis – Finlande, Bulgarie, Roumanie et Hongrie – et donc libres de se gouverner eux-mêmes.

À l'exception de l'Allemagne et du cœur de l'Union soviétique, chaque État d'Europe continentale impliqué dans la Seconde Guerre mondiale fut occupé au moins deux fois : d'abord par ses ennemis, puis par les armées de libération. Certains pays – la Pologne, les États baltes, la Grèce et la Yougoslavie – furent occupés trois fois en cinq ans. À chaque nouvelle invasion, le régime précédent fut détruit, son autorité démantelée et ses élites réduites. Dans certains endroits, il en résulta une table rase, toutes les anciennes hiérarchies ayant été discréditées et leurs représentants compromis. En Grèce, par exemple, le dictateur d'avant-guerre, Metaxas, avait balayé l'ancienne classe parlementaire. Les Allemands éliminèrent Metaxas. Puis les Allemands furent à leur tour chassés, et ceux qui avaient collaboré avec eux se retrouvèrent vulnérables et en disgrâce.

Le changement le plus dramatique fut peut-être la liquidation des anciennes élites économiques et sociales. L'extermination des Juifs d'Europe par les nazis ne fut pas seulement dévastatrice en soi. Elle fut grosse de conséquences sociales pour les nombreuses villes et cités d'Europe centrale où les Juifs avaient constitué la classe locale des professions libérales : médecins, avocats, hommes d'affaires, professeurs. Plus tard, souvent dans les mêmes villes, une autre partie importante de la bourgeoisie locale – les Allemands – fut à son tour écartée. Le paysage social en fut transformé de fond en comble, donnant l'occasion aux Polonais, aux Baltes, aux Ukrainiens, aux Slovaques, aux Hongrois et à d'autres de prendre la place (voire la maison) des disparus.

Ce processus de nivellement, par lequel les populations natives d'Europe centrale et orientale prirent la place des minorités bannies, fut la contribution la plus durable de Hitler à l'histoire sociale européenne. Le plan allemand avait été de détruire les Juifs ainsi que l'intelligentsia locale de Pologne et d'Union soviétique occidentale, de réduire le reste des peuples slaves à un nouveau servage, et de placer le territoire et le gouvernement entre les mains d'Allemands réinstallés. Mais, avec l'arrivée de l'Armée rouge et l'expulsion des Allemands, la nouvelle situation se révéla singulièrement bien adaptée aux projets plus véritablement radicaux des Soviétiques.

Une raison en était que les années d'occupation avaient connu non seulement une mobilité sociale rapide et meurtrière, mais aussi l'effondrement total de la loi et des habitudes de vie dans un État de droit. On aurait tort d'imaginer que l'occupation allemande de l'Europe continentale fut un temps de pacification et d'ordre sous l'œil d'un pouvoir omniscient et doué d'ubiquité. Même en Pologne, de tous les territoires occupés le plus policé et réprimé, la société continua de fonctionner en défiant les nouveaux maîtres : les Polonais se constituèrent un monde clandestin parallèle de journaux, d'écoles, d'activités culturelles, de services sociaux, d'échanges économiques et même une armée – toutes activités interdites par les Allemands et menées hors la loi au prix de gros risques personnels.

Mais c'est là, précisément, l'essentiel. Vivre normalement dans l'Europe occupée voulait dire enfreindre la loi : en tout premier lieu, les lois des occupants (couvre-feu, réglementation des voyages, lois raciales, etc.), mais aussi les lois et normes traditionnelles. La plupart des gens ordinaires qui n'avaient pas accès aux produits agricoles étaient obligés, par exemple, de recourir au marché noir ou de pratiquer illégalement le troc à seule fin de nourrir leurs familles. Le vol – au détriment de l'État, d'un concitoyen ou d'un magasin juif pillé – était si répandu qu'aux yeux de bien des gens il cessa d'être un crime. En vérité, alors que des gendarmes, des policiers et des maires représentaient et servaient l'occupant, et avec les forces d'occupation elles-mêmes qui pratiquaient une criminalité organisée aux dépens de populations civiles sélectionnées, des félonies ordinaires se transformaient en actes de résistance (quoique souvent dans l'optique rétrospective de l'après-libération).

Par-dessus tout, la violence devint un aspect courant de la vie quotidienne. L'autorité ultime de l'État moderne avait toujours reposé, *in extremis*, sur son monopole de la violence et son empressement à recourir à la force en cas de nécessité. Dans l'Europe occupée, cependant, l'autorité était fonction de la seule force, déployée sans inhibition. Assez curieusement, c'est précisément dans ces conditions que l'État *perdit* son monopole de la violence. Groupes de partisans et armées se disputèrent une légitimité déterminée par leur capacité à imposer leur ordre dans un territoire donné. C'était on ne peut plus vrai dans les régions les plus reculées de la Grèce, du Monténégro et des marches orientales de la Pologne, où l'autorité des États modernes n'avait jamais été très ferme. À la fin de la Seconde Guerre mondiale, cela valait aussi dans certaines parties de la France et de l'Italie.

La violence engendra le cynisme. En tant que forces d'occupation, nazis et soviétiques précipitèrent une guerre de tous contre tous. Ils ne découragèrent pas simplement l'allégeance à l'autorité défunte du régime ou de l'État précédent, mais aussi tout sentiment de civilité ou lien entre individus, et dans l'ensemble ils y réussirent. Si la puissance dominante se conduisait brutalement ou illégalement envers votre voisin – parce qu'il était juif, membre d'une élite éduquée ou d'une minorité ethnique, qu'il n'avait pas la faveur du régime, voire sans raison évidente –, pourquoi lui témoigner soi-même un tant soit peu plus de respect ? En vérité, il était souvent prudent d'en rajouter et d'essayer de gagner préventivement les faveurs des autorités en attirant des ennuis à ses voisins.

Jusqu'à la fin, dans toute l'Europe occupée par les Allemands (et même non occupée), les dénonciations anonymes, les accusations personnelles et les simples rumeurs allèrent bon train. Entre 1940 et 1944, on enregistra des nombres immenses de dénonciations à la SS, à la Gestapo et à la police locale en Hongrie, en Norvège, aux Pays-Bas et en France. Souvent, ce n'était même pas pour une récompense ou un gain matériel. Sous domination soviétique, aussi – notamment dans la Pologne orientale occupée par les Soviétiques de 1939 à 1941 –, l'encouragement de style jacobin prodigué aux délateurs et l'habitude révolutionnaire (française) de semer le doute sur la loyauté des autres sévirent sans retenue.

Bref, tout le monde avait de bonnes raisons d'avoir peur de tout le monde. Soupçonneux envers les mobiles des autres, d'aucuns s'empressaient de les dénoncer pour quelque déviation présumée ou avantage illicite. Il n'y avait aucune protection à attendre d'en haut : en fait, les hommes au pouvoir étaient souvent ceux qui bafouaient le plus la légalité. Pour la plupart des Européens, dans les années 1939-1945, les *droits* – civils, légaux, politiques – n'existaient plus. L'État cessa d'être le dépositaire de la loi et de la justice ; bien au contraire, sous l'Ordre nouveau de Hitler, le gouvernement devint lui-même le premier des prédateurs. L'attitude des nazis envers la vie est à juste titre tristement célèbre, mais leur façon de traiter les *biens* pourrait bien être leur legs pratique le plus important à la forme du monde de l'après-guerre.

Sous l'occupation allemande, le droit de propriété était au mieux contingent. Les Juifs de l'Europe furent purement et simplement dépouillés de leur argent et de leurs biens, de leurs foyers, de leurs boutiques et de leurs affaires. Les nazis, les collaborateurs et leurs amis se partagèrent les dépouilles, pour laisser le résidu exposé au pillage ou au vol de la communauté locale. Mais la mise sous séquestre et la confiscation étaient loin de concerner les seuls Juifs. Le « droit » de possession devait paraître fragile, souvent dénué de sens, reposant exclusivement sur la bonne volonté, les intérêts ou les caprices des puissants.

Dans cette série radicale de transactions involontaires, il y eut des gagnants aussi bien que des perdants. Les Juifs et autres victimes ethniques disparus, les voisins pouvaient occuper leurs commerces et leurs appartements ; leurs outils, leur mobilier et leur garde-robe finirent entre les mains de nouveaux propriétaires, qui les confisquèrent ou les volèrent. Ce processus alla plus loin encore dans la « zone de tuerie », d'Odessa à la Baltique, mais il se produisit partout : à Prague ou à Paris, en 1945, les survivants des camps de concentration trouvèrent souvent à leur retour leur maison occupée par des « squatters » du temps de guerre, qui firent valoir hargneusement leurs droits et refusèrent de partir. De cette façon, des centaines de milliers de gens ordinaires – Hongrois, Polonais, Tchèques, Hollandais, Français et autres – se rendirent complices du génocide nazi, ne serait-ce qu'en en bénéficiant.

Dans tous les pays occupés, des usines, des véhicules, de la terre, des machines et des produits finis furent expropriés sans indemnité au bénéfice des nouveaux dirigeants dans le cadre de ce qui équivalait à une nationalisation générale *de facto*. En Europe centrale et orientale, notamment, les nazis mirent au service de leur économie de guerre de grandes holdings privées ainsi qu'un certain nombre d'institutions financières. Ce ne fut pas toujours une rupture radicale avec ce qui précédait. Le désastreux repli autarcique de la région après 1931 avait impliqué un fort degré d'intervention et de manipulation de l'État, et en Pologne, en Hongrie et en Roumanie, le secteur économique public avait considérablement augmenté dans l'immédiat avant-guerre et dans les premières années du conflit, en guise de mesure de défense préventive contre la pénétration économique allemande. En Europe orientale, l'économie dirigée n'a pas commencé en 1945.

Après la guerre, la dépossession des populations allemandes, de la Pologne jusqu'à la Yougoslavie, acheva la transformation radicale amorcée avec l'élimination des Juifs par les Allemands. De nombreux Allemands de souche des Sudètes, de Silésie, de Transylvanie et du Nord de la Yougoslavie possédaient un important patrimoine terrien. Quand l'État le saisit à des fins de redistribution, l'impact fut immédiat. En Tchécoslovaquie, les biens et propriétés confisqués aux Allemands et à leurs collaborateurs équivalaient à un quart de la richesse nationale, tandis que la seule redistribution de terre agricole bénéficia à plus de 300 000 paysans, ouvriers agricoles et à leurs familles. On ne saurait qualifier des changements d'une telle ampleur autrement que de révolutionnaires. Comme la guerre elle-même, ils représentèrent une césure radicale, une rupture claire avec le passé, ainsi qu'une préparation à des changements à venir encore plus importants.

Dans l'Europe *occidentale* libérée, il n'y avait guère de biens allemands à redistribuer et la guerre n'avait pas été vécue tout à fait comme le cataclysme qu'elle fut plus à l'est. Là aussi, cependant, la légitimité des autorités constituées fut remise en cause. En France, en Norvège et dans les pays du Benelux, les administrations locales ne s'étaient pas couvertes de gloire. Dans l'ensemble, au contraire, elles s'étaient inclinées avec alacrité face aux injonctions de l'occupant. En 1941, les Allemands pouvaient diriger la Norvège occupée avec une administration de 896 hommes seulement. De même, il suffit aux nazis de 1 500 des leurs pour administrer la France. Ils étaient tellement sûrs de la fiabilité de la police et des milices françaises que, outre leur personnel administratif, ils se contentèrent d'un contingent de 6 000 policiers allemands, civils ou militaires, pour dicter leur loi à un pays de 35 millions d'habitants. Il en va de même aux Pays-Bas. Dans son témoignage de l'après-guerre, le chef de la sécurité allemande à Amsterdam affirma que la « police hollandaise avait été le principal soutien des forces allemandes dans le secteur de la police et au-delà. Sans elle, l'occupation allemande n'aurait pu même accomplir 10 % de ses tâches ». Il suffit de comparer cette situation à celle de la Yougoslavie, qui nécessita l'attention indéfectible de plusieurs divisions allemandes à seule fin de contenir les partisans armés[12].

C'était là une première différence entre l'Europe occidentale et l'Europe orientale. Une seconde était le traitement infligé par les nazis aux pays occupés. Les Norvégiens, les Danois, les Hollandais, les Belges, les Français et, après septembre 1943, les Italiens furent tout à la fois humiliés et exploités. Mais à moins qu'ils ne fussent juifs, communistes ou résistants d'une manière ou d'une autre, dans l'ensemble les nazis les laissaient tranquilles. En conséquence, les populations libérées d'Europe occidentale pouvaient imaginer revenir à quelque chose qui ressemblait au passé. En vérité, grâce à l'interlude nazi, même les démocraties parlementaires de l'entre-deux-guerres semblaient désormais un peu moins miteuses : Hitler était parvenu à discréditer au moins une solution de rechange radicale au pluralisme politique et à l'État de droit. Les populations épuisées de l'Europe continentale occidentale aspiraient par-dessus tout à l'apparat de la vie ordinaire dans un État convenablement réglementé.

Dans les États d'Europe occidentale récemment libérés, la situation était alors passablement mauvaise. Mais en Europe centrale, pour citer les propos de John J. McCloy de l'US Control Commission, en Allemagne, régnait un « total effondrement économique, social et politique [...] dont l'ampleur est sans parallèle dans l'histoire, à moins de remonter à l'effondrement de l'Empire romain ». McCloy parlait de l'Allemagne, où les gouvernements militaires alliés durent tout construire à partir de rien : loi, ordre public, services, communications, administration. Mais au moins en avaient-ils les moyens. Plus à l'est, les choses étaient encore pires.

C'est donc Hitler, au moins autant que Staline, qui enfonça un coin dans le continent et le divisa. Entre l'histoire de l'Europe centrale – des territoires de l'Empire allemand et de l'Empire des Habsbourg, des parties septentrionales du vieil Empire ottoman et même des territoires les plus à l'ouest des tsars de Russie –, et celle des États-nations de l'Ouest, il y avait toujours eu

12. Notons cependant qu'en 1942 1 900 bureaucrates seulement suffisaient à diriger le Protectorat de Bohême. À cet égard comme à d'autres, la Tchécoslovaquie était au moins en partie occidentale.

une différence de degré, mais pas nécessairement de nature. Avant 1939, Hongrois, Roumains, Tchèques, Polonais, Croates et Baltes pouvaient considérer avec envie les habitants plus chanceux de la France et des Pays-Bas, mais ils ne voyaient aucune raison de ne pas aspirer à leur tour à une prospérité et à une stabilité semblables. Les Roumains rêvaient de Paris. En 1937, l'économie tchèque donnait de meilleurs résultats que celle de l'Autriche voisine et faisait concurrence à la Belgique.

La guerre devait tout changer. À l'est de l'Elbe, les Soviétiques et leurs représentants locaux héritèrent d'un sous-continent où une rupture radicale avec le passé était déjà intervenue. Ce qui n'était pas totalement discrédité était désormais irrémédiablement endommagé. Les gouvernements en exil d'Oslo, de Bruxelles ou de La Haye pouvaient rentrer de Londres et espérer retrouver l'autorité légitime qu'ils avaient été contraints d'abandonner en 1940. En revanche, les anciens dirigeants de Bucarest et de Sofia, de Varsovie, de Budapest et même de Prague n'avaient aucun avenir : la violence transformatrice des nazis avait balayé leur monde. Il ne restait qu'à décider de la forme politique du nouvel ordre appelé à remplacer maintenant un passé qu'il n'était plus possible de retrouver.

II

Châtiment

« Pendant la guerre, Belges, Français et Hollandais avaient été amenés à croire que leur devoir patriotique était de tricher, de mentir, de recourir au marché noir, de salir et de frauder : autant d'habitudes profondément enracinées après cinq ans. »

Paul-Henri Spaak, ministre belge des Affaires étrangères

« La vengeance est vaine, mais certains hommes n'avaient pas leur place dans le monde qu'on tentait de bâtir. »

Simone de Beauvoir

« Qu'une peine rude et juste soit infligée et exécutée : l'honneur de la nation l'exige et son plus grand traître le mérite. »

Résolution des organisations tchécoslovaques de résistance exigeant une condamnation sévère du père Józef Tiso (novembre 1946)

Pour être légitimes, s'ils voulaient revendiquer l'autorité d'États dûment constitués, les gouvernements de l'Europe libérée devaient faire un sort à l'héritage des régimes de guerre discrédités. Les nazis et leurs amis avaient été défaits, mais au vu de l'ampleur de leurs crimes, ce n'était manifestement pas suffisant. Si la légitimité des gouvernements de l'après-guerre tenait simplement à la victoire militaire sur le fascisme, en quoi valaient-ils mieux que les régimes fascistes du temps de guerre ? Il importait de définir les activités de ces derniers comme des crimes et de les punir en conséquence. Il y avait de bonnes raisons légales et politiques à cela, mais le désir de châtiment répondait aussi à une nécessité plus profonde. La plupart des Européens vécurent la Seconde Guerre mondiale non pas comme une guerre de mouvement et de bataille, mais comme une dégradation quotidienne, au cours de laquelle des hommes et des femmes furent trahis et humiliés, quotidiennement forcés d'accomplir de menus larcins et de s'avilir, et dans laquelle tout le monde perdit quelque chose et beaucoup perdirent tout.

De surcroît – et le contraste ici est marqué avec le souvenir encore vivant de la Grande Guerre en bien des endroits –, en 1945 il n'y avait pas grand-chose dont on pût être fier et beaucoup dont on dût se sentir embarrassé et plus qu'un peu coupable. La plupart des Européens, on l'a vu, vécurent la guerre passivement : défaits et occupés par un ensemble d'étrangers, puis libérés par un autre. La seule source de fierté nationale collective était les mouvements de résistance armée des partisans qui avaient combattu l'envahisseur – et c'est bien pourquoi c'est en Europe occidentale, où la véritable résistance avait été le moins en évidence, que le mythe de la Résistance importa le plus. En Grèce, en Yougoslavie, en Pologne ou en Ukraine, où bon nombre de vrais partisans avaient affronté les forces d'occupation et s'étaient entredéchirés sur le terrain, les choses étaient, comme d'habitude, plus compliquées.

Dans la Pologne libérée, par exemple, les autorités soviétiques ne virent pas d'un très bon œil la louange publique des partisans armés, dont les sentiments étaient au moins aussi anticommunistes qu'antinazis. Dans la Yougoslavie d'après-guerre, certains résistants étaient plus égaux que d'autres, tout au moins aux yeux du maréchal Tito et de ses combattants communistes victorieux. En Grèce comme en Ukraine, en 1945, les autorités locales raflaient, emprisonnaient ou exécutaient tous les partisans armés qu'elles pouvaient trouver.

Bref, la « résistance » était une catégorie protéiforme et nébuleuse, voire inventée. La « collaboration », en revanche, était une autre affaire. Les collaborateurs pouvaient être universellement identifiés et exécrés. Il y avait des hommes et des femmes qui avaient travaillé et couché avec l'occupant, associé leur destin à celui des nazis et des fascistes, qui, à la faveur de la guerre, s'étaient montrés assez opportunistes pour suivre leur avantage politique ou économique. Parfois, ils formaient une minorité, religieuse, nationale ou linguistique – et suscitaient donc déjà le mépris ou la crainte pour d'autres raisons ; et bien que la « collaboration » ne fût pas un crime préexistant défini par la loi et assorti de peines précises, on pouvait vraisemblablement accuser les collaborateurs de trahison, un crime bien réel qui appelait un châtiment d'une sévérité satisfaisante.

Le châtiment des collaborateurs, réels ou imaginaires, commença dès avant la fin des combats. De fait, il s'était poursuivi tout au long de la guerre, sur une base individuelle ou sur les instructions des organisations de la résistance clandestine. Mais dans l'intervalle entre la retraite des armées allemandes et l'instauration d'un contrôle effectif par les gouvernements alliés, les frustrations populaires et vendettas personnelles, souvent colorées d'opportunisme politique et d'avantages économiques, débouchèrent sur un épisode bref mais sanguinaire de règlements de comptes. En France, quelque 10 000 personnes furent tuées dans le cadre de procédures « extrajudiciaires », pour beaucoup par des bandes indépendantes de résistants armés, notamment les Milices patriotiques, qui raflaient les collaborateurs présumés, s'emparaient de leurs biens et souvent les exécutaient sans autre forme de procès.

Près d'un tiers des personnes ainsi exécutées furent éliminées avant le débarquement du 6 juin 1944 en Normandie, et la plupart des autres tombèrent au cours des quatre mois suivants de combats sur le sol français. Reste que ces chiffres sont assez bas au regard du niveau de la haine et de la suspicion mutuelles régnant en France après quatre années d'Occupation et de régime pétainiste à Vichy ; nul ne fut surpris des représailles ; la France, observa le vieil Édouard Herriot, ancien président du Conseil, devra en passer par « un bain de sang » avant que les républicains ne puissent reprendre les rênes du pouvoir.

Le même sentiment régnait en Italie, où les représailles et châtiments officieux, surtout en Émilie-Romagne et en Lombardie, se soldèrent par un bilan proche de 15 000 morts dans les derniers mois de la guerre – et se poursuivirent, sporadiquement, pendant au moins trois ans encore. Ailleurs, en Europe occidentale, le bain de sang fut bien plus modeste : en Belgique, près de 265 hommes et femmes furent lynchés ou exécutés de cette façon ; aux Pays-Bas, moins de 100. Mais d'autres formes de vengeance étaient cependant largement répandues. Les accusations contre les femmes, contre ce que les cyniques appelaient déjà la « collaboration horizontale », allaient bon train : aux Pays-Bas, les *moffenmeiden* étaient enduites de goudron et de plumes, et la France entière vit des scènes de femmes dénudées et rasées sur la place publique, souvent le jour même de la Libération ou très peu de temps après.

La fréquence avec laquelle des femmes furent accusées – souvent par d'autres femmes – d'avoir frayé avec les Allemands est révélatrice. Il y avait un fond de vérité dans nombre de ces accusations : offrir des services sexuels en échange de vivres ou de vêtements, ou encore d'une forme ou d'une autre d'aide personnelle était une issue, souvent la seule, offerte à des femmes et à des familles dans une situation désespérée. Mais la popularité de l'accusation et le plaisir vindicatif pris au châtiment viennent rappeler que, pour les hommes comme pour les femmes, l'Occupation fut vécue par-dessus tout comme une humiliation. Jean-Paul Sartre devait plus tard décrire la collaboration en termes singulièrement sexuels, comme une « soumission » au pouvoir de l'occupant et plus d'un roman français des années 1940 dépeint les collaborateurs à travers des personnages de femmes ou d'hommes faibles (« efféminés »), séduits par les charmes masculins de leurs maîtres teutoniques. Se venger violemment des femmes perdues était une façon de dépasser le souvenir gênant d'une impuissance personnelle et collective.

Les actes anarchiques de violence vengeresse furent également très répandus dans l'Europe orientale libérée, mais ils prirent une autre forme. À l'Ouest, les Allemands avaient activement recherché des collaborateurs ; dans les territoires slaves occupés, ils dirigèrent directement et par la force. La seule collaboration qu'ils eussent encouragée durablement était celle des séparatistes locaux, et encore uniquement du moment qu'elle servait leurs fins. Aussi, dès que les Allemands battirent en retraite, les premières victimes de châtiments spontanés à l'Est furent les minorités ethniques. Les forces soviétiques et leurs alliés locaux ne firent rien pour les décourager. Bien au contraire, les règlements de comptes spontanés (quoique parfois sollicités) contribuèrent à achever l'élimination des élites et hommes politiques locaux susceptibles de contrarier les ambitions communistes pour l'après-guerre. En Bulgarie, par exemple, le tout nouveau Front patriotique encouragea le châtiment officieux des collaborateurs, toutes nuances confondues, brandissant l'accusation de « sympathisant fasciste » à tout bout de champ et invitant à dénoncer quiconque était soupçonné de sentiments pro-occidentaux.

En Pologne, les Juifs furent souvent la principale cible de la vengeance populaire : 150 furent tués dans la Pologne libérée dans les quatre premiers mois de 1945. En avril 1946, le bilan approchait 1 200. Des attaques à moindre échelle eurent lieu en Slovaquie (à Velké Topolcany), en septembre 1945, et à Kunmadaras (Hongrie) en mai 1946, mais le pire des pogroms fut celui de Kielce, en Pologne, le 4 juillet 1946, où 42 Juifs furent massacrés et beaucoup d'autres blessés à la suite d'une rumeur d'enlèvement et de meurtre rituel d'un enfant du pays. En un sens, il s'agit là aussi de représailles contre des collaborateurs, car aux yeux de beaucoup de Polonais (y compris d'anciens partisans antinazis), les Juifs étaient suspectés de sympathie envers les occupants soviétiques.

Le nombre exact de personnes tuées dans l'Europe de l'Est sous occupation soviétique, ou en Yougoslavie, dans les premiers mois d'épuration et de tuerie « non autorisée » demeure inconnu. Mais nulle part le règlement de comptes sauvage ne dura très longtemps. Il n'était pas dans l'intérêt de nouveaux gouvernements fragiles, loin d'être universellement acceptés et souvent réellement de fortune, de laisser des bandes armées écumer les campagnes, arrêter, tuer et torturer à volonté. La première tâche des nouvelles autorités était d'affirmer leur monopole de la force, leur légitimité et les institutions de la justice. Si quelqu'un devait être arrêté et accusé de crimes commis au cours de l'Occupation, la responsabilité en incombait aux autorités appropriées. S'il devait y avoir des procès, ils devaient se faire dans le respect de la légalité. Si le sang devait couler, ce devait être l'affaire exclusive de l'État. Cette transition se produisit dès que les nouveaux pouvoirs se sentirent assez forts pour désarmer les anciens partisans, imposer l'autorité de leur police et tempérer les demandes populaires de peines sévères et de châtiments collectifs.

Le désarmement des résistants suscita étonnamment peu de contentieux, tout au moins en Europe centrale et occidentale. On ferma les yeux sur les meurtres et les crimes déjà commis dans la frénésie des mois de libération : le gouvernement belge proclama une amnistie de tous les délits commis par et au nom de la Résistance pendant une période de quarante et un jours après la date officielle de la libération du pays. Mais, pour tous, il allait de soi que les institutions gouvernementales qui venaient d'être reconstituées devaient prendre en charge le châtiment des coupables.

C'est ici que commencèrent les problèmes. Qu'était-ce qu'un « collaborateur » ? Avec qui avait-il collaboré et à quelle fin ? Au-delà des cas flagrants de meurtre ou de vol, de quoi les « collaborateurs » étaient-ils coupables ?

Quelqu'un devait payer pour la souffrance de la nation, mais comment définir cette souffrance et à qui pouvait-on en assigner la responsabilité ? La forme de ces énigmes varia d'un pays à l'autre, mais le dilemme général était commun : l'expérience européenne des six années passées était sans précédent.

En premier lieu, toute loi traitant des actions des collaborateurs avec les Allemands serait nécessairement rétroactive : avant 1939, le crime de « collaboration avec l'occupant » était inconnu. Par le passé, il y avait eu des guerres dans lesquelles les armées d'occupation cherchaient et obtenaient la coopération de la population dont elles avaient envahi le territoire, mais sauf dans des cas très particuliers – comme celui des nationalistes flamands dans la Belgique sous occupation allemande dans les années 1914-1918 –, on n'y voyait pas une invitation au crime, mais tout simplement un aspect des dommages collatéraux de la guerre.

Le crime de collaboration ne tombait sous le coup de la législation existanteque que dans un seul cas, on l'a vu : quand on pouvait l'assimiler à une trahison. Pour prendre un exemple représentatif, beaucoup de collaborateurs en France – quoi qu'il en soit de leur comportement dans le détail – furent traduits en justice et condamnés en vertu de l'article 75 du Code pénal de 1939, pour « intelligence avec l'ennemi ». Or les hommes et les femmes traduits devant des tribunaux français avaient souvent travaillé non pas pour les nazis, mais plutôt avec le régime de Vichy, conduit et administré par des Français et apparemment héritier légitime de l'État français d'avant-guerre. Ici, comme en Slovaquie, en Croatie, dans le Protectorat de Bohême, la République sociale mussolinienne de Salò, la Roumanie du maréchal Ion Antonescu et la Hongrie du temps de guerre, les collaborateurs pouvaient protester, et ils ne s'en privèrent pas, qu'ils n'avaient fait que travailler pour ou avec les autorités de leur propre État.

Dans le cas des hauts responsables de la police ou des hauts fonctionnaires qui étaient manifestement coupables d'avoir servi les intérêts nazis *via* les régimes fantoches qui les employaient, cette défense était au mieux insincère. Mais les moins haut placés, sans parler des milliers de justiciables accusés d'avoir accepté un emploi dans ces régimes ou dans des organismes et des entreprises qui travaillaient avec eux, pouvaient faire valoir une authentique confusion. Était-il juste, par exemple, d'accuser quelqu'un d'avoir appartenu après mai 1940 à un parti politique qui avait été légalement représenté au Parlement avant la guerre, mais qui était ensuite passé à la collaboration avec les Allemands sous l'Occupation ?

Les gouvernements français, belges et norvégiens en exil avaient essayé d'anticiper ces dilemmes en promulguant pendant la guerre des décrets les avertissant des rudes châtiments qui les attendaient après la guerre. Mais ceux-ci visaient à dissuader de coopérer avec les nazis, sans traiter des questions plus vastes de jurisprudence et d'équité. Par-dessus tout, ils ne pouvaient résoudre d'avance le problème de l'appréciation de la responsabilité individuelle ou collective. En 1944-1945, l'avantage politique dictait de faire endosser la responsabilité absolue des crimes de guerre et des crimes de collaboration à des catégories prédéterminées de gens : membres de certains partis politiques et d'organisations militaires ou gouvernementales. Mais cette procédure épargnait encore de nombreux individus dont le châtiment était largement demandé ; elle incluait des gens dont le principal crime était l'inertie ou la lâcheté ; et, par-dessus tout, elle impliquait une forme d'inculpation collective, chose anathème à la plupart des juristes européens.

Ce sont plutôt des individus qui furent traduits en justice, avec des résultats très variables suivant les époques et les lieux. Beaucoup d'hommes et de femmes furent injustement montrés du doigt et châtiés, alors que beaucoup échappèrent à toute rétribution. Il y eut de multiples irrégularités de procédure et paradoxes, et les mobiles des gouvernements, des procureurs et des jurés étaient loin d'être sans tache – contaminés qu'ils étaient par l'intérêt personnel, le calcul politique ou l'émotion. L'issue fut imparfaite. Mais comme nous évaluons les procédures criminelles et la catharsis publique associée qui marqua la transition de la guerre à la paix en Europe, nous ne devons jamais perdre de vue le drame de ce qui s'était produit. Dans les conditions de 1945, il est déjà remarquable que l'État de droit ait pu être reproduit : après tout, jamais encore un continent entier n'avait cherché à définir un nouvel ensemble de crimes sur une telle échelle et à soumettre les criminels à quelque chose qui ressemblât à la justice.

Le nombre de gens châtiés, et l'échelle des condamnations, devait varier considérablement d'un pays à l'autre. En Norvège, dont la population atteignait tout juste les 3 millions, tous les adhérents du Nasjonal Sammlung, la principale organisation de collaborateurs pronazis, furent jugés, soit 55 000 personnes, auxquelles vinrent s'ajouter quelque 40 000 autres ; 17 000, hommes ou femmes, furent condamnés à des peines de prison ; sur trente condamnations à mort prononcées, vingt-cinq furent exécutées.

Nulle part ailleurs, les proportions ne furent aussi élevées. Aux Pays-Bas, 200 000 personnes firent l'objet d'une enquête ; près de la moitié furent incarcérées, dont certaines pour avoir fait le salut nazi ; 17 500 fonctionnaires perdirent leur emploi (mais les affaires, l'éducation et les professions libérales furent largement épargnées) ; 154 personnes furent condamnées à mort, dont quarante exécutées. La Belgique voisine prononça beaucoup plus de condamnations à mort (2 940), mais avec un pourcentage d'exécutions plus faible (242). Un nombre *grosso modo* comparable de collaborateurs fut incarcéré, mais alors que les Hollandais ne tardèrent pas à amnistier la plupart des condamnés, l'État belge les maintint en prison plus longtemps et les anciens collaborateurs convaincus de crimes graves ne retrouvèrent jamais la plénitude de leurs droits civils. Contrairement à un mythe vivace de l'après-guerre, la population flamande ne fut pas une cible disproportionnée des châtiments, mais en réprimant efficacement les partisans (pour la plupart flamands) de l'Ordre nouveau du temps de guerre, les élites belges d'avant-guerre – catholiques, socialistes et libérales – rétablirent leurs assises dans les Flandres comme en Wallonie.

Le contraste entre la Norvège, la Belgique, les Pays-Bas (et le Danemark), où les gouvernements légitimes s'étaient réfugiés en exil, et la France, où, pour beaucoup, le régime de Vichy *était* le gouvernement légitime, est suggestive. Au Danemark, le crime de collaboration était quasiment inconnu ; 374 Danois sur 100 000 n'en furent pas moins condamnés à la prison dans les procès d'après-guerre. En France, où la collaboration fut largement répandue, elle fut pour cette raison même châtiée assez légèrement. Puisque l'État luimême était le premier des collaborateurs, accuser les citoyens modestes du même crime paraissait une solution rude et de nature à semer la division – d'autant plus que, dans les procès des collaborateurs en France, trois juges sur quatre avaient été eux-mêmes au service de l'État collaborationniste. Finalement 94 personnes sur 100 000 – soit moins de 0,1 % de la population – allèrent en prison pour délits en temps de guerre. Sur les 38 000 personnes incarcérées, la plupart furent libérées en vertu de l'amnistie partielle de 1947 ; après l'amnistie de 1951, il n'en restait plus que 1 500 sous les verrous.

Au cours des années 1944-1951, la justice française prononça 6 763 condamnations à mort (dont 3 910 par contumace) pour trahison et crimes afférents, mais 791 seulement furent exécutées. La principale peine infligée aux collaborateurs français fut la « dégradation nationale », introduite le 26 août 1944, juste après la Libération de Paris, et dont Janet Flanner a donné cette description sardonique : « La dégradation nationale consistera à être privé de presque tout ce que les Français jugent bien, comme le droit de porter des décorations de guerre, le droit d'être avocat, notaire, enseignant dans le public, juge ou même témoin, le droit de diriger une maison d'édition, une radio ou une compagnie de cinéma ; et par-dessus tout le droit de diriger une compagnie d'assurance ou une banque. »

Cette peine toucha 49 723 Français, hommes et femmes. Onze mille fonctionnaires (1,3 % des employés de l'État, mais beaucoup moins que les 35 000 qui avaient perdu leur poste sous Vichy) furent écartés ou sanctionnés d'une autre manière, mais la plupart furent réintégrés dans les six ans. Au total, l'épuration, on le sait, toucha quelque 350 000 personnes, sans que la vie ou la carrière de la plupart d'entre eux n'en fût profondément affectée. Personne ne fut condamné pour ce que nous appellerions aujourd'hui des crimes contre l'humanité. La responsabilité de ceux-ci, comme des autres crimes de guerre, fut imputée aux seuls Allemands.

L'expérience italienne fut singulière, pour un certain nombre de raisons. Ancienne puissance de l'Axe, l'Italie n'en fut pas moins autorisée par les Alliés à organiser ses procès et son épuration : après tout, elle avait changé de camp en septembre 1943. En revanche, une ambiguïté considérable régnait autour des actes et des personnes à poursuivre. Alors qu'ailleurs en Europe la plupart des collaborateurs étaient par définition taxés de « fascisme », en Italie le mot recouvrait une clientèle par trop large et ambigüe. Ayant été gouverné par ses propres fascistes de 1922 à 1943, le pays fut d'abord libéré du pouvoir de Mussolini par l'un de ses maréchaux, Pietro Badoglio, dont le premier gouvernement antifasciste lui-même était largement composé d'anciens fascistes.

Le seul crime manifestement passible de poursuites était la collaboration avec l'ennemi après le 8 septembre 1943 (l'invasion allemande). De ce fait, la plupart des accusés le furent dans le Nord occupé et avaient eu des liens avec le gouvernement fantoche installé à Salò, sur le lac de Garde. Cible de toutes les railleries, le questionnaire « Étiez-vous fasciste ? » (la *Scheda personale*) mis en circulation en 1944 se focalisait précisément sur la différence entre les fascistes de Salò et les autres. Les sanctions contre les premiers reposaient sur le décret # 159, adopté en juillet 1944 par l'Assemblée provisoire et qui décrivait des « actes d'une gravité particulière qui, sans relever du crime, [étaient] contraires aux normes de la sobriété et de la décence politique ».

Cet obscur texte de loi était fait pour contourner la difficulté qu'il y avait à poursuivre des hommes et des femmes pour des actes commis alors qu'ils étaient employés par des autorités nationales reconnues. Mais la Haute Cour mise en place en septembre 1944 pour juger les prisonniers les plus importants se composait de juges et de magistrats qui, pour la plupart, étaient eux-mêmes d'anciens fascistes, tout comme le personnel des cours d'assises extraordinaires instituées pour juger les petits employés du régime collaborationniste. Dans ces conditions, les procédures n'étaient guère faites pour forcer le respect de la population dans son ensemble.

Comme il fallait s'y attendre, personne ne fut satisfait du résultat. En février 1946, 394 000 fonctionnaires avaient fait l'objet d'une enquête, et 1 580 seulement démis de leurs fonctions. La plupart des personnes interrogées protestèrent de leur *gattopardismo* (« guépardisme »), affirmant qu'ils avaient joué un subtil double jeu face aux pressions fascistes : après tout, l'appartenance au parti fasciste était obligatoire pour les fonctionnaires. Comme nombre de ceux qui posaient les questions auraient pu tout aussi bien se trouver de l'autre côté de la table, cette ligne de défense leur était fort sympathique. Après le procès d'une poignée de hauts dignitaires fascistes et de généraux sous les feux de la rampe, l'épuration promise du gouvernement et de l'administration tourna court.

La haute commission chargée de mener l'épuration à bien termina ses travaux en mars 1946 ; trois mois plus tard, étaient annoncées les premières amnisties, dont l'annulation de toutes les peines de prison de moins de cinq ans. La quasi-totalité des préfets, maires et bureaucrates d'échelon intermédiaire épurés dans les années 1944-1945 devaient retrouver leurs postes ou échapper aux amendes imposées, et, pour la plupart, les quelque 50 000 Italiens incarcérés pour activités fascistes passèrent peu de temps en prison[1]. Tout au plus 50 personnes furent judiciairement exécutées pour leurs crimes, mais ce chiffre ne tient pas compte des 55 fascistes massacrés par des partisans dans la prison de Schio, le 17 juillet 1945.

Durant la guerre froide, cette métamorphose étrangement indolore de l'Italie, de puissance de l'Axe en alliée démocratique, fut souvent imputée à des pressions étrangères (américaines) ainsi qu'à l'influence politique du Vatican. En réalité, les choses étaient plus complexes. Certes, l'Église catholique s'en tira sans grand dommage, vu les relations chaleureuses que Pie XII avait entretenues avec le fascisme et son choix délibéré de fermer les yeux sur les crimes nazis en Italie et ailleurs. L'Église exerça bel et bien des pressions. Et les autorités militaires anglo-américaines furent très certainement réticentes à écarter les administrateurs compromis alors qu'ils essayaient de restaurer une vie normale à travers la Péninsule. Et, dans l'ensemble, l'épuration des fascistes fut plus efficace dans les régions dominées par la Résistance de gauche et ses représentants politiques.

Toutefois, c'est Palmiro Togliatti, 51 ans, chef du parti communiste italien qui, en tant que ministre de la Justice dans le gouvernement de coalition d'après-guerre, rédigea l'amnistie de juin 1946. Après deux décennies d'exil et de longues années de permanent haut placé au sein de l'Internationale communiste, Togliatti ne se faisait guère d'illusions quant à ce qui était possible et ce qui ne l'était pas à la suite de la guerre européenne. Dès son retour de Moscou, en mars 1944, il annonça à Salerne l'attachement de son parti à l'unité nationale et à la démocratie parlementaire – créant la surprise et semant la confusion chez nombre de ses partisans.

Dans un pays où plusieurs millions de gens, qui étaient loin d'être tous de droite, s'étaient compromis par leur association avec le fascisme, Togliatti ne voyait pas grand avantage à pousser le pays au bord de la guerre civile – ou, plutôt, à prolonger une guerre civile déjà engagée. Il valait beaucoup mieux travailler à la restauration de l'ordre et de la vie normale, tourner la page du fascisme et rechercher le pouvoir par les urnes. De surcroît, fort de son point d'observation privilégié de haut responsable du mouvement communiste international dont la perspective stratégique allait bien au-delà des côtes de l'Italie, Togliatti avait présente à l'esprit la situation grecque, qui suggérait la prudence.

1. En 1960, 62 des 64 préfets responsables de l'administration des provinces italiennes étaient encore des hommes qui avaient été aux responsabilités sous le fascisme, tout comme les 135 chefs de la police.

En Grèce, malgré un niveau significatif de collaboration parmi les élites bureaucratiques et économiques, l'épuration de l'après-guerre visa non pas la droite, mais la gauche. Le cas est unique, mais révélateur. La guerre civile de 1944-1945 avait convaincu les Britanniques que seul le ferme rétablissement d'un régime conservateur à Athènes stabiliserait ce petit pays d'une importance stratégique vitale. Épurer ou menacer autrement des hommes d'affaires ou des responsables politiques qui avaient travaillé avec des Italiens ou des Allemands pouvait avoir des implications radicales dans un pays où la gauche révolutionnaire semblait à deux doigts de s'emparer du pouvoir.

À courte échéance, la menace sur la mer Égée et le Sud des Balkans changea de camp – de l'armée allemande qui battait en retraite aux communistes grecs retranchés et à leurs alliés partisans dans les montagnes. Très peu de gens furent lourdement châtiés pour collaboration avec les puissances de l'Axe, tandis que les autorités firent un usage libéral de la peine de mort dans la guerre contre la gauche. Parce qu'on se garda bien de distinguer systématiquement, à Athènes, les partisans de gauche qui avaient combattu Hitler et les guérilleros communistes qui essayaient d'abattre l'État grec d'après-guerre (et de fait, bien souvent, c'étaient les mêmes), les résistants, plutôt que leurs ennemis collaborationnistes, étaient les plus susceptibles de se retrouver jugés et emprisonnés dans les années à venir – puis écartés de la vie civile dans les décennies suivantes : même leurs enfants et petits-enfants allaient en payer le prix, se voyant refuser tout emploi dans un secteur public pléthorique jusque dans les années 1970.

En Grèce, épurations et procès eurent un caractère politique flagrant. Mais ce fut aussi le cas, en un sens, des procédures plus conventionnelles en Europe occidentale. Tout processus judiciaire né des suites directes d'une guerre ou d'une lutte politique est politique. L'atmosphère qui régnait aux procès de Pierre Laval ou de Philippe Pétain en France, ou du chef de la police Pietro Caruso en Italie, n'était guère celle d'une procédure judiciaire traditionnelle. Règlements de comptes, effusions de sangs, vengeances et calculs politiques jouèrent un rôle crucial dans ces procès et épurations de l'après-guerre comme dans beaucoup d'autres. C'est une considération qu'il ne faut pas perdre de vue en abordant les châtiments officiels de l'après-guerre en Europe centrale et orientale.

Il n'est pas douteux que, du point de vue de Staline et des autorités d'occupation soviétiques dans les territoires contrôlés par l'Armée rouge, les procès et autres châtiments des collaborateurs, des fascistes et des allemands ont toujours été avant tout un moyen de débarrasser le paysage politique et social local des entraves au pouvoir communiste. Il en va de même dans la Yougoslavie de Tito. Maints hommes et femmes se virent accuser de félonies fascistes quand leur crime essentiel était d'appartenir au mauvais groupe national ou social, d'être associé à une communauté religieuse ou à un parti politique qui n'était pas en odeur de sainteté, ou tout simplement d'être fâcheusement en vue ou populaire dans la communauté locale. Purges, expropriations, expulsions, peines de prison et exécutions visant à extirper les adversaires politiques incriminés furent des relais importants, on le verra, dans un processus de transformation sociale et politique. Mais elles visèrent et châtièrent aussi d'authentiques fascistes et criminels de guerre.

Ainsi, dans son attaque contre l'Église catholique de Croatie, Tito poursuivit aussi le tristement célèbre cardinal de Zagreb, Alois Stepinac, apologiste de quelques-uns des pires crimes du régime des Oustachis, qui put bien s'estimer heureux de passer les quatorze années suivantes en résidence surveillée avant de mourir dans son lit en 1960. Draza Mihajlovič, le chef tchetnik, fut jugé et exécuté en juillet 1946. Dans son sillage, plusieurs dizaines de milliers d'autres non-communistes furent tués dans les deux ans qui suivirent la libération de la Yougoslavie. Tous furent victimes d'une vengeance dictée par des raisons politiques ; mais compte tenu de leurs actions dans les rangs des Tchetniks, des Oustachis, de la Garde blanche slovène ou comme Domobranci en armes, beaucoup se seraient vus infliger de lourdes peines dans n'importe quel système juridique[2]. Les Yougoslaves exécutèrent et déportèrent de nombreux Hongrois de souche pour leur rôle dans les massacres de l'armée hongroise en Voïvodine en janvier 1942, tandis que leurs terres furent cédées à des partisans non hongrois du nouveau régime. C'était là un geste politique calculé, mais bien souvent les victimes étaient assurément coupables.

Le cas de la Yougoslavie était particulièrement embrouillé. Plus au nord, en Hongrie, les tribunaux populaires d'après-guerre commencèrent bel et bien par juger des criminels de guerre, notamment les activistes des régimes pro-allemands de Döme Sztójay et Ferenc Szálasi en 1944. Le ratio de fascistes et de collaborateurs condamnés en Hongrie ne devait pas excéder le nombre de personnes reconnues coupables en Belgique ou aux Pays-Bas après la guerre – et il n'est pas douteux qu'ils aient commis des crimes graves, notamment qu'ils aient anticipé et exécuté avec ferveur les plans allemands pour rafler et conduire à la mort des centaines de milliers de Juifs hongrois. C'est plus tard seulement que les autorités hongroises ajoutèrent des catégories telles que « sabotage » et « conspiration », dont le dessein affiché était de prendre au filet un plus large éventail d'adversaires et autres individus susceptibles de résister à une prise du pouvoir par les communistes.

En Tchécoslovaquie, les tribunaux populaires extraordinaires, instaurés par le décret présidentiel du 19 mai 1945, prononcèrent 713 condamnations à mort, 741 peines d'emprisonnement à perpétuité et 19 888 peines de prison plus courtes contre des « traîtres, collaborateurs et éléments fascistes issus des

2. La Domobran était la garde nationale croate du temps de guerre. Bien entendu, souvent les partisans communistes de Tito ne s'étaient pas mieux conduits ; mais ils gagnèrent.

rangs de la nation tchèque et slovaque ». Ce langage rappelle le jargon juridique soviétique et anticipe certainement le lugubre avenir de la Tchécoslovaquie. Mais il y avait bel et bien eu des traîtres, des collaborateurs et des fascistes dans la Tchécoslovaquie occupée ; l'un d'eux, le père Tiso, fut pendu le 18 avril 1947. Tiso et les autres bénéficièrent-ils d'un procès équitable ? Auraient-ils *pu* bénéficier d'un procès équitable dans l'atmosphère de l'époque ? La question est légitime. Reste que le traitement infligé ne fut pas pire que celui réservé à Pierre Laval, par exemple. La justice tchèque d'après-guerre se montra particulièrement préoccupée par la catégorie vague et troublante des « crimes contre la nation », qui était un moyen d'infliger un châtiment collectif aux Allemands des Sudètes, notamment. Mais on peut en dire autant de la justice française dans ces mêmes années, peut-être avec moins de raisons.

Il est difficile de juger de la réussite des procès et épurations antifascistes d'après-guerre dans l'Europe anciennement occupée. La logique des condamnations fut largement critiquée à l'époque : ceux qui passèrent en jugement alors que la guerre se poursuivait, ou juste après la Libération, avaient toute chance d'être châtiés plus sévèrement que ceux qui furent poursuivis plus tard. De ce fait, les petits criminels qui comparurent au printemps de 1945 écopèrent de peines de prison beaucoup plus longues que des collaborateurs de premier plan, dont l'affaire ne passa en justice qu'un an après ou plus. En Bohême et en Moravie, un très fort pourcentage (95 %) de condamnations à mort furent exécutées en vertu d'une règle exigeant que les détenus fussent châtiés dans les deux heures suivant le jugement ; ailleurs, quiconque échappait à l'exécution immédiate, pouvait s'attendre à voir sa peine commuée.

Les condamnations à mort furent fréquentes à l'époque et ne suscitèrent guère d'opposition ; la dévaluation de la vie en temps de guerre les faisait paraître moins extrêmes – et mieux justifiées – qu'en des circonstances ordinaires. Ce qui choquait le plus, et qui dans certains endroits a bien pu finir par miner la valeur de toutes les procédures, c'est l'incohérence manifeste des châtiments, sans compter que beaucoup furent prononcés par des juges et des jurés dont les états de service pendant la guerre n'étaient pas sans taches, voire pires encore. Les écrivains et journalistes, qui avaient laissé des traces écrites de leur allégeance en temps de guerre, s'en sortirent plus mal. D'éminents intellectuels furent jugés sous les feux de la rampe : ainsi de Robert Brasillach, à Paris, en janvier 1945 ; leurs procès suscitèrent des protestations de la part de résistants sincères comme Albert Camus, qui estima à la fois inique et imprudent d'exécuter des hommes pour leurs opinions, si effroyables qu'elles pussent être.

À l'opposé, des hommes d'affaires et des hauts fonctionnaires qui avaient profité de l'Occupation n'en pâtirent guère, tout au moins en Europe occidentale. En Italie, les Alliés demandèrent instamment que des hommes comme Vittorio Valletta, de Fiat, fussent maintenus en place, alors même qu'il avait notoirement soutenu les autorités fascistes. D'autres chefs d'entreprise italiens survécurent en démontrant qu'ils s'étaient opposés à la République sociale de Mussolini, à Salò : de fait, ils s'y étaient souvent opposés, précisément parce qu'ils la jugeaient trop « sociale ». En France, la nationalisation sélective devait prévenir certaines poursuites pour collaboration économique : tel fut le cas des usines Renault, par exemple, pour châtier Louis Renault de sa contribution considérable à l'effort de guerre allemand. Et partout de petits entrepreneurs, des banquiers et des fonctionnaires qui avaient aidé à administrer les régimes d'occupation, à construire le « mur de l'Atlantique » pour protéger la France d'une invasion, à ravitailler les forces allemandes et ainsi de suite furent maintenus en place pour rendre des services semblables aux démocraties qui leur avaient succédé et assurer continuité et stabilité.

De tels compromis étaient probablement inévitables. Avec l'ampleur même des destructions et de la faillite morale de 1945, ce qui restait en place avait toute chance d'être nécessaire pour construire l'avenir. Les gouvernements provisoires des mois de libération étaient presque impuissants. La coopération inconditionnelle (et gratifiante) des élites économiques, financières et industrielles paraissait vitale pour ravitailler en vivres, en vêtements et en combustibles une population famélique et démunie. Des épurations économiques pouvaient être contreproductives, voire paralysantes.

Mais le prix à payer de cette politique fut un certain cynisme politique et la perte rapide des illusions et espoirs de la Libération. Dès le 27 décembre 1944, l'écrivain napolitain Guglielmo Giannini pouvait écrire ces lignes dans les pages de *L'Uomo Qualunque*, l'organe d'un nouveau parti italien du même nom qui en appelait précisément à ce sentiment de désenchantement moqueur : « C'est moi le type qui, croisant un *ex-gerarca* lui demande : “Comment t'as fait pour te retrouver épurateur ?” […] C'est moi le type qui observe autour de lui et qui dit : “Ce sont des méthodes et des systèmes fascistes.” […] C'est moi le type qui ne croit plus à rien ni à personne. »

L'Italie, on l'a vu, était un cas difficile. Mais les sentiments comme ceux de Giannini étaient largement répandus en Europe à la fin de 1945 et ouvrirent la voie à un rapide changement d'état d'esprit. Ayant rejeté le blâme sur le passé récent, et châtié ceux dont les dossiers étaient les plus insignes ou psychologiquement satisfaisants, la majorité des habitants des pays récemment encore sous occupation allemande était plus soucieuse de refouler des souvenirs désagréables ou déplaisants et de renouer le fil de leur quotidien. En tout cas, hommes et femmes, très peu étaient alors disposés à faire endosser les pires crimes à leurs compatriotes. Tout le monde en était d'accord : c'était aux Allemands d'en assumer la pleine et entière responsabilité.

En vérité, l'idée que le blâme ultime des horreurs de la Seconde Guerre mondiale devait reposer sur les épaules des seuls Allemands était si répandue que même l'Autriche en était exemptée. En vertu d'un accord allié de 1943, elle avait été officiellement reconnue comme la « première victime » de Hitler et était donc assurée de recevoir un traitement différent de celui de l'Allemagne à la fin de la guerre. Cela répondait à l'insistance de Churchill sur les origines prussiennes du nazisme : point de vue qui se nourrissait de l'obsession de sa génération par l'émergence de la menace prussienne sur la stabilité de l'Europe dans le dernier tiers du XIXe siècle. Mais cette approche convenait aussi aux autres alliés : étant donné la position géographique centrale de l'Autriche et l'incertitude sur l'avenir politique de l'Europe centrale, il paraissait prudent de détacher son destin de celui de l'Allemagne.

Néanmoins, on ne pouvait guère traiter l'Autriche comme un pays occupé par les nazis parmi les autres, dont il fallait châtier les fascistes locaux et les collaborateurs des nazis, après quoi la vie normale pourrait reprendre. Dans un pays de moins de sept millions d'habitants, le NSDAP avait compté 700 000 adhérents : à la fin de la guerre le pays comptait encore 536 000 nazis encartés ; 1,2 million d'Autrichiens avaient servi dans des unités allemandes au cours de la guerre. Dans la SS et dans l'administration des camps de concentration, la représentation autrichienne était disproportionnée. La vie publique et le monde de la haute culture étaient saturés de sympathisants nazis : 45 des 117 membres de l'Orchestre philarmonique de Vienne étaient nazis (tandis que sur 110 musiciens le Philarmonique de Berlin ne comptait que 8 membres du parti).

Dans ces conditions, l'Autriche s'en tira étonnamment à bon compte. Sur les 130 000 Autrichiens poursuivis pour crimes de guerre, 23 000 furent jugés, 13 600 reconnus coupables, 43 condamnés à mort et 30 seulement exécutés. Quelque 70 000 fonctionnaires furent renvoyés. Dans l'automne 1946, les quatre puissances d'occupation alliées acceptèrent de laisser désormais l'Autriche se charger de ses criminels et de la « dénazification ». Le système éducatif, particulièrement infesté, fut dûment dénazifié : 2 943 enseignants du primaire furent mis à pied, et 477 dans le secondaire, mais seulement 27 universitaires, malgré les sympathies notoirement pronazies de plus d'un doyen.

En 1947, les autorités autrichiennes adoptèrent une loi distinguant les nazis suivant qu'ils étaient « plus » ou « moins » incriminés. Parmi ceux-ci, 500 000 furent amnistiés l'année suivante et retrouvèrent le droit de vote. Les premiers – autour de 42 000 – devaient tous être amnistiés en 1956. Après cela, les Autrichiens oublièrent purement et simplement leur engagement derrière Hitler. La facilité avec laquelle l'Autriche se détacha de son badinage avec le nazisme tient, entre autres raisons, à ce qu'il convenait à tous les intérêts locaux d'ajuster le passé récent à leur avantage : le parti populaire conservateur, héritier du parti social-chrétien d'avant-guerre, avait toute raison de se donner de l'éclat et de faire valoir les titres de créance « non allemands » de l'Autriche de manière à détourner l'attention du régime corporatiste qu'il avait imposé de force en 1934. Les sociaux-démocrates autrichiens, incontestablement antinazis, devaient néanmoins faire oublier leurs appels d'avant 1933 à un *Anschluss* avec l'Allemagne. Une autre raison est que tous les partis avaient intérêt à ménager et à flatter les ex-nazis, une clientèle électorale significative qui devait façonner l'avenir politique du pays. Enfin, on le verra, il y avait les nouvelles configurations issues du début de la guerre froide.

Les calculs de cette nature étaient loin d'être absents en Allemagne. Mais là, la population locale n'eut pas son mot à dire sur son propre destin. Dans la même déclaration de Moscou du 30 octobre 1943 qui lavait l'Autriche de toute responsabilité pour son allégeance au nazisme, les Alliés avertirent les Allemands qu'ils seraient tenus responsables de leurs crimes de guerre. Et ils le furent. Dans une série de procès, entre 1945 et 1947, les puissances d'occupation alliées en Allemagne poursuivirent les nazis et leurs collaborateurs pour crimes de guerre, crimes contre l'humanité, meurtres et autres crimes ordinaires commis dans la poursuite des objectifs nazis.

Parmi ces procédures, les mieux connues sont les activités du tribunal militaire international de Nuremberg, qui jugea les dirigeants nazis entre octobre 1945 et octobre 1946, mais il y en eut beaucoup d'autres : des tribunaux militaires américains, britanniques et français jugèrent des nazis de rang moins élevé dans leurs zones respectives d'Allemagne occupée et, de pair avec l'Union soviétique, livrèrent des nazis à d'autres pays – notamment, la Pologne et la France – afin qu'ils fussent jugés sur les lieux de leurs crimes. Le programme des procès pour crimes de guerre se poursuivit tout au long de l'occupation alliée de l'Allemagne : dans les zones occidentales, plus de 5 000 personnes furent reconnues coupables de crimes de guerre ou de crimes contre l'humanité, mais un peu moins de 800 seulement furent condamnées à mort et 486 finalement exécutées. Les dernières le furent en juin 1951, à la prison de Landsberg, dans un grand concert d'appels allemands à la clémence.

Il ne pouvait guère être question de punir les Allemands du simple fait d'*être* nazis, quand bien même Nuremberg conclut que le parti nazi était une organisation criminelle. Les effectifs étaient trop grands et les arguments contre la culpabilité collective trop irrésistibles. En tout état de cause, on ne voyait pas très bien ce qui pouvait suivre après avoir ainsi reconnu coupables plusieurs millions de gens. Les responsabilités des dirigeants nazis étaient claires, cependant, et leur destin probable ne fit jamais le moindre doute. Pour reprendre les mots de Telford Taylor, un des procureurs américains à Nuremberg et procureur général lors de procès ultérieurs : « trop de gens estimaient avoir été *injustement* victimes des dirigeants du IIIe Reich et voulaient un *jugement* à cet effet. »

D'emblée, les procès pour crimes de guerre allemands furent autant affaire de pédagogie que de justice. Le principal procès de Nuremberg fut retransmis deux fois par jour sur les ondes de la radio allemande, et les preuves amassées devaient être diffusées à travers le pays *via* les écoles, les cinémas et les centres de rééducation. Cependant, les bénéfices exemplaires des procès ne furent pas toujours très évidents. Dans une première série de procès de commandants et de gardiens de camp de concentration, beaucoup échappèrent à tout châtiment. Leurs avocats exploitèrent à leur avantage le système judiciaire anglo-américain fondé sur le débat contradictoire, faisant subir des contre-interrogatoires aux témoins et aux survivants, voire les humiliant. À Lüneburg, au procès du personnel de Bergen-Belsen (17 septembre-17 novembre 1945), ce sont des avocats de la défense *britanniques* qui plaidèrent avec quelque succès que leurs clients n'avaient fait qu'obéir aux lois (nazies) : 15 accusés sur 45 furent acquittés.

Il est donc difficile de savoir dans quelle mesure les procès des nazis contribuèrent à la rééducation politique et morale de l'Allemagne et des Allemands. Nul doute que beaucoup s'en indignèrent comme d'une forme de « justice des vainqueurs », et c'est bien de cela qu'il s'agit. Mais ce furent aussi de véritables procès de véritables criminels pour des conduites criminelles avérées, et ils établirent un précédent vital pour la jurisprudence internationale dans les décennies à venir. Les procès et enquêtes des années 1945-1948 (date à laquelle fut démantelée la commission des Nations unies sur les crimes de guerre) engrangèrent une masse considérable de documents et de témoignages (notamment concernant le projet allemand d'extermination des Juifs d'Europe), au moment même où les Allemands et d'autres étaient les plus enclins à oublier aussi vite que possible. Ils établirent clairement que les crimes commis par des individus à des fins idéologiques ou étatiques n'en étaient pas moins de la responsabilité des individus et étaient passibles de châtiments. Obéir aux ordres n'était pas une excuse.

La punition des criminels de guerre allemands par les Alliés pâtit cependant de deux défauts inévitables. De nombreux commentateurs, en Allemagne et en Europe de l'Est, interprétèrent la présence de procureurs et de juges soviétiques comme une manifestation d'hypocrisie. La conduite de l'Armée rouge et les pratiques soviétiques dans les territoires qu'elle avait « libérés » n'étaient un secret pour personne : peut-être même étaient-elles mieux connues et rendues publiques alors que par la suite. Et beaucoup de gens avaient encore un vif souvenir des purges et des massacres des années 1930. Voir des Soviétiques juger des nazis – parfois pour des crimes qu'ils avaient eux-mêmes commis – dévalua les procès de Nuremberg et d'autres, les faisant apparaître exclusivement comme un exercice de vengeance antiallemand. Pour citer George Kennan : « La seule leçon que pouvait faire passer cette procédure était, somme toute, que de tels crimes étaient justifiables et pardonnables quand ils étaient commis par les chefs d'un gouvernement, dans certaines circonstances, mais injustifiables et impardonnables, et passibles de la peine de mort, quand ils étaient commis par un autre gouvernement, dans un autre concours de circonstances. »

Allemagne et Autriche : secteurs d'occupation alliés

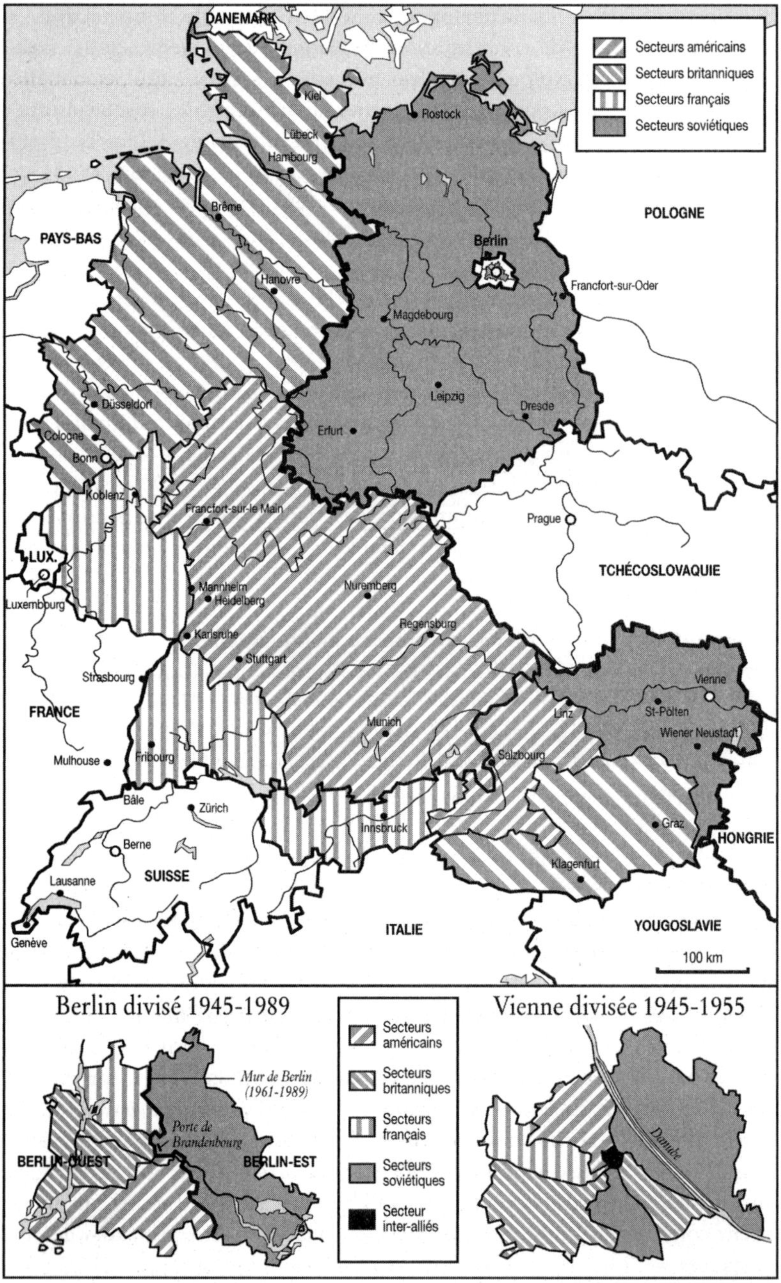

La présence soviétique à Nuremberg fut le prix à payer pour l'alliance du temps de guerre et le rôle prééminent de l'Armée rouge dans la défaite de Hitler. En revanche, le second défaut des procès était propre à la nature même du processus judiciaire. Du fait précisément que la culpabilité personnelle des dirigeants nazis, à commencer par Hitler, fut si totalement et soigneusement établie, beaucoup d'Allemands se crurent autorisés à penser que le reste de la nation était innocent, que les Allemands dans leur ensemble étaient tout autant que d'autres des victimes passives du nazisme. Les crimes des nazis avaient bien pu être « commis au nom de l'Allemagne » (pour citer l'ancien chancelier allemand Helmut Kohl, un demi-siècle plus tard), mais on ne voulait guère admettre qu'ils avaient été perpétrés *par* les Allemands.

Les Américains, en particulier, en avaient parfaitement conscience et lancèrent immédiatement dans leur zone un programme de rééducation et de dénazification, dont l'objectif était d'abolir le parti nazi, d'en arracher les racines et de semer les germes de la démocratie et de la liberté dans la vie publique allemande. L'armée américaine, en Allemagne, se fit accompagner d'une multitude de psychologues et d'autres spécialistes, dont la mission était de découvrir comment les Allemands avaient pu s'égarer à ce point. Les Britanniques mirent en œuvre des projets semblables, quoique avec davantage de scepticisme et moins de ressources. Quant aux Français, ils témoignèrent fort peu d'intérêt pour cette question. Initialement, en revanche, les Soviétiques approuvèrent pleinement cette démarche et les mesures de dénazification agressives furent un des rares points sur lesquels les autorités d'occupation alliées purent s'entendre, du moins pour un temps.

Le véritable problème auquel se heurtait tout programme systématique pour extirper le nazisme de la vie allemande était qu'il n'était tout simplement pas praticable dans les circonstances de 1945. « Notre grand problème administratif, observa le général Lucius Clay, le commandant militaire américain, était de trouver des Allemands raisonnablement compétents qui n'avaient pas été affiliés ou associés d'une façon ou d'une autre au régime nazi. [...] Bien trop souvent, il semble que les seuls hommes qualifiés [...] soient les fonctionnaires de carrière [...], dont une forte proportion a participé plus que sur le papier (suivant notre définition) aux activités du parti nazi. »

Clay n'exagérait pas. Le 8 mai 1945, quand la guerre prit fin en Europe, l'Allemagne comptait 8 millions de nazis. À Bonn, 102 médecins sur 112 étaient ou avaient été membres du parti. Dans les ruines de Cologne, sur les 21 spécialistes du service des eaux de la ville – dont les compétences étaient vitales pour la reconstruction du réseau de conduites d'eau et des égouts, mais aussi la prévention des maladies –, 18 avaient été nazis. Dans l'Allemagne d'après-guerre, l'administration civile, la santé publique, la reconstruction urbaine et les entreprises privées devaient inévitablement revenir à des hommes de ce genre, quoique sous la supervision alliée. Il ne pouvait être question de les expurger purement et simplement des affaires du pays.

Il n'y en eut pas moins des efforts en ce sens. Seize millions de *Fragebogen* (questionnaires) furent remplis dans les trois zones occidentales de l'Allemagne occupée, pour la plupart dans la zone placée sous contrôle américain. Les autorités y dressèrent une liste de 3,5 millions d'Allemands (près d'un quart de la population de la zone) « passibles de poursuites » *(chargeable cases)*, alors même que beaucoup ne furent jamais traduits devant des tribunaux locaux de dénazification, mis en place en mars 1946 sous la responsabilité allemande, mais avec supervision alliée. Les civils allemands furent astreints à une visite des camps de concentration et à voir des documentaires sur les atrocités nazies. Les enseignants nazis furent limogés, les bibliothèques réapprovisionnées, la presse et les fournitures en papier placées sous le contrôle direct des Alliés, puis confiées à de nouveaux patrons et rédacteurs pouvant se prévaloir d'authentiques lettres de créance antinazies.

Même ces mesures se heurtèrent à une opposition considérable. Le 5 mai 1946, à l'occasion d'un discours public à Wuppertal, le futur chancelier ouest-allemand Konrad Adenauer dénonça les mesures de dénazification, exigeant qu'on laisse la paix aux « compagnons de route du nazisme ». Deux mois plus tard, dans un discours devant la nouvelle Union démocrate chrétienne (CDU) qu'il venait de créer, il revint à la charge : la dénazification durait trop longtemps et ne faisait aucun bien. L'inquiétude d'Adenauer était sincère. De son point de vue, mettre les Allemands face aux crimes des nazis – dans le cadre de procès, de tribunaux ou de projets de rééducation – risquait fort de provoquer une réaction nationaliste plutôt que d'induire la contrition. Précisément parce que le nazisme plongeait dans son pays des racines profondes, le futur chancelier jugeait plus prudent de laisser le silence se faire sur le sujet, voire de l'encourager.

Il n'avait pas entièrement tort. Dans les années 1940, les Allemands n'imaginaient guère le regard que portait sur eux le reste du monde. Ils n'avaient pas idée de ce qu'eux et leurs dirigeants avaient fait et se préoccupaient plus de leurs propres difficultés d'après-guerre – pénuries alimentaires, pénuries de logements, etc. – que des souffrances de leurs victimes à travers l'Europe occupée. En vérité, ils étaient plus enclins à s'attribuer le rôle de victimes et voyaient donc dans les procès et autres confrontations avec les crimes nazis la revanche des Alliés victorieux sur un régime défunt[3]. À quelques honorables exceptions près, les autorités politiques et religieuses d'après-guerre, en Alle-

3. En 1946, au vue des pénuries en Allemagne, le *Länderrat* ouest-allemand (Conseil des régions) recommanda aux autorités alliées de réduire les rations alimentaires des personnes déplacées. Dans sa réponse, le général Lucius Clay se borna à rappeler que les vivres en question étaient fournis par d'autres pays européens, eux-mêmes victimes de la guerre d'agression de l'Allemagne.

magne, ne s'opposèrent guère à ce point de vue, tandis que les leaders naturels du pays – dans les professions libérales, la justice, la fonction publique – étaient les plus compromis.

Les questionnaires furent donc tournés en dérision. S'ils servirent à une chose, c'est surtout à blanchir des individus par ailleurs suspects, les aidant à obtenir des certificats de bonne moralité (les fameux certificats « Persil », de la lessive du même nom). La rééducation eut un impact singulièrement limité. Une chose était d'obliger les Allemands à voir des documentaires, mais c'était une tout autre affaire que de les amener à regarder, *a fortiori* à réfléchir à ce qu'ils voyaient. De longues années plus tard, l'écrivain Stephan Hermlin décrivit la scène dans un cinéma de Francfort, où l'on astreignit des Allemands à regarder des documentaires sur Dachau et Buchenwald avant de recevoir leurs cartes de rationnement : « Dans la pénombre du projecteur, je voyais bien que la plupart des gens tournaient la tête dès le début du film et restaient ainsi jusqu'à la fin. Aujourd'hui, je crois que des millions de gens ont eu la même attitude : qu'ils ont tourné la tête. [...] Les pauvres gens dont je faisais partie étaient à la fois sensibles et sans cœur. Ils n'avaient que faire d'être ébranlés par les événements du “connais-toi toi-même[4]”. »

Lorsque les Alliés occidentaux suspendirent leurs efforts de dénazification avec le début de la guerre froide, l'impact très limité de ceux-ci était clair. En Bavière, environ la moitié des enseignants du secondaire avaient été limogés en 1946 à seule fin de retrouver leur poste deux ans plus tard. En 1949, la toute nouvelle République fédérale mit fin à toute enquête sur le passé des fonctionnaires ou des officiers. En Bavière, en 1951, 94 % des juges et des procureurs, 77 % des employés du ministère des Finances et 60 % des fonctionnaires du ministère régional de l'Agriculture étaient d'ex-nazis. En 1952, un fonctionnaire sur trois du ministère des Affaires étrangères à Bonn avait appartenu au parti nazi. Le corps diplomatique ouest-allemand qui venait d'être constitué comptait 43 % d'anciens SS plus 17 % qui avaient servi dans le SD ou la Gestapo. Hans Globke, principal collaborateur du chancelier Adenauer tout au long des années 1950, était le même qui avait été chargé du commentaire officiel sur les lois de Nuremberg de Hitler, en 1935. Le chef de la police dans la Rhénanie-Palatinat, Wilhelm Hauser, n'était autre que l'*Obersturmführer* responsable des massacres perpétrés durant la guerre en Biélorussie.

On retrouve la même configuration hors de la fonction publique. L'Université et le corps des juristes furent les *moins* affectés par la dénazification, malgré leur sympathie notoire pour le régime hitlérien. Les hommes d'affaires s'en sortirent aussi à bon compte. Friedrich Flick, reconnu coupable de crime

4. Stephan Hermlin, *Bestimmungsorte*, Berlin, 1985, p. 46, cité in Frank Stern, *The Whitewashing of the Yellow Badge*, 1992, p. XVI.

de guerre en 1947, fut remis en liberté trois ans plus tard par les autorités de Bonn et retrouva ses fonctions éminentes de principal actionnaire de Daimler-Benz. De hauts responsables des combinats industriels incriminés, tels que I.G. Farben et Krupp, retrouvèrent vite la liberté et retournèrent dans la vie publique sans trop de dommages. En 1952, Fordwerke, la succursale allemande de Ford Motor Company, avait récupéré *toute* son ancienne direction de l'époque nazie. Même les juges nazis et les médecins des camps de concentration condamnés sous la juridiction américaine virent leurs peines réduites ou commuées (par l'administrateur américain, John J. McCloy).

Les sondages d'opinion de l'immédiat après-guerre confirment l'impact limité des efforts alliés. En octobre 1946, quand s'acheva le procès de Nuremberg, 6 % seulement des Allemands étaient prêts à admettre qu'ils le trouvaient « inique » ; quatre ans plus tard, un sur trois partageait cet avis. Cet état d'esprit n'a rien de surprenant quand on sait que tout au long des années 1945-1949 une forte majorité d'Allemands estimaient que le « nazisme était une bonne idée, mal appliquée ». En novembre 1946, 37 % des Allemands interrogés dans le cadre d'une enquête menée dans la zone américaine était d'avis que « l'extermination des Juifs et des Polonais et autres non-Aryens était nécessaire pour la sécurité des Allemands ».

Dans le même sondage de novembre 1946, un Allemand sur trois se dit d'accord avec l'idée que les « Juifs ne doivent pas avoir les mêmes droits que ceux qui appartiennent à la race aryenne ». Ce n'est pas particulièrement étonnant, puisque les sondés sortaient tout juste de douze années de régime autoritaire attaché à ce point de vue. Ce qui *surprend*, en revanche, c'est que, dans un sondage réalisé six ans plus tard, un pourcentage légèrement plus élevé d'Allemands de l'Ouest – 37 % – affirmaient que mieux valait pour l'Allemagne n'avoir pas de Juifs sur son territoire. Mais il est vrai que cette même année (1952), 25 % d'entre eux admettaient avoir une « bonne opinion » de Hitler.

Dans la zone d'occupation soviétique, l'héritage nazi fut traité de manière légèrement différente. Si des juges et des avocats soviétiques participèrent aux procès de Nuremberg, à l'Est la dénazification privilégia le châtiment collectif des nazis et l'extirpation du nazisme de tous les domaines de la vie. La direction communiste locale n'avait aucune illusion quant à ce qui s'était passé. Ainsi que Walter Ulbricht, le futur dirigeant de la République démocratique allemande, le déclara dans un discours prononcé devant les délégués du parti communiste allemand réunis à Berlin six semaines seulement après la défaite de son pays, « la tragédie du peuple allemand est d'avoir obéi à une bande de criminels. [...] La classe ouvrière allemande et les parties productives de la population ont failli devant l'histoire ».

C'était plus qu'Adenauer ou la plupart des responsables politiques ouest-allemands n'étaient disposés à le reconnaître, tout au moins en public. Mais

Ulbricht, comme les autorités soviétiques auxquelles il devait rendre compte, se souciait moins de punir les crimes nazis que d'asseoir le pouvoir communiste en Allemagne et d'éliminer le capitalisme. De ce fait, si, dans certains cas, la dénazification dans la zone soviétique alla effectivement plus loin qu'à l'Ouest, elle se fondait sur deux représentations erronées du nazisme : l'une, qui faisait partie intégrante de la théorie communiste ; l'autre, qui relevait d'un opportunisme calculé.

C'était un lieu commun marxiste qui faisait partie de la doctrine soviétique officielle : le nazisme n'était qu'une forme du fascisme, lequel, à son tour, était un produit de l'intérêt capitaliste en un temps de crise. En conséquence, les autorités soviétiques prêtèrent peu attention à la dimension franchement raciste du nazisme, et à son résultat génocidaire, et focalisèrent donc plutôt leurs arrestations et expropriations sur les hommes d'affaires, les fonctionnaires compromis, les enseignants et autres, jugés responsables d'avoir servi les intérêts de la classe sociale censée s'être rassemblée derrière Hitler. De la sorte, le démantèlement soviétique de l'héritage du nazisme en Allemagne ne fut pas fondamentalement différent de la transformation sociale que Staline promouvait dans d'autres parties de l'Europe centrale et orientale.

La dimension opportuniste de la politique soviétique envers les ex-nazis était un effet de la faiblesse. Les communistes n'étaient pas un mouvement fort dans l'Allemagne occupée, et leur arrivée dans les bagages de l'Armée rouge n'était guère faite pour les rendre sympathiques aux électeurs. Leur seule perspective politique, par-delà la force brute et la fraude électorale, était d'en appeler à l'intérêt personnel bien compris. À l'est et dans le sud, les communistes le firent en encourageant l'expulsion d'Allemands de souche et en se présentant comme garants et protecteurs des nouveaux occupants polonais, slovaques et serbes des fermes, des affaires et des appartements évacués par les Allemands. À l'évidence, ce n'était pas une option concevable en Allemagne. En Autriche, le parti communiste local commit l'erreur, aux élections de la fin 1945, de rejeter le soutien potentiellement crucial des petits nazis et des anciens membres du parti. Ce faisant, il ruina les chances du communisme dans l'Autriche d'après-guerre. Berlin en tira la leçon. Le parti communiste allemand (le KPD) décida donc d'offrir ses services et sa protection à des millions d'anciens nazis.

Les deux perspectives – doctrine et calcul – n'étaient pas nécessairement contradictoires. Ulbricht et ses collègues croyaient certainement qu'une transformation socio-économique était le moyen de chasser le nazisme d'Allemagne : la responsabilité individuelle ou la rééducation morale ne les intéressait guère. Mais ils comprenaient aussi que le nazisme n'était pas non plus qu'un mauvais tour joué au prolétariat allemand innocent. La classe ouvrière allemande, comme la bourgeoisie, n'avait pas été à la hauteur de ses responsabilités. Mais précisément pour cette raison, il y avait plus de chances, non moins, qu'elle s'adaptât aux objectifs communistes dès lors qu'on saurait allier avec équilibre la carotte et le bâton. Et, en tout cas, les autorités d'Allemagne de l'Est, comme celles de l'Ouest, n'avaient pas grand choix : avec qui d'autre diriger le pays, sinon d'ex-nazis ?

D'un côté, donc, les forces d'occupation soviétiques chassèrent de leur travail un nombre considérable d'ex-nazis – 520 000 en avril 1948 – et nommèrent des « antinazis » à des postes administratifs dans leur zone d'occupation. De l'autre, les dirigeants communistes allemands encouragèrent activement à les rejoindre d'anciens nazis qui ne s'étaient pas trop compromis. Naturellement, ils rencontrèrent un vif succès. Les ex-nazis n'étaient que trop heureux d'effacer leur passé en prenant le parti des vainqueurs. En tant que membres du parti, administrateurs locaux, informateurs et policiers, ils se révélèrent singulièrement aptes à répondre aux besoins de l'État communiste.

Après tout, la ressemblance était frappante entre le nouveau système et celui qu'ils avaient connu auparavant : les communistes se contentèrent de reprendre des institutions nazies telles que les Fronts du Travail ou les gardiens d'immeubles et de leur donner des nouveaux noms et de nouveaux patrons. Mais l'adaptabilité des nouveaux nazis était aussi un effet de leur vulnérabilité au chantage. Les autorités soviétiques étaient toutes disposées à conspirer avec leurs anciens ennemis et à mentir sur la nature et l'ampleur du nazisme en Allemagne orientale – affirmant que l'héritage capitaliste et nazi de l'Allemagne était confiné aux zones occidentales et que la future République démocratique allemande était un pays d'ouvriers, de paysans et de héros antifascistes, mais ils savaient aussi à quoi s'en tenir et avaient les dossiers nazis pour le prouver, si le besoin s'en faisait sentir. Trafiquants sur le marché noir, profiteurs de guerre et ex-nazis en tous genres firent ainsi d'excellents communistes, car ils avaient tout intérêt à plaire.

Au début des années 1950, plus de la moitié des recteurs des instituts est-allemands d'enseignement supérieur étaient d'anciens membres du parti nazi, tout comme plus de 10 % des parlementaires une décennie plus tard. La toute nouvelle Stasi (sécurité d'État) reprit non seulement le rôle et les pratiques de la Gestapo nazie, mais aussi plusieurs milliers de ses employés et informateurs. Les victimes politiques du nouveau régime communiste, souvent accusées sans détours d'être des « criminels nazis », furent arrêtées par d'ex-policiers nazis, jugés par d'ex-juges nazis et surveillées par d'anciens matons nazis dans des prisons et des camps de concentration repris en bloc par les nouvelles autorités.

La facilité avec laquelle des individus et des institutions passèrent du nazisme ou du fascisme au communisme ne fut pas l'apanage de l'Allemagne de l'Est, sauf peut-être par son ampleur. En Italie, la résistance du temps de guerre accueillit bon nombre d'anciens fascistes de diverses natures, et la modération du parti communiste italien, après la guerre, tenait probablement pour une part au fait que nombre de ses partisans potentiels s'étaient compromis avec le fascisme. Dans la Hongrie d'après-guerre, les communistes courtisèrent au grand jour d'anciens membres de la Croix fléchée fasciste, allant jusqu'à proposer de les soutenir contre les Juifs qui cherchaient à récupérer leurs biens. À Londres, pendant la guerre, les communistes slovaques Vlado Clementis et Eugen Löbl furent filés par des agents soviétiques recrutés dans les rangs de partis fascistes tchèques d'avant-guerre, dont le témoignage devait être utilisé dans les grands procès organisés une décennie plus tard.

Les communistes ne furent pas seuls à fermer les yeux sur le passé nazi ou fasciste des leurs en contrepartie des services politiques rendus après la guerre. En Autriche, les autorités occidentales favorisèrent souvent d'anciens fascistes et leurs permirent de travailler dans le journalisme et d'autres domaines sensibles : leur association avec le régime autoritaire et corporatiste d'avant-guerre se trouvait neutralisée par l'invasion nazie, ainsi que par leur antipathie crédible et toujours plus utile pour la gauche. Le gouvernement militaire allié, dans la zone frontalière du Nord-Est de l'Italie, protégea d'anciens fascistes et collaborateurs, souvent réclamés par les Yougoslaves, tandis que les services secrets occidentaux recrutèrent partout d'ex-nazis expérimentés et bien renseignés – dont l'ex-officier de la Gestapo Klaus Barbie, le « Boucher de Lyon » – pour les utiliser, notamment contre les ex-nazis des services soviétiques, qu'ils étaient bien placés pour identifier.

Dans son premier discours officiel au parlement de la République fédérale d'Allemagne, le 20 septembre 1949, Konrad Adenauer dit un mot de la dénazification et de l'héritage nazi : « Le gouvernement de la République fédérale, convaincu que beaucoup ont subjectivement expié une culpabilité qui n'était pas lourde, est déterminé, quand cela paraît acceptable, à tourner la page. » Nul doute que beaucoup d'Allemands l'approuvèrent de tout cœur. Si la dénazification avorta, c'est qu'à des fins politiques les Allemands s'étaient spontanément « dénazifiés » le 8 mai 1945.

Et les Allemands ne furent pas les seuls. En Italie, le quotidien d'information du nouveau parti démocrate-chrétien lança un semblable appel à l'oubli le jour de la mort de Hitler : « Nous avons la force d'oublier ! proclama-t-il. Oublions dès que possible ! » À l'Est, le meilleur atout des communistes fut leur promesse de prendre un nouveau départ révolutionnaire dans des pays où tout le monde avait quelque chose à oublier : des choses subies ou commises. À travers l'Europe entière, la tentation était grande de tourner la page pour prendre un nouveau départ, de suivre la recommandation d'Isocrate aux Athéniens à la fin des guerres du Péloponnèse : « Gouvernons ensemble comme s'il ne s'était rien passé. »

Cette méfiance envers la mémoire à court terme, la recherche de mythes utiles de l'antifascisme – d'une Allemagne d'antinazis, d'une France de résistants ou d'une Pologne de victimes – fut l'héritage invisible le plus important de la Seconde Guerre mondiale en Europe. Sous sa forme positive, elle facilita le redressement national en permettant à des hommes comme le maréchal Tito, Charles de Gaulle ou Konrad Adenauer de renvoyer à leurs compatriotes une image vraisemblable, voire des raisons d'être fiers. L'Allemagne de l'Est elle-même revendiqua une origine noble, une tradition inventée : le légendaire et largement fabriqué « soulèvement » communiste de Buchenwald, en avril 1945. Ces récits permirent à des pays qui avaient souffert passivement de la guerre, comme les Pays-Bas, de faire le silence sur leurs compromis, et ceux dont l'activisme s'était fourvoyé, comme la Croatie, d'enterrer leur passé dans une histoire brouillée d'héroïsmes concurrents.

Sans cette amnésie collective, l'étonnant redressement de l'Europe après la guerre n'aurait jamais été possible. Certes, bien des choses qu'on préféra chasser de son esprit devaient souvent revenir de façons déconcertantes. Mais c'est seulement beaucoup plus tard qu'on devait mesurer à quel point l'Europe d'après-guerre reposait sur des mythes fondateurs qui allaient se fracturer et évoluer au fil des ans. Dans les circonstances de 1945, dans un continent recouvert de décombres, il y avait beaucoup à gagner à faire comme si le passé était mort et enterré et une époque nouvelle sur le point de commencer. Le prix à payer en était un certain oubli sélectif et collectif, notamment en Allemagne. Mais alors, par-dessus tout en Allemagne, il y avait beaucoup à oublier.

III

Le redressement de l'Europe

« Nous savons tous désormais, par cette guerre, qu'il n'y a pas de retour possible à l'ordre social du laissez-faire, que la guerre en tant que telle est le moteur d'une révolution silencieuse en ouvrant la voie à un nouveau type d'ordre planifié. »
Karl Mannheim

« L'opinion quasi unanime semble être que les méthodes capitalistes ne seront pas à la hauteur des besoins de la reconstruction. »
Joseph Schumpeter

« Nous sommes nombreux à être déçus par la Grande-Bretagne que nous avons retrouvée... Personne ne saurait la transformer du jour au lendemain dans la Grande-Bretagne de nos vœux. »
Mrs Winnie Whitehouse *(in* Paul Addison, *Now the War is Over)*

« Le remède consiste à briser le cercle vicieux et à rétablir la confiance de la population européenne dans l'avenir économique des différents pays et de l'Europe dans son ensemble. »
George C. Marshall

La seule ampleur de la calamité européenne ouvrit des occasions nouvelles. La guerre avait tout changé. Partout ou presque, un retour à l'état de choses d'avant 1939 était hors de question. Tel était naturellement le point de vue des jeunes et des révolutionnaires, mais ce n'était pas moins flagrant pour les observateurs perspicaces d'une génération plus ancienne. Âgé de 54 ans à la Libération, issu de la bourgeoisie catholique conservatrice du Nord de la France, Charles de Gaulle exprima la situation avec la précision qui le caractérise : « Pendant le drame, sous le faix du malheur, un grand travail s'était opéré dans les esprits. Le désastre de 1940 apparaissait à beaucoup comme la faillite, dans tous les domaines, du système et du monde dirigeants[1]. »

Or, pas plus en France qu'ailleurs, les problèmes n'avaient commencé en 1940. Partout, les résistants antifascistes avaient le sentiment de combattre non seulement les occupants et leurs subrogés locaux, mais aussi tout le système

1. [De Gaulle, *Mémoires de Guerre. Le Salut*, in Charles de Gaulle, *Mémoires*, Paris, Gallimard, Bibliothèque de la Pléiade, 2000, p. 680.]

politique et social qu'ils jugeaient directement responsable du désastre de leurs pays. C'étaient les politiciens, les banquiers et les hommes d'affaires de l'entre-deux-guerres, qui avaient conduit leurs pays à la catastrophe, qui avaient trahi les sacrifices de la Première Guerre mondiale et préparé le terrain à la Seconde. Ils étaient les « coupables », les *Guilty Men*, pour reprendre les mots d'un pamphlet britannique fustigeant les conservateurs tenants de l'apaisement avant 1940. Leur système et eux furent la cible des plans de changement d'après-guerre élaborés pendant le conflit.

La Résistance était donc partout implicitement révolutionnaire. C'était inhérent à sa logique. Rejeter une société qui avait produit le fascisme conduisait naturellement « à un rêve de révolution qui décollerait d'une *tabula rasa* » (Italo Calvino). Dans une bonne partie de l'Europe orientale, on l'a vu, on avait effectivement passé l'éponge sur le passé. Mais même en Europe occidentale, on s'attendait largement à une transformation sociale spectaculaire et rapide : après tout, qui pouvait y faire obstacle ?

Du point de vue des mouvements de résistance du temps de guerre, la politique de l'après-guerre serait la continuation de leur combat du temps de guerre, une projection et une extension naturelles de leur vie dans la clandestinité. Beaucoup de jeunes gens qui avaient joué un rôle de premier plan dans la clandestinité n'avaient connu aucune autre forme de vie publique : en Italie depuis 1924, en Allemagne, en Autriche et dans la majeure partie de l'Europe orientale, comme à travers toute l'Europe continentale occupée depuis 1940, la vie politique normale était inconnue. Les partis politiques avaient été interdits, les élections truquées ou supprimées. S'opposer aux autorités, prôner le changement social, voire la réforme politique, c'était se placer au-delà de la loi.

Pour cette nouvelle génération, la politique était donc affaire de résistance : résistance à l'autorité, résistance à l'ordre économique ou social traditionnel, résistance au passé. Militant de la Résistance, membre fondateur du *Nouvel Observateur* et écrivain, Claude Bourdet a bien rendu l'état d'esprit dans ses mémoires, *L'Aventure incertaine*, lorsqu'il explique que la Résistance avait fait d'eux des « contestataires » en tous les sens du terme, envers les hommes comme envers le système social. Après la résistance au fascisme, il semblait tout naturel de résister au retour, après la guerre, aux erreurs des années 1930. C'est de là que sortit cet état d'esprit étrangement optimiste que plus d'un observateur constata au lendemain de la Libération. Malgré le dénuement tout autour – en vérité, à cause de lui –, il ne pouvait que surgir quelque chose de neuf et de mieux. « Aucun de nous, écrivirent en novembre 1945 les rédacteurs de la revue italienne *Società*, ne reconnaît son propre passé. Il nous paraît incompréhensible… Notre vie actuelle est dominée par un sentiment de stupeur et la quête instinctive d'une direction. Nous sommes simplement désarmés par les faits. »

Après la défaite de Hitler, le principal obstacle à un changement radical ne tenait pas aux réactionnaires ou aux fascistes, qui avaient lié leur destin à celui des dictateurs et avaient été balayés avec eux, mais aux gouvernements légitimes en exil, qui avaient pour la plupart passé la guerre à Londres, occupés à préparer leur retour. Dans les organisations de résistance locales de leur pays, ils voyaient un problème plutôt que des alliés : des jeunes gens irréfléchis qu'il faudrait désarmer et rendre à la vie civile, pour laisser les affaires publiques entre les mains d'une classe politique dûment épurée des collaborateurs et des traîtres. À défaut, ce ne pouvait être que l'anarchie, ou encore une occupation d'une durée indéterminée par les armées alliées.

Les groupes de résistants, organisés en 1944-1945 en divers mouvements politiques, étaient tout aussi méfiants en retour. Pour eux, les hommes politiques, les fonctionnaires, les courtisans qui avaient échappé à l'Occupation étaient doublement discrédités : par leurs erreurs d'avant-guerre et par leur absence ultérieure. En France et en Norvège, les législateurs élus en 1936 s'étaient disqualifiés par leurs actions en 1940. En Belgique et aux Pays-Bas, leur absence au cours des cinq dernières années avait empêché les gouvernements, à leur retour, de prendre la pleine mesure des souffrances locales et des changements intervenus dans l'état d'esprit de la population sous l'Occupation nazie. En Europe centrale et orientale, à l'exception importante de la Tchécoslovaquie, l'arrivée de l'Armée rouge fit perdre tout poids véritable aux anciens gouvernements (même s'ils tardèrent parfois à le mesurer).

Les autorités de retour étaient tout à fait disposées au compromis sur le plan politique, en particulier, on le verra, à des réformes sociales et économiques. Mais elles insistaient sur ce que de Gaulle et d'autres percevaient comme une « transition ordonnée ». Puisque telle était aussi la préférence des forces d'occupation alliées, les illusions de la Résistance furent vite ébranlées. En Europe orientale (à l'exception de la Yougoslavie), ce sont les Soviétiques qui déterminèrent la forme des gouvernements d'après-guerre et dirigèrent leurs actions. En Europe occidentale, des autorités provisoires assumèrent les responsabilités en attendant de nouvelles élections. Et, à chaque fois, les mouvements de résistance furent encouragés et finalement forcés à remettre leurs armes et à démanteler leurs organisations.

Après-coup, il est frappant de voir le peu de résistance que suscita cette restauration du *statu quo* institutionnel. En Pologne comme dans certaines parties de l'Union soviétique occidentale, des groupes de partisans armés survécurent quelques années encore, mais leur combat était spécifiquement national et anticommuniste. En Norvège, en Belgique, en France et en Italie, la résistance organisée se fondit pacifiquement dans les partis politiques et les syndicats d'après-guerre avec juste quelques protestations étouffées. En novembre 1944, en Belgique, les membres armés de la résistance eurent deux semaines pour rendre les armes. Cet ultimatum provoqua un vaste rassemblement de protestation à Bruxelles, le 25 novembre : la police ouvrit le feu, blessant 45 personnes. Mais ces incidents étaient rares[2]. De manière plus typique, 200 000 combattants français de la Résistance furent intégrés avec succès dans les rangs de l'armée régulière, quand leur organisation, les Forces françaises de l'intérieur (FFI), fut démantelée sans protestation.

La stratégie soviétique, qui favorisa la restauration de régimes parlementaires en Europe occidentale (comme, en principe, en Europe orientale), facilita considérablement la démobilisation de la résistance. Des dirigeants communistes, tels Maurice Thorez en France et Palmiro Togliatti, en Italie, contribuèrent amplement à assurer la coopération pacifique de leurs partisans (parfois médusés). Mais beaucoup voulaient croire que les énergies et les ambitions de la Résistance allaient être désormais canalisées dans des projets politiques de renouveau national.

Les contacts pris dans la Résistance survécurent parfois : la « dépilarisation » de la société hollandaise, par exemple, la disparition de la division confessionnelle séculaire entre communautés catholique et protestante, commença avec les liens personnels noués en temps de guerre. En revanche, les projets d'un « Parti de la Résistance » après la guerre devaient partout échouer. C'est en Italie qu'ils furent le plus près d'aboutir, quand Ferrucio Parri devint Premier ministre en juin 1945 et promit que son parti d'Action resterait fidèle à l'esprit et aux objectifs de la Résistance. Mais Parri n'était pas un politicien ; quand il chuta, six mois plus tard, le pouvoir politique glissa définitivement entre les mains des partis traditionnels. De Gaulle, en France, fut un bien meilleur stratège politique, mais lui aussi abandonna son poste (un mois après Parri) plutôt que d'accommoder ses ambitions du temps de guerre à la routine parlementaire, rendant ainsi un hommage involontaire au succès de ses efforts pour rétablir la continuité de la République.

Loin d'être gouvernés par une nouvelle communauté fraternelle de résistants, la plupart des Européens, dans l'immédiat après-guerre, se retrouvèrent dirigées par des coalitions de politiciens de gauche et du centre-gauche assez proches des Fronts populaires des années 1930. Ce qui était dans l'ordre des choses. Les seuls partis politiques d'avant-guerre capables d'agir normalement, dans ces années-là, étaient les partis qui pouvaient produire des lettres de créances antifascistes – ou, dans l'Europe de l'Est sous occupation soviétique, ceux à qui les nouvelles autorités jugeaient bon de prêter de pareils titres, tout au moins temporairement. En pratique, cela voulait dire les communistes, les socialistes et une poignée de groupes libéraux ou radicaux. Avec les partis démocrates-chrétiens qui avaient depuis peu le vent en poupe, ceux-ci furent ainsi les partis de gouvernement des premières années d'après-guerre et apportèrent avec eux nombre des politiques et des hommes de l'époque du Front populaire.

2. Les derniers partisans italiens en armes furent raflés lors d'une série d'opérations militaires dans les environs de Bologne au cours de l'automne 1948.

Les partis de gauche existants avaient tiré un immense bénéfice de leur engagement dans la Résistance : surtout en France, où les communistes réussirent à convertir leurs prouesses de guerre (parfois exagérées) en capital politique et persuadèrent même les observateurs détachés de leur posture morale unique : c'étaient « les grands héros de la Résistance », ainsi que les décrivit Janet Flanner en décembre 1944. Aussi n'y a-t-il rien de particulièrement étrange à ce que les gouvernements européens d'après-guerre aient fait écho aux affaires inachevées des années 1930 au point de les récapituler.

Si les hommes de parti chevronnés eurent si peu de mal à évincer les activistes du temps de guerre après 1945, c'est que, même s'ils avaient partagé un éthos antifasciste commun et un désir généralisé de changement, la Résistance et ses héritiers étaient plutôt vagues sur les détails. Le parti d'Action, en Italie, s'efforça d'abolir la monarchie, de nationaliser le grand capital et l'industrie et de réformer l'agriculture. En France, le programme d'action du Conseil national de la Résistance n'avait pas de roi à déposer, mais ses ambitions, par ailleurs, étaient tout aussi imprécises. Les unités de la Résistance avaient été trop occupées à combattre, ou simplement à survivre, pour travailler à des plans détaillés concernant la législation de l'après-guerre.

Par-dessus tout, cependant, les résistants étaient handicapés par leur inexpérience. Parmi les organisations clandestines, seuls les communistes avaient une connaissance pratique de la politique et encore celle-ci, hormis dans le cas français, n'était-elle pas très grande. Or les communistes, en particulier, rechignaient à se lier les mains par des déclarations de programmes détaillées susceptibles de leur aliéner le soutien de futurs alliés tactiques. Ainsi la Résistance ne légua-t-elle pas grand-chose en guise de projets pour l'après-guerre au-delà de nobles déclarations d'intention et de vagues généralités – mais même ceux-ci, observa François Mauriac en août 1944, n'étaient que des programmes fantaisistes concoctés à la hâte.

D'un côté, cependant, tous étaient d'accord, résistants et politiciens : « planification ». Les drames des décennies de l'entre-deux-guerres – les occasions manquées d'après 1918, la grande crise qui suivit le crash boursier de 1929, le gaspillage du chômage, les inégalités, les injustices et les inefficacités du capitalisme du laissez-faire qui en avaient conduit tant à succomber à la tentation autoritaire, l'indifférence effrontée d'une élite dirigeante arrogante et l'incompétence d'une classe politique qui n'était pas à la hauteur – tout paraissait lié à l'incapacité totale de mieux organiser la société. Pour que la démocratie marche mieux et retrouve son attrait, il fallait la *planifier*.

On suggère parfois que cette foi dans la planification, la religion politique de l'Europe d'après-guerre, dérivait de l'exemple de l'Union soviétique : une économie planifiée qui échappait censément aux traumatismes de l'Europe capitaliste, résista à l'offensive nazie et gagna la Seconde Guerre mondiale grâce à une série de plans quinquennaux détaillés. C'est se fourvoyer complètement.

Dans l'Europe centrale et occidentale de l'après-guerre, seuls les communistes plaçaient leur foi dans des plans de style soviétique (dont ils ne savaient pas grand-chose) et ils n'avaient même aucune idée de la façon dont ces plans pourraient être appliqués aux circonstances locales. L'obsession soviétique des objectifs numériques, des quotas de production et de la direction centralisée était étrangère à tous, ou presque, les partisans occidentaux contemporains de la planification. Ces derniers – et ils étaient eux-mêmes très divers – puisaient à des sources très différentes.

La vogue des plans et de la planification commença bien avant 1945. Tout au long de la crise de l'entre-deux-guerres, depuis la Hongrie jusqu'à la Grande-Bretagne, des voix s'élevèrent pour soutenir une économie planifiée d'une espèce ou d'une autre. Certaines des idées proposées, notamment en Autriche et chez les Fabiens, en Grande-Bretagne, dérivaient d'une tradition socialiste plus ancienne, mais bien davantage trouvaient leurs origines dans le réformisme libéral d'avant 1914. L'« État-concierge » du gouvernement, dont l'attention se bornait à la sécurité et à la police, était passé de mode, soulignait l'argument. Ne fût-ce que par prudence – pour prévenir des bouleversements politiques –, il était désormais nécessaire d'intervenir dans les affaires économiques afin de réguler les déséquilibres, éliminer les inefficacités et compenser les iniquités et les injustices du marché.

Avant 1914, les projets réformistes de ce type s'exprimaient surtout par des appels à une fiscalité progressive, la protection de la main-d'œuvre et, à l'occasion, la nationalisation d'un nombre restreint de monopoles naturels. Avec l'effondrement de l'économie internationale et la guerre qui suivit, cependant, la planification apparut plus que jamais comme une urgence et une ambition. Diverses propositions de plan national, dans lequel l'État interviendrait activement pour soutenir, décourager, faciliter et si nécessaire diriger des secteurs économiques clés, circulèrent largement chez les jeunes ingénieurs, économistes et fonctionnaires en France et en Allemagne.

Durant la majeure partie de l'entre-deux-guerres, les planificateurs en herbe et leurs partisans rongèrent leur frein en marge de la vie politique. Leurs aînés en politique faisaient la sourde oreille à leurs appels : pour beaucoup, dans les rangs de la droite conservatrice et du centre, l'intervention de l'État dans l'économie restait une abomination, tandis que du côté de la gauche socialiste, on pensait généralement que seule une société postrévolutionnaire pourrait rationnellement planifier ses affaires économiques. Jusque-là, le capitalisme était condamné à souffrir et finalement à s'effondrer sous le poids de ses propres contradictions. L'idée que l'on puisse « planifier » une économie capitaliste apparaissait, dans les deux camps, pour un non-sens. Frustrés, les avocats de la planification économique se retrouvèrent donc souvent attirés par les partis autoritaires de la droite extrême, nettement mieux disposée envers leur approche.

Ce n'est donc nullement un hasard si Oswald Mosley et d'autres travaillistes britanniques virèrent au fascisme tant les exaspérait la réponse insuffisante de leur parti à la Crise. En Belgique, Hendrik de Man ne réussit pas davantage à convaincre ses camarades socialistes de la viabilité de son « Plan » et se mit à défendre des solutions plus autoritaires. En France, un certain nombre de jeunes dirigeants du parti socialiste, parmi les plus brillants, rompirent pour former de nouveaux mouvements, enrageant de voir leur organisation incapable d'apporter une réponse imaginative à la crise économique. Nombre d'entre eux, et beaucoup d'autres de leur espèce, allaient finir fascistes.

Avant 1940, les thuriféraires de Mussolini, en France et en Grande-Bretagne, enviaient la façon dont, à leurs yeux, il avait réussi à triompher des désavantages économiques de l'Italie à travers une planification dirigée par l'État et la mise en place d'agences coiffant des secteurs économiques entiers. Albert Speer, l'administrateur de l'Ordre nouveau de Hitler, était très admiré à l'étranger pour son programme de direction et de réglementation de l'économie. En septembre 1943, Speer et Jean Bichelonne, ministre de la Production industrielle de Vichy, mirent au point un programme de réductions tarifaires qui se fondait sur des idées « planistes » de l'entre-deux-guerres et préfigurait les relations commerciales européennes ainsi que la coordination économique franco-allemande des années suivantes. Au sein de « Jeune Europe », club fondé en 1933 pour jeunes penseurs et hommes politiques impatients d'imprimer une nouvelle orientation à la vie politique, le futur homme d'État et europhile belge Paul-Henri Spaak échangea des idées sur le rôle renforcé de l'État avec des contemporains de tout le continent qui étaient dans les mêmes dispositions, dont Otto Abetz le futur administrateur nazi de Paris, pendant la guerre.

Bref, la « planification » avait une histoire compliquée. Nombre de ses partisans en firent l'expérience pour la première fois, en tant que fonctionnaires ou responsables économiques, sous l'Occupation – en France, en Italie, en Belgique et en Tchécoslovaquie – pour ne rien dire de l'Allemagne et de l'Italie. La Grande-Bretagne ne connut pas l'Occupation, mais, là encore, ce fut la guerre qui introduisit et domestiqua la notion jusque-là assez abstraite de « planification » *(planning)* gouvernementale. De fait, en Grande-Bretagne, c'est la guerre, plus que toute autre chose, qui mit le gouvernement au cœur de la vie économique. L'Emergency Powers Bill (loi sur les pouvoirs d'urgence) de mai 1940 autorisa le gouvernement à ordonner à quiconque de tout faire dans l'intérêt national, à prendre le contrôle de tout bien et à affecter toute usine à toute fin nationale de son choix. Pour citer Kenneth Harris, le biographe de Clement Attlee, le leader du parti travailliste après la guerre : « La planification nationale et la propriété nationale, qui dans les années 1945-1951 semblaient être le fruit de la mise en œuvre des principes socialistes par un gouvernement travailliste, furent largement l'héritage d'un État qui avait été organisé pour livrer une guerre totale. »

Le fascisme et la guerre sont donc le pont qui relie des notions de planification économique hétérodoxes, marginales et souvent controversées à la politique économique dominante de l'après-guerre. Reste que cet héritage compromis a eu peu d'impact sur l'attrait de la planification : nonobstant ses associations avec l'extrême droite, l'extrême gauche, l'Occupation ou la guerre, la planification n'était aucunement associée aux politiques discréditées de l'entre-deux-guerres, ce qui plaidait largement en sa faveur. Ce qu'exprimait en vérité la planification, c'était la foi dans l'État. Dans bien des pays, celle-ci reflétait le sentiment bien fondé, étayé par l'expérience de la guerre, qu'en l'absence de toute autre instance de régulation ou de distribution, l'État seul pouvait protéger l'individu de la misère. Mais l'enthousiasme contemporain pour un État interventionniste allait bien au-delà du désespoir ou de l'intérêt égoïste. La vision de Clement Attlee, le chef du Labour britannique dont le parti triompha des conservateurs de Churchill lors du spectaculaire retournement électoral de 1945, a bien saisi l'esprit du temps : ce qu'il fallait, désormais, c'étaient « des villes, des parcs et des terrains de jeu, des maisons et des écoles, des usines et des boutiques bien planifiés et bien construits ».

On était très confiant dans la capacité – et pas simplement le devoir – du gouvernement de résoudre des problèmes de grande ampleur en mobilisant et en dirigeant des hommes et des ressources à des fins collectivement utiles. De toute évidence, cette façon de voir les choses était particulièrement alléchante pour des socialistes ; mais l'idée qu'une économie bien planifiée signifiait une société plus riche, plus équitable et mieux régulée fut reprise par un très large public, y compris par les démocrates-chrétiens, dont les partis se hissaient alors au premier plan dans toute l'Europe occidentale. L'historien anglais A. J. P. Taylor expliqua en novembre 1945 aux auditeurs de la BBC que « personne en Europe ne croit à l'*American Way of Life*, c'est-à-dire à l'entreprise privée ; ou, plutôt, ceux qui y croient, sont un parti défait qui semble n'avoir pas plus d'avenir que les jacobites en Angleterre après 1688 ». Taylor exagérait, comme toujours ; il se trompait à long terme (mais qui ne se trompe pas ?) et sans doute aurait-il été surpris d'apprendre les enthousiasmes planistes des nombreux « New Dealers » aux premiers rangs de l'administration américaine en Allemagne. À l'époque, cependant, il avait largement raison.

Qu'était-ce que la « planification » ? Le mot est trompeur. Ce que tous ses partisans avaient en commun, c'était la croyance au rôle renforcé de l'État dans les affaires sociales et économiques. Au-delà, les variations étaient grandes, habituellement du fait des différences de traditions politiques nationales. En Grande-Bretagne, où il y avait très peu de véritable *planification*, le véritable enjeu était le *control*, le contrôle des industries mais aussi des services économiques et sociaux – à travers la propriété étatique conçue comme une fin en soi. La nationalisation – notamment des mines, des chemins de fer, du fret et des services publics – mais aussi la fourniture de services médicaux se retrouvèrent donc au cœur du programme du parti travailliste après 1945. Bref, l'État prit possession des « hauteurs dominantes », mais ce fut tout.

En Italie, l'héritage institutionnel fasciste, qui avait placé de larges pans de l'économie sous la surveillance de l'État, fut largement maintenu après la guerre. Ce qui changea, c'est la couleur politique des partis profitant désormais des assises industrielles et financières que leur donnaient les holdings et organismes publics. En Allemagne de l'Ouest, après 1948, l'économie devait rester largement entre des mains privées, mais avec des dispositifs détaillés, publiquement approuvés, pour la gestion des usines, les relations employeur-employé et les conditions d'embauche et de distribution. Aux Pays-Bas, la planification centrale impliquait un véritable assortiment de décrets prédictifs et prescriptifs à l'usage de l'entreprise privée.

Dans la plupart des pays d'Europe occidentale, le secteur public connut un essor rapide, qu'on le mesure par les dépenses publiques ou par le nombre des employés du secteur public. Mais c'est en France seulement que l'enthousiasme rhétorique pour la planification officielle se traduisit dans la réalité. Comme en Grande-Bretagne, les gouvernements français d'après-guerre nationalisèrent : les transports aériens, les banques, trente-deux compagnies d'assurance, les services publics, les mines, l'industrie des armements, l'industrie aéronautique et les usines Renault (pour punir son propriétaire d'avoir contribué à l'effort de guerre allemand). En mai 1946, un cinquième des capacités industrielles totales de la France était propriété de l'État.

En attendant, le 4 décembre 1945, Jean Monnet soumit au président de Gaulle son « Plan de Modernisation et d'Équipement ». Un mois plus tard était créé le Commissariat général du Plan, avec Monnet à sa tête. Au cours des mois suivants, celui-ci mit en place des commissions de modernisation pour les diverses industries (mines, électricité, transports, matériaux de construction, acier et machines agricoles ; auxquels devaient plus tard s'ajouter d'autres secteurs : pétrole, produits chimiques, engrais, navigation et fibres synthétiques), qui, à leur tour, y allèrent de leurs propositions et de leurs plans sectoriels. Exactement un an après sa création, en janvier 1947, le Commissariat vit son premier plan national approuvé par le gouvernement français – sans discussion.

Le plan Monnet était unique. Il fut l'œuvre d'un homme peu ordinaire[3]. Par-dessus tout, cependant, il était le produit d'une culture politique déjà

3. Né à Cognac en 1888, Jean Monnet était le fils d'un marchand d'alcools et spiritueux. Ses études terminées, il passa de longues années à vivre et à travailler à l'étranger, notamment à Londres ; après la Première Guerre mondiale, il fut nommé secrétaire général de la nouvelle Société des Nations. Il passa une bonne partie de la Seconde Guerre mondiale aux États-Unis, négociant des livraisons d'armes pour le compte du gouvernement britannique et des Français libres. Son attachement à la planification économique et sa contribution ultérieure au Plan Schuman de Coopération économique européenne se nourrissaient donc d'une familiarité avec les grandes organisations et la collaboration entre États qui était étonnamment peu courante pour un Français de sa classe et de son époque.

bien disposée envers la prise de décision autoritaire et la construction du consensus par décret du gouvernement. Sous ses auspices, la France devint le premier pays occidental à se donner une politique publique entièrement vouée à la croissance économique et à la modernisation. Le plan reposait fortement sur des postulats relatifs à l'accès de la France aux matières premières et aux marchés allemands ; et l'histoire de sa réussite se confond donc en partie avec celle des relations de la France avec l'Allemagne et le reste de l'Europe dans la décennie d'après-guerre : une histoire de nombreux faux départs, de contraintes et de frustrations.

Le premier plan Monnet était largement une mesure d'urgence pour sortir la France de la crise après la guerre. C'est plus tard seulement qu'il s'étoffa et s'adapta aux modalités de l'aide Marshall. Dans ses grandes lignes, cependant, la stratégie économique de la France d'après-guerre était présente dès le départ. La planification française ne fut jamais plus qu'« indicative », ne fixant que des objectifs, pas des quotas de production. À cet égard, elle était très différente de la planification soviétique, dont le trait caractéristique de base (et le principal défaut) était son insistance sur des chiffres de production arbitraires et rigides, par secteur et par marchandise. Le plan Monnet se contentait de donner au gouvernement une stratégie et des leviers pour servir activement certains objectifs prioritaires. À l'époque, c'était une entreprise d'une remarquable originalité.

En Tchécoslovaquie, une commission de Planification centrale, partageant certains traits et aspirations avec le plan Monnet, fut mise en place au mois de juin 1946 pour orienter et coordonner l'imposant secteur public nationalisé par le président Beneš en 1945. Au cours de l'année *précédant* le coup de force communiste de Prague, en février 1948, 93 % des employés des transports et 78 % des employés de l'industrie travaillaient déjà pour l'État. Les banques, les mines, les compagnies d'assurance, les grands services publics, la sidérurgie et la chimie, les industries de transformation alimentaires et toutes les grandes entreprises avaient été nationalisés : 2 119 firmes représentant quelque 75 % de la production manufacturière totale.

Dans le cas tchécoslovaque, la nationalisation et la planification publique de l'économie furent donc bien antérieures à la prise du pouvoir par les communistes et correspondaient aux préférences politiques d'une authentique majorité de l'électorat : c'est seulement en février 1949, un an après le coup de force des communistes, que la commission de Planification fut épurée et rebaptisée « Office national de planification », avec des attributions très différentes. Ailleurs dans la région, les nationalisations à grande échelle, comme celles imposées en janvier 1946 par la loi de nationalisation en Pologne, furent l'œuvre de gouvernements de coalition dominés par les communistes. Mais là encore, existaient des racines pré-communistes : dès 1936, le gouvernement autoritaire de la République polonaise avait inauguré un « Plan d'investissement quadriennal » avec un système rudimentaire de planification directive centralisée.

Le principal objectif de la planification dans l'Europe continentale d'après-guerre était l'investissement public. En un temps de pénurie aiguë de capitaux et de très forte demande d'investissement dans tous les secteurs, la planification officielle supposait des choix ardus : où affecter les ressources limitées de l'État et aux dépens de quoi ? En Europe orientale, l'accent porta inévitablement sur les dépenses de base : routes, chemins de fer, usines et services publics. Mais cela ne laissait pas grand-chose pour l'alimentation et le logement, moins encore pour les services sociaux, médicaux, éducatifs et autres, et rien pour les biens de consommation non essentiels. Cette hiérarchie des dépenses avait peu de chances de plaire à l'électorat, surtout dans des pays qui avaient déjà souffert de plusieurs années de privation matérielle et il n'est pas étonnant que ce genre de planification, dans des conditions de pénurie aiguë, s'accompagnât presque toujours, tôt ou tard, d'un régime autoritaire et d'un État policier.

Mais la situation à l'Ouest n'était pas si différente. Les Britanniques, on le verra, furent contraints d'accepter des années d'« austérité » comme prix du redressement économique. En France ou en Italie, où il n'y avait pour ainsi dite pas de marché à long terme des capitaux privés, tous les grands investissements étaient financés par l'État : c'est bien pourquoi le premier plan Monnet donna la priorité aux investissements dans les grandes industries aux dépens de la consommation des ménages, du logement et des services. Les conséquences politiques en étaient prévisibles : en 1947, la France, comme l'Italie, fut menacée par des grèves, de violentes manifestations et un renforcement régulier du parti communiste et de ses syndicats. La négligence délibérée du secteur des biens de consommation et le détournement de ressources nationales rares au profit d'une poignée de secteurs industriels clés avait économiquement un sens à long terme, mais c'était une stratégie très risquée.

L'économie de la planification tirait directement les leçons des années 1930 : pour réussir après la guerre, une stratégie de redressement devait empêcher tout retour de la stagnation économique, de la récession, du protectionnisme et, par-dessus tout, du chômage. On retrouve les mêmes considérations derrière la création de l'État-providence européen moderne. Dans les années 1940, chacun s'accordait à penser que les polarisations politiques de la dernière décennie de l'entre-deux-guerres étaient nées directement de la crise économique et de ses coûts sociaux. Le fascisme comme le communisme se nourrissaient du désespoir social, de l'abîme séparant les riches des pauvres. Si les démocraties devaient se relever, il fallait traiter la question de la « condition du peuple ». « Si on ne fait rien, observait Carlyle un siècle plus tôt, quelque chose *se fera* un jour, et d'une façon qui ne plaira à personne. »

Mais l'État-providence – la planification *sociale* – était plus qu'une simple prophylaxie contre le bouleversement politique. Le malaise que suscitent aujourd'hui les notions de race, d'eugénisme, de « dégénérescence » et autres nous masque le rôle important qu'elles jouèrent dans la pensée publique européenne durant la première moitié du XXe siècle : les nazis ne furent pas seuls à prendre ces choses au sérieux. En 1945 deux générations de médecins européens, d'anthropologues, de responsables de la santé publique et d'observateurs de la vie politique avaient pris part à de vastes débats et polémiques sur la « santé raciale », la croissance démographique, le bien-être environnemental et professionnel, mais aussi les politiques permettant de les améliorer et de les assurer. On s'accordait généralement à penser que la condition physique et morale des citoyens était une affaire d'intérêt commun et relevait donc partiellement de la responsabilité de l'État.

De ce fait, les services sociaux rudimentaires d'une espèce ou d'une autre étaient déjà largement répandus avant 1945, même s'ils étaient très divers par leur qualité et leur extension. L'Allemagne était, comme il se doit, le pays le plus avancé, ayant déjà institué sous Bismarck, entre 1883 et 1889, des systèmes de pension de retraite, mais aussi d'assurance médicale et d'assurance contre les accidents. Mais d'autres pays suivirent le mouvement juste avant et après la Première Guerre mondiale. En Grande-Bretagne, les gouvernements libéraux d'Asquith mirent en place un embryon de système national de pension et d'assurance dans la première décennie du siècle ; et la Grande-Bretagne et la France créèrent un ministère de la Santé juste après la fin de la Grande Guerre, respectivement en 1919 et en 1920.

L'assurance-chômage obligatoire fut d'abord instituée en Grande-Bretagne dès 1911, puis en Italie (1919), en Autriche (1920), en Pologne (1924), en Bulgarie (1925), en Allemagne et en Yougoslavie (1927), et enfin en Norvège (1938). La Roumanie et la Hongrie avaient des systèmes d'assurance contre les accidents et les maladies dès avant la Première Guerre mondiale, tandis que tous les pays d'Europe orientale introduisirent des systèmes nationaux de pension entre les deux guerres. Les allocations familiales furent un élément clé des plans pour augmenter le taux de natalité – obsession propre aux pays les plus durement touchés par la guerre, après 1918 – et furent d'abord introduites en Belgique (1930), puis en France (1932) et enfin en Hongrie et aux Pays-Bas à la veille des hostilités.

Mais aucun de ces dispositifs, pas même ceux des nazis, ne représentaient un État-providence en bonne et due forme. Il s'agissait de réformes *ad hoc* cumulatives, chacune traitant d'un problème social particulier ou remédiant aux insuffisances avérées des systèmes antérieurs. Les divers systèmes de pension et d'assurance médicale introduits en Grande-Bretagne, par exemple, assuraient des prestations très limitées et ne concernaient que les hommes : les femmes et autres personnes à charge en étaient exclues. En Grande-Bretagne, entre les deux guerres, les indemnités de chômage étaient subordonnées à un « critère de moyens », inspiré du principe de la « moindre éligibilité » consacré par la *Poor Law* du XIXe siècle et exigeant que le demandeur d'une aide publique apportât la preuve qu'il était pour ainsi dire dans la misère. Nulle part on ne reconnaissait encore que l'État avait une obligation de garantir tout un ensemble de services aux citoyens, qu'ils fussent hommes ou femmes, employés ou chômeurs, jeunes ou vieux.

C'est la guerre qui devait tout changer. De même que la Première Guerre mondiale avait précipité la législation et les dispositions sociales dans son sillage – ne serait-ce que pour s'occuper des veuves et des orphelins, des invalides et des chômeurs dans l'immédiat après-guerre –, la Seconde Guerre mondiale transforma et le rôle de l'État moderne et ce que l'on en attendait. Le changement ne fut nulle part plus marqué qu'en Grande-Bretagne, où John Maynard Keynes anticipa justement le « désir ardent de *sécurité* sociale et personnelle » après la guerre. Mais partout, pour citer l'historien Michael Howard, « guerre et protection sociale allèrent main dans la main ». Dans certains pays, la nutrition et les services médicaux s'améliorèrent effectivement au cours de la guerre : mobiliser les hommes et les femmes pour la guerre totale supposait que l'on connût mieux leur état et qu'on fît tout le nécessaire pour qu'ils restassent productifs.

Les États-providence européens d'après-1945 étaient très différents les uns des autres par les ressources qu'ils offraient et leurs moyens de financement. Il n'en est pas moins possible de faire quelques observations générales. La fourniture de *services* sociaux concernait essentiellement l'éducation, le logement et les soins médicaux, mais aussi les centres de loisirs, les transports publics subventionnés, le financement public des arts et de la culture ainsi que d'autres bénéfices indirects des interventions de l'État. La *sécurité* sociale consistait essentiellement en un système d'assurance publique – maladie, chômage, accidents et vieillesse. Dans l'après-guerre, tous les États européens assurèrent ou financèrent ces dispositifs, d'aucuns plus que d'autres.

Les différences importantes résident dans les systèmes mis en place pour financer ces nouvelles prestations publiques. Certains pays trouvèrent les recettes par l'impôt et dispensèrent des soins et des services gratuits ou fortement subventionnés : tel fut le système retenu en Grande-Bretagne, où il reflétait la préférence contemporaine pour les monopoles étatiques. Dans d'autres pays, des prestations en espèces étaient versées aux citoyens suivant des critères d'éligibilité socialement déterminés, les bénéficiaires étant ensuite libres d'acheter les services de leur choix. En France et dans quelques petits pays, les citoyens devaient payer certaines prestations médicales, mais pouvaient ensuite se faire rembourser.

Ces différences reflétaient des systèmes variables de financement et de comptabilité nationaux, mais elles correspondaient aussi à un choix stratégique fondamental. L'assurance sociale en soi, si généreuse fût-elle, n'était pas en principe politiquement progressiste : nous avons vu qu'elle fut introduite assez tôt, même dans les régimes les plus conservateurs. En revanche, les systèmes de couverture sociale *systématique* sont par nature redistributifs. Leur caractère universel et l'échelle même de leur intervention requiert un transfert de ressources – habituellement par l'impôt – des privilégiés au profit des moins aisés. L'État-providence était donc en soi une entreprise progressiste ; d'un État-providence européen à l'autre, après 1945, les variations reflètent non seulement des procédures institutionnelles, mais aussi des calculs politiques.

Dans l'ensemble, par exemple, en Europe orientale les régimes communistes d'après-1948 ne devaient pas favoriser les systèmes de couverture sociale universelle : ils n'en avaient aucun besoin puisqu'ils étaient libres de redistribuer les ressources de force sans dépenser les maigres fonds de l'État en services publics. Les paysans, par exemple, étaient souvent exclus de l'assurance sociale et des systèmes de retraite pour des raisons politiques. En Europe occidentale, six pays seulement – Belgique, Italie, Norvège, Autriche, République fédérale d'Allemagne et Royaume-Uni – introduisirent un système d'assurance chômage obligatoire et universel après 1945. Des systèmes volontaires subventionnés subsistèrent aux Pays-Bas jusqu'en 1949, en France jusqu'en 1967 et en Suisse jusqu'au milieu des années 1970. Dans l'Europe catholique, la couverture locale et communautaire mise en place de longue date contre le chômage a probablement entravé la création de systèmes d'assurance universels en en réduisant la nécessité. Dans les pays où le chômage, entre les deux guerres, avait été particulièrement traumatique – Royaume-Uni, Belgique –, les dépenses sociales se nourrirent en partie du désir de maintenir le plein-emploi ou d'en rester proche. Où il n'avait pas été aussi significatif – en France ou en Italie, par exemple –, cette situation se refléta dans un ordre de priorités assez différent.

Bien que la Suède et la Norvège (mais pas le Danemark) aient été à l'avant-garde des prestations dans un large éventail de services sociaux, et que l'Allemagne occidentale ait maintenu les dispositifs hérités des régimes passés (y compris les programmes mis en place au temps des nazis pour encourager la natalité), c'est en Grande-Bretagne que furent accomplis les efforts les plus ambitieux pour construire, à partir de rien, un authentique « État-providence ». Cela tenait, pour une part, à la position unique du parti travailliste, qui remporta une victoire éclatante aux élections de juillet 1945 et – à la différence des gouvernements de la plupart des autres pays européens – fut libre de traduire en lois l'ensemble de son programme électoral sans être gêné par les partenaires d'une coalition. Mais cela tenait aussi aux sources assez singulières du réformisme britannique.

La législation sociale de la Grande-Bretagne, après la guerre, reposait sur un rapport, justement célèbre, de sir William Beveridge, publié en novembre 1942 et qui fut aussitôt un best-seller. Né en 1879, Beveridge était le fils d'un juge britannique en poste dans l'Inde impériale. Ses sensibilités et ses ambitions étaient celles des grands libéraux réformateurs de la Grande-Bretagne edwardienne. Son rapport était tout à la fois une mise en accusation des injustices sociales de la société britannique, avant 1939, et un canevas de réforme de fond en comble du système sitôt la guerre terminée. Même le parti conservateur n'osa pas s'opposer à ses recommandations centrales, et il devint donc la base morale des éléments les plus populaires et durables du programme travailliste après la guerre.

S'agissant de la protection sociale après la guerre, Beveridge formula quatre postulats, qui devaient tous être intégrés à la politique britannique au cours de la génération suivante, à savoir qu'il devrait y avoir un service national de santé, une pension de l'État suffisante, des allocations familiales et un quasi plein-emploi. Pour ce qui est du dernier point, il ne s'agissait pas d'une prestation sociale, mais il était le soubassement de tout le reste puisqu'il tenait pour acquis que la situation normale d'un adulte en bonne santé après la guerre devait être d'exercer une activité rémunérée à plein temps. Sur cette base, de généreuses dispositions étaient possibles pour l'assurance chômage, les retraites, les allocations familiales, les services médicaux et autres, puisque ceux-ci seraient financés par des prélèvements sur la masse salariale, aussi bien que par une fiscalité progressive sur la population active dans son ensemble.

Les implications étaient significatives. Les femmes inactives et sans assurance santé privée bénéficièrent pour la première fois d'une couverture. L'humiliation et la dépendance sociale du vieux système Poor Law/Means Test disparurent : dans les occasions, que l'on voulait croire rares, où le citoyen de l'État-providence avait besoin d'une aide publique, il ou elle pouvait y prétendre de droit. Les services médicaux et dentaires étaient fournis gratuitement ; la retraite, universalisée ; les allocations familiales, instaurées (à raison de 5 shilling [25 pence] par semaine à partir du deuxième enfant). Le principal bill parlementaire régissant ces dispositions reçut le *Royal Assent* en novembre 1946 ; et le National Health Service (NHS) Act – le noyau du système social – fut introduit dans la loi le 5 juillet 1948.

L'État-providence britannique était à la fois l'achèvement d'un cycle antérieur de réformes, dont les racines plongeaient dans les Factory Acts du milieu du XIXe siècle, et un authentique nouveau départ. Le contraste entre la Grande-Bretagne du *Quai de Wigan* de George Orwell (publié en 1937) et celle du Premier ministre conservateur qui, vingt ans plus tard, clouait le bec d'un perturbateur par son célèbre « Vous ne vous en êtes jamais tiré aussi bien ! » est un hommage au National Health Service et aux dispositions qui l'accompagnaient en matière de sécurité, de maintien du revenu et d'emploi. Il n'est que trop facile, quand on se penche aujourd'hui sur les erreurs de calculs des premiers réformateurs de l'après-guerre, de minimiser et même de dénigrer leur réalisation. En l'espace de quelques années, nombre des dispositions universelles du NSH se révélèrent insupportablement onéreuses ; la qualité des services fournis ne s'était pas maintenue au fil des ans ; et au fil du temps il est devenu clair que certains postulats actuariels fondamentaux – dont la prédiction optimiste d'un plein-emploi permanent – manquaient de clairvoyance, pour ne pas dire pire. Mais quiconque a grandi, comme l'auteur de ces pages, dans la Grande-Bretagne d'après-guerre a de bonnes raisons d'être reconnaissant à l'État-providence.

Il en va de même pour la génération d'après-guerre à travers tout le continent européen, même si nulle part, hors de la Grande-Bretagne, on ne devait tenter de couverture sociale systématique aussi généreuse et en une seule fois. Grâce à l'avènement des États-providence, les Européens mangèrent plus et, pour la plupart, mieux, vécurent plus longtemps et en meilleure santé, furent mieux logés et mieux habillés que par le passé. Par-dessus tout, ils jouirent d'une sécurité accrue. Ce n'est pas un hasard si la plupart des Européens, quand on leur demande ce qu'ils pensent de leurs services publics, parlent presque toujours d'abord du filet de sécurité constitué par les systèmes d'assurance et de retraite mis en place après la guerre. Même en Suisse, pays qui reste très nettement en dessous des normes européennes, la loi fédérale du 20 décembre 1946 sur l'assurance-vieillesse et survivants (LAVS), entrée en vigueur en 1948, est considérée par bien des citoyens comme l'une des meilleures réalisations de leur pays.

L'État-providence coûtait cher. Pour des pays qui ne s'étaient pas encore remis du marasme des années 1930 et de la destruction de la guerre, son coût était très considérable. La France, qui ne consacrait que 5 % de son produit intérieur brut (PIB) aux services sociaux en 1938, leur affectait 8,2 % en 1949, soit une augmentation de 64 %. En Grande-Bretagne, en 1949, près de 17 % des dépenses publiques allaient à la seule sécurité sociale (sans compter les services publics et autres prestations non comprises sous cette rubrique), soit un accroissement de 50 % par rapport au niveau de 1938 à une époque de graves tensions pour les finances du pays. Même en Italie, pays beaucoup plus pauvre dont les gouvernements essayèrent d'éviter de supporter des coûts de sécurité sociale élevés en détournant les services et les prestations sur le secteur privé et le lieu de travail, les dépenses de l'État pour les services sociaux en pourcentage du PIB passèrent de 3,3 % en 1938 à 5,2 % en 1949.

Pourquoi les Européens étaient-ils prêts à payer tant pour l'assurance et d'autres prestations sociales à long terme à une époque où la vie était encore réellement dure et les pénuries matérielles, endémiques ? La première raison est que, précisément, parce que les temps *étaient* difficiles, les systèmes de protection sociale d'après-guerre étaient la garantie d'un minimum de justice ou d'équité. Ce n'était pas la révolution spirituelle ou sociale dont beaucoup, dans la Résistance, avaient rêvé, mais c'était une première rupture avec le désespoir et le cynisme de l'avant-guerre.

Deuxième raison, les États-providence d'Europe occidentale n'étaient pas source de division politique. Ils *étaient* socialement redistributeurs dans leur projet général (d'aucuns plus que d'autres), mais pas du tout révolutionnaires : ils ne faisaient pas « casquer les riches ». Au contraire, si les pauvres furent les premiers à en ressentir les avantages les plus importants, les véritables bénéficiaires à long terme en furent les professions libérales et la classe moyenne du secteur marchand. Dans bien des cas, elles n'avaient encore jamais eu droit aux prestations en matière de santé, de chômage ou de retraite et avaient été obligées, avant la guerre, d'acquérir ces services et prestations auprès du secteur privé. Elles y avaient maintenant accès, gratuitement ou à un coût modique. Si l'on ajoute à cela l'enseignement secondaire et supérieur gratuit ou subventionné pour leurs enfants, cela assurait aux professions libérales et aux cols blancs salariés une meilleure qualité de vie et un revenu disponible accru. Loin de diviser les classes sociales les unes contre les autres, l'État-providence européen les souda plus qu'elles ne l'avaient jamais été, tous ayant un même intérêt à le préserver et à le défendre.

La principale base de soutien aux prestations et services sociaux financés par l'État résidait cependant dans le sentiment général que ceux-ci correspondaient aux tâches naturelles du gouvernement. Dans l'Europe entière, après la guerre, l'État était un État « social », implicitement (et souvent explicitement, du fait de la constitution) responsable du bien-être de ses citoyens. Il avait l'obligation de fournir non seulement les institutions et les services nécessaires à un pays bien réglementé, sûr et prospère, mais aussi d'*améliorer* l'état de la population, tel qu'on pouvait le mesurer à l'aide de toute une batterie toujours plus importante d'indices. Autre chose était de savoir s'il pouvait réellement satisfaire à toutes ces exigences.

De toute évidence, il devait se révéler plus facile d'atteindre les idéaux de l'État social, « du berceau au tombeau », dans la petite population d'un pays riche et homogène comme la Suède que dans un pays comme l'Italie. Mais la foi dans l'État était au moins aussi marquée dans les pays pauvres que dans les pays riches – peut-être plus encore, puisque dans ces pays seul l'État pouvait offrir espoir ou salut à la masse de la population. Et dans le sillage de la crise, de l'Occupation et de la guerre civile, l'État – en tant qu'agent de protection sociale, de sécurité et d'équité – était une source vitale de communauté et de cohésion sociale. De nombreux commentateurs sont aujourd'hui disposés à voir dans la propriété publique et la dépendance à l'égard de l'État le problème de l'Europe, et dans le salut par en haut une illusion de l'époque. Pour la génération de 1945, cependant, un équilibre viable entre les libertés politiques et la fonction distributive rationnelle et équitable de l'État administratif semblait être la seule voie sensée pour sortir de l'abîme.

Le besoin de changement, après 1945, allait très au-delà de la couverture sociale. Les années qui suivirent la Seconde Guerre mondiale furent une sorte de Temps des Réformes en raccourci, au cours duquel de nombreux problèmes pressants de longue date furent tardivement traités. L'un des plus importants était la question de la réforme agraire, que nombre de contemporains bien informés tenaient pour le dilemme le plus pressant de l'Europe. Le poids du passé continuait de peser lourd sur la paysannerie du continent. C'est seulement en Angleterre, aux Pays-Bas, au Danemark, dans les régions alpines et dans certaines parties de la France qu'il était possible de parler d'une classe d'agriculteurs prospères et indépendants. L'écrasante majorité de la population très majoritairement rurale de l'Europe vivait dans un état de pénurie et d'endettement.

Une des raisons en était que de grandes étendues de terres arables, parmi les meilleures, et surtout de pâturages étaient encore entre les mains d'un nombre assez restreint de propriétaires fonciers opulents, souvent absents et, dans bien des cas, farouchement opposés à toute amélioration des conditions de leurs terres, de leurs métayers et de leurs ouvriers agricoles. Un autre facteur était le long déclin des prix agricoles par rapport aux prix industriels, processus exacerbé depuis les années 1870 par les importations de céréales bon marché puis de viande des Amériques et des dominions britanniques. Dans les années 1930, les paysans européens vivaient depuis près de trois générations avec cette irrésistible dégradation de leur situation. Beaucoup – en Grèce, en Italie du Sud, dans les Balkans, en Europe centrale et orientale – avaient émigré : aux États-Unis, en Argentine et ailleurs. Ceux qui étaient restés derrière avaient souvent été une proie facile pour les démagogues nationalistes et fascistes. Après la guerre, on s'accordait donc largement à penser, surtout à gauche, que le fascisme séduisait spécialement les paysans désespérés et que tout réveil du fascisme en Europe commencerait dans les campagnes. Le problème agraire était donc double : comment améliorer les perspectives économiques du paysan et, ce faisant, le détourner de la tentation autoritaire ?

Pour ce qui est du premier objectif, on avait déjà tenté de l'atteindre après la Première Guerre mondiale à travers toute une série de réformes agraires – notamment en Roumanie et en Italie, mais aussi, dans une certaine mesure, presque partout ailleurs – dont le but était de redistribuer les grandes propriétés, de réduire le nombre de *microfundia* (parcelles inefficaces) et de donner aux paysans de meilleures chances de produire efficacement pour le marché. Mais ces réformes n'aboutirent pas à l'objectif désiré, en partie à cause de la situation économique désastreuse de l'entre-deux-guerres, avec une chute des prix plus rapide encore qu'avant 1914, les paysans propriétaires « indépendants » depuis peu étant en réalité plus vulnérables que jamais.

Après la Deuxième Guerre mondiale, on tenta à nouveau une réforme agraire. En Roumanie, la réforme foncière de mars 1945 fut l'occasion d'enlever un million d'hectares aux « koulaks » et aux « criminels de guerre » pour les distribuer à plus de 600 000 paysans pauvres ou sans terre. En Hongrie, où le régime de l'amiral Horthy, dans l'entre-deux-guerres, avait bloqué toute redistribution significative de la terre, un tiers de la surface du pays fut expropriée en accord avec le programme de Szeged, arrêté en décembre 1944 par le gouvernement de coalition provisoire de l'après-guerre. Pendant la guerre, le gouvernement du Front national tchécoslovaque rédigea la même année un programme semblable et redistribua dûment de vastes étendues de terre – notamment des fermes saisies aux Allemands des Sudètes et aux Hongrois – dans les premiers mois de l'après-guerre. Entre 1944 et 1947, chaque pays est-européen vit la création d'une forte classe de petits propriétaires redevables aux nouvelles autorités. Quelques années plus tard, ces mêmes petits propriétaires allaient être dépossédés par les régimes communistes dans leur campagne de collectivisation. En attendant, toutefois, des classes entières de hobereaux et de gros paysans disparurent purement et simplement en Pologne, en Prusse orientale, en Hongrie, en Roumanie et en Yougoslavie.

En Europe occidentale, seule l'Italie méridionale connut un phénomène comparable aux spectaculaires changements intervenus plus à l'est. Les grandes lois de réforme de 1950 annoncèrent la redistribution des terres à travers la Sicile et le *Mezzogiorno*, à la suite des saisies et occupations de Basilicata, dans les Abruzzes et en Sicile. Malgré le bruit fait à cette occasion, pas grand-chose ne changea : une bonne partie des terres redistribuées sur les anciens *latifundia* manquaient d'eau, de routes et de logements. Sur les 74 000 hectares redistribués en Sicile après la Seconde Guerre mondiale, 95 % étaient des terres « marginales » ou de qualité inférieure, impropres à la culture. Les paysans auxquels on les offrit n'avaient ni argent ni accès au crédit ; ils ne pouvaient pas faire grand-chose avec leurs nouveaux biens. En Italie, les réformes agraires échouèrent. Leur but déclaré – apporter une réponse à la « Question du Sud » – ne devait être atteint qu'une décennie plus tard, et encore juste partiellement, quand la paysannerie surnuméraire du Sud abandonna la terre et partit chercher du travail dans les villes septentrionales en plein essor du « miracle » italien.

Mais l'Italie du Sud était un cas difficile. En France et ailleurs, les nouveaux droits que la loi donna aux cultivateurs à bail les incitèrent à investir sur leurs petites propriétés, tandis que des systèmes de crédit novateurs et des banques rurales leur permirent de le faire. Des dispositifs de soutien des prix agricoles subventionnés par l'État contribuèrent à arrêter des décennies de déclin des cours en encourageant les agriculteurs à produire le plus possible tout en garantissant l'achat de leur production à un prix minimal fixé. Dans le même temps, la demande de main-d'œuvre sans précédent de l'après-guerre en ville draina les ouvriers excédentaires des districts ruraux les plus pauvres, laissant moins de bouches à nourrir à une population agricole plus efficace.

Les dimensions politiques du problème agraire furent indirectement traitées avec l'ensemble plus large des réformes politiques introduites dans les premières années de l'après-guerre. Nombre d'entre elles étaient de nature constitutionnelle, achevant là encore l'œuvre inachevée de 1918. En Italie, en France et en Belgique, les femmes obtinrent enfin le droit de vote. En juin 1946, les Italiens votèrent d'une courte majorité la transformation de leur pays en République (12,7 millions de voix pour abolir la monarchie, 10,7 pour la conserver) tandis que les divisions historiques du pays étaient si possible encore exacerbées par les résultats : le Sud, hormis la région de Basilicate, vota à une écrasante majorité pour le roi (le rapport fut de 4 contre 1 à Naples).

Les Grecs, en revanche, décidèrent de conserver la monarchie lors du scrutin de septembre 1946. Les Belges firent de même, mais écartèrent leur roi, Léopold III, pour le châtier de sa coopération avec les nazis. Cette décision, prise sous la pression de l'opinion publique en 1950 contre le vœu d'une légère majorité de la population, divisa fortement le pays suivant des clivages communautaires et linguistiques : les Wallons francophones votèrent pour écarter Léopold du trône, tandis que 72 % des Flamands préféraient le voir rester. Les Français n'avaient plus de roi sur qui épancher le souvenir des humiliations du temps de guerre, et se bornèrent à voter en 1946 le remplacement de la IIIe République, en disgrâce, par la IVe. De même que la Loi fondamentale allemande de 1949, la Constitution de la IVe République était censée éliminer autant que possible le risque d'un abandon aux sirènes du césarisme ou de l'autoritarisme : une aspiration qui devait se révéler singulièrement infructueuse.

Les Assemblées provisoires ou constituantes qui promulguèrent des Constitutions après la guerre proposèrent des référendums populaires sur des questions controversées et votèrent de grandes réformes institutionnelles qui penchaient pour la plupart à gauche. En Italie, en France et en Tchécoslovaquie, les partis communistes devaient prospérer dans l'après-guerre. Aux élections de 1946, le Partito Communista Italiano (PCI) obtint 19 % des voix ; le parti communiste français (PCF), 28,6 % aux deuxièmes élections de cette même année – le meilleur score de son histoire. En Tchécoslovaquie, aux élections libres de mai 1946, les communistes obtinrent 38 % des voix (40 % en territoires tchèques). Ailleurs, les communistes ne réussirent pas aussi bien dans les élections libres, même s'ils ne devaient jamais obtenir de meilleurs scores : de 13 % en Belgique à juste 0,4 % au Royaume-Uni.

En Europe occidentale, les communistes durent leur force de levier politique initiale à leur association avec les partis socialistes, dont la plupart, avant 1947, répugnèrent à rompre les alliances de style Front populaire qui s'étaient reformées dans les mouvements de résistance. En France et en Italie, les socialistes firent presque aussi bien que les communistes dans les premières élections de l'après-guerre, et bien mieux en Belgique. En Scandinavie, les sociaux-démocrates dépassèrent très largement tous les autres partis, obtenant entre 38 et 41 % des voix au Danemark, en Norvège et en Suède aux élections de 1945-1948.

Hors de la Grande-Bretagne et des pays nordiques, cependant, la « vieille gauche » des communistes et des socialistes ne put jamais gouverner seule. En Europe occidentale, un nouvel animal politique, les partis démocrates-chrétiens, devait toujours maintenir l'équilibre, sinon dominer la situation. Les partis catholiques étaient familiers en Europe continentale : ils avaient de longue date prospéré aux Pays-Bas et en Belgique. L'Allemagne wilhelmienne puis l'Allemagne de Weimar avait eu un parti du centre catholique, et les conservateurs autrichiens avaient longtemps été de mèche avec le parti populaire (catholique). Même la « démocratie chrétienne » n'était pas une idée entièrement nouvelle, puisqu'elle trouvait ses origines dans le réformisme catholique de l'aube du XXe siècle et les mouvements catholiques du centre qui essayèrent sans succès de se frayer un chemin dans les années de turbulence qui suivirent la Première Guerre mondiale. Après 1945, en revanche, la situation était très différente et toute à leur avantage.

En premier lieu, ces partis – surtout l'Union démocrate-chrétienne (CDU) en Allemagne de l'Ouest, les démocrates chrétiens (DC) en Italie et le Mouvement républicain populaire (MRP) en France – avaient désormais un quasi-monopole sur l'électorat catholique. Dans l'Europe de 1945, cela comptait encore beaucoup : l'électorat catholique restait fortement conservateur, surtout sur les questions sociales et dans les régions de catholiques pratiquants. En Italie, en France, en Belgique, aux Pays-Bas comme en Allemagne méridionale et occidentale, l'électorat catholique traditionnel votait rarement socialiste et presque jamais communiste. Mais, et c'est la singularité de l'après-guerre, dans bien des pays même les catholiques conservateurs n'avaient souvent d'autre solution que de voter démocrate chrétien, malgré le penchant réformiste des politiques et politiciens de cette mouvance, parce que les partis de la droite traditionnelle étaient soit en quarantaine, soit carrément proscrits. Même les conservateurs non catholiques se tournèrent de plus en plus vers les démocrates chrétiens, pour faire barrage à la gauche « marxiste ».

En deuxième lieu, et pour des raisons liées, les partis démocrates-chrétiens furent les principaux bénéficiaires du vote des femmes : en 1952, près des deux tiers des catholiques pratiquantes, en France, votaient MRP. Sans doute l'influence de la religion y était-elle pour quelque chose. Mais l'attrait des partis démocrates chrétiens auprès des femmes tenait largement à leur programme. Contrastant avec les accents insurrectionnels persistants jusque dans la rhétorique socialiste et communiste la plus apprivoisée, les démocrates chrétiens en vue – Maurice Schumann et Georges Bidault, en France, Alcide de Gasperi, en Italie, et Konrad Adenauer, en République fédérale – ne manquèrent jamais d'insister sur la réconciliation et la stabilité.

Évitant les appels fondés sur la classe, la démocratie chrétienne privilégiait plutôt les réformes sociales et morales. Elle insistait en particulier sur l'importance de la *famille*, thème proprement chrétien aux implications politiques significatives à une époque où les besoins des familles monoparentales, sans domicile et aux abois, n'avaient jamais été aussi grands. Aussi les partis démocrates-chrétiens étaient-ils idéalement placés pour tirer profit de presque tous les aspects de la situation de l'après-guerre : désir de stabilité et de sécurité, espérance de renouveau, absence de solution de rechange du côté de la droite traditionnelle et attentes à l'égard de l'État – car, à la différence des politiciens catholiques traditionnels de la génération passée, les chefs des partis démocrates chrétiens et leurs jeunes partisans plus radicaux n'avaient aucune inhibition à l'idée de mettre la puissance de l'État au service de leurs objectifs. À la limite, leurs principaux adversaires étaient moins, à leurs yeux, la gauche collectiviste que les libéraux partisans de l'économie de marché, et ils étaient impatients de démontrer qu'il était possible d'adapter l'État moderne à des formes non socialistes d'intervention bienveillante.

En conséquence, en Italie comme en Allemagne de l'Ouest, la démocratie chrétienne (avec un coup de pouce des Américains) s'assura un quasi-monopole du pouvoir politique pendant de longues années. En France – en raison des effets corrosifs de deux guerres coloniales, suivies en 1958 par le retour au pouvoir du général de Gaulle –, le MRP s'en tira relativement moins bien. Il n'en demeura pas moins l'arbitre du pouvoir jusqu'au milieu des années 1950 et put faire valoir un droit incontesté sur certains ministères clés tels que les Affaires étrangères. Des partis catholiques d'obédience démocrate chrétienne exercèrent le pouvoir sans interruption au Benelux pendant plus d'une génération, et en Autriche jusqu'en 1970.

Les dirigeants des partis démocrates chrétiens, comme Winston Churchill en Grande-Bretagne, étaient des hommes d'une autre époque : Konrad Adenauer était né en 1876, Alcide de Gasperi cinq ans plus tard, Churchill lui-même en 1874. Tout cela n'avait rien d'une coïncidence ni d'une curiosité biographique. En 1945, maint pays d'Europe continentale avait perdu deux générations de chefs potentiels : la première du fait des morts et des blessures de la Grande Guerre ; la seconde, du fait de la tentation fasciste ou des meurtres entre les mains des nazis et de leurs amis. Ce déficit se traduisit par la qualité généralement assez médiocre des jeunes politiciens de ces années-là – à l'exception de Palmiro Togliatti (qui avait passé une bonne partie des vingt années précédentes comme cadre à Moscou). L'attrait particulier qu'exerçait Léon Blum, qui revint sur la scène publique en France après avoir été emprisonné par Vichy puis incarcéré à Dachau et Buchenwald, ne tenait pas simplement à son héroïsme, mais aussi à son âge (il était né en 1872).

À première vue, il peut paraître étrange que le redressement de l'Europe après la guerre fût l'œuvre d'hommes qui avaient atteint la maturité et étaient entrés en politique des décennies plus tôt. Churchill, qui avait siégé pour la première fois au Parlement en 1901, s'est toujours défini comme un « enfant de l'époque victorienne ». Clement Attlee était lui aussi un victorien, né en 1883. Mais, après tout, peut-être n'est-ce pas si surprenant. Premièrement, ces hommes âgés sortaient du lot pour s'être tirés politiquement et éthiquement indemnes de trente années de troubles – leur rareté renforçant, en quelque sorte, leur crédibilité politique. Deuxièmement, tous étaient issus de la remarquable génération de réformateurs sociaux européens parvenue à maturité dans les années 1880-1890, qu'ils fussent socialistes (Blum, Attlee), libéraux (Beveridge, ou le futur président italien Luigi Einaudi, né en 1874) ou catholiques progressistes (De Gasperi, Adenauer). Leurs instincts et leurs intérêts s'accordaient parfaitement à l'humeur de l'après-guerre.

Mais, en troisième lieu, et c'est peut-être le plus important, les hommes âgés qui rebâtirent l'Europe occidentale incarnaient la continuité. Entre les deux guerres, la mode avait été au neuf et au moderne. Beaucoup, et pas uniquement les fascistes et les communistes, avaient jugé les parlements et les démocraties décadents, stagnants, corrompus : à tout le moins, ils n'étaient pas à la hauteur des tâches de l'État moderne. La guerre et l'Occupation dissipèrent ces illusions, pour les électeurs sinon pour les intellectuels. À la lumière froide de la paix, les ternes compromis de la démocratie constitutionnelle revêtirent un nouvel attrait. En 1945, le plus grand nombre aspirait au progrès social et au renouveau, certes, mais associés à des formes politiques stables et familières, donc rassurantes. Où la Première Guerre mondiale avait eu un effet de politisation et de radicalisation, la suivante eut un effet opposé : un désir ardent de normalité.

Les hommes d'État dont l'expérience remontait, par-delà les troubles des décennies de l'entre-deux-guerres, à l'ère plus réglée et sûre d'avant 1914 exerçaient donc un attrait particulier. Dans la continuité de leur personne, ils pouvaient faciliter la délicate transition de la surchauffe politique du passé récent à une ère imminente de transformation sociale rapide. Quelle que fût leur « étiquette », les vieux hommes d'État de l'Europe étaient tous, en 1945, des praticiens sceptiques et pragmatiques de l'art du possible. Cette distance personnelle vis-à-vis des dogmes présomptueux de la politique de l'entre-deux-guerres reflétait fidèlement l'état d'esprit de leur électorat. Un âge post-« idéologique » commençait.

Les perspectives de stabilité politique et de réforme sociale, dans l'Europe de 1945, dépendaient d'abord et avant tout, de la reprise économique. Aucune dose de planification étatique ni d'autorité politique ne pouvait faire disparaître comme par enchantement la tâche himalayenne qui attendait les Européens. L'impact économique le plus évident de la guerre concernait le parc de logements. Londres, où trois millions et demi de foyers avaient été détruits dans la zone métropolitaine, avait plus souffert que lors du grand incendie de 1666. À Varsovie, 90 % des foyers avaient été détruits. À Budapest, en 1945, 27 % des immeubles résidentiels demeuraient habitables. Les Allemands avaient perdu 40 % de leur parc de logement, les Britanniques 30 %, les Français 20 %. L'Italie avait perdu 1,2 million de logements, pour la plupart dans des villes de 50 000 habitants ou plus. À Londres, au sortir d'une Post-War Homes Exhibition, une femme de la classe moyenne devait lâcher : « Je désespère tellement d'avoir une maison que je ferais n'importe quoi. Quatre murs et un toit : c'est mon ambition suprême[4]. »

Le second domaine de dégâts évidents était celui des transports : flotte marchande, voies ferrées, parc roulant, ponts, routes, canaux et tramways. Il n'y avait pas de ponts sur la Seine entre Paris et la mer ; il n'en restait qu'un seul sur le Rhin. Par voie de conséquence, même si les mines et les usines pouvaient produire les quantités nécessaires, elles n'avaient pas de quoi les acheminer : de nombreuses mines de charbon avaient repris leurs activités en décembre 1945, mais la ville de Vienne était encore privée de charbon.

Le pire était l'impact visuel : de nombreux pays *avaient l'air* irrémédiablement saccagés et brisés. Et il est vrai que, dans la quasi-totalité des pays européens impliqués dans la Seconde Guerre mondiale, l'économie nationale stagna ou se contracta, même en comparaison des performances médiocres de l'entre-deux-guerres. Mais la guerre n'est pas toujours une catastrophe économique, au contraire : elle peut être le puissant stimulant d'une croissance rapide dans certains secteurs. Grâce à la Seconde Guerre mondiale, les États-Unis se hissèrent à une position de leadership technique et commercial inattaquable, un peu comme la Grande-Bretagne au cours des guerres napoléoniennes.

De fait, comme les contrôleurs alliés devaient bientôt s'en rendre compte, l'impact *économique* destructeur de la guerre contre Hitler fut loin d'être aussi total qu'on l'avait d'abord cru, même en Allemagne. Malgré ses coûts humains, la campagne de bombardement avait opéré moins de dégâts, sur le plan économique, que ne l'espéraient ses avocats. En mai 1945, l'Allemagne avait perdu un peu plus de 20 % de son parc industriel ; même dans la Ruhr, où s'étaient largement concentrés les bombardements alliés, les deux tiers des usines et des machines restaient intactes. Ailleurs, en territoire tchèque par exemple, l'industrie et l'agriculture avaient prospéré sous l'occupation

4. Cité in Maureen Waller, *London* 1945, 2004, p. 150.

allemande ; à l'issue de la guerre, elles étaient quasiment indemnes ; la Slovaquie, certaines parties de la Hongrie connurent une industrialisation accélérée au cours des années de guerre et sortirent du conflit mieux pourvues qu'avant.

Le bilan des dégâts révélait un biais dramatique – les hommes et les lieux avaient terriblement souffert, tandis que les usines et les biens étaient relativement épargnés –, ce qui explique la reprise contre toute attente rapide de secteurs économiques centraux après 1945. Les industries de construction mécanique fleurirent au cours de la guerre. À l'issue du conflit, le Royaume-Uni, l'URSS, la France, l'Italie et l'Allemagne, mais aussi le Japon et les États-Unis avaient tous un stock de machines-outils plus imposant qu'au début. En Italie, seuls l'industrie aéronautique et les chantiers navals essuyèrent de gros dégâts. Les usines de construction mécanique, situées dans le nord et hors de portée des combats les plus acharnés au cours de la campagne d'Italie, s'en sortirent assez bien (comme dans la Première Guerre mondiale), leur production et leurs investissements du temps de guerre compensant plus que largement les dommages subis. Quant à l'industrie de la machine-outil de ce qui allait devenir l'Allemagne de l'Ouest, elle perdit 6,5 % seulement de son équipement du fait de la guerre.

Dans certains pays, bien entendu, il n'y eut pas de dommages de guerre. L'Irlande, l'Espagne, le Portugal, la Suisse et la Suède restèrent tous neutres tout au long du conflit. Ce qui ne veut pas dire qu'ils n'aient pas été touchés. Au contraire, la plupart des pays européens neutres furent étroitement impliqués, quoique indirectement, dans l'effort de guerre nazi. L'Allemagne était largement tributaire de l'Espagne de Franco pour ses approvisionnements en manganèse au cours de la guerre. Le tungstène arrivait en Allemagne depuis les colonies du Portugal, *via* Lisbonne. Durant la guerre, les besoins de l'Allemagne en minerai de fer furent satisfaits à raison de 40 % par la Suède (le minerai était livré par des bâtiments suédois dans des ports allemands). Et tout cela était payé en or, pour une large part volé aux victimes de l'Allemagne et acheminé *via* la Suisse.

La Suisse ne fit pas que blanchir l'argent et effectuer des paiements pour le compte de l'Allemagne, ce qui était déjà en soi une contribution substantielle à la guerre de Hitler. En 1941-1942, 60 % de son industrie des munitions, 50 % de son industrie optique et 40 % de son industrie de construction mécanique produisaient pour l'Allemagne et en étaient rémunérées en or. En avril 1945, la société Bührle-Oerlikon, productrice d'armes légères, vendait encore des canons à tir rapide à la Wehrmacht. Au cours de la Seconde Guerre mondiale, la Reichsbank allemande déposa en Suisse l'équivalent or de 1,638 milliard de francs suisses. Et ce sont les autorités helvétiques, avant le début des hostilités, qui demandèrent que les passeports indiquent si leurs détenteurs étaient juifs, afin de mieux refouler les arrivants indésirables.

Les autorités suisses, à leur décharge, avaient de bonnes raisons de rester en bons termes avec les nazis. Si le haut commandement de la Wehrmacht différa ses plans d'invasion de la Suisse en juin 1940, il ne les abandonna jamais ; l'expérience de la Belgique et des Pays-Bas était un rappel sinistre du sort qui attendait les États neutres et vulnérables qui se mettaient en travers du chemin de Hitler. Pour de semblables raisons, les Suédois étendirent aussi leur coopération au profit de Berlin, dont ils avaient toujours été dépendants pour leur approvisionnement en charbon. Vendre du minerai de fer à l'Allemagne était une chose que la Suède faisait depuis de longues années : dès avant la guerre, la moitié des importations allemandes de minerai de fer venaient de la Baltique, et les trois quarts des exportations suédoises allaient en Allemagne. En tout état de cause, la neutralité suédoise était de longue date biaisée au profit de l'Allemagne par crainte des ambitions russes. La coopération avec les nazis – transit de 14 700 hommes de la Wehrmacht au début de l'opération Barbarossa, mais aussi des soldats allemands affectés en Norvège qui rentraient au pays en permission ; sursis d'incorporation des mineurs suédois pour assurer des livraisons régulières à l'Allemagne – n'était donc pas un manquement aux habitudes.

Après la guerre, la Suisse, mais pas les Suédois, fut initialement l'objet de la méfiance et de la rancœur internationales pour s'être rendue complice de l'effort de guerre allemand. En mai 1946, les accords de Washington lui firent obligation d'apporter une contribution « volontaire » de 250 millions de francs suisses à la reconstruction européenne à titre de règlement final de toutes les demandes se rapportant aux transactions de la Reichsbank *via* des banques suisses. À cette époque, cependant, la Suisse était déjà réhabilitée en tant qu'îlot prospère de droiture financière, avec ses banques éminemment rentables, ses fermes et ses industries de construction mécanique qui fournissaient vivres et machines aux marchés européens nécessiteux.

Avant la guerre, ni la Suisse ni la Suède n'avaient été particulièrement prospères : y subsistaient en fait de grandes zones de pauvreté rurale. Mais la place qu'elles se taillèrent au cours de la guerre se révéla durable : toutes deux sont aujourd'hui dans le peloton de tête européen et n'ont cessé de l'être depuis quatre décennies. Ailleurs, la voie de la reprise fut un peu plus escarpée. Mais même en Europe orientale l'infrastructure économique, tout au moins, fut rétablie avec une remarquable rapidité. Malgré les dégâts causés par la retraite de la Wehrmacht et l'avancée de l'Armée rouge, les ponts, les routes, les voies ferrées et les villes de Hongrie, de Pologne et de Yougoslavie furent reconstruits. En 1947, les réseaux de transport et le parc roulant d'Europe centrale avaient retrouvé, voire dépassé leurs niveaux d'avant la guerre. En Tchécoslovaquie, en Bulgarie, en Albanie et en Roumanie, où les destructions liées à la guerre étaient moins nombreuses, ce processus demanda moins de temps qu'en Yougoslavie et en Pologne. Cependant, même l'économie polonaise se rétablit assez rapidement, en partie du fait que les territoires occidentaux pris à l'Allemagne étaient plus fertiles et mieux pourvus en villes industrielles et en usines.

En Europe occidentale, également, les dégâts matériels furent réparés avec une remarquable rapidité : très vite, dans l'ensemble, en Belgique ; un peu plus lentement en France, en Italie et en Norvège ; beaucoup plus lentement aux Pays-Bas, qui avaient connu le pire dans les derniers mois de la guerre (avec la destruction de fermes, de digues, de routes, de canaux et de vies humaines). Les Belges bénéficièrent du statut privilégié d'Anvers, seul grand port européen demeuré plus ou moins intact à la fin de la guerre, mais aussi de la forte concentration de troupes alliées dans leur pays, injectant un flux régulier d'espèces dans une économie de longue date spécialisée dans le charbon, le ciment et les métaux semi-finis – tous matériaux essentiels pour la reconstruction.

La Norvège, en revanche, était beaucoup plus mal lotie. Elle avait perdu la moitié de ses bateaux de pêche et de sa flotte marchande au cours de la guerre. Du fait des destructions délibérées accomplies par les Allemands lors de la retraite de la Wehrmacht, en 1945, la production industrielle de la Norvège ne dépassait pas 57 % de son niveau de 1938, tandis que le pays avait perdu près d'un cinquième de son capital. Au cours des années suivantes, le contraste avec la Suède ne devait pas échapper aux Norvégiens aigris. Mais la Norvège elle-même avait rétabli le gros de son réseau ferré et routier à la fin de 1946 ; et au cours de l'année suivante, comme dans le restant de l'Europe occidentale et une bonne partie de l'Europe orientale, les pénuries de carburant et les problèmes de communication n'étaient plus un obstacle au redressement économique.

Pour les observateurs contemporains, cependant, c'est la capacité de redressement de l'*Allemagne* qui parut la plus remarquable. C'était un hommage aux efforts de la population locale qui s'appliqua, avec une saisissante assiduité, à reconstruire son pays brisé. Le jour de la mort de Hitler, 10 % seulement des chemins de fer allemands étaient opérationnels et le pays était littéralement au point mort. Un an plus tard, en juin 1946, 93 % des voies ferrées allemandes étaient rouvertes et 800 ponts avaient été reconstruits. En mai 1945, la production allemande de charbon était d'à peine un dixième de celle de 1939 ; un an plus tard, elle avait quintuplé. En avril 1945, le psychologue Saul J. Padover, qui accompagnait les troupes américaines dans leur progression en Allemagne occidentale, eut le sentiment qu'il faudrait 20 ans pour reconstruire Aix-la-Chapelle. Quelques semaines plus tard, il notait déjà la réouverture des usines de pneumatiques et de textiles de la ville et les premiers signes d'une reprise de la vie économique.

Une des raisons du redressement initial rapide de l'Allemagne est que, sitôt reconstruites les maisons des ouvriers et remis en état les réseaux de transport, l'industrie était plus que prête à livrer les biens. Aux usines Volkswagen, 91 % des machines avaient survécu aux bombardements puis au pillage ; en 1948, elles étaient équipées pour produire une voiture sur deux en Allemagne. Le Ford allemand s'en sortit largement indemne. Grâce aux investissements réalisés pendant la guerre, un tiers de l'équipement industriel allemand avait moins de cinq ans en 1945, contre 9 % seulement en 1939. Et les industries dans lesquelles le pays avait le plus investi au cours de la guerre – optique, chimie, mécanique légère, véhicules, métaux non ferreux – étaient précisément celles qui devaient jeter les bases de l'essor des années 1950. Au début de 1947, le principal obstacle à la reprise allemande n'était plus les dommages de guerre, mais plutôt les pénuries de matières premières et autres – et, par-dessus tout, les incertitudes quant à l'avenir politique du pays.

L'année 1947 devait se révéler cruciale, la charnière à laquelle était suspendu le sort du continent. Jusque-là, les Européens avaient été absorbés par les réparations et la reconstruction, à moins que ce ne fût à mettre en place l'infrastructure institutionnelle du redressement à long terme. Au cours des dix-huit premiers mois qui suivirent la victoire alliée, le climat du continent changea du tout au tout, passant du soulagement devant la perspective de la paix et d'un nouveau départ à une froide résignation et une désillusion croissante face à l'ampleur des tâches encore à accomplir. Au début de 1947, il était clair que les décisions les plus rudes n'avaient pas encore été prises et qu'elles n'auraient pu être différées plus longtemps.

Pour commencer, le problème fondamental du ravitaillement n'était pas encore résolu. Les pénuries alimentaires étaient partout endémiques, sauf en Suède et en Suisse. Seuls les réserves de l'UNRRA constituées au printemps de 1946 empêchèrent les Autrichiens de mourir de faim au cours des douze mois suivants. Dans la zone britannique, en Allemagne, la ration tomba de 1 500 calories par jour et par adulte à la mi-1946 à 1 050 au début de 1947. Au printemps de la même année, les Italiens, qui souffrirent de la faim deux années consécutives, en 1946 et en 1947, devaient se contenter de la ration alimentaire la plus faible de toute l'Europe. Dans les sondages d'opinion réalisés en France en 1946, la « nourriture », le « pain » et la « viande » primaient systématiquement sur toutes les autres préoccupations.

Le problème était en partie que l'Europe occidentale ne pouvait plus compter sur les greniers d'Europe orientale dont elle était traditionnellement tributaire. Car là-bas, également, personne ne mangeait à sa faim. En Roumanie, la moisson de 1945 fut un échec du fait du mauvais temps et de réformes agraires mal gérées. De la Valachie occidentale à la Moldavie, puis à l'Ukraine occidentale et à la région de la Moyenne-Volga, en URSS, la médiocrité des récoltes et la sécheresse firent régner un état proche de la famine à l'automne 1946, avec des organismes de secours faisant état d'un enfant de un an pesant à peine trois kilos et rapportant des cas de cannibalisme. En Albanie, les secours parlèrent d'une « terrifiante détresse ».

Puis survint le brutal hiver 1947, le pire depuis 1880 : canaux gelés, routes impraticables des semaines durant, sections gelées paralysant tout le réseau ferroviaire. À peine amorcée, la reprise de l'après-guerre s'enlisait. L'offre de charbon restait insuffisante et ne pouvait suivre la demande domestique ; au demeurant, il était impossible de le transporter. La production industrielle s'effondra : la production d'acier, qui commençait tout juste à reprendre, eut tôt fait de baisser de 40 % par rapport à son niveau de l'année précédente. Au dégel, de nombreuses parties de l'Europe se retrouvèrent inondées. Quelques mois plus tard, en juin 1947, le continent connut un des étés les plus chauds et les plus secs de toute son histoire. Il était clair que les moissons seraient insuffisantes, dans certains endroits pour la troisième année d'affilée : les rendements agricoles chutèrent d'environ un tiers par rapport aux récoltes déjà maigres de l'année précédente. La pénurie de charbon pouvait être partiellement compensée par des importations américaines (34 millions de tonnes en 1947). De même pouvait-on acheter des vivres aux États-Unis et aux dominions britanniques, mais il fallait payer toutes ces importations en devises fortes, habituellement en dollars.

Deux dilemmes structurels sous-tendaient la crise européenne de 1947. Le premier était la disparition de fait de l'Allemagne de l'économie européenne. Avant guerre, l'Allemagne avait été un grand marché pour la majeure partie de l'Europe centrale et orientale, aussi bien que les Pays-Bas, la Belgique et la région méditerranéenne (jusqu'en 1939, par exemple, l'Allemagne acheta 38 % des exportations de la Grèce et fournit près d'un tiers des importations du pays). Le charbon allemand était une ressource vitale pour la sidérurgie française. Mais tant que son avenir politique ne serait pas réglé, l'économie allemande, malgré son potentiel restauré, demeurait figée, bloquant effectivement la reprise économique du reste du continent.

Le second problème concernait non pas l'Allemagne, mais les États-Unis. En 1938, 44 % des importations britanniques de machines, en valeur, venaient des États-Unis, et 25 % d'Allemagne. En 1947, ces chiffres étaient respectivement de 65 % et de 3 %. La situation était semblable dans d'autres pays européens. Cette forte croissance de la demande de produits américains était, paradoxalement, un signe de la reprise de l'activité économique en Europe, mais acheter des produits ou des matériaux américains exigeait des dollars américains. Les Européens n'avaient rien à vendre au reste du monde ; mais sans devises fortes, ils ne pouvaient acheter de quoi empêcher des millions de personnes de mourir de faim, pas plus qu'ils ne pouvaient importer les matières premières et les machines nécessaires pour faire avancer leur production.

La crise du dollar était sérieuse. En 1947, le Royaume-Uni, dont la dette nationale avait quadruplé depuis 1939, achetait près de la moitié de ses importations totales aux États-Unis et ses réserves s'épuisaient à vue d'œil. La France, premier pays importateur de charbon au monde, enregistrait un déficit annuel de paiements avec les États-Unis de 2,049 milliards de dollars. La plupart des autres pays européens n'avaient même pas de devises pour échanger. En Roumanie, l'inflation dépassa tous les records en août 1947. Dans la Hongrie voisine, le pire fut atteint avec un niveau dépassant de beaucoup celui de l'Allemagne en 1923, avec un taux de change record de 5 quintillions (5^{30}) de *pengos* pour un dollar ; en août 1946, quand le *pengo* fut remplacé par le *forint*, la valeur en dollar de tous les billets de banque hongrois en circulation était de juste un millième de centime.

L'Allemagne manquait d'une devise opérationnelle. Le marché noir était florissant et les cigarettes servaient de moyen d'échange : dans les camps de DP, les professeurs étaient payés cinq paquets par semaine. La valeur d'une cartouche de cigarettes américaines, à Berlin, allait de 60 à 165 dollars, l'occasion pour les soldats des forces d'occupation américaine de se faire de l'argent en convertissant et en reconvertissant leur allocation de cigarettes : dans les quatre premiers mois de l'occupation alliée, les troupes américaines de la ville de Berlin renvoyèrent au pays 11 millions de plus qu'ils ne touchaient sous forme de soldes. À Brunswick, avec 600 cigarettes on achetait une bicyclette : une nécessité en Allemagne aussi bien qu'en Italie – il n'est qu'à penser au film inoubliable de Vittorio de Sica, *Le Voleur de bicyclette* (1948).

La gravité de la crise américaine ne devait pas échapper aux Américains. Ainsi qu'on le verra, c'est une des principales raisons qui les poussa à hâter la solution du problème allemand, avec ou sans la coopération soviétique. Aux yeux de conseillers bien informés de la présidence, comme George Kennan, l'Europe, au printemps de 1947, vacillait au bord de l'abîme. Les frustrations des Européens de l'Ouest, qui avaient été initialement conduits à espérer une reprise plus rapide et un retour à des conditions économiques normales ainsi que le désespoir des Allemands et autres Centre-Européens, aggravé par la crise de subsistance imprévue de 1947, ne pouvaient que renforcer la séduction du communisme ou les risques de voir le continent sombrer dans l'anarchie.

L'attrait du communisme était bien réel. Alors que les partis communistes d'Italie, de France et de Belgique (mais aussi de Finlande et d'Islande) continuèrent à siéger dans des gouvernements de coalition jusqu'en mai 1947, par le truchement de leurs filiales syndicales et des manifestations ils étaient à même de mobiliser la colère populaire et d'exploiter les échecs de leurs propres gouvernements. Les succès électoraux des communistes locaux, associés à l'aura de l'invincible Armée rouge, rendaient tout à la fois plausible et séduisante l'idée d'une « voie italienne » – ou française, ou tchèque – vers le socialisme. En 1947, le PCF comptait 907 000 adhérents, hommes ou femmes. En Italie, ils étaient 2,25 millions, bien plus qu'en Pologne, voire qu'en Yougoslavie. Même au Danemark et en Norvège, un électeur sur huit se laissa dans un premier temps séduire par la promesse d'une solution de rechange communiste. Dans les zones occidentales de l'Allemagne, les autorités alliées redoutaient que la nostalgie des meilleurs jours du nazisme, de pair avec une réaction contre les programmes de dénazification, les pénuries alimentaires et la petite criminalité endémique, ne tournât à l'avantage des néo-nazis, voire des Soviétiques.

Peut-être les États ouest-européens eurent-ils de la chance que les partis communistes, au printemps de 1947, s'en tinssent encore à la voie démocratique, modérée, adoptée en 1944. En France, Maurice Thorez exhortait encore les gueules noires à « produire ». En Italie, l'ambassadeur britannique expliqua que Togliatti avait une influence modératrice sur ses alliés socialistes plus « exaltés ». Pour ses raisons à lui, Staline n'encourageait pas encore ses nombreux partisans d'Europe centrale et occidentale à exploiter la colère et la frustration populaires. Malgré tout, le spectre de la guerre civile et de la révolution n'était jamais bien loin. En Belgique, à en croire des observateurs alliés, les tensions communautaires et politiques étaient graves et rendaient le pays « instable » au même titre que la Grèce et l'Italie.

En France, avec les épreuves économiques de l'hiver 1947, la population revenait déjà de ses illusions sur la nouvelle République de l'après-guerre. Suivant un sondage du 1er juillet 1947, 92 % des personnes interrogées estimaient que les choses, en France, allaient « mal ou assez mal ». En Grande-Bretagne, le chancelier travailliste Hugh Dalton, songeant à l'essoufflement des enthousiasmes des premières années de l'après-guerre, confia à son journal : « À jamais finis, les matins clairs et confiants. » Son homologue français, André Philip, ministre socialiste de l'Économie nationale fit le même constat, sur un ton plus dramatique encore en déclarant dans un discours d'avril 1947 : « Nous sommes menacés d'une catastrophe économique et financière totale. »

Ce sentiment de désespoir et de désastre imminent était partout. « Dans les deux derniers mois, rapporta Janet Flanner depuis Paris en mars 1947, a régné à Paris, et peut-être dans l'Europe entière, un climat de malaise indubitable et croissant, comme si les Français, ou tous les Européens, attendaient qu'il se passe quelque chose ou, pire, qu'il ne se passe rien. » Le continent européen, comme elle l'avait noté quelques mois auparavant, entrait lentement dans un nouvel âge glaciaire. George Kennan eût acquiescé. Dans une analyse du Policy Planning Staff, six semaines plus tard, il suggéra que le véritable problème, ce n'était pas le communisme, ou qu'il ne l'était qu'indirectement. La véritable source du malaise européen, c'étaient les effets de la guerre et, suivant le diagnostic de Kennan, « l'épuisement profond du matériau physique et de la vigueur spirituelle ». Les obstacles que rencontrait le continent paraissaient trop grands, maintenant que la vague initiale d'espoir et de reconstruction de l'après-guerre était retombée. Hamilton Fish, le rédacteur en chef de *Foreign Affairs,* l'influente revue-maison de l'establishment de la politique étrangère américaine, décrivit ses impressions de l'Europe en juillet 1947 :

> « Il y a trop peu de tout : trop peu de trains, de trams, de bus et d'automobiles pour transporter les gens au travail à temps, sans parler de les emmener en vacances ; trop peu de farine pour faire du pain sans adultérant, et même comme ça pas assez de pain pour donner de l'énergie afin d'accomplir un dur labeur ; trop peu de papier pour que la presse donne plus qu'une fraction des nouvelles du monde ; trop peu de graines à semer et trop peu d'engrais pour les nourrir ; trop peu de maisons à habiter et pas assez de verre pour mettre des carreaux aux fenêtres ; trop peu de cuir pour les souliers, de laine pour les chandails, de gaz pour la cuisine, de coton pour les couches, de sucre pour la confiture, de graisses pour la friture, de lait pour les bébés, de savon pour la toilette. »

Les spécialistes s'accordent assez largement à penser que, nonobstant l'atmosphère lugubre de l'époque, la reprise initiale de l'après-guerre et les réformes et projets des années 1945-1947 jetèrent les bases de la prospérité future de l'Europe. Et assurément, tout au moins pour l'Europe occidentale, 1947 allait marquer un tournant dans la reprise du continent. Mais à l'époque rien de tout cela n'était évident. Au contraire. La Seconde Guerre mondiale et ses suites incertaines avaient bien pu précipiter le déclin terminal de l'Europe. Pour Konrad Adenauer, comme pour beaucoup d'autres, l'ampleur du chaos européen semblait pire encore qu'en 1918. Le précédent des erreurs commises au lendemain de la Première Guerre mondiale occupant une place de choix dans leurs pensées, bien des observateurs européens et américains redoutaient en fait le pire. Au mieux, calculaient-ils, le continent en avait pour des décennies de pauvreté et de lutte. Les habitants allemands de la zone américaine estimaient que le redressement de leur pays demanderait au moins vingt ans. En octobre 1945, Charles de Gaulle avait impérieusement informé le peuple français qu'il faudrait vingt-cinq années de travail acharné avant que la France ne ressuscitât.

Mais bien avant cela, de l'avis des pessimistes, l'Europe continentale sombrerait dans la guerre civile, le fascisme et le communisme. Le 28 avril 1947, lorsque le secrétaire d'État américain George C. Marshall revint du sommet de Moscou, réunissant les ministres alliés des Affaires étrangères, il était déçu du peu d'empressement des Soviétiques à collaborer à une solution pour l'Allemagne et ébranlé par ce qu'il avait vu de l'état économique et psychologique de l'Europe occidentale ; dans son esprit, il était clair qu'il fallait faire quelque chose d'assez spectaculaire, et vite. Et, à en juger par la résignation et la morosité qui prévalaient à Paris, Rome, Berlin et ailleurs, l'initiative devrait venir de Washington.

Le plan Marshall en vue d'un Programme de redressement européen, discuté avec ses conseillers au cours des semaines suivantes et rendu public à l'occasion d'un célèbre « Commencement Address » à Harvard University, le 5 juin 1947, était tout à la fois unique et spectaculaire. Mais il ne sortait pas du néant. Entre la fin de la guerre et l'annonce du plan Marshall, les États-Unis avaient déjà dépensé plusieurs milliards de dollars sous forme de dons et de prêts à l'Europe. Les principaux bénéficiaires avaient été, de loin, le Royaume-Uni et la France, qui avaient reçu, respectivement, 4,4 et 1,9 milliards de dollars en prêts, mais aucun pays n'avait été exclu : les prêts à l'Italie dépassaient 513 millions de dollars au milieu de l'année 1947, tandis que la Pologne (251 millions de dollars), le Danemark (272), la Grèce et beaucoup d'autres pays étaient également endettés envers les États-Unis.

Mais ces prêts avaient servi à combler des trous et à parer au plus pressé. Jusqu'ici, l'aide américaine ne servait pas à la reconstruction ni aux investissements à long terme, mais à des fournitures essentielles, des services et des réparations. De plus, les prêts – surtout aux grands États d'Europe occidentale – étaient assortis de conditions. Juste après la reddition japonaise, le président Truman avait imprudemment annulé les accords de crédit-bail du temps de guerre, amenant Maynard Keynes à suggérer au cabinet britannique, dans un mémorandum du 14 août 1945, que le pays était confronté à un « Dunkerque économique ». Au cours des mois suivants, Keynes réussit à négocier un gros emprunt aux États-Unis pour fournir les dollars dont la Grande-Bretagne avait besoin afin d'acheter des biens qui n'étaient plus disponibles sous crédit-bail, mais les Américains avaient assorti leur prêt de restrictions irréalistes : ils faisaient notamment obligation à la Grande-Bretagne de renoncer aux préférences impériales pour ses dominions d'outre-mer, d'abandonner les contrôles de change et de rendre la livre sterling totalement convertible. Le résultat fut tel que Keynes et d'autres l'avaient prédit : la première des nombreuses ruées de l'après-guerre sur la livre britannique, la disparition rapide des réserves de dollars de la Grande-Bretagne et une crise plus grave encore l'année suivante.

Les conditions du prêt négocié à Washington, en mai 1946, entre les États-Unis et la France étaient à peine moins restrictives. Outre l'annulation de 2,27 milliards de dollars de prêts du temps de guerre, les Français reçurent plusieurs centaines de millions de dollars sous forme de crédits accompagnés de la promesse de futurs prêts à faible taux d'intérêt. En retour, Paris s'engageait à supprimer les quotas d'importation protectionnistes pour laisser entrer plus librement les produits étrangers, américains et autres. Comme le prêt britannique, cet accord était en partie conçu pour servir l'objectif américain d'une plus grande liberté du commerce international, d'échanges de devises ouverts et stables et d'une coopération internationale plus étroite. Dans les faits, cependant, l'argent s'envola dans l'année et le seul héritage à moyen terme fut une rancœur populaire accrue (dont on joua beaucoup à gauche) devant la façon dont l'Amérique abusait de sa puissance économique.

Au printemps 1947, l'approche bilatérale adoptée par Washington pour traiter les problèmes économiques de l'Europe avait donc manifestement échoué. Le déficit commercial, entre l'Europe et les États-Unis, en 1947, devait atteindre 4 742 millions de dollars, soit plus de deux fois le déficit de 1946. S'il s'agissait d'un « hoquet de croissance », comme l'ont suggéré par la suite des commentateurs, l'Europe était sur le point de suffoquer. C'est pourquoi Ernest Bevin, le ministre britannique des Affaires étrangères, entendant le Commencement Address de Marshall, en parla comme « un des plus grands discours de l'histoire du monde », et il n'avait pas tort.

Les propositions de Marshall marquaient une nette rupture avec la pratique passée. Pour commencer, au-delà de certaines conditions générales, il appartenait aux Européens de décider s'ils voulaient de l'aide américaine et comment l'utiliser, même si des conseillers et des spécialistes américains devaient jouer un rôle éminent dans l'administration des fonds. Deuxièmement, l'assistance devait s'étaler sur plusieurs années : d'emblée, il s'agissait donc d'un programme stratégique de redressement et de croissance plutôt que d'un fond d'urgence.

Troisièmement, les sommes en question étaient réellement très substantielles. Lorsque l'aide Marshall prit fin, en 1952, les États-Unis avaient dépensé quelque 13 milliards de dollars, soit plus que toute l'aide extérieure passée. Le Royaume-Uni et la France en furent de loin les premiers bénéficiaires en montants absolus, mais l'impact relatif sur l'Italie et les bénéficiaires plus petits fut probablement plus grand encore : en Autriche, 14 % du revenu du pays, dans la première année pleine du Programme de redressement européen (PRE), de juillet 1948 à juin 1949, venait de l'aide Marshall. Ces chiffres étaient énormes pour l'époque : en argent comptant, le PRE représentait autour de 100 milliards de dollars 2004, mais en pourcentage du produit intérieur brut (il absorba environ 0,5 % du PIB de l'Amérique dans les années 1948-1952), un plan Marshall au début du XXIe siècle coûterait autour de 201 milliards de dollars.

Juste après le discours de Marshall, les ministres des Affaires étrangères de la Grande-Bretagne, de la France et de l'URSS se retrouvèrent à Paris, à la suggestion de Bevin, pour étudier leur réponse. Le 2 juillet, le ministre soviétique des Affaires étrangères, Viatcheslav Molotov, se retira ; deux jours plus tard, la Grande-Bretagne et la France invitaient formellement les représentants de 22 pays européens (à la seule exception de l'Espagne et de l'Union soviétique) pour discuter des propositions. Le 12 juillet, seize États européens participèrent à ces discussions. Tous – Grande-Bretagne, France, Italie, Belgique, Luxembourg, Pays-Bas, Danemark, Norvège, Suède, Suisse, Grèce,

Turquie, Irlande, Islande, Autriche et Portugal – seraient au nombre des bénéficiaires. Toutefois, malgré l'intérêt initial manifesté par la Pologne, la Tchécoslovaquie, la Hongrie, la Bulgarie et l'Albanie, aucun futur État communiste ne prit part au PRE ni ne reçut un dollar de l'aide Marshall.

Il vaut la peine de réfléchir aux implications de cet état de fait. Que l'argent fût concentré sur l'Ouest (avec la Grèce et la Turquie comme Européens de l'ouest honoraires) aida certainement Truman à faire passer le PRE au Congrès l'année suivante. Mais à cette date bien des choses avaient changé et le Congrès voulait être convaincu que l'aide Marshall était une barrière économique à l'expansion soviétique. En juin 1947, cependant, l'aide, dans le cadre du nouveau programme Marshall, fut offerte à tous les pays européens, sans distinction. Staline et Molotov se méfiaient naturellement des mobiles américains – les conditions mises par Marshall étaient totalement incompatibles avec l'économie soviétique fermée –, mais leurs sentiments n'étaient pas largement partagés en Europe orientale, dans ce qui n'était pas encore un « bloc ».

Ainsi Jan Masaryk, ministre des Affaires étrangères non communiste de la Tchécoslovaquie, accepta-t-il avec enthousiasme l'invitation franco-britannique conjointe du 4 juillet. Le lendemain, le dirigeant du PC tchèque et Premier ministre, Klement Gottwald, était convoqué à Moscou : instruction lui fut initialement donnée d'assister à la conférence de Paris. Mais les ordres étaient clairs : il devait mettre à profit sa présence à Paris pour démontrer que le « plan anglo-français était inacceptable, empêcher l'adoption de décisions unanimes, puis quitter la conférence, en entraînant autant de délégués d'autres pays que possible ».

Quatre jours plus tard, Staline se ravisait. Gottwald reçut pour consigne de revenir sur l'acceptation par son pays de l'invitation à Paris. Recevant une délégation du gouvernement tchèque, dont Masaryk, Staline laissa entendre aux tchèques qu'il « tenait cette affaire pour une question de fond dont dépend l'amitié [tchèque] avec l'URSS. Si vous allez à Paris, vous montrerez que vous souhaitez coopérer à une action visant à isoler l'Union soviétique ». Le lendemain, le gouvernement de coalition tchèque annonçait dûment qu'il n'enverrait pas de délégation à Paris. « La participation tchécoslovaque serait perçue comme un acte dirigé contre l'amitié avec l'Union soviétique et le reste de nos alliés. C'est pourquoi le gouvernement a décidé à l'unanimité qu'il ne participera pas à cette conférence. »

Pourquoi les Tchèques renoncèrent-ils ? Leurs voisins polonais et hongrois, avec les communistes déjà aux commandes sous la surveillance sourcilleuse de l'Armée rouge, n'avaient d'autre solution que de suivre les « conseils » soviétiques. Mais l'Armée rouge avait de longue date quitté la Tchécoslovaquie et les communistes n'avaient pas encore le monopole du pouvoir. Masaryk et ses collègues n'en reculèrent pas moins au premier froncement de sourcils de Staline. Les partis tchèques non communistes eussent-ils insisté pour accepter l'aide Marshall qu'ils auraient entraîné l'écrasante majorité de leurs concitoyens (et bon nombre de communistes tchèques) avec eux, et il eût été beaucoup plus délicat à Staline d'imposer sa volonté. Dans le contexte élargi de la politique post-munichoise, la décision tchèque de préférer l'étreinte soviétique était compréhensible ; mais elle ouvrit très certainement la voie au coup de force des communistes, à Prague, sept mois plus tard.

L'exclusion du programme de l'aide Marshall fut une catastrophe tant politique qu'économique pour le pays. Il en va de même du « choix » imposé à tous les autres pays de la région, et, par-dessus tout, pour l'Union soviétique elle-même. Sa décision de se tenir à l'écart du Programme de redressement européen fut l'une des plus grandes erreurs stratégiques de Staline. Quels que fussent leurs calculs privés, les Américains n'auraient pu faire autrement que d'inclure l'Europe de l'Est dans le PRE, après avoir fait l'offre à tous, et les conséquences en eussent été incommensurables. Au lieu de quoi l'aide fut confinée à l'Ouest : les deux moitiés du continent allaient désormais suivre des voies divergentes.

L'aide Marshall fut d'emblée assortie de ses propres limites. Son objectif, comme Marshall lui-même le déclara dans son discours de Harvard, était de « rompre le cercle vicieux et de rétablir la confiance des Européens dans l'avenir économique de leurs pays et de l'Europe dans son ensemble ». Plutôt que d'offrir simplement une aide en espèces, elle proposait de fournir des biens gratuitement, livrés aux pays européens sur la base de demandes annuelles, formulées par chaque État destinataire dans le cadre d'un plan quadriennal. Ces produits, lorsqu'ils seraient vendus dans chaque pays, alimenteraient des « fonds de contrepartie » dans la devise locale, qui pourraient être utilisés conformément aux accords bilatéraux conclus entre Washington et chaque gouvernement national. Certains pays utilisèrent ces fonds pour acheter davantage d'importations ; d'autres, comme l'Italie, devaient les transférer dans leurs réserves nationales en prévision de futurs besoins de changes.

Cette forme d'aide inhabituelle était riche d'implications novatrices. Le programme obligeait les gouvernements européens à planifier et à calculer leurs besoins futurs en investissements. Il leur imposait l'obligation de négocier et de discuter non seulement avec les États-Unis, mais aussi les uns avec les autres, puisque le commerce et les échanges impliqués par le programme étaient destinés à devenir au plus vite multilatéraux et non plus simplement bilatéraux. Il obligeait les pouvoirs publics, les entreprises et les syndicats à collaborer pour planifier une accélération de la production et les conditions de nature à la faciliter. Par-dessus tout, il empêchait tout retour aux tentations qui avaient paralysé l'économie dans l'entre-deux-guerres : sous-production, protectionnisme mutuellement destructeur et effondrement des échanges.

Les administrateurs américains ne firent pas mystère de leurs attentes, mais ils laissèrent aux Européens le soin de déterminer le niveau d'aide et les façons de la distribuer. Habitués à l'égoïsme brutal des États-Unis dans leurs négociations bilatérales antérieures de prêt, les responsables politiques européens en furent assez surpris. Leur confusion était compréhensible. Les Américains eux-mêmes étaient partagés quant aux objectifs du plan. Les idéalistes issus du New Deal – et ils étaient nombreux dans les administrations américaines de l'après-guerre – y virent une occasion de reconstruire l'Europe à l'image de l'Amérique, en privilégiant la modernisation, les investissements dans les infrastructures, la productivité industrielle, la croissance économique et la coopération travail-capital.

Des « missions de productivité », financées par le plan Marshall, conduisirent donc aux États-Unis des milliers de patrons, techniciens et syndicalistes pour étudier les pratiques économiques américaines : cinq mille pour la seule France (un sur quatre, au total) entre 1948 et 1952. Cent quarante cinq « équipes européennes de productivité » débarquèrent aux États-Unis rien qu'entre mars et juillet 1951 : le plus souvent il s'agissait d'hommes (rarement des femmes) qui n'avaient encore jamais mis le pied hors d'Europe. Dans le même temps, les fervents « New Dealers » de l'Organisation pour la coopération économique européenne (OCEE), créée en 1948 pour canaliser les fonds du PRE, faisaient valoir à leurs collègues européens les vertus du libre-échange, de la collaboration internationale et de l'intégration interétatique.

Dans un premier temps, il faut bien le dire, ces exhortations américaines eurent un succès limité. La plupart des responsables politiques et planificateurs européens n'étaient pas encore prêts à envisager de grands projets d'intégration économique internationale. La plus grande réalisation des artisans du plan Marshall, à cet égard, fut peut-être l'Union européenne des paiements, proposée en décembre 1949 et inaugurée un an plus tard. Son objectif, limité, était de « multilatéraliser » le commerce européen en créant une sorte de chambre de compensation des débits et crédits en devises européennes. Ce système était fait pour surmonter le risque que chaque pays européen n'essayât d'économiser les dollars si nécessaires en restreignant ses importations des autres pays européens, ce qui, au final, serait préjudiciable à tout le monde.

En utilisant comme agent la Banque des règlements internationaux, les États européens furent encouragés à s'assurer des lignes de crédit proportionnelles à leurs besoins commerciaux. Puis, plutôt que d'utiliser des dollars rares, ils pouvaient régler leurs obligations *via* un transfert de crédits intra-européen. L'important n'était pas avec qui l'on commerçait, mais le bilan global des crédits et des débits en devises européennes. Quand elle cessa ses activités, en 1958, l'Union européenne des paiements, avait paisiblement contribué non seulement à l'expansion régulière du commerce intra-européen, mais aussi à un degré sans précédent de collaboration mutuellement avantageuse – financée, il faut le noter, par une injection substantielle de dollars américains pour alimenter le pool initial de crédit.

Dans une perspective américaine plus traditionnelle, cependant, le libre-échange et les bénéfices qui l'accompagnaient étaient en eux-mêmes un objectif et une justification suffisants du programme PRE. Les États-Unis avaient été durement touchés par la récession du commerce et des exportations dans les années 1930 et ils ne ménagèrent pas leurs efforts pour convaincre les autres de l'importance, pour la reprise après la guerre, de régimes tarifaires libéralisés et de devises convertibles. Comme l'enthousiasme des libéraux anglais pour le libre-échange avant 1914, ces plaidoyers américains pour une circulation sans entrave des marchandises n'étaient pas totalement désintéressés.

Cet égoïsme n'en était pas moins nettement éclairé. Après tout, comme l'observa le patron de la CIA, Allen Dulles, « le plan présuppose que nous désirions aider à restaurer une Europe qui puisse et veuille nous faire concurrence sur les marchés mondiaux et, pour cette raison même, puisse acheter nos produits en grosses quantités ». Dans quelques cas, il y avait des avantages plus immédiats : aux États-Unis, l'appui des syndicats au plan Marshall fut obtenu par la promesse que tous les transferts en nature depuis l'Amérique seraient expédiés dans des bâtiments sous pavillon américain chargés par des dockers américains encartés à l'AFL-CIO. Mais c'était là un rare cas d'avantage direct et immédiat. Pour l'essentiel, Dulles avait raison : le plan Marshall allait bénéficier aux États-Unis en rétablissant son grand partenaire commercial, plutôt qu'en ravalant l'Europe à un état de dépendance impériale.

Reste que l'enjeu ne se réduisait pas à cela. Même si tout le monde ne le vit pas à l'époque, l'Europe, en 1947, devait choisir. Un aspect de ce choix était entre le redressement ou l'effondrement, mais la question plus profonde était de savoir si l'Europe et les Européens avaient perdu la maîtrise de leur destin, si trente années de conflit intra-européen meurtrier n'avaient pas scellé le destin du continent au profit des deux grandes puissances périphériques, les États-Unis et l'Union soviétique. Cette perspective avait tout pour plaire à l'Union soviétique : comme Kennan l'a noté dans ses mémoires, le voile de peur suspendu au-dessus de l'Europe en 1947 préparait le continent à tomber, comme un fruit mûr, entre les mains de Staline. Pour les responsables américains, en revanche, la vulnérabilité de l'Europe était un problème, non pas une chance. « Le plus grave danger pour la sécurité des États-Unis, pouvait-on lire en avril 1947 dans un rapport de la CIA, est la possibilité d'un effondrement économique de l'Europe occidentale, suivi de l'accession au pouvoir d'éléments communistes. »

Un groupe spécial *ad hoc* du comité de coordination des départements d'État, de la Guerre et de la Marine, le dit encore plus nettement dans un rapport daté du 21 avril 1947 : « Il est important de garder entre des mains amicales des régions qui contiennent ou protègent des sources de métaux, de pétrole et d'autres ressources naturelles, qui contiennent des objectifs stratégiques ou des régions situées stratégiquement, qui contiennent un fort potentiel industriel, qui possèdent de la main-d'œuvre et des forces militaires organisées en quantités importantes, ou qui pour des raisons politiques ou psychologiques permettent aux États-Unis d'exercer une plus grande influence pour la stabilité, la sécurité et la paix du monde. » Tel était le contexte élargi du plan Marshall, un paysage sombre sur le plan de la politique et de la sécurité dans lequel les intérêts américains étaient inextricablement liés à ceux d'un sous-continent fragile et mal en point.

Les bénéficiaires européens les mieux informés de l'aide Marshall, notamment Bevin et Georges Bidault, son homologue du Quai d'Orsay, le comprirent parfaitement. Mais l'intérêt proprement européen pour le Programme de redressement européen lui-même et, bien entendu, les usages qui devaient en être faits, allaient varier considérablement d'un pays à l'autre. En Belgique, où le besoin d'une assistance américaine était probablement le moins pressant, le plan Marshall a même pu avoir un impact préjudiciable à long terme, permettant au gouvernement d'investir fortement dans des secteurs traditionnels et des industries politiquement sensibles comme les mines de charbon sans tenir compte des coûts à long terme.

Dans la plupart des cas, cependant, l'aide Marshall servit aux objectifs recherchés. Dans la première année du plan, l'aide à l'Italie fut largement consacrée à des importations de charbon et de céréales, dont le besoin était pressant, ainsi qu'à l'aide à des industries en difficulté comme les textiles. Par la suite, cependant, 90 % du fonds italien de contrepartie devait aller directement aux investissements : mécanique, énergie, agriculture et transports. En fait, sous la houlette d'Alcide de Gasperi et des démocrates chrétiens, la planification italienne de la fin des années 1940 ressemblait passablement à ce qu'elle était en Europe de l'Est : les biens de consommation étaient délibérément négligés, la consommation alimentaire maintenue à ses niveaux d'avant-guerre et ses ressources détournées au profit de l'investissement dans les infrastructures. C'en était presque trop : les observateurs américains s'inquiétèrent et essayèrent vainement d'encourager les gouvernements à introduire une fiscalité plus progressive, à relâcher cette politique d'austérité, à laisser les réserves diminuer et à éviter de produire une récession. Ici, de même qu'en Allemagne occidentale, les promoteurs du plan Marshall eussent aimé voir des politiques sociales et économiques plus centristes et éloignées des politiques déflationnistes traditionnelles.

En France, l'aide Marshall servit largement les buts des « planificateurs ». Comme Pierre Uri, un des collaborateurs de Monnet, le reconnut plus tard, nous nous sommes servis des Américains pour imposer au gouvernement français ce qui nous paraissait nécessaire, faisant fi du désir américain de libéralisation, mais répondant avec enthousiasme aux exhortations américaines à investir et à moderniser. Les dollars du PRE – 1,3 milliard en 1948-1949, et encore 1,6 au cours des trois années suivantes – financèrent près de 50 % des investissements publics français du plan Monnet dans les années Marshall ; jamais le pays n'y serait parvenu sans cela. Que ce soit en France que le plan Marshall ait suscité les plus vives critiques populaires ne manque pas de sel. Au milieu des années 1950, un Français adulte sur trois seulement reconnaissait avoir jamais entendu parler du plan Marshall ; parmi ceux-ci, 64 % le disaient « mauvais » pour leur pays !

En termes de relations publiques, l'image relativement médiocre du Plan en France fut un succès partiel pour les communistes français, peut-être leur plus grand[5]. En Autriche, les communistes locaux – épaulés par les forces soviétiques qui occupaient encore l'est du pays – ne réussirent jamais à entamer la popularité des Américains et de leur aide ; ils mettaient de la nourriture dans la bouche des gens, et c'est ce qui importait le plus. En Grèce, la situation était encore plus claire. Dans un pays déchiré par la guerre civile, l'aide Marshall, étendue à la Grèce en avril 1948, fit la différence entre la survie et la misère noire. Les 649 millions de dollars d'aide américaine versés à la Grèce dans le cadre du PRE permirent d'entretenir les réfugiés et de conjurer la faim et la maladie : la simple fourniture de mulets à des paysans indigents faisait toute la différence entre la vie et la mort pour des milliers de familles paysannes. En 1950, on imputait à l'aide Marshall la moitié du PNB du pays.

Quelle réussite connut le Programme de redressement européen ? L'Europe occidentale se redressa indubitablement, et précisément au cours de la période (1948-1951) du plan Marshall. En 1949, la production agricole et industrielle de la France dépassa pour la première fois ses niveaux de 1938. Suivant le même critère, le redressement fut acquis aux Pays-Bas en 1948, en Autriche et en Italie en 1949, en Grèce et en Allemagne de l'Ouest en 1950. Parmi les pays occupés au cours de la guerre, seuls la Belgique, le Danemark et la Norvège se rétablirent plus vite, en 1947. Entre 1947 et 1951, le PNB global de l'Europe occidentale augmenta de 30 %.

À court terme, la principale contribution du programme à ce redressement fut assurément la fourniture de crédits en dollars. Ceux-ci garantirent les déficits commerciaux, facilitèrent l'importation massive de matières premières dont le besoin était pressant et permirent ainsi à l'Europe occidentale de sortir de la crise du milieu de l'année 1947. Les quatre cinquièmes du blé consommé

5. Il faut cependant noter que 4 électeurs communistes sur 10, en France, étaient partisans d'accepter l'aide Marshall, malgré l'opposition du parti. La méfiance des Français envers le Plan n'était pas tant politique que culturelle ; apparemment, beaucoup de gens furent choqués par les « questionnaires insipides et nombreux » émanant des bureaucraties américaines – rappel particulièrement irritant de leur subordination à une civilisation inférieure.

par les Européens dans les années 1949-1951 venaient des pays de la zone dollar. Sans l'aide Marshall, on ne voit pas très bien comment les pénuries de carburant, de vivres, de coton et autres marchandises auraient pu être surmontées à un prix politiquement acceptable. Car si les économies d'Europe occidentale auraient certainement *pu* continuer de croître sans assistance américaine, cela n'aurait pu se faire qu'au détriment de la demande intérieure, en amputant les services sociaux qui venaient d'être introduits et en abaissant encore le niveau de vie local.

C'était un risque que la plupart des gouvernements élus, on le comprend, répugnaient à courir. En 1947, les gouvernements de coalition d'Europe occidentale étaient coincés, et ils le savaient. Après-coup, il nous est très facile de reconnaître que l'aide Marshall a « simplement » sorti d'une impasse née d'une reprise de la demande, que la nouvelle approche de Washington a surmonté une pénurie « temporaire » de dollars. Mais en 1947 personne ne pouvait savoir que le trou de 4,6 milliards de dollars était « temporaire ». Et qui pouvait être certain que, le blocage aidant, les fragiles démocraties européennes ne dérivaient pas vers une cataracte rugissante ? Même si le PRE ne fit que gagner du temps, ce fut une contribution cruciale, car le temps était précisément ce dont l'Europe paraissait manquer. Le plan Marshall était un programme économique ; la crise qu'il évita, elle, était politique.

Les bénéfices à plus longue échéance du plan sont d'évaluation plus délicate. Certains observateurs se dirent déçus que les Américains, visiblement, n'aient pas su persuader les Européens de coopérer et d'intégrer leur planification autant qu'ils l'avaient initialement espéré. Et il est exact que les habitudes et institutions de collaboration dont les Européens finirent par se doter ne sont au mieux qu'indirectement liées aux efforts américains. Au vu du passé récent de l'Europe, cependant, *toute* avancée en ce sens représentait un progrès ; et l'invitation de Marshall obligea au moins les États européens qui se méfiaient les uns des autres à s'asseoir à la même table et à coordonner leurs réponses et, en définitive, bien d'autres choses. *The Time* n'était pas si loin de la vérité quand il observait, dans un éditorial du 3 janvier 1949, que « lorsque l'on compare les efforts de coopération de l'année écoulée à l'intense nationalisme économique de l'entre-deux-guerres, on peut assurément suggérer que le plan Marshall inaugure une ère nouvelle et prometteuse dans l'histoire européenne ».

Les véritables bénéfices étaient psychologiques. En fait, on pourrait presque dire que le plan Marshall aida les Européens à se sentir mieux. Il les aida à rompre nettement avec un héritage de chauvinisme, de dépression et de solutions autoritaires. Il donna le sentiment que la coordination de la politique économique était chose non pas inhabituelle, mais normale. Quant aux pratiques commerciales et monétaires protectionnistes des années 1930, il les fit paraître d'abord imprudentes, puis inutiles et finalement absurdes.

Rien de tout cela n'eût été possible si le plan Marshall avait été présenté comme un projet d'« américanisation » de l'Europe. Au contraire, les Européens de l'après-guerre étaient tellement conscients de leur humiliante dépendance à l'égard de l'aide et de la protection américaines que toute pression indélicate de ce côté-là eût sans doute été politiquement contre-productive. En permettant aux gouvernements européens de suivre des politiques qui étaient nées d'expériences et de compromis intérieurs et en se gardant d'offrir des programmes de redressement tous taillés sur les mêmes mesures, Washington dut effectivement renoncer à quelques-uns de ses espoirs d'intégration européenne occidentale, tout au moins à court terme.

Car le PRE ne fut pas parachuté dans un vide. L'Europe occidentale put bénéficier de l'aide américaine parce qu'elle était une vieille région de propriété privée, d'économie de marché et, sauf dans les dernières années, de régimes stables. Mais précisément pour cette raison, l'Europe occidentale devait prendre ses propres décisions et, en définitive, tenait à le faire. « Le plan Marshall, observe le diplomate britannique Oliver Franks, consistait à placer des dollars américains entre les mains des Européens pour acheter les outils du redressement. » Le reste – devises convertibles, bonnes relations sociales, équilibre budgétaire et libéralisation des échanges – dépendait des Européens eux-mêmes.

À l'évidence, ce n'était pas la comparaison des visions américaines aux pratiques européennes qui s'imposait, mais celle de 1945 et 1918. Les deux après-guerres se ressemblaient étrangement sur bien plus de points qu'on ne veut bien s'en souvenir. Dans les années 1920, les Américains encourageaient déjà les Européens à adopter leurs techniques de production et leurs relations sociales. Dans les années 1920 beaucoup d'observateurs américains voyaient le salut de l'Europe dans l'intégration économique et les investissements. Et dans les années 1920 les Européens regardaient aussi outre-Atlantique en quête d'orientations pour leur avenir et d'aide pratique dans l'immédiat.

La grande différence est cependant qu'après la Première Guerre mondiale les États-Unis n'accordèrent que des prêts, pas des subventions ; et ceux-ci passaient presque toujours par le marché des capitaux privés. De ce fait, ils étaient chers et généralement à court terme. Et quand il fallut les rembourser, au début de la Crise, l'effet fut désastreux. Le contraste sur ce plan est saisissant. Après les faux pas de 1945-1947, les responsables américains se donnèrent la peine de corriger les erreurs du précédent après-guerre. Le plan Marshall est significatif par ce qu'il a fait, mais aussi parce ce qu'il a pris soin d'éviter.

Il était cependant un problème européen que le Plan de redressement européen ne pouvait résoudre ni éviter, alors que tout était suspendu à sa résolution. C'était la Question allemande. Sans redressement allemand, la planification française n'aboutirait à rien : la France devait utiliser les fonds de contrepartie du plan Marshall pour construire de nouvelles aciéries géantes en

Lorraine, par exemple, mais sans le charbon allemand celles-ci seraient inutiles. Les crédits Marshall pour acheter du charbon allemand : tout cela était bel et bien. Mais s'il n'y avait *pas* de charbon ? Au printemps de 1948, la production industrielle allemande n'était encore qu'à 50 % de son niveau de 1936. L'économie britannique ne repartirait jamais alors que le pays dépensait des sommes sans précédent (317 millions de dollars pour la seule année 1947) à seule fin de subvenir aux besoins de la population démunie de sa zone d'occupation, dans le nord-ouest de l'Allemagne. Sans l'Allemagne pour acheter leurs produits, les économies marchandes des Pays-Bas et du Danemark étaient moribondes.

La logique du plan Marshall exigeait de lever toutes les restrictions sur la production (ouest) allemande, en sorte que le pays pût apporter à nouveau sa contribution cruciale à l'économie européenne. En fait, le secrétaire d'État Marshall déclara d'emblée que son plan sonnait le glas des espoirs français de réparations allemandes : l'objet, somme toute, était de développer et d'intégrer l'Allemagne, non pas d'en faire un paria dépendant. Mais pour éviter une tragique répétition des événements des années 1920 – où les efforts frustrés pour arracher des réparations de guerre à une Allemagne exsangue n'avaient fait qu'accroître l'insécurité française et le ressentiment allemand, c'est du moins ce qu'il semblait après-coup, et favoriser l'ascension de Hitler –, il était clair pour les Américains comme pour leurs amis que le plan Marshall ne marcherait que dans le cadre d'un règlement politique plus général dans lequel Français et Allemands verraient un avantage réel et durable. Il n'y avait là aucun mystère : le règlement de la Question allemande après la guerre était la clé de l'avenir de l'Europe. La chose allait de soi à Moscou comme à Paris, Londres et Washington. Mais la forme que devait prendre ce règlement était une affaire autrement plus controversée.

IV

Le règlement impossible

« Ceux qui n'ont pas vécu cette époque peuvent avoir du mal à saisir à quel point la politique européenne de l'après-guerre a été gouvernée par la peur d'un réveil allemand et s'est efforcée de faire en sorte qu'il ne se reproduise jamais. »
Sir Michael Howard

« Ne vous y trompez pas, tous les Balkans, sauf la Grèce, vont être bolchevisés, et il n'est rien que je puisse faire pour l'empêcher. Il n'est rien que je puisse faire pour la Pologne, non plus. »
Winston Churchill (janvier 1945)

« Il me faisait penser aux despotes de la Renaissance – pas de principes, des méthodes, mais aucune fleur de rhétorique – toujours oui ou non, sauf qu'on ne pouvait compter sur lui que si c'était non. »
Clement Attlee sur Staline

« Nous avons acquis en l'espace de cinq ans un formidable complexe d'infériorité. »
J-P Sartre (1945)

« Personne au monde ne peut comprendre ce que les Européens éprouvent à l'égard des Allemands s'il ne parle à des Belges, des Français ou des Russes. Pour eux, il n'est de bons Allemands que morts. » Ces mots, griffonnés dans un journal en 1945, sont de Saul K. Padover, le psychologue des armées américaines que nous avons croisé au chapitre 3. Aucun tableau de la division de l'Europe après la guerre ne devrait perdre de vue son observation. Le but de la Seconde Guerre mondiale en Europe était de vaincre l'Allemagne et, aussi longtemps que durèrent les combats, toute autre considération ou presque fut écartée.

Le principal souci des Alliés, pendant la guerre, avait été de veiller à ce qu'aucun partenaire ne se retire des combats. Les Américains et les Britanniques ne cessèrent de craindre que Staline fût tenté de conclure une paix séparée avec Hitler, surtout après que l'Union soviétique eut récupéré le territoire perdu en juin 1941. Staline, pour sa part, voyait dans l'ouverture tardive d'un second front (occidental) un stratagème des Alliés occidentaux pour saigner la Russie à blanc avant d'intervenir pour recueillir les bénéfices de ses sacrifices. Les deux parties pouvaient considérer la politique d'apaisement et les pactes de l'avant-guerre comme la preuve que l'autre n'était pas fiable ; elles n'étaient unies que par un ennemi commun.

Cette gêne mutuelle éclaire les accords et arrangements conclus pendant la guerre par les trois principaux gouvernements alliés. À Casablanca, en janvier 1943, il fut convenu que la guerre ne pouvait s'achever en Europe qu'avec la capitulation sans condition des Allemands. À Téhéran, onze mois plus tard, les « Trois Grands » (Staline, Roosevelt et Churchill) s'accordèrent sur le principe d'un démantèlement de l'Allemagne après la guerre, le retour à la « Ligne Curzon[1] » entre la Pologne et l'URSS, la reconnaissance de l'autorité de Tito en Yougoslavie et l'accès soviétique à la Baltique *via* le port de Königsberg, autrefois en Prusse orientale.

Staline était à l'évidence le bénéficiaire évident de ces accords, mais comme l'Armée rouge avait joué de loin le rôle le plus important dans la lutte contre Hitler, cela avait du sens. Pour la même raison, quand Churchill s'attabla avec Staline à Moscou, en octobre 1944, et parapha les tristement célèbres « accords de pourcentage », il ne faisait que concéder au dictateur soviétique un terrain que ce dernier était déjà sûr de prendre. Par cet accord, que Churchill griffonna hâtivement et fit passer de l'autre côté de la table à Staline qui « prit son stylo bleu et fit une grande marque dessus », la Grande-Bretagne et l'URSS convinrent de se partager le contrôle de la Yougoslavie et de la Hongrie après la guerre, à 50/50 : la Roumanie serait à 90 % sous la coupe des Russes, et la Bulgarie à 75 %, tandis que la Grèce serait « britannique » à 90 %.

S'agissant de cet « accord » secret, trois points valent d'être signalés. Le premier est que les pourcentages relatifs à la Hongrie et à la Roumanie étaient de pure forme : le véritable problème, c'étaient les Balkans. Deuxièmement, l'accord fut largement respecté de part et d'autre, on le verra. Mais troisièmement, et si cruel que cela puisse paraître du point de vue des pays concernés, ce n'était pas vraiment significatif. Il en va de même pour les discussions de Yalta, en février 1945. « Yalta » est entré dans le vocabulaire politique de l'Europe centrale comme synonyme de trahison de l'Occident : le moment où les Alliés occidentaux ont trahi la Pologne et les autres petits États entre la Russie et l'Allemagne.

Or Yalta a eu en fait peu d'importance. Certes, tous les Alliés signèrent la Déclaration sur l'Europe libérée : « Pour favoriser les conditions dans lesquelles les peuples libérés peuvent exercer ces droits [démocratiques], les trois gouvernements aideront conjointement la population de tout État européen libéré ou de tout ancien État satellite de l'Axe en Europe… » à former des

1. La frontière entre la Pologne et la Russie soviétique, proposée après la Première Guerre mondiale par le secrétaire britannique aux Affaires étrangères.

gouvernements représentatifs, à faciliter des élections libres, etc. Et c'est le cynisme dont l'Union soviétique fit montre après la guerre concernant cet engagement que les porte-parole légitimement affligés des pays emprisonnés devaient jeter à la face de l'Occident. Mais rien ne fut décidé à Yalta qui n'avait déjà été convenu à Téhéran ou ailleurs.

Tout au plus peut-on dire de la conférence de Yalta qu'elle est un cas exemplaire de malentendu – Roosevelt, notamment, étant victime de ses propres illusions. Car Staline, à cette date, n'avait guère besoin de la permission occidentale pour faire ce qu'il souhaitait en Europe orientale : les Britanniques, tout au moins, l'avaient parfaitement compris. Les Soviétiques tenaient de nouveau d'une main ferme les territoires orientaux cédés à Staline par les protocoles secrets des pactes soviéto-nazis de 1939 et 1940 : à l'époque du sommet de Yalta (4-11 février 1945), les communistes polonais du « comité de Lublin » que les Soviétiques avaient ramené à l'ouest dans leurs bagages pour diriger la Pologne après la guerre étaient déjà installés à Varsovie[2].

En vérité, Yalta laissa de côté le problème vraiment important – les arrangements concernant l'Allemagne après la guerre – précisément parce qu'il *était* important et insoluble. Et il est peu probable que les dirigeants occidentaux auraient pu obtenir de Staline un meilleur accord dans les derniers mois de la guerre, même si l'idée leur était venue d'essayer. Le seul espoir, pour les Polonais et les autres, était que Staline se montrât généreux en échange de la bonne volonté des Occidentaux. En tout état de cause, cependant, c'est lui qui avait les cartes en mains, et longtemps après la défaite de Hitler ce sont les Alliés occidentaux qui recherchèrent la coopération de Staline, non pas l'inverse. On avait réussi à maintenir l'Union soviétique dans la guerre contre l'Allemagne (puis, comme on l'imaginait alors, contre le Japon) ; le problème de l'Europe centrale pouvait attendre la paix. En eût-il été autrement que Roosevelt et Churchill auraient sans doute protesté avec plus de vigueur en août 1944, quand le soulèvement désespéré de Varsovie fut l'occasion pour les Allemands de massacrer 200 000 Polonais sous les yeux de l'Armée rouge, stationnée sur l'autre rive de la Vistule.

Sans doute les dirigeants occidentaux ne partageaient-ils pas l'idée que Staline avait de l'armée intérieure secrète des Polonais – une poignée d'aventuriers et de criminels avides de pouvoir » –, mais ils n'étaient certainement pas prêts à indisposer leur principal allié militaire juste six semaines après le débarquement du Jour J en Normandie. Pour les Polonais, ce devait apparaître,

2. Staline avait rompu toute relation avec le gouvernement polonais en exil à Londres en 1943, après que ce dernier eut demandé une enquête internationale sur le massacre de Katyn. Les Allemands, qui découvrirent le site, affirmèrent à juste raison que c'était le lieu d'une exécution massive par les Soviétiques d'officiers polonais capturés. Ce que les Soviétiques et leurs partisans occidentaux devaient persister à nier un demi-siècle durant.

depuis lors, comme une trahison du dessein même de la guerre : après tout, en septembre 1939, la Grande-Bretagne et la France avaient déclaré la guerre à Hitler à cause de son agression contre la Pologne. Aux yeux des Alliés occidentaux, cependant, tout plaidait pour donner à Staline carte blanche à l'est. L'objet de la guerre était de vaincre l'Allemagne.

Cela resta jusqu'au bout la priorité. En avril 1945, alors que l'Allemagne était déjà battue sur tous les plans, sauf sur le papier, Roosevelt pouvait encore déclarer que, s'agissant même des arrangements d'après-guerre concernant l'Allemagne, « notre attitude devait être d'étudier et d'ajourner la décision finale ». Il y avait de bonnes raisons d'adopter cette attitude : la recherche d'un règlement de la Question allemande allait s'avérer terriblement difficile – les observateurs attentifs pouvaient déjà le voir – et il n'était pas déraisonnable de maintenir aussi longtemps que possible l'alliance antiallemande qui soudait les partenaires du temps de guerre. Du coup, cependant, la forme de l'Europe de l'après-guerre fut d'abord dictée non pas par les accords et arrangements de la guerre, mais plutôt par les positions des armées d'occupation quand les Allemands capitulèrent. Ainsi que Staline l'expliqua à Molotov, quand celui-ci émit des doutes sur la formulation de la « Déclaration sur l'Europe libérée » et ses bonnes intentions : « Nous pouvons la remplir à notre façon. Ce qui importe, c'est le rapport de forces. »

Dans le Sud-Est de l'Europe, la guerre s'était achevée fin 1944 : les forces soviétiques contrôlaient totalement le nord des Balkans. En mai 1945, en Europe centrale et orientale, l'Armée rouge avait libéré et réoccupé la Hongrie, la Pologne et la majeure partie de la Tchécoslovaquie. Les troupes soviétiques traversaient la Prusse pour entrer en Saxe. À l'Ouest, où Britanniques et Américains menaient quasiment des guerres séparées dans le Nord-Ouest et le Sud-Ouest de l'Allemagne, respectivement, Eisenhower aurait certainement *pu* atteindre Berlin avant les Russes, mais Washington le découragea de le faire. Churchill aurait aimé voir une avancée occidentale sur Berlin, mais Roosevelt était aussi attentif au souci de ses généraux quant aux pertes en vies humaines (l'hiver précédent, les troupes américaines avaient essuyé un cinquième de leurs pertes, dans toute la Seconde Guerre mondiale, au cours de la Bataille du Bulge, dans les Ardennes belges) et à l'intérêt de Staline pour la capitale allemande.

Par suite, en Allemagne et en Tchécoslovaquie (où l'armée américaine avait d'abord avancé à une petite trentaine de kilomètres de Prague et libéré la région de Pilsen, en Bohême occidentale, à seule fin de la remettre peu après à l'Armée rouge), la ligne qui partageait ce qui n'était pas encore l'Europe « orientale » et l'Europe « occidentale » tombait un peu plus à l'ouest que l'issue des combats n'aurait pu le laisser penser. Mais un peu seulement : les généraux Patton ou Montgomery pouvaient bien forcer l'allure, l'issue finale n'en eût pas été sensiblement modifiée. Entre-temps, plus au sud, le

2 mai 1945 l'Armée yougoslave de Libération nationale et la 8e armée britannique se retrouvèrent face à face à Trieste, traçant la première vraie frontière de la guerre froide à travers la plus cosmopolite des villes d'Europe centrale.

Bien entendu, la guerre froide « officielle » n'était pas encore à l'ordre du jour. À certains égards, cependant, elle avait commencé bien avant mai 1945. Aussi longtemps que l'Allemagne restait l'ennemie, il était aisé d'oublier les différends et antagonismes plus profonds qui séparaient l'Union soviétique de ses alliés du temps de guerre. Ils n'en existaient pas moins. Quatre années de coopération méfiante, dans une lutte à mort contre un ennemi commun, n'avaient guère entamé près de trente années de suspicion mutuelle. Car le fait est qu'en Europe la guerre froide commença non pas après la Seconde Guerre mondiale, mais à la suite de la première.

C'était on ne peut plus clair en Pologne, qui livra une guerre désespérée à la nouvelle Union soviétique en 1920 ; en Grande-Bretagne, où Churchill, dans l'entre-deux-guerres, se fit en partie sa réputation en exploitant la Terreur rouge du début des années 1920 et le thème de l'antibolchevisme ; en France, où l'anticommunisme fut le meilleur fonds de commerce de la droite sur le plan intérieur, de 1921 jusqu'à l'invasion allemande de mai 1940 ; en Espagne, où Staline et Franco s'accordèrent à majorer l'importance du communisme dans la guerre civile espagnole ; et par-dessus tout, bien entendu, en Union soviétique même, où la monopolisation du pouvoir par Staline et ses sanglantes purges des détracteurs du parti reposaient lourdement sur l'accusation suivant laquelle l'Ouest et ses complices locaux tramaient de saper l'Union soviétique et de détruire l'expérience communiste. Les années 1941-1945 ne furent qu'un interlude dans l'affrontement international des démocraties occidentales et du totalitarisme soviétique – un combat dont la forme fut obscurcie mais pas foncièrement altérée par la menace que représentait pour les deux camps la montée du fascisme et du nazisme au cœur du continent.

C'est l'Allemagne qui réunit la Russie et l'Occident en 1941, comme elle avait réussi à le faire avant 1914. Mais l'alliance était condamnée d'avance. De 1918 à 1934, la stratégie soviétique en Europe centrale et occidentale – diviser la gauche et encourager la subversion et la protestation violente – contribua à façonner l'image d'un « bolchevisme » foncièrement étranger et hostile. Quatre années d'alliances troubles et controversées, avec le « Front populaire », dissipèrent quelque peu cette impression, malgré les procès contemporains et les massacres perpétrés en Union soviétique même. En revanche, le pacte Molotov-Ribbentrop d'août 1939 et la collaboration de Staline avec Hitler dans le dépeçage de leurs voisins communs, l'année suivante, ruinèrent largement les gains de propagande des années de Front populaire. Seuls l'héroïsme de l'Armée rouge et des citoyens soviétiques dans les années 1941-1945 ainsi que les crimes sans précédent des nazis contribuèrent à chasser ces souvenirs antérieurs.

Quant aux Soviétiques, ils ne se départirent jamais de leur méfiance envers l'Occident : une méfiance dont les racines remontent très au-delà de 1917, naturellement, mais qui furent bien alimentées par l'intervention militaire occidentale au cours de la guerre civile de 1917-1921, par l'absence soviétique des agences et des affaires internationales dans les quinze années suivantes, par le soupçon fondé que la plupart des dirigeants européens préféraient les fascistes aux communistes s'ils étaient contraints de choisir, et enfin par l'intuition que la Grande-Bretagne et la France, notamment, ne seraient pas vraiment navrées de voir l'Union soviétique et l'Allemagne nazie s'engager dans un conflit mutuellement destructeur à l'avantage des autres. Une fois forgée l'alliance de guerre, et clairement établi que tous avaient intérêt à la défaite de l'Allemagne, le degré de méfiance mutuelle reste frappant : il est significatif que les échanges de renseignements sensibles soient demeurés très limités entre l'Est et l'Ouest.

Le dénouement de l'alliance et la division ultérieure de l'Europe n'étaient donc aucunement le fruit d'une erreur, de l'égoïsme pur ou de la malveillance. Ils s'enracinaient dans l'histoire. Avant la Seconde Guerre mondiale, les relations entre les États-Unis et l'URSS avaient toujours été tendues. La différence était qu'aucun des deux pays n'avait eu la responsabilité de vastes étendues du continent européen. Par ailleurs, d'autres considérations, dont la présence de la France et de l'Allemagne, les avaient séparés. Mais tout était différent avec l'humiliation française de 1940, puis la défaite allemande cinq ans plus tard. La reprise de la guerre froide en Europe fut toujours probable : elle n'était pas inévitable. Elle fut le produit d'objectifs et de besoins en définitive incompatibles chez les diverses parties intéressées.

Grâce à l'agression allemande, les États-Unis étaient devenus, pour la première fois, une puissance européenne. Que la force américaine fût écrasante était une évidence, même pour ceux que fascinaient les prouesses de l'Armée rouge. Le PNB américain avait doublé au cours de la guerre et, au printemps de 1945, l'Amérique représentait la moitié des capacités industrielles du monde, l'essentiel de ses excédents alimentaires et la quasi-totalité des réserves financières internationales. Les États-Unis avaient mobilisé 12 millions d'hommes pour combattre l'Allemagne et ses alliés, et lors de la capitulation du Japon la flotte américaine était plus grande que toutes les autres flottes du monde réunies. Qu'allaient-ils faire de leur puissance ? Au lendemain de la Première Guerre mondiale, Washington avait choisi de ne pas l'exercer ; dans quelle mesure en irait-il autrement après la Seconde ? Que voulait l'Amérique ?

Pour ce qui était de l'Allemagne – et 85 % de l'effort de guerre américain avait été dirigé contre ce pays –, l'intention américaine initiale était très sévère. Une directive des Joint Chiefs of Staff, JCS 1067, fut présentée à Truman le 26 avril 1945, deux semaines après la mort de Roosevelt. Ce texte qui reflétait, entre autres, les vues de Henry Morgenthau, le secrétaire au Trésor, y allait de cette recommandation : « Il faut bien faire comprendre aux Allemands que la guerre implacable de l'Allemagne et la résistance fanatique des nazis ont détruit l'économie allemande, rendu le chaos et la souffrance inévitables, et que les Allemands ne sauraient se soustraire à la responsabilité de ce qu'ils ont attiré sur eux-mêmes. L'Allemagne ne sera pas occupée à des fins de libération, mais en tant que nation ennemie vaincue. » Ou, dans les mots mêmes de Morgenthau, « il est de la plus haute importance que chacun, en Allemagne, comprenne que cette fois l'Allemagne est un pays vaincu ».

Bref, il s'agissait d'éviter une des grandes erreurs du traité de Versailles, dans l'idée que s'en faisaient les responsables en 1945 : qu'il n'ait pas su faire mesurer aux Allemands l'ampleur de leurs péchés et de la Némésis qui les attendait. La logique de cette approche américaine initiale de la Question allemande tenait donc en trois mots : démilitarisation, dénazification, désindustrialisation, c'est-à-dire dépouiller l'Allemagne de ses ressources économiques et militaires et rééduquer sa population. Cette politique fut dûment appliquée, tout au moins en partie : la Wehrmacht fut officiellement dissoute (le 20 août 1946) ; des programmes de dénazification furent mis en place, notamment dans la zone d'occupation américaine (voir chapitre II) ; et des limites strictes furent assignées à la capacité industrielle et à la production allemandes, avec une sévérité toute particulière pour la sidérurgie dans le cadre du « Plan [de mars 1946] pour le niveau de l'économie (allemande) de l'après-guerre ».

D'emblée, cependant, la « stratégie Morgenthau » suscita de vives critiques au sein même de l'administration américaine. À quoi bon rabaisser l'Allemagne, sous contrôle américain, à un niveau de développement quasiment préindustriel ? Les meilleures terres agricoles du pays étaient désormais, pour l'essentiel, sous contrôle soviétique ou avaient été cédées à la Pologne. Dans le même temps, l'Allemagne occidentale était inondée de réfugiés qui n'avaient accès ni à la terre ni aux vivres. Des restrictions frappant la production urbaine ou industrielle pouvaient bien garder l'Allemagne à genoux : elles ne pouvaient la nourrir ni la reconstruire. Ce fardeau, très lourd, retomberait sur les épaules des occupants victorieux. Tôt ou tard, il leur faudrait se décharger de cette responsabilité sur les Allemands eux-mêmes, qu'il *faudrait* alors laisser reconstruire leur économie.

À ces préoccupations, les critiques américains de la ligne « dure » initiale ajoutaient une autre considération. Forcer les Allemands à prendre conscience de leur défaite était une très bonne chose, mais à moins de leur faire entrevoir un meilleur avenir, l'issue pouvait être la même qu'auparavant : une nation pleine de ressentiment, humiliée, vulnérable à la démagogie de droite ou de gauche. L'ancien président Herbert Hoover en fit justement la remarque à Truman lui-même en 1946 : « Vous pouvez avoir la vengeance ou la paix, mais pas les deux à la fois. » Si, dans le traitement américain de l'Allemagne, la balance pencha de plus en plus du côté de la « paix », l'assombrissement de l'horizon des relations américano-soviétiques y est pour beaucoup.

Dans un cercle restreint de gens bien informés, à Washington, il apparut évident dès le début que l'incompatibilité des intérêts soviétiques et occidentaux déboucherait sur un conflit et que des zones de pouvoir clairement délimitées pouvaient bien être une solution prudente aux problèmes de l'après-guerre. Tel était l'avis de George Kennan. Pourquoi, écrivit-il le 26 janvier 1945, « ne pas passer un compromis honorable et clair avec [l'URSS] ? – diviser franchement l'Europe en sphères d'influence – nous tenir à l'écart de la sphère russe et les Russes de la nôtre ? [...] Et au sein de la sphère d'action qui nous serait laissée, nous pourrions au moins [tâcher] de rétablir la vie, dans le sillage de la guerre, sur des fondations dignes et stables. »

Six semaines plus tard, l'ambassadeur américain à Moscou, Averell Harriman, proposait dans un mémorandum au président Roosevelt une réponse plus pessimiste et implicitement conflictuelle aux actions soviétiques en Europe de l'Est : « Sauf à accepter l'invasion de l'Europe par les barbares du XXe siècle, avec des répressions s'étendant toujours plus loin en Orient également, nous devons trouver des moyens d'arrêter la politique dominatrice des Soviétiques. [...] Si nous ne regardons pas les choses en face maintenant, l'histoire se souviendra de la génération suivante comme de l'ère soviétique. »

Harriman et Kennan différaient implicitement sur la réponse à apporter aux actions soviétiques : sur les agissements de Staline, ils étaient d'accord. D'autres dirigeants américains étaient toutefois beaucoup plus optimistes, et pas simplement au printemps de 1945. Charles Bohlen, autre diplomate américain et destinataire de la lettre de Kennan citée plus haut, croyait à la possibilité, après la guerre, d'un règlement fondé sur les grands principes de l'autodétermination et de la coopération des grandes puissances. Reconnaissant qu'il était nécessaire de conserver la coopération des Soviétiques pour élaborer une solution en Allemagne même, Bohlen et d'autres – comme James Byrnes, le secrétaire d'État de l'après-guerre – plaçaient leur foi dans l'occupation militaire alliée des anciens États de l'Axe et de leurs satellites, avec des élections libres dans l'esprit esquissé à Yalta. C'est seulement plus tard, après avoir observé les rouages du pouvoir soviétique sous les auspices des conseils de contrôle alliés en Roumanie et en Bulgarie, notamment – qu'ils admirent l'incompatibilité de ces buts et en vinrent à partager la préférence de Kennan pour la *realpolitik* des sphères séparées.

Une des raisons de l'optimisme initial était l'idée, largement reçue, que Staline n'avait aucun intérêt à pousser au conflit et à la guerre. Comme le général Eisenhower lui-même le déclara au président Truman et à ses chefs d'état-major, en juin 1946, « je ne crois pas que les Rouges veuillent la guerre. Qu'ont-ils à gagner aujourd'hui au conflit armé ? Ils ont gagné à peu près tout ce qu'ils peuvent assimiler ». En un sens limité, Eisenhower avait raison : Staline n'allait pas entrer en guerre contre les États-Unis (même si la conclusion qu'il était raisonnable d'en tirer, à savoir que l'Union soviétique avait donc intérêt à coopérer pleinement avec son ancien allié, ne devait pas se concrétiser). Et en ce cas les États-Unis, qui avaient le monopole des armes atomiques, ne risquaient pas grand-chose en gardant le contact avec l'Union soviétique et en recherchant des solutions mutuellement compatibles à leurs problèmes communs.

Un autre élément de la politique américaine, dans l'immédiat après-guerre, tenait aux nouvelles institutions internationales que les Américains avaient aidé à mettre sur pied et dont ils désiraient sincèrement la réussite. Parmi celles-ci, la mieux connue est manifestement les Nations unies, dont la charte fut ratifiée le 24 octobre 1945 et dont la première Assemblée générale eut lieu en janvier 1946 ; mais ce sont les agences et accords financiers associés à « Bretton Woods » qui importaient peut-être le plus aux responsables politiques de l'époque.

Aux yeux des Américains, en particulier, l'effondrement économique de l'entre-deux-guerres était la source première de la crise européenne (et mondiale). À moins que les devises fussent convertibles et que l'accroissement des échanges se fît au bénéfice mutuel des nations, rien ne pouvait empêcher un retour aux mauvais jours de septembre 1931, quand s'était disloqué le système monétaire mis en place au lendemain de la Première Guerre mondiale. Sous la houlette de Keynes – l'inspirateur de la réunion de juillet 1944 au centre de conférence de Bretton Woods, dans le New Hampshire –, économistes et hommes d'État recherchèrent une solution de rechange au système financier international de l'avant-guerre : quelque chose de moins rigide et déflationniste que l'étalon-or, mais de plus fiable et mutuellement stimulant qu'un régime de changes flottants. Quoi qu'il en soit de ce nouveau régime, plaida Keynes, il faudrait un semblant de banque internationale, qui fonctionnerait en gros comme la banque centrale d'une économie intérieure, pour le gérer : maintenir des taux de change fixes tout en encourageant et en facilitant les transactions de devises étrangères.

Au fond, c'est ce qui fut convenu à Bretton Woods, avec la création d'un Fonds monétaire international (pourvu d'espèces américaines) « pour faciliter l'expansion et l'accroissement harmonieux du commerce international » (article 1). Le Conseil d'administration initial, calqué sur le Conseil de sécurité des Nations unies, avait des représentants des États-Unis, du Royaume-Uni, de la France, de la Chine et de l'URSS. Dans le même temps fut proposée une Organisation commerciale internationale, qui devait finalement prendre forme en 1947 sous le nom de GATT, Accord général sur les tarifs douaniers et le commerce (plus tard OMC, Organisation mondiale du commerce). Les membres convinrent de concessions tarifaires et autres aux partenaires contractants aussi bien que de codes de pratiques commerciales et de procédures pour traiter les violations et les différends. Tout cela, en soi, rompait clairement avec les approches « mercantilistes » antérieures du commerce et devait, le moment venu, inaugurer une nouvelle ère de liberté du commerce.

Les objectifs et les institutions de Bretton Woods, qui comptaient aussi une « Banque mondiale », supposaient implicitement un degré sans précédent d'interférence extérieure dans les pratiques nationales. En outre, les devises devaient devenir convertibles, condition *sine qua non* d'un commerce durable et prévisible, sur la base de leur relation au dollar américain. Dans les faits, cela se révéla problématique : la Grande-Bretagne et la France résistèrent toutes deux à la convertibilité, les Britanniques à cause de leur « zone sterling[3] » protégée et de la faiblesse de leur économie après la guerre ; les Français, sous l'effet de leur tenace obsession du « franc fort » et de leur désir de préserver des taux de change multiples pour les différents secteurs et produits – héritage néocolbertien d'une ère révolue. Il fallut une décennie pour arriver à une convertibilité totale : c'est en 1958 et 1959, respectivement, que le franc et la livre rejoignirent finalement le système de Bretton Woods (suivis par le Deutschemark en mai 1959 et la lire italienne en janvier 1960).

Le système de Bretton Woods ne s'est donc pas mis en place d'un seul coup après la guerre. Les participants à Bretton Woods avaient prévu une convertibilité internationale universelle à la fin des années 1940, mais leurs calculs ne tenaient pas compte des conséquences politiques et économiques de l'arrivée de la guerre froide (ni, en fait, du plan Marshall). Autrement dit, les nobles idéaux de ceux qui lancèrent les plans ou institutions en vue d'un meilleur système international supposaient une ère de coopération internationale stable à laquelle tout le monde gagnerait. Initialement, l'Union soviétique était partie prenante du système financier proposé à Bretton Woods – sa quote-part en faisait le troisième contributeur au FMI. Peut-être était-il naïf de la part des Américains (et de certains Britanniques) d'imaginer que ces propositions seraient acceptables aux responsables russes – ou, à vrai dire, français ; en tout état de cause, un simple expédient leur permit de contourner l'obstacle : ils établirent leurs plans sans consulter les Russes ni les Français... ni personne.

3. L'Inde et d'autres dominions britanniques avaient de substantiels avoirs en livres sterling, accumulés sous forme de crédit, notamment au cours des années de guerre. Si, dans l'immédiat après-guerre, la livre avait été librement convertible en dollars, nombre de ces avoirs auraient sans doute fondu, affaiblissant encore le stock de devises déjà fragile de la Grande-Bretagne. C'est pourquoi, après une première expérience désastreuse de convertibilité, imposée par Washington qui en avait fait la condition des prêts américains, la Grande-Bretagne rétablit en 1947 ses contrôles de changes.

Ils n'en espéraient pas moins sincèrement que les avantages mutuels d'un accroissement du commerce international et de la stabilité financière finiraient par triompher des traditions nationales et de la méfiance politique. Alors, quand l'Union soviétique annonça brutalement, au début de 1946, qu'elle ne rejoindrait pas les institutions de Bretton Woods, le département américain du Trésor en resta sincèrement ahuri ; et c'est afin d'expliquer les arrière-pensées de Staline que George Kennan envoya de Moscou, dans la nuit du 22 février 1946, son fameux « Long Télégramme » – premier pas significatif de l'Amérique vers la reconnaissance de l'affrontement imminent.

Cette façon de présenter les choses revient à prêter aux artisans de la politique étrangère, Kennan excepté, une étonnante innocence. Peut-être étaient-ils en effet naïfs, et pas simplement ceux qui, comme le sénateur Estes Kefauver ou Walter Lippmann, refusaient purement et simplement de croire ce qu'on racontait des actions soviétiques en Europe orientale et ailleurs. Jusqu'au milieu de 1946, tout au moins, bien des dirigeants américains s'exprimèrent et agirent comme s'ils croyaient réellement à la continuation du partenariat de guerre avec Staline. Même Lucretius Pătrăşcanu, grande figure de la direction communiste roumaine (plus tard victime d'un grand procès dans son pays), ne put s'empêcher d'observer, au moment des négociations du traité de paix de Paris, dans l'été 1946, que les « Américains sont fous. Ils donnent encore plus aux Russes qu'ils ne demandent et n'espèrent[4] ».

Mais il y avait plus que de l'innocence dans la politique américaine. En 1945 et pour encore quelque temps, les États-Unis espéraient sérieusement se dégager d'Europe dès que possible et étaient donc avides de mettre en place un règlement viable qui ne nécessiterait pas une présence ou une supervision américaines. C'est un aspect de la réflexion américaine d'après-guerre souvent oublié ou incompris de nos jours, mais il était essentiel dans les calculs américains de l'Europe : comme Roosevelt l'avait expliqué à Yalta, les États-Unis ne comptaient pas rester en Allemagne occupée (et donc en Europe) plus de deux années au maximum.

De fortes pressions s'exerçaient sur Truman pour qu'il tînt cet engagement. La fin brutale du prêt-bail s'inscrivait dans une amputation générale des engagements politiques et militaires envers l'Europe. Le budget américain de la défense fut réduit de cinq sixièmes entre 1945 et 1947. À la fin de la guerre en Europe, les États-Unis disposaient de 97 divisions terrestres prêtes au combat sur place ; au milieu de l'année 1947, il n'y en avait plus que douze, pour la plupart en sous-effectifs et engagées dans des tâches administratives.

4. À en croire Kennan, nos « dirigeants nationaux, à Washington, n'avaient pas la moindre idée de ce qu'une occupation soviétique, épaulée par la police secrète russe du temps de Beria, signifiait pour les populations qui y étaient soumises – et probablement eussent-ils été incapables de l'imaginer ».

Les autres étaient rentrées et avaient été démobilisées. Cela correspondait aux attentes des électeurs américains : en octobre 1945, ils n'étaient que 7 % à faire passer les problèmes extérieurs avant les préoccupations intérieures ; mais cela fit des ravages chez les alliés européens de l'Amérique, qui se mirent à craindre sérieusement un regain de l'isolationnisme de l'entre-deux-guerres. Ils ne se trompaient qu'à moitié ; comme les Britanniques le savaient, en cas d'invasion de l'Europe occidentale par les Soviétiques après 1945, la stratégie américaine consistait en une retraite immédiate vers les bases périphériques de Grande-Bretagne, d'Espagne et du Moyen-Orient.

Mais alors même qu'ils réduisaient leur engagement militaire en Europe, les diplomates américains suivaient une courbe d'apprentissage accéléré. Le même secrétaire d'État Byrnes, qui avait initialement placé sa foi dans les accords du temps de guerre et la bonne volonté soviétique, prononça le 6 septembre 1946 à Stuttgart un discours où il s'employa à rassurer son auditoire allemand : « Aussi longtemps qu'une force d'occupation sera nécessaire en Allemagne, l'armée américaine en fera partie. » Cette déclaration d'attachement à la défense européenne n'avait rien de bien retentissant, mais, inspirée peut-être par une lettre de Truman du mois de juin (« j'en ai assez de dorloter les Russes »), elle exprimait l'exaspération croissante des États-Unis tant il était difficile de travailler avec l'Union soviétique.

Les Allemands n'étaient pas les seuls à devoir être rassurés. Les Britanniques s'inquiétaient particulièrement du désir apparent des Américains de se délester de leur fardeau européen. La Grande-Bretagne n'était pas universellement aimée à Washington. Dans un discours du 12 avril 1946, le vice-président Henry Wallace rappela à son auditoire que « hormis notre langue commune et notre tradition littéraire commune, nous n'avons pas davantage de points communs avec l'Angleterre impérialiste qu'avec la Russie communiste ». Wallace, bien entendu, était notoirement un « doux » sur la question du communisme, mais son dégoût de l'implication américaine en Grande-Bretagne et en Europe était largement partagé à travers l'échiquier politique. Quand Winston Churchill prononça son fameux discours du « rideau de fer » à Fulton, dans le Missouri, en mars 1946, le *Wall Street Journal* eut ce commentaire acide : « La réaction du pays au discours de Mr Churchill, à Fulton, doit être une preuve convaincante que les États-Unis ne veulent pas d'alliance, ni rien qui ressemble à une alliance, avec aucune autre nation. »

Churchill, par-dessus tout, n'eût pas été surpris, ni par Wallace ni par l'éditorialiste du *Wall Street Journal*. Dès 1943, il avait pris la pleine mesure du désir de Roosevelt de voir la liquidation de l'Empire britannique : de fait, par moments, Roosevelt parut au moins aussi soucieux de réduire la Grande-Bretagne après la guerre que de contenir la Russie soviétique. S'il est possible de parler d'une stratégie américaine cohérente couvrant les années 1944-1947, ce serait celle-ci : trouver un règlement sur l'Europe continentale avec

Staline ; presser la Grande-Bretagne d'abandonner son Empire outre-mer mais aussi se rallier à la liberté des échanges et à la convertibilité de la livre ; et enfin se retirer d'Europe aussi vite que possible. Sur ces trois objectifs, seul le deuxième fut atteint, tandis que le troisième était victime de l'impossibilité d'atteindre le premier.

La perspective britannique était très différente. En 1944, un « Cabinet sub-committee » (Comité interministériel) énuméra quatre sujets de préoccupation essentiels qu'il ne fallait pas perdre de vue quand on traitait avec l'Union soviétique : 1/ le pétrole du Moyen-Orient ; 2/ le Bassin méditerranéen ; 3/ « les communications maritimes vitales » ; 4/ le maintien et la protection de la force industrielle britannique. Aucun de ces sujets, pourrait-on observer, ne concernait directement l'Europe à proprement parler – si ce n'est le deuxième point, qui explique l'engagement britannique en Grèce. Il n'était pas question de l'Europe orientale. Si les dirigeants britanniques étaient méfiants dans leurs tractations avec Staline, ce n'était pas qu'ils s'inquiétaient de ses projets en Europe centrale, mais par anticipation des futures initiatives soviétiques en Asie centrale et au Proche-Orient.

C'était bien compréhensible au vu des priorités permanentes de la Grande-Bretagne : en Asie de l'Est, en Inde, en Afrique et dans les Caraïbes. Mais ces mêmes illusions impériales (comme d'aucuns les appelaient déjà, et pas seulement à Washington) rendaient les stratèges britanniques beaucoup plus réalistes que leurs alliés américains quand il s'agissait de l'Europe. Du point de vue de Londres, la guerre avait été livrée pour vaincre l'Allemagne et si le prix en était un imperium soviétique en Europe orientale, et bien soit ! Les Britanniques continuaient de voir les affaires européennes en termes de rapports de force : dans les mots de sir William Strang, du Foreign Office, « mieux vaut une Russie dominant l'Europe orientale qu'une Allemagne dominant l'Europe occidentale ».

Strang écrivait en 1943. En 1945, alors qu'on prenait la pleine mesure de la domination russe, les dirigeants britanniques étaient moins optimistes que leurs homologues américains. À la suite du coup de force manigancé par les Russes à Bucarest, en février 1945, et des fortes pressions soviétiques ultérieures sur la Roumanie et la Bulgarie, il apparut clairement que le prix local de l'hégémonie soviétique serait élevé. Mais les Britanniques ne se berçaient pas de faux espoirs d'amélioration dans la région. Comme le confia le secrétaire aux Affaires étrangères Ernest Bevin à son homologue américain, Byrnes : « Dans ces pays, nous devons être prêts à échanger une bande d'escrocs contre une autre. »

En Europe, la vraie crainte des Britanniques n'était pas que l'URSS contrôlât l'Europe de l'Est – c'était un fait accompli fin 1944 –, mais qu'elle entraînât une Allemagne abattue et pleine de ressentiment dans son orbite et qu'elle établît donc sa domination sur tout le continent. Pour l'empêcher, conclurent les chefs d'état-major britanniques à l'automne 1944, probablement serait-il nécessaire de diviser l'Allemagne, puis d'occuper la partie occidentale. En ce cas, observait un document confidentiel du Trésor britannique en mars 1945, une réponse au problème allemand pourrait être d'oublier une solution panallemande et d'intégrer plutôt cette zone ouest-allemande à l'économie d'Europe occidentale. Comme le général Alan Brooke, chef de l'état-major impérial, l'avait confié à son journal le 27 mai 1944 : « L'Allemagne n'est plus la puissance dominante en Europe. C'est la Russie. [...] Elle [...] deviendra immanquablement la principale menace dans les quinze prochaines années. Donc, encourager l'Allemagne, la relever progressivement et l'intégrer dans une Fédération de l'Europe occidentale. Malheureusement, tout ceci doit se faire sous le manteau d'une sainte alliance de la Russie, de l'Angleterre et de l'Amérique. »

Bien entendu, c'est plus ou moins ce qui est arrivé quatre ans plus tard. De toutes les puissances alliées, c'est la Grande-Bretagne qui aura le mieux anticipé et même recherché le règlement qui devait finalement se dégager. Mais les Britanniques n'étaient pas en position d'imposer une telle issue, ni d'ailleurs d'imposer grand-chose, tout seuls. À la fin de la guerre, il était flagrant que Londres n'était pas de taille à tenir tête à Washington et à Moscou. La Grande-Bretagne s'était épuisée dans la lutte épique avec l'Allemagne et ne pouvait plus supporter ne fût-ce que l'apparat extérieur d'une grande puissance. Entre le jour de la Victoire en Europe, en 1945, et le printemps de 1947, les forces britanniques furent réduites, pour passer d'un maximum de 5,5 millions d'hommes et de femmes sous les armes à juste 1,1 million. À l'automne 1947, le pays se vit même contraint d'annuler des manœuvres navales afin d'économiser du carburant. Pour citer l'ambassadeur américain William Clayton, qui était loin d'être un observateur malveillant, « les Britanniques s'accrochent envers et contre tout à l'espoir que tant bien que mal, avec notre aide, ils réussiront à conserver l'Empire britannique et leur leadership ».

Dans ces conditions, on le comprend, les Britanniques s'inquiétaient non pas d'une attaque russe – leur politique reposait sur l'hypothèse que l'agression soviétique pouvait prendre n'importe quelle forme *sauf* la guerre –, mais d'un retrait américain. Au sein du parti travailliste au pouvoir, une minorité en eût été ravie, puisqu'elle plaçait plutôt sa foi, pour l'après-guerre, dans une alliance européenne de défense inclinant à la neutralité. Mais le Premier ministre Clement Attlee ne se berçait pas de semblables illusions et expliqua pourquoi dans une lettre à son collègue travailliste Fenner Brockway :

> « D'aucuns [au Labour Party] ont pensé que nous devrions concentrer tous nos efforts sur la construction d'une Troisième Force en Europe.

> Fort bien, pas de doute. Mais il n'y avait aucune base spirituelle ni matérielle pour le faire à cette époque. Ce qu'il restait de l'Europe n'était pas assez fort pour tenir tête tout seul à la Russie. Il fallait une force mondiale, parce qu'on était face à une force mondiale. [...] Sans la puissance d'arrêt des Américains, les Russes n'auraient eu aucun mal à tout balayer. Je ne sais s'ils l'auraient fait, mais ce n'était pas une possibilité dont il nous fût permis de faire abstraction. »

Mais pouvait-on vraiment compter sur les Américains ? Les diplomates britanniques n'avaient pas oublié le Neutrality Act de 1937. Et, bien entendu, ils comprenaient fort bien l'ambivalence américaine en matière d'engagement outre-mer, car elle n'était pas si différente de leur posture d'antan. Du milieu du XVIIIe siècle jusqu'à l'envoi de la force expéditionnaire britannique en France en 1914, les Anglais avaient préféré combattre par procuration, ne pas entretenir d'armée sur le pied de guerre, éviter des engagements prolongés sur le continent et ne maintenir aucune force permanente sur le sol européen. Dans le passé, une puissance maritime qui voulait livrer une guerre en Europe avec les soldats d'une autre pouvait chercher des alliés auprès des Espagnols, des Hollandais, des Suisses, des Suédois, des Prussiens et, bien entendu, des Russes. Mais les temps avaient changé.

D'où la décision britannique, en janvier 1947, de poursuivre leur programme d'armes atomiques. L'avenir se chargerait cependant de révéler le sens de ce choix. Mais dans les conditions de l'immédiat après-guerre, le meilleur espoir de la Grande-Bretagne était d'encourager les Américains à rester en Europe (ce qui voulait dire épouser publiquement la foi américaine en un règlement négocié) tout en collaborant avec les Soviétiques aussi longtemps que c'était encore réaliste. Tant que la peur du revanchisme allemand gardait le pas sur toute autre chose, cette politique était à peu près tenable.

Au début de 1947, cependant, elle s'effritait à vue d'œil. Que l'Union soviétique constituât ou non un danger réel et présent était peu clair (en décembre 1947, même Bevin trouvait la Russie moins menaçante que la résurgence future de l'Allemagne). Ce qui était douloureusement clair, cependant, c'était que les limbes de l'Allemagne – avec l'économie du pays otage de discussions politiques sans issue et les très lourdes factures que devaient payer les Britanniques dans leur zone d'occupation – ne pouvaient plus durer. Avec ou sans l'accord des Soviétiques, il fallait relancer l'économie allemande. C'étaient les Britanniques – qui avaient livré deux longues guerres contre l'Allemagne du début à la fin et avaient été saignés à blanc par leurs victoires chèrement payées – qui étaient donc les plus avides de clore ce chapitre, de trouver une sorte de *modus vivendi* dans les affaires continentales et d'aller de l'avant.

En des temps meilleurs, les Britanniques se fussent repliés sur leurs îles, comme ils soupçonnaient les Américains de vouloir se retirer sur leur continent, et d'abandonner la sécurité de l'Europe occidentale à ses gardiens traditionnels, les Français. Encore en 1938, telle avait été la base des calculs stratégiques britanniques : la France, première puissance militaire du continent était un contrepoids auquel on pouvait se fier, non seulement aux ambitions allemandes en Europe centrale, mais aussi contre de futures menaces soviétiques plus à l'est. Munich avait ébranlé cette image de la France comme – la – grande puissance européenne, mais, hors des chancelleries d'Europe orientale, elle demeurait inentamée. Le séisme qui secoua l'Europe en mai-juin 1940, quand la grande armée française s'effondra et céda devant l'offensive des Panzers sur la Meuse et en Picardie, fut donc d'autant plus fort qu'il était inattendu.

En l'espace de six semaines traumatiques, les points de repère cardinaux des relations interétatiques en Europe changèrent à jamais. La France cessa d'être non seulement une grande puissance, mais même une puissance ; et malgré les efforts de De Gaulle au cours des décennies suivantes, elle ne l'a plus jamais été depuis. Car la défaite écrasante de juin 1940 fut suivie de quatre années d'occupation servile, avilissante et humiliante, avec le régime de Vichy et le maréchal Pétain jouant les Uriah Heep auprès du Bill Sikes allemand[5]. Quoi qu'on pût dire en public, les dirigeants et responsables politiques français ne pouvaient pas ne pas savoir ce qui était arrivé à leur pays. Une semaine après la Libération de Paris, en 1944, on pouvait lire dans un document politique confidentiel que si la France devait plier devant un troisième assaut dans la prochaine génération, il était à craindre qu'elle succombe à jamais.

Voilà ce qui se disait en privé. En public, après la guerre, les hommes d'États et responsables politiques français insistaient sur le droit de leur pays à être reconnu comme membre de la coalition victorieuse, comme une puissance mondiale placée sur un pied d'égalité avec ses pairs. Cette illusion était viable, jusqu'à un certain point, parce qu'il convenait aux autres puissances de feindre qu'elle l'était. L'Union soviétique voulait un allié tactique à l'Ouest qui partageât sa méfiance envers les « Anglo-américains » ; les Britanniques désiraient une France ressuscitée qui prît sa place dans les délibérations européennes et soulageât la Grande-Bretagne de ses obligations continentales ; les Américains eux-mêmes voyaient quelque avantage, assez mince en vérité, à accorder à Paris un siège à la table des Grands. Ainsi les Français reçurent-ils un siège permanent au Conseil de sécurité des nouvelles Nations unies en

5. Personnages de Dickens : le premier, personnage de *David Copperfield*, est un employé servile et malhonnête qui essaie de faire chanter les désespérés ; le second, une brute, est un personnage d'*Oliver Twist*. *(N.d.T.)*

même temps qu'ils se virent confier un rôle dans les administrations militaires conjointes de Vienne et de Berlin et, à la demande pressante des Britanniques, une zone d'occupation taillée pour eux dans la zone américaine, au sud-ouest de l'Allemagne : une région jouxtant la frontière française et donc très à l'ouest du front soviétique.

Au total, cependant, l'effet net de ces encouragements fut d'humilier encore une nation déjà humiliée. Et, comme il était prévisible, les Français commencèrent par se hérisser. Au Conseil de contrôle allié, en Allemagne, ils devaient opposer leur veto ou bloquer la mise en œuvre des décisions prises par les Trois Grands à la conférence de Potsdam sous prétexte que la France n'y avait pas participé. Les autorités françaises provisoires refusèrent initialement de coopérer avec l'UNRRA et les gouvernements militaires alliés à la gestion des personnes déplacées sous prétexte que les réfugiés et les DP *français* devaient être regroupés et administrés dans le cadre d'une opération indépendante et exclusivement *française*.

Par-dessus tout, les gouvernements français d'après-guerre vivaient très mal leur sentiment d'être exclus des plus hauts conseils de décision alliées. Pour eux (ils avaient en mémoire le retrait américain d'Europe après 1920, mais aussi comment en juillet 1940, à Mers-el-Kebir, les Britanniques avaient détruit la flotte française), on ne pouvait pas faire confiance aux Britanniques ni aux Américains séparément ; ensemble, on pouvait encore moins se fier à eux. Ce sentiment était particulièrement vif chez de Gaulle, hanté par le souvenir de la position humiliante qui avait été la sienne en qualité d'hôte à Londres et du peu de cas que FDR faisait de lui. Les Français finirent par croire que Washington et Londres prenaient des décisions qui les concernaient directement, mais sur lesquelles ils n'avaient aucune influence.

Comme la Grande-Bretagne, tout au moins sur le papier, la France était un empire. Mais Paris s'était détachée de ses colonies au cours de l'Occupation. En tout état de cause, et malgré les possessions significatives du pays en Afrique et dans le Sud-Est asiatique, la France fut d'abord et toujours une puissance occidentale. Les mouvements soviétiques en Asie, la crise qui se préparait au Moyen-Orient étaient des choses qui, désormais, ne concernaient qu'indirectement les Français – à la différence des Britanniques. Du fait, précisément, du rétrécissement de la France, l'Europe occupait plus de place dans son champ de vision. Et, en Europe, Paris avait des raisons de s'inquiéter. L'influence française en Europe de l'Est, domaine où la diplomatie française n'avait pas été des plus actives entre les deux guerres, était morte : en octobre 1938, c'est un Edouard Beneš sous le choc qui avait confié que sa « grande erreur devant l'Histoire [...] aura été ma fidélité à la France », et sa désillusion était largement partagée dans la région.

L'attention de la France était désormais fixée, voire figée, sur l'Allemagne. Ce n'était pas déraisonnable : entre 1814 et 1940, le sol français avait été envahi et occupé par les Allemands à cinq reprises ; trois épisodes étaient encore vivants dans les mémoires. Le pays avait payé un prix incalculable en perte territoriale et matérielle, ainsi qu'en vies et souffrances humaines. Après 1918, l'incapacité de mettre en place un système de contrôles et d'alliances capables de contenir une Allemagne renaissante et vindicative hanta le Quai d'Orsay. La priorité numéro un du pays, après la défaite de Hitler, était de s'assurer que cette erreur ne se renouvellerait pas.

La position initiale de la France sur le problème allemand était donc très claire et se nourrissait directement des leçons de 1918-1924, à tel point que les étrangers pouvaient croire à un effort pour rééditer le scénario de l'après-Première Guerre mondiale, même si, cette fois, c'était avec l'armée d'un autre. Ce que voulaient les responsables politiques français, c'était le désarmement complet et le démantèlement de l'Allemagne : interdiction de la production d'armements et des productions en rapport avec ceux-ci ; versement de réparations (dont un service du travail obligatoire en France pour les ouvriers allemands) ; réquisition et prélèvement des denrées agricoles, du bois d'œuvre, du charbon et des machines. Enfin, les districts miniers de la Ruhr, de la Sarre et de certaines parties de la Rhénanie devaient être séparés de l'État allemand, et leurs ressources et leur production mises à la disposition des Français.

Ce plan, eût-il été imposé, aurait certainement détruit l'Allemagne pour de longues années : c'était son objectif à demi avoué (et un programme politique alléchant en France). Mais il aurait eu l'effet recherché de placer les immenses ressources primaires de l'Allemagne au service des plans français de reprise – et, en fait, le plan Monnet présupposait des livraisons de charbon allemand en particulier, sans quoi la sidérurgie française était démunie. Même en 1938, la France avait été le premier importateur mondial de charbon, achetant à l'étranger de quoi couvrir quelque 40 % de ses besoins en charbon et en coke. En 1944, sa production intérieure de charbon était tombée à moins de la moitié de ce qu'elle était en 1938. Le pays était encore plus tributaire du charbon étranger. En 1946, cependant, quand la production intérieure retrouva ses niveaux de 1938, les importations – à 10 millions de tonnes – restaient désespérément en deçà des quantités nécessaires. Sans le charbon et le coke allemands, le redressement français d'après-guerre était mort-né.

Les calculs français souffraient cependant d'un certain nombre de failles. En premier lieu, ils prêtaient le flanc aux mêmes objections que Keynes avait adressées à la politique française un quart de siècle auparavant. Il n'y avait pas grand sens à détruire les ressources allemandes si elles étaient vitales au redressement de la France ; et il n'y avait tout simplement aucun moyen d'obliger les Allemands à travailler pour la France en les astreignant à se contenter d'un faible niveau de vie sans grande perspective d'amélioration. Le risque de provoquer un contrecoup nationaliste en Allemagne contre l'oppression étrangère de l'après-guerre paraissait au moins aussi grand dans les années 1940 qu'il l'était vingt ans plus tôt.

Mais l'objection la plus sérieuse aux plans français pour l'Allemagne d'après-guerre était qu'ils tenaient peu compte des intérêts ou des plans des alliés occidentaux de la France – négligence imprudente quand la France était alors totalement dépendante de ces mêmes alliés pour sa sécurité, mais aussi pour son niveau de vie. Sur des points secondaires – tels qu'une union douanière et monétaire avec la Sarre, sur laquelle les Français eurent gain de cause en 1947 –, les alliés occidentaux pouvaient satisfaire les exigences françaises. Mais, sur le problème central de l'avenir de l'Allemagne, Paris n'avait aucun moyen de pression pour obliger les « Anglo-américains » à se plier à sa volonté.

Les relations de la France avec l'Union soviétique étaient un peu différentes. La France et la Russie avaient noué et dénoué des alliances au cours du demi-siècle écoulé et la Russie occupait encore une place à part dans l'affection des Français : les sondages d'opinion, dans la France d'après-guerre, firent toujours apparaître de grosses réserves de sympathie pour l'Union soviétique[6]. La diplomatie française, dans le sillage de la défaite allemande, pouvait donc espérer qu'une concordance naturelle d'intérêts – la peur partagée de l'Allemagne et la méfiance envers les « Anglo-américains » – se traduirait par un soutien soviétique marqué aux objectifs diplomatiques de la France. Comme Churchill, de Gaulle avait la « Russie » en tête quand il pensait à l'URSS ou en parlait et il raisonnait en grandes analogies historiques : sur la route de Moscou, en décembre 1944, en vue de négocier un traité franco-russe qui n'avait pas grand sens contre tout réveil de l'agression allemande, le dirigeant français expliqua à son entourage qu'il traitait avec Staline comme François Ier avec Soliman le Magnifique quatre siècles auparavant, sauf que « dans la France du XVIe siècle, il n'y avait pas de parti musulman ».

Staline, toutefois, ne partageait pas les illusions françaises. Il n'avait aucun intérêt à servir de contrepoids pour aider les Français à contrer les efforts de politique étrangère de Londres et de Washington, même si les Soviétiques ne le firent comprendre clairement aux Français qu'en avril 1947, lors de la réunion des ministres alliés des Affaires étrangères à Moscou, quand Molotov refusa d'appuyer les propositions de Georges Bidault d'une Rhénanie séparée et d'un contrôle étranger sur la ceinture industrielle de la Ruhr. Les Français n'en continuèrent pas moins d'imaginer d'autres façons d'assurer une impossible indépendance. Il y eut des négociations avortées avec la Tchécoslovaquie et la Pologne afin de se procurer du charbon et assurer des débouchés à l'acier et aux produits agricoles français. Et en 1947, le ministère français de la

6. En février 1945, à la question de savoir qui aiderait le plus la France à se relever, 25 % des personnes interrogées répondaient l'URSS, 24 % les États-Unis.

Guerre pouvait encore proposer en confidence que la France campât sur une position de neutralité internationale, pour nouer des ententes ou des alliances préventives avec les États-Unis *et* avec l'URSS et se ranger ensuite contre celui des deux géants qui lancerait une agression contre elle.

Si la France finit par abandonner ces chimères et rallier la position de ses partenaires occidentaux en 1947, ce fut pour trois raisons. Pour commencer, ses stratégies concernant l'Allemagne avaient échoué : il ne devait pas y avoir de démantèlement de l'Allemagne et il n'y aurait pas de réparations. La France n'était pas en position d'imposer une solution allemande de son cru, et personne d'autre ne voulait de celle qu'elle suggérait. La deuxième raison qui conduisit la France à revenir sur ses positions initiales était la situation économique désespérée du milieu de l'année 1947 : comme le reste de l'Europe, la France, on l'a vu, avait un urgent besoin de l'aide américaine mais aussi du redressement de l'Allemagne. La première était indirectement, mais sans ambiguïté, liée à l'accord des Français sur une stratégie concernant le second point.

La troisième raison, décisive, est le très net revirement de la classe politique française et du climat national dans le second semestre 1947. Le rejet soviétique de l'aide Marshall et la naissance du Kominform (voir chapitre suivant) transformèrent le parti communiste français : après avoir été le partenaire embarrassé d'une coalition de gouvernement, il devait critiquer sans retenue la politique de la France, tant intérieure qu'extérieure, à tel point que dans les six derniers mois de l'année et la majeure partie de 1948, la France parut à beaucoup s'acheminer vers une guerre civile. Dans le même temps, régnait à Paris une sorte de psychose de guerre, liée aux craintes persistantes d'un revanchisme allemand et aux bruits nouveaux d'une invasion soviétique imminente.

Dans ces conditions, et après avoir essuyé une rebuffade de la part de Moscou, les Français se tournèrent à contrecœur vers l'Ouest. Quand, en avril 1947, le secrétaire d'État américain George Marshall lui demanda si l'Amérique « pouvait compter sur la France », Bidault, le ministre des Affaires étrangères, répondit « oui » – si on lui laissait le temps et si la France pouvait éviter une guerre civile. Marshall, on le comprend, n'en fut guère impressionné, pas plus qu'il ne devait l'être, onze mois plus tard, quand il déclara que le même Bidault avait « les jetons ». À ses yeux, les craintes françaises envers l'Allemagne étaient « surannées et irréalistes[7] ».

Ce que Marshall déclara des craintes de la France au sujet de l'Allemagne était sans doute vrai, mais trahit un manque d'empathie pour le passé récent

7. Marshall ne fut probablement pas très rassuré d'apprendre de la bouche de Bidault que cette insistance publique sur la menace *allemande* était exclusivement à des fins de consommation intérieure.

de l'Hexagone. Quand, en 1948, le Parlement français finit par approuver les plans anglo-américains pour l'Allemagne occidentale par 297 voix contre 289 – le scrutin serré était significatif –, ce n'était donc pas une mince affaire. Les Français n'avaient pas le choix, et ils le savaient. S'ils voulaient le redressement économique *et* certaines garanties américaines et britanniques pour leur sécurité contre le réveil de l'Allemagne ou l'expansion soviétique, ils devaient aller de l'avant, surtout maintenant que la France était embrouillée dans une coûteuse guerre coloniale en Indochine pour laquelle elle avait un besoin pressant de l'aide américaine.

Les Américains et les Britanniques pouvaient garantir la France contre la renaissance d'une menace militaire allemande ; et la politique américaine pouvait tenir la promesse d'un redressement économique en Allemagne. Mais rien de tout cela ne tranchait le vieux dilemme de la France : comment assurer aux Français un accès privilégié aux matériaux et ressources de son voisin. S'il n'était pas question d'atteindre ces objectifs par la force ou l'annexion, il fallait trouver un autre moyen. La solution, telle qu'elle se dégagea des réflexions françaises au cours des mois suivants, résidait dans l'« européanisation » du problème allemand. Sur le plan économique, comme sur le plan politique, déclara à nouveau Bidault en janvier 1948, il faut proposer un objectif aux Alliés et aux Allemands eux-mêmes, « l'intégration de l'Allemagne à l'Europe » : il n'existe pas d'autre moyen de donner « vie et consistance » à une « Allemagne politiquement décentralisée mais économiquement prospère ».

Bref, si l'on ne pouvait pas détruire l'Allemagne, alors il fallait la lier à un cadre européen dans lequel elle ne pourrait plus nuire militairement, mais pourrait faire beaucoup de bien économiquement. Si l'idée n'était pas venue aux dirigeants français avant 1948, ce n'était pas faute d'imagination, mais parce qu'on y voyait clairement un *pis-aller*. Une solution « européenne » au problème allemand de la France ne pouvait être adoptée qu'une fois abandonnée une solution proprement « française » ; et il fallut trois ans aux dirigeants français pour s'y faire. En l'espace de trois années, la France avait dû, en fait, s'accommoder de la brutale négation de trois siècles d'histoire. Dans ces conditions, ce n'était pas rien.

La situation de l'Union soviétique, en 1945, était précisément aux antipodes de celles de la France. Après deux décennies d'exclusion *de facto* des affaires de l'Europe, la Russie avait refait surface. La résilience de la population soviétique, les succès de l'Armée rouge et, il faut bien le dire, la capacité des nazis à retourner contre eux les pays antisoviétiques les mieux disposés envers eux, avaient valu à Staline crédibilité et influence dans les gouvernements comme dans la rue.

Ce nouvel attrait du bolchevisme se fondait sur la séduction de la puissance. Car l'URSS était en vérité très puissante : malgré les pertes immenses essuyées dans les six premiers mois de l'invasion allemande – l'Armée rouge avait perdu 4 millions d'hommes, 8 000 avions et 17 000 chars –, les armées soviétiques s'étaient reconstituées au point que, en 1945, elles constituaient la plus grande force militaire que l'Europe eût jamais connue : rien qu'en Hongrie et en Roumanie, elle maintint, tout au long de 1946, une présence militaire de quelque 1 600 000 hommes. Directement ou indirectement (dans le cas de la Yougoslavie), Staline contrôlait une immense portion de l'Europe centrale et orientale. La progression rapide des Britanniques commandés par Montgomery avait de justesse empêché ses armées de pousser par le nord de l'Allemagne jusqu'à la frontière danoise.

Les généraux occidentaux le savaient : il n'y avait absolument rien pour empêcher l'Armée rouge d'avancer jusqu'à l'Atlantique si Staline l'ordonnait. Certes, les Américains et les Britanniques avaient un net avantage en matière de capacité de bombardement stratégique, et l'Amérique possédait la bombe atomique : Staline le savait dès avant que Truman ne le lui dît à Potsdam en juillet 1945. Il n'était pas douteux que Staline voulût une bombe atomique soviétique : c'est l'une des raisons pour lesquelles il voulait à tout prix contrôler les parties de l'Allemagne orientale et, surtout, de Tchécoslovaquie où il y avait des gisements d'uranium ; en l'espace de quelques années, 200 000 Européens de l'Est devaient travailler dans ces mines dans le cadre du programme atomique soviétique[8].

Si elle inquiétait les dirigeants soviétiques, en revanche, et qu'elle rendît Staline plus méfiant encore qu'il ne l'était déjà envers les mobiles et les plans américains, la bombe atomique ne changea pas grand-chose aux calculs militaires soviétiques. Ceux-ci procédaient directement des objectifs politiques de Staline, qui dérivaient à leur tour des objectifs russes et soviétiques de toujours. Le premier d'entre eux était territorial : Staline vouait récupérer le territoire que les bolcheviks avaient perdu, au traité de Brest-Litovsk, en 1918, puis au cours de la guerre avec la Pologne, deux ans plus tard. Il avait partiellement atteint son but grâce aux clauses secrètes de ses pactes de 1939 et 1940 avec Hitler. Le reste, il le devait à la décision de Hitler d'envahir l'Union soviétique en juin 1941, qui permit finalement à l'Armée rouge de réoccuper à son tour les territoires contestés au cours de sa progression vers Berlin. L'occupation puis l'annexion soviétique de la Bessarabie et de la Bucovine (à la Roumanie), de la Ruthénie subcarpathique (à la Tchécoslovaquie), de l'Ukraine occidentale (à la Pologne), de l'est de la Finlande, des trois républiques baltes indépendantes et de Königsberg/Kaliningrad, en Prusse orientale

8. En vertu d'un accord secret soviéto-tchèque de mars 1945, l'URSS avait le droit d'exploiter et d'extraire de l'uranium des gisements de Jachymov, en Bohême occidentale.

pouvaient ainsi être présentées comme les dépouilles de la victoire, plutôt que le fruit de nauséabondes tractations avec l'ennemi fasciste.

Pour l'Union soviétique, l'objet de cet agrandissement territorial était double. Il mettait fin à son statut de paria. La chose n'était pas sans importance pour Staline, qui devint alors le chef d'un immense bloc eurasien dans les affaires mondiales, sa nouvelle puissance étant symbolisée par l'insistance avec laquelle l'Union soviétique réclama un système de veto au Conseil de sécurité des Nations unies. Toutefois, le territoire était synonyme non seulement de prestige, mais aussi et surtout de sécurité. Du point de vue soviétique, un « glacis » à l'ouest, une large bande de terre que les Allemands, notamment, devraient franchir pour attaquer la Russie était une préoccupation vitale en matière de sécurité. À Yalta puis à Potsdam, Staline insista clairement sur ce point : s'ils n'étaient pas entièrement absorbés par l'URSS, ces territoires situés entre la Russie et l'Allemagne devaient être dirigés par des régimes amis « exempts d'éléments fascistes et réactionnaires ».

L'interprétation de cette dernière formule allait être, pour dire le moins, une source de querelles. En 1945, cependant, Américains et Britanniques n'étaient pas disposés à se disputer avec Staline là-dessus. Les Soviétiques, estimait-on, avaient gagné le privilège de définir leur sécurité comme ils l'entendaient ; de fait, il fut initialement convenu que Moscou était en droit d'exiger des réparations, un butin, de la main-d'œuvre et du matériel des anciens pays de l'Axe (Allemagne, Autriche, Hongrie, Roumanie, Bulgarie et Finlande). Avec le recul, on peut être tenté de voir dans ces prises territoriales et cette spoliation économique les premières étapes de la bolchevisation de la moitié orientale de l'Europe, ce qu'elles furent, bien entendu. À l'époque, pourtant, ce n'était pas clair pour tout le monde : pour les observateurs occidentaux, l'attitude initiale de Moscou au lendemain de l'après-guerre avait même quelque chose de familier et de traditionnel, donc de rassurant[9]. Et il existait un précédent.

Par-dessus tout, il est impossible de comprendre le régime communiste en Russie si l'on ne prend pas au sérieux ses prétentions et ambitions idéologiques. Mais il y eut des moments – les années 1945-1947 sont de ceux-là – où même si l'on ne savait pas grand-chose de la doctrine bolchevique on pouvait comprendre assez bien la politique *étrangère* soviétique en examinant simplement celle des tsars. Après tout, c'est Pierre le Grand qui initia la stratégie qui allait permettre à la Russie de dominer *via* la « protection » de ses voisins. C'est la Grande Catherine qui étendit l'Empire au sud et au sud-est ; et c'est le tsar Alexandre 1er, surtout, qui définit le calibre de l'engagement impérial russe en Europe.

9. En Pologne, naturellement, elle était tout sauf rassurante, précisément parce qu'elle était très familière.

En 1815, au congrès de Vienne, où, comme en 1945, les puissances alliées victorieuses mais méfiantes les unes envers les autres se réunirent pour restaurer l'équilibre continental après la défaite d'un tyran, les desseins d'Alexandre avaient été très explicites. Les préoccupations des petites nations devaient être subordonnées à celles des grandes puissances. Les intérêts britanniques se situant outre-mer et aucune autre puissance continentale n'égalant celle de la Russie, le tsar allait être l'arbitre de l'organisation continentale de l'après-guerre. Les protestations locales devaient être perçues comme autant de menaces sur l'arrangement global et repoussées avec l'énergie nécessaire. La sécurité russe serait définie par le territoire sous contrôle tsariste – plus jamais une armée occidentale ne devait pouvoir atteindre Moscou sans entraves – et à la capacité d'obliger ses occupants à se résigner au nouveau système.

Il n'est rien, dans ce tableau, qui ne vaille aussi pour les calculs soviétiques en 1945. En vérité, Alexandre et ses ministres n'auraient rien trouvé à redire au mémorandum politique rédigé par Ivan Maïski, le vice-commissaire du peuple aux Affaires étrangères, en novembre 1944 : « La situation la plus avantageuse pour nous serait l'existence en Europe, après la guerre, d'une seule grande puissance continentale – l'URSS et une grande puissance maritime – la Grande-Bretagne. » Bien entendu, à 130 années de distance, rien n'est jamais tout à fait pareil : en 1945 Staline s'intéressait davantage à l'Asie centrale et au Proche-Orient qu'Alexandre (même si ses successeurs immédiats s'y montrèrent très actifs) ; inversement, les stratèges soviétiques ne partageaient pas complètement l'obsession tsariste de Constantinople, des détroits et du sud des Balkans. Toutefois, les continuités politiques l'emportent beaucoup sur les différences. Elles sont liées, pour ainsi dire, par les calculs de Sazonov (ministre des Affaires étrangères de Russie lorsque éclata la guerre de 1914), qui envisageait déjà l'avenir de l'Europe orientale comme un conglomérat de petits États vulnérables, indépendants en principe, mais en réalité clients de la Grande Russie.

À ces thèmes persistants de la politique étrangère tsariste en Europe, Staline ajouta des calculs bien à lui. Il attendait réellement l'effondrement économique prochain de l'Occident – l'extrapolation à partir du précédent de l'entre-deux-guerres rejoignait le dogme marxiste – et il s'exagérait l'« inévitable » conflit entre la Grande-Bretagne et les États-Unis, concurrents impériaux se disputant un marché mondial rétréci. Et il en déduisait non pas simplement une prochaine période de turbulences accrues – et donc la nécessité pour l'Union soviétique d'assurer ses gains – mais aussi la possibilité bien réelle d'une « scission » des Alliés occidentaux : sur le Moyen-Orient, notamment, mais peut-être aussi sur l'Allemagne. S'il n'était pas pressé de trouver une solution sur ce point, la raison était simple : le temps, croyait Staline, était de son côté.

Tout cela ne le rendait pas plus sûr pour autant. Toute la politique étrangère soviétique se caractérisait au contraire par sa nature défensive et son mélange de prudence et de méfiance : George Kennan parlera en 1946 de la « vision névrotique des affaires mondiales » propre au Kremlin. D'où le fameux discours du 9 février 1946 au Bolchoï, où Staline annonça que l'Union soviétique renouait avec ses priorités d'avant la guerre – industrialisation, préparation à la guerre, et inéluctabilité du conflit entre le capitalisme et le communisme – et dit explicitement ce qui était déjà patent, à savoir que dorénavant l'Union soviétique ne coopérerait avec l'Occident que là où cela lui convenait.

Il n'y avait rien de nouveau ici : Staline se rabattait sur la ligne « dure » adoptée par les bolcheviks avant 1921 puis entre 1927 et le début des Fronts populaires. Le régime bolchevique avait toujours été dans l'insécurité : après tout, il était issu du coup de force d'une minorité dans des circonstances peu propices et dans un milieu éminemment hostile – et Staline, comme tous les tyrans, éprouvait le besoin d'invoquer des menaces et des ennemis, tant intérieurs qu'étrangers. Par ailleurs, il savait mieux que la plupart combien il s'en était fallu de peu que l'issue de la Seconde Guerre mondiale fût différente : si, en 1941, les Allemands l'avaient envahie un mois plus tôt (comme le voulait le plan initial de Hitler), l'Union soviétique aurait fort bien pu sombrer. Comme les États-Unis après Pearl Harbor, mais avec une raison relativement plus solide, les dirigeants soviétiques étaient obsédés jusqu'à la paranoïa par les « attaques surprise » et la contestation de leur nouvelle position. Et les Russes, plus encore que les Français, continuèrent pendant de longues décennies à voir dans l'Allemagne la principale menace[10].

Que voulait donc Staline ? Qu'il anticipât un refroidissement prochain des relations avec l'Ouest et cherchât à tirer le meilleur parti de ses atouts et à profiter de la faiblesse occidentale est sans doute vrai. Mais que Staline ait eu une stratégie claire, au-delà de ce dessein, est loin d'être évident. « Les Soviétiques ont été poussés par les événements concrets de la zone plutôt que par des plans préconçus ou des impératifs idéologiques », conclut Norman Naimark, historien de l'occupation soviétique de l'Allemagne de l'Est. Cela cadre avec ce que nous savons de l'approche générale de Staline, et vaut bien au-delà de l'Allemagne de l'Est.

Les Soviétiques ne préparaient certainement pas une Troisième Guerre mondiale dans un avenir proche. Entre juin 1945 et la fin de 1947, l'Armée rouge réduisit ses effectifs de 11 365 000 hommes à 2 874 000, soit une amputation comparable à celle des forces américaines et britanniques (tout en

10. En 1990, Édouard Chevardnadze, secrétaire soviétique aux Affaires étrangères, aurait observé que, malgré quarante années de guerre froide avec les États-Unis, quand ses petits-enfants jouaient à la guerre, l'Allemagne restait l'ennemie.

laissant cependant sur le terrain un contingent bien plus important, dont maintes divisions motorisées et bien armées). Bien entendu, les calculs soviétiques étaient loin d'aller de soi aux yeux des contemporains en Occident, et même ceux qui voyaient en Staline un pragmatiste prudent ne pouvaient avoir de certitude absolue. Reste que Molotov dit certainement la vérité quand il laisse entendre dans ses mémoires que l'Union soviétique préférait tirer avantage de situations propices, mais n'allait pas prendre de risques pour les produire : « Notre idéologie prône des opérations offensives quand c'est possible ; sinon, nous attendons. »

Staline lui-même avait une aversion pour le risque notoire, et c'est bien pourquoi certains commentateurs, alors et depuis, ont regretté que l'Ouest n'ait pas appliqué « l'endiguement » plus tôt et plus en avant. Mais personne ne voulait d'une autre guerre dans ces années-là, et tandis que l'on pouvait facilement dissuader Staline d'essayer de déstabiliser Paris ou Rome (il n'y avait pas d'armées), la présence soviétique plus à l'est était une affaire non négociable. Tout le monde en convenait. Dans les Conseils de contrôle alliés, en Bulgarie ou en Roumanie, les Soviétiques ne prétendaient pas même tenir compte des vœux britanniques ou américains, encore moins de ceux de la population locale. Il ne subsistait une part d'ambiguïté qu'en Tchécoslovaquie, dont l'Armée rouge s'était de longue date retirée.

De son point de vue, Staline agissait de bonne foi – telle qu'on la concevait à Moscou. Ses collègues et lui supposaient que les Alliés occidentaux l'avaient compris : les Soviétiques se préparaient à occuper et à contrôler « leur » moitié de l'Europe ; et ils étaient disposés à traiter les protestations occidentales face au comportement soviétique comme des réactions de pure forme, qui ne changeaient guère de l'hypocrisie démocratique. Quand il leur semblait que l'Occident prenait sa rhétorique trop au sérieux, exigeant liberté et autonomie en Europe de l'Est, les dirigeants soviétiques réagissaient par une indignation sincère. Un billet de Molotov, en février 1945, commentant l'ingérence occidentale sur l'avenir de la Pologne, donne bien le ton : « Comment les gouvernements sont organisés en Belgique, en France, en Grèce, etc., nous ne le savons pas. On ne nous a rien demandé, et pourtant nous ne disons pas que tel ou tel de ces gouvernements nous agrée. Nous ne nous en sommes pas mêlés, parce que c'est la zone d'action militaire anglo-américaine. »

Tout le monde espérait que la Seconde Guerre mondiale, comme la précédente, s'achèverait par un traité de paix global ; de fait, cinq traités séparés furent signés à Paris en 1946. Ceux-ci réglèrent des affaires territoriales et autres en Roumanie, en Bulgarie, en Hongrie, en Finlande et en Italie, mais pas en Norvège, qui, techniquement, resta en état de guerre avec l'Allemagne jusqu'en 1951[11]. Mais quel que fût l'importance de ces développements pour les peuples concernés (dans le cas de la Roumanie, de la Bulgarie de la Hongrie, ils marquèrent leur passage définitif sous la domination soviétique), ces accords purent être trouvés parce qu'en fin de compte aucune des grandes puissances n'était prête à courir le risque d'un affrontement à leur sujet.

La Question allemande était toutefois nettement différente. Pour les Russes, en particulier, l'Allemagne revêtait en vérité une importance extrême. Tout comme l'Allemagne avait été au centre de la guerre, elle était au centre de la paix, et le spectre du revanchisme allemand hanta les calculs soviétiques autant que ceux des Français. Quand Staline, Truman et Churchill se réunirent à Potsdam (du 17 juillet au 2 août 1945, Attlee remplaçant Churchill à la suite de la victoire travailliste aux élections générales), il fut possible de trouver un accord sur l'expulsion des Allemands d'Europe orientale, la subdivision administrative de l'Allemagne à des fins d'occupation, mais aussi sur les objectifs de « démocratisation », de « dénazification » et de « décartellisation ». Au-delà de ce niveau d'intention générale commune, cependant, les difficultés commencèrent.

Ainsi, il était convenu de traiter l'économie allemande comme une seule unité, mais les Soviétiques se virent aussi accorder le droit d'extraire et de prélever des biens, des services et des actifs financiers de leur zone. Il leur fut aussi accordé 10 % de réparations des zones occidentales en échange de vivres et de matières premières fournis par l'Allemagne orientale. Mais ces accords introduisirent une contradiction, en traitant les ressources économiques de l'Est et de l'Ouest comme séparées et distinctes. Les réparations furent donc d'emblée une pomme de discorde (comme elles l'avaient été après la Première Guerre mondiale) : les Russes (et les Français) y tenaient, et les autorités soviétiques n'hésitèrent pas dès le début à démanteler et déménager des usines et du matériel allemands, avec ou sans le consentement des cooccupants.

Aucun accord définitif ne fut trouvé sur les nouvelles frontières de l'Allemagne avec la Pologne, et même le terrain commun de la démocratisation suscita des difficultés pratiques pour ce qui est de la mise en œuvre. Aussi les dirigeants alliés acceptèrent-ils de différer et de déférer, donnant pour consigne aux ministres des Affaires étrangères de se rencontrer et de poursuivre les discussions à une date ultérieure. Ainsi commencèrent deux années de réunions des ministres alliés des Affaires étrangères, représentant les gouvernements soviétique, américain, britannique et, tardivement, français : la première réunion eut lieu à Londres deux mois après Potsdam, la dernière en décembre 1947, encore à Londres. Leur objectif, en principe, était de conclure

11. L'Italie perdit la totalité de ses colonies, versa 360 millions de dollars de réparations à l'URSS, la Yougoslavie, la Grèce, l'Albanie et l'Éthiopie, et céda la péninsule istrienne à la Yougoslavie. Le sort de la ville-frontalière de Trieste demeura disputé huit ans encore.

des accords définitifs pour l'Allemagne de l'après-guerre et de préparer des traités de paix entre les puissances alliées et l'Allemagne ainsi que l'Autriche. C'est au cours de ces rencontres, notamment à Moscou en mars et avril 1947, que l'écart séparant les approches soviétique et occidentale du problème allemand apparut clairement.

La stratégie anglo-américaine tenait en partie à des calculs de prudence politique. Si les Allemands de la zone occidentale d'occupation restaient abattus et appauvris, et qu'on ne leur offrît aucune perspective d'amélioration, tôt ou tard ils reviendraient au nazisme, ou au communisme. Dans les régions de l'Allemagne occupées par les gouvernements militaires américain et britannique, intervint donc de très bonne heure un changement d'accent : il s'agissait désormais de reconstruire des institutions civiles et politiques et de confier aux Allemands la responsabilité de leurs affaires intérieures. Cela donna aux hommes politiques allemands en herbe beaucoup plus de moyens de pression qu'ils n'auraient pu l'espérer à la fin de la guerre, et ils n'hésitèrent pas à les exploiter, laissant entendre que, si les affaires ne s'amélioraient pas et si les occupants ne suivaient pas leurs conseils, ils ne répondaient pas de l'allégeance politique future de la nation allemande.

Par chance pour les Alliés occidentaux, la politique d'occupation communiste à Berlin et dans le territoire sous occupation soviétique, en Allemagne orientale, n'était pas de nature à rallier les sentiments et les voix d'Allemands mécontents. Si impopulaires que pussent être les Américains, les Britanniques ou les Français aux yeux d'Allemands pleins de rancœur, la solution de rechange était bien pire : si Staline voulait sincèrement que l'Allemagne demeurât unie, ainsi qu'il donna pour consigne aux communistes allemands de le demander dans les premières années de l'après-guerre, la tactique soviétique était affreusement mal choisie. D'emblée, les Soviétiques installèrent dans leur zone d'occupation un gouvernement conduit *de facto* par les communistes sans le consentement allié et entreprirent de rendre superflus les accords de Potsdam en prélevant et démantelant implacablement tout ce qui était à leur portée.

Non que Staline eût vraiment le choix. Les communistes n'avaient guère de chances de contrôler le pays ou même la zone soviétique autrement que par la force. Le 20 octobre 1946, aux élections municipales de Berlin, les candidats communistes arrivèrent loin derrière les sociaux-démocrates et les chrétiens-démocrates. De ce fait, la politique soviétique se durcit sensiblement. À cette époque, cependant, les occupants occidentaux se heurtaient à leurs propres difficultés. En juillet 1946, la Grande-Bretagne s'était vue forcée d'importer 122 000 tonnes de blé et 50 000 tonnes de pommes de terre pour nourrir la population locale de sa zone (le nord-ouest urbain et industriel de l'Allemagne), et ce grâce à un prêt américain.

Les Britanniques prélevaient tout au plus 29 millions de dollars de réparations de l'Allemagne, mais l'occupation coûtait à Londres 80 millions de dollars par an, laissant au contribuable britannique le soin de régler le solde alors même que les autorités anglaises étaient contraintes de rationner le pain au pays (expédient qui avait été évité tout au long de la guerre). De l'avis du chancelier de l'Échiquier, Hugh Dalton, les Britanniques « payaient des réparations aux Allemands ». Les Américains n'étaient pas assujettis aux mêmes contraintes économiques et leur zone n'avait pas autant souffert de dommages de guerre, mais la situation ne leur en paraissait pas moins absurde : l'armée américaine, en particulier, n'était pas très satisfaite, parce que les frais du ravitaillement de millions d'Allemands affamés grevaient son budget. « La capitulation sans condition de l'Allemagne, observa George Kennan, nous a laissés seuls responsables d'une section de l'Allemagne qui n'a jamais été économiquement autosuffisante dans les temps modernes et dont la capacité de subvenir à ses propres besoins a été catastrophiquement réduite par les circonstances de la guerre et de la défaite allemande. À l'heure où nous avons accepté cette responsabilité, nous n'avions aucun programme de redressement de l'économie de notre zone, préférant laisser le règlement de tout cela à un accord international. »

Face à ce dilemme, et à la rancœur croissante des Allemands devant le démantèlement et l'expédition à l'est de leurs usines et de leurs équipements, le gouverneur militaire américain, le général Clay, décida en mai 1946 de suspendre unilatéralement la livraison de réparations depuis la zone américaine vers l'Union soviétique (ou ailleurs), observant que les autorités soviétiques n'avaient pas respecté leur part des accords de Potsdam. Les Britanniques leur emboitèrent le pas deux mois plus tard. Cette décision marqua une première divergence, mais sans plus. Les Français, comme l'URSS, voulaient toujours des réparations, et les quatre Alliés étaient encore tous formellement attachés à l'accord de 1946 sur les « niveaux d'industrie », en vertu duquel l'Allemagne devait être maintenue à un niveau de vie pas plus élevé que la moyenne européenne (exclusion faite de la Grande-Bretagne et de l'Union soviétique). Par ailleurs, le cabinet britannique, réuni en mai 1946, répugnait encore à accepter une division formelle de l'Allemagne occupée en deux moitiés, occidentale et orientale, avec tout ce que cela impliquait pour la sécurité européenne.

En revanche, il devenait patent que les quatre puissances d'occupation n'étaient pas sur le point de trouver un accord. Sitôt que le principal procès de Nuremberg s'acheva, en octobre 1946, et que les modalités des traités de paix de Paris furent finalisées, le mois suivant, les Alliés du temps de guerre ne se trouvèrent guère plus liés que par leur coresponsabilité de l'Allemagne, dont les contradictions devenaient de jour en jour plus flagrantes. Les Américains et les Britanniques consentirent, à la fin de 1946, à fusionner les économies de leurs deux zones d'occupation en une « bizone » ; reste que cela n'avait encore nullement valeur de division ferme et définitive de l'Allemagne, encore moins d'engagement d'intégrer la bizone à l'Ouest. Au contraire. Trois mois plus tard, en février 1947, les Français et les Britanniques signèrent ostensiblement le traité de Dunkerque, se promettant un soutien mutuel en cas d'agression *allemande* future. Et le secrétaire d'État américain Marshall était encore optimiste : quels que fussent les arrangements convenus pour résoudre le casse-tête économique allemand, ils ne se traduiraient pas nécessairement par une division de l'Allemagne. Là-dessus, tout au moins, un accord formel subsistait entre l'Est et l'Ouest.

La véritable rupture se produisit à Moscou au printemps de 1947, à la réunion (du 10 mars au 24 avril) des ministres américain, britannique, français et soviétique des Affaires étrangères. Une fois encore, il s'agissait de trouver un accord sur un traité de paix concernant l'Allemagne et l'Autriche. Les lignes de faille étaient désormais claires. Les Britanniques et les Américains étaient décidés à construire l'économie ouest-allemande, afin que les Allemands puissent subvenir à leurs besoins, mais aussi à contribuer à la renaissance de l'économie européenne dans son ensemble. Les représentants soviétiques voulaient le rétablissement des réparations versées par les zones occidentales de l'Allemagne et, à cette fin, une administration et une économie allemande unies ainsi qu'il avait été initialement (quoique vaguement) envisagé à Potsdam. Désormais, toutefois, les Alliés occidentaux ne recherchaient plus une administration allemande unique. Car cela impliquerait non seulement l'abandon de la population des zones occidentales – ce qui était maintenant une considération politique à part entière –, mais la cession de fait du pays à la sphère de contrôle soviétique, vu l'asymétrie militaire à l'époque.

« C'est en 1947, à la conférence de Moscou, reconnut Robert K. Murphy, que s'est véritablement abattu le Rideau de fer. » Ernest Bevin avait perdu tout véritable espoir de trouver un accord sur l'Allemagne avant même d'arriver à Moscou, tandis que pour Marshall (et Bidault) ce fut le moment de vérité. Pour Molotov et Staline également, sans doute. À la réunion suivante des quatre ministres des Affaires étrangères, à Paris, du 27 juin au 2 juillet pour discuter du spectaculaire nouveau plan Marshall, les Américains et les Britanniques avaient déjà convenu (le 23 mai) de permettre une représentation allemande à un nouveau « Conseil économique » de la bizone, prélude embryonnaire à un gouvernement ouest-allemand.

Dès lors, le cours des événements s'accéléra. Aucun des camps ne fit ni ne rechercha d'autres concessions : les Américains et les Britanniques qui avaient longtemps craint une paix russo-allemande séparée et avaient favorisé délais et compromis afin de la prévenir, cessèrent de prendre en compte une éventualité qu'ils pouvaient désormais exclure. En août, ils augmentèrent unilatéralement la production de la bizone (sous un concert de critiques soviétiques *et* françaises). La directive des Joint Chiefs of Staff, JCS 1067

(« plan Morgenthau »), fut remplacée par la directive JCS 1779, qui reconnaissait officiellement les nouveaux objectifs américains : unification économique de la zone occidentale de l'Allemagne et encouragement de l'autogouvernement de l'Allemagne. Pour les Américains, notamment, les Allemands cessaient rapidement d'être l'ennemi[12].

Les ministres des Affaires étrangères – Molotov, Bevin, Marshall et Bidault – se réunirent une dernière fois, du 25 novembre au 16 décembre 1947. Ce furent d'étranges retrouvailles, puisque dans les faits les ponts étaient déjà rompus. Les Alliés occidentaux avançaient avec des plans indépendants de redressement ouest-européen, tandis que deux mois auparavant Staline avait mis en place le Kominform, donné pour consigne au PCF et au PCI d'adopter une ligne intransigeante dans les affaires de leurs pays et serré la vis aux pays sous contrôle communiste dans ce qui constituait maintenant un bloc soviétique. Les ministres discutèrent, comme par le passé, des perspectives d'un gouvernement panallemand sous contrôle allié et des autres modalités d'un éventuel traité de paix. Mais il n'y eut aucun autre accord sur l'administration commune de l'Allemagne ni aucun projet d'avenir ; la réunion s'acheva sans que fussent prévues de nouvelles rencontres.

Au lieu de quoi la Grande-Bretagne, la France et les États-Unis entamèrent des discussions tripartites sur l'avenir de l'Allemagne lors d'une conférence élargie, qui se tint une fois encore à Londres à compter du 23 février 1948. La même semaine, le parti communiste tchécoslovaque opérait un coup de force, signe que Staline avait définitivement abandonné sa stratégie antérieure et renonçait à un accord pour reconnaître que l'affrontement avec l'Occident était inévitable. À l'ombre du coup de Prague, la France et la Grande-Bretagne étendirent le traité de Dunkerque sous la forme du Pacte de Bruxelles, signé le 17 mars et liant la Grande-Bretagne, la France et les pays du Benelux dans une alliance de défense mutuelle.

Il n'y avait plus rien maintenant qui gênât les dirigeants occidentaux, et la conférence de Londres s'accorda rapidement pour étendre le plan Marshall à l'Allemagne occidentale et dressa les plans d'un gouvernement ultime d'un État ouest-allemand (la délégation française approuvant l'accord en échange de la séparation – temporaire – de la Sarre de l'Allemagne et d'une proposition d'autorité indépendante pour superviser l'industrie de la Ruhr). Ces plans marquaient une rupture explicite avec l'esprit des accords de Potsdam, et le général Vassili Sokolovski, représentant soviétique au Conseil de contrôle

12. Cela se fit sans difficulté. Agréablement surpris par l'accueil reçu en Allemagne après la réaction assez glaciale des Français à leurs libérateurs, un GI dira : « Diable, ces gens sont plus propres et sacrément plus chaleureux que les Français. Ils sont des nôtres. » Cité in Earl Ziemke, *The U.S. Army in the Occupation of Germany*, 1944-46, Washington, D.C., 1985, p. 142.

allié (CCA) de Berlin, se fit un devoir de protester (négligeant de reconnaître les fréquentes violations par l'URSS de ces mêmes accords).

Le 10 mars, Sokolovski condamna dans les plans relatifs à l'Allemagne occidentale une manière d'imposer de force les intérêts capitalistes à une population allemande privée de l'occasion de montrer son désir du socialisme et répéta les affirmations soviétiques, à savoir que les puissances occidentales abusaient de leur présence à Berlin – dont il prétendait qu'elle faisait partie de la zone soviétique – pour s'immiscer dans les affaires de l'Allemagne orientale. Dix jours plus tard, le 20 mars, à Berlin, lors d'une réunion du CCA, il dénonça les « actions unilatérales » des Alliés occidentaux « en Allemagne occidentale », initiatives qui « vont contre les intérêts des pays pacifiques et des Allemands épris de paix qui cherchent l'unité pacifique et la démocratisation de leur pays ». Sur ce, il quitta la salle, suivi du restant de la délégation soviétique. Aucune date ne fut fixée pour une autre réunion. C'en était fini de l'occupation alliée conjointe de l'Allemagne : moins de quinze jours après, le 1er avril, les autorités militaires soviétiques de Berlin commençaient d'interférer dans le trafic terrestre entre l'Allemagne occidentale et les zones d'occupation des Alliés occidentaux à Berlin. La vraie guerre froide avait commencé en Europe.

Il devrait ressortir clairement de ce récit qu'il ne rime pas à grand-chose de poser la question : « Qui a commencé la guerre froide ? » Pour autant que l'enjeu en fût l'Allemagne, probablement toutes les parties préféraient-elles le résultat final – un pays divisé – à une Allemagne unie contre eux. Nul ne prévoyait ce dénouement en mai 1945, mais peu en furent profondément indisposés. Certains responsables politiques allemands, à commencer par Konrad Adenauer, durent même leur carrière à la division de leur pays : si l'Allemagne était restée divisée en quatre zones ou avait été réunifiée, un obscur politicien local de la Rhénanie catholique la plus à l'ouest ne se serait très certainement pas hissé au sommet.

Mais Adenauer n'aurait guère pu se donner pour objectif la division de l'Allemagne, quand bien même il s'en réjouit en privé. Son principal adversaire dans les premières années de la République fédérale, le social-démocrate Kurt Schumacher, était un protestant de Prusse occidentale doublé d'un inlassable avocat de l'unité allemande. Contrairement à Adenauer, *lui* aurait volontiers accepté une Allemagne neutralisée en contrepartie d'un seul et unique État allemand – comme semblait l'offrir Staline. Et la position de Schumacher était probablement la plus populaire en Allemagne, à l'époque, ce qui obligeait Adenauer à avancer prudemment et à veiller à ce que la responsabilité de l'Allemagne divisée retombât clairement sur les forces d'occupation.

En 1948, les États-Unis, comme la Grande-Bretagne, n'étaient pas malheureux de voir l'émergence d'une Allemagne divisée, avec une influence américaine dominante dans la partie occidentale la plus grande. Mais si d'aucuns, comme George Kennan, avaient anticipé avec clairvoyance cette issue (dès 1945, il avait conclu que les États-Unis n'avaient « d'autre solution que de conduire leur section de l'Allemagne [...] vers une forme d'indépendance si prospère, si sûre, si supérieure, que l'Est ne saurait la menacer »), ils étaient minoritaires. Dans ces années-là, les Américains, comme Staline, improvisaient. On suggère parfois que certaines décisions et déclarations américaines cruciales, notamment la doctrine Truman de mars 1947, poussèrent Staline à abandonner le compromis pour la rigidité et qu'en ce sens la responsabilité des divisions européennes incombe à l'insensibilité de Washington, ou pire, à son intransigeance calculée. Mais ce n'est pas exact.

Car la doctrine Truman, pour prendre cet exemple, eut étonnamment peu d'impact sur les calculs soviétiques. Quand, le 12 mars 1947, le président déclara devant le Congrès que « la politique des États-Unis doit être de soutenir les peuples libres qui résistent aux tentatives d'assujettissement par des minorités armées ou des pressions extérieures », il répondait directement à l'incapacité dans laquelle Londres se trouvait de continuer à aider la Grèce et la Turquie à la suite de la crise économique britannique de février 1947. C'était à l'Amérique de jouer le rôle de la Grande-Bretagne. Truman demanda donc ainsi au Congrès d'approuver un accroissement de 400 millions de dollars de son budget de l'aide outre-mer : pour assurer le financement, il présenta sa demande dans le contexte d'une crise d'insurrection communiste.

Le Congrès le prit au sérieux, pas Moscou. Staline ne s'intéressait guère à la Turquie ni à la Grèce – principaux bénéficiaires de l'aide – et il saisit parfaitement que le discours pour la galerie de Truman n'affecterait probablement pas sa propre sphère d'intérêt. Il persista au contraire à penser qu'il y avait de bonnes chances que se produisît, au sein du camp occidental, une scission : que l'Amérique reprît à son compte les anciennes responsabilités de la Grande-Bretagne en Méditerranée orientale en était un signe avant-coureur. Quoi qui ait pu pousser Staline à ajuster ses calculs en Europe orientale, ce ne fut certainement pas la rhétorique de la politique intérieure américaine[13].

La cause immédiate de la division de l'Allemagne et de l'Europe réside plutôt dans les erreurs commises par Staline dans ces années-là. En Europe centrale, où il aurait préféré une Allemagne unifiée, faible et neutre, il dilapida son avantage en 1945 et au fil des années suivantes en faisant montre d'une rigidité sans compromis et choisissant l'affrontement. Si l'espoir de Staline

13. En septembre 1947, Andreï Jdanov, comme toujours la voix de son maître, devait informer les délégués du congrès fondateur du Kominform que la doctrine Truman visait au moins autant la Grande-Bretagne que l'URSS, « parce qu'elle signifie l'expulsion de la Grande-Bretagne de sa sphère d'influence en Méditerranée et au Proche-Orient ».

était de laisser l'Allemagne pourrir jusqu'à ce que le fruit du ressentiment allemand tombât dans son giron, il se trompa lourdement, même s'il y eut des moments où les autorités alliées en Allemagne occidentale se demandèrent s'il pouvait encore réussir. En ce sens, la guerre froide en Europe était l'issue inévitable de la personnalité du dictateur soviétique et du système qu'il dirigeait.

Il n'en reste pas moins vrai que l'Allemagne était à ses pieds. Ses adversaires le savaient bien : « L'ennui est que nous jouons avec le feu sans avoir rien pour l'éteindre », déclara Marshall au Conseil de sécurité nationale, le 13 février 1948. Il suffisait à l'Union soviétique d'accepter le plan Marshall et de convaincre une majorité d'Allemands de la bonne foi de Moscou dans la recherche d'une Allemagne neutre et indépendante. En 1947, le rapport de forces en Europe en eût été profondément modifié. Quoi que Marshall, Bevin et leurs conseillers eussent pu penser de telles manœuvres, ils eussent été bien en peine de les empêcher. Que ces calculs tactiques ne fussent pas à la portée de Staline n'est nullement à mettre au crédit de l'Occident. « Nous avons de la chance avec nos adversaires », déclara Dean Acheson une autre fois.

Avec le recul, il est un peu paradoxal qu'après avoir livré une guerre meurtrière pour rabaisser la force d'une Allemagne surpuissante au cœur du continent européen, les vainqueurs se soient révélés à ce point incapables de s'entendre sur des accords, après la guerre, pour maintenir le colosse allemand à terre qu'ils finirent par se le partager pour bénéficier séparément de sa vigueur reconstituée. Il était devenu clair – d'abord aux Britanniques, puis aux Américains, tardivement aux Français et enfin aux Soviétiques – que la seule façon d'empêcher l'Allemagne d'être le problème était de changer les données du débat et d'en faire la solution. C'était peu commode, mais cela marcha. Pour citer Noel Annan, officier de renseignements dans l'Allemagne occupée, « il était odieux de se retrouver allié avec un peuple qui avait volontiers suivi Hitler pour tenir le communisme en respect. Mais le meilleur espoir pour l'Occident était d'encourager les Allemands eux-mêmes à créer un État démocratique occidental. »

V

L'arrivée de la guerre froide

« *Imaginez l'Empire autrichien fragmenté en une multitude de républiques plus ou moins grandes. Quelle jolie base pour une monarchie russe universelle.* »
Frantisek Palacky (avril 1848)

« *Les Yougoslaves veulent prendre la Macédoine grecque. Ils veulent aussi l'Albanie et même des parties de l'Autriche et de la Hongrie. C'est déraisonnable. Je n'aime pas leur façon d'agir.* »
Joseph Staline (1945)

« *Tout ce dont l'Armée rouge avait besoin pour atteindre la mer du Nord, c'était de bottes.* »
Dennis Healey

« *L'idée d'un ordre européen n'est pas une création artificielle de l'Allemagne, mais une nécessité.* »
Paul-Henri Spaak (avril 1942)

« *C'est une chose que nous ne saurions faire, nous le savons au fond de nous-mêmes.* »
Anthony Eden (janvier 1952)

« Cette guerre ne ressemble pas à celle du passé ; quiconque occupe un territoire y impose son propre système social. Tout le monde impose son système aussi loin que son armée peut avancer. Il ne saurait en être autrement[1]. » Le fameux aphorisme de Joseph Staline – rapporté par Milovan Djilas dans ses *Conversations avec Staline* – n'était pas tout à fait aussi original qu'il le semblait. La Seconde Guerre mondiale ne fut aucunement la première guerre européenne dont l'issue militaire ait déterminé des systèmes sociaux : les guerres de religion du XVIe siècle se terminèrent en 1555 par la paix d'Augsbourg, où le principe du *cuius regio, eius religio* autorisait les souverains à imposer sur leur territoire la religion de leur choix ; et aux premiers stades des conquêtes napoléoniennes, dans l'Europe du début du XIXe siècle, les succès militaires se traduisaient très vite en révolution sociale et institutionnelle sur le modèle français.

1. [M. Djilas, *Conversations avec Staline*, trad. Y. Massip, Paris, Gallimard, 1971, p. 153.]

Le propos de Staline n'en était pas moins clair, et il le tint à Djilas bien avant que les communistes ne s'emparassent de l'Europe orientale. Du côté soviétique, la guerre avait été livrée pour vaincre l'Allemagne et restaurer la puissance et la sécurité russes sur ses frontières occidentales. Quoi qu'il pût advenir de l'Allemagne elle-même, la région qui séparait l'Allemagne et la Russie ne pouvait être laissée dans l'incertitude. Les territoires dessinant un arc nord-sud de la Finlande à la Yougoslavie comprenaient de petits États vulnérables dont les gouvernements, entre les deux guerres (à l'exception partielle de la Tchécoslovaquie) avaient été uniformément hostiles à l'Union soviétique. La Pologne, la Hongrie et la Roumanie, en particulier, avaient été systématiquement opposées à Moscou et s'étaient méfiées des intentions soviétiques à leur endroit. La seule issue acceptable, pour Staline, était la mise en place – dans les parties de la région qui n'avaient pas été préventivement absorbées au sein de l'URSS elle-même – de gouvernements dont il pût être sûr qu'ils ne menaceraient jamais la sécurité soviétique.

La seule manière de garantir ce résultat était toutefois d'aligner le système politique des États d'Europe de l'Est sur celui de l'Union soviétique : telles furent, dès le début, la volonté et l'intention de Staline. D'un côté, il pouvait sembler que cet objectif fût assez direct : les vieilles élites de pays comme la Roumanie et la Hongrie avaient été discréditées ; il ne serait pas difficile de les écarter pour repartir à zéro. Dans bien des endroits, les Soviétiques furent des libérateurs et des avant-courriers de changement et de réforme.

D'un autre côté, cependant, l'Union soviétique ne disposait d'aucun levier dans les affaires intérieures de ses voisins occidentaux, au-delà de l'autorité de son écrasante présence militaire. Dans une bonne partie de la région, les communistes avaient été bannis de toute vie publique et de toute activité politique légale au cours des vingt-cinq dernières années ou presque. Même là où les partis communistes étaient légaux, leur identification à la Russie et la tactique rigide et sectaire imposée par Moscou après 1927 les avaient rendus marginaux et insignifiants dans la politique est-européenne. L'Union soviétique avait en outre contribué à leur faiblesse en emprisonnant et en épurant nombre des communistes polonais, hongrois, yougoslaves et autres réfugiés à Moscou : dans le cas de la Pologne, la direction du parti entre les deux guerres avait été presque entièrement éliminée.

Ainsi, quand Mátyás Rákosi, le chef du PC hongrois, était revenu de Moscou à Budapest, en février 1945, il pouvait compter sur le soutien de 4 000 communistes, peut-être, en Hongrie. En Roumanie, à en croire la chef du PCR elle-même, Ana Pauker, le parti comptait moins d'un millier d'adhérents pour une population de près de 20 millions d'habitants. En Bulgarie, la situation n'était guère meilleure : en septembre 1944, le parti comptait autour de 8 000 adhérents. Le communisme n'avait un semblant de base auprès des masses que dans les régions industrielles de Bohême et en Yougoslavie, où le parti s'identifiait avec la résistance victorieuse des partisans.

Avec la prudence qui le caractérisait, et en tout cas en conservant des relations de travail avec les puissances occidentales, Staline commença donc par appliquer une tactique rendue déjà familière par les Fronts populaires des années 1930 et la pratique communiste au cours de la guerre civile espagnole : favoriser la formation de gouvernements « de Front », de coalitions réunissant les communistes, les socialistes et les autres partis « antifascistes », qui excluraient et puniraient l'ancien régime et ses partisans mais seraient prudents et « démocratiques », réformistes plutôt que révolutionnaires. À la fin de la guerre, ou très peu de temps après, chaque pays d'Europe de l'Est fut donc pourvu d'un gouvernement de coalition de cette nature.

Vu le désaccord persistant des spécialistes sur la responsabilité de la division de l'Europe, peut-être est-il bon de souligner que ni Staline ni ses représentants locaux ne doutaient le moins du monde de leur objectif à long terme. Les coalitions étaient la route du pouvoir pour les partis communistes dans une région où ils étaient historiquement faibles ; elles ne furent jamais qu'un moyen d'atteindre cette fin. Comme Walter Ulbricht, le chef de file des communistes allemands, l'expliqua en privé à ses troupes qui s'avouaient médusées devant la politique du parti en 1945 : « C'est très clair : ça doit avoir l'air démocratique, mais tout doit être sous notre contrôle. »

Le contrôle, en fait, importait bien davantage que la politique. Ce n'est pas un hasard si dans chaque gouvernement de coalition – « Front de la patrie », « Gouvernement d'union » ou « Bloc des partis antifascistes » – en Europe de l'Est les communistes cherchèrent à mettre la main sur certains ministères clés : l'Intérieur, qui donnait au parti l'autorité sur la police et les forces de sécurité aussi bien que le pouvoir de délivrer ou de retirer des autorisations d'imprimer des journaux ; la Justice, avec le contrôle des épurations, des tribunaux et des juges ; l'Agriculture, qui administrait les réformes agraires et la redistribution et se trouvait donc en position d'accorder des faveurs et d'acheter la loyauté de millions de paysans. Les communistes se placèrent aussi à des postes clés dans les comités de « dénazification », les commissions de district et les syndicats.

Inversement, les communistes d'Europe orientale ne montrèrent aucun empressement à revendiquer les fonctions de président, de Premier ministre ou de ministre des Affaires étrangères, préférant souvent les abandonner à leurs alliés socialistes, agrariens ou libéraux au sein de la coalition. Cela correspondait au poids respectif des uns et des autres après la guerre – les communistes étant minoritaires – et rassurait les observateurs occidentaux. La population locale n'était pas dupe ; elle prit ses précautions – le nombre d'adhérents au PC roumain s'élevait à 800 000 à la fin de 1945 –, mais à bien des égards la stratégie communiste était réellement d'une modération rassurante. Loin de collectiviser la terre, le parti prônait sa distribution aux sans-terres. Au-delà de la confiscation des biens « fascistes », le parti ne prônait pas la nationalisation ni la propriété publique – certainement pas plus et habituellement plutôt moins que ses partenaires de coalition. Et il était fort peu question du « socialisme » comme d'un but.

L'objectif déclaré des communistes, en 1945 et en 1946, était de « compléter » les révolutions bourgeoises inachevées de 1848, de redistribuer la propriété, de garantir l'égalité et d'affirmer les droits démocratiques dans une partie de l'Europe qui avait toujours laissé à désirer sur ces trois plans. C'étaient des objectifs plausibles, en apparence tout au moins, et ils en séduisirent plus d'un dans la région et en Europe occidentale qui voulait avoir une bonne idée de Staline et de ses fins. L'attrait des communistes eux-mêmes, en revanche, se trouva fortement réduit dans une série de scrutins locaux et nationaux en Allemagne orientale, en Autriche et en Hongrie. Là, il apparut de très bonne heure (dans le cas hongrois, dès novembre 1945, aux élections municipales de Budapest) que, même s'ils avaient réussi à se hisser à des positions d'influence locale, jamais les communistes n'obtiendraient le pouvoir par les urnes. Malgré l'avantage de l'occupation militaire et de la protection économique, les candidats communistes s'inclinèrent systématiquement devant les représentants des vieux partis : libéraux, sociaux-démocrates et agrariens/petits propriétaires.

Du coup, les partis communistes adoptèrent plutôt une stratégie de pression masquée, suivie d'une campagne de terreur et de répression au grand jour. En 1946 et jusqu'en 1947, leurs adversaires aux élections furent calomniés, menacés, rossés, arrêtés, jugés comme « fascistes » ou « collaborateurs », emprisonnés et même exécutés. Des milices « populaires » contribuèrent à créer un climat de peur et d'insécurité que les communistes s'empressaient alors d'imputer à leurs détracteurs. Des hommes politiques vulnérables ou impopulaires de partis non communistes étaient livrés à l'opprobre public, tandis que leurs collègues consentaient à ces mauvais traitements dans l'espoir qu'eux-mêmes n'y auraient pas droit. Ainsi, en Bulgarie, dès l'été 1946, sept des vingt-deux membres du « présidium » de l'Union agrarienne et trente-cinq des quatre-vingt membres de son conseil de direction se retrouvèrent-ils en prison. Typique était l'accusation portée contre le journaliste agrarien Kunev, coupable, dans un article, d'avoir, « de façon véritablement criminelle, traité le gouvernement bulgare de rêveurs politiques et économiques ».

Les agrariens, les libéraux et autres partis dominants se révélèrent des cibles faciles : flétris pour cause de fascisme et de sentiment antinational, ils furent éliminés par étapes. Les partis socialistes et socio-démocrates locaux, qui partageaient les ambitions réformatrices des communistes, constituaient un obstacle plus compliqué aux ambitions de ces derniers. Il n'était pas facile d'accuser les sociaux-démocrates d'Europe centrale ou orientale de

« fascisme » ou de collaboration : généralement, ils avaient été victimes de la répression tout autant que les communistes. Et pour autant qu'existât un électorat de la classe ouvrière dans une Europe orientale très majoritairement rurale, elle donnait traditionnellement son allégeance aux socialistes, non pas aux communistes. Puisqu'il n'était pas facile de battre les socialistes, les communistes choisirent de les rejoindre.

Ou, plus exactement, d'amener les socialistes à *les* rejoindre. C'était là un vénérable stratagème communiste. La tactique initiale de Lénine, de 1918 à 1921, avait été de scinder les partis socialistes de l'Europe, de rallier la gauche radicale aux mouvements communistes qui venaient d'être formés pour condamner le « croupion », réactionnaire et dépassé par l'histoire. Mais quand les communistes se trouvèrent eux-mêmes minoritaires au cours des deux décennies suivantes, Moscou modifia son approche, et les communistes firent miroiter aux partis socialistes (le plus souvent plus forts) la perspective d'une « union » de la gauche – mais sous des auspices communistes. Dans les conditions propres à l'Europe de l'Est après la libération, plus d'un socialiste trouva la proposition sensée.

Même en Europe occidentale, certains membres de la gauche des partis socialistes français et italien se laissèrent séduire par les invitations communistes à une fusion au sein d'une force politique unique. En Europe orientale, la pression se révéla, littéralement, irrésistible. Le processus commença dans la zone soviétique de l'Allemagne où (au terme d'une réunion secrète tenue à Moscou en février 1946) les communistes se prononcèrent pour une fusion avec leurs « alliés » socialistes beaucoup plus nombreux. Cette fusion fut consommée deux mois plus tard avec la naissance d'un parti socialiste unifié (l'évitement délibéré de l'appellation « communiste » par la nouvelle formation était caractéristique de ces fusions). Bon nombre d'anciens dirigeants sociaux-démocrates d'Allemagne orientale y consentirent et reçurent des postes honorifiques au sein du nouveau parti puis du gouvernement est-allemand. Les socialistes qui protestèrent ou s'opposèrent au nouveau parti furent dénoncés et exclus, à tout le moins chassés de force de la vie publique ou contraints à l'exil.

Dans le reste du bloc soviétique, les « unions » socialo-communistes, structurées de manière analogue, arrivèrent un peu plus tard, dans le courant de l'année 1948 : au mois de février en Roumanie ; en juin, pour la Hongrie et la Tchécoslovaquie ; en août pour la Bulgarie, et en décembre pour la Pologne. À cette date, les partis socialistes étaient allés de scission en scission sur la question de la fusion en sorte que, bien avant de disparaître, ils avaient cessé d'être une force politique effective dans leur pays. Et, comme en Allemagne, les anciens sociaux-démocrates qui lièrent leur destin à celui des communistes en furent dûment récompensés de titres creux : le premier chef d'État de la

Hongrie communiste, désigné le 30 juin 1948, était un ancien socialiste, Árpád Szakasits.

Les sociaux-démocrates d'Europe de l'Est étaient dans une situation impossible. Les socialistes occidentaux les encourageaient souvent à fusionner avec les communistes, dans l'idée naïve que tout le monde y gagnerait ou dans l'espoir de modérer les communistes. Dès 1947, les PS indépendants d'Europe orientale (c'est-à-dire les socialistes qui refusaient de coopérer avec leurs camarades communistes) furent écartés des organisations socialistes internationales sous prétexte qu'ils faisaient obstacle à l'alliance des forces « de progrès ». Pendant ce temps, chez eux, ils étaient soumis à des humiliations et à des violences. Lors même qu'ils avaient accepté l'étreinte communiste, leur situation ne s'améliora guère : en février 1948, au Congrès de « fusion » des deux partis en Roumanie, la dirigeante communiste Ana Pauker accusa ses anciens collègues socialistes de sabotage systématique, de servilité à l'égard des gouvernements réactionnaires et de « calomnies » antisoviétiques.

À la suite de la décimation, de l'emprisonnement ou de l'absorption de leurs principaux adversaires, les communistes réussirent plutôt mieux aux élections de 1947 et d'après, non sans le secours de violences contre leurs derniers adversaires, intimidations dans les bureaux de vote et tricheries flagrantes lors du décompte des voix. Après quoi, typiquement, suivait la formation de gouvernements où le PC, le parti « ouvrier » ou « unifié » depuis peu, était franchement dominant : les partenaires de la coalition, s'il y en avait, étaient cantonnés à des fonctions de pure forme, sans contenu. Conformément à ce passage des coalitions de front uni au monopole communiste du pouvoir, la stratégie soviétique, en 1948 et 1949, renoua avec une politique radicale de contrôle de l'État, de collectivisation, de destruction de la classe moyenne et enfin d'épuration et de châtiment des adversaires réels ou imaginaires.

Ce tableau de la prise du pouvoir initiale par les Soviétiques en Europe de l'Est décrit un processus commun à tous les pays de la région. Les calculs de Staline étaient typiquement indifférents à la diversité nationale. Où les communistes pouvaient raisonnablement espérer obtenir le pouvoir par des moyens légaux ou apparemment légaux, telle était, semble-t-il, la préférence de Staline, du moins dans l'automne 1947. Mais l'essentiel était le pouvoir, non pas la légalité ; dès lors, la tactique des communistes fit plus de place à l'affrontement et s'embarrassa moins de contraintes judiciaires ou politiques, quitte à s'aliéner la sympathie de l'étranger, dès lors qu'il était patent qu'ils ne triompheraient pas par les urnes.

Il n'y en eut pas moins des variations locales significatives. C'est en Roumanie et en Bulgarie que les Soviétiques eurent la main la plus lourde, en partie parce que les deux pays avaient combattu l'URSS, en partie aussi à cause de la faiblesse des communistes locaux, mais aussi et surtout pour la simple raison que la géographie les vouait d'emblée à la sphère soviétique. En Bulgarie, le chef communiste (et ancien secrétaire du Komintern) Gueorgui Dimitrov déclara carrément, dès octobre 1946, que quiconque votait pour l'opposition anticommuniste serait considéré comme un traître. Malgré tout, les adversaires des communistes obtinrent 101 des 465 sièges aux élections législatives qui suivirent. Mais l'opposition était condamnée d'avance : la seule chose qui empêcha l'Armée rouge d'occupation et ses alliés sur place de détruire ouvertement et sans délai toute forme de dissension était la nécessité de travailler avec les Alliés occidentaux à un traité de paix pour la Bulgarie et d'obtenir la reconnaissance anglo-américaine d'un gouvernement conduit par les communistes comme l'autorité légitime du pays.

Sitôt les traités de paix signés, les communistes n'avaient plus rien à gagner à attendre. La chronologie des événements est donc révélatrice. Le 5 juin 1947 le Sénat des États-Unis ratifia les traités de paix de Paris avec la Bulgarie, la Roumanie, la Hongrie, la Finlande et l'Italie malgré les inquiétudes des diplomates américains à Sofia et à Bucarest. Dès le lendemain, le principal responsable politique anticommuniste de Bulgarie, le leader agrarien Nikola Petkov (qui avait refusé de suivre les agrariens plus accommodants et d'entrer dans le Front patriotique des communistes), était arrêté. Son procès dura du 5 au 15 août. Le 15 septembre, le traité de paix bulgare entra officiellement en vigueur ; quatre jours plus tard, les États-Unis offraient d'accorder leur reconnaissance diplomatique au gouvernement de Sofia. Petkov fut exécuté dans les 96 heures, l'exécution de la peine ayant été différée en attendant l'annonce américaine officielle. Après le meurtre judiciaire de Petkov, les communistes bulgares n'avaient plus d'autres obstacles à craindre. Comme l'observa après-coup le général soviétique Biriouzov, discutant du soutien de l'Armée rouge aux communistes bulgares contre les partis « bourgeois », « nous n'avions pas le droit de refuser notre concours aux efforts du peuple bulgare pour écraser ce reptile ».

En Roumanie, la position des communistes était plus faible encore qu'en Bulgarie, où existait au moins un sentiment russophile que le parti pouvait essayer d'exploiter[2]. Alors que les Soviétiques se portèrent garants de la restitution à la Roumanie du nord de la Transylvanie (attribuée de force à la Hongrie en 1940), Staline n'avait aucunement l'intention de rendre la Bessarabie ou la Bucovine, toutes deux incorporées à l'URSS, ni la Dobroudja méridionale, région du Sud-Est de la Roumanie désormais attachée à la Bulgarie : aussi les communistes roumains se virent-ils contraints de justifier une perte

2. Au fil des ans, les Bulgares avaient suivi des mouvements de balancier très marqués entre le progermanisme enthousiaste et l'ultra-slavophilisme. Dans les deux cas, cela ne leur profita guère. La Bulgarie choisit toujours la mauvaise carte, observa à l'époque un commentateur local, et la *claque* sur la table !

significative de territoire de même que, dans l'entre-deux-guerres, ils avaient été entravés par la revendication soviétique de la Bessarabie, alors territoire roumain.

Pire encore, les dirigeants communistes du pays n'étaient souvent pas même roumains, tout au moins suivant des critères traditionnels. Ana Pauker était juive, Emil Bodnaras ukrainien et Vasile Luca était de souche allemande de Transylvanie. D'autres étaient hongrois ou bulgares. Perçus comme une présence étrangère, les communistes roumains étaient totalement tributaires des forces soviétiques. Leur survie intérieure reposait non pas sur le suffrage populaire – qui ne fut jamais, fût-ce vaguement, considéré comme un objectif concret –, mais sur la rapidité et l'efficacité avec lesquelles ils pourraient occuper l'État, puis diviser et détruire leurs adversaires des partis « historiques » du centre libéral. Et ils devaient exceller dans cette tâche : dès mars 1948, la liste gouvernementale gagna 405 sièges sur 414 aux élections nationales. En Roumanie comme en Bulgarie (ou en Albanie, où Enver Hodja mobilisa les communautés Tosk du Sud contre la résistance tribale des Ghegs du Nord), la subversion et la violence n'étaient pas une option parmi d'autres : il n'y avait pas d'autre voie d'accès au pouvoir.

Les Polonais, également, étaient d'avance condamnés à la sphère soviétique après la Seconde Guerre mondiale. Cela tenait à leur situation, sur la route de Berlin-Moscou ; à leur histoire, riche en entraves aux ambitions impériales russes à l'ouest ; mais aussi au fait qu'en Pologne également les perspectives étaient minces de voir un gouvernement proche des soviétiques sortir spontanément des urnes. La différence entre la Pologne et les États balkaniques, toutefois, était qu'elle avait été victime de Hitler, non pas son alliée ; des centaines de milliers de soldats polonais avaient combattu avec les armées alliées sur les fronts est et ouest ; et les Polonais n'étaient pas sans attentes concernant leurs perspectives après la guerre.

En fait, celles-ci n'étaient pas si mauvaises. Les communistes polonais du « Comité de Lublin » – constitué en juillet 1944 par les autorités soviétiques, de manière à avoir un gouvernement tout prêt à installer au pouvoir lorsqu'elles atteindraient Varsovie – ne pouvaient guère revendiquer une base parmi les masses, mais jouissaient, à un certain degré, du soutien local, surtout dans la jeunesse et pouvaient faire valoir certains bénéfices bien réels de l'« amitié soviétique » : une garantie efficace contre le revanchisme territorial allemand (paramètre qui avait son importance à l'époque) et une politique d'échanges nationaux par laquelle la Pologne fut nettoyée de sa minorité ukrainienne restante tandis que les Polonais de souche de l'est étaient installés dans les nouvelles frontières nationales. Ces considérations permirent aux communistes polonais, malgré leur marginalité (nombre d'entre eux étaient aussi d'origine juive), de revendiquer une place dans les traditions politiques polonaises nationales et même nationalistes.

Il n'en reste pas moins qu'en Pologne aussi les communistes seraient demeurés une minorité insignifiante sur le plan électoral. Le parti paysan polonais de Stanislaw Mikolajczyk comptait quelque 600 000 membres en décembre 1945, soit dix fois le nombre de militants du parti ouvrier polonais des communistes (devenu parti ouvrier *unifié* après son absorption des socialistes en décembre 1948). Mais Mikolajczyk, chef du gouvernement en exil pendant la guerre, souffrait d'un handicap fatal : l'insistance typiquement polonaise de son parti sur ses positions *à la fois* antinazies *et* antisoviétiques.

Staline était plus ou moins indifférent à la réussite du « socialisme » en Pologne : la suite des événements allait le montrer. Mais il était loin d'être indifférent à la teneur générale de la politique polonaise, en particulier de la politique étrangère. En fait, avec la sortie de l'impasse allemande, rien ne lui importait davantage, tout au moins en Europe. Aussi le parti paysan fut-il progressivement écarté, ses partisans menacés, ses dirigeants agressés, sa crédibilité attaquée. Aux élections législatives de janvier 1947, manifestement truquées, le « bloc démocratique » conduit par les communistes recueillit 80 % des voix, le parti paysan juste 10 %[3]. Neuf mois plus tard, craignant pour sa vie, Mikolajczyk s'enfuit du pays. Des reliquats de l'armée de l'intérieur du temps de guerre continuèrent de livrer une guerre de guérilla contre les autorités communistes pendant quelques années encore, mais leur cause, à eux aussi, était désespérée.

En Pologne, l'orientation politique du pays intéressait si visiblement l'Union soviétique que les illusions polonaises du temps de guerre – avant et après Yalta – peuvent paraître donquichottesques. En Hongrie, cependant, les idées de « voie hongroise vers le socialisme » n'étaient pas totalement chimériques. S'agissant de ce pays, le principal souci de Moscou, pour l'après-guerre, était de disposer d'un sauf-conduit pour les troupes de l'Armée rouge, au cas où celles-ci auraient besoin d'avancer vers l'ouest, en Autriche (ou plus tard, au sud, en Yougoslavie). Si les communistes locaux avaient joui d'un large soutien de la population, leurs conseillers soviétiques eussent volontiers joué la tactique « démocratique » plus longtemps qu'ils ne le firent.

En Hongrie aussi, cependant, les communistes se révélèrent systématiquement impopulaires, même à Budapest. Quoique montré du doigt comme réactionnaire, voire fasciste, le parti des petits propriétaires (équivalent hongrois des partis agrariens ailleurs) obtint la majorité absolue aux élections nationales de novembre 1945. Avec le soutien des socialistes (dont le chef de file, Anna Kéthy, ne voulait pas croire que les communistes s'abaisseraient à

3. Ce n'était pas la première fois que des Russes en armes surveillaient des élections cruciales en Pologne : au cours des élections parlementaires locales de 1772, auxquelles les Polonais devaient élire des représentants appelés à confirmer la partition de leur pays, la présence menaçante de troupes étrangères était faite pour obtenir le résultat désiré.

truquer les élections), les communistes réussirent à chasser du Parlement quelques députés des Petits propriétaires ; en février 1947, ils les accusèrent de complot et, dans le cas de leur chef, Béla Kovács, d'espionnage contre l'Armée rouge (Kovács fut envoyé en Sibérie, d'où il revint en 1956). Aux nouvelles élections de 1947, truquées sans vergogne par le ministre de l'Intérieur communiste, László Rajk, les communistes ne purent rassembler que 22 % des voix, quand bien même le parti paysan se trouva réduit à 15 %. Dans ces conditions, la voie de la Hongrie vers le socialisme convergea rapidement avec celle de ses voisins orientaux. Aux élections suivantes, en mai 1949, le « Front populaire » fut crédité de 95,6 % des voix.

Il est facile, après-coup, de voir que les espoirs d'une Europe de l'Est démocratique après 1945 ont toujours été illusoires. L'Europe centrale et orientale ne se distinguait guère par ses traditions démocratiques ou libérales indigènes. Dans l'entre-deux-guerres, les régimes de cette partie de l'Europe avaient été corrompus, autoritaires et, dans certains cas, meurtriers. Les vieilles castes dirigeantes étaient souvent vénales. La véritable classe dirigeante, dans l'Europe orientale de l'entre-deux-guerres, avait été la bureaucratie, laquelle recrutait dans les mêmes groupes sociaux qui allaient donner leurs cadres aux États communistes. Malgré la rhétorique du « socialisme », la transition de l'arriération autoritaire vers la « démocratie populaire » communiste fut un passage bref et facile. Que l'histoire ait pris le tournant que nous connaissons n'est guère étonnant.

Par ailleurs, l'autre membre de l'alternative, celui d'un retour aux hommes politiques et aux politiques d'avant 1939, en Roumanie, en Pologne ou en Hongrie, affaiblit sensiblement la cause anticommuniste, tout au moins avant que la terreur soviétique ne se manifestât dans toute son ampleur, après 1949. Somme toute, comme le dirigeant communiste français Jacques Duclos le demanda sournoisement dans les pages de *L'Humanité* le 1er juillet 1948, l'Union soviétique n'était-elle pas la meilleure garantie non seulement contre un retour de ces pays aux mauvais jours, mais aussi de leur indépendance nationale ? C'est ainsi que beaucoup voyaient les choses à l'époque. « Un jour, observa Churchill, les Allemands voudraient récupérer leur territoire et les Polonais ne seraient pas capables de les empêcher. » L'Union soviétique était désormais la protectrice autodésignée des nouvelles frontières de la Roumanie et de la Pologne, pour ne dire mot de la terre redistribuée des expulsés allemands et autres de la région.

C'était un rappel, comme si la chose était nécessaire, de l'omniprésence de l'Armée rouge. La 37e armée du 3e front ukrainien fut détachée des forces d'occupation de la Roumanie, en septembre 1944, et stationnée en Bulgarie, où elle demeura jusqu'à la signature des traités de paix en 1947. Les forces soviétiques restèrent en Hongrie jusqu'au milieu des années 1950 (et de nouveau après 1956) ; et en Roumanie, jusqu'en 1958. La République démocratique allemande resta sous occupation militaire soviétique tout au long de ses quarante années de vie tandis que les troupes soviétiques transitèrent régulièrement à travers la Pologne. L'Union soviétique n'était pas prête à quitter cette partie de l'Europe, dont l'avenir était donc intimement lié au destin de son voisin géant, comme les événements allaient le montrer.

L'exception apparente fut, bien entendu, la Tchécoslovaquie. De nombreux Tchèques accueillirent les Russes en libérateurs. Grâce à Munich, ils n'avaient guère d'illusions sur les puissances occidentales et le gouvernement en exil d'Edvard Beneš, installé à Londres, était le seul qui eût fait des ouvertures sans ambivalence à Moscou bien avant 1945. Beneš lui-même exposa sa position à Molotov en décembre 1943 : « Pour ce qui est des problèmes d'importance majeure, [nous] parlerions et agirions toujours d'une façon qui agrée aux représentants du gouvernement soviétique. » Sans doute Beneš n'était-il pas aussi attentif que son mentor, le président Tomáš Masaryk, aux risques d'une embrassade russe ou soviétique, mais il n'était pas dupe non plus. Prague ferait les yeux doux à Moscou pour la même raison qui l'avait conduite à nouer des liens étroits avec Paris avant 1938 : parce que la Tchécoslovaquie était un petit pays vulnérable en Europe centrale et avait besoin d'un protecteur.

Ainsi, alors qu'elle était à bien des égards le plus occidental des pays « est »-européens – avec une culture politique historiquement pluraliste, un secteur urbain et industriel significatif, une économie capitaliste florissante avant la guerre et une politique sociale-démocrate tournée vers l'Occident après –, la Tchécoslovaquie fut aussi le plus proche allié de l'Union soviétique dans la région après 1945, alors même qu'elle perdit son district le plus oriental de la Ruthénie subcarpathique à la faveur des « ajustements » territoriaux soviétiques. C'est pourquoi Beneš, seul des premiers ministres d'Europe de l'Est et du Sud-Est en exil pendant la guerre, fut en mesure de rapatrier son gouvernement au pays, où, en avril 1945, il le remania en y faisant entrer sept communistes et onze ministres de quatre autres partis.

Les communistes tchèques, sous la houlette de Klement Gottwald, croyaient sincèrement avoir de bonnes chances d'accéder au pouvoir par la voie des urnes. Ils avaient obtenu des scores respectables aux dernières élections tchécoslovaques de l'avant-guerre, avec 849 000 voix (10 % du total) en 1935. Ils n'étaient pas tributaires de l'Armée rouge, qui se retira de Tchécoslovaquie en novembre 1945 (même si à Prague comme ailleurs l'Union soviétique conservait des services de renseignements et une police secrète significative à travers son corps diplomatique). Aux élections réellement libres, mais psychologiquement chargées de mai 1946, le PC obtint 40,2 % des voix dans les districts tchèques de Bohême et de Moravie, 31 % en Slovaquie, largement rurale et catholique. Seul fit mieux le parti démocrate slovaque, mais son attrait se limitait par définition au tiers slovaque de la population[4].

Les communistes tchèques prévoyaient un succès durable, ce qui les amena à se réjouir initialement de la perspective de l'aide Marshall et à lancer des campagnes de recrutement pour améliorer leurs chances aux futurs scrutins : de 50 000 membres en mai 1945, le PC passa à 1 220 000 en avril 1946 puis 1 310 000 en janvier 1948 (pour une population nationale de juste 12 millions d'habitants). Les communistes ne dédaignaient certainement pas d'user de protections et de pressions pour rallier des partisans. Et comme dans les autres pays ils avaient pris la précaution d'obtenir les ministères clés et de placer leurs hommes à des postes cruciaux au sein de la police et ailleurs. En prévision des élections de 1948, cependant, les communistes tchécoslovaques du cru se préparaient à prendre le pouvoir par une « voie tchèque » qui semblait encore très différente de celle de l'est.

On ne sait trop si la direction soviétique crut Gottwald quand il lui assura que le PC tchèque triompherait sans coup de pouce. Au moins jusqu'à l'automne de 1947, cependant, Staline laissa la Tchécoslovaquie en paix. Les Tchèques avaient chassé les Allemands des Sudètes (ce qui les exposait à l'hostilité allemande et les rendait ainsi plus dépendants encore de la protection soviétique), et l'insistance des gouvernements de Beneš, après la guerre, sur la planification économique, la propriété publique et le travail acharné rappela au moins à un journaliste français, en mai 1947, la rhétorique et l'esprit du stakhanovisme soviétique de naguère. Sur les panneaux d'affichage, à Prague, des portraits de Staline côtoyaient ceux du président Beneš lui-même, bien avant que les communistes n'eussent installé leur gouvernement, *a fortiori* n'eussent conquis le monopole du pouvoir. Nous avons vu que le ministre des Affaires étrangères, Jan Masaryk, et ses collègues n'hésitèrent pas, dans l'été de 1947, à décliner l'aide Marshall sur ordre de Moscou. Bref, Staline n'avait aucun motif de se plaindre de la conduite tchécoslovaque.

En février 1948, cependant, les communistes manigancèrent un coup de force politique, profitant de la démission imprudente des ministres non communistes (sur un problème important mais obscur d'infiltration de la police par les communistes) pour prendre le contrôle du pays. Le coup de Prague fut d'une portée considérable, précisément parce qu'il se produisit dans un pays plus ou moins démocratique, et qui avait paru si bien disposé envers Moscou. Il galvanisa les Alliés occidentaux, qui en déduisirent que le communisme était en marche vers l'ouest[5]. Probablement sauva-t-il les Finnois : en

4. Le Parti agrarien, en territoire tchèque, et son partenaire, le Parti populaire, en Slovaquie, avaient été interdits après la guerre pour connivence avec la politique nazie.

5. L'opinion publique occidentale fut aussi marquée par la mort de Masaryk, le 10 mars 1948 – il serait « tombé » de sa fenêtre dans la cour du ministère. Les circonstances exactes de sa mort n'ont jamais été élucidées.

raison des problèmes que le coup de force tchèque lui créa en Allemagne et ailleurs, Staline fut contraint, en avril 1948, de passer un compromis avec Helsinki et de signer un traité d'amitié (après avoir essayé d'imposer à la Finlande une solution est-européenne en faisant éclater les sociaux-démocrates puis en les forçant à fusionner avec les communistes dans une « Ligue démocratique du Peuple finlandais », ou SKDL, et en amenant ainsi ces derniers au pouvoir).

À l'ouest, Prague ouvrit les yeux des socialistes sur les réalités de la vie politique en Europe de l'Est. Le 29 février 1948, le vieux Léon Blum publia dans *Le Populaire*, journal socialiste français, un article qui eut beaucoup d'écho et dans lequel il reprochait aux socialistes occidentaux de se taire sur le sort de leurs camarades en Europe de l'Est. Grâce à Prague, une partie significative de la gauche non communiste en France, en Italie et ailleurs allait désormais se situer clairement dans le camp occidental, condamnant ainsi à l'isolement et à une impuissance croissante les partis communistes des pays qui se trouvaient hors de portée des Soviétiques.

Si Staline monta le coup de Prague sans en prévoir pleinement les conséquences, ce n'est pas simplement qu'il avait toujours prévu d'imposer sa volonté à travers le *bloc*. Ce n'est pas non plus que la Tchécoslovaquie importât beaucoup dans l'ordre général des choses. Ce qui se produisit à Prague – et se passait à la même époque en Allemagne, où la politique soviétique évoluait rapidement de l'isolement et du désaccord à l'affrontement ouvert avec ses anciens Alliés – marquait le retour de Staline au style et à la stratégie d'un autre temps. D'une manière générale, ce changement s'explique par l'angoisse de Staline devant son incapacité à façonner les affaires européennes et allemandes à son gré, mais aussi et surtout par son irritation croissante devant la Yougoslavie.

En 1947, le gouvernement communiste yougoslave, conduit par Josip Broz Tito, jouissait d'un statut unique. Seuls de tous les partis communistes européens, les Yougoslaves s'étaient hissés au pouvoir par eux-mêmes, sans alliés locaux ni aide de l'étranger. Certes, en décembre 1943, les Britanniques avaient cessé d'envoyer de l'aide aux partisans rivaux tchetniks pour se rallier à Tito, et dans l'immédiat après-guerre l'administration des Nations unies pour les secours et la reconstruction (UNRRA) dépensa plus d'argent (415 millions de dollars) pour aider la Yougoslavie que nulle part ailleurs en Europe, et 72 % de cet argent venait des États-Unis. Pour les contemporains, cependant, l'important était que les partisans communistes yougoslaves eussent livré la seule guerre de résistance qui eût réussi contre les occupants allemands et italiens.

Enhardis par leur victoire, les communistes de Tito ne s'étaient pas encombrés de coalitions comme celles qui avaient été mises en place en

Europe orientale libérée et ils entreprirent presque aussitôt d'abattre *tous* leurs adversaires. Aux premières élections de l'après-guerre, en novembre 1945, le choix présenté aux électeurs ne souffrait aucune ambiguïté : le « Front populaire » de Tito… ou une urne publiquement étiquetée « opposition ». En janvier 1946, le PCY imposa une constitution directement calquée sur celle de l'URSS. Tito força le cours des choses avec des arrestations massives, suivies de l'internement et de l'exécution de ses adversaires, mais aussi de la collectivisation forcée de la terre, en un temps où les communistes de la Hongrie et de la Roumanie voisines continuaient de soigner leur image. La Yougoslavie, semblait-il, incarnait le côté dur et tranchant du communisme européen.

À première vue, le radicalisme yougoslave et la prise de contrôle d'une région stratégiquement cruciale par le PCY semblaient profiter aux Soviétiques, et les relations entre Moscou et Belgrade étaient chaleureuses. Moscou prodigua sans compter ses éloges à Tito et à son parti, s'enthousiasma de leurs réalisations révolutionnaires et donna la Yougoslavie en exemple aux autres. Les dirigeants yougoslaves, en retour, ne manquaient jamais une occasion d'insister sur leur respect de l'Union soviétique : à leurs propres yeux, ils introduisaient dans les Balkans le modèle bolchevik de révolution et de gouvernement. « Nous étions tous prédisposés » en faveur de l'URSS. « Et nous lui serions tous restés dévoués, n'étaient ses normes de loyauté de grande puissance », raconte Milovan Djilas.

Mais, du point de vue de Staline, le dévouement yougoslave au bolchevisme fut toujours un peu *trop* enthousiaste. Staline, on l'a déjà vu, s'intéressait moins à la révolution qu'au pouvoir. Il appartenait à Moscou de déterminer la stratégie des partis communistes, à Moscou de décider quand une approche modérée s'imposait et quand il convenait au contraire d'adopter une ligne radicale. En tant qu'origine et source de la révolution mondiale, l'Union soviétique n'était pas *un* modèle de révolution, mais *le* modèle. Dans les conditions idoines, les petits partis communistes pouvaient suivre, mais ils seraient malavisés de prétendre s'émanciper des Soviétiques. Telle était la grande faiblesse de Tito aux yeux de Staline. Dans son ambition d'implanter la norme communiste dans l'Europe du Sud-Est, l'ancien général partisan allait plus vite que les calculs soviétiques. À lui les succès révolutionnaires : il devenait plus royaliste que le roi.

Staline n'en arriva pas tout de suite à ces conclusions, même si son exaspération devant ce Tito « inexpérimenté » est attestée dès janvier 1945. Par-delà le sentiment croissant à Moscou que Tito se prenait pour plus important qu'il n'était et érigeait la révolution yougoslave indigène en contre-modèle face à celui des Soviétiques, les désaccords entre Staline et Tito surgirent sur des problèmes pratiques de politique régionale. Les Yougoslaves de Tito nourrissaient l'ambition, enracinée dans l'histoire antérieure des Balkans, d'absorber l'Albanie, la Bulgarie et des parties de la Grèce dans une Yougoslavie élargie sous une nouvelle « Fédération balkanique ». Cette idée avait un certain attrait au-delà des frontières yougoslaves : elle avait économiquement du sens pour la Bulgarie, aux yeux de Traicho Kostov, un des dirigeants communistes de Sofia, et représentait une rupture supplémentaire avec le nationalisme de petit État qui avait tant entravé les perspectives de ces pays avant la guerre.

Dans un premier temps, Staline lui-même ne se montra pas hostile à l'idée d'une fédération balkanique ; et Dimitrov, confident de Staline au Komintern et premier dirigeant communiste de la Bulgarie, pouvait encore parler ouvertement de cette perspective en janvier 1948. Mais ce plan par ailleurs séduisant visant à rassembler tout le sud-est de l'Europe dans une organisation fédérale commune sous domination communiste posait deux problèmes. Ce qui était au départ une base de coopération mutuelle entre communistes locaux se transforma bientôt, aux yeux d'un Staline méfiant, en surenchère de l'un d'eux pour s'assurer l'hégémonie régionale. Ce simple fait aurait probablement conduit Staline, le moment venu, à contrer les ambitions de Tito. Mais en outre et de manière critique, Tito lui créait des problèmes à l'ouest.

Les Yougoslaves devaient soutenir et encourager ouvertement l'insurrection grecque en 1944 mais aussi, et de façon plus significative, trois ans plus tard avec l'embrasement de la guerre civile. Ce soutien était conforme à l'activisme assez narcissique de Tito – aider les communistes grecs à suivre son exemple – et portait également la marque des intérêts yougoslaves dans les régions « slaves » disputées de la Macédoine grecque. Or, comme Churchill puis Truman l'avaient indiqué clairement, la Grèce relevait de la sphère d'influence occidentale. Staline n'avait aucun intérêt à provoquer une querelle avec l'Occident sur la Grèce, qui était pour lui un problème secondaire. Les communistes grecs supposaient naïvement que leur soulèvement leur vaudrait l'aide soviétique, voire une intervention des forces soviétiques, qui n'avait jamais été à l'ordre du jour. Staline voyait au contraire en eux des aventuriers indisciplinés qui poursuivaient une cause perdue et avaient toute chance de provoquer une intervention américaine.

Les encouragements provocateurs de Tito aux insurgés grecs agacèrent donc Staline – qui estimait à juste titre que, sans l'assistance yougoslave, l'imbroglio grec aurait trouvé de longue date une solution pacifique[6] – et l'éloignèrent davantage encore de son acolyte balkanique. Mais ce n'est pas uniquement dans le sud des Balkans que Tito embarrassait Staline et suscitait l'irritation anglo-américaine. À Trieste et dans la péninsule istrienne, les ambitions territoriales yougoslaves faisaient obstacle à un accord allié sur un traité de paix italien : quand le traité fut enfin signé, en septembre 1947, il laissait dans l'incertitude l'avenir de la région de Trieste, les troupes alliées y

6. Quand Tito ferma la frontière terrestre de son pays avec la Grèce, en juillet 1949, à la suite de sa rupture avec Staline, la résistance communiste grecque s'effondra presque aussitôt.

restant en garnison pour empêcher les Yougoslaves de s'en emparer. Dans la Carinthie voisine, la région la plus méridionale de l'Autriche, Tito exigeait un règlement territorial en faveur de la Yougoslavie, tandis que Staline préférait le *statu quo* irrésolu (qui présentait l'avantage saillant, pour les Soviétiques, de leur permettre de garder une armée en Autriche orientale et donc également en Hongrie).

Le mélange titiste d'irrédentisme yougoslave et de ferveur révolutionnaire partisane devenait donc une gêne croissante pour Staline. Si l'on s'en tient à l'*Official British History of the Second World War*, on estimait généralement dans les cercles militaires occidentaux, après mai 1945, que si une troisième guerre mondiale devait bientôt éclater, ce serait dans la région de Trieste. Or Staline ne voyait pas l'intérêt de provoquer une troisième guerre mondiale et certainement pas à propos d'un coin obscur du Nord-Est de l'Italie. Il ne lui plaisait pas non plus de voir le PCI gêné par les ambitions territoriales impopulaires du voisin communiste de l'Italie.

Pour toutes ces raisons, dès l'été 1947, Staline, en privé, ne cachait pas son exaspération envers la Yougoslavie. Que la gare de chemins de fer de la capitale bulgare fût couverte de portraits de Tito aussi bien que de Staline et de Dimitrov n'était pas fait pour lui plaire, pas plus que d'entendre les communistes hongrois commencer à parler d'imiter le modèle yougoslave : même le très servile Rákosi aurait chanté les louanges de Tito auprès de Staline, lors d'une réunion qui se tint fin 1947 à Moscou. Tito n'était pas simplement une source d'embarras diplomatique pour l'URSS dans ses relations avec les Alliés occidentaux ; il lui créait des soucis au sein même du mouvement communiste international.

Pour les observateurs soviétiques, le communisme formait une seule et unique entité politique, façonnée et dirigée depuis le « Centre », à Moscou. Dans la perspective de Staline, toutefois, les choses étaient plus compliquées. De la fin des années 1920 jusqu'au début des hostilités, Moscou avait bel et bien réussi à imposer son contrôle sur le mouvement communiste mondial, hormis en Chine. Or la guerre avait tout changé. Dans sa résistance contre les Allemands, l'Union soviétique avait été contrainte d'invoquer le patriotisme, la liberté, la démocratie et bien d'autres objectifs « bourgeois ». Le communisme avait perdu son tranchant révolutionnaire pour rejoindre, délibérément, une large coalition antifasciste. Telle avait été aussi la tactique des Fronts populaires avant la guerre, bien entendu, mais dans les années 1930, Moscou avait pu exercer un contrôle serré sur les partis étrangers – par son aide financière, des interventions personnelles et la terreur.

La guerre avait mis fin à cette situation : la suppression du Komintern, en 1943, en était le symbole. Et Moscou ne restaura pas complètement ce contrôle dans l'immédiat après-guerre : le parti yougoslave fut le seul en Europe à avoir réellement accédé au pouvoir sans l'intervention des Soviétiques, mais en Italie et en France les partis communistes, tout en professant une loyauté indéfectible envers Moscou, fonctionnaient au jour le jour sans conseils ni instructions de l'étranger. Leurs chefs n'étaient pas dans le secret des intentions de Staline. Comme les Tchèques, mais avec moins de consignes encore de l'URSS, ils suivaient ce qu'ils appelaient la « voie italienne ou française vers le socialisme », travaillant au sein de gouvernements de coalition et faisant comme si les objectifs nationaux et communistes étaient parfaitement compatibles.

Tout cela commença de changer dans l'été 1947. En France et en Italie, les ministres communistes furent éjectés du gouvernement au mois de mai. Cela fut un peu une surprise pour eux, et Maurice Thorez, le dirigeant communiste français, continua d'espérer un certain temps que son parti puisse bientôt rejoindre le gouvernement de coalition ; au congrès du parti, qui se tint en juin 1947 à Strasbourg, il qualifia d'« aventuriers » les tenants d'une opposition totale. Les communistes d'Europe occidentale ne savaient trop comment réagir au plan Marshall et tardèrent à emboîter le pas à Staline et à le rejeter. D'une manière générale, les communications entre Moscou et les partis occidentaux étaient médiocres. Après l'éviction des communistes français, Andreï Jdanov adressa une lettre confidentielle à Maurice Thorez (avec une copie, fait significatif, au dirigeant communiste tchèque Gottwald) : « Beaucoup pensent que les actions des communistes français sont concertées avec [nous]. Vous savez que ce n'est pas vrai et que les décisions que vous avez prises ont été une parfaite surprise pour le comité central. »

Visiblement, les communistes occidentaux restaient à l'extérieur de la sphère. Dans les semaines suivant l'envoi de la lettre à Thorez, le 2 juin, Moscou signait des traités commerciaux avec ses voisins et satellites d'Europe de l'Est, dans le cadre d'une réaction concertée contre le plan Marshall et la menace qu'elle représentait pour l'influence soviétique dans la région. La politique de coopération, poursuivie à Prague, Paris et Rome avec l'aval tacite de Staline, devait rapidement laisser place à un retour à la stratégie d'affrontement représentée par la promulgation par Jdanov de la théorie des deux « camps » inconciliables.

Pour mettre en œuvre la nouvelle approche, Staline convoqua une réunion à Szklarska Poreba, en Pologne, à la fin de septembre 1947, y invitant les PC polonais, hongrois, roumain, bulgare, tchécoslovaque, yougoslave, français, italien et, bien entendu, soviétique. Le dessein apparent de la réunion était de mettre en place le Kominform, ou Bureau d'information communiste, successeur de l'Internationale communiste, dont la tâche serait de « coordonner » l'activité communiste internationale et d'améliorer les communications entre Moscou et les partis satellites. Mais le véritable objectif de la réunion comme du Kominform (qui ne se réunit en tout et pour tout que trois fois et fut démantelé en 1956) était de restaurer la domination soviétique au sein du mouvement international.

Tout comme il l'avait fait au sein du parti bolchevik vingt ans plus tôt, Staline entreprit de pénaliser et de discréditer la déviation « droitiste ». À Szklarska Poreba, les représentants français et italiens eurent droit à de condescendantes leçons de stratégie révolutionnaire de la part des délégués yougoslaves, Edvard Kardelj et Milovan Djilas, dont Jdanov et Malenkov, les délégués soviétiques, louèrent le « gauchisme » exemplaire. Les communistes occidentaux (avec les représentants des partis tchèques et slovaques, auxquels la critique s'adressait aussi manifestement) se laissèrent totalement surprendre. C'était le glas de la coexistence pacifique, telle qu'ils l'avaient appliquée sur la scène politique intérieure. Un « camp démocratique anti-impérialiste » (suivant la formule de Jdanov) se formait ; une nouvelle ligne s'imposait. Moscou attendait désormais des communistes qu'ils veillassent davantage aux intérêts soviétiques et leur subordonnassent les considérations locales.

À la suite de Szklarska Poreba, les communistes changèrent partout de cap pour adopter une tactique de confrontation : grèves, manifestations, campagnes contre le plan Marshall et – en Europe de l'Est – accélération de la prise du pouvoir. Le comité central du PCF se réunit à Paris les 29-30 octobre 1947 et lança officiellement une campagne de dénigrement visant leurs alliés socialistes de la veille. Les communistes italiens mirent un peu plus de temps à prendre le tournant, mais lors de son congrès de janvier 1948, le Partito Communista Italiano (PCI) adopta à son tour un « nouveau cours », dont le centre était la « lutte pour la paix ». Les communistes ouest-européens en pâtirent certainement : ils se trouvèrent marginalisés dans les affaires intérieures. Dans le cas italien, ils essuyèrent de lourdes pertes aux élections générales d'avril 1948, au cours desquelles le Vatican et l'ambassade des États-Unis intervinrent massivement au profit du camp anticommuniste[7]. Mais cela importait peu. Dans la théorie jdanovienne des « deux camps », les communistes du camp occidental étaient désormais cantonnés à un rôle secondaire : ils étaient là pour gêner l'adversaire.

On aurait pu penser que l'hyper-révolutionnisme des Yougoslaves, qui avait jusque-là entravé la diplomatie de Staline, allait être désormais un atout. Du moins l'avait-il semblé à Szklarska Poreba, où le parti yougoslave avait été mis en vedette. Assurément, les délégués français, italiens et autres ne devaient jamais pardonner aux Yougoslaves leurs airs condescendants de supériorité et leurs privilèges à Szklarska Poreba : à la suite de la rupture soviéto-yougoslave, les communistes, partout, ne furent que trop contents de condamner la

7. En fait, le PCI progressa légèrement en nombre de suffrages aux élections de 1948, mais il ne le fit qu'aux dépens des socialistes, qui baissèrent fortement. La démocratie chrétienne recueillit au total plus de quatre millions de voix de plus que les partis de gauche réunis.

« déviation titiste » et n'eurent guère besoin des encouragements soviétiques pour couvrir d'opprobre et de mépris les camarades des Balkans en disgrâce.

En vérité, cependant, c'est Staline qui prit publiquement l'initiative de la rupture avec Tito en condamnant l'idée de Fédération balkanique en février 1948, puis en annulant les négociations commerciales et enfin, le mois suivant, en rappelant de Belgrade les conseillers civils et militaires soviétiques. Suivit toute une série de communiqués officiels et d'accusations où les deux camps protestèrent de leurs bonnes intentions. Le point culminant fut le refus de Tito d'assister à la deuxième conférence du Kominform. C'est à cette conférence, le 28 juin 1948, que la rupture fut consommée, avec une résolution formelle chassant la Yougoslavie de l'organisation pour n'avoir pas reconnu le rôle dirigeant de l'Armée rouge et de l'URSS dans la libération et la transformation socialiste du pays. Officiellement, Belgrade fut accusée de conduire une politique étrangère nationaliste et d'appliquer une politique intérieure incorrecte. En fait, la Yougoslavie était l'équivalent international d'une « opposition de gauche » au monopole stalinien du pouvoir, et le conflit était inévitable : Staline devait rompre avec Tito pour que les camarades communistes sussent clairement que Moscou ne souffrait aucune dissension.

Tito, bien entendu, ne fut pas brisé. Mais son pays et lui-même étaient plus vulnérables qu'ils ne le semblaient à l'époque, et sans le soutien croissant des Occidentaux, Tito aurait eu le plus grand mal à survivre au boycott économique soviétique – en 1948, 46 % du commerce yougoslave était avec le bloc soviétique ; un an plus tard, ce chiffre n'était plus que de 14 % – et aux menaces crédibles d'intervention soviétique. Sur un plan rhétorique, les Yougoslaves payèrent très certainement au prix fort leur obstination. Au cours des deux années suivantes, les attaques du Kominform devaient régulièrement gagner en intensité. Dans le lexique bien rôdé des injures léninistes, Tito devint « Judas Tito et ses complices », le « nouveau tsar des Pan-serbes et de toute la bourgeoisie yougoslave ». Ses partisans étaient des « traîtres méprisables et des laquais de l'impérialisme », de « sinistres hérauts du camp de la guerre et de la mort, des fauteurs de guerre séditieux et de dignes héritiers de Hitler ». Quant au PCY, il fut condamné comme une « bande d'espions, de provocateurs et de meurtriers », des « chiens tenus en laisse par les Américains, rongeant les os impérialistes et aboyant après le capital américain ».

Il est significatif que les attaques contre Tito et ses partisans aient coïncidé avec le plein épanouissement du culte de la personnalité stalinien, mais aussi les purges et les grands procès des années suivantes. Car il ne fait guère de doute que Staline ait réellement vu dans Tito une menace et un défi, et qu'il ait craint son effet corrosif sur la féauté et l'obéissance d'autres régimes et partis communistes. L'insistance du Kominform, dans ses journaux et ses publications, sur l'« aggravation de la lutte de classes dans la transition du capitalisme au socialisme » et sur le « rôle dirigeant » du parti risquait de rappeler aux gens que tel avait été précisément la politique du parti yougoslave depuis 1945. D'où l'accent simultané sur la loyauté envers l'Union soviétique et Staline, le rejet de toutes les routes « nationales » ou « particulières » vers le socialisme et l'exigence d'un « redoublement de vigilance ». Le second âge glaciaire du stalinisme commençait.

Si Staline se donna tant de peine pour affirmer et réaffirmer son autorité en Europe de l'Est, c'était, dans une large mesure, qu'il perdait l'initiative en Allemagne[8]. Le 1er juin 1948, les Alliés occidentaux, réunis à Londres, annoncèrent des plans pour mettre en place un État ouest-allemand séparé. Le 18 juin, une nouvelle monnaie, le *Deutsche Mark*, était annoncée ; trois jours plus tard, le DM était mis en circulation (les billets de banque avaient été imprimés dans le plus grand secret aux États-Unis puis acheminés à Francfort sous escorte militaire américaine). L'ancien *Reichsmark* fut retiré de la circulation, chaque résident allemand étant autorisé à en échanger juste quarante contre les nouveaux marks selon un ratio de 1/1, puis à un ratio de 10/1. Initialement impopulaire (parce qu'elle ruina l'épargne, fit monter les prix réels et mit des marchandises hors de portée de la plupart des gens), la monnaie fut vite acceptée, les magasins s'emplissant de produits que les fermiers et les commerçants vendaient maintenant volontiers à des prix fixes et contre un moyen d'échange fiable.

Le 23 juin, les autorités soviétiques réagirent en émettant un nouveau *Mark* est-allemand et en coupant les liaisons ferroviaires entre Berlin et l'Allemagne occidentale (trois semaines plus tard, ils devaient aussi fermer les canaux). Le lendemain, le gouvernement militaire occidental de Berlin bloquait les efforts soviétiques pour étendre à Berlin-Ouest la nouvelle monnaie de la zone Est : c'était là un point de principe important puisque la ville de Berlin relevait de l'autorité des quatre puissances et que la zone occidentale n'avait pas été traitée jusqu'ici comme faisant partie de l'Allemagne orientale sous occupation soviétique. Les troupes soviétiques resserrant leur contrôle sur les voies d'accès à la ville, les gouvernements américain et britannique décidèrent d'organiser un pont aérien afin de ravitailler leurs zones ; le 26 juin, le premier avion de transport se posait sur l'aéroport de Tempelhof, à Berlin (Ouest).

Le pont aérien de Berlin dura jusqu'au 12 mai 1949. Au cours de ces onze mois, les Alliés occidentaux acheminèrent quelque 2,3 millions de tonnes de vivres sur 277 500 vols – une opération qui coûta la vie à 73 aviateurs alliés. Le dessein de Staline, en faisant le blocus de Berlin, était d'obliger l'Occident

8. Ce n'est pas un hasard si l'Union soviétique retira ses conseillers de Yougoslavie le 18 mars 1948, soit juste quarante-huit heures avant que le général Sokolovski ne quittât la réunion du Conseil de contrôle allié en Allemagne.

à choisir : quitter la ville (en tirant parti de l'absence, dans les protocoles de Potsdam, de toute garantie écrite de l'accès des Alliés à la ville par voie terrestre) ou abandonner leur projet d'un État ouest-allemand séparé. Tel était le souhait véritable de Staline : pour lui, Berlin fut toujours une carte dans les négociations ; au bout du compte, il n'atteignit aucun de ces objectifs.

Non seulement les Alliés occidentaux se cramponnèrent à leur part de Berlin (ils en furent eux-mêmes un peu surpris et eurent droit à la reconnaissance ébahie des Berlinois – de l'Ouest – eux-mêmes), mais le blocus soviétique, juste après le coup de Prague, ne fit que les rendre plus déterminés à aller de l'avant dans leurs plans pour l'Allemagne de l'Ouest, tout comme il rendit une division de l'Allemagne plus acceptable aux Allemands eux-mêmes. La France rejoignit la bizone en avril 1949 pour créer une seule unité économique ouest-allemande de 49 millions d'habitants (contre 17 millions seulement dans la zone soviétique).

Comme la plupart des aventures diplomatiques de Staline, le blocus berlinois relevait de l'improvisation, non pas de quelque dessein agressif calculé (même si on ne saurait guère reprocher à l'Occident de n'en avoir rien su à l'époque), Staline n'était pas prêt à entrer en guerre pour Berlin[9]. Le blocus ayant échoué, le dirigeant soviétique changea donc de tactique. Le 31 janvier 1949, il proposa publiquement de lever le blocus en échange d'un ajournement des projets d'État ouest-allemand. Les Alliés occidentaux n'avaient aucunement l'intention de faire la moindre concession en ce sens, mais on convint de se réunir pour discuter de la question. Le 12 mai, l'Union soviétique suspendait le blocus sans autre contrepartie qu'une conférence des ministres des Affaires étrangères fixée au 23 mai.

La conférence eut lieu comme prévu. Elle dura un mois, mais, comme il était à prévoir, il fut impossible de trouver un terrain d'entente. En vérité, elle venait à peine de commencer que le conseil parlementaire ouest-allemand de Bonn adoptait officiellement la « Loi fondamentale » instaurant un gouvernement ouest-allemand ; une semaine plus tard, Staline réagit en annonçant les plans d'un État est-allemand complémentaire, officiellement créé le 7 octobre[10]. Lorsque la conférence prit fin, le 20 juin, le gouvernement militaire d'Allemagne de l'Ouest avait été remplacé par des hauts-commissaires américain, britannique et français. La République fédérale d'Allemagne était née, même si les Alliés se réservaient certains pouvoirs d'intervention, voire le droit de reprendre directement les choses en mains s'ils l'estimaient nécessaire. Le

9. L'eût-il voulu, qu'il n'y avait guère d'obstacles pratiques. Au printemps de 1948, l'Union soviétique avait trois cents divisions à portée de Berlin. Les États-Unis n'avaient que 60 000 soldats dans l'Europe entière, dont moins de 7 000 à Berlin.

10. La Loi fondamentale se voulait à dessein *provisoire* : « donner un nouvel ordre à la vie politique pendant une période transitoire », c'est-à-dire en attendant la réunification du pays.

15 septembre 1949, à la suite de la victoire de son parti démocrate-chrétien aux élections du mois précédent, Konrad Adenauer devint le premier chancelier de la République.

La crise de Berlin eut trois issues significatives. Premièrement, elle conduisit directement à la création de deux États allemands – chose qui n'entrait dans les intentions d'aucun des Alliés quatre ans plus tôt. Pour les puissances occidentales, c'était devenu un objectif attrayant et accessible ; en vérité, on avait reconnu du bout des lèvres que l'unification de l'Allemagne était souhaitable, mais nul n'était très pressé de la voir se réaliser. Quand de Gaulle lui demanda ce qu'il pensait d'une Allemagne réunifiée, le Premier ministre britannique Harold Macmillan lui répondit : « En théorie. En théorie nous devons toujours soutenir la réunification. Il n'y a aucun danger à cela. » Quant à Staline, sitôt qu'il comprit qu'il n'était pas de taille à disputer aux Alliés l'allégeance des Allemands ni à les forcer à abandonner leurs plans, l'existence d'un État est-allemand communiste séparé lui apparut comme la solution la moins mauvaise.

Deuxièmement, la crise de Berlin obligea pour la première fois les États-Unis à une présence militaire significative en Europe pour une durée indéterminée. Ce fut l'œuvre d'Ernest Bevin, le ministre britannique des Affaires étrangères : c'est lui qui convainquit les Américains d'organiser le pont aérien vers Berlin, après que Marshall et le général Clay (le commandant américain à Berlin) eurent assuré à Truman qu'il valait la peine de prendre le risque. Quant aux Français, ils furent d'autant moins impliqués dans la crise de Berlin que, du 18 juillet au 10 septembre 1948, le pays traversa une crise politique sans majorité de gouvernement claire à la Chambre.

Mais troisièmement, et cette conséquence procède des deux premières, la crise de Berlin déboucha directement sur une réévaluation des calculs militaires occidentaux. Si l'Ouest voulait protéger ses clients allemands d'une agression soviétique, il devait s'en donner les moyens. Au début de la crise de Berlin, les Américains avaient stationné en Grande-Bretagne des bombardiers stratégiques équipés pour transporter des bombes atomiques – les États-Unis en possédaient 56 à l'époque. Mais Washington n'avait pas de politique bien établie concernant leur utilisation (Truman lui-même répugnait tout particulièrement à envisager de les utiliser) et, en cas d'avancée soviétique, la stratégie américaine en Europe supposait encore un retrait du continent.

La reconsidération de la situation militaire commença avec le coup de force tchèque, à la suite duquel l'Europe entra dans une période d'insécurité accrue, où il fut beaucoup question de guerre. Même le général Clay, qui n'était pas vraiment enclin à l'hyperbole, partageait la peur dominante. « Pendant de longs mois, sur la base d'une analyse logique, j'ai eu le sentiment et j'ai soutenu qu'une guerre était peu probable en Europe pendant au moins dix ans. Au cours des toutes dernières semaines, j'ai perçu dans l'attitude des

L'Europe centrale et orientale après la Deuxième guerre mondiale

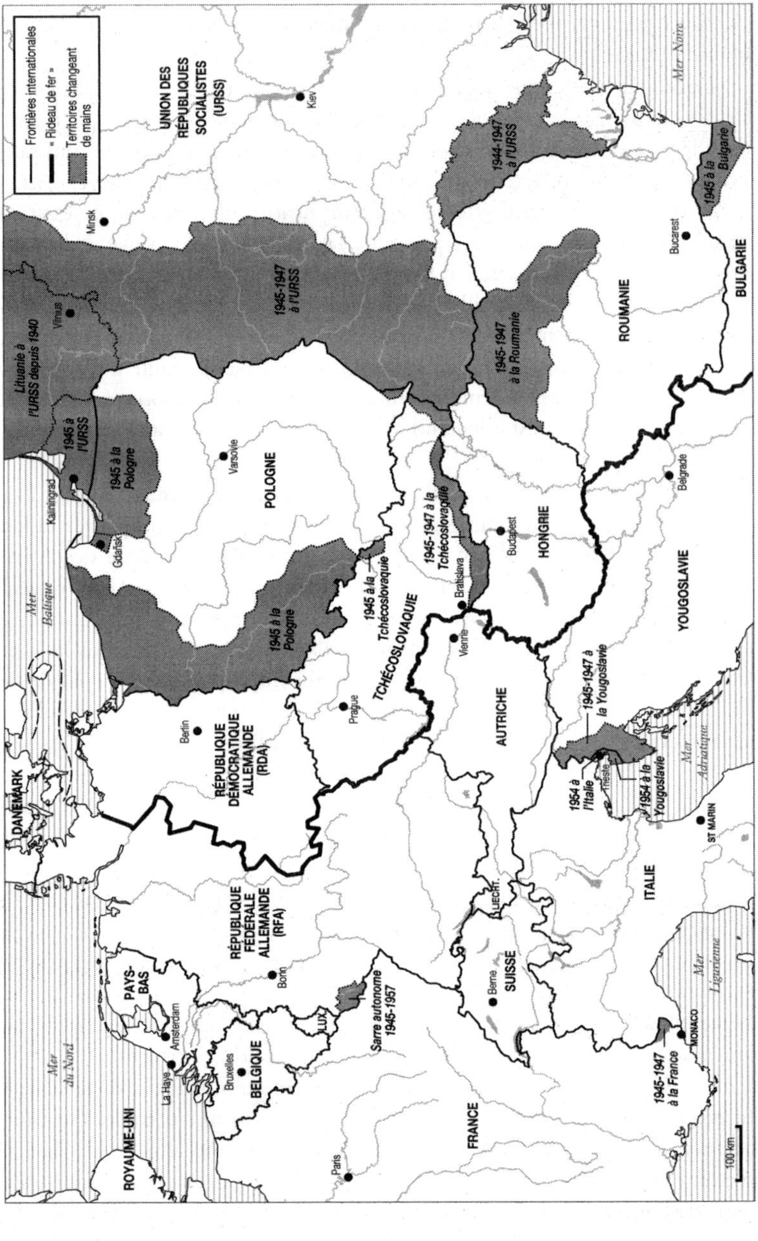

Soviétiques un subtil changement que je ne saurais définir, mais qui me donne le sentiment qu'elle peut arriver avec une soudaineté dramatique. » C'est dans cette atmosphère que le Congrès américain adopta la législation du plan Marshall et que les alliés européens signèrent le pacte de Bruxelles, le 17 mars 1948. Le pacte de Bruxelles, cependant, était un traité traditionnel prévu pour une durée de cinquante ans, par lequel la Grande-Bretagne, la France et les pays du Benelux s'engageaient « à se prêter mutuellement assistance [...] en cas de reprise d'une politique d'agression de la part de l'Allemagne », tandis que les responsables politiques européens prenaient une conscience plus aiguë du fait qu'ils étaient exposés, mais démunis, face aux pressions *soviétiques.* De ce point de vue, les pays européens étaient plus vulnérables que jamais. Comme Dirk Stikker, le ministre hollandais des Affaires étrangères, devait le noter rétrospectivement : « Nous autres, en Europe, n'avions qu'une promesse verbale de soutien américain de la part du président Truman. »

Ce sont les Britanniques qui prirent l'initiative d'une nouvelle approche à l'adresse de Washington. Dans un discours au Parlement, le 22 janvier 1948, Bevin avait invité la Grande-Bretagne à s'engager avec ses voisins européens dans une stratégie de défense commune, une « Union européenne occidentale », arguant que les besoins britanniques en matière de sécurité n'étaient plus séparables de ceux du continent – ce qui marquait une rupture significative avec la réflexion britannique passée. Cette Union ouest-européenne fut officiellement inaugurée avec le pacte de Bruxelles, mais comme Bevin l'expliqua à Marshall dans un message du 11 mars, un tel arrangement serait incomplet à moins d'être étendu au concept de sécurité de l'Atlantique Nord dans son ensemble – terrain sur lequel Marshall était d'autant mieux disposé que Staline exerçait alors des pressions considérables sur la Norvège pour l'amener à signer un pacte de non-agression avec l'Union soviétique.

Sur les instances de Bevin, des discussions secrètes se déroulèrent donc à Washington entre des représentants britanniques, américains et canadiens afin d'élaborer un traité de défense atlantique. Le 6 juillet 1948, dix jours après le début du pont aérien de Berlin et juste après l'expulsion de la Yougoslavie du Kominform, ces discussions s'ouvrirent aux autres membres du pacte de Bruxelles, dont les Français qui ne furent pas très heureux de découvrir qu'une fois encore les « Anglo-américains » avaient organisé le monde dans leur dos. En avril de l'année suivante, l'Organisation du traité de l'Atlantique Nord (OTAN) voyait le jour, avec la signature des États-Unis, du Canada et de dix États européens.

L'OTAN marquait une évolution notable. Encore en 1947, peu eussent prédit que les États-Unis s'engageraient dans une alliance militaire européenne. De fait, beaucoup, au Congrès, étaient notoirement réticents à approuver l'article V du traité (qui obligeait les membres de l'OTAN à s'entraider en cas d'attaque), et le Congrès finit par approuver le traité après trois mois de discussion uniquement parce qu'il lui fut représenté comme un pacte de défense *atlantique* plutôt qu'une alliance euro-américaine. En vérité, quand Dean Acheson plaida la cause de l'Administration devant le Sénat, il prit grand soin de souligner que l'Amérique ne déploierait *pas* de forces terrestres substantielles en Europe.

Et telle était bien l'intention des Américains. Si les États-Unis s'engageaient pour la première fois dans une alliance européenne qui les obligeait, c'est que beaucoup, à Washington, voyaient un peu l'OTAN comme ils voyaient le plan Marshall : un moyen d'aider les Européens à se sentir mieux et à gérer leurs affaires – en l'occurrence, leur propre défense. En soi, l'OTAN ne changea rien à l'équilibre militaire en Europe : sur les quatorze divisions stationnées en Europe occidentale, deux seulement étaient américaines. Le rapport de forces était de 12 contre 1 au détriment des Alliés occidentaux. En 1949, les chefs d'état-major américains calculèrent qu'on ne pourrait monter une défense efficace sur le Rhin qu'en 1957 au plus tôt. Qu'à la cérémonie de signature du traité de l'OTAN, qui se déroula au Constitutional Hall de Washington, le 9 avril 1949 l'orchestre ait joué « *I've Got Plenty of Nothing...* » n'était pas complètement hors de propos[11].

Du côté européen, néanmoins, les choses se présentaient assez différemment. Les Américains n'accordaient pas une grande valeur aux alliances militaires ; mais les Européens, comme Walter Bedell Smith en avertit ses collègues du « Policy Planning Staff » du département d'État, « attachent bien plus d'importance au bout de papier promettant un soutien que nous ne l'avons jamais fait ». Peut-être n'était-ce pas totalement surprenant. Ils n'avaient rien d'autre. Les Britanniques, au moins, étaient encore une île. Mais les Français, comme tous les autres, étaient plus vulnérables que jamais : face aux Allemands *et* désormais également face aux Russes.

Pour Paris, notamment, l'OTAN présentait un double attrait : la ligne de défense contre les forces soviétiques se trouvait déplacée plus à l'Est. Comme Charles Bohlen l'avait observé, quelques mois avant la signature du traité, « le seul vague élément de confiance auquel s'accrochent [les Français] est que les troupes américaines, quels que soient leurs effectifs, s'interposent entre eux et l'Armée rouge ». Et, le plus important peut-être, c'est qu'elle leur donnait une nouvelle assurance contre le revanchisme allemand. En vérité, c'est uniquement à cause de la promesse d'une protection de l'OTAN que le gouvernement français, qui gardait très présente à l'esprit l'issue de la Première Guerre mondiale, consentit à approuver la création d'un État ouest-allemand.

11. Littéralement, « J'ai eu du rien en abondance... » : air célèbre de l'opéra de Gershwin, *Porgy and Bess*, créé en 1935. *(N.d.T.)*

Les Français se réjouirent donc de l'OTAN, y voyant la garantie contre l'Allemagne ressuscitée qu'ils avaient été incapables d'obtenir par la voie diplomatique au cours des trois années précédentes. Les Hollandais et les Belges virent pareillement dans l'OTAN un obstacle au futur revanchisme allemand. Les Italiens furent associés pour étayer les bases de soutien intérieur d'Alcide De Gasperi contre ses critiques communistes. Quant aux Britanniques, ils voyaient le traité de l'OTAN comme un acquis de taille dans leur lutte pour garder les États-Unis engagés dans la défense de l'Europe. Et l'administration Truman vendit l'accord au Congrès et à la population américaine comme une barrière contre l'agression soviétique dans l'Atlantique Nord. D'où le fameux bon mot de lord Ismay, qui prit en 1952 ses fonctions de premier secrétaire général de l'OTAN : le dessein de l'Organisation du traité de l'Atlantique Nord était « de garder les Russes dehors, les Américains dedans et les Allemands par terre ».

L'OTAN était un coup de bluff. Comme Denis Healey, futur ministre britannique de la Défense, l'a écrit dans ses mémoires, « pour la plupart des Européens, l'OTAN n'avait aucune valeur si elle ne pouvait empêcher une autre guerre ; en livrer une ne les intéressait pas ». L'originalité du traité résidait moins dans ce qu'il pouvait réaliser que dans ce qu'il représentait : comme le plan Marshall – et le traité de Bruxelles dont il fut le prolongement –, l'OTAN illustrait le changement le plus significatif intervenu en Europe (et aux États-Unis) des suites de la guerre, l'empressement à partager des informations et à coopérer dans les domaines de la défense, de la sécurité, du commerce, des régulations monétaires et de bien d'autres choses. Un commandement allié intégré en temps de paix était, somme toute, une rupture sans précédent avec la pratique passée.

Mais l'OTAN ne jaillit pas dûment formée des accords de 1949. Au printemps de 1950, Washington s'inquiétait encore des moyens d'expliquer aux Français et aux autres Européens que le seul espoir réaliste pour la défense ouest-européenne était de réarmer l'Allemagne – un sujet qui mettait tout le monde mal à l'aise et qui avait toute chance de provoquer une réponse imprévisible de la part de Staline. En tout état de cause, nul ne voulait dépenser de précieuses ressources en réarmement. L'attrait de la neutralité – comme solution de rechange à un affrontement impuissant – allait croissant en Allemagne comme en France. Si la guerre de Corée n'avait pas éclaté à ce moment précis (contrefactuel raisonnable, puisqu'il s'en fallut de peu), les contours de l'histoire européenne récente pourraient bien être très différents.

En fait, le soutien de Staline à la décision de Kim Il Sung d'envahir la Corée du Sud, le 25 juin 1950, fut de loin sa plus grave erreur de calcul. Les Américains et les Européens de l'Ouest en tirèrent aussitôt la conclusion (erronée) que la Corée était une diversion ou un prélude, et que ce serait ensuite le tour de l'Allemagne – inférence encouragée par une imprudente vantardise de Walter Ulbricht, affirmant que la République fédérale serait la prochaine à tomber. L'Union soviétique avait testé avec succès une bombe atomique juste huit mois auparavant, conduisant les experts militaires américains à exagérer son état de préparation à la guerre ; malgré tout, les augmentations budgétaires demandées dans le document #68 du Conseil de sécurité nationale n'eussent certainement pas été approuvées sans la crise coréenne.

S'il n'était pas totalement nul, le risque d'une guerre en Europe fut grandement exagéré. Staline envisageait *bel et bien* un assaut – contre la Yougoslavie, non pas contre l'Allemagne de l'Ouest – mais le réarmement de l'Occident le fit renoncer. Et de même que l'Occident se méprit sur les intentions soviétiques en Corée, Staline – bien renseigné par ses services secrets sur le renforcement rapide de l'arsenal américain qui s'ensuivit – imagina à tort que les Américains avaient eux-mêmes des desseins agressifs contre sa sphère d'influence en Europe orientale. Reste qu'aucune de ces hypothèses et erreurs de calculs n'était claire à l'époque, et les responsables politiques et les généraux firent de leur mieux sur la base des informations limitées dont ils disposaient et des précédents.

Le réarmement occidental prit effectivement une ampleur spectaculaire. Le budget américain de la défense passa de 15,5 milliards de dollars en août 1950 à 70 milliards en décembre de l'année suivante, après que le président Truman eut déclaré l'état d'urgence nationale. En 1952-1953, les dépenses de défense absorbaient 17,8 % du PNB américain, contre 4,7 % seulement en 1949. En réponse à la demande de Washington, les Alliés de l'Amérique au sein de l'OTAN augmentèrent eux aussi leurs dépenses militaires : après un déclin régulier depuis 1946, les dépenses de défense britanniques passèrent à près de 10 % du PNB en 1951-1952, augmentant même plus vite que lors du réarmement fébrile de l'immédiat après-guerre. La France, aussi, hissa ses dépenses militaires à des niveaux comparables. Dans tous les États membres de l'OTAN, les dépenses militaires augmentèrent pour atteindre leur sommet d'après-guerre dans les années 1951-1953.

L'impact économique de ce bond soudain des investissements militaires fut également sans précédent. L'Allemagne, notamment, fut submergée de commandes de machines, d'outils, de véhicules et autres produits que la République fédérale était singulièrement bien placée pour fournir, d'autant que les Allemands de l'Ouest n'avaient pas le droit de fabriquer des armes et pouvaient donc se concentrer sur tout le reste. De 2,5 millions de tonnes en 1946 et 9 millions de tonnes en 1949, la production ouest-allemande d'acier passa à près de 15 en 1953. Le déficit en dollars avec l'Europe et le reste du monde tomba de 65 % en l'espace d'une seule année, tandis que les États-Unis dépensaient des sommes considérables en armements, en stocks de matériel, en bases militaires et en troupes. Fiat, à Turin, décrocha ses premiers contrats américains pour la construction d'un avion à réaction de soutien au sol (c'est son ambassade de Rome qui pressa Washington de passer ce contrat pour des raisons politiques).

Sur le plan économique, cependant, les nouvelles étaient loin d'être bonnes. Le gouvernement britannique fut contraint de détourner des dépenses publiques des services sociaux pour satisfaire ses obligations en matière de défense – un choix qui provoqua une scission au sein du parti travailliste, alors au gouvernement, et contribua à sa défaite aux élections de 1951. Les dépenses publiques nourrissant l'inflation, le coût de la vie augmenta en Europe de l'Ouest : en France, les prix des biens de consommation augmentèrent de 40 % en deux ans après le début des hostilités en Corée. Les Européens de l'Ouest, qui commençaient tout juste de récolter les bénéfices de l'aide Marshall, n'étaient visiblement pas en état de supporter très longtemps ce qui équivalait à une économie de guerre ; les États-Unis en prirent acte dans leur Mutual Security Act de 1951, lequel mit fin au plan Marshall et le transforma en un programme d'assistance militaire. À la fin de 1951, les États-Unis transféraient près de 5 milliards de dollars de soutien militaire à l'Europe occidentale.

De moyen psychologique de rendre confiance à l'Europe, l'OTAN devint ainsi un engagement militaire majeur, puisant dans les ressources apparemment illimitées de l'économie américaine et entraînant les Américains et leurs Alliés dans une accumulation d'hommes et de matériels sans précédent en temps de paix. Le général Eisenhower revint en Europe en qualité de commandant suprême des Alliés tandis qu'un QG militaire allié et des installations administratives étaient aménagés en Belgique et en France. L'Organisation du traité de l'Atlantique Nord était désormais, sans ambiguïté, une alliance. Sa principale tâche était ce que les stratèges militaires appelaient la « défense avancée » de l'Europe : autrement dit, affronter l'Armée rouge au cœur de l'Allemagne. Pour jouer ce rôle, le Conseil de l'OTAN réuni à Lisbonne en février 1952 conclut que l'alliance devait lever au moins quatre-vingt seize nouvelles divisions dans les deux ans.

Mais même avec une présence militaire significative et toujours plus forte, l'OTAN ne pouvait atteindre ses objectifs que d'une seule façon ; en réarmant les Allemands de l'Ouest. La Corée aidant, les Américains avaient pensé devoir aborder cette délicate question (Dean Acheson la souleva pour la première fois officiellement lors d'une rencontre des ministres des Affaires étrangères en septembre 1950), alors même que le président Truman lui-même s'était montré d'abord réticent. D'un côté, personne n'avait envie de mettre des armes dans les mains des Allemands cinq ans tout juste après la libération de l'Europe ; de l'autre, et par analogie avec les difficultés de la bizone juste trois ans auparavant, il y avait quelque perversité à dépenser des milliards de dollars pour défendre les Allemands de l'Ouest d'une attaque russe sans leur demander d'y contribuer. Et si l'Allemagne devait devenir, comme d'aucuns le prévoyaient, une sorte de zone tampon et un futur champ de bataille, on ne pouvait faire abstraction du risque d'indisposer les Allemands et d'encourager les sentiments neutralistes.

Moscou, bien entendu, ne voyait pas d'un bon œil le réarmement de l'Allemagne. Après juin 1950, cependant, les sensibilités soviétiques n'étaient plus une considération essentielle. Si réticents fussent-ils, les Britanniques ne voyaient d'autre solution que de trouver le moyen d'armer l'Allemagne tout en la gardant fermement sous le contrôle des Alliés. C'étaient les *Français* qui avaient toujours été les plus farouchement opposés à l'idée de mettre des armes entre des mains allemandes, et la France n'avait certainement pas adhéré à l'OTAN à seule fin de la voir devenir un parapluie de la remilitarisation de l'Allemagne. La France réussit à bloquer et à retarder le réarmement de son voisin jusqu'en 1954. Mais bien avant cette date, la politique française avait connu une transformation sensible, permettant à Paris d'accepter avec une certaine équanimité un rétablissement limité de l'Allemagne. Malheureuse et frustrée de se trouver rabaissée au rang de dernière des grandes puissances, la France s'était trouvée une nouvelle vocation : celle d'initiatrice de la nouvelle Europe.

L'idée d'union européenne, sous une forme ou sous une autre, n'était pas nouvelle. Le XIXe siècle avait vu toute une série d'unions douanières plus ou moins heureuses en Europe centrale et occidentale, et, dès avant la Première Guerre mondiale, il y avait eu de loin en loin des discussions idéalistes, fondées sur l'idée que l'avenir de l'Europe résidait dans le rassemblement de ses parties disparates. La Grande Guerre elle-même, loin de dissiper ces visions optimistes, semble leur avoir donné plus de force encore : ainsi qu'Aristide Briand – l'homme d'État français fut lui-même un fervent auteur de pactes et de projets européens – se plaisait à y insister, l'heure était venue de dépasser les rivalités d'antan et de penser européen, de parler européen et de sentir européen. En 1924, l'économiste Charles Gide se joignit à d'autres signataires européens en Europe pour lancer un Comité international pour une Union douanière européenne. Trois ans plus tard, un jeune diplomate britannique devait s'avouer « étonné » de l'ampleur de l'intérêt continental pour l'idée « paneuropéenne ».

Plus prosaïquement, la Grande Guerre avait étrangement conduit les Français et les Allemands à mieux apprécier leur dépendance mutuelle. Sitôt que les troubles de l'après-guerre furent retombés et que Paris eut abandonné ses efforts infructueux pour obtenir des réparations allemandes de force, fut conclu un pacte international de l'Acier, en septembre 1926, signé par la France, l'Allemagne, le Luxembourg, la Belgique et la région de la Sarre (alors autonome), afin de réglementer la production d'acier et éviter des capacités excédentaires. Même si l'année suivante la Tchécoslovaquie, l'Autriche et la Hongrie les rejoignirent, ce n'était jamais qu'un cartel de type traditionnel ;

mais le Premier ministre allemand Gustav Stresemann y voyait certainement la forme embryonnaire de futurs accords transnationaux. Il n'était pas le seul.

Comme d'autres projets ambitieux des années 1920, le pacte de l'Acier eut peine à survivre à la crise de 1929 et à la dépression qui suivit. En revanche, il reconnut ce qui était déjà clair aux maîtres français des forges en 1919, à savoir que l'industrie sidérurgique française, du jour où elle aurait doublé de taille avec le retour de l'Alsace-Lorraine, serait absolument dépendante du coke et du charbon allemands et devrait donc nécessairement trouver les bases d'une collaboration à long terme. La situation était tout aussi évidente pour les Allemands, et quand les nazis occupèrent la France en 1940 et trouvèrent un accord avec Pétain sur un système de paiement et de livraisons équivalent à la mobilisation forcée des ressources françaises au profit de l'effort de guerre allemand, beaucoup, de part et d'autres, n'en virent pas moins dans cette toute dernière forme de « collaboration » franco-allemande le germe d'un nouvel ordre économique « européen ».

Ainsi Pierre Pucheu, ministre de Vichy qui devait être ensuite exécuté par le CFLN, envisageait-il, après la guerre, un ordre européen où les barrières douanières seraient éliminées tandis qu'une seule économie européenne couvrirait la totalité du continent, avec une monnaie unique. La vision de Pucheu, que partageaient Albert Speer et beaucoup d'autres, représentait une sorte de mise à jour du Système continental napoléonien sous des auspices hitlériens, et elle séduisit toute une génération de hauts fonctionnaires et techniciens continentaux, qui avaient connu les frustrations de la politique économique des années 1930.

Ce qui rendait ces projets particulièrement séduisants, c'est qu'ils étaient typiquement présentés en terme d'intérêt paneuropéen, partagé, plutôt que sous la forme de projections intéressées d'ordres du jour nationaux séparés. Ils étaient « européens » plutôt qu'allemands ou français, et ils étaient très admirés au cours de la guerre par ceux qui voulaient désespérément croire que du bien pouvait sortir de l'occupation nazie. Que les nazis eux-mêmes eussent apparemment unifié une bonne partie de l'Europe en un sens technique – supprimant des frontières, expropriant des biens, intégrant les réseaux de transports et ainsi de suite – rendait l'idée plus plausible encore. Et l'attrait d'une Europe libérée de son passé et de ses antagonismes mutuels ne devait pas disparaître non plus à l'étranger. Quatre ans après la défaite du nazisme, en octobre 1949, George Kennan devait confesser à Dean Acheson que, s'il pouvait comprendre l'appréhension de l'importance croissante de l'Allemagne dans les affaires ouest-européennes, « il lui était souvent apparu au cours de la guerre en vivant là-bas que ce qui était mauvais dans l'Ordre nouveau de Hitler était précisément qu'il fût de Hitler ».

Kennan fit cette remarque en privé. Publiquement, après 1945, peu étaient disposés à dire un seul mot de positif sur l'Ordre nouveau du temps de guerre, dont Kennan avait sous-estimé l'inefficacité et la mauvaise foi. Bien entendu, la cause de la coopération économique intra-européenne n'en sortit aucunement diminuée. Jean Monnet, par exemple, continua de croire après la guerre, comme en 1943, que pour jouir de la « prospérité et du progrès social », les États de l'Europe devaient former une « entité européenne » qui ferait d'eux une seule unité. Et il y avait des fervents du « Mouvement pour l'Unité européenne », formé en janvier 1947 à l'instigation de Churchill.

Winston Churchill avait de bonne heure été un avocat influent d'une sorte d'assemblée européenne. Le 21 octobre 1942, il écrivit à Anthony Eden : « Je dois admettre que mes pensées vont essentiellement à l'Europe, au renouveau de la gloire de l'Europe [...]. Ce serait un désastre sans mesure si le bolchevisme russe recouvrait la culture et l'indépendance des anciens États de l'Europe. Si difficile qu'il soit de le dire aujourd'hui, j'ai bon espoir que la famille européenne puisse agir de manière unitaire, comme si elle ne faisait qu'une, sous un Conseil de l'Europe. » Mais les conditions politiques de l'après-guerre paraissaient peu propices à de semblables idéaux. Le mieux qu'on pût espérer était la création d'une sorte de forum de conversation européenne : ce que proposa, en mai 1948, le Congrès des mouvements pour l'Unité européenne, à La Haye. Le « Conseil de l'Europe », qui émergea de cette suggestion, fut inauguré en mai 1949 à Strasbourg, où il se réunit pour la première fois au mois d'août, avec des délégués de la Grande-Bretagne, de l'Irlande, de la France, du Benelux, de l'Italie, de la Suède, du Danemark et de la Norvège.

Le Conseil n'avait aucun pouvoir ni aucune autorité, ni d'ailleurs de statut légal, législatif ou exécutif. Ses « délégués » ne représentaient personne. Son principal atout était le simple fait qu'il existât, même si en novembre 1950, il publia une Convention européenne des droits de l'homme, qui devait prendre plus de portée au fil des décennies. Ainsi que Churchill lui-même l'avait reconnu dans un discours prononcé à Zurich le 19 septembre 1946, « la première étape de la recréation de la famille européenne doit être une association entre la France et l'Allemagne ». Dans les premières années de l'après-guerre, cependant, on l'a vu, les Français n'étaient pas d'humeur à envisager une telle association.

Leurs petits voisins avançaient cependant plus vite. Dès avant la fin de la guerre, les gouvernements en exil de Belgique, du Luxembourg et des Pays-Bas signèrent « l'accord du Benelux », éliminant les barrières douanières et prévoyant la libre circulation de la main-d'œuvre, des capitaux et des services entre leurs pays. L'Union douanière du Benelux entra en vigueur au 1er janvier 1948. Suivirent des conversations intermittentes entre les pays du Benelux, la France et l'Italie sur des projets d'extension de cette coopération à un espace élargi. Mais ces projets à demi formés de « petite Europe » devaient tous échouer sur les écueils du problème allemand.

Tout le monde convenait, comme conclurent les négociateurs du plan Marshall à Paris en juillet 1947, que l'« économie allemande devait être intégrée à l'économie de l'Europe de manière à contribuer à relever le niveau de vie général ». Toute la question était de savoir comment. L'Allemagne occidentale, même après qu'elle fut devenue un État en 1949, n'avait pas de liens organiques avec le reste du continent si ce n'est *via* les mécanismes du plan Marshall et de l'occupation alliée – l'un et l'autre temporaires. La plupart des Européens de l'Ouest voyaient encore dans l'Allemagne une menace, plutôt qu'un partenaire. Les Hollandais avaient toujours été économiquement dépendants de l'Allemagne – 48 % des recettes hollandaises « invisibles » avant 1939 venaient du commerce allemand transitant par les ports et les voies navigables des Pays-Bas – et la renaissance économique de l'Allemagne était vitale pour eux. En 1947, toutefois, 29 % de la population hollandaise portait un regard « amical » sur les Allemands, et pour les Pays-Bas il était important qu'une Allemagne économiquement redressée fût politiquement et militairement faible. C'était un point de vue qu'on partageait volontiers en Belgique. Aucun des deux pays ne pouvait envisager d'accommodement avec l'Allemagne à moins qu'il ne fût équilibré par l'engagement rassurant de la Grande-Bretagne.

Ce sont les événements internationaux de 1948-1949 qui permirent de sortir de l'impasse. Avec le coup de Prague, l'accord sur l'État ouest-allemand, le blocus de Berlin et les projets de l'OTAN, il apparut clairement à des hommes d'État français comme Georges Bidault et Robert Schuman que la France devait repenser son approche de l'Allemagne. Il devait désormais exister une entité politique ouest-allemande comprenant la Ruhr et la Rhénanie ; seule la minuscule Sarre avait été temporairement séparée du corps principal de l'Allemagne, et le charbon sarrois ne se prêtait pas à la cokéfaction. Comment tout à la fois contenir et mobiliser à l'avantage des Français les ressources de cette nouvelle République fédérale ?

Le 30 octobre 1949, Dean Acheson demanda à Schuman, pour la France, de prendre l'initiative d'intégrer le nouvel État ouest-allemand dans les affaires européennes. Les Français étaient bien conscients qu'il fallait faire *quelque chose* : comme Jean Monnet devait plus tard le rappeler à Georges Bidault, les États-Unis allaient certainement encourager la nouvelle Allemagne de l'Ouest indépendante à accroître sa production d'acier, à tel point qu'elle pourrait bien inonder le marché, forcer la France à protéger sa propre sidérurgie et provoquer ainsi un retour aux guerres commerciales. Comme on l'a vu au chapitre 3, le plan Monnet lui-même, mais aussi le réveil de la France, dépendait de la résolution de ce dilemme.

C'est dans ces circonstances que Jean Monnet proposa au ministre français des Affaires étrangères ce qui devait rester dans l'histoire le « Plan Schuman ». Celui-ci constituait une authentique révolution diplomatique, quand bien même sa gestation demanda cinq ans. Sur le fond, il était fort simple. « Le gouvernement français, déclara Schuman, propose de placer l'ensemble de la production franco-allemande de charbon et d'acier sous une haute autorité commune, dans une organisation ouverte à la participation des autres pays de l'Europe. » Davantage qu'un cartel du charbon et de l'acier, mais bien moins qu'un projet d'intégration européenne, la proposition Schuman représentait une solution pratique au problème qui contrariait la France depuis 1945. Dans le schéma de Schuman, la haute autorité aurait le pouvoir d'encourager la concurrence, de définir une politique des prix, de diriger l'investissement, mais aussi d'acheter et de vendre au nom des participants. Par-dessus tout, cependant, elle devait soustraire à des mains purement allemandes le contrôle de la Ruhr et d'autres ressources allemandes vitales. Il s'agissait d'une solution européenne à un, sinon *au*, problème français.

Robert Schuman annonça son plan le 9 mai 1950, après en avoir informé Dean Acheson la veille. Les Britanniques n'en furent pas préalablement informés. Le Quai d'Orsay y prit assurément un malin plaisir : la première des nombreuses petites mesures de représailles contre les Anglo-américains habitués à prendre des décisions sans consulter Paris. La dernière décision en date avait été la dévaluation unilatérale de la livre sterling de 30 %, juste huit mois plus tôt : seuls les Américains en avaient été prévenus tandis que le reste de l'Europe avait été obligé de suivre[12]. Paradoxalement, c'est ce rappel des risques d'un regain de l'égoïsme économique et de l'absence de communication entre les États européens qui avait poussé Monnet et d'autres à explorer la solution qu'ils proposaient maintenant.

Le gouvernement allemand salua aussitôt la proposition de Schuman, sautant sur l'occasion. C'est un Konrad Adenauer ravi qui répondit à Schuman que ce plan du gouvernement français a donné « aux relations entre nos deux pays, qui menaçaient d'être paralysées par la méfiance et la réserve, un nouvel élan vers la coopération constructive ». Ou, comme il le dit sans détours à ses collaborateurs, *Das ist unser Durchbruch*, « c'est notre percée ». Pour la première fois, la République fédérale d'Allemagne entrait dans une organisation internationale sur le même pied que d'autres États indépendants et allait être associée à l'Alliance occidentale, comme le souhaitait Adenauer.

Les Allemands furent les premiers à ratifier le plan Schuman. Suivirent l'Italie et le Benelux, même si les Hollandais furent d'abord réticents à s'y engager sans les Britanniques. Or, les Britanniques déclinèrent l'invitation de Schuman et, sans la Grande-Bretagne, il n'était pas question pour les Scandinaves de signer. Il n'y eut donc que six États ouest-européens pour signer, en

12. Henri Queuille, le ministre français des Finances, se plaignit auprès de l'ambassadeur des États-Unis en France du « manque complet de loyauté » de la Grande-Bretagne.

avril 1951, le traité de Paris instituant la Communauté européenne du charbon et de l'acier (CECA).

Peut-être vaut-il la peine de s'arrêter un instant sur un trait de la Communauté qui n'a pas échappé à l'attention à l'époque. Les six ministres des Affaires étrangères qui paraphèrent le traité en 1951 étaient tous issus de la démocratie chrétienne. Les trois hommes d'États dominants des principaux États membres – Alcide de Gasperi, Konrad Adenauer et Robert Schuman – étaient tous originaires des marges de leurs pays : De Gasperi était du Trentin, dans le nord-est de l'Italie ; Adenauer de Rhénanie ; et Schuman de Lorraine. De Gasperi était né et avait passé une bonne partie de sa vie adulte dans un Trentin qui faisait partie de l'Empire austro-hongrois et avait fait ses études à Vienne. Schuman avait grandi dans une Lorraine intégrée à l'Empire allemand. Jeune homme, comme Adenauer, il avait adhéré à des associations catholiques : les mêmes auxquelles le Rhénan avait appartenu dix ans plus tôt. Lorsqu'ils se retrouvaient, les trois hommes conversaient en allemand, leur langue commune.

Pour tous les trois, comme pour leurs collègues démocrates chrétiens du Luxembourg bilingue, de la Belgique bilingue et biculturelle et des Pays-Bas, un projet de coopération européenne avait du sens aussi bien culturellement qu'économiquement : ils pouvaient raisonnablement y voir une contribution pour sortir de la crise de civilisation qui avait détruit l'Europe cosmopolite de leur jeunesse. Depuis les marges de leurs pays, où les identités avaient longtemps été multiples et les frontières fongibles, Schuman et ses collègues n'étaient pas particulièrement troublés par la perspective d'une certaine fusion de la souveraineté nationale. Les six pays membres de la nouvelle CECA avaient tous vu, dans un passé récent, leur souveraineté bafouée et piétinée, dans la guerre et l'Occupation : il ne leur était resté qu'assez peu de souveraineté à perdre. Et leur souci démocrate-chrétien commun de cohésion sociale et de responsabilité collective les prédisposait tous à accepter volontiers l'idée de « haute autorité » transnationale exerçant un pouvoir exécutif pour le bien commun.

Plus au nord, cependant, la perspective était passablement différente. Dans les terres protestantes de Scandinavie et de Grande-Bretagne (ou dans la perspective protestante d'un Allemand du Nord comme Schumacher), la Communauté européenne du charbon et de l'acier avait un parfum d'autoritarisme. Tage Erlander, Premier ministre social-démocrate suédois de 1948 à 1968, imputa son ambivalence à l'écrasante majorité catholique de la nouvelle Communauté. Kenneth Younger, haut conseiller de Bevin, nota dans son journal le 14 mai 1950, cinq jours après avoir eu connaissance du plan Schuman, que s'il était dans l'ensemble favorable à l'intégration économique européenne les nouvelles propositions pouvaient bien, « par ailleurs [...] n'être qu'une étape de la consolidation de "l'internationale noire" catholique dont j'ai toujours pensé qu'elle était une des principales forces motrices du Conseil de l'Europe ». À l'époque, ce point de vue n'était ni extrême ni rare.

La CECA n'était pas une « internationale noire ». Elle n'était même pas vraiment un levier économique particulièrement efficace, puisque la haute autorité ne devait jamais exercer le genre de pouvoir qu'imaginait Monnet. Comment tant d'autres innovations institutionnelles de ces années-là, elle offrit plutôt à l'Europe un espace psychologique pour aller de l'avant avec une confiance en soi retrouvée. Comme Adenauer l'expliqua à Macmillan dix ans plus tard, la CECA n'était même pas vraiment une organisation économique (et la Grande-Bretagne, à son avis, avait eu raison de s'en tenir à l'écart). Nonobstant les accès de fantaisie de Monnet, ce n'était pas un projet d'intégration européenne, mais plutôt le plus petit commun dénominateur de l'intérêt mutuel des Européens de l'Ouest au moment de sa signature. Sous couvert économique, c'était un instrument politique, un moyen de dépasser l'hostilité franco-allemande.

Pendant ce temps, les problèmes que la Communauté européenne du charbon et de l'acier devait traiter commençaient à se résoudre. Dans le dernier trimestre de 1949, la République fédérale d'Allemagne retrouva les niveaux de production industrielle de 1936 ; à la fin de 1950, elle les avait dépassés d'un tiers. En 1949, la balance commerciale de l'Allemagne de l'Ouest avec l'Europe reposait sur l'exportation de matières premières (essentiellement du charbon). Un an après, en 1950, le solde de la balance commerciale était négatif, car l'Allemagne consommait ses propres matières premières pour alimenter son industrie locale. En 1951, le solde était de nouveau positif et devait le rester de longues années, grâce aux exportations allemandes de produits *manufacturés.* À la fin de 1951, les exportations allemandes étaient six fois plus élevées qu'en 1948, tandis que le charbon, les produits finis et le commerce allemands alimentaient une renaissance économique européenne ; à la fin des années 1950, l'Europe occidentale souffrait en fait des effets d'une surabondance de charbon. Dans quelle mesure cette situation est imputable à la CECA reste discutable : c'est la Corée, non pas Schuman, qui provoqua la surchauffe de la machine industrielle ouest-allemande. Mais, au bout du compte, cela n'avait pas grande importance.

Si la Communauté européenne du charbon et de l'acier était donc beaucoup moins importante qu'on ne le prétendit – si l'engagement français dans des organismes internationaux n'était qu'un moyen de contrôler une Allemagne dont elle continuait de se méfier, et si l'essor économique de l'Europe ne devait pas grand-chose aux actions d'une haute autorité dont l'impact sur la concurrence, l'emploi et les prix était minime –, pourquoi les Britanniques refusèrent-ils d'en être ? Et pourquoi paraissait-il si important qu'ils s'en tinssent à l'écart ?

Les Britanniques n'avaient rien contre une Union douanière européenne : ils y étaient favorables, tout au moins pour les autres. Ce qui les gênait, c'était l'idée d'un exécutif supranational qu'impliquait l'institution d'une Haute Autorité, même si elle ne dirigeait que la production et la tarification de deux marchandises. Londres avait été tout à fait claire à ce sujet depuis un certain temps. En 1948, quand Bevin discuta avec le cabinet travailliste des propositions américaines en vue d'une future Organisation de la Coopération économique européenne, son principal souci était que le « contrôle effectif restât entre les mains des délégations nationales [...] pour empêcher le secrétariat (ou un président "indépendant") d'agir de son propre chef. [...] Il ne devait pas être question d'instructions données par l'organisation aux différents membres ».

La répugnance britannique à abandonner tout contrôle national était manifestement incompatible avec le dessein de Monnet en créant la CECA. Mais les Britanniques virent dans celle-ci le tranchant du coin continental enfoncé dans les affaires britanniques, dont les implications étaient d'autant plus dangereuses qu'elles étaient nébuleuses. Comme Bevin l'expliqua à Acheson en justifiant le refus de la Grande-Bretagne d'y entrer, « quand sont en jeu des affaires d'une importance aussi vitale, on ne s'en remet pas au contenu d'une pochette surprise », et je suis « bien certain que, s'ils avaient été placés dans une situation similaire, les Américains eussent vu les choses de la même façon ». Ou, comme il le déclara en termes plus colorés à ses collaborateurs en exprimant ses appréhensions à l'égard du Conseil de l'Europe, « si on ouvre la boîte de Pandore, on ne sait jamais quels chevaux de Troie vont en sortir ».

Le raisonnement britannique était, en partie, d'ordre économique. L'économie britannique, notamment dans sa partie tributaire du commerce, semblait se porter mieux que celle de ses voisins du continent. En 1947, les exportations britanniques représentaient, en valeur, la somme des exportations de la France, de l'Italie, de l'Allemagne occidentale, du Benelux, de la Norvège et du Danemark réunis. Tandis que les États ouest-européens, à l'époque, échangeaient surtout les uns avec les autres, la Grande-Bretagne avait un commerce soutenu avec la terre entière : de fait, en 1950, le commerce de la Grande-Bretagne avec l'Europe était très *inférieur* à ce qu'il était en 1913.

Aux yeux des autorités britanniques, le pays avait donc plus à perdre qu'à gagner en participant à des arrangements économiques contraignants avec des pays dont les perspectives semblaient très incertaines. Un an avant la proposition de Schuman, la position du Royaume-Uni, exprimée en privé par de hauts fonctionnaires, était qu'une « coopération économique à long terme avec l'Europe ne présentait aucun attrait pour nous. Au mieux, elle puisera dans nos ressources ; au pire, elle peut gravement nuire à notre économie ».

À quoi il convient d'ajouter la crainte du parti travailliste que l'entrée dans des arrangements continentaux de cette nature pût limiter sa liberté de conduire des politiques « socialistes » à l'intérieur, des politiques étroitement liées aux intérêts corporatistes des vieux syndicats industriels qui avaient fondé le parti un demi-siècle plus tôt : en sa qualité de Premier ministre par intérim, Herbert Morrison déclara au cabinet en 1950, lorsqu'il se pencha (brièvement) sur l'invitation de Schuman : « C'est pas bon, on peut pas, les mineurs de Durham voudront jamais ça. »

Et puis il y avait le Commonwealth. En 1950, le Commonwealth couvrait de larges étendues de l'Afrique, de l'Asie du Sud, de l'Australasie et des Amériques, encore largement dans les mains britanniques. Les territoires coloniaux, de la Malaisie à la Côte d'Or (Ghana), enregistraient des gains nets en dollars et gardaient des sommes significatives à Londres : les fameuses « balances sterling ». Le Commonwealth était une source majeure de matières premières et de denrées alimentaires, et l'Empire, comme la plupart des gens continuaient de l'appeler, faisait partie intégrante de l'identité nationale britannique ; du moins le semblait-il à l'époque. Pour la plupart des responsables politiques, il était manifestement imprudent – mais aussi pratiquement impossible – que la Grande-Bretagne fît partie d'un système européen continental qui couperait le pays de cette autre dimension de son existence même.

La Grande-Bretagne faisait donc partie de l'Europe, mais aussi d'une communauté impériale anglophone à l'échelle de la planète. Les Britanniques étaient volontiers ambivalents envers l'Amérique – qu'ils percevaient de loin comme un « paradis des splendeurs consuméristes » (Malcolm Bradbury) en comparaison de leur propre vie étriquée –, mais ils lui en voulaient précisément pour cette raison. Leurs gouvernements, cependant, continuaient de professer leur foi dans ce qu'on devait appeler plus tard la « relation particulière » entre les deux pays. Dans une certaine mesure, celle-ci tenait à la présence britannique à la « table des Grands » *(top table)* pendant la guerre : après avoir été une des trois grandes puissances à Yalta et à Potsdam, la Grande-Bretagne était devenue la troisième puissance nucléaire à la suite de l'essai réussi de la bombe britannique en 1952. Mais cette relation se nourrissait aussi de l'étroite collaboration entre les deux pays au cours de la guerre elle-même. Et elle reposait, un peu, sur le complexe typiquement britannique de supériorité envers le pays qui l'avait détrôné au sommet impérial[13].

---

13. Un point de vue que saisissent bien ces vers de mirliton anonymes griffonnés lors des négociations du prêt britannique, après la guerre :

> À Washington lord Halifax
> Chuchota un jour à lord Keynes
> C'est vrai qu'ils ont le pèze
> Mais côté cervelle on les taxe !

Les Américains s'agacèrent de la répugnance du Royaume-Uni à lier son destin à celui de l'Europe et s'irritèrent de l'obstination de la Grande-Bretagne à préserver sa stature impériale. Toutefois, on ne saurait réduire la position de Londres en 1950 à l'illusion impériale ou à une manifestation de mauvais caractère. La Grande-Bretagne, comme Jean Monnet devait le reconnaître plus tard dans ses *Mémoires*, n'avait pas été occupée ni envahie : elle n'éprouvait pas le besoin d'« exorciser l'histoire ». Les Britanniques avaient vécu la Seconde Guerre mondiale comme un moment de réconciliation nationale et de rassemblement, plutôt qu'une déchirure corrosive dans le tissu de l'État et de la nation, comme on s'en souvenait outre-Manche. En France, la guerre avait révélé tout ce qui n'allait pas dans la culture politique de la nation ; en Grande-Bretagne, elle avait paru confirmer tout ce qui était bel et bon dans les institutions et les habitudes nationales. La Seconde Guerre mondiale, pour la plupart des Britanniques, avait été livrée entre l'Allemagne et la Grande-Bretagne, et les Britanniques en étaient sortis triomphants et justifiés[14].

Ce sentiment d'orgueil tranquille devant la capacité du pays à souffrir, endurer et vaincre avait distingué la Grande-Bretagne du continent. Il façonna aussi la culture politique de l'après-guerre. Aux élections de 1945, le parti travailliste obtint une nette majorité parlementaire pour la première fois de son histoire et, ainsi que nous l'avons vu, fit passer un large éventail de nationalisations et de réformes sociales, dont l'apogée fut la constitution du premier État-providence universel du monde. Les réformes du gouvernement furent très largement populaires, alors même qu'elles devaient susciter étonnamment peu de changements dans les habitudes et affinités profondes de la nation. Pour citer J. B. Priestley, écrivant dans les pages du *New Statesman* en juillet 1949 : « Nous sommes une monarchie socialiste, qui est vraiment le dernier monument du libéralisme. »

La politique intérieure britannique, après la guerre, fit une large place aux questions de justice sociale et aux réformes institutionnelles qu'elle nécessitait. C'était, dans une large mesure, l'effet de l'échec cumulatif des gouvernements précédents à traiter les inégalités sociales ; le recentrage tardif du débat autour des dépenses publiques les plus urgentes – en matière de santé, d'éducation, de transports, de logement, de retraite, etc. – semblait aux yeux de beaucoup constituer une récompense bien méritée après les récents sacrifices du pays. Mais cela signifiait aussi que la plupart des électeurs britanniques (et beaucoup de parlementaires) n'avaient absolument aucune idée de l'état de pauvreté de leur pays et de ce qu'il leur en avait coûté de mener cette lutte épique contre l'Allemagne.

14. Les Allemands, on le comprend, ne se souvenaient pas de la guerre sous ce jour et, dans les décennies suivantes, ils devaient être déroutés de se voir traiter de « Huns », de « Krauts » et autres noms d'oiseaux par les supporters anglais des équipes de foot ou les tabloïds britanniques.

En 1945, la Grande-Bretagne était insolvable. Les Britanniques se mobilisèrent plus complètement, et plus longtemps qu'aucun autre pays : en 1945, 10 millions d'hommes et de femmes étaient sous les armes ou en fabriquaient pour une population employée de 21,5 millions d'adultes. Plutôt que d'adapter l'effort de guerre britannique aux moyens limités du pays, Winston Churchill avait joué le tout pour le tout : empruntant aux Américains et vendant des actifs britanniques outre-mer, afin qu'argent et matériel continuent d'affluer. Comme le dit un chancelier de l'Échiquier pendant la guerre, ces années virent le « passage de l'Angleterre de la position de premier pays créditeur du monde à celle de première nation débitrice ». La Seconde Guerre mondiale coûta à la Grande-Bretagne deux fois ce que lui avait coûté la Grande Guerre ; le pays y perdit un quart de sa richesse nationale.

Cela explique les crises monétaires récurrentes de la Grande-Bretagne après la guerre, le pays s'efforçant d'éponger d'énormes dettes libellées en dollars avec un revenu terriblement réduit. C'est une des raisons pour lesquelles le plan Marshall, en Grande-Bretagne, n'eut pratiquement aucun impact sur l'investissement et la modernisation de l'industrie : 97 % des fonds de contrepartie (plus que partout ailleurs) servirent à rembourser la dette massive du pays. Ces problèmes eussent été assez rudes pour tout pays européen de taille moyenne dans une situation aussi serrée que la Grande-Bretagne après la guerre ; dans son cas, ils furent immensément exacerbés par l'échelle mondiale des responsabilités impériales britanniques.

Rester une grande puissance avait un coût : il s'était fortement accru pour la Grande-Bretagne depuis 1939. Dans les années 1934-1938, le pays avait dépensé 6 millions de livres sterling par an pour toutes ses activités militaires et diplomatiques. En 1947, le gouvernement consacra 209 millions de livres sterling à son seul budget militaire. En juillet 1950, à la veille de la guerre de Corée, c'est-à-dire *avant* l'augmentation des dépenses de défense qui suivit le déclenchement des hostilités, la Grande-Bretagne avait une flotte au grand complet dans l'Atlantique, une autre en Méditerranée et une troisième dans l'océan Indien, sans compter la *China Station* permanente. Le pays conservait également 120 escadrilles de la Royal Air Force à travers le monde ainsi que des armées ou des détachements permanents à Hong-Kong, en Malaisie, dans le golfe Persique et en Afrique du Nord, à Trieste et en Autriche, en Allemagne de l'Ouest et au Royaume-Uni. À quoi il fallait encore ajouter tout un imposant et coûteux réseau diplomatique et consulaire, mais aussi des services secrets à travers la planète, et l'administration coloniale, qui représentait un fardeau bureaucratique significatif quand bien même il avait dernièrement diminué avec le départ de l'Inde.

La seule façon de s'en tirer, dans cette situation plus que tendue, consistait pour les Britanniques à s'imposer des conditions sans précédent de restriction et de pénurie volontaire, ce qui explique un trait amplement remarqué de ces années-là : la Grande-Bretagne fière et victorieuse paraissait tant bien que mal plus étriquée, plus pauvre, plus grise et lugubre qu'aucun des autres pays du continent naguère vaincu, occupé et violenté. Tout y était rationné, restreint, contrôlé. Le chroniqueur et essayiste Cyril Connolly, il est vrai d'humeur morose aux jours les plus heureux, n'en a pas moins fort bien saisi l'esprit du temps dans sa comparaison de l'Amérique et de la Grande-Bretagne en avril 1947 :

> « Ici l'ego est à demi pression ; pour la plupart d'entre nous, nous ne sommes pas des hommes et des femmes, mais les membres d'une immense classe neutre mal fichue, surmenée, accablée de lois, avec nos habits de grosse toile, nos cartes de rationnement et nos polars, nos apathies envieuses, strictes et vieux-jeu, bref un peuple usé par les soucis. Et le symbole de cette atmosphère, c'est Londres, qui est désormais la plus grande, la plus triste et la plus crasseuse des grandes villes, avec ses kilomètres de maisons sans peinture et à moitié inhabitées, ses gargotes sans bouffe, ses pubs sans bière, ses quartiers jadis animés qui perdent toute personnalité, ses places dépouillées de toute élégance [...], ses foules qui flânent autour des sièges d'osier tachés des cafétérias dans leurs imperméables miteux, sous un ciel toujours morne et menaçant comme un couvercle de casserole. »

C'était le temps de l'austérité. Pour augmenter les exportations du pays (et donc engranger des devises étrangères vitales), tout ou presque était rationné ou manquait purement et simplement : viande, sucre, vêtements, automobiles, essence, voyages à l'étranger et même bonbons. Le rationnement du pain, qui n'avait jamais été imposé durant la guerre, fut introduit en 1946 et ne devait être abandonné qu'en juillet 1948. Le 5 novembre 1949, le gouvernement célébra avec ostentation un « feu de joie des contrôles », mais nombre de ces mêmes mesures durent être réintroduites avec le nouveau serrement de ceinture de la guerre de Corée ; en Grande-Bretagne, le rationnement des denrées alimentaires de base ne devait être supprimé qu'en 1954, bien après le reste de l'Europe occidentale. Les citoyens du bloc soviétique n'eussent pas été dépaysés par les scènes de rue dans la Grande-Bretagne de l'après-guerre : « Il y avait des queues partout, vous savez, devait raconter une ménagère anglaise en évoquant ces années, et même si on ne savait pas pourquoi, on faisait la queue... On s'y mettait parce qu'on savait qu'il y avait quelque chose au bout. »

Les Britanniques supportèrent étonnamment bien ces privations, en partie parce qu'ils les croyaient au moins équitablement réparties à travers la communauté. Toutefois, la frustration accumulée face aux rationnements et aux réglementations, ainsi que les airs de paternalisme puritain qui s'accrochaient à certains ministres travaillistes (notamment au chancelier de l'Échiquier, sir Stafford Cripps) contribuèrent au redressement électoral des conservateurs dans les années 1950. Le sentiment qu'il n'y avait pas le choix et que le gouvernement savait ce qu'il faisait, raconte le romancier David Lodge évoquant sa jeunesse, fit de la première génération anglaise de l'après-guerre des gens « timorés, effacés, reconnaissants pour trois fois rien et modestes dans leurs ambitions » ; le contraste est marqué avec la génération qui devait suivre. Et ce « trois fois rien » ne paraissait pas si petit. Comme Sam Watson, le vieux chef du syndicat des mineurs de Durham, le rappela à la conférence annuelle du parti travailliste en 1950 : « La pauvreté a disparu. La faim est inconnue. Les malades sont soignés. Les vieux sont choyés, nos enfants grandissent dans un pays où chacun a sa chance. »

La Grande-Bretagne restait une société de déférence et de classe, et l'État-providence, on l'a vu, profitait avant tout aux classes « intermédiaires ». Mais il y eut véritablement une redistribution des revenus et de la richesse des suites de la législation de l'après-guerre : la part de la richesse nationale détenue par les 1 % les plus riches tomba de 56 % en 1938 à 43 % en 1954 ; et la disparition effective du chômage formait un contraste encourageant avec la sombre décennie de l'avant-guerre. Entre 1946 et 1948, 150 000 Britanniques émigrèrent au Canada, en Australie et en Nouvelle-Zélande ; beaucoup d'autres envisageaient d'en faire autant ; à compter de 1951, cependant, il sembla que les pires années d'austérité appartenaient au passé, et le pays s'offrit le spectacle optimiste d'un « Festival of Britain », marquant le centenaire de la grande exposition du prince Albert, en 1851.

Le documentaire que réalisa Humphrey Jennings cette année-là rend bien l'esprit du temps. Le titre même, *Portrait de famille*, met en évidence la singularité du pays : jamais un documentariste n'aurait eu l'idée de l'utiliser en France, en Italie, en Allemagne ou en Belgique. Le film est une célébration de l'anglicité, fortement colorée par les souvenirs partagés de souffrances et de gloire dans la guerre récente, et il est pétri d'une fierté, à demi consciente seulement, des particularités du pays. Il insiste lourdement sur la science et le progrès, l'ambition et le travail. Et il n'est pas la moindre référence aux voisins (*sic*) ou alliés de l'Angleterre. Le pays est présenté en 1951 tel qu'il était vraiment en 1940 : seul.

En 1828, le poète allemand Heinrich Heine avait fait une observation déjà familière : « Il est rarement possible aux Anglais, dans leurs débats parlementaires, d'exprimer un principe. Ils ne discutent que de l'utilité ou de la désutilité d'une chose et produisent des faits, pour et contre ». En 1950, les Britanniques déclinèrent l'invitation de Robert Schuman parce que rejoindre un projet économique européen présentait à leurs yeux quelque désutilité, et parce qu'ils avaient toujours répugné à s'engager sur le continent. Mais le choix britannique de se tenir à l'écart de la CECA était par-dessus tout une décision instinctive, psychologique, voire émotionnelle, un produit de l'absolue singularité de l'expérience britannique récente. En janvier 1952, devant un auditoire new-yorkais, Anthony Eden résumera la décision britannique en ces termes : « C'est une chose que nous ne saurions faire, nous le savons au fond de nous-mêmes. »

Ce n'était pas une décision définitive ; mais prise à cette date, elle se révéla fatidique. En l'absence de la Grande-Bretagne (et, dans son sillage, des Scandinaves), le pouvoir au sein de la « petite Europe » de l'Ouest échut, par défaut, à la France. Les Français se firent un devoir de faire ce que les Britanniques auraient bien pu faire dans d'autres circonstances : ils firent « l'Europe » à leur image, coulant finalement ses institutions et ses politiques dans un moule qui leur était familier par les précédents français. À l'époque, ce sont les Européens continentaux, non pas les Britanniques, qui exprimèrent leur regret devant le cours des événements. Beaucoup de dirigeants européens de premier plan souhaitaient ardemment que la Grande-Bretagne les rejoignît. « Ce *leadership* moral, il ne tenait qu'à vous de le demander », observera après-coup avec regret l'homme d'État belge et européen Paul-Henri Spaak. Se retournant sur le passé, Monnet devait lui aussi se demander à quel point les choses auraient été différentes si la Grande-Bretagne avait choisi de prendre l'initiative en un temps où son autorité restait sans rivale. Dix ans plus tard, il est vrai, les Britanniques devaient reconsidérer la question. Mais dans l'Europe de l'après-guerre, dix ans c'était très long, et les dés étaient jetés.

VI

Le vertige

« Oui, on peut dire ce qu'on veut, les communistes étaient plus intelligents. Ils avaient un programme grandiose. Le plan d'un monde entièrement nouveau où tous trouveraient leur place. [...] Il y a des gens qui ont tout de suite compris qu'ils n'avaient pas le tempérament qu'il faut pour l'idylle, et ils ont voulu s'en aller à l'étranger. Mais comme l'idylle est par essence un monde pour tous, ceux qui voulaient émigrer se révélaient négateurs de l'idylle, et au lieu d'aller à l'étranger ils sont allés sous les verrous. »

Milan Kundera, *Le Livre du rire et de l'oubli*[1]

« Aussi était-il nécessaire d'apprendre aux gens à ne pas penser ni porter de jugements, de les forcer à voir ce qui n'existait pas, et à soutenir le contraire de ce qui sautait aux yeux de tous. »

Boris Pasternak, *Le Docteur Jivago*

« À l'époque, nombreux étaient ceux qui, tout en portant un jugement lucide sur les événements du pays, vouaient une espèce de culte religieux à Staline. »

Evguenia S. Guinzbourg, *Le Vertige*

« Le stalinisme signifie le meurtre de l'homme intérieur. Et peu importe ce que disent les sophistes, peu importe les mensonges que racontent les intellectuels communistes, voilà à quoi il se réduit. Il faut tuer l'homme intérieur pour loger dans l'âme le décalogue communiste. »

Alexandre Wat

« Oui, je vous l'ai déjà dit, ils commencent ici par faire pendre un homme, et puis ils lui font son procès. »

Molière, *Monsieur de Pourceaugnac*, III, 1

Après 1945, l'Union soviétique offrit pendant quelques années aux observateurs occidentaux un tableau intimidant. L'Armée rouge marchait à pied et traînait ses armes et son ravitaillement sur des charrettes attelées à des bêtes de trait ; ses soldats n'avaient aucune permission et, s'ils hésitaient, pas de quartier : 157 593 avaient été exécutés pour « lâcheté » dans les seules années 1941 et 1942. Après un début hésitant, cependant, l'URSS avait sur-

1. [Trad. Fr. Kérel et l'auteur, Paris, Gallimard, nouvelle édition de 1985.]

passé, par sa production, le colosse nazi et avait fini par le vaincre en arrachant le cœur de la magnifique machine militaire allemande. Pour ses amis comme pour ses ennemis, la victoire soviétique dans la Seconde Guerre mondiale attestait les réalisations des bolcheviks. La politique de Staline était justifiée, ses crimes d'avant-guerre largement oubliés. La réussite, Staline l'avait bien compris, est une formule gagnante.

Mais la victoire soviétique fut acquise à un prix exceptionnellement élevé. De tous les vainqueurs de la guerre – en fait, de tous les pays participants, vainqueurs aussi bien que vaincus –, l'URSS fut la seule à souffrir des dommages économiques permanents. Les pertes mesurables, en hommes et en ressources, étaient considérables et les effets devaient rester sensibles au cours des décennies suivantes. Zdeněk Mlynář, communiste tchèque étudiant à Moscou en 1950, se souvient d'une capitale qui croupissait dans la « misère et l'arriération [...], un immense village de cabanes de bois ». Loin des villes, la situation était bien pire. Les routes, les ponts, les chemins de fer avaient été délibérément détruits à travers une bonne partie de la Biélorussie, de l'Ukraine et de la Russie occidentale. Au début des années 1950, les moissons étaient inférieures à leur niveau de 1929, lequel était lui-même très en deçà de ce qu'il avait été sous les tsars en temps de paix. La guerre s'était déroulée sur une partie des meilleures terres arables du pays, et des centaines de milliers de chevaux, de vaches, de porcs et autres bêtes avaient été tués. L'Ukraine, qui ne s'était jamais remise de la famine punitive, délibérée, des années 1930, se trouva confrontée à une nouvelle famine, cette fois non organisée, dans l'hiver et le printemps 1946-1947.

Mais les années de guerre avaient aussi vu une semi-militarisation de la vie soviétique, qui devait se révéler durable. La direction centralisée et l'insistance implacable sur la production de chars, de canons et d'avions avaient transformé l'URSS en une machine de guerre étonnamment efficace, faisant peu de cas de la vie humaine et du bien-être, mais par ailleurs bien adaptée pour livrer une guerre totale. La cohorte de bureaucrates formés dans la guerre – la génération Brejnev – assimila pouvoir et succès à une production sur grande échelle dans les industries de défense, et c'est avec ce modèle toujours présent à l'esprit qu'ils devaient diriger le pays dans les quarante années suivantes. Les bonnes vieilles métaphores léninistes de la lutte des classes et de la confrontation pouvaient être désormais liées aux fiers souvenirs d'une guerre réelle. L'État-parti soviétique acquit un nouveau mythe fondateur : la Grande Guerre patriotique.

C'est à cause du sort réservé par les nazis aux pays et aux peuples qu'ils occupèrent que la guerre de 1941-1945, en Russie, *fut* une grande guerre patriotique. Staline avait encouragé les expressions autonomes du sentiment national et religieux russe, acceptant que le parti et ses objectifs s'effacent temporairement au profit d'une aura de fin commune dans la bataille de Titans contre l'envahisseur allemand. Et cette même insistance sur l'enracinement de l'Union soviétique dans le passé impérial de la Russie servit les desseins de Staline dans ses incursions de l'après-guerre en Europe centrale.

Ce que Staline voulait par-dessus tout en Europe, on l'a vu, c'était la sécurité. Mais il s'intéressait aussi aux bénéfices économiques qu'il pouvait tirer de ses victoires à l'Ouest. Les petits États d'Europe centrale, de la Pologne à la Bulgarie, avaient vécu à l'ombre de la domination allemande bien avant la Seconde Guerre mondiale ; dans les années 1930, spécialement, l'Allemagne nazie fut leur principal partenaire commercial et leur première source de capital étranger. Au cours de la guerre, ce rapport s'était simplifié en rapport de maître à esclave, l'Allemagne extrayant de la terre et du peuple le maximum de production possible pour son effort de guerre. Après 1945, l'Union soviétique prit littéralement la relève des Allemands, attachant l'Europe orientale à son économie comme une ressource à exploiter à volonté.

L'Union soviétique exigea des réparations de la Hongrie et de la Roumanie, au titre d'anciens alliés de Hitler. Ces réparations, comme celles prélevées en nature dans la zone soviétique de l'Allemagne, ne compensaient guère les pertes de la Russie, mais représentaient des sacrifices substantiels pour les pays donateurs : en 1948, les réparations à l'URSS représentaient 15 % du revenu national de la Roumanie, et 17 % de celui de la Hongrie. Envers les pays qui n'avaient pas combattu contre lui, Staline ne fut pas moins exigeant, même s'il se situa sur un plan « fraternel » plutôt que punitif.

On estime que, jusqu'à la fin des années 1950 l'Union soviétique exigea de la RDA, de la Roumanie et de la Hongrie bien plus qu'elle ne dépensa pour les contrôler. En Tchécoslovaquie, elle reçut autant qu'elle donna. La Bulgarie et surtout la Pologne coûtèrent probablement davantage à Moscou en aide, entre 1945 et 1960, qu'elle ne reçut sous forme d'échanges et autres livraisons. Ce modèle de bénéfice économique mixte dans les relations économiques entre métropole et colonie est bien connu des historiens du colonialisme ; de ce point de vue, la relation entre l'URSS et ses pays de l'Ouest était « impériale » au sens traditionnel du terme (si ce n'est que, dans le cas soviétique, le centre impérial était en fait plus pauvre et plus arriéré que sa périphérie assujettie).

Où Staline se distingua des autres bâtisseurs d'empire, y compris des tsars, c'est par son insistance à reproduire dans les territoires placés sous son contrôle des formes de gouvernement et de société *identiques* à celles de l'Union soviétique. Tout comme il l'avait fait en Europe orientale, entre 1939 et 1941, et dans les États baltes en 1940 et de nouveau en 1945, à la suite de leur reconquête sur les nazis, Staline entreprit de remodeler l'Europe orientale à l'image de l'URSS, de reproduire l'histoire, les institutions et les pratiques soviétiques dans chacun des petits États désormais contrôlés par des partis communistes.

L'Albanie, la Bulgarie, la Roumanie, la Hongrie, la Tchécoslovaquie, la Pologne et la République démocratique allemande allaient devenir, suivant l'heureuse expression d'un spécialiste[2], des « États répliques géographiquement contigus ». Chacun allait avoir une Constitution calquée sur celle de l'URSS (la première fut celle de la Bulgarie, en décembre 1947, la dernière celle de la Pologne en juillet 1952). Chacun devait subir des « réformes » économiques et adopter des plans quinquennaux pour mettre ses institutions et ses pratiques en accord avec celles de l'Union soviétique. Chacun allait se transformer en État policier sur le gabarit soviétique. Et chacun serait gouverné par l'appareil d'un parti communiste soumis (de fait, sinon nommément) au PC dominant de Moscou[3].

Les raisons qu'avaient Staline de reproduire la société soviétique dans les États satellites étaient une fois encore très simples. Dans l'Europe orientale de l'après-guerre, le désir généralisé de paix, de terre et de vivres, mais aussi celui d'un nouveau départ a bien pu aplanir la voie des communistes vers le pouvoir, mais il ne garantissait aucunement le soutien local de la politique soviétique. On ne pouvait imaginer que, la préférence pour les communistes, plutôt que les fascistes, ou pour quelque forme de socialisme démocratique, survivrait à l'expérience concrète du régime communiste. Avec le temps, même l'attrait des garanties soviétiques contre le revanchisme allemand pouvait s'estomper.

Staline avait besoin de l'allégeance indéfectible de ses satellites et voisins, et il ne connaissait qu'une seule façon de le faire. En premier lieu, le parti devait s'assurer le monopole du pouvoir. Dans la formulation de la Constitution hongroise de 1949, il devait jouer un « rôle dirigeant », éliminant ou absorbant tous les autres partis politiques. Le parti devint l'unique instrument de la mobilité sociale, la seule source de protection et le dispensateur de la justice, *via* le contrôle exercé sur les tribunaux. Inséparable de l'État dont il monopolisait les institutions et tenant ses instructions directement de Moscou, le parti local et son appareil de sécurité étaient les instruments les plus directs de la domination soviétique.

En second lieu, l'État-parti devait avoir le monopole des décisions économiques. Ce qui n'était pas une mince affaire. Les économies des États est-européens étaient très différentes les unes des autres. Certaines étaient modernes, urbaines et industrielles, avec une forte classe ouvrière ; d'autres (la majorité) étaient rurales et pauvres. D'aucunes, comme la Pologne et la Hongrie, avaient des secteurs publics très conséquents, remontant aux stratégies adoptées avant la guerre de protection contre la pénétration économique allemande. Ailleurs,

2. Le professeur Kenneth Jowett, UC Berkeley.

3. Les institutions de la République démocratique allemande étaient un peu à part, du fait de sa situation provisoire aux yeux des Soviétiques. Mais l'esprit de ses lois et pratiques était d'une irréprochable orthodoxie.

comme en Tchécoslovaquie, la propriété et les entreprises avaient été essentiellement concentrées entre les mains de personnes privées avant la guerre. Divers pays et régions avaient un secteur commercial prospère ; d'autres ressemblaient davantage à l'Union soviétique. La majeure partie de la zone avait terriblement souffert des effets de la Crise et des politiques protectionnistes autarciques suivies pour la combattre ; mais, on l'a vu, au cours de la guerre certains secteurs industriels – notamment en Hongrie et en Slovaquie – avaient bel et bien bénéficié d'investissements allemands dans la production de guerre.

Malgré cette diversité, à la prise du pouvoir par les communistes, succéda à bref délai l'imposition de l'uniformité économique à travers la région. Pour commencer, en accord avec la redéfinition léniniste du « socialisme » en termes de propriété plutôt que de rapports sociaux, l'État expropria de grandes entreprises dans les services, le commerce et l'industrie, quand elles n'appartenaient pas déjà au secteur public. Puis l'État absorba, imposa ou fit disparaître toutes les entreprises employant plus de cinquante personnes. Au mois de décembre 1948, en Tchécoslovaquie, il ne restait plus guère d'entreprise privée de plus de vingt employés. À la même date, 83 % de l'industrie était entre les mains de l'État en Hongrie ; ce pourcentage était de 84 % en Pologne, de 85 % en Roumanie et carrément de 98 % en Bulgarie.

La réforme monétaire fut un des moyens utilisés pour éliminer la classe moyenne propriétaire en Europe de l'Est. C'était là un instrument efficace pour détruire les économies en espèce des paysans comme des hommes d'affaires : une forme moderne de vieux impôts comme l'impôt sur le capital forcé. En Roumanie, l'opération fut exécutée par deux fois : en août 1947, dans l'objectif légitime de mettre fin à l'hyperinflation, et en janvier 1952, quand les paysans virent fondre les économies accumulées au cours des quatre années précédentes (faute de pouvoir les dépenser).

De même qu'en URSS, la paysannerie était condamnée dans l'Europe orientale sous domination soviétique. Après la guerre, les réformes initiales, dans les campagnes, avaient consisté à distribuer de petites parcelles de terre à quantité de paysans. Si populaires qu'elles fussent, cependant, ces réformes ne firent qu'exacerber la crise agraire déjà ancienne de la région : trop peu d'investissement dans les machines et les engrais, trop d'ouvriers sous-employés et cinq décennies de baisse régulière des prix des produits agricoles. Tant qu'ils ne furent pas solidement installés au pouvoir, les partis communistes d'Europe orientale encouragèrent une redistribution de la terre inefficace. À compter de 1949, ils se mirent à détruire les « nepmen » et les « koulaks » avec une urgence et une brutalité croissantes.

Aux premières étapes de la collectivisation rurale, les petits propriétaires paysans – il en restait fort peu de grands – se virent pénalisés par une taxation punitive (excédant souvent leur revenu monétaire), des différentiels de prix et des quotas qui favorisaient les nouvelles fermes collectives et publiques, le refus de carnets de rationnement et des mesures discriminatoires à l'encontre de leurs enfants, interdits d'école après le primaire. Même dans ces conditions, un nombre surprenant de paysans indépendants persista, quoique la plupart sur des « microfundia » économiquement insignifiants de deux hectares ou moins.

En Roumanie, où des dizaines de milliers de paysans furent enrôlés de force sur des fermes collectives dans l'automne 1950 et où le régime n'hésita pas à recourir à la contrainte, ce n'est qu'en 1962 que le futur président Nicolae Ceausescu put fièrement annoncer l'achèvement de la collectivisation rurale avec « trois années d'avance sur la date prévue ». En Bulgarie, au cours des deux premiers plans quinquennaux mis en œuvre à partir de 1949, toute la terre agricole viable avait été retirée du secteur privé. En territoire tchèque, où la collectivisation démarra très tard (en 1956, la majeure partie des terres arables restaient privées), 95 % des terres agricoles allaient être reprises dans les dix années suivantes – plutôt moins (85 %) dans les régions arriérées et inaccessibles de la Slovaquie. Mais ici, comme en Hongrie et dans toute la région, les agriculteurs indépendants ne survécurent que sur le papier. Les mesures prises contre eux ainsi que la destruction des marchés et des réseaux de distribution devaient assurer leur appauvrissement et leur ruine.

La qualité irrationnelle, parfois surréelle, de la pratique économique soviétique devait être fidèlement reproduite au sein du bloc. Le 30 septembre 1948, Gheorghe Gheorghiu-Dej, du PC roumain, annonça : « Nous voulons accomplir une accumulation socialiste aux dépens des éléments capitalistes des campagnes » – dans un pays où les « éléments capitalistes » de l'économie rurale étaient notoirement absents. En Slovaquie, dans le courant de l'année 1951, il y eut même des efforts pour envoyer aux champs des employés de bureau et des fonctionnaires. « L'Opération 70 000 doit être productive » – tel était son nom – tourna à la catastrophe et fut vite abandonnée ; mais cet exercice de maoïsme avant l'heure, à 80 kilomètres seulement à l'est de Vienne, en dit long sur l'état d'esprit qui régnait à l'époque. En attendant, comme dans les pays baltes soviétisés depuis peu, la réforme agraire communiste se solda par une rareté institutionnalisée à long terme dans des pays où la nourriture avait été jusque-là abondante et bon marché [4].

Pour faire face à cet échec politique tangible, les autorités adoptèrent des lois de style soviétique criminalisant le « parasitisme », la « spéculation » et le

4. Pleinement intégrés à l'Union soviétique elle-même, les États baltes étaient plus mal lotis encore que le reste de l'Europe orientale. En 1949, les kolkhozes du nord de l'Estonie furent astreints à commencer les livraisons de grain avant même le début des moissons, à seule fin de suivre le mouvement de la Lettonie, à quatre cents kilomètres plus au sud. En 1953, les conditions rurales d'une Estonie jusque-là prospère s'étaient dégradées au point que les vaches exposées au vent étaient trop faibles pour se lever sans aide.

« sabotage ». Ainsi Zdenka Patschová, juge et membre de l'Assemblée nationale tchécoslovaque, s'adressa-t-elle en ces termes, le 27 mars 1952 à ses collègues parlementaires : « La première tâche des procédures criminelles est de démasquer le vrai visage du riche au village. [...] Le refus de livrer ses produits et le non-accomplissement du plan de production [agricole] doivent être sévèrement punis comme sabotage. » Ce fidèle écho de la rhétorique soviétique des années 1930 le suggère : l'antipathie envers les paysans et le succès dans la mise en œuvre de la collectivisation rurale étaient l'un des principaux tests de l'orthodoxie stalinienne.

À court terme, la mise en œuvre de plans d'inspiration soviétique pour l'*industrie* ne fut pas un désastre aussi flagrant : il est des choses que les économies dirigées peuvent fort bien gérer. La collectivisation de la terre et la destruction des petites entreprises libérèrent une nombreuse main-d'œuvre, tant des hommes que des femmes, pour travailler dans les mines et les usines ; l'insistance unilatérale des communistes sur l'investissement dans l'industrie lourde aux dépens des produits de consommation et des services se solda par des accroissements de production sans précédent. Partout, on se dota de plans quinquennaux, avec des objectifs d'une extravagante ambition. En termes de chiffres de production brute, les taux de croissance de cette première génération d'industrialisation furent impressionnants, notamment dans des pays comme la Bulgarie ou la Roumanie, qui étaient partis quasiment de rien.

Même en Tchécoslovaquie, l'Etat le plus urbanisé de la région, le nombre de mains employées dans l'agriculture baissa de 18 % entre 1948 et 1952. Dans la zone soviétique d'Allemagne, la production d'acier brut passa de 120 000 tonnes en 1946 à plus de deux millions en 1953. Certaines parties d'Europe orientale (sud-ouest de la Pologne, ceinture industrielle du nord-ouest de Bucarest) se transformèrent presque du jour au lendemain : des villes nouvelles surgirent, comme Nowa Huta, près de Cracovie, pour loger les milliers d'ouvriers produisant du fer, de l'acier et des machines-outils. Sur une échelle naturellement plus réduite, l'industrialisation semi-militarisée et monolithique de la première génération qu'avait connue l'Union soviétique dans l'entre-deux-guerres se répéta à travers le bloc soviétique. Comme en Russie, les communistes d'Europe de l'Est reproduisaient une version écourtée et accélérée de la révolution industrielle européenne du XIXe siècle.

Dans cette optique, l'histoire économique de l'Europe de l'Est, après 1945, ressemble vaguement à la forme prise par le redressement ouest-européen dans les mêmes années. En Europe occidentale, également, l'investissement dans la productivité et la croissance reçut la priorité sur les biens de consommation et les services, bien que le plan Marshall ait adouci la douleur de cette stratégie. En Europe occidentale, aussi, certains secteurs industriels et certaines régions ont décollé en partant d'un niveau assez bas, et la France et l'Italie, notamment, ont connu au cours des années 1950 une transition spectaculaire des campagnes vers la ville. Mais la similitude s'arrête là. Le trait distinctif de l'histoire économique de l'Europe de l'Est communiste est que, outre le charbon, l'acier, les usines et les immeubles d'habitation, l'industrialisation soviétique de la première génération se solda par des déformations et contradictions grotesques, plus encore qu'en URSS.

À la suite de la mise en place, en janvier 1949, du Comecon (Conseil d'assistance économique mutuelle ou CAEM[5]), furent édictées les règles du commerce interétatique communiste. Chaque pays devait commercer bilatéralement avec l'Union soviétique (encore un écho des impératifs de l'ère nazie, Moscou se substituant une fois de plus à Berlin) et se voyait attribuer un rôle non négociable dans l'économie communiste internationale. Ainsi l'Allemagne de l'Est, la Tchécoslovaquie et la Hongrie devait-elle fournir des produits industriels finis à l'URSS, aux prix fixés par Moscou, tandis que la Pologne et la Roumanie devaient se spécialiser dans la production et l'exportation de denrées alimentaires et de produits industriels primaires. En retour, l'Union soviétique fournissait matières premières et carburant.

En dehors de la curieuse inversion que nous avons déjà notée – la puissance impériale fournissant les matières premières et les colonies exportant des produits finis –, cette structure rappelle la colonisation européenne outremer. Il en allait en Europe de l'Est comme dans le cas des colonies non européennes : les économies indigènes subirent déformation et sous-développement. Certains pays se trouvèrent empêchés de fabriquer des produits finis, d'autres reçurent pour consigne d'en produire en abondance (la Tchécoslovaquie, des chaussures ; la Hongrie, des camions) puis de les vendre à l'URSS. Tout cela sans prêter la moindre attention à la logique économique de l'avantage comparatif.

Le modèle soviétique des années 1930, improvisé pour faire face aux circonstances propres à l'URSS – immensité des distances, matières premières en abondance, main-d'œuvre non qualifiée et bon marché inépuisable –, n'avait aucun sens pour de minuscules pays comme la Hongrie ou la Tchécoslovaquie, dépourvus de matière première, mais riche d'une main-d'œuvre industrielle qualifiée et des marchés internationaux établis de longue date pour des produits à forte valeur ajoutée. Le cas tchèque est particulièrement frappant. Avant la Seconde Guerre mondiale, la Bohême et la Moravie (cœur industriel de l'Empire austro-hongrois dès avant 1914) avaient une production par tête supérieure à celle de la France, se spécialisant dans les produits du

5. Les premiers participants furent la Bulgarie, la Tchécoslovaquie, la Hongrie, la Pologne, la Roumanie et l'URSS, rejointes peu après par l'Albanie et la RDA. Dans les années suivantes, la Yougoslavie, la Mongolie, la Chine, la Corée du Nord et le Vietnam du Nord devaient à leur tour y adhérer. En 1963, la part des pays du Comecon dans le commerce international était de 12 % ; en 1979, elle était de 9 % et diminuait.

cuir, les véhicules à moteur, la fabrication d'armes de haute technologie et un large éventail de produits de luxe. À l'aune des niveaux de technique industrielle, de la productivité, du niveau de vie et de parts de marché à l'étranger, la Tchécoslovaquie d'avant 1938 était comparable à la Belgique et en avance sur l'Autriche et l'Italie.

En 1956, la Tchécoslovaquie n'était pas seulement passée derrière l'Autriche, la Belgique et le reste de l'Europe occidentale ; elle était aussi bien moins efficace et beaucoup plus pauvre qu'elle ne l'était vingt ans plus tôt. En 1938, les populations tchèque et autrichienne étaient à peu près équipées également en voitures ; en 1960, le rapport était de 1 à 3. Même les produits dans lesquels le pays avait encore un avantage compétitif – notamment la fabrique de petites armes – n'assuraient plus aux Tchèques aucun bénéfice, puisque force leur était de diriger exclusivement leurs exportations vers leurs maîtres soviétiques. Quant à la création de géants industriels comme les Aciéries Gottwald d'Ostrava, comparables aux aciéries de Pologne, de République démocratique allemande, de Hongrie, de Roumanie, de Bulgarie et d'URSS, elles furent synonymes pour les Tchèques, non pas d'industrialisation rapide, mais d'arriération forcée (des programmes intensifs d'industrialisation fondée sur la production d'acier furent imposés malgré les ressources très réduites de la Tchécoslovaquie en minerai de fer). Après les bénéfices initiaux de la croissance sans précédent des industries primaires, il en alla de même pour tous les autres États satellites. Au milieu des années 1950, l'Europe orientale soviétique amorçait déjà son déclin régulier dans l'obsolescence « planifiée ».

Ce rapide tour d'horizon des économies du bloc soviétique souffre deux exceptions partielles. Tandis que l'industrialisation primitive avait été engagée avec tout autant d'enthousiasme en Pologne qu'ailleurs, tel ne fut pas le cas de la collectivisation de la terre. Il semble que Staline ait compris qu'il était impossible de forcer les paysans polonais à travailler sur des fermes collectives, mais cette seule considération n'aurait guère suffi à le faire hésiter. La prudence soviétique, s'agissant de la Pologne (nous aurons l'occasion d'y revenir), était strictement instrumentale. Le contraste était net avec les autres peuples assujettis d'Europe de l'Est : les Polonais étaient nombreux, leur capacité et leur propension à se rebeller contre la servitude russe étaient bien connues de générations d'officiers et de bureaucrates russes, et la domination soviétique était plus franchement mal vécue en Pologne que partout ailleurs.

Du point de vue soviétique, l'opposition polonaise était un tracas – des reliquats de la résistance polonaise menèrent une guérilla contre le régime communiste au moins jusqu'à la fin des années 1940 – et semblait imméritée. Les Polonais n'avaient-ils pas gagné un peu plus de 100 000 km^2 de terres agricoles assez bonnes en échange des quelque 180 000 km^2 de marches orientales transférées à l'URSS après la guerre ? Et Moscou n'était-elle pas la (seule) garantie des Polonais contre une Allemagne dont tout le monde prévoyait le réveil ? De surcroît, la Pologne était maintenant débarrassée de ses minorités d'avant-guerre : les Allemands avaient exterminé les Juifs, et les Soviétiques avaient chassé les Allemands et les Ukrainiens. Si la Pologne était maintenant plus « polonaise » qu'à aucun moment de son histoire compliquée, c'était Moscou qu'elle devait remercier.

Mais les relations interétatiques, par-dessus tout dans le bloc soviétique, ne s'articulaient pas autour de la gratitude ou de son absence. Pour Moscou, la valeur d'usage de la Pologne était avant tout qu'elle servait de tampon contre une agression allemande ou occidentale. Il était souhaitable que la Pologne devînt socialiste, mais il était impératif qu'elle demeurât stable et fiable. En contrepartie du calme domestique polonais, Staline était prêt à tolérer une classe de fermiers indépendants, même si elle était inefficace et que cela faisait idéologiquement débraillé, ainsi qu'une Église catholique publiquement active – ce qui eût été inimaginable plus au sud ou plus à l'est. Les universités polonaises devaient aussi rester quasiment intactes, contrairement à celles de la Tchécoslovaquie et d'ailleurs, dont le corps enseignant fut largement épuré.

L'autre exception, bien sûr, était la Yougoslavie. Jusqu'à la rupture Staline-Tito, la Yougoslavie, on l'a vu, était le plus « avancé » de tous les États est-européens sur la voie du socialisme. Le premier plan quinquennal de Tito fit de la surenchère sur Staline en visant un taux d'investissement industriel plus élevé que dans tout le reste du bloc soviétique. Sept mille fermes collectives avaient été mises en place avant même que la collectivisation n'eût commencé dans les autres États satellites ; et la Yougoslavie de l'après-guerre était en passe d'éclipser Moscou elle-même par l'efficacité et l'ubiquité de son appareil de répression. Les services de sécurité des partisans du temps de guerre furent étoffés en un réseau policier en bonne et due forme, dont la tâche, suivant les mots de Tito, était « d'inoculer la terreur dans le cœur de ceux qui n'aimaient pas ce genre de Yougoslavie ».

Le revenu par tête de la Yougoslavie, au moment de la rupture avec Staline, était le plus bas d'Europe, exception faite de l'Albanie voisine ; quatre années d'occupation et de guerre civile avaient réduit à la pénurie un pays déjà appauvri. L'héritage amer de l'expérience de la guerre était encore compliqué par sa composition ethnique qui en faisait le dernier État authentiquement multinational d'Europe : suivant le recensement de 1946, la Yougoslavie comptait 15,7 millions d'habitants, dont 6,5 millions de Serbes, 3,8 millions de Croates, 1,4 million de Slovènes, 800 000 musulmans (essentiellement en Bosnie), 800 000 Macédoniens, 750 000 Albanais, 496 000 Hongrois, 400 000 Monténégrins, 100 000 Valaques et un nombre incertain de Bulgares, de Tchèques, d'Allemands, d'Italiens, de Roumains, de Russes, de Grecs, de Turcs, de Juifs et de Gitans.

Parmi ceux-ci, la Constitution n'accorda une reconnaissance séparée qu'aux Serbes, aux Croates, aux Slovènes, aux Monténégrins et aux Macédoniens, tout en les encourageant à se voir, comme tous les autres, en « Yougoslaves[6] ». En tant que Yougoslaves, leurs perspectives paraissaient bien sombres. À la fin des années 1940, depuis Belgrade, Lawrence Durrell écrivit à un ami grec : « Les conditions sont plutôt lugubres ici – presque celles de la guerre, avec le surpeuplement et la pauvreté. Quant au communisme, mon cher Theodore, une courte visite ici suffit à se convaincre que le capitalisme vaut la peine qu'on se batte pour lui. Si noir qu'il puisse être, avec toutes ses taches de sang, il est moins lugubre, aride et désespéré que cet inerte et effroyable État policier. »

Dans les premiers mois qui suivirent la rupture avec Staline, Tito devint bel et bien *plus* radical, plus « bolchevik », comme pour prouver la légitimité de sa thèse et le mensonge de ses détracteurs soviétiques. Mais cette posture n'était pas tenable très longtemps. Sans aide extérieure, et face à la perspective très réelle d'une invasion soviétique, il demanda de l'aide en Occident. En septembre 1949 l'US Export-Import Bank prêta 20 millions de dollars à Belgrade. Le mois suivant, la Yougoslavie emprunta 3 millions de dollars au Fonds monétaire international et, en décembre de la même année, signa un accord commercial avec la Grande-Bretagne et reçut 8 millions de dollars de crédits.

La menace soviétique obligea Tito à accroître ses dépenses de défense (en pourcentage du maigre revenu national de la Yougoslavie) de 9,4 % en 1948 à 16,7 % en 1950 ; pour des raisons de sécurité, les usines de munitions du pays furent déplacées dans les montagnes de la Bosnie (ce qui ne fut pas sans conséquences dans les guerres des années 1990). En 1950, le Congrès des États-Unis, maintenant convaincu de la valeur possible de la Yougoslavie dans la guerre froide, proposa une aide supplémentaire de 50 millions de dollars dans le cadre du Yugoslav Emergency Relief Act de 1950, puis enchaîna, en novembre 1951, par un accord permettant à la Yougoslavie de recevoir une aide militaire dans le cadre du Mutual Security Act. En 1953, l'aide américaine combla totalement le déficit de la balance des paiements courants yougoslave ; entre 1949 et 1955, l'aide que reçut Tito de toutes les sources occidentales réunies atteignit 1,2 milliard de dollars, dont 55 millions seulement furent remboursés. L'impasse sur Trieste, qui envenimait les relations de la Yougoslavie avec l'Italie et l'Occident depuis mai 1945, trouva enfin une issue avec la signature le 5 octobre 1954, à Londres, d'un mémorandum d'accord par la Yougoslavie, l'Italie, la Grande-Bretagne et les États-Unis.

L'aide occidentale permit au régime yougoslave de continuer de favoriser l'industrie lourde et la défense, comme il l'avait fait depuis la rupture de 1948.

6. La Constitution de 1946 laissait les républiques membres – Serbie, Croatie, Slovénie, Bosnie, Macédoine et Monténégro – libres de se détacher de la Fédération, droit dont elles furent privées sept ans plus tard.

Mais tandis que la Ligue des Communistes yougoslaves conservait tous les rênes du pouvoir autoritaire, l'ultra-bolchevisme de l'immédiat après-guerre fut abandonné. Au printemps de 1951, ne restaient plus sous contrôle fédéral (c'est-à-dire, du gouvernement national) que les services postaux ainsi que les transports ferroviaires, aériens et fluviaux. Les autres services, et toutes les entreprises, étaient entre les mains des différentes Républiques. En 1954, 80 % des terres agricoles étaient de nouveau entre des mains privées, à la suite d'un décret du 30 mars 1953 permettant aux paysans de se retirer avec leur terre des exploitations collectives, qui de 7 000 tombèrent à juste un millier.

Staline était sorti de sa victoire sur Hitler bien plus fort qu'il ne l'avait jamais été, savourant les reflets de la gloire de « son » Armée rouge, tant à l'intérieur qu'à l'étranger. Déjà bien avancé avant la guerre, le culte de la personnalité orchestré autour du dictateur soviétique connut alors son apogée. Des documentaires soviétiques grand public sur la Seconde Guerre mondiale montraient un Staline gagnant la guerre quasiment seul, définissant la stratégie et conduisant des batailles sans le moindre général en vue. Dans presque tous les domaines de la vie, de la dialectique à la botanique, Staline devint l'autorité suprême et incontestée. Instruction fut donnée aux biologistes soviétiques d'adopter les théories du charlatan Lyssenko, qui promit à Staline des progrès agricoles inimaginables si ses théories sur l'hérédité des caractères acquis étaient officiellement adoptées et appliquées à l'agriculture soviétique – ce qu'elles furent, avec des effets désastreux[7]. Pour son soixante-dixième anniversaire, en décembre 1949, l'image de Staline, rehaussée par des projecteurs accrochés à des ballons, illumina la nuit au-dessus du Kremlin. Les poètes se surpassèrent les uns les autres pour chanter les louanges du dirigeant. Ce couplet du poète letton V. Lukss (1951) est représentatif :

> « Staline, notre frère et père, dans nos cœurs,
> avec un beau fil rouge, est tissé ton nom. »

Cette obséquieuse onction néo-byzantine du despote, auquel sont attribués des pouvoirs quasi magiques, se déroulait sur une toile de fond toujours plus noire de tyrannie et de terreur. Dans les dernières années de la guerre, sous le manteau du nationalisme russe, Staline chassa vers l'est, en Sibérie et en Asie centrale, tout un éventail de petites nations des régions frontalières de l'ouest et du sud-ouest, du Caucase en particulier : Tchétchènes, Ingouches, Karatchaïs, Nalkars, Kalmouks, Tatars de Crimée et autres, dans le sillage de la déportation en 1941 des Allemands de la Volga. Ce traitement brutal des

7. Il est significatif que Staline ait fiché la paix à ses physiciens nucléaires et n'ait jamais prétendu corriger *leurs* calculs. Staline était peut-être bien fou, il n'était pas idiot.

petites nations n'avait rien de nouveau : des Polonais et des Baltes avaient été exilés à l'Est par centaines de milliers entre 1939 et 1941, les Ukrainiens dans les années 1930 et d'autres avant eux, dès 1921.

Les premiers procès de collaborateurs et de traîtres de l'après-guerre, à travers la région, firent également écho au sentiment nationaliste. En Pologne, en Hongrie et en Bulgarie, les chefs du parti paysan furent arrêtés, jugés et fusillés entre 1945 et 1947 pour un mélange de crimes réels et imaginaires, depuis les sympathies fascistes jusqu'à la collaboration pendant la guerre et à l'espionnage au profit de l'Occident ; dans tous les cas, cependant, les accusateurs prirent grand soin de contester leur patriotisme et leur crédibilité en tant que représentants du « peuple » – bulgare, hongrois ou polonais. Les socialistes qui refusèrent l'étreinte du parti communiste, comme le Bulgare Krastyn Parthakov (jugé en 1946 et condamné à la prison, où il mourut trois ans plus tard), furent aussi voués au châtiment comme ennemis du peuple.

Ce qui est frappant, chez les victimes non communistes de ces premiers procès publics, c'est que, à l'exception de ceux qui avaient réellement lié leur sort à celui des Allemands et dont les activités étaient donc connues de tous, ils refusèrent ostensiblement de plaider coupable ou de confesser leurs prétendus crimes « antinationaux ». Dans le procès manifestement truqué de Sofia, où furent jugés le chef du parti agrarien Nikola Petkov et ses « conjurés », en août 1947, quatre des cinq accusés protestèrent de leur innocence en dépit des tortures et des faux témoignages[8].

Avec la crise yougoslave de 1948, l'attitude de Staline changea. En tant que solution de rechange à Moscou, Belgrade en séduisait plus d'un. À la différence de Staline, Tito ne représentait aucune menace impériale (si ce n'est dans le contexte local des Balkans) ; et en libérant son pays et en le conduisant au communisme sans l'aide de Moscou, le président yougoslave avait créé un précédent alléchant pout tout communiste d'Europe de l'Est encore tenté d'ancrer une révolution locale dans le sentiment national. Staline était notoirement paranoïde dès que son monopole du pouvoir se trouvait menacé ; mais cela ne veut pas dire qu'il avait entièrement tort de voir dans Tito et le « titisme » un authentique danger. Dorénavant, le nationalisme (« nationalisme de petit État », « nationalisme bourgeois ») cessa donc d'être un atout local pour devenir plutôt le principal ennemi. C'est en juin 1948, à l'occasion de la réunion du Kominform, que la rhétorique communiste fit pour la première fois un usage péjoratif du mot « nationaliste » pour condamner la « déviation » yougoslave.

8. Ils n'en furent pas moins exécutés. Trois semaines après sa mort, le régime publia la « confession » posthume de Petkov. Mais le trucage était si flagrant qu'il devint vite une source d'embarras, même en Bulgarie communiste. Les autorités cessèrent alors d'en parler et le chef de la police secrète bulgare qui avait malencontreusement arrangé cette publication fut dûment exécuté.

Tous les adversaires non communistes intérieurs étant maintenant morts, emprisonnés ou déportés, à quels risques véritables pouvait bien être exposé le monopole soviétique du pouvoir ? On pouvait acheter le silence des intellectuels ou les intimider. L'armée était clairement sous la coupe des forces d'occupation soviétiques. La seule menace significative, pour les régimes communistes, était une protestation massive de la population dans la mesure où elle entamerait sérieusement les lettres de créance de l'État « ouvrier et paysan ». Dans leurs premières années, toutefois, les démocraties populaires étaient loin d'être toujours impopulaires auprès des prolétaires qu'elles prétendaient représenter. Au contraire. La destruction des classes moyennes et l'expulsion des minorités ethniques ouvrit des perspectives d'ascension sociale aux paysans, aux ouvriers et à leurs enfants.

Les opportunités abondaient, surtout au bas de l'échelle et dans le secteur public : il y avait des postes à prendre, des appartements à occuper à des loyers subventionnés, des places à l'école réservées aux enfants des ouvriers et fermées aux enfants de la « bourgeoisie ». La compétence importait moins que la fiabilité politique, l'emploi était garanti, et la bureaucratie communiste foisonnante recherchait des hommes et des femmes de confiance, de l'organisateur d'immeuble au spécialiste de l'interrogatoire policier[9]. La majeure partie de la population de l'Europe orientale soviétique, surtout dans les régions les plus arriérées, acceptait son sort sans protester, tout au moins dans ces années-là.

Les deux exceptions les mieux connues à cette généralisation se produisirent l'une et l'autre dans les coins les plus urbanisés et avancés du bloc : dans la Bohême industrielle et dans les rues de Berlin sous occupation soviétique. La « réforme monétaire » du 31 mai 1953, en Tchécoslovaquie, qui se voulait un « coup foudroyant contre les anciens capitalistes », eut pour effet d'amputer les salaires de 12 % dans l'industrie (à cause des hausses de prix qui s'en suivirent). S'ajoutant à la dégradation régulière des conditions de travail dans ce qui avait jadis été une économie industrielle avancée fondée sur une main-d'œuvre bien rémunérée, cela provoqua des manifestations de masse des 20 000 ouvriers des usines Skoda, à Plzen, grand centre industriel de Bohême occidentale, suivies d'une marche sur l'hôtel de ville, le 1er juin 1953, de milliers d'ouvriers brandissant des portraits de Beneš et du président d'avant-guerre, Tomas Masaryk.

Limitées à une seule ville de province, les manifestations de Plzen tournèrent court. Quelques jours plus tard, cependant, à quelques dizaines de kilomètres plus au nord, démarra un mouvement de protestation autrement plus important des suites d'un fort relèvement (non rémunéré) des normes officielles de travail en République démocratique allemande. Ces normes étaient

9. En 1966, encore quatre cinquièmes des employés de l'État polonais n'étaient pas allés au-delà de l'école primaire. Le pays était dirigé par une caste administrative étonnamment sous-instruite.

le fait d'un régime impopulaire, déjà (et pas pour la dernière fois) bien plus rigide que ses maîtres soviétiques de Moscou, dont les dirigeants communistes est-allemands n'avaient pas écouté le conseil d'accepter des réformes et des compromis pour endiguer l'hémorragie d'ouvriers qualifiés vers l'ouest. Le 16 juin, quelque 400 000 ouvriers se mirent en grève à travers l'Allemagne de l'Est, tandis que la plus grosse manifestation se déroulait à Berlin.

La *Volkspolizei* n'eut aucun mal à réprimer les ouvriers allemands, comme la police tchèque avait réprimé les ouvriers de Plzen, mais cela ne se fit pas sans coût. L'intervention de l'Armée rouge fit près de trois cents morts ; plusieurs milliers de personnes furent arrêtées, et 1 400 écopèrent de lourdes peines de prison. Deux cents « meneurs » furent exécutés. Le soulèvement de Berlin inspira à Bertolt Brecht sa seule manifestation littéraire publique de dissension à l'égard du régime communiste derrière lequel il s'était rangé non sans ambivalence :

> « Après l'insurrection du 17 juin
> Le secrétaire de l'Union des écrivains
> A fait distribuer des tracts dans la Stalinallee.
> Le peuple, y lisait-on,
> A perdu la confiance du gouvernement,
> Qu'il ne saurait retrouver
> Qu'en redoublant d'efforts. En ce cas,
> Ne serait-il pas plus simple, pour le gouvernement,
> De dissoudre le peuple
> Et d'en élire un autre ? »

Les ouvriers en colère et mécontents de la lisière occidentale industrialisée de l'empire soviétique étaient une piètre vitrine du communisme, même s'ils ne constituaient guère une menace pour le pouvoir soviétique, et ce n'est pas un hasard si les soulèvements de Plzen et de Berlin survinrent *après* la mort de Staline. Du temps de ce dernier, la menace réelle venait de l'intérieur même de l'appareil communiste. Telle était la véritable implication du schisme yougoslave, et c'est en réponse indirecte au « titisme » que Staline renoua avec les méthodes antérieures, mises à jour et adaptées aux circonstances. De 1948 à 1954, le monde communiste connut une seconde génération d'arrestations, d'épurations et, par-dessus tout, de grands procès politiques.

La Terreur soviétique des années 1930 était bien entendu le principal précédent des purges et des procès de ces années. Là encore, les communistes en avaient été les premières victimes, l'objectif étant de purger le parti des « traîtres » et d'en finir avec tout ce qui pouvait défier la politique et la personne du secrétaire général. Dans les années 1930, le meneur présumé était Léon

Trotski : comme Tito, un authentique héros communiste qui ne devait rien à Staline et qui avait ses idées bien à lui sur la stratégie et la pratique communistes. La Terreur des années 1930 avait tout à la fois assuré et illustré le pouvoir et l'autorité sans partage de Staline ; les purges de l'après-guerre devaient servir une fin semblable en Europe de l'Est.

Mais alors que les procès de Moscou, dans les années 1930, notamment celui de Nikolaï Boukharine, avaient été des innovations théâtrales *sui generis*, dont l'effet de choc tenait au spectacle lugubre de la Révolution dévorant non seulement ses enfants mais aussi ses architectes, les procès et purges des décennies suivantes furent des copies éhontées, délibérément calquées sur la pratique soviétique passée, comme si les régimes satellites ne méritaient guère ne fût-ce qu'un effort de vraisemblance. D'autant qu'ils survinrent au terme d'une longue série d'épurations judiciaires.

Outre les procès d'après-guerre pour trahison et les procès politiques des responsables anticommunistes, les régimes communistes d'Europe de l'Est avaient utilisé les tribunaux pour punir et fermer les églises partout sauf en Pologne, où un affrontement ouvert avec l'Église catholique était jugé trop risqué. En 1949, les dirigeants de l'Église protestante unie de Bulgarie furent jugés pour complot visant à « restaurer le capitalisme ». L'année précédente, l'Église uniate de Roumanie fut contrainte de fusionner avec la plus docile Église orthodoxe roumaine : en l'occurrence le nouveau régime communiste agit en accord avec une longue tradition de persécution qui remontait aux tsars russes du XVIIIe siècle. Par deux fois, des prêtres catholiques furent jugés à Prague pour espionnage au profit du Vatican (et des États-Unis) et écopèrent de peines qui pouvaient aller de dix ans de prison à la perpétuité ; au début des années 1950, huit mille moines et religieuses croupissaient dans les prisons tchécoslovaques. Monseigneur Grosz, qui en janvier 1949 succéda à la tête de l'Église de Hongrie au cardinal Mindszenty emprisonné, fut reconnu coupable de travailler pour restaurer les Habsbourg *et* de comploter avec des titistes pour armer les fascistes hongrois.

Les procès des communistes eux-mêmes forment deux groupes distincts. Les premiers, qui débutèrent en 1948 et se prolongèrent jusqu'en 1950, furent une réponse immédiate à la rupture Staline-Tito. En Albanie, le ministre de l'Intérieur Koçi Xoxe fut jugé en mai-juin 1949, reconnu coupable et pendu le mois suivant. Accusé de titisme, Xoxe se distinguait par le fait d'avoir *été* réellement un partisan de Tito et de ses plans dans les Balkans, à une époque où ceux-ci avaient le soutien de Moscou. De ce point de vue, son cas était un peu inhabituel, comme le fait qu'il fût réglé en secret.

Le procès albanais fut suivi par l'arrestation, le procès et l'exécution en Bulgarie de Traicho Kostov, un des fondateurs du parti communiste bulgare. Kostov, handicapé par les traitements subis entre les mains des dirigeants bulgares de l'entre-deux-guerres[10], avait été un adversaire notoire de Tito dont il avait critiqué les plans visant à absorber la Bulgarie dans une Fédération balkanique (Tito n'aimait pas Kostov, qui le lui rendait bien). Mais Staline se méfiait quand même de lui – il avait eu l'imprudence de critiquer un accord économique soviéto-bulgare qu'il jugeait défavorable à son pays – et il était un candidat idéal pour un procès destiné à illustrer les crimes du nationalisme. Lui et son « groupe » (« Groupe félon d'espionnage et de sabotage de Traicho Kostov ») se virent accusés en décembre 1949 de collaboration avec les fascistes bulgares d'avant-guerre, d'espionnage pour le compte des services britanniques et de conjuration avec Tito. Kostov finit par céder sous l'effet d'une torture prolongée et signa son « aveu » de culpabilité, mais refusa de réciter le texte préalablement convenu lorsqu'il comparut devant la cour ; il retira publiquement ce qu'il avait déclaré à ses interrogateurs et fut évacué de la salle alors qu'il protestait de son innocence. Deux jours plus tard, le 16 décembre 1949, Kostov était pendu, et ses « conjurés » condamnés à de longues peines de prison en accord avec les décisions prises par Staline et son chef de la police, Laurenti Beria, avant le début du procès. Le cas de Kostov est exceptionnel en ce qu'il fut le seul communiste est-européen à s'être rétracté et à avoir protesté de son innocence lors d'un procès public. Cela créa au régime quelque embarras sur la scène internationale (le procès de Kostov fut retransmis à la radio et largement couvert en Occident), et des instructions furent données pour que cela ne se reproduise plus jamais. Et cela ne se reproduisit plus jamais.

Peu avant l'exécution de Kostov, les communistes hongrois avaient monté un procès spectacle de *leur* prétendu « Tito », le ministre de l'Intérieur communiste, László Rajk. Le texte était le même qu'en Bulgarie : à la lettre, seuls les noms étant changés. Accusations, détails, confessions, tout était identique, ce qui n'a rien d'étonnant puisque le scénario des deux procès fut rédigé à Moscou. Rajk lui-même n'était pas un enfant de cœur ; en tant que ministre de l'Intérieur communiste, il en avait envoyé beaucoup en prison ou pire. Mais dans son cas l'accusation insista tout particulièrement sur ses « activités de traître » en tant qu'« agent stipendié d'une puissance étrangère » ; l'occupation soviétique était très impopulaire en Hongrie et Moscou ne voulait pas courir le risque de transformer Rajk en héros du « communisme national ».

Finalement, il n'y eut aucun danger de ce type. Rajk récita dûment sa tirade, reconnaissant ses activités d'agent anglo-américain travaillant à abattre le communisme en Hongrie, signalant à la cour que de son vrai nom il s'appelait Reich (il était donc d'origine allemande, non pas hongroise), et expliquant

10. En 1924, alors âgé de 27 ans, Kostov avait été arrêté et torturé par la police bulgare. Craignant de trahir les communistes (clandestins), il avait sauté d'une fenêtre du 3e étage, au QG de la police de Sofia, et s'était cassé les deux jambes.

qu'il avait été recruté en 1946 par les services secrets yougoslaves qui menaçaient de révéler qu'il avait collaboré pendant la guerre avec les nazis hongrois « si je ne me pliais pas à tous leurs désirs ». Radio Budapest retransmit en direct le déroulement du procès de Rajk et de ses « complices », y compris sa confession du 16 septembre 1949. Décidé d'avance, le verdict fut annoncé le 24 ; Rajk et deux autres accusés furent condamnés à mort. L'exécution, par pendaison, eut lieu le 15 octobre.

Les procès publics de Rajk et de Kostov ne furent que la pointe d'un iceberg de procès et de tribunaux secrets organisés dans le cadre de la chasse aux titistes dans les partis et gouvernements communistes de la région. Les États communistes les plus durement touchés furent le « rang méridional » le plus proche de la Yougoslavie : Bulgarie, Roumanie, Albanie et Hongrie. Rien qu'en Hongrie, où la peur qu'avait Staline d'un titisme rampant était marginalement plus crédible compte tenu de la proximité de Belgrade, de la forte minorité hongroise dans la Voïvodine (en Serbie) et la concordance des politiques étrangères hongroise et yougoslave en 1947 –, quelque 2 000 cadres communistes furent sommairement exécutés tandis que 150 000 étaient condamnés à des peines de prison et près de 350 000 chassés du parti (ce qui signifiait souvent perte de son emploi, de son appartement, de ses privilèges et de ses droits à l'enseignement supérieur).

Si elles valurent la prison à des milliers d'hommes et de femmes, les persécutions ne donnèrent pas lieu à de grands procès en Pologne et en Allemagne de l'Est. En Pologne *existait* un candidat au rôle de Tito-Kostov-Rajk en la personne de Wladislaw Gomulka, secrétaire général du parti ouvrier unifié de Pologne (POUP) et vice-président du Conseil des ministres. Gomulka avait ouvertement critiqué les plans de collectivisation de la terre en Pologne et était publiquement associé à l'idée d'une « voie nationale » polonaise vers le socialisme. Les fidèles staliniens du parti polonais n'avaient pas manqué de le lui reprocher, et, en août 1948, il laissa sa place de secrétaire général à Boleslaw Bierut. Cinq mois plus tard, il dut abandonner son portefeuille ministériel ; en novembre 1949 il était chassé du parti et, en décembre, Bierut accusait publiquement Gomulka et son « groupe » de nationalisme et de titisme.

Devenu simple administrateur des Assurances sociales de Varsovie, Gomulka finit par être arrêté en juillet 1951 pour n'être libéré qu'en septembre 1954. Il ne lui fut pourtant fait aucun mal et il n'y eut pas de procès pour titisme à Varsovie. En revanche, il y eut bel et bien des procès en Pologne : l'un d'eux, celui d'un groupe d'officiers accusés de comploter contre l'État, débuta le jour même de l'arrestation de Gomulka en 1951. Dans un schéma conçu par les services secrets de Moscou, Gomulka devait être rattaché à Rajk, Tito et consorts *via* un réseau complexe de contacts réels ou imaginaires dont le centre était l'Américain Noel Field, directeur des secours de l'Église unitarienne en Europe après la guerre. Basé à Budapest, son réseau imaginaire de maîtres espions et de titistes avait déjà été invoqué dans les accusations portées contre Rajk et d'autres et aurait donc dû être le principal chef d'accusation retenu contre Gomulka.

Mais les Polonais réussirent à résister aux Soviétiques qui les pressaient de lancer de grandes chasses aux sorcières publiques sur le modèle hongrois. La décimation du parti communiste polonais en exil, entre les mains de Staline à Moscou, dix ans plus tôt, avait donné à Bierut un avant-goût de son destin probable si la Pologne entrait à son tour dans le tourbillon des arrestations, des purges et des procès. Le calendrier joua aussi en faveur des Polonais : la préparation du dossier sur Gomulka prit du retard parce qu'il refusa de céder sous l'interrogatoire et de signer une confession fabriquée. Du coup, Staline mourut et son séide, Beria, fut assassiné avant qu'un procès ne pût être monté en Pologne. Enfin, certains dirigeants soviétiques jugèrent sans doute imprudent, dans ces premières années, de déchirer publiquement la direction du PC polonais.

Aucune inhibition de ce genre ne devait cependant jouer en Tchécoslovaquie, où le plus grand procès de tous fut monté à Prague en novembre 1952. Un grand procès tchèque était prévu depuis 1950, dans le sillage immédiat des purges de Rajk et de Kostov. Quand il fut enfin monté, toutefois, les priorités n'étaient plus les mêmes. Tito restait l'ennemi et les accusations d'espionnage au profit de l'Occident continuaient de figurer en bonne place dans les charges retenues. Mais, sur les quatorze accusés au « Procès de la direction du centre de conspiration contre l'État », onze étaient juifs. Dès la première page de l'acte d'accusation, il était évident que ce n'était pas un hasard. Les « traîtres et ennemis nationalistes bourgeois trotskistes et titistes » étaient aussi et surtout des « sionistes ».

Staline était antisémite. Il l'avait toujours été. Mais, avant la Seconde Guerre mondiale, son aversion pour les Juifs s'inscrivait si bien dans son œuvre de destruction d'autres catégories de personnes – vieux bolcheviks, trotskistes, déviationnistes de gauche et de droite, intellectuels, bourgeois, etc. – que leur origine juive paraissait presque insignifiante dans leur destin. En tout état de cause, c'était un point de dogme : tout préjugé racial ou religieux était étranger au communisme ; et du jour où la cause soviétique fut attachée à l'étendard de l'« antifascisme », comme ce fut le cas de 1935 à août 1939, puis de nouveau à compter de juin 1941, les Juifs d'Europe n'eurent pas de plus grand ami que Staline lui-même.

Cette dernière affirmation n'est que partiellement ironique. Les partis communistes européens, surtout ceux d'Europe centrale et orientale, comptaient des nombres significatifs de Juifs dans leurs rangs. Dans l'entre-deux-guerres, les Juifs de Pologne, de Tchécoslovaquie, de Hongrie et de Roumanie formaient une minorité opprimée et détestée. Peu d'options politiques s'ouvraient aux jeunes Juifs laïques : sionisme, bundisme[11], social-démocratie (quand elle était légale) ou communisme. Parce qu'il était le plus résolument antinational et ambitieux de ces mouvements, le communisme était singulièrement attrayant. Quels que fussent ses défauts temporaires, l'Union soviétique offrait une solution de rechange révolutionnaire en un temps où l'Europe centrale et orientale semblait devoir choisir entre un passé autoritaire et un avenir fasciste.

L'expérience de la guerre ne fit que rehausser l'attrait de l'URSS. Les Juifs qui se trouvaient en Pologne sous occupation soviétique après l'attaque des Allemands, en 1939, furent souvent déportés vers l'est, où beaucoup moururent de la faim et de leurs épreuves. Mais ils ne furent pas systématiquement exterminés. La progression de l'Armée rouge à travers l'Ukraine et la Biélorussie, jusque dans les États baltes, la Roumanie, la Hongrie, la Tchécoslovaquie, la Pologne et l'Allemagne sauva les derniers Juifs de ces pays. C'est l'Armée rouge qui libéra Auschwitz. Staline ne livra *certainement pas* la Seconde Guerre mondiale pour les Juifs, mais si Hitler avait gagné – si les Allemands et leurs collaborateurs étaient restés maîtres des territoires pris jusqu'à la bataille de Stalingrad –, des millions d'autres Juifs eussent été exterminés.

Quand les partis communistes prirent en mains l'Europe de l'Est, nombre de leurs cadres dirigeants étaient d'origine juive. C'était particulièrement net juste en dessous du sommet : en Pologne et en Hongrie, les chefs de la police communiste étaient juifs, tout comme les responsables économiques, les secrétaires administratifs, les journalistes et théoriciens du parti en vue. En Hongrie, le chef du parti (Mátyás Rákosi) était juif ; en Roumanie, en Tchécoslovaquie et en Pologne, le chef du parti n'était pas juif, mais le noyau dur de ses dirigeants l'était majoritairement. À travers le bloc soviétique, les communistes devaient tout à Staline. Ils n'étaient pas vraiment les bienvenus dans les pays qu'ils regagnèrent, souvent après un long exil : pas plus en tant que communistes qu'en tant que juifs. L'expérience de la guerre et de l'occupation avait rendu les populations locales plus hargneuses encore qu'auparavant envers les Juifs (« Vous êtes revenue ? Comme si on avait besoin de ça ! », lâcha un voisin à Heda Margolius, qui s'était soustraite à la marche pour la mort d'Auschwitz et avait réussi à rejoindre Prague à l'extrême fin de la guerre[12]) ; on pouvait donc compter sur les communistes juifs d'Europe de l'Est, plus que sur quiconque peut-être, pour obéir aux ordres de Staline.

11. Le *Bund* était un mouvement ouvrier juif qui trouvait ses racines dans la Russie tsariste, mais dont les activités, entre les deux guerres, se cantonnèrent à la Pologne.

12. Voir Heda Margolius Kovály, *Under a Cruel Star*, 1986 ; en français, *Le premier printemps de Prague. Souvenirs, 1941-1968*, trad. I. Chapman, Paris, Payot, 1991, p. 74. Dans les dix-huit mois qui suivirent la fin de la guerre, plus de Juifs furent tués en Pologne, en Hongrie et en Tchécoslovaquie que dans les dix années précédant la guerre.

Dans les premières années de l'après-guerre, Staline ne montra aucune hostilité à ses subalternes juifs. Aux Nations unies, l'Union soviétique devait soutenir avec enthousiasme le projet sioniste, favorisant la création d'un État juif au Moyen-Orient afin d'entraver les ambitions impériales britanniques. À l'intérieur, Staline avait vu d'un bon œil le travail du Comité juif antifasciste, formé au cours de la guerre afin de mobiliser l'opinion juive en URSS et (surtout) derrière le combat soviétique contre les nazis. Les Juifs soviétiques, comme beaucoup d'autres sous la coupe de Moscou, avaient la naïveté d'imaginer que l'état d'esprit plus œcuménique des années de guerre, quand Staline rechercha et accepta l'aide d'où qu'elle vînt, devait se traduire en des temps plus cléments après la victoire.

En réalité, c'est tout le contraire qui se traduisit. La guerre n'était pas terminée que Staline déportait des nations entières à l'est et sans nul doute caressait-il de semblables projets pour les Juifs. Il en allait en Europe centrale de même que dans les territoires de l'Union soviétique : alors même que les Juifs avaient perdu plus que quiconque, il était facile et courant de blâmer ces mêmes Juifs des souffrances des autres. L'invocation de la bannière du nationalisme russe, pendant la guerre, rapprocha très sensiblement la rhétorique soviétique du langage slave exclusiviste des antisémites russes d'antan ; ce n'était certainement pas au désavantage du régime. Pour Staline lui-même, il représentait un retour au territoire familier, ses propres instincts antijuifs se trouvant soulignés par son observation du succès avec lequel Hitler exploitait l'antisémitisme populaire.

Pour diverses raisons, les Soviétiques avaient toujours jugé opportun de minimiser le caractère clairement *raciste* de la brutalité nazie : le massacre des Juifs ukrainiens, à Babi Yar, était officiellement commémoré comme le « meurtre de paisibles citoyens soviétiques », tout comme le mémorial d'Auschwitz, après la guerre, se contentait d'allusions générales aux « victimes du fascisme ». Le racisme n'avait aucune place dans le lexique marxiste ; les Juifs morts furent assimilés, à titre posthume, à ces mêmes communautés locales qui les avaient haïes de leur vivant. Mais voici que les qualités cosmopolites supposées des Juifs – les liens internationaux dont Staline avait espéré tirer profit dans les sombres mois de l'attaque allemande – devaient être à nouveau retenues contre eux tandis que se dessinaient les lignes de front de la guerre froide et que les contacts et communications internationaux du temps de guerre devinrent rétroactivement, aux yeux de Staline, un passif.

Les premières victimes furent les dirigeants juifs du Comité antifasciste du temps de guerre. Solomon Mikhoels, son principal animateur et grande figure du théâtre yiddish en Russie, fut assassiné le 12 janvier 1948. L'arrivée à Moscou, le 11 septembre 1948, de l'ambassadrice israélienne Golda Meir, fut l'occasion d'explosions spontanées de ferveur juive, avec des manifestations de rue pour Roch Hachana et le Yom Kippour tandis que l'on scandait « l'an prochain à Jérusalem » devant la légation israélienne. Cela eût été en tout temps une provocation inacceptable pour Staline. Mais il perdait rapidement son enthousiasme pour le nouvel État d'Israël : malgré ses penchants vaguement socialistes, ce dernier n'avait visiblement aucune intention de devenir un allié des Soviétiques dans la région ; pire encore, l'État juif faisait montre de sensibilités proaméricaines alarmantes à une période délicate. Le blocus de Berlin venait de commencer et la rupture avec Tito entrait dans une phase aiguë.

Le 21 septembre 1948, la *Pravda* publia un article d'Ilya Ehrenbourg indiquant clairement le changement de ligne sur le sionisme. À compter de janvier 1949, la *Pravda* se mit à publier des articles dénonçant les « cosmopolites sans patrie », des « groupes antipatriotiques de critiques de théâtre », les « cosmopolites déracinés », les « personnes sans identité » et les « vagabonds sans passeport ». Les écoles et théâtres yiddish furent fermés, la presse yiddish interdite et les bibliothèques fermées. Le Comité juif antifasciste lui-même avait été supprimé le 20 novembre 1948. Ses derniers dirigeants, artistes, écrivains et fonctionnaires furent arrêtés le mois suivant et maintenus en prison trois ans. Forcés sous la torture de confesser leur participation à un complot « antisoviétique », ils étaient visiblement promis à un grand procès.

Le colonel des forces de sécurité qui mena l'enquête, Vladimir Komarov, s'efforça d'élargir les accusations pour dénoncer un vaste complot juif contre l'URSS dirigé depuis Washington et Tel-Aviv. Ainsi qu'il le déclara à Salomon Lozovski, un des détenus, « les Juifs sont des gens vils et sales, tous les Juifs sont des salauds de pouilleux, toute l'opposition au parti vient des Juifs, les Juifs de toute l'Union soviétique mènent une campagne de dénigrement antisoviétique. Les Juifs veulent anéantir tous les Russes[13] ». Toutefois, un antisémitisme aussi flagrant aurait pu être gênant, même pour Staline ; finalement, les quinze accusés (tous juifs) furent secrètement jugés dans l'été 1952 par un tribunal militaire. Tous sauf un furent exécutés ; la seule survivante, Lina Chtern, écopa de dix ans de prison.

Pendant ce temps, la vague antisémite s'amplifiait dans les États satellites. En Roumanie, où une forte proportion de la population juive avait survécu à la guerre, l'automne 1948 vit le lancement d'une campagne antisioniste qui se prolongea avec une intensité variable au cours des six années suivantes. Mais l'importance de la communauté juive roumaine et ses liens avec les États-Unis inhibèrent les attaques frontales. En fait, depuis un certain temps, les Roumains caressaient l'idée de laisser partir leurs Juifs : les demandes de visas

13. Joshua Rubenstein et Vladimir Naumov, éd., *Stalin's Secret Pogrom : The Postwar Inquisition of the Jewish Anti-Fascist Committee*, Yale University Press, 2002, p. 52. Suivant un modèle bien connu, Komarov lui-même devait être plus tard emprisonné et exécuté, faisant valoir jusqu'au bout ses lettres de créance antisémites.

furent autorisées à compter du printemps de 1950 jusqu'en avril 1952. À cette date, 90 000 Juifs roumains étaient partis pour le seul État d'Israël.

Les projets de grand procès, en Roumanie, tournaient autour du dirigeant communiste Lucretius Pătrăşcanu. Qu'il eût exprimé publiquement ses doutes sur la collectivisation de la terre en fit un candidat tout désigné pour un « procès Rajk » roumain fondé sur des accusations de pro-titisme. Il fut donc arrêté en avril 1948. Mais quand ses interrogateurs furent prêts à le juger, les objectifs avaient changé, et son dossier fut lié à celui d'Ana Pauker. Or Pauker *était* juive ; fille d'un *chohet* (abatteur rituel) moldave, elle était le Premier ministre juif en Roumanie (et la première femme au monde à hériter du portefeuille des Affaires étrangères). Elle avait aussi la réputation d'être une dure en matière de doctrine et de politique, ce qui faisait d'elle une cible exemplaire pour une direction roumaine qui essayait d'entrer dans les bonnes grâces de la population locale.

La mort de Staline déjoua les projets du dirigeant communiste Gheorge Gheorghiu-Dej pour monter le procès de Pauker et des autres. En 1953 et au début de 1954, le parti roumain organisa plutôt une série de procès secrets pour juger du menu fretin, présenté comme des espions sionistes à la solde d'« agents impérialistes ». Les victimes – d'authentiques membres des sionistes révisionnistes (de droite) aussi bien que des communistes juifs taxés de sionisme – furent accusées de relations illégales avec Israël et de collaboration avec les nazis au cours de la guerre et furent condamnées à des peines de prison allant de dix ans à la perpétuité. Pătrăşcanu, Lucretius lui-même comparut finalement en avril 1954, après avoir croupi six ans en prison ; accusé d'espionnage au profit des Britanniques, il fut reconnu coupable et exécuté.

Pauker eut plus de chance ; protégée par Moscou (d'abord par Staline, puis par Molotov), elle ne fut jamais directement visée comme « sioniste » et survécut à son expulsion du parti en septembre 1952 pour se perdre dans l'obscurité jusqu'à sa mort en 1960. Le PC roumain, plus petit et plus isolé qu'aucun autre parti est-européen, avait toujours été déchiré par les dissensions internes, et la défaite du « droitiste » Pătrăşcanu et de la « gauchiste » Pauker fut avant tout une victoire de faction pour Gheorghiu-Dej, dictateur d'une brutale efficacité, dont le style de gouvernement comme celui de son successeur Nicolae Ceausescu rappelait sinistrement les bons vieux régimes autoritaires des Balkans.

Les Juifs furent épurés du parti et du gouvernement roumains dans ces années-là, tout comme ils le furent en Allemagne de l'Est et en Pologne, deux autres pays où une faction du parti pouvait mobiliser le sentiment populaire antijuif contre les « cosmopolites » du parti. L'Allemagne de l'Est était une terre particulièrement fertile. En janvier 1953, en plein « Complot des blouses blanches » à Moscou, d'éminents Juifs et communistes juifs est-allemands passèrent à l'ouest. Un membre du comité central est-allemand, Hans Jendretsky, demanda que les Juifs – « ennemis de l'État » – fussent exclus de la vie publique. Mais par chance, opportunisme ou prudence, les trois États évitèrent tous un grand procès antisémite comme celui qui se préparait à Moscou et qui se déroula à Prague.

Le procès Slánský, comme on devait l'appeler, est le grand procès communiste classique. Il fut méticuleusement préparé sur plus de trois ans. L'« enquête » visa d'abord un groupe de dirigeants communistes slovaques, dont le ministre des Affaires étrangères tchécoslovaque Vladimir Clementis, arrêté en 1950, et accusé de « nationalisme bourgeois ». Puis vinrent s'ajouter à eux divers communistes tchèques du milieu de l'échelle, accusés avec les Slovaques d'avoir pris part à un complot tito-trotskiste suivant un schéma bien connu par l'affaire Rajk. Mais aucune des personnes impliquées et internées en 1950-1951 n'était assez importante pour servir de figure de proue et de meneur dans le grand procès public que voulait Staline.

Au printemps de 1951, le chef de la police soviétique, Beria, donna pour instruction aux Tchèques de changer leur fusil d'épaules et d'enquêter sur un complot non plus titiste, mais sioniste. Dès lors, toute l'entreprise devait se retrouver entre les mains des services secrets soviétiques : le colonel Komarov et un autre officier furent envoyés à Prague pour prendre les choses en mains, la sûreté tchèque et la direction communiste recevant désormais leurs ordres d'eux. La nécessité d'une victime en vue avait attiré l'attention des Soviétiques sur le numéro deux de la hiérarchie tchèque après le président Klement Gottwald : le secrétaire général du parti Rudolf Slánský. À la différence de Gottwald, qui était une figure de proue utile et un homme du parti docile, Slánský était certes un éminent stalinien (comme Rajk avant lui), mais il était juif.

Dans un premier temps, Gottwald répugna à laisser arrêter Slánský : les deux hommes avaient travaillé main dans la main au cours des trois années passées pour épurer leurs collègues, et si le secrétaire général était impliqué, Gottwald lui-même risquait fort d'être le suivant. Mais les Soviétiques insistèrent, présentant des preuves truquées d'accointances de Slánský avec la CIA, et Gottwald céda. Slánský fut arrêté le 23 novembre 1951 ; dans les jours qui suivirent, d'éminents communistes juifs encore en liberté le rejoignirent en prison. Les services de sécurité se donnèrent alors pour tâche d'arracher des confessions et des « preuves » de leurs nombreux prisonniers afin de monter un grand procès contre Slánský et ses collaborateurs. Du fait de la résistance de leurs victimes (notamment de l'ancien secrétaire général) soumises à des tortures barbares, cette tâche leur prit près d'un an.

Les préparatifs furent bouclés en septembre 1952. Le texte des confessions, l'accusation, les peines décidées d'avance et le scénario du procès furent alors envoyés à Moscou pour y être soumis à l'aval personnel de Staline. À Prague, on organisa alors une « répétition générale » du procès : des enregistrements complets devaient offrir une solution de rechange à la « retransmission en direct » dans l'éventualité peu probable où l'un des accusés se rétracterait devant la cour comme Kostov. Ce ne fut pas nécessaire.

Le procès se déroula du 20 au 27 novembre 1952, suivant un précédent bien établi : les prévenus furent accusés d'avoir fait et dit des choses qu'ils n'avaient ni faites ni dites (sur la base de confessions arrachées de force à d'autres témoins, dont leurs coaccusés) ; on leur reprocha aussi des choses qu'ils *avaient* faites, mais auxquelles s'attachaient de nouveaux sens (trois des prévenus furent accusés d'avoir favorisé Israël dans des accords commerciaux, à une époque où telle était encore la politique soviétique) ; tandis que le ministère public accusa Clementis d'avoir rencontré Tito (« le bourreau du peuple yougoslave et laquais de l'impérialisme Tito »), à une époque où Clementis était le ministre des Affaires étrangères de la Tchécoslovaquie et où Tito était encore dans les bonnes grâces des Soviétiques.

Deux caractéristiques devaient distinguer ce procès de tous ceux qui le précédèrent. Procureurs et témoins insistèrent à maintes reprises sur la judéité de la plupart des accusés : le « cosmopolite Rudolf Margolius », « Slánský... le grand espoir de tous les Juifs du parti communiste », « représentants du sionisme international », etc., « origine juive » (parfois, « origine sioniste ») étaient autant de manières de préjuger de leurs intentions coupables, anticommunistes et antitchèques. Quant aux accusateurs, dont les discours furent retransmis sur les ondes de la radio tchécoslovaque, ils surenchérirent sur les vitupérations injurieuses de Vychinski dans les procès de Moscou : « traîtres répugnants », « chiens », « loups », « successeurs affamés de Hitler » et autres épithètes du même acabit, reprises par la presse.

Au quatrième jour du procès de Prague, le quotidien communiste pragois *Rudé Právo* écrivit ainsi dans son éditorial : « On frémit de dégoût et de répulsion au spectacle de ces êtres froids et insensibles. Le Judas Slánský », poursuivait le texte, misait sur « ces éléments étrangers, cette racaille au passé nébuleux ». Aucun tchèque, expliquait l'auteur, n'aurait pu commettre de pareils crimes : « Seuls des sionistes cyniques, apatrides », des « cosmopolites malins vendus au dollar » pouvaient faire une chose pareille. « Dans cette activité criminelle, ils ont été guidés par le sionisme, le nationalisme juif bourgeois et le chauvinisme racial ».

Onze des quatorze accusés furent condamnés à mort et exécutés ; les trois autres, à la prison à perpétuité. S'adressant à la Conférence nationale du parti communiste tchèque, un mois plus tard, Gottwald évoqua en ces termes ses anciens camarades : « Normalement, les banquiers, les industriels, les anciens koulaks n'entrent pas dans notre parti. Mais du moment qu'ils étaient d'origine juive et d'orientation sioniste, on ne prêtait guère attention chez nous à leurs origines de classe. Cet état de choses est né de notre répulsion face à l'antisémitisme et de notre respect de la souffrance des Juifs. »

Le procès Slánský fut une mascarade criminelle, un meurtre judiciaire en forme de théâtre public[14]. Comme le procès du Comité antifasciste de Moscou, qui le précéda, celui de Prague fut aussi conçu comme un prélude à l'arrestation des médecins juifs soviétiques, dont la *Pravda* dénonça le « complot » le 13 janvier 1953. Ces médecins juifs – « un gang terroriste sioniste » accusé d'avoir tué Andreï Jdanov, de comploter avec la « bourgeoisie anglo-américaine » et de servir la cause du « nationalisme juif » de mèche avec l'American Jewish Joint Distribution Committee (mais aussi avec feu Solomon Mikhoels) – devaient être jugés dans les trois mois suivant les verdicts du procès Slánský.

Tout indique que le Kremlin envisageait à son tour ce procès comme un préambule et un prétexte à des rafles massives de Juifs soviétiques puis leur expulsion vers le Birobidjan (« foyer national » assigné aux Juifs à l'est) et l'Asie centrale soviétique, où de nombreux Juifs polonais avaient été précédemment expédiés entre 1939 et 1941 : la maison d'édition MVD avait imprimé et s'apprêtait à distribuer un million d'exemplaires d'une brochure intitulée *Pourquoi les Juifs doivent être évacués des régions industrielles du pays.* Mais même Staline paraît avoir hésité (Ilia Ehrenbourg l'avertit de l'impact dévastateur qu'aurait sur l'opinion occidentale un procès des médecins juifs) ; en tout état de cause, il mourut avant d'avoir tranché, le 5 mars 1953.

Les préjugés de Staline n'appellent pas d'explication : en Russie et en Europe de l'Est, l'antisémitisme était sa propre récompense. Plus intéressantes sont les fins que visait le dictateur soviétique en montant toute cette charade de purges, d'accusations, de confessions et de procès. Après tout, qu'avait-il besoin de procès ? Moscou était en position d'éliminer tout ce qu'elle voulait, partout dans le bloc soviétique, à travers des « procédures administratives ». Les procès pourraient paraître contreproductifs ; les témoignages et confessions manifestement truqués, le ciblage sans vergogne d'individus et de catégories sociales choisis n'étaient guère faits pour convaincre les observateurs étrangers de la bonne foi des procédures judiciaires soviétiques.

Mais l'enjeu des grands procès du bloc soviétique n'était aucunement la justice. Il s'agissait plutôt d'une forme de pédagogie publique par l'exemple ; une vénérable institution communiste (le premier de ces procès en URSS remontait à 1928) dont la fin était d'illustrer et de démontrer les structures de l'autorité dans le système soviétique. Ils disaient à l'opinion publique qui était bon, qui était mauvais ; ils trouvaient des coupables aux échecs politiques,

14. Les survivants devaient être libérés dans les années suivantes. Mais eux-mêmes et les autres victimes durent attendre 1968 pour être pleinement réhabilités et exonérés.

mais récompensaient aussi la loyauté et la soumission. Ils allèrent même jusqu'à créer un scénario, un vocabulaire approuvé à employer dans la discussion des affaires publiques. À la suite de son arrestation, Rudolf Slánský ne devait plus jamais être appelé que « l'espion Slánský », cette appellation rituelle devenant une forme d'exorcisme politique[15].

Les grands procès – ou les tribunaux, dans la terminologie du *Manuel soviétique d'instruction criminelle* de Vychinski (1936) – furent explicitement orchestrés pour « mobiliser l'opinion publique prolétarienne ». Comme le résumait sèchement la loi tchécoslovaque de janvier 1953 sur l'organisation de la justice, la fonction des tribunaux était d'« éduquer les citoyens au dévouement et à la loyauté envers la République tchécoslovaque, etc. » Robert Vogeler, accusé du procès de Budapest en 1948, observa à l'époque : « À en juger par la façon dont nos scripts ont été écrits, il importait davantage d'établir nos identités allégoriques que d'établir notre "culpabilité". Chacun de nous, dans son témoignage, était obligé de se "démasquer" au bénéfice de la presse du Kominform et de la radio. »

De critiques ou adversaires politiques présumés, les accusés furent réduits au rang de bandes de conjurés sans principes, qui n'avaient d'autres fins que la vénalité et la trahison. La lourdeur du style impérial soviétique masque parfois cet objectif : que faire d'une rhétorique censée mobiliser l'opinion publique dans une ville comme Budapest en répétant les erreurs des adversaires de la « lutte contre les koulaks » ? Mais on ne demandait pas au « public » de croire ce qu'il entendait ; on l'exerçait simplement à répéter.

Un des usages des procès publics était d'identifier des boucs émissaires. Si la politique économique communiste ne donnait pas les succès annoncés, si la politique étrangère soviétique était bloquée ou contrainte au compromis, il fallait trouver quelqu'un à blâmer. Comment expliquer autrement les faux pas de l'infaillible dirigeant ? Ce n'étaient pas les candidats qui manquaient. Slánský était aussi peu aimé au sein du PC tchèque qu'à l'extérieur. Rajk avait eu la main lourde en tant que ministre de l'Intérieur stalinien. Et précisément parce qu'ils avaient exécuté des politiques impopulaires dont l'échec était notoire désormais, tous les dirigeants et ministres communistes étaient des victimes en puissance. De même que les généraux vaincus, dans les guerres révolutionnaires de la France, étaient souvent accusés de trahison, les ministres communistes devaient confesser des sabotages quand les politiques qu'ils

15. Le scénario était *très* précis. En décembre 1952, le comité central du PCF « jugea » officieusement André Marty : le « procureur », Léon Mauvais, l'accusa de parler d'« Internationale trotskiste » plutôt que de « rebut trotskiste » ou de « groupes d'espions de la police trotskiste », suivant l'usage « naturel et habituel » des communistes s'agissant des trotskistes. Ce simple glissement linguistique suffisait à faire planer sur Marty de graves soupçons.

avaient suivies échouaient et que les produits annoncés n'étaient pas au rendez-vous.

Outre son usage symbolique comme exercice de transfert de la culpabilité, l'avantage de la confession était de confirmer la doctrine communiste. Il n'y avait point de désaccords dans l'univers de Staline, rien que des hérésies ; pas de critiques, rien que des ennemis ; pas d'erreurs, rien que des crimes. Les procès servaient tout à la fois à illustrer les vertus de Staline et à identifier les crimes de ses ennemis. Ils éclairent aussi l'étendue de la paranoïa de Staline, et la culture du soupçon qui l'entourait. Cette attitude tenait pour une part à une angoisse profondément enracinée de l'infériorité russe et, plus généralement, « orientale », à une peur de l'influence de l'Ouest et à la séduction de l'opulence occidentale. En 1950, à Sofia, lors du procès des « espions américains de Bulgarie », on reprocha aux accusés de propager l'idée « que les races élues ne vivent qu'à l'Ouest alors même que géographiquement elles trouvent toutes leurs origines à l'Est ». De même, poursuivait l'acte d'accusation, les accusés étaient affligés d'un « sentiment de sous-évaluation servile » que les espions occidentaux avaient exploité avec succès.

L'Occident était donc une menace qu'il fallait sans cesse exorciser. Certes, *il y avait* des espions occidentaux : des vrais. Au début des années 1960, après le début de la guerre de Corée, Washington envisagea la possibilité de déstabiliser l'Europe de l'Est et les services secrets américains firent un certain nombre d'essais infructueux pour pénétrer le bloc soviétique, donnant ainsi une vraisemblance superficielle aux confessions des communistes qui avaient prétendument travaillé avec la CIA ou espionné pour les services secrets britanniques. Et Staline, dans les dernières années, paraît s'être réellement attendu à une guerre ; dans un « entretien » accordé à la *Pravda* en février 1951, il expliqua en effet que l'affrontement du capitalisme et du communisme était inévitable et désormais de plus en plus probable. De 1947 à 1952, le Bloc soviétique fut perpétuellement sur le pied de guerre : la production tchécoslovaque d'armements fut multipliée par sept entre 1948 et 1953, tandis que des troupes soviétiques supplémentaires étaient acheminées en RDA et qu'étaient dressés les plans d'une force de bombardiers stratégiques.

Les arrestations, les purges et les procès étaient donc un rappel public de la confrontation imminente ; une justification des peurs soviétiques d'une guerre ; et une stratégie (bien connue depuis des décennies) pour écrémer le parti léniniste et le préparer au combat. L'accusation portée en 1949 contre Rajk –d'avoir conspiré avec les États-Unis et la Grande-Bretagne pour renverser les communistes – parut crédible à maints communistes et à leurs sympathisants à l'Ouest. Même les accusations par ailleurs outrées portées contre Slánský et les autres se fondaient sur une vérité largement reconnue, à savoir que la Tchécoslovaquie avait bien plus de liens avec l'Occident que les autres

États du bloc. Mais pourquoi Rajk ? Pourquoi Slánský ? Comment les boucs émissaires étaient-ils choisis ?

Aux yeux de Staline, tout communiste qui avait passé du temps en Occident, hors de portée des Soviétiques, suscitait la méfiance, quoi qu'il ait pu y faire. Les communistes qui avaient été actifs en Espagne pendant la guerre civile des années 1930 – et beaucoup étaient originaires d'Europe de l'Est et d'Allemagne – furent les premières cibles de cette suspicion. Ainsi László Rajk avait-il servi en Espagne (en qualité de commissaire politique du « bataillon Rákosi »), tout comme Otto Sling, un des coaccusés de Slánský. À la suite de la victoire de Franco, de nombreux vétérans espagnols avaient fui vers la France, pour finir dans des camps d'internement français. De là, un nombre significatif d'entre eux avaient rejoint la résistance française, où ils avaient fait équipe avec des communistes étrangers, allemands ou autres, également réfugiés en France. Ces hommes et ces femmes étaient assez nombreux pour que le PCF les organisât en une sous-section de la résistance communiste, la Main-d'œuvre immigrée (MOI). D'éminents communistes de l'après-guerre comme Artur London (autre accusé du procès Slánský) nouèrent de nombreux contacts à l'Ouest via leurs activités dans la MOI : cela aussi éveilla le soupçon chez Staline et devait ensuite être retenu contre eux.

En URSS, le Comité juif antifasciste avait reçu pour consigne d'établir des contacts en Occident et de rassembler des documents sur les atrocités nazies : les activités mêmes qui formèrent la base des accusations criminelles portées contre eux. Des communistes allemands comme Paul Merker, qui avait passé la guerre au Mexique ; des communistes slovaques comme le futur ministre des Affaires étrangères Clementis, qui travailla à Londres ; quiconque était resté dans l'Europe sous occupation nazie : tous étaient passibles de se voir accuser d'avoir contacté des agents occidentaux ou d'avoir travaillé en liens trop étroits avec des résistants non-communistes. Josef Frank, communiste tchèque qui survécut à son internement à Buchenwald, fut accusé au procès Slánský d'avoir passé son temps, au camp, à nouer des relations suspectes avec des « ennemis de classe ».

Les seuls communistes qui ne fussent pas de prime abord des objets de doute aux yeux de Staline étaient ceux qui avaient séjourné longtemps à Moscou, sous les regards du Kremlin. Sur ceux-là, on pouvait compter doublement : ayant passé si longtemps sous les yeux des autorités soviétiques, ils avaient fort peu de contacts à l'étranger, voire aucuns ; et s'ils avaient survécu aux purges des années 1930 (au cours desquelles la plupart des dirigeants exilés des partis communistes polonais, yougoslaves et autres avaient été éliminés), on pouvait compter sur eux pour obéir au dictateur soviétique sans poser de question. Les communistes « nationaux », en revanche, les hommes et les femmes qui étaient restés sur le territoire national, ne semblaient pas plus fiables. Ils avaient à leur actif plus de faits d'armes héroïques dans la résistance intérieure que leurs confrères de Moscou, revenus après la guerre dans les bagages de l'Armée rouge, et jouissaient donc localement d'une image plus populaire. Et ils étaient enclins à se faire leur idée à eux de la voie locale ou nationale vers le socialisme.

Pour ces diverses raisons, les communistes « nationaux » furent presque toujours les principales victimes des grands procès de l'après-guerre. Ainsi Rajk était-il un communiste « national », tandis que Rákosi et Gerö – les dirigeants du parti hongrois qui montèrent son procès – étaient des « Moscovites » (même si Gerö était aussi passé par l'Espagne). Il n'y avait pas grand-chose d'autre pour les distinguer. En Tchécoslovaquie, les hommes qui avaient organisé le soulèvement national slovaque contre les nazis (dont Slánský) étaient les victimes toutes désignées de la suspicion des Soviétiques ; Staline n'appréciait guère de partager le crédit de la libération de la Tchécoslovaquie. Le Kremlin préférait les « Moscovites » fiables, sans héroïsme ni imagination, qu'il connaissait : des hommes comme Klement Gottwald.

Traicho Kostov avait dirigé les partisans communistes bulgares au cours de la guerre, jusqu'à son arrestation ; après la guerre, il dut céder la première place à Gueorgui Dimitrov, tout juste revenu de Moscou, jusqu'au jour où ses états de service pendant la guerre se retournèrent contre lui, en 1949. En Pologne, Gomulka avait organisé la résistance armée sous les nazis avec Marian Spychalski ; après la guerre, Staline accorda ses faveurs à Bierut et à d'autres Polonais « moscovites ». Spychalski et Gomulka furent par la suite arrêtés et, on l'a vu, échappèrent de justesse à un grand procès.

Il y eut des exceptions. En Roumanie, c'est Dej, un communiste « national », qui manigança la chute d'un autre communiste « national », Lucretius, Pătrăşcanu, aussi bien que l'éclipse d'Ana Pauker, au pedigree moscovite et stalinien irréprochable. Et même Kostov avait passé le début des années 1930 à Moscou, au bureau « Balkans » du Komintern. Il avait été également un critique notoire de Tito (bien que pour des raisons propres : il voyait en lui l'héritier des ambitions territoriales serbes aux dépends de la Bulgarie). Loin de le sauver, cependant, cela ne fit qu'exacerber son crime. Staline n'avait que faire de son accord voire de son assentiment. Il ne demandait qu'une obéissance indéfectible.

Enfin, entrait une part considérable de règlement de compte personnel et d'instrumentalisme cynique dans la sélection des victimes du procès et des accusations retenues contre elles. Comme l'expliqua Karol Bacílek à la conférence nationale du PC tchèque, le 17 décembre 1952, « la question de savoir qui est coupable et qui est innocent, c'est le parti qui, en dernière instance, la tranchera avec le concours des organes de Sécurité nationale ». Dans certains cas, ceux-ci fabriquèrent des dossiers contre des gens par pur hasard ou caprice de l'imagination ; dans d'autres, ils affirmèrent le contraire de ce qu'ils savaient être la vérité. Par exemple, deux accusés du procès Slánský se virent reprocher d'avoir surfacturé à Moscou des produits tchèques. Or les produits fabriqués dans les États satellites étaient systématiquement vendus au-dessous de leur vraie valeur aux Soviétiques ; seule Moscou pouvait autoriser des exceptions. Dans le cas tchèque, la « surfacturation » était cependant une pratique soviétique établie, les accusateurs le savaient parfaitement : c'était une manière de faire passer de l'argent liquide à Prague, puis de là en Occident, pour y mener des opérations de renseignement.

Tout aussi cynique – et s'inscrivant dans le cadre d'une campagne de dénigrement personnel – était l'accusation portée contre Ana Pauker, qui fut accusée simultanément de « déviationnisme » droitiste et gauchiste : elle avait d'abord « critiqué » la collectivisation rurale, puis elle avait imposé la collectivisation aux paysans contre leur volonté. Rajk fut accusé d'avoir dissout le réseau du PC au sein de la police hongroise en 1947 ; en fait, il l'avait fait (à la veille des élections de 1947 et avec l'aval des autorités) afin de couvrir la dissolution de l'organisation policière sociale-démocrate, autrement plus forte. Plus tard, il avait secrètement rétabli le réseau communiste tout en maintenant l'interdit frappant les autres partis. Mais ses actions, qui étaient alors d'une irréprochable orthodoxie, donnèrent ensuite du grain à moudre aux Soviétiques quand l'heure sonna de l'éliminer.

Tous les accusés des grands procès étaient communistes. D'autres communistes furent épurés sans procès public ni aucune procédure judiciaire. Mais l'écrasante majorité des victimes de Staline, en Union soviétique et dans les États satellites, n'étaient bien sûr aucunement communistes. En Tchécoslovaquie, dans les années 1948-1954, les communistes ne représentèrent que 0,1 % des personnes condamnées à des peines de prison ou de camps de travail, et un sur vingt des condamnés à mort. En RDA, la Stasi fut créée le 8 février 1950, avec pour tâche de surveiller et de contrôler non seulement les communistes, mais toute la société. Staline était par nature méfiant non seulement à l'égard des communistes qui avaient des contacts ou une expérience à l'Ouest, mais aussi de *quiconque* avait vécu hors du bloc soviétique.

Il va sans dire que la méfiance du Kremlin, dans ces années-là, s'étendit à presque toute la population d'Europe de l'Est. Non que la répression d'après-guerre, *en* URSS, fût un tant soit peu moins systématique : de même que l'exposition des Russes à l'influence occidentale, dans les années 1813-1815, était censée avoir ouvert la voie à la révolte décembriste de 1825, Staline redoutait un effet de contamination et des protestations du fait des contacts pris pendant la guerre. Tout citoyen ou soldat soviétique qui survécut à l'occupation nazie ou à l'emprisonnement fut ainsi un objet de suspicion. Quand le présidium du Soviet suprême, en 1949, adopta une loi punissant les soldats coupables de viol de 10 à 15 ans de camp de travail, le cadet de ses soucis était bien le déchaînement dont ils s'étaient rendus coupables en Allemagne orientale et en Autriche. Son véritable mobile était de trouver un moyen de punir à sa guise les soldats soviétiques de retour.

Le châtiment infligé aux citoyens de l'URSS et d'Europe de l'Est, dans la décennie qui suivit la Seconde Guerre mondiale, prit des proportions considérables – et, hors de l'Union soviétique elle-même, sans précédent. Les procès ne furent que la pointe visible de l'archipel de la répression : prison, exil, bataillons de travail forcé. En 1952, au faîte de la seconde terreur stalinienne, 1,7 million de prisonniers étaient détenus dans des camps de travail soviétiques, 800 000 autres dans des colonies de travail et 2 753 000 dans des « colonies de peuplement spéciales ». La peine de Goulag « normale » était de 25 ans, typiquement suivie, dans les cas des survivants, d'un exil en Sibérie et en Asie centrale soviétique. En Bulgarie, sur une main-d'œuvre industrielle d'un peu moins d'un demi-million, deux personnes sur neuf étaient des travailleurs serviles.

En Tchécoslovaquie on estime qu'il y avait à peu près 100 000 détenus politiques sur une population de 13 millions d'habitants au début des années 1950, et encore ce chiffre ne comprend-il pas les dizaines de milliers de travailleurs forcés, de fait, des mines du pays. Une autre forme de châtiment était les « liquidations administratives », où des hommes et des femmes qui disparaissaient en prison étaient tranquillement abattus sans publicité ni procès. La famille d'une victime pouvait bien attendre un an ou plus avant d'apprendre qu'il ou elle avait « disparu ». Trois mois plus tard, la personne était alors légalement présumée morte, même si aucun avis ni aucune confirmation officielle ne suivait. Au faîte de la terreur, en Tchécoslovaquie, une trentaine ou une quarantaine de ces annonces paraissaient chaque jour dans la presse locale. Des dizaines de milliers de personnes disparurent ainsi ; des centaines de milliers d'autres perdirent privilèges, appartements et emplois.

En Hongrie, dans les années 1948-1953, près d'un million de personnes (sur une population totale de moins de dix millions) auraient été arrêtées, déportées, incarcérées ou déportées. Une famille hongroise sur trois fut directement concernée. Les parents souffraient tout autant. Fritzi Loebl, épouse de l'un des « co-conjurés » de Slánský, passa une année à la prison de Ruzyn, à la périphérie de Prague, où elle fut interrogée par des Russes qui la traitaient de « sale pute de youpine ». À sa libération, elle fut exilée dans une usine du Nord de la Bohême. Les femmes de prisonniers et de déportés perdaient emploi, appartement et effets personnels. Au mieux, avec un peu de chance, on les oubliait ensuite, comme Josephine Langer, dont le mari Oskar Langer, témoin du procès Slánský, écopa par la suite de 22 ans de prison dans un procès secret. Ses filles et elle croupirent six ans dans une cave.

C'est la Roumanie, peut-être, qui connut les pires persécutions, certainement les plus durables. Un bon million de détenus connurent la prison, les camps de travail ou le canal du Danube à la mer Noire, où ils formaient une main-d'œuvre servile et où plusieurs dizaines de milliers trouvèrent la mort – et encore ces chiffres ne comprennent-ils pas les Roumains déportés en Union soviétique. Mais la Roumanie se distingua aussi par la sévérité de ses conditions de détention et diverses prisons « expérimentales » ; notamment celle de Pitesti où trois années durant, de décembre 1949 à la fin de 1952, les détenus furent encouragés à se « rééduquer » mutuellement en recourant à des tortures physiques et psychologiques. La plupart des victimes étaient des étudiants, des « sionistes » et des détenus politiques non communistes.

L'État communiste était dans un état de guerre non déclarée permanent contre ses propres citoyens. Comme Lénine, Staline comprenait la nécessité d'avoir des ennemis, et il était dans la logique de l'État stalinien de se mobiliser constamment contre ses ennemis – extérieurs, mais surtout intérieurs. Le 11 juin 1952, Stephan Rais, ministre tchécoslovaque de la Justice, s'exprima en ces termes devant la Conférence des procureurs :

> « [Le procureur] doit [...] s'en remettre à la science au monde la plus mûre, correcte et véridique entre toutes, je veux dire à la science juridique soviétique, et s'aider systématiquement des expériences de la pratique juridique soviétique. [...] L'aggravation permanente de la lutte des classes est une nécessité inévitable de notre époque. »

Le vocabulaire martial si cher à la rhétorique communiste fait écho à cette situation naturellement conflictuelle. Les métaphores militaires abondaient : les conflits de classe nécessitaient des alliances, des liaisons avec les masses, des mouvements de contournement, des attaques frontales. L'affirmation de Staline suivant laquelle la guerre des classes *s'accentuait* à mesure qu'on approchait du socialisme était invoquée pour expliquer un fait étrange : alors que les élections donnaient partout un soutien de 99 % au parti, ses ennemis ne s'en multipliaient pas moins au point qu'il fallait livrer bataille avec toujours plus de fermeté et de détermination. L'histoire intérieure de l'URSS devait être reproduite avec soin à travers le bloc soviétique.

Les principaux ennemis étaient officiellement les paysans et les bourgeois. En pratique, cependant, les intellectuels étaient souvent la cible la plus facile, comme ils l'avaient été pour les nazis. L'attaque venimeuse d'Andreï Jdanov contre Anna Akhmatova – « une nonne ou une pute, ou plutôt une nonne *et* une putain, qui mêle putasserie et prière. La poésie d'Akhmatova est totalement coupée du peuple[16] » – fait écho à la plupart des thèmes anti-intellectuels staliniens traditionnels : religion, prostitution, éloignement des masses.

16. Catherine Merridale, *Night of Stone : Death and Memory in 20th-Century Russia*, 2000, p. 249.

Akhmatova eût-elle été juive, comme une bonne partie de l'intelligentsia centre-européenne, la caricature eût été complète.

La répression politique, la censure et même la dictature n'étaient aucunement inconnues de la moitié orientale de l'Europe avant l'avènement du stalinisme, même si, parmi ceux qui étaient en mesure de comparer, tout le monde s'accordait à dire que les interrogateurs et les prisons hongrois, polonais ou roumains de l'entre-deux-guerres étaient de loin préférables à ceux des « démocraties populaires ». Les hommes de Staline perfectionnèrent les instruments de contrôle et de terreur dont l'État communiste se servit après 1947, mais pour l'essentiel il n'était nullement besoin de les importer de l'Est : ils étaient déjà en place. Ce n'est pas par hasard que la prison de Pitesti fut organisée et dirigée pour le compte de la Securitate communiste par un certain Eugen Turcanu, qui dans une précédente incarnation, du temps de ses études à l'Université de Iasi, avait milité au sein de la Garde de Fer, mouvement fasciste roumain de l'entre-deux-guerres.

Ce qui distinguait l'État-parti des communistes de ses prédécesseurs autoritaires, cependant, ce n'était pas tant l'efficacité de son appareil répressif que la monopolisation et l'abus de ce pouvoir et de ses ressources au bénéfice quasi exclusif d'une puissance *étrangère*. L'occupation soviétique succéda à l'occupation nazie avec un minimum de troubles transitoires et attira toujours plus profondément dans son orbite la moitié orientale de l'Europe (pour les citoyens de l'Allemagne de l'Est, sortant de douze ans de dictature nazie, la transition fut encore plus douce). Ce processus et ses conséquences – la « soviétisation » et la « russification » de tout en Europe de l'Est, des processus de fabrication aux titres universitaires – devaient tôt ou tard miner l'allégeance générale, hormis celle des staliniens les plus invétérés.

Et ce phénomène eut pour effet, chez bien des gens, de brouiller le souvenir de leur ambivalence initiale face à la transformation communiste. Dans les années suivantes, on devait aisément oublier que le ton antisémite et fréquemment xénophobe du langage public stalinien avait trouvé un auditoire bienveillant dans une bonne partie de l'Europe de l'Est comme en Union soviétique. Le nationalisme économique avait aussi des racines populaires locales, si bien que l'expropriation, la nationalisation, les contrôles et la régulation étatique du travail étaient loin d'être inconnus. En Tchécoslovaquie, par exemple, sous le Plan biennal introduit en 1946, les ouvriers récalcitrants pouvaient être expédiés dans des camps de travail (même s'il est aussi vrai que la plupart des juges tchèques, dans les années 1946-1948, refusèrent d'appliquer ces peines).

Sans ses phases initiales, la reprise en mains soviétique de l'Europe orientale ne fut donc pas tout à fait une transition aussi unilatérale et brutale qu'on pourrait le croire après coup, même si nous négligeons les grands espoirs placés dans l'avenir communiste par une minorité de jeunes gens à Prague ou à Varsovie. Mais tout comme les nazis, par leur brutalité, s'étaient aliéné d'éventuelles sympathies dans les territoires qu'ils « libérèrent » de l'URSS en 1941-1942, Staline dissipa bientôt les illusions et les attentes dans les États satellites.

On a déjà signalé l'effet de l'imposition d'une version accélérée de la lugubre histoire économique de l'URSS aux pays plus développés de l'Ouest. La seule ressource sur laquelle les managers communistes purent systématiquement compter, c'était une production à forte intensité de main-d'œuvre pressurée jusqu'au point de rupture. C'est pourquoi la terreur stalinienne de 1948-1953, en Europe de l'Est, ressemblait tant à sa contrepartie soviétique des années 1930 : toutes deux étaient liées à une politique d'industrialisation coercitive. Les économies centralement planifiées excellaient en fait à arracher de force une plus-value aux mineurs et aux ouvriers ; mais c'était tout ce qu'elles savaient faire. L'agriculture du bloc soviétique ne cessa de régresser. Les bureaucrates de Frounze (aujourd'hui Bizkek, au Kirghizstan) qui, en 1960, encouragèrent les paysans du coin à remplir leurs quotas (arbitraires et inaccessibles) de livraison de beurre en achetant des stocks à l'épicerie illustrent bien son inefficacité parfois surréelle.

Les procès et les purges, avec le chœur de commentaires mensongers qui les accompagnèrent, contribuèrent à dégrader ce qu'il subsistait de sphère publique en Europe orientale. La politique et le gouvernement devinrent synonymes de corruption et de répression arbitraire, pratiquées par et au bénéfice d'une clique vénale, elle-même déchirée par la méfiance et la peur. Ce n'était guère une expérience nouvelle dans la région, bien entendu. Mais il y avait un cynisme propre à cette gabegie *communiste* : on s'employa laborieusement à inscrire les abus d'antan dans un jargon rhétorique d'égalité et de progrès social – une hypocrisie dont ni les oligarques de l'entre-deux-guerres ni les occupants nazis n'avaient éprouvé le besoin. Et, une fois encore, c'était une forme de gabegie adaptée au bénéfice quasi exclusif d'une puissance étrangère – ce qui explique que la domination soviétique fût si mal perçue hors des frontières de l'URSS.

La soviétisation de l'Europe de l'Est eut pour effet de l'éloigner toujours plus de la moitié occidentale du continent. Alors que l'Europe occidentale était sur le point d'entrer dans une ère de transformation spectaculaire et de prospérité sans précédent, l'Europe orientale sombrait dans le coma : un hiver d'inertie et de résignation, ponctué de cycles de protestation et d'assujettissement, qui allait durer près de quarante ans. Il est symptomatique et plus ou moins de circonstance que, dans les mêmes années où le plan Marshall injectait quelque 14 milliards de dollars *en* Europe occidentale pour redresser son économie, Staline – *via* les réparations, les livraisons forcées et l'imposition de distorsions commerciales grossièrement désavantageuses – ait prélevé *grosso modo* le même montant *sur* l'Europe de l'Est.

L'Europe orientale avait toujours été différente de l'Europe occidentale. Mais la distinction entre les deux Europe n'était pas la seule par laquelle le continent se comprît. Elle n'était pas même la plus importante. L'Europe méditerranéenne était sensiblement différente de l'Europe du Nord-Ouest ; la religion avait eu bien plus de poids que la politique dans les frontières historiques intra- ou interétatiques. Dans l'Europe d'avant la Seconde Guerre mondiale, les différences entre le Nord et le Sud, les riches et les pauvres, les citadins et les ruraux comptaient bien davantage que les différences entre l'Est et l'Ouest.

L'impact de la domination soviétique sur les territoires à l'est de Vienne fut donc plus marqué encore qu'il ne l'avait été sur la Russie elle-même. L'Empire russe, après tout, n'avait jamais été que partiellement européen ; et l'identité européenne de la Russie d'après Pierre le Grand fut elle-même amplement contestée au cours du siècle précédant le coup de force de Lénine. En détachant brutalement l'Union soviétique de ses liens avec la culture et l'histoire européennes, les bolcheviks infligèrent à la Russie une violence aussi grande que durable. Mais leur méfiance à l'égard de l'Occident et leur peur de l'influence occidentale n'étaient pas sans précédent ; elle avait des racines profondes dans des écrits et des pratiques volontairement slavophiles bien avant 1917.

Il n'existait pas de précédents de ce genre en Europe centrale et orientale. Un des aspects du nationalisme de petit État précaire des Polonais, des Roumains, des Croates et des autres était précisément qu'ils ne se considéraient pas comme de lointains satellites en marge de la civilisation européenne, mais plutôt comme les défenseurs sous-estimés de l'héritage central de l'Europe, tout comme les Tchèques et les Hongrois estimaient, non sans raison, faire partie du cœur même du continent. Les intellectuels roumains et polonais avaient les yeux braqués sur Paris, dont ils suivaient les modes intellectuelles et artistiques, de même que l'intelligentsia germanophone de l'ancien Empire des Habsbourg, de la Ruthénie subcarpathique à Trieste, s'était toujours tournée vers Vienne.

Cette Europe-là, cosmopolite et intégrée, n'avait bien entendu jamais existé que pour une minorité. Et elle mourut en 1918. Mais les nouveaux États nés à Versailles furent d'emblée fragiles et plus ou moins transitoires. Les décennies de l'entre-deux-guerres avaient donc été une sorte d'interrègne – ni paix ni guerre – dans lequel le destin de l'Europe centrale et orientale post-impériale restait tant bien que mal en suspens. Seules les erreurs de Hitler empêchèrent de justesse l'issue la plus probable : celle d'une Allemagne renaissante qui hériterait *de facto* des vieux empires sur les territoires compris entre Stettin et Istanbul.

L'imposition d'une solution russe, plutôt qu'allemande, coupa alors la moitié orientale vulnérable de l'Europe du corps du continent. À l'époque, cela ne causa pas grand souci aux Européens de l'Ouest eux-mêmes. À l'exception des Allemands, le pays le plus directement affecté par la division de l'Europe, mais aussi mal placé pour exprimer son mécontentement, les Européens de l'Ouest restèrent largement indifférents à la disparition de l'Europe de l'Est. En fait, ils devaient si bien s'y habituer, et étaient de toute manière tellement absorbés par les changements remarquables qui se produisaient dans leurs propres pays, qu'il leur paraissait tout naturel qu'une barrière armée infranchissable courût de la Baltique à l'Adriatique. Pour les peuples situés à *l'est* de cette barrière, en revanche, refoulés dans ce qui avait tout l'air d'être un coin obscur et oublié de leur continent, à la merci d'une grande puissance semi-étrangère pas mieux pourvue qu'eux mais parasitant leurs propres ressources qui s'amenuisaient, l'histoire elle-même devait lentement s'arrêter.

VII

Guerres culturelles

« Nous rejetions tous l'ère précédente. Je la connaissais essentiellement par la littérature, et elle m'apparaissait comme une ère de sottise et de barbarie. »
Milan Simecka

« Toute action, au milieu du XXe siècle, suppose et entraîne une prise de position à l'égard de l'entreprise soviétique. »
Raymond Aron

« J'ai eu raison d'avoir tort, tandis que toi et tes semblables avez eu tort d'avoir raison. »
Pierre Courtade à Edgar Morin

« Qu'on le veuille ou non, l'édification socialiste est privilégiée en ceci qu'on doit, pour la comprendre, épouser son mouvement et adopter ses objectifs. »
Jean-Paul Sartre

« On ne peut pas empêcher les gens d'avoir raison pour les mauvaises raisons. [...] Cette peur de se retrouver en mauvaise compagnie n'est pas une expression de pureté politique, mais l'expression d'un manque de confiance. »
Arthur Koestler

Avec une alacrité qui laisserait perplexe les générations futures, l'affrontement en Europe entre le fascisme et la démocratie était à peine terminé qu'une nouvelle fracture la remplaça : la brèche séparant les communistes des anticommunistes. La délimitation des positions politiques et intellectuelles pour et contre l'Union soviétique n'a pas commencé avec la division de l'Europe au lendemain de la Seconde Guerre mondiale. Mais c'est dans ces années d'après-guerre, entre 1947 et 1953, que la ligne de partage entre l'Est et l'Ouest, la gauche et la droite, s'est creusée dans la vie culturelle et intellectuelle européenne.

Les circonstances étaient exceptionnellement propices. Entre les deux guerres, l'extrême droite avait eu beaucoup plus d'écho que la grande majorité ne voulait bien le reconnaître. De Bruxelles à Bucarest, le journalisme et la littérature polémiques des années 1930 abondent en racisme, en antisémitisme, en ultranationalisme, en cléricalisme et en réaction politique. Les intellectuels, les journalistes et les enseignants qui, avant et pendant la guerre, avaient épousé des sentiments fascistes ou ultraréactionnaires avaient de bonnes raisons, après 1945, d'affirmer bruyamment leurs nouvelles lettres de créances de progressistes ou d'hommes de gauche (à moins de sombrer dans une obscurité temporaire ou durable). Comme la plupart des revues ou des partis d'obédience fasciste ou ultraconservatrice étaient en tout état de cause interdits désormais (sauf dans la Péninsule ibérique, où c'était le contraire), les expressions publiques d'allégeance se bornaient au centre et à la gauche du spectre. La pensée et l'opinion de droite connurent une éclipse en Europe.

Mais si la chute de Hitler, de Mussolini et de leurs partisans métamorphosa spectaculairement la *teneur* des écrits et prestations publics, le *ton* demeura largement le même. L'urgence apocalyptique des fascistes ; leur appel à des solutions violentes, « définitives », comme si un changement authentique passait *nécessairement* par une destruction totale ; le dégoût du compromis et de l'« hypocrisie » de la démocratie libérale, mais aussi l'enthousiasme pour les choix manichéens (tout ou rien, révolution ou décadence) : tous ces élans pouvaient aussi bien servir l'extrême gauche ; ce qu'ils firent, après 1945.

Dans leur souci de la nation, de la dégénérescence, du sacrifice et de la mort, les écrivains fascistes de l'entre-deux-guerres avaient eu les yeux braqués sur la Grande Guerre. La gauche intellectuelle d'après 1945 fut également façonnée par l'expérience de la guerre, mais cette fois comme le choc d'alternatives morales incompatibles, excluant toute possibilité de compromis : le Bien contre le Mal, la Liberté contre la Servitude, la Résistance contre la Collaboration. La libération de l'occupation nazie ou fasciste fut largement accueillie comme l'occasion d'un changement politique et social radical, une occasion de tirer des dévastations du temps de guerre des effets révolutionnaires et de prendre un nouveau départ. Et quand, on l'a vu, cette occasion fut apparemment contrariée et que la vie « normale » reprit sommairement son cours, les espérances déçues tournèrent assez facilement au cynisme – quand elles n'alimentèrent pas l'extrême gauche, dans un monde une fois de plus polarisé en camps politiques inconciliables.

Les intellectuels européens de l'après-guerre étaient pressés et n'avaient pas le goût du compromis. Ils étaient jeunes. Dans la Première Guerre mondiale, une génération de jeunes gens avait péri. Après la Seconde, en revanche, c'est surtout une cohorte plus âgée et discréditée qui quitta la scène. À sa place, apparurent des écrivains, des artistes, des journalistes et des militants politiques qui étaient trop jeunes pour avoir connu la guerre de 1914-1918, mais qui étaient impatients de rattraper le temps perdu dans la suivante. *Leur* éducation politique datait de l'époque des Fronts populaires et des mouvements antifascistes ; et quand ils eurent un écho et une influence, souvent des suites de leurs activités durant la guerre, ce fut à un âge inhabituellement jeune au regard des normes européennes traditionnelles.

En France, Jean-Paul Sartre avait 40 ans à la fin de la guerre ; Simone de Beauvoir, 37 ; Albert Camus, le plus influent de tous, tout juste 32. De la génération plus âgée, seul François Mauriac (né en 1885) pouvait se mesurer à eux par l'influence, précisément parce qu'il n'était souillé par aucun passé vichyssois. En Italie, le philosophe napolitain Benedetto Croce (1866) était le seul survivant d'une précédente génération de personnalités italiennes ; le romancier et commentateur politique Alberto Moravia avait 38 ans ; le journaliste et écrivain communiste Elio Vittorini, un an de moins. En Allemagne, où les sympathies nazies et la guerre avaient prélevé le tribut le plus lourd chez les intellectuels publics et les écrivains, Heinrich Böll, le plus doué d'une génération résolument nouvelle d'écrivains qui se rassembla après la défaite de Hitler pour former le « Groupe 47 », n'avait que 28 ans à la fin des hostilités.

En Europe de l'Est, où les élites intellectuelles de l'avant-guerre étaient entachées d'ultra-conservatisme, de nationalisme mystique, ou pire, la promotion sociale des jeunes fut encore plus marquée. Czeslaw Milosz, dont l'essai marquant, *La Pensée captive*, parut en 1951, quand il avait juste 40 ans et était déjà un exilé politique, n'était pas du tout atypique. Jerzy Andrzejewski (qui apparaît dans l'ouvrage de Milosz sous un jour moins que flatteur) avait une petite trentaine quand il publia avec un grand succès *Cendres et diamant*, son roman de la Pologne de l'après-guerre. Né en 1922, Tadeusz Borowski n'avait pas trente ans quand il publia *Le Monde de pierre*, ses nouvelles sur Auschwitz.

Les dirigeants des partis communistes d'Europe de l'Est étaient, généralement, des hommes légèrement plus âgés, qui avaient survécu à l'entre-deux-guerres en tant que prisonniers politiques ou exilés à Moscou, sinon les deux à la fois. Juste en dessous d'eux, cependant, se pressait une cohorte de tout jeunes gens, hommes et femmes, dont l'adhésion idéaliste à la prise du pouvoir soviétique joua un rôle important dans leur réussite. En Hongrie, Géza Lozonczy, qui devait être victime de la répression soviétique après la révolte hongroise de 1956, n'avait pas encore trente ans quand, avec des centaines d'autres comme lui, il s'engagea pour porter le PC hongrois au pouvoir. Rudolf Margolius, mari d'Heda Kovaly et accusé du procès Slánský en décembre 1952, avait 35 ans quand il fut nommé ministre du gouvernement communiste tchécoslovaque ; Artur London, autre accusé de ce procès, était plus jeune encore, 33 ans, quand les communistes prirent le pouvoir. London avait fait son éducation politique dans les rangs de la résistance française ; comme beaucoup, dans la clandestinité communiste, il apprit tout jeune à exercer des responsabilités politiques et militaires.

L'enthousiasme juvénile pour un avenir communiste était largement répandu parmi les intellectuels bourgeois de l'Est comme de l'Ouest. Et il s'accompagnait d'un net complexe d'infériorité envers le prolétariat – les cols bleus de la classe ouvrière. Dans l'immédiat après-guerre, les travailleurs manuels qualifiés avaient le vent en poupe, et le contraste était tranché avec les années de Crise dont le souvenir restait vif dans la mémoire collective. Il y avait du charbon à extraire ; des routes, des voies ferrées, des bâtiments, des lignes électriques à reconstruire ou à remplacer ; des outils à fabriquer et à appliquer ensuite à la manufacture d'autres produits. Pour tous ces emplois, il y avait une pénurie de main-d'œuvre qualifiée ; les hommes jeunes et valides des camps de personnes déplacées, on l'a vu, n'eurent pas grand mal à trouver du travail et un asile, à la différence des femmes avec charge de famille – ou des « intellectuels » en tous genres.

Une des conséquences en fut l'exaltation universelle du travail industriel et des ouvriers : un atout politique singulier pour les partis qui prétendaient les représenter. Les bourgeois cultivés, hommes ou femmes, qui penchaient à gauche, embarrassés par leurs origines sociales, pouvaient apaiser leur malaise en s'abandonnant au communisme. Mais même s'ils n'allaient pas jusqu'à adhérer au parti, beaucoup d'artistes et d'écrivains, en France et en Italie notamment, se « prosternaient devant le prolétariat » (Arthur Koestler) et élevaient la « classe ouvrière révolutionnaire » (qu'ils imaginaient typiquement sous l'éclairage du réalisme socialiste ou fasciste : austère, mâle et musclée) à un statut quasi iconique.

Bien que le phénomène eût une dimension paneuropéenne et transcendât le communisme politique (le plus célèbre représentant de l'« ouvriérisme », parmi les intellectuels européens, fut Jean-Paul Sartre, qui ne prit jamais sa carte du PCF), c'est en Europe de l'Est que ces sentiments eurent des conséquences bien réelles. Étudiants, enseignants, écrivains et artistes de Grande-Bretagne, de France, d'Allemagne et d'ailleurs affluèrent en Yougoslavie (avant le schisme) pour aider à remettre en état les voies ferrées à mains nues. En août 1947, Italo Calvino évoqua avec enthousiasme les jeunes volontaires italiens qui en faisaient autant en Tchécoslovaquie. Le dévouement à un nouveau départ, le culte d'une communauté réelle ou imaginaire de travailleurs et l'admiration pour les Soviétiques (et leur Armée rouge conquérante) séparait une jeune génération d'après-guerre de ses racines sociales et du passé national.

La décision de devenir communiste (ou « marxiste », ce qui, dans les circonstances de l'époque, voulait dire habituellement la même chose) se prenait typiquement jeune. « Je suis devenu marxiste en 1943, raconte le Tchèque Ludek Pachman. J'avais 19 ans et l'idée que, soudain, je comprenais tout et pouvais tout expliquer m'enchanta, tout comme l'idée que je marcherais avec les prolétaires du monde entier, d'abord contre Hitler, puis contre la bourgeoisie internationale. » Même ceux qui, comme Czeslaw Milosz, ne se laissèrent pas transporter par les charmes du dogme, se réjouirent sans ambiguïté des réformes sociales du communisme : « J'étais ravi de voir enfin écrasée la structure semi-féodale de la Pologne, les universités ouvertes aux jeunes ouvriers et paysans, la réforme agraire lancée et le pays enfin engagé sur la route de l'industrialisation. » Comme l'observa Milovan Djilas, évoquant son expérience de proche collaborateur de Tito : « Au début, le totalitarisme est enthousiasme et conviction ; c'est par la suite seulement qu'il devient organisations, autorité, carriérisme. »

Initialement, les partis communistes flattèrent les intellectuels, pour qui les ambitions du communisme formaient un contraste séduisant avec l'esprit de clocher de leurs petites patries, mais aussi avec l'anti-intellectualisme violent des nazis. Pour beaucoup de jeunes intellectuels, le communisme était moins une affaire de conviction qu'une affaire de foi : l'intelligentsia laïque de Pologne, devait observer Alexander Wat (autre futur ex-communiste polonais), avait soif d'un « catéchisme raffiné ». Même si les étudiants, les poètes, les dramaturges, les romanciers, les journalistes ou les professeurs est-européens qui devinrent militants communistes ne furent jamais qu'une minorité, ils étaient souvent les hommes et les femmes les plus doués de leur génération.

Pavel Kohout, qui dans les décennies suivantes allait connaître une renommée internationale en tant que dissident mais aussi essayiste et dramaturge postcommuniste, se fit d'abord connaître dans sa Tchécoslovaquie natale comme un adepte enthousiaste du nouveau régime de son pays. En 1969, se retournant sur le passé, il décrivit la « sensation de certitude » qu'il éprouva en février 1948, le jour du coup de force, en voyant le chef du parti, Klement Gottwald, sur la vieille place de Prague envahie par la foule. Là, « dans cette masse humaine en quête de justice et dans cet homme [Gottwald] qui les entraîne dans la bataille décisive », le jeune Kohout de 20 ans trouva « le *Centrum Securitatis* que Comenius avait cherché en vain ». Quatre ans plus tard, embrasé par la foi, Kohout écrivit une « Cantate à notre parti communiste » :

> « Saluons le parti en chantant !
> Sa jeunesse est marquée par les jeunes travailleurs de choc
> Elle possède la raison d'un million de cerveaux
> Et la force de millions de mains humaines
> Et son bataillon
> Ce sont les mots de Staline et de Gottwald.
>
> En ce mois de mai florissant,
> Dans les lointains confins
> Au-dessus du vieux Château, le drapeau flottant
> Avec pour devise « La vérité triomphe ! »
> Les paroles se sont glorieusement accomplies :
> La vérité des ouvriers a triomphé !
> Vers un avenir glorieux notre pays s'élève.

Gloire au parti de Gottwald !
Gloire !
Gloire[1] ! »

Ce type de foi était largement répandu dans la génération de Kohout. Comme Milosz devait l'observer, le communisme partait du principe que les écrivains n'ont pas besoin de *penser*, il leur suffit de *comprendre*. Et même la compréhension nécessitait à peine plus que l'engagement, qui était précisément ce que recherchaient les jeunes intellectuels de la région. « Nous étions des enfants de la guerre », écrit Zdeněk Mlynář, qui adhéra au PC tchécoslovaque en 1946, à l'âge de quinze ans, « avec cette restriction que nous n'avions jamais participé activement à la moindre phase de combat. Et nous conservâmes notre mentalité de guerre jusque dans les premières années de l'après-guerre, celles où nous fut donnée pour la première fois l'occasion de nous engager dans la lutte pour un enjeu précis. » La génération de Mlynář ne connaissait que les années de la guerre et de l'occupation nazie, au cours desquelles, il fallait se ranger d'un côté ou de l'autre : il n'y avait pas de position intermédiaire possible : « Dans cette idéologie, il ne pouvait y avoir qu'un moyen de faire triompher la conception "juste", c'était la liquidation, l'extinction totale des opinions divergentes[2]. »

L'enthousiasme naïf avec lequel certains jeunes Européens de l'Est plongèrent dans le communisme (« Je suis dans cet état d'esprit révolutionnaire... », s'exclamera l'écrivain Ludvik Vaculik à l'adresse de sa petite amie quand il adhéra au parti tchèque) ne diminue aucunement la responsabilité de Moscou dans ce qui fut, au fond, une prise de pouvoir soviétique dans leurs pays. Mais cela aide à rendre compte de l'ampleur du désenchantement et de la désillusion qui suivirent. Des communistes légèrement plus âgés, comme Djilas (né en 1911), savaient probablement depuis toujours que la « manipulation de la ferveur », comme il dit, est le « germe de la servitude ». Mais les jeunes convertis, surtout les intellectuels, découvrirent avec stupeur les rigueurs de la discipline communiste et la réalité du pouvoir stalinien.

Ainsi, l'imposition du dogme jdanovien des « deux cultures » après 1948, avec son insistance sur l'adoption de positions « correctes » en toutes choses, de la botanique à la poésie, survint comme un choc particulier dans les démocraties populaires d'Europe de l'Est. L'adhésion intellectuelle servile à la ligne d'un parti, de longue date établi en Union soviétique où existait en tout état de cause un héritage présoviétique de répression et d'orthodoxie, fut d'autant

1. D'après la traduction du professeur Marci Shore, Indiana University. Je dois également la citation de Ludek Pachman au professeur Shore.

2. Zdeněk Mlynář, *Night Frost in Prague*, Londres, 1980, p. 2 ; en français, *Le froid vient de Moscou*, trad. G. Fritsch-Estrangin et J.-M. Gaillard-Paquet, Paris, Gallimard, 1981, p. 7-8.

plus dur dans les pays qui n'avaient que récemment émergé du régime assez clément des Habsbourg. Dans l'Europe centrale du XIXe siècle, les intellectuels avaient pris l'habitude et la responsabilité de parler au nom de la nation. Sous le communisme, leur rôle était différent. Où ils avaient représenté naguère un « peuple » abstrait, ils n'étaient guère plus que les porte-voix culturels de (véritables) tyrans. Pire, ils devaient être bientôt des victimes de choix – en tant que « cosmopolites », « parasites » ou Juifs – aux yeux de ces tyrans en quête de boucs émissaires pour leurs erreurs.

Pour l'essentiel, l'enthousiasme des intellectuels est-européens pour le communisme – même en Tchécoslovaquie, où il était le plus fort – s'était dissipé à la mort de Staline, même s'il devait persister encore quelques années sous la forme de projets de « révision » ou de « communisme réformé ». La division, au sein des États communistes, n'était plus entre le communisme et ses adversaires. La distinction importante était de nouveau entre ceux qui avaient l'autorité – l'État-parti, avec sa police, sa bureaucratie et son intelligentsia-maison – et tous les autres.

En ce sens, la ligne de faille de la guerre froide ne passait pas tant entre l'Est et l'Ouest qu'*au sein* même de l'Europe orientale et occidentale. En Europe de l'Est, on l'a vu, le parti communiste et son appareil étaient dans un état de guerre non déclarée avec le reste de la société, et la connaissance rapprochée du communisme avait tracé de nouvelles lignes de bataille : entre ceux à qui le communisme avait procuré un avantage social pratique sous une forme ou sous une autre et ceux pour qui il était synonyme de discrimination, de déception et de répression. En Europe *occidentale*, la même ligne de fracture trouva de nombreux intellectuels de part et d'autre ; mais la ferveur pour le communisme en théorie était typiquement présente à raison inverse de son expérience directe en pratique.

Cette ignorance généralisée du destin de l'Europe de l'Est contemporaine, couplée à une indifférence occidentale croissante, fut une source d'ébahissement et de frustration pour beaucoup en Europe de l'Est. Le problème des intellectuels est-européens et d'autres n'était pas leur situation périphérique : ils s'étaient résignés de longue date à pareil destin. Ce qui leur fit mal, après 1948, c'est leur *double* exclusion : de leur histoire, grâce à la présence soviétique, et de la conscience de l'Occident, dont les intellectuels les plus en vue ne tenaient aucun compte de leur expérience ni de leur exemple. Dans les écrits est-européens sur l'Europe occidentale, au début des années 1950, on retrouve partout le même ton blessé, surpris et médusé : un ton d'« amour déçu », comme dit Milosz dans *La Pensée captive.* L'Europe ne voit-elle donc pas, écrivit l'exilé roumain Mircea Eliade en avril 1952, qu'elle a été amputée d'une partie de sa chair même ? « Car [...] tous ces pays *sont en* Europe, tous ces peuples appartiennent à la communauté européenne. »

Or ils n'y appartenaient plus, et c'était là le fond du problème. Staline avait réussi à se creuser un périmètre défensif au centre de l'Europe, éliminant ainsi l'Europe de l'Est de l'équation. La vie intellectuelle et culturelle européenne après la Seconde Guerre mondiale se déroula sur une scène terriblement réduite, dont les Polonais, les Tchèques et d'autres avaient été sommairement chassés. Et alors même que le défi du communisme restait au cœur des débats et différends ouest-européens, l'expérience pratique du « communisme réellement existant », à quelques dizaines de kilomètres plus à l'est, retenait fort peu l'attention, voire aucune chez les admirateurs les plus fervents du communisme.

La condition intellectuelle de l'Europe occidentale de l'après-guerre eût été méconnaissable pour un visiteur, même venant d'un passé très récent. L'Europe centrale germanophone – la salle des machines de la culture européenne dans le premier tiers du XXe siècle – avait cessé d'exister. Vienne, qui n'était déjà plus que l'ombre d'elle-même après le renversement des Habsbourg en 1918, était divisée comme Berlin entre les quatre puissances alliées. Elle ne pouvait guère nourrir ni vêtir ses citoyens, encore moins contribuer à la vie intellectuelle du continent. Les philosophes, les économistes, les mathématiciens et les hommes de science autrichiens, comme leurs contemporains de Hongrie et du reste de l'ancienne Double Monarchie, s'étaient exilés (en France, en Grande-Bretagne, dans les dominions britanniques ou aux États-Unis), avaient collaboré avec les autorités ou encore s'étaient fait tuer.

L'Allemagne elle-même était en ruines. L'émigration intellectuelle allemande, après 1933, n'avait laissé pour ainsi dire personne derrière elle qui ne se fût compromis par ses accommodements avec le régime. Le flirt notoire de Martin Heidegger avec les nazis ne fut atypique que par ses implications controversées pour ses œuvres philosophiques influentes ; des dizaines de milliers de petits Heidegger, dans les écoles, les universités, les bureaucraties locales et nationales, la presse et les institutions culturelles s'étaient pareillement compromis en adaptant avec enthousiasme leurs écrits et leurs actions aux exigences des nazis.

La scène allemande de l'après-guerre se trouvait encore compliquée par l'existence de *deux* Allemagne, dont une qui revendiquait le monopole de l'héritage du « bon » passé allemand : antifasciste, progressiste, éclairé. Nombre d'intellectuels et d'artistes furent tentés d'associer leur destin à celui de la zone soviétique et de la République démocratique allemande, qui lui succéda. À la différence de la République fédérale de Bonn, incomplètement dénazifiée et répugnant à regarder en face le passé allemand récent, l'Allemagne de l'Est insistait fièrement sur ses lettres de créances antinazies. Les autorités communistes firent bon accueil aux historiens, dramaturges ou cinéastes qui souhaitaient rappeler à leurs publics les crimes de l'« autre » Allemagne, du moment qu'ils respectaient certains tabous. Quelques-uns des meilleurs talents qui avaient survécu du temps de l'Allemagne de Weimar migrèrent à l'est.

L'une des raisons en était que, l'Allemagne de l'Est sous occupation soviétique étant le seul État du bloc oriental qui eût un *Doppelgänger* occidental, ses intellectuels avaient accès à un public occidental qui restait fermé aux écrivains roumains ou polonais. Et si la censure et les pressions devenaient intolérables, restait l'option de repasser à l'ouest, *via* les voies d'accès berlinoises – tout au moins jusqu'en 1961 et la construction du Mur. Ainsi Berthold Brecht choisit-il de s'installer en RDA[3] ; de jeunes écrivains comme Christa Wolf choisirent d'y rester ; et des écrivains plus jeunes encore, comme le futur dissident Wolf Biermann, émigrèrent bel et bien à l'est pour y étudier et écrire (dans le cas de Biermann, à 17 ans, en 1953).

Ce qui séduisait les intellectuels de gauche de l'Occident « matérialiste », c'était la façon que la RDA avait de se présenter comme un pays progressiste, égalitaire et antinazi, une solution de rechange maigre et sobre à l'Allemagne fédérale. Celle-ci parut d'emblée tellement encombrée de son histoire qu'elle préférait ne pas en parler, et dans le même temps curieusement légère, dépourvue de racines politiques et culturellement tributaire des Alliés occidentaux, par-dessus tout des États-Unis, qui l'avaient inventée. La vie intellectuelle, dans la jeune République fédérale, manquait de direction politique. Les options radicales, aux deux extrémités du champ politique, étaient expressément exclues de la vie publique, tandis que les jeunes écrivains comme Böll répugnaient à s'engager dans la vie politique partisane (en net contraste avec la génération qui devait suivre).

Il ne manquait certainement pas de débouchés culturels : en 1948, sitôt résorbées les pénuries de papier, et notamment de papier journal, et reconstitués les réseaux de distribution, plus de deux cents revues littéraires et politiques circulaient dans la zone occidentale de l'Allemagne (même si beaucoup disparurent à la suite de la réforme monétaire), et la nouvelle République fédérale pouvait se targuer d'une gamme inhabituelle de journaux d'information de qualité, dont le nouvel hebdomadaire *Die Zeit*, publié à Hambourg. Et pourtant, l'Allemagne de l'Ouest était, et devait rester de longues années, à la périphérie de la vie intellectuelle dominante en Europe. Melvin Lasky, journaliste et rédacteur en chef installé à Berlin, put évoquer en ces termes la situation intellectuelle allemande en 1950 : « Jamais dans l'histoire moderne, je crois, une nation et un peuple ne se sont révélés à ce point épuisés, dénués d'inspiration et même de talent. »

Le contraste avec la prééminence culturelle antérieure de l'Allemagne explique pour une part la déception de maint observateur national ou étranger

3. De façon caractéristique, il couvrit ses risques en conservant son passeport autrichien.

devant la nouvelle République : Raymond Aron ne fut pas le seul à rappeler que jadis on avait pu penser que ce siècle était celui de l'Allemagne. Maintenant qu'une si grosse partie de l'héritage culturel allemand avait été polluée et disqualifiée par son appropriation au service des fins nazies, on ne savait plus très bien ce que les Allemands pouvaient encore apporter à l'Europe. De manière assez compréhensible, les écrivains et les penseurs allemands étaient obsédés par des dilemmes proprement *allemands*. Il est significatif que Karl Jaspers, la seule grande figure du monde intellectuel prénazi qui ait joué un rôle actif dans les débats d'après-1945, soit surtout connu pour une contribution singulière à un débat *interne* allemand : son essai de 1946 sur *La Culpabilité allemande*. Mais c'est l'application des intellectuels ouest-allemands à se tenir à distance de la politique idéologique qui contribua le plus à les marginaliser dans la première décennie de l'après-guerre, à une époque où le débat public, en Europe occidentale, était intensément politisé et marqué de profondes divisions.

Les Britanniques, eux aussi, étaient pour l'essentiel à la périphérie de la vie intellectuelle européenne au cours de ces années, quoique pour des raisons différentes. Les débats politiques qui divisaient l'Europe n'étaient pas inconnus en Grande-Bretagne : les affrontements de l'entre-deux-guerres autour du pacifisme, de la Crise et de la guerre civile espagnole avaient divisé le parti travailliste et la gauche intellectuelle, et ces divisions ne devaient pas tomber dans l'oubli par la suite. Mais dans la Grande-Bretagne de l'entre-deux-guerres, ni les fascistes ni les communistes n'avaient réussi à traduire la dissension sociale en révolution politique. Les fascistes étaient largement cantonnés dans les quartiers les plus pauvres de Londres, où, dans les années 1930, ils vécurent pendant un temps de l'antisémitisme populaire ; le PC de Grande-Bretagne ne trouva jamais beaucoup d'appuis en dehors de ses premiers bastions dans les chantiers navals écossais, certaines communautés minières et une poignée d'usines des West Midlands, en Angleterre. Même à son bref apogée électoral, en 1945, le parti recueillit tout juste 102 000 voix (0,4 % du vote national) et obtint deux élus – qui devaient l'un et l'autre perdre leur siège aux élections de 1950. Aux élections de 1951, le PC ne séduisit que 22 000 électeurs sur une population de quelque 49 millions d'habitants.

Le communisme, au Royaume-Uni, était donc une abstraction politique. Ce qui n'empêchait en aucune façon une sympathie intellectuelle pour le marxisme, dans l'intelligentsia de Londres et dans les universités. Le bolchevisme avait d'emblée exercé un certain attrait sur les socialistes fabiens britanniques comme H. G. Wells, qui reconnut dans la politique de Lénine et même de Staline quelque chose de familier et de sympathique : l'organisation de la société d'en haut par les plus éclairés. Et les mandarins britanniques de gauche, comme leurs contemporains du Foreign Office, n'avaient pas de temps à perdre sur les épreuves des petits pays qu'ils avaient toujours tenus pour une sorte de nuisance.

Mais tandis que ces questions suscitaient des débats enflammés outre-manche, le communisme fut loin de mobiliser ou de diviser les intellectuels britanniques dans des proportions comparables. Ainsi que l'observa George Orwell en 1947, « les Anglais ne s'intéressent pas suffisamment aux choses intellectuelles pour les aborder avec intolérance ». Le débat intellectuel et culturel en Angleterre (et, dans une moindre mesure, dans le reste de la Grande-Bretagne) se focalisait plutôt sur une préoccupation intérieure : les premiers signes d'une angoisse décennale du « déclin » national. Tout cela est symptomatique de l'état d'esprit ambivalent de l'Angleterre de l'après-guerre : le pays venait de mener et de gagner une guerre de six ans contre son ennemi mortel et se lançait dans une expérience sans précédent de capitalisme social, et les observateurs culturels n'avaient en tête que les signes prémonitoires d'échec et de détérioration.

Ainsi T. S. Eliot, dans ses *Notes Towards the Definition of Culture* (1948), affirmait « avec une certaine assurance que nous vivons une époque de déclin ; que les étalons de la culture sont plus bas qu'ils ne l'étaient voici cinquante ans ; et que les preuves de ce déclin sont visibles dans chaque secteur d'activité humaine ». Motivée par des soucis comparables, la BBC (British Broadcasting Corporation) lança en 1946 son « Third Programme » : un produit éminemment culturel et intellectuel explicitement destiné à encourager et diffuser la « qualité » et s'adressant à ce qu'en Europe continentale on aurait appelé « l'intelligentsia » ; mais avec son mélange de musique classique, de conférences sur des sujets d'actualité et de débats sérieux, cette nouvelle station était typiquement britannique par le soin méticuleux qu'elle mettait à éviter tous les sujets politiquement sensibles ou susceptibles de semer la discorde.

Les Britanniques ne se désintéressaient pas des affaires européennes. La vie politique et les lettres européennes étaient régulièrement couvertes dans les hebdomadaires et les périodiques, et les lecteurs britanniques qui le souhaitaient pouvaient être bien informés. Les Britanniques n'ignoraient pas davantage l'ampleur du traumatisme que l'Europe venait de vivre. Voici ce que Cyril Connolly, dans sa propre revue, *Horizon*, pouvait écrire en septembre 1945 de la condition contemporaine de l'Europe : « Moralement et économiquement, l'Europe a perdu la guerre. Le grand chapiteau de la civilisation européenne à la lumière jaune duquel nous avons tous grandi, lu ou écrit, aimé, ou voyagé s'est affaissé ; les cordes latérales sont effilochées, le poteau central est brisé, les sièges et les tables sont toutes en pièces, la tente est vide, les roses dépérissent sur pied… »

Mais nonobstant ce souci de l'état du Continent, les commentateurs britanniques (et surtout anglais) se tenaient un peu à l'écart ; comme si les problèmes de l'Europe ou de la Grande-Bretagne, pourtant clairement liés, n'en étaient pas moins différents sur des points cruciaux. À quelques exceptions notables près[4], les intellectuels britanniques ne jouèrent pas un rôle marquant dans les grands débats de l'Europe continentale, mais se contentèrent de les observer depuis les marges. *Grosso modo*, les affaires qui avaient un caractère d'urgence *politique* en Europe ne suscitaient en Grande-Bretagne qu'un intérêt intellectuel ; tandis que les centres d'intérêt *intellectuels* du Continent ne sortaient habituellement pas des cercles universitaires au Royaume-Uni, si tant est qu'on leur prêtât la moindre attention.

La situation, en Italie, était très exactement aux antipodes. De tous les pays d'Europe occidentale, c'était l'Italie qui avait eu *l'expérience* la plus directe des fléaux du temps. Le pays avait été gouverné vingt années durant par le premier régime fasciste du monde. Il avait été occupé par les Allemands, puis libéré par les Alliés occidentaux dans une guerre qui traîna en longueur, une guerre d'usure et de destruction qui avait duré près de deux ans, couvert les trois quarts du pays et réduit une bonne partie du territoire et de sa population à un quasi-dénuement. De surcroît, de septembre 1943 à avril 1945, le Nord de l'Italie fut en proie à des convulsions qui avaient toutes les caractéristiques d'une guerre civile, sauf le nom.

En tant qu'ancien État de l'Axe, l'Italie suscitait la méfiance à l'Ouest aussi bien qu'à l'Est. Jusqu'à la rupture de Tito avec Staline, la frontière en suspens de l'Italie avec la Yougoslavie fut la frontière la plus instable et explosive en puissance de la guerre froide, tandis que les relations difficiles du pays avec son voisin communiste étaient compliquées par la présence du plus grand parti communiste hors du bloc soviétique : 4 350 000 voix (19 % du total) en 1946, puis 6 122 000 (23 %) en 1953. Cette même année, le Partito Communista Italiano (PCI) revendiquait 2 145 000 adhérents s'étant acquittés de leur cotisation. L'influence locale du parti était encore renforcée par son quasi-monopole du pouvoir dans certaines régions (notamment l'Émilie-Romagne, autour de Bologne) ; le soutien sur lequel il pouvait compter du Partito Socialista Italiano (PSI) de Pietro Nenni[5] ; et la très large popularité de son leader subtil et réfléchi, Palmiro Togliatti.

Pour toutes ces raisons, la vie intellectuelle, dans l'Italie de l'après-guerre, était hautement politisée et étroitement liée au problème du communisme. L'écrasante majorité des jeunes intellectuels italiens, y compris même une partie de ceux qui s'étaient laissés tenter par le fascisme, avaient été formés dans l'ombre de Benedetto Croce. Avec son singulier mélange d'idéalisme hégélien

4. Arthur Koestler est naturellement le plus notoire, mais on pourrait tout aussi bien le présenter comme un Hongrois, un Autrichien, un Français ou un Juif.

5. Le PSI, dans ces années-là, était unique en son genre parmi les partis socialistes ouest-européens par sa proximité et sa subordination aux communistes ; ce schéma était beaucoup plus familier en Europe de l'Est.

en philosophie et de libéralisme du XIXe siècle en politique, il avait donné un repère éthique à toute une génération d'intellectuels antifascistes ; dans les circonstances de l'après-guerre, il semblait clairement insuffisant. Le véritable choix auquel se trouvaient confrontés les Italiens avait les allures d'une alternative tranchée : cléricalisme politisé – alliance d'un Vatican conservateur (sous Pie XII) et des démocrates chrétiens soutenus par les États-Unis – ou marxisme politique.

Le PCI avait une qualité propre, qui le distinguait des autres partis communistes, de l'Est comme de l'Ouest. Dès l'origine, il avait eu à sa tête des intellectuels. Togliatti, comme Antonio Gramsci et les autres jeunes fondateurs du parti, vingt ans plus tôt, étaient nettement plus intelligents – et respectueux de l'intelligence – que les dirigeants de la plupart des autres partis communistes d'Europe. Dans la décennie qui suivit la Seconde Guerre mondiale, de surcroît, le parti accueillit à bras ouverts les intellectuels – en tant que membres ou alliés – et prit soin d'édulcorer les éléments de la rhétorique partisane propres à les éconduire. En fait, Togliatti adapta délibérément l'image du communisme pour séduire les intellectuels italiens avec une formule de son cru : « moitié Croce, moitié Staline ».

La formule connut un succès sans équivalent. Le chemin conduisant de l'antifascisme libéral de Croce au marxisme politique est celui qu'empruntèrent quelques-uns des jeunes dirigeants les plus talentueux du PCI : des hommes comme Giorgio Amendola, Lucio Lombardo Radice, Pietro Ingrao, Carlo Cassola et Emilio Sereni, tous venus au communisme depuis le monde de la philosophie et de la littérature. Après 1946, les rejoignirent des hommes et des femmes déçus par un parti d'Action incapable de mettre en pratique les aspirations de la Résistance, marquant ainsi la fin des espoirs d'une solution de rechange laïque, de gauche et non marxiste dans la vie publique italienne. « Des crociens honteux », devait dire alors un auteur.

Présenté comme la voix du progrès et de la modernité dans un pays stagnant et comme le meilleur espoir d'une réforme politique et sociale concrète, le PCI rassembla autour de lui une cour de chercheurs et d'écrivains qui étaient dans les mêmes dispositions et qui donnèrent au parti et à sa politique une aura de respectabilité, d'intelligence et même d'œcuménisme. Avec la division de l'Europe, cependant, la stratégie de Togliatti devait être soumise à une pression croissante. Les critiques adressées par les Soviétiques au PCI en septembre 1947, à la première réunion du Kominform, révélèrent que Staline était déterminé à soumettre les communistes italiens (comme les français) à un contrôle plus étroit ; leur tactique politique devait être plus étroitement coordonnée avec Moscou et leur laxisme dans les affaires culturelles devait s'effacer devant Jdanov et sa thèse intransigeante des « deux cultures ». Dans le même temps, avec l'intervention effrontée mais fructueuse de l'Amérique dans les élections de 1948 au profit des démocrates-chrétiens, la politique suivie par Togliatti depuis la fin de la guerre, et consistant à travailler dans le cadre des institutions de la démocratie libérale, commençait de paraître naïve.

Quels que fussent ses doutes, Togliatti n'avait donc d'autre choix que de resserrer son contrôle et d'imposer les normes staliniennes. Cela provoqua la dissension publique de certains intellectuels du parti, qui s'étaient cru libres jusque-là de distinguer l'autorité politique du parti, qu'ils ne contestaient pas, et le terrain de la « culture » où ils chérissaient leur autonomie. Ainsi que Vittorini, le rédacteur en chef de la revue culturelle communiste *Il Politechnico*, l'avait rappelé à Togliatti dans une *Lettre ouverte* dès janvier 1947, il était impossible de subordonner la « culture » à la politique, hormis à ses dépens et au prix de la vérité.

Togliatti, qui avait passé les années 1930 à Moscou et avait joué un rôle dirigeant dans les activités espagnoles du Komintern, voyait les choses autrement. Dans un parti communiste, tout le monde recevait ses instructions d'en haut, tout était subordonné à la politique. La « culture » n'était pas une zone protégée échappant à l'autorité soviétique. Vittorini et ses compagnons devaient accepter la ligne du parti en littérature, dans les arts et le domaine des idées ou partir. Dans les années suivantes, le parti italien colla de plus près à l'autorité soviétique tandis que Vittorini et beaucoup d'autres intellectuels s'éloignaient. Malgré l'indéfectible loyauté de Togliatti envers Moscou, cependant, le PCI ne devait jamais perdre complètement son « aura » de non-dogmatisme en tant que seul grand parti communiste qui tolérât, voire embrassât une dissension intelligente et une autonomie de pensée ; cette réputation devait le servir au fil des décennies suivantes.

En fait, les critiques de Togliatti visant la gauche non communiste étaient systématiquement prises à contrepied du fait de l'idée largement répandue, en Italie et, surtout, à l'étranger, que le PCI ne ressemblait pas aux autres partis communistes. Comme Ignazio Silone devait plus tard le reconnaître, les socialistes italiens et les autres ne pouvaient s'en prendre qu'à eux-mêmes. Les relations étroites entre communistes et socialistes en Italie, du moins jusqu'en 1948, et la répugnance des marxistes non communistes à critiquer de ce fait l'Union soviétique entrava l'émergence sur la scène politique italienne, à gauche, d'une solution de rechange claire au communisme.

Mais si l'Italie tranchait sur le reste de l'Europe occidentale par le côté relativement *simpatico* de ses communistes, elle était également atypique pour une autre raison. Le renversement de Mussolini, en 1943, ne pouvait masquer la complicité de maint intellectuel italien dans ses vingt années de règne. L'ultranationalisme de Mussolini avait été dirigé, entre autres choses, contre la culture et l'influence étrangères ; et le fascisme avait sans vergogne favorisé les intellectuels « nationaux » en appliquant à la littérature et aux arts des politiques autarciques de protection et de substitution semblables à celles imposées contre des produits étrangers plus ordinaires.

Inéluctablement, de nombreux intellectuels italiens (surtout parmi les plus jeunes) avaient accepté soutien et subsides de l'État fasciste : l'autre membre de l'alternative était l'exil ou le silence. Elio Vittorini lui-même avait été primé dans des concours littéraires fascistes. Vittorio de Sica fut une vedette de cinéma à l'époque fasciste avant de devenir le principal représentant du néoréalisme après la guerre. Son confrère Roberto Rossellini, metteur en scène néoréaliste, dont les films de l'après-guerre trahissaient des sympathies politiques nettement communistes, avait quelques années plus tôt réalisé des documentaires et des longs métrages dans l'Italie de Mussolini avec l'aide des autorités. Et ce n'était pas un cas isolé. En 1943, le régime mussolinien était l'ordre normal des choses pour les millions d'adultes Italiens qui n'avaient aucun souvenir d'un autre gouvernement en temps de paix[6].

L'attitude morale de l'immense majorité des intellectuels italiens, après la guerre, reflétait ainsi la position internationale passablement ambivalente du pays dans son ensemble, trop fâcheusement impliqué dans son passé autoritaire pour occuper une place centrale dans les affaires européennes d'après-guerre. En tout état de cause, l'Italie avait longtemps étrangement campé à la périphérie de la culture européenne moderne, peut-être à cause de son histoire et de ses arrangements centrifuges : Naples, Florence, Bologne, Milan et Turin formaient autant de petits mondes en soi, avec leurs universités, leurs journaux, leurs académies et leurs intelligentsias. Rome était la source de l'autorité et de la protection en même temps que le centre du pouvoir. Mais jamais elle ne monopolisa la vie culturelle de la nation.

Finalement, il ne pouvait donc y avoir qu'un seul endroit propice à une vie intellectuelle véritablement *européenne* au lendemain de la Seconde Guerre mondiale : une seule ville, une capitale nationale dont les obsessions et les divisions pouvaient à la fois refléter et définir la condition culturelle du continent dans sa totalité. Ses concurrentes étaient emprisonnées, s'étaient détruites, à moins qu'elles ne fussent plongées dans leurs querelles de clocher. Depuis les années 1920, alors que les États européens tombaient l'un après l'autre sous la coupe de dictateurs, les refugiés politiques et les intellectuels exilés avaient choisi la France. Certains y étaient restés durant la guerre et avaient rejoint la Résistance, où beaucoup étaient tombés victimes de Vichy et des nazis. D'aucuns avaient fui à Londres, à New York ou en Amérique latine, mais devaient revenir après la Libération. D'autres, comme Czeslaw Milosz ou l'historien et journaliste politique hongrois François Fejtö n'émigrèrent

6. Dans le film de V. De Sica, *Sciuscià*, tourné en 1946 et ayant pour cadre cette même année, le directeur d'une prison pour garçons ne se contente pas du salut fasciste – une habitude dont il ne peut se défaire –, mais fait allusion avec une nostalgie non dissimulée aux faibles chiffres de la criminalité du temps de Mussolini.

que lorsque les coups de force soviétiques en Europe de l'Est les contraignirent à fuir ; mais alors, il leur parut tout naturel de filer droit sur Paris.

Le résultat fut que, pour la première fois depuis les années 1840, où Karl Marx, Heinrich Heine, Adam Mickiewicz, Giuseppe Mazzini et Alexandre Herzen vivaient tous en exil à Paris, la France redevint le foyer européen naturel de l'intellectuel déshérité, une chambre de compensation de la pensée et de la politique européennes. La vie intellectuelle parisienne de l'après-guerre était donc doublement cosmopolite : des hommes et des femmes de l'Europe entière devaient y prendre part, et c'était la seule scène européenne sur laquelle les opinions et les controverses locales étaient amplifiées et transmises à un vaste public international.

Malgré la défaite écrasante de la France en 1940, l'humiliation de son assujettissement sous quatre années d'occupation allemande, l'ambiguïté morale (et pire) du régime de Vichy et du maréchal Pétain ainsi que la fâcheuse subordination du pays aux États-Unis et à la Grande-Bretagne dans la diplomatie internationale de l'après-guerre, la culture française fut de nouveau au centre de l'attention internationale : les intellectuels français acquirent une dimension internationale particulière en tant que porte-parole de l'époque, tandis que la teneur des débats politiques français illustrait la déchirure idéologique à l'échelle du monde. Une fois de plus, et pour la dernière fois, Paris fut la capitale de l'Europe.

L'ironie de la situation ne devait pas échapper aux contemporains. C'est un hasard historique qui poussa les intellectuels français sous les feux de la rampe à ce moment-là, car leurs préoccupations n'étaient pas moins étriquées que celles de quiconque. La France de l'après-guerre n'était pas moins accaparée par ses problèmes de règlements de compte, de rareté et d'instabilité politique que tout autre pays. Les intellectuels français réinterprétaient la politique du reste du monde à la lumière de leurs obsessions, et la suffisance narcissique de Paris était projetée à l'extérieur sans le moindre esprit critique. Suivant la description mémorable qu'en a donné Arthur Koestler, les intellectuels français de l'après-guerre (« les Petits Flirts de Saint-Germain-des-Prés »), étaient des « voyeurs qui regardent les débauches de l'Histoire par un trou percé dans le mur ». Mais l'histoire leur avait fourni un strapontin de choix.

Les divisions qui devaient caractériser la communauté intellectuelle française au cours des années suivantes ne sautèrent pas immédiatement aux yeux. Quand Jean-Paul Sartre lança *Les Temps Modernes*, en 1945, le comité de rédaction comptait non seulement Simone de Beauvoir et Maurice Merleau-Ponty, mais aussi Raymond Aron, à l'image du large consensus régnant autour de la politique de gauche et de la philosophie « existentialiste ». Cette dernière étiquette englobait aussi Albert Camus (qu'elle gênait plutôt) : à l'époque très proche de Sartre et de Beauvoir, ses éditoriaux de *Combat* faisaient de lui l'écrivain le plus influent dans la France de l'après-guerre.

Tous partageaient une certaine attitude « résistantialiste » (même si seul Camus avait joué un rôle actif dans la Résistance ; Aron était avec la France Libre à Londres et les autres vécurent plus ou moins sans encombres les années d'Occupation). Dans les mots de Merleau-Ponty, le combat du temps de guerre avait permis aux intellectuels français de dépasser le dilemme « être ou faire ». Dorénavant, ils étaient « dans » l'Histoire et devaient s'y *engager* pleinement. Compte tenu de la situation, les intellectuels ne pouvaient plus se payer le luxe de refuser de s'engager dans des choix politiques ; la vraie liberté consistait à accepter cette vérité. Suivant la formule de Sartre, « être libre, ce n'est pas pouvoir faire ce que l'on veut, mais c'est vouloir ce que l'on peut ».

Une autre leçon que Sartre et sa génération prétendaient avoir tirée de la guerre était le caractère inévitable – et, dans une certaine mesure, souhaitable – de la violence politique. C'était loin d'être une interprétation typiquement française de l'expérience récente : en 1945, beaucoup d'Européens sortaient de trois décennies de violence militaire et politique. Les jeunes gens de tout le continent étaient habitués à un niveau de brutalité publique, en paroles et en actions, qui aurait choqué leurs aïeux du XIXe siècle. Et la rhétorique politique moderne offrait une « dialectique » avec laquelle domestiquer les appels à la violence et au conflit : Emmanuel Mounier, directeur de la revue *Esprit* et figure influente de la gauche chrétienne, parlait sans doute pour beaucoup en 1949 quand il affirmait qu'il était hypocrite de condamner la violence ou la lutte des classes quand les victimes du capitalisme étaient chaque jour en butte à une « violence blanche ».

En France, toutefois, l'attrait des solutions violentes était plus qu'une simple projection de l'expérience récente. C'était aussi l'écho d'un héritage plus lointain. Les accusations de collaboration, de traîtrise et de trahison, les exigences de châtiment et d'un nouveau départ n'avaient pas commencé avec la Libération. Elles ne faisaient que prolonger une vénérable tradition française. Dès 1792, les pôles révolutionnaire et contre-révolutionnaire de la vie publique illustrèrent et renforcèrent la double division du pays : pour et contre la monarchie, pour et contre la Révolution, pour et contre Robespierre, pour et contre les Constitutions de 1830 et 1848, pour et contre la Commune. Aucun autre pays n'avait une expérience aussi longue et ininterrompue de la vie politique bipolaire, soulignée par l'historiographie conventionnelle du mythe révolutionnaire national et inculquée aux petits écoliers depuis de longues décennies.

Par ailleurs, la France, plus que tout autre État-nation occidental, était un pays dont l'intelligentsia approuvait, voire célébrait la violence comme un instrument politique. George Sand raconte une promenade le long de la Seine en 1835, en compagnie d'un ami qui appelait de ses vœux une révolution prolétarienne sanglante : la justice et la paix ne triompheront que lorsque la Seine sera rouge sang, que Paris brûlera et que les pauvres prendront la place qui leur revient. Un siècle exactement plus tard, l'essayiste anglais Peter Quennell décrivit dans les pages du *New Statesman* le « culte presque pathologique de la violence qui paraît dominer tant d'écrivains français ».

Ainsi, quand le vieux radical Édouard Herriot, président de l'Assemblée nationale jusqu'à sa mort en 1957, à 85 ans, annonça à la Libération que la vie politique ne retrouverait son cours normal que si la France en passait d'abord par un « bain de sang », ces propos ne sortaient aucunement de l'ordinaire pour des oreilles françaises, fût-ce venant de la bouche d'un parlementaire centriste provincial et bedonnant. Les lecteurs et les écrivains français s'étaient de longue date faits à l'idée que le changement historique et la saignée purgative allaient de pair. Quand Sartre et ses contemporains protestaient que la violence communiste était une forme d'« humanisme prolétarien », l'« accoucheuse de l'Histoire », ils étaient plus conventionnels qu'ils ne l'imaginaient.

La familiarité de la violence révolutionnaire dans l'imaginaire français, avec les souvenirs sépia de la vieille alliance franco-russe, prédisposait les intellectuels français à écouter d'une oreille réellement bienveillante l'apologétique communiste de la brutalité soviétique. La dialectique y aidait également. Commentant le procès Slánský dans *Les Temps Modernes* de Sartre, Marcel Péju rappela à ses lecteurs qu'il n'y a pas de mal à tuer ses adversaires politiques. Ce qui n'allait pas, à Prague, c'était que « la cérémonie qui les tue semble la caricature de ce qu'elle pourrait être si cette violence était justifiable dans une perspective communiste », parce que, à première vue, ajoutait-il, les accusations n'étaient pas invraisemblables.

Les intellectuels français visitant le bloc soviétique firent montre d'un enthousiasme plus lyrique que la plupart au spectacle du communisme en construction. Ainsi le poète et surréaliste Paul Éluard déclara-t-il en octobre 1948, à Bucarest, devant un public sans nul doute médusé : « Je viens d'un pays où l'on ne rit plus, où l'on ne chante pas. La France est dans l'ombre. Mais vous avez découvert le soleil du bonheur. » Le même Éluard, dans la Hongrie sous occupation soviétique, l'année suivante : « Il suffit, voyez-vous, que le peuple soit le maître dans son pays pour qu'en quelques années le bonheur y devienne la loi suprême et la joie, l'horizon de chaque jour. »

Éluard était communiste, mais ses sentiments étaient largement partagés parmi les nombreux intellectuels et artistes qui ne rejoignirent jamais le parti. En 1948, après le coup de force tchèque, Simone de Beauvoir était sûre que les communistes étaient partout sur le chemin de la victoire : comme son contemporain Paul Nizan l'avait écrit bien des années auparavant, un philosophe révolutionnaire ne peut être efficace que s'il choisit la classe porteuse de la Révolution, et les communistes étaient les représentants auto-désignés de cette classe. Les intellectuels engagés étaient obligés de choisir le camp du progrès et de l'Histoire, quelles que fussent les vicissitudes morales occasionnelles[7].

L'importance de la question communiste pour les intellectuels français était aussi une conséquence de l'omniprésence du PCF. S'il n'avait jamais pesé autant que le PCI (800 000 adhérents à son apogée), le PCF de l'immédiat après-guerre eut plus de succès encore sur le plan électoral et recueillit 28 % des voix en 1946. Et à la différence des Italiens, les communistes français n'avaient pas en face d'eux un parti catholique unifié du centre-droit. Inversement, le parti socialiste français, fort de sa longue expérience de la tactique communiste entre les deux guerres, ne devait pas s'aligner aveuglément sur les communistes aux premiers stades de la guerre froide (même si une minorité de ses militants l'eussent souhaité). Le PCF était donc tout à la fois plus fort et plus isolé que maint autre parti communiste.

Il était aussi singulièrement mal embouché envers les intellectuels. Le contraste était net avec les Italiens : le PCF avait toujours eu à sa tête des bureaucrates impitoyables et obtus, dont l'ex-mineur Maurice Thorez, qui dirigea le parti de 1932 à sa mort en 1964, est une illustration. Pour Staline, la principale qualité de Thorez était que, comme Gottwald en Tchécoslovaquie, on pouvait compter sur lui pour faire ce qu'on lui demandait sans poser de question. Ce n'était pas un hasard si, ayant déserté l'armée française au cours de la drôle de guerre de 1939-1940, il avait passé les cinq années suivantes à Moscou. Le PCF était donc un parti satellite peut-être un peu rigide, mais fiable, un instrument docile pour proclamer et appliquer la ligne stalinienne.

Pour la génération estudiantine d'après-guerre, en quête de leadership, de direction, de discipline et de promesse d'action en tandem avec « les ouvriers », la rigidité même du PCF exerça une certaine séduction, du moins pour quelques années, de même que ses homologues tchèques ou polonais inspirèrent initialement un certain enthousiasme chez leurs pairs plus à l'ouest. Pour les intellectuels français plus installés, en revanche, la ferveur que les commissaires culturels du PCF mettaient à imposer l'orthodoxie dans les pages ampoulées de *L'Humanité*, le quotidien du parti, était un défi quotidien à leurs convictions progressistes. Les écrivains ou les chercheurs qui liaient leur destin au PCF ne pouvaient espérer, comme Vittorini en Italie ou le

7. Malgré ses propres doutes sur la politique culturelle soviétique, Paul Éluard refusait de critiquer le jdanovisme devant les camarades ouvriers de sa cellule du parti. Ainsi qu'il l'expliqua à Claude Roy, qui le rapporte dans *Nous*, « Les pauvres, ça les découragerait, il ne faut pas troubler ceux qui se battent. Ils ne comprendraient pas. »

Groupe des historiens du parti communiste à Londres, bénéficier de la moindre latitude[8].

Pour cette raison, les affinités de l'intelligentsia parisienne sont notre guide le plus sûr des lignes de faille de la foi et des opinions dans l'Europe de la guerre froide. À Paris, comme nulle part ailleurs, les schismes intellectuels traçaient les contours des schismes politiques, au pays comme à l'étranger. Les grands procès d'Europe de l'Est suscitèrent à Paris des débats d'une intensité particulière parce que beaucoup de leurs victimes communistes avaient vécu et travaillé en France ; László Rajk avait été interné en France après la guerre d'Espagne ; Artur London avait travaillé dans la Résistance, épousé une communiste française en vue et était le futur beau-père d'un autre ; « André Simone » (Otto Katz, autre victime du procès Slánský) était bien connu dans les milieux journalistiques parisiens pour y avoir travaillé dans les années 1930 ; Traicho Kostov avait laissé un vif souvenir de son passage à Paris comme diplomate bulgare : son arrestation à Sofia fit la une du *Combat* de Camus.

Paris fut même le théâtre de deux procès politiques qui eurent beaucoup d'écho. En 1945, Victor Kravchenko, bureaucrate soviétique d'un échelon intermédiaire qui avait fait défection aux États-Unis en avril 1944, publia ses mémoires, *I Chose Freedom*. Quand ceux-ci sortirent en France, en mai de l'année suivante, sous le titre *J'ai choisi la liberté*, ils firent sensation par leur tableau des purges en Union soviétique, des massacres et, en particulier, du Goulag, le système concentrationnaire soviétique. En novembre 1947, deux mois après la réunion du Kominform en Pologne où les dirigeants du PCF s'étaient fait tancer parce qu'ils ne suivaient pas la nouvelle ligne dure des Soviétiques, la revue intellectuelle du parti, *Les Lettres françaises*, publia une série d'articles affirmant que le livre de Kravchenko était un tissu de mensonges fabriqué par les services secrets américains. Quand le journal reprit et amplifia ces accusations en avril 1948, Kravchenko engagea des poursuites en diffamation.

Au procès, qui dura du 24 janvier au 4 avril 1949, Kravchenko fit citer une foule de témoins assez obscurs pour étayer ses dires, tandis que les accusés purent amasser une montagne de dépositions de grands intellectuels français non communistes : le romancier de la Résistance Vercors, le physicien et prix Nobel Frédéric Joliot-Curie, le critique d'art Jean Cassou, héros de la Résistance et directeur du Musée d'art moderne de Paris, et beaucoup d'autres. Tous témoignèrent des irréprochables états de service du parti communiste dans la Résistance, des incontestables lettres de créance révolutionnaires de

8. François Fejtö, qui vivait à Paris, observa quelques années plus tard que les communistes italiens firent un accueil chaleureux, quoique prudent, à son histoire de l'Europe de l'Est, alors que le PCF la condamna comme l'œuvre d'un renégat de plus.

l'Union soviétique, et des implications inacceptables des affirmations de Kravchenko, quand bien même elles seraient vraies. Kravchenko obtint un franc symbolique de dommages et intérêts. Tellement symbolique qu'il en devenait insultant.

Cette victoire « morale » de la gauche progressiste coïncida avec la première série de grands procès en Europe de l'Est et l'adoption de positions intellectuelles pour et contre l'Union soviétique : ainsi que Sartre avait commencé d'y insister quelques mois plus tôt, il fallait choisir entre l'URSS et le « bloc anglo-saxon ». Pour bien des critiques de l'Union soviétique, cependant, Kravchenko était loin d'être un porte-parole idéal. Longtemps apparatchik soviétique, il avait choisi l'exil aux États-Unis : il n'avait donc rien pour séduire ces intellectuels européens anticommunistes, la majorité peut-être, qui étaient autant soucieux de maintenir leurs distances vis-à-vis de Washington que de nier à Moscou le monopole du progressisme. Nous ne saurions avoir des sentiments de fraternité avec un homme pareil, qui était la preuve vivante du déclin des valeurs marxistes en Russie même, protestèrent Sartre et Merleau-Ponty en 1950.

En revanche, il se révéla plus difficile de feindre d'ignorer un autre procès. Le 12 novembre 1949, quatre semaines après l'exécution à Budapest de László Rajk, David Rousset publia dans *Le Figaro littéraire* un appel aux anciens détenus des camps nazis pour qu'ils l'aident à lancer une enquête sur les camps de concentration *soviétiques.* S'appuyant sur le code du travail correctif de l'Union soviétique, il affirmait qu'il ne s'agissait pas de centres de rééducation, comme le prétendaient les autorités, mais plutôt d'un système de camps de concentration qui faisait partie intégrante de l'économie et du système pénal soviétiques. Une semaine plus tard, toujours dans les *Lettres françaises*, les écrivains communistes Pierre Daix et Claude Morgan l'accusèrent d'inventer ses sources et de caricaturer l'URSS dans une vile calomnie. Rousset les poursuivit pour diffamation.

Les *dramatis personae* de cette confrontation étaient exceptionnellement intéressantes. Rousset n'était pas un transfuge du Kremlin. Il était français, socialiste de toujours, trotskiste d'un temps et héros de la Résistance : survivant de Buchenwald et de Neuengamme, il était un ami de Sartre avec lequel il avait fondé en 1948 l'éphémère Rassemblement démocratique révolutionnaire. Pour un homme pareil, accuser l'Union soviétique de gérer des camps de concentration ou de travail, c'était rompre franchement avec les conventions politiques de l'époque. Daix avait été lui aussi arrêté pour faits de Résistance et déporté, pour sa part, à Mauthausen. Que deux anciens résistants de gauche et survivants des camps s'affrontassent ainsi illustrait à quel point les alliances et allégeances politiques passées étaient maintenant subordonnées à la seule question du communisme.

La liste des témoins de Rousset comptait toute une brochette d'experts de première main, éminemment crédibles, du système carcéral soviétique, dont le couronnement fut le témoignage dramatique de Margarete Buber-Neumann, qui fit état de son expérience des camps soviétiques, mais aussi de Ravensbrück, où elle avait été expédiée après que Staline l'eut livrée aux nazis en 1940 dans le cadre du petit échange accompagnant le pacte Molotov-Ribbentrop. Rousset gagna le procès. Il eut même un impact sur la conscience de ses contemporains, ouvrant les yeux à certains. Après l'annonce du verdict, en janvier 1950, Maurice Merleau-Ponty confessa que les faits « remettent entièrement en question la signification du système russe ». Simone de Beauvoir, pour sa part, se crut obligée d'insérer dans son nouveau roman à clé, *Les Mandarins*, une série de débats angoissés entre ses protagonistes sur la découverte des camps soviétiques (au passage, elle rajusta flatteusement la chronologie pour laisser croire que Sartre et ses amis avaient su à quoi s'en tenir dès 1946).

Afin de contrer Rousset et ses pareils – et garder les intellectuels « progressistes » dans la ligne –, les partis communistes jouèrent du levier moral de l'« antifascisme », qui possédait l'attrait de la familiarité. Pour beaucoup d'Européens, leur première expérience de la mobilisation politique était passée par les ligues antifascistes du Front populaire dans les années 1930. Pour la plupart, la Seconde Guerre mondiale restait synonyme de victoire sur le fascisme et c'est comme telle qu'elle était célébrée, notamment en France et en Belgique, dans l'après-guerre. L'« antifascisme » était un lien rassurant, œcuménique, avec une période plus simple.

Au cœur de la rhétorique antifasciste telle que la maniait la gauche officielle, se trouvait une vision binaire simple de l'allégeance politique : nous sommes ce qu'ils ne sont pas. Eux, les fascistes, les franquistes, les nationalistes, ils sont la droite ; nous sommes la gauche. Ils sont réactionnaires, nous sommes progressistes. Ils représentent la guerre, nous représentons la paix. Ils sont les forces du Mal, nous sommes du côté du Bien. Pour citer Klaus Mann, à Paris en 1935 : quoi que puisse être le fascisme, nous ne le sommes pas et nous sommes contre. Puisque la plupart des adversaires des antifascistes se définissaient eux-mêmes avant tout par leur anticommunisme (cela explique pour une part l'attrait du nazisme, pendant la guerre, sur les élites conservatrices de pays aussi éloignés que le Danemark et la Roumanie), cette symétrie bien nette jouait à l'avantage polémique des communistes. Le philo-communisme, ou tout au moins l'anti-anticommunisme, était l'essence logique de l'antifascisme[9].

9. L'anticommunisme, observera ainsi Emmanuel Mounier en février 1946 dans *Esprit*, est « la force de cristallisation nécessaire et suffisante d'une reprise des fascismes ». [Repris in *Œuvres, IV*, p. 115.]

L'Union soviétique, bien entendu, avait tout intérêt à focaliser l'attention sur ses lettres de créance antifascistes dans l'après-guerre, surtout après que les États-Unis eurent remplacé l'Allemagne dans le rôle de l'ennemi. La rhétorique antifasciste était désormais dirigée contre l'Amérique, accusée d'abord de défendre les fascistes revanchards puis, par extension, décrite comme une menace proto-fasciste à part entière. Ce qui rendait cette tactique communiste particulièrement efficace, bien entendu, c'était la peur généralisée et sincère, en Europe, d'un réveil du fascisme lui-même ou, tout au moins, d'une vague de sympathie néofasciste naissant des ruines.

L'« antifascisme », avec son sous-texte de résistance et d'alliance, était aussi lié à l'image favorable persistante de l'Union soviétique pendant la guerre, l'authentique sympathie que bien des Européens de l'Ouest éprouvaient pour les héroïques vainqueurs de Koursk et de Stalingrad. Comme l'observe Simone de Beauvoir dans *La Force des choses*, « aucune réticence ne gênait l'amitié que nous portions à l'URSS ; les sacrifices du peuple russe avaient prouvé que dans ses dirigeants s'incarnait sa propre volonté ». Stalingrad, si l'on en croit Edgar Morin, balaya tous les doutes, toutes les critiques. Que Paris eût été libérée par les Alliés *occidentaux*, dont les péchés occupaient donc plus de place dans la mémoire locale, y aida également.

Mais il y avait plus que cela dans la russophilie intellectuelle. Il importe de ne pas perdre de vue ce qui se passait à quelques kilomètres plus à l'est. L'enthousiasme des intellectuels occidentaux pour le communisme eut tendance à atteindre des sommets non pas au temps du « communisme du goulasch » ou du « socialisme à visage humain », mais à l'époque des pires cruautés du régime : 1935-1939 et 1944-1956. Écrivains, professeurs, artistes, enseignants et journalistes admiraient fréquemment Staline non pas en dépit de ses défauts, mais *à cause* d'eux. C'est quand il massacrait les gens sur une échelle industrielle, quand les grands procès montraient le communisme soviétique sous sa forme macabre la plus théâtrale que des hommes et des femmes hors de portée de Staline étaient les plus séduits par l'homme et par son culte. C'est le fossé absurdement large entre la rhétorique et la réalité qui le rendait à ce point irrésistible pour les hommes et les femmes de bonne volonté à la recherche d'une cause[10].

Le communisme excitait les intellectuels comme ni Hitler ni, surtout, la démocratie libérale n'auraient pu l'espérer. Le communisme était tout à la fois exotique dans son implantation et héroïque par son échelle. « La surprise bouffonne, observa Raymond Aron en 1950, c'est que la gauche européenne prenne pour Dieu un bâtisseur de pyramides. » Mais était-ce réellement si

10. De la même façon, le culte de Mao, en Occident, atteignit son zénith au faîte de la Révolution culturelle, quand *et parce que*, précisément, Mao persécutait des écrivains, des artistes et des enseignants.

surprenant ? Jean-Paul Sartre, pour sa part, ne fut jamais plus attiré par les communistes qu'au moment précis où le « bâtisseur de pyramides » se lançait dans ses ultimes projets démentiels. L'idée que l'Union soviétique se lançait dans une aventure capitale dont l'ambition même excusait et justifiait ses lacunes était singulièrement attrayante pour des intellectuels rationalistes. Le grand défaut du fascisme avait été ses ambitions étriquées. En revanche, le communisme visait des objectifs irréprochablement universels et transcendants. Bien des observateurs non communistes excusaient *ses* crimes comme le coût, pour ainsi dire, du commerce avec l'Histoire.

Malgré tout, dans les premières années de la guerre froide, beaucoup, en Europe occidentale, auraient pu critiquer plus franchement Staline, l'Union soviétique et les communistes locaux s'ils n'avaient été inhibés par la crainte d'aider et de conforter leurs adversaires politiques. Là encore, c'était un héritage de l'« antifascisme », l'insistance sur le fait qu'il n'y avait « pas d'ennemis à gauche » (règle dont Staline lui-même, il faut le dire, faisait peu de cas). Ainsi que le progressiste abbé Boulier l'expliqua à François Fejtö, tâchant de le dissuader d'écrire sur le procès Rajk : attirer l'attention sur les péchés communistes, c'était faire le « jeu des impérialistes[11] ».

Cette peur de servir les intérêts antisoviétiques n'était pas nouvelle. Au début des années 1950, cependant, c'était un calcul qui comptait dans les débats intellectuels européens, surtout en France. Après même que les grands procès d'Europe de l'Est eurent conduit Emmanuel Mounier et une bonne partie de son groupe d'*Esprit* à prendre leurs distances vis-à-vis du parti communiste, ils mirent un soin particulier à nier toute suggestion qu'ils fussent devenus « anticommunistes » ou, pire encore, qu'ils eussent cessé d'être « anti-américains ». L'anti-anticommunisme devenait une fin politique et culturelle en soi.

D'un côté de la division culturelle de l'Europe, il y avait donc les communistes ainsi que leurs amis et apologistes : progressistes et « antifascistes ». De l'autre côté, se trouvaient les anticommunistes, bien plus nombreux (hors du bloc soviétique), mais aussi singulièrement hétérogènes. L'éventail des anticommunistes allant des trotskistes aux néofascistes, les critiques de l'URSS devaient souvent se retrouver à partager une tribune ou une pétition avec quelqu'un dont par ailleurs ils abominaient les positions politiques. Ces alliances impossibles étaient un objectif de choix pour la polémique soviétique, et il était parfois difficile de persuader les critiques libéraux du communisme d'exprimer leurs opinions publiquement de crainte d'être traités de

11. En ce temps-là, observa Raymond Aron d'un ton caustique, le « progressisme » consistait à présenter les arguments communistes comme s'ils émanaient spontanément d'une spéculation indépendante.

réactionnaires. Comme Arthur Koestler l'expliqua devant un large auditoire à Carnegie Hall, en 1948, à New York : « On ne peut pas empêcher les gens d'avoir raison pour les mauvaises raisons. [...] Cette peur de se retrouver en mauvaise compagnie n'est pas une expression de pureté politique, mais l'expression d'un manque de confiance. »

Dans la première décennie de l'après-guerre, les intellectuels authentiquement réactionnaires furent peu nombreux sur le terrain. Même ceux qui, comme Jacques Laurent ou Roger Nimier en France, se réclamaient sans vergogne de la droite, prenaient un certain plaisir à reconnaître que leur cause était désespérée, cultivant une sorte de nostalgie néo-bohème du passé discrédité et se glorifiant de leur impertinence politique. Si la gauche avait le vent dans les voiles et l'Histoire de son côté, une nouvelle génération d'hommes de lettres devait s'enorgueillir d'être des perdants provocateurs, transformant l'authentique décadence et le solipsisme en quête de mort d'écrivains de l'entre-deux-guerres comme Drieu la Rochelle et Ernest Jünger en un style social et vestimentaire, annonçant ainsi les « jeunes BCBG » – *young fogeys* – de la Grande-Bretagne de Mrs Thatcher.

Plus représentatifs, en France et en Grande-Bretagne tout au moins, étaient les intellectuels conservateurs dont l'aversion pour le communisme avait peu changé en trente ans. Dans les deux pays, comme en Italie, des intellectuels catholiques militants jouèrent un rôle éminent dans la polémique anticommuniste. Evelyn Waugh et Graham Greene succédèrent à Hilaire Belloc et G. K. Chesterton dans l'espace réservé, au sein de la vie culturelle anglaise, aux traditionnalistes catholiques dyspeptiques. Mais où les conservateurs catholiques anglais pouvaient enrager devant la vacuité de la vie moderne ou s'en retirer carrément, un catholique *français* comme François Mauriac était tout naturellement entraîné dans des échanges polémiques avec la gauche politique.

Tout au long de son engagement dans les affaires publiques après la guerre (il écrivit régulièrement pour *Le Figaro* jusqu'à 80 ans passés : il est mort en 1970 à 85 ans), Mauriac exprima presque toujours ses arguments dans une veine éthique – d'abord avec Albert Camus sur le bien-fondé des épurations d'après-guerre, puis avec ses confrères conservateurs sur la guerre en Algérie – qu'il désapprouvait –, puis toujours avec les communistes, qu'il abominait. Ainsi qu'il l'expliqua aux lecteurs du *Figaro*, le 24 octobre 1949, la justification par les communistes français du procès de Budapest, alors en cours, était une « obscénité de l'esprit ». Mais la clarté morale de Mauriac sur les crimes du communisme s'accompagnait, en ce temps-là, d'un dégoût tout aussi moralisé des « valeurs étrangères » de la société américaine : comme bien des conservateurs européens, il fut toujours un peu gêné de l'alignement sur l'Amérique que nécessitait la guerre froide.

Ce n'était pas un problème pour les réalistes libéraux à la Raymond Aron. Comme bien d'autres « guerriers froids » du centre politique européen, Aron n'avait qu'une sympathie limitée pour les États-Unis : « Le régime économique des États-Unis, observa-t-il, ne me paraît un modèle ni pour l'humanité ni pour l'Occident. » Mais Aron comprit la vérité centrale de la politique européenne après la guerre : les conflits intérieurs et étrangers étaient désormais entremêlés. « La vérité est que, à notre époque, écrivit-il en juillet 1947, pour l'individu comme pour la nation, le choix qui commande tout est un choix global, pour ainsi dire géographique. On se situe dans l'univers des pays libres ou dans l'univers soumis à la rude loi soviétique. Chacun, désormais, en France, devra publier son choix[12]. » Ou comme il le dit à une autre occasion, notre lutte « n'est jamais la lutte entre le bien et le mal, c'est le préférable contre le détestable ».

Qu'ils fussent d'obédience continentale comme Aron ou Luigi Einaudi, ou de type britannique comme Isaiah Berlin, les intellectuels libéraux furent donc toujours nettement plus à l'aise que les plus conservateurs avec la connexion américaine que l'histoire leur avait imposée. De même en va-t-il, si curieux que cela puisse paraître, des sociaux-démocrates. Cela tient en partie au fait que la mémoire de FDR était encore fraîche, et que bien des diplomates et responsables politiques américains avec qui les Européens traitaient, en ce temps-là, étaient des *new dealers*, qui encourageaient un rôle actif pour l'État dans la politique économique et sociale et dont les sympathies politiques allaient à la gauche ou au centre.

Mais c'était aussi une conséquence directe de la politique américaine. L'AFL-CIO, les services secrets américains et le département d'État voyaient dans les partis sociaux-démocrates et travaillistes modérés qui s'appuyaient sur les syndicats le meilleur rempart contre la progression des communistes, notamment en France et en Belgique (en Italie, où la configuration politique était différente, ils placèrent leurs espoirs et misèrent le gros de leurs fonds sur la démocratie chrétienne). Jusqu'au milieu de l'année 1947, c'eût été un pari incertain. Mais après l'expulsion des partis communistes du gouvernement en France, en Belgique et en Italie, ce printemps-là, et surtout après le coup de Prague, en février 1948, les socialistes et les communistes d'Europe de l'Ouest se divisèrent. Des heurts violents entre syndicats ouvriers communistes et socialistes, entre grévistes conduits par les communistes et la troupe sous les ordres de ministres socialistes, s'ajoutant à la nouvelle de l'arrestation et de l'emprisonnement de socialistes en Europe de l'Est, transformèrent maints sociaux-démocrates occidentaux en ennemis confirmés du bloc soviétique et bénéficiaires empressés de l'argent secret américain.

---

12. [R. Aron, « La Fin des illusions », *Le Figaro*, 5 juillet 1947, in Aron, *Les Articles du Figaro. I. La guerre froide, 1947-1955*, Paris, Éditions de Fallois, 1990, p. 35-36.]

Pour des socialistes comme Léon Blum en France ou Kurt Schumacher, en Allemagne, la guerre froide imposa des choix politiques qui, à un égard au moins, étaient familiers : ils connaissaient les communistes de longue date et avaient suffisamment d'expérience pour se souvenir des âpres luttes fratricides des sombres années d'avant les alliances du Front populaire. Les plus jeunes manquaient de ce réconfort. À la sortie de la guerre Albert Camus, qui avait brièvement rejoint puis quitté le parti communiste en Algérie dans les années 1930, croyait mordicus, comme tant de ses contemporains, à la coalition issue de la Résistance : communistes, socialistes et réformateurs radicaux toutes tendances confondues. « L'anticommunisme, écrivit-il à Alger en mars, est le commencement de la dictature. »

Camus conçut des doutes sur les procès et épurations de l'après-guerre quand les communistes adoptèrent une ligne intransigeante en se présentant comme *le* parti de la Résistance tout en exigeant des exclusions, des emprisonnements et la peine de mort pour des milliers de collaborateurs réels ou imaginaires. Puis, les artères de l'allégeance politique et intellectuelle commençant de se durcir après 1947, Camus se trouva de plus en plus enclin à douter de la bonne foi de ses alliés politiques : des doutes qu'il préféra d'abord réprimer par habitude et au nom de l'unité. Il abandonna la direction du journal *Combat* en juin 1947, n'étant plus politiquement aussi confiant ou optimiste qu'il l'était cinq ans plus tôt. Dans son grand roman *La Peste*, publié la même année, il apparaît clairement que Camus n'était pas à l'aise avec le réalisme politique tranché de ses camarades politiques. Comme il le dit par la bouche de l'un de ses personnages, Tarrou, « c'est pourquoi j'ai décidé de refuser tout ce qui, de près ou de loin, pour de bonnes ou de mauvaises raisons, fait mourir ou justifie qu'on fasse mourir ».

Camus n'en répugnait pas moins encore à s'exprimer publiquement et à rompre avec ses anciens amis. En public, il essayait encore de contrebalancer la critique honnête du stalinisme avec des références « objectives », pondérées, au racisme américain et à d'autres crimes commis dans le camp capitaliste. Mais le procès Rousset et les grands procès d'Europe de l'Est eurent raison des dernières illusions qu'il avait conservées. « L'un de mes regrets, note-t-il dans ses *Carnets*, est d'avoir trop sacrifié à l'objectivité. L'objectivité parfois est une complaisance. Aujourd'hui les choses sont claires et il faut appeler concentrationnaire ce qui est concentrationnaire, même le socialisme. Dans un sens, je ne serai plus jamais poli. »

Peut-être y a-t-il ici un écho inconscient d'un discours d'une conférence internationale du Pen Club qui avait eu lieu deux années plus tôt, en juin 1947, et où Ignazio Silone, parlant sur le thème de « La dignité de l'intelligence et l'indignité des intellectuels », regretta publiquement son propre silence et celui de ses amis intellectuels de gauche, expliquant que nous avions rangé sur des étagères, « comme des chars au dépôt », les principes de liberté pour tous, de dignité humaine et ainsi de suite. Comme Silone, qui devait ensuite signer un des meilleurs essais du collectif de Richard Grossman paru en 1950 sous le titre *The God That Failed* (en français *Le Dieu des ténèbres*), Camus devint dorénavant un critique plus acerbe des illusions « progressistes », jusqu'au couronnement de *L'Homme révolté*, son essai de 1951, où il condamna la violence révolutionnaire, provoquant ainsi une rupture définitive avec ses anciens amis de la gauche intellectuelle parisienne. Pour Sartre, le premier devoir d'un intellectuel radical était de ne pas trahir les ouvriers. Pour Camus, comme Silone, le plus important était de ne pas se trahir soi-même. Les lignes de bataille de la guerre froide culturelle étaient tracées.

Il est difficile, à des décennies de distance, de saisir pleinement les contrastes tranchés et la rhétorique de la guerre froide de ces premières années. Staline n'était pas encore une gêne, au contraire. Ainsi que l'expliqua Maurice Thorez en juillet 1948, certains croient pouvoir insulter les communistes en leur lançant à la figure le mot de « staliniens », alors que c'est un titre d'honneur qu'ils s'efforcent de mériter pleinement. Et beaucoup de non-communistes de talent, on l'a vu, étaient pareillement réticents à condamner le dirigeant soviétique, cherchant le moyen de minimiser ses crimes, voire de les excuser. Les illusions angéliques sur le royaume soviétique s'accompagnaient d'appréhensions largement répandues – et pire – sur l'Amérique[13].

Les États-Unis, avec la nouvelle République fédérale d'Allemagne, essuyaient le plus fort de la violence rhétorique communiste. C'était une tactique astucieuse. Les États-Unis n'étaient pas très populaires en Europe occidentale, en dépit et dans certains cas en raison de la générosité de leur aide à la reconstruction économique de l'Europe. En juillet 1947, 38 % seulement des adultes français croyaient que l'aide Marshall ne menaçait pas sérieusement l'indépendance de la France – une méfiance à l'égard des mobiles américains qui devait encore s'alimenter des peurs de guerre en 1948 et des affrontements de Corée deux ans plus tard. Les affirmations communistes mensongères, accusant l'armée américaine d'employer des armes biologiques en Corée, trouvèrent un public réceptif.

Sur le plan culturel, les communistes n'avaient pas même besoin de prendre l'initiative. La peur de la domination américaine, de la perte de l'autonomie et de l'initiative nationale, rallia au camp « progressiste » des hommes et

13. Ces sentiments sont involontairement caricaturés dans cette relation du premier cours d'un enfant avec un instituteur communiste à Prague, en avril 1948 : « Les enfants, vous savez tous qu'en Amérique les gens vivent dans des trous creusés dans la terre et sont les esclaves d'une poignée de capitalistes, qui empochent tout le profit. Mais en Russie, tout le monde est heureux, et nous à Prague, on est très heureux, nous aussi, grâce au gouvernement de Klement Gottwald. Maintenant, les enfants, répétez tout haut avec moi : "Nous sommes très satisfaits et approuvons le gouvernement Gottwald". »

des femmes de toutes couleurs politiques ou d'aucune. En comparaison de ses dépendances ouest-européennes appauvries, l'Amérique paraissait économiquement carnivore et culturellement obscurantiste : un mélange mortel. En octobre 1949, dans la seconde année du plan Marshall et alors que les plans de l'OTAN étaient en passe d'être finalisés, le critique culturel Pierre Emmanuel annonçait aux lecteurs du *Monde* que le principal don de l'Amérique à l'Europe de l'après-guerre avait été... « le phallus » ; que même au pays de Stendhal le phallus était sur le point de devenir un Dieu. Trois ans plus tard, la rédaction chrétienne d'*Esprit* rappelait à ses lecteurs : « Dès le début nous avons ici dénoncé [...] les dangers que faisait courir à notre pays une culture américaine qui attaque à leur racine l'originalité et la cohésion mentale et morale des peuples européens[14]. »

Dans le même temps, un artefact américain insidieux se répandait sur le continent. Entre 1947 et 1949, la société Coca-Cola ouvrit des usines aux Pays-Bas, en Belgique, au Luxembourg, en Suisse et en Italie. Cinq ans après sa création, l'Allemagne de l'Ouest en comptait 96 et constituait le premier marché hors des États-Unis eux-mêmes. Mais alors que diverses voix s'étaient élevées pour protester en Belgique et en Italie, c'est en France que les projets de Coca-Cola déchaînèrent une tempête publique. Quand *Le Monde* révéla que la société s'était fixé pour objectif la vente de 240 millions de bouteilles en France pour 1950, on entendit des objections sonores, encouragées mais pas orchestrées par les communistes, qui se bornèrent à prévenir que les services de distribution de *Coke* se doublaient d'un réseau d'espionnage américain. Comme *Le Monde* l'expliqua dans son éditorial du 29 mars 1950, « Coca-Cola est le Dantzig de la culture européenne ».

La fureur déclenchée par la « coca-colonisation » avait ses côtés légers (le bruit courut que la société prévoyait d'accrocher son logo, en néon, sur la Tour Eiffel...), mais les sentiments sous-jacents étaient sérieux. La grossièreté de la culture américaine, des films aux boissons, mais aussi l'intérêt et les ambitions impérialistes qui se cachaient derrière la présence américaine en Europe étaient des lieux communs pour maint Européen de droite comme de gauche. L'Union soviétique pouvait bien être une menace immédiate pour l'Europe, mais c'était l'Amérique qui représentait le défi à long terme le plus insidieux. Ce point de vue gagna du crédit après le début des hostilités en Corée, quand les États-Unis se mirent à prôner le réarmement des Allemands de l'Ouest. Les communistes allaient désormais mêler leurs attaques contre les « ex-nazis » de Bonn à l'accusation suivant laquelle l'Amérique soutenait le « revanchisme fasciste ». L'hostilité nationaliste aux « anglo-américains », encouragée sous l'occupation du temps de guerre mais en sourdine depuis la

14. *Esprit*, éditorial, juin 1952.

Libération, fut dépoussiérée et reprit du service en Italie, en France et en Belgique, mais aussi en Allemagne même, par Brecht et d'autres écrivains est-allemands.

S'efforçant de capitaliser sur cette peur naissante mais généralisée de la guerre, ainsi que sur la méfiance envers tout ce qui était américain dans les élites européennes, Staline lança un Mouvement international pour la Paix. De 1949 jusqu'à la mort de Staline, la « paix » fut la pièce maîtresse de la stratégie culturelle soviétique. Le Mouvement de la Paix fut lancé à Wroclaw, en Pologne, en août 1948, à l'occasion d'un « Congrès mondial des intellectuels ». La réunion de Wroclaw fut suivie par les premiers « Congrès de la Paix », en avril 1949, organisés plus ou moins au même moment à Paris, Prague et New York. Prototype même de l'organisation « façade », le Mouvement de la Paix était apparemment dirigé par des hommes de science et des intellectuels éminents comme Frédéric Joliot-Curie ; mais les communistes contrôlaient ses divers comités et ses activités étaient étroitement coordonnées avec le Kominform, dont la revue, publiée à Bucarest, fut alors rebaptisée *Pour une Paix durable, pour une Démocratie populaire.*

Le Mouvement de la Paix, en lui-même, fut une véritable réussite. Un appel, lancé en mars 1950 à Stockholm, par le « Comité permanent du Congrès mondial des Partisans de la Paix », recueillit plusieurs millions de signatures en Europe occidentale (en plus des dizaines de millions de signatures réunies dans le bloc soviétique). En fait, la collecte de ces signatures fut la principale activité du Mouvement, surtout en France, où il eut le plus d'écho. Mais sous le parapluie du Mouvement de la Paix, d'autres organisations façade firent également passer le message : l'Union soviétique était du côté de la paix, tandis que les Américains (et leurs amis de Corée, de Yougoslavie et d'Europe occidentale) étaient le parti de la guerre. Correspondante du *New Yorker* à Paris en mai 1950, Janet Flanner en fut impressionnée : « Pour l'heure, la propagande communiste connaît le plus extraordinaire succès, surtout chez les non-communistes, qu'elle a jamais eu en France. »

L'attitude des communistes envers les mouvements de masse était purement instrumentale : le Mouvement de la Paix ne fut jamais qu'un vecteur de la politique soviétique. C'est pour cela qu'il put soudain adopter le thème de la « coexistence pacifique » en 1951, en se réglant sur le changement de cap de la stratégie internationale de Staline. En privé, les communistes – surtout ceux du bloc de l'Est – n'avaient guère que mépris pour les illusions de leurs compagnons de route. Au cours de voyages organisés dans les démocraties populaires, les partisans du Mouvement de la Paix (majoritairement de France, d'Italie et d'Inde) furent fêtés pour leur soutien ; dans leur dos, on les raillait en les traitant de « pigeons » : une nouvelle génération d'« idiots utiles » de Lénine.

Le succès avec lequel les communistes réussirent à acquérir la sympathie au moins conditionnelle de beaucoup en Europe occidentale et le parti que les PC, notamment en France et en Italie, surent tirer de leurs appuis au sein d'une élite culturelle méfiante envers l'Amérique, inspirèrent une réponse tardive mais déterminée à tout un groupe d'intellectuels occidentaux. Craignant de voir Staline gagner par défaut dans la bataille culturelle, ils entreprirent de créer à leur tour un « front » culturel. La réunion fondatrice du Congrès pour la liberté de la culture (CCF, pour Congress for Cultural Freedom) se tint à Berlin en juin 1950. Le Congrès entendait répondre à l'initiative du Mouvement de la Paix venue de Moscou l'année précédente, mais il coïncida avec le début de la guerre de Corée, qui lui donna une signification supplémentaire. C'est à dessein que la décision fut prise de tenir la réunion à Berlin, plutôt qu'à Paris : d'emblée, le Congrès allait devoir affronter les Soviétiques dans la bataille culturelle.

Le Congrès pour la liberté de la culture fut formé sous le patronage officiel de Bertrand Russell, Benedetto Croce, John Dewey, Karl Jaspers et du philosophe catholique Jacques Maritain. Ces hommes d'un certain âge donnèrent à la nouvelle aventure respectabilité et autorité, mais la dynamique politique et l'énergie intellectuelle furent le fait d'une brillante génération d'intellectuels libéraux ou d'anciens communistes d'âge mûr : Arthur Koestler, Raymond Aron, A. J. Ayer, Margarete Buber-Neumann, Ignazio Silone, Nicola Chiaramonte et Sidney Hook, à leur tour épaulés par un groupe de jeunes gens, pour la plupart américains, qui s'occupèrent du travail de préparation et d'administration au jour le jour.

Le CCF devait finalement ouvrir des bureaux dans trente-cinq pays à travers le monde, mais c'est sur l'Europe qu'il focalisa son attention et, en Europe, sur la France, l'Italie et l'Allemagne. L'objectif était de rassembler, dynamiser et mobiliser intellectuels et chercheurs dans la lutte contre le communisme et la diffusion de revues culturelles : *Encounter* en Grande-Bretagne, *Preuves* en France ; *Tempo Presente* en Italie et *Der Monat* en Allemagne. Aucune de ces revues ne trouva jamais un très large public : *Encounter*, qui eut le plus de succès, se targuait d'une diffusion de 16 000 exemplaires en 1958 ; la même année, *Preuves* ne comptait que 3 000 abonnés. Mais leur contenu était presque invariablement de grande qualité, leurs collaborateurs comptaient parmi les meilleures plumes des décennies d'après-guerre, et elles occupaient une niche cruciale : en France notamment, où *Preuves* fut le seul forum libéral et anticommuniste dans un paysage culturel dominé par des revues neutralistes et pacifistes, carrément communistes ou de compagnons de route.

Le Congrès et ses multiples activités reçurent le soutien public de la Fondation Ford et, en privé, celui de la CIA – chose que la quasi-totalité de ses militants et collaborateurs ne découvrirent que bien plus tard. Les implications – que le gouvernement américain subventionnait clandestinement des débouchés culturels anticommunistes en Europe – n'étaient peut-être pas aussi graves qu'elles le paraissent après-coup. À une époque où les revues communistes ou « façade » et toutes sortes de produits culturels étaient clandestinement subventionnés par Moscou, le soutien américain n'était certainement pas fait pour gêner quelques auteurs du CCF. Arthur Koestler, Raymond Aron ou Ignazio Silone n'avaient pas besoin des encouragements américains officiels pour adopter une ligne dure contre le communisme et rien n'indique qu'ils aient jamais édulcoré ou censuré leurs vues critiques sur les États-Unis eux-mêmes pour plaire aux trésoriers de Washington.

Les États-Unis étaient un nouveau venu dans ce type de guerre culturelle. L'Union soviétique créa sa Société pour les relations culturelles avec les pays étrangers en 1925 ; dès avant 1914, Français, Allemands et Italiens menaient une « diplomatie culturelle » active outre-mer. Les Américains ne commencèrent à financer des activités de ce genre qu'à la veille de la Seconde Guerre mondiale, et c'est seulement en 1946, avec le lancement du programme Fulbright, qu'ils s'engagèrent sérieusement sur ce terrain. Jusqu'à l'automne 1947, les projets culturels et éducatifs américains en Europe visèrent une « réorientation démocratique » ; c'est ensuite seulement que l'anticommunisme devint leur principal objectif stratégique.

En 1950, l'US Information Agency avait en charge la totalité des programmes d'échanges et d'information culturels américains en Europe. De pair avec l'Information Services Branch des autorités d'occupation américaines en Allemagne occidentale et en Autriche (qui contrôlaient tous les médias et débouchés culturels de la zone américaine de ces pays), l'USIA était maintenant en position d'exercer une influence considérable dans la vie culturelle ouest-européenne. En 1953, au faîte de la guerre froide, les programmes culturels américains à l'étranger (hors subventions clandestines et fondations privées) employaient 13 000 personnes et coûtaient 129 millions de dollars, largement consacrés à la bataille pour le cœur et l'intelligence de l'élite intellectuelle en Europe occidentale.

Le « combat pour la paix », comme l'appelait la presse communiste, fut livré sur le « front » culturel (notez le vocabulaire martial typiquement léniniste) par la « bataille du livre ». Les premières escarmouches eurent lieu en France, en Belgique et en Italie au début du printemps 1950. D'éminents auteurs communistes – Elsa Triolet, Louis Aragon – se rendaient dans diverses villes de province pour y donner des conférences, signer des livres ou faire valoir les titres de gloire littéraires du monde communiste. Dans les faits, cela ne fit pas grand-chose pour promouvoir la cause communiste : deux des plus gros succès de librairie dans la France de l'après-guerre furent *Le Zéro et l'infini* d'Arthur Koestler (420 000 exemplaires vendus entre 1945 et 1955) et

J'ai choisi la liberté de Victor Kravchenko (503 000 dans la même période). Mais il s'agissait moins de vendre des livres que de rappeler aux lecteurs et aux autres que les communistes représentaient la culture : la culture française.

La réponse américaine consista à ouvrir des « Maisons de l'Amérique », avec des bibliothèques et des salles de lecture de la presse, mais aussi à organiser des conférences-débats, des réunions et des cours de langue anglaise. En 1955, il existait 69 maisons de ce genre en Europe. Dans certains pays leur impact fut tout à fait considérable : en Autriche, où les années du plan Marshall virent la distribution de 134 millions d'exemplaires de livres en anglais à travers le pays, un pourcentage significatif de la population de Vienne et de Salzbourg (la première relevant de l'administration des Quatre puissances, la seconde relevant de la zone d'occupation américaine) visita la Maison de l'Amérique locale pour emprunter des ouvrages ou lire la presse. L'étude de l'anglais remplaça celle du français et des langues anciennes comme première langue dans les lycées.

Comme les réseaux de radio financés par l'Amérique (Radio Europe libre fut inaugurée à Munich un mois après le début de la guerre de Corée), les programmes de la Maison de l'Amérique furent parfois minés par de grossiers impératifs de propagande dictés par Washington. Au faîte des années McCarthy, les directeurs des Maisons de l'Amérique occupaient une bonne partie de leur temps à *retirer* des livres de leurs rayonnages. John Dos Passos, Arthur Miller, Dashiell Hammett et Upton Sinclair, suspects évidents, mais aussi Albert Einstein, Thomas Mann, Alberto Moravia, Tom Paine et Henry Thoreau comptaient au nombre des dizaines et des dizaines d'auteurs jugés douteux. En Autriche, tout au moins, il semblait à maints observateurs que, dans la « Bataille du livre », les États-Unis fussent parfois leur ennemi le plus redoutable.

Par chance pour l'Occident, la culture populaire américaine exerçait un attrait que les inepties politiques ne pouvaient guère ternir. Les communistes souffraient d'un lourd handicap car leur condamnation officielle du jazz américain décadent et du cinéma américain faisait clairement écho aux vues de Joseph Goebbels. Alors que les États communistes est-européens bannissaient le jazz, réputé décadent et étranger, Radio Europe libre diffusait en Europe orientale trois heures de musique populaire tous les après-midi, entrecoupées de bulletins d'information de dix minutes toutes les heures. Le cinéma, autre médium universel de l'époque, était effectivement réglementé dans les États sous contrôle communiste ; à travers l'Europe occidentale tout entière, en revanche, l'attrait des films américains était universel. Sur ce plan la propagande soviétique n'avait rien à lui opposer et les progressistes européens eux-mêmes, souvent attirés par la musique et le cinéma américains, avaient peu de sympathie pour la ligne du parti.

La compétition culturelle des premières années de la guerre froide était asymétrique. Parmi les élites culturelles américaines régnait encore le sentiment généralisé de partager, par-delà les fractures idéologiques et même le Rideau de fer, une culture commune que l'Amérique menaçait. Les Français, en particulier, suivirent cette ligne, en écho aux efforts déployés dans l'immédiat après-guerre par leur diplomatie pour mener une politique internationale indépendante de l'Amérique. De manière symptomatique, Félix Lusset, le chef de la Mission culturelle française à Berlin, au temps de l'occupation, s'entendait bien mieux avec son homologue soviétique (Alexandre Dymschitz) qu'avec les représentants britannique et américain et rêvait, comme ses maîtres à Paris, d'un axe culturel restauré conduisant de Paris à Berlin, puis Leningrad.

Les États-Unis dépensèrent plusieurs centaines de millions de dollars pour essayer de gagner la sympathie des Européens, mais nombre des publications et produits qui en résultèrent étaient balourds et contre-productifs, ne faisant que confirmer la méfiance innée de l'intelligentsia européenne. En Allemagne, l'attention excessive de l'Amérique aux crimes communistes apparut à beaucoup tel un stratagème délibéré pour relativiser les crimes des nazis. En Italie les macabres campagnes anticommunistes du Vatican sapèrent les arguments antistaliniens de Silone, Vittorini et d'autres. C'est seulement dans les arts et la littérature, où les absurdités de la politique culturelle stalinienne empiétaient directement sur le territoire des peintres et des poètes, que les intellectuels occidentaux prirent systématiquement leurs distances d'avec Moscou. Mais là encore, ils mirent leur opposition en sourdine de peur de donner des gages à la « propagande » américaine[15].

En revanche, dans la lutte pour gagner les sympathies de la grande masse de la population ouest-européenne, les Soviétiques perdaient rapidement du terrain. Partout, sauf en Italie, le vote communiste déclina régulièrement à partir de la fin des années 1940, et – si l'on peut se fier aux sondages d'opinion – même ceux qui votaient communiste voyaient souvent leur vote comme un geste de protestation symbolique ou l'expression d'une solidarité de classe ou communautaire. Bien avant les cataclysmes de 1956, où le bloc soviétique devait s'aliéner brutalement les sympathies de la plupart des intellectuels européens, l'orientation atlantique de la plupart des autres Européens de l'Ouest était acquise.

15. Nous ne tolérions pas l'idiotie dans les domaines que nous connaissions bien, mais pardonnions les crimes dans des affaires que nous connaissions peu, résume Claude Roy, qui adhéra au PCF au cours de la guerre, après son idylle avec l'Action française.

Coda

La fin de la vieille Europe

« La vie changea étonnamment peu après la guerre. »
David Lodge

« J'ai vécu mes premières années dans les cités industrielles et leurs faubourgs, au milieu des briques et de la suie, des cheminées d'usine et des rues pavées. Nous prenions le tram pour les trajets courts, et le train pour les plus longs. Nous achetions des produits frais pour chaque repas, non que nous fussions des gourmets, mais parce que nous n'avions pas de réfrigérateur (on gardait les denrées moins périssables à la cave). Ma mère se levait tous les matins dans un froid de canard pour allumer le poêle du salon. L'eau courante n'arrivait qu'à une seule température : froide. Nous communiquions par courrier et nous informions essentiellement par la presse (nous étions cependant assez modernes en ce que nous possédions une radio à peu près de la taille d'un classeur). Mes premières salles de classe étaient équipées de poêles ventrus et de doubles pupitres avec des encriers où nous trempions nos plumes. Nous les garçons, nous portions des culottes courtes jusqu'à la communion solennelle, à douze ans. Et ainsi de suite. Mais ce n'était pas un trou perdu des Carpathes, c'était l'Europe occidentale de l'après-guerre, "l'après-guerre" étant une saison qui se prolongea près de vingt ans[1]. »

Cette description de la Wallonie industrielle des années 1950, par l'écrivain belge[2] Luc Sante, vaut pour la majorité de l'Europe occidentale dans ces années-là. L'auteur de ces pages, qui a grandi après la guerre dans le quartier de Putney, au cœur de Londres, se souvient de fréquentes visites dans une sombre confiserie tenue par une vieille dame ratatinée qui lui signifiait d'un air de reproche qu'elle « vendait des bonbons à des petits garçons comme [lui] depuis le Jubilé d'or de la Reine » – c'est-à-dire depuis 1887 : elle voulait dire Victoria, bien entendu, *la* reine[3]. Dans la même rue, l'épicerie du coin – Sainsbury's – avait de la sciure sur le sol et était tenue par des gros costauds en chemise rayée et de fringantes jeunes femmes avec coiffes et tabliers amidonnés. Exactement comme sur les photos sépia épinglées sur le mur et datant de l'ouverture du magasin, dans les années 1870.

1. Luc Sante, *The Factory of Facts*, 1998, p. 27 (en français, *L'Effet des faits*, 2001).
2. Anglophone. *(N.d.T.)*
3. Elle n'était pas la seule à faire des allusions victoriennes de ce genre. Le Premier ministre britannique de l'époque, Winston Churchill, aimait à rappeler à son auditoire qu'il avait pris part à la dernière charge de cavalerie de l'armée britannique, à Omdurman au Soudan, en septembre 1898.

Dans nombre de ses aspects essentiels, la vie quotidienne de la première décennie d'après-guerre n'eût pas dépaysé les hommes et les femmes qui avaient vécu un demi-siècle auparavant. En ce temps-là, le charbon couvrait encore les neuf dixièmes des besoins énergétiques de la Grande-Bretagne, et 82 % en Belgique et dans les autres pays de la nouvelle Communauté européenne du charbon et de l'acier. En partie à cause de l'omniprésence des feux de cheminée, Londres – villes de trams et de docks – était encore périodiquement enveloppée d'un brouillard humide qui nous est familier par les images de la ville industrielle de la fin de l'époque victorienne. Les films britanniques de cette époque ont un caractère nettement édouardien, que ce soit par leur cadre social (*e.g.*, *The Winslow Boy*, 1948 ; en français, *Winslow contre le roi*) ou le ton de l'époque. Dans *The Man in a White Suit* (1951 ; en français, *L'Homme au complet blanc*), la ville contemporaine de Manchester est dépeinte pour l'essentiel comme une ville du XIXe siècle (charrettes à main, logements, relations sociales) ; patrons et dirigeants syndicaux s'accordent à considérer l'amateurisme en entreprise pour une vertu morale, quel qu'en soit le prix en termes d'efficacité de la production. Trois millions de Britanniques, hommes et femmes, allaient danser toutes les semaines, dans des salles sous licence, et au début des années 1950, dans le Yorkshire, la seule ville de Huddersfield comptait soixante-dix clubs de travailleurs de sexe masculin (même si ces deux types d'activités perdaient de leur attrait pour la jeunesse).

On retrouvait cette même impression de temps suspendu dans la majeure partie de l'Europe continentale. La vie rurale, en Belgique, aurait pu inspirer une toile de Millet, avec le foin rassemblé avec des râteaux de bois, la paille battue au fléau, les fruits et légumes cueillis à la main et transportés sur des charrettes tirées par des chevaux. De même que les villes de province, en France, où des hommes coiffés de béret passaient chercher une baguette en rentrant du Café de la Paix (généralement baptisé de ce nom en 1919), ou que l'Espagne, figée comme en gelée sous le régime autoritaire de Franco, la Belgique et la Grande-Bretagne étaient comme suspendues dans des limbes édouardiens tardifs. L'Europe de l'après-guerre se chauffait encore aux dernières braises de la révolution économique du XIXe siècle qui était presque à bout de course, laissant derrière elle des traces sédimentaires d'habitudes culturelles et de relations sociales toujours plus décalées par rapport au nouvel âge des avions et des armes atomiques. Il semblait que la guerre eût renversé le cours des choses. La ferveur modernisatrice des années 1920, voire des années 1930, s'était épuisée, laissant derrière elle un ordre de vie plus ancien. En Italie, comme dans une bonne partie de l'Europe rurale, les enfants entraient encore sur le marché du travail dès la fin du primaire (et plus probablement n'arrivaient-ils même pas jusque-là) ; en 1951, un petit Italien sur neuf seulement continuait d'aller à l'école après 13 ans.

La religion, surtout la religion catholique, jouit d'un bref été indien d'autorité restaurée. En Espagne, la hiérarchie catholique avait à la fois les moyens et les appuis politiques pour relancer la Contre-Réforme : dans un concordat de 1953, Franco accorda à l'Église non seulement une exemption de l'impôt et de toute ingérence de l'État, mais aussi le droit de demander la censure de tout écrit ou discours auquel elle trouvait à redire. En contrepartie, la hiérarchie ecclésiastique perpétua et renforça l'association conservatrice de la religion avec l'identité nationale. En vérité, l'Église était si profondément impliquée dans les récits de l'identité et du devoir nationaux que le principal manuel scolaire d'histoire pour le primaire, *Yo soy español* (*Je suis espagnol*, publié pour la première fois en 1943), enseignait l'histoire espagnole comme un ensemble continu, tout d'une pièce, partant du Jardin d'Eden pour terminer sur le *Generalissimo*[4].

À quoi vint s'ajouter un nouveau culte des morts : les « martyrs » du camp victorieux dans la récente guerre civile. Sur les milliers de mémoriaux consacrés aux victimes du républicanisme anticlérical, l'Église espagnole organisait d'innombrables cérémonies et célébrations. Un judicieux mélange de religion, d'autorité civique et de commémorations de la victoire renforça le monopole spirituel et mnémonique de la hiérarchie cléricale. Parce que Franco avait besoin du catholicisme plus encore que l'Église n'avait besoin de lui – comment entretenir autrement les liens ténus de l'Espagne, après la guerre, avec la communauté internationale et l'« Occident » ? –, il lui donna carte blanche pour recréer dans l'Espagne moderne l'esprit « de croisade » de l'ancien régime.

Ailleurs, en Europe occidentale, l'Église catholique dut compter avec des rivaux hostiles qui lui disputaient l'allégeance populaire ; mais même en Hollande, la hiérarchie catholique se sentit assez assurée pour excommunier des électeurs qui votèrent pour ses adversaires travaillistes aux premières élections de l'après-guerre. En 1956, deux ans avant que le décès de Pie XII ne sonnât le glas de l'ordre ancien, sept Italiens sur dix allaient encore régulièrement à la messe dominicale. Comme dans les Flandres, l'Église d'Italie était particulièrement bien accueillie chez les monarchistes, les femmes et les personnes âgées – une nette majorité de la population dans son ensemble. L'article 7 de la Constitution italienne approuvée en mars 1947 confirmait judicieusement

4. Dans les manuels d'histoire pour les lycées, le message de l'ascension de Franco au pouvoir était dénué d'ambiguïté : « L'avenir de l'Espagne uni, après trois siècles, à la destinée du passé ! [...] L'antique procession ne s'est pas arrêtée. [...] Sur son chemin avancent les morts et les vivants, éclatant de ce christianisme où un monde désorienté et en proie à de catastrophiques convulsions trouve un centre et un ancrage. [...] Telle est la grande tâche que Dieu a réservée à l'Espagne aujourd'hui... Une exceptionnelle destinée... À travers l'Empire, à Dieu ! » Feliciano Cereceda, *Historia del imperio espanol y de la hispanidad*, Madrid, 1943, p. 273-274, cité in Carolyn Boyd, *Historia Patria : Politics, History and National Identity in Spain*, 1875-1975, Princeton, 1997, p. 252.

les termes du concordat de 1929, entre Mussolini et l'Église : la hiérarchie catholique conservait son influence en matière d'éducation et son droit de regard sur tout ce qui touchait au mariage et aux mœurs. Sur la demande pressante de Togliatti, le parti communiste vota la loi à contrecœur, même si cela ne devait pas arrêter le Vatican d'excommunier les Italiens qui votèrent pour le PCI l'année suivante.

En France, la hiérarchie catholique et ses soutiens politiques se sentaient assez sûrs d'eux pour réclamer des privilèges spéciaux dans une « guerre scolaire » qui fit brièvement écho aux conflits des années 1880 entre l'Église et l'État. Le principal champ de bataille fut le vieux problème du financement public des écoles catholiques : une revendication traditionnelle, mais bien choisie. Tandis que l'énergie qui avait nourri l'anticléricalisme du XIXe siècle, en France comme en Italie ou en Allemagne, s'était largement dissoute ou s'était reportée sur des conflits idéologiques plus actuels, le coût et la qualité de l'éducation des enfants étaient un des rares problèmes sur lesquels on pouvait être sûr de mobiliser même les pratiquants les plus intermittents.

Parmi les religions traditionnelles de l'Europe, les catholiques furent les seuls à voir augmenter les effectifs de leurs ouailles actifs dans les années 1940 et 1950. Cela tenait pour une part au fait que seule l'Église catholique avait des partis politiques qui lui étaient directement associés (et dans certains cas, qui lui étaient redevables de son soutien) en Allemagne, aux Pays-Bas, en Belgique, en Italie, en France et en Autriche ; et en partie au fait que le catholicisme était traditionnellement implanté dans les régions d'Europe où le changement fut le plus lent dans ces années-là. Mais, par-dessus tout, l'Église catholique pouvait offrir à ses fidèles une chose qui manquait fort en ce temps-là : un sentiment de continuité et de sécurité, mais aussi un discours rassurant dans un monde qui avait connu des changements violents au cours de la décennie passée et qui était sur le point de connaître des transformations encore plus spectaculaires dans les années à venir. C'est l'association de l'Église catholique avec l'ordre ancien, en fait la fermeté de sa position contre la modernité et le changement, qui lui donnait un attrait particulier dans cette période de transition.

Les diverses Églises protestantes de l'Europe du Nord-Ouest n'exerçaient pas une telle séduction. En Allemagne, une partie significative de la population non catholique était maintenant sous régime communiste ; la stature des Églises évangéliques allemandes avait en tout état de cause un peu souffert de leur compromission avec Hitler, ainsi que les dirigeants de la communauté protestante le reconnurent à demi-mot en 1945 dans leur Confession de culpabilité de Stuttgart. En Allemagne comme ailleurs, cependant, le problème principal était que les Églises protestantes n'offraient pas d'alternative au monde moderne, mais plutôt une façon de vivre en harmonie avec lui.

L'autorité spirituelle du pasteur protestant ou du vicaire anglican ne prétendait pas, par convention, concurrencer l'État, mais se présentait plutôt en partenaire associé – et c'est précisément une des raisons pour lesquelles les Églises protestantes d'Europe centrale furent incapables de résister à la pression de l'État communiste dans ces années-là. Mais en un temps où l'État ouest-européen s'embarquait dans un rôle très renforcé de gardien spirituel et matériel de ses citoyens, la distinction entre Église et État en tant qu'arbitre des comportements publics et des mœurs se brouilla passablement. La fin des années 1940 et le début des années 1950 apparaissent donc comme une époque de transition, où les conventions de déférence sociale mais aussi les prétentions à tenir son rang ou à exercer une autorité prévalaient encore, mais où l'État moderne commençait d'évincer l'Église et même la classe en tant qu'arbitre des comportements collectifs.

La nature de l'époque est joliment résumée dans un livret d'instruction de la BBC à usage interne : *BBC Variety Programmes. Policy Guide for Writers and Producers* (1948). Le sentiment de responsabilité *morale* que la radio publique choisit d'assumer est on ne peut plus explicite : « L'influence que [la BBC] peut exercer sur ses auditeurs est immense et non moins grande est sa responsabilité quand il s'agit de veiller au bon goût. » Les plaisanteries sur la religion étaient interdites, de même qu'il était interdit de qualifier les goûts musicaux vieux jeu de « BC[5] » – « Avant Crosby ». Toute référence aux « toilettes » était proscrite, tout comme les blagues sur les « hommes efféminés ». Interdiction était faite aux auteurs de reprendre des blagues populaires dans le climat détendu de la guerre ou des allusions suggestives « à double entente » aux sous-vêtements des femmes comme dans *winter draws on* (l'hiver avance), censé faire penser à *drawers*, « petite culotte ». De même étaient interdites les allusions sexuelles en tous genres : pas question de parler de « lapins » ni de « mœurs animales[6] ».

Par ailleurs, les parlementaires ne devaient pas apparaître dans des émissions de radio qui pourraient être jugées « indignes ou déplacées » pour des personnalités, et il fallait se garder de toute blague ou allusion de nature à encourager « grèves ou conflits sociaux, marché noir, *spivs* et *drones* ». Tous ces mots – *spivs* et *drones*, désignant des types louches et des petits délinquants, ou « marché noir », appellation fourre-tout s'appliquant aux commerçants et aux clients qui circonvenaient le rationnement et les autres

5. [BC, en anglais, « Bing Crosby » ou « Avant Crosby » s'entendant aussi comme « Before Christ », avant J.-C.]

6. L'humour britannique en temps de guerre s'était typiquement focalisé sur les défauts matériels, de vagues allusions sexuelles et un fond de rancœur à l'égard des GI américains excessivement privilégiés. Parfois, les trois éléments se trouvaient réunis : « T'as entendu parler du nouveau calecif Utility ? Un *Yank* et y'en a plus ! » [*Yank* signifiant à la fois Yankee ou Amerloque et un coup sec.]

restrictions – montrent à quel point la Grande-Bretagne, tout au moins, vécut quelques années à l'ombre de la guerre. Au cœur des années 1950, la BBC pouvait encore réprimander le producteur Peter Eton, de la comédie radiophonique populaire *The Goon Show*, parce que le « commandant Dennis Bloodnok », joué par Peter Sellers, était récompensé de l'OBE (Ordre de l'Empire britannique) pour avoir « vidé les poubelles dans le feu de la bataille » (et qu'il avait permis à un acteur d'« imiter la voix de la reine essayant de chasser des pigeons sur Trafalgar Square »).

Ces restrictions, avec leur touche collet-monté typique du réformisme edwardien, étaient peut-être propres à la Grande-Bretagne. Mais leur ton eût été familier à travers tout le continent. À l'école, à l'église, sur les ondes de la radio d'État, dans le style assuré et condescendant de la presse d'opinion, et même dans les tabloïds, dans le discours et l'habillement des hommes publics, les Européens étaient encore très largement sujets aux habitudes et réglementations d'une autre époque. Nous avons déjà observé combien de dirigeants politiques de l'époque étaient des hommes d'un autre temps : Clement Attlee aurait été tout à fait à sa place dans une mission victorienne au milieu des taudis industriels et il paraissait tout à fait naturel que le Premier ministre appelé à présider à la transition de la Grande-Bretagne vers l'État-providence moderne ait commencé sa carrière publique en s'occupant de bonnes œuvres dans le quartier londonien d'East End, à la veille de la Première Guerre mondiale.

À cette image d'une vieille Europe – bougeant au rythme d'antan, tout à la fois changée par la guerre et retenue par ses routines et habitudes d'avant-guerre –, il faut opposer la forme incontestablement *moderne* de sa principale source de divertissement. Ce fut l'âge d'or du cinéma. En Grande-Bretagne, la fréquentation des salles obscures atteignit des sommets très vite après la fin de la guerre, avec 1,7 milliard de tickets vendus dans les cinq mille cinémas du pays en 1946. Cette année-là, une personne sur trois allait toutes les semaines au cinéma du coin. En 1950, alors que la fréquentation commençait déjà à décliner, l'Anglais moyen, homme ou femme, allait encore au cinéma vingt-huit fois par an – chiffre de près de 40 % supérieur à ce qu'il était la dernière année avant la guerre.

Si le public de cinéphiles devait décliner régulièrement au cours des années 1950 en Grande-Bretagne, il continua de croître en Europe continentale. Un millier de nouvelles salles de cinéma ouvrirent en France dans la première moitié des années 1950, à peu près autant qu'en Allemagne de l'Ouest ; en Italie, 3 000 nouvelles salles firent leur apparition, portant le total national à quelque 10 000 en 1956. L'année précédente, 800 millions de places avaient été vendues en Italie (deux fois moins qu'en Grande-Bretagne pour une population à peu près comparable). Le public français, qui ne fut jamais plus important qu'à la fin des années 1940, resta très en deçà du public britannique ou italien[7]. De même pour le public ouest-allemand, même si la fréquentation des salles obscures n'atteignit son sommet en République fédérale qu'en 1959. Mais suivant tous les autres indicateurs, le public était bel et bien important, tout comme en Espagne, où le taux de fréquentation en pourcentage de la population adulte en 1947 était le plus élevé d'Europe.

Cet engouement de l'après-guerre pour le cinéma tenait en partie à la demande contrariée du temps de guerre, notamment pour les films américains : les nazis avaient interdit la plupart des films venant des États-Unis, tout comme Mussolini (après 1938), puis le régime de Pétain en France. À quoi il fallait ajouter, plus généralement, les pénuries du temps de guerre. En 1946, 87 % des recettes du box-office en Italie venaient de films étrangers, pour l'essentiel américains ; sur quelque 5 000 films distribués à Madrid entre 1939 et la fin des années 1950, 4 200 étaient étrangers (là encore, pour la plupart américains). En 1947, l'industrie française du cinéma produisit 40 films, contre 340 importés des États-Unis. Et la présence des films américains n'était pas simplement écrasante sur le plan numérique : ils étaient aussi populaires. À Berlin, dans l'après-guerre, les plus grands succès commerciaux furent *La Ruée vers l'or* de Charlie Chaplin et *Le Faucon maltais* (réalisé en 1941 mais disponible en Europe qu'à la fin de la guerre).

Cependant, cette domination américaine du cinéma européen de l'après-guerre ne fut pas simplement l'effet des goûts populaires. Il existait un contexte politique : des films américains « positifs » inondèrent le marché italien à temps pour les élections cruciales de 1948 ; le département d'État encouragea Paramount à ressortir *Ninotchka* (1939) cette année-là pour semer le trouble dans l'électorat communiste. Inversement, Washington demanda que *Les Raisins de la colère* de John Ford (1940) ne fût pas distribué en France : le PCF risquait d'exploiter son portrait peu flatteur de l'Amérique de la Crise. D'une manière générale, les films américains faisaient partie de la séduction de l'Amérique : à ce titre, ils étaient des atouts significatifs dans la guerre froide culturelle. Seuls des intellectuels étaient susceptibles de se laisser suffisamment émouvoir par la description qu'Eisenstein brossait d'Odessa dans *Le Cuirassé Potemkine* pour traduire leur appréciation esthétique en affinité politique ; en revanche, tout le monde, y compris les intellectuels, pouvait apprécier Humphrey Bogart.

Reste que l'offensive du cinéma américain en Europe obéit avant tout à des considérations économiques. Les films américains avaient toujours été exportés en Europe avec succès. Après la Seconde Guerre mondiale, cependant, les producteurs américains, pressés entre la baisse de la fréquentation des salles

7. Mais la France comptait plus de publications consacrées au cinéma que les deux autres pays réunis.

nationales et le coût croissant de la production, bataillèrent avec acharnement pour ouvrir les marchés européens. Les gouvernements européens, en revanche, étaient plus que jamais réticents à ouvrir leur marché intérieur aux produits américains : l'industrie cinématographique locale, qui était encore un facteur significatif notamment en Grande-Bretagne et en Italie, avait besoin d'être protégée contre le « dumping » américain ; et les dollars étaient trop rares et précieux pour qu'on les dépensât en important des films américains.

Dès 1927, le Parlement du Royaume-Uni avait adopté une loi instituant un système de quotas, en vertu duquel 20 % des films distribués en Grande-Bretagne d'ici 1936 devaient être des productions britanniques. Après la Seconde Guerre mondiale, le gouvernement britannique se donna pour objectif de porter ce quota à 30 % en 1948. Les Français, les Italiens et les Espagnols poursuivirent tous des objectifs semblables ou encore plus ambitieux (bien entendu, l'industrie allemande du cinéma n'était pas en position d'exiger pareille protection). Mais le lobbying intense d'Hollywood aidant, le département d'État continua de faire pression sur les négociateurs européens : dans la première décennie de l'après-guerre, chaque grand accord commercial ou chaque grand prêt conclu entre les États-Unis et leurs alliés comportait une clause autorisant l'entrée des films américains.

Ainsi, dans le cadre des accords Blum-Byrnes de mai 1946, le gouvernement français abaissa à contrecœur son quota protectionniste de 55 % de films réalisés en France chaque année à 30 %, avec pour résultat que la production cinématographique nationale diminua de moitié en un an. Le gouvernement travailliste britannique ne réussit pas mieux à contenir les importations des États-Unis. Seul Franco réussit à restreindre l'afflux de films américains en Espagne (malgré la tentative de « boycott » du marché espagnol par les producteurs américains entre 1955 et 1958), dans une large mesure parce qu'il n'avait pas de comptes à rendre à l'opinion publique ni à prendre en considération les retombées politiques de ses décisions. Mais même en Espagne, on l'a vu, les films américains étaient bien plus nombreux que les produits nationaux.

Les Américains savaient ce qu'ils faisaient : quand les gouvernements européens, après 1949, se mirent à taxer les recettes de cinéma pour subventionner les producteurs nationaux, les producteurs américains décidèrent d'investir directement dans des productions étrangères, leur choix du lieu en Europe pour réaliser un film ou une série de films dépendant souvent du montant des subventions locales alors disponibles. De ce fait, les gouvernements européens devaient indirectement subventionner Hollywood, *via* des intermédiaires locaux. En 1952, 40 % des recettes de l'industrie cinématographique américaine venaient de l'étranger, pour l'essentiel de l'Europe. Six ans plus tard, ce chiffre était de 50 %.

Du fait de la domination américaine du marché européen, les films *européens* de cette époque ne sont pas toujours le guide le plus fiable de l'expérience ou de la sensibilité des cinéphiles européens. Le spectateur britannique, en particulier, avait toute chance de se faire une idée de l'anglicité contemporaine *via* l'image qu'Hollywood donnait de l'Angleterre autant que par sa propre expérience directe. Il n'est pas sans intérêt d'observer que, parmi les films des années 1940, *Madame Miniver* (1942) – histoire typiquement *anglaise* de grandeur d'âme et d'endurance, de réserve bourgeoise et de persévérance, située symptomatiquement autour du désastre de Dunkerque où toutes ces qualités étaient censées s'être illustrées – était un pur produit d'Hollywood. Pour la génération anglaise qui le découvrit, ce film devait longtemps rester la représentation la plus fidèle de la mémoire et de l'image de la nation.

Au-delà du glamour et du lustre qu'ils apportaient dans la grisaille ambiante, la séduction des films américains tenait à leur « qualité ». Ils étaient bien faits, avec généralement des canevas qui dépassaient de beaucoup les ressources de tout producteur européen. Pour autant, il ne s'agissait pas de films d'« évasion », à la manière des comédies loufoques ou des fantaisies romantiques des années 1930. Quelques-uns des films américains les plus populaires de la fin des années 1940 étaient en réalité des « films noirs » (ou ce que leurs admirateurs du continent appelaient ainsi). Le cadre pouvait bien être une intrigue policière ou un drame social, mais l'atmosphère – et la texture cinématographique – était plus noire ou plus sombre que celle des films américains des décennies passées.

En ce temps-là, c'étaient les *Européens* qui étaient les plus portés à faire des films d'évasion : ainsi des romances allemandes légères du début des années 1950, avec pour décor les paysages féériques de la Forêt noire ou des Alpes bavaroises ; ou des comédies de genre britanniques gentillettes de Herbert Wilcox comme *Piccadilly Incident* (1946), *Spring in Park Lane* (1948) ou *Maytime in Mayfair* (1949), qui avaient pour cadre le quartier chic de Londres, West End (relativement peu endommagé), avec à l'affiche Anna Neagle, Michael Wilding ou Rex Harrison dans le rôle de débutantes spirituelles ou d'aristocrates capricieux. Leurs équivalents italiens et français non moins oubliables étaient habituellement des drames costumés au goût du jour, avec des paysans ou des aristocrates à l'occasion remplacés par des mécaniciens ou des hommes d'affaires.

Les meilleurs films européens de la décennie d'après-guerre – ceux que les spectateurs ultérieurs apprécient le plus volontiers – traitaient inévitablement de la guerre sous une forme ou sous une autre. La Libération vit une brève avalanche de films de « Résistance » : *Peloton d'exécution* (1945), *Le Jugement dernier* (1945), et *La Bataille du rail* (1946) en France ; *Rome, ville ouverte* (1945), *Païsa* (1946) et *Un Giorno della vita* (1946), en Italie – tous films où un abîme moral sépare les héroïques résistants des lâches collaborateurs et des

Allemands brutaux. Suivit de près un groupe de films qui ont pour cadre les décombres (au double sens littéral et spirituel) : *Allemagne année zéro* (1947) de Roberto Rosselini ; *A Foreign Affair* (1948 ; en français, *La Scandaleuse de Berlin*) – film américain réalisé par un émigré autrichien, Billy Wilder ; et *Murderers Are Among Us* (1946), de Wolfgang Staudte, remarqué en son temps parce qu'il était le seul film allemand qui osât ne fût-ce que commencer à se pencher sur les implications morales des atrocités nazies (le mot « juif » n'y était même jamais prononcé).

Trois de ces films – *Rome, ville ouverte, Païsa* et *Allemagne, année zéro* – étaient de Rossellini. Avec Vittorio De Sica, qui réalisa *Sciuscià* (1946), *Le voleur de bicyclette* (1948) et *Umberto D* (1952), Rossellini est responsable du cycle de films néoréalistes réalisés dans les années 1945-1952 qui propulsèrent les cinéastes italiens au premier rang du cinéma international. Comme une ou deux des comédies anglaises contemporaines réalisées aux Studios Ealing, notamment *Passport to Pimlico* (1949), les films néoréalistes prenaient pour décor, et en partie pour sujet, les dommages et destructions de la guerre, surtout dans les villes. Mais même les meilleurs films anglais n'approchèrent jamais le sombre humanisme des chefs-d'œuvre italiens.

Les « vérités » élémentaires de ces films ne réfléchissent pas tant le monde européen tel qu'il était alors que le même monde au prisme des souvenirs et des mythes de la guerre. Les ouvriers, la campagne indemne, et par-dessus tout les petits enfants (surtout les garçons) représentent quelque chose de bon, d'incorrompu et de réel – fût-ce au sein de la destruction et de la misère noire – dès lors qu'on les oppose aux fausses valeurs de la classe, de la richesse, de la cupidité, de la collaboration, du luxe et de la volupté. Pour l'essentiel, les Américains brillent par leur absence (hormis les GI qui se font cirer leurs chaussures dans *Sciuscià*, ou les affiches de Rita Hayworth qu'on aperçoit dans *Le Voleur de bicyclette*, à côté du colleur d'affiches appauvri). Il s'agit d'une Europe d'Européens, vivant dans les marges mi-construites, mi-détruites de leurs cités, presque filmées comme dans un documentaire (la dette est donc claire envers l'expérience des films documentaires acquise auprès des armées pendant la guerre). Tout comme le monde européen d'après-guerre, ils disparaissent après 1952, même si le néoréalisme connut une bien étrange demi-vie posthume en Espagne, où Luis Garcia Berlanga dirigea *Bienvenido Mister Marshall* en 1953 et Juan Antonio Bardem *Mort d'un cycliste* trois ans plus tard.

Comme d'autres divertissements de son époque, le cinéma était un plaisir collectif. Dans les petites villes italiennes, la majeure partie de la population voyait le film de la semaine et le commentait : à divertissement public, discussion publique. En Angleterre, le samedi matin, étaient organisées des séances pour les enfants : des chansons étaient projetées sur l'écran et les spectateurs étaient invités à chanter au rythme d'une petite balle blanche qui rebondissait d'un mot à l'autre. En voici une qui remonte à 1946 et qui est tirée de l'évocation d'une enfance à South London, après la guerre :

> « Tous on y va samedi matin
> Saluant la compagnie d'un sourire
> Tous on y va samedi matin
> Sachant que ça va être du délire
> Tous tant qu'on est, les Tartempions
> Bons citoyens quand on sera grands
> Et de la liberté tous des champions[8] ! »

Ce ton didactique n'était pas représentatif – tout au moins pas sous une forme aussi déclarée – et devait disparaître en l'espace de quelques années. Mais le ton ingénu, suranné, rend bien l'époque. Les distractions populaires des travailleurs, comme le tir au pigeon, les courses de motos ou les courses de lévriers – connurent leur apogée dans ces années-là avant d'amorcer un déclin régulier qui s'accéléra à compter de la fin des années 1950. L'enracinement dans la fin de l'époque victorienne transparaît clairement de l'accoutrement des spectateurs : le béret des Français et la casquette plate des travailleurs anglais étaient tous deux devenus populaires autour des années 1890 et restaient la norme en 1950. Les petits garçons s'habillaient encore comme leurs grand-pères, exception faite des omniprésentes culottes courtes.

La danse, aussi, était populaire, en grande partie du fait des GI américains, qui introduisirent le *swing* et le *be-bop* très joués dans les salles de bal et les night-clubs et diffusés par la radio (peu de gens avaient les moyens de s'offrir un tourne-disque avant le milieu des années 1950 et le juke-box n'avait pas encore tué les bals populaires animés par des orchestres). Le fossé des générations de la décennie suivante n'était encore guère visible. Le « New Look[9] » lancé par Christian Dior en février 1947 était un style agressivement complaisant qui entendait accentuer le contraste avec la pénurie du temps de guerre, avec des jupes qui tombaient à hauteur de cheville, des épaulettes et pléthore de nœuds et de tresses : il avait les faveurs des femmes de tous âges, qui en avaient les moyens. L'apparence extérieure restait fonction de la classe (et des revenus) plutôt que de l'âge.

Il existait naturellement des tensions entre générations. Au cours de la guerre, sous l'influence des Américains, les *spivs* de Londres s'habillaient comme les *zazous* de Paris pour la plus grande réprobation de leurs aînés ; et à la fin des années 1940, l'enthousiasme de la bohème et des intellectuels

8. Trevor Grundy, *Memoir of a Fascist Childhood*, 1998, p. 19.
9. Nom donné par la presse américaine à la « Ligne Carolle ». *(N.d.T.)*

pour le duffle-coat, adaptation de ce qui avait été jusque-là un vêtement d'extérieur des pêcheurs belges, annonçait la future mode du style décontracté plutôt qu'endimanché chez les jeunes. Au *Tabou*, night-club parisien ultra-chic, la permissivité vestimentaire était traitée avec le plus grand sérieux, tandis qu'un film français de 1949, *Rendez-vous de juillet*, fait grand-cas du manque de *gravitas* de la génération des enfants gâtés ; à déjeuner, le père conventionnel d'une famille bourgeoise traditionnelle est effaré devant la conduite de son fils cadet, par-dessus tout par son obstination à manger sans cravate.

Mais tout cela n'était que menu changement lié à la crise de l'adolescence : rien de bien nouveau. Le souci numéro un de la plupart des gens, tous âges confondus, dans l'Europe de l'après-guerre était de se débrouiller. Au début des années 1950, une famille italienne sur quatre vivait dans la pauvreté, et la plupart des autres étaient à peine mieux pourvues. Moins d'une maison sur deux avait des toilettes intérieures, et une sur huit seulement une salle de bain. Dans les régions les plus déshéritées de la pointe sud-est de l'Italie, la misère était endémique : dans le village de Cuto (Marchesato di Crotone), il n'y avait en tout et pour tout qu'une seule fontaine publique pour approvisionner en eau courante les 9 000 habitants de la ville.

Le *Mezzogiorno* était un cas extrême. Mais en Allemagne de l'Ouest, en 1950, 17 des 47 millions d'habitants étaient encore classés dans la catégorie des « nécessiteux », essentiellement parce qu'ils n'avaient nulle part où loger. Même à Londres, une famille dont le nom était sur la liste d'attente pour une maison ou un appartement devait patienter sept ans en moyenne avant d'être logée ; en attendant, ses membres devaient se contenter des « préfabriqués » de l'après-guerre : des boîtes de métal installées sur des terrains vagues à la périphérie de la ville pour héberger les sans-foyers avant que la construction de nouveaux logements ne pût couvrir les besoins. Dans les sondages de l'après-guerre, le « logement » arrivait toujours en tête des préoccupations populaires. Dans le film de Vittorio De Sica, *Miracle à Milan* (1951), la foule sans domicile réclame : « Nous voulons une maison, que nous et nos enfants puissions croire à demain. »

Les modèles de consommation de l'Europe d'après-guerre reflétaient la pénurie persistante sur le continent ainsi que l'impact durable de la Crise et de la guerre. C'est en Grande-Bretagne que le rationnement dura le plus long-temps : le rationnement du pain, introduit en juillet 1946, fut maintenu jusqu'en juillet 1948 ; les coupons d'habillement restèrent en vigueur jusqu'en 1949 ; le régime du temps de guerre pour les vêtements et le mobilier ne fut abandonné qu'en 1953, tandis que le rationnement de la viande et de quantité d'autres denrées ne fut aboli que dans l'été 1954 – même s'il avait été temporairement suspendu pour le couronnement de la reine Elisabeth II en juin 1953, où tout le monde eut droit à une livre de sucre et quatre onces de margarine supplémentaires[10]. Même en France, où le rationnement (et donc le marché noir) disparut relativement plus vite, l'obsession du ravitaillement propre à la guerre ne retomba pas avant 1949 au plus tôt.

Tout ou presque manquait ou était trop petit (la taille recommandée pour les nouveaux logements familiaux construits par le gouvernement travailliste en Grande-Bretagne était de 83 m^2 seulement pour une maison de trois chambres). Très rares étaient les Européens qui possédaient une voiture ou un réfrigérateur : les femmes de la classe ouvrière, au Royaume-Uni, où le niveau de vie était plus élevé que dans la plupart des pays du continent, faisaient leurs courses alimentaires deux fois par jour, à pied ou par les transports publics, comme leurs mères et leurs grands-mères l'avaient fait avant elles. Les produits venant de pays lointains restaient exotiques et onéreux. Le sentiment généralisé de restriction, de limites et de confinement était encore renforcé par les contrôles sur les voyages internationaux (afin d'épargner des devises étrangères précieuses) et la législation excluant les travailleurs étrangers et autres migrants (après la guerre, en France, la République conserva toute la législation des années 1930 et de l'Occupation pour faire obstacle à la main-d'œuvre étrangère et autres étrangers indésirables, moyennant certaines exceptions au gré des besoins comme les ouvriers qualifiés).

Par bien des côtés, l'Europe de la fin des années 1940 et du début des années 1950 était moins ouverte, moins mobile et plus insulaire qu'elle ne l'avait été en 1913. Elle était certainement plus délabrée, et pas simplement à Berlin, où en 1950 un quart seulement des décombres de la bataille avaient été déblayés. Selon Robert Hewison, spécialiste d'histoire sociale anglaise, les Britanniques de ces années-là étaient des « hommes usés travaillant sur des machines usées ». Alors qu'aux États-Unis, à la fin des années 1940, la majeure partie de l'équipement industriel avait moins de cinq ans, l'âge moyen des machines était de vingt ans dans la France d'après la guerre. Le paysan français type produisait pour cinq compatriotes, l'Américain produisait déjà pour trois fois plus. Quarante années de guerre et de crise économique avaient prélevé un lourd tribut.

« L'après-guerre » dura donc longtemps, plus longtemps, assurément, que les historiens ne l'ont parfois supposé en relatant les difficiles années d'après-guerre à la lumière flatteuse des décennies de prospérité à venir. Peu d'Européens en ce temps, bien informés ou non, prévoyaient l'ampleur du changement qui était sur le point de les emporter. L'expérience du demi-siècle passé avait nourri chez plus d'un un pessimisme sceptique. À la veille de la Première

10. En Europe de l'Est, le rationnement ne fut supprimé qu'en 1953 en Tchécoslovaquie, en Hongrie, en Pologne et en Bulgarie ; en 1954 en Roumanie, mais en 1957 en Albanie et en 1958 en Allemagne de l'Est. Les comparaisons avec l'Europe occidentale sont cependant inappropriées puisque l'économie communiste induisait systématiquement la pénurie.

Guerre mondiale, l'Europe était un continent optimiste dont les hommes d'État et les commentateurs regardaient l'avenir avec confiance. Trente ans et deux guerres mondiales plus tard, tout le monde avait les yeux nerveusement braqués sur un terrible passé. Beaucoup d'observateurs prévoyaient en gros la même chose : une nouvelle crise après la guerre, un retour de l'extrémisme politique et une troisième guerre mondiale.

Mais l'ampleur même de la misère collective que les Européens avaient attirée sur eux dans la première moitié du siècle eut un effet de dépolitisation en profondeur : loin de se tourner vers des solutions extrêmes, comme au lendemain de la Première Guerre mondiale, l'opinion européenne des ténébreuses années d'après-guerre se *détourna* de la politique. Sur le coup, on ne pouvait en discerner que vaguement les implications : dans l'incapacité des fascistes ou des communistes à capitaliser sur les difficultés de l'expérience quotidienne ; dans la manière dont l'économie devait évincer la politique en tant que but et langage de l'action collective ; et dans l'émergence des distractions privées et de la consommation en lieu et place de la participation aux affaires publiques.

Et il se passait autre chose. Janet Flanner, dans *The New Yorker*, l'avait remarqué dès mai 1946 : dans la France de l'après-guerre, la priorité n° 2 en matière de produits « utiles », juste après les sous-vêtements, c'étaient les poussettes. Pour la première fois depuis de longues années, les Européens recommençaient à faire des bébés. Au Royaume-Uni, en 1949, le taux de natalité avait augmenté de 11 % par rapport à 1937 ; en France, avec 33 %, l'augmentation était sans précédent. Les implications de cette remarquable explosion de fécondité, sur un continent dont le principal marqueur démographique depuis 1913 avait été la mort prématurée, étaient capitales. Sous des formes bien plus diverses que la plupart des contemporains n'auraient pu le prévoir, une nouvelle Europe était née.

DEUXIÈME PARTIE

Malaise dans la prospérité : 1953-1971

VIII

La politique de la stabilité

« Que l'époque où les peuples européens pouvaient se battre pour la domination du monde fût terminée, la plupart le savaient sans doute avant que la Seconde Guerre mondiale ne le démontre. En ce sens, l'Europe est à bout de souffle et l'Européen qui rêve de puissance mondiale doit en effet tomber dans le désespoir ou le ridicule, comme tous les Napoléon dans les maisons de fous. »

Max Frisc (juillet 1948[1]).

« Parce que nos troupes étaient là, les Européens n'avaient pas supporté leur part. Ils ne feront pas les sacrifices indispensables pour se donner les soldats nécessaires à leur défense. »

Dwight Eisenhower

« Le principal argument plaidant contre la transmission aux Français d'informations nucléaires a été l'effet que cela aurait eu sur les Allemands, en les encourageant à faire pareil. »

John F. Kennedy

« Les traités, voyez-vous, sont comme les jeunes filles et les roses : ça dure ce que ça dure. »

Charles de Gaulle

« Seules les institutions politiques sont capables de former le caractère d'une nation. »

Madame de Staël

Dans son étude classique de l'essor de la stabilité politique en Angleterre à l'aube du XVIIIe siècle, l'historien anglais J. H. Plumb écrit : « Suivant une croyance populaire générale, largement dérivée de Burke et des historiens du XIXe siècle, la stabilité politique serait un processus de croissance lent comparable à celui des coraux : l'effet du temps, des circonstances, de la prudence, de l'expérience, de la sagesse, s'accumulant lentement au fil des siècles. Rien ne saurait être, à mon sens, plus éloigné de la vérité. [...] La stabilité politique, quand elle survient dans une société, arrive souvent très vite, aussi

1. [Max Frisch, *Journal, 1946-1949*, trad. M. Besson et Ph. Pilliod, Paris, Gallimard, 1964, p. 245.]

soudainement que l'eau devient glace[2]. » Il se produisit quelque chose du même ordre en Europe, contre toute attente, dans la première moitié des années 1950.

De 1945 au début de 1953, les Européens, on l'a vu, vécurent à l'ombre de la Seconde Guerre mondiale et dans l'attente angoissée d'une troisième. L'échec du règlement de 1919 était encore présent dans tous les esprits : hommes d'États et grand public. L'imposition du communisme en Europe de l'Est vint rappeler à point nommé l'instabilité révolutionnaire qui avait suivi la Première Guerre mondiale. Le coup de Prague, les tensions de Berlin et la guerre de Corée, en Extrême-Orient, paraissaient rappeler fâcheusement la série de crises internationales des années 1930. En juillet 1951 les Alliés occidentaux avaient déclaré la fin de « l'état de guerre » avec l'Allemagne, mais dans les conditions d'une guerre froide qui s'intensifiait de jour en jour, il n'y avait pas encore de traité de paix, et peu de chances qu'il y en eût jamais. Nul non plus ne pouvait être sûr que le fascisme ne trouverait pas de nouveau une terre féconde dans le problème irrésolu de l'Allemagne ou, à vrai dire, partout ailleurs.

Le réseau en pleine expansion des alliances et des agences internationales et autres accords ne garantissait guère l'harmonie internationale. Avec le bénéfice du recul on voit bien aujourd'hui que le Conseil de l'Europe, la Communauté européenne du charbon et de l'acier, l'Union européenne des Paiements et, par-dessus tout, l'Organisation du traité de l'Atlantique Nord ont été, tous ensemble, le germe d'un nouveau système stable de relations interétatiques. Des documents comme la Convention européenne des droits de l'homme adoptée par le Conseil de l'Europe en 1950 allaient prendre une importance durable au cours des décennies suivantes. À l'époque, cependant, les organismes qui les publiaient ressemblaient fort aux pactes et aux sociétés bien intentionnées mais condamnées des années 1920. Et les contemporains sceptiques étaient pardonnables de leur prêter peu attention.

Avec la mort de Staline et la fin de la guerre de Corée, néanmoins, l'Europe occidentale entra à demi consciemment dans une étonnante ère de stabilité politique. Pour la première fois depuis quatre décennies, les États de la moitié occidentale du continent n'étaient ni en guerre ni sous la menace d'une guerre imminente, tout au moins entre eux. Les combats politiques intérieurs se tassèrent. Partout, sauf en Italie, les partis communistes amorcèrent leur lente décrue vers la marginalisation politique. Et la menace d'un réveil du fascisme ne convainquait plus personne, sauf peut-être dans les rassemblements politiques communistes.

---

2. J. H. Plumb, *The Growth of Political Stability in Early Eighteenth-Century England 1675-1725*, Londres, 1967, p. XVII.

Les Européens de l'Ouest devaient ce nouveau bien-être aux incertitudes de la guerre froide. L'internationalisation des affrontements politiques, et l'engagement des États-Unis en conséquence, contribua à désamorcer les conflits politiques intérieurs. Des problèmes politiques qui, en d'autres temps, eussent très certainement débouché sur la violence et la guerre – le problème irrésolu de l'Allemagne, les conflits territoriaux entre la Yougoslavie et l'Italie, l'avenir de l'Autriche occupée – furent tous contenus, et devaient être le moment venu réglés, dans le cadre d'affrontements et de négociations entre grandes puissances sur lesquels les Européens n'avaient pas grand-chose à dire.

La Question allemande resta sans solution. Après même que la panique de 1950 fut retombée, et que les dirigeants occidentaux eurent reconnu que Staline n'avait pas dans l'immédiat le projet de « faire une Corée » en Europe centrale, les deux camps ne se rapprochèrent aucunement d'un accord. La position occidentale officielle était que les deux Allemagne qui étaient apparues en 1949 devaient être réunies en un seul État démocratique. Mais aussi longtemps que les Allemands ne seraient pas tous libres de choisir par eux-mêmes le régime politique sous lequel ils voulaient vivre, cette réunification n'était pas possible. En attendant, la République fédérale d'Allemagne serait traitée comme la représentante de tous les citoyens allemands. *Officieusement*, les Américains, comme les Européens de l'Ouest, étaient loin d'être contrits de voir l'Allemagne rester divisée jusqu'à une date indéterminée. Ainsi que John Foster Dulles devait le confier au président Eisenhower en février 1959, il y avait « beaucoup à dire pour le *statu quo* », mais ce n'était pas « une position que nous pourrions adopter publiquement ».

La position soviétique était, paradoxalement, très proche. Dans ses dernières années, Staline ne cessa de rappeler l'attitude soviétique officielle, à savoir que Moscou recherchait une Allemagne unie et serait même prête à accepter que cette Allemagne fût neutre, du moment qu'elle était désarmée. Dans une série de notes du printemps 1952, Staline proposa que les quatre puissances d'occupation rédigent un traité de paix destiné à mettre en place cette Allemagne unie, neutre et démilitarisée, avec le retrait de toutes les forces étrangères et des élections libres panallemandes pour l'élection d'un gouvernement. Des historiens ont reproché à Washington de n'avoir pas suivi les propositions de Staline : une « occasion manquée » de mettre fin à la guerre froide ou, tout au moins, de désamorcer l'abcès de fixation le plus dangereux.

Certes, les dirigeants occidentaux ne devaient pas prendre les notes de Staline très au sérieux et repoussèrent l'offre de Staline. De fait, cependant, ils avaient raison. Les dirigeants soviétiques eux-mêmes attachaient peu d'importance à leurs propositions et n'attendaient pas sérieusement que les Américains, les Britanniques et les Français retirent leurs troupes et laissent une Allemagne neutre et désarmée flotter sans attache au cœur d'un continent divisé. À tout prendre, Staline et ses successeurs n'étaient pas mécontents de voir une présence militaire américaine permanente sur le sol allemand ; du point de vue des dirigeants soviétiques de cette génération, la présence des troupes américaines en Allemagne de l'Ouest était une des garanties les plus fiables contre le revanchisme allemand. Il valait la peine de risquer cette garantie en échange d'une Allemagne démilitarisée à l'ombre de l'URSS (un objectif pour lequel Moscou eût volontiers abandonné ses clients est-allemands et leur République démocratique), mais pas à moins.

Ce dont les Russes ne voulaient à aucun prix, c'était une Allemagne occidentale remilitarisée. L'objet des démarches soviétiques n'était pas de trouver un accord avec l'Occident sur la réunification de l'Allemagne, mais de parer la perspective imminente de son réarmement. Les Américains avaient soulevé la question, cinq petites années seulement après la défaite de Hitler, en conséquence directe de la guerre de Corée. Si le Congrès accédait aux demandes de l'administration Truman d'une aide militaire accrue outre-mer, les alliés de l'Amérique, dont l'Allemagne, devraient apporter leur contribution à la défense de leur continent.

Quand le secrétaire d'État américain Dean Acheson engagea d'abord les discussions sur le réarmement allemand avec la Grande-Bretagne et la France, en septembre 1950, les Français s'opposèrent avec véhémence à cette idée. Celle-ci confirmait tous leurs soupçons antérieurs sur le fait que l'OTAN, loin de représenter l'engagement ferme des Américains de protéger la France sur son flanc est, n'était qu'un paravent de la remilitarisation de l'Allemagne. Les Allemands eux-mêmes étaient réticents, quoique pour leurs raisons à eux. Konrad Adenauer comprit fort bien l'occasion que lui offrait le changement de conjoncture : loin de sauter sur l'occasion pour réarmer, la République fédérale freinerait des quatre fers. En contrepartie de la contribution allemande à la défense occidentale, Bonn allait réclamer la reconnaissance internationale pleine et entière de la RFA et l'amnistie des criminels de guerre allemands maintenus en prison par les Alliés.

Prévoyant qu'un tel accord ne manquerait pas d'être conclu dans leur dos, les Français essayèrent de couper court à toute nouvelle discussion de la contribution militaire allemande à l'OTAN en faisant une contre-proposition. En octobre 1950, le président du Conseil René Pleven suggéra la création d'une Communauté européenne de défense, analogue au plan Schuman. Outre une Assemblée, un Conseil des ministres et une Cour de justice, cette communauté disposerait de sa Force européenne de défense (FED). L'idée n'enchantait ni les Américains ni les Britanniques, mais ils consentirent à lui donner suite, y voyant un pis-aller pour résoudre le problème de la défense de l'Europe.

Le traité de Communauté européenne de défense (CED) fut donc signé le 27 mai 1952, avec divers documents conditionnels affirmant que, du jour où tous les pays signataires auraient ratifié le traité, les États-Unis et la

Grande-Bretagne coopéreraient pleinement avec la FED et que l'occupation militaire de l'Allemagne cesserait. C'est *cet* accord que l'Union soviétique avait vainement essayé de faire capoter avec ses offres de traité de paix démilitarisant l'Allemagne. Le Bundestag ouest-allemand ratifia le traité de la CED en mars 1953 ; les pays du Benelux lui emboîtèrent le pas[3]. Il ne restait plus à l'Assemblée nationale française que de le ratifier et l'Europe occidentale aurait acquis un semblant d'armée européenne, avec des contingents nationaux intégrés et entremêlés, dont un contingent allemand.

Mais les Français n'étaient toujours pas satisfaits. Comme l'observa finement Janet Flanner, en novembre 1953, « pour les Français dans leur ensemble, le problème de la CED, ce n'est pas l'Allemagne… ni la Russie, ce sont les Américains ». Les hésitations de la France eurent le don d'exaspérer les Américains : dans une réunion du Conseil de l'OTAN, en décembre 1953, John Foster Dulles, le nouveau secrétaire d'État d'Eisenhower, agita la menace d'une « réévaluation déchirante » de la politique américaine si la CED n'aboutissait pas. Mais alors même que le plan Pleven était l'idée d'un président du Conseil français, le débat public avait révélé l'ampleur de la répugnance des Français à approuver un réarmement allemand qu'elles qu'en fussent les conditions. Par ailleurs, les propositions de réarmement allemand et d'armée européenne ne pouvaient pas plus mal tomber : l'armée française allait de défaite en humiliation au Viêt-nam et le nouveau président du Conseil, Pierre Mendès France, calculait à juste raison qu'il serait imprudent de jouer l'avenir de son fragile gouvernement de coalition sur une proposition impopulaire visant à réarmer l'ennemi national.

En conséquence, quand le traité de la CED fut enfin soumis à la ratification de l'Assemblée nationale, Mendès France se garda bien d'en faire une question de confiance : le 30 août 1954, le traité était rejeté par 319 voix contre 264. C'était la fin du plan de Communauté européenne de défense, mais aussi d'une Allemagne réarmée au sein d'une armée européenne. Dans une conversation privée avec le ministre belge des Affaires étrangères Paul-Henri Spaak et le Premier ministre luxembourgeois Joseph Bech, un Adenauer dépité imputa le comportement de Mendès France à sa « judéité » – qui, à en croire le chancelier allemand, l'amenait à en faire trop en s'alignant sur le sentiment nationaliste français. Avec plus de vraisemblance, Mendès France lui-même expliqua l'échec de la CED par trop d'intégration, mais trop peu d'Angleterre.

Les Européens et leur allié américain se retrouvaient au point de départ. Mais les circonstances étaient désormais très différentes. La guerre de Corée était terminée, Staline était mort, l'OTAN faisait partie de la scène

3. En mars 1951, sous la pression des États-Unis, les Hollandais avaient dû triompher d'un sentiment neutraliste intérieur très fort pour accepter à contrecœur de doubler leur budget de défense et se préparer à déployer cinq divisions en 1954.

internationale. Les Français avaient réussi à différer un temps le problème de la défense européenne, ils ne pourraient le faire beaucoup plus longtemps. Dans les quelques semaines qui suivirent le vote de l'Assemblée nationale sur la CED, les alliés occidentaux – États-Unis, Grande-Bretagne et France – se réunirent par deux fois, pour des conférences convoquées à la hâte à Londres et à Paris. À l'initiative du secrétaire britannique aux Affaires étrangères Anthony Eden, une série de propositions[4] – les accords de Londres – furent rapidement approuvées : finalisées dans les traités de Paris ultérieurs, ils allaient former la base de la politique européenne de défense pendant un demi-siècle.

Afin de surmonter le problème du « trop peu d'Angleterre », Eden proposa une présence britannique permanente (quatre divisions) en Europe continentale (pour la première fois depuis le Moyen Âge). Le traité de Bruxelles de 1948 devait être étendu sous la forme d'une Union de l'Europe occidentale (UEO) que rejoindraient l'Allemagne et l'Italie (alors même que le traité de 1948, on l'a vu, avait été explicitement élaboré pour assurer une protection mutuelle *contre* l'Allemagne). En contrepartie, les Français accordaient à la République fédérale une armée d'un demi-million d'hommes au maximum ; et l'Allemagne devait rejoindre l'OTAN en tant qu'État souverain[5].

Du jour où ces traités seraient ratifiés et entreraient en vigueur, le statut d'occupation de l'Allemagne cesserait *ipso facto* : à tous égards, sauf sur le papier, les Alliés occidentaux auraient conclu formellement la paix avec leur ancien ennemi. Des troupes alliées resteraient en République fédérale pour prévenir toute tentation de récidive, mais dans le cadre d'une présence européenne et par consentement mutuel. Ces nouveaux plans étaient loin de faire l'unanimité parmi les Français, mais ayant eux-mêmes fait échouer leurs propres solutions de rechange, ils étaient mal placés pour protester, même si les traités de 1954 firent à l'Allemagne de l'Ouest des conditions plus généreuses que celles qu'elle aurait obtenues du plan Pleven. Dans les conflits internationaux autour de l'Allemagne, ce n'était pas la première fois que la France était son pire ennemi. Le soutien français aux traités de Paris, on le comprend, fut passablement ambivalent. Quand l'Assemblée nationale dut les ratifier, le 30 décembre 1954, elle les adopta par 287 voix contre 260, soit 27 voix de majorité.

Si les Français étaient hésitants, les Russes étaient clairement mécontents. Le 15 mai 1955, dix jours après l'entrée officielle de l'Allemagne de l'Ouest dans l'OTAN et l'abolition de la Haute Commission alliée en République fédérale, l'Union soviétique annonça la formation de son pacte de Varsovie.

4. D'après Eden, il en avait eu l'idée un matin, en prenant son bain.

5. La seule restriction explicite encadrant le réarmement allemand était l'interdiction absolue de tout programme d'armement nucléaire, alors comme à l'avenir.

La Pologne, la Tchécoslovaquie, la Hongrie, la Roumanie, la Bulgarie, l'Albanie et l'Union soviétique nouaient une alliance d'« amitié, de coopération et d'assistance mutuelle » sous un commandement unifié. Moscou abrogea ses traités d'alliance du temps de guerre avec la Grande-Bretagne et la France et, se résignant à l'inévitable, affirma la pleine souveraineté de la République démocratique allemande pour l'intégrer au pacte de Varsovie. La Question allemande n'avait pas vraiment trouvé de réponse ; mais les deux parties étant pleinement intégrées dans leurs alliances internationales respectives, elle devait être temporairement laissée de côté ; le moment venu, sa place serait prise par le dilemme encore irrésolu de l'ancienne capitale divisée, Berlin.

L'avenir immédiat de l'Allemagne étant réglé, les deux camps s'empressèrent de traiter les conflits et tensions secondaires. Les nouveaux hommes du Kremlin, à commencer par Nikita Khrouchtchev, prenaient au sérieux leur ordre du jour de « coexistence pacifique » en Europe et partageaient le désir américain de minimiser le risque de confrontations futures. Le lendemain de l'annonce du pacte de Varsovie, les quatre puissances occupantes signaient le traité d'État autrichien : l'Autriche serait indépendante et neutre, attachée ni à l'OTAN ni au pacte de Varsovie, et libre de choisir sa voie[6]. Les quatre armées d'occupation devaient se retirer, même si l'Union soviétique, qui avait déjà prélevé pour 100 millions de dollars de sa zone d'occupation en Autriche orientale, obtint une ultime livre de chair sous la forme d'une obligation faite à l'Autriche de « racheter » des intérêts économiques soviétiques pour 150 millions de dollars supplémentaires.

Entre-temps, plus au sud, la Yougoslavie et l'Italie avaient accepté de mettre fin à leur confrontation autour de Trieste. En vertu de l'accord conclu par le truchement des Américains et des Britanniques en octobre 1954, la ville de Trieste restait à l'Italie, tandis que l'arrière-pays, majoritairement peuplé de Slovènes, retournait à la Yougoslavie. Les accords de Trieste, comme tant d'autres choses de ces années-là, furent facilités par l'idée qu'ils passeraient pour « provisoires » : l'accord sur Trieste, observa l'ambassadeur d'Italie aux États-Unis, « donnait juste l'impression d'être provisoire alors qu'en réalité il était définitif ».

Les accords sur l'Autriche, la Yougoslavie et l'Italie furent l'effet d'un nouveau climat de « détente » qui prévalait dans les affaires européennes et dont le symbole fut le sommet de Genève, en juillet 1955 (le premier depuis Potsdam), avec l'entrée de seize nouveaux États membres aux Nations unies, mettant fin à dix années d'impasse Est-Ouest. Au-delà de la cordialité des échanges entre Eisenhower, Khrouchtchev et Eden, le principal problème réglé à Genève fut le sort des quelque 10 000 prisonniers de guerre allemands

6. La neutralité autrichienne ne figurait pas dans le texte initial : c'est le parlement autrichien qui l'ajouta au cours du débat sur le traité d'État.

qui étaient encore entre les mains des Soviétiques. À la suite de la visite d'Adenauer à Moscou, en septembre 1955, et de l'établissement de relations diplomatiques, les dirigeants soviétiques consentirent au retour de ces hommes : 9 626 furent libérés cette même année ; les autres, avant la fin de janvier 1956. Dans le même temps, les petits voisins occidentaux de l'Allemagne réussirent à régler, dans une certaine mesure, leur contentieux avec Bonn. Les Danois trouvèrent un accord sur de menus problèmes de frontières et les indemnités pour crimes de guerre allemands en 1955 ; les Belges firent de même un an plus tard (le Grand-duché du Luxembourg, en revanche, ne parvint à un accord qu'en 1959, et les Hollandais qu'en 1960). Personne ne devait le dire vraiment, mais le livre se refermait ainsi sur les crimes et les châtiments de la guerre européenne et ses suites.

Toutes ces évolutions rassurantes eurent lieu sur fond de grande course aux armements internationale. Ce paradoxe – qu'un règlement européen pacifique prît forme alors même que les deux grandes puissances de l'époque s'armaient au maximum et se préparaient à l'éventualité d'une guerre thermonucléaire – n'était pas si bizarre qu'il pourrait le paraître. L'insistance croissante de la stratégie américaine et soviétique sur les armes nucléaires, et les missiles intercontinentaux pour les envoyer, libéra les États européens de la nécessité de rivaliser dans un domaine où ils ne pouvaient espérer se mesurer aux ressources des superpuissances alors même que l'Europe centrale restait le champ d'affrontement le plus probable. Pour cette raison, la guerre froide, dans ces années-là, fut vécue en Europe occidentale tout autrement qu'aux États-Unis ou, de fait, qu'en URSS.

L'arsenal nucléaire des États-Unis avait crû rapidement tout au long des années 1950. De 9 en 1946, puis 50 en 1948 et 170 au début de la décennie, l'arsenal d'armes nucléaires à la disposition des forces armées américaines avait atteint 841 en 1952 pour approcher les 2 000 au moment de l'entrée de l'Allemagne dans l'OTAN (28 000, sept ans plus tard, à la veille de la crise de Cuba). Pour lancer ces bombes, l'US Air Force disposait d'une flotte de bombardiers B-29 sur des bases avancées, qui comptait 50 appareils au début du blocus de Berlin, en 1948, mais plus d'un millier cinq ans plus tard ; les premiers B-52 intercontinentaux entrèrent en service en juin 1955. Compte tenu de l'avantage écrasant de l'Union soviétique en hommes et en armes conventionnelles en Europe, ces armes nucléaires aéroportées devaient occuper une place centrale dans la stratégie de Washington, surtout après l'ordre secret donné par Truman, le 10 mars 1950, d'accélérer le développement de la bombe à hydrogène.

Truman avait pris sa décision après le succès de l'essai de la bombe atomique soviétique, en août 1949. L'écart entre les capacités nucléaires américaines et soviétiques se résorbait : le premier essai réussi de bombe thermonucléaire américaine eut lieu le 1er novembre 1952, dans le Pacifique, sur l'atoll d'Elugelab ; le premier test soviétique de même nature, à Semipalatinsk, eut lieu juste dix mois plus tard, le 12 août 1953. Les premières armes nucléaires américaines de champ de bataille arrivèrent en Allemagne occidentale le mois suivant ; en janvier 1953, Dulles annonçait la politique « New Look » d'Eisenhower. Il convenait de « nucléariser » l'OTAN : la menace d'employer des armes nucléaires tactiques sur le champ de bataille européen devait faire partie de la stratégie de défense de l'Alliance. Pour persuader l'Union soviétique que l'Occident pourrait bel et bien les lancer, il convenait de supprimer la distinction entre armes nucléaires et classiques. Comme Dulles l'expliqua en avril 1954 lors d'une réunion du Conseil de l'OTAN, « les États-Unis considèrent que la capacité d'utiliser des armes atomiques est essentielle pour la défense de la zone OTAN face à la menace présente. Bref, il convient de traiter ces armes comme si elles étaient en fait devenues des armes classiques ».

La coïncidence de la nucléarisation de l'OTAN et de la stabilisation du continent n'était aucunement un hasard. Du point de vue soviétique également, la guerre classique en Europe centrale et occidentale présentait un intérêt stratégique décroissant. Moscou aussi amassait les armes nucléaires : partie de tout juste 5 en 1950, elle en possédait plus de 1 700 à la fin de la décennie. Mais l'Union soviétique mettait surtout l'accent sur les moyens de les envoyer non pas sur le champ de bataille européen, mais par-delà les océans, histoire de compenser les projets américains de baser des armes nucléaires en Allemagne, à quelques centaines de kilomètres seulement de la Russie.

Le fameux *missile gap* dont parla J. F. Kennedy en 1960 dans la campagne présidentielle était un mythe, un succès de la propagande soviétique ; il en allait de même des tableaux contemporains largement répandus de la supériorité soviétique en matière d'éducation et de technique. Deux décennies avant que le chancelier allemand Helmut Schmidt en fît l'observation, Khrouchtchev et quelques-uns de ses acolytes avaient déjà compris intuitivement que l'empire qu'ils dirigeaient était au fond une « Haute-Volta avec des missiles ». Mais l'URSS consacrait certainement de gros efforts à la mise au point de capacités balistiques. Le premier essai soviétique réussi de missile balistique intercontinental eut lieu en août 1957, avec cinq mois d'avance sur les Américains. Le lancement du Spoutnik, le 4 octobre 1957, montra de quoi l'Union soviétique était capable (à la grande horreur des Américains[7]).

7. Les Américains ne furent pas les seuls à paniquer devant ces exhibitions de matériel soviétique. En 1960, le Premier ministre britannique, le conservateur Harold Macmillan, conclut : « Ils [l'URSS] n'ont plus peur d'une agression. Ils ont des forces nucléaires au moins aussi puissantes que l'Ouest. Ils ont des lignes [de communication] intérieures. Ils ont une économie florissante et vont bientôt éclipser la société capitaliste dans la course à la richesse matérielle. »

Les armes balistiques – missiles intercontinentaux capables de lancer des ogives nucléaires depuis le cœur du territoire soviétique sur des cibles américaines – présentaient un grand attrait pour Nikita Khrouchtchev en particulier. Elles étaient moins chères que les armes classiques. Elles lui permettaient de conserver de bonnes relations avec l'industrie lourde et l'armée tout en détournant des ressources vers la production de biens de consommation. Et elles avaient une curieuse conséquence que les deux camps devaient apprécier : elles rendaient la guerre beaucoup moins probable qu'elle ne l'avait été jusqu'ici. Les armes nucléaires donnèrent à Moscou comme à Washington des airs bien plus belliqueux – il importait de paraître prêt et disposé à les utiliser – tout en les rendant plus mesurés en pratique.

Pour les Américains, elles présentaient un attrait supplémentaire. Les États-Unis essayaient encore de s'extirper de l'imbroglio européen dans lequel ils avaient glissé malgré les excellentes intentions de leurs dirigeants. La nucléarisation de l'Europe serait une manière de gérer la situation. Il ne serait plus nécessaire de maintenir indéfiniment une très forte présence militaire américaine au cœur de l'Europe : hommes d'État et stratèges militaires attendaient le jour où l'Europe pourrait se défendre pratiquement toute seule, épaulée par la seule promesse de représailles nucléaires américaines massives en cas d'attaque soviétique. Ainsi qu'Eisenhower l'avait répété en 1953, la présence américaine en Europe n'avait jamais été autre chose qu'une « opération bouche-trou pour donner confiance et sécurité à nos amis d'outre-mer ».

Pour diverses raisons, les Américains ne purent jamais donner suite à leurs projets de quitter l'Europe. Vers la fin des années 1950, les États-Unis plaidaient la cause d'une dissuasion nucléaire européenne, placée sous un commandement européen collectif. Mais ni les Britanniques ni les Français n'en voulaient. Non que leurs gouvernements fussent par principe hostiles aux armes nucléaires. Les Britanniques firent exploser leur première bombe au plutonium dans le désert australien en août 1952 ; quatorze mois plus tard, la première bombe atomique britannique était livrée à la Royal Air Force. Pour des raisons militaires et économiques, les gouvernements britanniques de l'époque avaient hâte de passer d'une stratégie de défense continentale à une stratégie de dissuasion nucléaire : de fait, les pressions britanniques avaient contribué à persuader Eisenhower d'avancer sa stratégie « New Look », et les Britanniques ne firent aucune objection au stationnement sur le sol britannique de bombardiers américains capables de transporter des armes nucléaires[8].

8. La question de savoir si les Britanniques auraient leur mot à dire dans leur utilisation resta dans le flou. À l'époque, en 1952, un communiqué commun Churchill-Truman précisa assez obscurément que « l'utilisation de ces bases en cas d'urgence relèverait d'une décision commune […] au vu des circonstances de l'heure ».

Les Français avaient eux aussi un programme d'armes atomiques approuvé en décembre 1954 par Mendès France, même s'il fallut attendre février 1960 pour la réussite du premier test d'une bombe française indépendante. Toutefois, ni les Britanniques ni les Français n'étaient disposés à abandonner le contrôle d'armes nucléaires à une entité européenne de défense ; les Français, notamment, se méfiaient de toute idée que les Américains pussent laisser les Allemands appuyer sur le bouton des armes nucléaires. Les Américains reconnurent donc à contrecœur que leur présence en Europe était indispensable : exactement ce que leurs alliés européens avaient envie d'entendre[9].

Un second enjeu qui attachait les Américains à l'Europe était le problème de Berlin. Grâce à l'échec du blocus de 1948-1949, l'ancienne capitale allemande était restée une sorte de ville ouverte ; les diverses zones d'occupation de Berlin-Est et Berlin-Ouest étaient reliées par des lignes téléphoniques et des réseaux de transport. C'était aussi le seul accès de l'Europe de l'Est à l'Ouest. Les Allemands voulant passer à l'ouest pouvaient se rendre à Berlin-Est de tous les coins de la République démocratique allemande, se frayer un chemin de la zone russe vers les zones occidentales, puis emprunter le couloir routier et ferroviaire qui rattachait Berlin-Ouest au reste de la République fédérale. Une fois là-bas, ils devenaient automatiquement citoyens d'Allemagne occidentale.

Le voyage n'était pas totalement dénué de risques, et les réfugiés ne pouvaient emporter que ce qu'ils pouvaient porter ; mais ni l'une ni l'autre de ces considérations n'était de nature à empêcher les jeunes Allemands de l'Est de l'entreprendre. Entre le printemps 1949 et août 1961, de 2,8 à 3 millions d'Allemands de l'Est passèrent à l'Ouest *via* Berlin, soit près de 16 % de la population du pays. Il s'agissait pour beaucoup d'hommes et de femmes instruits, de professionnels : l'avenir de l'Allemagne de l'Est ; mais c'est aussi par milliers que les paysans fuirent la collectivisation rurale en 1952, sans compter les ouvriers qui abandonnèrent le régime après la révolution violente de juin 1953.

L'étrange statut de Berlin était donc une source d'embarras permanente doublée d'une catastrophe sur le plan des relations publiques pour le régime communiste est-allemand. Ainsi que l'ambassadeur soviétique en RDA le conseilla avec doigté à Moscou en décembre 1959 : « La présence à Berlin d'une frontière ouverte et, pour aller droit au but, incontrôlée entre les mondes socialiste et capitaliste pousse sans le vouloir la population à faire une

---

9. En novembre 1956, les Américains avaient pressé les Britanniques et les Français de se retirer de Suez (voir le chapitre 9), laissant craindre aux pays de l'OTAN qu'en cas de guerre les États-Unis pourraient se replier sur leur hémisphère et abandonner les Européens exposés. D'où la nécessité perçue à Washington de se « montrer ferme », d'abord sur Berlin, puis sur Cuba, afin de rassurer les alliés vulnérables de l'Amérique.

comparaison entre les deux parties de la ville qui, malheureusement, ne tourne pas toujours à l'avantage de la Berlin démocratique. » La situation à Berlin avait son utilité pour Moscou, bien entendu, comme pour d'autres : la ville était devenue le principal poste d'écoute et centre d'espionnage de la guerre froide ; quelque 70 agences différentes s'y affairaient en 1961, et c'est à Berlin que les services secrets soviétiques remportèrent quelques-uns de leurs plus grands succès.

Toutefois, maintenant que les dirigeants soviétiques avaient accepté la division de l'Allemagne et élevé la zone est au rang d'État souverain à part entière, ils ne pouvaient continuer d'ignorer indéfiniment l'hémorragie régulière de ses ressources humaines. Néanmoins, quand Moscou attira une fois encore l'attention internationale sur Berlin et provoqua trois ans de crise internationale autour du statut de la ville, ce n'était pas en considération de la sensibilité blessée des dirigeants est-allemands. En 1958, l'Union soviétique s'était inquiétée à nouveau à l'idée que les Américains pouvaient envisager d'armer leurs clients ouest-allemands, cette fois avec des armes nucléaires. Et, on l'a vu, ce n'était pas une peur totalement déraisonnable : après tout, certains Européens de l'Ouest la partageaient. Khrouchtchev entreprit donc d'utiliser Berlin – ville dont le sort était par ailleurs indifférent aux Russes – comme un levier pour bloquer la nucléarisation de Bonn, qui était en revanche un point très sensible.

La « crise de Berlin » commença le 10 novembre 1958, quand Khrouchtchev prononça à Moscou un discours public qui s'adressait aux puissances occidentales :

> Les impérialistes ont fait de la Question allemande une source constante de tension internationale. Les cercles dirigeants d'Allemagne occidentale font tout pour fouetter les passions militaires contre la République démocratique allemande. [...] Les discours du chancelier Adenauer et du ministre de la Défense Strauss, l'armement atomique de la Bundeswehr et divers exercices militaires sont autant de signes d'une tendance très claire de la politique des cercles dirigeants de l'Allemagne de l'Ouest. [...] Le moment est manifestement venu pour les signataires de l'accord de Potsdam d'abandonner les reliquats du régime d'occupation à Berlin et, ce faisant, de permettre de créer dans la capitale de la République démocratique allemande une situation normale. L'Union soviétique, pour sa part cèderait à la République démocratique allemande souveraine les fonctions que continuent d'exercer à Berlin des agences soviétiques.

L'objectif apparent de l'offensive de Khrouchtchev, qui prit un caractère d'urgence supérieur quand le dirigeant soviétique demanda quinze jours plus tard à l'Ouest de se décider à quitter Berlin dans les six mois, était d'amener les Américains à quitter l'ancienne capitale qui pourrait ainsi devenir une « cité libre ». S'ils le faisaient, la crédibilité de leur engagement général dans la défense de l'Europe occidentale serait sérieusement entamée, et un sentiment neutraliste et antinucléaire ne manquerait pas de se développer en Allemagne de l'Ouest comme ailleurs. Mais quand bien même les puissances occidentales voudraient à tout prix demeurer à Berlin, l'URSS pourrait alors échanger son consentement contre un engagement ferme des Occidentaux de refuser à Bonn tout armement nucléaire.

Les dirigeants occidentaux repoussèrent toute concession sur Berlin, affirmant que l'Union soviétique elle-même avait manqué à ses engagements de Potsdam en intégrant pleinement Berlin-Est au gouvernement et aux institutions de l'État est-allemand avant que le moindre traité définitif eût été convenu. Khrouchtchev revint alors à la charge. Après l'échec d'une série de discussions des ministres des Affaires étrangères à Genève, dans l'été 1959, il répéta ses exigences, d'abord en 1960, puis de nouveau en juin 1961. La présence militaire occidentale à Berlin devait cesser, sans quoi l'URSS se retirerait unilatéralement de Berlin, conclurait un traité de paix séparé avec la RDA et laisserait l'Ouest négocier le sort de ses zones d'occupation avec un État est-allemand indépendant. De novembre 1958 à l'été 1961, la crise de Berlin couva, usant les nerfs des diplomates tandis que l'exode des Allemands de l'Est tournait à l'hémorragie.

En juin 1961, Khrouchtchev lança un ultimatum à l'occasion du sommet de Vienne, avec le nouveau président américain John F. Kennedy. Le dernier sommet, entre Khrouchtchev et Eisenhower remontait au mois de mai 1960 et avait tourné court après que les Soviétiques eurent abattu le pilote Gary Powers à bord de son avion espion U2. Les Américains avaient alors dû reconnaître à contrecœur qu'ils se livraient à de l'espionnage en haute altitude (après avoir nié savoir quoi que ce soit de cette affaire). Dans ses discussions avec Kennedy, Khrouchtchev menaça de « liquider » les droits occidentaux à Berlin si aucun règlement n'intervenait avant la fin de l'année.

En public, Kennedy, comme Eisenhower avant lui, adopta une ligne dure, soulignant que l'Ouest ne reviendrait jamais sur ses engagements. Washington s'en tenait aux droits que lui donnaient les accords de Potsdam et augmentait son budget de la défense nationale afin, précisément, d'étayer la présence militaire américaine en Allemagne. En coulisses, cependant, les États-Unis se montraient bien plus accommodants. Les Américains – à la différence de leurs clients ouest-allemands – acceptaient la réalité d'un État est-allemand et comprenaient l'inquiétude des Soviétiques devant le ton agressif des discours récents d'Adenauer et, surtout, de son ministre de la Défense, Franz Josef Strauss. Il fallait faire quelque chose pour débloquer la situation allemande : ainsi qu'Eisenhower le déclara à Macmillan le 28 mars

1960, l'Occident ne pouvait « véritablement se permettre de miser un radis pour les cinquante prochaines années ». Dans le même esprit, Kennedy rassura Khrouchtchev à Vienne : les États-Unis n'entendaient pas « agir de manière à couper l'Union soviétique de ses liens en Europe orientale ». C'était une manière voilée de reconnaître que ce que les Russes avaient, ils pouvaient le conserver, y compris la zone est de l'Allemagne et les anciens territoires allemands qui appartenaient désormais à la Pologne, à la Tchécoslovaquie et à l'Union soviétique[10].

Peu après le retour de Kennedy à Washington, les autorités est-allemandes commencèrent à imposer des restrictions au voyage pour tous les candidats à l'émigration. En réponse directe, le président américain réaffirma publiquement l'attachement occidental à Berlin-*Ouest*, reconnaissant implicitement par là que la moitié orientale de la ville relevait de la sphère d'influence soviétique. L'exode *via* Berlin prit une ampleur sans précédent : 30 415 personnes passèrent à l'Ouest en juillet ; 21 828 le firent dans la première semaine d'août – dont la moitié qui avaient moins de 25 ans. À ce rythme, la République démocratique allemande aurait tôt fait de se vider.

Khrouchtchev réagit à son tour en tranchant le nœud gordien de Berlin. Après que les ministres des Affaires étrangères alliés, réunis le 6 août à Paris, eurent rejeté une nouvelle note soviétique menaçant d'un traité de paix séparé avec la RDA si un règlement n'était pas trouvé, Moscou autorisa les Allemands de l'Est à tirer littéralement un trait afin de séparer une fois pour toutes les deux parties. Le 19 août 1961, les autorités de Berlin-Est affectèrent des soldats et des maçons à la construction d'une séparation à travers la ville. En l'espace de trois jours, un mur sommaire avait été dressé, suffisant pour empêcher les passages intermittents entre les deux moitiés de Berlin. Au cours des semaines suivantes, il fut rehaussé et consolidé. Des projecteurs, des barbelés et des postes de sentinelles lui furent ajoutés ; les portes et les fenêtres des bâtiments attenants au mur furent fermées, puis briquées. Des rues et des places furent coupées en deux, tandis que toutes les communications dans la ville partagée furent soumises à une surveillance policière étroite, voire carrément interrompues. Berlin avait son Mur.

Officiellement, l'Ouest était horrifié. Trois jours durant, en octobre 1961, des chars soviétiques et américains se firent face de part et d'autre du point de contrôle séparant leurs zones respectives – un des derniers liens qui subsistât entre eux –, tandis que les autorités ouest-allemandes testaient l'empressement des puissances occidentales à affirmer et à faire respecter leur droit d'accès à la zone conformément à l'accord initial entre les Quatre. Devant l'intransigeance du commandant américain sur place, qui refusa de

10. L'observation de Kennedy ne resta pas seulement confidentielle à l'époque ; trente ans plus tard, elle disparut même des documents publiés du sommet.

reconnaître tout droit *est-allemand* d'entraver les déplacements alliés, les Soviétiques s'inclinèrent de mauvaise grâce ; pendant les trente années suivantes, les quatre puissances d'occupation restèrent en place, même si les deux camps concédèrent l'administration *de facto* de leurs zones de contrôle respectives aux autorités allemandes locales.

En coulisses, maints dirigeants occidentaux furent secrètement soulagés de voir le Mur apparaître. Depuis trois ans, Berlin menaçait d'être le point d'ignition d'un affrontement international, comme elle l'avait été en 1948. Kennedy et d'autres dirigeants occidentaux accordaient en privé qu'un mur à travers Berlin était de loin préférable à une guerre : quoi qu'on pût dire en public, peu de responsables politiques occidentaux s'imaginaient sérieusement demander à leurs soldats de « mourir pour Berlin ». Ainsi que Dean Rusk, le secrétaire d'État de Kennedy, l'observa tranquillement, le Mur avait son utilité : « En tout réalisme, probablement rendrait-il un règlement plus facile à Berlin. »

L'issue de la crise de Berlin montra que les deux grandes puissances avaient plus en commun qu'elles ne le mesuraient parfois. Si Moscou s'engageait à ne pas soulever à nouveau la question du statut allié de Berlin, Washington accepterait la réalité du gouvernement est-allemand et résisterait aux pressions des Allemands de l'Ouest qui réclamaient des armes nucléaires. Les deux camps avaient intérêt à la stabilité de l'Europe centrale ; mais surtout les États-Unis et l'URSS étaient las de répondre aux requêtes et doléances de leurs clients allemands respectifs. La première décennie de la guerre froide avait donné à la classe politique allemande, de part et d'autre de la ligne de partage, des moyens de pression sans précédent sur ses patrons de Washington et de Moscou. Redoutant de perdre toute crédibilité auprès de « leurs » Allemands, les grandes puissances avaient laissé Adenauer et Ulbricht les faire chanter en les obligeant à rester fermes.

Moscou, qui n'avait jamais cherché à établir un État client dans la zone orientale de l'Allemagne occupée, mais l'avait accepté comme pis-aller, déploya des efforts démesurés pour étayer un régime communiste faible et mal aimé à Berlin. Les communistes est-allemands, à leur tour, ne s'étaient jamais totalement défaits de la crainte que leurs protecteurs soviétiques ne les vendent[11]. Le Mur était donc une façon de les rassurer, quand bien même ils furent déçus du refus de Khrouchtchev de continuer à faire pression pour un traité de paix une fois la barrière élevée. Quant à Bonn, sa crainte avait toujours été que les *Amis* (les Américains) ne s'en aillent. Washington s'était toujours employée à rassurer Bonn qu'elle pouvait compter sur le soutien indéfectible de l'Amérique, mais maintenant que le Mur était là avec

11. Ainsi qu'ils devaient le découvrir en 1990, ces peurs n'étaient pas infondées.

l'acquiescement évident des Américains, l'angoisse ouest-allemande ne fit que croître. D'où la promesse réitérée de Washington que jamais les États-Unis ne quitteraient leur zone : tel est le contexte de la fameuse déclaration de Kennedy en juin 1963 : *Ich bin ein Berliner (sic).* Avec 250 000 hommes en Europe en 1963, les Américains comme les Russes étaient visiblement là pour longtemps.

Le Mur mit fin à la carrière de Berlin comme zone de crise dans les affaires mondiales et européennes. S'il fallut dix ans pour trouver un accord officiel sur les questions d'accès, à compter de novembre 1961 Berlin cessa de compter et Berlin-Ouest amorça sa descente régulière dans l'insignifiance politique. Les Russes eux-mêmes s'en désintéressèrent. Curieusement, l'Ouest ne s'en aperçut pas tout de suite. L'année suivante, quand la crise de Cuba éclata, Kennedy et ses conseillers étaient convaincus que Khrouchtchev avait concocté un stratagème complexe et machiavélique pour atteindre ses objectifs allemands de toujours. Les leçons de 1948-1950 n'avaient été que trop bien assimilées.

De même que Truman et Acheson avaient vu dans l'incursion coréenne un possible prélude à une exploration soviétique par-delà la frontière de l'Allemagne divisée, Kennedy et son entourage virent dans l'installation de missiles à Cuba un moyen pour les Soviétiques de faire chanter une Amérique vulnérable et l'amener à céder sur Berlin. Dans les dix premiers jours de la crise cubaine, il ne se passa guère une heure sans que les dirigeants américains ne revinssent sur la question de Berlin-Ouest et la nécessité de « neutraliser » la contre-attaque anticipée de Khrouchtchev dans la ville divisée. Le 22 octobre 1962, Kennedy pouvait ainsi confier au Premier ministre britannique, Harold Macmillan : « Je n'ai pas besoin d'attirer votre attention sur le lien avec Berlin de cette secrète et dangereuse initiative de Khrouchtchev. »

Le problème était que Kennedy avait pris trop au sérieux les récents numéros de propagande et fanfaronnades des Soviétiques et que toute son intelligence des relations américano-soviétiques était organisée autour de la question de Berlin, ce qui eut pour effet d'amplifier spectaculairement la portée apparente de la crise de Cuba. Le 19 octobre, Kennedy fut ainsi conduit à informer ses plus proches conseillers : « Je ne pense pas que nous ayons de solutions de rechange satisfaisantes. [...] Notre problème n'est pas simplement Cuba, c'est aussi Berlin. Et quand nous reconnaissons l'importance de Berlin pour l'Europe, et celle de nos alliés pour nous, nous avons la clé du dilemme que nous crée cette affaire depuis des jours. Sans quoi, notre réponse serait très facile. » Trois jours plus tôt, au début de la crise de Cuba, le secrétaire d'État Dean Rusk avait résumé son interprétation des actions soviétiques : « Je crois aussi que Berlin est concernée au premier chef. Pour la première fois, je commence vraiment à me demander si Khrouchtchev est parfaitement rationnel concernant Berlin. »

Or Khrouchtchev, en fait, était *parfaitement* rationnel sur Berlin. L'Union soviétique conservait bel et bien une immense supériorité de forces conventionnelles en Europe ; à tout moment, si elle l'avait voulu, elle aurait pu occuper Berlin-Ouest (et la majeure partie de l'Europe occidentale). Mais maintenant que les États-Unis avaient juré de défendre la liberté de Berlin-Ouest par tous les moyens (ce qui, concrètement, signifiait avec des armes nucléaires), Khrouchtchev n'avait nullement l'intention de risquer une guerre nucléaire pour l'Allemagne. Comme l'ambassadeur soviétique à Washington devait l'observer plus tard dans ses mémoires, « Kennedy surestima la disposition de Khrouchtchev et de ses alliés à se lancer dans des actions décisives sur Berlin, la plus agressive ayant été en réalité la construction du Mur de Berlin[12]. »

Avec Berlin et Cuba derrière elles, les superpuissances firent montre d'une surprenante alacrité pour résoudre les incertitudes de la Première Guerre mondiale. Le 20 juin 1963, une *hotline* (« téléphone rouge ») fut créée entre Washington et Moscou ; un mois plus tard, les discussions de Moscou entre les États-Unis, l'Union soviétique et le Royaume-Uni aboutirent à la conclusion d'un traité sur l'interdiction partielle des essais nucléaires. Le traité, qui entra en vigueur le 10 octobre, était d'une portée considérable : moins pour ses objectifs déclarés, qu'en raison de se qui se cachait derrière.

Les deux grandes puissances entendaient garder les armes nucléaires hors de portée de la Chine et de l'Allemagne de l'Ouest : telle était la véritable fin du traité. La promesse d'une Allemagne dénucléarisée était la contrepartie que recherchait Moscou à la suite du compromis sur Berlin ; et c'est pourquoi les Américains étaient prêts à se rendre impopulaires auprès de Bonn pour y arriver. Les Allemands de l'Ouest acceptèrent non sans une certaine rancœur le veto sur les armes nucléaires allemandes, tout comme ils avaient accepté la division de Berlin, comme prix à payer pour la présence continue de l'Amérique. Dans le même temps, le traité confirma un sensible changement de cap de la stratégie soviétique, loin de l'Europe et des autres continents.

La stabilisation de la guerre froide en Europe, la moindre probabilité qu'elle devînt jamais « chaude » et le fait même que ces problèmes leur échappaient largement donnèrent aux Européens de l'Ouest la conviction assez confortable que le temps des conflits armés classiques était révolu. Pour beaucoup d'observateurs des années 1953-1963, la guerre était impensable, tout au moins sur le continent européen (ailleurs, elle ne cessa jamais d'être l'approche préférée pour résoudre les conflits). Si la guerre devait survenir, elle ne

---

12. Anatoly Dobrynin, *In Confidence*, Times Book, 1995, p. 46. L'aversion de Khrouchtchev pour la guerre était sincère. Ainsi qu'il l'écrivit à Kennedy le 26 octobre, au faîte de la crise de Cuba : « Si la guerre devait éclater, il ne serait pas en notre pouvoir de l'arrêter, car telle est la logique de la guerre. J'ai pris part à deux guerres et je sais que la guerre finit quand elle a déferlé sur les villes et les villages, semant partout mort et destructions. »

manquerait pas d'avoir des conséquences terribles qui dépassaient l'imagination, vu les arsenaux nucléaires des grandes puissances, et ne pouvait donc être que le fruit d'une erreur de calcul. En ce cas, les Européens ne pourraient pas faire grand-chose pour en atténuer les conséquences.

Tout le monde ne voyait pas les choses ainsi. Chez une minorité, les mêmes éléments inspirèrent des mouvements réclamant d'urgence un désarmement nucléaire. En Grande-Bretagne la Campagne pour le désarmement nucléaire (CND) fut lancée à Londres le 17 février 1958. D'emblée, elle s'inscrivit dans la grande tradition de dissension de la gauche britannique : la plupart de ses partisans étaient des hommes cultivés, inclinant à gauche et non-violents ; et leurs revendications s'adressaient avant tout à leur propre gouvernement, plutôt qu'aux Russes ou aux Américains (les deux principaux partis, en Grande-Bretagne, étaient convaincus de la nécessité d'une dissuasion nucléaire britannique indépendante, quand bien même il était clair, à la fin des années 1950, que sans les missiles et les sous-marins fournis par les Américains, jamais une bombe britannique n'atteindrait son objectif).

À son apogée, en 1962, la CND put mobiliser 150 000 partisans dans sa marche de protestation annuelle vers l'Atomic Weapons Establishment, à Aldermaston. Mais la campagne britannique se racornit au fil des années 1960, tout comme les mouvements pour le désarmement analogues en Allemagne de l'Ouest et au Benelux. Les militants antinucléaires perdirent de leur audience après le traité d'interdiction des essais ; il était de plus en plus difficile de rester crédible en soutenant que l'Europe était sous la menace d'un anéantissement imminent ; de nouveaux sujets avaient chassé le désarmement de l'ordre du jour de la gauche. Même en Union soviétique, le physicien atomique Andreï Sakharov devait moins s'inquiéter du risque d'holocauste nucléaire imminent et se détourna alors, suivant sa propre expression, des « grands problèmes du monde vers la défense des individus ».

Il est hors de doute que la grande majorité des Européens de l'Ouest, quand ils y pensaient, étaient partisans du désarmement nucléaire : des sondages effectués en 1963 montrèrent que les Italiens, en particulier, se féliciteraient de l'abolition des armes nucléaires. Les Français étaient un peu moins majoritairement abolitionnistes, tandis que les Allemands et les Britanniques étaient divisés, même si dans les deux cas existait une majorité claire contre le nucléaire. Mais à la différence des débats sur le désarmement des années 1920 et du début des années 1930, très chargés d'émotion, la question nucléaire n'émouvait pas grand monde en Europe. Elle était trop abstraite. Seuls les Britanniques et (théoriquement) les Français possédaient des armes nucléaires ; ailleurs, seule une petite minorité de la classe politique ouest-allemande en réclamait.

Les Italiens, les Danois et les Hollandais s'inquiétaient à l'occasion de la présence de bases américaines sur leur territoire, qui les exposait au danger en cas de guerre. Mais les armes qui les inquiétaient appartenaient aux superpuissances ; et la plupart des Européens en concluaient, de manière assez raisonnable, qu'ils ne pouvaient rien faire pour influencer les décisions prises à Moscou et à Washington. De fait, une fois passée la menace immédiate d'une guerre nucléaire, la rhétorique *idéologique* de la guerre froide permit à beaucoup, en Europe occidentale, de se dire qu'ils faisaient une faveur aux États-Unis en leur permettant de les défendre. Dès lors, plutôt que de prendre parti dans les débats sur le désarmement, ils cultivèrent leurs jardins.

L'aspect le plus remarquable de la scène politique européenne dans les années 1950 n'est pas dans les changements qu'elle vit, mais dans les changements *qu'elle ne vit pas.* La réémergence en Europe après la guerre d'États démocratiques autonomes – sans les moyens ni le désir de faire la guerre, et dirigés par des hommes âgés dont le credo politique commun, quoique tacite, était « pas d'expériences » – avait de quoi surprendre. Contrairement aux attentes de beaucoup, la température politique, en Europe occidentale, était retombée par rapport aux sommets fébriles des quarante dernières années. Alors que le souvenir des calamités du passé récent était encore frais dans la mémoire publique, la plupart des Européens se détournèrent avec soulagement de la politique de mobilisation de masse. L'administration et les services évincèrent les espoirs révolutionnaires et le désespoir économique au premier rang des préoccupations de l'électorat (qui, dans bien des cas, comptait des femmes pour la première fois) : gouvernements et partis politiques réagirent en conséquence.

En Italie, le changement fut particulièrement frappant. À la différence des autres États méditerranéens de l'Europe – Portugal, Espagne et Grèce –, l'Italie devint une démocratie, si imparfaite fût-elle, et le resta tout au long des décennies d'après-guerre. Ce n'était pas un mince exploit. L'Italie était un pays profondément divisé. En vérité, son existence même *en tant que pays* avait longtemps été sujette à controverse… et devait le redevenir plus tard. Des études du début des années 1950 montrent que moins d'un adulte italien sur cinq parlait exclusivement italien : beaucoup continuaient de s'identifier d'abord à leur localité et à leur région, dont ils employaient la langue ou le dialecte dans la plupart de leurs échanges quotidiens. C'était particulièrement vrai de ceux – l'écrasante majorité de la population dans ces années-là – qui n'avaient pas fait d'études secondaires.

L'arriération de l'Italie du Sud, le *Mezzogiorno*, était notoire : Norman Lewis, officier britannique qui vécut un temps à Naples pendant la guerre, fut particulièrement frappé par l'omniprésence des porteurs d'eau napolitains : ils n'avaient « guère changé par rapport à ceux qu'on voit sur les fresques de Pompéi ». Carlo Levi, médecin piémontais exilé par Mussolini pour le punir de ses activités dans la Résistance, multiplie les observations analogues dans

Le Christ s'est arrêté à Eboli : tableau classique, publié en 1945, de la vie dans un lointain village des hautes terres arides d'Italie méridionale. Mais le Sud n'était pas seulement immuable : il était pauvre. En 1954, une enquête parlementaire établit que 85 % des familles italiennes les plus pauvres vivaient au sud de Rome. En Apulie, dans le Sud-Est du pays, un travailleur rural pouvait espérer toucher au mieux un salaire inférieur de moitié à celui de son homologue lombard. Pour un revenu moyen par tête de 100, cette année-là, le chiffre était de 174 dans le Piémont, le riche Nord-Ouest de l'Italie, mais de 52 à peine en Calabre, à l'extrême sud.

La guerre avait encore exacerbé la division historique de l'Italie. Alors que le Nord, à compter de septembre 1943, avait connu près de deux années de domination allemande et de résistance politique, suivies d'une occupation militaire alliée de ses villes radicalisées. Dans le *Mezzogiorno*, les structures sociales et administratives héritées des fascistes survécurent ainsi indemnes au coup de force en douceur qui remplaça Mussolini par un de ses généraux. Aux éternels contrastes politiques et économiques du Nord et du Sud étaient donc venus s'ajouter des souvenirs de la guerre très différents.

L'échec des réformes agraires de l'après-guerre conduisit les gouvernements italiens à adopter une nouvelle approche de l'épineuse « Question méridionale ». En août 1950, le Parlement italien créa une *Cassa per il Mezzogiorno*, un fonds pour le Sud, afin de canaliser la richesse nationale au profit du Sud appauvri. Ce n'était pas en soi une idée nouvelle : les efforts de Rome pour s'attaquer à la pauvreté et à la situation sans espoir du Sud remontent au moins aux gouvernements réformistes de Giovanni Giolitti, au début du XXe siècle. Mais les efforts antérieurs n'avaient pas donné grand-chose et la seule solution efficace aux affres des Méridionaux était encore, comme depuis la naissance de l'Italie moderne, l'émigration. La *Cassa* n'en représentait pas moins une mise de fonds sans commune mesure avec les plans précédents et avait de meilleures chances de succès parce qu'elle cadrait bien avec les mécanismes politiques centraux de la nouvelle République italienne.

La fonction de l'État républicain n'était pas très différente de celle de son prédécesseur fasciste, d'où venait la majorité de ses fonctionnaires[13] ; le rôle de Rome était de fournir des emplois, des services et une protection sociale aux nombreux citoyens italiens pour qui c'était l'unique refuge. À travers toute une série d'intermédiaires et d'agences en forme de holdings – les uns, comme l'IRI (Institut pour la Reconstruction industrielle) ou l'INPS (Institut national pour la Sécurité sociale), fondés par Mussolini ; d'autres, comme l'ENI (Agence nationale pour les hydrocarbures), créés dans les années 1950 –, l'État

13. En 1971, encore 95 % des hauts fonctionnaires de l'Italie avaient débuté leur carrière avant la chute du fascisme.

italien possédait ou contrôlait de larges pans de l'économie : énergie, transport, génie, produits chimiques et production alimentaire, notamment.

Quels que fussent les arguments économiques contre une telle stratégie (ses racines résidaient en partie dans la recherche de l'autarcie économique caractéristique du régime fasciste dans l'entre-deux-guerres), ses avantages sociaux et politiques étaient clairs. Au début des années 1950, l'IRI employait 216 000 personnes ; d'autres organismes, y compris les nombreuses branches de l'administration nationale, en employaient des centaines de milliers. Les chantiers financés par la *Cassa* – routes, logements urbains, projets d'irrigation rurale – et les subventions de l'État pour de nouvelles usines et de nouveaux services commerciaux étaient une autre source substantielle de financement centralisé tout comme l'emploi public proprement dit : au milieu des années 1950, près de trois fonctionnaires sur cinq étaient du Sud, alors même que cette région représentait à peine plus d'un tiers de la population du pays.

Tous ces dispositifs offraient un large espace à la corruption et à la criminalité ; en l'occurrence, la République s'inscrivait là encore dans une tradition qui remontait aux premières années de l'unification. Qui contrôlait l'État italien était singulièrement bien placé pour dispenser ses faveurs, directement et indirectement. Dans l'Italie de l'après-guerre, et quelle que fût la patine de ferveur religieuse ou idéologique, la politique était essentiellement un combat pour occuper l'État, accéder aux manettes des privilèges et de la protection. Et pour ce qui est de s'en emparer et de les conserver, les démocrates-chrétiens d'Alcide De Gasperi et de ses successeurs firent preuve d'une habileté et d'un esprit d'entreprise inégalés.

En 1953 puis en 1958, la DC recueillit plus de 40 % des voix (leur part ne devait pas tomber en dessous de 38 % jusqu'à la fin des années 1970). En coalition avec de petits partis du centre, les démocrates-chrétiens dirigèrent le pays sans interruption jusqu'en 1963, date à laquelle ils changèrent de partenaire pour s'associer avec les partis minoritaires de la gauche non communiste. Leur soutien le plus fort, hors de l'électorat traditionnellement catholique de Venise et de la Vénétie, était dans le Sud : Basilicate, Molise, Calabre, mais aussi Sardaigne et Sicile. Ici, ce n'était pas la foi mais les services qui attiraient les électeurs des petites villes vers la DC et garantirent leur fidélité sur plusieurs générations. Le maire démocrate-chrétien d'une ville du Sud ou un député se faisait élire et réélire en promettant l'électricité, l'eau courante, des hypothèques rurales, des routes, des écoles, des usines et des emplois : toutes promesses qu'il pouvait tenir puisque son parti avait le monopole du pouvoir.

Par bien des côtés, la démocratie-chrétienne italienne ressemblait aux partis frères d'Allemagne de l'Ouest, des Pays-Bas et de Belgique. Elle manquait de bagage idéologique. Certes, De Gasperi et ses successeurs veillaient à rencontrer régulièrement les autorités du Vatican et à ne jamais proposer ni soutenir aucune loi qu'il désapprouvât ; à certains égards, l'Italie d'après-guerre marqua la revanche de l'Église sur le sécularisme agressivement anticlérical du nouvel État italien après 1861. Mais le rôle actif de l'Église catholique dans la vie politique italienne était plus mince que ses défenseurs comme ses détracteurs ne se plaisaient à le dire. Les puissants ministères centraux étaient le vecteur principal du contrôle social : il est significatif que De Gasperi, comme les partis communistes d'Europe de l'Est de l'immédiat après-guerre, ait veillé à garder le ministère de l'Intérieur entre les mains sûres de la DC.

Avec le temps, le clientélisme mis en place par les démocrates-chrétiens avec son système de protections et de faveurs en vint à caractériser toute la vie politique de la nation. Les autres partis furent contraints de suivre le mouvement : dans les villes et les circonscriptions contrôlées par le PCI, notamment Bologne « la rouge » et la région environnante de l'Émilie, les communistes soutinrent *leurs* amis et favorisèrent *leurs* clients : les ouvriers des villes et les petits paysans de la basse vallée du Pô. S'il y avait une différence, elle tenait à l'insistance des communistes sur la transparence et la rigueur de leur gestion municipale, par opposition à la corruption largement répandue et aux rumeurs de liens des municipalités DC du Sud avec la mafia. Dans les années 1950, la corruption à grande échelle était un quasi-monopole des démocrates-chrétiens ; dans les décennies suivantes, les socialistes qui gouvernèrent les grandes villes du Nord les imitèrent avec un succès considérable. Dans la vie politique, la corruption est largement un sous-produit de l'opportunité.

Le gouvernement à l'italienne n'était pas particulièrement édifiant, mais il marchait. Au fil des ans, des pans entiers de l'activité publique et civique furent découpés *de facto* entre les familles politiques. Les démocrates-chrétiens « colonisèrent » des industries entières. Chrétiens-démocrates, socialistes et communistes se partagèrent le contrôle et les places dans la presse et la radio, puis à la télévision ; à l'occasion, on faisait une petite place à la clientèle un peu rabougrie des libéraux anticléricaux de la vieille école. Les places et les faveurs étaient créées et distribuées au prorata du poids politique local, régional et national. Chaque organisme social, des syndicats aux clubs sportifs, était divisé en composantes démocrates-chrétiennes, socialistes, communistes, républicaines et libérales. Du point de vue de l'*homo œconomicus*, le système impliquait un gaspillage considérable en même temps qu'il était contraire à l'initiative privée et à l'efficacité budgétaire. Le miracle économique italien, on le verra, se produisit malgré lui, plutôt qu'à cause de lui.

Et pourtant : la stabilité de l'après-guerre fut la condition permissive cruciale de la réussite économique du pays et de sa transformation sociale ultérieure. Et, si paradoxal que cela puisse paraître, cette stabilité reposait sur les arrangements institutionnels assez singuliers décrits à l'instant. Le pays manquait d'une majorité stable rassemblée derrière un parti ou un programme, et le système électoral compliqué de représentation proportionnelle engendrait des parlements trop divisés pour s'accorder sur une législation substantielle ou controversée : la Constitution républicaine d'après-guerre ne se dota d'une Cour constitutionnelle pour juger ses lois qu'en 1956, et ce n'est que quatorze ans plus tard que le Parlement vota l'autonomie régionale dont la nécessité était tant débattue.

En conséquence, comme dans la France de la IVe République et un peu pour les mêmes raisons, l'Italie était en pratique dirigée par des fonctionnaires non élus de l'administration centrale ou de l'une des multiples agences para-étatiques. Ce résultat fort peu démocratique a conduit des historiens à traiter le système politique italien avec un certain dédain. Les occasions de pots-de-vin, d'enveloppes, de corruption, de favoritisme politique, voire de vol pur et simple, *étaient* bel et bien nombreuses et bénéficiaient avant tout aux démocrates-chrétiens, dont le monopole était quasiment celui d'un parti unique[14]. Sous le parapluie de ces arrangements, l'État et la société se révélèrent remarquablement résilients en Italie face aux défis hérités et aux nouveaux défis qui s'annonçaient. Mesurée à l'aune du Canada ou du Danemark, l'Italie des années 1950 pourrait bien sembler manquer de probité publique et de transparence institutionnelle. Mais à l'aune du passé national déchiré de l'Italie, ou de la situation dans les autres États de l'Europe méditerranéenne auxquels le pays était traditionnellement comparé, l'Italie avait accompli un remarquable bond en avant.

Sur plusieurs points importants, la situation de l'Italie après la guerre était comparable à celle de l'Autriche. Les deux pays avaient combattu à côté de l'Allemagne et avaient souffert en conséquence après la guerre (l'Italie versa pour 360 millions de dollars de réparations à l'Union soviétique, à la Grèce, à la Yougoslavie, à l'Albanie et à l'Éthiopie). Comme l'Italie, l'Autriche était un pays pauvre et instable, dont on n'aurait guère pu prévoir la renaissance après la guerre au vu de son passé récent. Les deux groupes politiques dominants du pays avaient passé l'entre-deux-guerres à s'affronter violemment. La plupart des sociaux-démocrates autrichiens avaient estimé que la naissance en 1918 d'un État autrichien tronqué sur les ruines de l'Empire des Habsbourg était une absurdité économique et politique. Dans leur optique, le reliquat germanophone de l'ancienne Double Monarchie aurait dû en toute logique

14. Bien qu'à la lumière de l'histoire antérieure de l'Italie il ne soit pas tout à fait juste d'imputer la corruption institutionnelle du pays à la politique étrangère de l'Amérique. Voir E. J. Hobsbawm, *The Age of Extremes : A History of the World, 1914-1991*, New York, Pantheon Books, 1994, p. 238-239 ; en français, *L'Âge des extrêmes*, Bruxelles, 1999, p. 319-320.

rejoindre le reste des Allemands dans une *Anschluss* (union) et n'aurait pas manqué de le faire si les clauses des accords de Versailles sur l'autodétermination avaient été appliquées de manière systématique.

La gauche autrichienne avait toujours trouvé son principal soutien dans la classe ouvrière de Vienne et les centres urbains de l'est. Sous la Première République autrichienne de l'entre-deux-guerres, le reste du pays – rural, alpin et profondément catholique – avait largement voté pour les chrétiens-sociaux, un parti provincial et conservateur qui se méfiait du changement et des étrangers. À la différence des sociaux-démocrates, les chrétiens-sociaux n'étaient pas animés d'un désir pangermanique de se faire absorber dans une Allemagne urbaine et majoritairement protestante. Mais ils n'avaient pas non plus la moindre sympathie pour la politique sociale-démocrate du mouvement ouvrier viennois ; en 1934, un coup de force monté par la droite avait détruit le bastion social-démocrate de « Vienne la rouge » en même temps que la démocratie autrichienne. De 1934 jusqu'à l'invasion nazie, l'Autriche fut dirigée par un régime autoritaire et clérical où le parti catholique exerçait le monopole du pouvoir.

L'héritage de la première expérience démocratique malheureuse pesa lourd sur la République après la guerre. Les chrétiens-sociaux, resurgis sous l'appellation de parti populaire autrichien, se targuèrent fièrement de leur opposition à l'annexion allemande de 1938 ; mais ils gardèrent un silence éloquent sur leur singulière contribution à la destruction de la démocratie autrichienne juste quatre ans plus tôt. Les socialistes, ainsi qu'on appelait désormais couramment les sociaux-démocrates, pouvaient raisonnablement se présenter en doubles victimes : de la guerre civile de 1934, puis des nazis. Ce que cela cachait, cependant, c'était leur enthousiasme d'antan pour l'*Anschluss*. Le Dr. Karl Renner, chef de file des socialistes et premier président de la République indépendante issue du traité d'État autrichien de 1955, avait conservé jusqu'en 1938 son enthousiasme de principe pour l'union de l'Autriche et de l'Allemagne.

Les deux partis avaient donc tout intérêt à tourner le dos au passé : nous avons vu ce qu'il en fut des premières tentatives de dénazification en Autriche au lendemain de la guerre. Les socialistes étaient majoritaires à Vienne (un quart de la population du pays), tandis que le parti populaire était assuré du soutien de l'électorat dans les campagnes et les petites villes des vallées alpines. Sur le plan politique, le pays était très exactement divisé en deux : aux élections de 1949, le parti populaire ne devança les socialistes que de 123 000 voix ; en 1953, les socialistes gagnèrent de 37 000 voix ; en 1956, le parti populaire obtint de nouveau la majorité avec 126 000 voix d'avance ; en 1959, les socialistes les devancèrent de 25 000 voix ; en 1962, le rapport de forces s'inversa à nouveau au profit du parti populaire, avec 64 000 voix d'avance sur un total de plus de quatre millions et demi d'électeurs.

Ces marges singulièrement étroites rappelaient les résultats tout aussi serrés des élections de la Première République. L'Autriche catholique et l'Autriche socialiste se trouvèrent donc à nouveau confrontées au risque de voir la politique parlementaire dégénérer en guerre civile culturelle. Même avec le concours d'un troisième parti – les libéraux, fâcheusement tributaires des voix des ex-nazis et dont l'électorat déclina régulièrement de consultation en consultation –, aucun des deux partis ne pouvait espérer former un gouvernement stable, et toute législation controversée risquait de ressusciter des souvenirs cuisants. Les perspectives de la démocratie autrichienne n'étaient guère prometteuses.

Or, non seulement l'Autriche réussit à éviter une répétition de son histoire, mais elle parvint à bref délai à se transformer en démocratie alpine modèle : neutre, prospère et stable. Cela s'explique notamment par la pesante proximité de l'Armée rouge, qui occupa la Basse-Autriche jusqu'en 1955, puis se retira à quelques kilomètres seulement plus à l'est : cela rappelait à l'Autriche qu'elle avait désormais trois États communistes pour voisins (Yougoslavie, Hongrie et Tchécoslovaquie) et que, vu la situation vulnérable du pays, il était prudent de mener, à l'intérieur comme à l'étranger, une politique conciliante et de ne pas faire de vagues. De plus, la guerre froide assigna à l'Autriche une identité par association – celle d'un pays occidental libre et démocratique – qu'elle aurait sans doute eu du mal à engendrer de l'intérieur.

La principale source de la réussite du règlement politique de l'après-guerre en Autriche fut cependant la nécessité largement reconnue d'éviter les affrontements idéologiques comme ceux qui avaient déchiré le pays avant la guerre. Puisque l'Autriche devait vivre – il ne pouvait être question, après 1945, de l'annexer à son voisin allemand –, ses communautés politiques devaient trouver le moyen de coexister. La solution que retinrent ses chefs fut d'éliminer la possibilité même d'un affrontement en gouvernant toujours le pays en tandem. Sur le plan politique, les deux pays consentirent à collaborer au pouvoir : de 1947 à 1966, l'Autriche fut ainsi gouvernée par une « Grande Coalition » des socialistes et du parti populaire. Les portefeuilles étaient soigneusement partagés : le parti populaire héritait typiquement de la chancellerie, les socialistes des Affaires étrangères, et ainsi de suite.

Dans l'administration publique – qui, dans l'Autriche de l'après-guerre, comprenait tous les services publics, la plupart des médias et une bonne partie de l'économie, de la banque à l'exploitation du bois –, avait été élaborée une semblable division des responsabilités, connue sous le nom de *Proporz*. À presque tous les niveaux, les emplois étaient pourvus, d'un commun accord, par des candidats proposés par l'un des deux partis dominants. Au fil du temps, ce système de « boulots pour les gars » marqua en profondeur la vie autrichienne, formant une chaîne de protecteurs et de clients interdépendants qui réglaient quasiment tous les différends par la négociation ou par un échange de faveurs et de nominations. Les conflits du travail étaient gérés par l'arbitrage plutôt que par l'affrontement, de même que l'État bicéphale s'efforçait de prévenir toute dissension en intégrant les partis en lice à son système partagé de bénéfices et de récompenses. La prospérité sans précédent de ces années-là permit à la Grande Coalition de passer sur les désaccords ou les conflits d'intérêts et, au fond, d'acheter le consensus sur lequel reposait l'équilibre du pays.

Certains groupes de la société autrichienne se retrouvèrent inévitablement sur la touche ; petits commerçants, artisans indépendants, paysans isolés, tous ceux que leur travail ou leurs opinions gênantes plaçaient hors de la grille des bénéfices et des positions alloués. Et dans les circonscriptions où l'un ou l'autre camp disposait d'un avantage écrasant, la règle de proportionnalité était parfois ignorée au profit d'un monopole des postes et des faveurs pour les membres du parti concerné. Toutefois, la pression pour éviter l'affrontement triomphait habituellement des intérêts locaux. De même que la toute récente neutralité du pays fut adoptée avec enthousiasme comme le trait distinctif de l'identité du pays, dissipant les souvenirs encombrants des identités plus controversées du passé – « Habsbourg », « allemande », « socialiste », « chrétienne » –, les implications post-idéologiques (et, en fait, post-politiques) du gouvernement de coalition et d'administration par *Proporz* en vinrent à définir la vie publique autrichienne.

À première vue, cela semblerait distinguer la solution autrichienne apportée à l'instabilité politique de la variante italienne ; après tout, en Italie, le principal clivage politique opposait les communistes aux catholiques – une juxtaposition qui ne semble guère appeler la qualification de « post-idéologique[15] ». Dans les faits, cependant, les deux cas étaient très proches. Togliatti et son parti se singularisèrent par l'importance qu'ils attachèrent, tout au long des décennies d'après-guerre, à la stabilité politique : à la préservation et à la consolidation des institutions de la vie publique démocratique, fût-ce aux dépens de leur propre crédibilité d'avant-garde révolutionnaire. Et l'Italie aussi fut administrée par un système de faveurs et de places qui n'était pas sans ressemblance avec le *Proporz*, quoique fortement biaisé au profit d'un camp.

Si l'Italie paya le prix de la stabilité politique par un niveau de corruption publique en fin de compte intolérable, le coût pour les Autrichiens fut moins tangible mais tout aussi pernicieux. Un diplomate occidental décrivit un jour l'Autriche de l'après-guerre comme un « opéra chanté par des doublures ». L'image est juste. Du fait de la Première Guerre mondiale, Vienne perdit sa

15. Aux élections de 1945, les communistes autrichiens ne recueillirent que 174 000 voix – 5 % – et eurent quatre députés au Parlement. Par la suite, ils ne devaient plus jouer aucun rôle dans la vie politique autrichienne.

raison d'être en tant que capitale impériale ; au cours de l'occupation nazie et de la Seconde Guerre mondiale, la ville perdit ses Juifs, qui constituaient une proportion significative de ses citoyens les plus éduqués et cosmopolites[16]. Après le départ des Russes, en 1955, Vienne manqua même de l'attrait *louche* de Berlin divisée. La monotonie rassurante qui la caractérisait aux yeux de nombreux visiteurs donne une idée de la remarquable réussite avec laquelle l'Autriche sut dépasser son passé trouble.

Derrière la séduction tranquille d'une « République alpine » toujours plus prospère, cependant, l'Autriche aussi était corrompue à sa façon. Comme l'Italie, elle conquit sa nouvelle sécurité au prix d'une certaine dose d'oubli national. Mais tandis que la plupart des autres pays européens – l'Italie, notamment – pouvait au moins faire valoir un mythe de résistance nationale à l'occupation allemande, les Autrichiens ne pouvaient tirer un parti analogue de leur expérience de la guerre. Et à la différence des Allemands de l'Ouest, ils n'avaient pas été contraints de reconnaître, tout au moins publiquement, les crimes qu'ils avaient commis ou permis. L'Autriche ressemblait curieusement à l'Allemagne *de l'Est*, et pas seulement du fait de la monotonie passablement bureaucratique de ses institutions civiques. Les deux pays étaient des expressions géographiques arbitraires dont la vie publique, après la guerre, reposa sur un accord tacite pour fabriquer, pour les besoins de la consommation courante, une nouvelle identité flatteuse, si ce n'est que l'exercice réussit nettement mieux dans le cas autrichien.

Une démocratie chrétienne réformiste, une gauche parlementaire, un large consensus pour ne pas enfoncer le clou des divisions idéologiques ou culturelles héritées jusqu'à un point de polarisation et déstabilisation politiques, mais aussi une dépolitisation des citoyens : tels étaient les traits distinctifs du règlement de la Seconde Guerre mondiale en Europe occidentale. Sous diverses configurations, on retrouve le modèle italien ou autrichien presque partout. En Scandinavie même, on observa une décrue régulière après les sommets de la mobilisation politique des années 1930 : en Suède, les ventes annuelles d'insignes du 1er mai diminuèrent régulièrement de 1939 à 1962 (avec une anomalie de courte durée à la fin de la guerre) avant de remonter avec les enthousiasmes d'une nouvelle génération.

Dans les pays du Benelux, les diverses communautés constitutives (catholiques et protestants en Hollande, Wallons et Flamands en Belgique) étaient de longue date organisées en structures communautaires séparées – *zuilen* ou *piliers*[17] – qui englobaient la plupart des activités humaines. Dans une

16. En 1938, à la veille de l'*Anschluss*, Vienne comptait 189 000 Juifs. En 1945, à la libération de la ville, il en restait moins d'un millier.

17. Aussi parle-t-on couramment de « pilarisation » pour désigner l'organisation en « blocs ». *(N.d.T.)*

Hollande majoritairement protestante, les catholiques n'avaient pas seulement des façons de prier et des églises différentes de celles des protestants. Ils votaient différemment, lisaient leurs journaux, écoutaient leurs émissions de radio (plus tard, regardaient leurs chaînes de télévision). En 1959, 90 % des enfants catholiques hollandais fréquentaient des écoles primaires catholiques ; cette même année, 95 % des paysans catholiques hollandais appartenaient à des syndicats paysans catholiques. Les catholiques voyageaient, nageaient, pédalaient et même jouaient au foot dans des organisations catholiques ; ils étaient assurés par des compagnies catholiques et, le moment venu, étaient naturellement inhumés dans des lieux séparés.

De semblables distinctions façonnaient depuis toujours la routine des flamingants dans le Nord de la Belgique et les isolaient totalement des francophones de Wallonie, alors même qu'ici les deux communautés étaient majoritairement catholiques. En Belgique, cependant, les *piliers* définissaient des communautés non seulement linguistiques, mais aussi politiques : il existait des syndicats catholiques et des syndicats socialistes, des journaux catholiques et des journaux socialistes, des radios catholiques et des radios socialistes, à leur tour divisés entre ceux qui s'adressaient aux flamingants et ceux qui s'adressaient aux francophones. Assez naturellement, le petit courant libéral des deux pays était nettement moins communautaire.

L'expérience de la guerre et de l'Occupation, ainsi que le souvenir des âpres divisions civiques des décennies antérieures, encouragea une tendance plus marquée à la coopération par-delà les lignes de partage communautaires. Les mouvements plus extrêmes, notamment les nationalistes flamands, s'étaient discrédités par leur collaboration opportuniste avec les nazis ; et, d'une manière générale, la guerre contribua à réduire l'identification des gens aux partis *politiques* en place, mais pas aux services communautaires qui leur étaient associés. En Belgique comme aux Pays-Bas, un parti catholique – le parti chrétien-social en Belgique et le parti populaire catholique aux Pays-Bas – s'imposa comme un pilier du gouvernement de la fin des années 1940 à la fin des années 1960 et au-delà[18].

Les partis catholiques du Benelux étaient modérément réformistes dans leur rhétorique et fonctionnaient largement comme les partis chrétiens-démocrates ailleurs : pour protéger les intérêts de la communauté catholique ; coloniser le gouvernement à tous les niveaux, de l'État aux municipalités, et pourvoir à travers l'État aux besoins de leur vaste clientèle sociale. Hormis la référence à la religion, cette description vaut aussi pour les principaux partis d'opposition : le parti du Travail aux Pays-Bas et le parti ouvrier belge (plus

18. En Belgique le vieux parti *catholique* se rebaptisa *chrétien* pour souligner son caractère interconfessionnel et ses aspirations réformatrices plus modernes. Aux Pays-Bas, où les distinctions entre confessions chrétiennes importaient vraiment, le parti catholique garda son ancien titre.

tard, socialiste). Tous deux étaient beaucoup plus proches du modèle nord-européen de mouvement ouvrier fondé sur les syndicats que des partis socialistes méditerranéens avec leur héritage plus radicalisé et leur rhétorique souvent anticléricale et se montraient assez peu gênés de disputer le pouvoir (ou d'en partager les dépouilles) avec les catholiques.

C'est cet assortiment propre à l'après-guerre – et formé de communautés culturelles autonomes et de partis réformistes du centre-gauche et du centre-droit – qui assura l'équilibre politique aux Pays-Bas. Il n'en avait pas toujours été ainsi. La Belgique, notamment, avait connu de sérieuses violences politiques dans les années 1930, quand les séparatistes flamands et les rexistes fascistes de Léon Degrelle avaient ensemble menacé le régime parlementaire, tandis que le pays devait connaître au début des années 1960 une nouvelle vague, plus perturbatrice encore, de conflits intercommunautaires. Mais les anciennes élites politiques et administratives (sans oublier la hiérarchie catholique), dont la domination fut brièvement menacée en 1945, retrouvèrent leur pouvoir en faisant une très large place à l'État-providence et à d'autres réformes. Les *piliers* survécurent ainsi jusqu'au cours des années 1960 : échos anachroniques d'une ère pré-politique qui dura juste assez longtemps pour servir de stabilisateurs culturels et institutionnels au cours d'une période de fébrile transformation économique.

L'exemple le plus spectaculaire de stabilisation politique dans l'Europe de l'après-guerre, assurément le plus important, est aussi, après-coup, le moins surprenant. Quand elle rejoignit l'OTAN, en 1955, la République fédérale d'Allemagne (de l'Ouest) était déjà bien engagée sur la voie du *Wirtschaftswunder* (miracle économique) pour lequel elle aimait à être connue. Mais la République de Bonn est plus remarquable encore pour avoir su prendre à contrepied les nombreux observateurs des deux camps qui avaient prévu le pire. Sous la houlette de Konrad Adenauer, l'Allemagne de l'Ouest avait navigué sûrement entre le Scylla du néonazisme et le Charybde du neutralisme philo-soviétique pour s'ancrer solidement au sein de l'Alliance atlantique malgré les soupçons de ses critiques à l'intérieur comme à l'étranger.

Les institutions de l'Allemagne de l'après-guerre furent à dessein conçues pour minimiser le risque d'une répétition de Weimar. Le gouvernement fut décentralisé : le pays fut divisé en régions, ou *Länder*, premiers responsables de l'administration et des services. Certaines régions, comme la Bavière et le Schleswig-Holstein, correspondaient à des États allemands jadis indépendants avant d'être absorbés par l'Allemagne impériale au cours du XIXe siècle. D'autres, comme la Rhénanie-Westphalie au nord-ouest, étaient des commodités administratives qui mêlaient ou découpaient des unités territoriales plus anciennes.

Berlin-Ouest devint un *Land* en 1955 et fut alors dûment représentée au *Bundesrat*, la chambre haute où siégeaient les délégués des régions (alors même que les députés que la ville envoyait au *Bundestag*, la chambre basse, ne pouvaient pas voter en séance plénière). D'un côté, les pouvoirs du gouvernement central furent considérablement restreints en comparaison de ceux de ses prédécesseurs : les Alliés occidentaux imputaient l'ascension de Hitler à la tradition prussienne du gouvernement autoritaire et firent en sorte d'empêcher que cela puisse se reproduire. De l'autre, le Bundestag ne pouvait renverser à la légère le chancelier et son gouvernement, une fois élus ; pour ce faire, il devait choisir au préalable un candidat à la succession bénéficiant d'une majorité parlementaire suffisante pour assurer sa réussite. Le but de cette contrainte était d'empêcher le genre d'instabilité politique chronique et de gouvernement faible qui avaient caractérisé les dernières années de la République de Weimar ; mais elle contribua aussi à la longévité et à l'autorité de chanceliers forts comme Konrad Adenauer et, après lui, Helmut Schmidt et Helmut Kohl.

Ce souci de détourner ou de contenir le conflit façonna toute la culture publique de la République de Bonn. La législation sur le « marché social » visait à réduire les risques de conflits du travail ou la politisation des conflits sociaux. En vertu de la loi de 1951 sur la « codétermination », les grandes entreprises des industries lourdes du charbon, de l'acier et du fer étaient tenues d'intégrer des représentants des employés dans leurs conseils de surveillance ; la pratique devait être plus tard étendue aux autres secteurs et aux petites entreprises. Le gouvernement fédéral et les *Länder* jouaient un rôle actif dans maints secteurs économiques ; et malgré leurs objections de principe aux monopoles nationalisés, l'État des années 1950 aux mains des démocrates chrétiens possédait ou contrôlait 40 % de la production totale de charbon et d'acier, les deux tiers des centrales électriques, les trois quarts de l'industrie de l'aluminium et, fait crucial, une majorité de banques allemandes.

Autrement dit, la décentralisation du pouvoir n'était pas synonyme de non-intervention du gouvernement. En maintenant une présence économique active, directe ou indirecte (à travers des holdings), les gouvernements régionaux et nationaux ouest-allemands étaient à même d'encourager des politiques et des pratiques propices à la paix sociale autant qu'au profit privé. Faisant office d'intermédiaires entre le gouvernement et les entreprises aux conseils d'administration desquelles siégeaient souvent leurs représentants, les banques jouaient un rôle crucial. De vieilles pratiques allemandes resurgirent, notamment la fixation des prix ou le partage du marché d'un commun accord. Au niveau local, en particulier, il n'y avait guère eu d'épuration des bureaucrates, des hommes d'affaires ou des banquiers, si bien qu'à la fin des années 1950 une bonne partie de l'économie ouest-allemande était gérée d'une façon qui eût été familière aux trusts géants et cartels des décennies passées.

Ce corporatisme *de facto* n'était peut-être pas ce à quoi songeaient ses surveillants américains pour la nouvelle république allemande : on pensait généralement que les trusts et leurs pouvoirs avaient contribué à l'ascension de Hitler et étaient de toute manière hostiles à la liberté du marché. Si l'économiste Ludwig Erhard avait eu gain de cause, sans doute l'économie et les relations sociales ouest-allemandes auraient-elles eu une physionomie bien différente. Mais la régulation des marchés et l'existence de liens étroits entre le gouvernement et les affaires cadraient parfaitement avec le schéma démocrate chrétien, tant pour des principes sociaux généraux que pour des calculs pragmatiques. Syndicats et groupes industriels coopéraient pour l'essentiel : le gâteau économique croissait assez vite, en ce temps-là, pour que la plupart des demandes fussent satisfaites sans conflit.

La CDU (Union démocrate chrétienne) gouverna sans interruption des premières élections de la RFA, en 1949, jusqu'en 1966 ; quand Konrad Adenauer démissionna, en 1963, à 87 ans, il avait assumé sans interruption la responsabilité des affaires de la République de Bonn. Cette longue présence de la CDU au pouvoir, avec Adenauer à la chancellerie, avait diverses raisons. La première était la position de force de l'Église catholique dans l'Allemagne de l'Ouest de l'après-guerre : les régions majoritairement protestantes du Brandebourg, de Prusse et de Saxe étant maintenant entre des mains communistes, les catholiques représentaient juste un peu plus de la moitié de la population ouest-allemande. En Bavière, où les catholiques conservateurs formaient l'écrasante majorité des électeurs, l'Union chrétienne sociale (CSU) avait une base imprenable et en profita pour s'assurer une place permanente dans les gouvernements de coalition d'Adenauer.

Adenauer lui-même était assez âgé pour se souvenir des premières années de l'Empire wilhelmien, quand l'Église catholique était la cible du *Kulturkampf* de Bismarck ; il était soucieux de ne pas abuser outre mesure du nouveau rapport de forces au risque de réveiller le conflit autour des relations de l'Église et de l'État, surtout après les états de service singulièrement peu héroïques des Églises allemandes sous les nazis. D'emblée, il chercha donc à faire de son parti une machine électorale *chrétienne* nationale, plutôt qu'exclusivement catholique, en insistant sur l'œcuménisme social de la démocratie chrétienne. Sur ce plan, sa réussite est flagrante : si la CDU/CSU ne battit les sociaux-démocrates que de justesse aux premières élections de 1949, en 1957 elle avait pratiquement doublé le nombre de voix avec 50 % des suffrages exprimés.

Une autre raison du succès de l'alliance CDU/CSU (dorénavant, les deux partis devaient toujours recueillir 44 % ou plus des voix à l'échelle nationale) était l'attrait qu'elle exerçait, comme les démocrates chrétiens en Italie, sur un large électorat. Les chrétiens sociaux de Bavière, comme leurs homologues des Pays-Bas, avaient une audience plus restreinte, attirant les voix d'une communauté conservatrice et pratiquante dans une seule région. Mais, quoique conservatrice dans le domaine culturel – dans maintes petites villes et communes rurales des militants de la CDU s'alliaient à l'Église catholique et à d'autres groupes chrétiens pour contrôler et censurer les programmes de cinéma, par exemple –, la CDU d'Adenauer était par ailleurs très œcuménique, surtout sur le plan social.

De cette façon la démocratie chrétienne donna à la politique allemande des assises transrégionales et interconfessionnelles. Elle pouvait compter sur les voix des campagnes et des villes, des patrons et des ouvriers. Alors que les démocrates chrétiens italiens colonisèrent l'État, en Allemagne la CDU colonisa les problèmes. En matière de politique économique, de services sociaux et de protection sociale, mais surtout sur les sujets encore sensibles de la division Est-Ouest et du sort des nombreux expulsés de l'Allemagne, la CDU d'Adenauer s'imposa solidement comme le parti refuge d'un centre majoritaire, marquant un nouveau départ dans la culture politique allemande.

La social-démocratie, ou SPD, fut la principale victime de la réussite de la CDU. En apparence, le SPD aurait dû s'en tirer mieux, même en tenant compte de la perte de l'électorat socialiste traditionnel de l'Allemagne du Nord et de l'Est. Le passé antinazi d'Adenauer n'était pas sans taches ; encore en 1932, il avait imaginé qu'il était possible d'amener Hitler à se conduire en homme responsable et peut-être sa chance fut-elle d'avoir inspiré la méfiance des nazis en 1933 (date à laquelle il fut chassé de la mairie de Cologne) et de nouveau dans les derniers mois de la guerre, où il fit un court séjour en prison en tant qu'ennemi du régime. Sans ces points à son crédit, il est douteux que les Alliés occidentaux eussent parrainé son ascension à un poste de premier plan.

Le dirigeant socialiste Kurt Schumacher, en revanche, avait été d'emblée un antinazi résolu. Au Reichstag, le 23 février 1932, il s'était illustré en dénonçant dans le nazisme un « appel continu au porc qui sommeille en chaque être humain », sans pareil dans l'histoire de l'Allemagne par la réussite avec laquelle il savait « sans cesse mobiliser la bêtise humaine ». Arrêté en juillet 1933, il passa le plus clair des douze années suivantes dans des camps de concentration, ce qui porta gravement atteinte à sa santé et abrégea ses jours. Émacié et voûté, avec son héroïsme personnel et son indéfectible insistance à rappeler après la guerre l'obligation dans laquelle était l'Allemagne de reconnaître ses crimes, Schumacher n'était pas simplement le chef de file naturel des socialistes, mais aussi le seul responsable politique national de l'Allemagne d'après-guerre qui pût offrir à ses compatriotes une boussole morale parfaitement claire.

Malgré ses multiples qualités, cependant, Schumacher fut curieusement lent à saisir le nouveau régime international en Europe. Né à Kreisstdat, en Prusse, il répugna à abandonner la perspective d'une Allemagne unie et neutre. Il n'aimait pas les communistes et s'en méfiait ; il ne se faisait aucune illusion à leur sujet ; mais il paraît avoir sérieusement cru qu'une Allemagne démilitarisée serait libre de déterminer elle-même son destin, et que ces conditions seraient propices aux socialistes. Il s'opposa donc avec virulence à l'orientation occidentale d'Adenauer et à son apparente disposition à approuver une division indéfinie de l'Allemagne. Aux yeux des socialistes, la restauration d'une Allemagne souveraine, unifiée et politiquement neutre devait avoir le pas sur toutes les complications internationales.

Schumacher s'indigna tout particulièrement de l'enthousiasme d'Adenauer pour le projet d'intégration ouest-européenne. De son point de vue, le plan Schuman de 1950 était destiné à produire une Europe qui serait « conservatrice, capitaliste, cléricale et dominée par les cartels ». La question n'est pas de savoir ici s'il se fourvoyait ou non. L'ennui est que les sociaux-démocrates de Schumacher n'avaient rien de concret à offrir à la place. En associant leur programme socialiste traditionnel de nationalisations et de garanties sociales à leur revendication d'unification et de neutralité, ils firent un score honorable aux premières élections de la RFA, en 1949, avec 29,2 % des voix et le soutien de 6 935 000 électeurs (424 000 de moins que la CDU/CSU). Au milieu des années 1950, cependant, avec une Allemagne de l'Ouest solidement attachée à l'Alliance occidentale et au projet naissant d'Union européenne, tandis qu'il apparaissait clairement que les socialistes s'étaient trompés avec leurs sombres prophéties économiques, le SPD se retrouva dans une impasse. Aux élections de 1953 et de 1957, son nombre de voix augmenta à peine tandis que sa part dans l'électorat stagnait.

C'est seulement en 1959, sept ans après la mort prématurée de Schumacher, qu'une nouvelle génération de socialistes abandonna officiellement soixante-dix ans d'attachement au marxisme et fit de nécessité vertu en acceptant l'idée d'un compromis avec la réalité ouest-allemande. La fonction du marxisme dans le socialisme allemand de l'après-guerre avait toujours été rhétorique : le SPD avait cessé de nourrir des ambitions authentiquement révolutionnaires en 1914 au plus tard, si tant est qu'il en ait jamais eues. Mais la décision de se défaire des formules usées du maximalisme socialiste libéra aussi les socialistes pour adapter la substance de leur réflexion. Alors que beaucoup vivaient mal le rôle de l'Allemagne dans la nouvelle Communauté économique européenne, ils se firent à l'idée de la participation de l'Allemagne à l'Alliance occidentale et à la nécessité de se transformer en *Volkspartei* interclasse, plutôt que de s'appuyer sur leur noyau dur issu de la classe ouvrière, s'ils voulaient vraiment remettre en cause le monopole d'Adenauer.

Les réformateurs du SPD finirent par l'emporter : la progression du parti aux élections de 1961 et de 1965 aboutit en 1966 à un gouvernement de « grande » coalition avec les sociaux-démocrates, maintenant dirigés par Willy Brandt, pour la première fois au pouvoir depuis Weimar. Mais l'amélioration de leurs perspectives devait se payer d'un prix ironique. Tant que les sociaux-démocrates allemands campèrent sur leur opposition de principe à la plupart des politiques menées par Adenauer, ils contribuèrent malgré eux à la stabilité politique de la République ouest-allemande. Le parti communiste n'avait jamais eu de très bons résultats en RFA (à peine 5,7 % des voix en 1949, et 2,2 % en 1953, avant d'être interdit en 1956 par la Cour constitutionnelle ouest-allemande). Le SPD avait ainsi le monopole de la gauche politique et absorbait en son sein toute la dissension juvénile ou extrémiste qui pouvait exister à l'époque. Dès lors qu'il rejoignit les chrétiens-démocrates au pouvoir et adopta un ordre du jour modéré et réformiste, le SPD perdit l'allégeance de l'extrême gauche. Ainsi devait s'ouvrir *hors* parlement un espace pour une nouvelle génération déstabilisante d'extrémistes en politique.

Les dirigeants politiques d'Allemagne de l'Ouest n'avaient nullement à craindre la montée en puissance d'un successeur direct des nazis, puisque la Loi fondamentale de la République interdisait explicitement tout parti de cette espèce. Il n'en existait pas moins plusieurs millions d'anciens électeurs nazis, pour la plupart divisés entre les divers partis dominants. Et il existait maintenant un électorat supplémentaire : les *Vertriebene*, les Allemands de souche chassés de Prusse orientale, de Pologne, de Tchécoslovaquie et d'ailleurs. Sur les quelque treize millions d'expulsés, près de neuf s'étaient d'abord fixés à l'ouest ; au milieu des années 1960, avec le flot régulier des réfugiés à l'ouest *via* Berlin, 1,5 million d'autres Allemands expulsés des territoires de l'Est étaient arrivés en Allemagne de l'Ouest.

Les *Vertriebene* étaient majoritairement des petits paysans, des petits commerçants et des hommes d'affaires. Ils étaient trop nombreux pour qu'on fît comme s'ils n'existaient pas : la Loi fondamentale de 1949 consacra leurs droits de citoyens et réfugiés en qualité d'« Allemands de souche » *(Volksdeutsche)*. Dans les premières années de la République, ils formaient le gros des mal-logés et des chômeurs, mais ils étaient aussi les plus motivés pour aller voter et choisir leur parti en fonction d'un problème qui primait sur tous les autres : le droit de reprendre possession de leur terre et de leurs biens dans les pays du bloc soviétique ou, à défaut, de toucher une indemnité.

Outre les *Vertriebene*, il y avait des millions d'anciens combattants – plus encore après 1955, quand Khrouchtchev accepta de laisser rentrer les derniers prisonniers de guerre. De même que les expulsés, les anciens combattants et leurs porte-parole se considéraient comme les victimes injustement maltraitées de la guerre et du règlement de l'après-guerre. Toute idée que l'Allemagne et, en particulier, les forces armées allemandes s'étaient conduites de façons qui précipitaient ou justifiaient leurs souffrances était balayée avec colère. L'image d'elle que préférait l'Allemagne d'Adenauer était celle d'une triple victime. D'abord entre les mains d'Hitler : l'immense succès de films comme *Die Letzte Brücke* (*Le dernier pont*, 1954), sur une femme médecin résistant aux nazis, ou *Canaris* (1955) aida à diffuser l'idée que la plupart des bons Allemands avaient passé la guerre à résister à Hitler. Ensuite entre les mains de leurs ennemis : les villes en ruines de l'Allemagne d'après-guerre accréditaient l'idée que sur le front intérieur comme sur le terrain les Allemands avaient terriblement souffert entre les mains de leurs ennemis. Et enfin du fait des « distorsions » malveillantes de la propagande de l'après-guerre qui, croyait-on largement, avait délibérément exagéré les « crimes » de l'Allemagne tout en minorant ses pertes.

Dans les premières années de la République fédérale, quelques signes indiquaient que ces sentiments pouvaient se traduire par un contrecoup significatif sur le plan politique. Dès les élections de 1949, les divers partis populistes de la droite nationaliste eurent 48 élus – trois fois plus que les communistes et presque autant que les libéraux. Sitôt que les réfugiés reçurent le droit de s'organiser politiquement, se forma le « Bloc des expulsés et des personnes privées de leurs droits » : aux élections locales du Schleswig-Holstein (ancien bastion rural du parti nazi), le Bloc recueillit 23 % des voix en 1950. L'année suivante, dans la Basse-Saxe voisine, un *Sozialistische Reichspartei* – s'adressant à un électorat analogue – obtint 11 %. C'est en pensant à cet électorat qui était loin d'être insignifiant que Konrad Adenauer prit grand soin d'éviter toute critique directe du passé allemand récent et imputa explicitement à l'Union soviétique et aux Alliés occidentaux les problèmes permanents de l'Allemagne, en particulier ceux résultant des accords de Potsdam.

Pour apaiser les réfugiés et ceux qui les soutenaient, Adenauer et la CDU choisirent de rester fermes envers l'Est. Sur la scène internationale, Bonn insista pour que les frontières allemandes de 1937 restassent légalement en vigueur en attendant la tenue d'une conférence de paix qui réglerait définitivement la question. En vertu de la doctrine Hallstein formulée en 1955, la République fédérale refusait d'entretenir des relations diplomatiques avec tout pays qui reconnaissait la RDA (niant ainsi implicitement la prétention de Bonn, en vertu de la Loi fondamentale de 1949, à représenter *tous* les Allemands). La seule exception était l'Union soviétique. La rigidité de Bonn apparut en 1957 quand Adenauer rompit les relations diplomatiques avec la Yougoslavie après que Tito eut reconnu l'Allemagne de l'Est. Au cours des dix années suivantes, les relations de l'Allemagne avec l'Europe de l'Est furent effectivement gelées.

Sur le plan intérieur, outre qu'ils consacrèrent des ressources considérables pour aider les réfugiés, les prisonniers de retour et leurs familles à s'intégrer dans la société ouest-allemande, les gouvernements des années 1950 encouragèrent une approche singulièrement peu critique du passé récent de l'Allemagne. En 1955, le ministère des Affaires étrangères protesta officiellement contre la projection au festival de Cannes du documentaire d'Alain Resnais, *Nuit et brouillard*. Alors que la République fédérale était sur le point d'entrer dans l'OTAN en qualité de partenaire à part entière, le film pouvait porter préjudice aux relations de l'Allemagne de l'Ouest avec les autres États : pour reprendre la formulation de la protestation officielle, il « perturberait l'harmonie officielle du festival par son rappel appuyé du passé douloureux ». Le gouvernement français, comme il se doit, obtempéra et le film fut retiré[19].

Cela n'eut rien d'une aberration momentanée. Jusqu'en 1957, le ministère ouest-allemand de l'Intérieur interdit toute projection de l'adaptation cinématographique est-allemande par Wolfgang Staudte du roman de Heinrich Mann, *Der Untertan* (*Le Sujet de l'empereur*, 1951), lui reprochant de suggérer que l'autoritarisme, en Allemagne, avait de profondes racines historiques. Cela pourrait paraître confirmer l'idée que l'Allemagne d'après-guerre souffrait d'une dose massive d'amnésie collective ; mais la réalité était plus complexe. De la part des Allemands, il ne s'agissait pas tant d'oubli que de mémoire sélective. Tout au long des années 1950, les autorités ouest-allemandes encouragèrent une vision confortable du passé allemand, où la Wehrmacht était héroïque, tandis que les nazis n'étaient qu'une minorité et avaient été dûment châtiés.

Au fil d'une série d'amnisties, les criminels de guerre jusque-là emprisonnés furent progressivement rendus à la vie civile. Dans le même temps, la plupart des pires crimes de guerre allemands – ceux commis à l'Est et dans les camps – ne firent jamais l'objet d'une enquête. Bien que fût créé en 1956 à Stuttgart un Office central des ministères de la Justice des *Länder*, les procureurs locaux se firent un devoir de ne donner suite à aucune enquête jusqu'en 1963, date à laquelle Bonn les pressa de le faire – et avec plus d'effet après 1965, quand le gouvernement fédéral étendit la prescription des meurtres de 20 à 30 ans.

L'attitude d'Adenauer en ce domaine est compliquée. D'un côté, il estimait clairement qu'un silence prudent valait mieux qu'une proclamation provocante de la vérité sur la place publique : les Allemands de cette génération étaient moralement trop compromis ; la démocratie ne pouvait marcher qu'à ce prix. Faire autrement, c'était risquer de réveiller la droite. À la différence de Schumacher, qui évoqua publiquement et avec émotion les souffrances des Juifs entre les mains des Allemands, ou du président Theodor Heuss, qui déclara en novembre 1952 à Bergen-Belsen que « personne ne peut nous laver de cette honte » *(Diese Scham nimmt uns niemand ab)*, Adenauer ne dit pas grand-chose à ce propos. En fait, il ne parla que de victimes juives, jamais de bourreaux allemands.

19. Ce qui inspira à Alain Resnais cette réflexion : « Naturellement, déclara-t-il en substance, je n'avais pas compris que le régime national-socialiste serait représenté à Cannes. Maintenant, bien entendu, je le sais. »

Par ailleurs, il prit acte des pressions irrésistibles qui s'exerçaient pour le versement de réparations. En septembre 1952, Adenauer conclut un accord avec le Premier ministre israélien Moshe Sharett pour le versement aux survivants juifs de plus de 100 milliards de DM au fil des ans. En signant cet accord, Adenauer courait un certain risque politique : en décembre 1951, 5 % seulement des Allemands de l'Ouest interrogés admettaient se sentir « coupables » envers les Juifs. Et 29 % reconnaissaient que l'Allemagne devait des réparations aux Juifs. Les autres étaient divisés entre ceux (les deux cinquièmes des personnes interrogées) qui pensaient que seuls les gens « qui avaient réellement commis quelque chose » étaient responsables et devaient payer, et ceux (21 %) qui pensaient « que les Juifs eux-mêmes étaient partiellement responsables de ce qui leur était arrivé sous le IIIe Reich ». Quand l'accord sur les réparations fut débattu au Bundestag, le 18 mars 1953, les communistes votèrent contre, les libéraux s'abstinrent, tandis que la CSU comme la CDU d'Adenauer furent partagées, beaucoup votant contre toute réparation *(Wiedergutmachung)*. Adenauer eut donc besoin des voix de ses adversaires sociaux-démocrates pour faire approuver l'accord.

Plus d'une fois, Adenauer exploita la nervosité internationale générale devant un possible réveil du nazisme en Allemagne pour pousser les alliés de l'Allemagne de l'Ouest dans la direction où ils souhaitaient le plus aller. Si les alliés occidentaux souhaitaient la coopération de son pays à la défense européenne, suggéra-t-il, mieux valait qu'ils s'abstinssent de critiquer la conduite des Allemands ou même d'évoquer des passés troublés. S'ils voulaient éviter un contrecoup intérieur, qu'ils soutiennent fermement Adenauer en rejetant les projets soviétiques concernant l'Allemagne de l'Est. Et ainsi de suite. Les Alliés occidentaux comprenaient parfaitement où Adenauer voulait en venir. Mais ils lisaient aussi les sondages d'opinion en Allemagne. Et ils lui laissèrent en conséquence une latitude considérable, le prenant au mot quand il reconnaissait que lui seul se tenait entre eux et une solution de rechange bien moins docile, mais acceptant aussi son idée qu'il avait besoin de concessions étrangères pour éviter des troubles intérieurs. En janvier 1951, Eisenhower lui-même en vint à déclarer qu'il avait eu tort de confondre la Wehrmacht avec les nazis : « Le soldat allemand s'est battu vaillamment et honorablement pour sa patrie. » Dans une veine analogue, le général Ridgway, successeur d'Eisenhower au poste de commandant suprême allié en Europe, demanda en 1953 aux hauts-commissaires alliés de pardonner à tous les officiers allemands précédemment convaincus de crimes de guerre sur le front est.

Le comportement d'Adenauer n'était pas de nature à le faire bien voir de ses interlocuteurs : Dean Acheson, en particulier, prit assez mal l'insistance de Bonn à mettre ses conditions avant de consentir à rejoindre la communauté des pays civilisés, comme si l'Allemagne de l'Ouest faisait ainsi une faveur aux Alliés occidentaux victorieux. Mais dans les rares occasions où Washington ou Londres laissèrent paraître publiquement leur exaspération, où à chaque suggestion qu'ils pourraient parler avec Moscou dans le dos de Bonn, Adenauer s'empressa de retourner la situation à son avantage politique en rappelant au corps électoral l'inconstance des alliés de l'Allemagne : il était le seul sur lequel on pût compter pour veiller à l'intérêt national.

Le soutien intérieur au réarmement de l'Allemagne n'était pas particulièrement fort dans les années 1950, et la création d'une nouvelle armée ouest-allemande, la *Bundeswehr*, en 1956, juste onze ans après la défaite, ne suscita pas vraiment un enthousiasme généralisé. Adenauer lui-même avait été ambivalent, protestant – avec, dans sa façon de voir, un minimum de sincérité – qu'il ne faisait que réagir aux pressions internationales. Un des résultats du « Mouvement de la Paix » d'inspiration soviétique, au début des années 1950, est d'avoir réussi à convaincre de nombreux Allemands de l'Ouest que leur pays pouvait être à la fois réunifié et sûr s'il se proclamait « neutre ». Plus d'un tiers des adultes interrogés par sondage au début des années 1950 se disaient favorables à une Allemagne neutre et unie, en toutes circonstances, et près de 50 % désiraient voir la République fédérale proclamer sa neutralité en cas de guerre.

La situation de l'Allemagne elle-même étant le déclencheur le plus probable d'une troisième guerre mondiale en Europe, ces aspirations peuvent paraître curieuses. Mais c'était précisément une des bizarreries de l'Allemagne occidentale de l'après-guerre : aux yeux de certains citoyens, la situation privilégiée de leur pays en tant que protectorat américain *de facto* était autant une source de rancœur que de sécurité. Et ces sentiments ne firent que s'amplifier quand il apparut clairement, à compter de la fin des années 1950, qu'une guerre en Allemagne pourrait voir l'utilisation d'armes nucléaires du champ de bataille, sous le contrôle exclusif des autres.

Dès 1956, Adenauer avait prévenu que la République fédérale ne pouvait rester à jamais un « protectorat nucléaire ». Quand il devint évident, au début des années 1960, que les Alliés occidentaux avaient trouvé un accommodement avec Moscou sur ce sujet sensible, et que jamais les deux parties ne laisseraient l'Allemagne accéder aux armes *nucléaires*, il laissa paraître sa colère[20]. Pendant une courte période, il sembla que la République de Bonn pourrait bien transférer son allégeance de Washington sur Paris et de Gaulle, auquel le liaient une commune rancœur devant la désinvolture avec laquelle les traitaient les Anglais et les Américains et la crainte de voir les États-Unis se dégager de leurs obligations envers leurs clients européens.

Le désir français d'une dissuasion nucléaire indépendante constituait certainement pour l'Allemagne de l'Ouest un précédent alléchant que de

20. Usant d'une hyperbole involontairement révélatrice, il compara le Traité de non-prolifération nucléaire à un « plan Morgenthau au carré ».

Gaulle exploita habilement dans ses efforts pour sevrer Bonn de ses amis américains. Lors de la même conférence de presse du 14 janvier 1963 où il dit « non ! » à l'adhésion de la Grande-Bretagne à la CEE, il exprima sa « sympathie » pour les aspirations de l'Allemagne de l'Ouest au rang de puissance nucléaire. La semaine suivante, il traduisit sa « sympathie » en traité d'Amitié franco-allemand. Mais ce traité, malgré la fanfare qui l'accompagna, était creux. Au sein même de son parti, beaucoup désavouèrent l'apparent changement d'allégeance d'Adenauer ; plus tard, cette même année, ses collègues se liguèrent pour l'écarter du pouvoir et rappeler leur loyauté envers l'OTAN. Quant à de Gaulle, il était bien le dernier à se faire des illusions sur les Allemands. Six mois plus tôt, à Hambourg, le président français avait déclaré devant une foule déchaînée : *Es lebe die Deutsch-französiche Freundschaft ! Sie Sind ein gross Volk !* (« Vive l'amitié franco-allemande ! Vous êtes un grand peuple ! ») ; mais à un aide de camp, il lâcha : « Si vraiment ils étaient encore un grand peuple, ils ne m'acclameraient pas ainsi. »

Quoi qu'il en soit, si froides que fussent leurs relations, aucun dirigeant ouest-allemand n'osa rompre avec Washington au nom d'une illusoire solution de rechange française. Les intrigues d'Adenauer en matière de politique étrangère n'en jouèrent pas moins sur un fond de rancœur face à l'inévitable docilité de l'Allemagne envers les États-Unis. Après-coup, il n'est que trop facile de supposer que la République fédérale de l'après-guerre accueillit avec enthousiasme tout ce qui était américain ; que l'arrivée des GI dans le centre et le sud du pays à cette époque, avec leurs installations militaires, leurs bases, leurs convois, leurs films, leur musique, leur nourriture, leurs habits, leur chewing-gum et leur argent rencontra un amour et une acceptation universels dans la population dont ils devaient assurer la liberté.

La réalité était plus compliquée. Les soldats américains (et britanniques), à titre individuel, étaient certainement aimés, pour la plupart. Mais une fois retombé le soulagement initial d'avoir été « libérés » *(sic !)* par l'Occident (plutôt que par l'Armée rouge), d'autres sentiments firent surface. La dureté des années d'occupation alliée, après la guerre, supportait mal la comparaison avec la vie sous les nazis. Au cours de la guerre froide, d'aucuns blâmèrent l'Amérique de placer l'Allemagne au centre de « son » conflit avec l'Union soviétique et de faire courir des risques au pays. Beaucoup de conservateurs, notamment dans le sud catholique, attribuaient la montée de Hitler à l'influence « sécularisante » de l'Occident et prétendaient que l'Allemagne devait suivre une « voie médiane » entre les trois fléaux de la modernité : nazisme, communisme et « américanisme ». Et la prééminence croissante de l'Allemagne de l'Ouest à la lisière orientale de l'Alliance occidentale rappelait de manière subliminale la façon dont l'Allemagne nazie s'était donnée pour rôle d'être le rempart culturel de l'Europe face aux hordes soviéto-asiatiques.

Par ailleurs, l'américanisation de l'Allemagne de l'Ouest – et l'omniprésence d'occupants étrangers – formait un contraste révélateur avec l'Allemagne aseptisée des désirs populaires, qui au début des années 1950 se nourrissait surtout de films nationaux nostalgiques. Ce cinéma *Heimat* (« patrie ») inspira des films dont le cadre type était des paysages de montagnes d'Allemagne méridionale et qui racontaient des histoires d'amour, de loyauté et de communauté, en costumes d'époque ou régionaux. D'un kitsch éhonté, ces divertissements immensément populaires étaient souvent démarqués des films de l'époque nazie et portaient parfois le même titre (par exemple, *Les Demoiselles de la forêt noire*, 1950, remake d'un film de 1933) : œuvre de metteurs en scène comme Hans Deppe, qui avaient prospéré sous les nazis, ou d'hommes plus jeunes, comme Rudolf Schünder, qui avaient été formés par eux.

Les titres – *Verte est la lande* (1951), *Terre de sourires* (1952), *Quand les lilas blancs refleuriront* (1953), *Victoria et son hussard* (1954), *Le Hussard fidèle* (1954), *Le Village joyeux* (1955), *Quand fleurissent les roses des Alpes* (1955), *Rosie de la Forêt noire* (1956) et des dizaines d'autres de la même veine – évoquent un pays ou un peuple qu'aucune bombe ni aucun réfugié ne vient troubler, « l'Allemagne profonde » : saine, rurale, non contaminée, heureuse et blonde. Et leur caractère intemporel même donnait des aperçus réconfortants d'un pays et d'un peuple libres de ses occupants de l'Est comme de l'Ouest, mais aussi purs, ni coupables ni souillés par le passé récent de l'Allemagne.

Ce cinéma *Heimat* reflétait le côté provincial et conservateur de la jeune République fédérale, son désir profond qu'on la laisse en paix. Peut-être la présence disproportionnée de femmes dans la population adulte était-elle propice à cette démobilisation des Allemands. Suivant le premier recensement de l'après-guerre, effectué en 1950, un tiers des ménages ouest-allemands avaient à leur tête une femme divorcée ou une veuve. Même après le retour d'URSS des prisonniers de guerre survivants, en 1955 et 1956, la disproportion demeura : en 1960, le ratio hommes/femmes en République fédérale était de 100/126. Plus encore qu'en Grande-Bretagne ou en France, les questions familiales et domestiques étaient au premier rang des préoccupations. Dans ce monde de femmes, qui pour beaucoup travaillaient à plein temps et devaient élever leurs enfants toutes seules[21] – avec de terribles souvenirs privés des derniers mois de la guerre et de l'immédiat après-guerre –, la rhétorique de la nation, du nationalisme, du réarmement, de la gloire militaire ou de la confrontation idéologique n'avait guère d'attrait.

21. Nombre des plus hautes personnalités de l'Allemagne moderne (dont le chancelier fédéral et le ministre des Affaires étrangères, à l'heure où j'écris ces pages – 2005) sont des enfants de cette époque, élevés dans des familles monoparentales par une mère qui travaillait.

Le remplacement des ambitions discréditées du passé par d'autres objectifs publics répondait à un choix délibéré. Ainsi que Konrad Adenauer l'expliqua le 4 février 1952 à son cabinet, faisant valoir l'importance du plan Schuman pour ses compatriotes, « il faut donner au peuple une nouvelle idéologie. Elle ne saurait être qu'européenne ». La singularité de l'Allemagne occidentale était qu'elle ne pouvait *recouvrer* sa souveraineté qu'en rejoignant des organisations internationales ; et l'idée de l'Europe pouvait se substituer au vide laissé dans la vie publique allemande par l'éviscération du nationalisme allemand. Tel était au demeurant l'espoir explicite de Schuman.

Pour les élites intellectuelles et politiques, ce détournement d'énergies se révéla efficace. Pour la femme de la rue, en revanche, le véritable substitut de l'ancienne politique n'était pas la nouvelle « Europe », mais la survie – et la prospérité. À la fin de la guerre, si l'on en croit le travailliste Hugh Dalton, Winston Churchill avait exprimé le vœu que l'Allemagne puisse devenir « grosse mais impuissante ». Ce qu'elle fit, pour devenir plus grosse, et avec bien plus d'effet que Churchill n'aurait osé l'espérer. Dans les deux décennies qui suivirent la défaite de Hitler, il ne fut aucunement nécessaire de *détourner* l'attention des Allemands de l'Ouest de la politique vers la production et la consommation : ils le firent résolument et très volontiers.

Fabriquer, épargner, obtenir et dépenser devinrent non seulement la principale activité de la plupart des Allemands de l'Ouest, mais aussi le dessein publiquement affirmé et approuvé de la vie nationale. Méditant de longues années plus tard sur cette curieuse transformation collective, mais aussi l'ardeur et la concentration avec laquelle les citoyens de la République fédérale se plongèrent dans le travail, l'écrivain Hans Magnus Enzensberger observa qu'« on ne saurait comprendre l'intrigante énergie des Allemands si on récuse l'idée qu'ils firent de leurs défauts des vertus. Ils avaient, littéralement, perdu la tête, et ce fut la condition de leur succès futur ».

Internationalement condamnés après la chute de Hitler pour avoir obéi aveuglément à des ordres immoraux, les Allemands transformèrent ce défaut en vertu nationale. L'effet accablant de la défaite totale de leur pays et de l'occupation qui suivit permit de leur imposer la démocratie comme peu l'auraient imaginé une décennie plus tôt. Au lieu de la « dévotion pour ses maîtres », que Heine avait observée pour la première fois chez le peuple allemand un siècle plus tôt, les Allemands des années 1950 forcèrent le respect de tous, à travers le monde, par leur souci tout aussi fervent de l'efficacité, du détail et de la qualité dans la manufacture de produits finis.

De la part des Allemands plus âgés, notamment, on ne pouvait que se féliciter sans réserve de ce nouvel attachement à la prospérité. Jusqu'au cœur des années 1960, de nombreux Allemands de plus de soixante ans – dont la quasi-totalité de ceux qui avaient des postes d'autorité – pensaient encore que l'on vivait mieux sous le Kaiser. Au vu de ce qui avait suivi, cependant, la sécurité et la tranquillité que leur offraient les routines passives de la vie quotidienne en République fédérale étaient un substitut plus qu'acceptable. Les *plus jeunes*, cependant, étaient plus méfiants. La « génération sceptique » – les hommes et les femmes nés dans les dernières années de la République de Weimar, et donc assez âgés pour avoir connus le nazisme, mais trop jeunes pour porter une quelconque responsabilité de ses crimes – se méfiaient tout particulièrement du nouvel ordre allemand.

Pour des hommes comme l'écrivain Günther Grass ou le philosophe Jürgen Habermas, tout deux nés en 1927, l'Allemagne de l'Ouest était une démocratie sans démocrates. C'est avec une facilité choquante que ses citoyens avaient sauté de Hitler au consumérisme ; ils avaient apaisé leur mémoire coupable en devenant prospères. Dans cette façon dont l'Allemagne s'était détournée de la politique vers l'accumulation privée, Grass et d'autres voyaient un déni des responsabilités civiques, passées et présentes. Ils approuvèrent avec ferveur le maire de Berlin-Ouest, Ernst Reuter, quand en mars 1947 il condamna l'aphorisme de Bertolt Brecht : *Erst kommt das Fressen, dann kommt die Moral*, « d'abord vient la bouffe, ensuite la morale » : « Il n'est pas de formule plus pernicieuse. Si nous avons faim et froid, c'est précisément pour avoir permis la doctrine erronée qu'elle exprime. »

Habermas devait plus tard s'associer à la quête d'un *Verfassungspatriotism*, d'un « patriotisme constitutionnel », la seule espèce de sentiment national qu'il estimât approprié et – prudent – d'encourager chez ses compatriotes. Dès 1953, cependant, il s'illustra en publiant dans la *Frankfurter Allgemeine Zeitung* un article reprochant à Martin Heidegger d'avoir laissé rééditer ses cours de Heidelberg avec les allusions originales à la « grandeur intérieure » du nazisme. À l'époque, ce n'était qu'un incident isolé : sur la scène internationale, il ne retint guère l'attention. Mais il n'en posa pas moins un jalon, préfigurant les âpres interrogations qui allaient passer au premier plan dix ans après.

Dans son film de 1978, *Le Mariage de Maria Braun*, Rainer Werner Fassbinder, né en 1945, dissèque d'un ton acide les défauts en série de la République fédérale telle qu'elle apparaissait à ses jeunes critiques. L'héroïne éponyme recommence à vivre dans les décombres de la défaite, dans une Allemagne où « tous les hommes ont l'air rétrécis », et tourne froidement le dos au passé en déclarant : « Sale temps pour les émotions. » Maria se consacre alors avec une obstination indéfectible au passe-temps national, qui est de faire de l'argent, et y excelle. En cours de route, l'héroïne, dont la vulnérabilité initiale a disparu sous une carapace de cynisme, exploite les ressources, les affections et la crédulité des hommes – dont un soldat (noir) américain – en demeurant « loyale » à son mari Hermann, soldat allemand incarcéré en Union soviétique et dont les prouesses guerrières sont à dessein laissées dans le vague.

Toutes les relations de Maria, ses réalisations et ses conforts se mesurent en argent. Le point culminant en est une nouvelle maison truffée de gadgets où elle compte bien accueillir son mari remis sur pied. Ils sont sur le point de retrouver le bonheur conjugal quand une explosion souffle le couple en même temps que tous leurs biens terrestres : par étourderie, un robinet de gaz *(sic)* était demeuré ouvert dans leur cuisine ultramoderne. Au même moment, la radio salue hystériquement la victoire de la RFA en 1954, dans la coupe du monde de football. Pour Fassbinder et toute une génération de révoltés ouest-allemands, les nouvelles qualités de l'Allemagne nouvelle dans sa nouvelle Europe – prospérité, compromis, démobilisation politique et accord tacite pour ne pas réveiller une mémoire nationale assoupie – ne détournaient pas l'attention de ses vieux défauts. C'étaient les mêmes vieux défauts, sous des habits neufs.

IX

Illusions perdues

« Indië verloren, rampspoed geboren.
(Si les Indes sont perdues, nous sommes faits.) »
Dicton hollandais, largement cité dans les années 1940

« Le vent du changement souffle à travers ce continent et que cela nous plaise ou non, cette prise de conscience [de l'Afrique] est un fait politique. »
Harold Macmillan, discours au Cap (3 février 1960)

« La Grande-Bretagne a perdu un Empire et n'a pas encore trouvé de rôle. »
Dean Acheson, discours à West Point (5 décembre 1962)

« Ici, Imre Nagy, président du Conseil des ministres de la République populaire hongroise. Aujourd'hui, à l'aube, les troupes soviétiques ont lancé une attaque contre notre capitale dans l'évidente intention de renverser le gouvernement légal et démocratique de Hongrie. Nos troupes combattent. Le gouvernement est à son poste. J'en informe le peuple hongrois et l'opinion publique mondiale. »
Imre Nagy sur les ondes de la radio hongroise
(5 h 20, le 4 novembre 1956)

« C'est une grave erreur que d'appeler des troupes étrangères pour donner une leçon à son peuple. »
Josip Broz Tito (11 novembre 1956)

À l'issue de la Seconde Guerre mondiale, les peuples d'Europe occidentale – qui avaient tant de mal à se gouverner ou même à se nourrir – continuaient de gouverner une bonne partie du monde non européen. Ce paradoxe indécent, dont les implications ne devaient pas échapper aux élites indigènes des colonies européennes, eut des conséquences perverses. Pour beaucoup, en Grande-Bretagne, en France ou aux Pays-Bas, les colonies et possessions impériales en Afrique, en Asie, au Moyen-Orient et aux Amériques étaient un baume pour les souffrances et les humiliations de la guerre en Europe ; elles avaient démontré leur valeur matérielle dans la guerre en tant que ressources nationales vitales. Sans l'accès à ces lointains territoires, aux fournitures et aux hommes qui venaient avec les colonies, les Britanniques et les Français, notamment, eussent été plus lourdement handicapés encore qu'ils ne le furent dans leur combat contre l'Allemagne et le Japon.

Cela parut particulièrement évident aux Britanniques. Pour qui a grandi, comme l'auteur de ces pages, dans la Grande-Bretagne de l'après-guerre, l'« Angleterre », la « Grande-Bretagne » et l'« Empire britannique » étaient quasiment synonymes. Les cartes utilisées à l'école primaire représentaient un monde largement barbouillé de rouge impérial ; les manuels d'histoire s'intéressaient de près à l'histoire des conquêtes britanniques en Inde et en Afrique, notamment ; les actualités cinématographiques, les bulletins d'information à la radio, la presse, les magazines illustrés, les histoires pour enfants, les bandes dessinées, les compétitions sportives, les boîtes de biscuits où les étiquettes de fruits en conserve, les vitrines des boucheries : tout rappelait la présence cruciale de l'Angleterre au cœur historique et géographique d'un Empire maritime international. Les noms des villes, des fleuves et des hommes politiques des colonies et des dominions étaient aussi familiers que ceux de la Grande-Bretagne elle-même.

Les Britanniques avaient perdu leur « premier » empire d'Amérique du Nord ; son successeur, s'il n'avait été vraiment acquis dans un « moment de distraction », était tout sauf le produit d'un dessein. Sa police, son service et son administration coûtaient très cher ; et, comme l'imperium français d'Afrique du Nord, il était apprécié et défendu avec la plus grande ferveur par une petite classe de colons formée de fermiers et de ranchers dans des pays comme le Kenya ou la Rhodésie. Les dominions « blancs » – Canada, Australie, Nouvelle-Zélande – et l'Afrique du Sud étaient indépendants ; mais leur allégeance officielle à la couronne, leurs liens affectifs avec la Grande-Bretagne, la nourriture et les matières premières qu'ils pouvaient fournir et leurs forces armées étaient presque considérées comme des actifs nationaux. La valeur matérielle du reste de l'Empire britannique était moins immédiatement évidente que ses usages stratégiques : les possessions britanniques en Afrique de l'Est – comme les divers territoires et ports sous contrôle au Moyen-Orient, autour de la Péninsule arabique et dans l'océan Indien – étaient surtout prisés comme des appendices du principal atout impérial de la Grande-Bretagne : l'Inde, qui à l'époque comprenait ce qui allait devenir le Pakistan et le Bangladesh, ainsi que le Sri Lanka et la Birmanie.

Tous les Empires européens avaient été acquis de manière sporadique, épisodique et, à l'exception des routes terrestres et maritimes desservant l'Empire britannique, sans prêter beaucoup attention à la cohérence logistique et au gain économique. Les Espagnols avaient déjà perdu la majeure partie de leur empire, d'abord au profit des Britanniques, puis des suites des demandes d'indépendance de leurs anciens colons, et enfin, tout récemment, au profit de la puissance montante des États-Unis, qui est la source d'un sentiment anti-américain lancinant en Espagne, alors comme de nos jours. Ne restaient plus que des enclaves au Maroc et en Guinée équatoriale que Franco, comme toujours réaliste, dut abandonner entre 1956 et 1968.

En revanche, une bonne partie de l'Afrique et de l'Asie restait encore entre les mains d'Européens, qui gouvernaient soit directement depuis les capitales impériales, *via* une caste dirigeante d'intellectuels d'éducation européenne recrutés sur place, soit par le truchement de souverains indigènes soumis par une alliance à leurs maîtres européens. Les responsables politiques de l'Europe d'après-guerre qui ne connaissaient que ces gens-là restèrent largement inconscients de l'essor rapide du sentiment nationaliste dans une génération montante de militants à travers les empires (sauf peut-être en Inde, mais même là ils en sous-estimèrent longtemps l'ampleur et la détermination).

Ni les Britanniques ni aucune des autres puissances coloniales européennes restantes ne virent donc venir l'effondrement imminent de leurs possessions ou de leur influence outre-mer. Ainsi que l'a attesté l'historien britannique Eric Hobsbawm, la fin des empires coloniaux européens semblait très lointaine en 1939, même aux yeux d'étudiants d'un séminaire pour jeunes communistes de Grande-Bretagne et de ses colonies. Six ans plus tard, le monde était encore si bien divisé entre gouvernants et gouvernés, puissants et démunis, riches et pauvres qu'il semblait improbable que le fossé pût être comblé dans un proche avenir. En 1960, bien après que le mouvement mondial vers l'indépendance eût pris son élan, 70 % de la production mondiale brute et 80 % de la valeur ajoutée dans l'industrie manufacturière étaient encore le fait de l'Europe occidentale et de l'Amérique du Nord.

Le minuscule Portugal – la plus petite et la plus pauvre des puissances coloniales européennes – extrayait des matières premières à des prix très avantageux de ses colonies d'Angola et du Mozambique ; celles-ci offraient aussi un marché captif pour les exportations portugaises, par ailleurs peu compétitives sur la scène internationale. Ainsi le Mozambique cultivait-il du coton pour le marché portugais plutôt que des vivres pour sa population : distorsion qui se soldait par des profits juteux et, localement, des famines régulières. Dans ces conditions, et malgré l'insuccès des révoltes dans les colonies et des coups de force militaires à l'intérieur, la décolonisation portugaise fut retardée le plus longtemps possible[1].

Même si les États européens pouvaient se passer de leurs empires, peu, à l'époque, imaginaient que les colonies pussent survivre seules, sans le soutien d'une puissance étrangère. Même les libéraux et les socialistes, qui étaient

1. En 1968 (sept ans après le début de la révolte angolaise, en février 1961), alors qu'on lui demandait s'il envisageait l'indépendance des colonies africaines du pays, l'Angola et le Mozambique, le dictateur portugais, Antonio de Oliveiria Salazar, répondit : « C'est l'affaire de plusieurs siècles. Dans cinq cents ans. D'ici là, ils devront continuer de participer au processus du développement. » (Voir Tom Gallagher, *Portugal. A Twentieth-Century Interpretation*, 1983, p. 200). Mais Salazar était devenu légendaire par son refus du monde moderne : il réussit à tenir Coca-Cola à l'écart de son pays pendant le plus clair des années 1950 – chose dont même les Français se révélèrent incapables.

partisans de l'autonomie et finalement de l'indépendance des sujets européens d'outre-mer, pensaient que de longues années passeraient avant que ces objectifs ne fussent atteints. Il est bon de se rappeler qu'en 1951 le secrétaire britannique aux Affaires étrangères, le travailliste Herbert Morrison, pouvait encore déclarer que, donner l'indépendance aux colonies africaines, c'était « donner à un gosse de dix ans la clé de la maison avec un compte en banque et un fusil de chasse ».

La guerre mondiale avait cependant produit dans les colonies des changements plus grands que ne l'avaient encore compris la plupart des Européens. Au cours de la guerre, la Grande-Bretagne avait perdu ses territoires est-asiatiques au profit des occupants japonais et, quand bien même elle les avait récupérés après la défaite du Japon, la stature de l'ancienne puissance coloniale avait été radicalement minée. La reddition britannique à Singapour, en février 1942, fut une humiliation dont l'Empire britannique d'Asie ne devait jamais se remettre. Alors même que les forces britanniques purent empêcher la Birmanie et, par conséquent, l'Inde de tomber entre les mains des Japonais, le mythe de l'invincibilité européenne s'en trouva brisé pour de bon. Après 1945, les puissances coloniales d'Asie allaient être soumises à des pressions croissantes pour les amener à renoncer à leurs prétentions traditionnelles.

Pour les Pays-Bas, la plus ancienne puissance coloniale de la région, les conséquences furent particulièrement traumatisantes. Les Indes orientales, et la compagnie commerciale qui les avait développées, faisaient partie du mythe national : lien direct avec l'Âge d'or, elles étaient le symbole de la gloire commerciale et maritime de la Hollande. Surtout dans les années sombres et appauvries de l'après-guerre, on imaginait aussi assez généralement que les matières premières des Indes, notamment le caoutchouc, seraient le salut économique des Pays-Bas. Dans les deux années qui suivirent la défaite japonaise, cependant, les Hollandais se retrouvèrent de nouveau en guerre : les territoires hollandais du Sud-Est asiatique (l'actuelle Indonésie) nécessitaient 140 000 hommes (soldats de métier, conscrits et volontaires) tandis que la révolution de l'indépendance indonésienne suscitait admiration et imitation dans tout le reste de l'empire hollandais du Pacifique, des Caraïbes et de l'Amérique du Sud.

La guérilla qui s'ensuivit dura quatre ans et coûta aux Pays-Bas plus de 3 000 victimes, civiles et militaires. L'indépendance indonésienne, unilatéralement proclamée par le dirigeant nationaliste Sukarno le 17 novembre 1945, ne devait être finalement concédée par les autorités hollandaises (et une reine Juliana en pleurs) qu'en décembre 1949, à la conférence de La Haye. Un flot régulier d'Européens (beaucoup étaient nés aux Indes et n'avaient encore jamais vu les Pays-Bas) devaient rentrer « au pays ». À la fin de 1957, quand le président Sukarno, ferma l'Indonésie aux hommes d'affaires hollandais, les « rapatriés » se comptèrent en dizaines de milliers.

L'expérience de la décolonisation eut un effet amer sur la vie publique en Hollande, déjà durement touchée par la guerre et ses souffrances. De nombreux anciens coloniaux et leurs amis cultivèrent ce qu'on devait appeler le « Mythe du bon empire », imputant à la gauche l'échec des Hollandais à rétablir l'autorité coloniale après l'interrègne de l'occupation japonaise. Par ailleurs, les conscrits (l'écrasante majorité des soldats) n'étaient que trop contents de rentrer sains et saufs, après une guerre coloniale dont personne n'était fier et qui allait bien vite trouver sa niche dans la mémoire nationale même si beaucoup pensaient que les Nations unies avaient contrarié une victoire militaire en insistant sur un transfert de pouvoir négocié.

À plus longue échéance, le retrait forcé des Hollandais de leur colonie a facilité l'essor d'un sentiment national pour « l'Europe ». La Seconde Guerre mondiale avait démontré que les Pays-Bas ne pouvaient se tenir à l'écart des affaires internationales, notamment de celles de ses grands voisins, et la perte de l'Indonésie vint rappeler à point nommé au pays sa position réelle : celle d'un État européen petit et vulnérable. Faisant de nécessité vertu, les Hollandais se métamorphosèrent en fervents partisans de l'intégration économique puis politique européenne. Pour autant, ce ne fut pas un processus indolore et le changement de sensibilité collective de la nation ne s'opéra pas du jour au lendemain. Jusqu'au printemps 1951, les calculs et dépenses militaires des gouvernements hollandais de l'après-guerre n'allaient pas à la défense de l'Europe (alors que les Hollandais participaient au pacte de Bruxelles et à l'OTAN) mais étaient destinés à garder les colonies. Ce n'est que lentement, et non sans quelque regret refoulé, que les hommes politiques hollandais prêtèrent une attention sans partage aux affaires européennes et abandonnèrent leurs anciennes priorités.

Il en va de même, à des degrés divers, de toutes les puissances coloniales et ex-coloniales d'Europe occidentale. Projetant l'expérience et les préoccupations de Washington sur le reste de l'Occident, des chercheurs américains passent parfois à côté de cette singularité de l'Europe d'après la Seconde Guerre mondiale. Aux États-Unis, ce qui importait, c'était la guerre froide, situation que reflétaient les priorités et la rhétorique à l'étranger comme sur la scène intérieure. À La Haye, à Londres ou à Paris, cependant, ces mêmes années furent occupées par de coûteuses guerres de guérilla dans de lointaines colonies de plus en plus ingouvernables. Les mouvements d'indépendance nationale furent le casse-tête stratégique d'une bonne partie des années 1950, non pas Moscou et ses ambitions, même si dans certains cas les deux se recoupaient.

L'Empire français, comme le britannique, avait bénéficié de la redistribution après 1919 des possessions asiatiques et africaines prises aux Puissances centrales vaincues. En 1945, la France libérée régnait donc à nouveau sur la Syrie et le Liban, ainsi que sur de larges pans de l'Afrique subsaharienne et quelques îles des Caraïbes et du Pacifique. Mais les « joyaux » de la couronne impériale de la France étaient ses territoires d'Indochine et, surtout, les vieilles colonies françaises de la côte méditerranéenne d'Afrique du Nord : la Tunisie, le Maroc et par-dessus tout l'Algérie. Dans les livres d'histoire de la France, cependant, la place des colonies était peut-être plus ambigüe qu'outre-manche : en partie parce que la France était une République dans laquelle les possessions impériales n'avaient pas de place naturelle, et en partie aussi parce que nombre des premières conquêtes de la France avaient de longue date été reprises par des dirigeants anglophones. En 1950, des millions de Français, hommes et femmes, se souvenaient encore de l'« Incident de Fachoda » qui, en 1898, avait vu la France se dérober à une confrontation avec la Grande-Bretagne pour le contrôle de l'Égypte, du Soudan et du Haut-Nil. Parler d'empire, en France, c'était se souvenir de défaite aussi bien que de victoire.

Par ailleurs, on ne cessait de présenter aux petits écoliers français l'image d'une France formant un continuum transocéanique, un lieu dans lequel les attributs civiques et culturels de la francité étaient ouverts à tous ; où les écoles primaires, de Saigon à Dakar, enseignaient « nos ancêtres les Gaulois » et proclamaient – ne serait-ce qu'en principe – les vertus d'une assimilation culturelle sans faille, qui eût été totalement impensable pour les administrateurs des colonies britanniques, hollandaises, belges, espagnoles et portugaises[2]. C'est seulement en France que les autorités métropolitaines pouvaient traiter sérieusement leurs possessions coloniales les plus précieuses non pas comme une terre étrangère, mais comme autant d'extensions administratives de la France elle-même. Ainsi l'« Algérie » n'était-elle qu'une expression géographique : la région qu'elle désignait était administrée sous la forme de trois départements français (où seuls les résidents *européens* jouissaient cependant de tous les droits civils).

Au cours de la guerre, les Français, comme les Britanniques et les Hollandais, avaient dû abandonner au Japon leurs précieuses colonies d'Asie du Sud-Est. Dans le cas français, cependant, l'occupation japonaise fut tardive – jusqu'en mars 1945, l'Indochine française resta sous la tutelle des autorités de Vichy – et en tout état de cause incomparablement moins traumatique que la défaite de 40. L'humiliation de la France en Europe accentua la portée symbolique de son empire outre-mer : si les Français n'étaient pas, à leurs yeux, tout à fait réduits à une « masse de protoplasme démunie et désespérée » (suivant la description qu'en fit Eisenhower en 1954), c'était largement dû à leur crédibilité continue de première puissance coloniale, laquelle avait donc une certaine importance.

2. La prétention française n'était pas sans fondement : Félix Éboué, le gouverneur général de l'Afrique équatoriale française en 1945, était un haut fonctionnaire des colonies françaises – et il était noir.

En Afrique, de Gaulle avait rétabli la présence de la France à la conférence de Brazzaville, au début de février 1944. Là, dans la capitale de l'Afrique-équatoriale française, à deux pas du Congo belge dont elle n'était séparée que par le fleuve, le chef des Français libres avait donné une expression caractéristique à sa vision de l'avenir colonial de la France :

> « Mais, en Afrique française, comme dans tous les autres territoires où des hommes vivent sous notre drapeau, il n'y aurait aucun progrès qui soit un progrès, si les hommes, sur leur terre natale, n'en profitaient pas moralement et matériellement, s'ils ne pouvaient s'élever peu à peu jusqu'au niveau où ils seront capables de participer chez eux à la gestion de leurs propres affaires. C'est le devoir de la France de faire en sorte qu'il en soit ainsi. »

Comme bien souvent, ce que veut dire ici de Gaulle n'est pas clair, peut-être à dessein. En revanche, on *comprit* assurément son propos comme une allusion à l'émancipation coloniale et, finalement, à l'autonomie. Les circonstances étaient propices. L'opinion publique française n'était pas hostile à des réformes coloniales – en fustigeant la pratique du travail forcé dans son *Voyage au Congo* (1927), André Gide avait contribué à ouvrir les yeux de l'opinion sur les crimes européens en Afrique centrale – tandis que les Américains se livraient à une agitation anticoloniale menaçante. Le secrétaire d'État américain Cordell Hull avait dernièrement évoqué d'un ton approbateur la perspective d'un contrôle international des colonies européennes les moins avancées et d'une rapide autonomie pour les autres[3].

Dans une Afrique francophone appauvrie et isolée, le discours réformiste ne coûtait pas cher, surtout tant que la France métropolitaine elle-même n'était pas libérée. L'Asie du Sud-Est était une autre affaire. Le 2 septembre 1945, Hô Chi Minh, le dirigeant nationaliste viêt-namien (et membre fondateur du parti communiste français : tout jeune, il avait pris part au congrès de Tour, en décembre 1920), proclama l'indépendance de sa nation. Dans les deux semaines, des troupes britanniques commencèrent à affluer à Saigon, suivies un mois plus tard des Français. Entre-temps, les districts nord du Viêt-nam, jusque-là sous contrôle chinois, furent restitués aux Français en février 1946.

À ce stade, existait une sérieuse perspective d'autonomie ou d'indépendance négociée, tandis que les autorités de Paris engageaient des discussions

3. D'après certaines sources, de Gaulle déconseillait de parler ouvertement d'autonomie des colonies de crainte que les colons européens, notamment en Algérie, ne saisissent l'occasion pour faire sécession de la France et mettre en place un État ségrégationniste sur le modèle sud-africain. La suite des événements allait prouver que ce n'était pas une inquiétude déraisonnable.

avec les représentants nationalistes. Le 1er juin 1946, cependant, l'amiral et plénipotentiaire français Thierry d'Argenlieu proclama unilatéralement la séparation de la Cochinchine (le Sud du pays) du Nord dominé par les nationalistes, sabotant ainsi les timides efforts de son gouvernement pour trouver un compromis et mettant fin aux conversations de son gouvernement avec Ho. À l'automne de cette même année, les Français avaient bombardé le port de Haiphong, et le Viêt-minh nationaliste attaqué les Français à Hanoï : la première guerre du Viêt-nam avait commencé.

Le combat de la France d'après-guerre pour restaurer son autorité en Indochine fut une catastrophe tant politique que militaire. Hô Chi Minh bénéficia de ce fait d'un double crédit auprès de la gauche française, en tant que combattant pour l'indépendance nationale et en tant que communiste révolutionnaire : deux images aussi inextricablement liées dans sa pensée qu'elles l'étaient dans son image internationale bien lissée[4]. Envoyer des jeunes gens se battre et mourir dans une « sale guerre » en Indochine n'avait pas grand sens pour la plupart des électeurs français ; et laisser Hanoï l'emporter n'était manifestement pas plus malavisé que de soutenir un Bao Daï dont les Français avaient fait le nouvel « empereur » du pays en mars 1949 et qui n'était visiblement pas à la hauteur.

Le corps des officiers français, en revanche, était certainement avide de poursuivre le combat au Viêt-nam ; là-bas, comme plus tard en Algérie, l'enjeu semblait être l'héritage martial de la France (ou ce qu'il en restait), et le haut-commandement français avait quelque chose à prouver. Mais jamais l'économie française n'aurait pu soutenir une longue guerre dans une lointaine colonie sans une aide extérieure significative. La guerre de la France en Indochine devait être financée par les Américains. Dans un premier temps, la contribution de Washington fut indirecte : grâce aux prêts et à l'aide des États-Unis, les Français purent détourner des ressources considérables au profit d'un combat toujours plus onéreux et vain pour défaire le Viêt-minh. En fait, les États-Unis allaient soutenir la modernisation économique de la France après la guerre tandis que la France consacrait ses maigres ressources à la guerre.

À compter de 1950, l'aide américaine prit une forme plus directe. Dès juillet, un mois après l'ouverture des hostilités dans la Corée voisine, les États-Unis accrurent fortement leur aide militaire aux forces françaises en Asie du Sud-Est. Les Français négocièrent âprement avant de consentir à approuver un projet de défense européenne voué à l'échec et d'accepter l'entrée de l'Allemagne de l'Ouest dans l'OTAN : en contrepartie (de leur consentement

4. Aux yeux de ses amis comme de ses ennemis, l'image d'icône du communisme international qui entourait Hô Chi Minh fut confirmée le 14 janvier 1950, quand Staline et Mao furent les premiers à reconnaître la République démocratique du Viêt-nam qu'il venait de proclamer.

à laisser les États-Unis les protéger, pensaient à Washington les esprits chagrins), ils reçurent une substantielle aide américaine. De tous les États européens, la France, en 1953, était de loin le plus tributaire du soutien américain, en espèces comme en nature.

C'est seulement en 1954 que Washington demanda un arrêt, repoussant les demandes de plus en plus désespérées des Français réclamant un pont aérien pour sauver la garnison française condamnée de Diên Biên Phu. Après presque huit années de combats sanglants et infructueux, les choses étaient claires aux yeux de Washington : non seulement les Français n'arriveraient pas à rétablir leur ancienne autorité en Indochine, mais ils n'étaient pas de taille à vaincre les forces régulières et les guérilleros de Hô Chi Minh. Du point de vue de l'Amérique, les Français avaient gaspillé leur argent et représentaient un placement toujours plus risqué. Quand Diên Biên Phu tomba, le 7 mai 1954 et que les Français demandèrent un cessez-le-feu, nul ne s'en étonna.

La chute de l'Indochine française précipita l'effondrement du dernier des gouvernements de coalition français qui avaient essayé de la conserver et l'arrivée au pouvoir de Pierre Mendès France. Sous la houlette de « PMF », les Français négocièrent un accord, qui fut signé le 21 juillet 1954 à Genève : la France se retirait de la région, laissant deux entités séparées – le Viêt-nam du « Nord » et celui du « Sud » – dont de futures élections détermineraient les relations et les institutions politiques. Ces élections n'auraient jamais lieu. Et c'est sur les seuls Américains que devait désormais retomber le fardeau de soutenir la moitié sud de l'ancienne colonie de la France.

En France, peu se désolèrent de voir filer l'Indochine. À la différence des Hollandais, les Français n'étaient pas dans la région depuis bien longtemps ; et alors même que l'Amérique paya la première guerre du Viêt-nam (chose dont très peu de Français avaient conscience à l'époque), ce sont des soldats français qui combattirent et tombèrent. En France, des responsables politiques de droite reprochèrent vertement à Mendès France et à ses prédécesseurs de n'avoir pas su mener la guerre plus efficacement, mais personne n'avait rien de mieux à proposer et presque tous étaient secrètement ravis de tourner la page du Viêt-nam. Seule l'armée française – ou, plus exactement, le corps des officiers de métier – en conçut des griefs durables. De jeunes officiers, notamment ceux qui avaient d'abord servi dans la Résistance ou la France Libre et avaient pris l'habitude de porter des jugements politiques indépendants, commencèrent à nourrir des rancœurs encore vagues mais dangereuses. Une fois de plus, murmuraient-ils, les troupes françaises engagées sur le terrain avaient été mal servies par leurs chefs politiques de Paris.

Avec la perte de l'Indochine, les Français tournèrent leur attention vers l'Afrique du Nord. D'un certain point de vue, ce fut littéralement vrai : l'insurrection algérienne commença le 1er novembre 1954, soit juste quatorze semaines après la signature des accords de Genève. Mais cela faisait longtemps que l'Afrique du Nord était passée au cœur des préoccupations parisiennes. À peine les Français avaient-ils débarqué en 1830 sur le territoire de l'actuelle Algérie que la colonie avait trouvé place dans une ambition plus grande, et plus ancienne encore, des Français : celle de dominer l'Afrique saharienne, de l'Atlantique à Suez. Contrariés par les Britanniques à l'est, les Français avaient jeté leur dévolu sur la Méditerranée occidentale et, par-delà le Sahara, sur l'Afrique centrale et occidentale.

Hors de l'implantation bien plus ancienne du Québec, ainsi que quelques îles des Caraïbes, l'Afrique du Nord (l'Algérie, en particulier) était la seule colonie française où des Européens s'étaient établis en nombre et durablement. Reste que beaucoup d'Européens n'étaient pas français d'origine, mais plutôt espagnols, italiens, grecs ou autres. Même un Français d'Algérie aussi emblématique qu'Albert Camus était mi-espagnol, mi-français ; et ses aïeux français étaient arrivés tout récemment. Cela faisait longtemps que la France n'avait pas eu d'excédent de population ; et, à la différence de la Russie, de la Pologne, de la Grèce, de l'Italie, de l'Espagne, du Portugal, de la Scandinavie, de l'Allemagne, de l'Irlande, de l'Écosse, et même de l'Angleterre, la France n'était pas un pays d'émigrés depuis de nombreuses générations. Les Français n'étaient pas des colonisateurs naturels.

S'il existait néanmoins une France hors de la France, c'était bien l'Algérie : la présence technique de l'Algérie *dans* la structure administrative de la métropole en était une confirmation. La plus proche analogie, ailleurs, était l'Ulster, autre enclave outre-mer dans une ancienne colonie, institutionnellement intégrée au *mainland*, à la métropole, et avec une communauté de colons établis de longue date dont l'attachement au centre impérial importait bien davantage qu'à la majorité métropolitaine. L'idée que l'Algérie pût devenir un jour indépendante (et gouvernée par les Arabes, compte tenu de l'écrasante prédominance numérique des Arabes et des Berbères dans sa population) était impensable pour sa minorité européenne.

Aussi les responsables politiques français avaient-ils longtemps évité d'y réfléchir. Aucun gouvernement français, hormis l'éphémère Front populaire de Léon Blum en 1936, n'avait vraiment prêté attention aux pratiques très dommageables des administrateurs coloniaux en Afrique du Nord française. Des nationalistes algériens modérés comme Ferhat Abbas étaient bien connus de la classe politique et des intellectuels français avant et après la Seconde Guerre mondiale, mais personne n'imaginait vraiment que Paris accèderait bientôt à leurs modestes revendications d'autonomie ou de *home rule*. Dans un premier temps, les dirigeants arabes crurent avec optimisme que la défaite de Hitler allait précipiter les réformes tant attendues ; et, le 10 février 1943, quand ils publièrent un manifeste dans le sillage du débarquement allié en Afrique du Nord, ils prirent grand soin de souligner leur loyauté aux idéaux de 1789 et leur attachement à la culture de la France et de l'Occident qu'ils avaient « reçue et chérie ».

Leurs appels ne furent pas entendus. Le gouvernement de la France libérée se désintéressa des sentiments arabes et, quand cette indifférence déboucha sur le soulèvement de la Kabylie, à l'est d'Alger, en mai 1945, les insurgés furent impitoyablement réprimés. Au cours de la décennie suivante, l'attention de Paris se porta ailleurs. Lorsque ces années de colère refoulée et d'espérances déçues aboutirent à une insurrection organisée, le 1er novembre 1954, le compromis n'était plus à l'ordre du jour. Le FLN (Front de Libération nationale) algérien avait à sa tête une jeune génération de nationalistes arabes qui méprisaient les stratégies francophiles et modérées de leurs aînés. L'objectif n'était pas « l'autonomie » ou la réforme, mais l'indépendance : objectif que les gouvernements français successifs ne pouvaient envisager. Il en résulta huit années meurtrières de guerre civile.

Les autorités françaises proposèrent tardivement des réformes. En mars 1956, le nouveau gouvernement socialiste de Guy Mollet accorda l'indépendance aux colonies françaises voisines de la Tunisie et du Maroc : première abdication de la puissance coloniale sur le continent africain. Mais quand Guy Mollet se rendit à Alger, une foule de colons européens le bombardèrent de fruits pourris. Paris se retrouva coincé entre les demandes implacables du FLN et le refus des résidents européens d'Algérie, maintenant conduits par un Comité de défense de l'Algérie française, d'accepter le moindre compromis avec leurs voisins arabes. La stratégie française, si tant est qu'elle mérite ce nom, consistait désormais à vaincre le FLN par la force en pressant les colons d'accepter des réformes politiques et certaines mesures de partage du pouvoir.

L'armée française se lança alors dans une rude guerre d'usure contre la guérilla du FLN. Les deux camps devaient recourir régulièrement à l'intimidation, à la torture, au meurtre et au terrorisme déclaré. Après une série particulièrement macabre d'assassinats arabes et de représailles européennes, en décembre 1956, le ministre résident en Algérie du gouvernement Guy Mollet, Robert Lacoste, donna carte blanche à Jacques Massu, colonel des parachutistes, pour détruire par tous les moyens les insurgés nationalistes d'Alger. En septembre 1957, Massu était victorieux après avoir brisé une grève générale et écrasé les insurgés dans la bataille d'Alger. La population arabe paya un prix terrible, mais la réputation de la France en fut irrémédiablement souillée. Et les colons européens continuèrent à se méfier plus que jamais des intentions de Paris à long terme[5].

---

5. Ce sont ces événements que Gilles Pontecorvo évoque dans son film mémorable de 1965, *La Bataille d'Alger (La Battaglia di Algeri)*.

En février 1958, le nouveau gouvernement de Félix Gaillard se trouva en fâcheuse posture après le bombardement par l'aviation française de la ville de Sakhiet, en Tunisie, soupçonnée de servir de base aux nationalistes algériens. La vague d'indignation internationale qui s'ensuivit et les offres de « bons offices » anglo-américains pour aider à résoudre l'imbroglio algérien ne firent qu'amplifier la peur, chez les Européens d'Algérie, que Paris ne se préparât à les abandonner. À Paris comme à Alger, soldats et policiers se mirent à afficher leur sympathie pour la cause des colons. Le gouvernement Gaillard, le troisième gouvernement en onze mois, démissionna le 15 avril. Dix jours plus tard, se déroulait à Alger une immense manifestation exigeant la préservation éternelle de l'Algérie française et le retour au pouvoir du général de Gaulle ; les organisateurs du rassemblement se constituèrent en Comité de Salut public, jouant la provocation en faisant écho à l'institution révolutionnaire du même nom.

Le 15 mai, quarante-huit heures après l'installation d'un nouveau gouvernement dirigé par Pierre Pflimlin, le général Raoul Salan, commandant des forces françaises en Algérie, lança le nom du général de Gaulle sous les vivats de la foule, sur le Forum d'Alger. De Gaulle lui-même, qui avait ostensiblement gardé le silence depuis qu'il s'était retiré de la vie publique dans son village de Colombey-les-Deux-Églises, marqua son retour sur la scène publique par une conférence de presse, le 19 mai. Des rebelles armés prirent le contrôle de la Corse ; à Paris, la rumeur courait d'un largage imminent de parachutistes. Pflimlin démissionna le 28, et le président René Coty chargea de Gaulle de former un nouveau gouvernement. Sans même feindre d'hésiter, de Gaulle entra en fonction le 1er juin ; le lendemain, l'Assemblée nationale lui votait les pleins pouvoirs. Son premier acte fut de s'envoler pour Alger où, le 4, il lançait un énigmatique « Je vous ai compris » à la foule des soldats et des Européens reconnaissants qui l'acclamaient.

Le nouveau président du Conseil avait bel et bien compris ses partisans d'Algérie, mieux qu'ils ne l'imaginaient. Il était immensément populaire parmi les Européens d'Algérie, qui voyaient en lui leur sauveur : au référendum de septembre 1958, de Gaulle obtint 80 % des voix en France, mais 96 % en Algérie[6]. Or l'un des nombreux traits distinctifs de Charles de Gaulle était une appréciation inébranlable de l'ordre et de la légitimité. Le héros de la France libre, le critique implacable de Vichy, l'homme qui avait rétabli la crédibilité de l'État français après août 1944 n'aimait pas les rebelles algériens (pour beaucoup, d'anciens pétainistes), encore moins les jeunes officiers libres-penseurs et insurgés qui avaient épousé leur cause. Sa première tâche, dans son esprit, était de restaurer l'autorité du gouvernement en France. Son

6. Le référendum mit en place une nouvelle République, la Cinquième. Trois mois plus tard, de Gaulle en devenait le premier président.

second objectif, lié au premier, était de résoudre le conflit algérien qui l'avait si dramatiquement miné.

Moins d'un an plus tard, il était clair que Paris et Alger allaient au-devant d'un affrontement. L'opinion internationale était de plus en plus favorable au FLN et à sa revendication d'indépendance. Les Britanniques accordaient l'indépendance à leurs colonies africaines. Les Belges eux-mêmes finirent par abandonner le Congo en juin 1960 (quoique de manière irresponsable et avec des résultats désastreux)[7]. L'Algérie coloniale se transformait à vue d'œil en anachronisme : de Gaulle l'avait parfaitement compris. Il avait déjà mis en place une « Communauté française » : première étape vers un « Commonwealth » des anciennes colonies françaises. Au sud du Sahara, une indépendance formelle devait être rapidement octroyée aux élites d'éducation française des pays qui étaient beaucoup trop faibles pour s'en sortir seuls et devaient donc rester tributaires de la France des décennies durant. En septembre 1959, un an seulement après son arrivée au pouvoir, le président français proposa « l'autodétermination » à l'Algérie.

Furieux de ce qu'ils tenaient pour le signe d'une trahison prochaine, des officiers et colons d'Algérie se mirent à préparer une grande révolte. Il y eut des complots et des coups de force ; on parla de révolution. En janvier 1960, des barricades surgirent à Alger ; des « ultra-patriotes » ouvrirent le feu sur des gendarmes français. Mais la révolte s'effondra face à l'intransigeance du général de Gaulle, et les officiers supérieurs peu fiables (dont Massu et son supérieur, le général Maurice Challe) furent soigneusement écartés d'Algérie. Les troubles n'en continuèrent pas moins pour culminer avec le putsch militaire raté d'avril 1961, inspiré par la toute nouvelle OAS (Organisation de l'Armée secrète). Mais de Gaulle resta impassible : « Un pouvoir insurrectionnel s'est établi en Algérie par un pronunciamiento militaire », déclara-t-il à la radio. « Ce pouvoir a une apparence : un quarteron de généraux en retraite. » La principale victime du coup de force fut le moral et l'image internationale (ce qu'il en restait) de l'armée française. Une écrasante majorité de Français, hommes et femmes, dont beaucoup avaient des fils qui servaient en Algérie, en tirèrent la conclusion que l'indépendance de l'Algérie n'était pas seulement inéluctable, mais aussi souhaitable – et dans l'intérêt de la France, le plus tôt serait le mieux.

Toujours réaliste, de Gaulle engagea des négociations avec le FNL à Évian, sur le lac de Genève. Les discussions préliminaires, poursuivies en juin 1960, puis de nouveau en juin-juillet 1961, n'avaient pas permis de trouver un terrain d'entente. Un nouvel essai, en mars 1962, se révéla plus fructueux : après juste dix jours de discussions, les deux parties trouvèrent un accord ; et

7. En 1960, quand les Belges abandonnèrent le Congo, ils ne laissèrent derrière eux que trente Congolais diplômés de l'Université pour quatre mille postes de hauts fonctionnaires.

le 19 mars, au terme de près de huit ans de combats ininterrompus, le FLN proclama un cessez-le-feu. Sur la base des accords d'Évian, de Gaulle organisa un référendum le dimanche 1er juillet ; la population française choisit, à une écrasante majorité, de se défaire de ses chaînes algériennes. Deux jours plus tard, l'Algérie devint un État indépendant.

La tragédie algérienne ne s'arrêta pas là. L'OAS se transforma en une organisation clandestine en bonne et due forme, vouée d'abord à conserver l'Algérie française, puis, l'échec étant flagrant, à punir ceux qui avaient « trahi » leur cause. Dans le seul mois de mars 1962, les agents et attentats de l'OAS firent 553 morts. De spectaculaires attentats échouèrent contre le ministre de la Culture, André Malraux, et de Gaulle lui-même, même si l'attentat du Petit-Clamart fut à deux doigts de réussir. Quelques années durant, au début de la décennie 60, la France fut sous l'emprise d'une menace terroriste déterminée et de plus en plus désespérée. Les services secrets français finirent par briser l'OAS, mais la mémoire persista.

Dans le même temps, des millions d'Algériens furent contraints de s'exiler en France contre leur volonté. Les pieds-noirs européens se fixèrent pour la plupart dans le Midi ; la première génération en conçut une rancœur durable contre les autorités françaises, accusées d'avoir trahi leur cause et de leur avoir fait perdre leurs biens et leurs emplois. Les Juifs d'Algérie abandonnèrent aussi le pays : certains pour Israël, mais beaucoup, comme les Juifs marocains avant eux, pour la France, où ils devaient le moment venu constituer la plus forte communauté juive (à dominante sépharade) d'Europe occidentale. Beaucoup d'Arabes quittèrent également l'Algérie. Certains le firent en prévision du pouvoir dogmatique et répressif du FLN. D'autres, notamment ceux qui avaient travaillé avec les Français ou avaient servi d'auxiliaires auprès de la police et des autorités militaires françaises – les harkis – fuirent le courroux prévisible des nationalistes victorieux. Beaucoup se firent prendre et souffrirent d'horribles vengeances ; mais même ceux qui réussirent à se réfugier en France n'eurent droit à aucun remerciement de la part des Français, qui ne reconnurent ni ne récompensèrent guère leurs sacrifices.

La France avait hâte d'oublier le traumatisme algérien. Les accords d'Évian de 1962 mirent fin à près de cinq décennies de guerre ou de peur de la guerre dans la vie française. La population était lasse : lasse des crises, lasse des combats, lasse des menaces, des rumeurs, des complots. La IVe République avait duré tout juste douze ans. Mal aimée, personne ne la pleura : dès le début, elle avait cruellement souffert de l'absence d'un exécutif efficace – héritage de l'expérience vichyste, qui avait fait hésiter les législateurs de l'après-guerre à l'idée d'instituer une présidence forte. Elle était aussi handicapée par ses systèmes parlementaire et électoral, qui favorisaient la multiplicité des partis et produisaient des gouvernements de coalition instables. Elle présida à des changements sociaux sans précédents, mais ceux-ci produisirent des contrecoups politiques qui semèrent la division. Pierre Poujade, libraire-papetier de Saint-Céré, dans le Sud-Ouest profond, forma le premier mouvement de protestation en Europe à s'adresser à une clientèle unique pour défendre « des petits, des matraqués, des spoliés, des laminés, des humiliés ». Les élections législatives de 1956 envoyèrent au Parlement cinquante-deux députés poujadistes « antisystème ».

Mais ce sont par-dessus tout les conflits coloniaux qui abattirent la première République française de l'après-guerre. Entre décembre 1955 et décembre 1957, la France perdit les deux tiers de ses réserves de devises, malgré l'essor régulier de l'économie. Contrôles des changes, taux de change multiples (comparables à ceux du Bloc soviétique, dans les décennies suivantes), dette extérieure, déficits budgétaires et inflation chronique : tous étaient imputables aux dépenses incontrôlées de guerres coloniales infructueuses, de 1947 à 1954, puis de nouveau à partir de 1955. Les gouvernements, toutes couleurs confondues, se divisèrent et trébuchèrent face à ces obstacles. Même sans une armée rebelle, la IVe République aurait été contrainte de relever ces défis une décennie tout juste après la pire défaite militaire de l'histoire du pays et l'humiliation de quatre années d'occupation. Le prodige, c'est qu'elle ait duré aussi longtemps.

Les institutions de la Ve République de Charles de Gaulle étaient censées, précisément, éviter les défauts de la précédente. L'Assemblée et les partis politiques virent leur importance réduite tandis que l'exécutif était considérablement renforcé : la Constitution donna au président un contrôle et une initiative considérables dans l'élaboration de la politique ainsi qu'une autorité absolue sur les Premiers ministres qu'il pouvait nommer et renvoyer quasiment à sa guise. Après avoir mis fin au conflit d'Algérie, de Gaulle proposa que le président fût désormais élu au suffrage universel (et non plus indirect, par l'Assemblée) ; cet amendement à la Constitution fut dûment approuvé par référendum le 28 octobre 1962. Soutenu par ses institutions, son passé et sa personnalité – et les souvenirs que les Français avaient des solutions de rechange –, le président français avait désormais plus de pouvoir que tout autre chef d'État ou de gouvernement librement élu au monde.

Dans les affaires intérieures, de Gaulle se contentait pour l'essentiel de laisser à ses Premiers ministres les affaires quotidiennes. Le programme de réforme économique draconienne qui commença avec le lancement du nouveau franc, le 27 décembre 1958, était en accord avec les recommandations antérieures du Fonds monétaire international et contribua directement à stabiliser les finances troublées du pays. Malgré ses airs de mandarin, de Gaulle était par nature un radical et ne craignait pas le changement : dans son traité de jeunesse sur la réforme militaire, *Vers l'armée de métier*, n'avait-il pas écrit que « rien ne dure qui ne se renouvelle constamment » ? On ne s'étonnera donc pas que nombre des transformations les plus significatives touchant l'infrastructure de transports, l'urbanisme et les investissements industriels dirigés par l'État aient été conçues et lancées sous son autorité.

Mais comme souvent, dans la politique gaullienne de modernisation intérieure, notamment les plans ambitieux de Malraux pour restaurer et nettoyer les bâtiments historiques, ces changements devaient toujours s'inscrire dans le cadre d'un objectif politique plus large : la restauration de la « grandeur de la France ». Comme le général Franco en Espagne (avec lequel il n'avait rien de commun par ailleurs), de Gaulle voyait surtout la stabilisation et la modernisation de l'économie comme des armes dans son combat pour restaurer la gloire nationale. La France avait connu un déclin régulier au moins depuis 1871 : sombre trajectoire jalonnée de défaites militaires, d'humiliations diplomatiques, de retraites coloniales, de dégradation économique et d'instabilité intérieure. Le but du général était de mettre fin à une ère de décomposition. « Toute ma vie, je me suis fait une certaine idée de la France », écrit-il au début de ses *Mémoires de guerre*. Il allait maintenant la mettre en œuvre.

Le domaine d'élection du président français était la politique extérieure : un choix dicté par son goût personnel autant que la raison d'État. De Gaulle était de longue date sensible à l'humiliation en série de la France – moins face à son ennemi allemand de 1940 qu'entre les mains de ses alliés anglo-américains depuis lors. De Gaulle ne devait jamais oublier le fâcheux isolement qui avait été le sien à Londres pendant la guerre en tant que porte-parole appauvri et largement ignoré de la France. Son intelligence des réalités militaires le retint d'exprimer la douleur qu'il partagea avec d'autres Français quand les Britanniques coulèrent la fière flotte méditerranéenne de la France à Mers el-Kébir, en juillet 1940 ; le symbolisme de l'acte ne lui en resta pas moins sur l'estomac.

De Gaulle avait une raison particulière de se montrer ambivalent envers Washington, où Franklin Roosevelt ne l'avait jamais pris au sérieux. Les États-Unis conservèrent de bonnes relations avec le régime de Vichy bien plus longtemps qu'il n'était digne ou prudent. La France fut absente des négociations alliées durant la guerre ; et même si cela permit plus tard à de Gaulle de nier cyniquement toute responsabilité dans les accords de Yalta, qu'il approuva en privé, le souvenir lui resta sur le cœur. Mais les pires humiliations étaient venues après la victoire. La France fut effectivement écartée de toutes les grandes décisions sur l'Allemagne. Jamais les Britanniques et les Américains ne partagèrent leurs renseignements avec les Français (craignant, à juste raison, des fuites). La France ne faisait pas non plus partie du « club » nucléaire et se trouvait ainsi réduite à une insignifiance sans précédent dans les calculs militaires internationaux.

Pire encore, la France avait été totalement tributaire des États-Unis dans sa guerre coloniale en Asie. En octobre 1956, quand la Grande-Bretagne, la France et Israël complotèrent pour attaquer l'Égypte de Nasser, c'est le président Eisenhower qui pressa les Britanniques de renoncer pour la plus grande fureur d'une France impuissante. Un an plus tard, en novembre 1957, la diplomatie française impuissante enragea de voir Britanniques et Américains livrer à la Tunisie des armes qu'elle craignait de voir finir entre les mains des rebelles algériens. Peu après l'entrée en fonction du général de Gaulle, en 1958, le général Norstad, commandant américain de l'OTAN, l'informa sèchement qu'il n'était pas habilité à connaître les détails du déploiement américain d'armes nucléaires sur le sol français.

Telle était la toile de fond de la politique étrangère quand de Gaulle hérita de tous les pouvoirs d'un président. Il n'attendait pas grand-chose des Américains. Depuis les armes nucléaires jusqu'au statut international privilégié du dollar en tant que monnaie de réserve, les États-Unis étaient en mesure d'imposer leurs intérêts au reste de l'Alliance atlantique et on pouvait compter sur eux pour le faire. On ne pouvait se fier aux Américains, mais au moins était-ce prévisible ; l'important était de ne pas dépendre de Washington, comme la politique française l'avait été en Indochine puis de nouveau à Suez. La France devait faire de son mieux et tenir ferme, par exemple en se dotant de l'arme nucléaire. Envers la Grande-Bretagne, en revanche, l'attitude du général de Gaulle était plus compliquée.

Comme la plupart des observateurs, le président français supposait raisonnablement, et à juste titre, que la Grande-Bretagne devait s'efforcer de rester à mi-chemin de l'Europe et de l'Amérique et que, forcée de choisir, Londres choisirait son allié atlantique plutôt que ses voisins européens. Cela apparut on ne peut plus clairement en décembre 1962 quand le Premier ministre Harold Macmillan rencontra le président Kennedy à Nassau, aux Bahamas, et accepta un arrangement en vertu duquel les États-Unis livreraient à la Grande-Bretagne des missiles nucléaires Polaris lancés par sous-marin (dans le cadre d'une force multilatérale qui plaçait de fait les armes nucléaires britanniques sous contrôle américain).

De Gaulle enrageait. Avant de se rendre à Nassau, Macmillan s'était entretenu avec de Gaulle à Rambouillet ; mais il n'avait rien laissé paraître au président français de ce qui allait suivre. Nassau fut donc encore un arrangement « anglo-américain » concocté dans le dos des Français. À la blessure vint s'ajouter l'affront quand Paris se vit à son tour proposer des missiles Polaris, aux mêmes conditions, sans même avoir pris part aux discussions. C'est dans ce contexte que le président de Gaulle annonça, dans sa conférence de presse du 14 janvier 1963, que la France opposait son veto à l'entrée de la Grande-Bretagne dans la Communauté économique européenne. Si la Grande-Bretagne voulait être un satellite des États-Unis, libre à elle. Mais elle ne pouvait être en même temps « européenne ». Simultanément, on l'a vu, de Gaulle se tourna vers Bonn et signa avec la République fédérale un traité hautement symbolique, même s'il était totalement vide de contenu.

L'idée que la France pouvait compenser sa vulnérabilité aux pressions anglo-américaines en serrant les coudes avec son vieil ennemi d'outre-Rhin n'était guère nouvelle. En juin 1926, déjà, le diplomate français Jacques Seydoux, dans une note confidentielle à ses patrons politiques, avait observé : « Il vaut mieux que nous soyons d'accord avec les Allemands pour dominer l'Europe que de nous trouver contre eux. [...] Le rapprochement franco-allemand nous permettra [...] de nous dégager plus rapidement de l'emprise anglo-américaine[8]. » De semblables considérations avaient inspiré les calculs des diplomates conservateurs qui appuyèrent Pétain en 1940. Dans les conditions de 1963, cependant, le traité avec l'Allemagne ne faisait concrètement pas grande différence. Les Français n'envisageaient pas de quitter l'alliance occidentale et de Gaulle n'avait aucunement l'intention de se laisser entraîner dans quelque projet allemand visant à réviser le règlement de l'après-guerre à l'est.

Ce que le traité de 1963 et le nouveau condominium franco-allemand confirmèrent réellement, c'était le tournant européen décisif de la France. Pour Charles de Gaulle, la leçon du XXe siècle était que la France ne pouvait espérer retrouver ses gloires perdues qu'en investissant dans le projet européen et en l'infléchissant au service des objectifs français. L'Algérie était perdue. Les colonies suivaient son chemin. Les Anglo-américains étaient toujours aussi peu sympathiques. Les défaites et pertes en série du passé ne laissaient d'autre choix à la France, si elle voulait retrouver une partie de son influence passée. Le jour où les pressions américaines et la docilité britannique avaient forcé les Français à arrêter les opérations à Suez, Adenauer en avait prévenu le président du Conseil Guy Mollet : « L'Europe sera votre revanche. »

À une seule exception de taille, le retrait britannique de l'Empire fut très différent de celui des Français. L'héritage colonial de la Grande-Bretagne était plus important et plus compliqué. L'Empire britannique, comme le soviétique, survécut intact à la guerre, quoique meurtri. La Grande-Bretagne était fortement dépendante des denrées alimentaires de base (à la différence de la France, qui se suffisait à elle-même en ce domaine, et dont les territoires impériaux, majoritairement tropicaux, produisaient des marchandises très différentes) ; et sur certains théâtres de la guerre, en Afrique du Nord notamment, les troupes du Commonwealth avaient été plus nombreuses que les soldats britanniques. Les résidents de la Grande-Bretagne elle-même, on l'a vu, étaient bien plus conscients de l'Empire que leurs homologues français : si la ville de Londres était beaucoup plus grande que Paris, c'est, entre autres raisons, qu'elle avait prospéré du fait de son rôle impérial de port, d'entrepôt

8. Cité in Fernand L'Huillier, *Dialogues franco-allemands, 1925-1933*, Strasbourg, Publications de la Faculté des Lettres de l'Université de Strasbourg, 1971, p. 35-36.

commercial, de centre manufacturier et de capitale financière. Les directives de la BBC, en 1948, conseillaient aux hommes de radio d'être attentifs au public majoritairement non chrétien d'outre-mer : « Les allusions irrespectueuses, pour ne pas dire désobligeantes aux bouddhistes, aux hindous, aux musulmans, etc. [...] peuvent blesser profondément et doivent être systématiquement évitées. »

En tout réalisme, cependant, les Britanniques ne pouvaient espérer, après 1945, s'accrocher à leur patrimoine impérial. Les ressources du pays avaient été terriblement surexploitées, et les coûts de l'entretien ne serait-ce que de l'empire des Indes n'étaient plus équilibrés par des avantages économiques et stratégiques : alors qu'en 1913 les exportations vers le sous-continent indien représentaient presque un huitième des exportations britanniques totales, elles n'étaient que de 8,3 % au lendemain de la Seconde Guerre mondiale et allaient en diminuant. En tout état de cause, il était évident pour tout le monde ou presque que la pression dans le sens de l'indépendance était maintenant irrésistible. Créé en 1931 par le Statute of Westminster, le Commonwealth avait été conçu pour prévenir la nécessité d'une marche rapide vers l'indépendance nationale et offrir plutôt un cadre à des territoires autonomes ou semi-autonomes qui resteraient attachés à la Couronne par des liens d'allégeance et d'obéissance, tout en les soulageant des apparats contestables de la domination impériale. Mais il devait maintenant se transformer en cercle d'anciennes colonies : des États indépendants que leur appartenance au Commonwealth ne pouvait contraindre qu'à proportion de leurs intérêts et sentiments.

L'Inde, le Pakistan et la Birmanie reçurent leur indépendance en 1947 ; Ceylan, l'année suivante. Le processus fut passablement sanglant ; le nettoyage ethnique et les déplacements de population qui suivirent firent des millions de morts parmi les hindous et les musulmans, mais la puissance coloniale s'en retira relativement indemne. Dans la Malaisie voisine, cependant, une insurrection communiste amena le gouvernement britannique à proclamer en juin 1948 l'état d'urgence – lequel ne devait être levé que douze ans plus tard avec la défaite décisive des rebelles. Dans l'ensemble, cependant, et en dépit des milliers de résidents et administrateurs coloniaux qui se retirèrent alors de l'Inde et des pays voisins, le départ de la Grande-Bretagne de l'Asie du Sud a été à la fois plus ordonné et moins traumatique qu'on aurait pu le prévoir.

Au Moyen-Orient, les choses étaient plus compliquées. Sur le territoire de la Palestine sous mandat britannique, la Grande-Bretagne abandonna ses responsabilités en 1948 dans des circonstances humiliantes mais (là encore, du point de vue britannique) avec relativement peu d'effusions de sang : les Arabes et les Juifs ne s'affrontèrent vraiment qu'après le départ des Britanniques. En Irak, où la Grande-Bretagne et l'Amérique avaient des intérêts pétroliers communs, les États-Unis évincèrent progressivement le Royaume-Uni dans le rôle d'influence impériale dominante. Mais c'est en Égypte, curieusement, pays qui n'avait jamais été une colonie britannique au sens traditionnel, que la Grande-Bretagne expérimenta les paradoxes et le drame de la décolonisation et essuya une défaite de proportions historiques. En 1956, avec la crise de Suez, la Grande-Bretagne connut pour la première fois le genre d'humiliation internationale – illustrant et accélérant le déclin du pays – qui était devenu si familier aux Français.

L'intérêt britannique pour l'Égypte procédait directement de l'importance de l'Inde, à laquelle vinrent s'ajouter par la suite les besoins en pétrole. Les troupes britanniques s'emparèrent du Caire pour la première fois en 1882, treize ans après l'ouverture du canal de Suez, administrée depuis Paris par la Compagnie du canal de Suez. Jusqu'à la Première Guerre mondiale, l'Égypte fut gouvernée de fait, sinon nommément, par un Résident britannique (le redoutable lord Cromer, pendant une bonne partie de cette période). De 1914 à 1922, l'Égypte fut un protectorat britannique, après quoi, elle devint indépendante. Les relations entre les deux pays restèrent stables un certain temps et furent officialisées par le traité de 1936. En 1952, cependant, le nouveau gouvernement du Caire, dirigé par des officiers qui avaient renversé le roi Farouk, abrogea le traité. Craignant de perdre leur accès privilégié à une voie navigable stratégiquement cruciale, les Britanniques réoccupèrent la zone du canal.

Deux ans après, l'un des officiers révolutionnaires, Gamal Abdul Nasser, devenu le chef du gouvernement, réclamait le départ des soldats britanniques du sol égyptien. Les Britanniques étaient disposés au compromis : ils avaient besoin de la coopération de l'Égypte. Le Royaume-Uni comptait toujours plus sur le pétrole bon marché, importé via le canal de Suez et payé en livres sterling. Si cet approvisionnement était perturbé, ou si les Arabes ne voulaient plus de la livre, la Grande-Bretagne devrait utiliser ses précieuses réserves de devises pour acheter des dollars et trouver son pétrole ailleurs. Par ailleurs, ainsi qu'Anthony Eden, alors secrétaire aux Affaires étrangères, en avait prévenu le cabinet britannique en février 1953, « l'occupation militaire pouvait être maintenue par la force, mais dans le cas de l'Égypte la base dont elle dépend ne sert pas à grand-chose sans main-d'œuvre locale pour la faire tourner ».

Aussi, en octobre 1954, Londres signa-t-elle un accord prévoyant l'évacuation de sa base de Suez en 1956, mais sous réserve que la présence militaire britannique pût être « réactivée » si les intérêts britanniques étaient menacés par des attaques sur ou par des États de la région. L'accord fut respecté : le 13 juin 1956, les derniers soldats britanniques étaient dûment évacués de Suez. Le colonel Nasser, qui s'était proclamé président de l'Égypte en novembre 1954, devenait un problème en soi. Il était un acteur en pointe dans le tout nouveau mouvement des États indépendants d'Asie et d'Afrique, qui se réunirent en conférence à Bandung (Indonésie) en avril 1955 et condamnèrent le « colonialisme dans toutes ses manifestations ». Il était le guide charismatique des Arabes radicaux dans la région. Et il commençait à intéresser les Soviétiques : en septembre 1955, l'Égypte annonça un grand contrat d'armement avec la Tchécoslovaquie.

En 1956, donc, Nasser apparaissait de jour en jour davantage comme une menace aux yeux des Britanniques : en lui-même, en tant que despote révolutionnaire qui se mettait en travers d'une voie navigable vitale, mais aussi par l'exemple qu'il donnait à d'autres. Eden et ses conseillers le comparaient régulièrement à Hitler ; une menace qu'il fallait affronter, non pas apaiser. Paris partageait ce point de vue, même si l'aversion des Français pour Nasser tenait moins à sa menace sur Suez, voire à son amitié croissante avec le bloc soviétique, qu'à son influence perturbatrice sur les sujets nord-africains de la France. Les États-Unis n'étaient pas non plus très satisfaits du président égyptien. Lors d'un sommet avec Tito en Yougoslavie, le 18 juillet 1956, Nasser – avec le Premier ministre indien Jawaharlal Nehru – signa une déclaration commune de « non-alignement », dissociant explicitement l'Égypte de toute dépendance à l'égard de l'Occident : alors même que des discussions avaient été engagées en novembre 1955 pour le financement américain du barrage d'Assouan, sur le Nil, le secrétaire d'État américain Dulles décida de les suspendre le 19 juillet. Une semaine plus tard, le 26, Nasser nationalisait la Compagnie du canal de Suez[9].

Dans un premier temps, les puissances occidentales réagirent en formant un front uni : la Grande-Bretagne, les États-Unis et la France se réunirent en conférence à Londres pour décider de leur réponse. Le 23 août, la conférence arrêta un « plan » que le Premier ministre australien, Robert Menzies, devait présenter à Nasser, mais ce dernier le rejeta. Les partenaires de Londres se réunirent à nouveau, du 19 au 21, acceptant cette fois de former une Association des usagers du canal de Suez. Dans le même temps, les Britanniques et les Français annoncèrent qu'ils allaient porter le conflit autour de Suez devant les Nations unies.

Jusque-là, les Britanniques avaient pris grand soin d'aligner leur réaction aux décisions de Nasser sur celle de Washington. La Grande-Bretagne restait lourdement endettée envers les États-Unis, auxquels elle versait des intérêts sur les prêts en cours : en 1955, les pressions sur la livre sterling avaient même conduit Londres à envisager de demander une suspension temporaire de ces paiements. Londres était toujours pour le moins sceptique envers les mobiles américains dans la région : Washington, croyait-elle, méditait de supplanter

9. Le canal lui-même avait toujours été en territoire égyptien et nul ne contestait qu'il fît partie de l'Égypte. Mais le gros de ses recettes allait à cette compagnie étrangère.

la Grande-Bretagne au Moyen-Orient, ce qui expliquait que des porte-parole américains se laissent parfois aller à une rhétorique anticolonialiste afin de mieux séduire les élites locales. Mais les relations entre les deux pays étaient généralement bonnes. La Corée et la dynamique de la guerre froide avaient dissimulé les ressentiments des années 1940, et les Britanniques avaient le sentiment de pouvoir compter sur la sympathie américaine pour les intérêts et les engagements internationaux de la Grande-Bretagne. Aussi, alors même qu'Eisenhower en personne leur avait dit qu'ils s'inquiétaient beaucoup trop de Nasser et de la menace qu'il représentait, les dirigeants britanniques tenaient pour acquis que les États-Unis les soutiendraient si une crise éclatait.

C'est dans ce contexte que le Premier ministre britannique Anthony Eden, qui avait succédé l'année précédente à un Churchill vieillissant, entreprit de régler une fois pour toutes son compte au trouble-fête égyptien. Quelle que fût leur posture publique, les Britanniques et les Français s'exaspéraient des Nations unies et de la lourdeur de leurs procédures. Ils ne *voulaient* pas d'une solution diplomatique. Alors même que se réunissaient les diverses conférences et que l'on débattait de plans internationaux pour répondre aux initiatives de Nasser, le gouvernement britannique engagea des négociations secrètes avec la France, envisageant une invasion militaire conjointe de l'Égypte. Le 21 octobre, ces plans furent élargis de manière à y associer les Israéliens, qui se joignirent aux Français et aux Britanniques dans des négociations ultra-secrètes à Sèvres. L'intérêt israélien était on ne peut plus direct : la frontière séparant l'Égypte d'Israël avait été assurée par l'armistice de février 1949, mais les deux parties la jugeaient transitoire et les raids étaient fréquents, notamment par-delà la frontière à Gaza. Les Égyptiens avaient bloqué le golfe d'Aqaba dès juillet 1951, et Jérusalem était bien décidée à en finir avec cette entrave au commerce et à la liberté de circulation. Israël entendait réduire Nasser et assurer ses intérêts territoriaux et sa sécurité au Sinaï et autour.

À Sèvres, les conjurés trouvèrent un accord. Israël attaquerait l'armée égyptienne au Sinaï et avancerait pour occuper toute la péninsule, dont le canal de Suez dans le coin ouest. Les Français et les Britanniques lanceraient un ultimatum pour exiger le retrait des deux parties, puis, jouant les tierces parties apparemment désintéressées agissant au nom de la communauté internationale, la France et la Grande-Bretagne attaqueraient l'Égypte : d'abord par les airs, puis par la mer. Elles prendraient le contrôle du canal, affirmeraient que l'Égypte n'était pas compétente pour gérer équitablement et efficacement une ressource d'une telle importance, rétabliraient le *statu quo ante* et mineraient fatalement la position de Nasser. Le plan resta couvert par le plus grand secret : en Grande-Bretagne, seuls Eden et quatre ministres de poids étaient au courant du protocole signé à Sèvres après trois jours de discussion, du 21 au 24 octobre.

Au départ, tout se déroula comme prévu. Le 29 octobre, deux semaines après que le Conseil de sécurité des Nations unies se fut montré incapable de s'accorder sur une solution concernant Suez (pour cause de veto soviétique), et une semaine tout juste après la réunion de Sèvres, les forces israéliennes investirent le Sinaï. Dans le même temps, des bâtiments britanniques quittèrent leur base de Malte en direction de l'est. Le lendemain, 30 octobre, la France et la Grande-Bretagne opposaient leur veto à une motion des Nations unies appelant Israël à se retirer et lançaient un ultimatum à Israël et à l'Égypte, appelant hypocritement les *deux* parties à cesser les combats et à accepter l'occupation militaire de la zone du canal par les forces anglo-françaises. Le lendemain, des avions britanniques et français attaquaient les terrains d'aviation égyptiens. En l'espace de 48 heures, les Israéliens achevèrent leur occupation du Sinaï et de Gaza, passant outre à l'appel au cessez-le-feu de l'Assemblée générale des Nations unies ; les Égyptiens, quant à eux, coulèrent des bateaux dans le canal de Suez, le fermant de fait à la navigation. Deux jours plus tard, le 5 novembre, les premières troupes anglo-françaises débarquaient en Égypte.

Puis le complot commença à se déliter. Le 6 novembre, Dwight Eisenhower était réélu président des États-Unis. À Washington, l'administration enrageait de la duperie anglo-française et gardait une vive rancœur des mensonges débités sur les véritables intentions des alliés : Londres et Paris avaient clairement bafoué la lettre et l'esprit de la Déclaration tripartite de 1950, par laquelle la Grande-Bretagne, la France et les États-Unis s'étaient engagés à agir contre l'agresseur en cas de conflit israélo-arabe. Les États-Unis se mirent à exercer des pressions publiques et privées considérables sur la Grande-Bretagne, en particulier, pour l'amener à cesser cette invasion de l'Égypte, allant jusqu'à menacer de « laisser tomber » *(pull the plug)* la livre britannique. Choqué de cette opposition américaine frontale, mais incapable de résister à la chute accélérée de sa monnaie, Eden marqua un temps d'hésitation, puis capitula. Le 7 novembre, deux jours à peine après le premier largage de paras britanniques à Port-Saïd, les forces britanniques et françaises cessèrent le feu. Ce même jour, les Nations unies autorisaient l'envoi en Égypte d'une force de maintien de la paix, que Nasser accepta le 12 du même mois, sous réserve que la souveraineté égyptienne ne fût pas entamée. Trois jours plus tard, ladite force arrivait en Égypte ; le 4 décembre, elle entrait dans le Sinaï.

Pendant ce temps, les Britanniques et les Français annoncèrent leur retrait de Suez : le 22 décembre, il était achevé. La Grande-Bretagne dont les réserves en sterlings et en dollars avaient chuté de 279 millions de dollars au cours de la crise, se vit promettre une aide financière américaine (qu'elle reçut sous la forme d'une ligne de crédit de 500 millions de dollars auprès de l'US Export-Import Bank) ; le 10 décembre, le FMI annonça qu'il avait approuvé un prêt de 561,47 millions de dollars à la Grande-Bretagne ainsi qu'un crédit-relais supplémentaire *(stand-by commitment)* de 738 millions de dollars. Ayant obtenu des États-Unis la garantie publique de son droit de passage à travers le golfe d'Aqaba et le détroit de Tiran, Israël retira ses troupes de Gaza dans la première semaine de mars 1957. Le dégagement du canal de Suez débuta une semaine après la fin du retrait anglo-français. Le canal rouvrit le 10 avril 1957. Il restait entre les mains des Égyptiens.

Chaque pays tira sa leçon de la débâcle de Suez. Malgré leur dépendance envers le matériel militaire français, les Israéliens perçurent très clairement qu'ils avaient désormais intérêt à s'aligner le plus possible sur les intérêts de Washington, surtout après que le président américain eut annoncé en janvier 1957 la « Doctrine Eisenhower », promettant que les États-Unis utiliseraient la force armée en cas d'agression « communiste internationale » au Moyen-Orient. Quant à la position de Nasser dans le monde non aligné, elle sortit grandement rehaussée de son apparente victoire face aux puissances coloniales : comme l'avaient craint les Français, son influence morale et son exemple sur les nationalistes arabes et leurs partisans atteignirent alors de nouveaux sommets. L'échec en Égypte augurait de nouveaux ennuis pour les Français en Algérie.

Pour les États-Unis, l'aventure de Suez fut un rappel de leurs propres responsabilités aussi bien qu'une occasion de jouer des muscles. Eisenhower et Dulles étaient ulcérés que Guy Mollet et Anthony Eden eussent considéré que le soutien américain leur était acquis. Ils en voulaient aux Français et aux Britanniques, non seulement de s'être secrètement engagés dans une expédition si mal conçue et médiocrement exécutée, mais aussi pour leur choix du moment. La crise de Suez coïncida à l'heure près avec l'occupation soviétique de la Hongrie. En trempant dans un complot aussi franchement impérialiste contre un État arabe isolé, visiblement pour le châtier d'avoir exercé sa souveraineté nationale, Londres et Paris avaient détourné l'attention du monde de l'invasion par l'Union soviétique d'un État indépendant et de la destruction de son gouvernement. Ils avaient fait passer leurs intérêts – anachroniques, aux yeux de Washington – avant ceux de l'alliance occidentale dans son ensemble.

Pire encore, sur le plan de la propagande, ils avaient fait à Moscou un cadeau sans précédent. Dans la crise de Suez proprement dite, l'URSS ne joua quasiment aucun rôle : un billet soviétique du 5 novembre, menaçant la France, la Grande-Bretagne et Israël d'une action militaire si les trois pays n'acceptaient pas un cessez-le-feu, ne joua pas grand rôle dans les délibérations, tandis que Khrouchtchev et ses collègues n'avaient aucun plan pour donner suite à leur menace. Mais en permettant à Moscou de jouer, ne fût-ce que symboliquement, le rôle de protecteur de la partie lésée, la France et la Grande-Bretagne avaient permis à l'Union soviétique d'inaugurer un rôle qu'elle devait improviser avec plaisir dans les décennies suivantes. Grâce à la crise de Suez, les divisions et la rhétorique de la guerre froide devaient être importées au cœur du Moyen-Orient et de l'Afrique.

C'est en Grande-Bretagne que l'on ressentit le plus vivement l'impact des erreurs de calcul de Suez. De longues années devaient passer avant que ne fût rendue publique toute l'ampleur de la conspiration contre Nasser, même si beaucoup s'en doutaient. Au bout de quelques semaines, toutefois, Anthony Eden fut contraint à la démission, humilié par l'incompétence de la stratégie militaire qu'il avait approuvée et par le refus américain très public de l'appuyer. Même si le parti conservateur au pouvoir ne devait pas en souffrir particulièrement sur le plan électoral – sous la houlette de Harold Macmillan, qui avait pris part un peu à contrecœur à l'expédition de Suez, les conservateurs remportèrent haut la main les élections législatives de 1959 –, le gouvernement britannique fut acculé à une réévaluation radicale de sa politique extérieure.

La première leçon de Suez était que la Grande-Bretagne ne pouvait plus garder une présence coloniale mondiale. Comme Suez ne l'avait que trop clairement démontré, le pays manquait de ressources militaires et économiques et, à la suite d'une démonstration aussi flagrante des limites britanniques, le pays avait toute chance de voir se multiplier les demandes d'indépendance. Après une pause de près de dix ans, au cours de laquelle seul le Soudan (en 1956) et la Malaisie (en 1957) avaient coupé leurs liens avec la Grande-Bretagne, le pays entra donc dans une phase de décolonisation accélérée, par-dessus tout en Afrique. La Côte-de-l'Or obtint sa liberté en 1957 pour devenir l'État indépendant du Ghana : le premier d'une longue liste. Entre 1960 et 1964, dix-sept autres colonies organisèrent des cérémonies d'indépendance, obligeant les dignitaires britanniques à sillonner le monde pour assister au retrait de l'Union Jack et à la mise en place de nouveaux gouvernements. Le Commonwealth, qui ne comptait que huit membres en 1950, en avait vingt et un en 1965, et ce n'était pas fini.

En comparaison du traumatisme algérien ou des conséquences catastrophiques de l'abandon du Congo par la Belgique, en 1960, le démantèlement de l'Empire britannique fut relativement pacifique. Mais il y eut des exceptions. En Afrique orientale et, surtout, australe, le « dénouement » de l'Empire se révéla plus controversé qu'il ne l'avait été en Afrique occidentale. Quand Harold Macmillan déclara en 1960 aux Sud-Africains, dans un célèbre discours prononcé au Cap, que le « vent du changement souffle à travers ce continent et, qu'on le veuille ou non, cet essor de la conscience [africaine] est un fait politique », il ne s'attendait pas à un accueil chaleureux, et il n'avait pas tort. Afin de préserver le système de l'apartheid en vigueur depuis 1948, les colons blancs d'Afrique du Sud proclamèrent la République en 1961 et sortirent du Commonwealth. Quatre ans plus tard, dans la Rhodésie du Sud voisine, les colons blancs se proclamèrent unilatéralement indépendants et autonomes. Dans les deux pays, la minorité dominante réussit encore quelques années de plus à étouffer implacablement l'opposition.

Mais l'Afrique australe était une exception. Ailleurs, en Afrique de l'Est par exemple, les communautés de colons pareillement privilégiées acceptèrent leur destin. Sitôt qu'il apparut clairement que Londres n'avait ni les ressources ni l'appétit pour imposer le pouvoir colonial contre l'opposition de la majorité – chose qui n'allait pas encore de soi au début des années 1950, quand les forces britanniques livrèrent une sale guerre secrète et brutale contre les révoltes des Mau Mau au Kenya –, les colons européens se résignèrent à l'inéluctable et se retirèrent paisiblement.

En 1968, le gouvernement travailliste d'Harold Wilson tira la conclusion ultime, inévitable, des événements de novembre 1956 et annonça que les forces britanniques devaient désormais se retirer définitivement des bases, ports, entrepôts, points de ravitaillement et autres établissements de l'ère impériale que le pays avait conservé à « l'est de Suez » – notamment le fabuleux port naturel d'Aden, dans la péninsule arabique. Le pays n'avait plus les moyens de prétendre exercer pouvoir et influence par-delà les océans. Dans l'ensemble, cette sortie fut accueillie avec soulagement en Grande-Bretagne même : ainsi qu'Adam Smith l'avait prévu au crépuscule du premier empire britannique, en 1776, abandonner le « splendide et voyant équipage de l'Empire » était la meilleure manière de contenir la dette et de permettre au pays d'« accommoder ses vues et desseins futurs à la médiocrité effective de sa situation ».

La seconde leçon de Suez, aux yeux de l'écrasante majorité de l'establishment britannique, était que le Royaume-Uni ne devait jamais se retrouver du mauvais côté en cas de différend avec Washington. Non que les deux pays dussent toujours tomber d'accord : sur Berlin et l'Allemagne, par exemple, Londres était beaucoup plus disposée à faire des concessions à Moscou, ce qui se traduisit par une certaine froideur des relations anglo-américaines entre 1957 et 1961. Mais la démonstration faite qu'on ne pouvait compter sur Washington pour seconder ses amis en toutes circonstances amena Harold Macmillan à tirer une conclusion aux antipodes de celle de son contemporain Charles de Gaulle. Quelles que fussent leurs hésitations, si ambivalents qu'ils pussent être envers des actions américaines particulières, les gouvernements britanniques devaient dorénavant adhérer loyalement aux positions américaines. C'est seulement ainsi qu'ils pouvaient espérer influencer les choix américains et s'assurer du soutien des États-Unis dans des questions importantes pour les Britanniques. Pour la Grande-Bretagne comme pour l'Europe, ce réalignement stratégique devait avoir des implications capitales.

La crise de Suez eut des conséquences durables dans la société britannique. La Grande-Bretagne, et particulièrement l'Angleterre, était singulièrement optimiste au début des années 1950. L'élection d'un gouvernement conservateur en 1951 et les premiers signes d'un essor économique avaient dissipé la mélancolie égalitaire de l'immédiat après-guerre. Dans les premières années de règne de la nouvelle reine, les Anglais vécurent un douillet été indien de bien-être et d'autosatisfaction. Les Anglais furent les premiers à conquérir l'Everest (1953) – avec l'aide d'un guide colonial, comme il se doit – et à courir le mile [1 609,34 m] en moins de quatre minutes. De plus, c'étaient des *Britons*, rappelait-on souvent au pays, qui avaient scindé l'atome, inventé le radar, découvert la pénicilline, conçu le turboréacteur et tant d'autres choses.

Le ton de ces années – surnommées « nouvelle ère élisabéthaine » sous l'effet d'un enthousiasme un brin excessif – est bien rendu dans le cinéma de l'époque. Les films britanniques les plus populaires de la première moitié des années 1950 – des comédies comme *Genevieve* (1953) ou *Doctor in the House* (*Toubib or not toubib*, 1954) – dépeignent une Angleterre du Sud assez enjouée, jeune, aisée et sûre d'elle. Les décors et les personnages ne sont plus gris et opprimés, même si à d'autres égards tout demeure fermement traditionnel : tout le monde est brillant, jeune, cultivé, bourgeois, respectueux, déférent et s'exprime bien. C'était une Angleterre où les débutantes étaient encore reçues à la cour (rituel anachronique et toujours plus absurde que la reine finit par abandonner en 1958) ; où un parlementaire conservateur sur cinq était passé par Eton ; et où le pourcentage d'étudiants d'origine ouvrière fréquentant l'université en 1955 n'était pas plus élevé qu'en 1925.

Outre l'inoffensive comédie sociale, le cinéma anglais de ces années-là prospéra grâce à un flot régulier de films de guerre : *The Wooden Horse* (*Le Cheval de bois*, 1952), *The Cruel Sea* (*La Mer cruelle*, 1953), *The Dam Busters* (*Les Briseurs de barrages*, 1954), *Cockleshell Heroes* (*Commando sur la Gironde*, 1955), *The Battle of the River Plate* (*La Bataille du Rio de la Plata*, 1956). S'inspirant tous plus ou moins fidèlement d'épisodes d'héroïsme britannique de la Deuxième Guerre mondiale (avec une insistance particulière sur les batailles navales), ces films étaient un rappel réconfortant des raisons qu'avaient les Britanniques d'être fiers d'eux-mêmes – et satisfaits. Sans glorifier le combat, ils cultivaient le mythe de la guerre britannique en prêtant une attention particulière à l'importance de la camaraderie par-delà les classes et les métiers. Quand ils faisaient allusion à des tensions sociales ou à des distinctions de classe, c'était généralement sur le ton de la sagesse de la rue et du scepticisme, plutôt que du conflit ou de la colère. C'est seulement dans *The Lavender Hill Mob* (*De l'Or en barres*) de Charles Crichton (1951), la plus incisive des comédies sorties des studios Ealing, qu'on a droit à plus qu'un soupçon de commentaire social, en l'occurrence à une variante anglaise du poujadisme : le ressentiment et les rêves de petits hommes soumis d'âge mûr.

À compter de 1956, cependant, le ton commença de s'assombrir sensiblement. Des films de guerre comme *Le Pont de la rivière Kwaï* (1957) ou

Dunkerque (1958) laissaient entrevoir doutes et interrogations, comme si l'héritage de confiance de 1940 se fissurait. En 1960, *Sink the Bismarck* (*Coulez le Bismarck !*), film de guerre résolument à l'ancienne, semblait curieusement anachronique et en porte-à-faux avec l'air du temps. C'est John Osborne qui donna le ton nouveau, avec sa pièce novatrice *Look Back in Anger* (*La Paix du dimanche*), montée à Londres en 1956 avant que le cinéma n'en proposât deux ans plus tard une adaptation remarquablement fidèle. Dans ce drame de frustration et de désillusion, le protagoniste Jimmy Porter étouffe dans une société et un couple qu'il ne peut ni abandonner ni changer. Il insulte sa femme Alison en raison de ses origines bourgeoises. Quant à elle, elle est à son tour prise au piège entre son colérique de mari issu de la classe ouvrière et son père vieillissant, un ancien de la coloniale, dérouté et blessé par un monde qu'il ne comprend plus. « Vous êtes meurtri parce que tout a changé. Jimmy est meurtri parce que tout est pareil. Et aucun de vous ne voulez regarder les choses en face ! »

Ce diagnostic des sautes d'humeur à l'époque de Suez n'était peut-être pas terriblement nuancé, mais il sonnait vrai. Lorsque *Look Back in Anger* sortit sur les écrans, il s'accompagna d'une flopée de films du même genre, pour la plupart tirés de romans ou de pièces écrites dans la seconde moitié des années 1950 : *Room at the Top* (1959, *Les Chemins de la haute ville*), *Saturday Night and Sunday Morning* (1960, *Samedi soir, dimanche matin*), *The Loneliness of the Long-Distance Runner* (1962, *La Solitude du coureur de fond*), *A Kind of Loving* (1962, *Un Amour pas comme les autres*), *This Sporting Life* (1963, *Le Prix d'un homme*). Les films des années 1950 avaient tous pour vedettes des acteurs de la classe moyenne soignés avec des accents de la BCC – Kenneth More, Dirk Bogarde, John Gregson, Rex Harrison, Geoffrey Keene – ou des « types » londoniens sympathiques généralement incarnés par des acteurs de genre juifs : Sidney James, Alfie Bass, Sidney Tafler ou Peter Sellers. Les films ultérieurs, surnommés *kitchen-sink dramas* (littéralement, « drames d'évier ») en raison de leur peinture naturaliste de la vie quotidienne, mirent en vedette une nouvelle cohorte de jeunes acteurs : Tom Courtenay, Albert Finney, Richard Harris et Alan Bates. Ils avaient typiquement pour cadre des communautés ouvrières du Nord, avec les accents et la langue idoines, et ils présentaient l'Angleterre comme un monde divisé, amer, cynique, aigri et dur, aux illusions brisées. Que les femmes fussent presque toujours cantonnées à des rôles secondaires et que toutes fussent blanches était à peu près le seul point commun entre le cinéma du début des années 1950 et celui du début des années 1960.

Si les illusions de l'Empire sont mortes à Suez, la confiance insulaire de la *Middle England* était depuis un certain temps en état de siège. Le désastre de 1956 ne fit qu'accélérer sa chute. On ne mesura pleinement le symbolisme de la première défaite de l'équipe nationale anglaise de cricket par une équipe des Antilles (en 1950 et sur la « terre consacrée » du terrain de Lords, haut-lieu de ce sport) que trois ans plus tard, quand l'équipe anglaise de football se fit écraser sur son stade national par une modeste équipe hongroise et sur un score sans précédent de six buts contre trois.

Ces indicateurs non politiques du déclin national eurent d'autant plus d'impact que la Grande-Bretagne, dans ces années-là, était une société largement apolitique. Le parti travailliste, dans l'opposition au moment de Suez, fut incapable de tirer profit de l'échec d'Eden parce que le corps électoral ne considérait plus son expérience essentiellement à travers le prisme de la politique partisane. Comme le reste de l'Europe occidentale, les Britanniques étaient toujours plus intéressés par la consommation et le divertissement. Leur intérêt pour la religion déclinait, et avec lui leur goût de la mobilisation collective sous toutes ses formes. Harold Macmillan, politicien conservateur aux instincts libéraux, opportuniste politique bourgeois jouant au gentleman campagnard édouardien –, était le chef de file tout naturel de cette période de transition, pour faire passer le retrait des colonies à l'extérieur et une prospérité tranquille à l'intérieur. Les électeurs plus âgés étaient assez satisfaits de cette issue ; le désenchantement n'allait croissant que chez les jeunes.

Le retrait de l'Empire devait nourrir très directement, chez les Britanniques, une angoisse croissante quant à la perte de toute orientation nationale. En l'absence de la gloire impériale, le Commonwealth était avant tout une source de nourritures pour la Grande-Bretagne. Grâce aux préférences du Commonwealth (droits de douane favorisant les importations depuis les États membres), la nourriture était bon marché et représentait près d'un tiers en valeur des importations totales du Royaume-Uni au début des années 1960. En revanche, les exportations britanniques vers les pays du Commonwealth représentaient une part régulièrement *déclinante* des exportations nationales, désormais davantage orientées vers l'Europe (en 1965, pour la première fois, les échanges de la Grande-Bretagne avec l'Europe devaient dépasser son commerce avec le Commonwealth). Après la débâcle de Suez, le Canada, l'Australie, l'Afrique du Sud et l'Inde avaient tous pris la mesure du déclin britannique et réorientaient leur commerce et leurs politiques en conséquence : vers les États-Unis, vers l'Asie, vers ce qu'on devait bientôt appeler le « tiers » monde.

Pour ce qui est de la Grande-Bretagne elle-même, l'Amérique pouvait bien être l'indispensable alliée, elle ne pouvait guère procurer aux Britanniques le sentiment renouvelé d'un dessein, encore moins une identité nationale au goût du jour. Au contraire, la dépendance même de la Grande-Bretagne envers l'Amérique illustrait la faiblesse fondamentale et l'isolement de la nation. Et ainsi, alors même que pas grand-chose, dans leurs instincts, leur culture et leur éducation, les tournait vers l'Europe continentale, il devenait clair aux yeux de nombreux hommes politiques britanniques et d'autres, à commencer par Macmillan lui-même, que l'avenir du pays était outre-Manche. Vers où, sinon l'Europe, la Grande-Bretagne pouvait-elle maintenant se tourner pour retrouver sa stature internationale ?

Au milieu des années 1950, le « projet européen », pour autant qu'il ait jamais existé hors de la tête d'une poignée d'idéalistes, était bloqué. En France, l'Assemblée nationale avait opposé son veto au projet d'armée européenne, et avec lui à toute discussion de renforcement de la coordination européenne. Divers accords régionaux sur le modèle du Benelux avaient été conclus – notamment le « Marché commun nordique du travail » de 1954 en Scandinavie –, mais rien de plus ambitieux ne figurait à l'ordre du jour. Les partisans de la coopération européenne pouvaient seulement faire valoir la nouvelle Communauté européenne de l'énergie atomique [Euratom], annoncée au printemps de 1955 ; mais celle-ci, comme la Communauté européenne du charbon et de l'acier, était une initiative française et son succès tenait, de manière symptomatique, à son mandat étroit et largement technique. Si les Britanniques restaient plus sceptiques que jamais quant aux chances d'union européenne, leur point de vue n'était pas complètement déraisonnable.

L'impulsion pour un nouveau départ vint, assez naturellement, des pays du Benelux, qui avaient le plus l'expérience de l'union transfrontalière et le moins à perdre à la dilution des identités nationales. Il était désormais clair aux yeux des principaux hommes d'États européens, à commencer par Paul-Henri Spaak, le ministre belge des Affaires étrangères, que l'intégration politique et militaire n'était pas réalisable, tout au moins pour l'instant. En tout état de cause, au milieu des années 1950, les intérêts européens s'étaient sensiblement éloignés des préoccupations militaires de la décennie précédente. Il était clair qu'il convenait de mettre l'accent sur l'intégration *économique* européenne, un domaine dans lequel l'intérêt national et la coopération pouvaient être poursuivis de pair sans froisser les sensibilités traditionnelles. En juin 1955, Spaak et son homologue hollandais organisèrent un sommet à Messine pour envisager cette stratégie.

Les participants à la conférence de Messine étaient les six de la CECA, auxquels se joignit un « observateur » britannique (de moindre rang). Spaak et ses collaborateurs avancèrent toute une gamme de suggestions d'union douanière, d'accords commerciaux et d'autres projets très classiques de coordination transnationale, tous soigneusement présentés afin d'éviter de froisser les sensibilités de la Grande-Bretagne ou de la France. Les Français firent montre d'un enthousiasme prudent quand les Britanniques se dirent franchement sceptiques. Après Messine, les discussions se poursuivirent au sein d'un Comité de préparation international que présidait Spaak lui-même et qui avait pour mission d'élaborer de fermes recommandations en vue d'une économie européenne plus intégrée, d'un « marché commun ». En novembre 1955, cependant, les Britanniques avaient laissé tomber, s'alarmant précisément du genre d'Europe préfédérale qu'ils avaient toujours craint.

Les Français, par contre, décidèrent de faire le plongeon. En mars 1956, quand le Comité Spaak recommanda formellement la création d'un Marché commun, Paris suivit. Les observateurs britanniques restèrent sceptiques. Ils avaient assurément conscience des risques de rester sur la touche : quelques semaines à peine avant que les recommandations de Spaak ne fussent rendues publiques, un comité du gouvernement britannique avait observé en confidence que, « si les puissances de Messine parviennent à l'intégration économique sans le Royaume-Uni, ce serait l'hégémonie européenne en Europe[10] ». En dépit de cela, des appels pressants de l'anglophile Spaak et de la fragilité de la zone sterling internationale que la crise de Suez avait mise en évidence quelques mois auparavant, Londres ne put se résoudre à associer son sort à celui des « Européens ». Quand le traité établissant une Communauté économique européenne (et Euratom, l'autorité de l'énergie atomique) fut paraphé à Rome le 25 mars 1957, puis entra en vigueur au 1er janvier 1958, la nouvelle CEE, dont le siège s'installa à Bruxelles, réunissait les six qui avaient rejoint sept ans plus tôt la Communauté européenne du charbon et de l'acier.

Gardons-nous de surestimer l'importance du traité de Rome. Il s'agissait, pour l'essentiel, d'une déclaration de bonnes intentions. Ses signataires dressèrent un programme de réductions et d'harmonisation tarifaires, ouvrirent la perspective d'alignements ultimes des monnaies et consentirent à travailler en direction de la libre circulation des marchandises, des monnaies et de la main-d'œuvre. Le plus clair du texte définissait un cadre pour instituer des procédures destinées à élaborer et appliquer de futures réglementations. La seule innovation réellement significative – la mise en place, en vertu de l'article 177, d'une Cour européenne de Justice à laquelle la justice nationale pourrait demander de trancher en dernière instance – devait se révéler d'une importance capitale dans les décennies ultérieures, mais passa largement inaperçue à l'époque.

La CEE fut fondée dans un état de faiblesse, non pas de force. Ainsi que Spaak le souligna en 1956 dans son rapport, « l'Europe, qui avait autrefois le monopole des industries de transformation et tirait d'importantes ressources de ses possessions d'outre-mer, voit aujourd'hui ses positions extérieures s'affaiblir, son influence décliner, sa capacité de progrès se perdre dans ses divisions ». C'est précisément parce que les Britanniques ne voyaient pas – *encore* – leur situation sous ce jour qu'ils refusèrent de rejoindre la CEE. L'idée que le Marché commun fit partie d'une stratégie calculée pour

10. Cité in Alan Milward, *The European Rescue of the Nation-State*, Berkeley et Los Angeles, University of California Press, 1992, p. 429.

défier la puissance croissante des États-Unis – idée qui devait avoir un certain crédit dans les milieux politiques de Washington dans les décennies suivantes – est donc parfaitement absurde : la nouvelle CEE était totalement tributaire de la garantie américaine pour sa sécurité, sans laquelle jamais ses membres n'auraient pu se permettre de s'engager dans l'intégration économique à l'exclusion de toute préoccupation de défense commune.

Jusque parmi les États-membres, tout le monde n'était pas entièrement satisfait des nouvelles propositions. En France, de nombreux députés conservateurs (y compris des gaullistes) votèrent contre la ratification du traité de Rome pour des « raisons nationales », tandis que certains socialistes et radicaux de gauche (dont Pierre Mendès France) étaient opposés à la formation d'une « petite Europe » sans la présence rassurante de la Grande-Bretagne. En Allemagne, le ministre de l'Économie d'Adenauer, le fervent libre-échangiste Ludwig Erhard, resta critique envers une « union douanière » mercantiliste susceptible de nuire aux liens de l'Allemagne avec la Grande-Bretagne, de restreindre les flux commerciaux et d'infléchir les prix. De l'avis d'Erhard, la CEE était un « non-sens macroéconomique ». Comme un chercheur l'a finement observé, les choses auraient pu tourner autrement : « Si Erhard avait gouverné l'Allemagne, le résultat probable aurait été une association anglo-allemande de libre-échange sans composante agricole, et les effets d'exclusion économique auraient fini par contraindre la France à la rejoindre[11]. »

Mais les choses se passèrent autrement. Et la configuration finale de la CEE n'était pas dépourvue d'une certaine logique. Au cours des années 1950, les pays de l'Europe de l'Ouest continentale échangèrent de plus en plus entre eux. Et chacun d'eux commerçait avant tout avec l'Allemagne de l'Ouest, dont les marchés et les produits devinrent toujours plus nécessaires au redressement économique de l'Europe. Par ailleurs, chaque État européen de l'après-guerre était désormais profondément engagé dans les affaires économiques : par la planification, la réglementation, les objectifs de croissance et les subventions de toutes sortes. Mais la promotion des exportations, la réorientation des ressources des vieilles industries vers les nouvelles ; l'encouragement de secteurs favorisés comme l'agriculture et les transports : tous ces objectifs exigeaient une coopération transfrontalière. Aucune des économies ouest-européennes ne se suffisait à elle-même.

Cette tendance à la coordination mutuellement avantageuse se nourrit donc de l'intérêt national, plutôt que des objectifs de la Communauté européenne du charbon et de l'acier, sans grande portée pour l'élaboration de la politique économique dans ces années-là. Le même souci de protéger et de soigner les intérêts locaux qui avait conduit les États européens à se replier sur

11. Andrew Moravscik, *The Choice for Europe. Social Purpose and State Power from Messina to Maastricht*, Ithaca, Cornell University Press, 1998, p. 137.

eux-mêmes avant 1939 allait maintenant les rapprocher. L'élimination des entraves et les leçons du passé récent furent peut-être les principaux facteurs qui facilitèrent cet échange. Les Hollandais, par exemple, n'étaient pas vraiment satisfaits de la perspective de hauts tarifs extérieurs de la CEE qui feraient monter les prix locaux, et, comme leurs voisins belges, s'inquiétaient de l'absence des Britanniques. Mais ils ne pouvaient risquer de se couper de leurs principaux partenaires commerciaux.

Les intérêts allemands étaient mélangés. En tant que premier pays exportateur d'Europe occidentale, l'Allemagne avait toujours plus intérêt au libre-échange en Europe occidentale, d'autant que les industriels allemands avaient perdu leurs marchés importants en Europe orientale et n'avaient plus de territoires coloniaux à exploiter. Mais une union douanière européenne protégée limitée à six pays n'était pas nécessairement un objectif politique rationnel pour l'Allemagne tel que l'entendait Erhard. Comme les Britanniques, lui-même et beaucoup d'autres Allemands auraient sans doute préféré une zone européenne de libre-échange plus large et plus vague. Mais Adenauer en avait fait un principe de politique étrangère : jamais il ne romprait avec la France, si divergents que fussent leurs intérêts. Puis se posait la question de l'agriculture.

Dans la première moitié du XXe siècle, beaucoup trop de paysans européens inefficaces produisaient juste assez de nourriture pour un marché incapable de leur donner de quoi vivre. D'où la misère, l'exode et le fascisme rural. Dans les années faméliques qui suivirent la Seconde Guerre mondiale, toutes sortes de programme furent mis en œuvre pour encourager et aider les cultivateurs, en particulier, à produire davantage. Pour réduire la dépendance envers des importations alimentaires du Canada et des États-Unis libellées en dollars, il fut décidé d'encourager la production plutôt que l'efficacité. Les paysans n'avaient pas à craindre un retour à la déflation de l'avant-guerre : la production agricole en Europe ne devait pas retrouver ses niveaux d'avant-guerre avant 1951, et entre la protection et le soutien des prix par les pouvoirs publics le revenu des agriculteurs était effectivement garanti. D'une certaine façon, les années 1940 furent donc un âge d'or pour les paysans européens. Au cours des années 1950, la production continua de croître alors même que la main-d'œuvre rurale en excédent était absorbée par de nouveaux emplois en ville : les paysans d'Europe devenaient des agriculteurs toujours plus efficaces. Mais ils continuaient de bénéficier d'une assistance publique permanente.

Le paradoxe avait une acuité particulière en France. En 1950, le pays était encore importateur net de vivres. Dans les années qui suivirent, la production agricole du pays monta en flèche. La production française de beurre s'accrut de 76 % dans les années 1949-1956 ; celle de fromage, de 116 % entre 1949 et 1957 ; et celle de sucre de betterave de 201 % de 1950 à 1957. Les récoltes d'orge et de maïs connurent des progressions étonnantes au cours de la même période : respectivement 348 % et 815 %. Désormais, la France n'était pas simplement autosuffisante, elle dégageait des excédents de vivres. Le troisième plan de modernisation, couvrant les années 1957 à 1961, favorisa davantage encore les investissements concernant la viande, le lait, le fromage, le sucre et le blé (produits de base du Nord de la France et du Bassin parisien, où l'influence des puissants syndicats agricoles était la plus forte). Dans le même temps, le gouvernement français, toujours conscient de la signification symbolique de la terre dans la vie publique française, et de l'importance bien réelle du vote rural, s'efforçait de soutenir les prix et de trouver des débouchés à l'exportation.

Ce problème joua un rôle vital dans la décision française d'adhérer à la CEE. Le principal intérêt économique de la France au Marché commun était l'accès préférentiel qu'il lui procurerait aux marchés étrangers – notamment allemands (ou britanniques) – de la viande et des produits laitiers et céréaliers. C'est cela, avec la promesse d'un soutien continu des prix et l'engagement de ses partenaires européens à acheter sa production agricole excédentaire, qui persuada l'Assemblée nationale d'approuver le traité de Rome. En échange d'un engagement à ouvrir leur marché intérieur aux exportations non agricoles allemandes, les Français rejetèrent donc le poids de leur système de garanties rurales sur le dos des autres pays de la CEE, soulageant ainsi Paris d'un fardeau insupportablement coûteux à long terme, et potentiellement explosif.

Tel est le contexte de la fameuse politique agricole commune (PAC) de la CEE, inaugurée en 1962 et officialisée en 1970 après une décennie de négociations. Les prix européens fixes augmentant, c'est *toute* la production alimentaire de l'Europe qui devint trop chère pour affronter la concurrence sur le marché mondial. Les coopératives laitières hollandaises efficaces n'étaient pas mieux loties que les petites fermes allemandes improductives, puisque toutes étaient désormais soumises à une structure de tarification commune. Au cours des années 1960, la CEE consacra ses énergies à forger tout un ensemble de pratiques et de réglementations destinées à résoudre ce problème. Des prix cibles allaient être établis pour tous les produits alimentaires. Les tarifs douaniers extérieurs de la CEE hisseraient les coûts des produits agricoles importés à ces niveaux, typiquement réglés sur les producteurs les plus chers et les moins efficaces de la Communauté.

Chaque année, la CEE allait dorénavant acheter toute la production agricole excédentaire de ses membres, à des chiffres de 5 à 7 % en deçà des prix cibles. Elle épongeait alors l'excédent en subventionnant sa revente hors du Marché commun à des prix inférieurs à ceux pratiqués au sein de l'Union européenne. Cette procédure d'une inefficacité flagrante était le fruit d'un maquignonnage d'un autre âge. Les petites fermes allemandes avaient besoin de grosses subventions pour rester en activité. Les agriculteurs français et italiens n'étaient pas particulièrement coûteux, mais nul n'osait leur donner pour consigne de restreindre la production, encore moins de leur demander de se contenter du prix du marché. Au lieu de quoi chaque pays donnait à ses agriculteurs ce qu'ils voulaient, pour en faire supporter le coût aux consommateurs urbains, mais par-dessus tout aux contribuables.

La PAC n'était pas totalement sans précédent. Les tarifs céréaliers européens, à la fin du XIXe siècle, dirigés contre les importations bon marché d'Amérique du Nord, étaient en partie analogues. Au plus fort du marasme du début des années 1930, il y avait eu divers efforts pour soutenir les prix agricoles en achetant les excédents et en payant les paysans pour qu'ils produisent moins. Dans un accord de 1938 entre la France et l'Allemagne, celle-ci avait promis d'accepter les exportations agricoles de la France, et Paris d'ouvrir son marché aux produits chimiques et techniques allemands (pendant la guerre, dans Paris occupée, une exposition consacrée à « La France européenne » souligna la richesse agraire du pays et les bénéfices qu'il pouvait attendre de sa participation à la Nouvelle Europe de Hitler).

L'agriculture moderne n'a jamais été exempte de protections d'une espèce ou d'une autre pour raisons politiques. Même les États-Unis, dont les tarifs extérieurs baissèrent de 90 % entre 1947 et 1967, veillèrent, et veillent encore, à exclure l'agriculture de cette libéralisation du commerce. Et les produits agricoles furent de bonne heure exclus des délibérations du GATT. La CEE n'était donc guère unique. En revanche, les conséquences perverses de la politique agricole commune méritent peut-être tout de même une place à part. Les producteurs européens devenant toujours plus efficaces (la garantie de hauts revenus leur permettant d'investir en matériel meilleur et en engrais), il y eut un excédent considérable de la production sur la demande, surtout pour les produits favorisés par cette politique : celle-ci était nettement biaisée en faveur des céréales et du cheptel dans lesquels les grandes sociétés françaises d'agrobusiness avaient tendance à se spécialiser, mais ne faisait pas grand-chose pour les producteurs de fruits, d'olives et de légumes d'Italie méridionale.

Avec la baisse des cours alimentaires mondiaux à la fin des années 1960, les prix de la CEE échouèrent à des niveaux absurdes tant ils étaient élevés. Quelques années seulement après l'inauguration de la politique agricole commune, le maïs et le bœuf européens se vendaient à 200 % des cours mondiaux, le beurre à 400 %. En 1970, la PAC employait quatre administrateurs du Marché commun sur cinq, et l'agriculture absorbait 70 % du budget : étrange situation pour quelques-uns des pays les plus industrialisés du monde. Aucun pays n'aurait pu à lui seul appliquer un ensemble de politiques aussi absurdes, mais en rejetant le fardeau sur la Communauté dans son ensemble, et en le rattachant aux objectifs plus larges du Marché commun, chaque gouvernement national était gagnant, tout au moins à court terme. Seuls les pauvres des villes (et les paysans hors CEE) étaient perdants, même si les premiers, au moins, étaient typiquement dédommagés d'autres façons.

À ce stade, la plupart des pays ouest-européens n'étaient bien sûr *pas* membres de la CEE. Un an après l'inauguration du Marché commun, les Britanniques, qui essayaient encore de détourner l'émergence d'un bloc européen supranational, suggérèrent d'élargir la CEE en une zone de libre-échange industrielle comprenant les pays membres, d'autres pays européens et le Commonwealth britannique. Comme il était à prévoir, de Gaulle en rejeta l'idée. En réponse, et à l'initiative du Royaume-Uni, un certain nombre de pays se réunirent alors à Stockholm en novembre 1959 et se constituèrent en Association européenne de libre-échange. Les pays membres – Autriche, Suisse, Danemark, Norvège, Suède, Portugal et Royaume-Uni, auxquels vinrent ensuite se joindre l'Irlande, l'Islande et la Finlande – constituaient les tenants du libre-échange les plus prospères, périphériques et enthousiastes. Leur agriculture, à l'exception du Portugal, était modeste, mais très efficace et tournée vers le marché mondial.

Pour toutes ces raisons, et à cause de leurs liens étroits avec Londres (notamment dans le cas des pays scandinaves), ils ne présentaient guère d'intérêt pour la CEE. Mais l'AELA était, et reste, une organisation minimaliste, une réaction aux défauts de Bruxelles plutôt qu'une authentique alternative. Elle n'a jamais été qu'une zone de libre-échange pour les produits *manufacturés* ; les produits agricoles devaient trouver eux-mêmes leurs niveaux de prix. Quelques-uns des petits pays membres pouvaient prospérer dans un marché de niche pour leurs produits industriels à forte valeur ajoutée et par le tourisme. D'autres, comme le Danemark, étaient largement tributaires du marché britannique pour écouler leur viande et leurs produits laitiers.

En revanche, la Grande-Bretagne elle-même avait besoin pour ses exportations industrielles d'un marché bien plus grand que celui que pouvaient lui offrir ses minuscules alliés scandinaves et alpins. Se résignant à l'inévitable, mais espérant encore infléchir la politique de la CEE, le gouvernement d'Harold Macmillan demanda officiellement à rejoindre la Communauté économique européenne en juillet 1961, six ans après que Londres s'était désengagée avec dédain des discussions de Messine. L'Irlande et le Danemark, dont les économies étaient liées par un cordon ombilical à celle du Royaume-Uni, se portèrent candidats en même temps. La candidature britannique aurait-elle pu aboutir ? Ce n'est pas certain. Alors que la plupart des pays de la CEE souhaitaient encore l'entrée de la Grande-Bretagne, ils étaient aussi, à juste raison, sceptiques quant à l'attachement de Londres aux objectifs centraux du traité de Rome. Le problème n'en fut pas moins débattu, et de Gaulle, on l'a vu, opposa publiquement son veto en janvier 1963. De voir la Grande-Bretagne rejetée d'une Communauté européenne qu'elle dénigrait encore la veille, inspira à Macmillan des notations désespérées : « C'est la fin… de tout ce pourquoi j'ai œuvré depuis de longues années. Toute notre politique intérieure et extérieure est en ruine. » Ces quelques mots de son journal intime donnent une idée de l'accélération des événements depuis la crise de Suez.

Les Britanniques n'avaient d'autre solution que de réessayer, ce qu'ils firent en mai 1967, à seule fin de se voir opposer six mois plus tard un nouveau veto du président français savourant paisiblement sa vengeance. En 1970, finalement, après la démission puis la mort du général, s'ouvrirent pour la troisième fois entre la Grande-Bretagne et l'Europe des négociations qui aboutirent finalement à l'adhésion (en partie parce que le commerce britannique avec le Commonwealth avait tellement baissé que Londres ne pressait plus une commission de Bruxelles réticente de garantir des préférences commerciales à des tiers qui n'appartenaient pas à la CEE). Mais à l'époque où la Grande-Bretagne, le Danemark et l'Irlande finirent par y entrer, la CEE avait pris forme et ils n'étaient plus en mesure de l'influencer comme les dirigeants britanniques l'avaient vivement espéré autrefois.

La CEE était un condominium franco-allemand, dans lequel Bonn garantissait les finances de la Communauté tandis que Paris dictait ses politiques. La RFA paya au prix fort son désir de faire partie de la Communauté européenne, mais de longues décennies durant Adenauer et ses successeurs devaient s'en acquitter sans se plaindre, restant fidèles à l'alliance française plutôt que de se laisser tenter par la surprise britannique. Pendant ce temps, les Français « européanisèrent » leurs subventions et transferts agricoles, sans payer le prix d'une perte de souveraineté. Cette dernière préoccupation avait toujours été capitale dans la stratégie diplomatique de la France : dès Messine, en 1955, le ministre français des Affaires étrangères Antoine Pinay avait exprimé très clairement les objectifs de la France : des administrations supranationales, parfait ! du moment qu'elles étaient subordonnées aux décisions prises à l'unanimité au niveau intergouvernemental.

C'est avec cet objectif à l'esprit que de Gaulle intimida les autres États membres de la Communauté économique européenne au cours de sa première décennie. En vertu du traité de Rome, sous sa forme initiale, toutes les grandes décisions, hormis l'admission de nouveaux membres, devaient être adoptées à la majorité lors d'un Conseil des ministres intergouvernemental. Mais en se retirant des discussions intergouvernementales en juin 1965, en attendant que ses collègues consentent à adapter le financement agricole aux exigences françaises, le président français entrava le fonctionnement de la Communauté. Les autres pays résistèrent six mois, puis cédèrent ; en janvier 1966, ils reconnurent à contrecœur qu'à l'avenir le Conseil des ministres ne serait plus à même d'adopter des mesures à la majorité. Ce fut la première entorse au traité d'origine et, de la part des Français, une remarquable démonstration de force brute.

Les premières réalisations de la CEE n'en furent pas moins impressionnantes. Les tarifs intracommunautaires furent éliminés en 1968, bien avant la date prévue. Dans la même période, le commerce entre les États membres quadrupla. La main-d'œuvre agricole déclina régulièrement, de quelque 4 % chaque année, tandis que la production agricole par ouvrier augmenta au rythme annuel de 8,1 % dans les années 1960. Au terme de sa première décennie, et nonobstant l'ombre du général de Gaulle, la Communauté économique européenne avait acquis une aura d'inévitabilité, qui amena les autres Européens à rejoindre la liste des candidats à l'adhésion.

Mais il y avait aussi des problèmes. Une union douanière coûteuse et égoïste, dirigée depuis Bruxelles par une administration centralisée et un exécutif non élu, n'était pas un gain sans mélange pour l'Europe ni pour le reste du monde. En vérité, le réseau d'accords de protection et de subventions indirectes mises en place sur ordre de la France était totalement discordant avec l'esprit et les institutions du système commercial international qui était apparu dans les décennies suivant Bretton Woods. Dans la mesure (considérable) où le système de gouvernance de la CEE était calqué sur celui de la France, son héritage napoléonien n'était pas de bon augure.

Enfin, l'influence de la France dans les premières années de la Communauté contribua à forger une nouvelle « Europe » vulnérable à l'accusation d'avoir reproduit les pires traits de l'État-nation à l'échelle du sous-continent : le risque a toujours été, et il n'était pas mince, que le prix à payer pour le redressement de l'Europe occidentale fut un certain provincialisme eurocentrique. Malgré sa richesse croissante, le monde de la CEE était tout petit. Par certains côtés, il était en fait nettement plus réduit que le monde que les Français, ou les Hollandais, avaient connu quand leurs États-nations s'ouvraient à des populations et des territoires des antipodes. Dans les circonstances de l'époque, cela importait peu à la plupart des Européens de l'Ouest, qui en tout état de cause n'avaient guère d'autre solution. Le moment venu, cependant, il allait en résulter une vision singulièrement étriquée de l'« Europe », avec des implications troublantes pour l'avenir.

La mort de Staline, en mars 1953, avait précipité parmi ses héritiers inquiets une lutte pour le pouvoir. Au début, le chef de la police secrète, Laurenti Beria, parut le plus susceptible de s'imposer comme l'unique héritier du dictateur. Pour cette raison précisément, ses collègues complotèrent pour l'assassiner en juillet de cette même année et, après un bref détour par Gueorgui Malenkov, c'est Nikita Khrouchtchev – qui était loin d'être le plus connu dans le cercle rapproché de Staline – qui fut confirmé deux mois plus tard au poste de premier secrétaire du parti communiste de l'Union soviétique. C'était un tantinet paradoxal : malgré son penchant psychotique, Beria était partisan de réformes et même de ce qui ne s'appelait pas encore la

« déstalinisation ». Dans la courte période qui sépare la mort de Staline de son arrestation, il mit fin à l'affaire du complot des Blouses blanches, libéra quelques détenus du Goulag et proposa même des réformes dans les États satellites, à la plus grande confusion des chefs locaux du parti.

La nouvelle direction, en principe collective mais avec Khrouchtchev dans le rôle de *primus inter pares*, n'avait d'autre choix que de suivre la voie prônée par Beria. La mort de Staline, après de longues années de répression et de paupérisation, avait précipité des protestations et des demandes de changement généralisées. Les années 1953-1954 virent se multiplier les révoltes dans les camps de travail sibériens de Norilsk, Vorkouta et Kenguir ; le Kremlin dut utiliser des chars et des avions et déployer un nombre considérable de soldats pour reprendre le contrôle. Mais une fois « l'ordre » rétabli, Khrouchtchev renoua avec la stratégie de Beria. Dans les années 1953-1956, quelque cinq millions de détenus furent libérés du Goulag.

Dans les démocraties populaires, l'ère poststalinienne fut marquée par la révolte berlinoise de 1953 (voir chapitre 6), mais aussi par des manifestations d'opposition jusque dans des avant-postes impériaux aussi obscurs et naturellement intimidés que la Bulgarie provinciale, où les ouvriers des fabriques de tabac se révoltèrent en mai-juin de cette même année. Nulle part le régime soviétique ne fut sérieusement menacé, mais les autorités de Moscou prirent très au sérieux l'ampleur du malaise public. Il appartenait maintenant à Khrouchtchev et à ses collègues d'enterrer Staline et ses excès sans compromettre le système que la terreur stalinienne avait construit ni les avantages que retirait le parti de son monopole du pouvoir.

La stratégie de Khrouchtchev, telle qu'elle s'affirma dans les années suivantes, était quadruple. Pour commencer, on l'a vu, il avait besoin de stabiliser les relations avec l'Ouest, à la suite du réarmement de l'Allemagne de l'Ouest, de son intégration à l'OTAN et de la création du pacte de Varsovie. Dans le même temps, Moscou se mit à jeter des ponts en direction du monde « non aligné », à commencer par la Yougoslavie, que Khrouchtchev et le maréchal Boulganine visitèrent en mai 1955 (juste un mois après la signature du traité d'État autrichien). Troisièmement, Moscou décida d'encourager les réformateurs du parti dans les États satellites, tolérant une critique circonspecte des « erreurs » de la vieille garde stalinienne et la réhabilitation de quelques-unes de leurs victimes tout en mettant fin au cycle des grands procès, des arrestations massives et des purges au sein du parti.

C'est dans ce contexte que Khrouchtchev avança précautionneusement vers la quatrième étape (et dans son idée, la dernière) de la réforme contrôlée : la rupture avec Staline lui-même. L'occasion lui en fut donnée par le 20e congrès du PCUS, en février 1956, où il prononça son fameux « discours secret », dénonçant les crimes, les erreurs et le « culte » du secrétaire général. Après-coup, ce discours a revêtu une aura mythique, mais il ne faut pas en surestimer la portée. Nikita Khrouchtchev était un communiste et un léniniste : il n'était pas moins un vrai croyant que ses contemporains à la direction du parti. Il s'était donné un objectif délicat : reconnaître et détailler les faits et gestes de Staline, tout en en faisant porter la responsabilité par l'homme lui-même. Sa tâche, telle qu'il la voyait, était de confirmer la légitimité du projet communiste en rejetant l'opprobre et la responsabilité sur le cadavre de l'Oncle Joe.

Le discours prononcé le 25 février était tout à fait conventionnel par sa longueur comme par son vocabulaire. Il s'adressait à l'élite du parti et se bornait à décrire les « perversions » de la doctrine communiste dont Staline s'était rendu coupable. Le dictateur fut accusé d'avoir « bafoué les règles de la vie du parti et foulé au pied les principes léninistes de la direction collective » : autrement dit, d'avoir décidé tout seul. Ses jeunes collègues (dont Khrouchtchev faisait partie depuis le début des années 1930) étaient ainsi absous de toute responsabilité dans ses excès criminels et, ce qui comptait davantage encore, dans l'échec de ses politiques. Khrouchtchev prit le risque calculé de détailler l'ampleur des défaillances personnelles de Staline (choquant ainsi et froissant la sensibilité des cadres obéissants de son auditoire), afin de préserver, voire de renforcer, la position immaculée de Lénine, du système léniniste de gouvernement et des successeurs de Staline.

Le discours secret atteignit son objectif, tout au moins au sein du PCUS. Il tournait clairement la page de l'ère stalinienne, reconnaissant ses monstruosités et ses catastrophes tout en préservant la fiction que la direction communiste présente ne portait aucune responsabilité. Ayant ainsi assuré son pouvoir, Khrouchtchev avait les mains relativement libres pour réformer l'économie soviétique et libéraliser l'appareil de la terreur. Les vieux staliniens se trouvèrent alors marginalisés : Molotov perdit son portefeuille de ministre des Affaires étrangères en juin, la veille de la visite en retour de Tito à Moscou. Quant aux contemporains de Khrouchtchev et aux jeunes apparatchiks comme Leonid Brejnev, ils étaient tout aussi coupables que lui d'avoir trempé dans les crimes de Staline, et ils n'étaient donc pas en position de nier ses affirmations ni d'attaquer sa crédibilité. La déstalinisation contrôlée faisait quasiment l'affaire de tous.

Mais l'attaque de Khrouchtchev contre Staline ne pouvait rester secrète, et c'est là qu'il faut chercher les germes de son échec. Le discours ne devait être officiellement publié en Union soviétique qu'en 1988, mais les services secrets occidentaux en eurent vent dans les jours qui suivirent. De même en alla-t-il pour les partis communistes occidentaux, alors même qu'ils n'avaient pas été mis dans la confidence des intentions de Khrouchtchev. De ce fait, en l'espace de quelques semaines, la rumeur courut partout que Khrouchtchev avait dénoncé Staline. L'effet fut grisant. Pour les communistes, la dénonciation de Staline et de ses œuvres était déroutante et troublante, mais c'était aussi un soulagement. Dorénavant – tel était le sentiment de beaucoup –, les communistes n'auraient plus à s'excuser ou à nier les accusations les plus scandaleuses de leurs critiques. Certains communistes et sympathisants occidentaux firent défection ; d'autres restèrent, leur foi renouvelée.

En Europe de l'Est, l'impact de la rumeur d'abjuration de Staline par Khrouchtchev fut plus spectaculaire encore. Lue dans le contexte de la récente réconciliation du dirigeant soviétique avec Tito, et de sa dissolution du Kominform moribond le 18 avril, cette répudiation paraissait suggérer que Moscou considérerait désormais avec bienveillance la diversité des « voies vers le socialisme » et avait rejeté la terreur et la répression comme instrument de contrôle communiste. Dorénavant, croyait-on, on pourrait parler franchement pour la première fois. Ainsi que l'écrivain tchèque Iaroslav Seifert l'expliqua à Prague, au Congrès des écrivains, en avril 1956 : « On ne cesse de nous répéter qu'il a été dit à ce Congrès qu'il est nécessaire aux écrivains de dire la vérité... Tout cela est maintenant terminé. Le cauchemar a été exorcisé. »

En Tchécoslovaquie, où les dirigeants communistes observaient le mutisme le plus complet sur leur passé stalinien, la mémoire de la terreur était encore trop fraîche pour que les rumeurs de Moscou se traduisissent en action politique[12]. Dans la Pologne voisine, l'onde de choc de la déstalinisation eut un impact très différent. En juin, l'armée fut appelée à réprimer des manifestations à Poznan, dans l'ouest du pays, déclenchées (comme celles de Berlin-Est trois ans plus tôt) par des conflits sur les salaires et les cadences de travail. Mais cela ne fit qu'attiser le mécontentement général tout au long de l'automne, dans un pays où la soviétisation n'avait jamais été accomplie aussi systématiquement qu'ailleurs et dont les dirigeants du parti s'étaient largement tirés indemnes des purges de l'après-guerre.

En octobre 1956, inquiet de perdre son contrôle sur l'esprit de la population, le parti ouvrier unifié polonais (POUP) décida d'écarter le maréchal soviétique Constantin Rokossowski de son poste de ministre de la Défense de Pologne et de l'exclure du Politburo. Dans le même temps, le parti élut Wladislaw Gomulka au poste de Premier secrétaire, à la place du stalinien Boleslav Bierut. C'était une initiative symbolique spectaculaire : Gomulka avait séjourné en prison quelques années auparavant et avait échappé de justesse à un procès. Pour l'opinion publique polonaise, il représentait le visage « national » du communisme polonais et sa promotion fut largement perçue comme un acte de défiance implicite de la part d'un parti contraint de choisir entre sa clientèle nationale et l'autorité supérieure de Moscou.

---

12. La direction stalinienne resta solidement en place, les procès se poursuivirent *in camera* encore deux ans, et le 1er mai 1955 une grotesque statue géante de Staline fut érigée sur une colline dominant Prague. La déstalinisation ne put atteindre la Tchécoslovaquie qu'une décennie plus tard, avec des conséquences dramatiques.

C'est certainement ainsi que les dirigeants soviétiques perçurent les choses. Khrouchtchev, Mikoyan, Molotov et trois autres hauts responsables s'envolèrent le 9 octobre pour Varsovie, dans l'intention de bloquer la nomination de Gomulka, d'interdire l'éviction de Rokossowski et de rétablir l'ordre en Pologne. Pour faire clairement comprendre ses intentions, Khrouchtchev donna simultanément pour instruction à une brigade de chars soviétiques de se diriger vers Varsovie. Mais au cours de vives discussions avec Gomulka, conduites en partie sur le tarmac de l'aéroport, Khrouchtchev conclut que la meilleure façon de servir les intérêts soviétiques en Pologne serait sans doute d'accepter la situation nouvelle dans le parti polonais plutôt que de forcer le cours des choses et, très certainement, de provoquer des affrontements violents. Gomulka, à son tour, assura aux Russes qu'il pouvait reprendre les choses en mains et qu'il n'avait aucunement l'intention d'abandonner le pouvoir, de sortir la Pologne du pacte de Varsovie ou d'exiger que les troupes soviétiques quittassent le pays.

Compte tenu du rapport de forces disproportionné entre Khrouchtchev et Gomulka, le nouveau dirigeant polonais obtint un succès remarquable en évitant une catastrophe pour son pays. Mais Khrouchtchev avait bien perçu son interlocuteur : comme il l'expliqua au Politburo soviétique à son retour à Moscou, le lendemain, l'ambassadeur de l'URSS à Varsovie, Ponomarenko, s'était « lourdement trompé dans son appréciation de Gomulka ». Le prix du contrôle communiste en Pologne passait sans doute par quelques changements de personnel et une libéralisation de la vie publique, mais Gomulka était un homme du parti solide et il n'avait aucunement l'intention de céder le pouvoir à la rue ou aux adversaires du POUP. Il était aussi réaliste : s'*il* ne parvenait à calmer les turbulences polonaises, l'autre solution était celle de l'Armée rouge. La déstalinisation, dans l'esprit de Gomulka, ne signifiait aucunement que Khrouchtchev comptait abandonner quoi que ce soit de l'influence territoriale de l'Union soviétique ou de son monopole politique.

L'« Octobre polonais » connut donc un dénouement fortuitement bénin : à l'époque, peu mesurèrent à quel point Varsovie était passée tout près d'une seconde occupation soviétique. En Hongrie, cependant, les choses prirent un tour différent. Ce ne fut pas tout de suite évident. Dès juillet 1953, la direction stalinienne hongroise avait été remplacée, à l'initiative de Moscou, par un communiste réformiste, Imre Nagy. Comme Gomulka, il avait été précédemment épuré et emprisonné et n'avait donc guère de responsabilité dans la saison de terreur et de gabegie que venait de traverser son pays ; de fait, son premier acte de chef du parti fut de présenter, avec l'appui de Beria, un programme de libéralisation. Les camps d'internement et de travail devaient être fermés, et les paysans autorisés à quitter les kolkhozes s'ils le souhaitaient. D'une manière générale, l'agriculture devait recevoir davantage d'encouragements tandis que les objectifs industriels irréalistes seraient abandonnés : dans le langage typiquement voilé d'une résolution du parti hongrois du 28 juin 1953, « la fausse politique économique a révélé une certaine vantardise aussi bien qu'une prise de risque, dans la mesure où le développement forcé de l'industrie lourde présupposait des ressources et des matières premières qui, pour une part, n'étaient tout simplement pas disponibles ».

Nagy n'était certainement pas un choix conventionnel de la part de Moscou. En septembre 1949, il avait critiqué la ligne ultra-stalinienne de Mátyás Rákosi et avait été un des deux seuls membres du Politburo hongrois à s'opposer à l'exécution de László Rajk. Tout cela, s'ajoutant à ses critiques de la collectivisation rurale, avait débouché sur son expulsion de la direction du parti ainsi qu'à une « autocritique » publique dans laquelle Nagy confessa son « attitude opportuniste » et son incapacité à suivre la ligne du parti. Il n'en était pas moins une option logique, dès lors que l'heure avait sonné de procéder à des changements dans un pays dont l'élite politique, comme son économie, avait été ravagée par les excès staliniens. Sous Rákosi, quelque 480 personnalités avaient été exécutées entre 1948 et 1953, sans compter Rajk et les autres victimes communistes ; et plus de 150 000 personnes, sur une population de moins de neuf millions, internées au cours de ces mêmes années.

Nagy resta au pouvoir jusqu'au printemps de 1955. À cette date, Rákosi et d'autres piliers du parti hongrois, qui travaillaient à miner la position de leur collègue fauteur de troubles depuis son retour au pouvoir, réussirent à convaincre Moscou qu'on ne pouvait compter sur lui pour maintenir un contrôle ferme, à une époque où l'Union soviétique était confrontée à la menace d'un élargissement de l'OTAN et où l'Autriche voisine était sur le point de devenir un État indépendant et neutre. Le comité central soviétique condamna dûment les « déviations droitières » de Nagy, qui fut donc écarté du pouvoir, avant d'être exclu du parti, tandis que Rákosi et ses amis retournaient au pouvoir à Budapest. Ce rejet de la réforme, huit mois tout juste avant le discours de Khrouchtchev, montre d'avance à quel point le dirigeant soviétique, en détruisant la réputation de Staline, ne comptait guère perturber l'exercice régulier du pouvoir communiste.

Pendant une année environ, le « groupe Nagy » fonctionna officieusement au sein du parti hongrois comme une sorte d'opposition « réformiste » informelle, la première du genre dans le communisme de l'après-guerre. Dans le même temps, ce fut au tour de Rákosi de se faire mal voir de Moscou. Khrouchtchev, on l'a vu, s'était empressé de renouer avec la Yougoslavie. Or, dans l'hystérie anti-titiste des jours passés, Rákosi avait joué un rôle particulièrement en pointe. Ce n'est pas par hasard que l'accusation de « titisme » avait occupé une telle place dans les grands procès hongrois, surtout dans le procès de Rajk lui-même : le parti hongrois avait été désigné pour jouer les procureurs dans cette affaire et sa direction s'était acquittée de cette tâche avec ardeur.

Rákosi devenait donc une gêne, une entrave anachronique aux projets soviétiques. Avec les négociations soviéto-yougoslaves à haut niveau qui se déroulaient à Moscou en juin 1956, il semblait inutilement provocateur de maintenir au pouvoir à Budapest un stalinien impénitent si étroitement associé aux mauvais jours, d'autant que ses états de service passés et son intransigeance présente commençaient de provoquer des protestations publiques en Hongrie. Rákosi fit de son mieux : en mars 1956, il publia dans le journal *Szabad Nép* une dénonciation fervente de Beria et de son lieutenant de police hongrois, Gábor Péter, faisant ainsi écho à la dénonciation par Khrouchtchev du « culte de la personnalité » et se félicitant qu'aient été ainsi « démasqués » ces criminels qui avaient persécuté des innocents. Mais son heure était passée. Le 17 juillet 1956, Anastase Mikoyan s'envola pour Budapest et, sans cérémonie, écarta Rákosi du pouvoir, pour la dernière fois.

À la place de Rákosi, les Soviétiques promurent Ernö Gerö, qui jouissait lui aussi d'un irréprochable pedigree stalinien. Ce fut une erreur. Gerö ne put ni conduire le changement ni le réprimer. Le 6 octobre, dans un geste à l'égard de Belgrade notamment, les autorités de Budapest permirent la ré-inhumation publique de László Rajk et des autres victimes de son procès. Béla Szász, un des survivants du procès, prit la parole au bord de sa tombe :

> « László Rajk a été exécuté sur la base d'accusations truquées, ses restes ont reposé sept années durant dans une tombe anonyme. Mais sa mort est devenue un signal d'avertissement pour le peuple hongrois comme pour le monde entier. Car les centaines de milliers qui défilent devant ce cercueil ne désirent pas seulement honorer le mort : leur espoir passionné et leur ferme détermination est d'enterrer toute une époque. L'illégalité, l'arbitraire et la décomposition morale de ces années sans vergogne doivent être à jamais enterrés ; et le danger que représentent les praticiens hongrois de la domination par la force et le culte de la personnalité, à jamais écarté. »

La sympathie qu'éveillait maintenant le sort de Rajk, un homme qui avait lui-même envoyé tant de victimes innocentes (non communistes) à la potence, n'était pas exempte d'une certaine ironie. Mais ironiques ou non, ces nouvelles obsèques de Rajk furent l'étincelle qui alluma la révolution hongroise.

Le 16 octobre 1956, des étudiants de la ville de Szeged s'organisèrent en une « Ligue des étudiants hongrois », indépendante des organisations communistes officielles. Dans la semaine, les organisations estudiantines essaimèrent à travers le pays. Le mouvement connut son apogée le 22 octobre avec le manifeste en « Seize points » des étudiants de l'Université technique de Budapest. Parmi leurs revendications figuraient des réformes industrielles et agraires, une plus grande démocratie et le droit à la liberté d'expression, mais aussi l'abolition d'une multitude de petites restrictions et réglementations de la vie sous le régime communiste. Figurait également une demande de plus mauvais augure : le désir de voir Imre Nagy installé au poste de Premier ministre, Rákosi et ses collègues jugés pour leurs crimes, et les troupes soviétiques se retirer du pays.

Le lendemain 23 octobre, les étudiants commencèrent à se rassembler sur la place du Parlement, à Budapest, pour réclamer la satisfaction de leurs revendications. Le régime ne savait trop comment répondre : Gerö commença par interdire la manifestation, puis l'autorisa. Celle-ci se déroula dans l'après-midi, après quoi le même Gerö dénonça le meeting et ses organisateurs dans une allocution radiodiffusée dans la soirée. Une heure plus tard, les manifestants en colère abattaient la statue de Staline, au centre de la ville, les troupes soviétiques entraient dans Budapest pour mater la foule et le comité central se réunissait dans la nuit. Le lendemain matin, à 8 h 13, le communiqué tombait : Imre Nagy était Premier ministre.

Si les chefs du parti espéraient que le retour de Nagy mettrait fin à la révolution, ils firent une terrible erreur de calcul. Nagy lui-même était certainement assez impatient de rétablir l'ordre : dans l'heure qui suivit son entrée en fonction, il proclama la loi martiale. Dans des discussions avec Souslov et Mikoyan, arrivés le jour même de Moscou par avion, lui-même et les autres membres de la nouvelle direction hongroise insistèrent sur la nécessité de négocier avec les manifestants. Si l'on en croit le rapport que firent les Russes lors d'une réunion spéciale du présidium du parti soviétique, le 26 octobre, János Kádár[13] leur avait expliqué qu'il était possible et important de faire la part des choses entre les masses loyales, coupées du parti par ses erreurs passées, et les contre-révolutionnaires armés que le gouvernement Nagy espérait isoler.

La distinction de Kádár avait bien pu convaincre les dirigeants soviétiques, mais elle ne reflétait pas la réalité hongroise. Des organisations estudiantines, des conseils ouvriers et des « comités nationaux » révolutionnaires se formaient spontanément à travers le pays. Des heurts entre la police et les manifestants provoquèrent des contre-attaques et des lynchages. Contre l'avis de certains de ses membres, la direction du parti hongrois refusa dans un premier temps de reconnaître au soulèvement la qualité de révolution démocratique et s'obstina à y voir une « contre-révolution », laissant ainsi échapper l'occasion de la coopter. C'est seulement le 28 octobre, près d'une semaine après les manifestations initiales, que Nagy proposa à la radio une trêve des affronte-

13. Kádár, que Nagy avait libéré de prison trois ans plus tôt, fut nommé Premier secrétaire du parti le 25 octobre. Il remplaça Gerö, dont les forces de sécurité avaient ouvert le feu sur des manifestants non armés, le matin même, sur la place du Parlement.

ments armés, reconnut la légitimité et le caractère révolutionnaire des récentes manifestations, promit d'abolir la police secrète unanimement méprisée et annonça le départ imminent des troupes soviétiques de Budapest.

Quels que fussent ses doutes, la direction soviétique avait décidé d'approuver la nouvelle approche du dirigeant hongrois. Dans le rapport qu'il fit le jour même de l'allocution de Nagy, Souslov présenta les nouvelles concessions comme le prix à payer pour placer le mouvement de masse sous la coupe du parti. Mais les événements de Hongrie s'accéléraient, déjouant les calculs de Moscou. Deux jours plus tard, le 30 octobre, à la suite d'attaques contre le siège du PC à Budapest, où vingt-quatre défenseurs du bâtiment avaient trouvé la mort, Imre Nagy intervint une nouvelle fois à la radio. Cette fois, ce fut pour annoncer que son gouvernement reposerait dorénavant « sur la coopération démocratique entre les partis de la coalition, reformés en 1945 ». Autrement dit, Nagy formait un gouvernement multipartite. Loin d'affronter l'opposition, Nagy appuyait désormais de plus en plus son autorité sur le mouvement populaire lui-même. Dans sa dernière phrase, célébrant une Hongrie « libre, démocratique et indépendante », il omit même, pour la première fois, l'adjectif discrédité « socialiste ». Et il appela publiquement Moscou « à engager le retrait des troupes soviétiques » de Budapest comme du reste du pays.

Le pari de Nagy – sa conviction sincère de pouvoir restaurer l'ordre en Hongrie et, ainsi, de conjurer la menace d'une intervention soviétique – reçut le soutien des autres communistes de son gouvernement. Mais il avait perdu l'initiative. À travers le pays tout entier, avaient surgi des comités insurrectionnels populaires, des partis politiques et des journaux. Le sentiment antirusse était omniprésent, et les références fréquentes à la façon dont la Russie impériale avait écrasé la révolte hongroise de 1848-1849. Et, par-dessus tout, les dirigeants soviétiques perdaient confiance en lui. Le sort de Nagy fut probablement scellé le 31 octobre dans l'après-midi, quand il annonça qu'il engageait des négociations en vue du retrait de la Hongrie du pacte de Varsovie.

Khrouchtchev et ses collègues avaient toujours pensé qu'en Hongrie, comme en Pologne, il leur faudrait intervenir dès lors que la « contre-révolution » échapperait à tout contrôle. Mais ils semblent avoir initialement répugné à donner suite à cette option. Le 31 octobre, le présidium du comité central pouvait encore publier un communiqué pour se dire prêt à « engager les négociations appropriées » avec les dirigeants hongrois concernant le retrait des troupes soviétiques de leur territoire. Mais alors même qu'ils faisaient cette concession, la nouvelle leur parvint de manifestations estudiantines à Timisoara (en Roumanie) et de « sentiments hostiles » chez les intellectuels bulgares bien disposés envers les révolutionnaires hongrois. L'effet de contamination que les dirigeants soviétiques avaient longtemps craint semblait s'amorcer, et ainsi furent-ils poussés à adopter une nouvelle approche.

Un jour après avoir promis de négocier un retrait des troupes, le présidium soviétique se laissa donc persuader par Khrouchtchev que c'était maintenant hors de question. « Les impérialistes » ne manqueraient pas d'y voir une preuve de la faiblesse soviétique. L'URSS devait au contraire prendre maintenant « l'initiative de rétablir l'ordre en Hongrie ». Des divisions de l'armée soviétique stationnées en Roumanie et en Ukraine reçurent l'ordre de s'acheminer vers la frontière hongroise. L'apprenant, le Premier ministre hongrois convoqua l'ambassadeur soviétique (Iouri Andropov) et lui signifia que, pour protester contre la reprise des mouvements de troupes soviétiques, la Hongrie se retirait unilatéralement du pacte de Varsovie. Ce soir-là, le 1er novembre à 19 h 50, Nagy annonça à la radio que la Hongrie était désormais un pays neutre et demanda aux Nations unies de lui reconnaître cette nouvelle qualité. Sa déclaration suscita une large approbation dans le pays ; les conseils ouvriers de Budapest, en grève depuis le début de la révolte, réagirent en appelant à la reprise du travail. Nagy avait enfin convaincu la plupart de ceux qui, en Hongrie, s'étaient méfiés de ses intentions.

Le soir même où Nagy fit sa déclaration historique, János Kádár fut secrètement acheminé à Moscou, où Khrouchtchev le persuada de la nécessité de former un nouveau gouvernement à Budapest, avec l'appui des Soviétiques. L'Armée rouge allait de toute façon intervenir et rétablir l'ordre ; la seule question était de savoir quels Hongrois auraient l'honneur de collaborer avec eux. Kádár perdit toute répugnance à l'idée de trahir Nagy et ses compatriotes quand Khrouchtchev lui fit bien comprendre que les Soviétiques avaient maintenant conscience d'avoir commis une erreur en installant Gerö au pouvoir en juillet. Ils ne renouvelleraient pas cette erreur une fois l'ordre rétabli à Budapest. Sur ce, Khrouchtchev se rendit à Bucarest pour y rencontrer les dirigeants roumains, bulgares et tchèques et coordonner des plans d'intervention en Hongrie (une délégation de moindre niveau avait rencontré la veille les dirigeants polonais). Pendant ce temps, Nagy continuait de protester contre la recrudescence des activités militaires soviétiques ; et le 2 novembre il demanda au secrétaire général des Nations unies, Dag Hammarskjöld, de jouer les médiateurs entre la Hongrie et l'URSS et d'amener l'Occident à reconnaître la neutralité de son pays.

Le lendemain 3 novembre, le gouvernement Nagy ouvrit, ou crut ouvrir, des négociations avec les autorités militaires soviétiques sur le retrait des troupes. Mais quand l'équipe hongroise de négociateurs revint, dans la soirée, au QG de l'armée soviétique à Tököl, en Hongrie, ils se firent aussitôt arrêter. Peu après, le 4 novembre à 4 heures du matin, les chars soviétiques attaquaient Budapest ; une heure plus tard, un communiqué radiodiffusé depuis l'est du pays sous occupation soviétique annonçait le remplacement d'Imre Nagy par un nouveau gouvernement. Nagy lui-même réagit en s'adressant une dernière fois à la population hongroise sur les ondes de la radio et lança un appel à la résistance contre l'envahisseur. Puis ses plus proches collègues et lui se réfugièrent à l'ambassade yougoslave à Budapest, qui accepta de leur donner asile.

L'issue militaire ne fit jamais l'ombre d'un doute : malgré une résistance intense, les forces soviétiques s'emparèrent de Budapest en soixante-douze heures, et le gouvernement de János Kádár prêta serment le 7. Certains conseils ouvriers survécurent encore un mois – Kádár préférant ne pas les attaquer directement – et des grèves sporadiques se prolongèrent jusqu'en 1957 : selon un rapport confidentiel soumis au comité central du PCUS le 22 novembre 1956, les mines de charbon hongroises ne tournaient plus qu'à 10 % de leur capacité. En l'espace d'un mois, cependant, les nouvelles autorités eurent assez d'assurance pour prendre l'initiative. Le 5 janvier, la peine de mort fut instituée pour « provocation à la grève » et la répression commença pour de bon. Outre les 2 700 Hongrois morts au cours des combats, 341 allaient être jugés et exécutés au cours des années suivantes (la dernière exécution eut lieu en 1961). Au total, 22 000 Hongrois furent condamnés à des peines de prison (beaucoup à cinq ans ou plus) pour leur rôle dans la contre-révolution ; 13 000 autres furent expédiés dans des camps d'internement et bien d'autres encore perdirent leur travail ou furent soumis à une surveillance serrée jusqu'à la proclamation d'une amnistie générale, en mars 1963.

On estime à 200 000 personnes – plus de 2 % de la population – le nombre de ceux qui fuirent la Hongrie à la suite de l'occupation soviétique : des jeunes pour la plupart, pour beaucoup issus de l'élite professionnelle et instruite de Budapest et de l'ouest urbanisé du pays. Ils s'établirent aux États-Unis (qui accueillirent quelque 80 000 réfugiés hongrois), en Autriche, en Grande-Bretagne, en Allemagne occidentale, en Suisse, en France et dans de nombreux autres pays. Pendant un temps, le sort de Nagy et de ses collègues demeura incertain. Après avoir passé près de trois semaines dans l'ambassade de Yougoslavie, à Budapest, ils se laissèrent duper et acceptèrent d'en sortir le 22 novembre : ils furent aussitôt arrêtés et enlevés pour être incarcérés en Roumanie.

Il fallut à Kádár de longs mois pour décider du sort à réserver à ses anciens amis et camarades. Les représailles contre les jeunes ouvriers et soldats qui avaient pris part aux combats de rue furent aussi discrètes que possible, pour éviter de susciter des protestations internationales ; il n'y en eut pas moins des demandes internationales de clémence dans le cas d'un certain nombre de personnalités telles que les écrivains József Gáli et Gyula Obersovsky. Le sort de Nagy lui-même était un problème particulièrement délicat. En avril 1957, Kádár et ses collègues décidèrent de ramener Nagy et ses « complices » en Hongrie pour les juger, mais le procès lui-même fut différé jusqu'en juin 1958 et encore fut-il couvert par le secret le plus strict. Le 15, les accusés furent tous reconnus coupables d'avoir fomenté la contre-révolution et écopèrent de condamnations diverses : de la mort à de longues peines de prison. Les écrivains István Bibó et Arpád Göncz (futur président de la Hongrie postcommuniste) furent condamnés à perpétuité. Deux autres – József Szilágy et Géza Lozonczy – furent tués en prison avant que ne commence leur procès. Imre Nagy, Pál Maléter et Miklós Gimes furent exécutés le 16 juin 1958 à l'aube.

Révolte éphémère et sans espoir dans un avant-poste de l'empire soviétique, l'insurrection hongroise bouleversa la configuration des affaires mondiales. En tout premier lieu, ce fut une leçon d'objet pour les diplomates occidentaux. Jusque-là, les États-Unis, tout en reconnaissant officiellement l'impossibilité de détacher les satellites est-européens de tout contrôle soviétique, avaient continué d'y encourager « l'esprit de résistance ». Pour citer le « Policy Paper » n° 174 du Conseil de sécurité nationale (décembre 1953), les actions clandestines et l'activité diplomatique visaient à « encourager les conditions qui rendraient possible la libération des satellites à un moment propice ». Mais, comme devait le souligner un document confidentiel, rédigé en juillet 1956 pour faire le point sur les chambardements de cette année, « les États-Unis ne sont pas disposés à recourir à la guerre pour éliminer la domination de l'URSS sur ses satellites » (NSC 5608/1 « U.S. Policy toward the Soviet Satellites in Eastern Europe »).

En vérité, dès la répression de la révolte de Berlin, en 1953, le département d'État avait conclu que l'Union soviétique, dans l'avenir prévisible, exerçait un contrôle inébranlable sur sa « zone ». La « non-intervention » était la *seule* stratégie de l'Ouest pour l'Europe de l'Est. Mais les rebelles hongrois ne pouvaient le savoir. Beaucoup espéraient sincèrement une assistance occidentale, encouragés en cela par le ton intraitable de la rhétorique publique américaine et par les émissions de Radio Europe libre, dont les animateurs émigrés incitaient les Hongrois à prendre les armes et promettaient un soutien étranger imminent. Cet appui ne venant pas, la désillusion et l'aigreur étaient inévitables chez les rebelles vaincus.

Les gouvernements occidentaux eussent-ils souhaité faire plus, les circonstances de l'heure auraient été fort peu propices. Le jour même où éclatait la révolte hongroise, des représentants de la France et de la Grande-Bretagne se trouvaient à Sèvres, poursuivant des discussions secrètes avec les Israéliens. La France, en particulier, se préoccupait de ses problèmes en Afrique du Nord : le 27 octobre, dans un mémoire ultraconfidentiel au représentant de la France au Conseil de sécurité des Nations unies, le ministre des Affaires étrangères Christian Pineau, souligna combien il était essentiel que le projet de résolution soumis au Conseil de sécurité ne contienne aucune disposition de nature à perturber « notre action en Algérie » et redit l'hostilité de la France à la « formation d'une commission d'enquête ». On retrouve la même veine dans un billet du ministre britannique des Affaires étrangères au

Premier ministre Anthony Eden, quatre jours plus tard, en réponse à l'ambassadeur britannique à Moscou suggérant que Londres appelle directement les dirigeants soviétiques à cesser d'intervenir en Hongrie : « Personnellement, je ne pense pas que le moment se prête à un tel message. »

« Les Anglais et les Français sont dans un sale pétrin en Égypte », avait justement expliqué Khrouchtchev, le 28 octobre, à ses collègues du présidium du comité central[14]. Quant à Eisenhower, il était dans la dernière semaine de la campagne électorale : le jour de sa réélection fut aussi celui de quelques-uns des combats les plus intenses à Budapest. Son Conseil de sécurité nationale ne devait même discuter de la Hongrie que trois jours après l'invasion ; il avait tardé à prendre la pleine mesure des actions de Nagy, notamment son abandon du régime de parti unique, dans un pays qui ne comptait guère dans la grande stratégie des États-Unis (la récente crise de Pologne avait retenu bien davantage l'attention de Washington). Et quand la Hongrie fut inscrite à l'ordre du jour du NSC, pour une réunion du 8 novembre, le consensus général, à commencer par Eisenhower, était que tout était de la faute des Français et des Britanniques. S'ils n'avaient pas envahi l'Égypte, l'Union soviétique n'aurait pas eu de couverture pour agir contre la Hongrie. L'administration Eisenhower avait la conscience tranquille.

Les dirigeants soviétiques profitèrent de la situation. Aux yeux des communistes, la véritable menace que représentait Nagy n'était ni sa libéralisation de l'économie ni le relâchement de la censure. Même si Moscou la jugea « provocatrice », la déclaration hongroise de neutralité ne fut pas davantage l'occasion de la chute de Nagy. Ce que le Kremlin ne pouvait approuver, c'était l'abandon par le parti hongrois du monopole du pouvoir, du « rôle dirigeant du parti » (Gomulka s'en était bien gardé en Pologne). Cette entorse à la pratique soviétique était la pointe du coin démocratique qui devait partout sonner le glas des partis communistes. C'est bien pourquoi les dirigeants communistes de tous les autres États satellites acceptèrent si facilement la décision de Khrouchtchev de déposer Nagy. Quand le Politburo tchécoslovaque se réunit, le 2 novembre, et se déclara disposé à contribuer activement au « maintien par toutes les mesures utiles de la démocratie populaire en Hongrie », il exprima sans conteste un sentiment profond et sincère[15].

---

14. Que le dirigeant soviétique ait pu le savoir dès le 28 octobre, trois jours avant le début de l'invasion anglo-française, laisse penser que les services secrets soviétiques étaient encore meilleurs que ne le redoutaient les Alliés occidentaux à l'époque.

15. Gomulka lui-même se rangea assez aisément aux raisons des Soviétiques. En Pologne, le retrait de Nagy du pacte de Varsovie *était* une source d'inquiétude : la peur qu'avaient les Polonais du révisionnisme territorial allemand leur donnait un intérêt particulier aux accords de sécurité garantis par les armes soviétiques. Il convient cependant de noter qu'en mai 1957, lors d'une entrevue avec Khrouchtchev, Gomulka essaya par tous les moyens, mais en vain, de dissuader le dirigeant soviétique de juger Nagy.

Tito lui-même finit par reconnaître que l'effondrement du contrôle du parti en Hongrie et celui de l'appareil de la sécurité de l'État étaient un exemple dangereux. Le dirigeant yougoslave s'était d'abord félicité des changements en Hongrie, y voyant une preuve supplémentaire de déstalinisation. À la fin d'octobre, cependant, le cours des événements à Budapest l'amena à changer d'avis : la proximité des deux pays, la présence d'une forte minorité hongroise en Voïvodine et les risques de contagion le préoccupaient beaucoup. Quand Khrouchtchev et Malenkov se donnèrent la peine, le 2 novembre, de venir le voir en avion dans sa retraite insulaire de l'Adriatique pour l'informer de l'invasion imminente, Tito se montra inquiet mais compréhensif. Son principal souci était que le gouvernement fantoche installé en Hongrie exclût Rákosi et d'autres staliniens impénitents. Sur ce point, Khrouchtchev se fit une joie de le rassurer.

Khrouchtchev fut nettement moins heureux, à peine deux jours plus tard, quand Tito donna asile à Nagy ainsi qu'à quinze membres de son gouvernement et à leurs familles. La décision yougoslave semble avoir été prise dans le feu de la crise hongroise et dans l'idée que les Russes n'avaient aucun intérêt à faire des martyrs. Mais quand les dirigeants soviétiques exprimèrent leur mécontentement, et surtout après l'enlèvement de Nagy et des autres dès leur sortie de l'ambassade avec une promesse de sauf-conduit de Kádár lui-même, Tito se retrouva en fâcheuse posture. Publiquement, le dirigeant yougoslave continua d'approuver le nouveau gouvernement hongrois ; officieusement, il ne fit pas mystère de son mécontentement devant le cours des événements.

Le précédent d'une intervention soviétique spontanée dans les affaires d'un État frère n'était pas fait pour rendre la direction soviétique chère aux Yougoslaves. Les relations entre Moscou et Belgrade se dégradèrent une fois de plus, et le régime yougoslave amorça des ouvertures en direction de l'Ouest et des pays asiatiques non alignés. La réponse de Tito à l'invasion soviétique de la Hongrie fut donc mélangée. Comme les dirigeants soviétiques, il fut soulagé de la restauration de l'ordre communiste ; mais la façon dont cela s'était fait créa un dangereux précédent et laissa un goût amer.

Ailleurs, la réponse fut nettement moins ambivalente. Le discours secret de Khrouchtchev, à peine avait-il filtré en Occident, avait sonné le glas d'une certaine foi communiste. Mais il ouvrait aussi la possibilité d'une réforme et d'un renouveau poststaliniens, et en sacrifiant Staline lui-même afin de préserver l'illusion d'une pureté révolutionnaire léniniste, Khrouchtchev avait offert aux membres du parti et aux compagnons de route progressistes un mythe auquel s'accrocher. En revanche, les combats de rue désespérés de Budapest dissipèrent toute illusion quant à ce nouveau modèle soviétique « réformé ». Une fois encore, il était apparu sans ambiguïté que l'autorité communiste ne reposait que sur le canon d'un char. Tout le reste était dialectique. L'hémorragie commença dans les rangs des PC occidentaux.

De l'aveu même du PC italien, quelque 400 000 adhérents s'en allèrent entre 1955 et 1957. Comme Togliatti l'avait expliqué aux dirigeants soviétiques au faîte de la crise hongroise, « les événements de Hongrie ont pris un tour qui rend très difficile notre action de clarification au sein du parti ; il est aussi très difficile d'obtenir un consensus en faveur de la direction ».

En Italie, comme en France, en Grande-Bretagne et ailleurs, ce sont les jeunes adhérents, ceux qui avaient fait des études, qui partirent en masse[16]. Comme les intellectuels de gauche non communistes, ils avaient été attirés par la promesse de réformes poststaliniennes en URSS *et* par la révolution hongroise elle-même, avec ses conseils ouvriers, ses initiatives estudiantines et l'idée que même un parti au pouvoir du bloc soviétique pouvait s'adapter et faire bon accueil à de nouvelles orientations. Hannah Arendt, quant à elle, crut que c'était l'essor des conseils (plutôt que le rétablissement des partis politiques par Nagy) qui marquait l'authentique renaissance de la démocratie contre la dictature, de la liberté contre la tyrannie. Enfin, semblait-il, on pourrait parler de communisme et de liberté dans un même souffle. Le « rapport secret nous délivrait », expliqua par la suite Jorge Semprun, alors jeune communiste espagnol qui travaillait clandestinement à Paris, et « nous donnait tout au moins la possibilité de nous délivrer [...] de ce sommeil de la raison[17] ». Ce moment d'espoir prit fin avec l'invasion de la Hongrie.

Quelques observateurs occidentaux tentèrent de justifier l'intervention soviétique ou tout au moins de l'expliquer en acceptant la thèse communiste officielle, à savoir qu'Imre Nagy avait conduit une *contre-révolution*, ou s'était laissé emporter par elle. Sartre, de manière caractéristique, souligna qu'un « esprit droitier » avait présidé au soulèvement hongrois. Mais, quels que fussent les mobiles des insurgés de Budapest et d'ailleurs – et ceux-ci étaient bien plus variés qu'il ne le parut à l'époque –, ce n'est pas la révolte hongroise, mais la répression soviétique qui fit la plus forte impression sur les observateurs étrangers. Le communisme devait être à jamais associé à l'oppression, plutôt qu'à la révolution. Depuis quarante ans, la gauche occidentale tournait ses regards vers la Russie, pardonnant, voire admirant la violence bolchevique considérée comme le prix de l'aplomb révolutionnaire et de la marche de l'Histoire. Moscou était le miroir flatteur de leurs illusions politiques. Le miroir se brisa en novembre 1956.

Dans un mémoire daté du 8 septembre 1957, l'écrivain hongrois István Bibó observa qu'« en écrasant la révolution hongroise, l'URSS avait porté un

16. Dans les organisations particulièrement retardataires, comme le PCF (qui persista longtemps à nier avoir eu connaissance des dénonciations de Staline par Khrouchtchev), de nombreux militants quittèrent le parti, non pas tant à cause de ce qui se passait dans le bloc soviétique, que de l'interdiction d'en débattre opposée par la direction locale.

17. [Jorge Semprun, *Quel beau dimanche*, Paris, Grasset, 1980, p. 318.]

coup rude, peut-être mortel, aux mouvements de "compagnons de route" (Paix, Femmes, Jeunesse, Étudiants, Intellectuels, etc.) qui contribuèrent à la force du communisme ». Son intuition se révéla pénétrante. Dépouillé de l'étrange magnétisme de la terreur stalinienne, et révélé à Budapest dans toute sa médiocrité blindée, le communisme soviétique perdit son charme aux yeux de la plupart de ses sympathisants et admirateurs occidentaux. Cherchant à fuir la « puanteur du stalinisme », d'ex-communistes comme le poète Claude Roy tournèrent leurs « narines vers d'autres horizons ». Après 1956, ce n'était plus dans les usines lugubres et les kolkhozes dysfonctionnels des démocraties populaires qu'il fallait chercher les secrets de l'histoire, mais dans d'autres royaumes plus exotiques. Une minorité de plus en plus réduite d'apologistes impénitents du léninisme s'accrocha au passé ; mais, de Berlin à Paris, une nouvelle génération de progressistes occidentaux chercha une consolation et un exemple carrément hors d'Europe, dans les aspirations et les chambardements de ce qu'on n'appelait pas encore le « tiers monde ».

Les illusions furent également ébranlées en Europe de l'Est. Ainsi qu'un diplomate britannique en poste à Budapest le rapporta le 31 octobre, au plus fort de la première série de combats : « Que les Hongrois aient résisté et repoussé cette offensive diabolique est rien de moins qu'un miracle. Jamais ils n'oublieront ni ne pardonneront. » Mais les Hongrois ne furent pas les seuls à prendre à cœur le message des chars soviétiques. Les étudiants roumains manifestèrent à l'appui de leurs voisins de Hongrie ; des intellectuels est-allemands furent arrêtés et jugés pour avoir critiqué les actions soviétiques ; en URSS, ce sont les événements de 1956 qui décillèrent des communistes jusque-là engagés comme le jeune Leonid Pliouchtch. Une nouvelle génération d'intellectuels dissidents, des hommes comme Paul Goma en Roumanie ou Wolfgang Harich en RDA, est née dans les décombres de Budapest.

La différence en Europe de l'Est, bien entendu, est que les sujets désillusionnés d'un régime discrédité ne pouvaient guère se tourner vers des contrées lointaines ni réchauffer leur foi révolutionnaire à la lueur de révoltes paysannes aux antipodes. Force leur était de vivre dans et avec des régimes communistes aux promesses desquelles ils ne croyaient plus. Les Européens de l'Est vécurent les événements de 1956 comme une distillation de déceptions cumulatives. Brièvement ranimées par la promesse de déstalinisation, leurs espérances communistes s'éteignirent, tout comme leurs espoirs d'un secours occidental. Alors que les révélations de Khrouchtchev sur Staline ou les initiatives hésitantes pour réhabiliter les victimes des grands procès avaient suggéré jusque-là que le communisme pouvait encore contenir en lui des germes de renouveau et de libération, la résignation cynique devint le sentiment dominant après la Hongrie.

Ce n'était pas sans bénéfices. Précisément parce que les populations de l'Europe de l'Est communiste se tinrent désormais tranquilles, et que l'ordre des choses était rétabli, la direction soviétique de l'époque de Khrouchtchev finit par accorder localement un degré limité de libéralisation – assez paradoxalement, surtout en Hongrie. À la suite de ses représailles punitives contre les insurgés de 1956 et de leurs sympathisants, Kádár rétablit l'État communiste modèle « post-politique ». En contrepartie de leur acceptation docile du monopole du pouvoir et de l'autorité dévolue au parti, les Hongrois bénéficièrent d'un degré strictement limité mais réel de liberté de produire et de consommer. Il n'était demandé à personne de croire au parti, encore moins à ses dirigeants, mais simplement de s'abstenir de la moindre manifestation d'opposition. Leur silence vaudrait consentement tacite.

Le « communisme du goulasch » qui en résulta assura la stabilité de la Hongrie ; et le souvenir de la Hongrie assura la stabilité du reste du bloc, tout au moins pour la prochaine décennie. Mais cela eut un coût. Pour la plupart de ceux qui vivaient sous le communisme, le système « socialiste » avait perdu toute sa part de promesse radicale, anticipatrice et utopique qui, encore au début des années 1950, expliquait en partie son attrait, surtout dans la jeunesse. Ce n'était plus qu'un mode de vie à subir. Mais cela ne signifiait pas qu'il ne pouvait pas durer très longtemps : après 1956, peu anticipaient une fin rapprochée du régime soviétique. En vérité, l'optimisme était relativement plus grand à ce propos *avant* les événements de cette année. Après novembre 1956, cependant, les États communistes d'Europe de l'Est, comme l'Union soviétique elle-même, amorcèrent leur enfoncement dans un crépuscule pluri-décennal de stagnation, de corruption et de cynisme.

Les Soviétiques devaient eux aussi en payer le prix : à bien des égards, 1956 représenta la défaite et la ruine du mythe révolutionnaire que Lénine et ses héritiers avaient cultivé avec tant de réussite. Boris Eltsine devait le reconnaître de longues années plus tard, le 11 novembre 1992, dans un discours prononcé devant le Parlement hongrois : « La tragédie de 1956 [...] restera à jamais une tache indélébile sur le régime soviétique. » Mais ce n'était rien en comparaison du coût que les Soviétiques avaient fait supporter à leurs victimes. Trente-trois ans plus tard, le 16 juin 1989, alors que Budapest fêtait sa conquête de la liberté, des centaines de milliers de Hongrois participèrent à de nouvelles obsèques en grandes pompes, cette fois d'Imre Nagy et de ses collègues. Parmi ceux qui prirent la parole sur la tombe de Nagy se trouvait le jeune Viktor Orbán, futur Premier ministre : « Que nous ayons dû supporter le fardeau de l'insolvabilité et trouver le moyen de sortir de l'impasse asiatique dans laquelle nous avons été acculés, expliqua-t-il à la foule, est une conséquence directe de la répression sanglante de la révolution. En vérité, en 1956, le parti ouvrier socialiste de Hongrie a floué la jeunesse actuelle de son avenir. »

X

L'âge de l'abondance

« Soyons francs : la plupart ne s'en sont jamais aussi bien tirés. »
Harold Macmillan (20 juillet 1957)

« Admass, c'est le nom que je donne à tout le système de productivité croissante, plus l'inflation, plus la hausse du niveau de vie, plus la pub et la vente haute-pression, plus les communications de masse, plus la démocratie culturelle et la création de l'esprit de masse, de l'homme de masse. »
J. B. Priestley

« – Seigneur Jésus, qu'est-ce que c'est que cette caravane ! [...]
– D'où ça vient tout ça ?
– De Lucanie.
– De Lucanie ? Où ça se trouve donc ?
– Tout en bas, du fin fond du pays. »
Rocco et ses frères, dir. Luchino Visconti (1960)

« On va où le soleil brille
On va où la mer est bleue
On l'a vu au ciné
Allons voir si c'est vrai. »
Cliff Richard, de *Summer Holiday* (1959)

« C'est affreusement triste, la vie à l'âge de l'Amérique, sauf si t'es Américain, bien sûr. »
Jimmy Porter, in *Look Back in Anger* (1956)

En 1979, Jean Fourastié publiait une étude de la transformation économique et sociale de la France dans les trente années qui avaient suivi la Seconde Guerre mondiale. Son titre – *Les Trente Glorieuses, ou La Révolution invisible, de 1946 à 1975* – était bien choisi. Les trois décennies qui suivirent la défaite de Hitler furent bel et bien « glorieuses » en Europe occidentale. La remarquable accélération de la croissance économique s'accompagna du début d'une ère de prospérité sans précédent. En l'espace d'une seule génération, les économies de l'Europe de l'Ouest continentale rattrapèrent le terrain perdu en quarante années de guerre et de crise, tandis que les performances économiques de l'Europe et ses formes de consommation se mirent à ressembler à celles des États-Unis. Moins d'une décennie après s'être extraits d'un pas incertain des décombres, les Européens, ébahis et non sans consternation, entrèrent dans l'âge de l'abondance.

L'histoire économique de l'Europe occidentale d'après-guerre se comprend mieux comme une inversion des décennies précédentes. L'insistance malthusienne des années 1930 sur la protection et le retranchement fut abandonnée au profit d'une libéralisation du commerce. Plutôt que d'amputer leurs dépenses et leurs budgets, les gouvernements les augmentèrent. Partout ou presque, se manifestait un attachement soutenu aux investissements publics et privés à long terme dans les infrastructures et les machines ; les usines et l'équipement plus anciens furent modernisés ou remplacés, permettant ainsi des gains d'efficacité et de productivité ; il y eut une forte augmentation du commerce international, tandis qu'une population jeune et active réclamait et pouvait se payer un éventail croissant de produits.

Sur un plan chronologique, le « boom » économique de l'après-guerre différa légèrement d'un pays à l'autre, se produisant d'abord en Allemagne et en Grande-Bretagne, juste un peu plus tard en France et en Italie ; et il fut vécu différemment au gré des différences nationales d'accentuation en matière de fiscalité, de dépenses publiques et d'investissement. Dans un premier temps, la plupart des gouvernements de l'après-guerre s'efforcèrent avant tout de moderniser les infrastructures : construction ou modernisation des routes, des voies ferrées, des maisons et des usines. Dans certains pays, on sacrifia délibérément la consommation, avec pour effet, on l'a vu, que beaucoup de gens vécurent les premières années de l'après-guerre comme des années de pénurie continue, quoique modérée. Le degré de changement relatif dépendait aussi, bien entendu, du point de départ : plus le pays était riche, moins il parut immédiat et spectaculaire.

Tous les pays européens n'en enregistrèrent pas moins une croissance régulière de leurs PIB (produit intérieur brut) et PNB (produit national brut) par tête : nouveaux indicateurs consacrés de la force et de la prospérité nationales. Au cours des années 1950, le taux *annuel* moyen de croissance de la production nationale par tête fut de 6,5 % en Allemagne de l'Ouest ; de 5,3 % en Italie, et de 3,5 % en France. On mesure mieux le sens de ces taux de croissance élevés et soutenus en les comparant aux résultats de ces mêmes pays dans les décennies précédentes : dans les années 1913-1950, le taux de croissance annuel avait été de juste 0,4 % en Allemagne, de 0,6 % en Italie et de 0,7 % en France. Même dans les décennies prospères de l'Empire wilhelminien, après 1870, l'économie allemande n'avait pas dépassé une moyenne annuelle de 1,8 %.

Dans les années 1960, le rythme de croissance commença de se ralentir, mais les économies d'Europe de l'Ouest continuèrent de se développer à des niveaux historiquement inhabituels. Au total, entre 1950 et 1973, le PIB allemand par tête fit plus que tripler en termes réels. En France, il augmenta de 150 %. Partant d'une base inférieure, l'économie italienne fit mieux encore. Dans des pays historiquement pauvres, l'amélioration des résultats économiques se révéla spectaculaire : entre 1950 et 1973, le PIB autrichien par tête passa de 3 731 dollars par tête à 11 308 (en dollars de 1990) ; en Espagne, le PIB par tête passa de 2 397 à 8 739. L'économie hollandaise suivit une croissance annuelle de 3,5 % de 1950 à 1970 : *sept* fois le taux de croissance annuel moyen au cours des quarante années passées.

Un des principaux facteurs de cette croissance fut l'essor continu du commerce outre-mer, qui augmenta plus vite que la production nationale dans la plupart des pays européens. Rien qu'en éliminant les entraves au commerce international, les gouvernements de l'Occident contribuèrent largement à sortir de la stagnation des précédentes décennies[1]. La principale bénéficiaire en fut l'Allemagne de l'Ouest, dont la part des exportations mondiales de produits manufacturés passa de 7,3 % en 1950 à 19,3 % juste dix ans plus tard, ramenant son économie à la place qu'elle occupait dans les échanges internationaux avant le crash de 1929.

En l'espace de quarante-cinq ans, après 1950, le volume des exportations mondiales fut multiplié par seize. Même un pays comme la France, dont la part dans le commerce mondial resta stable aux alentours de 10 % tout au long de ces années, bénéficia grandement de cette énorme augmentation du commerce international. En fait, les pays industrialisés y gagnèrent *tous* dans ces années-là : l'évolution des termes de l'échange leur fut très nettement favorable après la Seconde Guerre mondiale avec la baisse régulière du coût des matières premières et des denrées alimentaires importées du monde non-occidental, tandis que le prix des produits manufacturés ne cessait de croître. Dans ces trois décennies d'échange privilégié, inégal, avec le « tiers monde », l'Occident disposa en quelque sorte d'une licence pour imprimer du papier monnaie[2].

La singularité de ce boom économique ouest-européen réside cependant dans le degré d'intégration européenne *de facto* par lequel il se solda. Dès avant le traité de Rome, les futurs États membres de la Communauté économique européenne commerçaient essentiellement les uns avec les autres :

1. Gardons-nous toutefois de surestimer la rapidité avec laquelle furent supprimées les anciennes réglementations. Jusqu'au cœur des années 1960, par exemple, le gouvernement italien jugea politiquement prudent de maintenir les tarifs douaniers et les quotas de l'époque fasciste sur les voitures étrangères afin de mieux protéger les producteurs nationaux (essentiellement FIAT). Les gouvernements britanniques suivirent de semblables stratégies.

2. Une bonne partie de cet argent était recyclée sous forme de prêts au même tiers monde, désormais criblé de dettes paralysantes.

en 1958, 29 % des exportations de l'Allemagne (en valeur) étaient dirigés vers la France, l'Italie et les pays du Benelux, et 30 % encore vers d'autres États européens. À la veille de la signature du traité, 44 % des exportations belges allaient déjà vers ses futurs partenaires de la CEE. Même des pays comme l'Autriche, le Danemark ou l'Espagne, qui ne devaient officiellement rejoindre la CEE que de longues années après, étaient déjà intégrés à ses réseaux de commerce : en 1971, vingt ans avant son adhésion à l'Union européenne, l'Autriche recevait plus de la moitié de ses importations des six membres initiaux de la CEE. La Communauté (puis Union) européenne ne jeta pas les bases d'une Europe économiquement intégrée ; elle fut plutôt l'expression institutionnelle d'un processus déjà bien engagé[3].

Un autre élément crucial de la révolution économique de l'après-guerre fut la productivité accrue du travailleur européen. Entre 1950 et 1980, la productivité du travail en Europe occidentale augmenta trois fois plus vite que dans les quatre-vingt années précédentes : le PIB par heure travaillée augmenta encore plus rapidement que le PIB par tête. La population active au travail étant beaucoup plus forte, cela traduit une hausse sensible de l'efficacité et, presque partout, une amélioration considérable des relations sociales. Là encore, il s'agit, jusqu'à un certain point, d'une conséquence du rattrapage : les bouleversements politiques, le chômage de masse, le sous-investissement et les destructions physiques des trente années passées avaient laissé le plus clair de l'Europe à un point de départ historiquement bas en 1945. Même sans l'intérêt contemporain pour la modernisation et le progrès technique, les performances économiques se seraient probablement améliorées.

Derrière l'augmentation régulière de la productivité, se profile cependant un changement plus profond et permanent de la nature du travail. En 1945, la majeure partie de l'Europe était encore préindustrielle. Les pays méditerranéens, la Scandinavie, l'Irlande et l'Europe orientale étaient encore essentiellement ruraux et, par certains côtés, arriérés. En 1950, trois adultes actifs sur quatre en Yougoslavie et en Roumanie étaient des paysans. Un actif sur deux travaillait dans l'agriculture en Espagne, au Portugal, en Grèce, en Hongrie et en Pologne ; en Italie, c'était le cas de deux personnes sur cinq. Un employé autrichien sur trois travaillait à la ferme ; en France, près de trois employés sur dix étaient des paysans d'une espèce ou d'une autre. Même en Allemagne de l'Ouest, l'agriculture accaparait 23 % de la population active. Au Royaume-Uni, seulement, où ce chiffre était de juste 5 %, et dans une

3. Le cas de la Grande-Bretagne, comme bien souvent, était différent. En 1956, 74 % des exportations du Royaume-Uni sortaient de l'Europe pour aller essentiellement à ses colonies et au Commonwealth. Encore en 1973, quand le Royaume-Uni entra enfin dans la CEE, un tiers de ses exportations seulement allait aux douze pays qui devaient former l'Union européenne en 1992.

moindre mesure en Belgique (13 %), la révolution industrielle du XIXe siècle avait véritablement introduit une société post-agraire[4].

Au cours des trente années suivantes, les Européens furent très nombreux à abandonner la terre pour trouver du travail en ville – les plus grands changements intervenant au cours des années 1960. En 1977, 16 % seulement des Italiens actifs travaillaient la terre ; en Émilie-Romagne, dans le Nord-Est, la part de la population active engagée dans l'agriculture baissa en chute libre, de 52 % en 1951 à 20 % seulement en 1971. En Autriche, le chiffre national était tombé à 12 % ; en France, à 9,7 % ; en Allemagne de l'Ouest, à 6,8 %. Même en Espagne, l'agriculture employait seulement 20 % de la population en 1971. En Belgique (à 3,3 %) et au Royaume-Uni (à 2,7 %), les paysans devenaient statistiquement (sinon politiquement) insignifiants. La production agricole et laitière se fit plus efficace et moins intensive en main-d'œuvre – surtout dans des pays comme le Danemark et les Pays-Bas, où le beurre, le fromage et la viande porcine devinrent alors des exportations profitables et des pivots de l'économie intérieure.

En pourcentage du PIB, l'agriculture diminua régulièrement : en Italie, sa part dans la production nationale glissa de 27,5 % à 13 % entre 1949 et 1960. Le principal bénéficiaire en fut le secteur tertiaire (y compris l'administration), où se retrouvèrent nombre des anciens paysans et leurs enfants. Certains pays – l'Italie, l'Irlande, diverses régions de la Scandinavie et de la France – passèrent directement d'une économie agricole à une économie de services en l'espace d'une seule génération, court-circuitant quasiment le stade industriel dans lequel la Grande-Bretagne ou la Belgique avaient été pris pendant quasiment un siècle[5]. À la fin des années 1970, en Grande-Bretagne, en Allemagne, en France, dans les pays du Benelux, en Scandinavie et dans les pays alpins, une nette majorité de la population active travaillait dans les services : communications, transports, banque, administration publique, etc. L'Italie, l'Espagne et l'Irlande suivaient de près.

Dans l'Europe de l'Est communiste, en revanche, l'écrasante majorité des anciens paysans prirent le chemin des mines et d'une industrie manufacturière à forte main-d'œuvre et techniquement retardataire ; en Tchécoslovaquie, l'emploi dans le tertiaire, le secteur des services, *déclina* au cours des années 1950. Alors même que la production de charbon et de minerai de fer

4. À titre de comparaison, on pourrait noter que l'agriculture absorbait 12 % des actifs aux États-Unis en 1950.

5. La Suède constitue une exception partielle : la clé de la prospérité suédoise d'après-guerre fut la spécialisation de l'industrie manufacturière dans les produits de grande valeur. Mais les Suédois avaient accès à un réservoir de main-d'œuvre immigrée (finnoise) bon marché et aisément disponible et disposaient de centrales hydroélectriques qui protégèrent le pays des chocs pétroliers. Ils représentent un cas particulier, comme la Suisse, et pour les mêmes raisons.

diminuait en Belgique, en France, en Allemagne de l'Ouest et au Royaume-Uni au milieu des années 1950, elle continua d'augmenter en Pologne, en Tchécoslovaquie et en RDA. L'insistance dogmatique des communistes sur l'extraction des matières premières et la production de produits de base se solda par une croissance initiale rapide de la production brute et du PIB par tête. À court terme, l'importance donnée à l'industrie par les économies dirigées communistes faisait donc forte impression (notamment, à de nombreux observateurs occidentaux). Mais elle augurait mal de l'avenir de la région.

Le seul déclin de l'agriculture aurait expliqué une bonne partie de la croissance de l'Europe, tout comme l'exode rural, et le passage de l'agriculture à l'industrie, avait accompagné l'ascension de la Grande-Bretagne au premier rang un siècle auparavant. En vérité, le fait qu'il n'y eut plus en Grande-Bretagne de population agricole en surnombre à transférer vers l'industrie et les services à bas salaires, est un élément d'explication des résultats relativement médiocres du Royaume-Uni dans ces années-là, avec des taux de croissance systématiquement en retard sur ceux de la France ou de l'Italie (ou, en fait, de la Roumanie). Pour la même raison, les Pays-Bas obtinrent de meilleurs résultats que leur voisin belge industrialisé dans ces décennies, bénéficiant du transfert « unique » d'un excédent de main-d'œuvre rurale vers un secteur industriel et des services jusque-là sous-développés.

Le rôle du gouvernement et de la planification dans le miracle économique européen est plus difficile à mesurer. Dans certains pays, il parut presque superflu. La « nouvelle » économie d'Italie du Nord, par exemple, tira une bonne partie de son énergie des milliers de petites entreprises – généralement familiales, dont les membres avaient aussi une activité agricole saisonnière – qui avaient des frais généraux et des investissements modiques et payaient peu ou pas d'impôt. En 1971, 80 % de la main-d'œuvre du pays travaillait dans des sociétés qui comptaient moins – souvent beaucoup moins – de 100 employés. En dehors du fait qu'elles fermaient les yeux sur les infractions fiscales et autres – aménagement du territoire, construction, etc. –, on a du mal à cerner le rôle joué par les autorités centrales italiennes pour soutenir les efforts économiques de ces entreprises.

Dans le même temps, l'État joua un rôle crucial en finançant des changements de grande ampleur qui eussent été hors de portée de l'initiative individuelle ou de l'investissement privé : les fonds d'investissements européens non gouvernementaux restèrent longtemps rares et l'investissement privé d'Amérique ne commença à se substituer à l'aide Marshall ou à l'assistance militaire qu'à la fin des années 1950. En Italie, la *Cassa per il Mezzogiorno*, étayée par un gros emprunt auprès de la Banque mondiale, commença par investir dans les infrastructures et l'aménagement agraire : remembrement, voierie, drainage, viaducs, etc. Par la suite, elle vint en aide aux nouvelles usines. Elle offrait des incitations – prêts, subventions, franchises fiscales – aux entreprises privées prêtes à investir dans le Sud ; c'est par son truchement que des holdings d'État devaient diriger jusqu'à 60 % de leurs nouveaux investissements dans le Sud ; et au fil des décennies, à partir de 1957, elle créa douze « zones de croissance » et trente « noyaux de croissance » éparpillés à travers le tiers méridional de la péninsule.

Comme les projets de grande ampleur ailleurs, la *Cassa* fut inefficace, et plus qu'un peu corrompue. La plupart de ses prestations allèrent aux régions côtières favorisées ; la nouvelle industrie qu'elle apporta était le plus souvent une industrie de capitaux et créait peu d'emplois. Nombre des petites fermes « indépendantes » formées dans le sillage de la réforme agraire régionale restèrent tributaires de l'État, faisant du *Mezzogiorno* une sorte de région assistée de manière semi permanente. Au milieu des années 1970, la consommation par tête avait doublé dans le Sud ; les revenus locaux avaient augmenté en moyenne de 4 % par an ; la mortalité infantile avait diminué de moitié, et l'électrification était en passe d'être achevée, dans une région dont toute une génération se souvenait comme de l'une des plus délaissées et arriérées d'Europe. Compte tenu de la rapidité du décollage du Nord – dans une certaine mesure, on le verra, grâce à la main-d'œuvre méridionale –, ce qui frappe, ce n'est pas tant l'incapacité de la *Cassa* à produire un miracle économique au sud de Rome, mais le fait que la région ait pu suivre le mouvement. À cet égard, les autorités de Rome méritent un certain crédit.

Ailleurs, le rôle des pouvoirs publics fut variable sans être jamais négligeable. En France, l'État se limita à ce qu'on devait appeler une « planification indicative », consistant à utiliser les leviers du pouvoir pour diriger les ressources vers des régions, des industries et même des produits sélectionnés et à compenser délibérément les effets paralysants et malthusiens du sous-investissement des décennies d'avant-guerre. Les fonctionnaires étaient à même de contrôler d'autant plus efficacement l'investissement intérieur que, tout au long des premières décennies d'après-guerre, la législation sur les changes et la mobilité réduite des capitaux internationaux contenaient la concurrence étrangère. Leur liberté de chercher à l'étranger des rendements à court terme plus profitables étant ainsi restreinte, les banquiers et investisseurs privés de France ou d'ailleurs investissaient chez eux[6].

En Allemagne de l'Ouest, où l'entre-deux-guerres avait laissé un souvenir persistant de conflit et d'instabilité (politique et monétaire), les autorités de Bonn furent beaucoup moins actives que leurs homologues de France ou

6. Le contraste avec la pratique passée est révélateur. Aux premières étapes de l'industrialisation française, même les grandes banques d'affaires parisiennes avaient manqué de ressources pour financer la modernisation de l'infrastructure industrielle du pays et avaient reçu de l'aide ou des encouragements de l'État. Le délabrement des usines, des routes, du réseau ferroviaire et des services publics en 1945 témoignait avec éloquence de ces insuffisances.

d'Italie pour façonner ou diriger les comportements économiques, mais prêtèrent bien plus attention aux dispositifs destinés à prévenir ou à atténuer les conflits sociaux, notamment entre patronat et ouvriers. En particulier, elles encouragèrent et garantirent les négociations et les « contrats sociaux » destinés à réduire les risques de grèves ou d'inflation salariale. En conséquence, les industries privées (et les banques avec qui elles travaillaient ou qui les possédaient) étaient plus disposées à investir pour leur avenir parce qu'elles pouvaient compter sur la modération salariale à long terme de leurs employés. En Allemagne comme en Scandinavie, les ouvriers de base furent compensés de cette relative docilité par la garantie de l'emploi, une inflation faible et, surtout, des services publics et des prestations sociales financés par une fiscalité très progressive.

En Grande-Bretagne, le gouvernement intervint plus directement dans l'économie. Les gouvernements conservateurs qui lui succédèrent ne devaient pas revenir sur la plupart des nationalisations accomplies par le gouvernement travailliste entre 1945 et 1951. En revanche, les deux partis renoncèrent à la planification économique à long terme ou à une intervention agressive dans les relations entre les patrons et les employés. L'intervention active de l'État prit donc la forme d'une gestion de la demande : d'une manipulation des taux d'intérêt et des tranches d'imposition marginales pour encourager l'épargne ou la dépense. Il s'agissait de tactiques à court terme. Le principal objectif *stratégique* des gouvernements britanniques, toutes couleurs confondues dans ces années-là, était d'empêcher un retour des niveaux de chômage traumatisants des années 1930.

À travers l'Europe occidentale, les pouvoirs publics, le patronat et les travailleurs se serrèrent ainsi les coudes pour forger un cercle vertueux : dépenses publiques soutenues, fiscalité progressive et augmentations de salaires limitées. Ces objectifs, on le sait, relevaient déjà du consensus général forgé durant et après la guerre autour de la nécessité d'économies planifiées et d'une forme d'« État-providence ». Ils étaient donc le produit de politiques gouvernementales et d'une intention collective. Mais ce qui facilita leur succès sans précédent n'était pas à la portée directe de l'action des pouvoirs publics. Le déclencheur du miracle économique européen, et du bouleversement social et culturel qui suivit, fut la croissance rapide et durable de la population européenne.

L'Europe avait connu des sursauts démographiques dans le passé, les plus récents remontant au milieu du XIXe siècle. Mais, généralement, ceux-ci ne s'étaient pas traduits par une croissance démographique durable : soit que l'agriculture traditionnelle ne pût nourrir trop de bouches, soit à cause de guerres ou de maladies, soit encore parce que le nouvel excédent de population, notamment les jeunes adultes, émigrait outre-mer en quête d'une vie meilleure. Au XXe siècle, la guerre et l'émigration avaient gardé la croissance démographique en Europe très en deçà de ce qu'on aurait pu attendre au vu du taux de natalité accru des décennies précédentes.

À la veille de la Seconde Guerre mondiale, les effets en chaîne de la perte d'une génération de jeunes hommes dans la Première Guerre mondiale, mais aussi de la crise économique, des guerres civiles et de l'incertitude politique des années 1930, avaient réduit les taux de natalité à des creux historiques dans certaines parties de l'Europe occidentale. Au Royaume-Uni, le taux de naissances vivantes était de 15,3 pour mille seulement ; en Belgique, de 15,4 ; en Autriche, de 12,8. En France, où le taux de natalité de 14,6 pour mille en 1939, le nombre de morts excéda celui des naissances au cours de la Première Guerre mondiale et en 1919, mais encore en 1929, et chaque année entre 1935 et 1944. Comme dans l'Espagne de la guerre civile, la population nationale déclinait régulièrement. Dans le reste de l'Europe méditerranéenne et à l'est de Vienne, le taux de natalité était plus élevé, parfois le double des taux occidentaux. Mais du fait du niveau élevé de la mortalité infantile et des taux de mortalité supérieurs dans toutes les classes d'âge, la croissance démographique y était peu remarquable.

C'est dans ce contexte, et celui de la catastrophe démographique supplémentaire de la Seconde Guerre mondiale, qu'il faut comprendre le *baby boom* d'après-guerre. Entre 1950 et 1970, la population du Royaume-Uni augmenta de 13 % ; celle de l'Italie de 17 %. En Allemagne de l'Ouest, dans ces mêmes années, la croissance démographique fut de 28 % ; en Suède de 29 % ; aux Pays-Bas, de 35 %. Dans quelques-uns de ces cas, l'accroissement indigène fut « boosté » par l'immigration (retour des coloniaux aux Pays-Bas ; réfugiés est-allemands et autres en République fédérale). En revanche, les facteurs exogènes ne jouèrent qu'un rôle modeste en France : entre le premier recensement de l'après-guerre, en 1946, et la fin des années 1960, la population française augmenta de près de 30 % : le taux de croissance le plus rapide que le pays ait jamais enregistré.

Le trait saillant de l'Europe des années 1950 et 1960 – cela saute aux yeux de qui observe n'importe quelle scène de rue à l'époque –, c'était le nombre d'enfants et de jeunes. Après un hiatus de quarante années, l'Europe rajeunissait. Dans la plupart des pays, c'est dans les années 1947-1949 qu'il y eut le plus de naissances : en 1949, la France en enregistra 869 000, contre 612 000 en 1939. En 1960, aux Pays-Bas, en Irlande et en Finlande, 30 % de la population avait moins de 15 ans. Dans la France de 1967, un habitant sur trois avait moins de vingt ans. Ce n'était pas simplement que des millions d'enfants étaient nés après la guerre : un nombre sans précédent avait survécu.

Grâce aux progrès de l'alimentation, du logement et des soins médicaux, le taux de mortalité infantile – nombre d'enfants décédés avant leur 1er anniversaire pour mille naissances vivantes – baissa très fortement au cours de ces décennies en Europe occidentale. En Belgique, il chuta de 53,4 en 1950 à 21,1 en 1970, l'essentiel du changement intervenant dans la première décennie ; en Italie, de 63,8 à 29,6 ; en France, de 52,0 à 18,2. Les personnes âgées vécurent aussi plus longtemps, tout au moins en Europe occidentale, où le taux de mortalité baissa régulièrement au cours de la même période. En Europe de l'Est, le taux de survie des petits enfants s'améliora également, il est vrai en partant d'un niveau bien plus mauvais : en Yougoslavie, le taux de mortalité infantile chuta de 118,6 pour mille à 55,2 vingt ans plus tard[7]. En Union soviétique même, le taux chuta de 81 pour mille en 1950 à 25 en 1970, quoique avec d'amples variations d'une république à l'autre. En revanche, les taux de fécondité se tassèrent plus tôt dans les États communistes qu'à l'Ouest et, à compter du milieu des années 1960, ils furent plus que compensés par une dégradation régulière des taux de mortalité (surtout chez les hommes).

La reprise de la fécondité en Europe après la Seconde Guerre mondiale admet de nombreuses explications, mais la plupart se ramènent au mélange optimisme plus lait gratuit. Durant le long creux démographique des années 1913 à 1945, les pouvoirs publics avaient vainement essayé d'encourager la procréation : de compenser par des exhortations patriotiques, des codes de la famille et autres textes de loi la pénurie chronique d'hommes, de logement, d'emplois et de sécurité. Désormais – dès avant que la croissance d'après-guerre ne se fût traduite en emploi sûr et en société de consommation –, la coïncidence de la paix, de la sécurité et d'une certaine dose d'encouragements publics suffit à réaliser ce qu'aucune propagande nataliste d'avant 1940 n'avait réussi à produire.

Encouragés par les systèmes de rationnement et d'allocation qui favorisaient les couples mariés avec des enfants, mais aussi les allocations en espèces pour chaque enfant, les soldats démobilisés, les prisonniers de guerre et les déportés politiques de retour sautaient sur la première occasion de se marier et de fonder une famille. Mais il y avait autre chose. Au début des années 1950, les pays d'Europe occidentale avaient plus que de l'espoir et un gilet de sécurité sociale à offrir à leurs citoyens : il n'y avait qu'abondance de travail. Tout au long des années 1930, le taux de chômage moyen, en Europe occidentale, avait été de 7,5 % (11,5 % au Royaume-Uni). Dans les années 1950, il était tombé partout en dessous de 3 %, sauf en Italie. Au milieu des années 1960, la moyenne européenne était de 1,5 % seulement. Pour la première fois depuis que l'on tenait des statistiques, l'Europe connaissait le plein-emploi. Bien des secteurs souffraient maintenant de pénuries chroniques de main-d'œuvre.

---

7. En 1950, la Yougoslavie, la Pologne, la Roumanie et l'Albanie étaient les seuls pays européens où plus d'un enfant sur dix mourût avant un an. En Europe occidentale, le Portugal était bon dernier avec un taux de mortalité infantile de 94,1 % en 1950.

Malgré les moyens de pression que cette situation donnait à la main-d'œuvre organisée, les syndicats (à l'exception singulière de la Grande-Bretagne) étaient faibles ou répugnaient à exercer leur pouvoir. C'était un héritage des décennies de l'entre-deux-guerres : les syndicats militants ou politiques ne se remirent jamais complètement de l'impact de la Crise et de la répression fasciste. En contrepartie de leur respectabilité retrouvée de partenaires dans les négociations sociales, les représentants syndicaux, tout au long des années 1950 et au début des années 1960, préférèrent souvent collaborer avec le patronat plutôt que d'exploiter les pénuries de main-d'œuvre à leur avantage immédiat. En 1955 le premier accord de productivité jamais signé en France le fut entre la Régie Renault et les représentants de ses employés : que le principal gain des ouvriers prît la forme non pas d'une augmentation de salaires, mais de la concession novatrice d'une troisième semaine de congés payés, est révélateur du changement de perspective.

Le moindre poids des vieux syndicats de cols bleus en Europe centrale avait une autre raison et tenait au déclin de leur clientèle : les travailleurs manuels qualifiés de sexe masculin. L'emploi dans le charbon, l'acier, les textiles et les autres industries du XIXe siècle se contractait, même si cela n'apparut clairement que dans les années 1960. Le tertiaire créait de plus en plus d'emplois, souvent occupés par des femmes. Certaines activités – textile, travaux domestiques – étaient fortement féminisées depuis de longues décennies. Après la guerre, les opportunités d'emploi dans ces deux secteurs diminuèrent fortement. La main-d'œuvre féminine ne consistait plus en femmes seules travaillant comme servantes ou ouvrières des filatures. Elle se composait toujours davantage de femmes plus âgées (souvent mariées) travaillant en magasin, dans des bureaux, ou dans certaines professions mal rémunérées : personnel soignant et enseignant, en particulier. En 1961, un tiers de la main-d'œuvre salariée, au Royaume-Uni, était féminine ; deux salariées sur trois faisaient un travail de bureau ou de secrétaire. Même en Italie, où les femmes plus âgées n'avaient traditionnellement pas rejoint les rangs des employés (officiels), les femmes représentaient 27 % de la main-d'œuvre à la fin des années 1960.

L'insatiable demande de main-d'œuvre dans le quart nord-ouest prospère de l'Europe explique les remarquables migrations de masse des années 1950 et du début des années 1960. Celles-ci prirent trois formes. En premier lieu, des hommes (dans une moindre mesure, des femmes et des enfants) abandonnèrent la campagne pour la ville et s'installèrent dans des régions plus développées de leur propre pays. En Espagne, plus d'un million d'Andalous migrèrent vers le nord pour s'installer en Catalogne, entre 1950 et 1970 : cette année-là, 1,6 million d'Andalous de naissance vivaient hors de leur région natale, dont 712 000 rien qu'à Barcelone. Au Portugal, un fort pourcentage d'habitants de la région déshéritée d'Alentejo se fixa à Lisbonne. En Italie, entre 1955 et 1971, neuf millions de personnes auraient quitté leur région pour une autre.

Ce type de mouvement de population ne devait pas se limiter à la Méditerranée. Les millions de jeunes gens qui abandonnèrent la RDA pour la RFA entre 1950 et 1961 choisissaient sans doute la liberté politique, mais en se dirigeant vers l'ouest ils cherchaient aussi des boulots mieux payés et une vie meilleure. À cet égard, ils différaient peu de leurs contemporains espagnols ou italiens, ou encore des 250 000 Suédois qui quittèrent le centre et le nord ruraux de leur pays pour s'installer en ville entre 1945 et 1955. Ce mouvement s'expliquait largement par les disparités de revenus ; mais le désir d'échapper aux privations, à l'isolement, à l'austérité de la vie villageoise et à l'emprise des hiérarchies rurales traditionnelles jouèrent aussi un rôle, surtout chez les jeunes gens. Un avantage accessoire est que les salaires de ceux qui restaient, et la quantité de travail disponible, augmentaient en conséquence.

Une deuxième route de migration était celle qui menait d'un pays européen à un autre. L'émigration européenne, bien entendu, n'avait rien de nouveau. Mais les quinze millions d'Italiens qui quittèrent leur pays entre 1870 et 1926 avaient généralement traversé l'océan à destination des États-Unis ou de l'Argentine. Il en allait de même pour les millions de Grecs, de Polonais, de Juifs et d'autres qui émigrèrent dans ces mêmes années, comme des Scandinaves, des Allemands et des Irlandais d'une génération antérieure. Au lendemain de la Grande Guerre, certes, un filet régulier de mineurs et de travailleurs agricoles avaient quitté l'Italie ou la Pologne pour la France, par exemple ; et les années 1930 virent l'arrivée à l'ouest de réfugiés politiques fuyant le nazisme et le fascisme. Mais la migration intra-européenne, surtout en quête de travail, restait l'exception.

Tout changea à la fin des années 1950. Les mouvements de main-d'œuvre transfrontaliers avaient commencé peu après la fin de la guerre : en vertu d'un accord de juin 1946, des dizaines de milliers de jeunes Italiens rejoignirent les mines de Wallonie en convois organisés ; en contrepartie, la Belgique s'engageait à fournir du charbon à l'Italie. Au cours des années 1950, cependant, la croissance démographique locale n'arrivait pas à suivre l'expansion économique du nord-ouest de l'Europe ; la génération du *baby boom* n'était pas encore entrée sur le marché du travail, alors que la demande de main-d'œuvre montait en flèche. Avec l'accélération de l'économie allemande, en particulier, le gouvernement de Bonn fut contraint de chercher à l'étranger une main-d'œuvre bon marché.

En 1956, le chancelier Adenauer était à Rome, offrant la gratuité des transports à tout travailleur italien qui se rendrait en Allemagne et recherchant la coopération officielle de l'Italie pour faire passer de l'autre côté des Alpes les méridionaux au chômage. Au cours de la décennie suivante, les autorités de Bonn allaient signer toute une série d'accords non seulement avec l'Italie, mais aussi avec la Grèce et l'Espagne (1960), la Turquie (1961), le Maroc (1963), le Portugal (1964), la Tunisie (1964) et la Yougoslavie (1968). Les travailleurs étrangers (« hôtes ») furent encouragés à aller travailler en Allemagne, dans l'idée que leur séjour était strictement temporaire : ils finiraient par regagner leur pays d'origine. Comme les immigrés finnois en Suède, ou les travailleurs irlandais en Grande-Bretagne, ces hommes, pour la plupart âgés de moins de 25 ans, venaient presque toujours de régions pauvres, rurales ou montagneuses. La majorité d'entre eux n'étaient pas qualifiés, même si d'aucuns consentaient à une « déqualification » pour trouver du travail. Ce qu'ils gagnaient en Allemagne et dans les autres pays du Nord contribuait amplement à faire vivre l'économie de leurs régions d'origine, alors même que leur départ réduisait la concurrence locale sur le marché du travail et du logement. En 1973, les mandats des ouvriers émigrés représentaient 90 % des recettes d'exportation de la Turquie, et 50 % pour la Grèce, le Portugal et la Yougoslavie.

Ces déplacements de population eurent un impact démographique significatif. Alors qu'il s'agissait officiellement d'une migration « temporaire », beaucoup quittaient leur foyer pour de bon. S'ils rentraient, ce n'était que de longues années plus tard, à l'heure de la retraite. Sept millions d'Italiens quittèrent leur pays entre 1945 et 1970. Dans les années 1950 à 1970, un quart de la main-d'œuvre grecque partit chercher du travail à l'étranger : au faîte de l'émigration, au milieu des années 1960, 117 000 Grecs quittaient chaque année le pays[8]. On a pu estimer qu'entre 1961 et 1974 un million et demi de Portugais trouvèrent du travail à l'étranger : ce fut le plus grand mouvement de population de toute l'histoire du Portugal, qui ne laissa au Portugal même qu'une population active de juste 3,1 millions. Ce sont des chiffres spectaculaires pour un pays dont la population totale, en 1950, ne dépassait pas 8,3 millions d'habitants. L'émigration de jeunes femmes en quête de places de domestique à Paris et ailleurs eut un effet particulièrement marqué sur la campagne, où la pénurie de jeunes adultes ne fut que partiellement comblée par l'arrivée d'immigrés des colonies portugaises des îles du Cap Vert et d'Afrique. À Sabugal, dans le nord rural du pays, l'émigration réduisit la population locale de 43 513 habitants en 1950 à 19 174 trente ans plus tard.

Pour le pays « importateur », l'avantage économique était considérable. En 1964, les travailleurs étrangers (essentiellement italiens) représentaient un quart de la main-d'œuvre en Suisse, pays dont le tourisme était largement tributaire d'un personnel saisonnier bon marché : facile à recruter, facile à renvoyer. En Allemagne de l'Ouest, 1973 fut une année record avec 2,8 millions de travailleurs étrangers, essentiellement dans les métiers du bâtiment,

8. Si bien que, lorsque le tourisme commença à se développer, vers la fin des années 1960, la Grèce souffrit d'une pénurie de main-d'œuvre pour faire les petits boulots.

la métallurgie et l'automobile. Au total, ils représentaient un travailleur sur huit. Parmi eux, il y avait beaucoup de femmes qui travaillaient comme domestiques, cuisinières, femmes de ménage, concierges et baby-sitters – et qui, dans leur écrasante majorité, étaient d'origine portugaise.

Nombre de ces hommes et femmes ne bénéficiaient pas de droits de résidence permanents, et ils n'étaient pas concernés par les accords signés entre syndicats et patronat en matière de sécurité, de protection sociale et de retraite des nationaux. Aussi, pour le patron ou le pays d'accueil, représentaient-ils un engagement ou des coûts à long terme très modestes. Jusqu'au cœur des années 1980, ces « travailleurs hôtes » [*Gastarbeiter*], en Allemagne, en restaient toujours à leurs positions et salaires d'entrée. Ils vivaient de leur mieux tout en envoyant l'essentiel de leurs revenus au pays : si peu qu'ils fussent payés en marks ou en francs, c'était beaucoup plus que ce qu'ils pouvaient espérer dans leurs villages d'origine. Leur condition ressemblait à celle du mélancolique garçon de café italien de Lucerne, à peine caricaturé dans le film de Franco Brusati, *Pain et chocolat* (*Pane e Cioccolata*, 1973).

En 1973, la seule Allemagne de l'Ouest comptait un demi-million d'Italiens, quelque 535 000 Yougoslaves et 605 000 Turcs[9]. Les Allemands, comme les Suisses, les Français, les Belges ou les Britanniques, ne se réjouirent pas particulièrement de l'irruption soudaine de tant d'étrangers sur leur sol. L'expérience de la vie parmi tant de gens de pays inconnus était peu familière à la plupart des Européens. Si elle fut tolérée relativement bien, avec d'épisodiques explosions de préjugés et de violences contre des communautés de travailleurs étrangers, c'est dans une certaine mesure que ceux-ci vivaient à l'écart de la population locale, dans les banlieues les plus tristes des grandes villes ; qu'ils ne représentaient aucune menace économique en période de plein emploi ; et qu'au moins dans le cas des chrétiens du Portugal, de l'Italie et de la Yougoslavie, ils étaient physiquement et culturellement « assimilables », c'est-à-dire ni basanés ni musulmans ; et enfin qu'il était largement admis qu'ils partiraient un jour.

Toutefois, ces considérations ne valaient pas pour une troisième source de main-d'œuvre importée : les immigrés des colonies européennes passées et présentes. Initialement, leur nombre n'était pas significatif. La plupart des gens de cette catégorie rentrés aux Pays-Bas, en Belgique ou en France depuis les anciennes possessions impériales d'Asie, d'Afrique, d'Amérique du Sud et du Pacifique étaient des blancs exerçant des professions libérales ou des fermiers à la retraite. En 1969, même les Algériens établis en France ne dépassaient pas les 600 000, soit moins que la population locale d'Italiens ou d'Espagnols.

---

9. Quinze ans plus tôt seulement, en 1958, les recensements officiels ne dénombraient que 25 000 Italiens, 4 000 Yougoslaves et pas suffisamment de Turcs pour figurer dans les statistiques.

En Grande-Bretagne même, où les gouvernements des années 1950 avaient activement encouragé l'immigration des Caraïbes pour les trains, les bus et les services municipaux du pays, les chiffres n'étaient pas particulièrement frappants. Le recensement de 1951 dénombra 15 000 résidents d'origine antillaise (essentiellement de la Barbade) au Royaume-Uni, dont 4 000 à Londres. En 1959, l'immigration antillaise au Royaume-Uni était de l'ordre de 16 000 personnes chaque année. L'immigration d'autres parties du Commonwealth était encore plus modeste : en 1959, 3 000 immigrés seulement arrivèrent de l'Inde et du Pakistan. Leurs effectifs devaient croître par la suite, notamment quand le gouvernement britannique consentit à contrecœur à admettre des Asiatiques d'Afrique de l'Est expulsés par le dictateur ougandais, Idi Amin Dada ; reste qu'en 1976 la population du Royaume ne comptait encore que 1,8 million de « non-blancs », soit 3 % du total. Et 40 % étaient nés sur place.

Toute la différence venait bien sûr de ce que ces gens étaient bruns ou noirs et que, étant citoyens du Commonwealth, ils étaient présumés disposer d'un droit de séjour permanent et finalement de citoyenneté dans la métropole impériale. Dès 1958, des émeutes impériales dans l'ouest de Londres alertèrent le gouvernement sur les risques de l'autorisation donnée à « trop » d'immigrés d'entrer dans une société historiquement blanche. Aussi, et alors même qu'il existait toujours de bonnes raisons économiques de faire venir de la main-d'œuvre immigrée non qualifiée et que l'effectif global demeurait insignifiant, le Royaume-Uni prit l'initiative des nombreux contrôles qui devaient viser l'immigration non européenne. Le *Commonwealth Immigration Act* de 1962 institua pour la première fois des *employment vouchers* (cartes de travail) et des contrôles rigoureux autour de l'immigration non blanche. En 1968, une nouvelle loi renforça ces contrôles, réservant la citoyenneté du Royaume-Uni aux personnes ayant au moins un parent britannique ; et en 1971 une autre loi, clairement dirigée contre les non-Blancs, restreignit sévèrement l'arrivée d'immigrés dans le cadre du regroupement familial[10].

L'effet net de ces lois fut d'arrêter l'immigration non européenne en Grande-Bretagne moins de vingt ans après qu'elle eut commencé. Dorénavant, la part croissante des non-Blancs dans la population du Royaume-Uni devait être une fonction des taux de natalité élevés chez les Africains, les Antillais et les Asiatiques du Sud. Par ailleurs, cette restriction drastique du

10. Ces restrictions draconiennes de l'immigration coloniale reflétaient l'opinion dominante dans les deux grands partis. Moins d'une génération plus tôt cependant, en juillet 1948, et dans des circonstances assez différentes, le Premier ministre travailliste Clement Attlee avait pu écrire : « La tradition veut que les sujets britanniques, qu'ils soient originaires d'un dominion ou d'une colonie (et quelle que soit leur race ou leur couleur) soient librement admis au Royaume-Uni. À mon sens, on ne saurait rompre à la légère avec cette tradition, surtout à une époque où nous importons de la main-d'œuvre étrangère en grand nombre. »

droit d'entrée des Noirs et des Asiatiques au Royaume-Uni s'accompagna, le moment venu, d'une amélioration considérable de leurs chances de vie une fois sur place. Un *Race Relations Act* de 1965 interdit la discrimination dans les lieux publics, introduisit des remèdes à la discrimination professionnelle et rendit l'incitation à la haine raciale passible de poursuites pénales. Onze ans plus tard, une nouvelle loi finit par prohiber *toute* espèce de discrimination fondée sur la race et mit en place une Commission pour l'égalité raciale. À certains égards, la nouvelle population non européenne du Royaume-Uni (et plus tard de la France) eut plus de chance que les Européens de seconde classe qui trouvaient du travail au nord des Alpes. Les logeuses anglaises ne pouvaient plus afficher des pancartes indiquant « Noirs, Irlandais et chiens interdits » ; en revanche, dans les années suivantes, on devait encore voir des écriteaux interdisant les parcs suisses « aux chiens et aux Italiens ».

En Europe septentrionale, la situation des travailleurs et autres résidents étrangers était maintenue à dessein précaire. Le gouvernement hollandais encouragea les ouvriers d'Espagne, de Yougoslavie et d'Italie (puis de Turquie, du Maroc et du Surinam) à venir travailler dans le textile, les mines et les chantiers navals. Mais quand les anciennes industries fermèrent, ce sont ces mêmes ouvriers qui perdirent leur travail, souvent sans la moindre assurance ni sécurité sociale propre à amortir l'impact sur eux et leurs familles. En Allemagne fédérale, une loi de 1965 sur les étrangers intégra dans son texte des « règlements de police pour les étrangers » initialement promulgués par les nazis en 1938. Les travailleurs étrangers étaient décrits et traités comme une présence temporaire, à la merci des autorités. En 1974, cependant, avec le ralentissement de l'économie européenne et alors que nombre des travailleurs immigrés n'étaient plus nécessaire, ils étaient devenus des résidents permanents. Cette année-là, 17,3 % des enfants nés en Allemagne de l'Ouest étaient des enfants d'« étrangers ».

On ne saurait surestimer l'impact net de ces mouvements. Au total, ils concernent quelque quarante millions de personnes en transit, circulant à l'intérieur de chaque pays, d'un pays à l'autre et d'outre-mer vers l'Europe. Sans cette main-d'œuvre abondante et bon marché sous une forme vulnérable et le plus souvent non syndiquée, l'essor européen n'aurait pas été possible. Les États européens de l'après-guerre – et le patronat – bénéficièrent grandement de ce flux régulier de travailleurs dociles et sous-payés dont, souvent, ils n'avaient pas à assumer le coût social dans sa totalité. Quand l'expansion prit fin et que sonna l'heure de licencier la main-d'œuvre excédentaire, les immigrés et les migrants furent les premiers à en pâtir.

Comme tout le monde, les nouveaux travailleurs ne se contentaient pas de fabriquer des choses : ils en achetaient. C'était là un phénomène très nouveau. Tout au long de l'histoire, la plupart des habitants de l'Europe – et du reste du monde – n'avaient possédé que quatre types de choses : celles héritées de leurs parents ; celles qu'ils se fabriquaient ; celles qu'ils troquaient ou échangeaient avec d'autres ; et les rares articles qu'ils étaient obligés d'acheter avec des espèces, presque toujours produits par quelqu'un qu'ils connaissaient. L'industrialisation, au cours du XIXe siècle, avait transformé le monde de la ville et des citadins ; mais dans de nombreuses zones de l'Europe rurale, l'économie traditionnelle avait très peu changé jusque-là et même encore après la Seconde Guerre mondiale.

Dans le budget traditionnel des ménages, le premier poste était de loin celui de l'alimentation et de l'habillement qui, avec le logement, absorbaient le gros des revenus familiaux. La plupart des gens ne faisaient pas de courses ou ne « consommaient » pas au sens moderne du terme ; ils subsistaient. Pour l'écrasante majorité de la population européenne, jusqu'au milieu du XXe siècle, le « revenu disponible » était une contradiction dans les termes. En 1950, le ménage moyen d'Europe *occidentale* dépensait encore plus de la moitié de ses ressources en produits de première nécessité : nourriture, boisson et tabac *(sic)*. Le pourcentage était nettement supérieur en Europe méditerranéenne. Si l'on y ajoutait l'habillement et le loyer, il ne restait pas grand-chose pour l'accessoire.

Tout cela devait changer au cours de la génération suivante. En l'espace de deux décennies, après 1953, le salaire réel devait pratiquement tripler en Allemagne de l'Ouest et dans les pays du Benelux. En Italie, l'augmentation des revenus suivit un rythme encore plus fort. Même en Grande-Bretagne, le pouvoir d'achat du citoyen moyen devait pratiquement doubler au cours de ces années. En 1965, la nourriture et l'habillement n'absorbaient que 31 % des dépenses de consommation en Grande-Bretagne ; en 1980, la moyenne était moins du quart dans la totalité de l'Europe septentrionale et occidentale.

Les gens avaient de l'argent de côté et ils le dépensaient. En 1950, les détaillants ouest-allemands vendirent tout juste 900 000 paires de bas nylons (« luxe » emblématique de l'immédiat après-guerre). Quatre ans plus tard, en 1953, ils en vendaient 58 millions de paires. S'agissant de marchandises plus traditionnelles, le principal impact de cette révolution des dépenses se manifesta dans la façon dont les produits étaient emballés et par l'échelle des ventes. Les supermarchés firent leur apparition, notamment dans les années 1960, la décennie où l'augmentation du pouvoir d'achat fut la plus sensible. Aux Pays-Bas, qui comptaient sept supermarchés seulement en 1961, il y en avait 520 dix ans plus tard. Dans la même décennie, leur nombre passa de 19 à 456 dans la Belgique voisine, de 49 à 1 833 en France[11].

11. L'Italie resta une exception ; en 1971, moins de 5 % des achats étaient réalisés dans les 538 supermarchés du pays, et tout le monde ou presque continuait de fréquenter les boutiques spécialisées du coin. C'était toujours vrai vingt ans plus tard : en 1991, alors que le nombre d'épiceries était tombé à 37 000 en Allemagne fédérale et à 21 500 seulement en France, on en comptait 182 432 en Italie. Par habitant, seule la Pologne en comptait davantage.

La raison d'être des supermarchés est que les clients (les ménagères, le plus souvent) dépensaient davantage en une seule sortie s'ils trouvaient commodément rassemblés au même endroit l'essentiel de ce qu'ils voulaient – ou de ce par quoi ils pouvaient se laisser tenter. Mais cela supposait en retour que les ménagères eussent un endroit où ranger les vivres rapportés à la maison, ce qui impliquait, de plus en plus, la présence d'un réfrigérateur. En 1957, la plupart des foyers ouest-européens n'en possédaient toujours pas (le taux allait de 12 % en RFA à moins de 2 % en Italie). La raison n'était pas tant technique (au milieu des années 1950, la quasi-totalité de l'Europe occidentale était équipée en électricité, à l'exception de certaines parties de la Norvège rurale ou de régions méridionales et montagneuses de l'Italie) que logistique : avant que les ménagères ne pussent acheter des denrées périssables en quantité en une seule sortie, et les rapporter à la maison, il ne rimait pas à grand-chose de consacrer une fortune à l'achat d'un réfrigérateur[12].

Qu'en 1974 l'absence d'un frigo eût été remarquée est donc symptomatique de nombreux autres changements interdépendants : en Belgique et au Royaume-Uni, le taux d'équipement des ménages était de 82 % ; en France, de 88 % ; aux Pays-Bas et en Allemagne, de 93 %. Le plus remarquable est que 94 % des ménages italiens en possédaient un, soit le taux le plus élevé en Europe. De fait, l'Italie était devenue le premier fabricant européen de réfrigérateurs et autres « produits blancs ». En 1951, l'industrie italienne produisait à peine 18 500 frigos ; vingt ans après, elle en construisait 5 347 000 par an, soit presque autant que les États-Unis et plus que tout le reste de l'Europe.

Comme le réfrigérateur domestique, la machine à laver fit son apparition dans ces mêmes années. Elle visait elle aussi à faciliter le travail de la ménagère maintenant aisée et à l'encourager à élargir la gamme de ses achats. La machine à laver mit cependant plus longtemps à prendre que le frigo, en partie du fait qu'au milieu des années 1950 plus de la moitié des foyers en Belgique, en Italie, en Autriche, en Espagne et dans de nombreuses régions de la France ou de la Scandinavie n'avaient pas encore l'eau courante, mais aussi parce que le réseau électrique, dans bien des endroits, ne pouvait supporter deux appareils électroménagers dans une même habitation[13]. Encore en 1972, alors que la plupart des Européens de l'Ouest avaient un logement équipé de

12. Il y avait aussi des objections « culturelles ». En 1952, l'écrivain communiste français Roger Vailland affirmait que « dans un pays comme la France, où, sauf deux mois par an et pas toutes les années, il fait toujours tellement froid qu'il suffit d'un garde-manger placé sur la fenêtre pour garder jusqu'au lundi, mardi ou mercredi, les restes du gigot du dimanche, le réfrigérateur ostentatoire [...] n'est qu'un "symbole" ou plutôt une "mystification" » (américaine) [cité in Ph. Roger, *L'Ennemi américain. Généalogie de l'antiaméricanisme français*, Paris, Seuil, 2002, p. 483-484.]

13. C'est en 1963 seulement qu'Électricité de France développa ses lignes urbaines pour permettre l'utilisation de plusieurs appareils ; les campagnes suivirent quelques années plus tard.

toilettes intérieures et de toute la tuyauterie nécessaire, deux ménages sur trois seulement possédaient une machine à laver ; ce pourcentage augmentait régulièrement, mais lentement à chaque décennie. Les machines à laver restèrent longtemps hors de portée des pauvres, surtout des familles nombreuses qui en avaient le plus grand besoin. En partie pour cette raison, la machine à laver, comme le lave-vaisselle après le milieu des années 1970, resta associée dans l'imagerie commerciale à l'équipement domestique de la classe moyenne aisée.

Les machines à laver et les frigos devenaient moins chers. De même que les jouets et les vêtements, ils étaient fabriqués sur une bien plus grande échelle que par le passé, tandis que les investissements, d'un côté, et la demande soutenue, de l'autre, faisaient baisser les prix : même en France, où la production en série accusa toujours un léger retard, le chiffre d'affaires de l'industrie du jouet augmenta de 350 % entre 1948 et 1955, les premières années du *baby boom*. Cependant, le cercle vertueux de millions de consommateurs nouvellement employés eut son impact le plus significatif non pas au sein des foyers, mais à l'extérieur. L'indicateur de loin le plus important de la prospérité européenne fut la révolution de la voiture familiale.

Jusque dans les années 1950, l'automobile était un luxe pour la plupart des Européens ; dans bien des régions, c'était à peine si on en apercevait. Même dans les grandes villes, son arrivée restait très récente. La plupart des gens ne parcouraient pas de grandes distances pour le plaisir et utilisaient les transports en commun pour se rendre au travail ou à l'école : trains, trams et bus. Au début des années 1950, l'Espagne ne comptait que 89 000 voitures privées (taxis exclus) : une pour 314 000 personnes. En 1951, un ménage français sur douze seulement possédait une automobile. L'automobile n'était un phénomène de masse qu'en Grande-Bretagne avec 2 258 000 voitures privées en 1950. Mais la répartition géographique restait inégale : près d'un quart du parc automobile était immatriculé à Londres ; une bonne partie de la Grande-Bretagne rurale était aussi vide de voitures que la France ou l'Italie. Malgré tout, beaucoup de Londoniens ne possédaient pas d'automobile et beaucoup de marchands ambulants et autres se servaient toujours d'une charrette à cheval.

Le parc automobile devait connaître une expansion spectaculaire au cours des deux décennies suivantes. En Grande-Bretagne, où la guerre et les pénuries de l'après-guerre avaient cassé le premier décollage des années 1930, il doubla chaque décennie de 1950 à 1980. De 2,25 millions de véhicules en 1950, il était passé à 8 millions en 1964 et 11,5 à la fin des années 1960. Les Italiens, qui ne possédaient que 270 000 véhicules privés au début de la guerre et 342 000 en 1950 (moins que dans le seul Grand Londres), en comptaient deux millions en 1960, 5,5 en 1965, plus de 10 en 1970 et autour de 15 cinq ans plus tard : deux automobiles pour sept habitants[14]. En France, on passa de moins de deux millions de véhicules à près de six dans les années 1950, puis le double dix années après. Fait symptomatique, les parcmètres firent leur apparition à la fin des années 1950, d'abord en Grande-Bretagne, puis en France et ailleurs au cours des années 1960[15].

Si les Européens purent acheter des voitures à leur usage personnel en aussi grands nombres, ce n'est pas simplement qu'ils avaient plus d'argent à dépenser. Il y avait beaucoup plus de voitures disponibles pour satisfaire la demande contenue par des années de crise et de guerre. Bien avant 1939, un certain nombre de constructeurs européens (Porsche en Allemagne, Renault et Citroën en France, Morris en Grande-Bretagne), prévoyant l'envol de la demande d'automobiles privées après la crise, avaient commencé à réfléchir à un nouveau type de voiture familiale, de fonction analogue à la Ford T vingt ans plus tôt : fiable, produite en série et à portée de bourse. La guerre retarda l'apparition de ces modèles, mais au début des années 1950 ils sortaient en nombres toujours croissants des nouvelles chaînes de montage.

Chaque pays d'Europe occidentale avait son constructeur local et son modèle local dominant, mais au fond tous étaient étonnamment semblables. La coccinelle de Volkswagen, la 4 CV de Renault, la Fiat 500 puis 600, l'Austin A30 et la Morris Minor étaient de toutes petites familiales à deux portes : bon marché, de conduite aisée et faciles à garer. Elles avaient un châssis très léger, des moteurs peu puissants (faits pour consommer le moins de carburant possible) et un minimum d'accessoires. Les Volkswagen, les Renault et les Fiat étaient des tractions arrière, laissant le coffre de l'avant libre pour loger une petite quantité de bagages, ainsi qu'une batterie, une roue de secours, un crick et des outils.

Avec son moteur à l'avant, la Morris – comme la Ford Popular, modèle contemporain et concurrent (américain mais produit dans les usines de Dagenham, près de Londres, pour le marché anglais) – aspirait à un confort légèrement supérieur ; elle devait plus tard déboucher sur un modèle à quatre portes, ainsi qu'il convenait à la relativement plus grande prospérité de la Grande-Bretagne dans les premières années de son apparition. En France, Citroën lança sa 2 CV, absolument unique en son genre (initialement destinée aux paysans désireux de se moderniser ou de remplacer le chariot à bœufs), avec ses quatre portes, son toit et ses sièges amovibles, et un moteur

14. Une croissance exponentielle joliment saisie dans la première scène du film de Fellini, *Huit et demi*. Même d'après les normes de Fellini, pareil embouteillage eût été bizarrement invraisemblable à peine quelques décennies plus tôt.

15. La réponse locale à cette innovation suivit un précédent historique : les automobilistes anglais, y voyant une forme d'imposition illicite, refusèrent de payer. Quant aux Français, ils signalèrent leur réprobation en décapitant les parcmètres.

de moto de taille moyenne. Malgré ces variations culturelles, les petites autos des années 1950 avaient une finalité commune : rendre l'automobile accessible et la mettre à la portée de presque toutes les familles ouest-européennes.

Quelques années après le début de la révolution des transports de l'après-guerre, en Europe, l'offre ne put suivre la demande (situation qui persista en Europe de l'Est jusqu'en 1989). Ainsi, les vélos, les mobylettes et les side-cars firent florès pendant un certain temps – ces derniers étant un véhicule familial de fortune pour qui n'avait pas les moyens de se payer une automobile ou n'avait pu encore en obtenir une. Les scooters firent leur entrée en scène, en France et surtout en Italie, où la première course nationale organisée à Rome le 13 novembre 1949, fut suivie par une explosion du marché pour ces symboles commodes et relativement bon marché de la liberté et de la mobilité urbaines, populaires auprès des jeunes gens et dûment célébrés – la Vespa en particulier – dans tous les films contemporains de et sur l'Italie.

Au début des années 1960, cependant, la voiture avait trouvé sa place en Europe occidentale : la route évinçait les chemins de fer, et les véhicules privés les transports en commun. Les chemins de fer avaient atteint leur apogée – en nombre de kilomètres et d'usagers – au lendemain de la Grande Guerre : on allait maintenant abandonner les services peu rentables et des milliers de kilomètres de voies. Au Royaume-Uni, les chemins de fer transportèrent 901 millions de passagers en 1946, soit un niveau proche de leur sommet historique. Par la suite, cependant, les chiffres déclinèrent chaque année. Ailleurs, en Europe occidentale, le trafic ferroviaire résista plutôt mieux ; dans les petits pays très peuplés disposant de réseaux efficaces, comme la Belgique, les Pays-Bas et le Danemark, il devait même augmenter, mais bien plus lentement que le trafic routier.

Les gens étant toujours plus nombreux à se rendre au travail en voiture, on vit aussi baisser pour la première fois le nombre des usagers des bus. Entre 1948 et 1962, dans la capitale congestionnée de la Grande-Bretagne, le trafic global du réseau de bus, de trams, de trolleys et de métros de « London Transport » chuta de 3 955 millions de passagers par an à 2 485 au profit de l'automobile. Malgré l'état nettement insuffisant des routes d'Europe – en dehors de l'Allemagne, il n'y avait pas eu de réfection significative du réseau routier national depuis la fin des années 1920 –, les particuliers et surtout les familles utilisaient de plus en plus la voiture pour des déplacements discrétionnaires : se rendre aux hypermarchés implantés à la périphérie des villes, mais surtout pour les week-ends d'excursion ou les congés annuels[16].

16. Les premiers hypermarchés européens, définis comme des magasins d'au moins 2 500 m² sur un seul niveau et généralement situés à au moins trois kilomètres du centre-ville, firent leur apparition à la fin des années 1960. En 1973, l'Europe occidentale comptait 750 grandes surfaces de ce genre, dont 620 rien qu'en France et en RFA. Cette même année, l'Italie n'en possédait que trois. Vingt ans plus tard, la France comptait 8 900 hyper ou supermarchés... mais l'Italie encore 118 seulement.

Les voyages d'agrément en Europe n'étaient pas nouveaux, même s'ils étaient restés jusque-là confinés à l'aristocratie et, plus tard, aux classes moyennes plus aisées et culturellement plus ambitieuses. Comme tout autre secteur économique, cependant, le « tourisme » avait souffert tout au long de la guerre et de la récession économique. En 1913, l'industrie touristique suisse avait atteint le chiffre de 21,9 millions de nuits. Elle ne devait retrouver un niveau comparable qu'au milieu des années 1950. Qui plus est, l'essor touristique des années 1950 prit une forme différente, facilité et encouragé qu'il fut par la disponibilité de moyens de transports privés et, surtout, par le développement des congés payés : en 1960, la plupart des employés d'Europe continentale avaient droit à deux semaines de congés payés (trois en Norvège, en Suède, au Danemark et en France) et ils prenaient de plus en plus souvent leurs vacances ailleurs.

Le voyage de loisir se transformait en tourisme de masse. Les compagnies d'autocars se multiplièrent, prolongeant la tradition de l'excursion annuelle des ouvriers d'usines et des ouvriers agricoles sur la côte en char-à-banc pour créer de véritables services commerciaux nationaux et internationaux. Les compagnies aériennes naissantes comme le Britannique Freddie Laker, qui avait racheté des turbopropulseurs Bristol Britannia en surnombre après la guerre, organisa des charters à destination de nouveaux lieux de villégiature estivaux en Italie, en France et en Espagne. Le camping, déjà populaire avant la guerre parmi les vacanciers moins aisés et les fervents du plein-air, devint une grande industrie à la fin des années 1950, avec la prolifération des sites sur la côte et dans les campagnes, des magasins de matériel et de vêtements spécialisés. Les lieux de villégiature plus anciens, en Europe du Nord ou de l'Ouest, prospérèrent. Des lieux découverts depuis peu, ou redécouverts, s'imposèrent, occupant une place de choix dans les brochures sur papier glacé et dans la mythologie populaire. La Riviera française, où la *gentry* édouardienne venait naguère passer l'hiver au calme, prit des allures séductrices et juvéniles dans un nouveau genre de film *fun-in-the-sun* (du bon temps au soleil) : en 1956, Roger Vadim « inventa » Saint-Tropez en en faisant la vitrine de Brigitte Bardot, sa nouvelle starlette dans *Et Dieu… créa la femme.*

Saint-Tropez et la Suisse n'étaient pas à la portée de toutes les bourses, même si les côtes et les montagnes italiennes et françaises restaient peu coûteuses pour les voyageurs britanniques ou allemands, qui échangeaient des livres et des marks contre les francs ou les lires sous-évalués de l'époque. En revanche, les vacances au bord de mer *au pays,* encore très prisées des Britanniques, des Hollandais et des Allemands notamment, étaient désormais très bon marché. Le Canadien Billy Butlin, un forain qui ouvrit sa première affaire à Skegness en 1936, poursuivit sur sa lancée et fit fortune dans les années 1950 en vendant des vacances en famille « pas chères et joyeuses » dans des camps de vacances situés de manière stratégique sur la côte de l'Angleterre industrielle : « Un centre commercial avec un toit pour la nuit », trancha un détracteur avec cynisme après-coup. En son temps, cependant, Butlin était immensément populaire et il fut l'ancêtre institutionnel méconnu du Club Med, qui aura plus tard les préférences d'une génération plus cosmopolite : cela vaut même pour les « gentils organisateurs », qui s'appelaient les *Redcoats* chez Butlin.

Pour les vacanciers légèrement plus aventureux, il y avait aussi les nouvelles stations de la côte méditerranéenne espagnole, où les touristes avaient le choix entre diverses formules : *bed-and-breakfast*, *pensións* ou modestes hôtels du bord de mer réservés en bloc par une nouvelle race de tour-opérateurs. Et il était désormais possible de s'y rendre en voiture. En tenues estivales (ce qui était en soi un produit nouveau, et un signe de la nouvelle aisance), des millions de familles se serraient dans leurs Fiat, leurs Renault, leurs Volkswagen ou leurs Morris –, souvent le même jour, puisque les dates officielles de vacances tombaient généralement autour des quelques semaines d'août – et se dirigeaient vers la côte lointaine, prenant des routes étroites et sous-équipées, conçues pour des voyages d'une autre époque.

Il en résultait des embouteillages sans précédent, qui devaient empirer d'année en année à compter de la fin des années 1950. Les vacanciers suivaient des artères prévisibles : en Angleterre, l'A 303, dans le Sud-Ouest, qui menait de Londres aux Cornouailles ; les nationales 6 et 7, de Paris jusqu'à la côte méditerranéenne ; la 9, de Paris à la frontière espagnole (de quelques milliers de touristes en 1955, les vacanciers français en Espagne étaient passés à trois millions en 1962, et à sept deux ans plus tard : dans l'Espagne de Franco, même le franc français était une aubaine, surtout après la réévaluation gaulliste[17]). Les touristes allemands se rendaient dans le sud en suivant la route du commerce au Moyen Âge, affluant en nombre toujours plus grand dans le Tyrol autrichien et en Italie, *via* le col du Brenner. Beaucoup poursuivaient jusqu'en Yougoslavie qui, comme l'Espagne, s'ouvrit au tourisme étranger dans ces mêmes années : déjà 1,7 million en 1963, les touristes étrangers à destination du seul pays communiste accessible d'Europe (avec sa longue côte adriatique, très bon marché), étaient près de 6,3 millions chaque année une décennie plus tard.

Le tourisme de masse, a-t-on justement observé, peut être néfaste pour l'environnement, mais ses bénéfices redistributifs sont évidents. Avec l'afflux des « nordistes » dans des régions méditerranéennes jusque-là déshéritées, des

17. Le nombre de touristes en Espagne passa de 3 à 34 millions entre 1959 et 1973. Dès 1966, le nombre annuel de touristes en Espagne – 17,3 millions – dépassait de beaucoup le total de la France ou de l'Italie. Sur certaines sections du littéral méditerranéen du nord-est et de l'Espagne, le passage d'une économie préindustrielle à l'âge de la carte de crédit se fit en une demi-génération. L'impact esthétique et psychologique ne fut pas toujours positif.

emplois se créèrent pour les maçons, les cuistots, les garçons de café, les femmes de chambre, les chauffeurs de taxi, les prostituées, les gardiens, le personnel d'aéroport, etc. Pour la première fois, en Grèce, en Yougoslavie, en Italie et en Espagne, des jeunes gens sans qualification pouvaient trouver un travail saisonnier, médiocrement payé, sur place, au lieu d'aller en chercher à l'étranger. Plutôt que d'émigrer vers les économies en expansion du Nord, ils desservaient maintenant ces mêmes économies chez eux.

Les voyages à l'étranger n'ouvrent pas forcément l'esprit : plus une destination étrangère était populaire, plus vite elle finissait par ressembler en tous points, sauf pour le climat, à la région d'origine des touristes. De fait, le succès du tourisme de masse dans les années 1960 et après supposait que les Britanniques, les Allemands, les Hollandais, les Français et autres voyageurs néophytes se sentissent aussi à l'aise que possible, entourés de compatriotes et isolés de tout ce qui pouvait être exotique, peu familier, inattendu. Mais le simple fait de partir loin chaque année et les nouveaux moyens de transport utilisés pour s'y rendre – automobile, charter – offrirent à des millions d'hommes et de femmes isolés, et surtout à leurs enfants, une fenêtre sur un monde infiniment plus vaste.

Jusque dans les années 1960, la radio était la principale source d'information, d'opinion et de divertissement à la portée de l'écrasante majorité des Européens. C'est par la radio que les gens recevaient les nouvelles, et s'il existait une culture nationale commune elle était bien plus façonnée par ce que les gens entendaient que par ce qu'ils voyaient ou lisaient. Dans tous les pays d'Europe, à cette époque, la radio était sous la coupe de l'État (en France, la radio nationale cessait ses émissions à minuit), qui autorisait et généralement possédait les stations, les émetteurs et les longueurs d'onde : fait symptomatique, les rares radios émettant de l'extérieur des frontières nationales le faisaient habituellement depuis des bateaux ou des îles, si bien qu'on parlait couramment de « radios pirates ».

Déjà très répandue avant la guerre, la possession de postes de radio était presque universelle en 1960 : cette année-là, on comptait une radio pour cinq personnes en URSS, une pour quatre en France, en Autriche et en Suisse, une pour trois en Scandinavie et en Allemagne de l'Est. En fait, toutes les familles ou presque en possédaient une[18]. La plupart des postes de radio avaient peu évolué depuis les gros postes à galène encombrants de l'entre-deux-guerres. Il y en avait généralement un seul par famille. Il occupait une place de choix au salon ou à la cuisine, et la famille devait nécessairement se réunir dans la même pièce pour l'écouter. Les autoradios elles-mêmes ne devaient pas

18. À l'exception de la Péninsule ibérique et du sud des Balkans, où le nombre de postes de radio en 1960 restait *grosso modo* comparable à ce qu'il était en Europe occidentale trente-cinq ans plus tôt et où les gens s'attroupaient encore dans les cafés pour écouter les nouvelles ou de la musique.

changer grand-chose de ce point de vue : la famille voyageait et écoutait ensemble, et c'étaient les parents qui choisissaient les émissions. La TSF était un média naturellement conservateur, tant par son contenu que par les modèles sociaux qu'elle encourageait et perpétuait.

Les transistors allaient tout changer. Ce type de radio était encore rare en 1958 ; dans la France entière, il n'y en avait que 260 000. Trois ans plus tard, en revanche, en 1961, les Français en possédaient 2,25 millions. En 1968, neuf français sur dix avaient une radio, dont les deux tiers des modèles portables. Les adolescents n'étaient plus obligés de rester assis en famille, à écouter les nouvelles et les dramatiques qui s'adressaient à un public d'adultes et étaient programmées à des « heures d'écoute familiale », habituellement après le dîner. Ils avaient maintenant leurs émissions à eux : « Salut les copains », sur la radio nationale en France, « Pick of the Pops », sur la BBC, etc. L'individualisation de la radio suscita des programmations ciblées ; et quand la radio d'État tardait à s'adapter, des stations « périphériques » – Radio Luxembourg, Radio Monte-Carlo, Radio Andorre, transmettant légalement, mais depuis l'autre côté de la frontière, et financées par les réclames – tentaient leur chance.

Les transistors à piles étaient légers et portables, et donc bien adaptés à une époque de mobilité croissante : leur habitat naturel était la plage publique ou le parc public. Mais la radio était encore un média auditif, et sa capacité d'adaptation était donc restreinte en un temps toujours plus visuel. Pour les plus âgés, la radio restait une source majeure d'information, d'éducation et de divertissement. Dans les États communistes, la radio était aussi l'unique moyen d'accès, si insuffisant fût-il, à une information et à une opinion non censurée grâce à Radio Europe libre, la Voix de l'Amérique et, surtout, le BBC World Service. Mais partout les jeunes écoutaient surtout la radio pour la musique populaire. Pour tout le reste, ils se tournaient de plus en plus vers la télévision.

La télévision fut lente à se développer en Europe ; dans certains pays, elle fut très tardive. En Grande-Bretagne, les émissions régulières commencèrent dans les années 1940, et, en juin 1953, beaucoup de gens suivirent le couronnement de la reine en direct à la télévision. En 1958, on délivra plus de licences pour la TV que pour la radio : le pays comptait dix millions de postes à usage domestique au début des années 1960. La France, en revanche, ne comptait que 63 000 postes en juin 1953 (à une date où la RFA en avait déjà 200 000 et les États-Unis quinze millions) ; en 1960, encore une famille sur huit seulement avait un poste, soit un cinquième du chiffre du Royaume-Uni pour une population comparable. En Italie, le taux d'équipement était encore plus modeste.

Au fil des années 1960, cependant, la télévision s'imposa presque partout : les petits postes noir et blanc étaient devenus un élément de mobilier accessible et toujours plus essentiel jusque dans les foyers les plus modestes. En 1970, on comptait en moyenne un poste de télévision pour quatre personnes en Europe occidentale : davantage au Royaume-Uni, moins en Irlande. Dans certains pays à cette date – en France, aux Pays-Bas, en Irlande, en Italie (premier fabricant européen de postes de TV et de réfrigérateurs) –, la télévision était d'ailleurs plus répandue que le téléphone même si, en comparaison des normes ultérieures, on ne la regardait pas beaucoup : les trois quarts des adultes italiens la regardaient moins de treize heures par semaine. Deux ménages est-allemands sur trois possédaient un poste (alors que moins de la moitié avaient un frigo) ; les Tchèques, les Hongrois et les Estoniens (qui purent regarder la télévision finlandaise dès 1954) suivaient de près.

L'impact de la télévision est une chose compliquée. Dans un premier temps, ses programmes n'étaient pas particulièrement novateurs : les chaînes officielles surveillaient strictement le contenu moral et politique des émissions pour enfants comme pour adultes. Si la télévision commerciale commença dès 1955 en Grande-Bretagne, ailleurs elle fut beaucoup plus tardive et, dans la plupart des pays européens, il ne fut pas question d'autoriser des chaînes privées jusque dans les années 1970. Dans les premières décennies, la plupart des émissions étaient conventionnelles, collet-monté et pour le moins condescendantes, confortant plutôt que minant les formes et valeurs traditionnelles. En Italie, Filiberto Guala, le patron de la RAI (*Radio Audizioni Italiane*, le réseau national italien) dans les années 1954-1956, donna pour consigne à ses employés de veiller à ce que les émissions « ne sapent pas l'institution familiale » ni ne donnent à voir des « attitudes, des poses ou des détails susceptibles de flatter les bas instincts[19] ».

Il n'y avait guère le choix – une chaîne, deux tout au plus dans la plupart des pays – et quelques heures d'émissions à peine dans l'après-midi et la soirée. La télévision n'en fut pas moins un instrument de subversion sociale. Elle contribua amplement à mettre fin à l'isolement et à l'ignorance de communautés éloignées, en offrant à chacun la même expérience et une culture visuelle commune. Le fait d'être « français », « allemand » ou « hollandais » se définissait moins par ce qu'on avait appris à l'école primaire ou par les festivités publiques que par la façon dont on comprenait son pays tel qu'on pouvait le voir à travers les images qui s'immisçaient dans chaque foyer. Les « Italiens », pour le meilleur ou pour le pire, doivent moins à un siècle de gouvernement national unifié qu'à leur expérience commune de téléspectateurs de la RAI, adeptes du sport et des émissions de variété.

Par-dessus tout, la télévision fit entrer la politique à domicile. Avant la télévision, à Paris, à Bonn, à Rome ou à Londres, la politique était l'affaire

19. Paul Ginsborg, *A History of Contemporary Italy. Society and Politics 1943-1988*, 1990, p. 240.

d'une élite, conduite par de lointains dirigeants qu'on ne connaissait que par leurs voix désincarnées à la radio, des photographies de presse sans vie ou de brèves apparitions stylisées aux actualités cinématographiques standardisées. Désormais, en l'espace de moins de vingt ans, les dirigeants politiques durent s'adapter à la télévision : dégager une impression d'autorité et d'assurance tout en paraissant proche et chaleureux aux yeux d'un public de masse – performance à laquelle la plupart des hommes politiques européens étaient nettement moins préparés que leurs homologues américains. Beaucoup, parmi les plus âgés, échouèrent lamentablement devant les caméras de télévision. Les aspirants plus jeunes, plus prompts à s'adapter, devaient en profiter immensément. Ainsi que le conservateur britannique Edward Heath devait le raconter dans ses mémoires, à propos du succès médiatique de sa Némésis, le chef du parti travailliste Harold Wilson, la télévision se prêtait « aux abus de n'importe quel charlatan capable de la manipuler correctement. La décennie suivante en apporta la preuve ».

En tant que média visuel, la télévision défiait directement le cinéma. Non seulement le petit écran offrait une autre forme de divertissement, mais il faisait aussi entrer le cinéma à domicile, palliant la nécessité de sortir pour aller voir les derniers films. Au Royaume-Uni, les cinémas perdirent 56 % de leur clientèle entre 1946 et 1958. Ailleurs en Europe, le déclin fut plus lent, mais tôt ou tard la chute fut générale. La fréquentation des cinémas résista plus longtemps dans l'Europe méditerranéenne, surtout en Italie, où les taux de fréquentation restèrent assez constants jusqu'au milieu des années 1970. Mais les Italiens ne se contentaient pas d'aller régulièrement voir des films au cinéma (en général, toutes les semaines), ils en réalisaient aussi : à Rome, au milieu des années 1950, l'industrie du cinéma était le deuxième employeur après le bâtiment, produisant non seulement des films classiques d'auteurs célèbres, mais aussi, et avec plus de profit, un flot régulier de films oubliables mettant en vedette des reines de beauté et des starlettes évanescentes au « physique avantageux » *(le maggiorate fisiche).*

Même l'industrie du cinéma et la fréquentation des salles obscures finirent par ralentir en Italie. N'ayant pas les ressources d'Hollywood, les producteurs européens ne pouvaient espérer rivaliser avec les films américains pour ce qui est de l'échelle ou des « valeurs de production » ; aussi se cantonnèrent-ils de plus en plus à un cinéma de la « vie ordinaire » : « nouvelle vague » ou comédie d'évier ou domestique. D'activité sociale, le cinéma européen devint, en déclinant, une forme d'art. Alors que dans les années 1940 et 1950 le public allait automatiquement voir ce qui passait au cinéma du coin, on n'y allait plus désormais que si l'on était alléché par tel ou tel film. Pour se distraire sans idée précise, voir ce qu'il « y avait », on allumait plutôt la télévision.

La télévision avait beau être un média « jeune », elle exerçait un attrait particulier sur un public plus âgé, surtout à ses débuts, quand elle restait culturellement prudente et sous la coupe de l'État. Des hommes et des femmes d'âge mûr qui auraient naguère allumé la radio ou seraient allés au cinéma restaient maintenant à la maison pour regarder la télévision. Les sports commerciaux, particulièrement les sports de masse traditionnels comme le foot ou les courses de lévriers, en pâtirent : d'abord parce que leur public disposait dorénavant d'une autre source de divertissement ; et ensuite parce qu'on commençait à voir du sport à la télévision, habituellement le week-end. Seuls les jeunes sortaient en masse. Et leurs goûts en matière de divertissements étaient en train de changer.

À la fin des années 1950, l'économie européenne commençait de sentir à plein l'impact commercial du *baby boom*. Il y avait d'abord eu l'explosion des produits pour bébés, bambins et enfants : poussettes, berceaux, couches, aliments pour bébé, habits, matériel de sport, livres, jeux et joujoux. Puis survint une expansion considérable des écoles et des services éducatifs, entraînant dans son sillage un nouveau marché des uniformes, des pupitres, des manuels et du matériel scolaires, ainsi qu'une gamme toujours plus large des produits éducatifs (y compris des maîtres). Mais les acheteurs de tous ces biens et services étaient des adultes : parents, famille, administrateurs scolaires et gouvernement central. Autour de 1957, pour la première fois dans l'histoire européenne, les jeunes se mirent à acheter eux-mêmes.

Jusque-là, les jeunes ne formaient même pas un groupe de consommateurs à part. En vérité les « jeunes » n'existaient pas. Dans les familles et communautés traditionnelles, les enfants restaient des enfants jusqu'au jour où ils quittaient l'école et commençaient à travailler, pour devenir alors de jeunes adultes. La nouvelle catégorie intermédiaire des « adolescents », avec la définition d'une génération non plus par son statut mais par son âge – ni enfant ni adulte – était sans précédent. Et l'idée que ces « ados » pussent représenter un groupe de consommateurs distincts eût été totalement impensable quelques années auparavant. Pour la plupart des gens, la famille avait toujours été une unité de production, non pas de consommation. Si un jeune membre de la famille avait des ressources indépendantes, elles faisaient partie du revenu familial et contribuaient à défrayer les dépenses collectives.

Avec l'augmentation rapide du salaire réel, cependant, la plupart des familles pouvaient subsister – ou mieux – avec le revenu du principal salarié ; à plus forte raison, si les deux parents travaillaient. Un garçon ou une fille qui avait quitté l'école à quatorze ans (la plupart des jeunes Européens quittaient typiquement l'école à cet âge), qui restait à la maison et qui avait un travail régulier ou à temps partiel n'était plus censé remettre automatiquement sa paie tous les vendredis. En France, en 1965, 62 % des 16-24 ans qui habitaient encore chez leurs parents conservaient la totalité de leurs revenus et les dépensaient à leur guise.

Le symptôme immédiat le plus voyant de ce nouveau pouvoir d'achat adolescent fut vestimentaire. Bien avant que la génération du *baby boom* elle-même ne découvrît la mini-jupe et les cheveux longs, celle qui la précéda, la génération des enfants nés pendant la guerre plutôt que juste après, affirma sa présence et son allure dans les *gang cults* de la fin des années 1950 avec leurs habits moulants et noirs, tantôt de cuir, tantôt de daim, mais toujours aux lignes très dures et vaguement menaçantes. Les « blousons noirs » en France, les *Halbstarker* en Allemagne et en Autriche, ou les *skinknuttar* en Suède, comme les *teddy boys* de Londres affectaient un maintien cynique et indifférent, entre Marlon Brando (dans *The Wild One* ; en fr. *L'Equipée sauvage*) et James Dean (dans *Rebel without a Cause* ; en fr. *La Fureur de vivre*). Cependant, malgré d'épisodiques explosions de violence – les plus graves eurent lieu en Grande-Bretagne, où des bandes de blousons de cuir attaquèrent des immigrés antillais –, ces jeunes gens et leurs vêtements menaçaient surtout le sens des convenances de leurs aînés. Ils *avaient l'air* différents.

Il était important de s'habiller « de son âge », comme d'afficher son indépendance, voire sa révolte. Là encore, c'était nouveau : dans le passé, les jeunes adultes n'avaient guère le choix que de porter les mêmes habits que leurs parents. Économiquement parlant, toutefois, ce ne fut pas le changement le plus important induit par les habitudes des adolescents en matière de dépenses : les jeunes dépensaient beaucoup d'argent en « fringues », mais davantage encore, en musique. L'association « ado » et « pop music », devenue si automatique au début des années 1960, avait une base commerciale autant que culturelle. En Europe comme en Amérique, quand le budget familial pouvait se passer de sa contribution, la première chose que faisait l'adolescent était de courir s'acheter un tourne-disque.

L'invention du 33-tours remontait à 1948. Le premier 45-tours « single », avec une chanson de chaque côté, fut lancé par RCA l'année suivante. Les ventes en Europe ne décollèrent pas aussi vite qu'en Amérique, où le chiffre d'affaires des ventes de disques passa de 277 millions de dollars en 1955 à 600 millions quatre ans plus tard. Mais elles augmentèrent quand même. En Grande-Bretagne, où les jeunes furent initialement plus exposés à la musique populaire américaine que leurs contemporains continentaux, les observateurs datent l'explosion de la *pop music* de la sortie, en 1956, de *Rock Around the Clock*, avec en vedette Bill Haley, ainsi que les Comets et les Platters. Le film lui-même était médiocre, même au regard des normes peu exigeantes des films de rock ; mais la chanson qui donnait son titre au film, jouée par Haley, galvanisa toute une génération d'adolescents britanniques.

Les adolescents de la classe ouvrières que le jazz n'avait jamais beaucoup séduit se laissèrent aussitôt prendre par la révolution américaine (et, dans son sillage, britannique) de la musique populaire : entraînante, mélodieuse, accessible et sexy. Avant toute chose, cependant, c'était *leur* musique[20]. Mais il n'y avait rien de très furieux là-dedans, encore moins de violent, et le sexe même était très étroitement emmailloté par les producteurs de disques, les directeurs du marketing et les responsables de la programmation à la radio. Voici pourquoi la révolution initiale de la musique pop fut un phénomène des *Fifties* : loin d'accompagner la transformation culturelle des *Sixties*, elle la précéda. Aussi était-elle souvent l'objet de critiques officielles. Des comités de vigilance locaux devaient interdire *Rock Around the Clock*, tout comme ils interdirent le film rock nettement supérieur d'Elvis Presley, *Le Rock du bagne*.

Les édiles de Swansea, au Pays de Galles, jugèrent « inconvenant » le musicien britannique de *skiffle*, Lonnie Donegan. Tommy Steele, chanteur de rock britannique modérément énergique de la fin des années 1950, ne fut pas autorisé à jouer à Portsmouth un dimanche. En 1960, lorsqu'il sortit son premier disque, Johnny Halliday, tentative de clone à moitié réussie de rockers américains du genre Gene Vincent ou Eddie Cochran, suscita l'indignation d'une génération d'intellectuels conservateurs français. Avec le recul, la réaction horrifiée des parents, des enseignants, des clercs, des pontes et des politiciens d'Europe occidentale semble bizarrement disproportionnée. Moins d'une décennie plus tard, Haley, Donegan, Steele, Hallyday et consorts feraient figure de reliques irrémédiablement surannées d'une préhistoire innocente.

Les adolescents européens de la fin des années 1950 et du début des années 1960 n'aspiraient pas à changer le monde. Ils avaient grandi dans la sécurité et une aisance relative. La plupart voulaient juste changer d'allure, voyager plus, jouer de la pop et s'acheter des trucs. En cela, ils reflétaient le comportement et les goûts de leurs chanteurs préférés, et des disc-jockeys dont ils écoutaient les émissions sur leurs transistors. Dans le même temps, cependant, ils étaient l'extrémité effilée d'un coin révolutionnaire. Plus encore que leurs parents, ils étaient la cible de l'industrie de la publicité qui suivit, accompagna et prophétisa l'essor de la consommation. De plus en plus de produits se fabriquaient et s'achetaient ; leur diversité était sans précédent. Voitures, habits, poussettes, conserves et poudre à laver : tout inondait le marché dans une étourdissante variété de formes, de tailles et de couleurs.

La publicité avait une longue histoire en Europe. La presse, surtout la presse populaire qui fleurit à compter des années 1890, avait toujours

20. Peut-être vaut-il la peine d'insister sur la marginalité du jazz. Comme le folk américain des années 1960, le jazz ne fut jamais apprécié et acheté que par un petit nombre de gens en Europe occidentale : généralement des bourgeois cultivés ou bohèmes (ou encore, typiquement, les deux) et relativement plus âgés que l'amateur moyen de rock-and-roll. La situation en Europe de l'Est était un peu différente. Là-bas, le jazz était américain (et noir), donc à la fois exotique et subversif, occidental et pourtant radical : il était donc porteur d'une charge qui lui faisait défaut plus à l'Ouest.

comporté des réclames. Les panneaux et pancartes du bord de route s'étaient imposés en Italie bien avant les années 1950, et quiconque circulait dans la France du milieu du siècle était habitué aux slogans peints sur la façade des fermes ou les terrasses en ville pour appeler à boire du *Saint-Raphaël* ou *Dubonnet*. Des jingles commerciaux et des réclames accompagnaient de longue date les actualités et le court métrage dans les cinémas d'Europe. Mais cette réclame traditionnelle tenait peu compte du « placement de produits » visé ou de la segmentation des marchés par âge ou par goût. À compter du milieu des années 1950, en revanche, le choix du consommateur devint une considération majeure du marketing ; et la publicité, poste budgétaire encore relativement modeste en Europe avant la guerre, joua désormais un rôle éminent.

Par ailleurs, tandis que les produits de nettoyage et les céréales pour le petit déjeuner vantés au début de la télévision commerciale en Grande-Bretagne s'adressaient aux ménagères et aux enfants, les poses publicitaires sur Radio Monte-Carlo ou ailleurs visaient surtout le marché des « jeunes adultes ». Les dépenses discrétionnaires des adolescents – tabac, alcool, vélomoteurs et motocyclettes, fringues bon marché, chaussures, maquillage, coiffure, bijoux fantaisie, magazines, disques, tourne-disque, radios – représentaient un immense gisement d'espèces encore inexploité : les agences de publicité s'empressèrent d'en tirer parti. En Grande-Bretagne, les dépenses de publicité de détail passèrent de 102 millions de livres par an en 1951 à 2,5 milliards en 1978.

En France, les dépenses de publicité dans les magazines destinés aux adolescents augmentèrent de 400 % dans les années cruciales 1959-1962. Pour beaucoup, le monde dépeint dans les publicités restait hors d'atteinte : en 1957, une majorité de jeunes sondés en France se plaignaient de ne pouvoir accéder au divertissement de leur choix, aux vacances de leurs rêves ou à un moyen de transport à eux. Il est cependant révélateur de constater que les jeunes interrogés tenaient déjà ces biens et services comme des droits dont ils étaient privés, plutôt que des fantaisies auxquelles ils ne pourraient jamais aspirer. Outre-Manche, cette même année, un groupe d'activistes de la classe moyenne, perturbé par l'impact direct de la publicité commerciale et l'efflorescence des marchandises qu'elle vendait, publia le premier guide du consommateur jamais imaginé en Europe. Fait significatif, ils l'intitulèrent non pas *What*, mais *Which ?*, non pas « Quoi », mais « Lequel ? ».

Tel était le « meilleur des mondes » *(brave new world)* que le romancier britannique J. B. Priestley décrivit en 1955 sous le nom d'*Admass*. Pour beaucoup d'autres observateurs, il s'agissait purement et simplement d'« américanisation » : l'adoption en Europe de toutes les pratiques et aspirations de l'Amérique moderne. Si beaucoup avaient le sentiment d'une rupture radicale, ce n'était pas, en vérité, une expérience nouvelle. Cela faisait au moins trente ans que les Européens « s'américanisaient »... et s'épouvantaient à cette idée[21]. La vogue des chaînes de production à l'américaine et des cadences de travail « taylorisées », comme la fascination qu'exerçaient les films et les modes américaines, était une vieille histoire dès avant la Seconde Guerre mondiale. Entre les deux guerres, des intellectuels européens avaient déploré le monde « sans âme » de la modernité américaine qui attendait tout le monde ; et les nazis comme les communistes avaient fait grand cas de leur rôle de protecteurs de la culture et des valeurs face à un capitalisme américain débridé et un cosmopolitisme déraciné et « abâtardi » symbolisés par New York et son exemple contagieux.

Et pourtant, malgré sa présence dans l'imagination européenne, et la réalité physique même des soldats américains basés à travers l'Europe occidentale –, les États-Unis demeuraient un grand inconnu pour la plupart des Européens. Les Américains parlaient anglais : une langue dont la plupart des Européens continentaux n'avaient pas la moindre idée dans ces années-là. On n'étudiait pas l'histoire ni la géographie des États-Unis dans les écoles européennes ; ses écrivains étaient inconnus, même de la minorité cultivée ; son système politique était un mystère pour tout le monde hormis une poignée de privilégiés. Personne ou presque n'avait entrepris le long et coûteux voyage des États-Unis : uniquement les riches (et encore pas beaucoup) ; des syndicalistes et d'autres triés sur le volet, grâce aux fonds Marshall ; quelques milliers d'étudiants dans le cadre des échanges universitaires – ainsi qu'un certain nombre de Grecs et d'Italiens (des hommes), qui avaient émigré en Amérique après 1900 pour regagner la Sicile ou les îles grecques dans leurs vieux jours. Les Européens de l'Est avaient souvent plus de liens avec les États-Unis que ceux de l'Ouest, puisque beaucoup de Polonais ou de Hongrois avaient un ami ou un parent parti pour l'Amérique, et bien d'autres l'auraient fait s'ils l'avaient pu.

Certes, le gouvernement américain et divers organismes privés – la Fondation Ford, notamment – faisaient de leur mieux pour combler le gouffre séparant l'Europe de l'Amérique : les années 1950 et le début de la décennie suivante furent la grande époque des investissements culturels outre-mer, des Maisons de l'Amérique aux bourses Fulbright. Dans certains pays, notamment en RFA, les conséquences furent profondes : entre 1948 et 1955, 12 000 Allemands purent aller en Amérique pour des séjours d'un mois ou plus. Toute une génération d'Allemands de l'Ouest grandit à l'ombre militaire, économique et culturelle des États-Unis ; Ludwig Erhard se décrivit même comme une « invention américaine ».

---

21. L'écrivain américain William Stead publia en 1902 *The Americanization of the World* : peut-être anticipait-il, mais pas de beaucoup. [*N.d.T.* : le livre fut traduit l'année même en français, *L'Américanisation du monde*, trad. L. d'Hampol, Paris, Juven, 1902.]

Il importe néanmoins de souligner que ce genre d'influence et d'exemple était curieusement peu lié à un engagement économique américain direct. En 1950, l'Amérique possédait les trois cinquièmes des capitaux de l'Occident et à peu près la même part de sa production, mais une toute petite partie des recettes venaient d'outre-Atlantique. Après 1945, les investissements furent avant tout le fait du gouvernement des États-Unis. En 1956, les investissements privés américains en Europe ne dépassaient pas 4,15 milliards de dollars. Puis s'amorça une forte hausse : le décollage se produisit dans les années 1960, notamment en Grande-Bretagne pour atteindre les 24,52 milliards de dollars en 1970. À cette date, le mouvement avait provoqué une avalanche de publications inquiètes pour prévenir de l'essor de la puissance américaine, à commencer par l'essai de Jean-Jacques Servan-Schreiber paru en 1967, *Le Défi américain.*

La présence économique américaine en Europe se manifesta moins par l'investissement économique direct ou l'effet de levier que par la révolution de la consommation qui affectait l'Amérique comme l'Europe. Les Européens avaient désormais accès à une gamme de produits sans précédent dont les consommateurs américains étaient familiers : téléphones produits blancs, télévisions, appareils photo, produits de nettoyage, conserves alimentaires, vêtements fantaisie et bon marché, automobiles et accessoires, etc. C'était la prospérité et la consommation comme mode de vie : l'*American Way of Life.* Pour les jeunes gens, l'attrait de l'« Amérique » était sa contemporanéité agressive. En tant qu'abstraction, elle représentait l'opposé du passé : elle était grande, ouverte, prospère… et jeune.

Un aspect de l'« américanisation », déjà signalé, était la musique populaire, alors même que ce n'était pas en soi un phénomène nouveau : le *ragtime* fut joué pour la première fois à Vienne en 1903, et les orchestres de danse ou les groupes de jazz américains circulaient amplement avant comme après la Seconde Guerre mondiale. Ce n'était pas non plus un processus exclusivement à sens unique : la musique populaire moderne était pour l'essentiel une hybridation de genres importés et locaux. La musique « américaine » en Grande-Bretagne était subtilement différente de la musique « américaine » en France ou en Allemagne. Le goût français, en particulier, fut influencé par les artistes noirs qui firent leur chemin à Paris pour échapper aux préjugés de leur pays d'origine : c'est d'ailleurs là une des raisons pour lesquelles l'idée de l'« Amérique », dans la culture française, était nettement pénétrée d'une image de racisme.

Dans les années 1950, l'impact de l'exemple américain sur le public européen passait surtout par le truchement du cinéma. Le public européen avait un accès quasiment illimité à tout ce qu'Hollywood pouvait exporter : à la fin des années 1950, les États-Unis sortaient près de 500 films par an, alors que la production collective de l'Europe était de l'ordre de 450. Les films américains souffraient du handicap de la langue, bien entendu (même si, dans bien des pays, ils étaient massivement doublés dans la langue locale). Et en partie pour cette raison, passé un certain âge, le public continuait de préférer les produits nationaux. Les enfants, en revanche, voyaient les choses autrement. Les jeunes appréciaient de plus en plus les films américains, souvent réalisés par des metteurs en scène européens qui avaient fui Hitler ou Staline.

La critique contemporaine déplorait le conformisme suffisant de la culture populaire américaine, associée aux messages politiques déclarés ou subliminaux que véhiculaient les films s'adressant aux masses, craignant qu'elle ne corrompît ou endormît les sensibilités de la jeunesse européenne. Il semble en vérité que l'effet ait été aux antipodes. Les jeunes d'Europe filtraient le contenu de propagande du cinéma américain dominant, enviant la « bonne vie » dépeinte à l'écran, comme leurs parents l'avaient fait vingt ans plus tôt, mais s'esclaffant de la chute du sublime au ridicule et de la naïveté des idylles et de la routine domestique américaines. Dans le même temps, cependant, ils prêtaient une grande attention au style souvent subversif des acteurs.

La musique des films américains se retrouvait sur les ondes, au café, dans les bars et les dancings. Le langage corporel de la jeunesse américaine rebelle, vue au cinéma, devint mode chez les jeunes européens, qui se mirent à s'habiller « américain » : quand les premiers jeans « Levi's véritable » firent leur apparition à Paris, au marché aux puces, en mai 1963, la demande fut très supérieure à l'offre. L'uniforme de la jeunesse américaine – jeans et T-shirt – n'avait guère de connotation de classe (du moins avant que les créateurs haut-de-gamme ne se les approprient, et encore la distinction qui en résulta était-elle moins une affaire de rang social que de ressources matérielles) ; en vérité, portés par la classe moyenne comme par la classe ouvrière, les jeans étaient une inversion révélatrice de la diffusion traditionnelle en matière vestimentaire, des riches vers les pauvres ; en l'occurrence, on a affaire à un article qui a grimpé l'échelle sociale. Les jeans étaient aussi résolument *jeunes* : comme bien d'autres articles de mode moulants imités des films de la fin des années 1950, ils n'étaient guère flatteurs pour les plus vieux.

En très peu de temps, les jeans, comme les mobylettes, le Coca-Cola, le *Big hair* ou cheveux bouffants (chez les garçons comme chez les filles) et les *pop stars*, avaient engendré des variantes locales à travers l'Europe occidentale (les films comme les produits qu'ils mettaient en vedette n'étaient pas disponibles plus à l'est). Tout cela relevait d'un schéma plus général. Les thèmes du répertoire cinématographique américain – science-fiction, films noirs, westerns – étaient domestiqués dans des versions stylisées européennes. Des millions d'Allemands de l'Ouest découvrirent les cowboys dans des romans de gare écrits par des auteurs locaux qui n'avaient jamais mis les pieds en Amérique ; en 1960, il se vendait chaque année 91 millions de romans *western* de langue allemande en RFA. Après *Tintin*, le reporter belge, le personnage de BD le plus populaire en Europe était un autre produit belge : *Lucky Luke*, un cowboy aussi infortuné qu'attachant dont les aventures sortaient toutes les semaines en français aussi bien qu'en hollandais. L'Amérique, réelle ou imaginaire, devenait le cadre naturel des divertissements légers en tous genres.

L'impact américain sur les jeunes Européens contribuait directement à un « fossé des générations » que l'on déplorait déjà largement. Les aînés observaient et regrettaient la propension des jeunes Européens à pimenter leurs conversations d'américanismes réels ou imaginaires. Suivant une estimation relative à la presse autrichienne et allemande, les « américanismes » étaient quatorze fois plus nombreux à la fin des années 1960 que dix ans plus tôt ; et c'est en 1964 que le critique René Étiemble publia son *Parlez-vous franglais ?*, tableau divertissant (d'aucuns diraient aujourd'hui prophétique) des torts faits à la langue française par la pollution anglophone.

L'antiaméricanisme – la méfiance et l'aversion de principe pour la civilisation américaine et toutes ses manifestations – était typiquement confiné aux élites culturelles dont l'influence le faisait croire plus répandu qu'il ne l'était. Dans le domaine de la culture, des conservateurs comme André Siegfried en France – dont le *Tableau des États-Unis*, sorti en 1954, était une reprise de tous les ressentiments et, pour une part, de l'antisémitisme des polémiques de l'entre-deux-guerres – s'accordaient avec des hommes de gauche comme Jean-Paul Sartre (ou Harold Pinter en Angleterre, des décennies plus tard) : l'Amérique était un pays de puritains hystériques, dévots de la technologie, de la normalisation et du conformisme, dépourvus de toute originalité de pensée. Ces insécurités culturelles avaient davantage trait au rythme du changement en Europe même qu'au défi ou à la menace que représentait l'Amérique. De même que les adolescents européens identifiaient l'avenir à une Amérique qu'ils ne connaissaient guère, leurs parents imputaient à l'Amérique la disparition d'une Europe qui n'avait jamais existé, d'un continent sûr de son identité, de son autorité et de ses valeurs, et imperméable aux sirènes de la modernité et de la société de masse.

Ces sentiments n'étaient pas encore des sentiments largement répandus en Allemagne ou en Autriche, ni même en Italie, où beaucoup de gens plus âgés tenaient encore les Américains pour des libérateurs. Inversement, l'antiaméricanisme trouvait plus aisément des adeptes en Angleterre et en France, les deux anciennes puissances coloniales directement évincées par l'essor des États-Unis. Ainsi que Maurice Duverger en informa les lecteurs de *L'Express* en mars 1964 le communisme n'était plus une menace : le seul danger immédiat pour l'Europe était la « civilisation américaine » – une « civilisation de baignoires et de frigidaires », suivant la formule méprisante de Louis Aragon, treize années auparavant. Nonobstant le mépris hautain des intellectuels parisiens, une civilisation de baignoires et de frigidaires

– d'eau courante, de chauffage central, de télévision et d'automobiles – était ce que voulaient maintenant la plupart des Européens. Et ils voulaient ces marchandises non parce qu'elles étaient américaines, mais parce qu'elles représentaient le confort et une certaine aisance. Pour la première fois de l'histoire, aisance et confort étaient désormais à la portée de la plupart des Européens.

POST-SCRIPTUM

Un conte de deux économies

« L'Allemagne est un pays qui grouille d'enfants.
On est terrifié à la pensée qu'à long terme, tout compte fait,
les Allemands ont sans doute gagné la guerre. »
Saul Padover (1945)

« Bien entendu, si nous avions réussi à perdre deux guerres mondiales
et effacé toutes nos dettes, au lieu de nous endetter
pour près de 30 millions de livres, si nous nous étions débarrassés
de toutes nos obligations extérieures
et n'avions gardé aucune force outre-mer,
sans doute serions-nous aussi riches que les Allemands. »
Harold Macmillan

« La prospérité et la force de l'économie britannique
que [le chancelier de l'Échiquier R. A.] Butler célébra
dans plusieurs discours en 1953 et en 1954 n'étaient
que le dernier clapotis de la prospérité venu se briser sur les rivages
britanniques dans le sillage de l'économie allemande qui allait de l'avant
en entraînant avec elle sa flottille européenne.
Avec le recul, 1954 a tout l'air du dernier grand été d'illusion
pour le Royaume-Uni. »
Alan Milward

Le contraste entre les performances économiques de l'Allemagne de l'Ouest et celles de la Grande-Bretagne est un des traits saillants de l'histoire de l'Europe occidentale après la guerre. Pour la seconde fois en l'espace d'une génération, l'Allemagne était la puissance défaite avec ses villes en ruines, sa monnaie détruite, sa main-d'œuvre masculine morte ou dans des camps de prisonniers, son infrastructure de transports et de services pulvérisée. La Grande-Bretagne était le seul État européen à sortir sans ambiguïté victorieuse de la Seconde Guerre mondiale. Les dégâts opérés par les bombes et les pertes humaines mis à part, le tissu du pays – routes, voies ferrées, chantiers navals, usines et mines – avait survécu intact à la guerre. Au début des années 1960, pourtant, la République fédérale était la locomotive de l'Europe, tandis que la Grande-Bretagne se traînait cahin-caha, avec un taux de croissance très en retard sur le reste de l'Europe occidentale[1]. Dès 1958, l'économie ouest-allemande pesait davantage que celle de la Grande-Bretagne. Aux yeux de maints observateurs, le Royaume-Uni était en passe de devenir l'homme malade de l'Europe.

Les sources de cet ironique revers de fortune sont instructives. L'arrière-plan du « miracle » économique allemand des années 1950 fut la reprise des *années* 1930. Les investissements des nazis – dans les communications, la production d'armements et de véhicules, l'optique, la chimie et l'équipement léger, les métaux non ferreux – étaient au service d'une économie de guerre ; mais leurs retombées se manifestèrent vingt ans plus tard. L'économie sociale de marché de Ludwig Erhard trouvait ses racines dans la politique d'Albert Speer : de fait, nombre des jeunes dirigeants et planificateurs qui accédèrent à des positions élevées dans les affaires et l'administration ouest-allemandes après la guerre avaient débuté sous Hitler ; ils introduisirent dans les comités, les instances de planification et les entreprises de la RFA les politiques et les pratiques qui avaient les faveurs des bureaucrates nazis.

L'infrastructure essentielle de l'économie allemande survécut indemne à la guerre. Entreprises industrielles, banques, compagnies d'assurance et distributeurs, tous avaient repris leurs activités au début des années 1950, déversant leurs produits et services sur un marché extérieur vorace. Même la valeur de plus en plus forte du deutschmark ne devait pas empêcher le progrès allemand. Elle rendait les matières premières importées bon marché sans restreindre la demande extérieure de produits allemands : typiquement des objets de valeur et de technologie avancée, qui se vendaient par leur qualité plutôt que par leur prix. En tout état de cause, il n'y avait guère de concurrence dans les premières décennies de l'après-guerre : si des entreprises suédoises, françaises ou hollandaises voulaient une catégorie particulière de produit ou d'outil technique, elles n'avaient guère d'autre solution que de l'acheter à l'Allemagne et au prix demandé.

Les coûts des entreprises allemandes bénéficiaient aussi d'un investissement soutenu dans des méthodes de production nouvelles et efficaces, ainsi que de la docilité de la main-d'œuvre. La République fédérale disposait d'une force de travail bon marché quasiment inépuisable : jeunes ingénieurs qualifiés fuyant l'Allemagne de l'Est, machinistes semi-qualifiés et travailleurs à la chaîne des Balkans, ouvriers non qualifiés de Turquie, d'Italie et d'ailleurs. Tous étaient reconnaissants du salaire qu'ils touchaient en devise forte et stable en contrepartie d'un emploi régulier et – comme la génération plus âgée

1. En 1960, le taux de croissance annuelle de l'économie allemande était de 9 % par an, celui de l'économie britannique de 2,6 % : le taux le plus lent du monde développé, exceptée l'Irlande, qui à l'époque était encore loin d'être « développée ».

des travailleurs allemands héritière des années 1930, peu protestataire –, ils n'étaient pas enclins à faire des ennuis.

Une industrie permet d'en illustrer les effets. Dans les années 1960, les constructeurs allemands d'automobiles jouissaient d'une telle réputation de qualité technique et de fiabilité en matière de production que des sociétés comme Mercedes-Benz, à Stuttgart, et BMW à Munich pouvaient vendre des voitures de plus en plus chères sur un marché presque captif, d'abord intérieur puis de plus en plus à l'étranger. Le gouvernement de Bonn épaula sans vergogne ces « champions nationaux », exactement comme les nazis l'avaient fait avant lui, les alimentant au début en prêts avantageux et encourageant les liens entreprises-banques qui assuraient aux sociétés allemandes de l'argent frais pour investir.

Dans le cas de Volkswagen, les bases existaient dès 1945. Comme une grande partie de l'industrie ouest-allemande après la guerre, Volkswagen profita de tous les avantages de l'économie de marché – notamment, la demande croissante de ses produits – sans souffrir aucun des inconvénients de la concurrence ou des coûts de recherche, développement et outillage. La société avait bénéficié de ressources inépuisables avant 1939. Le nazisme, la guerre et l'occupation militaire avaient très bien fait les choses : le gouvernement militaire allié fit les yeux doux à Volkswagen précisément parce que sa capacité de production avait été constituée avant la guerre et qu'on pouvait la faire tourner sans plus d'embarras. Il n'existait pas de véritable concurrence intérieure pour la Coccinelle quand la demande de voitures familiales produites en série décolla ; et même à un prix fixe et modeste, ces voitures étaient rentables : grâce aux nazis, la compagnie n'avait pas de dette à rembourser.

En Grande-Bretagne, également, existait un « champion national » : la British Motor Corporation (BMC), conglomérat de divers constructeurs autrefois indépendants comme Morris ou Austin, qui fusionna ensuite avec Leyland Motors pour former British Leyland (BL). En 1980, BL vendait encore ses produits comme un emblème de la Grande-Bretagne : « Conduisez aux couleurs du pays, achetez une Austin Morris. » Et comme les industriels allemands, les constructeurs britanniques privilégiaient toujours plus le marché extérieur. Mais là s'arrêtaient les similitudes.

Après la guerre, les gouvernements britanniques successifs pressèrent tout spécialement BMC (ils avaient moins de prise sur Ford, société américaine, ou sur les filiales de General Motors au Royaume-Uni) de vendre le plus possible outre-mer, dans le cadre d'une recherche effrénée de devises pour compenser les énormes dettes contractées par le pays au cours de la guerre (à la fin des années 1940, l'objectif officiel était d'exporter 75 % de la production totale d'automobiles). La société négligea clairement et sciemment le contrôle de qualité au profit d'une production rapide. Au début, la piètre qualité des automobiles britanniques importait peu : la demande intérieure et européenne excédait l'offre. Et les constructeurs d'Europe continentale ne pouvaient rivaliser en volume : en 1949, le Royaume-Uni produisait plus d'automobiles à usage privé que tout le reste de l'Europe réuni. Mais une fois installée la réputation de qualité moyenne et de service médiocre, plus rien ne put la contrecarrer. Les acheteurs européens abandonnèrent les voitures britanniques en masse sitôt que de meilleurs produits nationaux devinrent disponibles.

Quand ils se décidèrent à adapter leurs parcs et à moderniser leurs chaînes de production, les constructeurs britanniques n'avaient pas de banques affiliées auxquelles s'adresser pour investir ou leur accorder des prêts, comme en Allemagne. À la différence de Fiat en Italie ou de Renault en France, ils ne pouvaient pas non plus compter sur l'État pour compenser le manque. Toujours soumis à de fortes pressions politiques de Londres, ils construisirent pourtant des usines et des centres de distribution dans des régions plutôt déshéritées, histoire de se conformer aux politiques régionales officielles et d'apaiser les politiciens et syndicats locaux. Même après l'abandon de cette stratégie économiquement irrationnelle et l'amorce d'une consolidation, les constructeurs britanniques restèrent désespérément atomisés : en 1968, British Leyland se composait de soixante usines différentes.

Les gouvernements encouragèrent activement l'inefficacité des producteurs britanniques. Après la guerre, les autorités distribuèrent un acier rare aux constructeurs sur la base de leur part de marché *avant la guerre*, gelant ainsi un secteur majeur de l'économie dans le moule du passé et pénalisant de manière décisive de nouveaux producteurs potentiellement plus efficaces. La garantie de l'approvisionnement, la demande artificiellement forte de tout ce qu'ils pouvaient produire et les pressions politiques les poussant à l'inefficacité se conjuguèrent pour conduire les entreprises britanniques à la faillite. En 1970, des producteurs européens et japonais s'emparaient de leurs marchés et les battaient sur le double terrain de la qualité et du prix. La crise pétrolière du début des années 1970, l'entrée dans la CEE et la fin des derniers marchés protégés du Royaume-Uni dans les dominions et les colonies finirent par détruire toute industrie automobile indépendante en Grande-Bretagne. En 1975, British Leyland, le seul constructeur indépendant de masse du pays, fit faillite et dut être renfloué par une nationalisation. Quelques années plus tard… BMW rachetait ses secteurs rentables pour une bouchée de pain.

Le déclin puis la disparition du secteur automobile britannique autonome illustre bien l'expérience de l'économie britannique en général. Dans un premier temps, celle-ci ne s'en sortit pas trop mal : en 1951, la Grande-Bretagne restait le premier centre manufacturier d'Europe, produisant deux fois plus que la France et l'Allemagne réunies. Elle assurait le plein-emploi et enregistrait une certaine croissance, même si elle était plus lente que partout ailleurs. Elle souffrait cependant de deux handicaps paralysants : l'un qui était le produit d'une infortune historique, l'autre qu'elle s'imposait à elle-même.

La crise endémique de la balance des paiements du Royaume-Uni était largement le fruit des dettes accumulées pour financer six années de guerre contre l'Allemagne et le Japon, auxquelles s'ajoutait le coût énorme de l'entretien d'un système de défense efficace après la guerre (8,2 % du revenu national en 1955, contre moins de la moitié en Allemagne). La livre, qui était encore une unité de transactions internationales majeure dans les années 1950, était surévaluée, si bien qu'il était difficile à la Grande-Bretagne de vendre suffisamment à l'étranger pour compenser le déficit chronique de la livre sterling face au dollar. Pays insulaire totalement tributaire de ses importations de vivres et de matières premières vitales, la Grande-Bretagne avait historiquement compensé cette vulnérabilité structurelle par un accès privilégié à des marchés protégés dans l'Empire et le Commonwealth.

Mais cette dépendance à l'égard de ressources et de marchés lointains, qui avait été un avantage au lendemain de la guerre alors que le reste de l'Europe bataillait pour se redresser devint un passif lourd sitôt que l'Europe – et spécialement la zone de la CEE – décolla. Les Britanniques ne pouvaient rivaliser avec les États-Unis et, plus tard, avec l'Allemagne, sur aucun des marchés non protégés outre-mer, tandis que les exportations britanniques vers l'Europe accusaient un retard croissant sur celles des autres producteurs européens. Les exportations britanniques de produits manufacturés représentaient 25 % en valeur du total mondial en 1950 ; vingt ans plus tard, elles étaient tombées à 10,8 %. Les Britanniques avaient perdu leur part du marché mondial, et leurs fournisseurs traditionnels – en Australie, en Nouvelle-Zélande, au Canada et dans les colonies africaines – se tournaient maintenant aussi vers d'autres marchés.

Dans une certaine mesure, le déclin économique relatif de la Grande-Bretagne était donc inévitable. Mais il ne faut pas sous-estimer sa contribution propre. Dès avant la Seconde Guerre mondiale, l'industrie manufacturière britannique avait acquis une réputation bien méritée d'inefficacité et de vivre sur ses succès passés. Non que les Britanniques fussent excessivement chers. Ainsi que John Maynard Keynes l'observa dans un commentaire sardonique sur les perspectives économiques de la Grande-Bretagne après la guerre, « le salaire horaire dans ce pays est *grosso modo* de 2 shillings l'heure ; aux États-Unis, il est de 5. [...] La fameuse inefficacité des industriels britanniques elle-même ne saurait guère compenser, on l'espère, dans un large éventail de produits, la totalité de cette différence initiale de coûts qui joue en leur faveur, même s'il faut admettre qu'ils y sont parvenus dans certains cas importants. [...] Les statistiques disponibles suggèrent que, sous réserve que nous n'ayons jamais fait le produit auparavant, nous battons tout le monde à plate couture côté coûts[2] ».

2. Cité in Peter Hennessy, *Never Again. Britain 1945-1951*, 1993, p. 117.

Un problème tenait à la main-d'œuvre. Les usines britanniques travaillaient avec des hommes (et quelques femmes) qui étaient traditionnellement organisés en – littéralement – plusieurs centaines d'unions professionnelles établies de longue date : en 1968, les usines automobiles British Leyland comptaient 246 syndicats avec lesquels la direction devait négocier séparément les cadences de travail et les salaires. C'était un temps de plein-emploi. En vérité, le maintien du plein-emploi fut l'objectif social cardinal de chaque gouvernement britannique dans ces années-là. La détermination à éviter le retour aux horreurs des années 1930, où l'inactivité rongeait les hommes et les machines, primait sur toute considération de croissance, de productivité ou d'efficacité. Les syndicats – et surtout leurs représentants locaux : les délégués d'atelier – étaient plus puissants qu'ils ne l'avaient jamais été et qu'ils ne le seraient jamais. Les grèves, symptômes de militantisme ouvrier mais aussi de gestion incompétente, étaient un trait endémique de la vie industrielle britannique de l'après-guerre.

Même si les dirigeants syndicaux britanniques avaient suivi l'exemple allemand et garanti de bonnes relations sociales au niveau de l'atelier et la modération salariale en contrepartie de l'investissement, de la sécurité et de la croissance, il est peu probable que la plupart des patrons eussent mordu à l'hameçon. Dès les années 1930, le futur Premier ministre travailliste Clement Attlee avait justement identifié le malaise économique de son pays comme un problème de sous-investissement, de manque d'innovation, d'immobilité de la main-d'œuvre et de médiocrité des dirigeants. Une fois au pouvoir, cependant, lui-même ou ses successeurs ne semblaient pouvoir faire grand-chose pour arrêter la décomposition. Tandis que l'industrie allemande hérita de tous les avantages des changements opérés par le nazisme et la guerre, les vieilles industries peu compétitives de la Grande-Bretagne héritèrent de la stagnation et de la peur profonde du changement.

Textiles, mines, chantiers navals, aciers et équipement léger : tous ces secteurs avaient besoin d'être restructurés et ré-outillés dans les décennies d'après-guerre ; mais de même qu'ils choisirent de s'arranger avec les syndicats plutôt que de s'attaquer à des méthodes de travail inefficaces, les patrons britanniques préférèrent se cantonner dans un cycle de sous-investissement, de recherche-développement limitée, de bas salaires et d'une clientèle qui s'amenuisait, plutôt que de prendre le risque d'un nouveau départ avec des produits neufs sur de nouveaux marchés. La solution n'était pas évidente. Keynes, encore une fois : « Si du fait de quelque triste bévue géographique, l'American Air Force (il est désormais trop tard pour espérer grand-chose de l'ennemi) devait détruire chaque usine de la côte nord-est et du Lancashire (à une heure où tous les dirigeants s'y trouveraient réunis, et personne d'autre), nous n'aurions rien à craindre. Je ne vois vraiment pas comment retrouver autrement cette exubérante inexpérience qui paraît nécessaire à la réussite. »

En France, l'investissement public et une planification indicative agressive eurent raison d'un semblable héritage d'incompétence et d'inertie des dirigeants. Les gouvernements britanniques, en revanche, se cantonnèrent à la négociation collective, à la gestion de la demande et aux exhortations. Pour un État qui avait nationalisé d'aussi larges pans de son économie après 1945, et qui en 1970 dépensait lui-même 47 % du PNB du pays, voilà apparemment un bien curieux paradoxe. Mais l'État britannique, s'il possédait ou gérait la majeure partie des secteurs des transports, de la médecine, de l'éducation et des communications, n'afficha jamais la moindre ambition stratégique nationale d'ensemble ; et, à toutes fins utiles, l'économie restait livrée à elle-même. Il devait incomber à une génération ultérieure de réformateurs du marché – et à un Premier ministre viscéralement hostile à l'État – d'engager toute la force du gouvernement central pour résoudre le problème de la stagnation économique de la Grande-Bretagne. Mais à cette date, certaines critiques visant la « vieille » économie inadaptée de la Grande-Bretagne visaient également, pour des raisons différentes, l'économie chancelante de l'Allemagne.

XI

Le moment social-démocrate

« L'important, pour le gouvernement, n'est pas de faire des choses que les individus font déjà, et de les faire un peu mieux ou un peu plus mal ; mais de faire des choses qui, à l'heure actuelle, ne sont pas faites du tout. »
John Maynard Keynes (1926)

« Le défi ne va pas venir des États-Unis, [...] de l'Allemagne occidentale ou de la France ; le défi va venir des pays qui, si mauvais qu'ils puissent être, et je pense qu'ils le sont à plus d'un titre fondamental, n'en sont pas moins enfin capables de récolter les fruits matériels de la planification économique et de la propriété publique. »
Aneurin Bevan (1959)

« Notre pays représente la démocratie et des sanitaires convenables. »
John Betjeman

« Ouvrons les fenêtres de l'Église sur le monde et au monde. »
Jean XXIII

« La photographie, c'est la vérité. Le cinéma, c'est la vérité vingt-quatre fois par seconde. »
Jean-Luc Godard

Les années 1960 virent l'apogée de l'État européen. Au cours du siècle passé, la relation du citoyen à l'État, en Europe occidentale, avait été une relation de compromis changeant entre les besoins militaires et les revendications politiques : les droits modernes de citoyens disposant depuis peu du droit de vote, d'un côté, les obligations plus anciennes de défendre le royaume, de l'autre. Depuis 1945, cependant, cette relation s'était toujours plus caractérisée par un tissu dense de prestations sociales et de stratégies économiques où l'État servait ses sujets, plutôt que l'inverse.

Dans les années suivantes, les ambitions tous azimuts de l'État-providence européen devaient perdre une partie de leur charme, ne fût-ce que parce qu'il n'était plus à même de tenir ses promesses : chômage, inflation, populations vieillissantes et ralentissement économique firent peser des contraintes insupportables sur les efforts des États pour honorer leur part du contrat. Les transformations des marchés internationaux des capitaux et les moyens de communication électronique modernes coupèrent aux gouvernements les moyens de définir et de mettre en œuvre la politique économique intérieure. Et surtout, la légitimité même de l'État interventionniste se trouva sapée : à l'intérieur, par les rigidités et les inefficacités des organismes et des producteurs du secteur public ; à l'étranger, par les preuves incontestables de dysfonctionnements économiques chroniques et de répression politique dans les États socialistes du bloc soviétique.

Mais tout cela appartenait encore à l'avenir. À l'apogée de l'État-providence européen moderne, alors que l'appareil administratif jouissait encore d'une large autorité et que sa crédibilité demeurait inentamée, un remarquable consensus s'imposa. L'État, croyait-on largement, ferait toujours mieux qu'un marché sans frein : pas simplement pour rendre la justice et assurer la sécurité, ou distribuer des biens et services, mais aussi pour concevoir et mettre en œuvre des stratégies de cohésion sociale, de soutien moral et de vitalité culturelle. L'idée que mieux vaudrait, peut-être, abandonner ces questions à l'intérêt éclairé et aux rouages du marché des marchandises et des idées passait, dans les cercles politiques et universitaires dominants, pour une relique désuète de temps pré-keynésiens : au mieux une incapacité à tirer les leçons de la crise ; au pire, une invitation au conflit et un appel voilé aux instincts humains les plus vils.

L'État était donc une bonne chose ; et il était partout. Entre 1950 et 1973, les dépenses publiques passèrent de 27,6 % du PIB à 38,8 % en France, de 30,4 % à 42 % en RFA, de 34,2 % à 41,5 % au Royaume-Uni et de 26,8 % à 45,5 % aux Pays-Bas, et ce à une époque où le produit intérieur augmentait plus vite qu'il ne l'avait jamais fait et ne le ferait jamais. Le gros de cette augmentation profita aux assurances, aux retraites, à la santé, à l'éducation et au logement. En Scandinavie, la part du revenu national consacrée à la seule Sécurité sociale augmenta de 250 % au Danemark et en Suède entre 1953 et 1970. En Norvège, elle tripla. La Suisse est le seul pays où la part du PNB dépensé par l'État après la guerre soit restée relativement basse (elle n'atteignit 30 % qu'en 1980), mais le contraste n'en était pas moins spectaculaire avec les 6,8 % de 1938.

La *success story* du capitalisme européen d'après-guerre s'accompagna partout d'un renforcement du rôle du secteur public. En revanche la nature de l'engagement de l'État admettait des variations considérables. Dans la majeure partie de l'Europe continentale, l'État évita la propriété directe de l'industrie (sauf des transports publics ou des communications), préférant exercer un contrôle indirect – souvent par des agences en principe autonomes, dont le tentaculaire IRI, en Italie, était la plus importante et la mieux connue (cf. chapitre 8).

Les conglomérats comme l'IRI servaient non seulement leurs employés et consommateurs, mais aussi tout un éventail de partis politiques, de syndicats, de services sociaux et même d'Églises dont ils géraient la protection et renforçaient l'influence. En Italie, la démocratie chrétienne « colonisa » à tous les niveaux, du village à la capitale, une gamme protéiforme de services publics et de produits contrôlés ou subventionnés par l'État : transports, médias électroniques, banques, énergie, industrie mécanique et chimique, métiers du bâtiment, production alimentaire. Les principaux bénéficiaires, après le parti lui-même, furent les millions d'enfants et de petits-enfants de paysans sans terre qui trouvèrent un emploi sûr dans les bureaucraties qui en résultèrent. L'Institut national italien pour les orphelins de guerre employait 12 personnes pour 70 orphelins tandis que les salaires et l'administration absorbaient 80 % de sa dotation budgétaire annuelle.

De la même façon, le contrôle des compagnies du secteur public, en Belgique, permettait au gouvernement national de Bruxelles de tempérer les rancœurs locales et d'acheter les intérêts linguistiques et régionaux rivaux avec des services, des postes et de coûteux investissements en infrastructure. En France, les nationalisations de l'après-guerre mirent en place de durables réseaux d'influence et de patronage. Électricité de France (EDF) était le principal fournisseur d'énergie du pays, mais aussi son premier employeur. En vertu d'un accord remontant à la législation de l'immédiat après-guerre, 1 % du chiffre d'affaires annuel d'EDF était versé à un fonds social, géré par la Confédération générale du travail (CGT), le mouvement syndical alors dominant. Les vacances et autres prestations financées par ce fonds (sans parler des possibilités d'emploi offertes à son personnel) allaient être un moyen de pression lucratif et politiquement significatif pour le parrain de la CGT, c'est-à-dire le PCF.

Ainsi l'État lubrifiait-il les rouages du commerce, de la politique et de la société de diverses manières. Et il était, directement ou indirectement, responsable de l'emploi et de la rémunération de millions d'hommes et de femmes, qui avaient de la sorte un intérêt acquis, en tant que professionnels ou bureaucrates. Les diplômés des principales universités britanniques, comme leurs contemporains des « grandes écoles » françaises, recherchaient typiquement un emploi non pas dans le secteur privé, encore moins dans l'industrie et le commerce, mais dans l'enseignement, la médecine, les services sociaux, le droit public, les monopoles d'État ou les services publics. À la fin des années 1970, 60 % des diplômés de l'université belge travaillaient dans les services publics ou le secteur social subventionné par l'État. L'État européen avait forgé un marché unique pour les biens et services qu'il pouvait offrir, formant de la sorte un cercle vertueux d'emploi et d'influence quasi universellement apprécié.

Des différences doctrinales autour des objectifs affichés de l'État pouvaient bien opposer bruyamment la droite et la gauche, les chrétiens démocrates et les communistes, les socialistes et les conservateurs, mais tout le monde ou presque avait quelque chose à gagner des occasions que l'État procurait en matière de revenu et d'influence. La foi dans l'État, en tant que planificateur, coordinateur, facilitateur, arbitre, fournisseur, gardien et protecteur, était largement répandue et ignorait presque toutes les lignes de fracture politiques[1]. L'État-providence était ouvertement social, mais loin d'être socialiste. En ce sens, le capitalisme-providence, tel qu'il se déploya en Europe occidentale, était véritablement post-idéologique.

Au sein de ce consensus européen général d'après-guerre, n'en devait pas moins s'affirmer une vision singulière : celle des sociaux-démocrates. La social-démocratie avait toujours été un hybride ; en fait, c'était précisément ce que lui reprochaient ses ennemis de droite comme de gauche. Pratique depuis toujours en quête de théorie, la social-démocratie était le fruit d'une intuition partagée par toute une génération de socialistes européens au début du XXe siècle : que la révolution sociale radicale au cœur de l'Europe moderne, telle que l'avaient prophétisée et préparée les visionnaires socialistes du XIXe siècle, appartenait au passé, plutôt qu'à l'avenir. En tant que solution à l'injustice et à l'inefficacité du capitalisme industriel, le paradigme du soulèvement urbain violent propre au XIXe siècle n'était pas seulement indésirable : il avait peu de chance d'atteindre ses objectifs ; il était aussi redondant. Il était possible d'améliorer vraiment le sort de toutes les classes de manière progressive et pacifique.

Cela ne voulait pas dire pour autant qu'il fallait mettre au rebut les dogmes socialistes fondamentaux du XIXe siècle. L'écrasante majorité des sociaux-démocrates européens du milieu du XXe siècle gardaient leur distance vis-à-vis de Marx et de ses héritiers avoués, mais demeurait pour eux un article de foi : le capitalisme était intrinsèquement dysfonctionnel et le socialisme était à la fois moralement *et économiquement* supérieur. En revanche, ils différaient des communistes pour qui la chute du capitalisme était imminente et inéluctable et qui croyaient judicieux de hâter cet effondrement par leurs actions politiques. Leur tâche, telle qu'ils avaient fini par la comprendre au fil de décennies de crise, de division et de dictature, consistait à employer les ressources de l'État pour éliminer les pathologies sociales propres aux formes de production capitalistes et au libre fonctionnement d'une économie de marché : construire non pas des utopies économiques, mais de bonnes sociétés.

La politique sociale-démocrate n'était pas toujours très aguichante pour les jeunes gens impatients. La suite des événements devait le montrer. En revanche, elle séduisait intuitivement les hommes et les femmes qui avaient traversé les terribles décennies depuis 1914, et dans certaines parties d'Europe

1. Les partis et penseurs libéraux en Allemagne et en Italie, comme la petite aide libérale du parti conservateur en Grande-Bretagne, n'adhéraient pas à ce consensus. Mais à l'époque, et en partie pour cette raison, ils avaient peu d'influence.

occidentale la social-démocratie du milieu des années 1960 n'était plus tant une politique qu'un mode de vie. Ce n'était nulle part plus flagrant qu'en Scandinavie. Entre 1945 et 1964, au Danemark, le parti social-démocrate progressa de 33 % des voix à 42 % aux élections nationales ; dans les mêmes années, le parti travailliste de Norvège recueillit entre 43 et 48 % des suffrages ; quant aux sociaux-démocrates suédois, leur part ne tomba jamais en dessous de 45 % ; aux élections de 1968, ils franchirent même la barre des 50 %.

Le plus remarquable, dans ces résultats, ce n'étaient pas les chiffres eux-mêmes : le parti socialiste autrichien fit presque aussi bien à l'occasion, et en Grande Bretagne, aux élections de 1951, le parti travailliste de Clement Attlee avait recueilli 48,8 % des voix (même si les conservateurs, avec moins de voix, obtinrent davantage de sièges). C'était leur régularité. Les sociaux-démocrates scandinaves recueillirent année après année plus des deux cinquièmes des voix, avec pour résultat des décennies de contrôle ininterrompu du gouvernement, parfois à la tête d'une coalition de petits partenaires dociles, mais habituellement seuls. Entre 1945 et 1968, huit gouvernements danois sur dix furent dirigés par des sociaux-démocrates ; dans les mêmes années, la Norvège connut cinq gouvernements, dont trois sociaux-démocrates ; et la Suède, quatre, tous sociaux-démocrates. Il y eut aussi continuité au niveau des hommes : en Norvège, Einar Hergardsen dirigea deux gouvernements sociaux-démocrates pour un total de quatorze années ; en Suède, Tage Erlander dirigea son parti et son pays vingt-trois années durant, de 1946 à 1969[2].

Les sociétés scandinaves avaient hérité d'avantages certains. Sociétés petites et socialement homogènes, sans colonies outre-mer ni ambitions impériales, elles étaient depuis de longues années des États constitutionnels. La Constitution danoise de 1849 avait introduit un gouvernement parlementaire limité, mais une ample liberté de la presse et de religion. La Constitution suédoise (et à l'époque norvégienne) de 1809 instaura des institutions politiques modernes, dont la représentation proportionnelle et le système exemplaire de l'*ombudsman*, par la suite adopté dans toute la Scandinavie, et définit le cadre stable au sein duquel put se développer un système de partis politiques. Elle devait rester en vigueur jusqu'en 1975.

Mais la Scandinavie était historiquement pauvre : une région de forêts, de fermes et de pêcheries, avec une poignée d'industries primaires, pour la plupart en Suède. Les relations sociales en Suède et en Norvège, en particulier, étaient chroniquement ponctuées de conflits : le taux de grèves dans les deux

2. À l'opposé, l'Italie connut au cours de la même période 13 gouvernements et 11 Premiers ministres ; et la France, 23 gouvernements et 17 Présidents du conseil ou Premiers ministres entre 1945 et 1968. Les longues mandatures des chefs de parti étaient une spécialité suédoise : le prédécesseur d'Erlander à la tête du parti social-démocrate suédois, Per Albin Hansson, avait gardé son poste de 1926 à 1946.

pays fut parmi les plus élevés du monde dans les premières décennies du XXe siècle. Au cours de la crise des années 1930, la région souffrit d'un chômage chronique. En 1932-1933, un tiers de la population active suédoise se retrouva sans travail ; en Norvège et au Danemark, 40 % de la main-d'œuvre adulte était sans emploi : des chiffres comparables aux pires années de chômage en Grande-Bretagne, dans l'Allemagne de Weimar ou dans les États industriels des États-Unis. En Suède, la crise déboucha sur des affrontements violents, notamment à Ådalen, en 1931, où l'armée réprima une grève dans une papeterie (c'est cet épisode qu'évoque de façon mémorable le réalisateur suédois Bo Widerberg dans un film de 1969, *Ådalen 31*).

Si la Scandinavie, et la Suède en particulier, ne suivit pas entre les deux guerres la voie d'autres sociétés économiquement en crise aux marges de l'Europe, le mérite en revient pour une large part aux sociaux-démocrates. Après la Première Guerre mondiale, les partis socialistes scandinaves abandonnèrent largement le dogme radical et les ambitions révolutionnaires qu'ils avaient partagés avec les mouvements socialistes allemands et autres de la Seconde Internationale ; et, au cours des années 1930, ils s'acheminèrent vers un compromis historique entre le capital et le travail. À Saltsjöbaden, en 1938, les représentants du patronat et de la main-d'œuvre signèrent un pacte qui devait former la base des futures relations sociales de la Suède : avant-goût des partenariats néo-corporatistes formés en Allemagne et en Autriche, après 1945, mais pratique quasiment inconnue avant la guerre, sauf sous des auspices fascistes[3].

Les sociaux-démocrates scandinaves étaient ouverts aux compromis de ce genre parce qu'ils n'avaient aucune illusion sur la clientèle « prolétarienne » putative dans laquelle d'autres partis socialistes cherchaient leur noyau dur. Eussent-ils compté sur les seules voies de la classe ouvrière urbaine, même en y ajoutant celles des réformistes bourgeois, que les partis socialistes scandinaves seraient restés à jamais minoritaires. Politiquement, ils n'avaient d'avenir que s'ils parvenaient à toucher les populations très majoritairement rurales de la région. Et donc, à la différence de presque tous les autres partis socialistes ou sociaux-démocrates d'Europe, la social-démocratie scandinave ne souffrait pas de l'antipathie instinctive envers la campagne qui caractérisait une bonne partie de la gauche européenne, depuis les observations de Marx sur « l'idiotie de la vie rurale » à l'aversion de Lénine pour les « koulaks ».

---

3. Le pacte de Satlsjöbaden ressemblait, à certains égards, à l'*Arbeitsfrieden* (Paix du travail) conclue en Suisse l'année précédente, le patronat et les travailleurs acceptant de mettre en place un système de négociation collective évitant la confrontation et qui devait être une pierre angulaire durable de la stabilité et de la prospérité futures du pays. Toutefois, alors que l'*Arbeitsfrieden* était destinée à tenir le gouvernement à *l'écart* de la négociation économique, le pacte suédois engageait les pouvoirs publics à travailler en harmonie avec les patrons et les employés dans l'intérêt commun.

Les paysans aigris et indigents de l'Europe centrale et méridionale, entre les deux guerres, formaient une clientèle toute prête pour les nazis, les fascistes et les populistes agrariens focalisés sur une seule question. En revanche, assaillis de problèmes identiques, les fermiers plus ou moins gros, les bûcherons et les pêcheurs d'Europe du Nord se tournèrent en nombre croissant vers les sociaux-démocrates, qui soutenaient activement les coopératives agricoles – particulièrement importantes au Danemark, où l'agriculture commerciale était répandue et efficace, mais les exploitations toutes petites – et brouillaient ainsi les vénérables distinctions socialistes entre production privée et objectifs collectivistes, campagne « arriérée » et ville « moderne », qui étaient si désastreuses sur un plan électoral dans d'autres pays.

Cette alliance du travail et de l'agriculture – facilitée par l'indépendance inhabituelle des paysans scandinaves, unis dans de ferventes communautés protestantes totalement étrangères à la docilité traditionnelle des ruraux envers le prêtre ou le hobereau – devait former à longue échéance la plateforme qui allait donner à la social-démocratie ses plus grands succès en Europe. Les coalitions « rouge-vert » (d'abord entre partis agrariens et sociaux-démocrates, puis au sein de ces derniers seulement) étaient impensables partout ailleurs ; en Scandinavie, ils devinrent la norme. C'est par le vecteur des partis sociaux-démocrates que la société rurale traditionnelle et la main-d'œuvre industrielle entrèrent l'une et l'autre dans l'ère urbaine : en ce sens, la social-démocratie scandinave n'était pas simplement une politique parmi tant d'autres : elle était la forme même de la modernité.

Les États-providence scandinaves qui se développèrent après 1945 trouvaient donc leurs origines dans les deux pactes sociaux des années 1930 : entre employés et employeurs, et entre travail industriel et exploitation agricole. Les services sociaux et autres prestations qui devaient caractériser le « modèle » scandinave reflétaient ces origines, privilégiant l'universalité et l'égalité : droits sociaux universels, égalisation des revenus, prestations uniformes financées par une fiscalité fortement progressive. Ainsi contrastaient-ils vivement avec la version d'Europe continentale typique, dans laquelle l'État transférait ou redonnait du revenu aux familles ou aux particuliers, leur permettant de payer en espèces ce qui était, au fond, des services privés subventionnés (assurance et médecine en particulier). Exception faite de l'éducation, cependant, qui était déjà universelle et systématique avant 1914, le système scandinave de protection sociale ne fut pas conçu ni mis en œuvre d'un seul coup. Les choses se firent petit à petit. La santé, notamment, restait très en retard : la couverture universelle ne fut introduite au Danemark qu'en 1971, soit trente-trois ans après qu'Aneurin Bevan eut inauguré le National Health Service au Royaume-Uni, sur l'autre rive de la mer du Nord.

Par ailleurs, ce qui pouvait passer de l'extérieur pour un système nordique unique admettait en réalité de grandes variations d'un pays à l'autre. Le Danemark était le moins « scandinave ». Il était non seulement dans une situation de dépendance critique à l'égard du marché extérieur pour les produits agricoles (notamment produits laitiers et porc) et donc plus sensible aux politiques et aux développements politiques ailleurs en Europe ; mais sa main-d'œuvre qualifiée était beaucoup plus divisée par les allégeances et organisations professionnelles traditionnelles. De ce point de vue, il ressemblait davantage à la Grande-Bretagne que, mettons, à la Norvège ; plus d'une fois, les sociaux-démocrates furent contraints, au cours des années 1960, de prendre exemple sur les gouvernements britanniques et de chercher à imposer des contrôles de prix et de salaires sur un marché du travail instable. À l'aune de la Grande-Bretagne, la politique fut un succès ; suivant des normes scandinaves plus exigeantes, en revanche, les relations sociales danoises et les performances économiques du pays furent toujours un peu plus troublées.

La Norvège était la plus petite et la plus homogène de toutes les sociétés nordiques (l'Islande exceptée). C'était aussi elle qui avait le plus souffert de la guerre. Par ailleurs, avant même qu'on ne découvrît du pétrole au large de la côte, la situation de la Norvège était singulière. État situé en première ligne durant la guerre froide et donc astreint à des dépenses de défense beaucoup plus importantes que le tout petit Danemark ou que la Suède restée neutre, il était aussi le plus allongé des pays du Nord, avec une minuscule population de moins de quatre millions d'habitants dispersée sur une ligne côtière de 1 752 kilomètres : la plus longue d'Europe. Nombre des villes et des villages les plus reculés étaient et restent totalement dépendants de la pêche. Social-démocrate ou non, le gouvernement d'Oslo ne pouvait faire autrement que d'appliquer les ressources de l'État à des objectifs sociaux et communautaires : les subventions du centre à la périphérie (pour les transports, les communications, l'éducation, l'implantation de professionnels et les services, notamment dans le tiers du pays situé au nord du Cercle arctique) étaient le moteur de l'État-nation norvégien.

La Suède était elle aussi un cas à part, même si *ses* singularités devaient passer, au fil du temps, pour la norme scandinave. Avec une population qui équivalait *grosso modo* à celle de la Norvège et du Danemark réunis (la population du grand Stockholm représentait à elle seule 45 % des habitants de la Norvège), la Suède était de loin la plus riche et la plus industrialisée des sociétés scandinaves. En 1973, sa production de minerai de fer était comparable à celle de la France, de la Grande-Bretagne et de l'Allemagne de l'Ouest réunies et équivalait à près de la moitié de celle des États-Unis. Pour ce qui était de la production de papier et de pâte à papier et son expédition, elle était leader mondial. Alors que la social-démocratie norvégienne consistait depuis des années à mobiliser, rationner et distribuer des ressources rares dans une société pauvre, la Suède était dès les années 1960 un des pays les plus riches du monde, et la social-démocratie consistait à allouer et égaliser les richesses et les services dans l'intérêt commun.

À travers toute la Scandinavie, mais surtout en Suède, la propriété et l'exploitation privée des moyens de production ne furent jamais remises en question. À la différence du mouvement travailliste britannique, dont la doctrine et le programme reposait depuis 1918, pour l'essentiel, sur une foi inextirpable dans les vertus de la propriété publique, les sociaux-démocrates suédois se contentaient de laisser le capital et l'initiative entre les mains du secteur privé. L'exemple de la British Motor Corporation, au Royaume-Uni, qui servait de cobaye impuissant aux expériences d'allocation centralisée des ressources par l'État, n'eut jamais de pendant en Suède. Volvo, Saab et les autres entreprises privées étaient libres de prospérer ou d'échouer.

De fait, le capital industriel de la Suède « socialiste » était plus concentré que partout ailleurs en Europe. L'État ne se mêlait jamais ni de l'accumulation de la richesse privée ni du marché des biens et des capitaux. Même en Norvège, après quinze ans de gouvernement social-démocrate, le secteur directement possédé ou dirigé par l'État était plus réduit que dans une Allemagne de l'Ouest dirigée par la démocratie chrétienne. Dans ces deux pays, en revanche, comme au Danemark et en Finlande, l'État appliquait implacablement un système d'impôt progressif et redistribuait les profits privés à des fins publiques.

Pour de nombreux observateurs étrangers et la plupart des scandinaves, les résultats semblaient parler d'eux-mêmes. En 1970, la Suède, avec la Finlande, était une des quatre premières économies du monde par le pouvoir d'achat par tête (les deux autres étant les États-Unis et la Suisse). Les Scandinaves vivaient plus longtemps et en meilleure santé que la plupart des autres peuples (chose qui eût laissé pantois les paysans nordiques isolés et déshérités, trois générations plus tôt). Pour ce qui est de l'éducation, de la protection sociale, de la médecine, des assurances, des pensions de retraite et des loisirs, les services et les installations étaient sans équivalents (y compris aux États-Unis et, de fait, en Suisse), de même que la sécurité économique et physique dans laquelle les citoyens de l'Europe nordique menaient une vie comblée d'aises. Au milieu des années 1960, le « nord gelé » de l'Europe avait acquis un statut quasi-mythique : le modèle social-démocrate scandinave ne pouvait sans doute pas être reproduit aisément ailleurs, mais il n'en était pas moins universellement admiré et largement envié.

Quiconque est familier de la culture nordique, d'Ibsen et Munch à Ingmar Bergman, reconnaîtra un autre aspect de la vie scandinave : son côté introspectif, sa mélancolie originelle, généralement comprise, dans ces années-là, comme une propension à la dépression, à l'alcoolisme et à des taux de suicide élevés. Dans les années 1960 et épisodiquement, depuis, il a plu à des critiques conservateurs de la politique scandinave d'imputer ces défauts à la paralysie morale induite par un excès de sécurité économique et de centralisation. Mais il y avait aussi la propension concurrente des Scandinaves à se déshabiller en public (et au cinéma) et, colportait la rumeur, à faire l'amour avec de parfaits inconnus : preuves supplémentaires, pour certains observateurs, des dégâts psychiques opérés par un État surpuissant qui offre tout et n'interdit rien[4].

Si c'était là ce qu'on pouvait dire de pire contre le modèle « scandinave », les sociaux-démocrates étaient excusables d'en rire cyniquement (ou de s'en mordre les doigts). Sur un point, cependant, les critiques touchaient juste : l'État envahissant avait bel et bien un visage plus sombre. Au début du XXe siècle, la confiance dans la capacité de l'État à rendre une société meilleure avait revêtu de nombreuses formes : la social-démocratie scandinave, comme le réformisme fabien de l'État-providence britannique, était née d'une fascination largement répandue pour le génie social dans toutes ses formes. Et juste un peu au-delà du recours à l'État pour ajuster les revenus, les dépenses, l'emploi et l'information, se profilait la tentation de toucher aux individus eux-mêmes.

L'eugénisme – la « science » de l'amélioration de la race – était plus qu'une marotte édouardienne, comme le végétarisme ou la randonnée (même s'il séduisait souvent les mêmes clientèles). Défendu par des penseurs de toutes les nuances politiques, il cadrait particulièrement bien avec les ambitions de réformateurs sociaux bien intentionnés. Si l'on avait pour objectif social d'améliorer la condition humaine « en gros », pourquoi se priver des possibilités qu'offrait la science moderne d'apporter au passage des améliorations « au détail » ? Pourquoi ne pas étendre la prévention ou l'abolition des imperfections de la condition humaine à la prévention – ou à l'abolition – d'êtres humains imparfaits ? Dans les premières décennies du XXe siècle, l'attrait de la planification sociale ou génétique scientifiquement manipulée était largement répandu et profondément respectable ; c'est seulement du fait des nazis, dont les ambitions « hygiénistes » commencèrent avec un ersatz d'anthropométrie pour s'achever dans la chambre à gaz, qu'elle fut complètement discréditée dans l'Europe de l'après-guerre. C'est du moins ce qu'on voulait généralement supposer.

---

4. En 1973, en Europe occidentale, le taux de suicide n'était nulle part plus élevé que dans les pays les plus développés et les plus prospères : Danemark, Autriche, Finlande et Allemagne de l'Ouest. Il était le plus bas dans les franges les plus pauvres : le taux de suicide était six fois plus élevé au Danemark qu'en Italie, et quatorze fois plus élevé qu'en Irlande. Ce que ces chiffres suggèrent des effets déprimants de la prospérité, du climat, de la latitude, du régime alimentaire, de la religion, des structures familiales ou de l'État-providence était obscur aux yeux des contemporains et demeure obscur aujourd'hui.

Mais, ainsi qu'il apparut de longues années plus tard, les autorités scandinaves, au moins, n'avaient pas perdu tout intérêt pour la théorie, et la pratique, de l'« hygiène raciale ». Entre 1934 et 1976, des programmes de stérilisation furent poursuivis en Norvège, en Suède et au Danemark, toujours sous les auspices et au vu et au su des gouvernements sociaux-démocrates. Dans ces années-là, quelque 6 000 Danois, 40 000 Norvégiens et 60 000 Suédois (à 90 % des femmes) furent ainsi stérilisés à des fins « hygiéniques » : « pour améliorer la population ». L'Institut de biologie raciale de l'Université d'Uppsala – la force motrice intellectuelle de ces programmes en Suède – avait été créé en 1921, alors que la vogue de l'eugénisme battait son plein. Il ne fut démantelé que cinquante-cinq ans plus tard.

Ce que cette triste histoire peut nous dire de la social-démocratie n'est pas bien clair : des sociétés et des gouvernements visiblement *non* socialistes et *non* démocratiques ont fait plus et pire. La légitimité de l'État, dans la Scandinavie d'après-guerre, l'autorité et l'initiative que lui conféraient des citoyens qui pour l'essentiel refusaient de se poser des questions laissaient le gouvernement libre d'agir dans ce qu'il croyait être l'intérêt commun avec fort peu de surveillance. Il ne semble pas être venu à l'idée d'un *ombudsman* d'étudier les violences faites à ceux qui se situaient hors de la communauté des citoyens et contribuables porteurs de droits. Apparemment, la ligne séparant la fiscalité progressive et le congé de paternité de l'intrusion forcée dans les capacités de reproduction des citoyens « défaillants » n'était pas très claire aux yeux de certains gouvernements de la Scandinavie sociale-démocrate après la guerre. Cela donne au moins à penser que les leçons morales de la Seconde Guerre mondiale étaient loin d'être aussi claires qu'on l'a autrefois supposé, précisément (et ce n'est peut-être pas un hasard) dans des pays comme la Suède présumés en paix avec leur conscience collective.

Hors de la Scandinavie, la meilleure approximation de l'idéal social-démocrate se réalisa dans un autre petit pays neutre à la lisière de l'Europe occidentale : l'Autriche. En vérité, les similitudes de surface étaient telles que les observateurs prirent l'habitude de parler de modèle « austro-scandinave ». En Autriche, comme en Norvège ou en Suède, un pays majoritairement rural et historiquement pauvre avait été transformé, on l'a vu, en une oasis prospère, stable et politiquement tranquille de bien-être assuré par l'État. En Autriche, aussi, avait été conclu un pacte *de facto*, en l'occurrence entre les socialistes et le parti du peuple conservateur, en vue d'éviter un retour aux conflits ouverts des décennies de l'entre-deux guerres. Mais les similitudes s'arrêtaient là.

L'Autriche était bel et bien « sociale » et, après la Finlande, possédait le plus fort secteur nationalisé de toutes les démocraties d'Europe occidentale, mais elle n'était pas particulièrement sociale-démocrate. C'est en 1970 seulement que le pays se donna son premier chef de gouvernement socialiste de l'après-guerre, quand Bruno Kreisky accéda à la chancellerie. Alors même que l'Autriche, au fil du temps, institua nombre des services sociaux et des politiques publiques associées à la société sociale-démocrate scandinave – crèches, assurance-chômage et pensions de retraite généreuses, aide familiale, soins médicaux et éducatifs universels, transports exemplaires subventionnés par l'État –, ce qui distinguait l'Autriche de la Suède, par exemple, c'était l'allocation quasi-universelle de l'emploi, de l'influence, des faveurs et des fonds au gré des affiliations *politiques*. Cette appropriation de l'État autrichien et de ses ressources pour stabiliser le marché des préférences politiques était moins liée à des idéaux sociaux qu'au souvenir de traumas passés. Après leur expérience de l'entre-deux-guerres, les socialistes autrichiens se souciaient davantage de stabiliser la démocratie fragile de leur pays que de révolutionner sa politique sociale[5].

Comme le reste de la société autrichienne, les sociaux-démocrates se révélèrent étonnamment habiles à tourner la page. Ailleurs, les partis sociaux-démocrates mirent un peu plus de temps à abandonner une certaine nostalgie de la transformation radicale. En Allemagne de l'Ouest, le SPD attendit 1959 et son congrès de Bad Godesberg pour reconsidérer ses objectifs et ses fins. Le nouveau programme que le parti adopta déclarait sans détour que le « socialisme démocratique, qui en Europe s'enracine dans l'éthique chrétienne, dans l'humanisme et dans la philosophie classique, n'a aucunement l'intention de proclamer des vérités absolues ». L'État, pouvait-on lire, devait « se limiter essentiellement à des méthodes indirectes pour influencer l'économie ». Le marché des produits et de l'emploi était vital : « L'économie dirigée totalitaire détruit la liberté[6]. »

Cette reconnaissance tardive de l'évidence contraste avec la décision du parti ouvrier belge, l'année suivante, de reconfirmer la charte fondatrice du parti, en 1894, avec son appel à la collectivisation des moyens de production ; mais aussi le refus du parti travailliste britannique, également en 1960, de suivre la recommandation de son chef réformiste Hugh Gaitskell, désireux d'effacer ce même engagement consacré dans la clause IV du programme adopté en 1918. L'explication de cette divergence de comportement tient pour une part à l'expérience récente : le souvenir des combats destructeurs et la grande proximité de la menace totalitaire, que ce soit dans un passé immédiat ou juste de l'autre côté de la frontière, aidèrent à focaliser l'attention des

5. Paradoxalement, les sociaux-démocrates suédois devaient longtemps s'intéresser davantage aux théoriciens « austro-marxistes » viennois du début du XXe siècle, Otto Bauer et Rudolf Hilferding. Leurs successeurs autrichiens, en revanche, s'empressèrent de leur tourner le dos, si ce n'est pour leur faire un épisodique écho, comme dans le programme du PS autrichien de 1958, où l'on peut lire cette formule opaque : « Le socialisme démocratique se situe entre le capitalisme et la dictature. »
6. Cf. Bark et Gress, *From Shadow to Substance. A History of West Germany*, vol. 1, 1992, chap. 16.

sociaux-démocrates allemands ou autrichiens – comme des communistes italiens – sur les vertus du compromis.

Le parti travailliste britannique n'avait aucun cauchemar de ce genre à exorciser. Comme ses homologues belge et hollandais, en l'occurrence, il était aussi depuis l'origine un mouvement *ouvrier* plutôt qu'un parti *socialiste*, avant tout motivé par les intérêts, et l'argent, des syndicats affiliés. Il était donc moins idéologue, mais avait davantage d'œillères. Si on leur posait la question, les porte-parole du Labour acquiesçaient volontiers aux objectifs généraux des sociaux-démocrates d'Europe continentale ; mais leurs intérêts étaient beaucoup plus concrets et étriqués. *Du fait*, précisément, de la stabilité naturelle de la culture politique britannique (ou, tout au moins anglaise), et grâce à sa base ouvrière très ancienne, mais qui allait en s'amenuisant, le Labour Party s'intéressait peu aux formules novatrices qui avaient façonné les États-providence scandinaves et germanophones.

Le compromis britannique se caractérisait plutôt par une politique budgétaire fondée sur la manipulation de la demande et de coûteuses prestations sociales universelles, financées par un impôt fortement progressif et un gros secteur nationalisé, le tout dans un contexte de relations sociales instables et historiquement conflictuelles. Exception faite de l'insistance des travaillistes sur les vertus intrinsèques de la nationalisation, ces arrangements *ad hoc* avaient largement l'aval de la majorité des partis conservateur et libéral. Si les chocs passés avaient marqué la politique britannique en un sens précis, c'était bien dans le constat largement partagé, par-delà les allégeances partisanes, qu'il fallait éviter à tout prix le retour du chômage de masse.

Même après que le nouveau chef des travaillistes, Harold Wilson, eut ramené son parti au pouvoir en 1964, mettant fin à treize années d'opposition, et qu'il eut parlé avec enthousiasme de la « révolution technologique incandescente », pas grand-chose ne changea. L'étroitesse de sa victoire de 1964 – une majorité de quatre sièges au parlement – ne le disposait guère à prendre des risques politiques, et même si les travaillistes firent mieux aux élections convoquées deux ans plus tard, il n'y eut aucune rupture en matière de politique économique ou sociale. Wilson lui-même était l'héritier de la tradition théorique fabienne chère à Attlee et Beveridge et de la pratique keynésienne ; l'innovation économique, ou politique, ne l'intéressait guère. Comme la plupart des politiciens britanniques, toutes couleurs confondues, il était profondément traditionnel et pragmatique ; il se faisait une fierté de sa myopie dans les affaires publiques : comme il le déclara un jour, « une semaine, c'est long en politique ».

Au-delà du refus insulaire de tous les partis concernés de le présenter ainsi, l'État social-démocrate britannique n'en avait pas moins sa singularité. Ce qui mobilisait la gauche (et à l'époque, une bonne partie du centre et du centre-droit), c'était par-dessus tout l'objectif de l'*équité (fairness)*. C'était l'injustice flagrante, l'iniquité de la vie avant la guerre qui inspira les réformes Beveridge et donna une écrasante majorité aux travaillistes en 1945. C'est leur promesse de libéraliser l'économie tout en préservant une distribution *équitable* des rémunérations et des services qui ramena les conservateurs au pouvoir et les y garda très longtemps. Si les Britanniques acceptèrent une fiscalité progressive et se réjouirent de la couverture santé universelle, ce n'est pas qu'elles étaient « socialistes » mais que, d'intuition, ces dispositions semblaient plus justes.

De la même façon, les effets étrangement régressifs des systèmes de prestations et de services à taux uniforme – qui favorisait de manière disproportionnée les classes moyennes et les professions libérales les plus aisées – étaient largement acceptables parce qu'égalitaires, ne serait-ce qu'en apparence. Et la principale innovation des gouvernements travaillistes des années 1960 – l'introduction d'un enseignement secondaire systématique sans classe de niveaux et la suppression des examens d'entrée dans les lycées sélectifs, une vieille promesse travailliste qu'Attlee avait judicieusement ignorée après 1945 – fut moins acceptée pour ses mérites intrinsèques que parce qu'elle paraissait « antiélitiste » et donc « équitable ». C'est encore pour cette raison que les gouvernements conservateurs poursuivirent la réforme de l'éducation après le départ de Wilson, en 1970, alors même que de tous côtés fusaient les mises en garde quant aux effets pervers que pouvaient avoir ces changements[7].

La dépendance du Labour envers les syndicats l'amena à différer le genre de réformes industrielles que beaucoup (dont certains de ses chefs) savaient de longue date indispensables. Les relations sociales continuèrent de s'enliser dans des affrontements et des heurts avec des conflits sur des questions de salaire aux pièces et de rémunérations d'un genre quasiment inconnu en Scandinavie, en Allemagne, en Autriche ou aux Pays-Bas. Des ministres travaillistes essayèrent timidement de se défaire de cet héritage encombrant, mais sans grand succès ; et, en partie pour cette raison, les réalisations de la social-démocratie continentale ne firent jamais vraiment école en Grande-Bretagne.

Par ailleurs, les traits universels du système britannique de protection sociale, introduits deux ou trois décennies avant ceux de la France ou de l'Italie, par exemple, masquaient les acquis concrets très limités de l'État

7. La destruction de l'école publique sélective en Angleterre ne fit que pousser toujours plus la classe moyenne vers le privé, améliorant ainsi les perspectives et les profits des écoles privées *(public schools)* auxquelles les radicaux du Labour vouaient tant de mépris. Dans le même temps, la sélection continua, mais par le revenu plutôt que par le mérite : les parents qui en avaient les moyens achetaient un appartement dans un « bon » secteur scolaire, laissant les enfants de pauvres à la merci des écoles les plus faibles et des enseignants les plus mauvais, mais aussi avec des chances bien plus réduites de s'élever dans le système éducatif. La *comprehensivisation* (l'abolition de tous critères de sélection) de l'enseignement secondaire britannique fut la législation la plus rétrograde de la Grande-Bretagne après la guerre.

britannique, fût-ce dans le champ de l'égalité matérielle : en 1967, 10 % de la population du Royaume-Uni possédait encore 80 % de toute la richesse personnelle. L'effet net des politiques redistributives des trois premières décennies de l'après-guerre fut de déplacer des revenus et des actifs du décile supérieur au profit des quatre déciles suivants ; les 50 % d'en bas y gagnèrent très peu, malgré l'amélioration générale de la sécurité et de la protection sociale.

Tout audit général de l'État-providence en Europe occidentale se ressent inévitablement de ce que nous savons des problèmes qu'il devait rencontrer dans les décennies ultérieures. Ainsi est-il aisé de voir aujourd'hui que des initiatives comme la loi de réforme de la Sécurité sociale adoptée par la RFA en 1957, garantissant aux travailleurs une pension calculée sur leur salaire au moment de la retraite et indexée sur le coût de la vie, allait devenir un poids budgétaire insupportable dans une situation économique et démographique changée. Et, avec le recul, il est clair que le nivellement draconien des revenus dans la Suède sociale-démocrate réduisit l'épargne privée et entrava ainsi l'investissement futur. Même à l'époque, il était patent que les transferts publics et les prestations sociales à taux uniforme profitaient à ceux qui savaient en tirer le meilleur parti : notamment la bourgeoisie cultivée, qui devait s'accrocher à ce qui constituait, au fond, un nouvel ensemble de privilèges.

En revanche, les acquis des « États-nourrices » d'Europe n'en étaient pas moins réels, qu'ils fussent introduits par des sociaux-démocrates, des catholiques personnalistes ou encore des conservateurs ou des libéraux agissant par prudence. Partant de programmes de protection sociale et économique de base, les États-providence en arrivèrent à des systèmes de droits, de prestations, de justice sociale et de redistribution des revenus, et réussirent à accomplir cette transformation substantielle sans coût politique ou presque. Même la création d'une classe intéressée de fonctionnaires de la protection sociale et de bénéficiaires à col blanc ne fut pas sans vertus : comme les paysans, la très calomniée « petite bourgeoisie » avait désormais un intérêt acquis dans les institutions et les valeurs de l'État démocratique. Cela était bénéfique aux sociaux- comme aux chrétiens-démocrates : les deux partis ne manquèrent pas de l'observer. Mais c'était aussi mauvais pour les fascistes et les communistes, ce qui comptait relativement plus.

Ces changements reflétaient les transformations démographiques que l'on a déjà notées, mais aussi des niveaux sans précédent de sécurité personnelle ainsi qu'une mobilité éducative et sociale redoublée. Les Européens de l'Ouest étant désormais moins voués à rester dans la localité, la profession, la tranche de revenu et la classe sociale de leur naissance, ils étaient aussi moins enclins à s'identifier automatiquement aux mouvements politiques et aux affiliations sociales du monde de leurs parents. La génération des années 1930 était satisfaite de trouver la sécurité économique et de tourner le dos à la mobilisation politique ainsi qu'aux risques qui l'accompagnaient ; leurs enfants, la génération beaucoup plus forte des années 1960, n'avaient jamais connu que la paix, la stabilité politique et l'État-providence. Tout cela leur paraissait aller de soi.

L'influence croissante de l'État sur l'emploi et la santé de ses citoyens s'accompagna d'une réduction régulière de son autorité sur les mœurs et l'opinion. À l'époque, cette évolution ne fut pas perçue comme un paradoxe. Les partisans libéraux ou sociaux-démocrates de l'État-providence européen ne voyaient aucune raison de principe que le gouvernement ne s'intéresse pas de près à la santé économique ou médicale de la population, pour garantir le bien-être des citoyens du berceau au tombeau, tout en refusant envers et contre-tout de fourrer le nez dans des affaires strictement personnelles comme la religion et le sexe, les goûts et les jugements artistiques. La démocratie chrétienne allemande ou italienne, pour qui l'État était fondé à se soucier des usages et des mœurs de ses sujets, avait plus de mal à opérer cette distinction. Mais des pressions croissantes les poussaient eux aussi à s'adapter.

Jusqu'au début des années 1960, les pouvoirs publics d'Europe occidentale (à l'exception partielle de la Scandinavie) avaient exercé un contrôle ferme et répressif sur les affaires privées et les opinions des citoyens. L'homosexualité était presque partout illégale et passible de longues peines de prison. Dans de nombreux pays, toute évocation artistique en était même interdite. L'avortement était illégal dans la plupart des pays. Même la contraception était techniquement illégale dans certains États catholiques, quoique souvent approuvée en pratique. Le divorce était partout difficile, voire impossible. Dans maintes parties de l'Europe occidentale (la Scandinavie constituant une fois encore une exception partielle), existait encore une censure publique du théâtre, du cinéma et de la littérature, tandis que la radio et la télévision étaient presque partout des monopoles d'État, assujettis à des règles strictes pour ce qui était de leur contenu et avec une tolérance très réduite de toute manifestation de dissension et d'« irrespect ». Même au Royaume-Uni, où la télévision commerciale fit son apparition en 1955, elle était strictement réglementée et avait pour mission d'offrir « éducation et information » en même temps que divertissements et réclames.

La censure, comme la fiscalité, avait progressé à la faveur de la guerre. En Grande-Bretagne et en France, la Première et la Seconde Guerres mondiales avaient été l'occasion de soumettre les comportements et l'expression de l'opinion à des contraintes draconiennes qui n'avaient jamais été abrogées. Ailleurs – en Italie, en Allemagne de l'Ouest et dans certains pays occupés –, la règlementation en vigueur après la guerre était un héritage des lois fascistes que les législateurs démocratiques avaient préféré maintenir en place. Parmi les pouvoirs « moraux » les plus répressifs encore en vigueur en 1960, peu remontaient au-delà du XIXe siècle, l'anachronisme le plus flagrant étant peut-être l'Office of the Lord Chamberlain (les services du Grand Chambellan), chargé de la pré-censure du théâtre, où les postes d'Examinateur et d'Examinateur-adjoint des pièces avaient été créés dès 1738. La principale exception à cette règle était bien sûr l'Église catholique.

Depuis le premier concile du Vatican organisé en 1870 sous l'influence et les auspices du pape Pie IX, ouvertement réactionnaire, l'Église catholique avait épousé une vision globale et résolument dogmatique de ses responsabilités en tant que gardienne morale de ses ouailles. Parce que, précisément, l'État moderne l'avait peu à peu écarté du champ politique, le Vatican adressait ses exigences aux fidèles par d'autres voies. Le pontificat long et, après-coup, controversé d'Eugenio Pacelli, alias Pie XII (1939-1958), ne devait pas se contenter de rappeler ses prétentions spirituelles, mais réintégra bel et bien l'Église dans le champ politique.

Ayant clairement choisi le camp de la réaction politique, depuis les liens étroits du Vatican avec Mussolini et son ambivalence face au nazisme jusqu'à son soutien enthousiaste aux dictateurs catholiques d'Espagne et du Portugal, Pacelli adopta aussi une ligne dure dans la vie politique intérieure des démocraties. Les catholiques italiens, notamment, ne pouvaient garder le moindre doute sur l'inconvenance spirituelle, ou pire encore, d'un vote contre la démocratie chrétienne ; mais même dans des pays relativement libéraux comme la Belgique ou la Hollande, la hiérarchie catholique locale avait pour consigne stricte de mobiliser le vote des fidèles au profit des seuls partis catholiques. Il fallut attendre 1967, neuf ans après la mort de Pie XII, pour qu'un évêque hollandais osât suggérer en public que les catholiques hollandais pouvaient voter pour un parti non catholique sans encourir l'excommunication.

Dans ces conditions, il n'est guère surprenant que la hiérarchie catholique de l'après-guerre se soit montrée intransigeante dans toutes les questions touchant à la famille, au comportement moral ou à des livres et des films jugés inconvenants. En revanche, les jeunes laïcs et une nouvelle génération de prêtres étaient douloureusement conscients, à la fin des années 1950, que la rigidité et l'autoritarisme du Vatican dans les affaires publiques et privées étaient à la fois anachroniques et imprudents. Dès 1900, la plupart des mariages, en Italie, avaient duré autour de vingt ans, avant d'être dissous par la mort de l'un des conjoints. À la fin du troisième quart du siècle, les mariages duraient plus de trente-cinq ans, et la revendication du droit au divorce progressait régulièrement.

Dans le même temps, le *baby boom* d'après-guerre avait compromis l'argument démographique contre la contraception, isolant les autorités ecclésiastiques dans leur opposition irréductible. La participation à la messe était en baisse partout en Europe occidentale. Quelles qu'en fussent les raisons, la mobilité géographique et sociale de villageois jusque-là dociles, l'émancipation politique des femmes, l'importance déclinante des œuvres de charité catholiques et des écoles paroissiales au temps de l'État-providence –, le problème était réel et, aux yeux des dirigeants catholiques les plus clairvoyants, ne pouvait être résolu par des appels à la tradition et à l'autorité ni supprimé en invoquant l'anticommunisme dans le style de la fin des années 1940.

À la mort de Pacelli, son successeur, le pape Jean XXIII, convoqua un nouveau concile au Vatican pour traiter de ces difficultés et mettre à jour les attitudes et pratiques de l'Église. Vatican II, suivant le nom qu'on devait lui donner, se réunit le 11 octobre 1962. Au fil de son travail, dans les années suivantes, il transforma non seulement la liturgie et la langue de la chrétienté catholique (très littéralement : le latin cessa d'être utilisé dans la pratique quotidienne de l'Église, à la grande fureur d'une minorité traditionnaliste qui n'en revenait pas), mais aussi, et de manière plus significative, s'attaqua aux dilemmes de la vie moderne. Les déclarations du concile Vatican II finirent par indiquer clairement que l'Église n'avait plus peur du défi et du changement, n'était pas ennemie de la démocratie libérale, des économies mixtes, de la science moderne, de la pensée rationnelle, voire de la politique laïque. Des premiers pas, très timides, furent accomplis vers la réconciliation avec d'autres confessions chrétiennes, tandis que l'Église reconnut – vaguement – qu'il lui appartenait de décourager l'antisémitisme en révisant sa vénérable version de la responsabilité juive dans la mort de Jésus. Par-dessus tout, on ne pouvait plus compter sur l'Église catholique pour soutenir des régimes autoritaires, au contraire : en Asie, en Afrique et surtout en Amérique latine, on avait autant de chances de la retrouver du côté de leurs adversaires.

Ces changements ne firent pas l'unanimité jusque dans les rangs des réformateurs de l'Église : un délégué à Vatican II, un jeune prêtre de Cracovie, devait plus tard accéder au trône de Pierre et se donner pour tâche de rétablir dans sa plénitude l'autorité morale et l'influence d'une hiérarchie catholique intransigeante. Vatican II ne sut pas davantage enrayer le déclin régulier de la pratique religieuse parmi les catholiques européens : même en Italie, la participation à la messe passa de 69 % des catholiques en 1956 à 48 % douze ans plus tard. Mais comme le déclin de la religion en Europe était loin de se confiner à la foi catholique, probablement n'était-ce pas en son pouvoir. Ce que Vatican II réalisa, ou tout au moins facilita et autorisa, ce fut le divorce ultime entre la politique et la religion en Europe continentale.

Après la mort de Pie XII, aucun pape et presque aucun évêque ne devait plus se hasarder à menacer les catholiques de graves conséquences s'ils ne votaient pas correctement ; et le lien jadis étroit entre la hiérarchie de l'Église et les partis catholiques ou démocrates-chrétiens aux Pays-Bas, en Belgique, en RFA, en Autriche et en Italie se distendit[8]. Même dans l'Espagne fran-

8. Avec la disparition de la politique cléricale, l'anticléricalisme politique perdit sa raison d'être, mettant fin à un cycle de querelles et d'obsessions qui avait duré près de deux siècles.

quiste, où la hiérarchie catholique locale avait joui de privilèges et de pouvoirs peu communs, Vatican II produisit des changements spectaculaires. Jusqu'au milieu des années 1960, le dirigeant espagnol interdit toutes les manifestations extérieures de croyance ou pratique religieuses non-catholiques. En 1966, toutefois, force lui fut d'adopter une loi permettant aux autres Églises chrétiennes de subsister, quoiqu'en privilégiant encore le catholicisme ; quatre ans plus tard, la liberté de culte était totale – pour les chrétiens. En faisant du lobbying avec succès pour ce *disestablishment* de l'Église catholique en Espagne et en créant ainsi une distance entre l'Église et le régime du vivant de Franco, le Vatican devait épargner à l'Église espagnole quelques conséquences au moins de son association longue et troublante avec l'« ancien régime ».

Cette « rupture culturelle », comme on devait l'appeler en Belgique et ailleurs, entre la religion et la politique, mais aussi entre l'Église catholique et son passé récent, joua un rôle crucial dans la formation des *Sixties.* Il y avait bien entendu des limites à l'état d'esprit réformateur du Vatican, car pour nombre de ses participants, l'élan stratégique de Vatican II ne devait pas embrasser le changement radical, mais l'orienter. Quand le droit à l'avortement et la libéralisation du divorce furent soumis au vote quelques années plus tard dans des pays majoritairement catholiques comme l'Italie, la France ou la RFA, les autorités ecclésiastiques s'y opposèrent avec vigueur, quoique pas toujours avec succès. Mais même sur ces questions sensibles, l'Église n'alla pas droit au mur, et son opposition ne risquait plus de fragmenter la communauté. Dans une société en passe de devenir « postreligieuse », l'Église accepta sa place réduite et en tira le meilleur parti[9].

Dans les sociétés non catholiques – la Scandinavie, le Royaume-Uni, diverses parties des Pays-Bas et une minorité de l'Europe occidentale germanophone – la libération du citoyen de l'autorité morale traditionnelle fut nécessairement plus diffuse, mais plus spectaculaire encore quand elle se produisit. La transition fut on ne peut plus frappante en Grande-Bretagne. Jusqu'à la fin des années 1950, interdiction était faite encore aux citoyens britanniques de jouer à des jeux de hasard, de voir ou de lire des choses que leurs supérieurs jugeaient « obscènes » ou politiquement sensibles ; de prôner l'homosexualité (*a fortiori* de s'y livrer) ; de pratiquer des avortements sur eux-mêmes ou sur d'autres, ou de divorcer autrement qu'en se heurtant à de grandes difficultés et à des humiliations publiques. Et en cas de meurtres ou autres crimes graves, ils pouvaient encore être pendus.

Puis, à compter de 1959, l'écheveau de la convention commença de se défaire. Après la loi sur les publications obscènes de cette année-là, un ouvrage non censuré de littérature pour adultes pouvait échapper aux accusations

9. En Irlande, cependant, l'autorité de l'Église et son implication dans la vie politique quotidienne persistèrent passablement plus longtemps, jusqu'au cœur des années 1990.

d'« obscénité » s'il était jugé « dans l'intérêt de la science, de la littérature, de l'art ou du savoir ». Dorénavant, les éditeurs et les auteurs pourraient se défendre devant un tribunal en invoquant la valeur de l'œuvre dans sa totalité et faire appel à des « avis autorisés » pour se défendre. En octobre 1960 survint la fameuse épreuve de vérité quand Penguin Books sortit la première version non expurgée du roman par ailleurs quelconque de D. H. Lawrence, *L'Amant de lady Chatterley*. L'affaire *Chatterley* présentait un intérêt particulier pour les Britanniques, et pas simplement à cause des passages litigieux qu'il leur était maintenant donné de découvrir, mais aussi à cause de l'érotisme interclasse qui avait fait sa notoriété. Au représentant du ministère public qui lui demandait si c'était un roman qu'il laisserait lire à « sa femme ou sa servante » *(sic)*, un témoin répondit que cela ne le troublerait pas le moins du monde, mais que jamais il ne le laisserait entre les mains de son garde-chasse.

Penguin Books fut acquitté sur le chapitre de l'obscénité, après avoir fait citer à la barre trente-cinq témoins de la défense ; c'est de cet acquittement qu'on peut dater le déclin moral de l'establishment britannique. La même année, les jeux de hasard furent légalisés au Royaume-Uni. Quatre ans plus tard, le nouveau gouvernement travailliste abolissait la peine de mort et, sous la conduite du Home Secretary Roy Jenkins, qui fut un remarquable réformateur, supervisait l'installation de centres de planning familial financés par l'État, réformait la loi sur l'homosexualité, légiférait sur l'avortement en 1967 puis abolissait la censure sur le théâtre l'année suivante. En 1969, suivit une loi sur le divorce, qui précipita moins la transformation spectaculaire de l'institution du mariage qu'elle n'en révéla l'ampleur : alors que la dernière année avant la Seconde Guerre mondiale on ne comptait qu'un divorce pour cinquante-huit mariages en Angleterre et au Pays de Galles, le ratio approchait d'un sur trois quarante ans plus tard.

Les réformes libérales et libéralisatrices de la Grande-Bretagne des années 1960 firent des émules à travers l'Europe du Nord et de l'Ouest, quoique avec des retards variables. Les gouvernements de coalition ouest-allemands, conduits par les sociaux-démocrates sous la houlette de Willy Brandt, introduisirent des changements analogues à la fin des années 1960 et dans les années 1970 ; dans ce cas, cependant, ce sont moins les lois ou les précédents qui servirent de freins que la répugnance de leurs partenaires, notamment les démocrates libéraux, économiquement libéraux mais socialement conservateurs. En France, l'abolition de la peine de mort dut attendre 1981 et l'arrivée au pouvoir des socialistes de François Mitterrand, mais là, comme en Italie, les lois sur le divorce et l'avortement furent également révisées au début des années 1970. D'une manière générale, à l'exception de la Grande-Bretagne et de la Scandinavie, les *Sixties* libérées n'arrivèrent véritablement en Europe que dans les années 1970. Une fois les changements de loi opérés, cependant, les conséquences sociales s'ensuivirent assez rapidement : le taux de divorce brut devait tripler entre 1970 et 1985 en Belgique, en France et aux Pays-Bas.

L'implication amoindrie des autorités publiques dans les questions de morale et de relations personnelles ne supposait aucunement un déclin du rôle de l'État dans les affaires culturelles de la nation. Bien au contraire. Le large consensus ouest-européen de l'époque voulait que seul l'État disposât des ressources nécessaires pour satisfaire les besoins culturels de ses citoyens : livrés à eux-mêmes, individus et communautés manqueraient et des moyens et des initiatives. Il appartenait à une autorité publique bien dirigée de fournir des nourritures spirituelles, pas simplement des nourritures terrestres, du travail et un logement. En ce domaine, les sociaux-démocrates et les démocrates-chrétiens pensaient pareil. Les uns et les autres étaient les héritiers des grands réformateurs de l'époque victorienne, quand bien même ils avaient infiniment plus de ressources. La révolte esthétique des années 1960 ne changea pas grand-chose à cet égard : la nouvelle (« contre- ») culture demanda et obtint les mêmes financements que l'ancienne.

Les années 1950 et 1960 furent la grande époque des subventions culturelles. Dès 1947, le gouvernement travailliste, en Grande-Bretagne, augmenta les impôts locaux de six *pence* pour financer les initiatives artistiques locales – théâtres, sociétés philarmoniques, opéra régional, etc. : prélude à l'Arts Council des années 1960, qui prodigua les largesses publiques à une gamme sans précédent de festivals et d'institutions nationales ou locales, aussi bien qu'à l'enseignement des arts. Financièrement aux abois, la IVe République fut moins ouverte, sauf pour les temples traditionnels et prestigieux de la haute culture – musées, Opéra de Paris et Comédie française – ainsi que la radio et la télévision, qui restaient des monopoles d'État. Mais la situation changea après le retour de De Gaulle aux affaires et l'installation d'André Malraux au ministère de la Culture.

L'État français jouait de longue date un rôle de mécène. Mais Malraux avait une vision tout à fait inédite de son rôle. Traditionnellement, le pouvoir et les fonds de la Cour royale et de ses successeurs républicains avaient servi à faire venir art et artistes à Paris ou à Versailles, tout en asséchant le reste du pays. Le gouvernement devait maintenant dépenser de l'argent pour installer des artistes et des spectacles en province. Musées, galeries, festivals et théâtres devaient bientôt essaimer à travers la France provinciale. Le festival le plus connu est celui d'Avignon, créé en 1947 par Jean Vilar ; mais il prit son envol dans les années 1950 et 1960, quand les productions de Vilar jouèrent un rôle majeur dans la transformation et le renouveau du théâtre français. Nombre des acteurs français les plus célèbres – Jeanne Moreau, Maria Casarès et Gérard Philippe – jouèrent à Avignon. C'est là, de même que dans des centres aussi improbables que Saint-Étienne, Toulouse, Rennes ou Colmar, que commença la renaissance artistique française.

Les encouragements prodigués par Malraux à la vie culturelle de province dépendaient bien entendu d'une initiative centralisée. Dans ses objectifs iconoclastes, le projet même de Vilar était typiquement parisien : l'objet n'était pas d'apporter la culture dans les régions, mais de rompre avec les conventions du théâtre dominant, de « redonner au théâtre, à l'art collectif, un lieu autre que le huis clos [...] ; faire respirer un art qui s'étiole dans des antichambres, dans des caves, dans des salons ; réconcilier enfin, architecture et poésie dramatique » : bref, c'était une chose plus facile à accomplir loin de Paris, mais avec les fonds du pouvoir central et l'appui du ministère. Dans un pays authentiquement décentralisé comme la République fédérale d'Allemagne, en revanche, la culture et les arts étaient un résultat direct de la politique locale et des intérêts régionaux.

En Allemagne, comme ailleurs en Europe occidentale, les dépenses publiques dans le domaine des arts connurent une croissance spectaculaire dans les décennies de l'après-guerre. Mais parce que la culture et l'enseignement, en RFA, relevaient de la compétence des *Länder*, on assista à une duplication considérable des efforts. Chaque *Land* et la plupart des grandes villes avaient un opéra, un orchestre et des salles de concert, une compagnie de danse, un théâtre subventionné et divers groupes artistiques. Au moment de la réunification, la RFA comptait, suivant une estimation, 225 théâtres locaux, dont le budget était subventionné à des degrés variables – entre 50 et 70 % par le *Land* ou la municipalité. De même qu'en France, ce système s'enracinait dans le passé : dans le cas de l'Allemagne, les micro-principautés pré-modernes, les duchés et les fiefs ecclésiastiques, qui pour beaucoup avaient entretenu des musiciens et des artistes de cour à plein-temps et régulièrement passé commande d'œuvres nouvelles.

Les bénéfices furent considérables. Malgré les doutes culturels de l'Allemagne de l'Ouest postnazie, les institutions culturelles généreusement financées du pays devinrent une Mecque pour les artistes en tous genres. Le Ballet de Stuttgart, l'Orchestre symphonique de Berlin, l'Opéra de Cologne et des dizaines d'institutions plus modestes – le théâtre national de Mannheim, le Staatstheater de Wiesbaden, etc. – devaient offrir du travail régulier (mais aussi des indemnités de chômage, une couverture médicale, des retraites) à des milliers de danseurs, de musiciens, de comédiens, de chorégraphes, de techniciens de théâtre et d'employés de bureau. Beaucoup de danseurs et de musiciens, notamment, venaient de l'étranger, y compris des États-Unis. Tous, non moins que le public local qui bénéficiait de tarifs subventionnés pour les regarder ou les écouter jouer, tirèrent un immense profit du foisonnement de la scène culturelle européenne.

De même que les années 1960 ne sont jamais arrivées dans de nombreux endroits avant le début des années 1970, les années 1950 du stéréotype – collet monté, étouffantes, stériles et stagnantes – relèvent largement du mythe. Dans *La Paix du dimanche (Look Back in Anger)* de John Osborne, Jimmy Porter dénigre le toc de la prospérité et de l'autosatisfaction de l'après-guerre ; et il n'est pas douteux que le vernis de conformisme poli qui n'avait pas disparu avant la fin de la décennie était profondément exaspérant pour maints observateurs et surtout les jeunes[10]. En réalité, cependant, les années 1950 donnèrent le jour à de nombreuses œuvres originales, et souvent, notamment dans le domaine du théâtre, de la littérature et surtout du cinéma, d'un intérêt plus durable que ce qui devait suivre. Ce que l'Europe occidentale avait perdu en termes de puissance et de prestige politique, elle le compensait dans le domaine des arts. En vérité, la fin des années 1950 fut une sorte d'été indien du « grand » art en Europe. Les circonstances étaient exceptionnellement propices : la « qualité européenne » (les guillemets n'avaient pas encore acquis le caractère ironique et dépréciateur des décennies suivantes) bénéficiait pour la première fois d'un ample financement public, sans être encore exposée aux impératifs populistes d'« accessibilité », de « responsabilité » et de « pertinence ».

En mars 1953, avec la première à Paris, au Théâtre de Babylone, de la pièce de Beckett, *En attendant Godot*, le théâtre européen entra dans l'âge d'or du modernisme. Outre-Manche, l'English Stage Company, du Royal Court Theatre de Londres adopta Beckett et Berthold Brecht (Allemagne de l'Est), tout en jouant des œuvres de John Osborne, Harold Pinter et Arnold Wesker – toutes pièces mariant le minimalisme stylistique au dédain de l'esthétique dans une technique souvent difficile à situer sur l'échiquier politique traditionnel. Le théâtre britannique dominant lui-même se fit plus aventureux. À la fin des années 1950, une génération sans précédent de grandes figures du théâtre anglais – Olivier, Gielgud, Richardson, Redgrave, Guinness – reçut le renfort de jeunes acteurs frais émoulus de l'Université (pour la plupart de Cambridge) et d'un remarquable vivier de metteurs en scène et de producteurs novateurs, dont Peter Brook, Peter Hall et Jonathan Miller.

Proposé en 1946, le National Theatre de Grande-Bretagne vit officiellement le jour en 1962 avec Lawrence Olivier au poste de directeur fondateur et le critique de théâtre Kenneth Tynan, dans le rôle de conseiller et d'assistant, même si son antenne permanente sur la rive sud de Londres n'ouvrit qu'en 1976. Avec la Royal Shakespeare Company, le National Theatre – qui devait s'imposer comme le principal protecteur et la première scène du nouveau théâtre britannique – fut un des principaux bénéficiaires de la

10. Dans une explosion révélatrice, Osborne parle de la royauté britannique comme d'une « bouchée de décomposition fourrée à l'or ».

munificence de l'Arts Council. Cela ne signifie pas pour autant, il faut le rappeler, que le théâtre devînt une forme de divertissement plus *populaire*. Bien au contraire : depuis le déclin des music halls, le théâtre était devenu un produit pour classes moyennes, même quand le sujet était clairement prolétarien. Les dramaturges écrivaient sur la vie de la classe ouvrière, mais c'était la bourgeoisie qui venait voir leurs pièces.

De même que Beckett et son œuvre migrèrent facilement en Grande-Bretagne, le théâtre britannique et ses figures de proue devaient être très l'aise à l'étranger ; après avoir assis sa réputation en montant à Londres des pièces de Shakespeare (notamment le *Songe d'une nuit d'été*), Peter Brook devait s'installer définitivement à Paris, franchissant avec aisance les frontières esthétiques et linguistiques. Au début des années 1960, il devenait possible de parler d'un théâtre « européen » qui prenait pour matériau des thèmes européens contemporains et controversés. Joué d'abord en Allemagne en 1963 puis peu après en Grande-Bretagne, *Le Vicaire* de Rolf Hochhuth s'attaquait à Pie XII en lui reprochant de n'avoir pas aidé les Juifs pendant la guerre ; dans son œuvre suivante, cependant, *Les Soldats* (1967), Hochhuth s'en prit à Churchill et à sa décision de larguer des bombes incendiaires sur les villes allemandes. Dans un premier temps, la pièce fut interdite au Royaume-Uni.

C'est aussi dans les années 1950 que les arts européens furent balayés par une « nouvelle vague » d'écrivains et de metteurs en scène, dont la rupture avec les conventions narratives et l'attention au sexe, à la politique et à l'aliénation anticipaient largement sur ce que la génération des *Sixties* devait revendiquer comme son acquis. Les romans ouest-européens les plus influents des années 1950 – *Le Conformiste* d'Alberto Moravia (1951), *La Chute* d'Albert Camus (1956) et *Le Tambour* de Günter Grass (*Die Blechtrommel*, 1959) – sont tous, à des titres divers, plus originaux et certainement plus courageux que tout ce qui devait se faire plus tard. Même *Bonjour Tristesse* de Françoise Sagan (1953) ou *L'Homme en dehors* (*The Outsider*, 1956) de Colin Wilson, évocations narcissiques d'un égotisme post-adolescent (avec plus qu'un soupçon de misanthropie autoritaire dans le cas de Wilson) avaient quelque originalité en leur temps. Écrits par des auteurs de, respectivement, 18 et 24 ans, par leur thème et leur succès ils devancèrent d'une bonne décennie la « révolution » de la jeunesse des années 1960.

On a déjà signalé la baisse de fréquentation des cinémas, mais c'est au cours de la seconde moitié des années 1950 et au début des années 1960 que les films européens acquirent une réputation durable de qualité artistique et d'originalité. De fait, probablement les deux choses sont-elles liées, puisque le cinéma ouest-européen s'éleva (ou déclina) du domaine du divertissement populaire vers celui de la grande culture. La renaissance du cinéma européen ne fut certainement pas dictée par la demande du public : s'il n'avait tenu qu'aux spectateurs, le cinéma français serait resté confiné aux films historiques

« de qualité » du début des années 1950 ; les cinémas allemands auraient continué à donner des films romantiques « Heimat » avec la Forêt noire pour décor ; tandis que le public britannique se serait gavé de films de guerre et de comédies légères de plus en plus suggestives. En tout état de cause, le grand public européen continua de montrer une nette préférence pour les films populaires américains.

Paradoxalement, c'est leur admiration pour le cinéma américain, notamment les *films noirs* sobres et sombres de la fin des années 1940, qui stimula une révolution chez une nouvelle cohorte de cinéastes français. Désespérant des clichés thématiques et du décor rococo de leurs aînés, un groupe de jeunes Français – auxquels le critique français Pierre Billard donna en 1958 le nom de « Nouvelle Vague » – entreprit de réinventer le cinéma en France : d'abord en théorie, puis en pratique. L'aspect théorique, esquissé dans les tout nouveaux *Cahiers du Cinéma*, tournait autour de l'idée du metteur en scène comme « auteur » : ce que ces critiques admiraient chez Alfred Hitchcock ou Howard Hawks, par exemple, ou dans le travail des néoréalistes italiens, c'était leur « autonomie » : la manière dont ils avaient réussi à « signer » leurs films alors même qu'ils travaillaient dans des studios. Pour la même raison, ils se firent les champions des films, alors négligés, d'une génération plus ancienne de réalisateurs français comme Jean Vigo et Jean Renoir.

Si tout cela suggérait un bon goût intuitif, la pénombre théorique qui l'entourait ne présentait guère d'intérêt, quand elle n'était pas carrément incompréhensible hors d'un tout petit cénacle. La pratique, en revanche, entre les mains de Louis Malle, Jean-Luc Godard, Claude Chabrol, Jacques Rivette, Éric Rohmer, Agnès Varda et, par-dessus tout, François Truffaut, changea le visage du cinéma. Malle réalisa *Ascenseur pour l'échafaud* et *Les Amants*, tous deux en 1958 ; *Zazie dans le métro* (1960), *La Vie privée* (1961) et *Le Feu follet* (1963). Godard dirigea *À Bout de souffle* (1960), *Une Femme est une femme* (1961), *Vivre sa vie* (1962), *Bande à part* (1964) et *Alphaville* (1965). L'œuvre de Claude Chabrol, dans les mêmes années, comprend *Le Beau Serge* (1958), *À Double Tour* (1959), *Les Bonnes Femmes* (1960) et *L'Œil du malin* (1962).

Les films les plus intéressants de Rivette sont un peu plus tardifs. Comme Varda, surtout connue dans ces années-là pour *Cléo de 5 à 7* (1961) et *Le Bonheur* (1965), il sombra souvent dans la complaisance ; en revanche, ce ne fut jamais le cas d'Éric Rohmer, le plus âgé du groupe, qui devait acquérir plus tard une renommée internationale pour ses « contes moraux » élégiaques, dont les deux premiers, *La Boulangère de Monceau* et *La Carrière de Suzanne*, furent tous deux réalisés en 1963. Mais c'est l'incomparable François Truffaut, qui devait plus tard incarner le style et l'impact de la Nouvelle Vague. Surtout connu pour sa série de films avec Jean-Pierre Léaud dans le rôle d'Antoine Doinel (« héros » autobiographique de Truffaut) – notamment *Les Quatre cents coups* (1959), *L'Amour à vingt ans* (1962) et *Baisers volés* (1968) –, Truffaut ne fut pas seulement le principal théoricien de la révolution du cinéma français. Il fut aussi, et de loin, son praticien le plus accompli. Nombre de ses films – *Jules et Jim* (1962), *La Peau douce* (1964), *Fahrenheit 451* (1966) ou *Le Dernier métro* (1980) – sont devenus des classiques du 7e art.

Une des forces des meilleurs réalisateurs de la Nouvelle Vague est que, s'ils considéraient souvent leurs œuvres comme des propositions intellectuelles plutôt que des amusements (les collaborateurs des *Cahiers du Cinéma* aimaient à rappeler leur dette envers ce qu'on appelait encore « l'existentialisme »), leurs films n'en divertissaient pas moins (nul n'a jamais dit de Truffaut ou de Malle, comme on a pu le chuchoter plus tard des œuvres de Godard ou de Rivette, que voir leurs films c'était comme regarder la peinture sécher). Et c'est ce mélange de sérieux intellectuel et d'accessibilité visuelle qui eut tant d'importance pour leurs émules étrangers. Comme le suggère la réaction au film d'Alain Resnais, *Hiroshima mon amour* (1959), le cinéma français était devenu le vecteur préféré du débat moral international.

Ainsi, quand en 1962 un groupe de vingt-six jeunes réalisateurs allemands se réunit à Oberhausen pour proclamer la « faillite du cinéma allemand traditionnel » et déclarer leur intention de « créer le nouveau cinéma allemand de long métrage [...] libéré des conventions de l'industrie établie et du contrôle des groupes d'intérêt particuliers », ils reconnurent ouvertement l'influence des Français. De même qu'en 1957 Jean-Luc Godard avait loué Ingmar Bergman dans un essai mémorable des *Cahiers du Cinéma* intitulé « Bergmanorama », affirmant que le réalisateur suédois était le cinéaste le « plus original du cinéma européen », Edgar Reitz et ses collègues allemands, comme les jeunes réalisateurs de toute l'Europe occidentale et de l'Amérique latine, emboîtèrent le pas à Godard et à ses amis[11].

Ce que Truffaut, Godard et leurs confrères avaient admiré dans les films en noir et blanc américains de leur jeunesse, c'était l'absence d'« artifice ». Ce que les observateurs américains et autres enviaient aux *riffs* des réalisateurs français sur le réalisme américain, c'était la subtilité et le raffinement intellectuel. Dans *Ma Nuit chez Maud* (1969) d'Éric Rohmer, Jean-Louis – ingénieur de province que joue Jean-Louis Trintignant –, bloqué par la neige, passe la nuit sur le canapé chez Maud (Françoise Fabian), petite amie séduisante d'intelligence d'une connaissance. Catholique, Jean-Louis est torturé par les implications éthiques de la situation et se demande s'il doit ou non coucher avec son hôtesse, prenant même le temps d'échanger des réflexions morales avec un collègue communiste. Il ne se passe rien, et il rentre chez lui.

11. Godard, en particulier, avait des goûts résolument éclectiques. On lui prêtait une véritable « fascination » pour le film de Nicholas Ray, *Johnny Guitar* (1954), avec Joan Crawford.

On a peine à imaginer un réalisateur américain ou même britannique tournant un film pareil, encore moins parvenant à le faire distribuer. Mais pour une nouvelle génération d'intellectuels euro-américains, le film de Rohmer résumait tout ce que le cinéma français avait de raffiné, mélancolique, spirituel, allusif, mûr et européen. Les films italiens contemporains, quoique largement distribués à l'étranger, n'avaient pas le même impact. Les œuvres qui connurent le plus de succès jouaient trop délibérément de la nouvelle image riche et *sexy* de l'Italie et des Italiens, et étaient souvent construits autour du physique de Sophia Loren ou des rôles comiques de Marcello Mastroianni en roué désabusé, comme dans *Divorce à l'italienne* (1961) et *Mariage à l'italienne* (1964).

Mastroianni avait pour la première fois joué ce rôle, mais dans un registre autrement plus sombre, dans un film de Federico Fellini, *Dolce Vita* (1960). Fellini lui-même comptait de nombreux fidèles dans nombre des mêmes cercles que Truffaut et Godard, notamment après la sortie de *Huit et demi* et de *Giulietta degli spiriti* (*Juliette des esprits*, 1965). Une génération plus ancienne de réalisateurs italiens de talent n'avait pas encore quitté la scène. Vittorio De Sica réalisa *Les Séquestrés d'Altona* (1969), d'après une pièce de Sartre, codirigea *Boccacio'70* (1962) avec Fellini et devait diriger *Le Jardin des Finzi-Contini* à la fin de la décennie, mais leur œuvre ne devait jamais retrouver l'impact politique et esthétique des grands films néoréalistes des années 1940 auxquels le nom de De Sica reste à jamais lié. Plus influents furent des réalisateurs comme Michelangelo Antonioni. Dans *L'Avventura* (1960), *L'Eclipse* (1962) et *Le Désert rouge* (1964), tous trois avec Monica Vitti, la cinématographie « à la serpe » d'Antonioni et ses personnages rebutants, cyniques et désabusés anticipent le monde rebelle et détaché de l'art de la fin des années 1960, qu'Antonioni lui-même s'est appliqué à rendre en 1966 dans *Blow Up*.

Si manquait au cinéma italien l'intellectualisme séduisant des films français (ou suédois), tous partageaient en abondance *le style*. C'est ce style européen – équilibre variable d'aplomb artistique, de prétention intellectuelle et d'esprit de gens de culture – qui distinguait la scène européenne continentale aux yeux des observateurs étrangers (notamment américains). À la fin des années 1950, l'Europe occidentale ne s'était pas simplement remise de la crise et de la guerre ; elle aimantait aussi les raffinés en herbe. New York avait l'argent et peut-être aussi l'art moderne. Mais, même aux yeux de beaucoup d'Américains, l'Amérique était encore un peu rustre. Le charme de John F. Kennedy, en tant que candidat et président, tenait pour une part au cosmopolitisme cultivé de son entourage de Washington : « Camelot ». Et Camelot, à son tour, devait beaucoup à ses origines européennes et à la façon qu'avait l'épouse du président de se présenter en continentale.

Si Jacqueline Kennedy fit entrer le style européen à la Maison Blanche, ce n'était guère surprenant. Le *design* européen de la fin des années 1950 et des années 1960 n'avait jamais été aussi florissant et était devenu une marque de statut et de qualité. Une étiquette européenne, attachée à une marchandise, une idée ou une personne, était un gage de distinction et se payait au prix fort. C'était là un phénomène très récent. Les « articles de Paris » avaient certes leur place de longue date sur le marché du luxe, au moins depuis la fin du XVIIIe siècle ; et les montres suisses étaient réputées depuis des décennies. En revanche, à peine une génération auparavant, l'idée eût paru étrange que les voitures fabriquées en Allemagne étaient *ipso facto* mieux faites que les autres, ou que rien ne valait les habits italiens, les chocolats belges, les ustensiles de cuisine français ou le mobilier danois.

Encore tout récemment, cette réputation s'attachait aux manufactures britanniques, héritage de la suprématie industrielle de la Grande-Bretagne au XIXe siècle : ses produits domestiques, ses véhicules, ses outils et ses armes avaient longtemps été très prisés sur les marchés étrangers. Au cours des années 1930 et 1940, en revanche, les producteurs britanniques avaient réussi à compromettre leur réputation dans presque tous les domaines, sauf les habits pour homme, en sorte que dans les années 1960 la seule niche qui restât aux détaillants britanniques était les articles de mode voyants et de qualité médiocre, « tendance », dont ils devaient exploiter avidement le marché au cours de la décennie suivante.

Le plus remarquable, dans le style commercial européen, c'était sa segmentation par produit autant que par pays. Les voitures italiennes – Fiat, Alfa Romeo et Lancia – étaient notoirement de mauvaise qualité et peu fiables, mais leur réputation fâcheuse ne faisait pas de tort apparent à l'excellente position de l'Italie sur d'autres marchés, comme les chaussures de cuir et la haute couture ni même dans un secteur moins prestigieux comme l'électroménager[12]. La demande internationale de vêtements ou de produits alimentaires allemands était presque inexistante, et c'était mérité. En 1965, par contre, tout ce qui venait d'un tour allemand ou qui était conçu par des ingénieurs allemands se vendait à n'importe quel prix dans les vitrines des commerçants britanniques ou américains. Seule la Scandinavie avait acquis une réputation générale de qualité à travers une gamme éclectique de produits, même si le marché trahissait de nettes variations. Les étrangers aisés emplissaient leurs maisons de meubles de style suédois ou danois, « modernes », quoique un peu fragiles. En revanche, le même consommateur était séduit par

12. Les Italiens savaient certainement *dessiner* des voitures : tout amateur de courses vous le confirmera. Ce sont les constructeurs italiens qui furent les premiers à retirer les garde-boues, les marchepieds et autres excroissances redondantes des petites voitures familiales, un peu comme les tailleurs milanais des mêmes années éliminaient les revers des pantalons et inventaient les lignes et les coupes nettes et claires des costumes. Ce que les industriels automobiles paraissaient incapables de faire systématiquement, c'était de *construire* les voitures que leurs dessinateurs avaient imaginées.

les Volvo suédoises, totalement *dépourvues* de style, pour la simple raison qu'elles semblaient indestructibles. Les deux qualités, cependant, le « style » et la « valeur », étaient désormais inextricablement identifiées à l'« Europe », souvent par opposition à l'Amérique.

Paris restait la capitale de la mode féminine. Mais l'Italie, qui bénéficiait de coûts de main-d'œuvre moins élevés et où, à la différence de la Grande-Bretagne et de la France, le textile n'était pas rationné, était déjà un concurrent sérieux en 1952, lorsque fut organisé à San Remo le premier festival international de la mode masculine. Si novatrice qu'elle fût par son style, la haute couture française, de Christian Dior à Yves Saint-Laurent, restait socialement très conventionnelle : encore en 1960, en France comme ailleurs, les rédacteurs en chef et les chroniqueurs de magazine ne portaient pas seulement des gants et un chapeau quand ils assistaient à des défilés de mode ; ils les portaient aussi au bureau. Tant que la bourgeoisie s'habillait conformément aux diktats d'une poignée de dessinateurs et de maisons de mode de Paris, le statut et les profits de ceux-ci restaient assurés. Au début des années 1960, cependant, les femmes, comme les hommes, d'Europe avaient cessé de porter par routine des chapeaux, des vêtements de style ou des tenues de soirée. Le marché de masse de l'habillement trouvait ses modèles autant à la base qu'au sommet. Sa réputation de capitale du style et du chic de l'Europe était solide, mais l'avenir appartenait à des vogues plus éclectiques, bien souvent des adaptations européennes de prototypes américains ou même asiatiques. Les Italiens devaient exceller en ce domaine. Dans le domaine de l'habillement ou des idées, Paris dominait la scène européenne, mais plus pour très longtemps. L'avenir était ailleurs.

En mars 1955, quand le Congrès pour la liberté de la culture se réunit à Milan, Raymond Aron suggéra comme thème de discussion « la fin des idéologies ». À l'époque, une partie de son public trouva la suggestion un brin prématurée : après tout, de l'autre côté du Rideau de fer, et pas simplement là, l'idéologie ne semblait que trop vivante et prospère. Mais Aron avait raison sur un point. L'État d'Europe occidentale, tel qu'il s'affirmait dans ces années-là, était de plus en plus détaché de tout projet doctrinal ; et, on l'a vu, l'essor de l'État-providence avait désamorcé les vieilles animosités politiques. Plus de gens que jamais avaient un intérêt direct aux politiques et aux dépenses de l'État, mais ils n'en venaient plus aux coups pour en prendre le contrôle. Les Européens de l'Ouest semblaient être arrivés relativement plus tôt que prévu aux « vastes plateaux ensoleillés » (Churchill) de la prospérité et de la paix : où la politique reculait devant le gouvernement, et où le gouvernement se cantonnait toujours plus à l'administration.

La conséquence prévisible de l'État-nounou, même post-idéologique, était cependant que, pour qui avait grandi sans rien connaître d'autre, il était du devoir de l'État de tenir sa promesse d'une société toujours meilleure ; et si les choses tournaient mal, c'était donc la faute de l'État. L'apparente routinisation des affaires publiques entre les mains d'une caste bienveillante de superviseurs n'était aucunement une garantie d'apathie publique. De ce point de vue, tout au moins, le pronostic d'Aron était erroné. La génération même qui parvint à maturité dans le paradis social-démocrate dont rêvaient ses parents fut donc celle qui s'irrita et s'indigna le plus de ses insuffisances. On peut voir, très littéralement, un symptôme prégnant de ce paradoxe dans un domaine de planification et de travaux publics où l'État progressiste, dans les deux camps de la guerre froide, se montra inhabituellement actif.

Au lendemain de la guerre, le mélange de croissance démographique et d'urbanisation rapide soumit les urbanistes à des demandes sans précédent. En Europe de l'Est, où beaucoup de centres urbains avaient été détruits ou à demi abandonnés à la fin de la guerre, vingt millions d'habitants avaient quitté les campagnes pour les villes dans les deux premières décennies de l'après-guerre. En 1970, la moitié de la population lituanienne vivait en ville ; vingt ans plus tôt, ce pourcentage n'était que de 28 %. En Yougoslavie, où la production agricole déclina de 50 % entre la Libération et 1970, il y eut une forte vague d'exode rural : entre 1948 et 1970, la capitale croate, Zagreb, vit sa population doubler, de 280 000 à 566 000 ; Belgrade, la capitale nationale, suivit le mouvement, pour passer de 368 000 à 746 000 habitants.

Bucarest passa de 886 000 à 1 475 000 entre 1950 et 1970. À Sofia, le nombre d'habitants augmenta de 435 000 à 877 000. En URSS, où la population urbaine dépassa la population rurale en 1961, Minsk, capitale de la République de Biélorussie, passa de 509 000 en 1959 à 907 000 juste douze ans plus tard. Dans toutes ces villes, de Berlin à Stalingrad, le résultat en fut la solution soviétique classique en matière de logement : des kilomètres et des kilomètres d'immeubles de ciment bruns ou gris, bon marché et mal construits, sans caractères architecturaux distinctifs ni la moindre qualité esthétique, et sans équipements collectifs.

Là où le cœur de la ville avait survécu sans dommage, comme à Prague, ou avait été soigneusement reconstruit sur les plans anciens (Varsovie, Leningrad), la plupart des nouvelles constructions se firent en périphérie, formant un long chapelet de banlieues dortoirs qui se prolongeaient en pleine campagne. Ailleurs – comme à Bratislava, la capitale slovaque, par exemple –, les nouveaux taudis s'élevèrent au centre-ville. De même que dans les petites villes et les villages, contraints d'absorber des dizaines de milliers d'anciens paysans recyclés en mineurs ou sidérurgistes, il n'y avait rien à conserver : du jour au lendemain, ces centres furent transformés en dortoirs industriels, sans l'agrément ne serait-ce que d'un vestige de vieille ville. Les travailleurs des fermes collectives furent contraints de rejoindre des agrovilles, dont Nikita Khrouchtchev se fit le pionnier dans les années 1950 et que Nicolae

Ceausescu devait ensuite parfaire. Les nouveaux spécimens d'architecture publique – École technique, Maison de la culture et sièges du parti – étaient soigneusement calqués sur les précédents soviétiques : parfois délibérément dans le style du réalisme socialiste, toujours d'une taille démesurée et rarement attrayant.

L'industrialisation forcée, la collectivisation rurale et le mépris agressif des besoins privés aident à expliquer la calamité de l'urbanisme communiste. Mais les édiles d'Europe de l'Ouest ne firent pas beaucoup mieux. Dans l'Europe méditerranéenne, notamment, l'exode rural massif soumit les ressources urbaines à des tensions comparables. La Grande Athènes passa de 1 389 000 habitants en 1951 à 2 540 000 en 1971. La population de Milan augmenta de 1 260 000 à 1 724 000 dans la même période ; celle de Barcelone, de 1 280 000 à 1 785 000. Dans toutes ces métropoles, comme dans les villes plus petites du nord de l'Italie et dans les banlieues en rapide expansion de Londres, de Paris, de Madrid et d'ailleurs, les urbanistes ne purent suivre la demande. Comme leurs contemporains des pays communistes, leur instinct fut de construire de grands blocs homogènes, soit sur des espaces libérés par la guerre ou des opérations de rénovation urbaine, soit sur des friches à la périphérie des villes. À Milan et à Barcelone, notamment, où la première génération de migrants du sud commencèrent à quitter les bidonvilles pour des tours d'habitation dans les années 1960, le résultat fut déprimant tant il rappelait le bloc soviétique, mais avec un handicap supplémentaire : beaucoup de locataires ne trouvaient pas d'appartement à louer à proximité de leur lieu de travail. Aussi étaient-ils astreints chaque jour à de longs trajets sur des transports publics insuffisants, ou dans leurs voitures fraîchement acquises – amplifiant encore les tensions sur l'infrastructure urbaine.

Toutefois, on ne saurait imputer la singulière laideur de l'architecture urbaine de ces années-là en Europe occidentale aux seules pressions démographiques. Le « nouveau brutalisme », ainsi que le désigna le critique d'architecture Rayner Benham, n'était ni un accident ni une négligence. En RFA, où beaucoup de grandes villes du pays furent reconstruites avec un ahurissant manque d'imagination ou de vision ; ou à Londres – où les services d'architecture du London County Council autorisèrent des ensembles d'habitation massifs comme l'ensemble Alton de Roehampton inspiré de Le Corbusier, agressivement linéaire et balayé par les vents –, la laideur semblait presque délibérée, le fruit d'un dessein mûrement réfléchi. À Milan, l'affreuse Torre Velasco, gratte-ciel de béton armé construit entre 1957 et 1960 par un consortium anglo-italien privé, était typique de l'hyper-modernisme agressif de l'époque, dont l'ambition était de couper tous les ponts avec le passé. En mars 1959, approuvant le projet de la Tour Montparnasse, le Conseil des bâtiments de France, conclut son rapport en expliquant que Paris ne pouvait se permettre de se perdre dans son passé et devait subir d'imposantes « métamorphoses » dans les années à venir.

Le résultat ne fut pas simplement la Tour Montparnasse (ou son enfant naturel : l'hideux complexe de La Défense), mais toute une éruption de villes nouvelles : « grands ensembles » (l'appellation est symptomatique) avec une densité extrêmement forte, mais sans possibilité d'emploi ni services locaux, parqués à la périphérie du Grand Paris. La toute première et donc la plus connue d'entre elles, Sarcelles, au nord, comptait 8 000 habitants en 1954 et 35 000 sept ans plus tard. D'un point de vue tant sociologique qu'esthétique, elle était sans racines et ressemblait aux banlieues dortoirs contemporaines d'autres pays (comme l'ensemble étonnamment semblable de Lazdynai, à la périphérie de Vilnius, en Lituanie) beaucoup plus qu'à aucun élément de la tradition française en matière d'urbanisme et de logement.

Cette rupture avec le passé était délibérée. On chercherait ici en vain le « style » européen tant admiré dans d'autres domaines de la vie. À vrai dire, on prenait grand soin de l'éviter. L'architecture des années 1950 et, surtout, des années 1960 se voulait anhistorique et rompit avec le passé par le dessin, l'échelle et les matériaux (acier, verre et béton armé étant les préférés)[13]. Le résultat n'était pas nécessairement plus imaginatif que ce qui s'était fait auparavant : bien au contraire, les schémas de « redéveloppement urbain » qui transformèrent le visage de tant de villes européennes dans ces décennies apparaissent comme une colossale occasion manquée.

En Grande-Bretagne comme ailleurs, l'« urbanisme » était au mieux tactique : du rafistolage ; aucune stratégie à long terme ne fut élaborée pour intégrer logements, services, emplois ou loisirs (les villes nouvelles ou les grands ensembles avaient rarement des cinémas, à plus forte raison des équipement sportifs ou des transports publics adéquats[14]). L'objectif était d'éliminer les taudis et d'héberger des populations croissantes, rapidement et à bon marché : entre 1964 et 1974, la seule ville de Londres vit surgir 384 tours d'habitation. Vingt ans après, beaucoup étaient abandonnées. Une des plus fameuses, « Ronan Point » dans l'East End, eut en vérité le bon goût de s'effondrer toute seule en 1968.

L'architecture publique ne fit guère mieux. Le Centre Pompidou (projet des années 1960, il n'ouvrit qu'en janvier 1977) – comme Les Halles, à

13. Dans le commentaire admiratif d'un critique parisien, les milliers d'appartements identiques entassés dans les « grands ensembles » étaient de véritables petites maisons intégrées dans une « structure verticale », comme les bouteilles les plus variées d'un même râtelier à vin. Voir Pierre Agard, « l'Unité de résidence », *Esprit*, octobre-novembre 1953, p. 598-599.

14. La comparaison s'impose avec Rotterdam : éventré par les bombes allemandes et reconstruit progressivement au fil des décennies suivantes, le port hollandais est une ville qui fut sciemment et authentiquement « dessinée ».

l'ouest – a bien pu rassembler dans le centre de Paris tout un assortiment de ressources culturelles populaires : à la longue, cependant, elle a lamentablement échoué à intégrer le quartier ou à compléter l'architecture plus ancienne des alentours. De même en va-t-il avec le nouvel Institut d'éducation de l'Université de Londres, installé de manière ostentatoire sur Woburn Square, au cœur du vieux Bloomsbury, et d'une « hideur unique », pour citer le jugement de l'historien de Londres, Roy Porter. Dans une veine analogue, l'ensemble de la South Bank de Londres a rassemblé un assortiment précieux de salles de spectacle et de services artistiques, mais avec son côté ramassé et lugubre, ses allées balayées par le vent et ses façades de béton fissurées, le complexe reste un témoignage affligeant de ce que la critique Jane Jacobs a appelé le « fléau de la lourdeur ».

On a peine à comprendre pourquoi les hommes politiques et les urbanistes européens commirent tant d'erreurs, même si l'on tient compte du fait que, après deux guerres mondiales et une crise économique prolongée, le besoin était pressant de quelque chose de nouveau, neuf et sans lien aucun avec le passé. On ne saurait dire que les contemporains n'avaient pas conscience de la laideur de leur nouvel environnement : les occupants de ces grands ensembles, des tours d'habitation et des villes nouvelles ne les ont jamais aimés et ne se privaient pas de le dire quand on se donnait la peine de les interroger. Les architectes et les sociologues n'ont sans doute pas compris que leurs projets, en l'espace d'une génération, allaient engendrer parias et bandes violentes, mais ce qui se préparait était assez clair aux yeux des résidents. Même le cinéma européen – qui, quelques années plus tôt seulement, avait porté un regard tendre et nostalgique sur les vieilles villes et la vie urbaine – se focalisa plutôt sur le caractère dur, froid et impersonnel de la métropole moderne. Des réalisateurs comme Godard ou Antonioni prirent un plaisir presque sensuel à filmer le clinquant du nouveau cadre urbain et industriel dans des films comme *Alphaville* (1965) et *Le Désert rouge* (1964).

Incarnation lapidaire de l'époque victorienne et souvent monument d'architecture à part entière, la gare de chemins de fer fit les frais de l'iconoclasme architectural de l'après-guerre. Les gares souffrirent également aux États-Unis (beaucoup se souviennent de la destruction de Pennsylvania Station à New York, en 1966, comme d'un sommet du hooliganisme officiel), mais les urbanistes américains avaient au moins une excuse : pris entre la voiture et l'avion, les perspectives du rail semblaient sombres. Dans un petit continent surpeuplé, en revanche, nul n'avait jamais sérieusement douté de l'avenir du train. Les gares démolies en Europe furent remplacées par d'insipides bâtiments sans charme qui remplissaient la même fonction. La destruction de l'Euston Station à Londres, de la Gare Montparnasse à Paris, ou de l'élégante Anhalter Bahnhof, à Berlin, n'avait aucune fin pratique et, esthétiquement, rien ne la justifiait.

L'ampleur même des destructions urbaines, le besoin paneuropéen pressant de rompre avec le passé et de passer, en l'espace d'une génération, des ruines à l'ultra-modernité, devait provoquer un juste retour des choses (miséricordieusement aidé par la récession des années 1970, qui écréma les budgets tant publics que privés et mit un terme à la débauche de nouveauté). Dès 1958, avant même que le paroxysme de rénovation urbaine n'atteignît son apogée, un groupe de défenseurs du patrimoine britannique fonda la Victorian Society. Il s'agissait d'une organisation de volontaires typiquement britannique, vouée à identifier et à sauver le patrimoine architectural menacé du pays ; mais des réseaux d'inspiration analogue essaimèrent à travers l'Europe occidentale au cours de la décennie suivante, pressant les habitants, les universitaires et les hommes politiques d'œuvrer de concert pour empêcher de nouvelles pertes. Quand ils arrivèrent trop tard pour sauver un quartier ou un bâtiment particulier, au moins réussirent-ils à préserver ce qui restait, comme la façade et le cloître intérieur du Palazzo delle Stelline, sur le Corso Magenta, à Milan : tout ce qu'il demeure d'un orphelinat municipal du XVIIe siècle, dont tout le reste à été démoli au début des années 1970.

Dans l'histoire matérielle de la ville européenne, les années 1950 et 1960 ont été vraiment des décennies terribles. Les dégâts infligés au tissu matériel de la vie urbaine dans ces années-là forment la face cachée, encore à demi inavouée, des « trente glorieuses » du développement économique – analogue, d'une certaine façon, au prix de l'urbanisation industrielle du siècle précédent. Certains correctifs devaient être apportés dans les décennies suivantes : en France, notamment, où la modernisation planifiée et les investissements massifs dans le réseau routier et les transports devaient nettement améliorer la qualité de vie dans certaines des banlieues les plus lugubres ; mais les dommages ne devaient jamais être totalement réparés. Les grandes villes – Francfort, Bruxelles, Londres surtout – découvrirent trop tard qu'elles avaient troqué leur droit d'aînesse urbain contre un méchant brouet brutaliste.

C'est là un des paradoxes des années 1960 : le paysage urbain implacablement « rénové » et reconstruit de l'époque fut très mal accepté par les *jeunes* qui y vivaient. Leurs maisons, leurs rues, leurs cafés, leurs usines, leurs bureaux, leurs écoles ou leurs universités pouvaient bien être modernes et inévitablement « nouveaux », sauf pour les plus privilégiés, le résultat était un cadre de vie qu'ils jugeaient laid, sans âme, étouffant, inhumain et, pour employer un mot qui se répandait alors, « aliénant ». Il est tout à fait naturel qu'en grandissant les enfants bien nourris, bien logés et bien instruits des États de service bienveillants de l'Europe se soient révoltés contre « le système » : les premiers signes de l'explosion imminente devaient survenir dans les dortoirs de ciment préfabriqués d'un campus sans âme, étourdiment installé entre des tours d'habitation et les embouteillages d'une banlieue parisienne surpeuplée.

XII

Le spectre de la révolution

« Les relations sexuelles ont commencé en 1963
Entre la fin de l'interdiction de Chatterley
et le premier 33-tours des Beatles. »
Philip Larkin

« Nous l'avons tant aimée, la Révolution. »
Daniel Cohn-Bendit

« La rébellion de la bourgeoisie repentante contre le prolétariat autosatisfait et oppressif est un des phénomènes les plus étranges de notre temps. »
Sir Isaiah Berlin

« Désormais, tous les journalistes du monde nous lèchent le cul [...], mais pas moi, mes chers. Vous avez des tronches d'enfants gâtés, et je vous hais, comme je hais vos pères. [...] Quand hier, à Valle Giulia, vous avez tabassé la police, mes sympathies allaient aux policiers, parce que ce sont des fils de pauvres. »
Pier Paolo Pasolini (juin 1968)

« Nous ne sommes pas avec Dubček. Nous sommes avec Mao. »
Slogan des étudiants italiens (1968)

Souvent, c'est seulement avec le recul qu'on prend la mesure de moments d'une grande portée culturelle. Il en va autrement des *Sixties* : l'importance transcendante que les contemporains attachaient à leur époque – et à leur ego – est un des traits particuliers du temps. Les *Sixties* furent largement employées à « parler de Ma Génération » – pour citer le groupe de rock britannique *The Who.* Ainsi qu'on le verra, ce n'était pas une préoccupation totalement déraisonnable ; comme il était à prévoir, elle se solda cependant par des déformations de perspective. Les années 1960 furent bel et bien une décennie d'une importance extraordinaire pour l'Europe moderne, mais tout ce qui paraissait important à l'époque ne laissa pas sa marque sur l'Histoire. Dans le domaine de l'habillement et des idées, la vague d'iconoclasme et d'autosatisfaction devait bien vite dater ; inversement, il faudrait des années avant que le bouleversement réellement révolutionnaire de la politique et des affaires publiques amorcé à la fin des années 1960 prît tout son effet. Et la géographie politique des *Sixties* est souvent trompeuse : les événements les plus importants n'eurent pas toujours lieu dans les endroits les mieux connus.

Au milieu des années 1960, l'impact social de l'explosion démographique d'après-guerre était partout sensible. L'Europe paraissait grouiller de jeunes : la France de 1968 comptait huit millions de jeunes de 16 à 24 ans, en âge d'être étudiants, soit 16,1 % de la population totale. Jadis, une telle explosion démographique aurait mis à mal les ressources alimentaires du pays ; et quand bien même celui-ci aurait réussi à faire face, les perspectives d'emploi eussent été sombres. En temps de croissance économique et de prospérité, cependant, le principal problème des États européens n'était pas de nourrir, de vêtir, de loger et finalement d'employer ces contingents croissants de jeunes, mais de les éduquer.

Jusque dans les années 1950, la plupart des enfants européens quittaient l'école à la fin du primaire, habituellement entre 12 et 14 ans. Bien souvent, l'enseignement primaire obligatoire, institué à la fin du XIXe siècle, était à peine respecté : en Espagne, en Italie, en Irlande et dans l'Europe de l'Est précommuniste, les enfants de paysans quittaient typiquement l'école au printemps, pendant l'été et au début de l'automne. Le secondaire restait un privilège de la bourgeoisie et des classes supérieures. Dans l'Italie d'après-guerre, moins de 5 % de la population avait achevé ses études secondaires.

En prévision des effectifs futurs, et dans le cadre d'un cycle élargi de réformes sociales, les gouvernements européens d'après-guerre mirent en œuvre une série de grandes réformes de l'éducation. Au Royaume-Uni, l'âge de fin de la scolarité obligatoire fut porté à 15 ans en 1947 (puis à 16 ans, en 1972). En Italie, où en pratique la plupart des enfants quittaient l'école à 11 ans dans l'immédiat après-guerre, cet âge fut porté à 14 ans en 1962. Le nombre d'enfants scolarisés à plein-temps dans la péninsule doubla entre 1959 et 1969. En France, qui affichait 32 000 bacheliers seulement en 1950, les chiffres devaient plus que quintupler en vingt ans : en 1970, les bacheliers représentaient 20 % de leur classe d'âge.

Ces changements éducatifs étaient gros de perturbations. Jusque-là, dans la plupart des sociétés européennes, la ligne de faille culturelle passait entre ceux – l'écrasante majorité – qui avaient quitté l'école après avoir appris à lire, écrire, calculer et réciter les grandes dates de l'histoire nationale, et une minorité qui était restée à l'école jusqu'à 17-18 ans, avait décroché son bac avant de suivre une formation professionnelle ou de trouver un emploi. Les lycées – *gymnasiums* ou *grammar schools* – européens étaient la chasse gardée de l'élite dirigeante. Héritiers d'un programme d'études classiques naguère fermé aux enfants des pauvres, ruraux comme citadins, les voici qui s'ouvrirent à un vivier toujours plus large de jeunes de tous les milieux sociaux. Le nombre d'enfants entrant et passant par le secondaire allant sans cesse croissant, une brèche s'ouvrit entre leur monde et celui que leurs parents avaient connu.

Ce nouveau fossé des générations, sans précédent aucun, constitua en soi une révolution sociale *de facto*, même si ses implications demeuraient encore confinées au domaine familial. Mais des dizaines de milliers d'enfants affluant dans des écoles secondaires construites à la hâte, soumettant à de fortes tensions le tissu social et financier d'un système éducatif conçu pour une tout autre époque, les planificateurs s'inquiétaient déjà des implications de ces changements pour ce qui avait été jusque-là la chasse gardée d'une élite encore plus minuscule : les universités.

Si la plupart des Européens, avant 1960, n'avaient jamais mis les pieds au lycée, moins encore avaient pu rêver de fréquenter l'université. Le XIXe siècle avait connu une certaine expansion des universités traditionnelles ainsi qu'un accroissement du nombre des autres établissements d'enseignement supérieur, le plus souvent technique. Dans les années 1950, cependant, l'enseignement supérieur restait fermé à tous, hormis une poignée de privilégiés, dont les familles pouvaient se priver des revenus de leurs enfants en les maintenant à l'école jusqu'à dix-huit ans, et qui avaient les moyens de s'acquitter des droits demandés par les écoles secondaires et les universités. Il existait bien entendu des bourses, ouvertes aux enfants des pauvres ou des classes moyennes. Mais sauf dans les institutions admirablement méritocratiques et égalitaires des IIIe et IVe Républiques françaises, ces bourses couvraient rarement les coûts réels de la scolarisation supplémentaire ; nulle part, elles ne compensaient la perte de revenus.

Malgré les excellentes intentions d'une génération antérieure de réformateurs, Oxford, Cambridge, l'École normale supérieure, les Universités de Bologne ou d'Heidelberg et les anciens établissements de savoir du reste de l'Europe demeuraient inaccessibles à presque tout le monde. En 1949, la Suède comptait 15 000 étudiants, la Belgique 20 000. Ils étaient un peu plus de 50 000 dans toute l'Espagne, moins du double au Royaume-Uni (sur une population de 49 millions). Cette même année, la population estudiantine française dépassait à peine les 130 000. Mais avec l'essor de l'enseignement secondaire, allait bientôt s'exercer une pression irrésistible pour étendre aussi l'enseignement supérieur. Bien des choses allaient changer.

En premier lieu, l'Europe allait avoir besoin de bien d'autres universités. Dans beaucoup des régions, il n'y avait même pas d'établissements d'enseignement supérieur. La plupart des pays avaient hérité d'un réseau d'institutions dont la configuration restait aléatoire : un tissu de petits établissements anciens, théoriquement indépendants, conçus pour accueillir chaque année tout au plus quelques centaines de nouveaux étudiants et souvent implantés en province, avec peu ou pas d'infrastructure publique. La place manquait pour leur expansion, et les salles de cours, les laboratoires, les bibliothèques et les bâtiments résidentiels (quand il y en avait) étaient tout à fait incapables d'accueillir des milliers d'autres jeunes gens.

La ville universitaire européenne typique – Padoue, Montpellier, Bonn, Louvain, Fribourg, Cambridge, Uppsala – était petite et souvent à quelque distance des grands centres urbains (choix délibéré fait de longs siècles plus tôt) : l'Université de Paris était une exception, quoique importante. La plupart des universités européennes n'avaient pas de campus au sens américain du terme (l'exception évidente étant ici les universités britanniques, avant tout Oxford et Cambridge) et étaient matériellement intégrées dans leur milieu urbain : les étudiants habitaient en ville et étaient tributaires des citadins pour le logement et les services. Par-dessus tout, et alors même que beaucoup étaient pluriséculaires, les universités européennes n'avaient presque aucune ressource matérielle propre. Elles étaient totalement à la merci de la ville ou de l'État pour leur financement.

Si l'enseignement supérieur voulait réagir à temps à l'énorme poussée démographique qui emportait le primaire et le secondaire, il fallait que l'initiative vînt du centre. En Grande-Bretagne et, dans une moindre mesure, en Scandinavie, le problème fut réglé par la construction de nouvelles universités sur des sites *greenfield*, en plein champ, hors des villes de province ou des bourgs : Colchester ou Lancaster, en Angleterre, Aarhus au Danemark. Lorsque commença d'arriver la première cohorte issue du secondaire, ces nouvelles universités, quoique sans âme sur le plan architectural, étaient au moins présentes pour satisfaire la demande accrue de places, et offrir du travail à un vivier croissant de diplômés à l'affût de postes d'enseignants.

Plutôt que d'ouvrir ces universités aux masses, les planificateurs britanniques du système éducatif choisirent de les intégrer au système d'élite plus ancien. Les universités britanniques gardèrent ainsi le droit de sélectionner ou de refuser les étudiants à l'entrée : seuls les candidats ayant obtenu l'équivalent du bachot avec mention pouvaient espérer entrer à l'université et chaque université était libre d'offrir des places à qui elle voulait, et de n'admettre qu'autant d'étudiants qu'elle était capable d'en accueillir. Les étudiants du Royaume-Uni restaient un peu une minorité privilégiée (pas plus de 6 % de leur classe d'âge en 1968) et les retombées à long terme étaient sans conteste socialement régressives. Pour la poignée d'heureux élus, cependant, le système fonctionnait très bien – et les isolait de presque tous les problèmes que connaissaient leurs pairs ailleurs en Europe.

Car l'enseignement supérieur suivait une tout autre direction sur le continent. Dans la majorité des États ouest-européens, il n'y avait jamais eu la moindre entrave au passage du secondaire au supérieur : il suffisait d'avoir son bac pour entrer à l'université. Jusqu'à la fin des années 1950, cela n'avait posé aucune difficulté : les effectifs concernés étaient modestes et les universités n'avaient aucune raison de craindre d'être submergées d'étudiants. En tout état de cause, du fait de conventions anciennes, les études étaient plus qu'un peu détachées et destructurées dans la plupart des universités continentales. Des professeurs hautains et inabordables donnaient des cours magistraux dans des amphis pleins d'étudiants anonymes qu'aucune échéance précise ne pressait d'obtenir leur diplôme, et pour qui être étudiant était autant un rite de passage social qu'un moyen de s'instruire[1].

Plutôt que de construire de nouvelles universités, la plupart des planificateurs centraux en Europe décrétèrent simplement l'expansion des structures existantes. Dans le même temps, ils n'imposèrent aucune entrave supplémentaire ni aucun système de présélection. Au contraire, et pour les meilleures raisons du monde, ils entreprirent souvent d'éliminer celles qui subsistaient : en 1965, le ministère italien de l'Éducation abolit tous les examens d'entrée à l'université et abolit les quotas fixes par matière. Naguère privilège, l'éducation supérieure allait devenir un droit. Le résultat fut catastrophique. En 1968, par exemple, Bari, qui accueillait traditionnellement autour de 5 000 étudiants, en avait plus de 30 000 à gérer. La même année, l'Université de Naples en comptait 50 000, celle de Rome, 60 000. À elles seules, ces trois universités réunissaient plus de la moitié de la population estudiantine qui était celle de l'Italie juste dix-huit ans plus tôt ; beaucoup de ces étudiants ne devaient jamais décrocher leur diplôme[2].

À la fin des années 1960, un jeune sur sept en Italie fréquentait l'université (contre un sur vingt dix ans plus tôt). Ce chiffre était d'un sur six en Belgique. En Allemagne de l'Ouest, où l'on comptait 108 000 étudiants en 1950 et où les universités traditionnelles commençaient déjà de souffrir de surpopulation, ils étaient près de 400 000 à la fin des années 1960. La France de 1967 comptait autant d'étudiants qu'il y avait eu de lycéens en 1956. À travers l'Europe entière, il y avait bien plus d'étudiants qu'il n'y en avait jamais eu, et la qualité de leur expérience universitaire se dégradait à vue d'œil. Tout était *encombré* – bibliothèques, salles de cours, dortoirs, réfectoires – et en singulièrement mauvais état (même, et surtout, quand l'installation était neuve). Les dépenses des gouvernements d'après-guerre en matière d'éducation avaient partout augmenté très fortement, mais s'étaient focalisées sur le primaire et le secondaire, le matériel et les enseignants. C'était certainement le bon choix, en tout cas un choix dicté par des considérations électorales. Mais il avait un prix.

À ce stade, il vaut la peine de rappeler que même en 1968 la plupart des jeunes des pays européens *n'étaient pas* étudiants (détail qu'on a tendance à

1. De toute évidence, cela ne valait pas pour de petits établissements d'élite comme l'École polytechnique ou l'École normale supérieure, qui admettaient leurs rares étudiants à travers une rigoureuse sélection et leur dispensaient un excellent enseignement. Mais ils étaient inhabituels et très atypiques.

2. Au milieu des années 1960, 44 % seulement des étudiants italiens obtenaient leur diplôme. La situation devait se dégrader encore au cours des années 1970.

négliger dans les tableaux de la période), surtout quand ils étaient des enfants de paysans, d'ouvriers, de travailleurs non qualifiés ou immigrés, des provinces de la périphérie ou de l'étranger. Cette majorité non estudiantine vécut nécessairement les années 1960 de manière assez différente : en particulier, la fin de la décennie, quand tout semblait lié aux événements dans les universités ou à l'entour. On ne saurait inférer leurs opinions et notamment leurs choix politiques de ceux de leurs contemporains étudiants. À d'autres égards, cependant, les jeunes partageaient ce qui était déjà une culture à part… et commune.

Le monde est nouveau aux yeux de chaque génération. Pour celle des *Sixties*, le monde était neuf et *jeune*. La plupart des jeunes gens, au cours de l'histoire, sont entrés dans un monde plein de gens plus âgés, où ce sont leurs aînés qui occupent les postes d'influence et donnent l'exemple. Pour la génération du milieu des années 1960, cependant, les choses étaient différentes. L'écosystème culturel évoluait beaucoup plus vite que par le passé. L'écart séparant une génération nombreuse, prospère, choyée, confiante et culturellement autonome de la génération de ses parents, exceptionnellement petite, peu sûre, meurtrie par la Crise et ravagée par la guerre, était plus grand que la distance conventionnelle entre les classes d'âge. À tout le moins, beaucoup de jeunes avaient le sentiment d'être venus au monde dans une société qui se transformait à contrecœur – dans ses valeurs, son style, ses règles – sous leurs yeux et sur leur ordre. La musique populaire, le cinéma, la télévision étaient pleins de jeunes et s'adressaient toujours plus à eux, en tant que public et que marché. En 1965, existaient des émissions de radio et de télévision, des magazines, des boutiques, des produits et des industries entières exclusivement destinées aux jeunes et tributaires de leur adhésion.

Chaque culture nationale de la jeunesse avait certes ses icônes et ses institutions propres, ses points de référence exclusivement locaux (le 22 juin 1963, la fête des Copains, place de la Nation à Paris, fut l'événement fondateur de la culture jeune en France, alors qu'il passa quasiment inaperçu ailleurs), beaucoup de formes culturelles populaires de l'époque franchissaient les frontières nationales avec une facilité sans précédent. La culture de masse devenait par nature internationale. Une tendance (musicale, vestimentaire) naissait dans le monde anglophone, souvent en Angleterre, puis se propageait au sud et à l'est, facilitée par une culture toujours plus visuelle (et donc transfrontalière) et à l'occasion seulement contrariée par d'autres courants d'origine locale ou, plus souvent, des interventions politiques[3].

3. Dans le bloc communiste, les *Sixties*, en tant que culture pop, furent nécessairement vécues de seconde main. Mais il ne faut pas exagérer cette différence. Pour appliquer l'*Ur*-référence de l'âge, tout le monde, en Europe de l'Est, savait qui étaient les Beatles et beaucoup avaient entendu leur musique. Et pas simplement les Beatles : en 1966, 24 000 personnes vinrent écouter Johnny Hallyday dans la petite ville slovaque de Košice.

Les nouvelles modes s'adressaient par force aux jeunes les plus aisés : les enfants de la classe moyenne blanche, qui pouvaient se payer des disques, des concerts, des souliers, des habits, du maquillage et des coupes de cheveux à la mode. Les musiciens qui connurent le plus de succès à l'époque – les Beatles et leurs imitateurs – suivirent les rythmes des guitaristes américains de blues (pour la plupart noirs) et les accouplèrent à des matériaux directement puisés dans la langue et l'expérience de la classe ouvrière britannique[4]. Ce mélange très original devint alors la culture transnationale indigène de la jeunesse européenne.

Le contenu de la musique populaire importait beaucoup, mais sa forme comptait davantage. Dans les années 1960, la population prêtait une attention particulière au *style*. On pourrait croire que ce n'était pas nouveau, mais la singularité de l'époque était que le style devînt un substitut si direct du fond. La musique populaire des années 1960 était insubordonnée par le *ton*, mais aussi par la *manière* de jouer, tandis que ses paroles étaient souvent anodines et que les publics étrangers les comprenaient au mieux à moitié. En Autriche, jouer ou écouter de la musique pop britannique ou américaine, c'était faire la nique à ses parents scandalisés – la génération de Hitler ; il en allait de même, *mutatis mutandis*, par-delà la frontière en Hongrie ou en Tchécoslovaquie. La musique, pour ainsi dire, protestait en votre nom.

Si la culture musicale dominante des années 1960 semblait largement porter sur le sexe – avant de faire un bref détour du côté de la drogue et de la politique –, c'était là encore, largement, une affaire de style. Beaucoup de jeunes vivaient loin de leurs parents, et à un âge plus tendre que par le passé. Et les contraceptifs devenaient plus sûrs, plus faciles et légaux[5]. L'exhibition publique et la représentation de l'abandon sexuel sans contrainte au cinéma et dans la littérature étaient moins courantes, tout au moins dans l'Europe du Nord-Ouest. Pour toutes ces raisons, la génération des aînés était convaincue que les contraintes sexuelles s'étaient complètement effondrées, et il plaisait à leurs rejetons de cultiver le cauchemar.

En vérité, la « révolution sexuelle » des *Sixties* fut très certainement un mirage pour l'écrasante majorité des gens, jeunes ou vieux. Pour autant qu'on

---

4. Les Beatles étaient issus de la classe ouvrière de Liverpool, ou, dans le cas de Paul McCartney, d'un ou deux crans au-dessus. L'autre groupe de rock iconique des *Sixties*, les Rolling Stones, était plus traditionnellement bohème dans ses sujets, ainsi qu'il seyait à un groupe issu de la classe moyenne de Londres. Il surmonta ce handicap par une rudesse calculée de style ainsi que par une vie de patachon étalée dans la presse.

5. N'oublions pas, toutefois, que dans le plus clair des années 1960 il était encore interdit, dans de nombreuses parties de l'Europe occidentale et orientale, de dispenser des informations sur la contraception. La Grande-Bretagne se distingua en approuvant la pilule en 1961 ; outre-Manche, le chanteur Antoine vendit un million de disques en 1966 en imaginant d'un ton plaintif [dans les *Élucubrations*] une France où la pilule serait « en vente dans les Monoprix ».

puisse le savoir, les intérêts et les pratiques sexuels de la plupart des jeunes sont loin d'avoir changé aussi rapidement ou radicalement que les contemporains aimaient à le dire. Si l'on s'en remet aux enquêtes contemporaines, même la vie sexuelle des étudiants n'était pas très différente de celle des générations antérieures. Le style sexuellement libéré des années 1960 tranchait typiquement sur les années 1950, présentées, de manière un peu injuste, comme une époque de rigidité morale et de constipation émotionnelle. En comparaison des années 1920, cependant, de l'Europe fin-de-siècle, ou du demi-monde parisien de la fin des années 1860, les *Swinging Sixties* étaient très posées.

En accord avec l'insistance sur le style, la génération des *Sixties* se montra inhabituellement soucieuse de *paraître* différente. Vêtements, coiffure, maquillage et « accessoires de mode », comme on disait encore, devinrent des marqueurs vitaux d'identification générationnelle et politique. Londres était la source de ces tendances : le goût européen en matière de vêtement, de musique, de photographie, de mannequins, de publicité et même de magazines grand public, tout venait de là. Vu la réputation britannique déjà bien établie de dessin terne et de constructions de mauvaise qualité, c'était là une évolution peu probable, une inversion juvénile de l'ordre des choses traditionnel, et qui se révéla éphémère. Mais la fausse aurore du « Londres qui balance » – comme la baptisa le magazine *Time* en avril 1966 – éclaire l'époque d'une lumière singulière.

En 1967, la capitale britannique comptait plus de 2 000 magasins *(shops)* qui se décrivaient comme des « boutiques ». La plupart étaient des imitations éhontées des magasins de fringues qui avaient surgi dans Carnaby Street, vieux repaire d'homosexuels recyclé en épicentre de la « mode » pour homosexuels aussi bien qu'hétérosexuels. À Paris, la boutique d'habillement « New Man », première imitation française de la révolution vestimentaire, ouvrit le 13 avril 1965 rue de l'Ancienne Comédie. En l'espace d'un an, elle fut suivie d'une nuée d'imitateurs, tous baptisés de noms à consonance britannique à la mode du style « Dean », « Twenty » et « Cardiff », etc.

Le style « Carnaby Street », cloné à travers toute l'Europe occidentale (quoique de façon moins prononcée en Italie qu'ailleurs), privilégiait les tenues colorées avec des lignes qui donnaient des allures androgynes et qui étaient délibérément mal adaptées à quiconque avait passé la trentaine. Les pantalons moulants en velours côtelé rouge et les chemises noires ajustées de « New Man » devinrent l'uniforme obligé des manifestants parisiens des trois années suivantes et furent amplement copiés ailleurs. Comme tout le reste, dans les *Sixties*, ils étaient faits par des hommes pour des hommes ; mais les jeunes femmes pouvaient les porter également, et elles le firent de plus en plus. Les grandes maisons parisiennes de mode elles-mêmes en furent touchées : à compter de 1965, les grands couturiers produisirent plus de pantalons que de jupes.

Ils diminuèrent aussi leur production de chapeaux. Que la coiffure eût remplacé le couvre-chef en tant qu'expression ultime de soi – les chapeaux traditionnels étant réservés aux occasions officielles pour les « vieux[6] » – était symptomatique de la primauté du marché juvénile. Pour autant, les couvre-chefs ne devaient pas disparaître. Dans une deuxième étape de la transition vestimentaire, les couleurs enjouées et primaires du *mod gear* (héritées de la fin des années 1950), laissèrent la place à des tenues plus « sérieuses », reflétant une évolution parallèle en musique. Les habits pour jeunes devaient être alors taillés et vendus sans perdre de vue les sources d'inspiration « prolétariennes » ou « révolutionnaires » : non seulement des jeans bleus et des « chemises de travail », mais aussi des bottes, des vestons noirs et des casquettes de cuir « Lénine » (ou des variantes en feutre, faisant écho aux « casquettes Kossuth » des insurgés hongrois du XIXe siècle). Si cette mode délibérément politique ne prit jamais vraiment en Grande-Bretagne, à la fin de la décennie elle était devenue l'uniforme quasi officiel des révolutionnaires allemands et italiens et des étudiants qui leur emboîtaient le pas[7].

À cheval entre ces deux modes, il faut signaler les tenues bohèmes des hippies. À la différence des looks « Carnaby Street » et « Combattant de rue », qui étaient d'origine européenne indigène, le look hippie – obscurément « utopique » dans son éthique non occidentale, « contre-culturelle » et asexuelle de la sous-consommation ostentatoire – était importé d'Amérique. Son utilité commerciale était évidente, et nombre des points de vente qui avaient jailli pour répondre à la demande de vêtements moulants au milieu des années 1960 devaient bientôt s'empresser d'adapter leur stock en conséquence. Ils essayèrent même, brièvement, de vendre le « look Mao ». Veston informe agrémenté d'un col raide, associé à l'inévitable casquette « de prolétaire », le look Mao mêlait clairement divers aspects des trois styles, surtout quand il se trouva « accessoirisé » par le *Petit Livre rouge* des intuitions révolutionnaires du dictateur chinois. Malgré le film de Godard, *La Chinoise* (1967), où un groupe d'étudiants français se plonge dans les pensées de Mao et essaie de suivre son exemple, le « look Mao » resta un goût minoritaire, même parmi les « maoïstes ».

La politique de la « contre-culture » et ses symboles allaient prendre un aspect plus rude après 1967 du fait de leur association avec des versions romancées des guérillas du « tiers monde ». Mais là encore, ils ne devaient

6. Le phénomène ne toucha cependant qu'avec retard les provinces les plus reculées, où les bérets noirs, les casquettes et même les capotes de femmes restaient d'usage quotidien. Pendant quelque temps encore, le couvre-chef resta un indicateur traditionnel fiable d'origine régionale ou de classe sociale.

7. Elle devait aussi déboucher sans trop de difficulté sur l'accoutrement *skinhead* de la décennie suivante.

jamais vraiment prendre en Europe. Ne nous laissons pas abuser par l'étonnante vie posthume du Che Guevara métamorphosé en martyr et icône christique pour post-adolescents rebelles : les *Sixties* européennes furent toujours eurocentriques. La « révolution hippie » elle-même ne traversa jamais tout à fait l'Atlantique. Tout au plus toucha-t-elle les rivages de la Grande-Bretagne et de la Hollande, pour laisser derrière elle quelques traces sédimentaires sous la forme d'une culture de la drogue plus développée qu'ailleurs – et de 33 tours d'une spectaculaire originalité.

Mais gardons-nous de réduire à simple futilité et épate le côté frivole des *Sixties* : mode, culture pop, sexe. Ce fut, pour la nouvelle génération, une façon de rompre avec le temps de grand-papa, avec la gérontocratie (Adenauer, de Gaulle, Macmillan – et Khrouchtchev) qui dirigeait encore les affaires sur le continent. Certes l'aspect provocateur, poseur, des *Sixties* – la complaisance narcissique qui restera à jamais associée à cette époque – sonne faux quand on embrasse tout d'un seul regard. À l'époque, cependant, et pour son public, tout cela paraissait neuf et frais. Même l'éclat froid et rude de l'art contemporain, ou les films cyniques de la fin de la décennie, semblaient rafraîchissants et authentiques après le douillet artifice bourgeois du passé récent. La prétention solipsiste de l'époque – que les jeunes allaient changer le monde en n'en faisant qu'à leur tête, en se défoulant ou en « faisant l'amour, pas la guerre » – a toujours été une illusion, et elle a mal vieilli. Mais ce ne fut pas la seule illusion de l'époque, et certainement pas la plus sotte.

Les années 1960 furent la grande époque de la Théorie. Il importe de bien s'entendre sur ce que cela veut dire : cela ne désigne certainement pas les travaux pionniers alors accomplis en biochimie, en astrophysique ou en génétique, puisque tout cela était largement ignoré des non-spécialistes. L'expression ne désigne pas non plus une renaissance de la pensée sociale européenne : le milieu du XXe siècle ne produisit pas de théoriciens sociaux comparables à Hegel, Comte, Marx, Mill, Weber ou Durkheim. « Théorie » ne signifiait pas non plus « philosophie » : les philosophes ouest-européens les mieux connus de l'époque – Bertrand Russell, Karl Jaspers, Martin Heidegger, Benedetto Croce, Maurice Merleau-Ponty, Jean-Paul Sartre – étaient morts ou engagés ailleurs, tandis que les principaux penseurs d'Europe *de l'Est* – Jan Patočka ou Leszek Kolakowski – demeuraient pour l'essentiel inconnus hors de leurs pays. Quant à l'éblouissante cohorte d'économistes, de philosophes et de théoriciens sociaux qui avaient fleuri en Europe centrale avant 1934, la plupart des survivants s'étaient exilés aux États-Unis, en Grande-Bretagne ou aux antipodes, où ils formaient le noyau intellectuel de la recherche « anglo-saxonne » moderne dans leurs domaines.

Dans sa nouvelle acception à la mode, le mot « Théorie » signifiait tout autre chose. Il s'agissait largement d'« interroger » (terme de l'époque) la méthode et les objectifs des disciplines académiques : par-dessus tout les sciences sociales – l'histoire, la sociologie, l'anthropologie –, mais aussi les lettres et, plus tard, les sciences de laboratoire elles-mêmes. À une époque d'universités considérablement développées, avec des périodiques, des revues et des assistants toujours en quête de « copie », prospéra un marché des « théories » en tous genres, alimenté non pas par une amélioration de l'offre intellectuelle mais par une insatiable demande des consommateurs.

Au premier rang de la révolution théorique se trouvaient les disciplines académiques de l'histoire et les sciences sociales, dites « douces ». Le renouveau des études historiques en Europe avait commencé une génération plus tôt : l'*Economic History Review* et les *Annales : Économies, Sociétés, Civilisations* furent toutes deux lancées en 1929, avec leurs projets révisionnistes implicites dans leurs titres. Dans les années 1950 étaient apparus le Groupe des historiens du parti communiste de Grande-Bretagne avec leur influente revue d'histoire sociale, *Past & Present* ; l'unité d'Études culturelles de l'Université de Birmingham, en Angleterre, inspirée par le travail de Richard Hoggart et de Raymond Williams ; et, un peu plus tard, l'École d'histoire sociale formée autour de Hans-Ulrich Wheler à l'Université de Bielefeld en RFA.

Les travaux des hommes et des femmes attachés à ces groupes et institutions n'étaient pas nécessairement iconoclastes ; en fait, quoique généralement d'excellente qualité, ils étaient souvent très conventionnels d'un point de vue méthodologique. En revanche, ils se voulaient *interprétatifs*, typiquement d'un point de vue non dogmatique mais inclinant sans doute possible à gauche. Il s'agissait d'une histoire inspirée par la théorie sociale, mais aussi par l'insistance sur l'importance de la classe, notamment des classes inférieures. Le propos n'était pas simplement de raconter ni même d'expliquer un moment historique donné, mais d'en dévoiler le sens profond. Cette façon d'écrire l'histoire semblait combler l'écart entre le passé et le présent, la spéculation savante et l'engagement contemporain ; et c'est dans cette optique qu'une nouvelle génération lut ces auteurs (assez souvent, à contresens).

Malgré toutes ses applications politiques, l'histoire est une discipline particulièrement imperméable à la haute spéculation théorique : plus la Théorie fait intrusion, plus l'histoire recule. Si un ou deux des grands historiens des années 1960 devaient acquérir un statut iconique dans leur grand âge, aucun d'eux, si subversifs que fussent ses travaux, ne devint jamais vraiment un gourou sur la scène culturelle. D'autres disciplines s'en sortirent mieux… ou pire : tout est affaire de point de vue. S'inspirant d'une veine plus ancienne de spéculation linguistique, l'anthropologie culturelle, sous la houlette de Claude Lévi-Strauss, proposa une nouvelle explication d'ensemble des variations et différences entre les sociétés. Ce qui comptait, ce n'étaient pas les pratiques sociales de surface ou les symptômes culturels, mais les essences intérieures, les structures profondes des affaires humaines.

Le « structuralisme », ainsi qu'on devait l'appeler, était très séduisant. Dans sa façon de mettre de l'ordre dans l'expérience humaine, il avait un air de famille avec l'école historique des *Annales*, dont le représentant contemporain le mieux connu, Fernand Braudel, avait établi sa réputation sur l'étude de la « longue durée », décrivant les lents changements des structures géographiques et sociales sur de longues périodes, et convenait à merveille au style universitaire de l'époque. Plus à-propos était cependant l'accessibilité immédiate du structuralisme aux intellectuels et aux non-spécialistes. Comme l'expliquaient les admirateurs de Lévi-Strauss dans des disciplines apparentées, le structuralisme n'était même pas une théorie de la représentation : les codes sociaux, ou « signes », qu'il décrivait ne renvoyaient pas à des hommes, des lieux ou des événements particuliers, mais simplement à d'autres signes, dans un système clos. Il n'était donc pas sujet à des tests empiriques ; rien ne pouvait l'infirmer : il n'y avait pas moyen de démontrer que le structuralisme se trompait ; et l'ambition iconoclaste de ses affirmations, alliée à cette imperméabilité à toute contradiction, lui garantissait un vaste public. Tout et n'importe quoi pouvait s'expliquer comme une combinaison de « structures » : ainsi que Pierre Boulez l'observa en intitulant une de ses compositions *Structures*, « c'est le maître mot de notre temps ».

Au cours des années 1960 apparut une pléthore de structuralismes appliqués : en anthropologie, en histoire, en sociologie, en psychologie, en science politique et, bien sûr, en littérature. Les praticiens les plus renommés – habituellement ceux qui mêlaient la bonne dose d'audace intellectuelle et de sens naturel de l'autopromotion – devinrent des célébrités internationales pour avoir eu la chance d'entrer sur la scène intellectuelle alors que la télévision se transformait en média de masse. En d'autres temps, Michel Foucault aurait bien pu être un favori des salons, une star des circuits de conférence parisiens, comme Henri Bergson cinquante ans plus tôt. Mais quand *Les Mots et les Choses* se vendit à 20 000 exemplaires dans les quatre mois qui suivirent sa sortie, il devint une célébrité presque du jour au lendemain.

Foucault lui-même désavoua l'étiquette « structuraliste », tout comme Camus protesta toujours qu'il n'avait jamais été « existentialiste » et qu'il ne savait même pas de quoi il retournait[8]. Mais comme Foucault au moins eût été contraint de le reconnaître, peu importait au fond ce qu'il pensait. « Structuralisme » était désormais un raccourci désignant toute explication apparemment subversive du passé ou du présent, ébranlant les explications linéaires et les catégories traditionnelles et questionnant leurs postulats. Qui plus est, les

8. En 1960, « existentialisme » (comme « structuralisme », quelques années plus tard) était devenu un mot fourre-tout, plus ou moins l'équivalent de « bohème » pour les décennies passées : les étudiants des beaux-arts au chômage venus écouter les Beatles sur la Reeperbahn à Hambourg se disaient tous « exis ».

« structuralistes » étaient des gens qui minimisaient, voire niaient, le rôle des individus et de l'initiative individuelle dans les affaires humaines[9].

Malgré ses applications protéiformes, l'idée que tout est « structure » laissait néanmoins quelque chose d'inexpliqué. Pour Fernand Braudel, Claude Lévi-Strauss ou même Michel Foucault, l'objectif était de révéler les rouages profonds d'un système culturel. Cette démarche pouvait répondre ou non à un élan subversif – tel n'était certainement pas le cas pour Braudel – mais elle avait pour effet de glisser sur les changements ou les transitions, ou de les minimiser. Des événements politiques décisifs, notamment, se révélaient résistants à cette approche : vous pouviez expliquer pourquoi les choses *devaient* changer à une étape donnée, mais on ne savait trop *comment* elles le faisaient, ni pourquoi tel ou tel acteur social individuel choisissait de faciliter le processus. En tant qu'interprétation de l'expérience humaine, toute théorie tributaire d'un arrangement des structures d'où le choix humain avait été éliminé se trouvait ainsi entravée par ses propres postulats. Intellectuellement subversif, le structuralisme était politiquement passif.

L'élan juvénile des années 1960 ne poussait pas à comprendre le monde. Dans ces années-là, on citait volontiers la onzième des *Thèses sur Feuerbach*, que Karl Marx avait rédigées à 26 ans seulement : « Les philosophes n'ont fait qu'interpréter le monde de différentes manières ; mais ce qui importe, c'est de le transformer. » Pour ce qui était de changer le monde, il n'existait encore qu'une seule grande théorie prétendant rattacher une interprétation du monde à un projet global de changement ; juste un « Grand Récit » donnant le sens de tout mais en ménageant une place à l'initiative humaine : le projet politique du marxisme lui-même.

Les affinités intellectuelles et les obsessions politiques des années 1960 en Europe n'ont de sens qu'à la lumière de cette fascination continue exercée par Marx et le marxisme. Dans [le tome I de] sa *Critique de la raison dialectique*, parue en 1960, Jean-Paul Sartre dit tenir le marxisme pour la « philosophie indépassable de notre temps ». Si la foi inébranlée de Sartre ne faisait pas l'unanimité, à travers tout le spectre politique on s'accordait généralement à penser que quiconque veut comprendre le monde doit prendre très au sérieux le marxisme et son héritage politique. Raymond Aron – contemporain de Sartre, dont il avait été l'ami avant de devenir la Némésis intellectuelle – fut un anticommuniste de toujours. Mais lui aussi reconnaissait volontiers, avec

9. Auquel cas il pourrait paraître étrange que Jacques Lacan, le théoricien de la psychanalyse à la mode, ait été couramment assimilé à cette catégorie. Mais Lacan était un cas particulier. Même au regard des normes assez relâchées des années 1960 à Paris, il a toujours superbement ignoré les développements contemporains dans les domaines de la médecine, de la biologie et de la neurologie, sans que cela ne portât préjudice ni à sa clientèle ni à sa réputation.

un mélange de regret et de fascination, que le marxisme était l'idée dominante du temps : la religion séculière de son époque.

Entre 1956 et 1968, en Europe, le marxisme vécut – pour ainsi dire, prospéra – comme en suspens, sans donner aucun signe de vie. Le communisme stalinien était en disgrâce des suites des révélations et des événements de 1956. Les partis communistes de l'Ouest étaient politiquement insignifiants (en Scandinavie, en Grande-Bretagne, en RFA et aux Pays-Bas) ; engagé sur la voie d'un déclin lent mais incontestable (France) ; ou encore, dans le cas italien, s'efforçaient de prendre leurs distances par rapport à l'héritage moscovite. Le marxisme officiel, tel qu'il s'incarnait dans l'histoire et les doctrines des partis léninistes, était largement discrédité, surtout dans les territoires qu'il continuait de dominer. Même ceux qui, à l'Ouest, choisirent de voter communiste s'y intéressaient peu.

Dans le même temps, existait chez les intellectuels et dans les milieux universitaires un large intérêt pour les pans de l'héritage marxiste qu'il était possible de dissocier de la version soviétique et de sauver de son naufrage moral. Depuis la mort du fondateur, il y avait toujours eu des sectes et des factions marxistes et marxisantes. Bien avant 1914, existaient déjà de minuscules partis politiques revendiquant l'héritage authentique. Une poignée d'entre eux, comme le parti socialiste de Grande-Bretagne (PSGB), existait toujours : se targuant de leur virginité politique, ils se prétendaient seuls interprètes corrects des textes marxistes originaux[10]. En revanche, la plupart des mouvements, cercles, clubs et sociétés socialistes de la fin du XIXe siècle avaient été absorbés par les partis socialistes et travaillistes généralistes qui se formèrent dans les années 1900-1910. Les différends marxistes modernes plongent leurs racines dans le schisme léniniste qui allait suivre.

Ce sont les luttes de faction des premières années du régime soviétique qui donnèrent naissance à l'« hérésie » marxiste la plus durable : celle de Trotski et de ses partisans. Un quart de siècle après la mort de Trotski au Mexique entre les mains d'un assassin stalinien (et largement à cause de ce meurtre), on trouvait des partis trotskistes dans chaque État européen qui ne les avait pas explicitement interdits. Ils étaient typiquement petits et dirigés, à l'image de leur fondateur éponyme, par un chef charismatique et autoritaire qui dictait doctrine et tactique. Leur stratégie caractéristique était « l'entrisme » : travailler au sein d'organisations de gauche plus vastes (partis, syndicats, sociétés universitaires) afin de les coloniser et d'infléchir leurs politiques et leurs alliances politiques dans les directions que dictait la théorie trotskiste.

10. Le PSGB vit toujours. Imperméable au changement et trop petit pour être affecté par son insignifiance, probablement survivra-t-il indéfiniment.

Aux yeux du profane, les partis trotskistes – et l'évanescente Quatrième Internationale (des travailleurs) à laquelle ils étaient affiliés – semblaient étrangement indiscernables des communistes, partageant avec eux une même allégeance à Lénine et n'étant séparés que par l'histoire sanglante des luttes pour le pouvoir entre Trotski et Staline. Il y avait bien un point de dogme crucial pour les distinguer : les trotskistes continuaient de parler de « révolution permanente » et d'accuser les communistes officiels d'avoir fait avorter la révolution ouvrière en la limitant à un seul pays ; mais à d'autres égards la seule différence évidente était que le stalinisme avait été un succès politique quand rien ne venait ternir l'échec du trotskisme.

C'est bien entendu cet échec qui séduisait tant les derniers disciples en date de Trotski. Le passé pouvait bien paraître sombre, mais leur analyse de ce qui avait mal tourné – la révolution soviétique avait été piratée par une réaction bureaucratique analogue au coup d'État de Thermidor qui en finit avec les Jacobins en 1794 – devait leur assurer la victoire dans les années futures, ils en étaient convaincus. Pourtant, même Trotski n'était pas blanc comme neige : après tout, il avait joué un rôle crucial dans les premières années du régime soviétique et avait quelque responsabilité dans ses déviations. Pour une génération nouvelle et politiquement innocente, les échecs *réellement* séduisants étaient ceux des dirigeants perdus du communisme européen, les hommes et les femmes qui n'avaient jamais eu l'occasion d'exercer la moindre responsabilité politique.

Les années 1960 virent ainsi la redécouverte de Rosa Luxemburg, la socialiste d'origine juive polonaise assassinée par des soldats allemands des *Frei Korps* dans la fatidique révolution berlinoise de janvier 1919 ; György Lukacs, le penseur communiste hongrois dont les écrits politiques des années 1920 suggérèrent un temps une solution de rechange aux interprétations communistes officielles de l'histoire et de la littérature avant qu'il ne fût contraint à les abjurer publiquement ; et surtout Antonio Gramsci, cofondateur du PC italien et auteur d'un cycle de brillantes études inédites sur la révolution et la politique italienne, pour la plupart écrites dans les geôles fascistes où il croupit de 1926 jusqu'à sa mort, à l'âge de 46 ans, en avril 1937.

Tous trois furent copieusement réédités, ou publiés pour la première fois, dans maintes langues. Ils n'avaient pas grand-chose en commun, et l'essentiel de ce qu'ils partageaient était négatif : aucun n'avait exercé le pouvoir (sauf Lukacs, commissaire à la Culture dans l'éphémère dictature communiste de Béla Kun à Budapest, de mars à août 1919) ; tous avaient à un moment désapprouvé les pratiques léninistes (dès avant la prise du pouvoir dans le cas des bolcheviks) ; et tous trois, comme tant d'autres, avaient été longtemps négligés à l'ombre de la théorie et de la pratique communistes officielles.

L'exhumation des écrits de Luxemburg, Lukacs, Gramsci et autres marxistes oubliés de l'aube du XXe siècle[11] s'accompagna d'une redécouverte de Marx lui-même. En fait, la découverte d'un nouveau Marx, visiblement très différent, est un élément crucial de l'attrait du marxisme à cette époque. Le « vieux » Marx était celui de Lénine et de Staline : l'homme de science victorien, dont les écrits néopositivistes annonçaient et autorisaient le centralisme démocratique et la dictature du prolétariat. Même si on ne pouvait tenir Marx pour directement responsable des usages faits de ses écrits de la maturité, il leur demeurait irrévocablement associé. Au service du communisme ou de la social-démocratie, ils étaient de la *vieille* gauche.

La *nouvelle* gauche, comme elle commençait à s'appeler en 1965, se mit en quête de nouveaux textes, et elle les trouva dans les écrits du jeune Karl Marx, dans les essais métaphysiques et les notes rédigés au début des années 1840, quand Marx sortait encore à peine de l'adolescence : jeune philosophe allemand pétri d'historicisme hégélien et nourri du rêve romantique de Liberté ultime. Marx lui-même avait choisi de ne pas publier quelques-uns de ces écrits ; en fait, à la suite des révolutions ratées de 1848, il s'en était totalement détourné pour embrasser l'étude de l'économie politique et la politique contemporaine auxquelles il allait être dorénavant associé.

Aussi nombre des écrits du jeune Marx étaient-ils mal connus, même des spécialistes. Quand ils furent publiés pour la première fois intégralement, sous les auspices de l'Institut Marx-Engels de Moscou en 1932, ils ne retinrent guère l'attention. Le regain d'intérêt pour eux, notamment pour les *Manuscrits économiques et philosophiques* et pour *L'Idéologie allemande*, se produisit trente ans plus tard. Soudain, il fut possible d'être marxiste en se délestant du pesant bagage souillé de la gauche occidentale traditionnelle. Le jeune Marx semblait préoccupé par des problèmes étonnamment modernes : comment transformer la conscience « aliénée » et libérer les êtres humains de l'ignorance de leur condition et capacités véritables ; comment renverser l'ordre des priorités dans la société capitaliste et placer les êtres humains au centre de leur existence ; bref, comment changer le monde.

Pour une génération plus âgée de marxologues, comme pour les partis marxistes établis, cette insistance perverse sur les écrits mêmes que Marx avait choisi de ne pas publier semblait bien peu sérieuse. Mais elle était aussi implicitement subversive : si n'importe qui pouvait se reporter aux textes mêmes et interpréter Marx à sa guise, l'autorité de la direction communiste (en l'occurrence, trotskiste également) ne pouvait que s'écrouler et, avec elle, une bonne partie de la justification de la politique révolutionnaire dominante telle qu'on l'entendait alors. Comme il fallait s'y attendre, l'establishment marxiste

11. Comme le marxiste allemand Karl Korsch, presque contemporain de Gramsci, ou les austro-marxistes Otto Bauer et Rudolf Hilferding.

riposta. Louis Althusser, le théoricien le plus en vue du PCF, spécialiste internationalement connu du marxisme et enseignant à l'École normale supérieure, bâtit sa réputation professionnelle et sa renommée passagère sur la prétention d'avoir construit un pare-feu entre un « jeune » Marx hégélien et le Marx matérialiste de la « maturité ». Seuls étaient scientifiques et donc véritablement marxistes, insistait-il, les écrits ultérieurs[12].

Ce que les communistes et autres marxistes conservateurs pressentaient bien, c'est la facilité avec laquelle ce nouveau Marx humaniste pouvait être adapté aux goûts et aux modes contemporains. Les griefs d'un jeune romantique de l'aube du XIXe siècle comme Marx contre la modernité capitaliste et l'impact de déshumanisation de la société industrielle étaient bien assortis aux protestations contemporaines contre la « tolérance répressive » de l'Europe occidentale postindustrielle. La flexibilité apparemment infinie de l'Occident libéral et prospère, sa capacité d'absorber comme une éponge les passions et les différences, ulcérait ses critiques. La répression, protestaient-ils, était un trait endémique de la société bourgeoise. Elle ne pouvait se dissiper comme si de rien n'était. La répression qui s'absentait de la rue devait nécessairement se reporter *quelque part* : elle devait s'insinuer dans l'âme même des gens et, par-dessus tout, dans leur corps.

Intellectuel du temps de Weimar qui avait échoué en Californie du Sud, où il adapta sans mal son ancienne épistémologie à son nouvel environnement, Herbert Marcuse offrit une synthèse efficace de tous ces courants de pensée. La société de consommation occidentale, expliqua-t-il, ne reposait plus sur l'exploitation économique directe d'une classe de prolétaires démunis. Elle détournait plutôt l'énergie humaine de la quête de l'accomplissement (notamment sexuel) vers la consommation de biens et d'illusions. Les vrais besoins – sexuels, sociaux, civiques – sont évincés par les faux, dont la satisfaction est la fin de la culture centrée sur la consommation. C'était entraîner le jeune Marx plus loin encore qu'il ne l'aurait sans doute voulu, mais le propos séduisait un large public : pas seulement la poignée des lecteurs de Marcuse, mais aussi tous ceux, bien plus nombreux, qui s'emparèrent de son langage et de l'axe général de son argumentation à mesure que ses thèses se diffusaient dans la culture.

12. La thèse d'Althusser reposait sur une bizarre explication structuraliste de Marx, dont l'attrait contemporain aux yeux des jeunes quêteurs de Théorie était directement proportionnel à son opacité jésuitique (les spécialistes plus âgés n'en furent aucunement impressionnés). Mais l'affirmation d'autorité était assez claire : il n'y a qu'une seule bonne lecture de Marx, soulignait-il, et c'est la mienne. En France, l'étoile d'Althusser ne se flétrit qu'avec la chute du parti dont il avait épousé la cause ; son obscurantisme n'a plus d'attrait aujourd'hui que sur des franges marginales de l'université anglo-saxonne.

L'insistance sur l'épanouissement *sexuel* comme objectif révolutionnaire avait tout pour choquer les hommes de gauche de la vieille génération. L'amour libre dans une société libre n'était pas une idée neuve : certaines sectes socialistes l'avaient prôné au début du XIXe siècle, et les premières années du régime soviétique avaient été nettement plus ouvertes sur le plan moral. Mais la tradition révolutionnaire dominante en Europe était une tradition de droiture morale et domestique. La vieille gauche n'avait jamais été *culturellement* dissidente ou sexuellement aventureuse, même dans sa jeunesse : cela avait été l'affaire de la bohème, des esthètes et des artistes, souvent individualistes ou même réactionnaires sur un plan politique.

Mais si déconcertante fût-elle, l'association du sexe et de la politique ne représentait pas une véritable menace. En vérité, comme un intellectuel communiste se donna la peine de l'expliquer, l'insistance placée depuis peu sur les désirs privés plutôt que sur les luttes collectives était *objectivement* réactionnaire[13]. Les implications véritablement subversives de l'adaptation de Marx par la nouvelle gauche se situent ailleurs. Les communistes et les autres pouvaient bien faire fi du discours de la libération sexuelle. L'esthétique anti-autoritaire de la jeune génération ne les tracassait même pas, avec ses exigences d'autogestion dans la chambre à coucher, la salle de cours et l'atelier. Tout *cela*, ils le rejetaient imprudemment comme un trouble passager de l'ordre naturel des choses. Ce qui choquait le plus, c'était la tendance naissante des jeunes gauchistes à identifier la théorie marxiste aux pratiques révolutionnaires de contrées exotiques, où aucune des catégories et autorités établies ne semblait s'appliquer.

La prétention centrale de la gauche historique en Europe était de représenter – dans le cas des communistes, en fait d'*incarner* – le prolétariat : les cols-bleus de la classe ouvrière industrielle. Cette étroite identification du socialisme et de la main-d'œuvre urbaine était plus qu'une simple affinité élective. C'était la marque distinctive de la gauche idéologique, ce qui la séparait des réformateurs sociaux-libéraux et catholiques bien intentionnés. Le vote ouvrier, surtout *masculin*, était le fondement du pouvoir et de l'influence du parti travailliste en Grande-Bretagne, des partis ouvriers belge et hollandais, du PCF et du PCI, ainsi que des partis sociaux-démocrates de l'Europe centrale germanophone.

Sauf en Scandinavie, la majorité de la population ouvrière n'avait jamais été socialiste ni communiste : ses allégeances étaient largement réparties à

13. Sur ce point, ils touchaient juste. Ainsi le situationniste belge Raoul Vaneigem écrit-il [dans son *Traité de savoir-vivre à l'usage des jeunes générations* (1967 ; nvlle éd. 1972)] : « Pour un monde de jouissance à gagner, nous n'avons à perdre que l'ennui. » Avec le recul, il est difficile de dire si de tels slogans étaient spirituels, innocents ou simplement cyniques. En tout état de cause, ils ne mettaient guère en péril le *statu quo*.

travers le spectre politique. Les partis de gauche traditionnels n'en étaient pas moins largement tributaires du vote ouvrier et s'identifiaient donc fortement à lui. Au milieu des années 1960, cependant, cette classe disparaissait. Dans les pays développés d'Europe occidentale, les mineurs, les sidérurgistes, les ouvriers des chantiers navals, les métallos, les ouvriers du textile, les cheminots et les travailleurs manuels en tous genres se retiraient en grands nombres. Dans l'âge proche de l'industrie des services, leur place était occupée par une espèce de travailleur bien différente.

Cela aurait dû causer quelque souci à la gauche traditionnelle : les syndicats et les partis étaient largement tributaires de cette base de masse pour leurs fonds comme pour leurs militants. Mais alors même que la disparition amorcée du prolétariat européen classique était amplement annoncée dans les enquêtes sociales contemporaines, la vieille gauche continuait d'insister sur sa « base » ouvrière. Les communistes, notamment, restaient intransigeants. Il n'existait qu'une seule classe révolutionnaire : le prolétariat ; un seul parti qui pût représenter et servir les intérêts de cette classe : les communistes ; et une seule issue correcte au combat des travailleurs sous la direction communiste : la révolution, brevetée en Russie cinquante ans plus tôt.

Mais pour quiconque n'était pas marié à cette version de l'histoire européenne, le prolétariat n'était plus le seul vecteur disponible d'une transformation radicale de la société. Dans ce qu'on appelait de plus en plus le « tiers monde », existaient d'autres candidats : nationalistes anticoloniaux en Afrique du Nord et au Moyen-Orient ; extrémistes noirs aux États-Unis (qui n'avaient pas grand-chose à voir avec le tiers monde, mais s'identifiaient étroitement à lui) et, partout des guérillas paysannes, de l'Amérique centrale à la mer de Chine du Sud. Avec les « étudiants » et même simplement les jeunes, ils constituaient une clientèle bien plus vaste et plus facile à mobiliser pour les espoirs révolutionnaires que les masses laborieuses posées et satisfaites de l'Occident prospère. À la suite de 1956, les jeunes gauchistes européens s'étaient détournés du bilan déprimant du communisme dans l'est de l'Europe pour chercher plus loin leur inspiration.

Ce nouveau goût de l'exotisme se nourrit en partie de la décolonisation contemporaine et des aspirations des mouvements de libération nationale, et en partie d'une projection sur d'autres des illusions perdues de l'Europe. Il reposait sur une connaissance locale étonnamment maigre, malgré une industrie artisanale naissante des « études paysannes » au sein de l'Université. Les révolutions cubaine et chinoise, en particulier, étaient investies de toutes les qualités et réalisations qui faisaient tristement défaut à l'Europe. La marxiste italienne Maria-Antonietta Macciochi évoqua avec lyrisme le contraste entre la condition pitoyable de l'Europe contemporaine et l'utopie postrévolutionnaire de la Chine de Mao, alors au faîte de la Révolution culturelle : « En Chine, il n'y a aucun signe d'aliénation, de troubles mentaux ni de cette fragmentation de l'individu qu'on trouve dans une société de consommation. Le monde des Chinois est compact, intégré, absolument complet. »

Les révolutions paysannes du monde non-européen possédaient un attribut supplémentaire qui séduisait les intellectuels et étudiants ouest-européens de l'époque : elles étaient violentes. Bien entendu, ce n'était pas la violence qui manquait à quelques heures de là, plus à l'est, en Union soviétique et dans ses satellites. Mais c'était la violence de l'État, du communisme officiel. La violence des révoltes du tiers monde était une violence libératrice. Dans sa préface de 1961 aux *Damnés de la terre* de Frantz Fanon, Jean-Paul Sartre s'illustra en expliquant que la violence des révolutions anticoloniales, « c'est l'homme lui-même se recomposant. [...] Abattre un Européen c'est faire d'une pierre deux coups, supprimer en même temps un oppresseur et un opprimé : restent un homme mort et un homme libre ; le survivant, pour la première fois, sent un sol *national* sous la plante de ses pieds[14] ».

Cette admiration, empreinte de négation de soi, pour des modèles étrangers n'était pas nouvelle en Europe : Tocqueville avait de longue date remarqué la séduction qu'elle exerçait sur l'intelligentsia prérévolutionnaire de la France du XVIIIe siècle, et elle avait eu sa part dans l'attrait de la Révolution soviétique elle-même. Dans les années 1960, cependant, c'était l'Extrême-Orient ou le Sud le plus lointain qui étaient donnés en exemple aux Européens. Les étudiants gauchistes de Milan et de Berlin étaient pressés d'imiter les stratagèmes qui avaient réussi aux Orientaux : en 1968, dans un mélange révélateur de rhétorique maoïste et de tactique trotskiste, le leader estudiantin allemand Rudi Dutschke invita ses partisans à entreprendre une « longue marche à travers les institutions ».

Pour leurs aînés conservateurs, cette invocation en passant de modèles étrangers illustrait la désinvolture avec laquelle la vénérable syntaxe révolutionnaire de la vieille Europe s'effilochait en une véritable Babel idéologique. Quand des étudiants italiens annoncèrent que, dans la nouvelle économie de service, les universités constituaient l'épicentre de la production du savoir et que les étudiants étaient donc la nouvelle classe ouvrière, ils forçaient les termes de l'échange marxiste jusqu'au point-limite. Au moins avaient-ils pour eux un précédent dialectique, et jouaient-ils dans le cadre des règles acceptées. Quelques années plus tard, quand *Re Nudo*, journal estudiantin milanais, proclama « Jeunesse prolétarienne de l'Europe, Jimi Hendrix nous unit ! », la dialectique avait dégénéré en parodie. Ainsi que leurs détracteurs l'avaient souligné d'emblée, les garçons et les filles des *Sixties* n'étaient vraiment pas sérieux.

14. [Frantz, Fanon, *Les Damnés de la terre*, préface de Jean-Paul Sartre, 2002, p. 29.]

Et pourtant… les années 1960 furent aussi une décennie d'une portée décisive. De la Bolivie à l'Asie du Sud-Est, le tiers-monde était en tumulte. Le « deuxième » monde du communisme soviétique n'était stable qu'en apparence, et encore pas pour très longtemps, on le verra. Et la puissance dirigeante de l'Occident, secouée par des assassinats et des émeutes raciales, se lançait dans une guerre à grande échelle au Viêt-nam. Le budget américain de la défense augmenta régulièrement au milieu des années 1960 pour atteindre un sommet en 1968. La guerre du Viêt-nam ne fut pas une pomme de discorde en Europe – elle suscitait la désapprobation de tous les bords politiques –, mais elle fut le catalyseur d'une mobilisation à travers le continent : même en Grande-Bretagne, où les plus grosses manifestations de la décennie furent explicitement organisées contre la politique américaine. En 1968, la campagne de solidarité avec le Viêt-nam entraîna plusieurs dizaines de milliers d'étudiants à travers les rues de Londres jusqu'à l'ambassade des États-Unis, pour exiger avec véhémence la fin de la guerre (et du soutien tiède du gouvernement travailliste).

Que tant de conflits et de revendications de l'époque fussent structurés autour d'un ordre du jour politique, plutôt qu'économique, en dit long sur les circonstances bien particulières des années 1960 et les origines sociales des activistes publics les plus en vue. Comme 1848, les années 1960 furent une révolution des intellectuels. En revanche, le malaise de l'époque avait bien une dimension économique, même si nombre des participants n'y prêtaient pas encore attention. Bien que la prospérité des décennies d'après-guerre ne fût pas encore essoufflée et que le chômage n'eût jamais été aussi bas en Europe occidentale, un cycle de conflits du travail, à travers le continent, donna un aperçu des troubles futurs.

Derrière ces grèves, et celles qui devaient se produire en 1968-1969, se trouvait le mécontentement face au déclin des salaires réels, alors que la vague de croissance de l'après-guerre avait franchi son sommet ; mais la véritable source de doléances, c'étaient les conditions de travail et, plus particulièrement, les relations entre patrons et employés. Sauf dans les cas particuliers de l'Autriche, de l'Allemagne et de la Scandinavie, les relations entre direction et travailleurs dans les usines et les bureaux n'étaient pas bonnes : dans un atelier typique de Milan, de Birmingham, ou de la ceinture industrielle de Paris, des ouvriers militants, pleins de ressentiment, étaient surveillés par des autocrates intransigeants, avec fort peu de communication entre eux. Dans certaines parties de l'Europe occidentale, l'expression « relations sociales » tenait de l'oxymoron.

La situation était largement la même dans certaines parties des services et parmi les professionnels : l'ORTF (Office de radiodiffusion-télévision française) et le Commissariat à l'Énergie atomique, pour ne donner que deux exemples saillants, grouillaient de personnel technique mécontent, des journalistes aux ingénieurs. Les formes traditionnelles d'autorité et de discipline, mais aussi les façons de parler aux subalternes (et de s'habiller) n'avaient pas suivi les transformations sociales et culturelles rapides de la décennie passée. Les usines et les bureaux étaient dirigés du sommet sans consultation de la base. Les patrons pouvaient rappeler à l'ordre, humilier ou licencier leur personnel à volonté. Les employés n'avaient guère droit au respect, leur avis n'était pas écouté. Les appels se multipliaient à une plus grande initiative des ouvriers, à davantage d'autonomie professionnelle, voire à l'autogestion.

Autant de problèmes qui n'avaient plus été au premier plan des conflits sociaux depuis les occupations d'usines du Front populaire en 1936. Ils avaient largement échappé à l'attention des syndicats et des partis politiques, focalisés qu'ils étaient sur des revendications plus traditionnelles et faciles à manipuler : augmentation de salaires, réduction du temps de travail. Mais le chevauchement était assez facile avec la rhétorique des étudiants révolutionnaires (avec qui les militants d'atelier n'avaient pas grand-chose d'autre en commun), qui formulaient des griefs semblables à propos de leurs universités surpeuplées et mal gérées.

Le sentiment d'être exclu, de la décision et donc du pouvoir, reflétait une autre dimension des *Sixties* dont on n'a pas pris la pleine mesure à l'époque. Grâce au système du scrutin uninominal à deux tours pour les législatives et l'élection présidentielle au suffrage universel, la vie politique française, au milieu des années 1960, était devenue un système stable de coalitions électorales et parlementaires construit autour de deux familles politiques : communistes et socialistes à gauche, centristes et gaullistes à droite. Du fait d'un accord tacite, les petits partis et les groupes marginaux étaient contraints de se fondre dans une des quatre grandes unités, sous peine de se retrouver exclus de la vie politique dominante.

Pour des raisons différentes, la même chose se produisait en Italie et en Allemagne. À compter de 1963, en Italie, une large coalition de centre-gauche occupa l'essentiel de l'espace politique national, dont seuls étaient exclus le PC et les ex-fascistes. La RFA était gouvernée depuis 1966 par une « grande coalition » formée des démocrates-chrétiens et des sociaux-démocrates qui, avec les libéraux, monopolisaient le Bundestag. Ces arrangements étaient gage de stabilité politique et de continuité ; de ce fait, cependant, dans les trois grandes démocraties d'Europe occidentale, l'opposition la plus radicale se trouva refoulée non seulement en marge, mais carrément hors du parlement. « Le système » semblait exclusivement dirigé par « eux », comme le soulignait depuis quelque temps la nouvelle gauche. Faisant de nécessité vertu, les étudiants révolutionnaires se présentèrent comme l'opposition « extraparlementaire », et la politique descendit dans la rue.

L'exemple le mieux connu – la France du printemps 1968 – fut aussi le plus éphémère. Et sa notoriété doit davantage à l'effet de choc, et au symbolisme particulier des barricades dans les rues de Paris, qu'à ses effets durables. Les « événements » de mai commencèrent à l'automne de 1967, à Nanterre, lugubre banlieue de l'Ouest parisien où avait été construite à la hâte une annexe de l'ancienne Université de Paris. Depuis un certain temps, les dortoirs de Nanterre étaient le refuge d'une population flottante d'étudiants légitimes, de gauchistes « clandestins » et d'un petit nombre de dealers et de drogués. Les loyers n'étaient pas payés. Il y avait aussi beaucoup d'agitation nocturne et, malgré la stricte interdiction officielle, de va-et-vient entre les dortoirs des filles et ceux des garçons[15].

À Nanterre, l'administration avait répugné à provoquer des troubles en appliquant les règles ; en janvier 1968, en revanche, elle expulsa un « squatter » et menaça de mesures disciplinaires un étudiant régulier, Daniel Cohn-Bendit, pour avoir insulté un ministre en visite[16]. Suivirent de nouvelles manifestations et, le 22 mars, après l'arrestation d'étudiants gauchistes qui avaient attaqué le siège d'American Express dans le centre de Paris, se forma un mouvement, parmi les dirigeants duquel se trouvait Cohn-Bendit. Quinze jours plus tard, après de nouveaux heurts des étudiants avec la police, le campus de Nanterre était fermé ; le mouvement – et l'action – se transporta vers les vénérables bâtiments de la Sorbonne, au cœur de Paris.

Il faut insister sur les querelles de clocher et les problèmes nombrilesques qui déclenchèrent les événements de mai, de crainte de se laisser égarer par le langage chargé d'idéologie et les programmes ambitieux des semaines suivantes. L'occupation de la Sorbonne par les étudiants, ainsi que les barricades de rue et les heurts qui s'ensuivirent avec la police, notamment dans les nuits des 10 au 11 et du 24 au 25 mai, furent conduits par des représentants de la Jeunesse communiste révolutionnaire (trotskistes) ainsi que par des cadres des syndicats estudiantins ou enseignants. Mais la rhétorique marxiste qui accompagna le mouvement, si elle était assez familière, masquait un esprit foncièrement anarchiste, dont l'objectif immédiat était d'abattre et d'humilier l'autorité.

15. C'était de longue date une source de friction. En janvier 1966, après des mois de conflits dans les dortoirs d'Antony, au sud de Paris, un nouveau directeur avait institué ce qui était à l'époque un régime révolutionnaire. Les garçons et les filles de plus de vingt et un ans pouvaient désormais recevoir des membres du sexe opposé dans leurs chambres. Les moins de vingt et un ans pouvaient le faire avec l'*autorisation écrite* de leurs parents. Ce libéralisme ne suscita d'imitation nulle part ailleurs.

16. Le ministre de la Jeunesse, un certain François Missoffe, s'était rendu à Nanterre pour inaugurer des installations sportives. Cohn-Bendit, étudiant « enragé », demanda pourquoi le ministère de l'Éducation ne faisait rien pour régler le conflit des dortoirs (ou les « problèmes sexuels », comme il dit). Se laissant prendre à la provocation, le ministre suggéra que si Cohn-Bendit avait des problèmes de sexe, il n'avait qu'à plonger dans la magnifique piscine flambant neuve. Et le jeune étudiant d'origine allemande de répondre : « Voici une réponse digne des jeunesses hitlériennes… » [Cité in H. Hamon et P. Rotman, *Génération*, I, Paris, Seuil, 1998, p. 401.]

En ce sens, comme le fit valoir avec mépris la direction du PCF, c'était une surprise-partie, non pas une révolution. Tout le symbolisme d'une révolte française traditionnelle était là : manifestants armés, barricades, occupations de bâtiments officiels et de carrefours stratégiques, revendications et contre-revendications politiques. Mais pas la substance. Les jeunes gens des foules estudiantines appartenaient, dans leur écrasante majorité, aux classes moyennes. Beaucoup étaient issus de la bourgeoisie parisienne : des « fils à papa », comme devait dire par dérision Georges Marchais. C'étaient leurs parents, leurs tantes et leurs grands-mères qui, depuis les fenêtres de leurs confortables appartements bourgeois, les regardaient défiler dans la rue et défier les forces armées de l'État français.

Georges Pompidou, le Premier ministre gaulliste, eut tôt fait de prendre la mesure des troubles. Après les affrontements initiaux, il retira la police, malgré les critiques venant du sein même de son parti et de son gouvernement, et laissa ainsi les étudiants parisiens maîtres *de facto* de l'université et du quartier latin. Pompidou et de Gaulle étaient embarrassés par la publicité entourant les faits et gestes des étudiants. Mais sauf au tout début, où ils se laissèrent surprendre, ils ne se sentirent pas menacés. Le moment venu, ils pouvaient compter sur la police, et surtout les CRS – recrutés parmi les fils de paysans pauvres qui ne rechignèrent jamais à matraquer les jeunes privilégiés de Paris – afin de rétablir l'ordre. Ce qui troublait Pompidou était autrement plus grave.

Les émeutes et occupations estudiantines avaient déclenché une série de grèves et d'occupations des lieux de travail à travers le pays. À la fin mai, le pays était presque paralysé. Parmi les premiers mouvements de protestation, d'aucuns, comme celui des journalistes de l'ORTF, visaient les chefs politiques qui censuraient la couverture du mouvement estudiantin et, notamment, la brutalité excessive de certains CRS. Mais la grève générale faisant tache d'huile – touchant les usines de construction aéronautique de Toulouse, le secteur de l'électricité, la pétrochimie, et plus inquiétant, les immenses usines Renault à la porte de Paris –, il devint évident que l'enjeu allait bien au-delà de l'agitation de quelques milliers d'étudiants.

Les grèves, les sit-in, les occupations de bureau et les manifestations et défilés qui les accompagnaient furent le plus grand mouvement de protestation sociale de la France moderne, bien plus ample que ceux de juin 1936. Même avec le recul, il est difficile de dire avec aplomb de quoi il retournait exactement. La CGT (Confédération générale du travail), d'obédience communiste, fut d'abord dépassée : quand des militants syndicaux voulurent reprendre en mains la grève de Renault, ils se firent claquer la porte au nez, et l'accord trouvé entre le gouvernement, les syndicats et le patronat fut rejeté catégoriquement par les ouvriers de la Régie, alors même qu'il promettait augmentations de salaires, horaires réduits et davantage de consultation.

Les millions d'hommes et de femmes qui avaient cessé le travail avaient au moins une chose en commun avec les étudiants. Quelles que fussent leurs doléances locales particulières, ils étaient surtout frustrés par leurs conditions de vie. Ils ne désiraient pas tant un meilleur contrat de travail qu'un changement touchant leur mode de vie : brochures, manifestes et discours étaient très clairs à ce sujet. Pour les autorités, c'était bon signe, puisque cela avait pour effet de diluer l'état d'esprit des grévistes et de détourner leur attention des cibles politiques ; mais cela suggérait un malaise général qu'il était difficile de traiter.

La France était prospère et en sécurité. Certains observateurs conservateurs en conclurent que la vague de protestation n'était pas l'effet d'un malaise, mais simplement de l'ennui. Or, il n'en existait pas moins une authentique frustration, et pas simplement dans les usines Renault, où les conditions de travail étaient de longue date peu satisfaisantes, mais partout. La Ve République avait accentué la vieille habitude française de concentrer le pouvoir en un seul endroit et dans une poignée d'institutions. La France était dirigée – chacun le voyait – par une infime élite parisienne : socialement fermée, culturellement privilégiée, hautaine, hiérarchique et inabordable. Même certains de ses membres (et surtout leurs rejetons) la trouvaient étouffante.

Pour la première fois depuis 1958, le vieux de Gaulle lui-même ne parvint à comprendre le cours des événements. Sa première réponse avait été un discours à la télévision, qui était tombé à plat, puis il avait disparu de la scène[17]. L'année suivante, quand il essaya de récupérer à son avantage ce qu'il prenait pour un état d'esprit national antiautoritaire et proposa par référendum une série de mesures destinées à décentraliser le gouvernement et le système de décision en France, il essuya une défaite cinglante et humiliante. Sur ce, il démissionna pour se retirer dans sa maison de campagne, où il mourut quelques mois plus tard.

Quant à Pompidou, il avait eu raison d'attendre pour voir comment tourneraient les manifestations estudiantines. Au faîte des sit-in étudiants et de l'accélération du mouvement de grève, certains leaders étudiants et une poignée d'hommes politiques plus aguerris qui auraient dû savoir à quoi s'en tenir (y compris l'ancien président du Conseil, Pierre Mendès France, et le futur président François Mitterrand) déclarèrent que les autorités étaient démunies : le pouvoir était à prendre. C'était un discours dangereux et absurde : comme Raymond Aron le nota à l'époque, « chasser un président élu au suffrage universel ou chasser un roi, ce n'est pas la même chose ». De Gaulle et Pompidou furent prompts à tirer parti des erreurs de la gauche. Le

17. Pour rendre visite à l'armée française en Allemagne, devait-on apprendre, et s'assurer de sa loyauté et de sa disponibilité s'il avait besoin d'elle. On n'en sut rien à l'époque.

pays, mirent-ils en garde, était menacé d'un coup de force communiste[18]. À la fin mai, de Gaulle annonça soudain de nouvelles élections législatives, invitant les Français à choisir entre le gouvernement légitime et la chienlit révolutionnaire.

Pour donner le coup d'envoi de sa campagne électorale, la droite organisa une immense contre-manifestation. Bien plus imposant que ne l'avaient été les manifestations estudiantines quinze jours plus tôt, l'immense cortège qui descendit le 30 mai les Champs-Élysées infligea un démenti à la gauche qui prétendait que les autorités avaient perdu la main. La police reçut pour consigne d'évacuer les universités, les usines et les bureaux. Aux élections qui suivirent, le parti gaulliste au pouvoir remporta une victoire écrasante, avec une progression de plus d'un cinquième qui lui assura une très confortable majorité à l'Assemblée nationale. Les ouvriers reprirent le travail, les étudiants partirent en vacances.

Les événements de mai en France eurent un impact sans commune mesure avec leur véritable signification. Une révolution semblait s'y dérouler en temps réel, sous les yeux des téléspectateurs du monde entier. Ses leaders étaient merveilleusement télégéniques : des jeunes gens séduisants et volubiles entraînant la jeunesse du pays sur les boulevards historiques de la Rive gauche[19]. Leurs revendications – cadre universitaire plus démocratique, fin de la censure morale ou simplement un monde plus joli – étaient accessibles, et malgré les poings fermés et la rhétorique révolutionnaire, fort peu menaçantes. Tout en étant mystérieux et troublant, le mouvement national de grève ne fit qu'ajouter à l'aura des actions estudiantines : ayant par le plus parfait hasard déclenché une explosion de rancœur sociale, on devait créditer rétrospectivement les étudiants de l'avoir anticipée et même exprimée.

Par-dessus tout, les événements de mai, en France, furent curieusement pacifiques à l'aune des turbulences révolutionnaires ailleurs, ou du passé même de la France. Il y eut beaucoup de violences contre les biens, et un certain nombre d'étudiants et de policiers durent être hospitalisés le 24 mai, à la suite de la « nuit des barricades ». Mais les deux camps reculèrent. Aucun étudiant ne trouva la mort en mai 68 ; les représentants politiques de la République ne furent pas agressés ; et ses institutions ne furent jamais sérieusement contestées (hormis le système universitaire français, où tout commença, et qui

18. C'était visiblement faux. Le PCF ne suivit aucune stratégie cohérente en 1968, si ce n'est pour accabler de son mépris les gauchistes étudiants et essayer de préserver son influence au sein du mouvement ouvrier. S'emparer du pouvoir politique dépassait ses moyens ou son imagination.

19. Il n'y avait pas de femmes parmi les leaders. Sur les photographies et actualités cinématographiques de l'époque, on voit surtout des filles perchées sur les épaules de leurs petits amis, mais elles étaient au mieux des fantassins auxiliaires dans l'armée des étudiants. Si les jeunes révoltés de 1968 parlaient beaucoup de sexe, les inégalités « de genre » (hommes/femmes) ne les préoccupaient absolument pas.

souffrit de perturbations internes et d'un discrédit persistants sans faire l'objet de véritables réformes).

Les révolutionnaires de 1968 imitèrent jusqu'à la caricature le style et les accessoires des révolutions passées : tout compte fait, ils jouaient sur la même scène. Mais ils renoncèrent à répéter leur violence. En conséquence, le « psychodrame » français, suivant le mot de Raymond Aron, entra presque immédiatement dans la mythologie populaire comme un objet de nostalgie, un combat stylisé, où les forces de la Vie, de l'Énergie et de la Liberté affrontèrent la grisaille terne et assoupissante des hommes du passé. Quelques meneurs de mai firent des carrières politiques traditionnelles : Alain Krivine, le leader charismatique des étudiants trotskistes est, quarante ans plus tard, le chef de file sexagénaire du plus vieux parti trotskiste français. Expulsé de France en mai, Dany Cohn-Bendit allait devenir un conseiller municipal respecté de Francfort avant de représenter les Verts au Parlement européen.

En revanche, que les best-sellers sur le sujet, une génération plus tard, ne soient pas des travaux d'analyse historique sérieux, encore moins les austères traités doctrinaux de l'époque, mais des recueils de graffitis et de slogans contemporains en dit long sur l'état d'esprit foncièrement apolitique de mai. Glanés sur les murs, les panneaux d'affichage et dans les rues de la ville, ces graffitis invitent les jeunes à faire l'amour, à s'amuser, à se moquer des autorités, d'une manière générale à faire ce qu'il leur plaît et, au passage, à changer le monde. « Sous les pavés, la plage », disait le slogan. Ce que ne font jamais les auteurs de slogans de mai 68, c'est d'inviter leurs lecteurs à porter des coups sérieux. Mêmes les attaques dirigées contre de Gaulle le traitent plus en vieille baderne qu'en ennemi politique. Elles trahissent l'irritation et l'exaspération, mais étonnamment peu de *colère*. Ce devait être une révolution sans victime, ce qui, au bout du compte, signifie que ce ne fut pas du tout une révolution.

La situation était très différente en Italie, malgré les similitudes superficielles dans la rhétorique des mouvements estudiantins. Les amples migrations du Sud vers le Nord, dans la première moitié de la décennie, avaient engendré à Milan, Turin et d'autres villes industrielles du Nord, une demande de transports, de services, d'éducation et, surtout, de logements à laquelle le gouvernement n'avait jamais su répondre. Le « miracle économique » italien survint plus tard qu'ailleurs, alors que la sortie de la société agraire avait été plus brutale.

En conséquence, les troubles de l'industrialisation de la première génération recoupèrent les malaises de la modernité tout en se heurtant à eux. Les ouvriers non qualifiés ou semi-qualifiés – typiquement du Sud, pour beaucoup des femmes – ne furent jamais absorbés au sein des syndicats en place d'ouvriers qualifiés, masculins, du Nord industrialisé. Les tensions traditionnelles entre patronat et ouvriers se trouvèrent alors démultipliées par les conflits entre ouvriers qualifiés ou non, syndiqués ou non. Les employés qualifiés mieux payés et mieux protégés des usines Fiat ou des pneus Pirelli exigeaient d'avoir leur mot à dire dans les décisions de la direction sur les postes de travail, les écarts de salaire et les mesures disciplinaires. Les ouvriers non qualifiés faisaient leurs certains de ces objectifs, mais en combattaient d'autres. Pour *leur* part, ils dénonçaient surtout le système épuisant du salaire aux pièces, le rythme implacable des chaînes mécanisées de production en série et les conditions de travail insalubres.

L'économie italienne de l'après-guerre fut transformée par des centaines de petites usines mécaniques, textiles et chimiques, dont la plupart des employés étaient sans recours face aux exigences patronales. L'État-providence italien des années 1960 était encore un édifice assez rudimentaire qui ne devait parvenir à maturité que dans la décennie suivante (en bonne partie grâce aux bouleversements sociaux des années 1960), et beaucoup d'ouvriers non qualifiés et leurs familles restaient dépourvus de droits sur leur lieu de travail et n'avaient pas accès aux allocations familiales (en mars 1968, fut organisée une grève nationale pour revendiquer un système de pension valable dans tout le pays). Les partis et syndicats traditionnels de gauche étaient mal armés pour traiter de ces problèmes. À l'époque, leur principal souci était au contraire la dilution des anciennes institutions ouvrières par cette nouvelle main-d'œuvre indisciplinée. Les ouvrières semi-qualifiées qui cherchaient l'appui du syndicat communiste dans leur lutte contre l'accélération des cadences de travail se virent invitées à réclamer plutôt une compensation accrue.

Dans ces conditions, les principaux bénéficiaires des tensions sociales de l'Italie ne furent pas les organisations de gauche traditionnelles, mais une poignée de réseaux informels de la gauche « extra-parlementaire ». Leurs dirigeants – communistes dissidents, théoriciens de l'autonomie ouvrière issus de l'Université, porte-parole des organisations estudiantines – furent plus prompts à identifier les nouvelles sources de mécontentement au niveau de l'atelier et à les absorber dans leurs projets. Par ailleurs, les universités elles-mêmes offraient une irrésistible analogie. Là aussi, une nouvelle population non organisée (afflux massif d'étudiants de première génération) était confrontée à des conditions de vie et de travail très insatisfaisantes. Et là encore, une vieille élite disposait d'un pouvoir de décision sans entrave sur les masses estudiantines, imposant charge de travail, examens, notes et sanctions à sa guise.

Dans cette perspective, les administrateurs et les syndicats en place ainsi que les autres organisations professionnelles des écoles et des universités – non moins qu'à l'usine ou dans les ateliers – partageaient un même intérêt acquis, « objectif » au *statu quo.* Le fait que la population estudiantine italienne recrutât très majoritairement dans la bourgeoisie urbaine ne contrarie nullement ce raisonnement : en tant que producteurs et consommateurs de savoir, ils représentaient, à leurs yeux, une menace plus grande encore pour le pouvoir et l'autorité que les forces traditionnelles du prolétariat. Dans la réflexion de la nouvelle gauche, ce n'était pas l'origine sociale d'un groupe qui comptait, mais sa capacité à perturber les institutions et les structures de l'autorité. Une salle de cours était un tout aussi bon point de départ qu'un atelier d'usinage.

La capacité d'adaptation protéiforme de l'extrême gauche italienne dans ces années-là ressort bien de cet ensemble de revendications d'un *liceo* (lycée) de Milan : les objectifs du mouvement étudiant, pouvait-on lire, étaient « le contrôle et, au final, l'élimination des notes et des échecs, et donc l'abolition de la sélection à l'école ; le droit de chacun à l'éducation et à une bourse d'études garantie ; la liberté de tenir des réunions ; une assemblée générale le matin ; la responsabilité des enseignants devant les étudiants ; la mise à l'écart de tous les professeurs autoritaires et réactionnaires ; l'établissement du programme par la base[20] ».

Le cycle des protestations et des troubles de la fin des années 1960, en Italie, commença à Turin, en 1968, quand les étudiants s'opposèrent au projet de déménagement d'une partie de l'université (la faculté des sciences) en banlieue – faisant ainsi écho aux protestations qui s'exprimaient au même moment à Nanterre. Un autre parallèle est celui de la fermeture, en mars, de l'Université de Rome, après la révolte des étudiants contre un projet parlementaire de réforme des universités. À la différence du mouvement estudiantin français, en revanche, l'intérêt des organisateurs des étudiants italiens pour la réforme des institutions universitaires devait toujours passer après leur identification au mouvement ouvrier. Le nom même de leurs organisations le suggère : *Avanguardia Operaia* (Avant-garde ouvrière) ou *Potere Operaio* (Pouvoir ouvrier).

Les conflits du travail qui débutèrent dans les usines Pirelli de Milan en septembre 1968 et se prolongèrent jusqu'en novembre 1969 (quand le gouvernement fit pression sur Pirelli pour l'amener à accepter les principales revendications des grévistes) apportèrent un contrepoint industriel en même temps qu'un encouragement aux étudiants protestataires. Le mouvement de grève de 1969 fut le plus imposant de toute l'histoire italienne, et eut sur les jeunes enragés italiens un effet de mobilisation et de politisation sans commune mesure avec celui du petit mois de protestation de 1968 en France. L'« automne chaud » de cette année-là, avec ses grèves sauvages et ses occupations spontanées par de petits groupes d'ouvriers exigeant de faire entendre

20. Cité in Robert Lumley, *States of Emergency : Cultures of Revolt in Italy from 1968 to 1978*, Londres, 1990, p. 96.

leur voix dans la direction des usines, amena une génération de théoriciens étudiants italiens et leurs partisans à conclure que la bonne tactique était le rejet radical de l'« État bourgeois ». L'autonomie ouvrière – en tant que tactique et objectif – était la voie de l'avenir. La réforme, de l'école comme des usines, n'était pas seulement inaccessible : elle était indésirable. Le compromis était signe de défaite.

Les raisons exactes qui amenèrent des marxistes italiens « officieux » à prendre ce tournant restent matière à débat. Par sa stratégie traditionnellement subtile et accommodante, le PCI prêtait le flanc à l'accusation de travailler dans « le système », d'avoir intérêt à sa stabilité et d'être donc « objectivement réactionnaire », comme le lui reprochaient ses critiques à gauche. Quant au système politique italien, il était à la fois corrompu et apparemment imperméable au changement : aux élections législatives de 1968, les partis démocrate-chrétien et communiste progressèrent tous les deux ; aucun autre parti ne parvint à s'imposer. Mais si cet échec pourrait expliquer la désaffection de la gauche extraparlementaire, il ne saurait totalement expliquer qu'elle ait alors choisi la violence.

Le « maoïsme » – ou, en tout cas, la fascination dénuée d'esprit critique pour la Révolution culturelle chinoise qui battait alors son plein – prit plus d'ampleur en Italie que partout ailleurs en Europe. Dans ces années-là, on vit surgir et se succéder rapidement toutes sortes de partis, groupes et revues d'obédience maoïste, reconnaissables à leur insistance sur le qualificatif « marxiste-léniniste » (pour se distinguer des communistes officiels, méprisés), s'inspirant des Gardes rouges chinois et insistant sur l'identité d'intérêts liant les intellectuels aux ouvriers. Les théoriciens estudiantins de Rome et de Bologne allèrent jusqu'à imiter la rhétorique des doctrinaires de Pékin, divisant les matières universitaires en « reliquats pré-bourgeois » (grec et latin), « purement idéologiques » (par exemple, l'histoire) et « indirectement idéologiques » (physique, chimie, mathématique).

Le mélange soi-disant maoïste de romantisme révolutionnaire et de dogme ouvriériste devait s'incarner dans le journal (et mouvement) *Lotta continua (Lutte continue)*, dont le nom même, comme c'était souvent le cas, résume le projet. *Lotta Continua* fit son apparition au cours de l'automne de 1969, date à laquelle le tournant vers la violence était déjà bien engagé. Parmi les slogans des manifestations estudiantines de Turin, en juin 1968, on avait pu remarquer : « Non à la paix sociale à l'usine ! » ou « Quand la violence règne, seule la violence est utile ». Dans les mois qui suivirent, les manifestations, à l'université comme à l'usine, virent s'accentuer ce goût de la violence, tant rhétorique (« Inutile de détruire l'État, écrasez-le ! ») que réelle. Et assez naturellement, dans ces mois-là, *La Violenza* était la chanson la plus populaire du mouvement estudiantin italien.

Les paradoxes de tout cela ne devaient pas échapper aux contemporains. Ainsi que le cinéaste Pier Paolo Pasolini l'observa à la suite des affrontements des étudiants avec la police dans les jardins de la villa Borghèse, à Rome, les rôles de classe étaient maintenant renversés : les enfants privilégiés de la bourgeoisie braillaient des slogans révolutionnaires et tapaient sur les rejetons sous-payés des métayers du Sud chargés de maintenir l'ordre civique. Pour tout adulte se souvenant du passé récent de l'Italie, ce tournant violent ne pouvait que mal finir. Tandis que les étudiants français avaient joué avec l'idée que l'autorité publique pouvait bien se révéler vulnérable aux perturbations d'en bas – caprice auquel les institutions solidement implantées du gaullisme leur permettaient de se laisser aller en toute impunité –, les gauchistes italiens avaient de bonnes raisons de penser qu'ils pouvaient réussir à déchirer le tissu de la République postfasciste, et ils avaient hâte d'essayer. Le 24 avril 1969, des bombes furent placées à la Foire commerciale de Milan et à la gare centrale. Huit mois plus tard, *après* le règlement du conflit chez Pirelli et la fin du mouvement de grève, c'est la Banque agricole de la Piazza Fontana, à Milan, qui fut soufflée par un attentat. La « stratégie de la tension » qui marqua les années de plomb de la décennie 1970 était née.

On pouvait reprocher aux gauchistes italiens d'avoir oublié le passé récent de leur pays. En Allemagne de l'Ouest, c'était le contraire qui était vrai. Jusqu'en 1961, la génération de l'après-guerre avait appris à tenir le nazisme pour responsable de la guerre et de la défaite ; en revanche, ses aspects les plus affreux étaient systématiquement édulcorés. Le procès d'Adolf Eichmann qui se tint cette année-là à Jérusalem, suivi de 1963 à 1965 par les « procès d'Auschwitz » à Francfort, attira tardivement l'attention du public allemand sur les maux du régime nazi. À Francfort, 273 témoins attestèrent l'ampleur et la profondeur des crimes allemands contre l'humanité, bien au-delà des 23 hommes (22 SS et un *kapo*) présents dans le box des accusés. En 1967, Alexander et Margarete Mitscherlich publièrent un essai qui eut un immense écho, *Le Deuil impossible (Die Unfähigkeit zu trauen)*, affirmant que la reconnaissance officielle du mal nazi par la RFA ne s'était jamais accompagnée d'une véritable reconnaissance par chacun de sa responsabilité.

Des intellectuels ouest-allemands en reprirent l'idée avec vigueur. Des auteurs, des dramaturges et des cinéastes reconnus – Günter Grass, Martin Walser, Hans-Magnus Enzensberger, Jürgen Habermas, Rolf Hochhuth, Edgar Reitz, tous nés entre 1927 et 1932 – focalisèrent de plus en plus leur travail sur le nazisme et le refus de le regarder en face. Mais une cohorte d'intellectuels plus jeunes, nés pendant ou juste après la Seconde Guerre mondiale, adopta une position plus dure. Manquant d'une connaissance directe du passé, ils voyaient les défauts de l'Allemagne à travers le prisme des défauts non pas tant du nazisme, que de la République de Bonn. Ainsi, pour Rudi Dutschke (né en 1940), Peter Schneider (1940), Gudrun Ensslin (1940) ou d'autres légèrement plus jeunes comme Andreas Baader (1943) et Rainer Werner Fassbinder (1945), la démocratie ouest-allemande d'après-guerre n'était pas la solution, mais le problème. Le cocon apolitique et consumériste de la *Bundesrepublik* sous protection américaine n'était pas simplement imparfait et amnésique, mais avait activement comploté avec ses maîtres occidentaux pour nier le passé de l'Allemagne, l'enfouir sous les biens matériels et la propagande anticommuniste. Ses attributs constitutionnels eux-mêmes étaient inauthentiques : suivant le mot de Fassbinder, « notre démocratie a été décrétée pour la zone d'occupation occidentale, nous ne nous sommes pas battus pour elle ».

La jeune intelligentsia gauchiste des années 1960, en Allemagne, accusa ainsi la République de Bonn de couvrir les crimes de la génération de ses fondateurs. Nombre des hommes et des femmes nés en Allemagne au cours de la guerre ou juste après ne connurent jamais leurs pères, ne sachant ni qui ils étaient, ni ce qu'ils avaient fait. À l'école, il n'y avait pas de cours sur l'histoire de l'Allemagne après 1933 (et pas grand-chose non plus sur l'époque de Weimar). Comme Peter Schneider et d'autres devaient l'expliquer plus tard, ils vivaient dans un vide construit sur un néant : même à la maison, en fait surtout à la maison, personne n'« en » parlait.

Leurs parents, la cohorte des Allemands nés entre 1910 et 1930, ne refusaient pas simplement de discuter du passé. Sceptiques à l'égard des promesses politiques et des grandes idées, non sans un léger malaise ils concentraient toute leur attention sur le bien-être matériel, la stabilité et la respectabilité. Ainsi qu'Adenauer l'avait compris, leur identification à l'Amérique et à « l'Occident » procédait pour une large part du désir d'éviter toute association avec le bagage de la « germanité ». En conséquence, aux yeux de leurs fils et de leurs filles, ils n'étaient *rien*. Leurs prouesses matérielles étaient souillées par leur héritage moral. Si jamais la rébellion d'une génération se fonda réellement sur le rejet de tout ce que ses parents représentaient – absolument tout : la fierté nationale, le nazisme, l'argent, l'Occident, la paix, la stabilité, le droit et la démocratie –, ce fut bien celle des « enfants de Hitler », des gauchistes ouest-allemands des années 1960.

À leurs yeux, la République fédérale respirait l'autosatisfaction et l'hypocrisie. Pour commencer, il y eut l'affaire du *Spiegel*. En 1962, dans une série d'articles sur la politique de défense ouest-allemande, le principal hebdomadaire d'information du pays avait fait allusion aux pratiques douteuses du ministre de la Défense d'Adenauer, le Bavarois Franz-Josef Strauss. Avec l'aval d'Adenauer et sur ordre de Strauss, le gouvernement harcela le journal, arrêta son éditeur et saccagea ses locaux. Cet abus éhonté des pouvoirs de police pour étouffer des révélations intempestives suscita une condamnation unanime : la très conservatrice *Frankfurter Allgemeine Zeitung* elle-même observa que c'était « fâcheux pour notre démocratie, qui ne saurait se passer d'une presse libre, d'une liberté de la presse indivisible ».

Quatre années plus tard, en décembre 1966, les chrétiens-démocrates qui devaient trouver un successeur à Ludwig Erhard portèrent leur choix sur un ancien nazi, Kurt-Georg Kiesinger. Le nouveau chancelier avait été un permanent rémunéré du parti douze années durant, et beaucoup virent dans sa désignation la preuve concluante du cynisme impénitent de la République de Bonn. Si le chef du gouvernement n'éprouvait aucune gêne d'avoir soutenu Hitler pendant douze ans, qui pouvait prendre au sérieux les professions ouest-allemandes de repentance ou d'attachement aux valeurs libérales alors même que des groupuscules néonazis refaisaient surface en marge de la scène politique ? Telle est la question que Grass posa dans une lettre ouverte à Kiesinger en pleine résurgence néonazie : « Comment les jeunes vont-ils recevoir les arguments contre le parti qui est mort voici vingt ans mais qui renaît aujourd'hui sous la forme du NPD si vous accablez la chancellerie du poids encore très considérable de votre propre passé ? »

Kiesinger dirigea trois années durant le gouvernement, de 1966 à 1969. Dans ces années-là, la gauche allemande extraparlementaire (c'est ainsi qu'elle se décrivait) connut un succès spectaculaire au sein des universités. Certaines causes défendues par le SDS (l'Union des étudiants socialistes) étaient alors des lieux communs en Europe continentale : dortoirs et salles de cours surpeuplés ; professeurs lointains et inaccessibles ; enseignement terne et dénué d'imagination. Mais les problèmes brûlants de ces années-là étaient propres à l'Allemagne de l'Ouest. Le campus le plus animé était celui de l'Université libre de Berlin (créée en 1948 pour compenser l'emprisonnement du campus de l'université Humboldt dans la zone communiste), où beaucoup d'étudiants allaient pour éviter la conscription[21].

L'antimilitarisme occupait une place particulière dans la protestation des étudiants allemands, puisque c'était un bon moyen de condamner à la fois la République fédérale et son prédécesseur nazi. Avec la montée de l'opposition à la guerre du Viêt-nam, ce mélange du présent et du passé s'étendit au mentor militaire de l'Allemagne de l'Ouest. Toujours « fasciste » dans la rhétorique d'une minorité de gauchistes, l'Amérique devint alors l'ennemie d'un public autrement plus large. En fait, attaquer l'*Amerika* (*sic*) pour sa guerre

21. Berlin-Ouest même avait un côté contre-culture dans ces années-là. Fossilisée par son isolement singulier au cœur des tensions politiques internationales, tributaire des largesses de Bonn et de Washington, astreinte à un provisoire qui durait, la ville était suspendue dans le temps et l'espace. Cela était plutôt pour plaire aux dissidents, gauchistes et autres, amateurs de marginalité politique et culturelle. Nombre de ses jeunes habitants ne percevaient pas les paradoxes de la situation de Berlin-Ouest : sa survie en tant qu'avant-poste bohème de l'Occident dépendait totalement de la présence de soldats américains.

criminelle au Viêt-nam était presque un substitut de toute discussion des crimes de guerre de l'Allemagne elle-même. Dans la pièce de Peter Weiss, *Viet Nam Diskur* (1968 ; en français, *Notes sur la vie culturelle en République démocratique du Viêt-nam*), le parallèle est explicite entre les États-Unis et les nazis.

L'Amérique ne valait pas mieux que le régime hitlérien : suivant le slogan de l'époque, US = SS ; de là à traiter l'Allemagne comme le Viêt-nam, il n'y avait qu'un pas : les deux pays étaient divisés par des occupants étrangers, tous deux étaient désespérément prisonniers des conflits des autres. Ce discours permettait aux gauchistes ouest-allemands de mépriser doublement la République de Bonn : pour ses associations impérialistes et capitalistes actuelles *et* pour ses associations fascistes passées. De manière plus inquiétante, il autorisait l'extrême gauche à recycler l'idée que les vraies victimes étaient les Allemands eux-mêmes – allégation jusque-là réservée à l'extrême droite[22].

Dès lors, il ne faut pas s'étonner d'apprendre que, malgré leur colère contre la « génération d'Auschwitz », les jeunes allemands des années 1960 ne se souciaient pas vraiment de l'extermination des Juifs. De fait, comme leurs parents, la « question juive » les mettait mal à l'aise. Ils préféraient la subsumer sous la demande de cours de *Faschismustheorie*, quitte à obscurcir la dimension raciste du nazisme et à souligner plutôt ses accointances avec la production capitaliste et la puissance impériale, et donc avec Washington et Bonn. L'« appareil d'État » réellement répressif, c'étaient les laquais impériaux de Bonn, dont les victimes étaient les adversaires de la guerre de l'Amérique au Viêt-nam. Dans cette logique particulière, le tabloïd bas-de-gamme *Bild Zeitung*, avec sa critique cinglante de la politique estudiantine, était la résurrection du *Der Stürmer* ; les étudiants étaient les nouveaux « Juifs » ; et les camps de concentration nazis n'étaient qu'une métaphore utile des crimes de l'impérialisme. « Le Viêt-nam est l'Auschwitz de l'Amérique », proclamait un slogan graffité sur les murs de Dachau.

La gauche extraparlementaire allemande rompit donc tout lien avec l'antinazisme dominant. Furieuses contre le SPD de Willy Brandt qui avait accepté de former un gouvernement de coalition avec Kiesinger, les anciennes organisations d'étudiants sociaux-démocrates eurent tôt fait de se marginaliser. Plus franchement antioccidentales que les autres mouvements des années 1960 en Europe, leurs diverses sectes se donnèrent à dessein des noms empruntés au tiers monde : maoïstes, bien sûr, mais aussi « Indiens », « Mescaleros », etc. Cette insistance antioccidentale nourrit à son tour une contre-culture, qui se voulait exotique et plus qu'un peu bizarre, fût-ce à l'aune de l'époque.

---

22. On devait à nouveau entendre des échos de cette inversion au moment de la première guerre du Golfe, en 1991, quand ses adversaires allemands n'hésitèrent pas à dénoncer l'Amérique comme le premier criminel de guerre du XXe siècle… et l'Allemagne comme sa première victime.

Dans une variante typiquement allemande de la confusion culturelle des années soixante, le mélange sexe-politique ne fut nulle part plus brouillé. À la suite de Marcuse, Erich Fromm, Wilhelm Reich et d'autres théoriciens allemands de la répression sexuelle et politique, des cercles gauchistes en Allemagne (et en Autriche, tout au moins à Vienne) chantèrent les louanges de la nudité, de l'amour libre et de l'éducation antiautoritaire des enfants. Pour expliquer le nazisme, on évoquait à tort et à travers les névroses sexuelles de Hitler. Et, une fois encore, d'aucuns devaient établir une étrange et glaçante analogie entre les victimes juives de Hitler et la jeunesse des années 1960, martyrs du régime sexuellement répressif de leurs parents.

« Kommune 1 », micro-secte maoïste qui prônait agressivement la libération par la promiscuité sexuelle, fit circuler en 1966 un autoportrait : sept jeunes gens nus plaqués contre un mur. La photo parut en juin 1967 dans *Der Spiegel*, accompagnée de la légende : « Maoïstes nus devant un mur nu. » L'insistance sur la nudité était explicitement destinée à rappeler les images de corps nus et démunis dans les camps de concentration. Une manière de dire, voyez : d'abord les victimes de Hitler, et maintenant les corps dévêtus par rébellion des révolutionnaires maoïstes. Si les Allemands peuvent regarder la vérité sur *nos* corps, ils pourront regarder en face d'autres vérités.

Ce « message » – que la promiscuité adolescente forcerait les aînés à parler franchement de sexe, et donc de Hitler et de tout le reste – amena le leader du SDS Rudi Dutschke (sur ce terrain, moraliste de gauche conventionnel à l'ancienne) à traiter les *Kommunards* de névrosés. Sans doute l'étaient-ils. Mais leur narcissisme agressivement anachronique, associant avec désinvolture le meurtre collectif et l'exhibitionnisme sexuel en vue de titiller et de choquer la bourgeoisie, n'était pas sans conséquence : un membre de « Kommune 1 », qui déclara fièrement que son orgasme était plus lourd de conséquence révolutionnaire que le Viêt-nam, devait atterrir, dans les années 1970, dans un camp d'entraînement de la guérilla au Moyen-Orient. Le chemin de la complaisance à la violence fut plus court encore en Allemagne qu'ailleurs.

En juin 1967, lors d'une manifestation contre le shah d'Iran à Berlin, la police ouvrit le feu et tua un étudiant : Benno Ohnesorg. Dutschke cria alors au « meurtre politique » et appela à une réponse massive ; dans les jours suivants, 100 000 étudiants manifestèrent à travers l'Allemagne de l'Ouest. Quelques jours plus tard, Jürgen Habermas, jusque-là critique en pointe des autorités de Bonn, mit en garde Dutschke et ses amis contre le risque de jouer avec le feu. Le « fascisme de gauche », rappela-t-il au leader du SDS, est aussi mortel que le fascisme de droite. Ceux qui parlaient à la légère de la « violence cachée » et de la « tolérance répressive » du pacifique régime de Bonn – et cherchaient sciemment à provoquer les autorités à la répression par des actes volontaristes de violence bien réelle – ne savaient pas ce qu'ils faisaient.

En mars de l'année suivante, alors que les leaders des étudiants gauchistes ne cessaient d'appeler à l'affrontement avec le « régime » de Bonn et que le gouvernement menaçait de représailles contre les provocations violentes à Berlin-Ouest et ailleurs, Habermas, rejoint par Grass, Walser, Enzensberger et Hochhuth, lança un nouvel appel à la raison démocratique, invitant les étudiants comme le gouvernement à respecter la légalité républicaine. Le mois suivant, Dutschke lui-même devait payer le prix de la polarisation violente qu'il avait encouragée : le 11 avril 1968, il était abattu à Berlin par un sympathisant néonazi. Suivirent des semaines de troubles, au cours desquelles deux personnes furent tuées et quatre cents blessées rien qu'à Berlin. Le gouvernement Kiesinger fit voter des lois d'urgence (adoptées par 384 voix contre 100, avec l'appui de nombreux sociaux-démocrates), autorisant Bonn à gouverner par décret au besoin, et suscitant la peur généralisée que la République de Bonn ne fût à deux doigts de s'effondrer, comme la République de Weimar tout juste trente-cinq ans plus tôt.

Les sectes politiques toujours plus violentes d'étudiants allemands – *K-Gruppen*, autonomes, extrémistes du SDS – se réclamaient toutes du marxisme, généralement du marxisme-léninisme (autrement dit, du maoïsme). Beaucoup étaient tranquillement financées par l'Allemagne de l'Est ou Moscou, même si peu de gens le savaient à l'époque. En fait, en Allemagne comme ailleurs, la nouvelle gauche se tenait à distance du communisme officiel – qui en RFA, de toute façon, n'avait pas le moindre poids politique. Mais comme une bonne partie de la gauche ouest-allemande (et pas seulement de la gauche), les gauchistes entretenaient une relation ambiguë avec la RDA, plus à l'est.

Beaucoup étaient nés dans ce qu'on appelait désormais l'Allemagne de l'Est, ou dans d'autres territoires de l'est d'où leurs familles d'origine allemande avaient été expulsées : Prusse orientale, Pologne, Tchécoslovaquie. Peut-être ne faut-il pas s'en étonner : la nostalgie d'un passé allemand perdu qui tenaillait leurs parents trouvait un écho inconscient dans leurs rêves d'une autre Allemagne, meilleure, à l'est. La RDA, en dépit (ou à cause ?) de son autoritarisme répressif et de sa censure, exerçait un attrait particulier sur le noyau dur des jeunes gauchistes : elle était tout ce que Bonn n'était pas et ne prétendait pas le contraire.

Aussi la haine des « hypocrisies » de la République fédérale rendait-elle les extrémistes particulièrement vulnérables aux prétentions des communistes est-allemands, quand ils assuraient avoir regardé en face l'histoire allemande et épuré leur *Allemagne* de son passé fasciste. Par ailleurs, l'anticommunisme qui attachait l'Allemagne de l'Ouest à l'Alliance atlantique et qui constituait sa doctrine politique centrale était lui-même une cible de la nouvelle gauche, notamment en pleine guerre du Viêt-nam, et aide à expliquer leur anti-anticommunisme. L'insistance sur les crimes du communisme n'était qu'une diversion des crimes du capitalisme. Les communistes, suivant le mot de

Daniel Cohn-Bendit, pouvaient bien être des « crapules staliniennes », mais les démocrates libéraux ne valaient pas mieux.

Aussi la gauche allemande fit-elle la sourde oreille face aux signes de mécontentement à Varsovie ou à Prague. En Allemagne de l'Ouest, comme dans l'ensemble de l'Europe occidentale, le climat des années 1960 était résolument à l'introspection. La révolution culturelle de l'époque a un côté pour le moins étriqué : si les jeunes occidentaux regardaient par-delà leurs frontières, c'était vers des pays exotiques dont l'image échappait aux irritantes contraintes de la familiarité ou de l'information. Des cultures étrangères plus proches, les années 1960 ne savaient pas grand-chose. Quand Rudi Dutschke rendit une visite fraternelle à Prague, au faîte du mouvement de réforme du printemps 1968, les étudiants tchèques furent sidérés de son insistance à rappeler que le véritable ennemi était la démocratie pluraliste. Pour eux, c'était l'objectif.

XIII

Fin de partie

« La Révolution est l'acte d'une écrasante majorité de la société contre le pouvoir d'une minorité. Elle s'accompagne d'une crise du pouvoir politique et d'un affaiblissement de l'appareil coercitif. Voilà pourquoi elle ne doit pas se faire par la force des armes. »
Jacek Kuroń et Karel Modzelewski, *Lettre ouverte au parti* (mars 1965)

« Chaque parti communiste est libre d'appliquer les principes du marxisme-léninisme et du socialisme dans son pays, mais il n'est pas libre de s'écarter de ces principes s'il entend rester un parti communiste. »
Leonid Brejnev (3 août 1968)

« C'est seulement après le printemps de Prague qu'on a commencé à voir qui était qui. »
Zdeněk Mlynář

« Hier est arrivé si vite. »
Paul McCartney

Le bloc soviétique vécut les années 1960 tout autrement qu'à l'Ouest. Il ne pouvait en être autrement. La déstalinisation d'après 1956 stimula les revendications de changement autant que la décolonisation et la débâcle de Suez, à l'Ouest, mais l'écrasement de la révolte hongroise indiqua clairement, dès le début, que les réformes ne se feraient que sous les auspices du parti. Ce qui rappelait à son tour que le ressort du communisme était l'autorité de Moscou : seules comptaient l'humeur et la ligne politique de la direction soviétique. Jusqu'à son renversement en 1964, c'est Nikita Khrouchtchev qui détermina l'histoire de la moitié est de l'Europe.

Les dirigeants soviétiques de sa génération croyaient encore à la lutte de classe internationale. En vérité, c'est la projection romantique des souvenirs révolutionnaires soviétiques sur les soulèvements en Amérique latine qui inspira à Khrouchtchev les faux-pas qui conduisirent à la crise de Cuba, en 1962, puis à sa propre chute. Le conflit avec la Chine qui éclata au grand jour en 1960 et offrit aux critiques gauchistes de Moscou une solution de rechange « maoïste » au modèle soviétique, ne fut pas simplement une lutte pour la primauté géopolitique, mais aussi l'expression d'une authentique dispute autour de l'âme de la « révolution mondiale ». Sous cette apparence, la compétition avec Pékin plaça les dirigeants poststaliniens de Moscou dans une position contradictoire. En tant que patrie de la révolution anticapitaliste, ils continuaient de proclamer leurs ambitions séditieuses et d'insister sur l'autorité inentamée du parti, en URSS comme dans ses satellites. Par ailleurs, le Kremlin continuait de prôner la coexistence avec les puissances occidentales, et avec ses propres citoyens.

Les années Khrouchtchev virent de réels progrès. À compter de 1959, l'« Abrégé » de Staline cessa d'être la source obligée de l'histoire soviétique et de la théorie marxiste[1]. Le règne de la terreur fléchit, mais pas les institutions ni les pratiques auxquelles il avait donné naissance : le Goulag était encore en place, et des dizaines de milliers de prisonniers politiques croupissaient encore dans des camps et en exil – pour moitié, des Ukrainiens. Sous Khrouchtchev, les lois de l'époque stalinienne limitant la mobilité de la main-d'œuvre furent abandonnées, la durée quotidienne du travail raccourcie, un salaire minimum instauré et un congé de maternité introduit en même temps qu'un système national de pension (étendu aux paysans des fermes collectives après 1965). Bref, l'Union soviétique et ses États satellites les plus avancés se transformèrent en embryons d'États-providence, tout au moins dans leur forme.

Reste que les réformes plus ambitieuses de Khrouchtchev ne produisirent pas les excédents alimentaires annoncés (une raison de plus, pour ses collègues, de le lâcher en octobre 1964). La culture des terres « vierges » du Kazakhstan et de la Sibérie du Sud se révéla particulièrement désastreuse : chaque année s'envolait un demi-million de tonnes de couche arable sur une terre totalement impropre à la plantation forcée de céréales, tandis que les maigres moissons arrivaient souvent infestées de mauvaises herbes. Dans un mélange tragicomique de planification centralisée et de corruption locale, les chefs communistes du Kirghizstan pressaient les fermes collectives de remplir leurs quotas de livraison officiels en s'approvisionnant dans les boutiques locales. Il y eut des émeutes alimentaires dans les villes de province (à Novotcherkassk, notamment, en juin 1962). En janvier 1964, à la suite de la désastreuse moisson de 1963, l'URSS en fut réduite à importer des céréales à l'Ouest.

Dans le même temps, les micro-fermes privées que Khrouchtchev avait sporadiquement encouragées connaissaient une réussite presque embarrassante : au début des années 1960, les 3 % de terre cultivée entre des mains privées assuraient plus du tiers de la production agricole de l'Union soviétique. En 1965, les deux tiers des pommes de terre consommées en URSS et les trois quarts des œufs venaient de fermiers privés. En Union soviétique

1. Même s'il fut remplacé par une nouvelle mythologie où Staline – et ses crimes – étaient à moitié passés sous silence.

comme en Pologne ou en Hongrie, la survie du « socialisme » était à la merci d'une économie « capitaliste » illicite qu'il feignait de ne pas voir[2].

Les réformes économiques des années 1950 et 1960 furent d'emblée un effort accidenté pour colmater un système structurellement dysfonctionnel. Dès lors qu'elles impliquaient un timide consentement à décentraliser les décisions économiques ou à autoriser *de facto* la production privée, elles froissaient les durs de la vieille garde. Par ailleurs, cependant, les libéralisations engagées par Khrouchtchev, et après lui par Brejnev, ne représentaient pas une menace immédiate pour le réseau de pouvoir et de protection dont dépendait le système soviétique. De fait, si les résultats furent si maigres c'est surtout parce que les améliorations économiques du bloc soviétique restèrent toujours subordonnées aux priorités politiques.

La réforme culturelle était une autre affaire. Lénine s'était toujours davantage soucié de ses critiques que de ses principes ; ses héritiers n'étaient pas différents. Qu'elle fût ou non susceptible de trouver un écho plus large au sein du parti ou à l'extérieur, l'opposition intellectuelle était une chose à quoi les dirigeants communistes, y compris Khrouchtchev, étaient terriblement sensibles. À la suite de ses premières dénonciations de Staline, en 1956, régnait en Union soviétique comme ailleurs un optimisme généralisé : on voulait croire que la censure allait se relâcher et qu'un espace s'ouvrirait pour une dissidence et une critique prudentes (cette même année, Boris Pasternak soumit en vain le manuscrit du *Docteur Jivago* à la revue littéraire *Novy Mir*). Mais le Kremlin ne tarda pas à s'inquiéter de ce qui lui apparaissait comme une montée de la permissivité culturelle ; trois ans après le XXe Congrès du PCUS, Khrouchtchev faisait des discours publics agressifs pour défendre le réalisme socialiste dans les arts et menacer ses détracteurs de graves conséquences s'ils continuaient de le dénigrer, fût-ce après-coup. Dans le même temps, en 1959, les autorités décidèrent de serrer la vis aux prêtres orthodoxes et aux baptistes – forme de dissidence qui bénéficiait d'une certaine liberté depuis la mort de Staline.

Khrouchtchev lui-même, sinon ses collègues, était cependant pour le moins imprévisible. Le XXIIe Congrès du PCUS, en octobre 1961, révéla l'ampleur du schisme entre la Chine et l'URSS (le mois suivant, les Soviétiques fermèrent leur ambassade en Albanie, *supplétif* européen de Pékin), tandis que dans la lutte pour l'influence dans le monde Moscou décidait d'offrir un nouveau visage à sa clientèle étrangère perplexe et vacillante. En

2. La crédibilité du système soviétique reposait, dans une extraordinaire mesure, sur sa capacité à obtenir des résultats de la terre. Pendant la majeure partie de ses quatre-vingts années de vie, l'agriculture fut toujours plus ou moins dans une situation critique. Cela n'aurait pas paru particulièrement inhabituel à un Européen du XVIIIe siècle ni même à un observateur africain du XXe siècle, mais on attendait de l'Union soviétique des performances relativement plus élevées.

1962, un obscur maître d'école de province, Alexandre Soljenitsyne, était autorisé à publier un roman pessimiste et implicitement subversif, *Une Journée d'Ivan Denissovitch*, dans *Novy Mir*, la revue même qui avait rejeté Pasternak à peine six ans plus tôt.

La relative tolérance des dernières années de Khrouchtchev ne s'étendait pas à la critique directe de la direction soviétique : l'œuvre ultérieure de Soljenitsyne n'aurait certainement jamais pu être imprimée, même au faîte du « dégel ». En comparaison de ce qui s'était produit auparavant, toutefois, le début des années 1960 fut une période de liberté littéraire et d'expérimentation culturelle prudente. Tout changea avec la révolution de palais du Kremlin, en octobre 1964. Les conjurés s'irritaient des échecs politiques de Khrouchtchev et de son style autocratique, mais c'était par-dessus tout ses inconséquences qui les mettaient mal à l'aise. Le Premier secrétaire ne savait peut-être pas exactement ce qui était admissible et ce qui ne l'était pas, mais d'autres pouvaient être tentés de se méprendre sur sa tolérance apparente. On courait le risque d'erreurs.

Dans les mois qui suivirent son installation, la nouvelle direction s'en prit à l'intelligentsia. En septembre 1965, deux jeunes écrivains, Andreï Siniavski et Iouli Daniel, furent arrêtés. Sous les pseudonymes d'Abram Tertz et Nikolaï Arjak, ils avaient fait frauduleusement passer en Occident diverses œuvres de fiction. Tertz-Siniavski avait aussi publié, à l'étranger, un bref essai critique sur la littérature soviétique moderne, *Du réalisme socialiste.* Les deux hommes furent jugés en février 1966. Aucune loi de l'Union soviétique n'interdisant de publier à l'étranger, les autorités plaidèrent que le contenu même de leur œuvre témoignait de leur activité antisoviétique. Les deux hommes furent reconnus coupables et envoyés dans un camp de travail : Siniavski écopa de sept ans (il fut libéré au bout de six) et Daniel de cinq.

Si le procès Siniavski-Daniel se déroula à huis clos, une campagne de dénigrement dans la presse attira l'attention publique sur leur sort. Le déroulement du procès n'en fut pas moins secrètement enregistré et retranscrit par diverses personnes admises dans l'enceinte du tribunal, puis publié en russe et en anglais un an plus tard, suscitant une vague de pétitions internationales pour réclamer la libération des deux hommes[3]. L'aspect inhabituel de l'affaire, c'était que, malgré la brutalité des décennies staliniennes, nul n'avait encore jamais été arrêté et emprisonné pour le seul contenu de ses écrits (des fictions). Même si la preuve matérielle avait été inventée de toutes pièces à cette fin, les intellectuels avaient été autrefois accusés pour des *actes*, plutôt que de simples *paroles.*

3. Un an après sa libération, Siniavski émigra en France, où il devait enseigner la littérature russe en Sorbonne. Daniel demeura en Russie, où il s'éteignit en 1988.

Le contraste avec le relatif laxisme des années Khrouchtchev était tel que le sort de Siniavski et Daniel suscita des protestations sans précédent au sein même de l'Union soviétique. Le mouvement dissident des dernières décennies de l'Union soviétique date de cette époque : le *samizdat* (autoédition) clandestin débuta l'année même des arrestations et à cause d'elles, et nombre des personnalités les plus en vue de la dissidence soviétique des années 1970 et 1980 se manifestèrent pour la première fois en protestant contre le sort des deux écrivains. Vladimir Boukovski, alors étudiant de 25 ans, fut arrêté en 1967 pour avoir organisé une manifestation place Pouchkine afin de défendre les droits civils et la liberté d'expression. Le KGB l'avait déjà arrêté en 1963 : accusé de posséder de la littérature antisoviétique, il avait été envoyé dans un hôpital psychiatrique pour y être soumis à un traitement forcé. Cette fois-ci, il fut condamné à trois ans de camp de travail pour « activités antisoviétiques ».

L'affaire Siniavski-Daniel et la réponse qu'elle suscita semblaient définir très nettement la situation en Union soviétique : ce qui avait changé et ce qui n'avait pas changé. Suivant tous les étalons, sauf ceux de sa propre histoire, le régime était immuable, répressif et inflexible. Le mirage de 1956 s'était dissipé. Les perspectives de vérité sur le passé et de réforme future semblaient avoir reculé. Les illusions de l'ère Khrouchtchev étaient brisées. Quelque visage qu'il présentât aux puissances occidentales, le régime soviétique, à l'intérieur, était promis à un crépuscule indéfini de stagnation économique et de décomposition morale.

Dans les États satellites du bloc soviétique, en Europe de l'Est, les perspectives de changement semblaient toutefois nettement plus propices. En apparence, c'est un paradoxe. Après tout, si les citoyens de l'Union soviétique étaient démunis face à la dictature poststalinienne, les habitants de la Hongrie ou de la Tchécoslovaquie et leurs voisins étaient doublement impuissants : non seulement ils vivaient sous un régime répressif, mais leurs dirigeants étaient eux-mêmes esclaves de l'autorité réelle de la capitale impériale. Les principes de l'imperium soviétique avaient trouvé une illustration commode à Budapest en novembre 1956. Par ailleurs, en Tchécoslovaquie comme en Roumanie, certains survivants des grands procès truqués des années précédentes croupissaient encore en prison une décennie plus tard.

Et pourtant, l'Europe de l'Est était différente, en partie, bien sûr, parce qu'elle était une extension coloniale récente du régime communiste. Dans les années 1960, le communisme était la seule forme de pouvoir que la plupart des Soviétiques eussent jamais connue ; à l'ombre de la Grande Guerre patriotique, elle avait même acquis une certaine légitimité. Plus à l'ouest, cependant, le souvenir de l'occupation puis du coup de force soviétique était encore frais. Le simple fait qu'ils *fussent* des marionnettes de Moscou et n'eussent aucune crédibilité locale rendait les dirigeants du parti des États satellites plus sensibles aux bénéfices qu'ils pouvaient espérer d'une plus grande attention au sentiment local.

Cela paraissait d'autant plus possible que les critiques intérieurs des régimes d'Europe de l'Est, entre 1956 et 1968, n'étaient en aucune façon anticommunistes. À Sartre affirmant en 1956 que la révolution hongroise avait été marquée par un « esprit droitier », le chercheur et réfugié hongrois François Fejtö avait répondu que c'étaient les staliniens qui étaient à droite. Les « Versaillais », c'étaient eux, tandis que nous, protesta-t-il, nous restons des « hommes de gauche, fidèles à nos idées, nos idéaux et nos traditions ». L'insistance de Fejtö sur la crédibilité d'une *gauche* antistalinienne rend bien le ton de l'opposition intellectuelle est-européenne des douze années suivantes. Il ne s'agissait pas de condamner le communisme, encore moins de le renverser : l'objectif était plutôt de réfléchir à ce qui avait affreusement mal tourné et de proposer une autre solution dans le cadre même du communisme.

C'était du « révisionnisme », pour reprendre un mot employé pour la première fois dans ce contexte par le leader polonais Wladislaw Gomulka, plus précisément en mai 1957, lors d'une réunion du comité central du parti ouvrier unifié polonais, pour qualifier ses intellectuels critiques. Ces « révisionnistes » – en Pologne, le plus connu était le jeune philosophe marxiste Leszek Kolakowski – avaient été souvent des marxistes orthodoxes jusqu'en 1956. Loin d'abjurer du jour au lendemain cette allégeance, ils passèrent les douze années suivantes, comme dit l'écrivain slovaque Milan Šimečka, « à essayer de trouver le défaut dans le projet ». De même que la plupart des marxistes occidentaux contemporains, ils restaient attachés à l'idée qu'il était possible de distinguer clairement la crédibilité du marxisme des crimes de Staline.

Aux yeux de maint marxiste est-européen, le stalinisme était une parodie tragique de la doctrine marxiste et l'Union soviétique un défi permanent à la crédibilité du projet de transformation socialiste. À la différence de la nouvelle gauche occidentale, cependant, les intellectuels révisionnistes de l'Est continuaient de travailler avec le parti, voire en son sein. Cela tenait pour une part à la nécessité, bien entendu, mais aussi, en partie, à une conviction sincère. À la longue, cette affiliation devait isoler, voire discréditer les communistes réformateurs de ces années-là, notamment aux yeux d'une génération montante de plus en plus au diapason de ses pairs occidentaux et dont le point de référence n'était pas le passé stalinien, mais le présent capitaliste. Reste que, de 1956 à 1968, le moment révisionniste en Europe de l'Est ouvrit aux écrivains, aux cinéastes, aux économistes, aux journalistes et à d'autres une éphémère fenêtre d'optimisme sur un autre avenir socialiste.

En Pologne, l'espace critique le plus important était celui qu'offrait l'Église catholique et la protection qu'elle pouvait assurer à ceux qui travaillaient sous ses auspices : notamment à l'Université catholique de Lublin ou dans les revues *Znak* et *Tygodnik Powszechny*. Que des philosophes marxistes et des théologiens catholiques pussent trouver un terrain d'entente dans leur défense de la liberté d'expression et des libertés civiles – anticipation embryonnaire des alliances forgées dans les années 1970 – était une particularité de la Pologne des années Gomulka. Ailleurs, cependant, le parti communiste était le seul forum où il fût possible de formuler de telles critiques en toute sécurité. Le terrain le plus propice à une critique « utile » était la gestion communiste de l'économie.

Une raison en était que le marxisme conventionnel était à dessein enraciné dans l'économie politique, en sorte que la politique économique (sitôt libérée de la mainmorte de Staline) était un domaine de dissension intellectuelle tolérée. Une autre raison était que de nombreux intellectuels est-européens prenaient encore le marxisme très au sérieux et traitaient le problème de l'économie communiste comme le point de départ théorique vital de réformes sérieuses. Mais la principale explication était simplement qu'au début des années 1960 les économies des États communistes européens montraient les premiers signes de désespoir profond.

Les défaillances des économies communistes n'étaient guère un secret. Elles étaient tout juste capables de donner à manger à leurs citoyens (souvent, elle n'y arrivait même pas en Union soviétique). Elles étaient vouées à la production en masse de produits industriels primaires en surnombre. Des marchandises – avant tout, les biens de consommation – pour lesquels existait une demande croissante n'étaient même pas produits, ou pas en quantité suffisante ou dans la qualité voulue. Par ailleurs, le système de distribution et de vente des rares produits disponibles était si mal géré qu'une rareté artificiellement induite venait exacerber d'authentiques pénuries : goulets d'étranglement, fraude, corruption et – dans le cas de l'alimentation et des denrées périssables – hauts niveaux de gaspillage.

Dans la première décennie de l'après-guerre, les demandes liées à la reconstruction avaient en partie camouflé les tares propres au communisme. Au début des années 1960, en revanche, après les vantardises de Khrouchtchev sur le communisme qui allait « dépasser » l'Occident et les proclamations officielles sur l'achèvement de la transition socialiste, les exhortations à réparer les dommages de guerre ou à produire davantage n'étaient plus à même de combler l'écart entre la rhétorique du parti et la pénurie quotidienne. Et si on l'entendait encore dans certains cercles, l'accusation suivant laquelle des saboteurs – koulaks, capitalistes, Juifs, espions ou « intérêts » occidentaux – empêchaient la marche en avant du communisme était désormais associée à la terreur : une époque à laquelle la plupart des dirigeants communistes, à la suite de Khrouchtchev, avaient hâte de tourner le dos. Les problèmes, reconnaissait-on de plus en plus, devaient résider dans le système communiste lui-même.

Les « économistes réformateurs » (« révisionnistes » avait des connotations péjoratives) n'étaient nulle part plus nombreux qu'en Hongrie. En 1961, János Kádár avait fait savoir que l'État-parti supposerait désormais que, quiconque ne s'opposait pas activement à lui était pour lui ; et c'est donc d'abord sous les auspices du régime kadariste que les critiques de la pratique économique communiste se sentirent assez en sécurité pour parler[4]. Les économistes réformateurs admettaient que la collectivisation de la terre des années 1940-1950 avait été une erreur. Ils reconnaissaient aussi, quoique avec plus de prudence, que l'obsession soviétique de l'extraction et de la production de biens industriels primaires à grande échelle était une entrave à la croissance. Bref ils accordaient, mais pas explicitement, que l'application sans discernement à l'Europe de l'Est de l'industrialisation forcée à la soviétique et la destruction de la propriété privée avait été une catastrophe. Et de manière plus radicale encore ils se mirent à rechercher comment les économies communistes pourraient intégrer des signaux de prix et d'autres incitations du marché dans un système de propriété et de production collectivistes.

Les participants aux débats des années 1960 sur la réforme économique en Europe de l'Est marchaient sur un fil. Certains dirigeants du parti étaient suffisamment pragmatiques (ou inquiets) pour reconnaître les erreurs techniques du passé : même la direction tchèque néostalinienne abandonna en 1961 la priorité à l'industrie lourde, à mi-parcours de son désastreux troisième plan quinquennal. En revanche, admettre la faillite de la planification centrale ou de la propriété collective était une autre affaire. Des économistes réformateurs comme Ota Sik ou le Hongrois János Kornai s'efforcèrent plutôt de définir une « troisième voie » : une économie mixte où la réalité non-négociable de la propriété commune et de la planification centrale serait tempérée par une autonomie locale accrue, quelques signaux sous forme de prix et le relâchement des contrôles. Les arguments économiques étaient somme toute irréfutables : sans de telles réformes, le système communiste dégénérerait en stagnation et en pauvreté, « reproduisant la pénurie », comme dit Kornai dans un article célèbre.

Dans la seule Hongrie, Kádár répondit à ses critiques en autorisant une dose de réforme authentique : le Nouveau Mécanisme économique inauguré en 1968. Les fermes collectives se virent accorder une substantielle autonomie, et ne furent pas simplement autorisées mais aussi activement encouragées à cultiver des lopins privés à côté. Certains monopoles furent démantelés. Les prix de certaines marchandises furent rattachés au marché mondial et autorisés à fluctuer *via* des taux de change multiples. Des commerces de détail privés furent autorisés. L'objet de l'exercice n'était pas tant de tracer une voie

4. Si l'économiste réformateur le mieux connu des années 1960 fut le tchèque Ota Sik, c'est l'école hongroise qui eut le plus d'influence et, en pratique, le plus d'impact.

médiane viable entre deux systèmes économiques incompatibles que d'introduire un maximum d'activités marchandes (et donc, espérait-on, une prospérité qui satisfît le consommateur) compatible avec un contrôle politique aussi serré des postes de commande de l'économie.

Avec le recul, il est clair que les réformateurs s'illusionnaient s'ils imaginaient qu'une « troisième voie » entre le communisme et le capitalisme fût jamais réaliste. Mais cela ne tient pas à quelque lacune formelle de leur analyse économique. Leur véritable erreur réside dans une méprise étrangement naïve sur le système dans lequel ils vivaient. Ce qui importait à la direction communiste, ce n'était pas tant l'économie que la politique. L'implication incontournable des théories des réformateurs économiques était qu'une reprise de la vie économique normale passait par un affaiblissement de l'autorité centrale de l'État-parti. Or, confrontés à *pareil* choix, les États-partis communistes opteraient toujours pour l'anormalité économique.

Dans le même temps, toutefois, les régimes étaient par-dessus tout soucieux de stabilité. À cette fin, existaient trois modèles en gestation. Le premier, le « kadarisme », n'était pas vraiment exportable, et la stratégie même du dirigeant hongrois consistait largement à assurer aux autorités du Kremlin qu'il n'y avait pas de « modèle » hongrois, mais simplement une solution pratique limitée à des difficultés locales. La situation de la Hongrie était bel et bien unique, avec un Kadar qui faisait cyniquement miroiter sous les yeux de ses compatriotes affamés de voyage la perspective de se rendre en Occident s'ils se conduisaient bien. Cette politique valait confession tacite de l'échec du communisme. Le pays était désormais dirigé par et pour la « nouvelle classe », comme le dissident yougoslave Milovan Djilas l'avait appelée dans son livre marquant de 1957 : une technocratie instruite de bureaucrates et de spécialistes, pragmatiquement soucieuse de faire son nid et d'assurer sa survie. Une véritable libération était impensable, mais un retour à la répression éminemment improbable.

La Hongrie de Kádár – « les meilleurs baraques du *laager* » – était très enviée, quoique imitée seulement par à-coups. Le deuxième modèle, la Yougoslavie de Tito, avait un côté *sui generis* encore plus marqué. Non que la Yougoslavie ait su éviter les problèmes de ses voisins : nombre des dysfonctionnements des satellites soviétiques étaient tout aussi familiers aux Yougoslaves, rappel que l'état de suspens de leur pays entre l'Est et l'Ouest était le fruit d'un hasard historique plutôt que d'un choix idéologique. Au cours des années 1950-1960, cependant, Tito avait introduit une certaine décentralisation de la décision et autorisé certaines expériences d'« autonomie » des usines et d'autogestion ouvrière.

Ces innovations étaient le fruit de divisions ethniques et géographiques aussi bien que de la nécessité économique. Dans un État fédéral dont les Républiques et les peuples membres ne partageaient pas grand-chose au-delà de souvenirs malheureux et mutuellement antagonistes, l'imposition d'instructions uniformes de Belgrade ressemblait beaucoup au retour aux pratiques d'avant-guerre. La délicate topographie de la région favorisait l'initiative locale ; et grâce à la rupture avec Staline, la version titiste de la dictature du prolétariat n'était plus pressée de reproduire méticuleusement chaque erreur de la voie de l'Union soviétique vers la modernité industrielle. Ce sont ces considérations – plutôt que le projet socialiste alternatif et créatif dont ses admirateurs occidentaux, prenant leurs désirs pour la réalité, créditèrent Tito dans ces années-là – qui façonnèrent le modèle yougoslave.

La Yougoslavie n'en était pas moins différente : pas nécessairement plus tendre avec ses critiques, ainsi que Djilas et d'autres s'en aperçurent à leurs dépens en s'écartant de l'orthodoxie titiste[5], mais plus souple dans sa gestion des besoins et des désirs de la population dans son ensemble (notamment grâce à l'aide occidentale). Quand l'essayiste yougoslave Dubravka Ugrešic évoque sa nostalgie de la Yougoslavie perdue de sa jeunesse, ce qui lui vient à l'esprit ce sont les « chaussures pointues véritables, les impers en plastique, les premiers sous-vêtements en nylon… le premier voyage à Trieste ». Une pareille liste de biens de consommation bon marché eût été beaucoup moins saillante dans la mémoire d'un Bulgare ou d'un Roumain, par exemple, et le « premier voyage à Trieste » eût été totalement hors de question. Les Yougoslaves n'étaient pas prospères ni libres ; mais ils n'étaient pas non plus emprisonnés dans un système hermétique. Le « titisme » était oppressif plutôt que répressif. À l'époque, le distinguo avait son importance.

La troisième voie de la stabilité était celle du « stalinisme national ». Telle fut l'option de l'Albanie : société fermée et appauvrie sous le pouvoir absolu d'un autocrate local, paranoïde et tout-puissant. Mais ce fut également, de plus en plus, le modèle roumain. Nikita Khrouchtchev, qui détestait la Roumanie (sentiment largement répandu dans sa génération de Russes), avait prétendu lui assigner un rôle exclusivement agricole dans la division communiste internationale du travail. Mais les dirigeants du parti de Bucarest n'avaient pas l'intention de laisser réduire leur pays au rang de fournisseur de matières premières et d'aliments à des économies communistes plus prospères et avancées.

Pour s'être montrés accommodants lors de l'incarcération des dirigeants hongrois et l'écrasement de la révolte, les Roumains obtinrent le retrait des forces soviétiques du territoire roumain en 1958 et suivirent une voie toujours plus indépendante. Sous la houlette de Dej, puis, à partir de 1965, de Ceausescu, la Roumanie refusa de s'engager dans les querelles de Moscou avec la Chine et refusa même d'autoriser les manœuvres du pacte de Varsovie sur

5. Djilas écopa de quatre ans de prison quand *La Nouvelle Classe* sortit à l'Ouest ; peu après sa libération, il fut à nouveau incarcéré pour quatre ans.

son territoire. Les dirigeants roumains firent des ouvertures en direction de Tito (dont les relations avec le pacte de Varsovie étaient plus formelles qu'amicales), Dej allant jusqu'à prendre la parole devant l'Assemblée nationale yougoslave en 1963 ; et ils engagèrent l'industrialisation néostalinienne de la Roumanie avec de l'argent et des machines acquises en Europe occidentale. Les relations de la Roumanie avec l'Occident se développèrent régulièrement, tandis que le commerce avec les pays du Comecon diminuait : de 70 % du commerce extérieur total de la Roumanie au début des années 1960 à 45 % dix ans plus tard.

Cette stratégie claironnée de la « Roumanie d'abord » n'était pas impopulaire au pays : de fait, une des façons pour le PC roumain de masquer ses origines clairement non-roumaines consistait à revêtir le manteau du nationalisme. Dej commença ; Ceausescu ne fit qu'aller plus loin sur cette voie. Mais la stratégie réussit mieux encore à l'étranger. Tandis que l'Albanie, subrogée européenne de la Chine, n'attirait personne en dehors des staliniens nostalgiques et des maoïstes les plus délirants, l'image internationale de la Roumanie communiste demeurait curieusement positive. Par le simple fait de prendre leurs distances vis-à-vis de Moscou, les hommes de Bucarest glanèrent une foule d'admirateurs occidentaux improbables. En août 1966, *The Economist* présenta Ceausescu en « de Gaulle d'Europe de l'Est ».

Quant à de Gaulle lui-même, lors d'un voyage à Bucarest en mai 1968, il observa que le communisme de Ceausescu serait déplacé en Occident, mais qu'il était probablement bien adapté à la Roumanie : « Chez vous un tel régime est utile, car il fait marcher les gens et avancer les choses. » De Gaulle avait sans nul doute raison de dire que le communisme roumain n'aurait pas fait l'affaire à l'Ouest. Le communisme roumain était particulièrement brutal et répressif : en prenant leur distance vis-à-vis de l'Union soviétique après 1958, Dej et Ceausescu se libéraient aussi de la nécessité de faire écho à la déstalinisation et aux réformes associées à l'ère Khrouchtchev. À la différence des autres États satellites, la Roumanie ne fit aucune place à quelque opposition intérieure que ce soit : isolés de leur propre société, les intellectuels de Bucarest, dans les années 1960, ne prenaient aucune part aux débats intérieurs (il n'y en avait pas) et devaient se contenter de lire les « nouveaux romans » venus de Paris et de participer par procuration à la culture française cosmopolite avec laquelle les Roumains cultivés avaient toujours revendiqué une affinité particulière.

Loin de condamner les dictateurs roumains, cependant, les gouvernements occidentaux leur prodiguèrent toutes sortes d'encouragements. Après que la Roumanie eut enfreint le veto soviétique et officiellement reconnu l'Allemagne de l'Ouest en janvier 1967, les relations se réchauffèrent encore : Richard Nixon fut le premier président américain à visiter un État communiste quand il se rendit à Bucarest en août 1969. Le communisme social

– « d'accord il est coco, mais c'est le nôtre » – paya pour Ceausescu : le moment venu, la Roumanie fut le premier pays du pacte de Varsovie à entrer dans le GATT (en 1971), la Banque mondiale et le FMI (1972), puis à bénéficier des préférences commerciales de la Communauté européenne (1973) et, de la part des États-Unis, de la clause de la nation la plus favorisée (1975)[6].

Dans les autocrates antirusses de Bucarest, les diplomates occidentaux croyaient voir les germes d'un nouveau Tito : stable, docile, plus intéressé par le pouvoir local que par les troubles internationaux. En un sens, tout au moins, ils avaient raison. Tito et Ceausescu, comme Kádár et la direction néostalinienne de la RDA, négocièrent avec succès les écueils des années 1960. Chacun à sa façon, ils assurèrent leur autorité et leur contrôle à l'intérieur tout en conservant au moins un *modus vivendi* avec Moscou. Les dirigeants communistes de Varsovie et de Prague n'eurent pas tant de réussite.

*

L'issue pacifique du soulèvement polonais de 1956 avait eu un prix. Si les institutions et les écrivains catholiques avaient droit de cité dans la Pologne de Gomulka, l'opposition au sein du parti lui-même était étroitement surveillée. Le POUP demeurait profondément conservateur, alors même qu'il avait réussi à éviter les purges violentes des années staliniennes. Redoutant la réédition des troubles de 1956, la direction du parti traitait toute critique de sa politique comme une menace directe sur son monopole politique. Il en résulta une frustration profonde chez les intellectuels « révisionnistes » à l'égard du régime en général, mais aussi à cause de l'occasion manquée d'une nouvelle direction : l'inachèvement de l'Octobre polonais.

Dans l'été de 1964, deux étudiants de l'Université de Varsovie, Jacek Kuroń et Karel Modzelewski, rédigèrent une critique universitaire du système politique et économique de la Pologne populaire. Dans son ton et son contenu, leur thèse était d'un marxisme irréprochable, mais cela ne leur évita pas d'être exclus du parti et de l'Union des jeunes socialistes tout en étant dénoncés dans les milieux officiels pour diffusion de propagande antiparti. Ils réagirent en publiant une *Lettre ouverte* au parti, soumise à la section de l'Université de Varsovie en mars 1965. Dans cette lettre, ils dépeignaient un régime autocratique et bureaucratique, sourd aux intérêts de tous, sauf de l'élite

6. Richard Nixon ne fut aucunement le dernier Américain à se laisser séduire par le dictateur roumain. Impressionné par Nicolae Ceausescu lors de sa visite de 1978 en Roumanie, le sénateur George McGovern se félicita de le compter « parmi les principaux tenants de la maîtrise des armements dans le monde » ; et en septembre 1983, alors que la terrible vérité sur le régime de Ceausescu était déjà amplement connue, le vice-président George Bush pouvait encore le décrire d'une formule mémorable comme « un des bons communistes d'Europe ».

dirigeante qu'il servait, régnant en toute incompétence sur une population laborieuse appauvrie et censurant toute forme de commentaire et de critique. Le seul espoir de la Pologne, concluaient Kuroń et Modzelewski, était une authentique révolution, fondée sur les conseils ouvriers, la liberté de la presse et l'abolition de la police politique.

Le lendemain de la présentation de leur lettre, tous deux furent arrêtés et accusés de prôner le renversement de l'État. Le 19 juillet 1965, ils écopèrent respectivement de trois et trois ans et demi de prison. Les autorités furent particulièrement sensibles aux termes irréprochablement marxistes de leur critique, son utilisation efficace de données sociales pour mettre en évidence les piètres performances économiques du régime, ainsi qu'à l'appel à une révolution ouvrière pour remplacer l'actuelle dictature bureaucratique (touche néo-trotskiste qui n'arrangea pas les affaires des auteurs[7]). Avant tout, peut-être, le parti était résolu à parer précisément le mélange de diagnostic intellectuel et d'action prolétarienne auquel appelait la lettre de Kuroń et Modzelewski.

L'affaire Kuroń et Modzelewski suscita une vive réponse au sein de l'Université. Le procès secret des deux étudiants eut l'effet d'un choc ; des appels furent lancés à leur libération, mais aussi à la publication de leur *Lettre* et de leur recherche antérieure. Des chercheurs confirmés plaidèrent leur cause. L'année suivante, Leszek Kolakowski, professeur de philosophie à l'Université de Varsovie, s'adressa aux étudiants de l'Institut d'Histoire à l'occasion du 10e anniversaire de la session plénière du parti polonais, en octobre 1956. L'Octobre polonais, expliqua-t-il, avait été une occasion manquée. Dix ans plus tard, la Pologne était un pays de privilèges, d'inefficacité et de censure. Les communistes avaient perdu le contact avec la nation, et la répression de Kuroń et Modzelewski mais aussi des critiques qu'ils faisaient leur était un signe de déclin du parti… et du pays.

Kolakowski fut naturellement exclu du parti en tant que « libéral bourgeois », bien que ses collègues de l'Université de Varsovie eussent protesté avec vaillance de ses lettres de créance marxistes internationalement reconnues. Vingt-deux écrivains et intellectuels communistes polonais éminents écrivirent alors au comité central pour défendre le « camarade Kolakowski » en tant que « porte-parole d'une culture et d'une démocratie socialistes libres et authentiques ». Ils furent à leur tour exclus du parti. Au printemps de 1967, ulcérée par les critiques venues de sa gauche, la direction polonaise avait été assez maladroite pour forger une authentique opposition intellectuelle ; et l'Université de Varsovie était devenue un foyer de révolte estudiantine – au nom de la liberté d'expression et pour défendre, entre autres choses, leurs professeurs persécutés.

---

7. C'est une organisation trotskiste, la Ligue communiste révolutionnaire (LCR), qui diffusa la traduction française de la *Lettre ouverte* qui circula à Paris l'année suivante.

Le problème de la liberté de parole à l'Université de Varsovie prit un tour supplémentaire en janvier 1968. Depuis la fin de novembre 1967, le théâtre universitaire donnait les *Aïeux* d'Adam Mickiewicz, le poète national de la Pologne. Écrite en 1832, mais dangereusement contemporaine dans son portrait des rebelles du XIXe siècle bataillant contre l'oppression, la pièce avait attiré un public animé et clairement engagé. À la fin de janvier, les autorités communistes annoncèrent que la pièce devait être retirée de l'affiche. À la suite de la dernière représentation, des centaines d'étudiants se rendirent au monument Mickiewicz, dans la capitale polonaise, pour dénoncer la censure et exiger un « théâtre libre ». Deux étudiants Henryk Szlajfer et Adam Michnik, décrivirent la situation au correspondant du *Monde* à Varsovie, dont le reportage fut ensuite diffusé sur Radio Europe libre : Michnik et son camarade furent dûment exclus de l'université.

Les étudiants réagirent en organisant des pétitions à l'adresse du parlement polonais, des résolutions de soutien à la section varsovienne de l'Association des écrivains polonais et des discours de Kolakowski et d'autres professeurs et écrivains en vue pour prendre la défense des étudiants. Un écrivain dénonça publiquement la « dictature des abrutis » pour qualifier le sort réservé par les communistes à la culture. Le 8 mars, la police dispersa violemment une réunion d'étudiants organisée à l'Université de Varsovie pour protester contre l'expulsion de Michnik et de Szlajfer. S'ensuivirent, trois jours plus tard, des manifestations d'étudiants dans tout le pays ainsi qu'une grève de l'Université de Varsovie elle-même. Au sein du parti, des cercles néostaliniens se mirent à parler d'un ton menaçant d'une perte de contrôle du POUP, certains allant jusqu'à alerter Moscou des dangers d'un « révisionnisme » de style tchécoslovaque.

La riposte de Gomulka fut décisive. Il réprima la grève et les manifestations qui suivirent avec une grande violence, suffisante pour conduire un membre du Politburo et deux ministres de poids à protester en donnant leur démission. Trente-quatre autres étudiants et six professeurs (dont Kolakowski) furent à leur tour exclus de l'Université de Varsovie. Puis, après l'écrasement du printemps de Prague dans la Tchécoslovaquie voisine (voir *infra*), les autorités arrêtèrent les organisateurs des manifestations et des pétitions contre l'invasion soviétique pour les traduire en jugement. Dans une longue série de procès, qui se déroulèrent entre septembre 1968 et mai 1969, divers étudiants et autres intellectuels de Varsovie, Wroclaw et Lodz furent condamnés à des peines allant de six mois à trois ans de prison pour « participation à des organisations secrètes », « distribution de publications contre l'État » et autres crimes. Les peines les plus lourdes furent infligées à ceux qui, comme Adam Michnik, Jan Litynski et Barbara Torunczyk, avaient aussi joué un rôle actif dans les premières manifestations estudiantines.

Un nombre disproportionné des étudiants et enseignants arrêtés, exclus et emprisonnés dans la Pologne des années 1967-1969 étaient d'origine juive, ce qui ne devait rien au hasard. Depuis le retour de Gomulka au pouvoir, en 1956, l'aile conservatrice, néostalinienne, du POUP avait cherché l'occasion de revenir même sur les mesures de libéralisation limitée qu'il avait introduites. Sous la direction du ministre de l'Intérieur, Mieczyslaw Moczar, l'opposition interne s'était rassemblée autour de la cause antisémite.

De la mort de Staline jusqu'en 1967, l'antisémitisme, quoique endémique en Europe de l'Est et en Union soviétique même, avait été banni de la rhétorique communiste officielle. Après la guerre, la plupart des Juifs survivants d'Europe de l'Est avaient émigré en Occident ou en Israël. Parmi ceux qui restèrent, beaucoup fuirent, quand ils le pouvaient, le cours des persécutions des dernières années de Staline. Il subsistait encore de fortes communautés juives en Pologne et surtout en Hongrie ; mais la plupart de leurs membres n'étaient pas pratiquants et ne se considéraient pas comme juifs. Dans le cas de ceux qui étaient nés après la guerre, ils ignoraient souvent même qu'ils l'étaient : leurs parents avaient estimé plus prudent de garder le silence[8].

En Pologne, notamment, les effectifs encore considérables de communistes juifs – certains avaient des responsabilités politiques, d'autres étaient à l'université ou exerçaient diverses professions dites libérales à l'Ouest – étaient pour l'essentiel indifférents à leurs origines juives, d'aucuns étant même assez naïfs pour imaginer que l'ensemble des Polonais partageaient leur indifférence. En revanche, ils offraient une cible de choix à quiconque cherchait à s'élever au sein du parti et quêtait une popularité démagogique dans le pays[9]. Ne manquait que l'occasion : en juin 1967, la guerre des Six jours entre Israël et ses voisins arabes la leur fournit. Le soutien soviétique à la cause arabe légitima une critique bruyante d'Israël, du sionisme… et des Juifs.

Ainsi, dans un discours du 19 juin 1967, condamnant ceux qui avaient soutenu Israël dans le récent conflit, Gomulka fit effrontément l'amalgame entre ses critiques envers les Juifs et l'État sioniste : « Je souhaite annoncer que nous n'empêcherons pas les citoyens polonais de nationalité juive de retourner [*sic*] en Israël, s'ils le désirent. Notre position est que chaque citoyen polonais doit avoir un pays : la Pologne populaire. […] Que ceux qui estiment que ces paroles s'adressent à eux, indépendamment de leur nationalité, en tirent la conclusion qui s'impose. Nous ne voulons pas d'une cinquième colonne dans notre pays. » Sur les ondes de la radio et de la télévision, des

8. Sur les quelque 30 000 Juifs que comptait la Pologne au milieu des années 1960, moins de 7 500 appartenaient à des organisations juives officielles.

9. En 1966, circula officieusement dans certains groupes du parti, à l'université et dans l'armée, une édition polonaise du faux antisémite des *Protocoles des sages de Sion*.

millions de Polonais entendirent traiter les Juifs de cinquième colonne. Le message ne souffrait pas la moindre ambiguïté.

On ne sut jamais très bien si Gomulka exprimait son point de vue personnel, s'il cherchait des boucs émissaires aux échecs politiques de la décennie passée ou s'il anticipait simplement les menées de Moczar pour le déloger et avait donc décidé de déborder ses adversaires staliniens. Mais sa décision eut des conséquences spectaculaires. Les autorités polonaises déclenchèrent un flot de préjugés contre les Juifs : à travers la Pologne, mais surtout dans le parti et les institutions universitaires. Des apparatchiks insinuèrent que les pénuries et autres problèmes économiques étaient l'œuvre des communistes juifs. On ne craignait pas de distinguer ouvertement les « bons » communistes, qui avaient à cœur les intérêts nationaux de la Pologne, et les autres (Juifs) dont les allégeances allaient ailleurs.

En 1968, les parents et autres membres des familles des étudiants juifs arrêtés ou expulsés furent à leur tour démis de leurs fonctions officielles ou universitaires. Les procureurs portèrent une attention particulière aux noms et aux origines des étudiants et professeurs appelés à comparaître devant la cour : le scénario était bien connu par les procès Slánský et autres, mais c'était une première dans la Pologne communiste. Au faîte de la frénésie antisémite, la presse définissait les Juifs par des critères directement empruntés aux lois de Nuremberg, ce qui n'est guère surprenant, peut-être, vu la présence de fascistes polonais recyclés dans l'aile stalinienne du parti au pouvoir.

C'est alors que les Juifs furent invités à quitter le pays. Beaucoup le firent, à des conditions humiliantes et à un coût personnel élevé. Sur les quelque 30 000 Juifs qui restaient en Pologne, environ 20 000 partirent en 1968-1969, ne laissant derrière eux que quelques milliers de personnes, pour l'essentiel des personnes âgées et des jeunes – dont Michnik et ses camarades étudiants, qui purgeaient leurs peines de prison. Ce chambardement profita, entre autres, à Moczar et à ses partisans, qui s'emparèrent, au sein du parti et du gouvernement, des postes laissés vacants par leurs titulaires juifs. Outre les Juifs polonais, les perdants furent le système éducatif du pays (qui perdit nombre de ses meilleurs chercheurs et enseignants, dont Kolakowski, dont la femme était juive) ; Gomulka, qui comprit trop tard ce qu'il avait déclenché et qui se retrouva sur la touche deux ans après ; et la Pologne elle-même, sa réputation internationale, de nouveau – et pour de longues années – inextricablement associée à la victimisation de sa minorité juive.

La relative aisance avec laquelle les dirigeants polonais réussirent à isoler et détruire les étudiants contestataires vient de ce qu'ils réussirent à séparer le malaise des intellectuels du reste de la nation : une stratégie dans laquelle l'antisémitisme joua naturellement un rôle utile. Les étudiants eux-mêmes en étaient peut-être en partie responsables : à l'Université, notamment, ce sont les fils et filles privilégiés de la *nomenklatura* communiste polonaise qui furent le plus en pointe dans les protestations et manifestations et leurs revendications tournaient surtout autour de la liberté de parole et les droits politiques. Ainsi que leurs ennemis néostaliniens s'empressèrent de le faire valoir, l'intelligentsia dissidente de Varsovie ne se souciait guère des problèmes d'intendance de la population laborieuse. En retour, la population polonaise, dans sa grande masse, resta soigneusement indifférente à la persécution des Juifs comme des étudiants, et tout particulièrement des étudiants juifs.

Deux ans plus tard, en 1970, quand le gouvernement polonais augmenta de 30 % le prix des denrées alimentaires et que les ouvriers du chantier naval de Gdansk se mirent en grève pour protester, on leur rendit tragiquement le compliment, même si ce n'était pas intentionnel : il n'y eut personne pour épouser leur cause. Le moment venu, cependant, la leçon de ces années – si les ouvriers et les intellectuels polonais voulaient défier le parti, ils devaient dépasser leur indifférence mutuelle et forger une alliance politique – allait être assimilée et appliquée avec une grande efficacité historique, à commencer par Adam Michnik et Jacek Kuroń eux-mêmes. De ce point de vue, tout au moins, 1968, en Pologne, eut un effet positif, quoique à retardement. On ne saurait en dire autant de la Tchécoslovaquie voisine.

La Tchécoslovaquie du début des années 1960 était un hybride, en pleine transition inconfortable du stalinisme national vers un communisme réformé. Les grands procès et purges des années 1950 avaient touché Prague tardivement et leur impact avait été plus fort et plus durable que partout ailleurs. Il n'y eut pas de renouvellement de la vieille élite stalinienne, ni Gomulka ni Kádár tchèque. La vieille garde du régime restait en place. Deux commissions d'enquête furent créées pour se pencher sur le procès Slánský et les autres : la première siégea de 1955 à 1957, la seconde de 1962 à 1963. La fin des deux commissions était de reconnaître tant bien que mal le passé criminel récent du régime sans relâcher pour autant le contrôle.

À court terme, l'objectif fut atteint. Les victimes des procès staliniens furent libérées et réhabilitées, bien souvent par les mêmes politiciens, juges, procureurs et interrogateurs qui les avaient d'abord condamnés. Les ex-condamnés récupérèrent leur carte du parti ainsi qu'un peu d'argent, des coupons (par exemple, pour une automobile) et dans certains cas leur appartement. Leurs femmes et enfants purent à nouveau trouver du travail et faire des études. Malgré cette reconnaissance *de facto* des injustices passées, cependant, le parti et sa direction de l'ère stalinienne restèrent intacts et au pouvoir.

Comme le dirigeant communiste français Maurice Thorez, le premier secrétaire Antonin Novotný attendit de longues années pour voir dans quel sens le vent soufflait avant de suivre l'exemple de Khrouchtchev et dénoncer le dictateur soviétique. L'expérience tchèque de la terreur stalinienne était si récente et extrême que les dirigeants du parti craignaient le risque d'admettre la moindre « erreur », de crainte de déclencher un processus autrement plus lourd de conséquences que les bouleversements de 1956 en Pologne ou même en Hongrie. La déstalinisation de la Tchécoslovaquie fut donc délibérément retardée aussi longtemps que possible : la monumentale statue de Staline perchée sur les hauteurs de Prague, de même que la copie relativement plus petite de la capitale slovaque de Bratislava, demeura intacte jusqu'en octobre 1962[10].

La Tchécoslovaquie avait ressenti plus vivement qu'ailleurs les conséquences de la révolution sociale communiste, en partie, précisément, parce qu'il s'agissait d'une société bourgeoise et développée, à la différence de tous les autres pays soumis au régime soviétique. Les principales victimes de la terreur stalinienne avaient été les intellectuels, habituellement issus des classes moyennes et pour beaucoup juifs. Les autres classes de la société tchécoslovaque n'avaient pas tant souffert. L'ascension sociale des ouvriers – ou, plus exactement, la dégringolade de tous les autres – fut un trait distinctif des années 1950 en territoire tchèque et slovaque. Le pourcentage d'enfants issus de la classe ouvrière et poursuivant des études supérieures non professionnelles passa de moins de 10 % en 1938 à 31 % en 1956 et près de 40 % en 1963. Au début des années 1960, la distribution des revenus, en Tchécoslovaquie, était la plus égalitaire de l'Europe soviétique.

La direction communiste avait donc bel et bien fait avancer le pays sur la voie du « communisme intégral », comme le proclamait la nouvelle Constitution de 1960. Toutefois, cela s'était fait au prix d'une stagnation inacceptable, même à l'aune des Soviétiques. D'où la décision des autorités du parti, au 12e Congrès de décembre 1962, d'« adapter l'économie nationale » au stade avancé de développement socialiste du pays, c'est-à-dire de se résigner à l'inévitable et de consentir à un minimum de réformes non socialistes afin de réveiller une économie stagnante. Mais les changements que proposaient Ota Sik et les autres économistes réformateurs du parti – lier les primes des ouvriers aux profits plutôt qu'à la réalisation des plans ou des normes officiels – n'étaient pas au goût des durs et ne furent finalement approuvés qu'au 13e Congrès, quatre ans après.

À cette date, comme les dirigeants l'avaient toujours craint, le mélange constitué par les réhabilitations publiques, la reconnaissance prudente des erreurs de Staline et la perspective de réformes économiques, même timides, avait ouvert la voie à une contestation beaucoup plus sérieuse de la mainmise

10. Novotný n'était pas seul à craindre un contrecoup. Le 5 avril 1963, Palmiro Togliatti, le chef du PCI, écrivit secrètement à Novotný et à ses collègues pour les prier de repousser l'annonce de la réhabilitation de Slánský et des autres victimes des procès au lendemain des prochaines élections italiennes. Le chef du PCI l'avait bien compris : les Tchèques n'étaient pas les seuls qui eussent de bonnes raisons d'être écœurés de voir que leurs dirigeants avaient concouru à couvrir un grand meurtre judiciaire tout juste dix ans auparavant.

du parti sur la vie publique. Les réformes économiques engagées en 1963 ne pouvaient sans doute pas faire l'unanimité parmi les employés de base ; mais chez les écrivains, les enseignants, les cinéastes et les philosophes la perspective d'un desserrement de l'étau stalinien provoqua une avalanche de critiques, d'espoirs et d'attentes.

En 1963, à Liblice, une conférence d'écrivains fut ainsi consacrée à Franz Kafka. Jusque-là, le sujet était tabou : en partie parce que Kafka était un Juif de Prague qui écrivait en allemand, et rappelait donc l'histoire perdue de la Bohême ; mais surtout à cause de l'anticipation fâcheusement pénétrante, dans maints écrits de Kafka, de la logique du pouvoir totalitaire. L'autorisation de discuter de l'auteur apparut donc comme le présage d'une libéralisation autrement plus ample du débat public : de la discussion des écrivains interdits à l'évocation des dirigeants assassinés, il n'y avait qu'un petit pas. En avril 1963, Ladislav Novomeský, écrivain slovaque réhabilité, profita du Congrès des écrivains slovaques pour évoquer directement, et d'un ton admiratif, son « camarade et ami » Clementis, victime du procès Slánský. Le désir de parler – d'aborder le passé – occupait désormais le centre de la scène, même s'il s'exprimait encore dans un langage « révisionniste » étudié : quand le jeune romancier Milan Kundera donna en juin 1963 un article à la revue culturelle praguoise *Literárni Noviny*, il se borna prudemment à critiquer la « déviation » stalinienne de la littérature tchèque et à souligner la nécessité de dire la vérité à leur sujet.

Le climat relativement libéral de ces années-là fut un écho tchèque tardif du dégel khrouchtchévien. Malgré le changement de ton à Moscou, après le coup de force de Brejnev, la renaissance artistique se poursuivait en Tchécoslovaquie, avec pour seuls obstacles une censure et des pressions sporadiques. Pour les étrangers, le symptôme le mieux connu fut une vague de nouveaux films, traitant prudemment de sujets qui eussent été interdits quelques années auparavant, à commencer par *Trains étroitement surveillés* de Jiří Menzel (1966), réfutant en douceur le mythe communiste central de la résistance antinazie, était cosigné par Josef Škvorecký, (auteur des *Lâches*, roman dont le thème analogue, prudemment esquissé, avait assis sa réputation quelques années plus tôt). Mais des dramaturges, des poètes et des romanciers – pour beaucoup, comme Kundera, également scénaristes – jouèrent un rôle encore plus important.

En 1966, Ludvík Vaculík publia *La Hache*, fiction inspirée des idéaux communistes de son père... et de la désillusion ultérieure du fils. En 1967, un autre écrivain, Ladislas Mňačko, publia une critique mordante de Novotný et de la *nomenklatura* du parti, vaguement déguisée en roman, sous un titre transparent, *Le Goût du pouvoir*. La même année, Kundera lui-même publia *La Plaisanterie*, roman néo-existentialiste et ouvertement autobiographique de la génération stalinienne en Tchécoslovaquie. Ces années-là, « l'ère de la construction du socialisme » comme on disait officiellement, était devenue la cible naturelle des intellectuels ; et, au 4e Congrès des écrivains tchécoslovaques, dans l'été 1967, Kundera, Vaculik, le poète et dramaturge Pavel Kohout ainsi que le jeune dramaturge Václav Havel s'en prirent à la direction communiste de l'époque, lui reprochant la ruine matérielle et morale qu'elle avait semée. Ils appelèrent à un retour au patrimoine littéraire et culturel de la Tchécoslovaquie en exprimant leur désir que le pays retrouve sa place « normale » au cœur de l'Europe libre.

L'attaque implicite contre l'*actuelle* direction n'échappa à personne. Nous savons aujourd'hui que le Kremlin suivait la situation à Prague avec quelques craintes : Brejnev tenait de longue date la Tchécoslovaquie pour l'élément idéologiquement le moins fiable du pacte de Varsovie. C'est parce qu'ils le savaient que les staliniens vieillissants du château de Prague essayaient depuis si longtemps de suivre la ligne. S'ils ne bâillonnèrent pas d'une main ferme l'opposition intellectuelle naissante en 1967, ce n'est pas faute d'avoir essayé. Mais deux contraintes les retinrent : la nécessité de poursuivre les réformes économiques récemment mises en œuvre, ce qui supposait un certain degré d'ouverture et de tolérance des opinions dissidentes suivant le modèle hongrois ; et les difficultés naissantes en Slovaquie.

La Tchéco-Slovaquie (telle était son appellation initiale) avait toujours été un État agité et bancal. La minorité slovaque du Sud et de l'Est du pays était plus pauvre et plus rurale que les Tchèques du Nord-Ouest. Libérés de la domination hongroise en 1918, les Slovaques furent les parents pauvres de la Tchécoslovaquie pluriethnique de l'entre-deux-guerres et ne furent pas toujours bien traités par Prague. Beaucoup de dirigeants politiques slovaques s'étaient donc réjouis de l'éclatement du pays en 1939 et de l'apparition, sous la protection nazie, d'un État fantoche « indépendant » qui avait pour capitale Bratislava. Inversement, ce sont les Tchèques citadins et fortement sociaux-démocrates de Bohême et de Moravie qui avaient soutenu les communistes dans les élections de l'après-guerre, tandis que les catholiques slovaques demeuraient indifférents ou hostiles.

Reste que la Slovaquie ne s'était pas trop mal tirée du communisme. Des intellectuels slovaques avaient été victimes de purges, accusés de nationalisme bourgeois ou de complot anticommuniste (voire des deux). Et le petit contingent de survivants juifs slovaques souffrit en même temps que leurs frères tchèques. Mais les « nationalistes bourgeois », les communistes, les Juifs et les intellectuels étaient moins nombreux en Slovaquie et beaucoup plus isolés du reste de la société. La plupart des Slovaques étaient pauvres et travaillaient à la campagne. L'urbanisation et l'industrialisation rapides de la première décennie d'après-guerre leur profita réellement. À la différence des Tchèques, ils n'étaient pas mécontents de leur sort.

Toutefois, le climat de la région slovaque du pays changea brutalement après 1960. La nouvelle Constitution « socialiste » faisait encore moins de concessions à l'initiative ou à l'opinion locale que la précédente et revenait sur le peu d'autonomie accordée à la Slovaquie dans la reconstruction du pays après la guerre. Dans l'immédiat, cependant, la stagnation de l'économie (en 1964, le taux de croissance de la Tchécoslovaquie était le plus faible du bloc), qui frappa l'industrie lourde de Slovaquie centrale plus durement que partout ailleurs, eut davantage d'effets sur la plupart des Slovaques.

En janvier 1967, Novotný, après avoir tant attendu, avait dû lancer les réformes économiques recommandées par les experts de son parti. Bratislava avait bien accueilli les propositions, chères aux économistes réformateurs, de décentralisation de la décision et d'autonomie locale accrue, même si certaines de ces réformes, comme les incitations salariales liées aux profits, étaient peu faites pour séduire les OS des usines inefficaces de la Slovaquie. Mais Novotný était convaincu de toutes les fibres de son corps qu'il devait résister au relâchement du contrôle du parti ; aussi choisit-il d'encourager les amendements aux projets de changement dans l'idée de consolider les institutions de planification centrale. Ce choix eut pour effet non seulement de saboter les propositions de Sik et des autres économistes du parti, mais aussi d'indisposer l'opinion slovaque. Les communistes slovaques eux-mêmes commencèrent alors à parler d'une nécessaire fédéralisation et des difficultés d'une collaboration avec les apparatchiks communistes vieillissants de Prague. Se faisant l'écho d'une vieille plainte des agents de service, maçons, enseignants et vendeurs slovaques, ils se sentaient blessés et ignorés par la majorité tchèque. On se mit à parler des indignités d'avant-guerre de longue date oubliées, mais aussi des purges staliniennes des communistes slovaques.

Dans le même temps, et pour la première fois depuis des années, se profilèrent des troubles d'une autre nature. Le 31 octobre 1967, un groupe d'étudiants de l'Université technique de Prague manifestèrent dans le quartier de Strahov afin de protester contre des coupures de courant dans leurs dortoirs : mais leurs appels à « plus de lumière ! » allaient visiblement bien au-delà de leurs difficultés domestiques locales. Les « événements de Strahov », comme on devait les appeler plus tard, furent brutalement et efficacement réprimés par la police ; mais ils ne firent qu'ajouter au climat déjà tendu du moment, d'autant qu'ils semblaient suggérer qu'un État communiste n'était pas forcément imperméable à l'état d'esprit des étudiants à l'Ouest.

Novotný, comme Gomulka en Pologne, ne savait trop comment relever le défi. Faute d'option antisémite, il pria Brejnev de l'aider à faire face à ses détracteurs locaux. Mais quand le dirigeant soviétique arriva à Prague, en décembre 1967, il se contenta d'une recommandation assez obscure. Que le président tchécoslovaque fasse comme bon lui semble : « C'est votre affaire. » Les collègues de Novotný sautèrent sur l'occasion : le 5 janvier 1968, le comité central du PC tchèque se donna un nouveau premier secrétaire, Alexandre Dubček.

Le nouveau était jeune (47 ans, soit de seize ans le cadet de Novotný), appartenait à l'aile réformiste du parti et, surtout, il était slovaque. Chef du PC slovaque depuis trois ans, il apparaissait à beaucoup comme un candidat de compromis crédible : un apparatchik communiste de toujours, qui n'en soutiendrait pas moins les réformes tout en apaisant les rancœurs slovaques. Les premiers gestes de Dubček semblèrent confirmer cette lecture : un mois après sa nomination, la direction du parti approuva sans réserve le programme de réforme économique en souffrance. Le naturel de Dubček plaisait plus particulièrement aux jeunes, alors que son incontestable loyauté envers le parti et le « socialisme » rassurait pour l'heure le Kremlin et les autres dirigeants communistes étrangers qui suivaient la situation avec inquiétude.

Si les intentions de Dubček étaient obscures aux observateurs, probablement était-ce que lui-même ne savait trop où aller. Au départ, cette ambiguïté joua en sa faveur, les différentes factions rivalisant pour le soutenir et offrant de l'épauler. Dans les semaines qui suivirent son élection, il y eut des rassemblements publics à Prague pour réclamer la fin de la censure, une plus grande liberté de la presse et une véritable enquête sur les purges des années 1950 et les responsabilités de la vieille garde autour de Novotný (qui demeura président du pays même après avoir été écarté de la direction du parti). Porté par cette vague de ferveur populaire, Dubček approuva l'appel à un relâchement de la censure et commença à épurer les rangs du parti et de l'armée tchèque de leurs novotnystes.

Le 22 mars, Novotný démissionna à contrecœur de la présidence ; une semaine plus tard, il était remplacé par le général Ludvík Svoboda. Cinq jours après, le comité central adopta un « Programme d'action » prévoyant l'égalité de statut et l'autonomie de la Slovaquie, la réhabilitation des victimes et la « démocratisation » du système politique et économique. Le parti approuvait désormais officiellement ce que le programme appelait une « expérience unique de communisme démocratique » : le « socialisme à visage humain », comme on devait dire plus communément. Le moment venu (le document parlait d'une transition de dix ans), le PCT autoriserait l'émergence d'autres partis qu'il affronterait dans d'authentiques élections. Ce n'étaient guère des idées originales, mais exposées publiquement par les organes officiels d'un PC au pouvoir, elles déclenchèrent un séisme politique. Le Printemps de Prague avait commencé.

Les événements du printemps et de l'été 1968 en Tchécoslovaquie tournèrent autour de trois illusions contemporaines. La première, générale dans le pays après l'ascension de Dubček et surtout à la suite de la publication du Programme d'Action, était que les libertés et les réformes discutées pouvaient s'intégrer dans le projet « socialiste » (autrement dit, « communiste »).

On aurait tort de penser, après-coup, que les étudiants, écrivains et réformateurs du parti de 1968 cherchaient « réellement » à remplacer le communisme par le capitalisme libéral ou que leur enthousiasme pour le « socialisme à visage humain » était simple compromis ou habitude rhétorique. Au contraire : l'idée de « troisième voie », d'un socialisme démocratique compatible avec des institutions libres, respectant les libertés individuelles *et* les objectifs collectifs, avait conquis l'imagination des étudiants tchèques non moins que des économistes hongrois.

La distinction que l'on traçait désormais entre le stalinisme discrédité de la génération de Novotný et l'idéalisme renouvelé de l'ère Dubček, était largement acceptée, même, et en vérité, surtout par les membres du parti[11]. Comme l'affirma Jiří Pelikan dans sa préface à un troisième rapport sur les procès politiques tchèques (commandé en 1968 par Dubček, mais étouffé après sa chute), le « parti jouissait maintenant d'une popularité et d'un prestige considérables, les gens se déclaraient spontanément pour le socialisme[12]. » Peut-être était-ce un peu hyperbolique, mais ce n'était pas très éloigné de l'opinion contemporaine. Et cette illusion en nourrit une deuxième.

Si les gens pensaient que le parti pouvait sauver le socialisme de son histoire, la direction du parti en vint à croire qu'elle pouvait le faire sans perdre le contrôle du pays. Le 18 avril, était installé un nouveau gouvernement dirigé par Oldrich Cernik ; encouragé par d'immenses manifestations publiques d'affection et de soutien (notamment lors des traditionnelles célébrations du 1er mai), il relâcha presque toute forme de contrôle officiel de l'expression publique de ses opinions. Le 26 juin, la censure de la presse et des médias était officiellement abolie. Le même jour, on annonçait que la Tchécoslovaquie allait devenir un État authentiquement fédéral, formé d'une République socialiste tchèque et d'une République socialiste slovaque (c'est la *seule* des réformes de Dubček qui ait survécu à la répression ultérieure après avoir été consacrée par la loi le 28 octobre 1968).

Ayant relâché toute forme de contrôle de l'opinion, la direction communiste se trouva pressée de tous côtés de suivre la logique de ses actions. Pourquoi attendre dix ans des élections libres et ouvertes ? Maintenant que la censure était abolie, pourquoi conserver le contrôle et la propriété des médias ? Le 27 juin, *Literárny Listy* et d'autres publications tchèques sortirent un manifeste de Ludvík Vaculík, « Deux mille mots », adressés aux « ouvriers, paysans, fonctionnaires, artistes, chercheurs, scientifiques et techniciens ». Il prônait le rétablissement des partis politiques, la formation de comités de

---

11. En décembre 1967, les membres du parti représentaient 16,9 % de la population tchécoslovaque, soit le pourcentage le plus élevé des pays communistes.

12. Jiří Pelikan, éd., *The Czechoslovak Political Trials. The Suppressed Report of the Dubček Government's Commission of Inquiry, 1968*, Stanford, 1971, p. 17.

citoyens pour défendre et faire avancer la cause de la réforme ainsi que d'autres propositions pour prendre l'initiative de nouveaux changements en se soustrayant au contrôle du parti. La bataille n'était pas encore gagnée, prévenait Vaculík : les réactionnaires du parti se battraient pour conserver leurs privilèges et il était même question de « forces étrangères s'immisçant dans notre évolution ». Au peuple de renforcer le bras des réformateurs communistes en les pressant d'aller de l'avant encore plus vite.

Dubček rejeta le manifeste de Vaculík et son implication : que les communistes renoncent au monopole du pouvoir. Communiste de toujours, il ne pouvait approuver ce changement qualitatif crucial (« pluralisme bourgeois ») ; et, de toute manière, il n'en voyait pas la nécessité. Pour Dubček, le parti lui-même était le seul vecteur adéquat de changement radical si l'on voulait préserver les attributs vitaux d'un système socialiste. Plus le parti était populaire, plus il lui serait loisible de procéder à des changements sans risque. Mais comme l'indiquait avec une cruelle clarté le manifeste de Vaculík, la popularité et la crédibilité du parti devaient reposer toujours plus sur sa disposition à engager des changements qui pouvaient en définitive l'évincer du pouvoir. La ligne de faille entre un État communiste et une société ouverte était désormais pleinement exposée.

Et dans le courant de l'été 1968, celle-ci, à son tour, focalisa l'attention nationale sur la troisième illusion, la plus dangereuse de toutes : la conviction qu'avait Dubček de pouvoir tenir Moscou en respect, de parvenir à rassurer ses camarades soviétiques en leur faisant comprendre qu'ils n'avaient rien à craindre des événements de Tchécoslovaquie, et qu'en vérité ils avaient tout à gagner au regain de popularité du PCT et au réveil de la foi dans un projet socialiste rajeuni. Si Dubček commit cette fatale erreur de calcul, c'est avant tout parce que les réformateurs tchèques s'étaient lourdement trompés sur la leçon de 1956. L'erreur d'Imre Nagy, pensaient-ils, était d'avoir quitté le pacte de Varsovie et proclamé la neutralité de la Hongrie. Du moment que la Tchécoslovaquie restait fermement dans le Pacte et sans ambiguïté l'alliée de Moscou, Leonid Brejnev et ses collègues les laisseraient certainement tranquilles.

En 1968, cependant, l'Union soviétique s'inquiétait moins de sécurité militaire qu'elle ne craignait la perte de monopole du parti. Dès le 21 mars, lors d'une réunion du Politburo soviétique, le chef du parti ukrainien, Petro Chelest, déplorait l'effet de contamination de l'exemple tchécoslovaque ; selon lui, les rumeurs venant de Prague avaient un effet délétère sur l'état d'esprit des jeunes ukrainiens. Les dirigeants polonais et est-allemands adressèrent des remontrances semblables à leurs collègues soviétiques lors d'une réunion qui se tint à Dresde le même mois (Gomulka, qui avait ses propres soucis sur la scène intérieure, était particulièrement ulcéré de se voir reprocher à Prague le tournant antisémite de la Pologne). À l'insu de Prague, le chef du

KGB Iouri Andropov évoquait déjà la possible nécessité de « mesures militaires concrètes » ; et en avril, le ministre soviétique de la Défense, Andreï Gretchko, fut tranquillement autorisé à dresser un plan d'urgence en vue d'opérations en Tchécoslovaquie : une première mouture de ce qui allait devenir l'« Opération Danube ».

À chaque mesure de libéralisation que prenait Prague, Moscou était de plus en plus mal à l'aise. Dubček en était certainement conscient : les 4 et 5 mai, lui-même et d'autres communistes tchèques se rendirent à Moscou où les dirigeants du bloc de l'Est leur présentèrent toute une série de doléances liées à l'évolution de la situation dans leurs pays. Mais tandis que Dubček continua de protester que le parti avait tout en mains et que, si libre que fût devenue la liberté d'expression, il n'était pas question pour le pays de rompre avec ses obligations fraternelles, c'est la fiabilité même de l'armée tchèque qui était maintenant remise en question tandis que la presse tchèque, non censurée, publiait des dissidents soviétiques. Les étudiants russes en visite à Prague pouvaient désormais lire et écouter des hommes et des opinions de longue date interdits chez eux. Prague devenait une fenêtre sur l'Occident.

En juillet 1968, Moscou en était arrivé à la conclusion que les événements de Prague échappaient au contrôle du parti : en vérité, c'était peut-être bien le cas. Le 14 juillet, Moscou réunit les chefs de parti de l'URSS, de la Pologne, de la RDA, de la Bulgarie et de la Hongrie, mais pas les Tchèques : la décision fut prise d'adresser une lettre fraternelle au PC tchécoslovaque pour le mettre en garde contre les risques de contre-révolution et dresser la liste des mesures indispensables : « La situation en Tchécoslovaquie compromet les intérêts communs vitaux des autres pays socialistes. » Quinze jours après, les dirigeants soviétiques et tchèques se retrouvèrent à Cierna nad Tisou, sur la frontière soviéto-tchécoslovaque, et Dubček tenta une fois encore de convaincre Brejnev que le PC ne mettait pas en danger sa position en promulguant des réformes, mais renforçait au contraire son ancrage dans la population.

Le dirigeant soviétique n'en était absolument pas convaincu : les perspectives de Dubček le laissaient toujours plus sceptique. Le pacte de Varsovie annonça de prochaines manœuvres au voisinage de la frontière tchèque. Le 3 août, à Bratislava, lors d'une réunion du pacte de Varsovie (à laquelle la Roumanie de Ceausescu refusa de participer), Brejnev énonça la doctrine qui devait rester associée à son nom : « Chaque parti communiste est libre d'appliquer les principes du marxisme-léninisme et du socialisme dans son pays, mais il n'est pas libre de s'écarter de ces principes s'il entend rester un parti communiste. [...] L'affaiblissement d'un maillon quelconque du système socialiste mondial affecte directement tous les pays socialistes, et ils ne sauraient y rester indifférents. »

Cette déclaration, affirmation à peine voilée que le Kremlin se réservait le droit d'agir *préventivement* pour parer une menace sur le socialisme dans tout pays socialiste, a bien pu faire réfléchir Dubček. Mais comme il ne pouvait pas faire grand-chose, il continua de protester que ses réformes intérieures ne menaçaient en aucune façon le système socialiste. Le 13 août, lors d'une conversation téléphonique avec un Brejnev méfiant, Dubček se donna le plus grand mal pour expliquer qu'il essayait de faire taire les critiques populaires de l'Union soviétique, mais que ce n'était pas « par une directive d'en haut que l'on règlerait ce problème ». Eût-il su que cinq de ses collègues du présidium tchécoslovaque avaient secrètement transmis aux Russes une lettre du 3 août, faisant état d'une menace imminente pesant sur l'ordre communiste en Tchécoslovaquie et réclamant une intervention militaire, qu'il aurait sans doute pris les choses autrement[13].

La décision soviétique d'envahir la Tchécoslovaquie ne fut définitivement prise que le 18 août – Brejnev était apparemment réticent : il sentait d'instinct que si aisée que fût la victoire, les contrecoups pourraient se révéler fâcheux –, mais elle était devenue quasiment inévitable beaucoup plus tôt. Les dirigeants soviétiques pensaient que le prochain congrès du PCT, le 14e, risquait de voir le triomphe définitif de l'aile réformiste, et ils redoutaient désormais réellement l'effet de contagion de l'exemple tchèque sur ses voisins. Ainsi que le déclara Gretchko en informant les chefs militaires soviétiques de la décision d'envahir le pays, « l'invasion aura lieu même si elle doit conduire à une troisième guerre mondiale ». Mais les dirigeants soviétiques savaient parfaitement qu'il n'y avait aucun risque de ce genre, et pas simplement parce que Washington avait les mains liées au Viêt-nam. À peine cinq semaines auparavant, Washington et Moscou avaient cosigné un traité de non-prolifération nucléaire : il n'était pas question pour les États-Unis de compromettre ces gains au nom de quelques millions de Tchèques fourvoyés. Le 21 août 1968, 500 000 hommes du Pacte de Varsovie (Pologne, Hongrie, Bulgarie, RDA et URSS) entrèrent donc en Tchécoslovaquie[14].

L'invasion se heurta à quelque résistance passive et à une multitude de manifestations de rue, surtout à Prague ; mais à la demande pressante du

13. Une demande qui n'était pas vraiment spontanée. Deux semaines plus tôt, lors d'une réunion secrète près du lac Balaton, dans la Hongrie de János Kádár, Chelest suggéra à Vasil Bilak (un des adversaires de Dubček au sein de la direction du PCT) que Moscou aimerait une « lettre d'invitation ». La lettre qui en résulta évoque explicitement la « perte de contrôle » du parti, la probabilité d'un « coup contre-révolutionnaire » et des « risques pour le socialisme » avant d'inviter Moscou à intervenir et apporter toute l'assistance nécessaire. La lettre s'achève sur ces mots : « Nous vous demandons d'entourer notre déclaration du plus grand secret, et pour cette raison nous vous écrivons à vous, personnellement, en russe. »

14. Ceausescu ayant refusé de participer à l'invasion et de permettre aux troupes du Pacte de Varsovie de traverser le territoire roumain, le contingent bulgare dut être aéroporté en Ukraine. Sa présence ne justifiait guère cette peine ; mais l'importance d'un partage de la responsabilité de l'attaque entre le plus grand nombre possible d'États-frères prima sur toute autre considération.

gouvernement tchèque, il n'y eut pas d'autres formes d'opposition. Le manque de chaleur de l'accueil surprit quelque peu la direction soviétique, qui avait été conduite à imaginer que ses chars rencontreraient un large soutien. Après avoir commencé par arrêter Dubček et ses principaux collègues et les avoir transportés à Moscou pour les obliger à signer un document par lequel ils s'engageaient à renoncer à diverses parties de leur programme et acceptaient l'occupation soviétique de leur pays, force fut au Kremlin d'admettre que les réformateurs avaient le soutien du peuple slovaque et tchèque, et de leur laisser momentanément, tout au moins, la responsabilité formelle de leur pays. Il eût été visiblement imprudent de faire autrement.

La répression des réformes de Prague – la « normalisation », comme on devait l'appeler – commença néanmoins presque aussitôt. Le congrès du parti fut annulé, la censure rétablie et toute idée de mise en œuvre du Programme d'action enterrée. L'instauration d'une dictature militaire à Prague suscitait une large approbation parmi les dirigeants soviétiques. Telle était la préférence non seulement d'Andropov et de Chelest mais aussi – le fait est révélateur – de la RDA de Walter Ulbricht, de la Bulgarie de Todor Jivkov et de la Pologne de Gomulka. Brejnev choisit cependant de maintenir Dubček en fonction quelques mois de plus, de poursuivre la fédéralisation du pays (en vue de détacher les Slovaques, une fois leur principale demande satisfaite, des Tchèques plus radicaux) et de voir le cours que prendraient les événements – tout en maintenant la présence du pacte de Varsovie, au cas où…

Il y eut quelques manifestations d'étudiants pour défendre les réformes. Dans les villes industrielles de Bohême et de Moravie surgit, brièvement, un réseau de conseils ouvriers sur le modèle hongrois de 1956 (à leur apogée, en janvier 1969, ces conseils prétendaient représenter un travailleur sur six, même s'ils étaient très faibles en Slovaquie). Puis il y eut le suicide de Jan Palach, 20 ans, étudiant de l'Université Charles qui s'immola par le feu sur les marches du Musée national de Prague, place Wenceslas, pour protester contre l'invasion soviétique et ses suites. Palach survécut trois jours avant de mourir de ses brûlures le 19 janvier 1969. Ses obsèques, le 25, furent l'occasion d'un deuil national : le pays pleura Palach et la démocratie perdue de la Tchécoslovaquie.

La prochaine fois que des manifestants descendirent dans la rue (après la victoire de la Tchécoslovaquie sur l'URSS dans un match de hockey sur glace), le Kremlin se saisit de l'occasion pour écarter Dubček et le remplacer, le 17 avril 1969, par un de ses anciens collègues, Gustav Husák. Slovaque et ancienne victime de procès (il avait été incarcéré à l'époque stalinienne pour « nationalisme »), Husák était le candidat idéal pour purger le pays de l'hérésie réformiste sans susciter des accusations de retour au stalinisme. La répression qui suivit fut moins ostentatoire que par le passé, mais très efficace. Le régime évita les procès publics mais au cours des deux années suivantes le parti communiste tchécoslovaque fut épuré de ses éléments « douteux » (neuf exclus sur dix étaient tchèques). Les hommes et les femmes qui avaient joué un rôle actif ou éminent dans le Printemps de Prague furent « interrogés » et priés de signer des déclarations renonçant à leur action et rejetant les réformes de Dubček. La plupart signèrent. Ceux qui refusèrent perdirent leur travail et, avec leurs parents et enfants, devinrent des parias de la société. Le contingent de loin le plus fort de victimes, qu'ils fussent ou non du parti, fut celui des hommes qui avaient joué un rôle visible au cours des dernières années : journalistes, présentateurs à la télévision, essayistes, romanciers, dramaturges, réalisateurs et meneurs étudiants[15].

Le « tri » et l'épuration de ces intellectuels furent confiés à des bureaucrates, des policiers et des cadres du parti subalternes – bien souvent les collègues mêmes de leurs victimes. Leur objectif était d'arracher de petites confessions, moins pour incriminer leurs victimes que pour les humilier et s'assurer de leur collaboration dans l'auto-asservissement d'une société turbulente. On fit passer le message que le pays avait cédé à une psychose collective en 1968, que de faux prophètes avaient exploité « l'hystérie » qui s'en était suivi, et que la nation avait besoin d'être ramenée d'une main ferme sur la bonne voie, poussée par la carotte des biens de consommation et le bâton d'une surveillance omniprésente.

Naturellement, la menace de la violence demeura toujours implicite : qu'elle fût rarement invoquée ne faisait qu'ajouter à l'humiliation collective. Une fois encore, comme en 1938 puis en 1948, la Tchécoslovaquie fut rendue complice de sa propre défaite. En 1972 – avec des poètes obligés de nettoyer des chaudières et de laver des carreaux ; des universitaires astreints à poser des briques tandis que leurs étudiants les plus agités étaient exclus ; les dossiers de police regorgeant de « confessions » utiles ; et les communistes réformateurs effrayés ou exilés –, l'« ordre », pour citer l'essai brillant et amer d'une victime de la normalisation, avait été « rétabli[16] ».

Il y eut des ondes de protestation à travers le bloc communiste. Le 25 août 1968, sur la place Rouge, une manifestation de protestation contre l'occupation de la Tchécoslovaquie réunit Pavel Litvinov (petit-fils du ministre des Affaires étrangères de Staline) et Larissa Daniel (femme du poète soviétique emprisonné). Aux unités d'Europe de l'Est engagées dans l'invasion, on avait

---

15. On découvrit après 1989 que, dans les années de normalisation, la police secrète tchèque avait mis en place une unité spéciale pour surveiller et cibler les Juifs du pays : un écho du passé de la Tchécoslovaquie mais aussi de la Pologne à la même époque. Il n'avait pas échappé à l'attention des autorités qu'un seul collègue de Dubček avait refusé de signer le document de Moscou qui l'invitait à renoncer à ses actions. C'était le seul Juif du groupe : Frantisek Kriegel.

16. Milan Šimečka, *Obnoveni Poradku*, Bratislava, 1984, en samizdat [en français, *Le Rétablissement de l'ordre : contribution à la typologie du socialisme réel*, trad. C. Fournier, Paris, Maspero, 1979]. Quatre-vingt mille Tchèques et Slovaques choisirent l'exil à la suite de l'invasion soviétique.

fait croire qu'elles défendaient le pays contre des envahisseurs ouest-allemands ou américains. Il avait fallu plus tard en retirer certaines discrètement tant elles étaient devenues peu fiables : tel était notamment le cas des unités hongroises occupant la Slovaquie. En avril 1969 à Riga, la capitale lettone, une étudiante juive, Ilia Rips, s'immola par le feu pour attirer l'attention sur le sort réservé à Dubček par les Soviétiques. Les Tchèques et les Slovaques eux-mêmes, qui avaient été jusqu'ici parmi les nations les plus prorusses du boc soviétique, sombrèrent irrévocablement dans une attitude d'acquiescement rétif.

Mais tout cela était facile à contenir. Le Kremlin avait fait passer le message : les États frères socialistes ne jouissaient que d'une souveraineté limitée et tout manquement au monopole du pouvoir du parti pouvait déclencher une intervention militaire. L'impopularité à l'intérieur et à l'étranger était un prix modeste pour la stabilité qui s'ensuivrait. Après 1968, la disposition notoire de Moscou à recourir si nécessaire à la force renforça considérablement la sécurité de la zone soviétique. En revanche, jamais plus – telle fut la vraie leçon de 1968, d'abord pour les Tchèques, mais aussi, le moment venu, pour tous les autres –, jamais plus il ne serait possible de soutenir que le communisme reposait sur le consentement populaire, la légitimité d'un parti réformé ou même les leçons de l'Histoire.

À Prague, l'éviscération du mouvement de réforme laissa un goût particulièrement amer. Nombre des épurateurs les plus fervents avaient compté quelques mois plus tôt seulement parmi les partisans les plus bruyants de Dubček : « C'est seulement après le Printemps de Prague de 1968 qu'on commença à voir qui était qui », écrivit Zdeněk Mlynář, un des chefs de file réformateurs du PC. L'apparente facilité avec laquelle Dubček, d'abord, puis le parti, et enfin la société tout entière semblèrent s'aplatir devant les suzerains soviétiques et leurs larbins locaux n'était pas seulement humiliante (la comparaison était peu flatteuse avec la Hongrie, douze ans plus tôt) ; rétroactivement, elle auréolait d'un certain scepticisme les idéaux et les espoirs de l'époque de la réforme.

Se remémorant des années plus tard ses souvenirs du 21 août 1968, quand les troupes de l'Armée rouge firent irruption en pleine réunion des chefs du parti tchèque et qu'un soldat vint se placer derrière chaque membre du Politburo, Mlynář observe que c'est dans des moments de ce genre que l'idée que l'on se fait du socialisme trouve sa dernière demeure. « En même temps, vous savez qu'il y a une sorte de lien direct avec l'arme automatique pointée dans votre dos ». C'est ce lien qui a marqué le tournant définitif dans l'histoire du communisme, plus encore que la tragédie hongroise de 1956.

L'illusion que le communisme était réformable, que le stalinisme avait été un mauvais tournant, une erreur qu'il était encore possible de corriger, que les idéaux centraux du pluralisme démocratique étaient peut-être, tant bien que mal, encore compatibles avec les structures du collectivisme marxiste : cette illusion fut écrasée par les chars le 21 août 1968 et ne devait plus renaître. Alexandre Dubček et son programme d'action n'étaient pas un commencement, mais une fin. Jamais plus les radicaux ou les réformateurs ne devaient attendre du parti au pouvoir qu'il portât leurs aspirations ou adoptât leurs projets. Le communisme d'Europe de l'Est continua d'avancer d'un pas chancelant, soutenu par l'alliance improbable des crédits étrangers et des baïonnettes russes : la carcasse en putréfaction ne devait être finalement emportée qu'en 1989. Mais l'âme du communisme était morte vingt ans plus tôt : à Prague, en août 1968.

Partout, les années 1960 finirent mal. La fin du long cycle de croissance et de prospérité d'après-guerre dissipa la rhétorique et les projets de la « nouvelle gauche » ; l'insistance optimiste sur l'aliénation postindustrielle et le manque d'âme de la vie moderne devait bientôt céder la place à un regain d'attention pour les emplois et les salaires[17]. À l'Est, le message des années 1960 était qu'on ne pouvait plus travailler dans « le système » ; à l'Ouest, il semblait qu'il n'y eût pas de choix meilleur. De part et d'autre du Rideau de fer, les illusions avaient été emportées. Seuls les vrais extrémistes s'en tenaient à leur résolution de rester hors du consensus politique : un engagement qui en Allemagne et en Italie, comme aux États-Unis et en Amérique latine, les conduisit à la clandestinité, à la violence et au crime.

À court terme, les acquis concrets des années 1960 paraissaient assez maigres. Le droit de vote fut abaissé à dix-huit ans : d'abord en Grande-Bretagne, puis ailleurs. Les Universités essayèrent, avec un succès mélangé, de moderniser leurs locaux et leur enseignement, mais aussi de s'ouvrir davantage aux revendications des étudiants. Au cours de la décennie suivante, l'accès au divorce, à la contraception et à l'avortement devint presque partout plus facile. Les restrictions entourant les comportements sexuels – en représentation comme en pratique – allaient largement disparaître. Par le *Statuto des Lavoratori* de mai 1970, les ouvriers italiens bénéficièrent désormais d'une protection contre les licenciements iniques. Au total, ces changements équivalent à une transformation culturelle en profondeur de la société européenne ; mais ce ne fut guère la « révolution » envisagée dans les slogans et les actions de la génération 68[18].

17. La génération du *baby boom* elle-même ne manqua jamais d'emplois. C'est la suivante qui se heurta à ce problème, la classe d'âge d'après 1953, qui entra sur le marché du travail alors même que les places se raréfiaient. La génération suivante, on ne s'en étonnera pas, prit des options politiques nettement différentes.

18. C'est seulement en Espagne, où le cycle de protestation sociale se prolongea au milieu des années 1970 avant de se fondre dans le mouvement pour un retour à la démocratie parlementaire, que les chambardements des années 1960 annoncent une authentique transformation politique. Nous reprendrons le fil de cette histoire au chapitre 16.

En vérité, cette révolution avait été d'emblée vouée à l'échec. Le même mouvement qui prétendait mépriser et abominer la « société de consommation » fut tout de suite un objet de consommation culturelle, reflétant une disjonction généralisée entre rhétorique et pratique. Ceux qui à Paris ou Berlin proclamaient agressivement leur intention de « changer le monde » étaient souvent les plus attachés à leurs obsessions de clocher, voire à leurs obsessions physiques – annonçant la politique solipsiste de « l'ego » de la décennie suivante – et plongés dans la contemplation de leur effet. La décennie n'était pas achevée que « les *Sixties* » étaient déjà un objet de culte.

Mais si les années 1960 finirent apparemment par passer sans laisser grand regret ni beaucoup de monuments durables, peut-être est-ce simplement que les changements qu'elles apportèrent étaient si vastes qu'ils paraissaient naturels et, au début des années 1970, parfaitement normaux. Au début de la décennie, l'Europe était dirigée par et, semblait-il, pour des vieux. Dans la chambre à coucher, à la maison, dans la rue, dans les établissements éducatifs, sur le lieu de travail, dans les médias ou sur la scène politique, l'autorité était incontestée. Dix ans plus tard, les vieillards (Churchill, Adenauer, de Gaulle) étaient morts. L'autorité s'était retirée de la plupart des sphères de la vie sociale, ou n'était plus reconnue que dans la brèche. Dans certains pays – France, Italie – la transition avait été spectaculaire. Ailleurs, en Grande-Bretagne peut-être, elle s'étala sur de longues années, et on ne pourrait en prendre la pleine mesure qu'après-coup[19].

L'une des illusions de l'époque fut que les années 1960 étaient une ère de conscience politique accrue. « Tout le monde » (ou en tout cas les moins de 25 ans fréquentant un établissement éducatif et attirés par les idées gauchistes) était dans la rue et se mobilisait pour une cause. La déflation des causes – et la démobilisation des décennies suivantes – confère après-coup un air d'échec à une décennie d'activité politique frénétique. À certains égards importants, cependant, les années 1960 furent une décennie vitale pour la raison opposée : c'est à cette époque que les Européens des deux moitiés du continent commencèrent à se *détourner* définitivement de la politique idéologique.

Aussi, loin de marquer le réveil d'une tradition révolutionnaire dont elle chercha si énergiquement à ranimer le langage et les symboles, les slogans et les projets de la génération des années 1960 peuvent apparaître *a posteriori* comme son champ du cygne. En Europe de l'Est, l'interlude « révisionniste » et son dénouement tragique virent la fin des dernières illusions du marxisme

19. L'affaire Profumo qui secoua la Grande-Bretagne en 1963 – un scandale où se mêlait délicieusement le sexe, la classe, la drogue, la race, la politique et l'espionnage et qui passionna le pays des mois durant – eût été impensable quelques années plus tard. Les peccadilles d'une élite déchue pouvaient bien continuer d'éveiller une curiosité salace ; après les années 1960, elles ne pouvaient plus *choquer*.

en tant que pratique. À l'Ouest, les théories marxistes et para-marxistes prirent leur essor sans lien aucun avec la réalité locale, se disqualifiant pour jouer le moindre rôle futur dans un véritable débat politique. En 1945, l'extrême droite s'était discréditée en tant que vecteur légitime d'expression politique. En 1970, l'extrême gauche était bien partie pour suivre son exemple. En Europe, un cycle de politique idéologique de cent quatre-vingts ans touchait à sa fin.

TROISIÈME PARTIE

Récession : 1971-1989

XIV

Moindres attentes

« Le dollar est notre devise, mais aussi notre problème. »
John Connally, secrétaire américain au Trésor (1971)

« Peut-être n'est-il pas bien de tuer, mais c'est parfois nécessaire. »
Gerry Adams

« La mort d'un ouvrier pèse aussi lourd qu'une montagne ;
celle d'un bourgeois a la légèreté d'une plume. »
Mao Zedong

« Voici l'heure du plomb
Y survit-on, on s'en souvient. »
Emily Dickinson

« Le punk aurait pu être inventé pour les théoriciens de la culture ;
et tel est en partie le cas. »
Robert Hewison

Avant même que l'effervescence des années 1960 ne fût retombée, le concours de circonstances qui l'avait rendue possible avait à jamais disparu. Trois années après la fin de la décennie la plus prospère de l'histoire, le boom économique de l'après-guerre s'achevait. Les « trente glorieuses » de l'Europe occidentale cédèrent la place à une époque d'inflation monétaire et de déclin du taux de croissance, s'accompagnant d'un chômage et d'un malaise social généralisés. La plupart des gauchistes des années 1960 comme leurs partisans, abandonnèrent « la Révolution » pour s'inquiéter plutôt de leurs perspectives de travail. Une poignée opta pour l'affrontement violent : les dégâts qu'ils semèrent et la réaction des autorités nourrirent un discours inquiet sur « l'ingouvernabilité » des sociétés occidentales. Ces angoisses se révélèrent excessives : sous la tension, les institutions d'Europe occidentale se révélèrent plus résilientes que de nombreux observateurs ne l'avaient craint. Pour autant, il ne devait pas y avoir de retour à l'optimisme, ou aux illusions, des premières décennies d'après-guerre.

L'impact du ralentissement économique commençait tout juste à se faire sentir quand deux chocs extérieurs donnèrent un coup d'arrêt brutal à l'économie d'Europe occidentale. Le 15 août 1971, le président américain Richard

Nixon décréta unilatéralement que son pays abandonnait le système des taux de change fixes. Le dollar américain, pivot du système monétaire international depuis Bretton Woods, devait dorénavant flotter par rapport aux autres monnaies. La toile de fond de cette décision, c'était l'énorme fardeau militaire de la guerre du Viêt-nam et le déficit croissant du budget fédéral des États-Unis. Le dollar étant lié à un étalon-or, la peur montait à Washington que les détenteurs étrangers de la monnaie américaine (y compris les banques centrales européennes) ne voulussent échanger leurs dollars contre de l'or, asséchant ainsi les réserves américaines[1].

La décision de laisser flotter le dollar n'était pas irrationnelle d'un point de vue économique. Ayant choisi de livrer une coûteuse guerre d'usure à l'autre bout du monde – et de la financer avec de l'argent emprunté – les États-Unis ne pouvaient espérer maintenir indéfiniment le dollar à un taux fixe et de plus en plus surévalué. L'initiative américaine n'en eut pas moins un effet de choc. Si le dollar devait flotter, les monnaies européennes également, auquel cas toutes les certitudes soigneusement échafaudées des systèmes monétaires et commerciaux de l'après-guerre seraient remises en cause. Le système des taux fixes, instauré avant la fin de la Seconde Guerre mondiale, en prévision d'un réseau contrôlé d'économies nationales, était mort. Par quoi serait-il remplacé ?

Après quelques mois de confusion, deux dévaluations successives du dollar et le « flottement » de la livre britannique en 1972 (mettant tardivement une fin peu glorieuse à son rôle vénérable et encombrant de monnaie de « réserve » internationale), la conférence de Paris, en mars 1973, enterra officiellement les arrangements financiers si laborieusement mis en place à Bretton Woods et décida de le remplacer par un nouveau système de taux flottants. L'inflation, de manière assez prévisible, fut le coût de cette libéralisation. À la suite de l'initiative américaine d'août 1971, et la perte de valeur du dollar qui s'ensuivit, les gouvernements européens, espérant empêcher la récession économique annoncée, adoptèrent délibérément des politiques de relance : accès au crédit plus facile, hausse des prix intérieurs, dévaluations.

Dans des circonstances ordinaires, cette inflation « keynésienne » sous contrôle aurait pu réussir : l'idée même d'inflation ne suscitait une aversion historique profondément enracinée qu'en Allemagne de l'Ouest. Mais l'incertitude engendrée par le retrait de l'Amérique d'un système libellé en dollar encouragea une spéculation croissante sur les devises, que les accords internationaux sur les régimes de changes flottants furent incapables de contenir. Les devises chutaient. Et comme elles baissaient, le coût des importations s'élevait : entre 1971 et 1973, le cours mondial des marchandises, hors carburant,

1. Le déficit du budget fédéral américain était passé de 1,6 milliard de dollars en 1965 à 25,2 milliards en 1968.

augmenta de 70 %, celui de l'alimentation de 100 %. Et c'est dans cette situation économique internationale déjà instable que survint le premier des deux chocs pétroliers des années 1970.

Le 6 octobre 1973, Yom Kippour (jour du Grand Pardon) dans le calendrier juif, l'Égypte et la Syrie attaquèrent Israël. Vingt-quatre heures plus tard, les pays arabes gros exportateurs de pétrole avaient annoncé leur projet de réduire la production ; dix jours plus tard, ils décrétèrent un embargo contre les États-Unis en représailles à leur soutien d'Israël et augmentèrent le prix du pétrole de 70 %. La guerre du Kippour elle-même s'acheva le 25 octobre par un cessez-le-feu israélo-égyptien, mais l'exaspération arabe face au soutien occidental à Israël ne retomba pas pour autant. Le 23 décembre, les pays producteurs de pétrole s'accordèrent sur une nouvelle augmentation des prix du pétrole. Son coût avait plus que doublé depuis le début de 1973.

Pour apprécier la portée de ces développements, en particulier concernant l'Europe occidentale, il faut rappeler que le prix du pétrole, comme presque tous les autres produits primaires sur lesquels repose l'économie industrielle moderne, était resté quasiment inchangé au fil de plusieurs décennies de croissance économique. Un baril de brut léger saoudien – indicateur de référence – coûtait 1,93 dollar en 1955 ; en janvier 1971, il avait atteint tout juste 2,18 dollars. Compte tenu de l'inflation modérée de ces années-là, cela signifie qu'en termes réels le pétrole était devenu meilleur marché. Formée en 1960, l'OPEP était demeurée largement inerte et n'avait montré aucune propension à contraindre ses grands producteurs à employer leurs réserves de pétrole comme une arme politique. L'Occident s'était habitué à un carburant aisément accessible et remarquablement bon marché : élément vital de ses longues années de prospérité.

La place toujours plus grande du pétrole dans l'économie européenne permet de mesurer à quel point il était vital. En 1950, les carburants solides (essentiellement charbon et coke) représentaient 83 % de la consommation d'énergie de l'Europe occidentale ; le pétrole, juste 8,5 %. En 1970, les chiffres étaient respectivement de 29 et 60 %. En 1973, 75 % des besoins en énergie de l'Italie étaient couverts par ses importations de pétrole ; ce chiffre était de 80 % pour le Portugal[2]. Le Royaume-Uni, qui allait devenir un temps autosuffisant grâce aux réserves de pétrole récemment découvertes en mer du Nord, commençait tout juste à produire en 1971. L'essor de la consommation de la fin des années 1950 et des années 1960, avait considérablement accru la dépendance des Européens envers le pétrole bon marché : les dix millions de véhicules nouveaux qui roulaient sur les routes d'Europe occidentale ne

2. À titre de comparaison, les importations américaines de pétrole, au faîte de la crise de 1973, ne représentaient pas plus de 36 % de la consommation intérieure des États-Unis.

pouvaient marcher au charbon ni à l'électricité désormais produite, surtout en France, par des centrales nucléaires.

Jusque-là, les prix du carburant importé avaient été libellés en dollars fixes. Les changes flottants et la hausse des cours du pétrole introduisirent donc un élément d'incertitude sans précédent. Tandis que les prix et les salaires avaient augmenté régulièrement, quoique modérément, au cours des deux décennies passées – prix acceptable de l'harmonie sociale en un temps de croissance rapide –, l'inflation s'envola. D'après l'OCDE, le taux d'inflation de l'Europe non communiste pour les années 1961-1969 était resté stable autour de 3,1 % ; de 1969 à 1973, il fut de 6,4 % ; et de 1973 à 1979, il atteignit une moyenne de 11,9 %. Mais ce chiffre global dissimule d'amples variations d'un pays à l'autre : alors qu'en RFA le taux d'inflation, entre 1973 et 1979, resta contenu autour de 4,7 %, la Suède enregistra un taux deux fois plus élevé. Dans les mêmes années, le taux annuel moyen de l'inflation était de 10,7 % en France. En Italie, l'inflation se situait autour de 16,1 % ; en Espagne, elle dépassait les 18 %. La moyenne était de 15,6 % au Royaume-Uni, mais la pire année (1975), le taux d'inflation dépassa un rythme annuel de 24 %.

De tels niveaux d'inflation des salaires et des prix n'étaient pas sans précédents dans l'histoire. Après la stabilité des taux des années 1950-1960, c'était cependant une expérience nouvelle pour la plupart des gens… et pour leurs gouvernements. Pire encore, l'inflation européenne des années 1970 – aggravée par le second choc pétrolier de 1979, quand le renversement du shah d'Iran provoqua la panique sur le marché du pétrole et une nouvelle hausse des prix de 150 % entre décembre 1979 et mai 1980 – ne correspondait pas à l'expérience antérieure. Par le passé, l'inflation allait de pair avec la croissance, souvent avec un emballement de la croissance. Les grandes crises économiques de la fin du XIXe siècle et des années 1930 s'étaient accompagnées d'une *déflation* : une chute brutale des salaires et des prix provoquée, semblait-il aux observateurs, par une rigidité excessive des monnaies et une insuffisance chronique des dépenses, des gouvernements comme des citoyens.

L'Europe occidentale découvrit plutôt ce qu'on devait appeler, d'un mot peu élégant, la « stagflation » : inflation des salaires et des prix, mais aussi ralentissement économique. Avec le recul, ce résultat est moins surprenant qu'il ne le parut aux contemporains. En 1970, la grande migration européenne de la main-d'œuvre agricole excédentaire vers l'industrie urbaine était terminée ; il n'y avait plus de retard à rattraper, et les taux de productivité amorcèrent un inexorable déclin. Le plein-emploi était toujours la norme dans les grandes économies industrielles et de service de l'Europe : en 1971, le chômage au Royaume-Uni était encore de 3,6 % ; en France, il était à 2,6 % seulement : mais cela signifiait que les ouvriers syndiqués qui s'étaient habitués à négocier dans une situation de force se retrouvaient désormais face à un patronat dont les généreuses marges de profit commençaient à rétrécir.

Faisant valoir l'accélération de l'inflation depuis 1971, les représentants des travailleurs réclamaient des augmentations de salaires et d'autres dédommagements dans des économies qui montraient déjà des signes d'épuisement dès avant la crise de 1973. Les salaires réels avaient commencé à prendre de vitesse la croissance de la productivité ; les profits déclinaient ; l'investissement ralentissait. La capacité excédentaire née des stratégies d'investissement enthousiastes de l'après-guerre ne pouvait être absorbée que par l'inflation ou le chômage. La crise du Moyen-Orient aidant, les Européens eurent l'une et l'autre.

La crise des années 1970 parut pire qu'elle ne l'était en comparaison de ce qui l'avait précédée. Au regard des normes historiques, les taux moyens de croissance du produit intérieur brut (PIB) enregistrés en Europe occidentale tout au long des années 1970 n'étaient pas particulièrement bas. Ils allaient de 1,5 % au Royaume-Uni à 4,9 % en Norvège et marquaient en fait un net progrès sur les taux moyens de 1,3 % réalisés par la France, l'Allemagne et le Royaume-Uni dans les années 1913-1950. En revanche, le contraste était tranché avec les chiffres du passé immédiat : entre 1950 et 1973, la France avait enregistré un taux de croissance annuelle moyenne de 5 % ; l'Allemagne, de près de 6 % ; et même la Grande-Bretagne avait conservé un taux moyen supérieur à 3 %. Ce sont moins les années 1970 qui étaient inhabituelles que les années 1950 et 1960[3].

La souffrance n'en fut pas moins réelle, aggravée qu'elle était par la concurrence des nouveaux pays industriels d'Asie sur les marchés extérieurs et par la facture toujours plus lourde des importations liée au renchérissement des marchandises (et pas simplement du pétrole). Les taux de chômage commencèrent à s'envoler, régulièrement mais inexorablement. À la fin de la décennie, le nombre de Français au chômage dépassait les 7 % de la population active ; mais ce taux était de 8 % en Italie et de 9 % au Royaume-Uni. Dans certains pays – Belgique, Danemark – le niveau de chômage des années 1970 et du début des années 1980 était comparable à celui des années 1930 ; en France et en Italie, il était pire.

Un effet immédiat de la récession économique fut le durcissement des attitudes envers les travailleurs « étrangers » en tous genres. Si le taux de chômage publié, en RFA (proche de zéro en 1978), ne dépassa pas les 8 % malgré le marasme de la demande de produits manufacturés c'est que la plupart des chômeurs en Allemagne n'étaient pas allemands, et donc pas officiellement enregistrés. Quand Audi et BMW, par exemple, licencièrent une bonne partie de leurs effectifs en 1974-1975, ce sont les « ouvriers invités » qui furent les

3. Une moyenne n'est jamais qu'une moyenne, naturellement. 1976 fut une année particulièrement lugubre : le chômage franchit alors pour la première fois depuis la guerre la barre du million en Grande-Bretagne pour un rythme d'inflation annuel proche des 25 % ; l'Italie enregistra pour la première fois depuis la guerre une « croissance négative ».

premiers à partir ; quatre employés de BMW sur cinq qui perdirent leur travail n'étaient pas citoyens allemands. En 1975, la République fédérale ferma définitivement ses bureaux de recrutement en Afrique du Nord, au Portugal, en Espagne et en Yougoslavie. Tel est le « principe de base n° 1 » du rapport d'une commission fédérale de 1977 : « L'Allemagne n'est pas un pays d'immigration. L'Allemagne est un lieu de résidence pour des étrangers qui finiront par rentrer volontairement chez eux. » Six années plus tard, le Parlement fédéral votait une loi pour « favoriser la disposition des travailleurs étrangers à rentrer ».

De leur plein gré ou non, beaucoup retournèrent effectivement « chez eux ». En 1975, 290 000 travailleurs immigrés et leurs familles quittèrent la RFA pour la Turquie, la Yougoslavie, la Grèce et l'Italie. Cette même année, 200 000 Espagnols regagnèrent l'Espagne à la recherche de travail ; pour la première fois dans les temps modernes, les Italiens furent plus nombreux à revenir qu'à émigrer ; le même scénario devait se reproduire peu après en Grèce et au Portugal. Au milieu des années 1970, plus de 300 000 émigrés yougoslaves avaient été obligés de regagner les Balkans, où leur espoir de trouver du travail n'était pas meilleur qu'en Allemagne ou en France. Ainsi l'Europe du Nord réexporta-t-elle sa crise de l'emploi vers la Méditerranée. Dans le même temps, la France imposa un contrôle strict de l'immigration depuis l'Algérie et ses anciennes colonies africaines, tandis que le Royaume-Uni restreignait toujours plus sévèrement l'immigration depuis le sous-continent sud-asiatique.

Le mélange de chômage structurel, de renchérissement de la facture pétrolière, d'inflation et de déclin des exportations se solda à travers l'Europe occidentale tout entière par des déficits budgétaires et des crises de paiement. Cœur industriel du continent et principal exportateur, la RFA elle-même ne fut pas épargnée. Alors qu'elle avait enregistré un excédent de 9,481 millions de dollars 1973, la balance des paiements accusait un an plus tard un déficit de 682 millions. Les comptes nationaux britanniques étaient désormais chroniquement déficitaires, à tel point qu'en décembre 1976 il sembla que le pays ne pourrait plus faire face au service de la dette et qu'un appel fut lancé au Fonds monétaire international pour renflouer la Grande-Bretagne. D'autres étaient cependant à peine mieux lotis. En France, la balance des paiements tomba dans le rouge en 1974 et y resta pendant la meilleure partie de la décennie suivante. L'Italie, comme la Grande-Bretagne, fut contrainte en avril 1977 de faire appel au FMI. Comme en Grande-Bretagne, ses dirigeants purent alors rejeter sur les « forces internationales » la responsabilité des mesures impopulaires qui s'ensuivirent.

Dans la pensée keynésienne, le déficit du budget et des paiements, comme l'inflation, n'était pas intrinsèquement mauvais. Dans les années 1930, il avait été une prescription plausible pour sortir de la crise « par la dépense ». Dans les années 1970, en revanche, tous les gouvernements ouest-européens consentaient *déjà* des dépenses considérables pour la protection, les prestations sociales, les services publics et l'investissement dans les infrastructures. Le Premier ministre travailliste britannique James Callaghan l'expliqua d'une voix triste à ses collègues : « Nous avions pris l'habitude de penser qu'il suffisait de dépenser pour sortir de la récession. [...] Je vous déclare, en toute franchise, que cette option n'existe plus. » Ils ne pouvaient pas davantage compter sur la libéralisation du commerce pour s'en tirer, comme cela s'était fait après la Seconde Guerre mondiale : le « Kennedy round » – les négociations commerciales du milieu des années 1960 – avaient déjà abaissé les tarifs douaniers industriels à un niveau historique. Désormais, le risque était plutôt celui d'une pression croissante pour un retour au protectionnisme.

Un autre élément vint compliquer les choix des responsables politiques des années 1970. Si circonstanciels et conjoncturels qu'en furent les détonateurs, la crise économique coïncidait avec une transformation de grande ampleur face à laquelle les gouvernements étaient passablement dépourvus. En l'espace d'une génération, l'Europe occidentale avait connu une troisième « révolution industrielle » ; les industries traditionnelles qui faisaient encore partie du paysage quelques années plus tôt étaient en voie de disparition. Si les sidérurgistes, les mineurs, les ouvriers de l'automobile ou du textile perdaient des emplois, ce n'était pas tant le fait d'une simple récession cyclique de l'économie locale, ni même un effet secondaire de la crise pétrolière. La vénérable économie manufacturière de l'Europe occidentale se mourait.

Les preuves étaient flagrantes, même si depuis quelques années les responsables politiques s'étaient donné le plus grand mal pour ne pas en voir les implications. Le nombre de mineurs n'avait cessé de décliner depuis le sommet atteint par la production ouest-européenne de charbon dans les années 1950 : le grand bassin minier de la Sambre et de la Meuse, dans le sud de la Belgique, qui extrayait 20,5 millions de tonnes de charbon en 1955, n'en produisait plus que six en 1968 et des quantités négligeables dix ans plus tard. Entre 1955 et 1985, la Belgique perdit 100 000 postes de mineurs ; les métiers ancillaires en tous genres souffrirent à l'avenant. Les mines britanniques essuyèrent des pertes plus lourdes encore, quoique étalées sur une plus grande période. En 1947, le Royaume-Uni comptait 958 mines de charbon ; quarante-cinq ans plus tard, il n'en restait plus que cinquante. La population de mineurs devait passer de 718000 à 43000 : la plupart de ces emplois furent perdus dans la décennie 1975-1985.

L'acier, autre secteur de base de l'Europe industrielle, connut un destin semblable. Non que la demande d'acier eût connu une baisse spectaculaire : à la différence du charbon, il n'était pas facile à remplacer. Mais les non-Européens étant toujours plus nombreux à entrer dans les rangs des pays industriels, la concurrence s'intensifia, le prix baissa et le marché s'effondra pour l'acier européen dont la production était trop coûteuse. Entre 1974 et 1986, la sidérurgie britannique perdit 166 000 emplois (même si la dernière année, la British Steel Corporation, premier producteur du Royaume-Uni, fit du profit pour la première fois depuis plus d'une décennie). Les chantiers navals déclinèrent pour les mêmes raisons, tout comme l'industrie automobile et les textiles. Courtaulds, le premier combinat textile et chimique du Royaume-Uni, réduisit ses effectifs de moitié entre 1977 et 1983.

La récession des années 1970 vit une accélération des pertes d'emploi dans presque toute l'industrie traditionnelle. Dès avant 1973, la transformation était déjà engagée dans les secteurs du charbon, du fer, de l'acier et de la mécanique ; elle s'étendit ensuite à la chimie, aux textiles, au papier et aux biens de consommation. Des régions entières furent traumatisées : entre 1973 et 1981, les West Midlands, centre britannique des petites entreprises électromécaniques et de l'automobile, perdirent un emploi sur quatre. La Lorraine perdit 28 % de son emploi industriel. La main-d'œuvre industrielle de Lüneburg, en RFA, diminua de 42 % dans les mêmes années. Quand l'entreprise Fiat, de Turin, entreprit de se robotiser à la fin des années 1970, elle supprima 65 000 postes (sur 165 000) en juste trois ans. À Amsterdam, 40 % de la population active travaillait pour l'industrie dans les années 1950 ; vingt-cinq ans plus tard, ils n'étaient plus qu'un travailleur sur sept dans ce cas.

Dans le passé, le coût social d'un changement économique d'une telle ampleur, et à ce rythme, eût été traumatique, avec des conséquences politiques imprévisibles. Grâce aux institutions de l'État-providence – et, peut-être, aux moindres enthousiasmes politiques de l'époque –, la protestation fut contenue, sans être absente pour autant. Les années 1969-1975 virent se succéder les marches de protestation, les sit-in, les grèves et les revendications à travers toute l'Europe de l'Ouest industrielle, de l'Espagne (où les grèves industrielles coûtèrent 1,5 million de journées de travail entre 1973 et 1975) à la Grande-Bretagne, où de grandes grèves de gueules noires – en 1972 et en 1974 – persuadèrent un gouvernement conservateur nerveux qu'il serait sans doute plus judicieux d'ajourner de quelques années la fermeture de neuf grandes mines, fût-ce aux prix de subventions dont la charge retombait sur l'ensemble de la population.

Les mineurs et les métallos étaient les protestataires organisés les plus connus et, peut-être, les plus désespérés de l'époque : ils n'étaient pas les plus militants. Le déclin des effectifs ouvriers dans les vieilles industries avait modifié les rapports de force, au sein du mouvement syndical, au profit des syndicats de services, dont la clientèle croissait à vue d'œil. En Italie, alors même que les organisations industrielles plus anciennes, conduites par les communistes, perdaient des adhérents, les syndicats d'enseignants et de fonctionnaires progressèrent en effectifs et en militance. Les vieux syndicats témoignaient peu de sympathie aux chômeurs : la plupart se souciaient par-dessus tout de préserver l'emploi (et leur influence) et se gardèrent de tout affrontement ouvert. Ce sont les syndicats combattifs des services – Force ouvrière en France, la NALGO (National Association of Local Government Officers), la NUPE (National Union of Public Employees) et l'ASTMS (Association of Scientific, Technical and Managerial Staffs) en Grande-Bretagne – qui embrassèrent avec ferveur la cause des jeunes et des sans-emploi.

Soumis à une rafale sans précédent de demandes de sécurité de l'emploi et de protection salariale, les dirigeants européens commencèrent par recourir à une pratique qui avait fait ses preuves. En France et en Grande-Bretagne, ils négocièrent avec de puissants syndicats des accords salariaux inflationnistes ; en Italie, fut inaugurée en 1975 la *Scala Mobile*, un système d'indexation des salaires sur les prix à taux uniforme. Un peu comme dans la vague initiale de nationalisations de l'après-guerre, l'État prit sous son aile les industries en difficulté : au Royaume-Uni, le « Plan Acier » de 1977 sauva l'industrie de la faillite en cartellisant sa structure de prix et en supprimant de fait la concurrence locale sur les prix ; en France, l'État regroupa les combinats sidérurgiques de Lorraine en faillite et le centre industriel du pays en conglomérats dont la gestion était contrôlée depuis Paris. En Allemagne, le gouvernement fédéral suivit le mouvement en encourageant des regroupements privés, plutôt que sous la coupe de l'État. Au milieu des années 1970, une seule holding, Ruhrkohle AG, assurait 95 % de la production minière de la Ruhr.

Ce qui subsistait des industries textiles française et britannique fut préservé, au nom des emplois qu'elles assuraient dans des régions en crise, grâce à de fortes subventions directes (revenant à payer les patrons pour qu'ils gardent des ouvriers dont ils n'avaient pas besoin) et des mesures de protection contre les importations venant du tiers monde. En République fédérale, le gouvernement de Bonn s'engagea à couvrir 80 % des coûts salariaux des ouvriers de l'industrie contraints au temps partiel. Le gouvernement suédois renfloua des chantiers navals peu rentables, mais politiquement sensibles.

Les réactions à la récession économique varièrent d'un pays à l'autre. La France mena une politique d'intervention microéconomique, identifiant les « champions nationaux » par secteurs et les comblant de contrats, d'argent frais et de garanties ; au Royaume-Uni, le Trésor s'en tint à sa vénérable tradition de manipulation macroéconomique à travers les taxes, les taux d'intérêt et les subventions. Ce qui frappe, en revanche, c'est de voir à quel point la *politique* joua peu de rôle dans ces variations. Les sociaux-démocrates allemands et suédois, la démocratie chrétienne italienne, les gaullistes et la classe politique britannique, toutes tendances confondues, commençèrent par s'accrocher d'instinct au consensus de l'après-guerre : rechercher le plein-emploi autant que possible, compenser son absence par des hausses de salaires pour ceux qui avaient du travail, organiser des transferts sociaux pour les chômeurs et aider financièrement les entreprises en difficulté, tant publiques que privées.

Au fil des années 1970, cependant, un nombre croissant de responsables politiques acquirent la conviction que l'inflation faisait désormais courir de plus gros risques que le niveau élevé du chômage, d'autant que les coûts humains et politiques de celui-ci étaient institutionnellement amortis. Il était impossible de s'attaquer à l'inflation sans quelque accord international de régulation des devises et des taux de change pour remplacer le système de Bretton Woods dont Washington s'était délesté dans la précipitation. Les six membres d'origine de la Communauté économique européenne avaient réagi en convenant en 1972 de mettre en place un « serpent dans un tunnel » : un accord pour maintenir des taux semi-fixes entre leurs devises tout en acceptant une marge de 2,25 % de fluctuation de part et d'autre des taux approuvés. Initialement accepté par la Grande-Bretagne, l'Irlande et les pays scandinaves, ce compromis ne dura que deux ans : les gouvernements britannique, irlandais et italien, incapables ou peu désireux de résister aux appels à une dévaluation au-delà des marges autorisées, durent tous trois se retirer de l'accord pour laisser chuter leurs monnaies. Les Français eux-mêmes furent par deux fois contraints de sortir du « serpent », en 1974 puis en 1976. De toute évidence, il fallait quelque chose de plus.

En 1978, le chancelier ouest-allemand Helmut Schmidt proposa de refondre le serpent en un système autrement plus rigoureux : le Système monétaire européen (SME). Une grille de taux de changes fixes bilatéraux serait mise en place, rattachés par une unité de compte purement théorique, « l'écu » ou « unité de compte européenne », et garantie par la stabilité et la priorité anti-inflationniste de l'économie allemande et de la Bundesbank. Les pays participants s'engageraient à une politique économique de rigueur afin de conserver leur position dans le SME. Ce fut la première initiative allemande du genre ; de fait, sinon explicitement, elle revenait à proposer que, pour l'Europe tout au moins, le DM devînt la monnaie de référence à la place du dollar.

Certains pays restèrent sur la touche, à commencer par le Royaume-Uni, où le Premier ministre James Callaghan comprit parfaitement que le SME empêcherait son pays d'adopter une politique de relance pour résoudre son problème de chômage. D'autres s'y joignirent précisément pour cette raison. En tant que « solution de rigueur », le fonctionnement du SME serait assez proche de celui du FMI (ou de la Commission européenne et de l'euro par la suite) : il obligerait les gouvernements à prendre des décisions impopulaires dont ils pouvaient espérer rejeter la faute sur des règles et des traités imposés de l'extérieur. En vérité, telle était la vraie signification à long terme des nouveaux dispositifs : ce n'est pas tant qu'ils réussirent à chasser le démon de l'inflation (ce qu'ils firent pourtant), mais surtout qu'ils le firent en dépossédant régulièrement les gouvernements nationaux de leur initiative sur la scène intérieure.

Ce fut un changement capital, plus lourd de conséquences qu'on ne le mesura parfois à l'époque. Par le passé, si un gouvernement optait pour une stratégie de « monnaie forte » en s'en tenant à l'étalon or ou en se refusant à baisser les taux d'intérêt, il devait en rendre compte à son électorat. Dans les circonstances de la fin des années 1970, cependant, un gouvernement de Londres – de Stockholm ou de Rome – confronté à un chômage irréductible, au déclin de ses industries ou à des revendications salariales inflationnistes pouvait décliner toute responsabilité en faisant valoir les conditions accompagnant un prêt du FMI ou les rigueurs des taux de change intra-européens prénégociés. Les avantages tactiques du procédé étaient évidents, mais ils avaient un prix.

Si la quadrature du cercle du plein-emploi, de salaires réels élevés et d'une forte croissance n'était plus à la portée de l'État européen, il devait s'attendre au courroux de ceux qui se sentirent trahis. La réaction instinctive de la classe politique, on l'a vu, fut partout d'apaiser les inquiétudes du prolétariat masculin, en partie parce que les cols-bleus étaient les plus touchés, mais surtout parce que le précédent suggérait que c'était la couche sociale la plus susceptible d'orchestrer des protestations efficaces. Ainsi qu'il apparut, cependant, la véritable opposition était ailleurs, du côté des classes moyennes lourdement imposées – cols-blancs, employés du public ou du privé, petits commerçants et artisans – dont les ennuis se traduisaient plus efficacement en opposition politique.

Les classes moyennes étaient, somme toute, les principaux bénéficiaires de l'État-providence moderne. Quand le système de l'après-guerre commença à se défaire dans les années 1970, ces mêmes classes moyennes ne se sentirent pas tant menacées que flouées : par l'inflation, par l'augmentation des impôts pour financer les industries défaillantes, et par la réduction ou la suppression de services publics pour se plier à des contraintes budgétaires et monétaires. Comme autrefois, ce sont les classes moyennes qui supportèrent le plus mal les effets redistributifs de l'inflation, aggravés par le fardeau fiscal endémique de l'État de services moderne.

Ce sont encore elles qui furent les plus troublées par le problème de l'« ingouvernabilité ». La peur, largement exprimée au cours des années 1970, que les démocraties européennes eussent perdu le contrôle de leur destin procédait d'un certain nombre de sources. Il y avait d'abord la nervosité accumulée provoquée par les rébellions iconoclastes des années 1960 ; ce qui avait paru curieux, voire excitant dans le climat confiant de ce temps-là, apparaissait toujours plus comme l'avant-courrier de l'incertitude et de l'anarchie. Mais il y avait ensuite l'inquiétude plus immédiate née du chômage et de l'inflation, face auxquels les pouvoirs publics semblaient impuissants.

En vérité, le fait même que les dirigeants européens eussent apparemment perdu le contrôle de la situation était en soi une source d'angoisse, d'autant que les politiques avaient eux-mêmes intérêt à insister sur leur incapacité.

Denis Healey, chancelier de l'Échiquier de l'infortuné gouvernement travailliste du milieu des années 1970, déplora les milliards d'eurodollars qui se blanchissaient sur le continent, « œuvre d'hommes sans visage gérant les nuages atomiques croissants de fonds sans attaches, qui s'étaient accumulés sur les euromarchés pour échapper au contrôle des autorités nationales[4] ». Paradoxalement, son parti avait gagné les élections de 1974 parce que les conservateurs n'avaient visiblement pas su apaiser le mécontentement de la population… à seule fin de se voir accuser d'une impuissance comparable, et pire, dans les années suivantes.

En Grande-Bretagne, on devait même parler, un temps, de l'insuffisance des institutions démocratiques face aux crises modernes, la presse allant jusqu'à spéculer sur les avantages d'un gouvernement confié à des gens de l'extérieur désintéressés ou à des coalitions « corporatistes » d'experts apolitiques. Comme de Gaulle, en mai 1968, certains hauts responsables politiques britanniques de ces années-là jugèrent prudents de rencontrer les chefs de la police et de l'armée pour s'assurer de leur soutien en cas de troubles de l'ordre public. Même en Scandinavie et aux Pays-Bas, où la légitimité fondamentale des institutions représentatives ne fut jamais sérieusement remise en question, la dérive du système financier mondial, le délitement apparent de l'économie d'après-guerre et la désaffection des électorats traditionnels ébranlèrent la confiance naturelle de la génération d'après 1945.

Derrière ces vagues ferments de doute et de désillusion, existait une menace bien réelle et, semblait-il alors, actuelle. Depuis la fin de la Seconde Guerre mondiale, l'Europe occidentale avait été largement épargnée par les conflits civils et, plus encore, la violence déclarée. Les forces armées avaient été employées avec des effets sanglants en Europe de l'Est, dans les colonies européennes, mais aussi en Asie, en Afrique et en Amérique du Sud. Nonobstant la guerre froide, les conflits acharnés et meurtriers avaient été un trait caractéristique des décennies de l'après-guerre, avec des milliers de soldats et de civils tués depuis la Corée jusqu'au Congo. Les États-Unis eux-mêmes avaient connu trois assassinats politiques et plus d'une émeute sanglante. En revanche, l'Europe occidentale avait été un îlot de paix civile.

Quand des policiers européens frappaient des civils ou ouvraient le feu, c'était généralement sur des étrangers, souvent des « basanés[5] ». Hormis d'épi-

4. Cité in Harold James, *International Monetary Cooperation Since Bretton Woods*, Washington, 1996, p. 180.

5. L'épisode le plus tristement célèbre est celui du 17 octobre 1961, où la police française tua quelque deux cents Algériens, pour la plupart noyés dans la Seine, après une marche de protestation à Paris. Le chef de la police était alors Maurice Papon, plus tard inculpé et reconnu coupable de crimes contre l'humanité pour avoir collaboré, pendant la guerre, à la rafle et à la déportation de Juifs français à Auschwitz. Voir Épilogue.

sodiques affrontements violents avec des manifestants communistes, les gouvernements ouest-européens firent rarement appel aux forces de l'ordre pour réprimer une opposition violente ; et quand ils le firent, la violence fut souvent le fait de ces dernières. En comparaison de l'entre-deux-guerres, les rues des villes européennes étaient remarquablement sûres, fait souvent souligné par les commentateurs européens qui opposaient la société « réglée » de l'Europe à l'individualisme rampant et désinvolte de l'Amérique urbaine. Quant aux « émeutes » estudiantines des années 1960, elles venaient confirmer, si besoin était, ce diagnostic : la jeunesse européenne pouvait bien jouer à la révolution, mais c'était pour l'essentiel du spectacle. Les « combattants de rue » ne risquaient guère d'être blessés.

La perspective s'assombrit soudain dans les années 1970. Alors que l'Europe orientale, à la suite de l'invasion de Prague, suffoquait dans l'étreinte fraternelle des patriarches du parti, l'Europe occidentale semblait perdre son emprise sur l'ordre public. Le défi ne venait pas de la gauche traditionnelle. Certes, Moscou était satisfaite de l'équilibre international de ces années-là : le scandale du Watergate et la chute de Saigon avaient clairement abaissé l'Amérique tandis que l'URSS, en tant que premier producteur de pétrole, se tirait fort bien des crises du Moyen-Orient. En revanche, la publication de l'*Archipel du Goulag* puis l'expulsion d'Alexandre Soljenitsyne de l'Union soviétique en février 1974, suivie quelques années plus tard des massacres du Cambodge et du triste sort des « *boat people* » viêt-namiens apportèrent la certitude que les illusions communistes ne se réveilleraient plus.

Exception faite de quelques cas très marginaux, il n'y avait pas non plus de réveil crédible de l'extrême droite. En Italie, les néofascistes du MSI *(Movimento Sociale Italiano)* ne recueillirent jamais plus de 6,8 % des voix aux élections nationales et, en tout état de cause, ils prenaient soin de se présenter en parti politique légitime. Les nationalistes ouest-allemands étaient moins soucieux de telles subtilités, mais comme les partis nationalistes comparables de Belgique, de France ou de Grande-Bretagne, leur poids électoral était négligeable. Bref, dans leurs incarnations classiques, le communisme et le fascisme n'avaient aucun avenir en Europe occidentale. La véritable menace pour la paix civique venait d'un tout autre horizon.

Au fil des années 1970, la société ouest-européenne fut confrontée à deux défis violents. Le premier était pathologique, en ce sens qu'il était le fruit d'un malaise ancien, quoique sous une forme très moderne. Au Pays basque, dans le Nord de l'Espagne, en Irlande du Nord avec la minorité catholique, en Corse et ailleurs, de vieux griefs s'embrasèrent en révoltes violentes. Ce n'était guère une expérience inédite pour les Européens : les nationalistes flamands de Belgique et les « Autrichiens » germanophones du Haut-Adige italien (ancien Sud-Tyrol) protestaient de longue date contre leur « assujettissement », recourant, suivant les cas, à des graffitis, des manifestations, des agressions, des attentats et même aux urnes.

En 1970, cependant, le problème du Sud-Tyrol avait été réglé par la création d'une région autonome bilingue qui fit taire les critiques, sauf les plus extrémistes ; et même si les nationalistes flamands de *Volksunie* et du *Vlaams Blok* n'abandonnèrent jamais leur objectif ultime – se séparer de la Wallonie francophone –, la nouvelle prospérité de la Flandre et la fédéralisation poussée de la Belgique, avaient temporairement émoussé leurs revendications : de mouvement paria et vindicatif, le nationalisme flamand s'était transformé en révolte de contribuables néerlandophones qui répugnaient à subventionner les métallos wallons au chômage (voir chapitre XXII). Les Basques et les catholiques d'Ulster, en revanche, étaient une tout autre affaire.

Le Pays basque, dans le Nord de l'Espagne, avait toujours été une cible particulière de l'ire de Franco : parce qu'il s'était engagé du côté républicain dans la guerre civile espagnole, mais aussi parce que l'éternelle revendication des Basques désireux de faire reconnaître leur *différence* allait contre les instincts centralisateurs les plus profonds d'un corps d'officiers espagnols qui s'était donné pour mission de préserver l'État. Sous Franco, tout ce qui était *basque* était violemment réprimé : la langue, les coutumes, la politique. Au mépris de ses instincts centripètes, le dictateur espagnol alla même jusqu'à favoriser la Navarre (région dont le sentiment identitaire n'avait jamais approché, fût-ce de loin, celui des Basques et des Catalans), en lui accordant droits, privilèges et parlement, sans d'autre raison que de rappeler que les Basques voisins ne pouvaient espérer pareilles faveurs.

L'émergence du terrorisme basque moderne fut une réponse directe à la politique de Franco, bien que ses défenseurs et porte-parole aient toujours fait valoir des racines plus profondes dans des rêves d'indépendance frustrés. L'ETA – *Euskadi Ta Askatasuna*, Pays basque et Liberté – fut créée en décembre 1958 afin de conduire la lutte armée pour arracher l'indépendance du Pays basque. Dès ses tout premiers jours d'organisation clandestine, elle instaura des relations de travail – dont elle donna plus tard une justification idéologique spécieuse – avec des groupes semblables à l'étranger, qui l'aidèrent à obtenir argent, armes, entraînement, refuges et publicité : le groupe Baader-Meinhof en Allemagne, l'Armée républicaine irlandaise (IRA), l'Organisation de libération de la Palestine (OLP) aussi bien que l'OAS, en France.

La stratégie de l'ETA – et de ses soutiens politiques d'Herri Batasuna, le parti séparatiste basque formé en 1978 – fut celle de la violence instrumentale : porter le prix du maintien des Basques dans l'Espagne à un niveau politiquement intolérable. Mais, comme l'IRA et d'autres organisations comparables, l'ETA ambitionnait aussi d'être une société dans l'État. Catholiques, austères et moralistes – non sans rappeler, paradoxalement, Franco lui-même –, les militants de l'ETA ne s'en prirent pas seulement à des policiers espagnols (leur première victime fut tuée en juin 1968) ou des hommes politiques et des notables basques modérés, mais aussi à des symboles de la « décadence » espagnole dans la région : cinémas, bars, discothèques, revendeurs de drogues, etc.

Au crépuscule de l'ère Franco, les activités de l'ETA pâtirent de la répression même qui l'avait fait naître : à la fin de la dictature, au début des années 1970, un quart de la police armée de l'Espagne était stationnée dans le seul Pays basque. Ce qui n'empêcha pas l'ETA d'assassiner le Premier ministre de Franco (l'amiral Luis Carrero Blanco) à Madrid, le 20 décembre 1973 ou, neuf mois plus tard, de tuer douze civils dans un attentat perpétré dans la capitale. Pas davantage, l'exécution de cinq terroristes de l'ETA en septembre 1975, peu avant la mort de Franco, n'eut le moindre effet modérateur sur les activités du groupe. L'avènement de la démocratie, en revanche, offrit de nouvelles occasions.

L'ETA et ses partisans voulaient l'indépendance. La Constitution espagnole d'après-Franco (voir chapitre 16) accorda au Pays basque un statut d'autonomie, approuvé par référendum en 1979. Rendue furieuse, notamment par la perspective de perdre le soutien des sympathisants modérés satisfaits par l'autonomie et le droit à l'expression linguistique et culturelle, l'ETA intensifia ses campagnes d'attentat et d'assassinat. En 1979-1980, l'organisation tua 181 personnes ; au cours des dix années suivantes, elle commit une moyenne de 34 meurtres par an. Malgré cela, et en dépit de la fragilité de la toute jeune démocratie espagnole, l'ETA et ses alliés politiques ne réussirent pas à tirer un avantage politique de leur campagne terroriste : leur seule réussite tourna au fiasco, quand ils poussèrent un groupuscule d'officiers de droite à prendre les Cortes en otage en février 1981, au nom de la loi, de l'ordre et de l'intégrité de l'État.

Une des raisons de l'impact limité de l'ETA, malgré l'ampleur horrifiante et l'immense écho public de ses tueries, tient à ce que les Basques ne s'identifiaient ni à ses moyens ni à ses fins. En vérité, beaucoup de Basques n'étaient même pas vraiment basques. Les transformations économiques de l'Espagne des années 1960 ainsi que les grands mouvements migratoires au sein du pays et à l'étranger avaient produit des changements que les vieux nationalistes et leurs jeunes partisans fanatiques n'arrivaient pas à saisir. Au milieu des années 1980, moins de la moitié de la population du Pays basque avait des parents basques, sans parler de grands-parents basques. Et ces gens voyaient à juste raison dans l'ETA et Herri Batasuna une menace pour leur bien-être et, implicitement, leur présence même dans la région.

Son projet politique perdant tout contact avec la réalité sociale, l'ETA devint toujours plus extrémiste : ayant oublié son but, elle redoubla d'efforts, pour reprendre la définition du fanatisme selon George Santayana. Financés par le crime et l'extorsion de fonds, ses agents étant de plus en plus contraints d'agir depuis le Pays basque français, l'ETA a survécu, tuant à l'occasion un homme politique ou un policier. En revanche, elle n'a pas su mobiliser l'opinion basque derrière la revendication d'indépendance ni réussi à faire plier l'État espagnol. L'ETA remporta son plus grand « succès » au début des années 1980, quand ses actions poussèrent le Premier ministre socialiste, Felipe González à autoriser des tueurs antiterroristes *(Grupos Antiterroristas de Liberación)* à s'installer illégalement sur le sol français pour abattre des activistes de l'ETA : ils en tuèrent 26 entre 1983 et 1987. La décision de González, qui ne fut révélée que de longues années plus tard (voir chapitre 22), voile d'une ombre rétrospective les premières années de démocratie constitutionnelle dans l'Espagne postfranquiste. Dans les circonstances, on peut y voir une réponse étonnamment modérée.

L'IRA provisoire ressemblait beaucoup à l'ETA par ses méthodes et certains de ses objectifs proclamés. De même que l'ETA cherchait à rendre les provinces basques ingouvernables pour obtenir leur sortie de l'Espagne, l'Armée républicaine irlandaise visait à rendre l'Irlande du Nord ingouvernable, à chasser les Britanniques et à réunir les six provinces du nord avec le reste de l'Irlande. Il existait cependant des différences significatives. Comme il existait déjà une Irlande indépendante, les rebelles pouvaient présenter à leurs partisans un objectif national réaliste, tout au moins en principe. En revanche, il n'existait pas une seule communauté irlandaise du Nord et leurs différences remontaient loin dans le passé.

De même que l'Algérie française, l'Irlande du Nord – l'Ulster – était tout à la fois un reliquat colonial et une partie intégrante de la métropole. Quand Londres finit par abandonner l'Irlande aux Irlandais, en 1922, le Royaume-Uni conserva les six comtés du Nord dans l'idée assez raisonnable que leur écrasante majorité protestante était profondément attachée à la Grande-Bretagne et n'avait aucune envie d'être gouvernée depuis Dublin… et intégrée dans une République semi-théocratique dominée par l'épiscopat catholique. Quoi qu'ils aient pu dire en public, les dirigeants politiques de la nouvelle République eux-mêmes n'étaient pas vraiment malheureux de se passer de la présence d'une forte communauté compacte de protestants violemment récalcitrants. Pour une minorité de nationalistes irlandais, cependant, cet abandon constituait une trahison ; sous la bannière de l'IRA, ils continuèrent donc à revendiquer l'unification, au besoin par la force, de la totalité de l'île.

La situation demeura largement figée quatre décennies durant. Dans les années 1960, l'attitude officielle de Dublin faisait penser à celle de Bonn : reconnaître que la réunification nationale serait souhaitable, mais se satisfaire tranquillement de l'ajournement *sine die* de la question. Dans le même temps, les gouvernements britanniques successifs avaient de longue date choisi d'ignorer autant que possible la fâcheuse situation dont ils avaient hérité en Ulster, où la majorité protestante dominait la population catholique locale à grand renfort de charcutage des circonscriptions, de clientélisme politique et de pression sectaire sur le patronat sans oublier le monopole de l'emploi dans des secteurs cruciaux : fonction publique, justice et, par-dessus tout, police.

Si la classe politique britannique préférait ne rien savoir de ces choses, c'est que le parti conservateur avait besoin de son aile « unioniste » (remontant à la campagne du XIXe siècle pour maintenir l'union de l'Irlande avec la Grande-Bretagne) et de son bloc crucial de sièges au parlement ; aussi était-il attaché au *statu quo*, en continuant de faire de l'Ulster une partie intégrante du Royaume-Uni. Quant au parti travailliste, il ne s'identifiait pas moins aux puissants syndicats des chantiers navals de Belfast et des industries associées, où les ouvriers protestants bénéficiaient de longue date d'un traitement de faveur.

Comme le suggère cette dernière observation, les divisions de l'Irlande du Nord étaient exceptionnellement compliquées. La division religieuse entre protestants et catholiques était réelle et correspondait à une séparation communautaire que l'on retrouvait à tous les stades de la vie : de la naissance à la mort en passant par l'éducation, le logement, le mariage, l'emploi et les loisirs. Et elle était ancienne : les allusions à des querelles et à des victoires des XVIIe et XVIIIe siècles pourraient paraître d'un ritualisme absurde à des profanes ; mais l'histoire qui se cachait derrière était bien réelle. La coupure catholique/protestant ne fut jamais une distinction de classe au sens traditionnel, malgré les efforts de l'IRA pour introduire des catégories marxistes dans sa rhétorique. Dans les deux camps, il y avait des ouvriers et des prêtres ou des pasteurs et, dans une moindre mesure, des propriétaires fonciers, des hommes d'affaires et des professions libérales.

Par ailleurs, beaucoup de catholiques d'Ulster n'étaient pas très pressés d'être gouvernés par Dublin. Dans les années 1960, l'Irlande était encore un pays pauvre et arriéré et le niveau de vie dans le Nord, tout en demeurant inférieur à celui de la majeure partie du Royaume-Uni, restait très supérieur à la moyenne irlandaise. Même pour des catholiques, l'Ulster était un meilleur pari économique. Dans le même temps, les protestants s'identifiaient très fortement avec le Royaume-Uni. Le reste de la Grande-Bretagne ne le lui rendait guère : si elle en faisait cas, elle avait une piètre opinion de l'Irlande du Nord. Les vieilles industries de l'Ulster, comme celles du reste du Royaume-Uni, étaient sur le déclin à la fin des années 1960, et il était déjà patent pour les planificateurs de Londres que l'avenir des cols-bleus, très majoritairement protestants, était incertain. Au-delà, l'honnêteté oblige à reconnaître que les autorités britanniques ne s'étaient pas vraiment souciées de l'Ulster pendant de longues décennies.

L'IRA déclinante était devenue une secte politique marginale, jugeant la République irlandaise illégitime parce qu'incomplète tout en réitérant ses aspirations « révolutionnaires » à forger une autre Irlande, radicale et unie. La rhétorique nébuleuse et anachronique de l'IRA ne séduisait guère une jeune génération de recrues (dont le jeune Gerry Adams, 17 ans, né à Belfast, qui adhéra en 1965), plus soucieuses d'action que de doctrine et qui formèrent leur propre organisation clandestine, l'IRA « provisoire[6] ». Les « provos », essentiellement recrutés à Derry et à Belfast, apparurent juste à temps pour profiter d'une vague de manifestations de défense des droits civils dans le Nord, réclamant pour les catholiques des droits civils et politiques qui leur étaient refusés, mais se heurtant essentiellement à l'intransigeance du gouvernement de l'Ulster, au Stormont Castle, et aux matraques de la police.

Les « troubles » qui devaient perturber la vie publique en Irlande du Nord – et, dans une certaine mesure, en Grande-Bretagne – au cours des trois décennies suivantes eurent pour détonateur les batailles de rue qui suivirent, à Derry, la traditionnelle marche des Apprentis, en juillet 1969, commémorant agressivement la défaite de la cause jacobite et catholique 281 ans plus tôt. Face à la montée des violences et aux dirigeants catholiques qui pressaient Londres d'intervenir, le gouvernement du Royaume-Uni envoya l'armée et prit le contrôle de la police dans les six comtés. Largement composée de recrues britanniques, l'armée était nettement moins partisane et, dans l'ensemble, moins brutale que la police locale. Aussi est-il paradoxal que sa présence ait inspiré à la toute nouvelle IRA provisoire sa revendication centrale : que les autorités britanniques et leurs troupes quittent l'Ulster – première étape d'une réunification de l'île sous l'autorité des Irlandais.

Les Britanniques restèrent. On voit mal comment ils auraient pu se retirer. Divers efforts, tout au long des années 1970, pour instaurer un climat de confiance entre les communautés et permettre à la province de gérer elle-même ses affaires se heurtèrent à la méfiance et à l'intransigeance des deux camps. Même s'ils n'aimaient guère leurs extrémistes armés, les catholiques avaient de bonnes raisons de se méfier des promesses de partage du pouvoir et d'égalité civique venant des dirigeants protestants de l'Ulster. Toujours répugnants à faire de véritables concessions à la minorité catholique, ces derniers craignaient désormais sérieusement les terroristes intransigeants de l'IRA provisoire. Sans la présence militaire britannique, la province se serait enfoncée encore un peu plus dans la guerre civile.

Ainsi le gouvernement britannique se retrouva-t-il piégé. Au départ, Londres avait bien accueilli les demandes catholiques de réformes ; après le meurtre d'un soldat britannique, en février 1971, le gouvernement institua cependant la pratique de l'internement sans jugement, et la situation se dégrada à vue d'œil. En janvier 1972, le « dimanche sanglant », des parachutistes britanniques tuèrent treize civils dans les rues de Derry. La même année, 146 membres des forces de sécurité et 321 civils trouvèrent la mort en Ulster, tandis que le nombre de blessés approchait les 5 000. Enhardie par une nou-

6. Les Provisoires devaient leur nom à la déclaration de Dublin du 24 avril 1916, quand les insurgés avaient proclamé un gouvernement provisoire.

velle génération de martyrs et l'obstination de ses adversaires, l'IRA provisoire lança une campagne qui allait durer trente ans, multipliant les attentats en Ulster et en Grande-Bretagne, faisant de nombreux morts et mutilés parmi les civils et les soldats. Il y eut au moins une tentative d'assassinat d'un Premier ministre britannique. Quand bien même les autorités britanniques auraient voulu quitter l'Ulster (beaucoup d'électeurs l'auraient souhaité), elles ne le pouvaient pas. Comme le référendum de mars 1973 le démontra, et les scrutins ultérieurs le confirmèrent, l'écrasante majorité de la population de l'Ulster souhaitait conserver ses liens avec la Grande-Bretagne[7].

La campagne de l'IRA ne réussit pas à unir l'Irlande ni à chasser les Britanniques d'Ulster. Pas davantage elle ne déstabilisa la vie politique britannique, même si l'assassinat d'hommes politiques et de personnalités (notamment lord Mountbatten, ancien vice-roi de l'Inde et parrain du prince de Galles) choqua profondément l'opinion sur les deux rives de la mer d'Irlande. En revanche, les « troubles » irlandais achevèrent d'assombrir une décennie de la vie publique britannique déjà lugubre et alimentèrent la thèse de l'« ingouvernabilité » qui avait cours à l'époque tout en accélérant la fin de l'optimisme insouciant des années 1960. Lorsque l'IRA provisoire – et les groupes paramilitaires protestants qui s'étaient formés dans son sillage – finit par s'asseoir à la table de négociation, pour obtenir un accord constitutionnel auquel le gouvernement britannique eût sans doute volontiers consenti dès le début ou presque, on déplorait 1 800 morts ; un habitant de l'Ulster sur cinq avait eu un mort ou un blessé parmi les siens.

Dans ce contexte, les autres « pathologies » de l'Europe des années 1970 étaient mineures, même si elles ne manquèrent pas d'entretenir le climat général de malaise. Une « Brigade en colère », affirmant agir au nom des chômeurs non représentés, commit des attentats autour de Londres en 1971. Dans le Jura suisse, des séparatistes francophones, calquant leur tactique sur celle des Irlandais, se rebellèrent en 1974 contre leur incorporation forcée dans le canton (germanophone) de Berne. À Liverpool, à Bristol et à Londres, dans le district de Brixton, des émeutiers disputèrent à la police le contrôle des taudis du centre-ville interdits aux forces de l'ordre *(no-go)*.

D'une manière ou d'une autre, toutes ces protestations et actions furent, ainsi que je l'ai suggéré, des pathologies de la vie politique : si extrêmes qu'en fussent les formes, leurs objectifs étaient familiers ; leur tactique, instrumentale. Ils poursuivaient un but et, de leur propre aveu, ils eussent renoncé s'ils avaient obtenu satisfaction. L'ETA, l'IRA et leurs imitateurs étaient des organisations terroristes, ils n'étaient pas irrationnels. Le moment venu, la plupart

7. On a pu estimer à l'époque que le coût du maintien de la présence britannique en Irlande du Nord s'élevait à trois milliards de livres par an, à une époque où Londres avait le plus grand mal à équilibrer son budget.

finirent par négocier avec leurs ennemis, dans l'espoir d'avoir gain de cause, ne serait-ce qu'en partie. Mais ces considérations ne devaient jamais présenter le moindre intérêt pour les protagonistes du second défi violent de l'époque.

Dans la majeure partie de l'Europe occidentale, les théorèmes gauchistes éthérés des années 1960 se dissipèrent de manière assez inoffensive. Dans deux pays en particulier, cependant, ils se métamorphosèrent en psychose d'agression autojustifiée. Une petite minorité d'anciens étudiants gauchistes, grisés par leur adaptation de la dialectique marxiste, entreprirent de « révéler » le « vrai visage » de la tolérance répressive dans les démocraties occidentales. Si l'on poussait à bout le régime parlementaire des intérêts capitalistes, raisonnaient-ils, il se délesterait du manteau de la légalité pour montrer son vrai visage. Confronté à la vérité sur ses oppresseurs, le prolétariat, jusque-là « aliéné » de son intérêt véritable et victime de la « fausse conscience » de sa situation – prendrait la place qui lui revient sur les barricades de la guerre de classe.

Un tel résumé fait beaucoup trop de crédit aux terroristes clandestins des années 1970… et trop peu. La plupart des jeunes gens qui se laissèrent emporter étaient certes habitués au vocabulaire justificatif de la violence, mais ne participèrent guère à sa formulation. Ils étaient les fantassins du terrorisme. Par ailleurs, surtout en Allemagne de l'Ouest, l'énergie émotionnelle investie dans la haine de la République fédérale puisait à des sources plus profondes et plus sombres que la gymnastique rhétorique inadaptée du radicalisme du XIXe siècle. Le désir ardent de faire s'effondrer l'architecture de sécurité et de stabilité sur la tête de la génération de leurs parents était l'expression extrême d'un scepticisme plus largement répandu, à la lumière du passé récent, sur la crédibilité locale de la démocratie pluraliste. Ce n'est donc pas un hasard si la « terreur révolutionnaire » prit sa forme la plus menaçante en Allemagne et en Italie.

Le lien entre la politique extraparlementaire et la violence déclarée se manifesta d'abord en Allemagne dès avril 1968, quand quatre jeunes gauchistes, dont Andreas Baader et Gudrun Ensslin, furent arrêtés : on les soupçonnait d'avoir incendié deux grands magasins de Francfort. Deux ans plus tard, Baader s'évadait de prison dans le cadre d'un raid armé préparé et conduit par Ulrike Meinhof. C'est alors qu'elle-même et Baader lancèrent leur « Manifeste Concept de guérilla urbaine », annonçant la formation de la Fraction Armée rouge (*RAF, Rote Armee Fraktion*), dont l'objectif était de démanteler la République fédérale par la force. L'acronyme RAF était choisi à dessein ; tout comme la Royal Air Force (RAF) avait soumis l'Allemagne nazie à des bombardements aériens, la bande Baader-Meinhof, comme on disait couramment, allait multiplier les attentats pour soumettre par en bas l'Allemagne qui avait pris sa succession.

Entre 1970 et 1978, la RAF et ses rejetons suivirent une stratégie de terreur délibérément aléatoire, assassinant soldats, policiers et hommes d'affaires, dévalisant des banques et enlevant des hommes politiques en vue. Les attentats de ces années-là firent 28 morts et 93 blessés, auxquels il faut ajouter 162 otages et 30 holdups dans des banques, en partie pour financer leur organisation, et en partie pour signaler leur présence. Dans les premières années, ils visèrent aussi des bases de l'armée américaine en Allemagne de l'Ouest, tuant et blessant un certain nombre de soldats, notamment à la fin du printemps 1972.

Au faîte de leur action, en 1977, la RAF enleva puis exécuta Hans Martin Schleyer, P-DG de Daimler-Benz et patron de la Fédération ouest-allemande de l'industrie, et assassina le procureur général Siegfried Buback ainsi que le patron de la Dresdner Bank, Jürgen Ponto. Mais ce devait être leur chant du cygne. Dès mai 1976, Meinhof (capturée en 1972) avait été retrouvée morte dans sa cellule de la prison de Stuttgart. Visiblement, elle s'était pendue, même si la rumeur persista d'une exécution par l'État. Arrêté au cours d'une fusillade à Francfort, en 1972, Baader purgeait une peine de prison à perpétuité pour meurtre quand on le retrouva à son tour mort dans sa cellule, le 18 octobre 1977, le même jour que Gudrun Ensslin et un autre terroriste emprisonné. Leur organisation clandestine persista dans les années 1980, quoique de manière beaucoup moins active : en août 1981, un attentat contre le QG de l'US Air Force à Ramstein, en RFA, et le mois suivant une tentative d'assassinat ratée du Commandant suprême des forces américaines en Europe par le « Gudrun Ensslin Kommando ».

Les terroristes allemands n'avaient pas d'objectifs définis ; aussi ne peut-on mesurer leurs résultats qu'à la réussite de leurs efforts pour perturber la vie publique allemande et saper les institutions de la République. Sur ce terrain, leur échec est flagrant. La mesure gouvernementale la plus clairement répressive de l'époque fut l'adoption en 1972 du *Berufsverbot* par le gouvernement social-démocrate de Willy Brandt. Ce décret interdisait l'entrée de la fonction publique à quiconque se livrait à des actes politiques jugés préjudiciables à la Constitution, et son objectif affiché était d'écarter de postes sensibles les extrémistes de droite ou de gauche. Ce n'était guère le prélude à la dictature que redoutaient ou – espéraient – ses détracteurs.

Ni la gauche terroriste ni la droite nazie qui semblait renaître – et qui avait à son actif les 13 morts et 220 blessés de l'attentat de l'*Oktoberfest* de Munich, en 1980 – ne réussirent à déstabiliser la République, même s'ils amenèrent certains cercles conservateurs à évoquer inconsidérément la nécessité de restreindre les libertés civiles et d'imposer « l'Ordre ». Autrement plus inquiétante était la réussite avec laquelle le Groupe Baader-Meinhof parvint à exploiter un fonds de sympathie générale pour ses idées parmi des intellectuels et des universitaires par ailleurs respectueux de la loi[8].

8. En France, un PS irréprochablement respectueux de la loi alla jusqu'à former un Comité de défense des droits de l'homme en RFA, offrant de prodiguer conseils et aide concrète aux personnes accusées d'actes terroristes.

Une source de sympathie locale était la nostalgie croissante, dans les milieux artistiques et littéraires, du passé perdu de l'Allemagne. L'Allemagne, estimait-on, avait été doublement « déshéritée » : par les nazis, qui avaient privé les Allemands d'un passé respectable, « utilisable » ; et par la RFA, dont les surveillants américains avaient imposé à l'Allemagne une fausse image d'elle-même. Pour citer le cinéaste Hans-Jürgen Syberberg, le pays avait été « spirituellement déshérité et dépossédé. [...] Nous vivons dans un pays sans patrie, sans *Heimat* ». La coloration nettement nationaliste du terrorisme d'extrême gauche allemand – dont les cibles étaient les occupants américains, les multinationales et l'ordre capitaliste « international » – faisait vibrer une corde sensible, tout comme l'idée des terroristes que c'étaient les *Allemands* qui étaient eux-mêmes les victimes des manipulations et des intérêts des autres.

Ces mêmes années virent une avalanche de films, de discours, de livres, d'émissions de télévision et de commentaires publics sur l'histoire et l'identité problématiques du pays. De même que la Fraction Armée rouge prétendait combattre le « fascisme » – par procuration, pour ainsi dire –, les intellectuels ouest-allemands, de gauche et de droite, se disputèrent le contrôle du véritable héritage de l'Allemagne. Edgar Reitz, le coréalisateur de Syberberg tourna un feuilleton télévisé de seize heures, qui connut un immense succès : *Heimat. Une chronique allemande*, l'histoire d'une famille de la campagne d'Hunsrück, en Palatinat-Rhénanie, qui retraçait l'histoire contemporaine à travers celle d'une famille, de la fin de la Première Guerre mondiale jusqu'à nos jours.

Dans le film de Reitz, la tonalité sépia de l'entre-deux-guerres trahissait une évidente nostalgie, où il n'était pas question que l'ère nazie elle-même vînt gâter les souvenirs de temps meilleurs. Le monde américanisé de la RFA d'après-guerre y est au contraire présenté avec un mépris glacial et courroucé : sa négligence matérialiste des valeurs nationales et sa destruction de la mémoire et de la continuité rongent les valeurs humaines et la communauté. Comme dans *Le Mariage de Maria Braun* de Fassbinder, le personnage principal – « Maria », là encore – incarne une Allemagne victimisée, mais *Heimat* est très explicitement nostalgique, voire xénophobe, dans son mépris des valeurs étrangères et sa manière de soupirer après l'âme perdue de l'« Allemagne profonde ».

Reitz, comme Syberberg et d'autres, a dit publiquement son mépris du feuilleton américain *Holocauste*, diffusé en 1979 à la télévision allemande. S'il devait y avoir des tableaux du passé allemand, si douloureux fût-il, il appartenait aux Allemands de les produire. « Il n'est d'expropriation plus radicale que celle de son histoire, écrivit Reitz. À travers *Holocauste*, les Américains nous ont volé notre histoire. » L'application d'une « esthétique commerciale » au passé de l'Allemagne était une manière pour l'Amérique de le contrôler. Le combat des réalisateurs et des artistes allemands contre le « kitsch » américain faisait partie de la lutte contre le capitalisme américain.

Reitz et Fassbinder comptent parmi les réalisateurs de *Deutschland im Herbst* (*L'Allemagne en automne*, 1978), collage de documentaires, d'extraits de films et d'entretiens couvrant les événements de l'automne 1977, notamment l'enlèvement et le meurtre de Hans Martin Schleyer, puis le suicide d'Ensslin et de Baader. Le film n'est pas tant marquant par ses expressions d'empathie pour les terroristes que par sa façon très singulière de les faire passer. Un découpage soigneusement étudié donne des airs de famille au IIIe Reich et à la République fédérale. Le « capitalisme », le « système du profit » et le nazisme nous sont présentés comme également répréhensibles et indéfendables, tandis que les terroristes apparaissent comme les résistants actuels : des Antigone modernes aux prises avec leur conscience et bataillant contre la répression politique.

Dans *Deutschland im Herbst*, comme dans d'autres films allemands contemporains, un talent cinématographique considérable est déployé pour présenter l'Allemagne occidentale sous la forme d'un État policier, proche du nazisme, ne serait-ce que par sa capacité (pas encore révélée) de répression et de violence. Horst Mahler, terroriste à demi repenti encore emprisonné, explique devant la caméra que la naissance d'une opposition extraparlementaire en 1967 fut la « révolution antifasciste » qui ne s'était pas produite en 1945. Les jeunes extrémistes clandestins avaient livré bataille contre les démons nazis de l'Allemagne, même si c'était avec des méthodes étonnamment proches de celles des nazis : Mahler ne dit mot de ce paradoxe.

La relativisation implicite du nazisme dans *Deutschland im Herbst* devenait déjà très explicite dans les apologies intellectuelles de la terreur anticapitaliste. Ainsi que le philosophe Detlef Hartmann l'expliqua en 1985 : « Du lien évident de l'argent, de la technologie et de l'extermination dans l'Ordre nouveau de l'impérialisme nazi, nous avons quelque chose à apprendre [...] pour ôter le voile qui masque la technologie d'extermination civilisée de l'Ordre Nouveau de Bretton Woods. » C'est ce genre de dérapage facile – l'idée que ce qui lie le nazisme et la démocratie capitaliste importe davantage que leurs différences, que dans les deux cas les victimes étaient des Allemands – qui aide à expliquer l'évidente insensibilité de l'extrême gauche allemande à la question des Juifs.

Le 5 septembre 1972, l'organisation palestinienne Septembre noir attaqua l'équipe israélienne aux Jeux olympiques de Munich et tua onze athlètes ainsi qu'un policier allemand. Les tueurs avaient très certainement bénéficié du concours local de l'extrême gauche (même si l'extrême droite eût tout aussi volontiers offert ses services : c'est là une curiosité de l'extrémisme allemand). Le lien entre les organisations palestiniennes et les groupes terroristes européens était déjà solide : Ensslin, Baader et Meinhof s'étaient tous « entraînés », à une époque, avec des guérilleros palestiniens, mais aussi des Basques, des Italiens, des Républicains irlandais et d'autres. Mais seuls les Allemands franchirent une étape supplémentaire : en juin 1976, quand quatre pirates de l'air (deux Allemands, deux Arabes) détournèrent un appareil d'Air France sur Entebbe en Ouganda, ce sont les Allemands qui se chargèrent d'identifier et de séparer les passagers juifs des autres.

Si cette action, qui rappelle à s'y méprendre la sélection des Juifs par les Allemands en d'autres temps et d'autres lieux, n'a pas jeté un discrédit définitif sur la bande Baader-Meinhof aux yeux de ses sympathisants, c'est que ses arguments, sinon ses méthodes, suscitaient un très large acquiescement : les victimes étaient aujourd'hui les Allemands, pas les Juifs ; et le bourreau, c'était le capitalisme américain, pas le nazisme allemand. C'étaient les Américains qui commettaient aujourd'hui des « crimes de guerre » au Viêt-nam. Un « nouveau patriotisme » avait cours en Allemagne de l'Ouest, et il est plus qu'un peu paradoxal que Baader, Meinhof et leurs amis, dont la révolte violente était initialement dirigée contre l'autosatisfaction du type « Allemagne d'abord » de la génération de leurs parents, aient été eux-mêmes emportés par les contrecoups de ce même héritage nationaliste. Il est parfaitement naturel qu'Horst Mahler, un des rares fondateurs survivants du terrorisme de gauche en RFA, ait fini, trente ans plus tard, à l'extrême droite de l'échiquier politique.

Vu de l'extérieur, le terrorisme italien contemporain n'était pas sensiblement différent de son homologue allemand. Lui aussi puisait dans la rhétorique para-marxiste des années 1960, et la plupart de ses dirigeants avaient fait leur éducation politique dans les manifestations estudiantines de cette époque. La principale organisation clandestine de la terreur de gauche, les Brigades rouges (*Brigate Rosse*, BR), se manifesta pour la première fois publiquement au mois d'octobre 1970 en distribuant des tracts affichant des objectifs étonnamment proches de ceux de la Fraction Armée rouge. Comme Baader, Meinhof et d'autres, les chefs des BR étaient jeunes (le mieux connu, Renato Curcio, avait 29 ans en 1970) ; la plupart étaient d'anciens étudiants qui se lancèrent dans la lutte armée clandestine pour elle-même.

Il existait cependant aussi des différences importantes. D'emblée, les terroristes italiens de gauche insistèrent beaucoup plus lourdement sur leur prétendue relation avec les « ouvriers » ; et de fait, dans certaines villes industrielles du Nord, à Milan notamment, les franges les plus respectables de l'extrême gauche avaient un petit noyau de partisans dans la population. À la différence des terroristes allemands, regroupés autour d'un infime noyau dur de criminels, l'extrême gauche italienne couvrait un large spectre : des partis politiques légitimes à des réseaux de guérilla urbaine en passant par des microsectes de bandits politiques armés, avec un fort degré de chevauchement pour ce qui est du recrutement et des objectifs.

Ces groupes et sectes reproduisaient en miniature la scissiparité caractéristique de l'histoire de la gauche européenne dominante. Au cours des années 1970, chaque acte de violence devait être suivi de revendications de groupuscules jusque-là inconnus, souvent de sous-sections ou de branches dissidentes de l'unité d'origine. Au-delà des terroristes eux-mêmes, gravitaient une vague constellation de mouvements et de revues semi-clandestines dont les sentencieuses déclarations « théoriques » servaient de couverture idéologique à leur tactique terroriste : outre les Brigades rouges, il y avait *Lotta Continua* (Lutte continue), *Potere Operaio* (Pouvoir ouvrier), *Prima Linea* (Première ligne) et *Autonomia Operaia* (Autonomie ouvrière) ; *Avanguardia Operaia* (Avant-garde ouvrière), *Nuclei Armati Proletari* (Noyaux armés prolétariens) et *Nuclei Armati Rivoluzionari* (Noyaux armés révolutionnaires) ; *Formazione Comuniste Combattenti* (Formations communistes combattantes), *Unione Comunisti Combattenti* (Unions communistes combattantes), *Potere Proletario Armato* (Pouvoir prolétarien armé) et d'autres encore.

Si cette liste suggère après-coup le désir désespéré d'amplifier la signification sociale et révolutionnaire de quelques milliers d'anciens étudiants et de leurs partisans aux marges rebelles du mouvement ouvrier, gardons-nous de sous-estimer l'impact de leurs efforts pour attirer l'attention sur eux. Curcio, sa compagne Mara Cagol et leurs amis pouvaient bien vivre dans leur fantasme une féérique histoire romancée de bandits révolutionnaires (largement inspirée de l'image popularisée des guérillas révolutionnaires en Amérique latine), mais les dégâts qu'ils firent sont bien réels. Entre 1970 et 1981, il ne s'écoula pas une seule année en Italie sans meurtres, mutilations, enlèvements, agressions et divers actes de violence publique. Au cours de cette décennie, trois hommes politiques, neuf magistrats, soixante-cinq policiers et quelque trois cents autres personnes moururent assassinés.

Dans leurs premières années, les Brigades rouges et les autres limitèrent largement leur action à l'enlèvement et, à l'occasion, l'exécution de patrons et d'hommes d'affaires de moindre importance – « laquais du capitalisme » et autres « larbins du patronat » *(servi del padrone)* –, à l'image de leur intérêt initial pour la démocratie directe à la base. Au milieu des années 1970, toutefois, ils étaient passés à l'assassinat politique – d'abord d'hommes de droite, puis de policiers, de journalistes et de magistrats – dans une stratégie destinée à « arracher le masque » de la légalité bourgeoise, obliger l'État à une répression violente et polariser ainsi l'opinion.

Jusqu'en 1978, les Brigades rouges n'avaient pas réussi à provoquer le contrecoup souhaité, malgré le crescendo des attentats au cours de l'année précédente. C'est alors que, le 16 mars 1978, elles enlevèrent leur victime la plus éminente : Aldo Moro, patron des démocrates-chrétiens mais aussi ancien Président du conseil et ministre des Affaires étrangères. Moro fut retenu en otage deux mois durant ; avec le soutien des communistes et de la grande majorité de son parti, le chef du gouvernement Giulio Andreotti, démocrate-chrétien, refusa même de prendre en considération la demande des ravisseurs, qui promettaient la vie sauve à Moro en contrepartie de la libération de « prisonniers politiques ». Malgré la condamnation unanime de la classe politique italienne et les appels du pape ou du secrétaire général des Nations unies, les terroristes refusèrent de céder. Le 10 mai, on retrouvait le corps d'Aldo Moro dans une voiture effrontément garée dans une rue du centre de Rome.

L'affaire Moro illustre certainement l'incompétence de l'État italien : le ministre de l'Intérieur démissionna le lendemain de la découverte du corps. Après huit années de législation frénétique antiterroriste et de traque à travers le pays, la police avait manifestement échoué à briser le mouvement terroriste clandestin[9]. Et le fait que les Brigades rouges aient réussi à commettre un meurtre politique au cœur même de l'État et de la capitale eut des répercussions significatives. Il était désormais clair aux yeux de tous que l'ordre politique italien était confronté à un véritable défi : moins de quinze jours après la découverte du cadavre de Moro, les BR tuèrent le chef de l'escouade antiterroriste à Gênes ; en octobre 1978, elles assassinèrent le directeur général des affaires pénales au ministère de la Justice, à Rome. Et deux semaines plus tard, les *Formazione Comuniste Combattenti* abattaient un haut magistrat.

L'ampleur même du défi terroriste lancé à l'État commençait maintenant à avoir un prix. Le PCI mit tout son poids dans la balance pour se ranger sans ambiguïté derrière les institutions de la République, et rendre explicite ce qui était dorénavant clair pour tout le monde ou presque, à savoir que, quel que fût leur enracinement dans les mouvements populaires des années 1960, les terroristes de la décennie 1970 s'étaient eux-mêmes exclus du champ de la politique révolutionnaire. Ils n'étaient que de simples criminels et devaient être traqués en tant que tels. Tout comme ceux qui leur donnaient une couverture idéologique, sinon plus : en avril 1979, Toni Negri, maître de conférence à l'Université de Padoue, ainsi que d'autres dirigeants d'*Autonomia Operaia*, était arrêté et accusé d'avoir trempé dans un complot d'insurrection armée contre l'État.

Negri et ses partisans protestèrent (et continuent de protester) que les « autonomistes » radicaux, ni clandestins ni armés, ne devaient pas être confondus avec des sociétés secrètes illégales, et que la décision politique de les poursuivre était précisément le recul de « l'ordre bourgeois » que les Brigades rouges avaient prophétisé et cherché à provoquer. Mais Negri lui-même, à l'Université de Padoue, avait approuvé des attaques violentes contre des enseignants et des administrateurs pour ne s'arrêter qu'au seuil de la tactique terroriste. Les slogans de l'« illégalité massive » ou de la « guerre civile permanente » et l'insistance sur la nécessité de s'organiser « militairement » contre l'État bourgeois étaient largement repris dans des cercles universitaires respec-

9. Comme en Allemagne, la police avait bel et bien trouvé les dirigeants, pour les perdre de vue ensuite. Arrêté en 1974, Renato Curcio s'évada de prison en février 1975 et se fit reprendre onze mois plus tard.

tables, y compris dans le journal de Negri, *Rosso*. Un an après l'enlèvement de Moro, Negri lui-même célébra « l'anéantissement de l'adversaire » : « La douleur de mon adversaire ne me touche pas : la justice prolétarienne possède la force productive de l'auto-affirmation et une faculté de conviction logique[10]. »

L'idée que la violence politique pouvait avoir une « force productive d'auto-affirmation » n'était pas inconnue de l'histoire italienne moderne, bien entendu. Ce que Negri affirmait, et ce que les Brigades rouges et leurs amis pratiquaient, ne différait nullement du « pouvoir purificateur de la force » qu'exaltaient les fascistes. En Italie, comme en Allemagne, la haine de « l'État bourgeois » avait ramené l'extrême gauche à la violence prolétarienne de la droite antidémocratique. En 1980, les cibles comme les méthodes de la gauche et de la droite terroristes étaient devenues indiscernables. De fait, les Brigades rouges et leurs rejetons ne sont aucunement responsables de toute la violence des *anni di piombo* (« années de plomb ») de l'Italie. La droite des complots, antirépublicaine, resurgit dans ces mêmes années (et perpétra de loin le crime le plus terrible de l'époque : l'attentat de la gare de Bologne, qui fit 85 morts et 200 blessés en août 1980) ; et dans le *Mezzogiorno*, la Mafia aussi adopta une stratégie de terreur plus agressive dans sa guerre avec les magistrats, la police et les responsables politiques locaux.

Mais dans la mesure où le retour du terrorisme néofasciste et la résurgence de la violence mafieuse illustrèrent et exacerbèrent la vulnérabilité des institutions démocratiques, les terroristes de gauche y virent, peut-être à juste raison, un signe du succès de leurs menées. Les deux extrêmes s'efforcèrent de déstabiliser l'État en rendant la vie publique normale insupportablement dangereuse, la seule différence étant que l'extrême droite pouvait compter sur une certaine protection ou collaboration des forces de l'ordre qu'elle cherchait à subvertir. De nébuleux réseaux de conjurés de droite, avec des ramifications dans les hautes sphères de la police, des milieux bancaires et des instances dirigeantes de la démocratie chrétienne, autorisèrent le meurtre de juges, de procureurs et de journalistes[11].

Que la démocratie et l'État de droit aient pu survivre dans ces années en Italie n'est pas un mince exploit. De 1977 à 1982, notamment, le pays fut assailli d'actes aléatoires d'une violence terrible de la part de l'extrême gauche, de l'extrême droite et de la pègre : c'est dans ces mêmes années que la Mafia

10. Libéré, Negri fut de nouveau arrêté en 1983. En juin 1984, il fut jugé et condamné à trente ans de prison.

11. L'un d'eux, la « Loge P2 » de sinistre mémoire, était un mystérieux réseau maçonnique de politiciens de droite, de banquiers, de militaires et de policiers, organisé par Licio Gelli, ancien militant de la « République sociale » de Mussolini, de 1943 à 1945. Ses 962 membres comptaient trente généraux, huit amiraux, quarante-trois députés, trois ministres et un échantillon représentatif des plus hautes sphères de l'Église catholique, de l'industrie et de la banque privée.

et d'autres réseaux criminels assassinèrent des chefs de la police, des hommes politiques, des juges et des journalistes, parfois, en plein jour, presque en toute impunité. Si la menace la plus sérieuse venait de l'extrême droite – mieux organisée et beaucoup plus proche du corps de l'État –, ce sont les terroristes « rouges » qui marquèrent le plus l'imagination publique. Cela tient en partie au fait que, comme la Fraction Armée rouge, ils abusèrent d'une large sympathie locale pour les idées gauchistes. Les communistes officiels virent à juste titre dans cette appropriation de l'héritage révolutionnaire le principal atout des terroristes aussi bien qu'un symptôme du risque qu'ils représentaient pour la crédibilité de la gauche dominante.

L'ironie de l'histoire, c'est qu'à l'insu des communistes locaux eux-mêmes les services secrets soviétiques aient contribué à financer les Brigades rouges comme la Fraction Armée rouge et d'autres groupuscules aux motivations semblables, mais inefficaces, tels que les Cellules communistes combattantes en Belgique, Action directe en France et d'autres encore plus petits ailleurs. Cet argent ne relevait d'aucune stratégie cohérente : il était plutôt versé au nom de grands principes, du style « les ennemis de nos ennemis, si absurdes et insignifiants soient-ils, sont encore nos amis ». En ce cas, cependant, l'entreprise se retourna contre ses auteurs : le seul résultat incontestable du terrorisme de gauche en Europe occidentale est d'avoir totalement dissipé les dernières illusions révolutionnaires du corps politique local.

Les grandes organisations politiques de gauche, notamment les communistes, furent contraintes de prendre leurs distances vis-à-vis de toute espèce de violence. Ce fut en partie une réponse spontanée à la menace à laquelle la terreur les exposait, elles et d'autres : les syndicalistes et autres représentants du mouvement ouvrier traditionnel comptèrent parmi les objectifs les plus dénigrés des réseaux clandestins. Mais cela tient aussi en partie au fait que les « années de plomb » de la décennie 1970 rappelèrent à tous combien les démocraties libérales pouvaient être fragiles : leçon à l'occasion négligée dans l'atmosphère grisante des années 1960. L'effet net de ces années de prétendue subversion révolutionnaire au cœur de l'Europe ne fut pas de polariser la société, comme l'avaient escompté les terroristes, mais plutôt de pousser les hommes politiques de tous bords à se rassembler dans la sécurité du centre.

Dans la vie de l'esprit, les années 1970 furent la décennie la plus désolante du XXe siècle. Dans une certaine mesure, c'est imputable aux circonstances décrites dans ce chapitre : une récession économique forte et durable, s'accompagnant d'une violence politique généralisée, nourrit le sentiment que le « bon temps » était révolu en Europe, peut-être pour longtemps. La plupart des jeunes étaient désormais moins soucieux de changer le monde que de trouver un emploi : la fascination des ambitions collectives céda la place à une obsession des besoins personnels. Dans un monde plus menaçant, l'intérêt individuel prenait le pas sur les causes communes.

Nul doute que ce changement d'état d'esprit fut aussi une réponse à la complaisance grisante de la décennie précédente. Les Européens qui jouissaient depuis peu d'une explosion sans précédent d'énergie et d'originalité en musique, au cinéma, dans la mode et dans les arts, avaient désormais tout le loisir de considérer le coût de leurs festivités récentes. Ce n'est pas tant l'idéalisme des années 1960 qui parut bien vite dater, que l'*innocence* de ce temps-là : le sentiment que tout ce que l'on pouvait imaginer était réalisable ; que tout ce que l'on pouvait produire pouvait être possédé ; et que la transgression – morale, politique, légale, esthétique – était intrinsèquement séduisante et productive. Alors que les années 1960 avaient succombé à la tentation naïve et complaisante de croire que tout ce qui arrivait était nouveau, et tout ce qui était nouveau significatif, les années 1970 furent une époque de cynisme, d'illusions et d'espérances réduites.

Les temps médiocres, observe Camus dans *La Chute*, donnent des prophètes creux. Les années 1970 en offrirent une riche moisson. Ce fut un temps de sentiment affligeant d'être arrivé *après* les grands espoirs et les idées ambitieuses du passé récent, de n'avoir rien à offrir que des rééditions et des prolongements essoufflés et invraisemblables de vieilles pensées. Ce fut, de manière on ne peut plus consciente, une époque « post tout et n'importe quoi », dont les perspectives d'avenir paraissaient nébuleuses. Comme le sociologue américain Daniel Bell l'observa à l'époque, « l'usage du préfixe "post" trahit le sentiment de vivre une époque interstitielle ». En tant que description du monde réel – dans les expressions *post-war*, postimpérial et, plus récemment, postindustriel –, le mot avait ses usages, quand bien même on ne savait trop ce qui pouvait suivre. En revanche, appliqué à des catégories de pensée – comme dans « postmarxiste », « poststructuraliste » ou l'insaisissable « postmoderne » –, il ne faisait qu'ajouter à l'obscurité d'une époque déjà confuse.

La culture des années 1960 avait été rationaliste. Nonobstant les drogues légères et les réjouissances utopiques, la pensée sociale de l'époque, comme sa musique, se déployait dans un registre familier et cohérent, simplement « amplifié ». Elle était aussi clairement communautaire : les étudiants, comme les « ouvriers », les « paysans », les « Noirs » et autres collectifs étaient censés partager des centres d'intérêt et des affinités qui créaient des liens particuliers entre eux, mais antagonistes avec le reste de la société. Si fantaisistes fussent-ils, les projets des années 1960 présumaient une relation entre individu et classe, classe et société, société et État qui, dans sa forme sinon dans son contenu, eût été familière aux théoriciens et activistes à n'importe quel moment du siècle passé.

La culture des années 1970 allait tourner non plus autour du collectif, mais de l'individu. De même que l'anthropologie avait évincé la philosophie en tant qu'*Ur*-discipline des années 1960, c'est la psychologie qui prit maintenant sa place. Dans les années 1960, les jeunes marxistes avaient usé et abusé de la notion de « fausse conscience » pour expliquer que les travailleurs et autres ne parviennent pas à se libérer de leur identification avec l'intérêt capitaliste. On retrouve cette idée, dans une variante pervertie, au cœur du terrorisme de gauche. Mais elle connut aussi une curieuse vie posthume dans des milieux moins politisés : adaptant un langage d'origine marxiste à des sujets freudiens, les « postfreudiens » soulignèrent alors la nécessité de libérer non pas des classes sociales, mais des sujets individuels agrégés.

L'Europe occidentale comme l'Amérique du Nord vit alors surgir des théoriciens de la libération dont l'objectif était de libérer le sujet humain, non pas de la servitude sociale, mais d'illusions volontaires. La variation sexuelle sur ce thème – l'idée que répression sociale et répression sexuelle étaient intégralement liées – était déjà un truisme dans certains milieux de la fin des années 1960. Mais Marcuse ou Wilhelm Reich descendaient en droite ligne de Freud *et* de Marx, recherchant la transformation collective par la libération individuelle. Les disciples de Jacques Lacan, en revanche, ou les théoriciennes contemporaines du féminisme comme Kate Millett et Annie Leclerc, étaient à la fois moins et plus ambitieux. Bien moins préoccupés par les traditionnels projets de révolution sociale (que les féministes identifiaient justement à des mouvements politiques dirigés par et, essentiellement, pour des hommes), ils entendaient plutôt saper le concept même de sujet qui les avait jadis sous-tendus.

Cette réflexion, largement partagée par la communauté intellectuelle de l'époque, reposait sur deux postulats généraux. Le premier était que le pouvoir ne reposait pas – comme l'avaient supposé la plupart des penseurs sociaux depuis les Lumières – sur la maîtrise des ressources naturelles et humaines, mais sur le monopole du *savoir* : connaissance de la nature, connaissance de la sphère publique, connaissance de soi et, par-dessus tout, connaissance de la façon dont la connaissance elle-même est produite et légitimée. La perpétuation du pouvoir, dans cette optique, reposait sur la capacité de ceux qui maîtrisaient le savoir à conserver ce contrôle aux dépens des autres en réprimant les « savoirs » subversifs.

À l'époque, ce tableau de la condition humaine était largement et, à juste titre, associé aux écrits de Michel Foucault. S'il lui arrivait d'être obscur, Foucault n'en était pas moins un rationaliste de cœur. Dans ses premiers écrits, il s'en tint scrupuleusement à la vénérable idée marxiste que, pour libérer les travailleurs des fers du capitalisme, il fallait commencer par substituer une autre explication de l'histoire et de l'économie au récit intéressé de la société bourgeoise. Bref, il fallait substituer un savoir révolutionnaire, en quelque sorte, à celui des maîtres ; ou, dans la terminologie d'Antonio Gramsci tellement en vogue quelques années plus tôt, il fallait combattre l'« hégémonie » de la classe dirigeante.

Un second postulat, qui devait marquer plus fortement encore de son emprise les modes intellectuelles, allait nettement plus loin et séduisait par son insistance à proclamer qu'il fallait subvertir non seulement les vieilles certitudes, mais la possibilité même de la certitude. Précisément parce qu'elle était socialement dérivée, et donc politiquement instrumentale, toute forme de conduite, d'opinion et de connaissance appelait la méfiance. L'idée même que les jugements ou les évaluations pouvaient être indépendants de leurs auteurs en vint à passer dans certains milieux pour l'expression et la représentation d'une position sociale partisane – et implicitement conservatrice.

En principe, toute espèce de jugement et de croyance était ainsi réductible. Les intellectuels critiques eux-mêmes étaient ainsi passibles d'un tel « positionnement ». Pour citer le sociologue Pierre Bourdieu, le représentant européen le plus influent de la nouvelle sociologie de la connaissance, le « discours professoral » n'est que l'expression de la « fraction dominée de la classe dominante ». Ce que cette façon plaisamment subversive de situer toute connaissance ou opinion, ne révélait pas, c'était comment déterminer si un « discours » était plus vrai qu'un autre : le dilemme était résolu en traitant la « vérité » elle-même comme une catégorie socialement connotée. La posture devait être bientôt à la mode dans bien des quartiers. Le fruit naturel de ces développements fut un scepticisme croissant envers *tout* argument social rationnel. Le philosophe Jean-François Lyotard, dont l'essai de 1979 sur le sujet, *La Condition postmoderne*, résumait à merveille l'air du temps, était parfaitement clair à ce propos : « On tient pour "postmoderne" l'incrédulité à l'égard des métarécits[12]. »

La source sous-jacente, et habituellement non reconnue, de ces influences intellectuelles majoritairement françaises était, comme si souvent dans les décennies passées, allemande. L'écrivain italien Elio Vittorini observa un jour que, depuis Napoléon, la France avait toujours été imperméable à toute espèce d'influence étrangère, excepté celle de la philosophie romantique allemande ; et ce qui était vrai en 1957, quand il l'écrivit, ne l'était pas moins vingt ans plus tard. Alors que Marx et Hegel avaient séduit les sensibilités humanistes d'une précédente génération, les années 1970, vouées au doute, se laissèrent séduire par un courant autrement plus sombre de la pensée allemande. Le scepticisme radical de Michel Foucault était largement adapté de Nietzsche. D'autres auteurs français influents, comme le philosophe et critique Jacques Derrida, puisèrent plutôt chez Martin Heidegger de quoi nourrir leur critique de l'agent humain et leur « déconstruction », comme on devait l'appeler, du sujet cognitif et de sa matière textuelle.

Pour les spécialistes de Heidegger et de son contemporain Carl Schmitt (dont le réalisme historique retenait l'attention des spécialistes des affaires internationales), cet intérêt était passablement étrange. Après tout, Heidegger et Schmitt étaient tous deux identifiés au nazisme – très explicitement, pour le premier qui avait accepté des responsabilités universitaires sous les auspices du

12. [Jean-François Lyotard, *La Condition postmoderne*, Paris, Minuit, 1979, p. 7.]

régime. Mais le regain d'intérêt pour la critique des postulats optimistes sur le progrès, la contestation des soubassements du rationalisme éclairé et de ses sous-produits politiques et cognitifs, créa une certaine affinité entre les critiques de la modernité et du progrès technique de l'aube du XXe siècle comme Heidegger et les sceptiques désabusés des temps « postmodernes »... tout en permettant à Heidegger et à d'autres de se laver de leurs mauvaises fréquentations passées.

Lorsque, *via* la pensée sociale parisienne, la philosophie allemande pénétra la critique culturelle anglaise – les formes sous lesquelles elle devint familière à la plupart des lecteurs de l'époque –, son vocabulaire naturellement difficile avait atteint un degré d'opacité qui devait se révéler irrésistible pour toute une génération nouvelle d'étudiants et leurs maîtres. Les jeunes recrues du personnel enseignant des universités en pleine expansion étaient elles-mêmes, le plus souvent, des diplômés des années 1960, rompus aux modes et débats de ces années-là. Mais alors que les universités européennes de la décennie précédente s'étaient préoccupées de grandes théories en tous genres – société, État, langue, histoire et révolution –, la génération suivante hérita surtout de son souci de la Théorie en tant que telle. Des séminaires de « Théorie culturelle » ou de « Théorie générale » déplacèrent les frontières traditionnelles entre les disciplines qui, quelques années plus tôt, dominaient encore le débat universitaire, même gauchiste. La « difficulté » devint l'aune du sérieux intellectuel. Dans leur commentaire désabusé sur l'héritage de la « pensée 68 », Luc Ferry et Alain Renaut concluent sèchement que le « plus grand succès » des « philosophistes des années 68 » a été d'« accoutumer leurs lecteurs et leurs auditeurs à croire que l'incompréhensibilité était le signe de la grandeur[13] ».

Devant leur auditoire *ready-made* des universités, des théoriciens récemment starisés comme Lacan et Derrida élevèrent les caprices et paradoxes du langage pour en faire de véritables philosophies, en gabarits d'explication politique et textuelle infiniment flexibles. Dans des institutions comme le Centre d'études culturelles contemporaines de l'Université de Birmingham, le nouveau théoricisme se mêla en douceur à l'ancien. Débarrassé de son ancrage fâcheusement atavique aux catégories économiques et aux institutions politiques, le marxisme fut recyclé en critique culturelle. La malencontreuse répugnance du prolétariat révolutionnaire à vaincre la bourgeoisie capitaliste n'était plus une entrave. Comme Stuart Hall, le principal porte-parole britannique des Études culturelles de ces années, le dit en 1976, « l'idée de "disparition de la classe dans son ensemble" est remplacée par le tableau infiniment plus complexe et différencié de la façon dont les couches et secteurs divers d'une classe sont conduits par leurs déterminations socioéconomiques à suivre des trajectoires et à prendre des options différentes ».

13. [Luc Ferry et Alain Renaut, *La Pensée 68*, Paris, Gallimard, 1988 ; rééd. Folio, 2002, p. 53.]

Hall lui-même devait avouer par la suite que, « pendant un temps, ces difficiles problèmes théoriques occupèrent excessivement » son Centre. En vérité, cependant, cet obscurantisme narcissique était largement dans l'air du temps, son détachement de la réalité quotidienne témoignant inconsciemment de l'épuisement d'une tradition intellectuelle. De surcroît, c'était loin d'être le seul symptôme de déplétion culturelle de ces années. L'étincelante originalité du cinéma français des années 1960 tourna elle-même à l'affectation. En 1974, Jacques Rivette, le spirituel et original cinéaste de *Paris nous appartient* (1960) et de *La Religieuse* (1966), réalisa *Céline et Julie vont en bateau* : 193 minutes de parodie stylisée (quoique involontaire), sans intrigue, de la Nouvelle Vague, qui marquent la fin d'une époque. La théorisation artistique triomphait de l'art.

Si un des aspects de l'héritage des années 1960 fut la prétention à la haute culture, l'autre, son inversion intime, fut le durcissement d'une carapace de cynisme entendu. La relative innocence du rock-and-roll céda de plus en plus la place à des groupes pop rompus aux médias, dont le fonds de commerce était l'appropriation et la dégradation dans la dérision du style créé par leurs précurseurs immédiats. De même que le roman de gare et le journalisme de tabloïd avaient autrefois prospéré en tirant un parti mercantile de l'alphabétisation des masses, le rock *punk* apparut dans les années 1970 pour exploiter le marché de la musique populaire. Se revendiquant de la « contre-culture », il n'était en fait qu'un parasite de la culture dominante, invoquant des images de violence et un langage extrémiste à des fins souvent mercenaires.

Le langage ouvertement politisé des groupes rocks, illustré par le succès des Sex Pistols en 1976, « Anarchy in the UK », rend bien l'humeur morose de l'époque. Mais la politique des groupes punk était aussi unidimensionnelle que leur gamme musicale, laquelle se limitait trop souvent à trois accords et un seul rythme pour ne s'en remettre qu'à des effets de volume. Comme la Fraction Armée rouge, les Sex Pistols et autres groupes punks cherchaient avant tout à *choquer*. Leur accoutrement et leur comportement subversifs eux-mêmes n'étaient pas exempts d'ironie ni d'une certaine affectation : « Vous vous souvenez des années 1960 ? semblaient-ils dire. Et bien, que cela vous plaise ou non, nous sommes ce qu'il en reste. » La subversion musicale consistait à dénoncer l'« hégémonie » sous forme de chansons furieuses, leur contenu politique factice dissimulant l'éviscération régulière de la forme musicale[14].

---

14. Le punk ouest-européen laissa un arrière-goût particulièrement déplaisant dans les années crépusculaires de l'Europe de l'Est communiste, où il fut repris par des groupes clandestins nihilistes, qui détournèrent cyniquement à leurs fins l'héritage de la dissidence politique et musicale. Dans un mélange repoussant de pornographie et de politiquement incorrect, les Spions, groupe punk hongrois des années 1980, enregistrèrent un « Anna Frank » : « Des p'tits rapports forcés avant qu'y viennent te chercher, Anna Frank ! Fais-moi l'amour ! Anna Frank ! Pleure, chienne ! Anna Frank ! Sinon je te balance ! Anna Frank… les gars t'attendent. »

Si bidon que fussent leur politique et leur musique, le *cynisme* de la génération punk était, lui, bien réel et sincère. Ils formaient l'extrémité revêche et le plus souvent dénuée de talent d'un spectre d'irrespect sans cesse croissant : irrespect du passé, de l'autorité, des personnalités et des affaires publiques. Dans ses incarnations les plus spirituelles, ce mépris de la pompe et de la tradition s'inspirait des jeunes satiristes politiques britanniques désabusés qui étaient apparus pour la première fois près de vingt ans plus tôt : la revue *Beyond the Fringe* ; *That Was the Week That Was*, que la BBC diffusait tard dans la nuit ; et l'hebdomadaire *Private Eye*. Exploitant la croissance rapide du nombre de téléspectateurs et le recul régulier de la censure, les Monty Python et leurs successeurs et imitateurs mélangèrent, grosse farce, commentaire social grivois et moquerie politique sardonique – mélange vu pour la dernière fois dans les caricatures politiques mordantes de Gillray et Cruikshank. Le financement de deux films des Monty Python illustre à merveille l'étroite interaction du rock et du nouveau burlesque : *Monty Python et le sacré Graal* (1974) fut soutenu par Pink Floyd et Led Zeppelin ; *La Vie de Brian* (1979), par George Harrison, des Beatles.

La mauvaise cote des personnalités publiques était du pain béni pour des émissions de télévision hebdomadaires comme *Spitting Image*, ou quotidiennes comme le « Bébête Show », en France, où des responsables politiques étaient régulièrement ridiculisés à un point qui eût été impensable quelques années plus tôt (et l'est encore aux États-Unis). Satiristes et comédiens politiques devinrent les héros intellectuels de l'heure en lieu et place des intellectuels et des artistes. Au début des années 1980, lorsqu'on demanda aux étudiants français les personnalités publiques qu'ils admiraient le plus, les plus âgés furent sidérés d'apprendre que le regretté Jean-Paul Sartre avait été évincé par Coluche, comédien paillard, parfois licencieux, qui prit sardoniquement acte de sa nouvelle stature en se portant candidat à la présidence de la République.

Les mêmes chaînes de télévision qui diffusaient des parodies mordantes et irrespectueuses de la culture populaire et sans grandes prétentions intellectuelles, offraient aussi aux humoristes une abondante matière première. L'objet de ridicule le plus célèbre fut peut-être le concours Eurovision de la chanson [créé en 1956] : exercice mercantile en forme de célébration de la nouvelle technologie de retransmission simultanée dans plusieurs pays, le spectacle rassemblait des centaines de millions de téléspectateurs au milieu des années 1970. Ce concours – qui voyait des crooners de série B et des inconnus venus de tout le continent présenter des chansonnettes passe-partout et oubliables avant de retomber presque invariablement dans l'obscurité d'où ils avaient brièvement émergé – était d'une sidérante banalité dans sa conception comme dans son exécution au point de défier toute velléité de parodie. Il eût été déjà suranné quinze ans plus tôt. Pour cette raison, précisément, il annonçait quelque chose de nouveau.

La ferveur avec laquelle le concours Eurovision de la chanson promut et célébra un format désespérément daté et une flopée d'interprètes insipides reflétait la culture croissante de la nostalgie, tout à la fois rêveuse et désabusée. Si le punk, le postmoderne et la parodie furent une réponse aux confusions d'une décennie revenue de ses illusions, le « rétro » en fut une autre. Le groupe français *Il était une fois* remit à l'honneur les habits des années 1930 dans l'une de ces nombreuses et éphémères résurgences des modes vestimentaires, des *granny skirts* (les « jupes de mémé ») aux coiffures néo-édouardiennes des « Nouveaux Romantiques » – reprises pour la seconde fois en trente ans. Dans l'habillement et la musique (et la construction), la tentation de recycler les styles anciens – de mélanger et d'apparier au petit bonheur – remplaça l'innovation. Temps de troubles et de remise en question, les années 1970 regardaient en arrière, non pas devant. L'ère du Verseau avait laissé dans son sillage une saison de pastiche.

XV

Un nouveau ton en politique

« Je déclare avoir avorté. »
Simone de Beauvoir (avec 342 femmes), le 5 avril 1971

« D'ici une génération tout au plus, les partis communistes français et italien auront rompu leurs liens avec Moscou ou sombré dans l'insignifiance. »
Denis Healey (1957)

« Avec ce traité, rien n'est perdu qui n'ait été dilapidé de longue date. »
Chancelier Willy Brandt (août 1970)

« Quand deux États souhaitent instaurer de meilleures relations, ils atteignent souvent la plus haute platitude commune. »
Timothy Garton Ash

Le paysage politique de l'Europe occidentale commença à se fracturer et à se fragmenter dans les années 1970. Depuis la fin de la Grande Guerre, la scène politique avait été divisée en deux « familles » politiques, la gauche et la droite, elles-mêmes partagées entre « modérés » et « durs ». Depuis 1945, les deux camps n'avaient cessé de se rapprocher, mais le schéma n'avait pas radicalement changé. Le spectre des options politiques à la disposition des électeurs européens en 1970 eût été familier à leurs grands-parents.

La longévité des partis politiques européens était le fruit d'une remarquable continuité dans l'écologie de l'électorat. Le choix entre travaillistes et conservateurs en Grande-Bretagne, ou sociaux-démocrates et démocrates chrétiens en RFA, ne réfléchissait plus des divisions profondes sur des politiques particulières, encore moins des préférences viscérales en matière de « style de vie » telles qu'on devait en connaître. Le plus souvent, il s'agissait d'un écho de vieilles habitudes de vie trans-générationnelles, déterminées par la classe, la religion ou la localité de l'électeur plutôt que le programme du parti. Hommes et femmes votaient comme leurs parents l'avaient fait, suivant l'endroit où ils vivaient, travaillaient et gagnaient leur vie.

Sous la continuité de surface, un glissement tectonique était à l'œuvre dans la sociologie politique des électeurs européens. Le vote d'un bloc de la classe ouvrière blanche, employée et de sexe masculin – base universelle d'ancrage du PC et du PS – se contractait et se fracturait. De la même façon, on ne pouvait plus compter sur l'électeur conservateur « idéal-typique » – plus âgé, féminin, pratiquant – pour assurer le noyau dur de l'électorat des partis conservateurs ou démocrates chrétiens. S'ils persistaient, ces électorats traditionnels n'étaient plus la majorité. Pourquoi ?

En premier lieu, la mobilité sociale et géographique des décennies de l'après-guerre avait irrémédiablement dilué les catégories sociales fixes. Le bloc électoral chrétien de l'Ouest rural, en France ou des petites villes de Vénétie, les bastions industriels prolétariens de sud de la Belgique ou de l'Angleterre étaient désormais fissurés et fragmentés. Hommes et femmes n'habitaient plus au même endroit que leurs parents et exerçaient souvent des métiers différents. Naturellement, ils voyaient aussi le monde assez différemment ; leurs préférences politiques commençaient à refléter ces changements, quoique lentement au départ.

En deuxième lieu, la prospérité et les réformes sociales des années 1960 et de l'aube des années 1970 avaient bel et bien épuisé les programmes et la vision des partis traditionnels. Leur réussite même avait privé les hommes politiques de la gauche comme de la droite modérées de tout programme crédible, surtout après l'avalanche des réformes libérales des années 1960. Les institutions de l'État lui-même n'étaient pas contestées, pas plus que les objectifs généraux de la politique économique. Ne restait plus que le « réglage en douceur » *(fine-tuning)* des relations sociales, la législation contre la discrimination en matière de logement et d'emploi, l'expansion du système éducatif, etc. : des affaires publiques sérieuses, mais qui ne prêtaient guère à un grand débat politique.

En troisième lieu, il y avait désormais d'autres dénominateurs d'allégeance politique. Les minorités ethniques, souvent mal accueillies dans les communautés ouvrières blanches où elles étaient arrivées, n'étaient pas toujours invitées à rejoindre les organisations politiques ou syndicales locales, et leurs choix politiques reflétaient cette exclusion. Enfin, la politique générationnelle des années 1960 avait introduit dans le débat public des préoccupations totalement étrangères à la vieille culture politique. Peut-être la « nouvelle gauche » manquait-elle de programme : elle n'était pas à cours de thèmes. Par-dessus tout, elle introduisit de nouvelles clientèles. La fascination du sexe et de la sexualité aboutit naturellement à une politique sexuelle ; femmes et homosexuels, subordonnés et invisibles dans les partis de gauche traditionnels, s'imposèrent alors comme des sujets historiques légitimes, avec des droits et des revendications. La jeunesse et ses enthousiasmes passèrent au centre de la scène, notamment avec l'abaissement du droit de vote à 18 ans dans de nombreux pays.

La prospérité avait détourné l'attention de la production vers la consommation, des nécessités de l'existence vers la qualité de la vie. Dans la chaleur des années 1960, peu s'inquiétèrent vraiment des dilemmes moraux de la prospérité : ses bénéficiaires étaient bien trop occupés à savourer les fruits de leur bonne fortune. En l'espace de quelques années, cependant, beaucoup, notamment les jeunes adultes instruits du nord-ouest de l'Europe, en vinrent à considérer le mercantilisme et l'aisance matérielle des années 1950 et 1960 comme un héritage encombrant, charriant camelote et fausses valeurs. Le prix de la modernité, tout au moins pour ses principaux bénéficiaires, commençait de paraître assez élevé ; et le « monde perdu » des parents et grands-parents, assez attrayant.

La politisation de ces malaises culturels fut typiquement l'œuvre de militants familiers de la tactique des partis plus traditionnels dans lesquels eux-mêmes ou leurs familles avaient autrefois milité. Aussi la logique politique changea-t-elle relativement peu : l'objet était encore de mobiliser des personnes partageant les mêmes dispositions autour d'un programme de législation que l'État mettrait en œuvre. Ce qui était nouveau, c'était la prémisse organisatrice. Jusque-là, en Europe, les clientèles politiques étaient nées des affinités électives de forts groupes d'électeurs définis par la classe ou l'occupation, liés par un ensemble de principes et d'objectifs communs, hérités et souvent assez abstraits. Les politiques comptaient moins que l'allégeance.

Dans les années 1970, en revanche, les *politiques* passèrent au premier plan. Des partis et des mouvements se formèrent sur un « problème unique », avec des clientèles à géométrie variable au gré des intérêts communs : souvent avec des objectifs restreints, parfois fantaisistes. En Grande-Bretagne, le remarquable succès de la campagne pour une vraie bière (CAMRA, *Campaign For Real Ale*) en est un exemple représentatif : créé en 1970 pour renverser la tendance à la généralisation d'une bière blonde *(lager)* gazeuse et homogénéisée (mais aussi l'homogénéisation des pubs « modernisés » où on la servait), ce groupe de pression de la classe moyenne fonda son action sur une explication néo-marxiste de la reprise des manufactures de bière artisanales par des producteurs monopolistes qui manipulaient les buveurs de bière au nom du profit, aliénant le consommateur de ses papilles gustatives à grand renfort d'ersatz.

Par son mélange assez efficace d'analyse économique, de souci de l'environnement, de discrimination esthétique et de nostalgie évidente, la CAMRA préfigura plus d'un réseau d'action des années suivantes sur un problème particulier, sans compter la mode naissante des bourgeois-bohèmes (*bobos)* pour « l'authentique », si coûteux soit-il[1]. Reste que son charme un tantinet archaï-

1. En Grande-Bretagne, on pourrait faire remonter ce courant aux bons vieux enthousiasmes pour le végétarisme, les matériaux de construction et d'habillement « authentiques », etc., recoupant souvent des réseaux de sociétés socialistes et des clubs de randonnée : réponse de gauche au goût des conservateurs pour la chasse, le tir et la pêche. En Europe continentale, les cultures de gauche et de droite reflétaient une histoire bien différente. Alors qu'en Grande-Bretagne le *Good Food Guide* fut formé et édité par les socialistes fabiens et d'emblée présenté comme une contribution à la guerre de classe sur le front gastronomique, le *Guide Michelin*, en France, a toujours été exclusivement une entreprise commerciale, quand bien même il s'adresse largement au même public.

que, sans parler de la disproportion entre l'intensité de l'engagement de ses militants et le tiède objet de leur passion, ne pouvait que donner à ce mouvement ciblé un caractère un peu pittoresque.

En revanche, il n'y avait rien de fantasque ni de pittoresque dans d'autres réseaux politiques thématiques, pour la plupart organisés, comme la CAMRA, par et pour la classe moyenne. En Scandinavie, tout un éventail de partis protestataires firent leur apparition au début des années 1970, notamment le parti rural (plus tard parti des vrais Finnois) en Finlande ; le parti du Progrès danois de Morgens Glistrup et le parti du Progrès norvégien d'Anders Lange. Tous épousèrent énergiquement et, dans un premier temps exclusivement, la cause de la baisse des impôts : en 1973, lors de sa fondation, le parti norvégien s'appelait parti d'Anders Lange pour une réduction drastique des impôts, contributions et interventions de l'État ; son programme tenait sur une seule feuille reprenant les revendications résumées dans son appellation.

L'expérience scandinave était assez singulière : nulle part ailleurs les taux d'imposition n'étaient aussi élevés ni les services publics aussi coûteux ; et assurément aucun parti thématique, hors de la région, ne réussit aussi bien que le parti danois de Glistrup, qui obtint 15,9 % des voix aux élections nationales de 1973. Mais les partis contre l'impôt n'étaient pas nouveaux. Le modèle était l'Union de défense des commerçants et artisans de Pierre Poujade (UDCA), fondée en 1953 pour protéger le petit commerce des impôts et des supermarchés et qui avait acquis une gloire éphémère en recueillant 12 % des voix aux législatives de 1956. Mais le mouvement de Poujade était singulier. La plupart des partis protestataires apparus après 1970 se révélèrent durables : le parti du Progrès norvégien obtint son meilleur score à ce jour (15,3 %) un quart de siècle plus tard, en 1997.

Les partis contre l'impôt, comme les partis protestataires agrariens de l'Europe entre les deux guerres, étaient essentiellement réactifs et négatifs : ils voyaient le changement d'un mauvais œil et demandaient avant tout à l'État d'éliminer des fardeaux fiscaux qu'ils jugeaient déraisonnables. D'autres mouvements thématiques adressaient à l'État, à la loi ou aux institutions des demandes plus positives. Leurs sujets de préoccupation allaient de la réforme des prisons et des hôpitaux psychiatriques à l'accès à l'éducation et aux soins médicaux, en passant par la sécurité sanitaire des produits alimentaires, les services publics, l'amélioration du cadre urbain ou l'accès à la culture. Tous étaient « anti-consensus » dans leur répugnance à s'appuyer sur une seule clientèle politique traditionnelle et leur disposition – ils ne pouvaient faire autrement – à envisager d'autres façons de faire connaître leurs revendications.

Trois de ces nouveaux rassemblements politiques – le mouvement des femmes, l'écologie et le pacifisme – revêtent une importance particulière du fait de leur ampleur et de leur impact durable. Pour des raisons évidentes, le mouvement des femmes fut le plus divers et le plus ample. Outre les intérêts qu'elles partageaient avec les hommes, les femmes avaient des préoccupations particulières qui commençaient tout juste d'entrer sur la scène législative européenne : crèches, égalité salariale, divorce, avortement, contraception, violences conjugales.

À ces sujets, il faut encore ajouter l'attention des groupes plus engagés aux droits des homosexuels (des lesbiennes) et l'inquiétude croissante des féministes devant la pornographie. Celle-ci illustre assez bien la nouvelle géographie morale en politique : littérature et cinéma sexuellement explicites n'avaient été que récemment et partiellement libérés de la censure, grâce aux efforts concertés des vieux libéraux et de la nouvelle gauche. Moins d'une décennie plus tard, cependant, ils étaient à nouveau visés, cette fois par des réseaux de groupes de femmes, souvent conduits par des coalitions de féministes engagées et de conservatrices traditionnelles réunies autour de cette seule question.

Le mouvement des femmes, en Europe, fut dès le départ un mélange variable d'objectifs qui se recoupaient. En 1950, en RFA, un quart des femmes mariées exerçaient une activité professionnelle rémunérée ; en 1970, elles étaient une sur deux. Sur 1,5 million de nouveaux entrants sur le marché du travail italien entre 1972 et 1980, 1,25 étaient des femmes. Au milieu des années 1990, les femmes représentaient 40 % de la main-d'œuvre totale (officielle) de tous les pays européens, sauf le Portugal et l'Italie. Nombre des nouvelles travailleuses étaient à temps partiel ou avaient un emploi de bureau de base qui ne leur donnait pas droit à l'intégralité des prestations. La souplesse du temps partiel convenait à beaucoup de mères, mais avec la dégradation de la situation économique des années 1970 cette flexibilité ne compensait plus la médiocrité des rémunérations et l'insécurité de l'emploi. L'égalité de salaire et la création de crèches sur les lieux de travail s'imposèrent donc vite comme les principales revendications des Occidentales. Depuis, elles n'ont plus quitté le devant de la scène.

Travaillant ou non, les femmes demandaient toujours plus d'aide pour s'occuper de leurs enfants ; pour autant, elles ne désiraient pas nécessairement plus d'enfants. À vrai dire, avec la prospérité accrue et davantage de temps passé hors de la maison, elles en voulaient moins, ou tout au moins elles tenaient à avoir davantage leur mot à dire. La demande d'accès à l'information sur la contraception et aux contraceptifs remonte aux premières années du XXe siècle, même si elle prit de l'ampleur dix ans après le faîte du *baby boom*. En France, l'Association Maternité heureuse se forma en 1956 pour réclamer le droit à la contraception ; quatre ans plus tard, lui succédait le Mouvement français pour le planning familial, le changement d'appellation étant un indicateur clair du changement d'état d'esprit.

Dans le climat de libéralisation des années 1960, avec la revendication de toutes sortes de libertés sexuelles, les lois relatives à la contraception furent partout assouplies, sauf dans certains pays d'Europe de l'Est comme la Roumanie, où des « stratégies de reproduction » nationales persistèrent à l'interdire. Au début des années 1970, la contraception était amplement accessible à travers l'Europe de l'Ouest, sauf dans les zones rurales reculées ou dans les régions où les autorités catholiques gardaient leur emprise sur la population locale. Même en ville et dans les grandes agglomérations, cependant, ce sont les femmes des classes moyennes qui profitaient le plus de la nouvelle liberté ; pour beaucoup de femmes mariées de la classe ouvrière, et l'écrasante majorité des non mariées, la principale forme de contrôle des naissances restait ce qu'elle avait toujours été : l'avortement.

Aussi est-il peu étonnant que la demande d'une réforme de la loi sur l'avortement soit devenue un *leitmotiv* du nouveau féminisme politique : rare point d'intersection où le féminisme le plus engagé rencontrait les besoins de la femme de la rue apolitique. En Grande-Bretagne, l'avortement avait été dépénalisé en 1967. Dans bien d'autres pays, cependant, il restait un crime : en Italie, il était passible d'une peine de cinq ans de prison. Légal ou non, l'avortement n'en faisait pas moins partie de l'expérience de millions de femmes : en 1973, la minuscule Lettonie comptait 60 000 avortements pour 34 000 naissances. Et quand l'avortement était illégal, les risques qu'il comportait, tant légaux que médicaux, unissaient les femmes, toutes classes, tous âges et toutes affiliations politiques confondues.

Le 5 avril 1971, *Le Nouvel Observateur* publia une pétition signée par 343 femmes[2] déclarant avoir recouru à l'avortement et donc enfreint la loi tout en réclamant une révision du code pénal. Les signataires étaient bien connues, voire fort célèbres pour certaines d'entre elles : les écrivains Simone de Beauvoir et Françoise Sagan, les actrices Catherine Deneuve, Jeanne Moreau et Marie-France Pisier, les avocates et militantes Yvette Roudy et Gisèle Halimi, auxquelles s'étaient jointes d'autres femmes, obscures mais militantes, des mouvements féministes qui avaient jailli dans le sillage de 1968. Bien que plus de trois mille femmes eussent été condamnées l'année précédente pour avortement, le gouvernement s'abstint prudemment de poursuivre les signataires de la lettre ouverte.

L'initiative de la pétition venait du MLF, le Mouvement de libération des femmes créé l'année précédente. L'émoi politique suscité par leur action incita Gisèle Halimi et Simone de Beauvoir à former l'organisation politique Choisir pour obtenir la légalisation de l'avortement. En janvier 1973, lors d'une conférence de presse, le président français Georges Pompidou reconnut que la loi française était en retard sur l'évolution de l'opinion publique. Comment aurait-il pu faire autrement ? Dans les années 1972-1973, plus de 35 000 Françaises s'étaient rendues en Grande-Bretagne pour s'y faire avorter.

2. Le « Manifeste des 343 salopes » *(N.d.T.)*.

Valéry Giscard d'Estaing, qui succéda à Pompidou, chargea son ministre de la Santé, Simone Veil, de présenter au parlement une proposition de loi : le 17 janvier 1975, l'Assemblée nationale légalisa l'avortement (dans les dix premières semaines de grossesse).

Dans toute l'Europe de l'Ouest, les femmes suivirent de près l'exemple français. En Italie le nouveau Mouvement de libération des femmes italiennes *(Movimento della Liberazione delle Donne Italiane)* joignit ses forces à celles du petit parti radical pour recueillir 800 000 signatures sur une pétition réclamant le changement de la loi sur l'avortement, appuyée par une marche sur Rome de 50 000 femmes en avril 1976. Trois années après l'introduction tardive en 1975 d'un nouveau « code familial » remplaçant celui des fascistes, le parlement italien légalisa l'avortement – le 29 mai 1978, trois semaines après la découverte du corps d'Aldo Moro.

La décision fut indirectement confirmée lors d'un référendum national, en mai 1981, quand les électeurs italiens rejetèrent *à la fois* la proposition d'assouplir les restrictions de la loi existante *et* une tentative de recriminalisation, avancée par un nouveau mouvement hostile à l'avortement. Si la réforme en Italie accusa quelque retard sur la Grande-Bretagne ou la France, cela tient moins à l'opposition de l'Église catholique qu'au fait que beaucoup de féministes italiennes se faisaient les dents dans les mouvements de la gauche « autonome » extraparlementaire (fait révélateur, le premier manifeste de *Lotta Femminista*, en 1971, s'était focalisé sur la revendication d'un salaire de la femme au foyer – extension rituelle à l'espace domestique d'une vision « ouvriériste » plus ancienne de la société moderne conçue comme une usine géante). Aussi tardèrent-elles à exploiter les institutions politiques en place pour parvenir à leurs fins.

En Espagne, la stratégie française fut suivie avec d'autant plus d'assiduité que la chute de l'ancien régime avait libéré les énergies. La première manifestation féministe d'Espagne fut organisée en janvier 1976, deux mois après la mort de Franco. Deux ans plus tard, l'adultère était dépénalisé et la contraception légalisée. En 1979, un millier de femmes, dont des personnalités très en vue, signèrent une déclaration publique affirmant qu'elles avaient enfreint la loi en recourant à l'avortement – rappelant ainsi que l'Espagne de Franco se distinguait par un des plus forts taux d'avortement illégal de l'Europe, comparable à ceux de l'Europe de l'Est et résultant du même refus autoritaire et nataliste de la contraception sous toutes ses formes. Mais même dans l'Espagne d'après-Franco les pressions demeuraient fortes contre une réforme de la loi sur l'avortement ; en mai 1985, quand les Cortes finirent par adopter une loi qui l'autorisait, celle-ci le réservait aux cas de viol, de malformation et de mise en danger de la vie de la mère.

Avec le droit au divorce, le succès de la bataille pour le droit à l'avortement fut le principal résultat des groupes de femmes politiques dans ces années-là.

La situation personnelle de millions de femmes s'en trouva immensément améliorée. La possibilité d'avorter, de pair avec la disponibilité de moyens contraceptifs efficaces, n'améliora pas seulement les perspectives de beaucoup, surtout des pauvres ; elle offrit aussi aux travailleuses la possibilité de retarder l'âge auquel elles avaient leur premier enfant. Ce retard était historiquement sans précédent.

Le résultat en fut une baisse régulière du nombre des naissances. En Espagne, le nombre de naissances par femme chuta de près de 60 % entre 1960 et 1966 ; l'Italie, l'Allemagne occidentale et les Pays-Bas suivirent de près. Quelques années après les réformes des années 1970, *aucun* pays d'Europe occidentale, hormis l'Irlande, n'avait un taux de natalité suffisant pour remplacer la génération précédente. En Grande-Bretagne, entre 1960 et 1990, le taux de natalité chuta de 2,7 enfants par femme à 1,84 ; en France de 2,73 à 1,73. Les femmes mariées choisissaient de plus en plus d'avoir un seul enfant, voire aucun. N'étaient les naissances extraconjugales, les taux eussent été encore plus bas : à la fin des années 1980, celles-ci représentaient 24 % du nombre total des naissances en Autriche, 28 % au Royaume-Uni, 29 % en France et 52 % en Suède.

Avec le ralentissement de l'économie et l'émancipation croissante des femmes, la démographie européenne changeait, non sans conséquences menaçantes pour l'État-providence dans les années futures. En revanche, les changements sociaux engendrés par le mouvement des femmes ne trouvèrent pas d'expression sur le terrain politique. On ne vit pas apparaître un « parti des femmes », capable de siphonner des voix et de faire élire des représentantes. Les femmes restèrent minoritaires dans les parlements comme au gouvernement.

La gauche se montra généralement plus ouverte à l'élection de femmes que la droite (mais pas partout : en Belgique comme en France, les partis chrétiens du centre-droit furent longtemps plus enclins que leurs adversaires socialistes à donner des circonscriptions jouables à des femmes), mais le meilleur indicateur des chances des femmes dans la vie publique était la géographie, non pas la politique. Entre 1975 et 1990, le nombre d'élues au Parlement finlandais passa de 23 à 39 % ; de 21 à 38 % en Suède ; de 16 à 36 % en Norvège ; et de 16 à 33 % au Danemark. Plus au sud, en Italie et au Portugal, les femmes parlementaires ne représentaient encore qu'un élu sur douze en 1990. Au Royaume-Uni, à la Chambre des Communes, elles n'étaient que 7 %, et à l'Assemblée nationale, en France, juste 6 %.

Les écologistes, hommes ou femmes, réussirent bien mieux à porter leurs sentiments sur la scène électorale. L'« environnementalisme » (le néologisme remontait aux années 1930), à un certain niveau, fut bel et bien un nouveau départ : l'expression des peurs collectives de la classe moyenne face aux centrales nucléaires et à l'urbanisation galopante, aux autoroutes et à la pollution.

Mais le mouvement vert en Europe n'eût jamais été aussi efficace s'il n'avait été qu'une note en bas de page aux années 1960 : des luddites nantis de week-end en fibres naturelles délavées, coincés entre leurs instincts et leurs intérêts. Le désir ardent d'un monde plus « naturel » et la quête d'une politique personnelle d'« authenticité » avaient des racines profondes de part et d'autre de la ligne de partage idéologique : on pouvait les faire remonter aux romantiques et à leur horreur des déprédations des débuts de l'industrialisme. À l'aube du XXe siècle, la gauche et la droite avaient toutes deux leurs clubs de cyclisme, leurs restaurants végétariens, leurs mouvements *Wandervogel* et leurs randonneurs, diversement associés à des rêves socialistes ou nationalistes d'émancipation et de retour.

La nostalgie, en RFA, de paysages typiquement *allemands*, des montagnes et cours d'eau du Harz et du Pfalz ; le rêve nationaliste français de l'harmonie paysanne dans « la France profonde », non souillée par les villes et le cosmopolitisme ; la rêverie anglaise de l'harmonie rurale du temps jadis et du futur, la Jérusalem perdue de Blake : tous avaient plus en commun qu'aucun de leurs partisans n'eût jugé bon de l'admettre. Et alors que la gauche, depuis de longues décennies, suivait, admirative, les efforts de la « production » communiste pour dépasser celle de l'Ouest, à gauche comme à droite, dans les années 1970, des voix commençaient à s'élever pour dire leur malaise devant les coûts collatéraux du progrès, de la productivité et de la « modernité[3] ».

La révolution écologique moderne était donc doublement bénéfique : elle marquait une rupture avec les panacées insensibles du passé récent, et elle plongeait ses racines dans une histoire plus lointaine, oubliée mais d'un rassurant atavisme. L'écologie, comme le pacifisme, suscitait souvent dans son sillage un regain de nationalisme – ou de régionalisme –, mais à visage humain. Les *Alternativen* de Berlin-Ouest, ou les manifestants antinucléaires autrichiens qui gagnèrent en 1978 un référendum interdisant à leur gouvernement de mettre en marche la centrale nucléaire de Zwentendorf, ne se seraient jamais présentés comme des nationalistes ni même des patriotes. Mais leur colère contre la pollution de l'environnement *local* (et leur relative indifférence aux dégâts analogues semés ailleurs) laisse penser le contraire. Le côté « pas dans ma cour » du mouvement vert naissant renvoyait à un modèle antérieur.

L'enthousiasme avec lequel le dictateur vieillissant du Portugal, António Salazar, imposa les mêmes contrôles écologiques que les gauchistes soixante-huitards de Vienne ou d'Amsterdam réclamaient à leur gouvernement n'avait donc rien de contradictoire. Méfiant à l'égard du « matérialisme » et bien décidé à tenir le XXe siècle en respect, Salazar était à sa façon un authentique

3. En 1980, l'Union soviétique libérait autant de gaz carbonique dans l'atmosphère que les États-Unis : peu auparavant, un tel chiffre eût été une source de fierté plutôt que de gêne pour ses admirateurs.

partisan des objectifs écologiques. Dans son cas, l'expédient était simple : il lui suffisait de maintenir ses compatriotes dans un état de torpeur économique. Il aurait certainement approuvé les manifestants français qui, en 1971, bloquèrent le projet de base militaire au Larzac.

La portée symbolique du Larzac – où un régiment insurgé d'écologistes défendirent des pâturages inhabités contre la puissance de l'État français – fut immense, et pas seulement en France : une victoire émotionnelle remportée moins pour les moutons indigènes du plateau que pour leurs bergers, qui n'étaient pas du pays, puisqu'il s'agissait pour la plupart de jeunes gauchistes qui avaient tout récemment quitté Paris ou Lyon afin de se recycler comme paysans sur les côtes sauvages de la « France profonde ». Le champ de bataille s'était sensiblement déplacé, tout au moins en Europe occidentale.

À l'Est, bien entendu, la doctrine de la production primaire sans frein – et l'absence de tout contrepoids officiel – laissait l'environnement à la merci des pollueurs officiels en tous genres. Tandis que son opposition intérieure put contraindre l'Autriche à abandonner le nucléaire, ses voisins communistes n'eurent aucun scrupule à construire des réacteurs nucléaires en Tchécoslovaquie, à aménager des barrages monumentaux en aval sur le Danube, en Tchécoslovaquie et en Hongrie, ou à augmenter régulièrement la production et la pollution de l'air à quelques dizaines de kilomètres au nord à Nowa Huta, la ville polonaise de l'acier construite à dessein. Malgré tout cela, les coûts moraux et humains de la pollution industrielle rampante et de la dégradation de l'environnement n'étaient pas passés inaperçus dans le bloc de l'Est.

L'indifférence cynique du régime de Husák à Prague après 1968 – son empressement à opérer des ravages sur la frontière commune du Danube pour les besoins de sa production de kilowatts – déclencha ainsi un contrecoup de plus en plus fort chez des Hongrois par ailleurs politiquement dociles. Si improbable que cela pût paraître plus tôt, le projet de barrage de Gabcikovo-Nagymaros allait devenir une source d'opposition intérieure significative au régime de Budapest, mais aussi de grande gêne entre les deux États voisins et « frères[4] ».

En Tchécoslovaquie, une nouvelle génération d'intellectuels avait hérité d'une aversion plus ancienne pour la modernité technologique à travers les écrits des philosophes Jan Patočka et Václav Bělohradský, notamment ; exilé en Italie depuis 1970, ce dernier diffusait ses rêveries néo-heideggériennes en *samizdat* dans son pays d'origine. L'idée que l'effort pour soumettre et dominer la nature à des fins humaines – le projet des Lumières – pourrait bien

4. Dans certaines limites, la protestation écologique, du fait de son caractère apparemment apolitique, offrait un espace sûr d'action politique et d'expression nationale dans des régimes par ailleurs restrictifs. En 1983, le problème de la pollution de l'eau avait conduit 10 % de la population de la Lituanie soviétique à rejoindre une association de protection de la nature.

avoir un prix excessif était déjà familière aux lecteurs de part et d'autre du Rideau de fer par les écrits de l'École de Francfort, notamment Theodor Adorno et Max Horkheimer, avec leur *Dialectique de la raison*, publié en 1944. Moyennant un tour heideggérien – l'idée que le communisme lui-même était une importation illicite, affectée par l'hubris illusoire d'un progrès matériel sans fin –, ces ruminations formèrent la base d'une opposition intellectuelle qui refaisait surface dans les années 1970, mêlant dissension éthique et critiques écologiques, sous la houlette de Patočka et de l'un des plus fervents lecteurs de Bělohradský, le dramaturge Václav Havel[5].

Le moment venu, une critique écologique commune allait jeter un pont entre de nouvelles formes de protestation à l'Est et à l'Ouest. Dans les circonstances du début des années 1970, cependant, aucun des deux camps ne savait encore grand-chose – à l'Ouest, personne n'en avait cure – des vues ou des problèmes de ses homologues de l'autre côté du Rideau de fer. Les écologistes ouest-allemands, notamment, étaient beaucoup trop occupés à se constituer une clientèle politique locale pour prêter attention à la politique internationale, si ce n'est dans la mesure où celle-ci affectait l'unique objet de leurs attentions. En cela, cependant, ils connurent une singulière réussite.

C'est en 1973 que des candidats « écologistes » se présentèrent pour la première fois aux élections locales en France et en Grande-Bretagne, tandis que cette même année voyait en RFA le congrès fondateur des *Bauern* (paysans), précurseur des Verts. Alimenté par la première crise pétrolière, le mouvement écologiste ouest-allemand eut tôt fait d'entrer sur la scène politique. Depuis les sit-in, les marches de protestation et les initiatives des citoyens du début de la décennie, les Verts, diversement soutenus par les paysans, les écologistes, les pacifistes et les squatters, avaient progressé au point d'avoir des représentants en 1979 dans deux *Länder* allemands. Quatre ans plus tard, à la suite du second choc pétrolier, ils passèrent de 568 000 voix à 2 165 000 aux élections fédérales (5,6 %) et furent pour la première fois représentés au Parlement avec 27 élus. En 1985, les Verts faisaient partie d'un grand gouvernement régional puisqu'ils dirigeaient la Hesse en coalition avec le SPD (avec Joschka Fischer au ministère de l'Environnement et de l'Energie).

Le succès des Verts allemands n'eut pas d'équivalent ailleurs dans l'immédiat, même si à l'époque les partis autrichien et français s'en tiraient très honorablement. Les Allemands de l'Ouest étaient peut-être une exception. Dans

5. Sous cette forme, l'existentialisme heideggérien créa un autre lien avec l'Ouest : de longues années plus tôt, le philosophe Emmanuel Mounier avait prétendu voir dans l'existentialisme de ses contemporains (comme Sartre) une « barrière subjective » contre ce qu'il fustigeait sous le nom de « matérialisme objectif » et de « technologie ». Dans les décennies suivantes, les héritiers intellectuels de Mounier rassemblés autour de la revue *Esprit* allaient être parmi les premiers en Europe occidentale à publier et célébrer Havel et ses compagnons de dissidence.

ces années-là, ils devenaient de plus en plus hostiles aux sources mêmes de leur renaissance de l'après-guerre : entre 1966 et 1980, la part de la population qui regardait d'un bon œil la « technologie » et ses acquis tomba en chute libre de 72 à 30 %. Les Verts ouest-allemands bénéficièrent aussi de la proportionnelle, grâce à laquelle même des tout petits partis réussirent à se frayer un chemin dans les parlements régionaux et au Bundestag, même si en Italie un système *grosso modo* comparable ne profita guère aux écologistes : en 1987, les « Verts » italiens avaient recueilli moins d'un million de suffrages et juste 13 sièges sur 630. En Belgique, deux partis écologistes (l'un francophone, l'autre flamand) progressèrent aussi régulièrement : de 4,8 % des voix, la première fois qu'ils se présentèrent en 1981, ils gagnèrent du terrain d'année en année pour arriver à 7,1 % en 1987. En Grande-Bretagne, toutefois, le système électoral était fait pour désavantager les petits partis ou les partis marginaux, et il y réussit.

En Scandinavie, les chances de partis thématiques comme les écologistes (les pacifistes ou les féministes) pâtirent de l'œcuménisme des mouvements politiques existants : à quoi bon « gaspiller » sa voix en votant pour les Verts quand les sociaux-démocrates ou les partis agrariens prétendaient partager de semblables préoccupations ? En Norvège, par exemple, le souci de l'environnement eut au moins autant d'écho qu'en Allemagne : dès 1970, les projets du gouvernement travailliste en vue d'exploiter la plus grande chute d'eau du Nord de l'Europe, à Mardola dans le Cercle arctique, pour produire de l'énergie hydroélectrique suscitèrent une vague d'indignation qui mit en évidence l'urgence d'une politique de l'environnement en Norvège. Mais ni l'affaire de Mardola ni les protestations ultérieures contre l'implantation de centrales nucléaires ne se traduisirent jamais en mouvements politiques séparés : protestations – et compromis – se négociaient au sein de la majorité gouvernementale.

Les Verts s'en sortirent un peu mieux en Suède, où ils finirent par entrer au Parlement en 1988 ; et en Finlande, où des écologistes isolés se firent élire pour la première fois en 1987 et ensuite seulement, l'année suivante, formèrent un parti écologiste : l'Association verte (peut-être n'est-il guère étonnant que les Verts finnois eurent beaucoup plus de succès dans le sud prospère, urbain et « *yuppie* » du pays que dans le centre et le nord, ruraux et pauvres). Mais la Finlande et la Suède étaient des exceptions : pacifistes, féministes, écologistes, handicapés et autres militants sur des thèmes uniques étaient tellement certains de l'accueil bienveillant réservé à leurs préoccupations qu'ils pouvaient se permettre de rompre avec les partis dominants et de courir le risque de diviser leurs partisans sans compromettre ni la majorité gouvernementale ni leurs propres perspectives.

Les partis thématiques, on l'a vu, surgirent souvent à la suite d'une crise, d'un scandale ou d'une proposition impopulaire : ainsi des écologistes autrichiens qui, pour autant qu'ils devinrent une force nationale, durent leur ascension à la vigueur de leur affrontement avec les autorités autour d'un projet d'implantation d'une centrale hydroélectrique dans une forêt marécageuse de Hainburg, dans l'est du pays. La cause verte profita grandement de la confrontation qui s'ensuivit entre le gouvernement de coalition dirigé par les socialistes et les militants écologistes : et même si le gouvernement finit par reculer, l'incident se solda par une forte progression des Verts parmi les déçus du socialisme, notamment chez les intellectuels et les professions libérales.

La prolifération des partis et programmes thématiques ainsi que leur absorption régulière par la scène politique dominante portèrent préjudice aux organisations traditionnelles, notamment à gauche. Minés par l'érosion régulière de leur clientèle prolétarienne et discrédités par l'invasion de la Tchécoslovaquie, les partis communistes d'Europe occidentale étaient les plus vulnérables. Le PCF avait à sa tête des staliniens plus ou moins endurcis qui n'avaient jamais vraiment pris leurs distances par rapport aux événements de 1956, et moins encore par rapport à ceux de 1968. Par nature conservateur et méfiant envers toute question ou personne qu'il ne pouvait subordonner ou contrôler, le parti vit son électorat décliner régulièrement à chaque élection : de son sommet de 28 % après la guerre, en 1946, à 18,6 % en 1977, avant d'amorcer une chute vertigineuse puis passer sous la barre des 10 % aux élections des années 1980.

Les communistes italiens s'en sortirent plutôt mieux. Où la hiérarchie communiste française était presque universellement médiocre et rébarbative – sur ce point, comme sur presque tous les autres, le PCF n'était qu'une imitation servile de l'exemple soviétique –, le PCI, de Palmiro Togliatti à Enrico Berlinguer (secrétaire du parti de 1972 à sa mort prématurée, à 62 ans, en 1984), bénéficia de dirigeants intelligents et même séduisants. Les deux partis, comme toute organisation communiste, étaient profondément tributaires du financement soviétique : entre 1971 et 1990, des organes soviétiques versèrent l'équivalent de 50 millions de dollars aux communistes français, et de 47 millions aux Italiens[6]. Mais au moins les Italiens désavouèrent-ils les actions soviétiques les plus énormes, notamment l'invasion de la Tchécoslovaquie.

En 1973, Berlinguer accentua la relative autonomie des communistes italiens en décidant d'engager son parti dans la défense de la démocratie italienne, même s'il devait pour cela renoncer à s'opposer de front à la démocratie chrétienne : ce fut le fameux « compromis historique ». Cette initiative fut en partie un effet du choc du coup d'État de 1973 au Chili, qui convainquit Berlinguer et d'autres intellectuels communistes que si les communistes obtenaient une majorité parlementaire, jamais les Américains, où leurs alliés dans l'armée, les milieux d'affaires et l'Église en Italie, ne leur permettraient de former un gouvernement seuls. Mais ce fut aussi une réaction à la menace très réelle que

6. Dans les mêmes années, Moscou finançait même le minuscule PC américain à hauteur de 42 millions de dollars : exercice révélateur d'une générosité sans discernement.

faisaient courir à la démocratie italienne les terroristes de droite et de gauche, pour qui le PC n'était pas moins un ennemi que l'État italien.

Ces changements leur valurent des dividendes électoraux temporaires. L'électorat communiste italien progressa régulièrement : de 6,7 millions de voix en 1958 à 9 millions en 1972, pour atteindre un sommet quatre ans plus tard, aux élections de juin 1976, quand le PCI recueillit 12,6 millions de suffrages et décrocha 228 sièges au parlement. Avec 34,4 % des suffrages, il n'était qu'à quatre points – et 34 sièges – des démocrates chrétiens au pouvoir : score sans précédent pour un PC occidental. Le PCI faisait des efforts crédibles pour se présenter en parti du « système », voire de gouvernement (comme le redoutaient Henry Kissinger et beaucoup d'observateurs étrangers[7]).

La nouvelle approche du parti italien et les efforts bien moins convaincants du PCF pour s'inspirer de sa réussite, sinon de ses idées, allaient être connus sous le nom d'« eurocommunisme », mot forgé en novembre 1975 lors d'un sommet des communistes italiens, français et espagnols, et que le secrétaire général du PCE, Santiago Carrillo, avait consacré en 1977 dans un essai, *Eurocommunisme et État*. Le parti espagnol émergeait à peine de décennies de clandestinité, et ses dirigeants étaient impatients de faire valoir leurs lettres de créance démocratiques. Comme leurs camarades italiens, ils comprirent que le meilleur moyen d'y parvenir était de prendre leurs distances vis-à-vis de l'Union soviétique contemporaine mais aussi, et de manière plus significative, de leur passé léniniste commun.

L'« eurocommunisme » exerça une séduction éphémère, quoique moins sur les électeurs que sur les intellectuels et les universitaires, qui crurent à tort à un réveil politique du marxisme quand ce n'était qu'une expression d'épuisement doctrinal. Si les communistes occidentaux voulaient se délester du fardeau de leur histoire et se reprogrammer pour devenir un – *le* – mouvement démocratique de la gauche, ils devaient larguer plus que la « dictature du prolétariat » et autres dogmes rhétoriques abandonnés au bûcher des vanités idéologiques au cours des années 1970. Il leur fallait aussi abandonner haut et fort leur association avec le communisme soviétique, ce dont même Berlinguer et Carrillo n'étaient pas capables.

Ses porte-parole avaient beau faire, l'eurocommunisme était donc une contradiction dans les termes. Lénine l'avait entendu ainsi : la subordination à Moscou avait toujours été la principale marque distinctive de tout parti communiste. Les PC d'Europe occidentale restèrent enchaînés à l'Union soviétique jusqu'à sa disparition, sinon à leurs yeux, en tout cas dans l'esprit des électeurs. En Italie, où le PCI avait réussi, cas unique, à s'imposer dans

7. Le 13 avril 1976, neuf semaines seulement avant les élections italiennes, Kissinger déclara publiquement que les États-Unis « ne se réjouiraient pas » *(not welcome)* de voir les communistes jouer un rôle dans le gouvernement italien, confirmant ainsi les intuitions de Berlinguer.

certaines régions comme le parti naturel du gouvernement « local », les communistes gardèrent un électorat appréciable sans jamais retrouver les sommets de 1976. Ailleurs, cependant, le déclin régulier de l'eurocommunisme se poursuivit presque sans interruption. Les communistes espagnols, qui l'inventèrent, tombèrent à 4 % des voix seulement en 1982.

Paradoxalement, Leonid Brejnev, à Moscou, bénit les efforts des eurocommunistes pour assurer leur base locale en prenant leurs distances avec lui. Sous-produit de la stratégie de détente internationale alors à l'honneur, le geste des soviétiques n'aida guère les réformateurs communistes en herbe. Malgré le soutien qu'ils continuaient de leur apporter en espèces et en nature, les dirigeants soviétiques se désintéressaient en fait des PC occidentaux, qui avaient un impact politique limité et visiblement peu de chances de prendre le pouvoir dans un avenir prévisible. Les sociaux-démocrates, en revanche, surtout quand ils étaient en position d'influence, étaient une autre affaire. Et les sociaux-démocrates allemands, qui restaient le creuset d'un continent divisé, présentaient un intérêt tout particulier.

En 1969, le parti social-démocrate ouest-allemand (SPD), sous la direction de Willy Brandt, remporta la majorité aux élections fédérales et forma un gouvernement de coalition avec les libéraux, rejetant la démocratie chrétienne conservatrice dans l'opposition pour la première fois depuis la création de la République fédérale. Brandt avait déjà siégé trois ans en qualité de ministre des Affaires étrangères dans la Grande coalition de Kiesinger et là, en étroite collaboration avec Egon Bahr, le chef de son état-major politique, il avait commencé à donner un nouveau départ à la politique étrangère de son pays, à définir une nouvelle approche des relations de l'Allemagne avec le bloc soviétique : l'*Ostpolitik*.

Jusque-là, la politique étrangère ouest-allemande avait été dominée par le point de vue d'Adenauer, à savoir que la nouvelle République, solidement attachée à l'Occident *via* l'Union de l'Europe occidentale (UEO), la CEE et l'OTAN, devait obstinément refuser de reconnaître la RDA. Affirmant que la RFA seule représentait l'Allemagne, Adenauer avait également refusé de reconnaître les États qui entretenaient des relations diplomatiques avec la RDA, à l'exception de l'URSS. Son successeur, Ludwig Erhard, avait ouvert des missions commerciales à Bucarest, Sofia, Varsovie et Budapest ; mais la première véritable entorse au principe ne remontait qu'à 1967, quand, encouragé par Brandt, Bonn avait établi des relations diplomatiques avec la Roumanie et, un an plus tard, avec la Yougoslavie.

Adenauer avait toujours souligné qu'il ne pouvait y avoir de détente ni de désengagement militaire en Europe centrale tant qu'on n'aurait pas traité la question de la division de l'Allemagne et résolu les problèmes de frontières à l'est. En refusant d'empêcher la construction du Mur de Berlin en 1961, les

États-Unis avaient cependant montré qu'ils n'étaient pas prêts à prendre le risque d'une guerre pour garder la frontière de Berlin ouverte : et l'Amérique, avait confirmé le président Lyndon Johnson en octobre 1966, ne pouvait admettre que sa politique étrangère restât l'otage du principe de la réunification future de l'Allemagne. Le message était clair : plutôt que d'insister sur la résolution du « problème allemand » en préalable de la détente, une nouvelle génération de diplomates allemands devrait renverser les priorités si elle voulait atteindre ses objectifs.

Si Willy Brandt était prêt à prendre le risque d'enfreindre les conventions de la politique ouest-allemande, cela tenait largement à son expérience de maire de Berlin-Ouest. De fait, ce n'est pas un hasard si quelques-uns des partisans les plus fervents de l'*Ostpolitik* sous toutes ces formes étaient d'anciens maires de Berlin : Brandt lui-même, mais aussi le futur président fédéral Richard von Weizsäcker et Hans-Jochen Vogel, le successeur de Brandt à la tête du SPD. Pour ces hommes, il était clair que les alliés occidentaux ne prendraient pas de risques inconsidérés pour surmonter la division de l'Europe : la passivité avec laquelle l'Occident avait accueilli l'invasion de la Tchécoslovaquie par les troupes du pacte de Varsovie en était la confirmation. Si les Allemands de l'Ouest voulaient sortir de l'impasse centre-européenne, ils devaient le faire eux-mêmes, en traitant directement avec les autorités de l'Est.

Sans jamais perdre de vue ces considérations, Brandt et Bahr conçurent leur *Ostpolitik* pour réaliser ce que le second appela le « changement par le rapprochement » *(Wandel durch Annäherung)*. L'objectif était de « dépasser Yalta » en multipliant les contacts diplomatiques, institutionnels et humains ; et ce faisant, de « normaliser » les relations entre les deux Allemagne et en Europe, sans susciter d'inquiétude à l'intérieur ni à l'étranger. Moyennant une innovation rhétorique caractéristique, Brandt abandonna tranquillement l'insistance ouest-allemande sur l'illégitimité de la RDA et l'exigence non négociable de réunification. Dorénavant, Bonn continuerait d'affirmer l'unité fondamentale du peuple allemand, tout en reconnaissant le *fait* indéniable de l'existence de l'Allemagne de l'Est : « Une nation allemande, deux États allemands[8]. »

Entre 1970 et 1974, Brandt et son ministre des Affaires étrangères, le libéral Walter Scheel, négocièrent et signèrent une série de grands accords diplomatiques : traités avec Moscou et Varsovie en 1970, reconnaissant l'existence *de facto* et l'inviolabilité des frontières intra-allemandes et germano-polonaises de l'après-guerre (« le tracé actuel de la frontière [...] sera la frontière occidentale de la République populaire de Pologne ») et inaugurant de nouvelles

8. Une des premières décisions de Brandt à son entrée en fonctions, en 1969, fut de rebaptiser le ministère des Questions panallemandes en ministère des Relations interallemandes, histoire d'apaiser les craintes est-allemandes d'une RFA qui persisterait à prétendre s'exprimer au nom de tous les Allemands et de marquer sa disposition à traiter la RDA comme une entité à part et durable.

relations entre l'Allemagne et ses voisins de l'Est « sur la base de la situation politique telle qu'elle existe en Europe » ; accord quadripartite sur Berlin en 1971, par lequel Moscou consentit à s'abstenir de changements unilatéraux et à faciliter le passage de la frontière, suivi d'un traité fondamental avec la RDA, ratifié par le Bundestag en 1973, aux termes duquel Bonn, tout en continuant d'accorder automatiquement la citoyenneté à tout habitant de la RDA qui parvenait à passer à l'Ouest, renonçait à son ancienne prétention d'être la *seule* représentante légitime de tous les Allemands ; d'un traité avec Prague (1973) ; et de l'échange de « représentants permanents » avec la RDA en mai 1974.

Pour tous ces acquis, et à la suite d'un émouvant pèlerinage à Varsovie, où il s'agenouilla en hommage à la mémoire du ghetto de Varsovie, Willy Brandt se vit décerner le prix Nobel de la paix. Il triompha aussi sur la scène intérieure : aux élections de 1972, le SPD s'imposa pour la première fois comme parti dominant au parlement fédéral. Alors même qu'il avait abandonné l'insistance de Bonn à rappeler qu'aucun règlement final n'avait été trouvé sur les frontières et les populations, que les divisions de Yalta n'avaient pas de valeur *de jure* et que la fiction légale de la continuité des frontières allemandes de décembre 1937 devait être maintenue, Brandt était très populaire en Allemagne[9]. Et pas simplement à l'Ouest : lors de son voyage de 1970 à Erfurt, première visite en Allemagne de l'Est d'un dirigeant ouest-allemand, il fut accueilli par une foule en liesse.

Après le scandale d'espionnage qui, en 1974, obligea Brandt à quitter la chancellerie, ses successeurs, le socialiste Helmut Schmidt et le chrétien-démocrate Helmut Kohl, ne devaient jamais dévier de la ligne générale de l'*Ostpolitik*, la poursuivant non seulement dans la diplomatie publique, mais aussi à travers des liens multiples, officiels ou non, avec la RDA, toujours pour faciliter les contacts humains, aplanir les relations, apaiser les craintes d'un revanchisme ouest-allemand et, d'une manière générale, « normaliser » les relations de Bonn avec ses voisins de l'Est : comme l'avait dit Brandt après la signature du traité de Moscou reconnaissant les frontières de l'Allemagne après la guerre, c'était une manière d'accepter qu'« avec ce traité, rien n'est perdu qui n'ait été dilapidé de longue date ».

Pour réussir dans leurs ambitions, les artisans de l'*Ostpolitik* devaient être attentifs à trois publics. Il fallait d'abord rassurer les Européens de l'Ouest que l'Allemagne ne se tournait pas vers l'Est. La première réaction du président Georges Pompidou au traité de Moscou avait été de faire des ouvertures encourageantes à l'adresse de la Grande-Bretagne : l'adhésion de celle-ci à la

---

9. Cette fiction juridique et les problèmes émotionnels qui l'entouraient expliquent la réticence initiale des démocrates chrétiens à signer le traité fondamental de 1973 qui instaurait des relations avec l'Allemagne de l'Est, mais aussi leur insistance, jusqu'en 1990, à protester que la question des frontières de l'est demeurait en suspens.

Communauté européenne promettait désormais de faire contrepoids à une Allemagne moins docile. Mais les Français se laissèrent finalement rassurer par la promesse allemande d'ancrer toujours plus fermement la République fédérale dans les institutions ouest-européennes (comme les successeurs de Pompidou devaient être rassurés par le soutien de l'Allemagne au projet de monnaie européenne commune après l'unification de l'Allemagne, vingt ans plus tard) ; à Paris, comme à Washington, cependant, on ne devait pas oublier de sitôt des propos comme ceux du ministre des Finances Helmut Schmidt décrivant en 1973 un « monde changeant » dans lequel les « catégories traditionnelles de l'Est et de l'Ouest » perdaient leur signification.

Le deuxième public était celui des Allemands de part et d'autre du Rideau de fer. L'*Ostpolitik* apporta à nombre d'entre eux de réels dividendes. Contacts et communications entre les deux Allemagne foisonnaient. En 1969, il y avait eu à peine un demi-million de coups de fil entre l'Est et l'Ouest. Vingt ans plus tard, il y en avait près de quarante millions. Quasiment inconnus en 1970, les contacts téléphoniques entre les deux moitiés de Berlin avaient atteint le niveau des 10 millions d'appels en 1988. Au milieu des années 1980, la plupart des Allemands de l'Est avaient un accès quasiment sans restriction à la télévision ouest-allemande. En fait, les autorités est-allemandes étaient allées jusqu'à poser le câble autour de Dresde, dans la « vallée de ceux qui ne savent rien de rien » (ainsi appelée parce que la topographie locale empêchait de passer les ondes de la télévision ouest-allemande), espérant non sans optimisme que si les Allemands de l'Est pouvaient regarder chez eux la télévision ouest-allemande ils n'éprouveraient pas le besoin d'émigrer. Ces arrangements ou d'autres, dont la réunification des familles et la libération vers l'Ouest de prisonniers politiques, furent portés au crédit de l'*Ostpolitik* et traduisaient la confiance croissante des communistes dans la politique ouest-allemande : une politique de « stabilité » et « sans surprise ».

Les maîtres de la RDA avaient d'excellentes raisons d'être satisfaits de cette évolution. En septembre 1973, les Nations unies reconnurent et admirent les deux Allemagne en tant qu'États souverains. Un an plus tard, quatre-vingt pays, dont les États-Unis, avaient reconnu la République démocratique allemande. Dans un écho ironique aux changements de Bonn, les dirigeants mêmes de la RDA cessèrent de faire référence à l'Allemagne pour se mettre à parler plutôt avec une assurance croissante de la RDA comme d'un État *allemand* distinct et légitime à part entière, avec son avenir propre – enraciné, ainsi qu'ils le soulignaient maintenant, dans les « bons » Allemands antifascistes, mais aussi dans la terre et l'héritage de la Prusse. Alors que la constitution est-allemande de 1968 évoquait l'attachement à l'unification sur la base de la démocratie et du socialisme, l'expression est absente de la constitution amendée de 1974, où la remplace le serment de rester « à jamais et irrévocablement alliée à l'URSS ».

Il existait aussi des raisons plus immédiates et mercenaires à l'intérêt officiel de la RDA pour l'*Ostpolitik*. Depuis 1963, la RDA « vendait » des prisonniers politiques à Bonn, la somme demandée étant liée à la « valeur » et aux qualifications du candidat. En 1977, pour obtenir la libération d'un détenu des geôles est-allemandes, Bonn payait près de 96 000 DM. L'un des effets diplomatiques de la nouvelle politique fut d'institutionnaliser la réunification des familles par-delà la frontière : les autorités de Pankow demandèrent pour cela un supplément de 4 500 DM par tête (une aubaine ! En 1983 le dictateur roumain Ceausescu demandait à Bonn 8 000 DM pour laisser un Allemand de souche quitter la Roumanie). Suivant une estimation, le montant total des sommes arrachées à Bonn par la RDA, en contrepartie de la libération de 34 000 prisonniers, de la réunion de 2 000 enfants avec leurs parents et de la « régularisation » de 250 000 affaires de réunification familiale, approchait les 3 milliards de DM en 1989[10].

Une des conséquences involontaires de cette évolution fut la quasi-disparition de l'« unification » de l'ordre du jour politique allemand. Certes, la réunification du pays divisé restait le « mensonge vital » *(Lebenslüge)* de la République fédérale, suivant le mot de Brandt. Au milieu des années 1980, quelques années avant qu'elle ne se produisît contre toute attente, la réunification ne mobilisait plus l'opinion des masses. Les sondages effectués dans les années 1950 et 1960 suggéraient que jusqu'à 45 % de la population ouest-allemande tenait l'unification pour la « question la plus importante » de l'heure ; depuis le milieu des années 1970, le chiffre n'avait jamais dépassé 1 %.

Le troisième partenaire de la nouvelle approche de Bonn était, bien entendu, l'Union soviétique. Des premières négociations de Willy Brandt avec Brejnev en 1970 à la visite de Gorbatchev à Bonn, près de deux décennies plus tard, tous les projets ouest-allemands de « normalisation » à l'est passaient par Moscou, et tout le monde le savait. « Naturellement, dira Helmut Schmidt, les relations germano-soviétiques étaient au cœur de l'*Ostpolitik*. » En vérité, du jour où les Allemands de l'Ouest et les Russes se furent entendus sur la permanence des nouvelles frontières de la Pologne (conformément à une bonne vieille pratique européenne, nul ne demanda leur avis aux Polonais) et que Bonn eut consenti à reconnaître les démocraties populaires, les Allemands de l'Ouest et les Russes trouvèrent maints points commun.

Quand Leonid Brejnev se rendit à Bonn en mai 1973 – la première visite d'un chef du PCUS –, Helmut Schmidt et lui trouvèrent même le moyen de

---

10. Dès le début de l'*Ostpolitik*, une attention et des privilèges particuliers furent accordés aux *Volksdeutsche*, aux Allemands restant encore hors des frontières de l'Allemagne, à l'est et au sud. Définis par leurs origines familiales ou ethniques, ils devenaient citoyens à part entière s'ils pouvaient entrer en RFA. Des centaines de milliers d'habitants de l'Ukraine, de la Russie, de la Roumanie, de la Hongrie et d'ailleurs se redécouvrirent soudain des origines allemandes qu'ils s'étaient donné le plus grand mal à nier pendant un demi-siècle.

partager de chaleureux souvenirs de leur expérience commune de la guerre, Schmidt rappelant opportunément qu'il avait « combattu de jour pour l'Allemagne tout en souhaitant la nuit, au fond de lui, la défaite de Hitler ». Dans ses souvenirs, Willy Brandt, qui avait réellement combattu le IIIe Reich du début à la fin, observe froidement que, s'agissant des « souvenirs de guerre, le faux et le vrai mensonge sont très proches ». Reste que, si les souvenirs étaient peut-être illusoires, les intérêts partagés étaient bien réels.

L'URSS réclamait de longue date la reconnaissance officielle de ses gains d'après-guerre et des nouvelles frontières de l'Europe, de préférence à une conférence de paix officielle. Les Alliés occidentaux, notamment les États-Unis, avaient longtemps rechigné à aller au-delà de la reconnaissance *de facto* du *statu quo*, en attendant la résolution de la « Question allemande » en particulier. Mais maintenant que les Allemands eux-mêmes faisaient des ouvertures à leurs voisins orientaux, la position occidentale était vouée à changer ; les dirigeants soviétiques étaient sur le point de réaliser leurs espoirs. Dans le cadre de leur ambitieuse stratégie de détente avec l'URSS et la Chine, Richard Nixon et Henry Kissinger, son conseiller à la Sécurité nationale, se montrèrent plus ouverts que leurs prédécesseurs à des négociations avec Moscou, et peut-être moins troublés par la nature du régime soviétique : ainsi que Kissinger l'expliqua le 19 septembre 1974 devant la commission des Relations étrangères du Sénat américain, la détente internationale ne devait pas attendre des réformes intérieures soviétiques.

Réunis en décembre 1971 à Bruxelles, les ministres de l'OTAN s'accordèrent donc sur le principe d'une conférence sur la Sécurité en Europe. Moins d'un an plus tard, une session préparatoire se tenait à Helsinki, en Finlande ; et en juillet 1973, toujours à Helsinki, s'ouvrit la conférence officielle sur la Sécurité et la Coopération en Europe (CSCE). Trente-cinq pays (dont les États-Unis et le Canada) y participaient – l'Albanie seule ayant décliné l'invitation. Au cours des deux années suivantes, les partenaires d'Helsinki établirent des conventions, rédigèrent des accords, proposèrent des mesures de « renforcement de la confiance » en vue d'améliorer les relations Est-Ouest et bien d'autres choses encore. En août 1975, les accords d'Helsinki étaient approuvés à l'unanimité et signés.

En apparence, l'Union soviétique était la principale bénéficiaire des accords. Le « principe I » de l'Acte final précisait ainsi : « Les États participants respectent mutuellement leur égalité souveraine et leur individualité ainsi que tous les droits inhérents à leur souveraineté et englobés dans celle-ci, y compris, en particulier, le droit de chaque État à l'égalité juridique, à l'intégrité territoriale. » Par ailleurs, en vertu du principe VI, les États participants s'engageaient à s'abstenir « de toute intervention, directe ou indirecte, individuelle ou collective, dans les affaires intérieures ou extérieures relevant de la compétence nationale d'un autre État participant, quelles que soient leurs relations mutuelles ».

Brejnev et ses collègues n'auraient pu espérer davantage. Non seulement les divisions politiques de l'Europe après la guerre étaient officiellement et publiquement acceptées, et la souveraineté et l'intégrité territoriales de la RDA et des autres régimes satellites officiellement reconnues, mais les puissances occidentales avaient pour la première fois pris l'engagement de s'abstenir de « tout acte constituant une menace d'emploi de la force ou un recours direct ou indirect à la force contre un autre État participant ». Certes, les chances que l'OTAN ou les États-Unis envahissent jamais le bloc soviétique avaient toujours été négligeables : en vérité le *seul* pays qui se fût livré à une intervention armée de ce genre depuis 1948 était l'Union soviétique elle-même… par deux fois.

Mais, que Moscou ait attaché un tel prix à ces clauses des accords d'Helsinki, avec le principe IV affirmant que « les États participants respectent l'intégrité territoriale de chacun des autres États participants », illustrait son insécurité endémique. Entre les accords avec l'Allemagne de l'Ouest et leur confirmation respective des accords d'Helsinki et de l'acceptation de Potsdam, l'Union soviétique avait enfin atteint ses objectifs et pouvait se reposer en toute tranquillité. En contrepartie, semblait-il, les participants occidentaux à la conférence avaient cherché et obtenu à peine plus que des clauses *pro forma* qui ne se prêtaient à aucune objection : coopération et échanges sociaux, culturels et économiques, collaboration de bonne foi pour dépasser les désaccords présents et futurs, etc., etc.

Mais la « troisième corbeille » des principes d'Helsinki comprenait aussi une liste des droits, non seulement des États, mais aussi des personnes et des peuples, regroupés autour des principes VII (« Respect des droits de l'homme et des libertés fondamentales, y compris la liberté de pensée, de conscience, de religion ou de conviction ») et VIII (« Égalité de droits des peuples et droit des peuples à disposer d'eux-mêmes »). La plupart des dirigeants politiques qui paraphèrent ces clauses y prêtèrent peu attention. De part et d'autre du Rideau de fer, on pensait généralement que ce n'était qu'une façade diplomatique, de la poudre aux yeux à destination de l'opinion, et qu'en tout état de cause, elles n'étaient pas applicables : en vertu des principes IV et VI, les étrangers ne pouvaient s'immiscer dans les affaires intérieures des États signataires. Ainsi que l'observa à l'époque un intellectuel tchèque amer, Helsinki était en fait un retour au *Cujus regio, ejus religio* : à l'intérieur de leurs frontières, les dirigeants étaient de nouveau autorisés à traiter leurs citoyens à leur guise.

Les choses ne se passèrent pas de cette façon. La plupart des principes et protocoles d'Helsinki de 1975 ne faisaient qu'envelopper de papier cadeau des accords internationaux existants. Mais le principe VII n'engageait pas seulement les signataires à respecter « les droits de l'homme et les libertés fondamentales, y compris la liberté de pensée, de conscience, de religion ou de conviction pour tous, sans distinction de race, de sexe, de langue ou de religion ». Il enjoignait aussi aux trente-cinq États de favoriser et d'encourager « l'exercice effectif des libertés et droits civils, politiques, économiques, sociaux, culturels et autres » et à reconnaître et respecter « la liberté de l'individu de professer et pratiquer, seul ou en commun, une religion ou une conviction en agissant selon les impératifs de sa propre conscience ».

De cette liste verbeuse et, apparemment, inoffensive de droits et d'obligations allait naître le mouvement des droits d'Helsinki. Moins d'un an après avoir obtenu leur accord de cette conférence internationale tant attendue, les dirigeants soviétiques se trouvaient confrontés à un foisonnement croissant et finalement incontrôlable de cercles, clubs, réseaux, chartes et individus, qui tous exigeaient « simplement » de leurs gouvernements qu'ils s'en tiennent à la lettre de ce même accord et que, conformément à l'Acte final, « ils s'acquittent également de leurs obligations telles qu'elles sont énoncées dans les déclarations et accords internationaux dans ce domaine ». Brejnev avait eu raison des penser que Henry Kissinger et ses successeurs, des durs, prendraient au sérieux les clauses de non-intervention d'Helsinki ; mais jamais il ne lui était venu à l'idée (pas plus à lui qu'à Kissinger) que d'autres pourraient prendre tout aussi au sérieux les paragraphes utopiques qui suivaient[11].

À court terme, les dirigeants soviétiques et leurs collègues d'Europe de l'Est pourraient certainement étouffer sans trop de mal les voix qui s'élevaient au nom des droits individuels et collectifs : en 1977, les dirigeants d'un groupe ukrainien de défense des « droits d'Helsinki » furent arrêtés et condamnés à des peines allant de trois à quinze ans de prison. Mais l'insistance même des autorités communistes sur « Helsinki » en tant que source de la légitimité internationale de leurs régimes allait revenir les hanter : en invoquant les récents engagements de Moscou, les critiques, à l'intérieur comme à l'étranger, pouvaient maintenant faire pression publiquement sur les régimes soviétiques. Face à ce genre d'opposition, la répression violente n'était pas simplement inefficace ; pour autant qu'elle fût de notoriété publique, elle était suicidaire. Pris au piège de leur cynisme, Leonid Brejnev et ses collègues avaient par inadvertance ouvert une brèche dans leurs défenses. Contre toute attente, elle allait se révéler mortelle.

11. Le premier « Groupe Helsinki » fut créé le 12 mai 1976 à Moscou. Parmi ses onze membres fondateurs, figuraient Iouri Orlov, Elena Bonner et Anatoli Chtcharanski. Deux ans plus tard naissait Helsinki Watch, organisation internationale chapeautant les divers mouvements et se donnant précisément pour mission de faire connaître les violations des droits dans les États signataires.

XVI

Une époque de transition

« Avec le recul, notre plus grave erreur fut de loin d'avoir autorisé la tenue d'élections. C'est à cela qu'on peut faire remonter notre chute. »
Général de brigade Otelo Saraiva de Carvalho

« L'Espagne est le problème ; l'Europe, la solution. »
Ortega y Gasset

« L'Europe n'est pas une affaire de biens matériels, mais d'esprit. L'Europe est un état d'esprit. »
Jacques Delors

En Europe du Nord, le changement intérieur et international se poursuivit sur fond de tractations omniprésentes entre grandes puissances et de division Est-Ouest du continent. Dans l'Europe méditerranéenne, cependant, les préoccupations locales dominaient. Jusqu'au début des années 1970, l'Espagne, le Portugal et la Grèce restèrent à la périphérie de l'Europe, et pas uniquement en un sens géographique. Bien qu'« occidentaux » par leur allégeance dans la guerre froide (le Portugal et la Grèce étaient membres de l'OTAN), ces trois pays se tenaient par ailleurs à part. Leurs économies, largement tributaires des mandats d'une main-d'œuvre rurale surnuméraire employée à l'étranger et de l'essor du tourisme, ressemblaient à celles d'autres pays du périmètre méridional de l'Europe : Yougoslavie et Turquie. Le niveau de vie, dans le Sud de l'Espagne comme dans la majeure partie du Portugal et de la Grèce, était comparable à celui de l'Europe de l'Est et de certaines parties du monde en voie de développement.

Au début des années 1970, les trois pays étaient gouvernés par des chefs autoritaires d'un type plus familier en Amérique latine qu'en Europe occidentale ; visiblement, ils passèrent complètement à côté des transformations politiques des décennies d'après-guerre. Au Portugal – gouverné par António Salazar de 1932 à 1970 – et en Espagne, où le général Franco avait monté son coup d'État militaire en 1936 et régné sans partage de 1939 jusqu'à sa mort, en 1975, le pays était figé dans des hiérarchies d'un autre âge. En Grèce, une cabale militaire avait renversé le roi et le Parlement en 1967 ; depuis lors, le pays était gouverné par une junte de colonels. Le spectre de leur passé instable planait de manière oppressante sur les perspectives d'avenir peu prometteuses de ces trois pays.

L'histoire récente de la Grèce, comme celle de l'Espagne, se ressentait fortement de la guerre civile. Au lendemain de la Seconde Guerre mondiale, les communistes du KKE terrorisaient les villages qu'ils contrôlaient, laissant un héritage de peur et associant la gauche révolutionnaire dans maints souvenirs grecs de répression et d'atrocité. Après que les communistes eurent abandonné le combat, en octobre 1949, ce fut au tour de la gauche de subir une répression acharnée. Des partisans du temps de guerre (dont beaucoup qui avaient auparavant combattu les Allemands) furent contraints à des décennies d'exil. Ceux qui restèrent, avec leurs enfants et même leurs petits-enfants, furent exclus de tout emploi dans le service public jusque dans les années 1970. Dans la fameuse prison de l'île de Makronisos, des communistes purgèrent de longues peines et furent traités avec une brutalité de sinistre mémoire[1].

Mais les divisions politiques de la Grèce avaient beau paraître entrer parfaitement dans les catégories de la guerre froide, elles ont toujours été dominées par des préoccupations locales propres. En mars 1949, au faîte de l'affrontement Tito-Staline, le KKE, très servilement soumis à Moscou, diffusa depuis la radio de Bucarest un communiqué approuvant la revendication d'une Macédoine indépendante. En encourageant la fragmentation territoriale de la Yougoslavie, la démarche voulait affaiblir Tito, mais elle n'eut pas cet effet. Elle eut au contraire pour effet de saper, une génération durant, la crédibilité *intérieure* du communisme grec, en suggérant qu'une victoire communiste se solderait par l'autonomie du nord macédonien, avec ses minorités slaves et albanaises, et donc à un éclatement de l'État grec.

Si cela avait tant d'importance, c'est que le nationalisme grec était fort mal assuré, fût-ce à une aune régionale. Toujours sur le qui-vive en raison du conflit avec les anciens maîtres impériaux de Turquie, en état de guerre avec l'Albanie depuis 1940 (aucune solution ne fut trouvée avant 1985) et rechignant à reconnaître ne serait-ce que l'existence d'une forte communauté slave jouxtant les frontières avec la Yougoslavie et la Bulgarie, les responsables politiques conservateurs grecs de l'après-guerre donnèrent résolument la priorité à l'ordre et à la stabilité plutôt qu'à la démocratie ou à la réconciliation. Mêlant vieilles préoccupations grecques et nouvelles divisions internationales, le roi, son armée et ses ministres se présentèrent à l'Occident comme les alliés les plus fiables d'une région instable.

Ils furent bien récompensés de leur loyauté[2]. En février 1947, le traité de Paris obligea l'Italie à céder les îles du Dodécanèse à Athènes. La Grèce bénéficia amplement de l'aide américaine, tant après la proclamation de la « doctrine

---

1. Les matons de Makronisos avaient l'habitude de forcer les communistes à se repentir et de se retourner contre les récalcitrants suivant une pratique remarquablement proche des techniques communistes roumaines de la prison de Pitesti, dans les mêmes années, même si elles étaient légèrement moins ignobles. Voir chapitre VI.

2. Dans un premier temps, comme ailleurs en Europe, les États-Unis crurent pouvoir trouver des amis et des alliés au centre gauche sur la scène politique grecque. Ils eurent tôt fait de perdre leurs illusions et prirent alors le parti d'une amitié étroite et durable avec la droite nationaliste et militaire.

Truman » que dans le cadre du plan Marshall. Le pays entra dans l'OTAN en 1952, et les forces armées grecques furent les heureuses bénéficiaires d'une copieuse assistance technique sur le plan de l'organisation comme du matériel. Le rôle de l'armée devait se révéler crucial. Initialement, les Britanniques avaient espéré laisser à la Grèce libérée une armée vraiment apolitique et des forces de police modernes ; mais la chose se révéla impossible compte tenu des circonstances de l'époque. L'armée grecque sortit alors de huit années de guerre en affichant un anticommunisme intransigeant doublé de positions royalistes et antidémocratiques – son allégeance à l'OTAN et à ses collègues américains étant nettement plus forte que son attachement aux institutions politiques ou aux lois de son État.

En fait – et largement comme le corps des officiers espagnols traditionnels à cet égard –, les officiers grecs estimaient que les meilleurs gardiens de la nation et de son intégrité c'étaient eux-mêmes, plutôt que les éphémères textes constitutionnels qu'ils étaient tenus par serment de défendre. D'emblée, l'armée se mêla de politique dans la Grèce d'après-guerre : aux élections nationales du début des années 1950, le parti du Rassemblement grec, victorieux, avait à sa tête le maréchal Alexandros Papagos, ancien chef des forces gouvernementales dans la guerre civile. Jusqu'en 1963, l'armée se contenta d'apporter son soutien à Constantin Karamanlis, qui conduisit le parti du Rassemblement grec, désormais rebaptisé Union radicale nationale, aux victoires électorales de 1956, 1958 et 1961, même si, après ce derniers succès, le plus net, il devait être soupçonné de fraude électorale massive.

Karamanlis lui-même n'était pas idéologiquement anticommuniste ni même particulièrement proche des forces armées. En revanche, qu'il fût né en Macédoine grecque et fût profondément antislave avait son importance. D'origine paysanne et de confession orthodoxe, il était d'instinct provincial, nationaliste et conservateur : digne représentant de son pays, il avait les mains propres aux yeux des diplomates américains comme des officiers grecs, qui n'avaient aucun désir de voir les civils surveiller l'armée ou enquêter de trop près sur les rumeurs croissantes de réseaux politiques antiparlementaires et de conjurations en hauts lieux. Sous Karamanlis, la Grèce demeura stable, quoique économiquement stagnante et passablement corrompue.

En mai 1963, cependant, un parlementaire de gauche, le Dr. Grigoris Lambrakis, se fit agresser à Thessalonique alors qu'il intervenait dans un rassemblement pacifiste. Sa mort, cinq jours plus tard, en fit un martyr politique de la gauche et du mouvement pacifiste naissant en Grèce, tandis que le soin mis par les autorités à brouiller les pistes dans l'enquête sur le contexte trouble de son assassinat suscita une suspicion générale[3]. Six mois plus tard, Karaman-

3. Tout en inspirant à Costa-Gavras un film marquant, *Z* (1969), s'appuyant sur l'affaire Lambrakis.

lis perdit de justesse les élections au profit de l'Union du centre de Georges Papandreou, parti centriste soutenu par les classes moyennes urbaines croissantes du pays. L'année suivante, lors de nouvelles consultations, le parti de Papandreou et ses alliés améliorèrent encore leurs résultats, progressant de 42 à 52,7 % des voix et obtenant donc la majorité absolue.

La nouvelle majorité parlementaire exigea une enquête sur le trucage des élections de 1961. Les tensions commencèrent à monter entre le Parlement et le jeune roi Constantin. Les sympathies politiques conservatrices du roi étaient de notoriété publique, tandis que la droite intensifiait la pression pour l'amener à renvoyer Papandreou, qui fut finalement acculé à la démission. Suivit toute une série de Premiers ministres par intérim, sans qu'aucun ne fût capable de former une majorité parlementaire stable. La tension entre le Parlement et la Cour ne fit que croître lorsqu'un groupe d'officiers libéraux fut accusé de comploter avec le fils de Georges Papandreou, Andreas. En mars 1967, vingt et un d'entre eux étaient traduits en cour martiale.

Le régime n'avait plus de parlementaire que le nom. Conservateurs et officiers mirent en garde d'un ton sombre contre la progression de l'influence « communiste » dans le pays. Il n'était pas question pour le roi de travailler avec l'Union du centre, qu'il accusait de dépendre des voix de l'extrême gauche, tandis que l'Union radicale nationale d'opposition refusa de soutenir les efforts successifs pour mettre en place des gouvernements intérimaires. En avril 1967, elle finit par former elle-même un gouvernement minoritaire juste assez longtemps pour permettre au roi de dissoudre le Parlement et d'organiser de nouvelles élections.

L'exaspération de la population devant l'impasse parlementaire et le sentiment généralisé que le roi avait joué un rôle partisan inacceptable laissaient penser que les élections allaient se solder par un nouveau basculement à gauche. Sous ce seul prétexte – la « menace communiste » invoquée à tort et à travers en Grèce depuis 1949 – et faisant valoir les incontestables insuffisances des institutions démocratiques de la Grèce et l'incompétence de la classe politique, un groupe d'officiers travaillant dans les réseaux de droite actifs de longue date au sein de l'armée s'empara du pouvoir le 21 avril.

Sous la houlette du colonel Georges Papadopoulos, les chars et les parachutistes investirent les rues d'Athènes et d'autres villes du pays, arrêtant hommes politiques, journalistes, syndicalistes et autres personnalités publiques, prirent le contrôle de tous les habituels centres névralgiques et s'autoproclamèrent sauveurs de la nation : la « démocratie », annoncèrent-ils, serait « suspendue ». Passivement, quoique sans enthousiasme, le roi Constantin consentit et céda le pouvoir aux conjurés. Huit mois plus tard, après une timide tentative de « contre coup d'État », Constantin et sa famille se réfugièrent à Rome, sans personne pour les pleurer. La junte désigna un régent ; Papadopoulos fut nommé Premier ministre.

Le coup d'État des colonels était un *pronunciamiento* classique. Initialement violents et toujours répressifs, Papadopoulos et ses collègues limogèrent près d'un millier de fonctionnaires, emprisonnèrent ou expulsèrent les hommes politiques de gauche et du centre, puis replièrent la Grèce sur elle-même pour sept années étouffantes. Antimodernes jusqu'à la parodie, les colonels censurèrent la presse, mirent la grève hors la loi et interdirent la musique moderne en même temps que la minijupe. Ils proscrivirent également l'étude de la sociologie, du russe et du bulgare, sans oublier Sophocle, Euripide et Aristophane. « Populistes » de style mais paternalistes dans leur pratique, ils étaient obsédés par l'apparence. Les cheveux longs furent interdits sous le régime des colonels. Les uniformes des gardes des palais et autres maîtres de cérémonies furent remplacés par des costumes grecs « traditionnels » aux couleurs criardes. Athènes, en particulier, se donna des airs rangés et martiaux.

Le coup d'État grec eut des conséquences économiques mélangées. Le tourisme n'en pâtit pas : les voyageurs doués d'une conscience politique qui boycottèrent la Grèce des colonels furent volontiers remplacés par des touristes séduits par des stations bon marché, même si la réglementation y était suffocante. L'investissement étranger, qui dans le cas de la Grèce n'avait commencé qu'une décennie environ avant le coup d'État, et l'augmentation régulière du PNB – progressant à un rythme annuel moyen de 6 % depuis 1964 – ne se ressentirent pas de la situation politique : de même qu'en Espagne, les bas salaires (encouragés par la répression de toute protestation sociale) et un régime fondé sur « l'ordre public » offraient un cadre accueillant aux capitaux étrangers. La junte bénéficia même initialement d'un large soutien dans les zones rurales d'où la plupart des colonels étaient originaires, surtout après qu'ils eurent annulé toutes les dettes des paysans en 1968[4].

En revanche, les instincts autarciques des colonels favorisèrent un retour aux bonnes vieilles habitudes nationales de substitution aux importations, des industriels locaux inefficaces produisant des articles de piètre qualité mais protégés de la concurrence étrangère. Cela devait finalement mettre le régime en conflit avec la classe moyenne urbaine du pays, dont les intérêts de producteurs comme de consommateurs allaient quelques années plus tard l'emporter sur le soulagement d'être débarrassé des chamailleries politiciennes. Et les colonels, médiocres même à l'aune peu exigeante des leurs,

4. Pour la plupart formés avant la guerre dans les écoles de cadets de la dictature de Ioannis Metaxas, les officiers n'étaient peut-être pas aussi impopulaires que l'affirmaient leurs détracteurs à l'étranger. En revanche, ils ne se trompaient pas en présumant qu'ils avaient la sympathie, voire davantage, des États-Unis. Ce qui était au fond un prolongement tardif de la guerre civile grecque des années 1940 eut tôt fait d'apparaître comme la dernière « cause célèbre » en date d'une séculaire guerre civile européenne. La Grèce remplaça l'Espagne comme baguette divinatoire des divisions politiques.

n'avaient rien à offrir pour l'avenir : ni projet d'intégration de la Grèce dans une Communauté européenne naissante et en plein essor, ni stratégie de retour à un régime civil[5].

Par ailleurs, relativement assuré de sa position à l'intérieur, le pays était de plus en plus isolé à l'étranger. En décembre 1969, le Conseil de l'Europe vota à l'unanimité l'exclusion de la Grèce ; deux mois plus tard, la CEE rompit toute négociation avec la junte. Plus effrontément que la plupart, le régime des colonels reposait sur la seule force. Aussi était-il parfaitement naturel que la dictature tombât au cours d'un effort malencontreux pour employer la force au-delà de ses frontières afin de régler le problème lancinant de Chypre.

Appartenant à l'Empire ottoman depuis 1571, l'île de Chypre avait été administrée par la Grande-Bretagne depuis 1878 avant d'être unilatéralement annexée au début de la Première Guerre mondiale. Située à l'extrême-est de la Méditerranée, proche de l'Anatolie turque et très loin de la Grèce continentale comme de toutes les îles grecques périphériques, Chypre n'en comptait pas moins une majorité orthodoxe orientale de langue grecque, toujours plus encline à réclamer sa réunion avec l'État grec. La minorité turque – quelque 18 % de la population insulaire – était, on le comprend, hostile à tout arrangement de ce genre et bruyamment soutenue par les autorités d'Ankara. Le sort de Chypre, pris entre les efforts britanniques pour se défaire d'un héritage impérial encombrant et d'une hostilité gréco-turque persistante, demeura fâcheusement en suspens tout au long des années 1950.

Devant le refus opposé à leur projet d'*Enosis* – d'union avec la Grèce –, la majorité des dirigeants chypriotes grecs de l'île se prononcèrent un peu à contrecœur pour l'indépendance. Le Royaume-Uni l'accorda en 1960 pour ne garder que certains droits de transit et une base aérienne stratégiquement importante. La nouvelle république de Chypre, dont la souveraineté et la Constitution étaient garanties par la Grande-Bretagne, la Turquie et la Grèce, était dirigée par un « partenariat » gréco-turc dominé par la présidence de l'archevêque Makarios : jadis exilé par Londres comme terroriste armé et violent, il était devenu le porte-parole respecté des ambitions « raisonnables » des Chypriotes grecs.

Pendant ce temps, les communautés grecques et turques de l'île vécurent côte-à-côte, dans un malaise et une méfiance jalonnés de sporadiques explosions de violences intercommunautaires. Les gouvernements d'Athènes et d'Ankara se présentèrent tous deux comme les protecteurs de leurs compatriotes respectifs et, à l'occasion, menacèrent d'intervenir. La prudence et les pressions internationales les retinrent cependant de le faire, même lorsque les attaques dirigées contre les Chypriotes turcs, en 1963, conduisirent au débarquement, l'année suivante, d'une Force de maintien de la paix des Nations

5. Depuis 1962, la Grèce avait un statut de pays « associé » à la CEE.

unies. Malgré le quasi-monopole des Chypriotes grecs en matière de fonction publique et de postes d'autorité (un peu comme en Ulster, avec une majorité protestante qui excluait les catholiques des privilèges et du pouvoir) – ou peut-être à cause de celui-ci – la situation à Chypre paraissait stable. Mais si Chypre n'était plus une source de crise, elle demeurait largement un « problème ».

Ainsi en 1973, quand à Athènes des étudiants (d'abord de la faculté de droit, puis de Polytechnique) embarrassèrent les colonels en s'opposant pour la première fois publiquement au régime, l'armée choisit la diversion et s'efforça de rameuter le soutien de l'opinion en réaffirmant les droits de la Grèce sur Chypre. Le général Ioannides, un « dur » qui évinça Papadopoulos à la tête de la junte après les manifestations des polytechniciens, complota avec Georges Grivas et d'autres nationalistes chypriotes grecs pour renverser Makarios et « réunifier » l'île avec la Grèce. Le 15 juillet 1974, des unités de la garde nationale chypriote, avec des officiers grecs triés sur le volet, attaquèrent le palais présidentiel, chassèrent Makarios (qui s'enfuit à l'étranger) et installèrent un gouvernement fantoche en vue de diriger l'île directement depuis Athènes.

C'est alors que le gouvernement turc annonça son intention d'envahir Chypre afin de protéger les intérêts de la communauté chypriote turque, ce qu'il s'empressa de faire, le 20 juillet. En moins d'une semaine, les deux cinquièmes de l'île étaient entre les mains des Turcs. Bien incapable de s'y opposer ou de réagir à cette opération menée par des forces turques très supérieures en nombre, la junte parut démunie, ordonnant la mobilisation générale un jour, l'annulant le lendemain. Face à la colère de l'opinion devant cette humiliation nationale, les dictateurs grecs se tournèrent vers le vieux Karamanlis et l'invitèrent à revenir de son exil parisien. Le 24 juillet, l'ancien Premier ministre était de nouveau à Athènes et amorçait le retour du pays à un régime civil.

La transition se fit avec une remarquable facilité. La Démocratie nouvelle, le parti de Karamanlis, triompha aux élections de novembre 1974 et réédita son succès trois ans plus tard. Une nouvelle Constitution fut approuvée en juin 1975, même si les partis d'opposition protestèrent initialement contre les pouvoirs renforcés du président de la République (poste que Karamanlis lui-même allait occuper à compter de 1980). Avec une alacrité inattendue, la vie politique intérieure de la Grèce reprit un visage européen familier, *grosso modo* partagée également entre le centre droit (Démocratie nouvelle) et le centre gauche (le Mouvement socialiste panhellénique conduit par le fils du regretté Georges Papandreou, Andreas, qui avait fait ses études en Amérique).

Le retour sans accroc de la Grèce à la démocratie tenait en partie à l'habileté avec laquelle Karamanlis sut rompre avec son propre passé, tout en donnant une image de compétence éprouvée et de continuité. Plutôt que de rétablir son Union du centre discréditée, il avait formé un nouveau parti. Il organisa un référendum sur la monarchie, elle aussi discréditée, en décembre 1974 : 69,2 % des électeurs s'étant prononcés pour son abolition, il veilla à la mise en place d'une république. Pour éviter de braquer les militaires, il s'opposa aux appels à une épuration de l'armée, préférant plutôt imposer une retraite anticipée aux officiers supérieurs les plus compromis tout en récompensant et en promouvant les loyalistes[6].

La monarchie écartée, l'armée neutralisée, restait à régler la question en suspens de Chypre. Ni Karamanlis ni ses successeurs n'avaient la moindre velléité de rouvrir le débat de l'*Enosis*, mais ils ne pouvaient non plus ignorer publiquement la présence de la Turquie sur l'île, même après le retour de Makarios sur place en décembre 1974. Dans un geste essentiellement symbolique qui lui attira un large soutien domestique à gauche comme à droite, Karamanlis retira la Grèce de l'organisation militaire de l'OTAN au cours des six années suivantes afin de protester contre le comportement d'un autre membre de l'OTAN. Les relations gréco-turques entrèrent dans un âge glaciaire, marqué en février 1975 par la proclamation unilatérale, à l'initiative de la minorité turque, d'un « État fédéré turc de Chypre », que la Turquie fut seule à jamais reconnaître, et par des prises de bec diplomatiques sporadiques sur des droits territoriaux dans l'est de la mer Égée.

Chypre elle-même devint ainsi un objet de préoccupation internationale, diplomates des Nations unies et juristes passant des décennies à essayer vainement de surmonter les divisions de l'île. Alors que les politiciens grecs étaient ainsi délivrés de la responsabilité des affaires de l'île (même si, politique intérieure oblige, ils devaient continuer d'exprimer leur intérêt pour l'île), ils purent se tourner vers des horizons plus prometteurs. Moins d'un an après la chute des colonels, en juin 1975, le gouvernement d'Athènes demanda officiellement à entrer dans la CEE. Le 1er janvier 1981, au prix de ce que beaucoup à Bruxelles devaient tenir pour un triomphe regrettable de l'espoir sur la sagesse, la Grèce devint membre à part entière de la Communauté.

À la différence de la Grèce, le Portugal n'avait pas la moindre expérience récente de la plus vague des démocraties. Le règne autoritaire de Salazar avait été singulièrement et délibérément rétrograde, même au regard des aunes qui avaient cours quand il prit les rênes du pouvoir en 1932 : de fait, dans son mélange de cléricalisme ultrasévère, d'institutions corporatistes et de sous-développement rural, le Portugal ressemblait à s'y méprendre à l'Autriche d'après 1934. Assez naturellement, le Portugal de l'après-guerre avait les faveurs des retraités français nostalgiques de Vichy : Charles Maurras, le chef

6. La junte elle-même, cependant, ne devait pas échapper à une sanction. Onze de ses chefs furent jugés et reconnus coupables en août 1975. Trois furent condamnés à la peine de mort, plus tard commuée en prison à vie. Papadopoulos mourut en prison en 1999, irrepenti jusqu'à la fin. Le général de brigade Ioannidis fut plus tard condamné pour son rôle dans la répression de la révolte de Polytechnique. À l'heure où j'écris, il est toujours en prison.

en disgrâce de l'Action française, était très apprécié de Salazar avec lequel il correspondit jusqu'à sa mort, en 1952[7].

Le niveau de vie général dans le Portugal de Salazar était plus caractéristique de l'Afrique contemporaine que de l'Europe continentale : en 1960, le revenu annuel par tête était de 160 dollars seulement (contre 219 dollars en Turquie, par exemple, ou 1 453 aux États-Unis). Les riches étaient très riches, la mortalité infantile était la plus forte d'Europe, et 32 % de la population demeurait analphabète. Économiste qui enseignait depuis quelques années à l'université de Coimbra, Salazar était non seulement impassible devant l'arriération du Portugal, mais il y voyait la clé de la stabilité : apprenant que l'on avait découvert du pétrole dans les territoires angolais du Portugal, il se contenta de lâcher un « dommage ».

Comme le dictateur roumain Ceausescu, Salazar vivait dans l'obsession de la dette et veillait scrupuleusement à équilibrer chaque année le budget. Mercantiliste jusqu'au fanatisme, il constitua des réserves d'or exceptionnellement élevées qu'il prit grand soin de ne dépenser ni en investissement ni en importations. De ce fait, son pays resta figé dans la pauvreté, la majeure partie de la population travaillant sur de petites exploitations agricoles dans le Nord du pays et des *latifundia* plus au Sud. Sans capitaux locaux disponibles pour financer l'industrie domestique tandis que les investisseurs étrangers n'étaient pas les bienvenus, le Portugal était largement tributaire de l'exportation ou de la réexportation des matières premières, y compris de sa population.

Jusqu'à sa mort, en 1970, la grande fierté de Salazar était non seulement d'avoir préservé le Portugal des dévastatrices guerres étrangères du siècle, mais aussi d'avoir piloté son pays entre le Scylla d'un capitalisme marchand rapace et le Charybde du socialisme d'État. En vérité, il n'avait que trop réussi à exposer ses sujets à l'un comme à l'autre : l'inégalité matérielle et l'exploitation pour le profit étaient plus marquées au Portugal que partout ailleurs en Europe tandis que l'État autoritaire de Lisbonne réprimait toute opinion ou initiative indépendante. En 1969, 18 % seulement de la population adulte jouissait du droit de vote.

En l'absence d'opposition intérieure, la seule résistance à Salazar venait de l'armée, unique institution indépendante du pays. Les forces armées portugaises étaient mal payées : plutôt que de dépenser des ressources rares en soldes, Salazar encourageait activement ses officiers impécunieux à épouser de riches héritières. Jusqu'en 1961, cependant, le régime put compter au moins sur leur loyauté passive, malgré deux tentatives de coups d'État aisément

7. Maurras s'éteignit en 1952, à 84 ans. Fils du gérant d'une grande exploitation, Salazar lui-même était né à Vimeiro le 28 avril 1889, une semaine après Hitler. Pour un homme dirigeant un État européen à la fin des années 1960, il était encore exceptionnellement enraciné dans les mœurs du siècle passé. Sa mère était née en 1846.

réprimées en 1947 et en 1958. Les sous-officiers réformistes de l'armée de terre ou de la marine pouvaient bien s'irriter de la stagnation autour d'eux : ils n'avaient ni alliés ni la moindre assise populaire.

Tout changea en 1961, quand Delhi annexa de force le territoire portugais de Goa, sur le sous-continent indien, et qu'une révolte armée éclata dans la colonie africaine de l'Angola. La perte de Goa fut une humiliation nationale, mais la rébellion en Afrique était autrement plus grave. Les vastes « provinces » africaines du Portugal, comme on les appelait, comprenaient l'Angola, la Guinée-Bissau et les îles du Cap-Vert en Afrique de l'Ouest, ainsi que le Mozambique, au sud-est. Parmi celles-ci, l'Angola, avec près d'un demi-million de résidents européens sur une population totale de moins de six millions d'habitants, était de loin la plus importante. Sa richesse matérielle inexploitée – fer, diamants et pétrole *offshore* découvert depuis peu – avait conduit Salazar à autoriser à contrecœur l'investissement étranger (notamment de la compagnie américaine Gulf Oil) ; au cours des années 1960, le territoire prenait une importance économique croissante pour le Portugal lui-même.

Il était aussi ouvertement révolté. Afin d'écraser le mouvement nationaliste angolais naissant, Lisbonne inaugura en 1967 une stratégie de « contre-insurrection » fondée sur le redéploiement de la population en grands villages susceptibles d'être contrôlés : en 1974, plus d'un million de paysans avaient été déplacés. L'opération ne parvint pas à briser l'insurrection, même si elle eut des effets funestes et durables sur la société et l'économie rurale angolaises. Par ailleurs, elle coupa de plus en plus le régime des soldats appelés à la mettre en œuvre : tant les officiers impécunieux qui s'étaient engagés dans la coloniale pour s'élever dans la société que les conscrits réticents envoyés outre-mer pour écraser les rebelles.

Les rebelles angolais étaient divisés entre différentes factions et l'armée portugaise était capable de les contenir, tout au moins pour un temps. Au Mozambique, où 60 000 soldats portugais étaient occupés à protéger une population de 100 000 colons seulement, ou encore en Guinée ou au Cap-Vert, où le charismatique Amilcar Cabral immobilisait plus de 30 000 soldats portugais dans une guerre de guerilla sans merci contre 10 000 insurgés, la situation devenait intenable. Au début des années 1970, ses guerres africaines absorbaient la moitié du budget annuel de la défense du pays le plus pauvre d'Europe. Un Portugais sur quatre en âge de porter les armes était conscrit pour servir en Afrique – après 1967, pour une période minimale obligatoire de quatre ans. En 1973, 11 000 y étaient morts : un taux de mortalité nettement plus élevé, en pourcentage de la population nationale, que celui de l'armée américaine au plus fort de la guerre du Viêt-nam.

La défense par le Portugal de ses possessions coloniales était coûteuse, sanglante et de plus en plus désespérée ; les forces armées le savaient mieux que personne. Et telle n'était pas la seule raison de leur exaspération. Afin d'assurer son pouvoir et de détourner l'attention des malheurs de son pays outre-mer, Marcello Caetano, successeur désigné de Salazar, avait assoupli les restrictions du crédit, contracté de gros emprunts à l'étranger et encouragé les importations. Dans les années 1970-1973, avec le soutien des mandats des Portugais de l'étranger, le pays connut un bref essor de la consommation, très vite suivi d'une envolée de l'inflation à la suite de la crise pétrolière. L'écart se creusa toujours davantage entre les salaires du secteur public et les prix.

Pour la première fois depuis de longues années, le Portugal fut agité par des grèves. Les habitants des taudis autour de la capitale, pour beaucoup arrivés depuis peu de la région déshéritée de l'Alentejo, souffraient non seulement de leur misère chronique, mais aussi du spectacle donné par les nouveaux riches à Lisbonne. L'armée supportait de plus en plus mal de livrer les « sales guerres » du pays dans des terres lointaines au nom d'un gouvernement impopulaire dirigé par des technocrates non élus, et son malaise trouvait désormais un large écho au pays. Les griefs des sous-officiers et de leurs familles, incapables de vivre avec les salaires déjà modestes encore amputés par l'inflation, étaient maintenant partagés par une génération montante d'hommes d'affaires irrités par l'incompétence de leurs gouvernants et comprenant que l'avenir de leur pays était en Europe, non pas en Afrique[8].

Le 25 avril 1974, des officiers et des hommes du Mouvement des forces armées (MFA, *Movimento das Forças Armadas*) chassèrent Caetano et ses collègues du pouvoir pour proclamer un gouvernement provisoire qui se donnait trois objectifs : démocratisation, décolonisation et réforme économique. Le coup d'État – comme le *pronunciamiento* des jeunes officiers qui avait abattu la République en 1926 – suscita peu de résistance, tandis que les dirigeants de l'ancien régime furent autorisés à s'exiler, d'abord à Madère et, de là, au Brésil. Le général António de Spinola, ancien chef d'état-major adjoint de l'armée portugaise et gouverneur de la Guinée de 1968 à 1972, fut chargé par ses camarades officiers de diriger la junte. La police secrète fut abolie, tous les détenus politiques retrouvèrent la liberté ; la liberté de la presse fut rétablie tandis que les dirigeants des partis communiste et socialiste portugais rentraient d'exil, la loi autorisant leurs organisations pour la première fois depuis près d'un demi-siècle.

La révolution fut partout immensément populaire[9]. Spinola fit entrer des socialistes et des centristes dans son gouvernement provisoire et, en juillet,

8. En 1973, l'Europe occidentale représentait les deux tiers des importations comme des exportations du Portugal.

9. Mais les jeunes officiers puritains et leurs alliés de gauche ne virent pas d'un très bon œil l'avalanche de livres et de films qu'ils jugeaient pornographiques – le Portugal compensant cinquante ans de restrictions culturelles. Le moment venu, ils tentèrent même d'interdire le *fado*, chanson populaire traditionnelle du Portugal : dans leur idée, il encourageait « amertume et fatalisme » et allait donc à l'encontre de leurs objectifs de Lumière et de progrès social.

annonça publiquement son projet d'offrir aux colonies africaines le droit à disposer d'elles-mêmes. Moins d'un an plus tard, toutes ces colonies étaient indépendantes, tandis que l'Indonésie avait pris possession du Timor-Oriental. La décolonisation fut passablement chaotique : en Guinée comme au Mozambique, la guérilla refusa de poser préalablement les armes comme les y invitait Spinola, tandis que l'Angola sombra dans la guerre civile. Vue du Portugal, cependant, elle eut le mérite de la rapidité. Dans le sillage du retrait de l'armée et des affrontements violents de Luanda, la capitale angolaise, elle précipita aussi le retour au pays de quelque 750 000 Européens. Nombre d'entre eux s'établirent dans le nord plus conservateur du Portugal et devaient jouer un rôle significatif dans les années suivantes.

Ces changements rapides perturbèrent Spinola, dont les instincts conservateurs s'accordaient mal avec les projets de plus en plus révolutionnaires de ses jeunes collègues. Il démissionna en septembre 1974. Quatorze mois durant, le Portugal parut s'acheminer vers une révolution sociale en bonne et due forme. Avec le soutien fervent du MFA et du parti communiste portugais (PCP) léniniste intransigeant d'Alvaro Cunhal, le gouvernement nationalisa les banques et les grandes industries et mit en œuvre une réforme agraire massive : notamment dans l'Alentejo, la région céréalière du sud du pays, où la plupart des exploitations restaient entre les mains de hobereaux souvent absentéistes.

La nationalisation était populaire en ville, et la réforme agraire dans le Sud – notamment la collectivisation de la terre – fut d'abord l'effet d'occupations « spontanées » et de confiscations des terres par les métayers et les ouvriers agricoles mobilisés par les communistes et leurs alliés, les communistes bénéficiant en particulier de leur réputation bien méritée d'adversaires clandestins les mieux organisés et les plus efficaces de l'ancien régime. Mais les mêmes pratiques au centre et au nord, où la terre était déjà subdivisée en milliers de petites exploitations familiales, passèrent très mal. Le Portugal rural et des petites villes du Nord était (est toujours) très catholique, avec une moyenne d'un prêtre pour cinq cents âmes en 1972 ; pour le Sud et le Centre, d'un pour 4 500 ; et un taux encore plus bas dans l'extrême Sud. Les projets anticléricaux et collectivistes des syndicalistes et des dirigeants paysans communistes se heurtèrent donc à une opposition vigoureuse et bruyante dans les régions très peuplées du Nord.

Au fond, les révolutionnaires portugais répétaient l'erreur des partisans de la révolution agraire dans la République espagnole des années 1930 : en cherchant à imposer une réforme agraire collectiviste fondée sur les conditions sociales du Sud aux petits propriétaires plus efficaces du Nord, ils retournèrent ces derniers contre eux. Aux élections d'avril 1975 à l'Assemblée constituante, les communistes n'obtinrent que 12,5 % des voix. Les partis du centre-droit firent mieux, mais le grand gagnant fut le PS portugais créé deux ans plus tôt en exil par Mario Soares, qui mena campagne très efficacement sur le slogan « Socialisme, oui ! Dictature, non ! » et recueillit 38 % des suffrages.

Le MFA et les communistes n'étaient pas satisfaits de l'issue du scrutin. Cunhal admit ouvertement que si la voie parlementaire d'accès au pouvoir était bloquée, une autre voie était disponible. Ainsi qu'il le déclara en juin 1975 à un journaliste italien : « Il n'existe aucune possibilité de démocratie telle que vous la connaissez en Europe occidentale. [...] Le Portugal ne sera pas un pays avec des libertés démocratiques et des monopoles. Je ne le permettrai pas. » D'avril à novembre, la tension monta. Les commentateurs étrangers annonçaient un coup de force communiste imminent, tandis que les alliés de l'OTAN du Portugal et ses partenaires commerciaux d'Europe occidentale brandissaient des promesses d'aide et d'affiliation si le pays abjurait la révolution marxiste.

La situation prit un tour critique à la fin de l'année. Le 8 novembre, l'Assemblée constituante de Lisbonne était assiégée par des ouvriers du bâtiment. Deux semaines durant, la rumeur courut d'une « Commune de Lisbonne » imminente et d'une guerre civile entre le Nord et le Sud. Le 25 novembre des groupes de soldats révolutionnaires firent une tentative de putsch. Ils bénéficièrent initialement du soutien tacite du PCP, mais quand il apparut clairement que le gros des forces armées et même quelques officiers de gauche étaient hostiles au soulèvement, Cunhal en personne recula. Comme certains chefs du MFA devaient plus tard le reconnaître, le résultat des élections d'avril 1975 avait d'avance discrédité les objectifs des officiers révolutionnaires : la gauche pouvait avoir une démocratie parlementaire ou une « transition » révolutionnaire, mais pas les deux à la fois.

En février 1976, l'armée portugaise, qui contrôlait encore le pays de fait deux ans après le coup d'État, remit officiellement le pouvoir aux autorités civiles. Le pays devait être gouverné dans le cadre d'une Constitution adoptée en avril 1976 et qui continuait de faire écho à la rhétorique et aux ambitions du climat politique d'après 1974, engageant le pays sur la voie d'une « transition socialiste à travers les conditions de l'exercice démocratique du pouvoir par les classes laborieuses ». Aux élections législatives du même mois, les socialistes arrivèrent une fois de plus en tête, quoique avec un nombre de voix en légère baisse, et Mario Soares forma le premier gouvernement démocratiquement élu depuis près d'un demi-siècle.

Les perspectives de la démocratie portugaise demeuraient nébuleuses. Willy Brandt n'était qu'un des nombreux observateurs contemporains bienveillants qui virent dans Soares un autre Kerenski, un involontaire cheval de Troie des forces antidémocratiques qui l'évinceraient à la première occasion. Mais Soares survécut, et plus. Les forces armées restèrent confinées dans leurs casernes, le rôle de leurs franges politisées devint de plus en plus marginal. Le vote communiste progressa, passant de 14,6 % en 1976 à 19 % trois ans plus tard, avec la dégradation de l'économie tandis que la politique modérée de Soares faisait enrager la gauche de son parti, auquel il avait promis la destruction prochaine du capitalisme dans un Portugal socialiste, mais au prix de leurs ambitions insurrectionnelles.

En 1977, le Parlement adopta une loi de réforme agraire qui confirma la collectivisation de la terre du passé immédiat, mais la limita au Sud, tout en restreignant la superficie qui pouvait être expropriée aux propriétaires actuels. Cette initiative mit fin aux risques de conflit rural et de réaction conservatrice, mais, à court terme, elle ne pouvait guère arracher le Portugal démocratique au marasme économique dont il avait hérité. Privé des matières premières bon marché de ses anciennes colonies (et du marché captif qu'elles assuraient à des exportations par ailleurs non compétitives), incapable d'exporter de la main-d'œuvre non qualifiée vers l'Europe occidentale comme par le passé, et contraint par les conditions accompagnant les prêts vitaux du FMI d'équilibrer ses budgets et de mener une politique de rigueur, le Portugal connut des années de chômage et de sous-consommation.

L'armée n'avait pas complètement quitté la scène : dans la Constitution de 1976, un Conseil de la révolution composé de représentants non élus des forces armées gardait un droit de veto ; en 1980, il rejeta vingt-trois projets de loi, dont un plan du gouvernement de centre-droit élu cette même année pour dénationaliser les banques du pays. En revanche, il n'éleva aucune objection quand le Parlement révisa la Constitution au cours des deux années suivantes, réduisant les pouvoirs de l'exécutif (abolissant le Conseil de la révolution lui-même en 1982) et supprimant tranquillement le caractère anticapitaliste du document original.

Au cours des vingt années suivantes, les socialistes et les adversaires, les sociaux-démocrates centristes d'Anibal Cavaço Silva devaient exercer le pouvoir en alternance. Mario Soares lui-même, qui avait de longue date abandonné sa rhétorique anticapitaliste, accéda à la présidence en 1986, l'année de l'admission du pays dans la Communauté européenne. Le pays restait étonnamment pauvre à l'aune des pays d'Europe occidentale – témoignage de l'héritage persistant de Salazar. Contre toute attente, cependant, le Portugal avait évité à la fois une « terreur blanche » et une « terreur rouge ». Les communistes, encore populaires dans le Sud rural et les banlieues industrielles de Lisbonne, restèrent intransigeants envers et contre tout sous la houlette d'un Cunhal vieillissant, aux commandes jusqu'en 1992. Mais leur influence avait irrémédiablement diminué. Les coloniaux rapatriés ne réussirent jamais à former un parti d'extrême droite rassemblant les nationalistes aigris. Dans ces conditions, la naissance d'un Portugal démocratique fut une grande réussite.

Pour un visiteur quittant la France pour l'Espagne en 1970, par exemple, le fossé séparant les deux versants des Pyrénées semblait immense. Les trente années de règne de Franco avaient accentué l'arriération sociale et l'isolement culturel dans lequel l'Espagne avait croupi pendant le plus clair des deux siècles écoulés, et son régime autoritaire semblait plus décalé encore au regard de la culture politique européenne moderne qu'il ne l'était au début. À première vue, l'Espagne semblait être passée totalement à côté des *Sixties* : rigidité de la censure, application stricte de la loi sur l'habillement et la conduite en public, omniprésence policière et lois pénales draconiennes visant les critiques politiques – tout suggérait un pays figé dans le temps, dont l'horloge historique s'était définitivement arrêtée en 1939[10].

À y regarder de plus près, cependant, l'Espagne, ou tout au moins le Nord et les villes, changeait très rapidement. Franco était un dictateur rigide et réellement réactionnaire, mais à la différence de son voisin Salazar il était aussi réaliste sur le terrain économique. En 1959, l'Espagne abandonna les pratiques autarciques des deux décennies passées et, à l'instigation d'un groupe de ministres de l'Opus Dei, adopta un « plan de stabilisation nationale » destiné à juguler l'inflation chronique du pays et à l'ouvrir au commerce et à l'investissement. L'impact initial du plan fut rude : dévaluations, coupes claires dans le budget, gel du crédit et restrictions des salaires – le tout appliqué d'une main ferme et sans transiger – réussirent à faire baisser l'inflation mais contraignirent des dizaines de milliers d'Espagnols à chercher du travail à l'étranger.

En revanche le secteur privé, jusque-là corseté par une réglementation corporatiste et une politique vénérable de substitution aux exportations, fut plus libre de se développer. Les tarifs douaniers baissèrent ; l'Espagne rejoignit la Banque mondiale, le FMI et le GATT, et fut admis dans l'OCDE en qualité de membre associé (en 1962, Franco demanda même en vain l'entrée de son pays dans la CEE). La nouvelle politique économique de Franco fut mise en œuvre au moment propice. L'économie intérieure espagnole avait été protégée de la concurrence dans les premières années de l'essor économique européen d'après-guerre, mais elle s'ouvrait au commerce extérieur au bon moment. À compter de 1961, le PNB se mit à augmenter régulièrement. Le pourcentage de la main-d'œuvre employée sur la terre – un travailleur sur deux en 1950 – chuta brutalement, avec l'exode des ouvriers agricoles du Sud et de l'Ouest vers le Nord, pour travailler en usine ou dans un tourisme en plein essor : en 1971, l'agriculture n'employait plus qu'un Espagnol sur cinq.

Pour autant, gardons-nous de surestimer le « miracle économique » de Franco. L'Espagne n'était pas encombrée d'un résidu d'Empire et n'eut donc à supporter aucun des coûts sociaux et économiques de la décolonisation. Le gros de l'argent étranger entrant dans le pays au cours des années 1960 venait non pas de l'exportation de produits espagnols, mais des mandats des ouvriers

10. Encore en 1963, le dirigeant espagnol n'avait pas hésité à braver une large réprobation internationale en faisant exécuter le communiste Juan Grimau.

espagnols émigrés ou des vacanciers du Nord de l'Europe : bref, la modernisation économique de l'Espagne fut largement un sous-produit de la prospérité d'autres nations. Hors de Barcelone, de la Costa Brava, de certaines parties du Pays basque et, dans une moindre mesure, de Madrid, les transports, l'éducation, l'infrastructure médicale et les services du pays demeuraient très en retard. En 1973, le revenu par tête du pays dans son ensemble était encore inférieur à celui de l'Irlande et de plus de moitié en deçà de la moyenne dans la CEE.

Les conséquences sociales de la modernisation économique, même limitée, n'en étaient pas moins significatives. Avant la télévision, l'Espagne avait été largement préservée de l'impact *culturel* des années 1960 ailleurs dans le monde, mais les disparités économiques et les perturbations engendrées par le plan de stabilisation suscitèrent un mécontentement social général. De la fin des années 1960 à la mort de Franco, grèves, lock-out, manifestations et revendications générales de négociations collectives et de représentation syndicale devinrent un trait caractéristique de la vie espagnole. Le régime était irréductiblement hostile à toute concession politique, mais il ne pouvait se permettre d'offrir un visage public trop répressif à une époque où tant d'étrangers visitaient le pays : les 17,3 millions en 1966 étaient devenus 34 millions l'année précédant la mort du *Caudillo*.

Les autorités espagnoles ne pouvaient non plus se passer de la coopération et des compétences d'une main-d'œuvre urbaine croissante. Force leur fut d'admettre l'émergence *de facto* d'un mouvement ouvrier, très majoritairement basé en Catalogne et dans les industries lourdes du Pays basque. Avec les syndicats officieux formés par les employés du secteur public, des banques et des autres activités en pleine expansion des cols blancs, ce réseau semi-clandestin de représentants des ouvriers et des employés avait déjà derrière lui près d'une décennie d'organisation et d'expérience au moment de la mort de Franco.

En Espagne, toutefois, les revendications étaient fermement limitées aux aspects matériels. Dans les dernières années, cependant, le régime de Franco, comme celui de János Kádár en Hongrie, s'en remettait moins à une répression ouverte et violente qu'à une sorte d'acceptation passive et forcée, fruit de décennies de dépolitisation de la culture. Les étudiants contestataires, qui depuis 1956 réclamaient davantage d'autonomie des campus ainsi qu'un assouplissement des codes moraux et d'autres restrictions, se virent accorder une certaine liberté d'organisation et de protestation dans des limites étroitement circonscrites ; ils pouvaient même compter sur une certaine sympathie de la part des critiques intérieurs du régime : entre autres, les catholiques réformistes et les déçus du « phalangisme social ». Mais toute expression de sympathie ou toute forme de collaboration d'un secteur à l'autre – avec les mineurs en grève, notamment – étaient strictement prohibées[11]. Il en allait de même pour les critiques des adultes.

En fait, *toutes* les opinions politiques proprement dites étaient étouffées, tandis que les partis politiques indépendants étaient proscrits. Avant 1967, le pays n'avait même pas de Constitution ; et les droits et procédures qui existaient étaient largement une façade à destination des partenaires occidentaux de l'Espagne. Officiellement « régent » de la monarchie suspendue, Franco avait oint le jeune Juan Carlos, petit-fils du dernier roi d'Espagne, qui devait lui succéder le moment venu, mais pour la plupart des observateurs la question de la monarchie occupait peu de place dans les affaires espagnoles. Même l'Église, qui restait une présence de premier plan dans la vie quotidienne de maint Espagnol, ne jouait qu'un rôle limité dans la politique publique.

Le rôle traditionnel de l'Espagne, rempart de la civilisation chrétienne contre le matérialisme et l'athéisme, était un axe de l'enseignement primaire ; mais la hiérarchie catholique elle-même (à la différence des « crypto-moines » modernisateurs de l'Opus Dei) était tenue à bonne distance des rênes du pouvoir, tranchant nettement sur l'esprit du « catholicisme national » néo-croisé de la première décennie du régime[12]. En juin 1968, s'inclinant devant la réalité moderne, Franco accorda pour la première fois le principe de la liberté religieuse, permettant aux Espagnols de fréquenter ouvertement l'Église de leur choix. Mais la religion elle-même amorçait alors un long déclin : dans un pays qui pouvait se targuer de plus de 8 000 séminaristes au début des années 1960, ils étaient moins de 2 000 douze ans plus tard. Entre 1966 et 1975, un tiers des jésuites d'Espagne quittèrent l'ordre.

L'armée aussi était tenue à bonne distance. Étant lui-même arrivé au pouvoir par un coup d'État militaire, Franco comprenait fort bien le risque d'indisposer une caste militaire qui avait hérité d'un sens surdéveloppé de ses responsabilités dans la protection de l'État espagnol et de ses valeurs traditionnelles. L'armée espagnole fut choyée et flattée tout au long de l'après-guerre. Sa victoire dans la guerre civile était célébrée chaque année dans les rues des grandes villes, tandis que ses pertes étaient commémorées avec ostentation dans la monumentale Vallée des morts [*los Caidos*, « de ceux qui sont tombés »], achevée en septembre 1959. Les grades et décorations furent démultipliés : à la chute du régime, le pays comptait trois cents généraux et un officier

11. Les libertés soigneusement calibrées que Franco accorda aux étudiants dans sa dernière décennie eurent pour conséquence paradoxale que les étudiants espagnols de la génération des années 1960 devaient typiquement exagérer, après-coup, leur rôle dans le combat ultérieur du pays pour la démocratie.

12. Voir le chapitre VII. De ce fait, les dirigeants catholiques, qui ne s'étaient pas sali les mains sous le franquisme, purent jouer un rôle actif dans la transition démocratique en servant de « pont » entre la gauche et les conservateurs.

pour onze soldats, le plus fort taux d'Europe. En 1967, avec la loi institutionnelle de l'État, les forces armées avaient été officiellement chargées de garantir l'unité et l'intégrité territoriale de la nation, mais aussi de défendre son « système institutionnel ».

En réalité, cependant, les forces armées étaient devenues superflues. Depuis des décennies, Franco avait préservé son armée de toute guerre étrangère ou coloniale. À la différence des armées française ou portugaise, elle n'avait pas essuyé de défaite humiliante ni de retraite forcée. L'Espagne n'était confrontée à aucune menace militaire, et sa sécurité intérieure était assurée par la police, la gendarmerie et les unités spéciales de lutte contre les terroristes, réels ou imaginaires. Largement cantonnée à un rôle cérémoniel, l'armée avait fini par craindre le risque ; son conservatisme traditionnel s'exprimait de plus en plus par son souhait fervent d'un rétablissement de la monarchie : une identification qui devait se révéler paradoxalement bénéfique à la transition démocratique de la nation.

Les affaires du pays étaient entre les mains d'un réseau restreint de juristes, de professeurs catholiques et de fonctionnaires, pour beaucoup directement intéressés dans les sociétés privées favorisées par leur politique. Mais comme toute opposition politique officielle était interdite, c'est de l'intérieur de ces mêmes cercles dirigeants – plutôt qu'au sein d'une intelligentsia dont les phares demeuraient en exil – que les idées réformatrices et les pressions pour le changement allaient venir, nourries par l'exaspération devant l'inefficacité locale, la critique étrangère et l'exemple de Vatican II.

Franco finit par mourir le 20 novembre 1975, à 82 ans. Refusant jusqu'au bout d'envisager la moindre libéralisation sérieuse ou quelque transfert d'autorité, il avait déjà fait son temps, même pour ses partisans, dont beaucoup avaient sympathisé avec les manifestants qui plus tôt, cette même année, avaient demandé la levée des restrictions sur la presse et les associations politiques. La transition démocratique fut donc gérée depuis les rangs mêmes des ministres et des hommes de Franco, ce qui aide à comprendre sa rapidité et son succès. Aux premiers stades de la sortie de l'Espagne du franquisme, les forces traditionnelles du changement démocratique en Espagne – libéraux, socialistes, communistes et syndicats – jouèrent un rôle subalterne.

Deux jours après la mort de Franco, Juan Carlos était couronné roi. Il commença par garder le dernier Premier ministre de Franco, Carlos Arias Navarro, et son gouvernement, histoire de rassurer l'armée et d'autres : il n'y aurait pas de rupture brutale avec le passé. En avril 1976, cependant, Arias encourut la défaveur du roi pour avoir bâillonné la toute nouvelle Coordination démocratique, coalition de partis de gauche encore non autorisés, et arrêté ses dirigeants. Deux mois plus tard, le roi avait remplacé Arias par un de ses ministres, Adolfo Suárez González.

Âgé de 44 ans, Suárez était un technocrate type de la fin du franquisme et dirigeait en fait depuis un an le Mouvement national phalangiste du *Caudillo.* Le choix de Suárez se révéla très astucieux. Il constitua un nouveau parti politique, l'Union démocratique du centre (UCD) et entreprit de convaincre l'assemblée franquiste d'accepter un référendum national sur la réforme du système politique : essentiellement pour approuver l'introduction du suffrage universel et un Parlement bicaméral. Pris à contrepied par un homme qu'ils avaient cru des leurs, la vieille garde franquiste le suivit : le 15 décembre 1976, le référendum recueillit plus de 94 % de oui.

En février 1977, Suárez autorisa le retour du parti socialiste espagnol (PSOE), la plus ancienne organisation politique du pays, désormais dirigé par le jeune Felipe González Márquez de Séville militant dans le mouvement clandestin depuis qu'il avait franchi le cap de la vingtaine. À la même époque, les syndicats furent légalisés et se virent accorder le droit de grève. Le 1er avril, Suárez interdit et démantela le Mouvement national qu'il avait autrefois dirigé ; une semaine plus tard, il légalisa le parti communiste espagnol (PCE) qui, dirigé par Santiago Carrillo, s'était déjà engagé (le contraste était saisissant avec les camarades portugais) à travailler dans les limites d'une transition vers la démocratie parlementaire[13].

En juin 1977, se tinrent des élections pour la Constituante chargée de rédiger une nouvelle Constitution. L'élection, la première en Espagne depuis 1936, donna la majorité relative à l'UCD de Suárez, qui obtint 165 sièges aux Cortes, devant les socialistes de González, avec juste 121 sièges, tandis que les autres prétendants ne dépassaient pas 67 sièges à eux tous[14]. Par bien des côtés, c'était le meilleur résultat possible : la victoire de Suárez rassura les conservateurs (la plupart avaient voté pour lui) – il n'y aurait pas de virage à gauche –, tandis que l'absence de majorité absolue l'obligeait à travailler avec les députés de gauche qui partagèrent ainsi la responsabilité de la nouvelle Constitution que la nouvelle assemblée devait élaborer.

Cette Constitution, dûment ratifiée par un second référendum en décembre 1978, était pour l'essentiel très conventionnelle. L'Espagne serait une monarchie parlementaire ; il n'y avait pas de religion officielle (même si, concession calculée à l'Église, le catholicisme était reconnu comme « fait social ») ; l'âge du droit de vote était abaissé à dix-huit ans ; et la peine de mort supprimée. Mais, dans une rupture majeure avec le passé récent, les nouvelles lois espagnoles consacrèrent le droit à l'autonomie des régions historiques du pays, notamment la Catalogne et le Pays basque.

13. Un mois *avant* d'être déclaré légal, le PCE avait tenu à Madrid une réunion publique des partis communistes d'Europe occidentale.

14. Sur un plan sociogéographique, le vote de 1977 était étonnamment proche de celui des élections de 1936 : la culture politique du pays avait bel et bien été placée en chambre froide quatre décennies durant.

L'article 2 de la Constitution affirmait « l'unité indissoluble de la nation espagnole, *patria* commune et indivisible de tous les Espagnols », mais s'empressait ensuite de « reconnaître et garantir le droit à l'autonomie des nationalités et des régions qui la composent et la solidarité entre elles ». Les Statuts d'autonomie ultérieurs prirent acte du fait ancien de la diversité linguistique et du sentiment régional au sein d'un État espagnol jusque-là hypercentralisé. Ils reconnurent aussi le poids démographique disproportionné de la Catalogne, en particulier, et la profondeur du sentiment autonomiste au Pays basque comme en Catalogne. Mais ce qui était accordé aux uns ne pouvait guère être refusé aux autres. Dans les quatre ans, l'Espagne devait être divisée en dix-sept régions auto-administrées et possédant chacune son drapeau et sa capitale. Les Catalans et les Basques, mais aussi les Galiciens, les Andalous, les Canariens, les Valenciens, les Navarrais et beaucoup d'autres devaient se voir reconnaître une existence à part[15].

En vertu de la nouvelle Constitution, cependant, Madrid conservait la responsabilité de la défense, de la justice et des affaires étrangères – compromis inacceptable pour les nationalistes basques en particulier. L'ETA, on le sait, avait délibérément intensifié sa campagne de violences et d'assassinats au cours des mois de discussion de la nouvelle Constitution, visant les policiers et les soldats dans l'espoir de provoquer un contrecoup et de faire capoter un processus démocratique qui promettait de plus en plus d'affaiblir la cause extrémiste.

Ils auraient bien pu réussir en 1981. Le 29 janvier, alors que le malaise économique était à son faîte (voir *infra*) et que la Catalogne, le Pays basque, la Galicie et l'Andalousie se lançaient dans des expériences séparatistes de gouvernement autonome, Suárez fut acculé à la démission par son propre parti, qui lui en voulait non pas de ses échecs (les élections législatives de 1979, dans le cadre de la Constitution, avaient donné une nouvelle victoire à l'UCD), mais du travail accompli et de ses manières d'autocrate. Un autre responsable de l'UCD, Calvo Sotelo, ne l'avait pas encore remplacé au pouvoir qu'une grève générale éclatait dans les Provinces basques. Aux yeux de ses détracteurs de droite, l'Espagne démocratique paraissait sans chef et sur le point de se disloquer.

Le 23 février, le lieutenant-colonel Antonio Tejero Molín Molina, de la garde civile, investit les Cortes arme au poing. Dans une initiative coordonnée, le général Jaime Milans del Bosch, commandant de la région militaire de Valence, proclama l'état d'urgence et appela le roi à dissoudre les Cortes pour installer un gouvernement militaire. Avec le recul, leurs faits et gestes semblent empotés et théâtraux, mais Tejero et Milans del Bosch avaient assurément pour eux la tradition et le précédent. Par ailleurs les Cortes ou les divers partis et leurs militants n'auraient pu faire grand-chose

15. L'article 151 de la Constitution offrait « l'autonomie » à toute région qui la demandait.

pour bloquer un coup d'État militaire, et les sympathies de l'armée elle-même étaient loin d'être certaines[16].

Ce qui décida de l'issue, et du cours ultérieur de l'histoire espagnol, c'est le refus sans appel que le roi Juan Carlos Ier opposa aux exigences des conjurés et son discours télévisé où il défendit sans réserve la Constitution tout en s'identifiant, lui-même et la monarchie, à la majorité démocratique naissante du pays. Les deux camps furent probablement l'un et l'autre surpris par le courage du jeune roi qui avait jusque-là vécu à l'ombre de sa nomination par le dictateur défunt. Son destin s'en trouva dès lors irrévocablement associé au régime parlementaire. Faute d'une institution ou d'un symbole autour duquel rassembler leurs forces, la plupart de ces policiers, soldats et autres nostalgiques de l'ancien régime se détournèrent des rêves de révolte ou de restauration pour se contenter de soutenir plutôt l'Alliance populaire de Manuel Fraga, nouveau parti qui se donna pour mission de combattre les « ennemis les plus dangereux de l'Espagne : le communisme et le séparatisme », mais dans le cadre de la loi.

Tejero avait discrédité sa « cause », offrant initialement aux Cortes l'occasion d'amputer le budget de l'armée et d'adopter une loi de longue date en souffrance légalisant le divorce. Mais la majorité de l'UDC se trouva toujours plus prise entre une droite cléricale et nationaliste, malheureuse de la vitesse du changement, perturbée par l'autonomie régionale et choquée par le relâchement des mœurs dans la nouvelle Espagne, et une gauche socialiste qui relevait la tête, ouverte au compromis sur le plan constitutionnel mais présentant un visage plus radical à un mouvement ouvrier vindicatif et au nombre croissant des chômeurs.

De même qu'au Portugal, la transition politique s'était produite à un moment économique difficile. Dans une large mesure, la responsabilité en incombait aux derniers gouvernements de l'ère franquiste, qui, entre 1970 et 1976, avaient essayé d'acheter leur popularité en augmentant les dépenses publiques et l'emploi dans le secteur public, en subventionnant le prix de l'énergie, en bloquant les prix tout en laissant monter les salaires et en se préoccupant assez peu du long terme. En 1977, les conséquences de cette insouciance commençaient de se manifester : en juin, au moment des élections, l'inflation atteignait le rythme annuel de 26 % ; les caisses de l'État (de longue date au régime sec du fait de la fiscalité régressive de Franco) étaient vides et le chômage entamait une longue ascension. Entre 1973 et 1978, le pays aurait perdu 1,8 million d'emplois[17].

16. Il y eut deux autres complots contre le roi et le parlement, en 1982 et en 1985, l'un et l'autre aisément déjoués.

17. Les statistiques officielles du chômage au milieu des années 1980 suggèrent qu'une personne sur cinq en âge de travailler était au chômage. La proportion était probablement plus proche d'une sur quatre. Dans un pays encore dépourvu d'un système de protection sociale en bonne et due forme, et où peu de gens avaient de l'épargne, ces chiffres sont le signe de difficultés généralisées.

Comme l'éphémère République des années 1930, l'Espagne construisait une démocratie dans les affres d'une récession économique, et beaucoup craignaient que le pays ne suivît la voie de l'Argentine, où l'indexation des salaires et le système de prix subventionnés par l'État dégénéraient en hyperinflation. Si le pays réussit à l'éviter, le crédit en revient largement aux signataires des pactes de Moncloa, en octobre 1977 : premiers d'une longue série d'accords négociés par lesquels responsables politiques, dirigeants syndicaux et patronat s'entendirent pour lancer un large éventail de réformes : dévaluation, politique des revenus, contrôle des dépenses publiques et réformes structurelles de l'immense secteur public devenu un panier percé.

Les pactes de Moncloa et les suivants (le dernier accord fut signé en 1984) ne firent point de miracles. En partie des suites du second choc pétrolier, la crise de la balance des paiements ne cessa de s'aggraver ; beaucoup de petites entreprises firent faillite ; le chômage et l'inflation augmentèrent parallèlement, provoquant une nouvelle vague de grèves et de vifs déchirements au sein des syndicats de gauche et du PC, répugnant à continuer de partager la responsabilité des coûts sociaux de la transition démocratique. Sans ces pactes, cependant, ces divisions et leurs conséquences sociales eussent été très certainement pires encore.

Aux élections d'octobre 1982, au faîte des difficultés économiques, le PS obtint la majorité absolue au Parlement et Felipe González devint Premier ministre : un poste qu'il devait occuper quatorze ans. Les démocrates du centre de Suárez, qui avaient sorti le pays du franquisme, avaient été presque éliminés du Parlement, où ils n'avaient que deux sièges. Le PC essuya une défaite humiliante – avec quatre députés seulement – qui poussa Santiago Carrillo à la démission. Dès lors, la politique espagnole devait suivre le schéma du reste de l'Europe occidentale en se regroupant autour d'un centre-gauche et d'un centre-droit, en l'occurrence l'Alliance populaire de Fraga (rebaptisée parti populaire en 1989) qui fit un étonnant score de 26,5 % des voix.

Le PS avait fait campagne sur un programme populiste et anticapitaliste, promettant entre autres choses de préserver l'emploi et le pouvoir d'achat des travailleurs, mais aussi de tenir l'Espagne à l'écart de l'OTAN. Une fois au pouvoir, cependant, González poursuivit une politique d'austérité économique, lança la modernisation (puis la privatisation progressive) de l'industrie et des services espagnols, et en 1986 triompha de nombre de ses défenseurs dans un référendum sur la question de l'appartenance à l'OTAN, à laquelle il était désormais favorable[18].

Ces changements de cap n'étaient pas faits pour rendre González cher au cœur des vieux socialistes, dont il arrachait désormais le parti à sa ligne

18. En 1982, le PSOE avait fait campagne sur le slogan, *Otan, de entrada no !* Quatre ans plus tard, leurs affiches indiquaient : *Otan, de entrada si !*

marxiste de toujours[19]. Mais pour un homme politique dont la base venait toujours plus d'hommes et de femmes trop jeunes pour se souvenir de la guerre civile et dont l'objectif déclaré était d'arracher l'Espagne à son arriération – au fameux « retard » ou *atrado*, qui avait affligé la Péninsule depuis la fin du Siècle d'or –, la vieille gauche idéologique faisait partie du problème, non pas de la solution. Dans l'esprit de González, l'avenir de l'Espagne n'était pas le socialisme, mais l'Europe. Le 1er janvier 1986, l'Espagne, accompagnée du Portugal, devenait membre à part entière de la Communauté européenne.

La transition démocratique de l'Europe méditerranéenne fut de loin le développement le plus marquant et inattendu de l'époque. Au début des années 1980, l'Espagne, le Portugal et la Grèce ne s'étaient pas simplement convertis pacifiquement à la démocratie parlementaire : dans les trois pays, le PS local, clandestin et franchement anticapitaliste quelques années plus tôt, était désormais la force politique dominante et gouvernait en fait au centre. Les régimes de Salazar et de Franco quittèrent le pouvoir et sortirent des mémoires, alors qu'une nouvelle génération d'hommes politiques se disputait l'allégeance d'un électorat jeune et « moderne ».

Il y avait à cela plusieurs raisons. L'une, déjà signalée, est qu'en Espagne notamment c'est l'État politique, plutôt que la société dans son ensemble, qui avait pris du retard. Avec le développement économique de la dernière décennie du franquisme, et la forte mobilité sociale et géographique qu'il avait entraînée, la vie quotidienne et les attentes avaient changé bien davantage que ne le supposaient les observateurs extérieurs, qui continuaient de voir le pays à travers le prisme des années 1936-1956. Les jeunes gens de l'Europe méditerranéenne n'eurent aucun mal à se faire aux routines sociales de longue date familières plus au nord ; en vérité, ils le faisaient dès avant les révolutions politiques. Impatients d'être délivrés de contraintes d'un autre âge, la rhétorique politique de droite comme de gauche les laissait franchement sceptiques et les vieilles allégeances, indifférents. À Lisbonne ou à Madrid, après les années de transition, les visiteurs étaient immanquablement frappés par l'absence de toute allusion au passé récent, tant politique que culturel[20].

En 1966, *La Guerre est finie*, le film triste et élégiaque d'Alain Resnais, avait bien saisi la caducité prochaine des années 1930, avec son émigré communiste espagnol – Diego, joué par l'incomparable Yves Montand –, qui voyage clandestinement entre Paris et Madrid et diffuse courageusement des

19. Le programme socialiste traditionnel de nationalisation ne valait guère pour l'Espagne, où l'État autoritaire possédait déjà une bonne partie de l'économie officielle.

20. La nouvelle Constitution espagnole de 1978, dont le dessein était avant tout de réconcilier des pôles antagonistes de l'histoire espagnole – droite/gauche ; Église/anticléricaux ; centre/périphérie –, passe ostensiblement sous silence le régime qu'elle remplace.

publications subversives et les plans d'un « soulèvement ouvrier » dont il sait bien qu'il ne se produira jamais. Vous ne comprenez pas, essaie-t-il d'expliquer à ses correspondants du parti installés à Paris, qui rêvent d'un réveil des espoirs de 1936 : « L'Espagne est devenue la bonne conscience lyrique de toute la gauche : un mythe pour anciens combattants. En attendant, quatorze millions de touristes vont passer leurs vacances en Espagne[21]. » La réalité du monde résiste. Ce n'est pas un hasard si le scénario du film était l'œuvre de Jorge Semprun, qui fut de longues années agent communiste clandestin avant de quitter le parti, consterné qu'il était par les œillères de sa nostalgie.

Au début des années 1980, la répugnance des jeunes Espagnols à s'appesantir sur le passé récent était flagrante, notamment dans le rejet ostentatoire des vieux codes de comportement public : linguistiques, vestimentaires et surtout sexuels. Les films populaires de Pedro Almodóvar offrent une sorte d'inversion délibérée de cinquante ans d'un régime autoritaire qui sentait le moisi, un condensé des nouvelles conventions de la contre-culture. Toujours réalisés avec un clin d'œil existentialiste complice, ils présentent généralement des femmes désorientées dans des circonstances sexuellement chargées. Dans *Pepi, Luci, Bom et les autres filles du quartier (Pepi, Luci, Bom y otras chicas del montón)*, en 1980, produit à peine trois ans après les premières élections libres du pays, les personnages rient d'un air entendu des « érections générales » et de la « guerre de l'érotisme qui nous emporte ».

Deux ans plus tard, dans *Le Labyrinthe des passions (Laberinto de pasiones)*, des terroristes et des nymphomanes échangent des plaisanteries scatologiques et se demandent, à un moment, si leurs « petites affaires gay » doivent passer avant ou après « l'avenir de la nation ». À chaque film, le décor devient plus brillant, le cadre urbain plus chic. En 1988, avec *Femmes au bord de la crise de nerfs* (*Mujeres al borde de un ataque de nervios*), Almodóvar avait donné un aperçu cinématographique convaincant d'une société fébrile et résolument *moderne* qui s'efforçait désespérément de rattraper le temps perdu[22].

Il est d'autant plus paradoxal que ces changements n'aient pas été rendus possibles par des novateurs ou des révolutionnaires politiques ou culturels, mais par des hommes d'État conservateurs issus de l'ancien régime lui-même. Constantin Karamanlis, António de Spinola et Adolfo Suárez – comme Mikhaïl Gorbatchev quelques années plus tard – étaient tous des produits caractéristiques du système qu'ils contribuèrent à démanteler. Certes Karamanlis avait été exilé sous le régime des colonels, mais il n'y avait pas plus nationaliste et étriqué que lui, et, de surcroît, il avait une responsabilité

21. [Jorge Semprun, *La Guerre est finie*, Paris, Gallimard, 1966, p. 88.]

22. Ses films – tout récemment, *La Mauvaise Éducation (La Mala educación)*, en 2004 – sont franchement anticléricaux : peut-être est-ce le seul point sur lequel Almodóvar reste systématiquement fidèle à une tradition de dissidence culturelle espagnole plus ancienne.

directe dans les élections truquées de 1961 qui avaient tant contribué à discréditer le système de l'après-guerre et à porter l'armée au pouvoir.

Mais c'est précisément parce qu'ils rassuraient leur clientèle que ces hommes purent démanteler les institutions autoritaires dont ils avaient été les fidèles serviteurs. Ils laissèrent place, à leur tour, à des socialistes – Soares, González, Papandreou – qui surent rassurer leurs partisans sur leurs lettres de créance d'homme de gauche tout en mettant en œuvre les politiques économiques modérées et souvent impopulaires que leur imposaient les circonstances. La transition, pour citer un éminent commentateur espagnol, « exigeait des franquistes qu'ils fissent semblant de n'avoir jamais été franquistes, et des hommes de gauche tenants du compromis qu'ils fissent semblant de rester attachés à leurs principes de gauche[23] ».

Les circonstances de l'époque en obligèrent donc plus d'un à abjurer quasiment du jour au lendemain ses positions de principe de toujours. Le parfum familier des promesses judicieusement brisées et des souvenirs opportunément déplacés devait planer avec insistance sur la vie publique méditerranéenne de ces années-là et explique sans doute largement l'état d'esprit sceptique et apolitique d'une nouvelle génération dans les trois pays. Mais, des communistes aux phalangistes, ceux qui s'accrochèrent envers et contre tout aux engagements d'autrefois se laissèrent rapidement dépasser par le cours des événements. La constance n'était pas un substitut de la pertinence.

Enfin, l'Espagne, le Portugal et la Grèce purent intégrer ou réintégrer « l'Occident » sans grande difficulté, malgré leur isolement politique volontaire, parce que leur politique étrangère avait toujours été compatible avec celle de l'OTAN et des États de la CEE, en fait alignée sur elle. Les institutions de la guerre froide, sans parler d'un anticommunisme commun, avait facilité une communication et une collaboration croissantes entre démocraties pluralistes et dictatures militaires ou cléricalistes. Après des années occupées en sommets, négociations, et planification ou simplement en affaires avec leurs homologues non élus, les Nord-Américains et les Européens de l'Ouest avaient de longue date cessé de s'indigner des régimes de Madrid, Athènes ou Lisbonne.

Pour la plupart des observateurs, y compris nombre de leurs détracteurs locaux, les régimes déplaisants de l'Europe méridionale n'étaient pas tant moralement faillis qu'institutionnellement anachroniques. Et bien entendu, à beaucoup d'égards, leurs économies étaient foncièrement semblables à celles des autres pays occidentaux et déjà bien intégrées aux marchés internationaux de l'argent, des biens et du travail. Le Portugal de Salazar lui-même faisait clairement partie du système capitaliste international, quoique à la mauvaise extrémité. La classe moyenne naissante, surtout en Espagne, calquait ses

23. Víctor Perez-Díaz, *Spain at the Crossroads : civil Society, Politics, and the Rule of Law*, Cambridge, Mass., 1999, p. 65.

ambitions non moins que son habillement sur les cadres, hommes d'affaires, ingénieurs, politiciens et fonctionnaires de la France, de l'Italie ou de la Grande-Bretagne. Malgré leur arriération, les sociétés d'Europe méditerranéenne appartenaient déjà à un monde qu'elles aspiraient à rejoindre sur un pied d'égalité, et la sortie du régime autoritaire fut par-dessus tout facilitée par l'occasion qui leur fut offerte d'accomplir cette transition. Apparemment, la géographie avait triomphé de l'histoire.

La Communauté européenne connut entre 1973 et 1986 une de ses périodiques explosions d'activisme et d'expansion : une « séquence de big bangs irréguliers », pour reprendre le mot d'un historien. Le président Georges Pompidou, que le décès du général de Gaulle avait libéré de l'hypothèque des critiques de son protecteur mais qui était aussi passablement perturbé, on l'a vu, par les incidences stratégiques de la nouvelle *Ostpolitik* de Willy Brandt, fit clairement savoir qu'il se réjouirait de l'entrée de la Grande-Bretagne dans la CE. En janvier 1972, à Bruxelles, la CE approuva officiellement l'accession de la Grande-Bretagne, de l'Irlande, du Danemark et de la Norvège, qui devait prendre effet un an plus tard.

Le succès de la candidature britannique fut l'œuvre du Premier ministre conservateur Edward Heath, le seul dirigeant politique britannique depuis la Seconde Guerre mondiale qui eût été partisan sans arrière-pensée et avec ferveur de joindre le sort de son pays à celui de ses voisins continentaux. Quand le parti travailliste revint au pouvoir, en 1974, et organisa un référendum sur l'adhésion du Royaume-Uni à la Communauté, le pays l'approuva par 17 300 000 voix contre 8 400 000. Mais même Heath ne réussit à faire que les Britanniques – spécialement les Anglais – « se sentent » européens, et une part significative des électeurs de droite comme de gauche continuèrent à douter de l'intérêt d'être « en Europe ». Dans le même temps, les Norvégiens étaient très clairement d'avis que mieux valait rester dehors : dans un référendum de septembre 1972, 54 % rejetèrent l'entrée dans la CE et se prononcèrent plutôt pour un accord de libre-échange limité avec la Communauté – décision confirmée vingt ans plus tard par un vote presque identique[24].

L'adhésion britannique devait susciter la controverse par la suite, quand Margaret Thatcher s'opposa aux projets naissants de resserrement de l'Union

24. Les deux fois, la capitale, Oslo, vota oui à une forte majorité. Mais le non l'emporta du fait d'une coalition antieuropéenne de gauchistes, d'écologistes, de « nationalistes linguistiques » et de paysans des provinces côtières et septentrionales, sans compter les pêcheurs violemment hostiles à la restriction par la CEE de la zone de pêche côtière exclusive à vingt milles. L'entrée du Danemark entraîna aussi celle du Groenland, encore gouverné par Copenhague. En 1979, cependant, le Groenland devint autonome : le pays décida alors par référendum de quitter la CEE. Il est le seul État membre à l'avoir jamais fait.

et exigea que la Grande-Bretagne fût remboursée du « trop versé » au budget commun. Dans les années 1970, cependant, Londres avait ses problèmes propres et, malgré l'impact inflationniste de son adhésion, elle fut soulagée de faire partie d'une zone commerciale qui assurait un tiers des investissements intérieurs de la Grande-Bretagne. Les premières élections directes au nouveau Parlement européen se déroulèrent en 1979 – jusque-là, les membres de l'Assemblée européenne de Strasbourg étaient désignés par leurs parlements respectifs – mais suscitèrent peu d'intérêt. Au Royaume-Uni, la participation fut faible, comme il était à prévoir : à peine 31,6 %. Mais elle ne fut pas particulièrement forte ailleurs non plus : en France, trois électeurs sur cinq se donnèrent la peine de voter ; aux Pays-Bas, moins encore.

L'adhésion des trois pays de l'« étage nord » à la CE fut assez peu problématique pour les nouveaux venus comme pour les anciens membres. L'Irlande était pauvre, mais minuscule, tandis que le Danemark et le Royaume-Uni, riches, étaient donc des contributeurs nets au budget commun. Comme dans la vague suivante d'adhérents prospères, en 1995, lorsque l'Autriche, la Suède et la Finlande rejoignirent ce qui était devenu l'Union européenne, les nouveaux participants alimentèrent les coffres et le poids d'une communauté en pleine expansion sans accroître sensiblement ses coûts ni rivaliser avec les membres existants sur des terrains sensibles. Les nouveaux entrants du sud étaient une autre affaire.

La Grèce, comme l'Irlande, était petite et pauvre ; son agriculture ne menaçait pas les paysans français. Malgré certaines entraves institutionnelles – l'Église orthodoxe avait une position officielle et influente, et le mariage civil, pour ne donner qu'un seul exemple, ne devint possible qu'en 1992 –, il n'y avait donc pas d'argument solide contre son entrée, dont le président français Valéry Giscard d'Estaing, parmi d'autres, se fit le champion. S'agissant du Portugal et, surtout, de l'Espagne, les Français manifestèrent une vigoureuse opposition. Le vin, l'huile d'olive, les fruits et d'autres produits agricoles étaient beaucoup moins chers à produire et à commercialiser au sud des Pyrénées : si l'Espagne et le Portugal entraient dans le marché commun sur un pied d'égalité, les paysans ibériques deviendraient de rudes concurrents pour les producteurs français.

Aussi fallut-il neuf ans au Portugal et à l'Espagne pour obtenir leur entrée dans la CE (contre six seulement pour la Grèce), période au cours de laquelle l'image publique de la France, traditionnellement positive dans la Péninsule ibérique, se ternit considérablement : en 1983, aux deux tiers d'une acrimonieuse série de négociations, 39 % seulement des Espagnols avaient une vision « favorable » de la France – un début qui augurait mal de leur avenir commun. Le problème tenait, en partie, au fait que l'arrivée des pays méditerranéens n'impliquait pas simplement de dédommager Paris par une nouvelle augmentation des aides de la Communauté aux agriculteurs français ; à eux trois, l'Espagne, le Portugal et la Grèce augmentaient la population communautaire de 58 millions d'habitants, pour la plupart pauvres et donc éligibles à toutes sortes de programmes financés par Bruxelles et d'aides[25].

En fait, avec l'accession de trois pays agricoles pauvres, le Fonds agricole commun dut assumer de nouvelles charges très lourdes, et la France cessa d'en être le principal bénéficiaire. Aussi fallut-il négocier avec soin divers accords pour compenser les Français de leurs « pertes ». Les nouveaux furent à leur tour dûment dédommagés de leurs désavantages et de la longue « période de transition » que la France réussit à imposer avant que leurs exportations pussent entrer librement en Europe. Les « Programmes méditerranéens intégrés » – des subventions régionales de fait, sinon encore nommément – qui furent offerts à l'Espagne et au Portugal à leur entrée en 1986 n'avaient pas été proposés aux Grecs en 1981 : menaçant de retirer la Grèce de la CE si on lui opposait un refus, Andreas Papandreou demanda avec succès leur extension à son pays[26].

C'est dans ces années-là que la Communauté européenne acquit donc son image peu flatteuse d'espèce de foire aux bestiaux institutionnalisée, où les pays négocient des alliances politiques en contrepartie de gratifications matérielles. Et celles-ci étaient bien réelles. Les Espagnols et les Portugais tirèrent un assez bon parti de « l'Europe » (quoique pas aussi bon que la France), les négociateurs espagnols devenant notoirement habiles à défendre et à servir les intérêts financiers de leur pays. Mais c'est surtout Athènes qui fit son beurre : après avoir été d'abord à la traîne du reste de la Communauté au cours des années 1980 (et avoir remplacé le Portugal au rang de membre le plus pauvre de la communauté en 1990), la Grèce profita considérablement de son adhésion.

En vérité, c'est *parce que* la Grèce était si pauvre – en 1990, la moitié des régions les plus pauvres de la Communauté européenne étaient grecques – qu'elle s'en sortit si bien. Pour Athènes, l'adhésion à la CE eut l'effet d'un second plan Marshall : dans les seules années 1985-1989, la Grèce reçut 7,9 milliards de dollars des fonds de la CE, proportionnellement davantage que tout autre pays. Du moment qu'il n'y avait pas de file d'attente de pays pauvres, ce niveau de générosité redistributive – le prix de l'acquiescement grec aux décisions communautaires – était absorbable par les nations qui finançaient la Communauté, essentiellement la RFA. Mais avec l'unification coûteuse de l'Allemagne et la perspective d'un nouveau vivier de candidats indigents d'Europe de l'Est, les généreux précédents des années d'accession méditerranéenne devaient se révéler pesants et controversés.

25. Cette situation était cependant compensée par l'ouverture de nouvelles opportunités d'investissement au secteur privé : la participation étrangère dans des sociétés espagnoles augmenta de 374 % entre 1983 et 1992.

26. Plus d'une voix autorisée, à Bruxelles, s'éleva pour inviter la Commission européenne à le prendre au mot…

Plus elle grandit, plus la Communauté européenne devint difficile à gérer. L'unanimité requise au Conseil des ministres intergouvernemental donnait lieu à d'interminables débats. Il fallait parfois des années pour trancher : une directive sur la définition et la réglementation de l'eau minérale mit onze ans à sortir des chambres du Conseil. Il fallait faire quelque chose. De longue date, chacun s'accordait à penser que le « projet » européen avait besoin d'un dessein, d'une infusion d'énergie : en 1969, la conférence de La Haye fut la première d'une série irrégulière de sommets visant à « relancer l'Europe », et l'amitié de Valéry Giscard d'Estaing et du chancelier allemand Helmut Schmidt, dans les années 1975-1981, profita à cet ordre du jour.

Il était cependant plus facile d'avancer par l'intégration économique négative – suppression des tarifs douaniers et restrictions commerciales, subvention des régions et des secteurs désavantagés – que de s'entendre sur des critères réfléchis nécessitant une action politique *positive*. La raison était assez simple. Tant qu'il y avait assez d'argent à distribuer, on pouvait présenter la coopération économique comme un bénéfice net pour toutes les parties, alors que toute initiative politique dans le sens de l'intégration ou de la coordination européenne menaçait implicitement l'autonomie nationale et restreignait l'initiative politique intérieure. Un changement ne devenait possible que lorsque les dirigeants puissants des États dominants s'accordaient pour des raisons propres à travailler ensemble à quelque projet commun.

Ainsi, quand Willy Brandt et Georges Pompidou avaient lancé le premier système de coordination monétaire, le « serpent » ; quand Helmut Schmidt et Giscard d'Estaing le transformèrent en Système monétaire européen (SME) ; et quand Helmut Kohl et François Mitterrand, leurs successeurs respectifs, furent les artisans, en 1992, du traité de Maastricht qui donna naissance à l'Union européenne. C'est encore Giscard et Schmidt qui inventèrent la « diplomatie de sommet » afin de contourner les entraves d'une encombrante bureaucratie supranationale à Bruxelles : comme par le passé, la coopération franco-allemande était la condition nécessaire de l'unification de l'Europe occidentale.

Derrière les initiatives franco-allemandes des années 1970 se trouvait l'inquiétude économique. L'économie européenne progressait lentement, dans le meilleur des cas ; l'inflation était chronique et l'incertitude résultant de l'effondrement du système de Bretton Woods se soldait par des taux de changes volatiles et imprévisibles. Le Serpent, le SME et l'écu étaient une sorte de *second-best*, de pis-aller, parce qu'il s'agissait d'une réponse régionale, plutôt qu'internationale au problème, revenant à chaque fois à substituer le deutschmark au dollar en tant que monnaie de référence stable pour les banquiers et marchés européens. Quelques années plus tard, le remplacement des devises nationales par l'*euro*, malgré ses implications symboliques dérangeantes, était en toute logique l'étape suivante. L'émergence ultime d'une monnaie unique européenne fut donc le fruit de réponses pragmatiques à des problèmes économiques, non pas une initiative stratégique calculée en vue d'atteindre un objectif européen prédéterminé.

En convainquant de nombreux observateurs, notamment des sociaux-démocrates jusqu'ici sceptiques, que la reprise et la prospérité économiques n'étaient plus envisageables au seul niveau national, la collaboration monétaire fructueuse des États ouest-européens fut un marchepied inattendu vers d'autres formes d'action collective. Sans rencontrer d'opposition de principe dans aucune clientèle puissante, les chefs d'État et de gouvernement de la communauté signèrent en 1983 une déclaration solennelle les engageant à une future *Union* européenne. La forme précise de cette union fut ensuite élaborée au cours de négociations qui aboutirent à un Acte unique européen (AUE) approuvé en décembre 1985 par le Conseil européen avant d'entrer en vigueur en juillet 1987.

L'AUE fut la première révision significative du traité de Rome original. L'article 1er déclarait assez clairement que « les Communautés européennes et la coopération politique européenne ont pour objectif de contribuer ensemble à faire progresser concrètement l'Union européenne ». Par le simple fait de remplacer « Communauté » par « Union », les dirigeants des douze accomplirent une avancée décisive sur le plan des principes. En revanche, les signataires évitèrent ou ajournèrent toutes les pommes de discorde, à commencer par le fardeau croissant du budget agricole de l'Union. Ils se contentèrent aussi de tourner prudemment autour de la fâcheuse absence de toute politique européenne commune en matière de défense et d'affaires étrangères. Au faîte de la « nouvelle guerre froide » des années 1980, et au seuil des évolutions capitales qui se produisaient à quelques dizaines de kilomètres plus à l'est, les États membres de l'Union européenne gardaient les yeux résolument fixés sur les affaires intérieures de ce qui n'était encore surtout qu'un marché commun, même s'il englobait bien plus de 300 millions d'habitants.

En revanche, ils s'entendirent pour avancer délibérément vers un authentique marché intérieur unique des biens et du travail (objectif 1992) et adopter un système de « vote à la majorité qualifiée » dans le processus européen de décision : « qualifié », parce que les membres les plus importants (notamment la Grande-Bretagne et la France) insistaient pour garder le pouvoir de bloquer des propositions préjudiciables à leur intérêt national. C'étaient de véritables changements, sur lesquels il fut possible de s'entendre, parce que tout le monde, de Margaret Thatcher aux Verts, était d'accord sur le principe d'un marché unique, quoique pour des raisons différentes. Ils facilitèrent et préparèrent l'intégration économique effective de la décennie suivante.

Le renoncement au système du veto national au Conseil européen était inévitable si l'on voulait que des décisions fussent prises par une communauté d'États toujours plus encombrante, dont la taille avait doublé en treize ans et qui se préparait déjà aux demandes d'adhésion de la Suède, de l'Autriche et d'ailleurs. Plus elle grandissait, plus la future Union européenne devenait attrayante – et, d'une certaine façon, « inévitable » – pour ceux qui n'en étaient pas encore. Pour les citoyens de ses États membres, cependant, le trait le plus significatif de l'Union européenne de ces années-là, ce n'était pas la façon dont elle était gouvernée (la plupart des gens n'en savaient rien), ni les projets d'intégration plus étroite de ses dirigeants, mais les sommes qui passaient par ses caisses et la façon dont l'argent était dépensé.

Le traité de Rome originel ne prévoyait qu'une seule agence ayant pour mission d'identifier les régions des États membres qui avaient besoin d'assistance et de leur verser l'argent de la Communauté : la Banque européenne d'investissement, créée à l'initiative de l'Italie. Une génération plus tard, cependant, les dépenses régionales, sous forme de subventions, d'aide directe, de fonds de lancement et autres incitations à l'investissement étaient la principale source d'expansion budgétaire à Bruxelles et, de loin, le levier le plus important dont disposât la Communauté.

La raison en était la confluence des politiques régionalistes *au sein* des différents États membres et les disparités croissantes *entre* les États eux-mêmes. Dans l'immédiat après-guerre, les États européens étaient encore unitaires, gouvernés du centre sans trop de considération pour la diversité locale ou la tradition. Seule la nouvelle Constitution italienne de 1948 faisait place aux autorités régionales ; malgré tout, les gouvernements locaux limités qu'elle prévoyait restèrent lettre morte pendant un quart de siècle. Mais au moment précis où les demandes locales d'autonomie devinrent un facteur sérieux dans les calculs politiques intérieurs à travers l'Europe entière, la CE, pour ses raisons propres, inaugura un système de fonds régionaux, avec la création en 1975 du FDRE ou Fonds de développement régional européen.

Du point de vue des fonctionnaires de Bruxelles, le FDRE et les autres « fonds structurels » avaient deux fins. La première était de s'attaquer au problème du retard et de l'inégalité économiques au sein d'une Communauté qui restait encore très largement guidée par la culture de « croissance » de l'après-guerre, ainsi que l'Acte unique européen le reconnut très explicitement. Chaque nouveau groupe de membres introduisait de nouvelles inégalités qui nécessitaient attention et compensation si l'on voulait que l'intégration économique réussît. Le *Mezzogiorno* de l'Italie n'était plus la seule zone pauvre qu'elle était naguère : la majeure partie de l'Irlande, certaines régions de la Grande-Bretagne (Ulster, Pays de Galles, Écosse, Nord et Ouest de l'Angleterre) ; la majeure partie de la Grèce et du Portugal ; le Sud, le Centre et le Nord-Ouest de l'Espagne, toutes ces régions étaient pauvres et avaient besoin de subventions et de réallocations significatives de l'aide centrale pour rattraper leur retard.

En 1982, pour un revenu moyen de 100 dans la Communauté européenne, le Danemark – le pays le plus riche – se situait à 126 et la Grèce à 44 seulement. En 1989, le PIB par tête au Danemark était encore plus du double de celui du Portugal (aux États-Unis, l'écart entre les États riches et les pauvres ne dépassait pas les 70 %). Et encore s'agit-il de moyennes nationales : les disparités régionales étaient plus accentuées. Même les pays riches avaient des zones déshéritées : quand la Suède et la Finlande rejoignirent l'Union, au milieu des années 1990, leurs régions arctiques, sous-peuplées et totalement tributaires des subsides et autres allocations de Stockholm et d'Helsinki, purent à leur tour prétendre désormais aux aides de Bruxelles. Pour corriger les déformations géographiques et marchandes qui enfermaient la Galice, en Espagne, ou le Västerbotten, en Suède, dans un état de dépendance, les agences de Bruxelles devaient dépenser de grosses sommes d'argent : apportant d'incontestables avantages locaux, mais créant aussi, ce faisant, des bureaucraties locales coûteuses, pesantes et parfois corrompues[27].

Le second mobile des projets de financement régional terriblement coûteux de l'Europe – les Fonds structurels et le Fonds de cohésion devaient absorber au total 35 % des dépenses de l'UE à la fin du siècle – était de permettre à la Commission européenne de Bruxelles de court-circuiter les gouvernements centraux récalcitrants pour collaborer directement avec les intérêts régionaux au sein des pays membres. Cette stratégie connut un vif succès. Depuis la fin des années 1960, le sentiment régionaliste n'avait cessé de gagner du terrain, voire de renaître, un peu partout. Substituant l'affinité régionale au dogme politique, d'anciens soixante-huitards cherchaient maintenant à ressusciter l'occitan dans le Midi de la France. Comme leurs homologues bretons, ils firent cause commune avec les séparatistes catalans et basques, les nationalistes écossais et flamands, les séparatistes d'Italie du Nord et tant d'autres, tous exprimant la même rancœur devant la « gabegie » de Madrid, Paris, Londres ou Rome.

Les nouveaux régionalismes politiques entraient dans de nombreuses sous-catégories qui se chevauchaient : historiques, linguistiques, religieuses, autonomistes quand ils ne revendiquaient pas carrément l'indépendance nationale. D'une manière générale, cependant, il y avait les provinces riches, qui supportaient mal de devoir subventionner les régions déshéritées de leur pays ; et les zones historiquement désavantagées ou de désindustrialisation récente, révoltées d'être traitées en parents pauvres par des responsables politiques nationaux insensibles. La première catégorie rassemblait la Catalogne, la Lombardie, la Flandre en Belgique, le Bade-Wurtemberg ou la Bavière en RFA et la région Rhône-Alpes (qui, avec l'Île-de-France, représentait près de 40 % du PIB français en 1990). Dans la seconde, l'Andalousie se retrouvait avec une bonne partie de l'Écosse, la Wallonie francophone et beaucoup d'autres.

Les deux catégories avaient quelque chose à gagner de la politique régionale européenne. Des régions aisées comme la Catalogne et le Bade-Wurtemberg

27. Bien entendu, la Politique agricole commune, l'autre grand poste budgétaire de l'UE, avait longtemps eu pour effet d'exacerber les distorsions régionales mêmes que les Fonds de cohésion et autres étaient désormais censés contribuer à éliminer…

ouvrirent des bureaux à Bruxelles et apprirent à faire du lobbying dans leur intérêt, histoire d'attirer des investissements ou d'obtenir de la Communauté des politiques favorisant les institutions locales plutôt que nationales. Les représentants politiques des régions désavantagées furent tout aussi prompts à manipuler les allocations ou les aides de Bruxelles pour accroître leur popularité locale, et, ce faisant, presser les autorités dociles de Dublin ou de Londres d'encourager, voire de compléter, les largesses de Bruxelles. Ces arrangements faisaient l'affaire de tous : les caisses de l'Europe pouvaient bien verser des millions pour aider le tourisme dans l'ouest dépeuplé de l'Irlande ou subventionner des incitations fiscales pour attirer les investisseurs dans des régions de chômage chronique comme la Lorraine ou Glasgow ; mais ne serait-ce que par intérêt éclairé, les bénéficiaires devenaient des « Européens » loyaux. L'Irlande réussit à remplacer ou à moderniser ainsi une bonne partie de son réseau délabré de transport et de tout-à-l'égout, et elle ne fut pas la seule parmi les pays pauvres ou périphériques[28].

L'AUE élargit les pouvoirs de la Communauté dans de nombreux domaines – environnement, pratiques en matière d'emploi, initiatives locales de recherche-et-développement – dont la CE ne s'était pas occupée, et qui tous impliquaient de verser des fonds de Bruxelles directement à des agences locales. Cette « régionalisation » cumulative de l'Europe fut bureaucratique et coûteuse. En voici un exemple infime parmi des centaines : en 1975, Bruxelles classa la région italienne du Haut-Adige/Sud-Tyrol, sur la frontière nord du pays avec l'Autriche, parmi les régions « montagneuses » (ce qui n'est guère contestable). Treize ans plus tard, elle fut officiellement déclarée « rurale » à plus de 90 % (une évidence pour n'importe quel voyageur) ou, dans le jargon de Bruxelles, comme « zone d'objectif 5b ». À ce double titre, le Haut-Adige était désormais éligible aux fonds de protection de l'environnement, aux subventions agricoles, aux aides à la formation professionnelle et aux fonds d'encouragement aux métiers d'art traditionnels, sans compter les aides pour améliorer les conditions de vie afin de retenir la population.

De ce fait, entre 1993 et 1999, le minuscule Haut-Adige reçut un total de 96 millions d'écus (*grosso modo* le même montant en euros de 2005). Dans la « troisième période » de financement structurel européen, couvrant les années 2000 à 2006, 57 millions d'euros supplémentaires devaient être mis à la disposition de la province. En vertu de l'« objectif 2 », ces fonds devaient être déboursés au seul bénéfice des 83 000 habitants des zones « exclusivement »

28. Les pays riches étaient typiquement moins redevables à Bruxelles et gardaient un contrôle plus serré de leurs affaires. En France, malgré la « décentralisation » consacrée par les lois des années 1980, les rênes du budget restaient solidement tenues par Paris. De ce fait, les régions prospères suivaient le courant international et profitaient de leurs liens avec l'UE, tandis que les régions pauvres restaient par-dessus tout tributaires de l'aide de l'État.

montagneuses ou « rurales ». Depuis 1990, à Bolzano, la capitale provinciale, une administration a pour seule mission d'expliquer aux habitants du pays comment bénéficier de « l'Europe » et des ressources européennes. Depuis 1995, la province a aussi une antenne à Bruxelles (qu'elle partage avec le Trentin voisin ainsi que le Tyrol autrichien). Le site web officiel de la province de Bolzano (désormais accessible en italien, allemand, anglais, français et ladino, variante du dialecte *Romansch* suisse) est inconditionnellement europhile : on le serait à moins.

Le résultat, au Sud-Tyrol comme ailleurs, est que, coûteuse ou non, l'intégration du continent « par en bas », comme le soulignaient ses partisans, semblait marcher. Quand le « Conseil » ou plus tard, l'« Assemblée des régions européennes » fut lancé en 1985, il comprenait déjà 107 régions membres, et beaucoup d'autres devaient les rejoindre. Une sorte d'Europe unie commençait de se profiler. Naguère affaire d'une poignée de récidivistes linguistiques ou de folkloristes nostalgiques, le régionalisme se voyait maintenant offrir une autre identité « sub-nationale » : évinçant la nation elle-même et d'autant plus légitime qu'elle avait l'imprimatur officiel de Bruxelles et même, quoique avec bien moins d'enthousiasme, des capitales nationales.

Les habitants de cette Communauté toujours plus parcellisée, dont les citoyens professaient désormais des allégeances électives multiples aux résonnances culturelles et à la signification quotidienne variables, étaient peut-être moins franchement « italiens », « britanniques » ou « espagnols » que dans les décennies passées ; ils ne se sentaient pas nécessairement plus « européens » pour autant, malgré la prolifération régulière des étiquettes, élections et institutions « européennes ». Le foisonnement d'agences, de médias, d'institutions, de représentants et de fonds multiplia les avantages sans susciter grande affection. Une raison en est peut-être l'abondance même de circuits officiels de distribution et de surveillance de l'administration des largesses européennes : l'appareil déjà complexe du gouvernement des États modernes, avec ses ministères, ses commissions et ses directions, se trouvait maintenant doublé, voire triplé par en haut (Bruxelles) et par en bas (province ou région).

Le résultat ne fut pas simplement une bureaucratie d'une ampleur sans précédent, mais aussi la corruption, induite et encouragée par le simple volume des fonds disponibles, lesquels exigeaient souvent d'exagérer, voire d'inventer les besoins locaux, encourageant la vénalité et provoquant ainsi toutes sortes d'abus locaux qui passaient inaperçus des dirigeants de Bruxelles, mais risquaient de discréditer leur entreprise même aux yeux de ses bénéficiaires. Entre la réputation de gestion par des bureaucrates lointains et non élus et les rumeurs bien alimentées de magouilles politiques et de prévarications, « l'Europe » de ces années-là ne fut pas très bien servie par ses propres réalisations.

Les insuffisances bien connues de la politique locale – clientélisme, corruption, manipulation – que les États-nations mieux gérés étaient censés avoir surmontées refirent surface à l'échelle du continent. Les responsables politiques nationaux prirent grand soin de rejeter la responsabilité publique des « euro-scandales » occasionnels sur les épaules d'une classe invisible d'« eurocrates » non élus, dont la mauvaise réputation n'avait pas de coût politique. Dans le même temps, ses bénéficiaires et ses promoteurs défendaient le gonflement du budget communautaire au nom de l'« harmonisation » transnationale ou des compensations légitimes (et alimentées par les ressources apparemment sans fond de la Communauté).

Bref, « l'Europe » était en passe de représenter un « risque moral » *(moral hazard)*, ainsi que se plaisaient à le souligner ses critiques malveillants, notamment en Grande-Bretagne. L'effort poursuivi depuis des décennies pour dépasser la désunion continentale par des mesures purement techniques semblait clairement politique, mais manquait de la légitimité rédemptrice d'un projet politique traditionnel poursuivi par une classe élue d'hommes politiques connus. Pour autant que « l'Europe » eût un objectif distinct, sa stratégie économique restait ancrée dans les calculs et les ambitions des années 1950. Quant à sa politique, le ton assuré et interventionniste des déclarations de la Commission européenne – mais aussi l'autorité et les chéquiers ouverts avec lesquels les experts européens visitaient les régions reculées – trahissait un style de gouvernement profondément enraciné dans l'apogée social-démocrate du début des années 1960.

Malgré leurs efforts louables pour dépasser les insuffisances des calculs politiques nationaux, les hommes et les femmes qui construisaient « l'Europe » dans les années 1970-1980 étaient encore curieusement provinciaux. Leur plus grande réalisation transnationale de l'époque, l'accord de Schengen signé en juin 1985, est révélateur de ce point de vue. Par cet accord, la France, l'Allemagne et les pays du Benelux décidèrent de démanteler leurs frontières communes et d'inaugurer un régime partagé de contrôle des passeports. Il serait désormais facile de passer d'Allemagne en France, de même que c'était de longue date un jeu d'enfant que de passer de Belgique en Hollande, par exemple.

Mais les signataires de Schengen devaient s'engager en contrepartie à renforcer la délivrance des visas et les contrôles douaniers entre eux et les pays non participants : avant d'ouvrir leurs frontières à quelqu'un venant d'Allemagne, les Français devaient s'assurer que les Allemands avaient appliqué les critères les plus draconiens à *leurs* points d'entrée. En ouvrant les frontières intérieures entre les États membres de la CE, l'accord renforçait sensiblement les frontières extérieures qui les séparaient des autres. Les Européens civilisés pouvaient bien dépasser les frontières, mais il fallait fermement refouler les « barbares » loin d'elles[29].

---

29. L'« espace de Schengen » a été élargi depuis à d'autres États membres de l'UE, mais le Royaume-Uni est resté à l'extérieur et la France, entre autres participants, s'est réservée le droit de rétablir des contrôles aux frontières pour raisons de sécurité.

XVII

Le nouveau réalisme

« La société, ça n'existe pas. Il n'y a que des hommes et des femmes, et des familles. »
Margaret Thatcher

« Les Français commencent à comprendre que c'est l'entreprise qui crée la richesse, qui détermine notre niveau de vie et notre place dans la hiérarchie mondiale. »
François Mitterrand

« À la fin de l'expérience Mitterrand, la gauche française semblait plus à court d'idées, d'espoirs et de soutien qu'à aucun moment de son histoire. »
Donald Sassoon

Toute révolution politiquement significative s'annonce par une transformation du paysage intellectuel. Les bouleversements européens des années 1980 n'y font pas exception. La crise économique du début des années 1970 mina l'optimisme des décennies d'après-guerre en Europe de l'Ouest, fracturant les partis politiques traditionnels et propulsant au centre du débat public des problèmes peu familiers. De part et d'autre de la ligne de fracture de la guerre froide, les débats politiques rompaient de manière décisive avec des décennies d'habitudes mentales figées… pour en former de nouvelles à une vitesse inattendue. Pour le meilleur ou pour le pire, un nouveau réalisme était né.

La première victime du changement d'état d'esprit fut le consensus qui avait jusque-là entouré l'État d'après-guerre, avec l'économie néo-keynésienne qui tenait ses créneaux intellectuels. À la fin des années 1970, l'État-providence européen commençait à compter le coût de ses succès. La génération du *baby boom* de l'après-guerre entrait dans l'âge mûr, et les statisticiens officiels prévenaient d'ores et déjà du poids des retraites, un problème qui paraissait plus proche à l'horizon budgétaire du fait de l'abaissement généralisé de l'âge de la retraite. En Allemagne, par exemple, seuls 72 % des hommes âgés de 60 à 64 ans travaillaient à plein temps en 1960 ; vingt ans plus tard, 44 % seulement des hommes de cette classe d'âge travaillaient encore. Au Pays-Bas, on était passé de 81 à 58 %.

D'ici quelques années, la plus forte cohorte générationnelle de l'histoire de l'Europe allait cesser d'alimenter les caisses du Trésor tout en commençant d'attirer des sommes colossales sous forme de retraites garanties par l'État ou, indirectement mais avec un impact comparable, en accroissant leur demande de services médicaux et sociaux assurés par l'État. Par ailleurs, s'agissant de la génération la mieux nourrie qu'on ait jamais vue, elle vivrait très certainement plus longtemps. Et à ce souci venait maintenant s'ajouter le coût croissant de l'indemnisation du chômage, qui en 1980 était devenu une considération budgétaire majeure de tout État d'Europe occidentale.

Ces inquiétudes généralisées n'étaient pas infondées. Les États-providence d'après-guerre reposaient sur deux postulats implicites : que la croissance économique et la création d'emplois (et donc des recettes fiscales) se poursuivraient aux niveaux élevés des années 1950 et 1960 ; et que les taux de natalité resteraient très supérieurs au niveau de remplacement, assurant une offre régulière de nouveaux contribuables pour payer les retraites de leurs parents et grands-parents. Ces deux postulats étaient maintenant battus en brèche, mais l'erreur de calcul démographique fut la plus dramatique des deux. Au début des années 1980, en Europe de l'Ouest, le taux de remplacement de la population – 2,1 enfants par femme – n'était atteint ou dépassé qu'en Grèce et en Irlande. En Allemagne de l'Ouest, il était de 1,4. En Italie, il n'allait pas tarder à tomber encore plus bas : alors qu'en 1950, 26,1 % des Italiens – plus d'un sur quatre – avait moins de 14 ans, ce taux n'était plus que de 20 % en 1980, soit un sur cinq ; en 1990, il chuterait à 15 %, soit près d'un sur sept[1].

Tout semblait indiquer que d'ici vingt ans l'Europe occidentale prospère n'aurait plus assez d'habitants pour payer les factures, et la faute paraissait en incomber à la prospérité en même temps qu'à la fiabilité de la contraception et au nombre croissant des femmes travaillant hors de leur foyer[2]. De ce fait, les charges pesant sur ceux qui étaient en position de payer ne cessèrent d'augmenter. Dans certains pays, en France notamment, le coût du financement des retraites et de la protection sociale pesait déjà lourd sur les employeurs : une considération d'importance dans une période de chômage chronique élevé. Mais les charges directes sur le Trésor public étaient un souci plus immédiat : en pourcentage du PIB, la dette publique, au milieu des années 1980, atteignait des records historiques : 85 % dans le cas de l'Italie. En Suède, en 1977, les dépenses sociales absorbaient un tiers du produit national – charge budgétaire à laquelle il n'était possible de faire face que par les déficits ou en augmentant les impôts frappant les catégories mêmes – salariés, fonctionnaires et professions libérales – sur lesquelles avaient reposé jusque-là le consensus social-démocrate.

---

1. N'eût été la courbe nettement à la hausse du taux de natalité dans les communautés immigrées d'Asie, d'Afrique et des Caraïbes, ces chiffres eussent été encore plus faibles.

2. En Europe de l'Est, c'est la Hongrie, où l'économie « souterraine » (voir chapitre XVIII) assurait à beaucoup un niveau de vie plus élevé que dans le reste du bloc, qui enregistra la première, dans ces mêmes années, des taux de natalité comparables.

Depuis les années 1930, la politique officielle reposait sur un consensus « keynésien » largement incontesté. Celui-ci tenait pour acquis que la planification économique, le financement par le déficit et le plein-emploi étaient intrinsèquement souhaitables et naturellement solidaires. Ses critiques avançaient deux arguments. Le premier, tout simplement, était que l'éventail des services sociaux et des prestations auxquels les Européens de l'Ouest s'étaient habitués n'était plus viable. Le second, présenté avec une insistance toute particulière en Grande-Bretagne, où l'économie nationale avait vacillé de crise en crise pendant la majeure partie des décennies de l'après-guerre était que, viable ou non, l'État interventionniste faisait obstacle à la croissance économique.

L'État, insistaient ces critiques, devait être autant que possible tenu à distance du marché des biens et services. Il ne devait pas posséder les moyens de production ni allouer les ressources ; il ne devait pas avoir de monopole ni en encourager, et ne devait pas fixer les prix et les revenus. Dans l'idée de ces « néolibéraux », la plupart des services alors fournis par l'État – assurance, logement, retraites, santé et éducation – seraient assurés plus efficacement par le secteur privé, les citoyens les payant eux-mêmes sur leurs revenus qui ne seraient plus détournés vers les ressources publiques. Dans l'esprit de l'un des principaux tenants du libéralisme, l'économiste autrichien Friedrich von Hayek, même les États les mieux gérés sont incapables de traiter les données efficacement et de les traduire en bonne politique : dans leur effort même pour susciter l'information économique, ils la dénaturent.

Ce n'étaient pas des idées neuves. On retrouvait là les bonnes vieilles panacées d'une génération antérieure de libéraux prékeynésiens, formée aux doctrines libérales de l'économie néoclassique. Plus récemment, c'étaient des idées bien connues des spécialistes de l'œuvre de von Hayek et de son disciple américain Milton Friedman. Avec la crise des années 1930, cependant, et l'essor nourri par la demande des années 1950 et 1960, ces points de vue avaient été typiquement rejetés, en Europe tout au moins : on les jugeait politiquement myopes et économiquement anachroniques. Depuis 1973, cependant, les théoriciens de l'économie de marché avaient repris du poil de la bête, imputant avec aplomb la récession économique endémique et les affres qui l'accompagnaient à un État surdéveloppé *(big government)* et à la mainmorte de la fiscalité et de la planification qu'il faisait peser sur les énergies et l'initiative nationales. Dans bien des pays, cette stratégie rhétorique avait tout pour séduire les jeunes électeurs novices qui n'avaient pas connu les conséquences funestes de ces approches la dernière fois qu'elles avaient dominé la scène intellectuelle, un demi-siècle plus tôt. Les disciples politiques de von Hayek et de Friedman ne réussirent à prendre le contrôle de la politique publique et à transformer de fond en comble la culture politique du pays qu'en Grande-Bretagne.

Que cela se soit produit dans ce pays est passablement paradoxal quand on sait que l'économie du Royaume-Uni, si elle était profondément réglementée, restait peut-être la moins « planifiée » d'Europe. Le gouvernement ne cessait de manipuler les mécanismes des prix et les « signaux » fiscaux, mais le seul aspect idéologique de la vie économique britannique se réduisait aux nationalisations mises en œuvre par le gouvernement travailliste après 1945. Et même si le Labour continuait de prôner la « propriété publique des moyens de production, de distribution et d'échange » (clause IV de la charte de 1918), la plupart de ses dirigeants ne l'acceptaient que pour la forme.

Le cœur de l'État-providence britannique résidait non pas dans le « collectivisme » économique, mais dans les institutions sociales universelles du pays, solidement ancrées dans le réformisme des contemporains libéraux de Keynes, au début du XXe siècle. Pour la plupart des électeurs britanniques de gauche comme de droite, ce n'était pas la planification économique ni la propriété publique qui comptaient, mais la gratuité de la médecine et de l'enseignement ainsi que des transports publics subventionnés. Ces services n'étaient pas excellents – la gestion de l'État-providence était en fait moins onéreuse en Grande-Bretagne qu'ailleurs du fait d'un sous-financement, de retraites publiques insuffisantes et d'un parc de logement médiocre –, mais ils étaient largement perçus comme un droit. Les néolibéraux avaient beau dénoncer avec véhémence l'inefficacité et les sous-performances de ces biens sociaux, ils demeuraient politiquement intouchables.

De Winston Churchill à Edward Heath, le parti conservateur moderne avait épousé le « contrat social » britannique avec presque autant de ferveur que les « socialistes » keynésiens du Labour ; depuis de longues années, ils avaient campé obstinément au centre (Churchill n'avait-il pas observé en mars 1943 « que donner du lait aux bébés est le plus bel investissement que puisse faire une communauté » ?). Quand, en 1970, Heath réunit un groupe de libéraux à Selsdon Park, près de Londres, pour discuter des stratégies économiques d'un gouvernement conservateur futur, son flirt éphémère et singulièrement ambivalent avec leurs propositions assez modérées fit s'abattre sur lui une tempête de condamnation dérisoire. Accusé de vouloir en revenir au primitivisme néandertalien de la jungle économique, « l'homme de Selsdon » battit précipitamment en retraite.

Si le consensus politique britannique s'effondra au cours de la décennie suivante, ce n'est pas du fait de la confrontation idéologique, mais parce qu'aucun des gouvernements successifs, *toutes* couleurs confondues, n'avait su identifier et imposer une stratégie économique efficace. Partant de l'idée que les malheurs économiques de la Grande-Bretagne étaient le fruit d'un sous-investissement chronique, d'une mauvaise gestion et de conflits du travail endémiques autour de questions de salaires et de répartition des tâches, les gouvernements tant travaillistes que conservateurs essayèrent de remplacer l'anarchie des relations sociales par un consensus organisé dans un esprit austro-scandinave ou allemand : une « politique des prix et des revenus », comme on devait dire en Grande-Bretagne, avec un minimalisme empirique caractéristique.

Ils échouèrent. Le parti travailliste ne parvint pas à faire régner l'ordre dans l'industrie parce que ses bailleurs de fonds syndicaux préféraient les affrontements à la base comme au XIXe siècle – où ils avaient de bonnes chances de gagner – à des contrats négociés signés à Downing Street, qui leur lieraient les mains pour des années. Les conservateurs, notamment le gouvernement d'Edward Heath (1970-1974), eurent encore moins de réussite, essentiellement parce que certains secteurs de la classe ouvrière britannique – par-dessus tout les mineurs de charbon – se méfiaient depuis toujours, avec de solides raisons, de tout compromis avec des ministres tory. Quand Heath suggéra de fermer un certain nombre de mines peu rentables en 1973 et tenta de limiter par la loi le pouvoir des syndicats de lancer des conflits du travail (chose que le Labour avait d'abord proposée, puis abandonnée, quelques années auparavant), son gouvernement se retrouva coincé par une vague de grèves. Quand il demanda au corps électoral de décider, comme il dit, « qui dirige le pays », il perdit de justesse devant un Harold Wilson trop prudent pour embrasser cette cause.

C'est seulement sous le gouvernement travailliste de James Callaghan (1976-1979), qui succéda à Wilson, qu'une nouvelle politique commença de se dessiner. Mus par le désespoir et les conditions d'un prêt du FMI, Callaghan et son chancelier de l'Échiquier, le redoutable Denis Healey, commencèrent à se désengager des dogmes centraux de la pratique gouvernementale de l'après-guerre. Ils lancèrent un programme de restructuration qui reconnaissait qu'un certain chômage était inévitable ; réduisirent les transferts sociaux et les coûts du travail en protégeant les ouvriers qualifiés tout en autorisant l'émergence d'une périphérie défavorisée d'employés à temps partiel non protégés et non syndiqués ; et entreprirent de juguler et de réduire l'inflation et les dépenses publiques, fût-ce au prix d'épreuves économiques et d'un ralentissement de la croissance.

Aucun de ces objectifs n'était franchement avoué. Le gouvernement travailliste protesta jusqu'au bout qu'il s'en tenait à ses valeurs centrales et défendait les institutions de l'État-providence alors même qu'il inaugurait une sortie soigneusement préparée, s'efforçant de réaliser en catimini le genre de réformes que ses prédécesseurs avaient été incapables de faire voter par le Parlement. La stratégie ne réussit pas : le Labour ne parvint qu'à s'aliéner ses soutiens sans en retirer le moindre crédit. En août 1977, en partie du fait des coupes claires réalisées par le gouvernement travailliste dans les dépenses publiques, le chômage avait dépassé la barre des 1,6 million et continuait d'augmenter. L'année suivante, au cours de « l'hiver du mécontentement » de 1978-1979, les grands syndicats lancèrent une série de grèves dures et concertées contre leur « propre » gouvernement : les ordures n'étaient plus ramassées, ni les morts enterrés[3].

Le Premier ministre James Callaghan n'était visiblement plus dans le coup : à un journaliste qui l'interrogeait sur la montée des troubles industriels, il répondit avec désinvolture qu'il n'y avait pas de souci à se faire, inspirant ainsi à la presse ce titre fameux, « La crise ? Quelle crise ? », qui l'aida à perdre les élections générales qu'il dut organiser au printemps suivant. Il est pour le moins paradoxal que le Labour ait été contraint d'affronter les élections historiques de 1979 en protestant qu'il n'avait *pas* créé une crise sociale en rompant avec les conventions économiques – c'est très exactement ce qu'il avait fait – tandis que le parti conservateur revint au pouvoir sous la direction énergique d'une femme. Celle-ci assurait que le malaise britannique avait précisément besoin d'un remède de cheval de ce genre.

À première vue, Margaret Thatcher n'était pas une candidate probable au rôle révolutionnaire qu'elle devait jouer. Née à Grantham, ville de province assoupie du Lincolnshire, elle était la fille d'un austère couple méthodiste qui tenait une épicerie. Elle avait toujours été conservatrice : son père siégea au conseil municipal sous cette étiquette. La jeune Margaret Roberts (tel était son nom) obtint une bouse d'études à Oxford, où elle étudia la chimie, puis devint présidente de la Société conservatrice de l'université. En 1950, à 25 ans, elle se présenta sans succès aux législatives : elle fut la plus jeune candidate du pays. Chimiste, puis avocate fiscaliste de profession, elle entra pour la première fois au Parlement en 1959, en se faisant élire dans le bastion conservateur de Finchley, qu'elle devait continuer de représenter jusqu'à son entrée à la Chambre des Lords, en 1992.

Avant qu'elle ne réussît à éliminer des personnalités conservatrices bien plus en vue et à prendre la direction du parti, en 1975, Margaret Thatcher était surtout connue dans son pays comme la ministre de l'Éducation du gouvernement Heath qui, pour se plier aux contraintes budgétaires, avait supprimé la fourniture de lait gratuit dans les écoles britanniques : une décision, prise à contrecœur, qui lui valut le sobriquet de « Maggie Thatcher la piqueuse de lait » et donna un premier aperçu de sa trajectoire future. Reste que cette image publique ne devait aucunement la gêner dans la suite de sa carrière. Son empressement à susciter et à braver l'impopu-

3. Nulle part la colère et la rancœur n'étaient si fortes que dans les syndicats du secteur public, des fonctionnaires sous-payés de l'État aux infirmières en passant par les éboueurs. Les grands syndicats *industriels* étaient beaucoup plus optimistes quant aux coupes de Callaghan : du moment que le Labour tenait sa promesse de protéger les ouvriers qualifiés traditionnels et de ne pas toucher à leurs privilèges, leurs dirigeants n'étaient que trop heureux de tolérer l'apostasie du gouvernement. Ils furent plutôt consternés de découvrir que ces pactes étaient exclus avec Mme Thatcher.

larité ne lui fit aucun tort parmi ses collègues et semble même avoir fait partie de sa séduction.

Et elle n'en manquait pas. En vérité, un éventail étonnamment large d'hommes d'État durs à cuire en Europe et aux États-Unis confessèrent, quoique hors micro, qu'ils trouvaient Mme Thatcher plutôt sexy. François Mitterrand, qui en connaissait un rayon en ce domaine, lui prêta un jour les « yeux de Caligula et la bouche de Marilyn Monroe ». Elle pouvait bousculer et rudoyer avec moins de merci qu'aucun homme politique britannique depuis Churchill, mais elle séduisait aussi. De 1979 à 1990, Margaret Thatcher bouscula, rudoya – et séduisit – l'électorat britannique en l'entraînant dans une révolution politique.

Le « thatchérisme » signifiait diverses choses : baisse des impôts, liberté du marché, libre entreprise, privatisation des industries et des services, « valeurs victoriennes », patriotisme, « individu ». Certaines d'entre elles – la politique économique – étaient le prolongement de propositions qui circulaient déjà dans les milieux conservateurs autant que travaillistes. D'autres, notamment les thèmes « moraux », étaient plus populaires chez les piliers du parti conservateur dans les circonscriptions rurales que dans le corps électoral dans son ensemble. Mais elles s'imposèrent dans le sillage d'un contrecoup contre les idées libertaires des années 1960 et séduisirent nombre d'admirateurs de Mme Thatcher dans la classe ouvrière et les classes moyennes les moins aisées : des hommes et des femmes qui n'avaient jamais été très à l'aise en compagnie de l'intelligentsia progressiste qui dominait les affaires publiques en ce temps-là.

Mais le thatchérisme, c'était plus que tout autre chose le « goût du gouvernement à poigne ». À la fin des années 1970, on s'inquiétait beaucoup de la prétendue « ingouvernabilité » de la Grande-Bretagne, de l'idée largement partagée que la classe politique avait perdu la main, qu'elle ne contrôlait plus la politique économique, ni les lieux de travail ni même la rue. Traditionnellement vulnérable à l'accusation d'être incapable de piloter l'économie, le Labour prêta le flanc, après « l'hiver de mécontentement », à un nouveau grief : il n'était pas même capable de diriger l'État. Dans la campagne électorale de 1979, les tories firent grand cas de la nécessité de la rigueur économique et d'une bonne gestion des fonds publics, mais aussi du désir ardent et évident que le pays avait besoin de dirigeants à poigne et fiables.

La première victoire électorale de Margaret Thatcher ne fut pas particulièrement remarquable au regard des précédents. En vérité, sous la houlette de Mme Thatcher, le parti conservateur ne fit jamais d'excellents scores. Il gagna moins les élections qu'il ne regarda les travaillistes les perdre, beaucoup d'électeurs travaillistes se reportant sur des candidats libéraux ou préférant carrément s'abstenir. Dans cette optique, le programme radical de Margaret Thatcher et sa détermination à le faire passer peuvent paraître disproportionnés au regard de son mandat national et apparaître comme une rupture inattendue et même risquée avec la bonne vieille tradition britannique consistant à gouverner aussi près que possible du centre politique.

Après-coup, cependant, il est clair que c'est précisément ce qui explique sa réussite. Son refus de se laisser ébranler devant l'échec apparent de sa politique monétariste (aux conservateurs qui, en octobre 1980, l'imploraient de prendre un virage à 180°, elle répondit : « Tournez si ça vous chante, mais pour la dame, c'est non ») ; son empressement à endosser le surnom de « dame de fer » dont les soviétiques l'avaient affublée ; son plaisir tangible à affronter et à vaincre un chapelet d'adversaires, de la junte militaire argentine dans la guerre des Malouines au dirigeant du syndicat des mineurs, Arthur Scargill ; sa manière agressive d'agiter son sac à main sous le nez des dirigeants de la Communauté européenne en exigeant « rendez-nous notre argent » : tout donne à penser qu'elle avait bien compris que son principal atout politique, c'était son obstination, son refus entêté du compromis, qui ulcérait ses détracteurs. Comme le suggéraient les sondages, même ceux qui n'appréciaient pas sa politique avouaient souvent une certaine admiration à contrecœur pour la femme elle-même. Les Britanniques étaient de nouveau *gouvernés*.

En fait, malgré son discours sur l'individu et le marché, Margaret Thatcher présida à un réveil remarquable et un peu déconcertant de l'État britannique. En matière d'administration, elle était centralisatrice d'instinct. Pour asseoir son autorité dans la totalité du pays, elle réduisit les pouvoirs et les budgets des autorités locales (le Local Government Act de 1986 démantela les autorités métropolitaines, pour redonner à Londres leurs pouvoirs, alors même que le reste de l'Europe engageait une *décentralisation* de grande ampleur). La politique de l'éducation et la planification économique régionales furent replacées sous la coupe de l'administration centrale et donc sous contrôle politique direct, tandis que les ministères eux-mêmes virent leur traditionnelle marge de manœuvre toujours plus restreinte par un Premier ministre qui s'en remettait bien plus à une petite coterie d'amis et de conseillers qu'au corps d'élite traditionnel des hauts fonctionnaires.

D'instinct, et à juste raison, Margaret Thatcher les soupçonnait, comme leurs pairs de l'éducation et de la justice, de préférer le bon vieux paternalisme subventionné par l'État. Dans les conventions complexes d'une vie politique britannique dominée par la conscience de classe, Margaret Thatcher – rejeton de la petite bourgeoisie qui avait un faible pour les hommes d'affaires nouveaux riches – n'était pas très appréciée par la vénérable élite gouvernementale du pays, et elle le lui rendait bien. Les vieux tories s'offusquaient de son mépris sans état d'âme de la tradition et des usages : au faîte de sa frénésie de privatisation, l'ancien Premier ministre Harold Macmillan l'accusa de vendre « l'argenterie de famille ». Son prédécesseur, Edward Heath, qui avait un jour présenté les agissements notoires d'un homme d'affaires britannique corrompu comme le « visage inacceptable du capitalisme », détestait Thatcher et sa politique. Ce qui lui était totalement égal.

La révolution thatchérienne renforça l'État, cultiva le marché... et entreprit de démanteler les attaches qui avaient existé entre l'un et l'autre. Elle ruina à jamais l'influence des syndicats en Grande-Bretagne, adoptant des lois qui limitaient la capacité des dirigeants syndicaux à organiser des grèves et les faisant appliquer par les tribunaux. En 1984-1985, dans un affrontement hautement symbolique opposant l'État armé à une communauté condamnée de prolétaires, elle brisa le mouvement violent et déchirant de la National Union of Miners qui prétendait l'empêcher de mener sa politique de fermeture des mines inefficaces et d'arrêt des subventions à l'industrie charbonnière.

Les mineurs furent mal dirigés ; leur cause était désespérée et leur grève se prolongea davantage par désespoir que par calcul. Mais le fait que Margaret Thatcher ait gagné une bataille qu'Edward Heath avait perdue (et que les dirigeants travaillistes successifs avaient esquivée) consolida terriblement sa position, comme les efforts infructueux de l'IRA provisoire pour l'assassiner en pleine grève. Thatcher, comme les meilleurs révolutionnaires, eut de la chance avec ses ennemis. Ils lui permirent de prétendre qu'elle seule parlait pour les petites gens frustrées, écrasées de règlements, qu'elle libérait de décennies de domination par des intérêts acquis et les parasites qui, à travers les subventions, bénéficiaient des largesses du contribuable.

Il ne fait pas de doute que les performances économiques de la Grande-Bretagne se sont améliorées sous Thatcher après le déclin initial des années 1979-1981. Grâce au dégraissage des entreprises inefficaces, à l'intensification de la concurrence et à la mise en sourdine des syndicats, la productivité des entreprises et les profits augmentèrent fortement. Les caisses du Trésor se remplirent (momentanément) avec les recettes de la vente des actifs nationaux. Cela ne faisait pas partie de l'ordre du jour initial de Thatcher en 1979, pas plus que la privatisation en tant que telle n'était une idée connotée idéologiquement : après tout, c'est le parti travailliste qui vendit la part de l'État dans le capital de British Petroleum (sur ordre du FMI). En 1983, toutefois, le bénéfice politique aussi bien que financier de la liquidation des actifs possédés ou dirigés par l'État conduisit le Premier ministre à inaugurer une décennie d'enchères nationales, libérant les producteurs comme les consommateurs.

Tout ou presque fut mis sur la liste des privatisations. Dans une première vague, ce furent les petites entreprises ou unités, essentiellement du secteur manufacturier, dans lesquelles l'État avait une participation ou était majoritaire. Suivirent des monopoles jusqu'ici « naturels » comme les réseaux de télécommunication, l'énergie et les transports aériens, en commençant par British Telecom en 1984. L'État céda aussi une bonne partie du parc public de logement : d'abord à ses occupants, puis finalement à toutes les personnes intéressées. Entre 1984 et 1991, les seules ventes du Royaume-Uni représentaient un tiers des actifs privatisés du monde (en valeur).

Malgré ce démantèlement évident du secteur public, la part du PIB britannique absorbé par les dépenses publiques demeurait quasiment la même en 1988 (41,7 %) que dix ans plus tôt (42,5 %), quand bien même Thatcher avait promis que l'État cesserait d'être « sur le dos des gens ». Cela vient de ce que le gouvernement conservateur dut dépenser des sommes sans précédent au titre de l'indemnisation du chômage. Le chiffre « scandaleusement » élevé de 1,6 million de chômeurs, qui avait fait tant de tort au gouvernement Callaghan en 1977, avait atteint les 3,25 millions en 1985 et resta l'un des plus forts d'Europe jusqu'à la fin du mandat de Mme Thatcher.

Nombre de ceux qui perdirent leur emploi dans des industries inefficaces (et précédemment subventionnées par l'État) comme la sidérurgie, les mines de charbon, les textiles et les chantiers navals ne devaient plus jamais retrouver de travail et devinrent dépendants à vie de l'État, à tous égards sinon nommément. Si leurs anciens employeurs continuèrent leurs activités pour devenir par la suite des entreprises rentables (l'acier, notamment), cela tenait moins au miracle de la propriété privée qu'à la suppression par les gouvernements Thatcher des coûts fixes élevés du travail, « socialisant » le coût des ouvriers surnuméraires sous la forme d'un chômage pris en charge par l'État.

La privatisation d'une partie des industries et des services publics pouvait se prévaloir de certains arguments. De longues années durant, le secteur public avait conservé des actifs économiques vitaux sans se soucier vraiment d'investissement ou de modernisation. Manquant d'argent frais, ces entreprises avaient été protégées des pressions de la concurrence comme des consommateurs, tandis que leurs dirigeants étaient paralysés par l'inertie bureaucratique et les ingérences politiques[4]. Grâce à Mme Thatcher, se forma en Grande-Bretagne un marché très élargi des biens, des services et, finalement, du travail. Le choix était plus grand, et même si cela mit plus de temps et demeura imparfait, il y eut davantage de concurrence par les prix. Quand son successeur John Major décida de tenir son pays à l'écart du « chapitre social » du traité d'Union européenne, Jacques Delors l'accusa d'avoir fait de la Grande-Bretagne un « paradis de l'investissement étranger » : devant cette accusation, les thatchériens se faisaient une joie de plaider coupables.

Sur le plan *économique*, donc, la Grande-Bretagne thatchérisée était un pays plus efficace. En revanche, la *société* se délita avec des conséquences à long terme catastrophiques. En méprisant et en démantelant toutes les ressources en propriété collective, en insistant haut et fort sur une éthique

4. En 1996, sa dernière année d'existence, les chemins de fer nationalisés de la Grande-Bretagne « se targuaient » d'être les moins subventionnés d'Europe. Cette année-là, les Français prévoyaient d'investir l'équivalent de 21 livres par habitant dans leur réseau, les Italiens 33 et les Britanniques à peine 9.

individualiste qui faisait fi de tout actif non quantifiable, Margaret Thatcher fit beaucoup de tort au tissu de la vie publique. Les citoyens se transformèrent en actionnaires, voire en « dépositaires d'enjeux », leurs relations les uns avec les autres et avec la collectivité se mesurant en actifs et en créances plutôt qu'en services et en obligations. Tout, des compagnies de bus à la fourniture de l'électricité, passant entre les mains de sociétés privées, l'espace public devint un marché.

Si, comme Mme Thatcher l'avait affirmé, « la société, ça n'existe pas », le moment venu la population finit par perdre le respect des biens socialement définis. Ce qui arriva, la Grande-Bretagne de la fin du thatchérisme commençant à revêtir quelques-uns des traits les plus rebutants du modèle américain que la Dame de fer admirait tant. Les services qui restaient entre les mains du secteur public étaient à court de ressources, tandis que des richesses conséquentes s'accumulaient dans les secteurs « émancipés » de l'économie, notamment la City de Londres, où les banques de placement et les courtiers bénéficièrent considérablement du « Big Bang » de 1986, avec la déréglementation des marchés financiers britanniques et l'ouverture à la concurrence internationale. Les espaces publics furent négligés. La petite criminalité et la petite délinquance augmentèrent parallèlement à la part croissante de la population croupissant dans un état de pauvreté permanente. L'abondance privée allait de pair, comme cela arrive souvent, avec la misère publique[5].

Mais il y avait des limites à ce que pouvait faire Margaret Thatcher. L'électeur « thatchérien » typique – caricaturé sous les traits d'un agent immobilier d'une trentaine d'années, issu des banlieues Est de Londres, sous-éduqué mais grassement payé, avec des actifs matériels (maison, voiture, vacances à l'étranger, poignée d'actions dans des fonds mutuels et adhésion à une caisse de retraite privée) dont ses parents auraient seulement pu rêver – pouvait bien entrer dans l'univers de l'individualisme thatchérien. Mais sa famille et lui demeuraient totalement tributaires de l'État pour la fourniture de services vitaux : gratuité de l'enseignement, quasi-gratuité des soins médicaux et transports subventionnés. Et donc, quand Mme Thatcher et son successeur, John Major, laissèrent entendre qu'ils pourraient commencer à privatiser le National Health Service ou rendre l'enseignement public payant, toute leur base s'effondra, précisément dans les rangs des couches de la population prospères depuis peu, mais très vulnérables, que le thatchérisme avait séduites dans un premier temps.

5. Et la pauvreté privée, également. En cassant le lien entre les retraites et les salaires, Thatcher réduisit fortement le montant des retraites de la plupart de ses concitoyens. En 1997, les pensions publiques, au Royaume-Uni, représentaient 15 % seulement des revenus moyens : le taux le plus bas de toute l'UE.

Cinq ans après le départ de Mme Thatcher, John Major réussit à faire passer la privatisation des chemins de fer. Les conservateurs étaient alléchés par la perspective des nouveaux profits tirés de la vente d'actifs publics au secteur privé ; mais leur principal mobile était que Major devait bien privatiser *quelque chose* : Mme Thatcher avait déjà vendu tout le reste et la privatisation était le seul et unique programme du parti conservateur. Mais l'incompétence et la gabegie de la procédure, et les désastres qui suivirent – culminant par une série d'accidents tragiques et clairement évitables – provoquèrent non seulement la défaite du gouvernement conservateur, deux ans plus tard, mais aussi la fin d'un cycle de privatisations et le discrédit rétrospectif des incarnations les plus extrêmes du thatchérisme.

Le parti conservateur lui-même fut une des principales victimes de Margaret Thatcher. Lorsque la Dame de fer en eut fini avec lui, le parti Tory – parti « naturel » de gouvernement depuis près d'un siècle en Grande-Bretagne – n'avait plus ni programme ni dirigeants ni âme, aux yeux de beaucoup. Le jugement peut paraître sévère, s'agissant d'une femme qui aura gouverné quasiment seule pendant près de douze ans. Mais c'est bien là le problème : Margaret Thatcher gouverna *seule*. Comme disait Frédéric le Grand, « les gens disent ce qu'il leur plaît, puis je fais ce qu'il me plaît ». Tout collègue qui divergeait d'elle sur un point important et qui n'était donc pas « des nôtres » était rejeté dans les ténèbres.

La plupart des contemporains tory de Mme Thatcher, sans parler de la cohorte des anciens hommes d'État du parti qu'elle écarta sitôt qu'elle l'osa, étaient d'authentiques *conservateurs*, assez âgés, dans bien des cas, pour se souvenir des âpres divisions politiques de l'entre-deux-guerres et craignant de réveiller le démon de la guerre des classes. Thatcher était une *radicale*, vouée à la destruction et à l'innovation ; elle vomissait le compromis. Pour elle, la guerre de classe, convenablement remise au goût du jour, était la matière même de la politique. Ses politiques, souvent conçues à très bref délai, étaient secondaires par rapport à ses objectifs ; et ceux-ci étaient à leur tour, dans une large mesure, fonction de son style. Le thatchérisme concernait la *manière* de gouverner, plutôt que des actions précises. Ses infortunés successeurs conservateurs, qui se retrouvèrent sur le paysage dévasté du post-thatchérisme, n'avait ni politique ni objectifs… ni style[6].

Sans doute Margaret Thatcher a-t-elle détruit le parti conservateur, mais il faut porter à son crédit le salut et la renaissance du Labour. À court terme, bien entendu, elle écrasa ses adversaires travaillistes : en vérité, sans leur stupéfiante

---

6. Dans la décennie qui suivit sa retraite, les héritiers de Margaret Thatcher à la barre du parti conservateur suivirent une dégringolade continue : après le fâcheusement banal John Major, un suffisant insuffisant (William Hague), puis un crétin fini (Iain Duncan Smith). Après le long règne de la Reine-Soleil, un déluge de médiocrité.

incompétence, elle n'aurait pu opérer les changements qu'elle accomplit. Si en 1979 certains dirigeants du parti travailliste comprenaient les problèmes auxquels ils devaient s'attaquer, ils manquaient de force de conviction et de mobilisation. Avec Thatcher au pouvoir, le mouvement travailliste britannique entra dans une décennie de troubles. Le noyau dur militant et syndicaliste du parti voyait en gros le monde comme Mme Thatcher, mais de l'autre côté du miroir : la Grande-Bretagne devait choisir entre un État protectionniste, collectiviste, égalitaire et régulateur, et des marchés ouverts, une concurrence sans entraves, la privatisation des ressources et un minimum de biens et services partagés. Une fois encore, grâce à la Dame de fer, le choix était clair : socialisme ou capitalisme.

Les modérés traditionnels du Labour, comme leurs homologues conservateurs, étaient au désespoir. Certains, comme Roy Jenkins, l'ancien président de la Commission européenne, abandonnèrent le Labour pour former un éphémère parti social-démocrate, qui, le moment venu, allait fusionner avec les libéraux, éternel troisième parti du pays. La plupart restèrent cependant, quoique non sans une vive inquiétude. Leur pessimisme était fondé. Dirigé par un homme intellectuellement séduisant mais politiquement inefficace, Michael Foot, le parti mena la campagne électorale de 1983 sur un programme d'un anachronisme éhonté, s'engageant à défaire le thatchérisme, mais aussi nombre des compromis trouvés par les gouvernements travaillistes précédents. Le Royaume-Uni se retirerait de l'arène économique internationale (et de son indéfectible loyauté envers les Américains). Il ne voulait rien avoir à faire avec la privatisation, les marchés ouverts, « l'Europe » ou tout autre projet étranger. En sécurité derrière les murs protecteurs d'une économie fermée, les tenants de la Petite Angleterre chère à la gauche britannique bâtiraient, enfin, d'un air de défi la Jérusalem nouvelle si souvent calomniée par leurs collègues.

« Le plus long billet de suicide de l'histoire » : ainsi un des parlementaires démoralisés du parti devait-il résumer succinctement, et avec prescience, le manifeste électoral travailliste de 1983. Enhardie par sa victoire récente dans la guerre des Malouines (Falklands), qui lui avait permis d'asseoir le monopole de son parti sur le « patriotisme » et de faire une fois de plus étalage de son goût peu commun de la confrontation[7], Mme Thatcher gagna les élections de juin 1983 avec une marge presque record. Le Labour perdit plus de trois millions d'électeurs et 160 sièges au Parlement. Il tomba à 27,6 % des voix, le plus mauvais score du parti depuis la Première Guerre mondiale. S'il n'était pas bien sûr que les Britanniques voulussent ce que vendait Mme Thatcher (le vote conservateur n'avait pas progressé), ils ne voulaient visiblement *pas* l'autre membre de l'alternative.

7. Ainsi qu'elle l'expliqua le 14 mai 1982 à la conférence du parti Tory écossais, « il est excitant d'avoir une vraie crise entre les mains, quand vous avez passé la moitié de votre vie politique à traiter de questions banales comme l'environnement ».

Il fallut quatorze ans et trois leaders différents au parti travailliste pour se remettre de la catastrophe de 1983. Politiquement, le parti dut isoler et combattre l'influence des trotskistes et autres militants de la gauche « dure » dans quelques-uns de ses bastions régionaux (notamment Liverpool). Sociologiquement, il lui fallut s'accommoder de son échec à se mettre au diapason des préoccupations et des aspirations d'une nouvelle classe moyenne. Sans son soutien, jamais il ne pourrait retrouver le pouvoir : numériquement, elle pesait plus lourd que le noyau dur des prolétaires industriels et des employés du secteur public, qui allait en s'amenuisant et sur lequel le Labour, comme tous les partis sociaux-démocrates, s'était traditionnellement appuyé. Sur le plan intellectuel, enfin, les dirigeants travaillistes devaient identifier un nouvel ensemble d'objectifs politiques et trouver un nouveau langage pour les présenter.

Au milieu des années 1990, ces objectifs étaient atteints, ne fût-ce que superficiellement. Le parti changea de nom pour devenir le *New* Labour en 1996, un an après que son nouveau chef de file, Tony Blair, eut réussi à persuader ses collègues d'abandonner enfin la controversée clause IV engageant son pays à la nationalisation. Lorsque le Labour finit par revenir au pouvoir en 1997, écrasant un parti conservateur à bout de souffle, il n'était pas question de défaire la révolution thatchérienne. S'adressant presque exclusivement à des électeurs conservateurs « doux », marginaux, la campagne du New Labour dénonça le poids des impôts, la corruption et l'inefficacité : les objets mêmes des attaques de Mme Thatcher une génération plus tôt.

Si Tony Blair et les siens jetèrent un voile discret sur l'ère thatchérienne, cela n'était pas un hasard. Les succès de Blair reposèrent carrément sur un triple héritage de Mme, devenue lady, Thatcher. Premièrement, elle « normalisa » le démantèlement complet du secteur public dans l'industrie et les services puis son remplacement par une Grande-Bretagne privatisée et animée de l'esprit d'entreprise, dont Blair chanta les louages avec tant de ferveur. Deuxièmement, et par la même occasion, elle avait détruit le vieux Labour et facilité ainsi la tâche de ceux qui bataillaient pour le réformer : Blair n'eut qu'à ramasser les fruits de leurs efforts. Troisièmement, on l'a vu, son aspérité et son intolérance à l'égard de toute forme de dissension et de désaccord avait fait éclater son parti et l'avait rendu inéligible.

Marchant sur les brisées de Thatcher, Blair partageait nombre de ses préjugés, quoique sur un registre moins abrasif. Comme elle, il avait une aversion profonde pour le vieux vocabulaire politique. Dans son cas, cela l'amenait à éviter toute évocation de la « classe », catégorie sociale archaïque que la rhétorique passe-partout du New Labour remplaça par « race » et « genre ». Comme Mme Thatcher, Blair supportait très mal la décentralisation de la décision et toute forme de dissension interne. Comme elle, il préféra s'entourer d'hommes d'affaires du privé[8]. Et même si le New Labour demeura vaguement attaché à la « société », sa direction blairiste a toujours affiché sa méfiance viscérale de « l'État » comme les plus doctrinaires des thatchériens.

Ainsi mesure-t-on l'œuvre accomplie par Margaret Thatcher. Non seulement elle détruisit le consensus de l'après-guerre, mais elle en forgea un nouveau. Avant son accession au pouvoir, la position par défaut, s'agissant de la politique publique britannique, était que l'État est la source naturelle de légitimité et d'initiative. Lorsqu'elle quitta la scène, ce point de vue était en passe de devenir minoritaire, jusqu'au sein d'un parti travailliste profondément attaché à l'État. Pour la première fois en deux générations, le rôle de l'État avait été au centre de la discussion, et de moins en moins de voix s'étaient élevées pour le défendre, tout au moins au sein des courants politiques dominants. Certes, il y avait ceux qui continuaient de croire que la révolution thatchérienne faisait des ravages et qu'un retour à la gestion directe des services par l'État (sinon la propriété publique des moyens de production) restait souhaitable. Mais dans le sillage de Mme Thatcher, c'était une cause à plaider – sauf pour le noyau dur des biens sociaux comme l'éducation et la médecine – sans être sûr de la sympathie de l'auditoire.

On a parfois suggéré que le rôle de Thatcher dans ce changement a été exagéré, que les circonstances auraient en tout état de cause poussé la Grande-Bretagne dans une direction « thatchériste » : que le pacte social de l'après-guerre s'essoufflait déjà. Peut-être. Mais on voit mal, même après-coup, qui d'autre que Mme Thatcher aurait pu jouer le rôle de fossoyeur. C'est de *l'ampleur* même de la transformation qu'elle opéra, en bien comme en mal, qu'il faut prendre acte. À quelqu'un qui se serait endormi en Angleterre en 1978 pour se réveiller vingt ans plus tard, le pays eût paru méconnaissable : très différent de son identité d'autrefois… et sensiblement différent du reste de l'Europe.

La France, aussi, connut des changements spectaculaires au fil de ces années, et pour une part avec les mêmes conséquences. Mais alors qu'en Grande-Bretagne les postulats centraux du consensus de l'après-guerre furent ébranlés par une révolution de droite, en France ce fut le réveil et la transformation de la *gauche* non communiste qui brisa le moule politique. Depuis de longues années, la vie politique française avait été dominée par les pôles opposés du parti communiste à gauche et des gaullistes à droite. Avec leurs partenaires minoritaires des deux camps, communistes et gaullistes incarnaient et prolongeaient fidèlement une tradition d'allégeance politique singulièrement française et déterminée par la région, la profession et la religion.

8. À une différence près, peut-être : alors que Margaret Thatcher croyait à la privatisation comme à une sorte de bien moral, Tony Blair se contente d'aimer les riches.

Ces rigidités de la sociologie politique française, ininterrompues depuis le milieu du XIXe siècle, étaient déjà menacées, on l'a vu, par les mouvements sociaux et culturels des années 1960. La gauche ne pouvait plus compter sur le vote bloqué du prolétariat. La droite n'était plus soudée par la personne et l'aura du général de Gaulle, mort en 1970 ; et l'indicateur fondamental du conservatisme politique en France – l'électorat conservateur se recrutait surtout chez les catholiques pratiquants – était miné par le déclin de l'observance religieuse, tandis que les églises des villages et des petites villes de France perdaient leurs paroissiens et surtout les enfants de leurs paroissiens au profit des métropoles.

Mais un changement plus profond était aussi engagé. Au cours des années 1970 et au début de la décennie 1980, la société française traditionnelle et un mode de vie plus ancien – diversement décrit et évoqué avec affection : « la France profonde », la « douce France », « la bonne vieille France », « la France éternelle » – semblaient, aux Français, disparaître sous leurs yeux. La modernisation agricole des années 1950 et 1960, l'exode des fils et des filles de paysans vers les villes avaient régulièrement vidé et dépeuplé les campagnes françaises. Le regain économique accomplissait une transformation de l'emploi, des formes de voyage et des loisirs d'une nouvelle classe de citadins. Les routes et voies ferrées envahies par les herbes folles et les saletés au fil des décennies étaient reconstruites, réaménagées ou remplacées par un réseau quasiment nouveau de communications nationales. Longtemps préservées dans la gelée urbaine sans grâce de la décrépitude et du sous-investissement, les villes elles-mêmes se peuplaient et retrouvaient un dynamisme.

Les Français ne furent pas toujours très à l'aise face au rythme du changement. Des mouvements politiques apparurent pour protester contre l'accélération et l'urbanisation de la vie sociale, l'essor des villes et la dépopulation des campagnes. Un legs des années 1960 – le regain d'intérêt pour les langues et la culture locales et régionales – paraissait menacer l'intégrité même du territoire et l'unité de la France. Aux yeux des contemporains craintifs, le pays semblait se moderniser et éclater dans un même mouvement. Mais l'État restait au-dessus de la mêlée. En Grande-Bretagne, la relation entre un État envahissant et une économie inefficace, sur laquelle Margaret Thatcher insista lourdement, paraissait évidente à beaucoup. En France, au contraire, c'est l'État lui-même qui paraissait détenir la clé de la résurgence économique du pays. Ses dirigeants formaient l'élite intellectuelle ; ses planificateurs se considéraient comme une classe de fonctionnaires désintéressés, insensible aux éphémères passions idéologiques de la nation et à ses éruptions sociales. La France politique se divisait âprement sur la question de *qui* devait accéder au pouvoir et à quelles fins sociales ; sur la question du *comment* exercer le pouvoir, existait un remarquable consensus pratique.

De 1958 à 1969, l'État français avait eu à sa tête le général de Gaulle. Le style délibérément traditionnel du président et son désintérêt avoué pour les détails de la planification économique n'avaient aucunement fait obstacle au changement. Bien au contraire : c'est sous le camouflage d'une Constitution semi-autoritaire, taillée sur mesure pour un autocrate militaire charismatique, que la France avait entrepris la modernisation perturbatrice qui contribua à déclencher les protestations de 1968 : en vérité, c'est ce mélange dérangeant d'autorité paternelle à l'ancienne et de déstabilisation des changements sociaux qui les provoqua.

Les adversaires et les détracteurs du général de Gaulle faisaient grand cas de la manière « peu démocratique » dont il avait pris et exercé le pouvoir – « le coup d'État permanent », comme dira François Mitterrand dans son pamphlet de 1964 –, mais les ressources et l'apparat d'un pouvoir présidentiel quasiment sans restriction ne devaient pas moins séduire ses successeurs, toutes couleurs politiques confondues. Et le système très particulier de l'élection présidentielle jetait une ombre sur les élections législatives – le Parlement étant élu pour cinq ans –, donnant une prime aux talents politiques et à la personnalité des candidats autour de qui les partis politiques devaient par force se regrouper. C'est dans ce cadre que le redoutable Mitterrand devait lui-même exceller.

François Mitterrand, comme Margaret Thatcher, faisait un candidat peu plausible au rôle qu'il allait jouer dans les affaires de son pays. Issu d'une famille catholique pratiquante de la France conservatrice du Sud-Ouest, il fit des études de droit. À droite dans les années 1930, il milita dans quelques mouvements extrémistes et antidémocratiques de l'époque. Après avoir été le jeune serviteur du gouvernement collaborationniste de Vichy pendant le plus clair de la guerre, il changea d'allégeance à temps pour faire valoir des titres de résistant après la guerre. Sous la IVe République, il poursuivit sa carrière parlementaire et ministérielle dans divers petits partis du centre-gauche, qui ne prêtaient pas la moindre allégeance au marxisme dominant.

Même en 1965, quand il fut candidat malheureux à la présidence avec le soutien des partis de la gauche officielle, Mitterrand n'était en aucune façon leur candidat et prit grand soin de garder ses distances par rapport à eux. Ce n'est qu'après l'implosion du vieux parti socialiste, en 1969, à la suite de son humiliation électorale de 1968, que Mitterrand se mit à intriguer pour le faire renaître : il passa à l'action en 1971 avec la formation d'un nouveau PS dirigé par lui et une nouvelle génération de jeunes gens ambitieux recrutés pour le servir.

Entre Mitterrand et le reliquat du fier héritage du socialisme français, la relation était d'instrumentalisation mutuelle. Le parti avait besoin de Mitterrand : son bon score à la présidentielle de 1965, où il avait recueilli 27 % des voix (dont beaucoup dans les bastions conservateurs de l'Est et de l'Ouest) et mis de Gaulle en ballotage, le fit apparaître comme un atout. Dès 1967, aux législatives, on s'aperçut que les badges et les photos de Mitterrand se vendaient bien. Le pays entrait dans une nouvelle ère politique télévisuelle et personnalisée. Comme le maire de Saint-Étienne, Michel Durafour, l'observa d'un ton lugubre en 1971, « la France ne vit que dans l'attente de la prochaine présidentielle ». Mitterrand serait un atout pour la gauche.

Mitterrand, à son tour, avait besoin des socialistes. Manquant d'une organisation propre, passablement marqué par les compromis et les scandales de la IVe République dans les gouvernements de laquelle il avait siégé, cet opportuniste consommé se servit du PS pour se recycler en homme de gauche engagé sans s'encombrer du pesant bagage doctrinal dont la vieille gauche était chargée. « Je suis né chrétien, et je mourrai sans doute en cet état. Dans l'intervalle... », dit-il un jour pour résumer ses allégeances religieuses. Dans la même veine cynique, il aurait pu ajouter qu'il était né conservateur et mourrait conservateur, mais qu'il se débrouilla pour devenir socialiste dans l'intervalle.

Ce mariage de convenance réussit mieux qu'aucune des deux parties n'aurait pu l'imaginer. Au cours des années 1970, alors que le parti travailliste britannique entrait dans une phase de déclin terminal, les socialistes français approchaient de leur plus grand succès. Les entraves jumelles à la résurgence d'une majorité de gauche en France avaient été l'ascendant personnel de De Gaulle et la peur de nombreux électeurs qu'un gouvernement de gauche ne fût dominé par les communistes. En 1970, de Gaulle était mort ; dix ans plus tard, telle serait la perspective des communistes. Mitterrand n'était pour rien dans la mort du premier ; celle des seconds fut incontestablement son œuvre.

S'inclinant devant la logique de la nécessité, et manquant de la délicatesse idéologique de ses prédécesseurs authentiquement socialistes, Mitterrand commença par aligner son nouveau PS sur les communistes. En 1972, il forma avec eux une coalition électorale derrière un vague programme commun anticapitaliste. Aux élections de 1977, les communistes, qui étaient le parti dominant de la gauche depuis 1945, accusaient un retard de dix points sur les socialistes de Mitterrand. C'est alors seulement que Georges Marchais, le médiocre secrétaire général du PCF, commença de comprendre l'erreur que son parti avait commise en alignant son destin sur celui du jeune et énergique parti de Mitterrand – décision prise en partie sous l'influence optimiste et œcuménique de l'« eurocommunisme » –, mais il était trop tard.

Après avoir amélioré son score de 1965 à la présidentielle de 1974, où le candidat de la gauche unie s'inclina de justesse devant Giscard d'Estaing, Mitterrand avait forgé une superbe machine électorale, transformant le parti socialiste en parti attrape-tout séduisant un large éventail de la société française, dont les catholiques, les femmes, les paysans et les petits commerçants, tous hostiles aux socialistes jusque-là[9]. Son image s'était patinée avec l'âge : dans la France entière, au printemps de 1981, d'immenses panneaux d'affichage présentaient un portrait de Mitterrand en image adoucie sur fond du

9. Un sondage de 1979 indiqua que le profil électoral du parti socialiste de Mitterrand reflétait étrangement celui de l'ensemble du pays, ce à quoi aucun autre parti ne pouvait prétendre.

genre de paysage rural et bucolique intemporel qui avait les faveurs de la propagande pétainiste, sur les mêmes panneaux. Le portrait s'accompagnait de la promesse : « La force tranquille ».

En même, temps, les communistes étaient faibles. L'invasion de l'Afghanistan par les troupes soviétiques était une source d'embarras aigu, tout comme leur déclin dans les sondages. Au cours des années 1970, le pays avait cessé d'être une étoile fixe au firmament idéologique : son prestige s'était effondré en même temps que son électorat, y compris dans la « ceinture rouge » industrielle de Paris qu'il dominait depuis le milieu des années 1920. Marchais n'en était pas moins résolu à se porter candidat à la prochaine présidentielle : en partie par habitude, en partie par hubris, mais avant tout et surtout parce qu'il mesurait toujours mieux la nécessité d'arracher le PCF à l'étreinte mortelle de ses camarades socialistes.

Au premier tour de la présidentielle de 1981, les deux candidats conservateurs réunis, Giscard d'Estaing et le jeune Chirac, devancèrent Mitterrand et Marchais (ce dernier n'obtenant que 12,2 % des voix). Mais entre les deux tours Mitterrand reçut le soutien des socialistes, des communistes, des écologistes et même des trotskistes, d'ordinaire peu coopératifs : avec plus de deux fois plus de voix qu'au premier tour, il battit Giscard et devint le premier chef d'État socialiste d'Europe élu au suffrage universel direct. Il s'empressa de dissoudre le Parlement et d'organiser des législatives où son parti écrasa les communistes comme la droite en obtenant la majorité absolue à l'Assemblée nationale. Les socialistes étaient totalement maîtres de la France.

Les célébrations spontanées qui saluèrent la victoire des socialistes furent sans précédent. Pour les dizaines de milliers de partisans de Mitterrand (la plupart jeunes) qui dansèrent dans les rues, c'était le « grand soir », une veille de révolution, le seuil d'une rupture avec le passé. Sur la base des seules pratiques électorales, c'eût été une allégation curieuse. Comme lors des bouleversements électoraux passés – la victoire du Front populaire en avril 1936 à laquelle on devait aussitôt comparer le succès de Mitterrand, ou l'élection de Margaret Thatcher en 1979 –, il n'y avait pas de redistribution radicale des voix. En fait, au premier tour, Mitterrand s'en sortit *moins* bien que lors de ses précédentes candidatures de 1965 et 1974.

Ce qui fit la différence, c'est la discipline de vote des électeurs de gauche qui se réunirent autour de Mitterrand au second tour, plutôt que de s'abstenir dans une obstination sectaire, et la division de l'opinion à droite. Parmi ceux qui votèrent Chirac au premier tour de la présidentielle de 1981, 16 % apportèrent leurs voix à Mitterrand quinze jours plus tard, plutôt que de réélire le président sortant, Valéry Giscard d'Estaing, que les partisans gaullistes de Chirac détestaient cordialement. Sans la division de la droite, il n'y aurait pas eu de président Mitterrand ni de raz-de-marée socialiste aux législatives suivantes… ni grand soir d'espérances révolutionnaires.

Cela mérite qu'on y insiste tant l'issue de l'élection de 1981 parut lourde de conséquences. Avec le recul, il est clair – Mitterrand lui-même le comprit – que son œuvre, en 1981, fut de « normaliser » le processus de l'alternance dans la République française, de permettre aux socialistes d'être considérés comme un parti de gouvernement normal. Pour les partisans de Mitterrand en 1981, cependant, la situation se présentait tout autrement. Leur objectif n'était pas de normaliser l'alternance au pouvoir à l'avenir, mais de s'en emparer et de l'utiliser, ici et maintenant. Ils prirent pour argent comptant les promesses de transformation radicale de leur chef de file, son engagement de balayer non seulement la corruption et l'ennui des années Giscard, mais aussi le système capitaliste lui-même. Exclus du pouvoir depuis si longtemps, les militants socialistes français étaient demeurés libres de s'abandonner à un rêve de révolution.

Car la gauche française n'avait plus exercé le pouvoir depuis des décennies ; en fait, elle n'avait *jamais* exercé le pouvoir sans être entravée par les partenaires de ses coalitions, des banquiers récalcitrants, des crises de change, des urgences internationales et une litanie d'autres excuses invoquées pour ne pas avoir mis en œuvre le socialisme. En 1981, apparemment, plus rien ne s'y opposait, rien ne pourrait justifier une récidive. De plus, l'association du contrôle de l'État et de la mise en œuvre d'un changement révolutionnaire était si profondément inscrite dans la culture radicale de la France que le simple fait de gagner les élections annonçait une confrontation sociale.

À l'instar de Marx, la gauche française identifiait tout changement *réel* à une révolution politique en général et à la grande Révolution française en particulier. Ainsi devait-on faire des comparaisons enthousiastes avec 1871 et même 1791. Rien de ce que Mitterrand avait pu dire au cours de la campagne n'avait conduit les plus engagés de ses partisans à voir les choses autrement. Pour « enfoncer » les communistes et l'aile gauche de son parti, Mitterrand leur avait volé leurs habits révolutionnaires. Sa campagne électorale suscita des espérances auxquelles on attendait de lui maintenant qu'il répondît.

Ainsi les années Mitterrand commencèrent-elles par un ordre du jour radical et ambitieux : un mélange de réformes sociales édifiantes et qui n'avaient que trop tardé (la plus importante étant l'abolition de la peine de mort), et un fantasmagorique programme de lois « anticapitalistes », de hausse des salaires, d'abaissement de l'âge de la retraite et de réduction du temps de travail. Mais l'élément central du programme était une vague sans précédent de nationalisations. Au cours de sa première année d'exercice du pouvoir le gouvernement socialiste de Pierre Mauroy plaça, entre autres, sous la coupe de l'État trente-six banques, deux grands établissements financiers, cinq des plus grandes sociétés industrielles du pays (dont Thomson-Brandt, le premier fabricant de produits électriques et électroniques du pays) ; ainsi qu'Usinor et Sacilor, géants de la métallurgie et de la sidérurgie.

Toutes ces mesures ne répondaient à aucune stratégie économique prédéterminée. On *parlait* bien de réveiller une économie française léthargique en injectant des capitaux publics, mais ce n'était pas une idée neuve, ni une idée particulièrement socialiste : Jacques Chirac, au milieu des années 1970, avait un temps imaginé de semblables projets de relance de la croissance par la demande. La première fonction des nationalisations de 1981-1982, comme des contrôles de change qui les accompagnèrent, fut de symboliser l'*intention* anticapitaliste du nouveau régime, de confirmer que les élections de 1981 avaient réellement changé plus que les hommes du gouvernement.

En réalité, aux yeux des personnes concernées, il fut d'emblée évident que les banques publiques, par exemple, ne pourraient fonctionner que si on leur laissait une « totale autonomie de décision et d'action », en éliminant ainsi les objectifs de régulation et de redistribution sociale invoqués au départ pour justifier que l'État s'en empare. Cette concession au pragmatisme illustre l'obstacle plus large auquel se heurta la « révolution » mitterrandienne. Une année durant, le nouveau régime s'efforça hardiment de présenter un visage radical à la France et au monde. Au départ, ce fut convaincant : Jacques Attali, proche conseiller de François Mitterrand, rapporte que les responsables américains, toujours à l'affût de pareilles récidives, prétendaient ne pas voir de différence entre la politique économique de la France et celle de l'Union soviétique.

Mais pour que la France suivît une voie socialiste en 1982, il aurait fallu imposer non seulement des contrôles de change, mais toute une gamme de régulations coupant le pays de ses partenaires commerciaux et plaçant l'économie dans un état de quasi-autarcie. Sortir la France des marchés financiers internationaux n'eût peut-être pas été aussi inimaginable que cela allait le devenir par la suite : en 1977, la capitalisation boursière d'IBM représentait deux fois le volume de toute la Bourse de Paris. Plus lourd de conséquence était le fait qu'une telle initiative eût déclenché la séparation de la France, voire son départ de la Communauté européenne, dont les accords sur les tarifs douaniers, les marchés et l'alignement des monnaies, sans parler des plans imminents de marché unique, restreignaient déjà sévèrement les options ouvertes aux États membres.

Toutes ces considérations semblent avoir retenu l'attention de Mitterrand, sans doute aidé par les preuves de montée de la panique dans les milieux d'affaires et les signes que la monnaie, les objets de valeur et les hommes partaient à l'étranger avec une urgence croissante, au risque de précipiter une crise économique. Le 12 juin 1982, le président décida un virage à 180°. Rejetant l'avis de ses conseillers les plus radicaux, il autorisa son gouvernement à décréter un gel des salaires et des prix pour quatre mois, à réduire les dépenses publiques (généreusement augmentées l'année précédente), à augmenter les impôts, à donner la priorité à la lutte contre l'inflation (plutôt qu'à la planche à billets, comme on l'avait pressé de le faire) : bref, à adopter la stratégie économique de l'économiste conservateur Raymond Barre, dont le plan de 1977, jamais mis en œuvre, eût introduit en France une dose de thatchérisme avant l'heure. Ainsi fut abandonnée toute référence à une « voie française vers le socialisme ».

Le choc fut rude pour les alliés communistes du président et quelques socialistes. Mais ils n'auraient pas dû être surpris. Pragmatisme suprême, Mitterrand eut tôt fait de saisir qu'il était impensable pour la France ne serait-ce que d'envisager de choisir entre rester dans l'orbite économique (et politique) occidentale et s'aventurer sur une douteuse et problématique voie moyenne entre le capitalisme et le communisme. Faisant d'une nécessité passagère une vertu durable, il se métamorphosa en chef de file des « européistes ». La France allait construire une meilleure société *via* l'unification européenne plutôt que contre elle. Au lieu de lutter contre le capitalisme, la France allait en inventer une version supérieure.

En 1984, Mitterrand avait écarté les quatre ministres communistes de son gouvernement, proclamé publiquement les vertus d'une économie « mixte », nommé un jeune technocrate à Matignon, Laurent Fabius, confié la gestion des affaires économiques, des finances et du budget à Jacques Delors, avec pour mission de stabiliser l'économie française[10] ; et, en avril de cette même année, il alla jusqu'à appeler de ses vœux une modernisation française « à l'américaine ».

Mitterrand avait la France de son côté : en 1983, 23 % seulement de ses électeurs socialistes regrettaient qu'il eût renoncé à mettre le « socialisme en pratique ». Il est moins certain qu'ils aient souhaité le voir « moderniser » avec autant de ferveur, mais c'est bien ce qu'il fit. Sans abandonner explicitement ses premières réformes les moins controversées – décentralisation, refonte de la Sécurité sociale, droits des femmes au travail et réforme tant attendue de la justice –, Mitterrand consacra le reste de son long règne (il se retira en 1995 après deux septennats, pour mourir à 80 ans l'année suivante) à de coûteux travaux publics d'une esthétique et d'une utilité douteuses ; à la restauration de l'initiative internationale de la France[11]... et à superviser le retour au privé de maints services et industries qu'il avait peu avant placés sous la coupe de l'État.

La première campagne de privatisation de l'immense secteur public de la France fut engagée par la majorité parlementaire conservatrice qui gagna les élections législatives de 1986. Mais les gouvernements suivants, toutes couleurs confondues, poursuivirent le même objectif : en vérité, ce sont les gouvernements socialistes du second septennat de Mitterrand qui mirent le plus

10. Ancien rédacteur à la Banque de France puis conseiller du Premier ministre gaulliste Jacques Chaban-Delmas, Delors devait présider la Commission européenne de 1985 à 1995.

11. Au faîte du mécontentement populaire face à la politique du gouvernement, dans le marasme économique du milieu des années 1980, 57 % des électeurs se déclarèrent satisfaits de la politique *étrangère* de Mitterrand.

d'énergie à privatiser. Les premiers actifs vendus au privé, sur le modèle britannique des offres publiques, furent les grandes banques et TF1, une des trois chaînes de la télévision nationale. Suivirent des holdings, des compagnies d'assurance, des entreprises chimiques et pharmaceutiques et les géants du pétrole, Total et Elf.

À la différence de Mme Thatcher et de ses héritiers, cependant, les Français prirent soin de ne pas brader les services publics et de garder des entreprises « stratégiques » comme Renault (dernièrement sauvée de la faillite par une énorme dotation en capital de l'État en 1985). En matière de marchés comme de jardins, les Français se méfient des plantes qui poussent sans schéma directeur. Aussi préférèrent-ils garder une capacité d'intervention, typiquement en conservant une participation dans les entreprises privatisées. En France, même la privatisation fut donc une affaire bien réglementée : les participations se firent surtout dans des entreprises et des affaires sur lesquelles l'État pouvait compter, et les investisseurs internationaux eurent longtemps du mal à se défaire d'une méfiance bien compréhensible. Au regard des normes françaises, néanmoins, les changements furent capitaux et permirent d'aligner clairement le pays sur la situation européenne et internationale.

Peut-être est-ce le moment de dire un mot de la vague de privatisations qui déferla sur les côtes de l'Europe occidentale dans les années 1980 et qui devait balayer le continent au cours de la décennie suivante. Elle ne sortit pas totalement du néant. À compter de 1977, on l'a vu, British Petroleum avait été progressivement vendue ; le gouvernement ouest-allemand s'était défait du combinat chimique Preussag en ouvrant son capital au public dès 1959 et avait vendu ses parts dans Volkswagen quelques années plus tard ; même l'État autrichien avait vendu 40 % de sa participation dans deux banques nationalisées dès les années 1950 et abandonné sa participation conséquente dans le capital de Siemens en 1972.

Mais il s'agissait de privatisations sporadiques et, en quelque sorte, pragmatiques. Ce qui se produisit dans les années 1980 est d'une tout autre nature. Les pouvoirs publics y furent poussés depuis deux directions bien différentes. En premier lieu, l'accélération des développements techniques – notamment dans les télécommunications et les marchés financiers – sapait les vieux monopoles « naturels ». Si les gouvernements ne pouvaient plus passer le harnais aux longueurs d'onde ou aux mouvements monétaires à leur usage exclusif, il n'y avait pas grand sens à les « posséder ». Restaient à l'État de solides raisons politiques ou sociales de garder une participation dans un secteur donné : la télévision publique, par exemple, ou les postes. Mais la concurrence était désormais inévitable.

En second lieu, c'est la nécessité économique à court terme qui poussa les gouvernements à se défaire des actifs publics. Pressés par l'inflation, la crise pétrolière des années 1979-1980, d'imposants déficits annuels et l'endettement croissant de l'État, les ministres des finances virent dans la cession d'actifs publics un double bénéfice. L'État se délesterait d'industries ou de services qui essuyaient des pertes ; et l'argent ainsi recueilli permettrait d'équilibrer le budget, bien que ce ne fût qu'une opération sans lendemain. Quand bien même l'État conservait une participation dans une industrie ou un service (il gardait habituellement les parties peu rentables dont le privé ne voulait pas), l'injection d'argent frais par la vente des actions pouvait servir à de futurs investissements. Aussi beaucoup de patrons du public furent-ils de fervents partisans de ces ventes partielles, après s'être longtemps offusqués du détournement de leurs profits pour combler le déficit budgétaire.

La forme et l'ampleur de la propriété et des participations de l'État admettaient des variations considérables en Europe. Le secteur public industriel était le plus modeste en Hollande, au Danemark et en Suède, alors qu'il était le plus imposant en Italie, en France, en Espagne et en Autriche. Santé et services sociaux exclus, la part de la main-d'œuvre directement employée par l'État au début des années 1980 allait de 15 % en Allemagne de l'Ouest à 28 % en Italie et à près du tiers en Autriche. Dans certains pays – Autriche, Espagne et Italie – le secteur public était organisé en immenses holdings industrielles, dont l'IRI, en Italie, était la plus importante[12].

Ailleurs, l'intérêt de l'État passait par le truchement d'une Banque nationale de placement et un Fonds de garantie industrielle – comme aux Pays-Bas, ou d'une Société nationale d'investissement, en Belgique. La seule sidérurgie était soutenue de diverses manières : en Grande-Bretagne, le Trésor épongeait habituellement les dettes des sociétés publiques ; en France, le gouvernement accordait des prêts à faibles taux d'intérêt et intervenait politiquement pour favoriser les producteurs locaux face à la concurrence étrangère ; en RFA, la sidérurgie privée bénéficiait de subventions directes.

Compte tenu de ces disparités nationales, les formes de la privatisation devaient naturellement accuser des divergences sensibles. Dans tous les cas, cependant, elle impliqua une dose de dérégulation, de libéralisation des marchés et d'introduction de nouveaux instruments financiers pour faciliter la vente et la revente de parts à des sociétés partiellement ou totalement privatisées. En RFA, où les grands secteurs exportateurs (automobile, mécanique, chimie et électronique) étaient déjà entre des mains privées, l'entrave à l'efficacité et à la concurrence venait non pas du contrôle de l'État, mais de coûts fixes élevés et de la réglementation du marché du travail. En Allemagne, la

12. En 1982, l'IRI (*Istituto per la Ricostruzione Industriale*) contrôlait, parmi bien d'autres choses, la production italienne de fonte, les deux tiers de la production d'aciers spéciaux, un quart de celle de crème glacée et 18 % de celle de tomates pelées.

privatisation, quand elle se fit, fut surtout l'œuvre de la Treuhandgesellschaft, société publique créée en 1990 pour vendre les anciennes entreprises publiques est-allemandes[13].

En Italie, la principale pierre d'achoppement sur la voie de la privatisation était les intérêts acquis non pas de l'État, mais des partis politiques. Les démocrates chrétiens et les socialistes, notamment, utilisaient le secteur et les holdings publics pour récompenser les leurs et graisser la patte à leurs partisans, leur attribuant souvent des contrats publics et les intégrant au *sottogoverno* – la structure souterraine qui était le soubassement de leur domination. Malgré ce frein puissant, le secteur privé italien n'en progressa pas moins régulièrement au cours de cette période, surtout dans les entreprises manufacturières qui employaient moins d'une centaine de personnes, bien plus nombreuses en Italie qu'en Grande-Bretagne, en France ou en Allemagne.

Dès 1976, la Cour constitutionnelle avait mis fin au monopole de la RAI, le réseau public de radio et de télévision. Quelques années plus tard, Alfa Romeo, encore placée sous l'égide d'une holding publique, fut « cédée » à Fiat. Six ans plus tard, les grandes holdings elles-mêmes – IRI, INA, ENI et ENEL[14] – avaient toutes été transformées en sociétés publiques par actions. En elles-mêmes, elles n'avaient aucune valeur, au contraire : en 1984, l'IRI perdait 4,5 millions de lires par an pour chacun de ses 500 000 employés. Mais elles pouvaient délivrer des obligations qui étaient convertibles en actions dans les sociétés sous leur contrôle et vouées à la privatisation.

Dans les pays tout juste sortis d'un régime autoritaire, la situation était assez différente. Le secteur public, dans l'Espagne postfranquiste, *s'étoffa*. Les dépenses publiques en pourcentage du PNB augmentèrent régulièrement tandis que les centristes, au gouvernement de 1976 à 1982, poursuivirent la stratégie de l'ancien régime consistant à éviter les conflits sociaux en transférant à l'État les entreprises en difficulté. Les choses ne pouvaient guère se passer autrement : pour diverses raisons, la nationalisation sous cette forme avait la préférence des ouvriers, des patrons, de la classe politique nationale et des autorités régionales. En tout état de cause, un des principaux arguments généraux pour amputer le secteur public – que l'État-providence qu'il incarnait était d'un entretien trop coûteux – ne valait pas pour l'Espagne, le Portugal ou la Grèce. Il n'y avait pas d'État-providence à démanteler.

---

13. L'objectif initial de la Treuhand était de transformer autant que possible les 9 000 sociétés est-allemandes (employant 7 millions d'hommes et de femmes) en véritables entreprises et de liquider les autres. Du fait de pressions politiques, cependant, elle préféra réhabiliter ou consolider nombre d'affaires peu rentables, créant ainsi paradoxalement un nouveau secteur semi-public subventionné par les fonds publics. Voir le chapitre XXI.

14. Istituto per la Ricostruzione Industriale, Instituto Nazionale delle Assicurazioni, Ente Nazionale Idrocarburi, Ente Nazionale per l'Energia Elettrica.

Néanmoins, même en l'absence de services sociaux et de protection à l'échelle de l'Europe, le secteur public – encombré de rebuts abandonnés et peu rentables liés à l'obsolescence dorlotée et accélérée du capitalisme espagnol – était désespérément surchargé. Dès 1976, l'INI (Instituto Nacional de Industria) avait des parts dans 747 sociétés industrielles (pour la plupart non rentables) et une majorité de contrôle dans 379 autres. Une dose de privatisation et de dérégulation était inévitable pour que l'Espagne devînt solvable. Comme en France c'est un gouvernement socialiste qui amorça le processus, introduisant des fonds de pension privés en 1987 puis supprimant deux ans plus tard le monopole de l'État sur la télévision.

Dans le Portugal postrévolutionnaire, l'article 85 de la Constitution et une loi ultérieure de 1977 interdirent explicitement toute initiative privée dans la banque, les assurances, les transports, les postes et télécommunications, la production et la distribution d'électricité, le raffinage du pétrole et l'industrie des armements. Le gouvernement socialiste de Mario Soares essaya d'introduire en 1983 une certaine souplesse en permettant au secteur privé de concurrencer l'État dans la banque et les assurances, et en autorisant la formation de sociétés par action dans les secteurs de l'acier, du pétrole, de la chimie et des armements. Mais il faudrait encore un certain temps avant que les secteurs protégés restants ne s'ouvrissent à une concurrence limitée.

Probablement l'Europe méditerranéenne – comme l'Europe centrale postcommuniste quelques années plus tard – aurait-elle davantage tardé à abandonner le contrôle de l'État sans l'impact de la Communauté/Union européenne. Les parités fixes du Système monétaire européen (SME) après 1979 furent une première contrainte : une des raisons qui, sous Mitterrand, poussèrent le gouvernement à se mettre à vendre des actifs publics fut de rassurer les marchés monétaires et de maintenir ainsi le franc au niveau convenu dans le SME. Mais le principal moyen de pression de Bruxelles était les règles élaborées pour le fonctionnement d'un marché unique européen. Celles-ci obligeaient toutes les entreprises, tant publiques que privées, à se conformer aux normes de concurrence de chaque pays puis entre les différents pays. Il n'était pas question de favoriser des « champions » nationaux ni d'accorder des subventions cachées ou d'autres avantages à des sociétés publiques ou contrôlées par l'État se disputant des contrats ou une clientèle.

Même si, dans les faits, cette réglementation fut amplement contournée, sa simple existence obligea les entreprises publiques à ne pas se conduire sur le marché autrement que les entreprises privées – au point que l'État n'avait plus de raison de se mêler de leurs affaires. La réponse italienne fut typique de celle de nombreux autres États membres de la Communauté : en 1990, l'Italie adopta de nouvelles réglementations en écho aux clauses concernées de l'Acte unique européen, obligeant toutes les entreprises publiques à appliquer le principe de la concurrence libre et égale dans toutes leurs activités – sauf dans le cas des entreprises où le monopole de l'État était vital pour ses tâches, clause dont la souplesse et le flou permettait aux gouvernements de s'adapter aux normes européennes tout en restant sensibles aux pressions locales.

Malgré le discours fébrile de Bruxelles (et de Londres) sur l'ouverture et la « compétitivité » accrues, la fièvre européenne de privatisation engendra probablement moins de changement que ses partisans ne le promettaient ou l'espéraient. Ses détracteurs avaient prévenu qu'il en résulterait non pas davantage de concurrence, mais le simple transfert d'un pouvoir économique concentré du public vers le privé, et c'est bien ce qui se produisit. Par des accords complexes de participation croisée, beaucoup de grandes entreprises privées, en France, singèrent le comportement des vieilles sociétés publiques. Elles monopolisèrent des secteurs entiers, sans être plus sensibles à leurs petits « actionnaires » qu'elles ne l'étaient aux contribuables ou aux consommateurs quand elles relevaient du secteur public.

Paradoxalement, la privatisation et l'accroissement de la concurrence eurent peu d'effets immédiats sur la taille du secteur étatique proprement dit. On a déjà vu que, dans la Grande-Bretagne de Thatcher, le champ de l'État *s'accrut*. De même en alla-t-il ailleurs. Entre 1974 et 1990 (dans une certaine mesure, du fait du chômage endémique du secteur privé), la part de l'emploi public augmenta : de 13 à 15,1 % en Allemagne ; de 13,4 à 15,5 % en Italie ; de 22,2 à 30,5 % au Danemark. Mais la plupart de ces employés de l'État appartenaient désormais au tertiaire plutôt qu'au secteur manufacturier : offrant et gérant des services (financiers, éducatifs, médicaux, mais aussi transports) plutôt que fabriquant des objets.

La libéralisation économique ne donna pas le signal de la chute de l'État-providence, ni même de son déclin ultime, nonobstant les espoirs de ses théoriciens. En revanche, elle illustra un déplacement sismique dans l'allocation des ressources et l'initiative du public vers le privé. Ce changement allait très au-delà de la question technique consistant à savoir qui possédait quelle usine ou la part de réglementation nécessaire dans une industrie donnée. Pendant près d'un demi-siècle, les Européens avaient regardé l'État et les autorités publiques jouer un rôle toujours plus éminent dans leurs affaires. Ce processus était devenu si ordinaire que la prémisse qui l'inspirait – que l'État activiste était une condition nécessaire de la croissance économique et du progrès social – était largement tenue pour une évidence. Sans l'effilochage cumulatif de ce postulat dans les dernières décennies du siècle, ni le thatchérisme ni la volte-face mitterrandienne n'eussent été possibles.

XVIII

Le pouvoir des sans-pouvoir

« Le marxisme [...] n'est pas une philosophie de l'histoire, c'est la philosophie de l'histoire, et y renoncer, c'est faire une croix sur la Raison historique. »
Maurice Merleau-Ponty[1]

« Je parle de droits parce qu'eux seuls nous permettront de quitter ce spectacle de lanterne magique. »
Kazimierz Brandys

« La société totalitaire est le miroir déformé de toute la civilisation moderne. »
Václav Havel

« La pression de l'appareil d'État n'est rien en comparaison de la force d'un argument convaincant. »
Czeslaw Milosz

Derrière le « moment social-démocrate » en Europe occidentale, se trouvaient non seulement une foi pragmatique dans le secteur public, ou l'allégeance aux principes économiques keynésiens, mais aussi une idée de la forme de l'époque qui influença et, de longues décennies durant, étouffa même ses critiques en herbe. Cette approche largement partagée du passé récent de l'Europe mêlait le souvenir de la crise de 1929, le combat de la démocratie contre le fascisme, la légitimité morale de l'État-providence et – pour beaucoup, de part et d'autre du Rideau de fer – l'attente du progrès social. Tel était le Grand Récit du XXe siècle ; et quand ses postulats de base commencèrent de s'éroder et de s'effriter, ils emportèrent avec eux non pas une poignée d'entreprises du secteur public, mais toute une culture politique et bien d'autres choses encore.

Si l'on veut un moment symbolique où cette transformation s'accomplit, un point où l'idée que l'Europe se faisait d'elle-même bascula, c'est le 28 décembre 1973 à Paris, avec la première publication à l'Ouest de *L'Archipel du Goulag* de Soljenitsyne. Rendant compte de la traduction anglaise dans le *Guardian,* W. L. Webb écrivit : « Vivre aujourd'hui et ignorer cette œuvre, c'est être une sorte d'imbécile historique, passer à côté d'un aspect crucial de

1. [Merleau-Ponty, *Humanisme et Terreur. Essai sur le problème communiste*, Paris, Gallimard, 1980, p. 266.]

la conscience de l'époque. » Le paradoxe, ainsi que Soljenitsyne lui-même le reconnut, c'est que le message du livre – à savoir que le « socialisme réellement existant » était une imposture barbare, une dictature totalitaire reposant sur le travail servile et un meurtre de masse – n'était guère nouveau.

Soljenitsyne lui-même avait déjà écrit sur le sujet, de même que d'innombrables victimes, survivants, observateurs et chercheurs. *L'Archipel du Goulag* ajouta plusieurs centaines de pages de détails et d'informations aux témoignages antérieurs, mais par sa ferveur morale et son impact émotionnel, ce n'était pas un témoignage sensiblement plus fort que *Le Vertige* d'Evguenia Guinzbourg, paru en 1967 ; les souvenirs de Margarete Buber-Neumann sur ses expériences dans les camps soviétiques et nazis, sortis en allemand en 1957 ; le récit désabusé par Wolfgang Leonhard de sa foi fourvoyée, publié en 1955 ; ou même que les démolitions antérieures du mythe soviétique par Victor Serge ou Boris Souvarine[2].

Tout était une affaire de moment. Les critiques intellectuelles du communisme n'avaient jamais manqué, mais leur impact avait été de longues décennies durant émoussé par le désir généralisé, en Europe occidentale (et tout au long des années 1960, en Europe de l'Est), de trouver quelque mérite, si vague fût-il, au nuage orageux qui s'était répandu sur une bonne partie de l'Europe depuis sa première apparition sur la Russie, en 1917. Quels que fussent ses motifs, réels ou présumés, l'« anticommunisme » souffrait du terrible handicap de paraître défier la forme de l'Histoire et du Progrès, de passer à côté de « l'essentiel », de nier la continuité foncière qui liait l'État-providence démocratique (si insuffisant fût-il) au projet collectiviste du communisme (si terni fût-il).

Voilà précisément pourquoi les adversaires du consensus de l'après-guerre étaient à ce point marginalisés. Suggérer, comme von Hayek et d'autres l'avaient fait, que les projets de restriction du marché au nom du bien commun, si bien intentionnés fussent-ils, n'étaient pas seulement inefficaces d'un point de vue économique mais constituaient aussi et surtout un premier pas sur la route de la servitude, c'était déchirer la carte routière du XXe siècle. Même des adversaires de la dictature communiste comme Arthur Koestler, Raymond Aron, Albert Camus et Isaiah Berlin, qui s'efforcèrent de souligner la différence entre des réformes sociales-démocrates pour le bien commun et les dictatures

2. E. Guinzbourg, *Le Vertige. Chronique des temps du culte de la personnalité*, Paris, Seuil, 1975 ; Margarete Buber-Neumann, *Déportée en Sibérie. Prisonnière de Staline et de Hitler 1*, trad. Anise Postel-Vinay, Paris, Seuil/La Baconnière, 1949 ; *Déportée à Ravensbrück*, trad. A. Brossat, Paris, Seuil, 1988 ; Wolfgang Leonhard, *Un enfant perdu de la révolution*, trad. P. Ollagnier, Paris, France-Empire, 1983 (d'abord paru en 1955 à Cologne sous le titre *Die Revolution entlässt ihre Kinder*) ; Victor Serge, *Mémoires d'un révolutionnaire*, Paris, Seuil, 1951 ; Boris Souvarine, *Staline. Aperçu Historique du bolchevisme*, Paris, Champ Libre, 1977 ([première édition française, 1935] ; anglaise, 1939).

du parti instaurées au nom d'un mythe collectiviste, semblaient, pour beaucoup de leurs critiques « progressistes », faire écho à la guerre froide et donc servir des allégeances politiques remontant à cette époque.

Aussi se heurtèrent-ils à une répugnance générale, surtout de la part de la génération des *Sixties*, à abandonner le catéchisme révolutionnaire. Une chose était de railler d'un air entendu Staline, mort de longue date et de toute façon condamné par ses propres héritiers. Tout autre chose était de reconnaître que la faille était non pas dans l'homme, mais dans le système. Et aller plus loin, imputer le crime et la responsabilité des crimes et des méfaits du léninisme au projet d'utopisme radical lui-même, c'était miner les contreforts mêmes de la politique moderne. Comme l'historien britannique E. P. Thompson, un genre d'icône intouchable pour la jeune génération de « marxistes postcommunistes », l'écrivit d'un ton accusateur à Leszek Kolakowski (après que ce dernier eut publié une accusation au vitriol du communisme soviétique dans le sillage de 1968), *votre* désenchantement est une menace pour *notre* foi socialiste.

En 1973, cependant, la foi en question subissait des assauts sérieux de la part de ses critiques mais aussi des événements eux-mêmes. En France, à la sortie de *L'Archipel du Goulag*, le journal communiste *L'Humanité* le rejeta, rappelant à ses lecteurs que, puisque « tout le monde » sait déjà tout de Staline, quiconque rabâche tout *cela* ne saurait être motivé que par l'« antisoviétisme ». Mais l'accusation d'« antisoviétisme » perdait de sa force. Dans le sillage de l'invasion de Prague et de la répression qui suivit, et de ce qu'il filtrait de la Révolution culturelle en Chine, la condamnation sans appel par Soljenitsyne du projet communiste dans son ensemble sonnait vrai, même et peut-être surtout pour ses anciens sympathisants.

Il commençait à apparaître clairement que le communisme avait souillé et spolié son héritage révolutionnaire. Et il continuait de le faire, ainsi que le génocide cambodgien et le battage orchestré autour du traumatisme des « *boat people* » viêt-namiens allaient bientôt le révéler[3]. Même ceux qui en Europe occidentale – et ils étaient nombreux – tenaient les États-Unis pour largement responsables des désastres du Viêt-nam et du Cambodge, et dont l'antiaméricanisme avait encore été attisé par le meurtre de Salvador Allende manigancé par les Américains au Chili trois mois tout juste avant la publication de *L'Archipel du Goulag*, répugnaient de plus en plus à conclure, comme autrefois, à la supériorité morale du camp socialiste. L'impérialisme américain était effectivement mauvais, mais l'autre camp était pire, peut-être bien pire.

À ce stade, l'insistance traditionnelle des « progressistes » à traiter les attaques contre le communisme comme des menaces implicites contre *tous* les objectifs d'amélioration sociale – *i.e.*, l'idée que le communisme, le socia-

3. Entre 1975 et 1981, la seule France accueillit 80 000 réfugiés d'Indochine.

lisme, la social-démocratie, les nationalisations, la planification centrale et le génie social progressiste relevaient d'un projet politique commun – commença de se retourner contre elle. Si Lénine et ses héritiers avaient empoisonné le puits de la justice sociale, poursuivait l'argument, nous en subissions *tous* le préjudice. À la lumière de l'histoire du XXe siècle, l'État commençait d'apparaître moins comme la solution que le problème, et pas seulement ni même essentiellement pour des raisons économiques. Ce qui commence par la planification centralisée s'achève par une tuerie centralisée.

C'est, bien entendu, une forme de conclusion très « intellectuelle », mais l'impact du retrait par rapport à l'État fut immédiatement ressenti par les intellectuels – assez naturellement, puisque ce sont les intellectuels qui avaient mis d'abord le plus d'ardeur à promouvoir le progrès social par en haut. Comme l'écrivain tchèque Jiří Gruša devait l'observer en 1984, « ce sont les écrivains qui ont glorifié l'État moderne ». Par sa nature même, avait observé Ignazio Silone, la tyrannie moderne requiert la collaboration des intellectuels. Aussi est-il tout à fait naturel que ce soit la désaffection des intellectuels européens à l'égard du « grand récit » du progrès qui ait déclenché l'avalanche qui s'en est suivie ; et plus ou moins normal que cette désaffection n'ait été nulle part plus marquée qu'à Paris, où le récit lui-même avait trouvé sa forme intellectuelle et politique deux siècles auparavant.

La France des années 1970 et 1980 n'était plus la « lentille ardente de la civilisation occidentale » d'Arthur Koestler, mais les penseurs français étaient encore inhabituellement prédisposés à traiter de questions universelles. Dans ces mêmes années, en Espagne, en Allemagne de l'Ouest ou en Italie, écrivains et commentateurs avaient fort à faire avec les défis locaux, même si la menace terroriste qui les occupait n'était pas sans implication pour le discrédit de l'utopisme radical. Quant aux intellectuels du Royaume-Uni, qui n'avaient jamais été très sensibles à l'attrait du communisme, ils étaient largement indifférents à son déclin et gardèrent donc leur distance vis-à-vis de l'état d'esprit sur le continent. En France, en revanche, le projet communiste avait longtemps inspiré une large sympathie. À mesure qu'il gagna du terrain dans le débat public français, encouragé par le déclin régulier de l'électorat et de l'influence du PC, l'anticommunisme se nourrit des souvenirs locaux et d'exemples. Une nouvelle génération d'intellectuels français s'éloigna avec une étonnante alacrité du marxisme, faisant montre d'une hâte parfois indécente à abjurer leur précédent engagement.

En condamnant les distorsions de l'utopisme radical, les jeunes « nouveaux philosophes » parisiens du milieu des années 1970 comme André Glucksmann ou Bernard-Henri Lévy ne brillaient pas par leur originalité. Dans *Les Maîtres penseurs* de Glucksmann, publié en 1977 sous les acclamations générales, il n'y avait pas grand-chose que Raymond Aron n'eût déjà dit vingt-deux ans plus tôt, et mieux, dans son *Opium des intellectuels.* Et dans

La Barbarie à visage humain de Bernard-Henri Lévy, qui parut deux mois après l'essai de Glucksmann, il n'y avait rien que les lecteurs français n'auraient pu trouver dans *L'Homme révolté* d'Albert Camus. Mais alors qu'à sa sortie, en 1951, Jean-Paul Sartre avait condamné sans appel l'essai de Camus, les best-sellers de Lévy et Glucksmann reçurent un large écho. Les temps avaient changé.

Le caractère de parricide de ce séisme intellectuel local est évident. Sa cible apparente était le calamiteux détour marxiste de la pensée occidentale, mais le tir était largement dirigé contre les figures dominantes de la vie intellectuelle de l'après-guerre, en France comme ailleurs, qui avaient jeté un œil de l'autre côté des lignes de touche de l'histoire, acclamant les vainqueurs et détournant poliment leurs yeux des victimes. Sartre, de loin le mieux connu de ces compagnons de route, tomba lui-même en disgrâce dans ces années-là, dès avant sa disparition en 1980 : son héritage créatif était souillé par ses apologies d'abord du communisme soviétique, puis du maoïsme[4].

Le changement de climat à Paris allait bien au-delà du règlement de comptes à travers une génération d'intellectuels engagés. En 1978, parut pour la première fois en français *La Logique de la découverte scientifique* de Karl Popper, avant-courrier de l'assimilation régulière par l'intelligentsia française de tout un corpus de travaux « anglo-américains » de philosophie et de sciences sociales dont la culture intellectuelle locale était demeurée des décennies durant quasi ignorante. La même année, l'historien François Furet publia un essai pionnier, *Penser la Révolution française*, où il démolissait systématiquement le « catéchisme révolutionnaire » dans lequel les Français avaient appris de longue date à comprendre leur pays et leur passé.

Dans ce « catéchisme », tel que Furet le disséqua, la Révolution française avait été l'*Ur*-moment, le moment originaire de la modernité : la confrontation qui déclencha la division de la France en cultures politiques contradictoires de gauche et de droite, soi-disant déterminées par les identités de classe des antagonistes. Cette histoire, qui reposait sur les piliers jumeaux de l'optimisme libéral de l'aube du XIXe siècle et d'une vision marxiste de la transformation sociale radicale, s'était maintenant effondrée, suivant l'explication de Furet. La principale raison en était que le communisme soviétique, héritier présomptif dans ce conte moral du projet de transformation radicale et délibérée, avait rétroactivement pollué la totalité de l'héritage. La Révolution française, dans les mots de Furet, était « morte ».

Comme son auteur l'avait bien compris, la thèse de Furet était grosse de conséquences politiques. Les échecs du marxisme politique étaient une chose

4. En 1963, longtemps après qu'il se fut désintéressé des communistes français, on pouvait encore entendre l'auteur des *Mains sales* vanter à Prague les mérites du réalisme socialiste devant un parterre médusé d'écrivains et d'intellectuels tchèques.

qui pouvait toujours être excusé sous la catégorie de l'infortune ou des circonstances. Mais si le marxisme même était discrédité en tant que Grand Récit – si ni la raison ni la nécessité n'étaient à l'œuvre dans l'Histoire – tous les crimes de Staline, toutes les vies perdues et les ressources dilapidées dans la transformation des sociétés sous la houlette de l'État, toutes les erreurs et les fiascos des essais révolutionnaires du XXe siècle pour introduire l'Utopie par *diktat* cessaient d'être « dialectiquement » explicables comme de faux mouvements sur une trajectoire juste. Ils devenaient simplement ce que leurs critiques avaient toujours dit qu'ils étaient : perte, gaspillage, échec et crime.

Furet et ses jeunes contemporains rejetèrent le recours à l'Histoire qui avait tant coloré l'engagement intellectuel en Europe depuis le début des années 1930. Il n'y a pas, protestaient-ils, de « maître-récit » qui gouverne le cours des actions humaines, ni aucun moyen de justifier des politiques ou des actions publiques qui causent de véritables souffrances aujourd'hui au nom de bénéfices spéculatifs demain. On ne fait pas d'omelettes sans casser les œufs. Mais on ne construit pas une société meilleure sur des hommes brisés. Avec le recul, la conclusion peut bien paraître faible après des décennies de débat politique et théorique intense ; mais précisément pour cette raison, elle illustre assez bien l'ampleur du changement.

Dans *Ma Nuit chez Maud* (1969), le conte moral d'Éric Rohmer, un philosophe communiste et son collègue catholique discutent longuement des thèses contradictoires du pari de Pascal sur Dieu et du pari marxiste sur l'Histoire. Ce qui frappe, après-coup, ce n'est pas la conversation elle-même, qui paraîtra familière à quiconque est assez âgé pour se souvenir des années 1960 en Europe continentale, mais qu'elle ait été prise avec tant de sérieux par les protagonistes eux-mêmes comme par des millions de spectateurs contemporains. Dix ans plus tard, le sujet, sinon le film, datait déjà. Le recours à l'Histoire pour défendre des choix politiques déplaisants avait commencé de paraître moralement naïf, voire sans cœur. Camus l'avait observé de longues années plus tôt : « La responsabilité envers l'Histoire dispense de la responsabilité envers les êtres humains. »

La nouvelle incertitude autour de l'Histoire – et de l'histoire – inaugura une désagréable décennie pour les intellectuels ouest-européens, fâcheusement conscients que la désintégration des grands schémas historiques et des grands métarécits était de mauvais augure pour les intellos qui en avaient été les pourvoyeurs et qui étaient eux-mêmes – tel était le sentiment de beaucoup – en butte à une humiliante indifférence. En septembre 1986, dans un aparté solipsiste à l'adresse d'un journaliste français, le sociologue Pierre Bourdieu déplora la chute de l'intellectuel public engagé : « Pour ma part, je pense que s'il y a une grande cause aujourd'hui, c'est la défense des intellectuels[5]. »

5. « Les Grandes Causes, ça existe encore ? », in *Le Nouvel Observateur*, n° 1140, septembre 1986.

Isaiah Berlin a un jour décrit l'abnégation des intellectuels devant l'Histoire comme « l'horrible manière allemande de se soustraire au poids du choix moral ». C'est un peu dur pour les Allemands, qui sont loin d'être les seuls Européens à s'être abaissés sur l'autel de la nécessité historique, même s'il est vrai que l'idée trouve ses racines dans la philosophie romantique allemande. En revanche, l'observation pointe un vide naissant dans les idées politiques européennes : s'il ne restait pas de « grande cause », si l'héritage progressiste s'était effondré ; s'il n'était plus possible d'invoquer de manière crédible l'Histoire, ou la nécessité, pour défendre un acte, une politique ou un programme, comment trancher les grands dilemmes de l'époque ?

Ce n'était pas un problème pour les thatchéristes ultras, qui tenaient la politique publique pour une extension des intérêts privés et pour qui le marché était un indicateur nécessaire et suffisant des valeurs et des résultats. Les temps n'étaient pas non plus particulièrement troublants pour les conservateurs traditionnels de l'Europe, aux yeux de qui l'aune du bien et du mal dans les affaires humaines restait ancrée dans des normes religieuses et des conventions sociales, abîmées sans être totalement emportées par le *tsunami* culturel des années 1960. C'est la *gauche* progressiste, qui dominait encore les échanges politiques et culturels européens, qui avait un besoin urgent de changer de script.

Ce qu'elle trouva, à sa surprise collective, ce fut un nouveau vernaculaire politique, ou plutôt un vernaculaire fort ancien, redécouvert depuis peu. Le langage des droits ou des libertés était fermement inscrit dans toutes les Constitutions européennes, notamment celles des démocraties populaires. Mais en tant que façon d'envisager la politique, le « discours des droits » était totalement passé de mode en Europe depuis de longues années. Après la Première Guerre mondiale, les droits – notamment le droit des peuples à disposer d'eux-mêmes – avaient joué un rôle central dans le débat international autour du règlement d'après-guerre, et la plupart des parties intéressées, à la conférence de la paix de Versailles, avaient invoqué leurs droits avec la dernière énergie pour plaider leur cause auprès des grandes puissances. Mais c'étaient des droits *collectifs* : droits des nations, droits des peuples et des minorités.

De plus, le bilan des droits affirmés collectivement n'était pas très réjouissant. Quand il y avait conflit entre les droits de plusieurs communautés ethniques ou religieuses, il était apparu avec une affligeante clarté que la force, non pas le droit, était la seule manière efficace d'avoir gain de cause. Les vainqueurs de 1945, se retournant sur les espoirs brisés de Versailles, conclurent, on l'a vu, que les intérêts *collectifs* étaient mieux servis par la solution douloureuse, mais efficace du regroupement territorial (du nettoyage ethnique, comme on devait dire plus tard). Quant aux apatrides, ils ne seraient plus traités comme une anomalie judiciaire dans un monde d'États et de nations, mais comme les victimes individuelles de persécutions et d'injustices.

Le discours des droits d'après 1945 se concentra donc sur les individus. Là encore, c'était une leçon de la guerre. Alors même que des hommes et des femmes étaient persécutés au nom de leur identité commune (Juifs, Gitans, Polonais, etc.), ils souffraient en tant qu'individus ; et c'est en tant que tels, jouissant de droits individuels, que les nouvelles Nations unies s'efforcèrent de les protéger. Les diverses conventions sur les droits de l'homme, le génocide ou les droits économiques et sociaux qui furent intégrés au droit ou aux traités internationaux eurent un effet cumulatif sur la sensibilité publique : ils mêlèrent un souci anglo-américain des libertés individuelles qui remontait au XVIIIe siècle et une insistance propre au milieu du XXe siècle sur l'obligation faite à l'État d'assurer un spectre croissant de droits plus ou moins grands, du droit à la vie au « droit » à la « vérité de la publicité » et au-delà.

Ce qui nourrit cette rhétorique juridique des droits de l'individu dans le champ politique concret, c'est la coïncidence du recul du marxisme et de la conférence internationale sur la sécurité et la coopération en Europe, qui s'était ouverte à Helsinki, l'année même de la publication à Paris de *L'Archipel du Goulag*. Jusque-là, le discours des « droits » avait longtemps était dénigré par les intellectuels de gauche européens, en écho à la fameuse dénonciation marxienne de ces « prétendus droits » égoïstes et « bourgeois ». Dans les milieux progressistes, des mots comme « libertés » ou « droits » et autres abstractions associées à « l'homme générique » n'étaient pris au sérieux que précédés de l'adjectif « bourgeois », « prolétariens » ou « socialistes ».

En 1969, par exemple, un groupe d'intellectuels de gauche du PSU (Parti socialiste unifié) reprochèrent à leur parti, alors conduit par Michel Rocard et Pierre Mendès France, de soutenir les réformateurs de Prague, qui n'étaient, proclamèrent-ils, que les « victimes volontaires » d'idéologies « petites-bourgeoises » : humanisme, liberté, justice, progrès, suffrage universel secret, etc. Et ce n'était pas un cas isolé. Dans les années 1960, beaucoup de commentateurs occidentaux qui penchaient à gauche, et aux options politiques par ailleurs très modérées, évitaient de faire état des « droits » ou des « libertés » de crainte de passer pour des naïfs. En Europe de l'Est, les communistes réformistes et leurs partisans avaient aussi évité ce langage : dans leur cas, à cause de sa profanation et de sa dévaluation par la rhétorique officielle.

Mais à compter du milieu des années 1970, il devint de plus en plus courant de trouver des discours et des écrits de tout le spectre politique de l'Europe occidentale qui invoquaient sans réserve les « droits de l'homme » et les « libertés personnelles ». Ainsi qu'un observateur italien le remarqua en 1977, pour la première fois depuis la guerre l'idée et l'idéal de la liberté « indivisible » furent ouvertement évoqués à gauche « sans mystification ni démagogie[6] ». Cela ne se

6. Antonino Bruno, *Marxismo e Idealismo Italiano*, 1977, p. 99-100.

traduisit pas nécessairement aussitôt en politique, car, pendant une bonne partie des années 1980, les partis socialistes et travaillistes ouest-européens pataugèrent désespérément, recourant dans bien des cas à l'appropriation illicite des programmes de leurs adversaires pour couvrir leur nudité. En revanche leur nouvelle ouverture au vocabulaire des droits et des libertés donna aux chercheurs et intellectuels ouest-européens accès au changement de langage de l'opposition politique en Europe de l'Est ainsi qu'une manière de communiquer par-delà le Rideau de fer – juste à temps, parce que c'était du côté Est que s'engageait maintenant un changement réellement original et significatif.

En 1975, le communiste réformateur tchèque Zdeněk Mlynář écrivit une « *Lettre ouverte aux communistes et socialistes d'Europe* », avant tout adressée aux eurocommunistes et demandant leur soutien contre la répression de la dissidence en Tchécoslovaquie. Les illusions du communisme réformé étaient coriaces. Mais Mlynář était déjà minoritaire, sa foi dans le socialisme et ses sympathisants occidentaux suscitait déjà la stupeur de la plupart des critiques intérieurs du communisme dans le bloc soviétique.

Ces critiques, qu'on n'appelait pas encore des « dissidents » (terme qui n'avait généralement pas les faveurs de ceux qu'il décrivait), s'étaient pour la plupart détournés du régime et du langage « socialiste » qu'il faisait sien. À la suite de 1968, cette langue de bois, qui n'avait que « paix », « égalité » et « bonne volonté fraternelle » à la bouche, sonnait singulièrement faux, surtout pour les militants des années 1960 qui l'avaient prise au sérieux. Ceux-ci – majoritairement des étudiants, des chercheurs, des journalistes, des dramaturges et des écrivains – avaient été les principales victimes de la répression, surtout en Tchécoslovaquie, où le parti sous la direction de Gustav Husák (le « président de l'oubli ») calcula à juste titre que le meilleur espoir de rétablir « l'ordre » consistait à apaiser le mécontentement populaire par des progrès matériels tout en réduisant énergiquement au silence toutes les voix dissidentes et les références au passé récent.

Contraints à une vie souterraine – littéralement, dans le cas tchèque, où beaucoup d'enseignants et d'écrivains au chômage se retrouvèrent chauffeurs ou affectés à l'entretien des chaudières –, les opposants ne pouvaient guère engager de débat *politique* avec leurs oppresseurs. Délaissant le vocabulaire marxiste et les débats révisionnistes des décennies passées, ils firent de nécessité vertu pour se consacrer délibérément à des thèmes « apolitiques ». Parmi ceux-ci, et grâce aux accords d'Helsinki, les « droits » étaient de loin le plus accessible.

Toutes les Constitutions du bloc soviétique attachaient une attention formelle aux droits et aux devoirs du citoyen ; l'ensemble des droits supplémentaires et très spécifiques convenus à Helsinki offrit donc aux critiques intérieures du communisme une ouverture stratégique. Comme l'a observé l'historien tchèque Petr Pithart, il ne s'agissait pas d'exiger des droits qu'on ne possédait pas encore – ce qui eût à coup sûr attiré la répression sur soi –, mais de revendiquer ceux que le régime reconnaissait déjà et qui étaient consacrés par la loi, conférant ainsi à l'« opposition » un air modéré, presque conservateur, tout en acculant le parti à la défensive.

Prendre au sérieux la lettre de la loi « socialiste » était davantage qu'une simple tactique, un moyen d'embarrasser les dirigeants du monde communiste. Dans des sociétés fermées où tout était politique – et la politique en tant que telle interdite –, les « droits » ouvraient une issue, une première brèche dans le rideau de pessimisme enveloppant l'Europe de l'Est des « années de silence » (les années 1970) et la fin du monopole du régime sur le langage en tant que pouvoir. Par ailleurs, les droits constitutionnels des personnes, par leur nature même, attestent formellement l'existence de personnes en tant que telles, avec des droits mutuels et des droits sur la collectivité. Ils décrivent un espace entre des individus démunis et l'État tout-puissant.

Le mouvement des droits (des « droits de l'homme »), admit le jeune théoricien hongrois Miklós Haraszti, était une manière de reconnaître que le nécessaire correctif aux défauts du communisme n'était pas un meilleur communisme, mais la Constitution – ou reconstitution – de la société civile (c'est-à-dire « bourgeoise »). Les intellectuels de Prague ou de Budapest perçurent l'ironie qu'il y avait à inverser l'ordre du jour du marxisme et à vouloir remplacer l'État socialiste par la société bourgeoise. Mais comme l'expliqua Mihály Vajda, collègue hongrois de Haraszti, la suprématie des bourgeois paraissait bien préférable à l'« insupportable expérience historique de la tyrannie du citoyen » que connaissait leur pays.

Tout le sens des efforts pour reconstituer la société civile – expression nébuleuse décrivant un objectif incertain, mais auquel souscrivit largement l'opposition intellectuelle en Europe de l'Est à compter du milieu des années 1970 – résidait dans le constat qu'il était impossible, après 1968, de réformer l'État-parti. Peu espéraient sérieusement qu'Husák à Prague, ou Honecker à Berlin (encore moins les Soviétiques eux-mêmes), s'inclinent devant la logique du « discours sur les droits » et prennent au sérieux leurs propres Constitutions. Parler des droits en théorie, c'était précisément illustrer leur absence en pratique, rappeler aux observateurs au pays comme à l'étranger combien ces sociétés étaient en réalité peu libres. Plutôt que d'affronter les autorités communistes, la nouvelle opposition parlait à dessein par-dessus leur tête.

Pour des dissidents comme Haraszti, ou Adam Michnik en Pologne, dont l'essai de 1976, « Un nouvel évolutionnisme » traça pour une large part la stratégie de l'opposition polonaise dans les années futures, c'était une rupture radicale avec le marxisme de leur jeunesse et ses priorités socio-économiques. Pour ceux, comme Václav Havel, que les débats marxistes n'avaient jamais attirés, même de loin, la transition fut beaucoup plus facile. Fils d'un homme d'affaires aisé de Prague, dont la famille avait été dépossédée par le gouvernement communiste après 1948, il ne connut pas la ferveur révolutionnaire juvénile de ses contemporains engagés ; pas davantage il ne joua un rôle très actif dans leurs efforts réformistes avant 1968. Les rapports d'Havel avec les autorités communistes furent toujours antagonistes, en grande partie du fait de ses origines bourgeoises, mais ils n'avaient jamais été politiques.

Au cours des années 1970 et 1980, où ses activités lui valurent d'être harcelé, arrêté et en définitive emprisonné, Havel allait devenir une figure suprêmement politique, même si son « message » demeura résolument apolitique. Le but, insistait-il, n'était pas de discuter avec le pouvoir. Il n'était même pas, avant tout, de *dire* la vérité, même si c'était important dans un régime fondé sur le mensonge. Dans les circonstances de l'époque, écrivit-il, la seule chose qui eût du sens était de « vivre dans la vérité ». Tout le reste n'était que compromis : « Le fait même de former un groupe politique oblige à se mettre à jouer un jeu de pouvoir, plutôt que de donner la priorité à la vérité. »

L'objectif, précisa Havel en 1984 dans un essai sur les objectifs et la tactique de la fragile opposition intellectuelle en Tchécoslovaquie, devait être d'agir en toute autonomie, quoi que le régime essaie de vous imposer ; de vivre *comme si* l'on était vraiment libre. Ce n'était guère une prescription pour la grande majorité, Havel en avait bien conscience : « Ce sont peut-être des méthodes irréalistes dans le monde actuel et très difficiles d'application dans la vie quotidienne. Mais je ne sache de meilleure solution. »

La position de Havel n'était pas sans précédents, même dans le passé récent. Ludvík Vaculík, s'adressant au 4e congrès de l'Union des écrivains tchécoslovaques en juin 1967, avait recommandé alors à ses collègues une semblable stratégie « comme si ». Il nous faut, leur déclara-t-il, « jouer à être des citoyens [...], faire des discours comme si nous étions adultes et légalement indépendants ». Mais dans l'atmosphère plus optimiste des années 1960, Vaculík et d'autres pouvaient encore espérer des hommes au pouvoir un accommodement et une adaptation. À l'époque où Michnik et Havel défendaient des positions semblables, les circonstances avaient changé. Il ne s'agissait plus de donner des conseils au gouvernement sur la manière de gouverner, mais de suggérer à la nation, par l'exemple, comment elle pourrait vivre.

Dans les circonstances des années 1970, l'idée que les intellectuels est-européens pussent « suggérer à la nation » une ligne de conduite pouvait paraître pour le moins ambitieux : la plupart des intellectuels n'étaient pas en position de suggérer grand-chose les uns aux autres, encore moins à l'ensemble de leurs concitoyens. L'intelligentsia de Hongrie et de Pologne, en particulier, ne connaissait presque rien des conditions ou de l'opinion dans les centres industriels, et était plus isolée encore du monde paysan. En vérité, on pourrait dire que, grâce au communisme – un système politique qui, selon les dissidents hongrois Ivan Szelényi et György Konràd, se distinguait par la « marche au pouvoir des intellectuels[7] » –, la vieille distinction centre-européenne entre « intelligentsia » et « peuple » (plus applicable dans des sociétés aristocratiques comme la Hongrie et la Pologne que dans des sociétés plébéiennes comme la Tchécoslovaquie, mais artificiellement instituée même là après 1948) avait refait surface sous une forme aiguë.

Les premiers à jeter un pont furent les Polonais. En 1976, à la suite d'une série de grèves de protestation contre une forte hausse des prix de l'alimentation, le régime eut la main lourde, tabassant et arrêtant les ouvriers des villes industrielles d'Ursus et de Radom. Rompant délibérément avec l'indifférence mutuelle des ouvriers et des intellectuels quelques années auparavant, Jacek Kuroń et une poignée de collègues annoncèrent en septembre 1976 la formation du KOR, ou Comité de défense des ouvriers. L'objet du KOR et d'un Comité de défense des droits de l'homme et des droits civils (ROPCIO), fondé quelques mois plus tard, était de faire connaître les atteintes aux libertés civiles des ouvriers, de leur apporter une aide juridique pour se défendre et de former un front commun. Trois ans plus tard, en décembre 1979, les leaders intellectuels du KOR – les uns juifs, d'autres catholiques ; pour certains communistes, d'autres pas – allaient se charger de rédiger et de publier une « Charte des droits des ouvriers ».

La création – ou, plutôt, l'affirmation – d'une sphère civile autonome en Pologne fut donc le fruit d'un affrontement social. De l'autre côté de la frontière, en Tchécoslovaquie, dans des circonstances politiques encore moins prometteuses, elle résulta d'une opportunité juridique. En janvier 1977, un groupe de citoyens tchécoslovaques signèrent un document (initialement publié sous la forme de manifeste dans un journal ouest-allemand) reprochant à leur gouvernement de ne pas respecter les clauses relatives aux droits de l'homme de la Constitution tchécoslovaque, de l'Acte final des accords d'Helsinki de 1975 et des pactes des Nations unies sur les droits politiques, civils, économiques et culturels, que Prague avaient signés – et, s'agissant du décret 120 d'Helsinki, officiellement intégré au code des lois tchèque[8].

Les signataires de ce document (connu sous le nom de « Charte 77 ») se décrivaient comme « une vague association ouverte et informelle de gens [...] unis par la volonté de lutter individuellement et collectivement pour le respect des droits de l'homme et des droits civils dans notre pays et à travers le monde ». Ils prirent grand soin de souligner que la Charte 77 n'était pas une organisation, n'avait ni statuts ni organes permanents, et ne « forme pas la

7. [I. Szelényi, et G. Konràd, *La Marche au pouvoir des intellectuels. Le cas des pays de l'Est*, trad. G. Kassai et P. Kende, Paris, Seuil, 1979.]

8. Curieusement, c'est la décision prise par le gouvernement tchécoslovaque de ratifier les pactes des Nations unies sur les droits de l'homme en 1976 – le 35e État à le faire – qui donna à ces pactes force de loi sur le plan international.

base d'une activité politique d'opposition » – stipulation destinée à garder leur action dans les limites de la loi tchécoslovaque.

La Charte 77 fut toujours l'œuvre d'un minuscule réseau d'individus courageux qui ne représentaient qu'eux-mêmes : 243 personnes signèrent le document initial ; 1 621 autres devaient les rejoindre (sur une population de 15 millions d'habitants) au cours de la décennie suivante. Les premiers porte-parole de la charte furent Havel, Jiří Hájek (ministre des Affaires étrangères sous Dubček) et le vieux Jan Patočka, le philosophe le plus en vue du pays, tous trois intellectuels isolés et sans stature publique ni influence ; mais cela n'empêcha pas les autorités de réagir furieusement à leur manifeste, qualifié de « texte injurieux, démagogique, antisocialiste et contre l'État ». Les différents signataires furent diversement traités – dans un langage emprunté *verbatim* aux procès truqués des années 1950 – de « traîtres et renégats », « laquais et agent de l'impérialisme », « politicien failli » et « aventurier international ». Tous furent victimes de mesures de représailles et d'intimidation, dont licenciements, refus de scolarisation de leurs enfants, suspension de permis de conduire, exil forcé et perte de citoyenneté, détention, procès, incarcération.

Le traitement brutal des signataires de la Charte 77 et la persécution acharnée par les autorités tchécoslovaques d'une nouvelle génération de jeunes musiciens (notamment le groupe rock, « The Plastic People of the Universe ») conduisirent à la formation en avril 1978 d'un groupe de soutien, le « Comité de défense des personnes injustement persécutées » (VONS), qui se donna des objectifs semblables à ceux du KOR. La réponse du régime de Prague à cette initiative fut d'arrêter six des principaux dirigeants du VONS, dont Havel, et de les traduire en jugement l'année suivante pour subversion. En octobre 1979, ils écopèrent de peines allant jusqu'à cinq ans de prison.

À la suite de 1968, tous les régimes communistes (à l'exception de la Roumanie de Ceausescu) avaient fait leur, en pratique, l'approche de la Hongrie de Kádár. Ils ne prétendaient même plus rechercher l'authentique allégeance de leurs sujets, se bornant à demander aux gens d'afficher les symboles extérieurs du conformisme public. Un des objectifs de la Charte, comme du VONS ou du KOR, était de surmonter l'indifférence cynique aux affaires publiques qui en résultait chez leurs concitoyens. Havel, en particulier, insistait sur la nécessité de priver les gouvernements de la satisfaction de voir les gens s'abaisser à la légère pour passer inaperçus. Sans quoi, écrivit-il, le régime peut compter sur un « avant-poste dans chaque citoyen », thème illustré dans son essai classique, « Le pouvoir des sans-pouvoirs », par l'exemple du marchand de fruits et légumes qui accroche rituellement dans sa vitrine l'écriteau, « Prolétaires de tous les pays, unissez-vous ! »

Certaines préoccupations de l'intelligentsia dissidente étaient mieux adaptées que d'autres à cet effort pour triompher de l'apathie et de la peur publiques. La catastrophe écologique qui se profilait (voir chapitre XV) en était une.

En Slovaquie, suivant les propres chiffres du régime, 45 % des 5 600 kilomètres de rivières et de fleuves du pays étaient dangereusement pollués en 1982. Dans l'est du pays, les quatre cinquièmes de l'eau de puits étaient impropres à la consommation. Cela tenait largement à l'abus d'engrais sur les fermes collectives de la région, lequel se soldait par un empoisonnement de la terre et de mauvaises récoltes, comme sur les terres noires en Union soviétique.

Au début des années 1980, le nord de la Bohême était la région d'Europe où l'air était le plus pollué, en raison de l'utilisation de charbon brun (bon marché) dans la production énergétique et industrielle. Sur les 73,5 milliards de KWh d'électricité produits dans la région, 64 milliards l'étaient par des centrales brûlant du combustible à haute teneur de soufre. De ce fait, en 1983, environ 35 % des forêts tchèques étaient mortes ou moribondes ; et un tiers des cours d'eau tchèques étaient trop pollués, fût-ce pour un usage industriel. À Prague même, le gouvernement fut contraint d'ouvrir un service hospitalier spécial pour s'occuper des problèmes respiratoires des enfants. Dans une nouvelle intitulée « Un complot de Noël », Ivan Klíma a décrit en ces termes les rues de la capitale tchèque : « le brouillard noir et glacial sentait la fumée, le soufre et l'irritation. »

Sous le socialisme, c'est l'État qui polluait, mais c'est la société qui souffrait, et la pollution était donc un sujet dont tout le monde se préoccupait. Et qui était aussi implicitement politique : s'il était si difficile de protéger l'environnement, c'est que personne n'avait intérêt à prendre des mesures préventives. Seules des sanctions officielles efficaces et systématiquement appliquées auraient pu produire des améliorations ; or celles-ci auraient dû venir de la même autorité qui commençait par encourager le gaspillage. Tout directeur d'usine ou de ferme assez imprudent pour risquer ses « quotas » en appliquant des mesures de contrôle de la pollution de son propre chef serait allé au devant de graves ennuis. Le système économique communiste était par nature préjudiciable à son environnement : de plus en plus de gens en faisaient l'expérience[9].

Assez naturellement, les écrivains et les chercheurs se préoccupaient de la censure. Les entraves à la publication ou à la représentation variaient considérablement d'un pays communiste à l'autre. Depuis 1969, les autorités tchécoslovaques étaient implacablement répressives : non seulement des milliers d'hommes et de femmes ne pouvaient publier ni apparaître en public, mais il était interdit de mentionner un large éventail de thèmes, de personnes ou d'événements. En Pologne, en revanche, l'Église catholique, ses institutions et ses

9. L'écologie elle-même avait ses dissidents intérieurs. L'écrivain slovaque Milan Šimečka mit en garde ses collègues, dont Havel, contre la sous-estimation des bienfaits de la modernité : « Je suis d'avis que même la pollution qui accompagne la prospérité industrielle vaut mieux que le chaos et la brutalité qui sévissent dans les sociétés dont les membres ne peuvent satisfaire leurs besoins fondamentaux. » Milan Šimečka, « A World With Utopias or Without Them », *Cross-Currents*, 3, 1984, p. 26.

journaux ménageaient une sorte d'espace semi-protégé où un certain degré de liberté littéraire et intellectuelle restait possible, quoique avec prudence.

Ici, comme en Hongrie, le problème était souvent celui de l'*auto*censure. Pour avoir accès à un public, les intellectuels, les artistes ou les chercheurs étaient toujours tentés d'adapter leur travail, de corriger ou d'émousser leur propos en anticipant de probables objections officielles. Les avantages professionnels et même matériels de cette adaptation n'étaient pas négligeables, dans des sociétés où l'on prenait très au sérieux la culture et les arts ; mais le coût moral, en termes d'amour-propre, pouvait être considérable. Un siècle et demi plus tôt, Heinrich Heine l'avait dit en des termes que maints intellectuels est-européens eussent aussitôt reconnus : « Ces bourreaux de la pensée font de nous des criminels. Car l'auteur [...] commet souvent un infanticide : il tue le fruit de sa pensée tant l'esprit du censeur lui inspire une folle terreur. »

C'était une sorte de complicité partielle. Le silence – l'exil intérieur du « Ketman » dans *La Pensée captive* de Czeslaw Milosz – en était une autre. Mais ceux qui parlaient, faisaient circuler illicitement des copies au carbone de leurs œuvres, étaient confrontés à la sombre perspective d'une quasi-invisibilité, celle de voir leurs idées et leur art confinés à un minuscule public fermé – de connaître au mieux ce qu'un intellectuel tchèque appela d'un ton morose la satisfaction onaniste de publier en *samizdat* pour les mêmes deux mille intellectuels qui en font autant.

Par ailleurs, le courage n'était pas en soi gage de qualité. Le côté non-conformiste, oppositionnel et souvent dangereux de l'écriture clandestine lui conférait (surtout chez ses admirateurs en Occident) une aura romanesque et une portée parfois excessive. Des idées originales et radicales ont bien pu fleurir et s'épanouir sur le tas de compost du bloc soviétique : les écrits de Havel et de Michnik en sont les meilleurs exemples, mais aucunement les seuls – les *Fleurs du mal* du communisme[10]. Pour beaucoup d'autres, cependant, être inédit n'était pas une garantie de qualité. Il n'y a pas de « muse de la censure » (George Steiner). Être mal vu du régime ne donnait pas forcément du talent.

Aussi la réputation de quelques-uns des intellectuels d'opposition les mieux connus devait-elle se racornir et se flétrir une fois au contact du marché libre des idées. Le Hongrois G. Konràd, dont les essais passablement complaisants sur « l'antipolitique » étaient très admirés dans les années 1980, fut un des nombreux auteurs qui devaient disparaître de la scène après 1989. D'autres, comme la romancière est-allemande Christa Wolf, ont bien compris

10. La Yougoslavie est l'exception qui confirme la règle : « Comme il n'y avait jamais eu en Yougoslavie de culture officielle établie (ce qui n'empêchait pas l'existence de figures officielles dans la vie culturelle), il ne pouvait y avoir son opposé naturel : le genre de culture clandestine, alternative ou parallèle que l'on chérissait tant dans d'autres pays socialistes. » Dubravka Ugrešic, *The Culture of Lies*, 1998, p. 37.

que c'était la difficulté même d'être écrivain sous le communisme qui leur donnait leurs sujets et leurs énergies (ainsi qu'une certaine stature). C'est bien pourquoi de nombreux intellectuels des sociétés communistes préféraient renoncer aux possibilités d'émigrer ou de choisir l'exil : mieux valait être persécuté et compter pour quelque chose, que d'être libre et insignifiant.

La peur de l'insignifiance se retrouve derrière une autre considération de ces années-là : l'insistance générale sur la nécessité pressante de « réintégrer » l'Europe. Comme la censure, c'était une préoccupation d'intellectuels : en fait, pour l'essentiel, d'écrivains venant des provinces occidentales de l'ancien Empire des Habsbourg, où l'arriération et le sous-développement imposés sous la férule soviétique avaient été particulièrement douloureux. Le porte-parole le mieux connu de ce sentiment fut le romancier et scénariste tchèque Milan Kundera exilé à Paris, pour qui la tragédie de l'Europe *centrale* (appellation géographique explicitement ressuscitée pour les besoins de sa cause) était d'être passée sous la coupe d'une dictature étrangère, asiatique.

Kundera lui-même n'était guère apprécié dans son pays, où son exil et sa réussite étaient mal perçus par ceux de ses pairs qui, à les en croire, avaient renoncé à l'un comme à l'autre. En revanche, sa thèse générale était largement partagée, notamment dans la mesure où elle s'adressait aux lecteurs occidentaux, accusés de négliger et d'ignorer l'« autre » Ouest au profit de leur Est – thème esquissé par Milosz dès les années 1950, quand il observait qu'un « chapitre d'un hypothétique livre consacré à la poésie polonaise d'après-guerre devrait porter sur l'ironie, voire la dérision, dans le traitement des intellectuels ouest-européens et plus particulièrement français ».

Pour Kundera, que les initiatives de citoyens comme la Charte 77 laissaient sceptique, la condition tchèque sous le communisme était un prolongement du problème plus ancien de l'identité et de la destinée nationales dans le cœur de l'Europe, où des petites nations et des petits peuples avaient toujours couru le risque de disparaître. Le but de l'opposition intellectuelle sur place et à l'étranger, lui semblait-il, était d'attirer l'attention internationale sur *cette* inquiétude, non pas de perdre son temps à essayer de changer l'empire « byzantin » de Moscou. Par ailleurs, l'Europe centrale était le « destin de l'Occident, sous une forme concentrée ». Havel en convenait : le communisme était le miroir obscur que l'histoire tendait à l'Ouest.

Les Polonais comme Michnik n'employaient pas l'expression « Europe centrale » ou ne parlaient pas tant de « retour en Europe » : en partie parce que, à la différence des Tchèques, ils étaient en position de poursuivre des objectifs plus rapprochés, accessibles. Non que les Polonais et d'autres ne rêvassent point de partager un jour les bénéfices de la nouvelle Communauté européenne, d'échanger le mythe raté du socialisme contre la fable réussie de l'« Europe ». Mais ils avaient, nous le verrons, des priorités plus immédiates.

Les Allemands de l'Est avaient eux aussi des soucis propres. Un des paradoxes de l'*Ostpolitik*, telle que Brandt et ses successeurs la pratiquèrent, est qu'en transférant de fortes sommes en devises fortes en RDA et en la comblant de reconnaissance, d'attention et de soutien, les responsables ouest-allemands hypothéquèrent sans le vouloir toute chance de changement intérieur, et notamment de réforme de l'économie industrielle archaïque et polluante du pays. En « construisant des ponts », en jumelant des villes, en rendant leurs hommages et en prenant leurs distances vis-à-vis de la critique occidentale des régimes du bloc soviétique, les hommes d'État de Bonn donnèrent aux dirigeants de la RDA un faux sentiment de stabilité et de sécurité.

Par ailleurs, en « rachetant » des opposants et des prisonniers politiques, l'Allemagne de l'Ouest priva l'opposition est-allemande de quelques-uns de ses dissidents les plus connus. Aucune autre société communiste n'avait de *Doppelgänger* parlant la même langue. La tentation de partir était donc toujours là et le « droit de circuler » arrivait typiquement en tête de la liste des droits qui préoccupaient les écrivains et les artistes en RDA. Mais nombre de critiques « internes » du régime est-allemand ne voulaient abandonner ni leur pays ni leurs vieilles idées. De fait, à la fin des années 1970, la RDA était le *seul* État communiste européen qui pût encore se targuer d'une opposition marxiste informelle et même interne au parti. Ses dissidents les mieux connus critiquaient tous l'autorité communiste depuis la *gauche* – posture qui les rendait à la fois inaudibles et insignifiants ailleurs en Europe de l'Est, comme l'observa d'un ton acerbe l'écrivain tchèque Jiří Pelikán.

Ainsi Rudolf Bahro, qui après des années de persécution fut expulsé à l'Ouest en 1979, était surtout connu pour son essai *L'Alternative*, critique explicitement marxiste du « socialisme réellement existant ». Robert Havemann, communiste plus âgé qui fut poursuivi et condamné pour avoir pris la défense du chanteur populaire Wolf Biermann (expulsé vers l'Ouest en 1976), fustigeait le parti dominant, lui reprochant non pas de violer les droits, mais de trahir ses idéaux et d'encourager la consommation de masse et la propriété privée des biens de consommation. Wolfgang Harich, figure en vue des milieux philosophiques de RDA et de longue date critique de la déviation « bureaucratique » du régime, était tout aussi véhément dans son opposition aux « illusions consuméristes », contre lesquelles il appartenait au parti, à son avis, de rééduquer la population.

En RDA, comme en Pologne, l'opposition au communisme avait tendance à se rassembler autour des Églises : en Allemagne, le *Bund der Evangelischen Kirchen* pour les protestants. Le nouveau langage des droits et des libertés rejoignait celui de la foi chrétienne et, comme en Pologne, était conforté par son association avec la seule institution présocialiste qui eût survécu. L'influence des Églises explique aussi la place prépondérante de la question de « la paix » dans les cercles dissidents est-allemands.

Ailleurs, en Europe de l'Est, les *peaceniks* (pacifistes) et autres militants pour le désarmement nucléaire suscitaient une profonde méfiance. Ils passaient au mieux pour des naïfs, mais plus probablement pour des idiots manipulés par les Soviétiques[11]. Václav Havel, pour sa part, voyait dans l'essor du mouvement pacifiste du début des années 1980 en Europe de l'Ouest un moyen parfait d'occuper, de divertir et de *neutraliser* l'intelligentsia occidentale : la « paix », affirma-t-il, n'est pas une option dans des pays où l'État est en permanence en guerre contre la société. Dans les conditions actuelles, la paix et le désarmement laisseraient l'Europe de l'Ouest libre et indépendante tout en gardant l'Europe de l'Est sous la coupe des Soviétiques. C'était une erreur que de séparer la question de la « paix » de la revendication des droits et des libertés. Ou, pour citer Adam Michnik, « réduire les risques de guerre passe par le respect plein et entier des droits de l'homme ».

En Allemagne de l'Est, cependant, le mouvement pacifiste trouva une profonde résonance locale. Sans doute cela tenait-il en partie aux liens avec l'Allemagne occidentale. Mais il y avait autre chose. La RDA, État accidentel sans histoire ni identité, pouvait décrire non sans quelque vraisemblance la paix, ou tout au moins la « coexistence pacifique », comme sa véritable raison d'être. Dans le même temps, elle était de loin l'État le plus militarisé et militariste de tous les États socialistes : à compter de 1977, des « études de défense » furent introduites dans les écoles est-allemandes, tandis que le Mouvement de la jeunesse était exceptionnellement paramilitaire, même à l'aune des Soviétiques. La tension engendrée par ce paradoxe flagrant trouva son exutoire dans un mouvement d'opposition qui tirait une bonne partie de ses appuis de sa focalisation sur le problème de la paix et du désarmement.

En 1962, le régime est-allemand avait introduit un service militaire obligatoire de dix-huit mois pour tous les hommes âgés de 18 à 50 ans. Deux ans plus tard, cependant, il ajouta une clause dérogatoire : ceux qui souhaitaient être dispensés du service militaire pour raisons morales pouvaient rejoindre les *Bausoldaten*, unité de travail de substitution. Alors qu'appartenir à celle-ci pouvait être un handicap à vie, sa seule existence signifiait que la RDA reconnaissait l'existence et la légitimité de l'objection de conscience. En 1980, des milliers d'Allemands de l'Est étaient passés par les *Bausoldaten* et constituaient un fort réseau potentiel de militants pacifistes.

Ainsi, quand en 1980 des pasteurs luthériens commencèrent à offrir aide et protection aux premiers militants pacifistes, ils purent le faire dans une large mesure sans encourir la réprobation de l'État. Des Églises, le mouvement de la paix naissant se propagea alors aux universités, suscitant inévitablement des appels au désarmement, mais aussi la revendication du droit

11. Non sans bonne raison. On a appris depuis que les mouvements pacifistes britannique et ouest-allemand étaient systématiquement noyautés par les services secrets est-allemands et soviétiques.

d'exprimer ces appels sans entrave. Par ce détour, les dissidents est-allemands trouvèrent tardivement une manière de communiquer avec l'opposition des autres pays du bloc (et de rattraper leur retard).

Les Roumains n'eurent pas tant de chance. La Charte 77 inspira une courageuse lettre de soutien à l'écrivain Paul Goma et à sept autres intellectuels roumains, tous aussitôt réprimés. Sans quoi le pays resta aussi silencieux qu'il l'était depuis trois décennies. Goma fut contraint à l'exil : personne ne prit sa place. L'Ouest en porte une part de responsabilité : quand bien même une Charte 77 roumaine ou une version locale du syndicat polonais Solidarité (voir chapitre XIX) serait née, il aurait eu peu de chance d'être soutenu à l'Ouest. Aucun président américain ne demanda jamais au dictateur Nicolas Ceausescu de « laisser la Roumanie être la Roumanie ».

L'Union soviétique elle-même accordait une liberté d'action très restreinte à certains intellectuels : essentiellement des scientifiques en vue, qui avaient toujours été une catégorie privilégiée. Le biologiste Jaurès Medvedev, dont la dénonciation de Lyssenko dans les années 1960 avait longtemps circulé en *samizdat*, fut d'abord harcelé puis déchu de sa citoyenneté. Il s'établit en 1973 au Royaume-Uni. En revanche, Andreï Sakharov, le physicien nucléaire le plus célèbre du pays mais aussi de longue date critique à l'égard du régime, resta en liberté jusqu'en 1979, date à laquelle son opposition publique à l'invasion de l'Afghanistan, en 1979, rendit sa présence intolérable. Sakharov était trop embarrassant pour feindre de l'ignorer (il avait reçu le prix Nobel de la paix en 1975), mais trop important pour être expulsé à l'étranger. Sa femme Elena Bonner et lui furent contraints à l'exil intérieur dans la ville fermée de Gorki.

Mais Sakharov ne manquait jamais de faire valoir qu'il appelait son pays à rendre compte de ses insuffisances et de la persécution de ses critiques, plutôt qu'il ne cherchait à renverser le régime : posture qui le situait quelque part entre une génération plus ancienne de communistes réformateurs et la nouvelle dissidence d'Europe centrale. D'autres, moins en vue et ouvertement antisoviétiques, furent traités beaucoup plus durement. La poétesse Natalia Gorbanevskaïa séjourna trois années durant dans un hôpital psychiatrique carcéral après qu'on eut diagnostiqué chez elle, comme des centaines d'autres, une « schizophrénie léthargique ». Vladimir Boukovski, le plus célèbre des jeunes irréductibles, passa douze ans dans les prisons, camps de travail et asiles psychiatriques soviétiques avant qu'un mouvement de protestation internationale contre son traitement lui valût d'être échangé en 1976 contre le communiste chilien Luis Corvalán.

Hormis des campagnes de protestation occasionnelles au nom d'individus, et une campagne concertée pour le droit des Juifs soviétiques à émigrer, l'Occident se préoccupait étonnamment peu des affaires *intérieures* de l'URSS – beaucoup moins, au début des années 1980, qu'il ne s'intéressait à l'opposition intérieure en Pologne ou même en Tchécoslovaquie, par exemple. Il fallut attendre 1983 pour que l'Union soviétique se retire de la World

Psychiatric Association, quand celle-ci, avec un retard honteux, se mit enfin à critiquer ses abus.

Mais avec ou sans incitation de l'extérieur, l'écrasante majorité de l'intelligentsia soviétique ne devait jamais suivre l'exemple donné, fût-ce timidement, ailleurs en Europe de l'Est. La peur de la répression stalinienne continuait de recouvrir le paysage moral, tel un drap mortuaire, trois décennies après sa mort, même si personne n'en parlait vraiment ; et hormis les plus courageux et les plus francs, tous les critiques veillaient à ne pas dépasser les limites des thèmes et du langage soviétiques légitimes. Ils supposaient, assez raisonnablement, que l'Union soviétique était faite pour durer. Des auteurs comme Andreï Amalrik, dont l'essai *L'Union soviétique survivra-t-elle en 1984 ?* parut en Occident en 1970, puis fut réédité sous une forme augmentée dix ans plus tard, étaient prophétiques mais atypiques. À la différence des régimes fantoches qu'elle avait installés à ses frontières, en 1983, l'Union soviétique existait depuis bien plus longtemps que la plupart de ses citoyens ne pouvaient s'en souvenir et semblait foncièrement stable.

L'opposition intellectuelle, en Europe centrale, eut peu d'impact immédiat. Cela n'étonna personne : dans le nouveau réalisme des dissidents des années 1970 se mêlaient une intelligence désabusée de la faillite du communisme, mais aussi une appréciation lucide des réalités du pouvoir. De surcroît, il y avait des limites à ce qu'on pouvait demander aux gens : dans son « Essai sur le courage », l'écrivain tchécoslovaque Ludvík Vaculík faisait valoir de manière convaincante qu'on ne saurait guère demander plus aux gens ordinaires qui luttent pour joindre les deux bouts. La plupart des gens vivaient dans une sorte de « zone grise » morale, un espace étouffant, mais sûr, où le consentement remplaçait l'enthousiasme. La résistance active et risquée était difficilement justifiable parce que, là encore, pour la plupart des gens ordinaires, elle semblait inutile. Au plus pouvait-on attendre des « actes réalistes, sans héroïsme ».

Les intellectuels se parlaient surtout les uns aux autres plutôt qu'ils ne s'adressaient à la communauté dans son ensemble : dans certains cas, ils se repentaient implicitement de leurs ferveurs passées. De plus, ils étaient les héritiers (dans certains cas, à la lettre, les enfants) de la classe dirigeante de la première génération du pouvoir socialiste : l'éducation et les privilèges se transmettaient assez bien de génération en génération, surtout en Pologne et en Hongrie. Tout cela n'était pas fait pour les rendre chers au cœur de la masse de la population. Comme dans le passé, quand ils avaient plaidé *pour* les régimes qu'ils combattaient maintenant, ils n'étaient qu'une infime minorité de la population et ne représentaient qu'eux-mêmes.

Ainsi, quand György Konràd écrivit sur un ton légèrement sentencieux qu'« il ne viendrait à l'idée d'aucune personne sensée d'écarter des gens de positions de pouvoir politique pour les occuper elle-même », il reconnaissait une vérité élémentaire, à savoir qu'aucune « personne réfléchie » n'était en position de le faire. On retrouve cette même appréciation des sombres réalités de la vie en toile de fond de l'insistance de l'opposition sur la non-violence : non seulement en Tchécoslovaquie, où la passivité face à l'autorité avait une longue histoire ; ou en RDA, où l'Église luthérienne était de plus en plus influente dans les cercles d'opposition ; mais même en Pologne, où elle constituait pour Michnik et d'autres une barrière à la fois pragmatique et éthique à des « aventures » dangereuses et absurdes.

Le bilan de la nouvelle opposition est ailleurs. À l'Est comme à l'Ouest, les années 1970 et 1980 furent un temps de cynisme. Les énergies des années 1960 s'étaient dissipées, leurs idées politiques avaient perdu leur crédibilité morale, et le souci de l'intérêt public avait cédé la place à des calculs d'avantage privé. En élaborant un discours sur les droits, en focalisant l'attention sur le concept assez flou de « société civile », en évoquant avec insistance les silences du présent de l'Europe centrale et son passé – en moralisant sans vergogne en public, pour ainsi dire –, Havel et les autres construisaient une sorte d'espace public « virtuel » pour remplacer celui que le communisme avait détruit.

S'il est une chose dont les intellectuels dissidents ne parlaient pas, c'était bien d'économie. Là encore, c'était une sorte de réalisme. Depuis Staline, la croissance économique – ou, plus précisément, industrielle – avait toujours été le but du socialisme en même temps que l'indicateur par excellence de sa réussite. L'économie (voir chap. XIII) avait été le souci dominant d'une précédente génération d'intellectuels réformistes : renvoyant au régime communiste ses propres obsessions et faisant écho à un postulat – partagé par les marxistes comme par les non-marxistes – que toute politique est, en dernière instance, affaire d'économie. La discussion critique sous forme de recommandations de réforme économique avait été la meilleure approximation d'une décennie révisionniste entre 1956 et 1968.

Au milieu des années 1970, cependant, il était difficile à tout observateur averti du bloc soviétique de prendre au sérieux la perspective d'une réforme économique de l'intérieur, et pas uniquement parce que des décennies d'usage intempestif avaient ruiné le langage de l'économie marxiste. Depuis 1973, les économies d'Europe de l'Est accusaient un retard de plus en plus net sur les taux de croissance même réduits de l'Ouest. Hormis un éphémère répit dans les finances d'une Union soviétique riche en pétrole, lié à la hausse du cours de l'énergie, l'inflation des années 1970 et la « mondialisation » du commerce et des services dans la décennie suivante furent un handicap insurmontable pour les économies du bloc soviétique. En 1963, le commerce international des pays du Comecon était de 12 % du total mondial ; en 1979, il était tombé à 9 % et la chute s'accélérait[12].

12. Dans les années 1980, la Pologne et La Tchécoslovaquie enregistrèrent toutes deux des taux de croissance négatifs : leur économie régressa. Probablement était-ce le cas de l'économie de l'URSS depuis 1979.

Les pays du bloc soviétique ne pouvaient rivaliser sur le terrain de la qualité avec les économies industrielles de l'Ouest ; aucun d'eux, en dehors de l'URSS, n'avait de matières premières à vendre à l'Ouest, en sorte qu'ils ne pouvaient même pas rivaliser avec les pays sous-développés. Le système fermé du Comecon interdisait de participer aux nouveaux réseaux commerciaux de l'Europe occidentale et du GATT, et, en tout état de cause, les pays communistes ne pouvaient adapter leurs économies au niveau des prix mondiaux sans risquer de provoquer la fureur des consommateurs (ce qui s'était produit en Pologne en 1976).

Le défaut paralysant des économies communistes à cette époque était une inefficacité endémique, idéologiquement induite. Du fait d'une insistance inflexible sur l'importance de la production industrielle primaire pour la « construction du socialisme », le bloc soviétique manqua le passage d'une production extensive à une production intensive, de grande valeur, qui transforma les économies occidentales au cours des années 1960 et 1970. Au lieu de quoi il continua de s'en remettre à un modèle d'activité économique bien antérieur, qui rappelait Detroit ou la Ruhr des années 1920, sinon Manchester à la fin du XIXe siècle.

Ainsi la Tchécoslovaquie – pays disposant de ressources très limitées en fer – était-elle à la fin de 1981 le 3e exportateur mondial d'acier par tête. Jusqu'au bout, la RDA devait planifier une production toujours croissante de produits industriels lourds obsolètes. Personne, ayant le choix, n'aurait voulu de cet acier tchèque ou des machines est-allemandes, sauf à des prix fortement subventionnés : aussi ces biens étaient-ils produits et vendus à perte. En fait, les économies de type soviétique *soustrayaient* désormais de la valeur : les matières premières qu'elles importaient ou extrayaient du sol valaient plus que les produits finis en quoi elles étaient transformées.

L'économie soviétique prélevait son tribut même dans les secteurs d'avantage comparatif. De même que la Hongrie était le constructeur désigné de camions et de bus dans le Comecon, la RDA des années 1980 reçut pour tâche de fabriquer des ordinateurs. Mais les machines produites en RDA n'étaient pas seulement peu fiables et périmées ; le système centralisé était tout simplement incapable d'en produire assez. En 1989, l'Allemagne de l'Est, avec ses 16 millions d'habitants, produisait cinquante fois moins d'ordinateurs que l'Autriche, avec 7,5 millions d'habitants – l'Autriche elle-même étant un concurrent négligeable sur le marché international. « L'avantage comparatif », dans ce cas, était donc strictement relatif : la RDA dépensait des millions de marks à produire des biens dont personne ne voulait, qu'on trouvait moins chers et de meilleure qualité sur le marché mondial.

La responsabilité en incombait largement aux défauts inhérents à la planification centralisée. À la fin des années 1970 le Gosplan, organe soviétique de planification centrale, comptait quarante départements pour les différentes branches de l'économie et vingt-sept ministères économiques séparés. L'obsession des objectifs numériques était notoire jusqu'à l'autoparodie. Timothy Garton Ash donne l'exemple du « Plan économique du peuple pour le quartier de Prenzlauer Berg » (Berlin-Est), lequel indiquait : « Le nombre d'ouvrages proposés dans les bibliothèques doit passer de 350000 à 450000 volumes. Le nombre d'emprunts doit être augmenté de 108,2 %[13]. »

Les systèmes de prix fixes interdisaient de s'assurer des coûts réels, de répondre aux besoins ou de s'adapter aux contraintes de ressources. Les administrateurs à tous les niveaux s'effrayaient de prendre des risques et d'innover, de crainte de faire baisser la production globale à court terme. En tout état de cause, ils n'avaient aucune incitation : ils étaient assurés de conserver leurs postes, si incompétents fussent-ils, grâce à la préférence bien connue de Brejnev pour la « stabilité des cadres » (mot d'ordre à compter de 1971). Pendant ce temps, pour s'assurer que les objectifs fixés d'en haut seraient atteints, contremaîtres et patrons se donnaient le plus grand mal pour *cacher* aux autorités leurs réserves de matériau et de main-d'œuvre. Gaspillage et pénurie s'entretenaient donc mutuellement.

L'effet prévisible de ce système était d'encourager non seulement la stagnation et l'inefficacité, mais un cycle de corruption permanent. Un des paradoxes du projet socialiste est que l'absence de propriété tend à engendrer davantage de corruption, non pas moins. Pouvoir, position et privilèges ne s'achètent pas directement, mais dépendent plutôt de relations de protection et de clientélisme qui se renforcent mutuellement. Les droits sont remplacés par la flagornerie, dûment récompensée par la sécurité de l'emploi et la promotion. Pour atteindre des objectifs même modestes et légitimes – traitement médicaux, nécessités matérielles, possibilités de faire des études –, les gens sont tenus d'enfreindre la loi au prix de petites corruptions.

Cela explique largement la forte progression du cynisme dans ces mêmes années. Un exemple qui vaut pour beaucoup : les usines de tracteurs ou de camions ne se donnaient pas la peine de produire des pièces détachées en quantités suffisantes parce qu'elles pouvaient satisfaire plus facilement les « normes » en construisant de grosses machines, avec pour effet que lorsque celles-ci tombaient en panne, les pièces de rechange manquaient pour les dépanner. Les statistiques officielles ne donnaient que le nombre total de machines en tous genres produites dans un secteur donné et n'indiquaient pas combien étaient encore en état de marche. Les ouvriers, bien entendu, savaient à quoi s'en tenir.

Une blague populaire résumait d'un ton acerbe le contrat social socialiste : « Vous faites semblant de travailler, nous faisons semblant de vous payer. » Beaucoup d'ouvriers, surtout les moins qualifiés, trouvaient leur intérêt dans

13. Timothy Garton Ash, *The Uses of Adversity*, NY, 1989, p. 9 ; en fr., in *La Chaudière. Europe Centrale*, Paris, Gallimard, 1990, p. 19.

ces arrangements, qui, en contrepartie de leur docilité politique, leur assuraient protection sociale et peu de pression au niveau de l'atelier. Comme l'indiquait avec une ironie involontaire le *Petit Dictionnaire politique officiel* de RDA, « dans le socialisme, la contradiction entre le travail et le temps libre, typique du capitalisme, est éliminée ».

Les seuls aspects d'une économie communiste typique qui marchaient relativement bien en 1980, c'étaient les industries de défense de haute technologie et « l'économie parallèle » : le marché noir des biens et des services. L'importance de cette « seconde économie » – dont l'existence même ne pouvait être officiellement reconnue – attestait le triste état de l'économie officielle. En Hongrie, au début des années 1980, on estimait que 84 000 artisans seulement – travaillant exclusivement dans le secteur privé – répondaient à près de 60 % de la demande locale de services, de la plomberie à la prostitution.

Si l'on ajoute à cela la production paysanne privée, ainsi que les ressources publiques (briques, fil de cuivre, caractères d'imprimerie) « détournées » par les ouvriers pour leurs activités privées, on voit bien que le communisme à la soviétique – un peu comme le capitalisme à l'italienne – ne pouvait survivre sans l'économie parallèle[14]. C'était une relation de symbiose : l'État communiste ne pouvait garder son monopole public qu'en canalisant vers le domaine privé toutes les activités et tous les besoins qu'il ne pouvait nier ni satisfaire ; tandis que la seconde économie avait besoin des ressources de l'économie officielle, mais par-dessus tout de l'inefficacité du secteur public qui lui garantissait un marché et augmentait artificiellement sa valeur et, ce faisant, ses profits.

La stagnation économique elle-même infligeait un démenti permanent à la prétendue supériorité du communisme sur le capitalisme. Et si ce n'était pas un stimulant de l'opposition, c'était assurément une source de désaffection. Pour la plupart des gens qui vécurent sous le communisme à l'ère Brejnev, de la fin des années 1960 au début de la décennie 1980, la vie n'était plus façonnée par la terreur de la répression. Elle n'en était pas moins grise et morne. Les adultes avaient de moins en moins d'enfants, ils buvaient davantage – la consommation annuelle d'alcool par tête quadrupla en Union soviétique dans ces années-là – et mouraient jeunes. L'architecture publique des sociétés communistes n'était pas seulement rebutante d'un point de vue esthétique, mais aussi de mauvaise qualité et inconfortable, et constituait à ce titre un fidèle miroir de l'autoritarisme miteux du système lui-même. Comme un chauffeur de taxi de Budapest le confia un jour à l'auteur de ces lignes, pointant du doigt les rangs serrés d'immeubles d'habitation lugubres, aux murs

14. Sur le plan agricole, une bonne partie de l'Union soviétique, la Hongrie et la Roumanie, une fois encore, ressemblaient aux grands domaines du XIXe siècle : mal payés, sous-performants et sous-équipés, les ouvriers agricoles faisaient le minimum pour leurs employeurs absents tout en gardant leur énergie pour travailler leurs lopins familiaux.

suintants, qui défigurent les banlieues : « Nous habitons là. Bâtiment communiste typique : chaud l'été, glacial l'hiver. »

Comme beaucoup d'autres choses dans le bloc soviétique, les appartements étaient bon marché (en URSS, le loyer représentait en moyenne 4 % du budget des ménages), parce que l'économie était régulée non par le prix, mais la rareté. Cela présentait des avantages pour les autorités – l'allocation arbitraire des marchandises rares était un moyen d'entretenir la loyauté –, mais comportait aussi un sérieux risque, que la plupart des dirigeants communistes comprenaient fort bien. Dès la fin des années 1960, il était devenu évident qu'on ne pouvait plus compter sur la promesse future du « socialisme » pour lier les citoyens au régime. Aussi les dirigeants communistes avaient-ils choisi de traiter plutôt leurs sujets comme des consommateurs et de remplacer l'utopie socialiste (demain) par l'abondance matérielle aujourd'hui.

Ce fut un choix délibéré. Comme le Tchèque Vasil Bilák, le dur qui consentit de bonne grâce à inviter les Soviétiques à envahir son pays en 1968, le déclara à la Commission idéologique de son parti en octobre 1970 : « [En 1948], des affiches, dans la vitrine des magasins, montraient à quoi le socialisme allait ressembler, et les gens y étaient réceptifs. C'était une autre forme d'excitation et un autre temps historique ; aujourd'hui, nous ne pouvons plus mettre des affiches montrant à quoi ressemblera le socialisme, mais les vitrines regorgent de produits qui attestent de notre marche vers le socialisme, que nous avons le socialisme ici[15]. »

Il convenait donc d'encourager le consumérisme comme un indicateur de la réussite du socialisme. On était loin du fameux « débat de cuisine » de 1959, où Khrouchtchev avait certifié au vice-président américain que, dans un avenir prévisible, le communisme aurait dépassé le capitalisme. Bilák – comme Kádár en Hongrie – n'avait pas d'illusions de ce genre. Il se satisfaisait de ce que le communisme fût une pâle imitation du capitalisme du moment que les consommateurs trouvaient leur bonheur dans les produits offerts. En Allemagne de l'Est, Erich Honecker, qui en 1971 avait succédé à la tête du parti à un Walter Ulbricht que personne ne regretta, entreprit pareillement d'offrir aux citoyens de RDA une modeste adaptation du « miracle » ouest-allemand des années 1950.

Pendant un temps, cette stratégie fut couronnée d'une réussite modérée. En Tchécoslovaquie, en Hongrie et en Pologne, le niveau de vie s'améliora tout au long des années 1970, tout au moins pour ce qui est de la consommation au détail. Le parc d'automobiles et de postes de télévision – bien de consommations durables iconiques de l'époque – augmenta régulièrement : en Pologne, le nombre de voitures privées par habitant quadrupla entre 1975

15. Je sais gré de cette référence au Dr. Paulina Bren.

et 1989. À la fin des années 1980, la Hongrie comptait quatre postes de télévision pour dix habitants ; les chiffres étaient semblables en Tchécoslovaquie. Si les acheteurs étaient prêts à accepter une médiocre qualité, des styles quelconques et l'absence de choix, ils pouvaient généralement trouver ce qu'ils voulaient dans les magasins officiels ou en se tournant vers le secteur « privé ». En Union soviétique, cependant, ces produits « optionnels » étaient plus durs à trouver, et relativement plus coûteux.

Il en allait de même pour les produits de première nécessité. En mars 1979, à Washington, un client devait travailler 12,5 heures pour se payer un « panier » générique d'aliments de base (saucisses, lait, œufs, pommes de terre, légumes, thé, bière, etc.). Le même panier « coûtait » 21,4 heures à Londres, mais 42,3 à Moscou, malgré le niveau élevé des subventions[16]. Qui plus est, le consommateur soviétique ou est-européen devait passer de longues heures à trouver et acheter des aliments et d'autres produits. Mesurée en temps et en efforts, sinon en roubles, en couronnes ou en forints, la vie sous le communisme était aussi chère qu'épuisante.

Mais définir le communisme par la satisfaction des consommateurs ne va pas sans problème quand toute l'économie était vouée à produire en masse machines industrielles et matières premières. L'alimentation exceptée, les économies communistes ne produisaient pas les articles que désiraient les consommateurs (et elles n'étaient pas très efficaces non plus sur le terrain de la production alimentaire : l'Union soviétique était de longue date devenue *importatrice* nette de céréales, triplant ses importations alimentaires rien qu'entre 1970 et 1982). La seule façon de contourner l'obstacle était d'importer des biens de consommation de l'étranger, mais il fallait les payer en devises fortes, qu'il n'était possible de se procurer qu'en exportant. Or, excepté le pétrole soviétique, le marché n'avait pas grand-chose à faire de la production socialiste, à moins qu'elle ne fût soldée, et encore. En pratique, la seule manière de garnir les rayonnages à l'Est était d'emprunter à l'Ouest.

L'Ouest se montra assurément obligeant. Le FMI, la Banque mondiale et les banquiers privés n'étaient que trop heureux de prêter aux pays du bloc soviétique : l'Armée rouge était une garantie rassurante de stabilité, et les responsables communistes excellaient à présenter leur production et leurs ressources sous un jour convaincant[17]. Dans les années 1970, la dette en devises

16. Sous Brejnev, la production d'une livre de bœuf coûtait trois roubles et demi, mais elle était vendue deux roubles en magasin. La Communauté européenne subventionnait elle aussi ses agriculteurs, en gros dans les mêmes proportions. La différence, bien entendu, était que l'Europe occidentale pouvait se permettre une Politique agricole commune, pas l'Union soviétique.

17. La Hongrie rejoignit le FMI en mai 1982 dans un climat de félicitations mutuelles. C'est seulement en 1989 qu'il apparut que le gouvernement avait sérieusement sous-évalué son endettement intérieur et extérieur au cours de la décennie précédente.

fortes de la seule Tchécoslovaquie fut multipliée par douze. Celle de la Pologne augmenta de quelque 3 000 %, tandis que le premier secrétaire Gierek et ses collègues absorbaient des produits occidentaux subventionnés, introduisaient de nouveaux programmes onéreux d'assurance sociale pour les paysans et gelaient les prix des denrées alimentaires aux niveaux de 1965.

Sitôt amorcé le principe de l'emprunt, plus rien ne pouvait l'arrêter. En 1976, la hausse des prix alimentaires décidée par Gierek provoqua des émeutes ; le régime s'empressa de revenir en arrière et choisit plutôt de continuer d'emprunter : entre 1977 et 1980, un tiers de la ligne de crédit extérieure de la Pologne servait à subventionner la consommation. À Prague, des économistes communistes recommandèrent d'éliminer progressivement les subventions et d'introduire les prix « réels », mais leurs maîtres politiques redoutaient les conséquences sociales d'une telle retraite et préférèrent augmenter plutôt l'endettement. Comme dans l'entre-deux-guerres, les petits États fragiles d'Europe de l'Est empruntaient des capitaux à l'Ouest pour financer des économies autarciques et éviter des choix douloureux.

Miklós Németh, dernier Premier ministre communiste de la Hongrie, devait le reconnaître explicitement quelques années plus tard. Un prêt d'un milliard de deutschmarks de Bonn, octroyé en octobre 1987 afin de contribuer, aux dires des politiciens ouest-allemands, à la « réforme » économique de la Hongrie, fut en réalité dépensé de la manière suivante : « Les deux tiers sont partis en intérêts tandis que le solde nous a servi à importer des biens de consommation pour atténuer l'impression de crise économique. » En 1986, le déficit officiel du compte courant, pour la Hongrie, était de 1,4 milliard de dollars par an. Entre 1971 et 1980, la dette de la Pologne en devises fortes était passée de 1 à 20,5 milliards de dollars, mais le pire était encore à venir. D'après ses propres chiffres, la RDA des dernières années dépensait plus de 60 % de ses recettes d'exportation annuelles pour couvrir les intérêts (généreusement réduits) de ses dettes auprès de l'Occident. La Yougoslavie, qui fut toujours une cliente favorisée (de 1950 à 1964, les États-Unis avaient couvert les trois cinquièmes des déficits annuels de Belgrade), bénéficia de généreux prêts et accords-relais sur la base de données officielles qui n'avaient pas même un lien ténu avec la réalité.

Globalement, la dette en devise forte de l'Europe de l'Est, qui s'élevait à 6,1 milliards de dollars en 1971, était passée à 66,1 milliards en 1980. En 1988, elle devait atteindre 95,6 milliards. Encore ces chiffres ne comprenaient-ils pas la Roumanie, où Ceausescu avait remboursé ses emprunts extérieurs sur le dos de ses sujets corvéables à merci ; et sans doute auraient-ils été encore plus élevés si la Hongrie, dans les années 1970, ne s'était donné quelque latitude dans la fixation des prix. Leur message était pourtant clair : le système communiste ne vivait pas seulement d'emprunts ; son temps était désormais compté. Tôt ou tard, il serait contraint à des ajustements économiques douloureux et de nature à bouleverser le corps social.

Dans les années à venir, Markus Wolf, le chef des services secrets est-allemands, devait assurer être arrivé à la conclusion, dès la fin des années 1970, que la RDA « ne marchait pas » et il n'était certainement pas le seul à le penser. Des économistes comme le Hongrois Támás Bauer et son contemporain polonais Leszek Balcerowicz savaient parfaitement combien le château de cartes communiste était devenu fragile. L'« ère de la stagnation » de Leonid Brejnev (Mikhaïl Gorbatchev) encouragea maintes illusions, et pas simplement à l'intérieur. En 1978, quand un rapport de la Banque mondiale calcula que le niveau de vie de la RDA était supérieur à celui de la Grande-Bretagne, le prince Potemkine a certainement souri dans sa lointaine tombe.

En revanche, les communistes comprenaient une chose qui avait échappé aux banquiers occidentaux. La réforme économique du bloc soviétique n'avait pas seulement été différée. Elle était hors de question. Comme Amalrik l'avait prédit dans *L'Union soviétique survivra-t-elle en 1984 ?*, l'élite communiste considérait le régime comme un « moindre mal » en comparaison d'un changement qui serait douloureux. Même les plus localisées et d'une efficacité ponctuelle, les réformes économiques auraient eu des retombées politiques immédiates. L'organisation économique du socialisme n'était pas une zone autonome : ses dispositifs étaient systématiquement intégrés au régime politique lui-même.

Les États satellites d'Europe de l'Est étaient tous dirigés par des opportunistes conservateurs et vieillissants, ce qui ne devait rien au hasard. Dans une nouvelle époque de réalisme, il n'y avait pas plus réaliste qu'Edvard Gierek à Varsovie (né en 1913), Gustav Husák à Prague (1913), Erich Honecker à Berlin (1912), János Kádár à Budapest (1912) et Todor Jivkov à Sofia (1911) – sans parler d'Enver Hodja à Tirana (1908) et de Josip Broz Tito à Belgrade (1892). Comme Leonid Brejnev – né en 1906, Sept Ordres de Lénine, quatre fois Héros de l'Union soviétique, prix Lénine de la Paix, secrétaire général et, depuis 1977, chef de l'État –, ces hommes avaient vieilli à l'ancienne. Ils n'avaient aucune raison de tirer le tapis sous leurs pieds. Ils comptaient bien s'éteindre dans leurs lits[18].

Que le « socialisme réellement existant » fût dysfonctionnel et discrédité ne suffisait pas, en soi, à sceller son destin. En 1971, dans son discours de réception du prix Nobel (prononcé en son absence), Alexandre Soljenitsyne avait affirmé avec véhémence que « sitôt éventé le mensonge, la violence nue apparaîtra dans toute son horreur, et la violence, décrépite, s'effondrera ». Mais ce n'était pas tout à fait vrai. Il y a longtemps que la violence soviétique avait été mise à nu, et elle devait être une fois de plus mise en évidence en

18. Par ailleurs, comme Brejnev lui-même, ils comptaient parmi les principaux consommateurs de l'époque. Une blague soviétique de l'époque résume bien la situation : le dirigeant soviétique montre à sa mère sa datcha, ses voitures et ses pavillons de chasse. « Merveilleux, Léonid ! Mais si les communistes reviennent au pouvoir ? »

1979, avec l'invasion de l'Afghanistan ; le mensonge du communisme avait été progressivement éventé et dissipé dans l'après-1968.

Mais le système ne s'était pas encore écrasé. La contribution de Lénine à l'histoire européenne avait été de kidnapper l'héritage politique centrifuge du radicalisme européen et de le canaliser au pouvoir à travers un système novateur de contrôle monopolisé : conquis d'une main ferme et gardé par la force. Le système communiste pouvait bien se corroder indéfiniment à la périphérie, mais l'initiative de sa chute finale ne pouvait venir que du centre. Dans l'histoire de la faillite du communisme, la remarquable floraison à Prague ou à Varsovie d'une nouvelle espèce d'opposition ne fut que la fin du commencement. L'émergence d'une nouvelle race de dirigeants à Moscou même devait être cependant le commencement de la fin.

XIX

La fin de l'ordre ancien

« Nous ne pouvons continuer de vivre ainsi. »
Mikhaïl Gorbatchev (à sa femme, mars 1985)

« Le moment le plus dangereux pour un mauvais gouvernement est d'ordinaire celui où il commence à se réformer. »
Alexis de Tocqueville, *L'Ancien Régime et la Révolution*

« Nous n'avons pas l'intention de faire du tort à la RDA ou de la déstabiliser. »
Heinrich Windelen, ministre ouest-allemand des Relations interallemandes

« L'expérience historique montre que les circonstances ont parfois forcé les communistes à se conduire rationnellement et à accepter les compromis. »
Adam Michnik

« Peuple, ton gouvernement t'est rendu. »
Václav Havel, discours présidentiel (1er janvier 1990)

Le récit classique de la chute finale du communisme commence par la Pologne. Le 16 octobre 1978, Karol Wojtyla, cardinal de Cracovie, fut élu pape sous le nom de Jean-Paul II et devint le premier Polonais à monter sur le trône de Saint-Pierre. Son élection suscita des espérances sans précédent dans les temps modernes. Certains, au sein de l'Église, le tenaient pour un probable radical : il était jeune (58 ans à son élection, après avoir été nommé archevêque de Cracovie quand il n'avait pas 40 ans), mais était déjà un vétéran du concile Vatican II. Énergique et charismatique, c'est lui qui allait achever l'œuvre des papes Jean XXIII et Paul VI et qui conduirait l'Église dans une ère nouvelle. L'homme était un pasteur, plutôt qu'un bureaucrate de la curie.

Dans le même temps, les catholiques conservateurs se consolaient parce que Wojtyla était réputé pour son inébranlable fermeté théologique ainsi que son absolutisme moral et politique né de son expérience de prêtre et de prélat sous le communisme. C'était un homme qui, malgré sa réputation de « pape des idées », ouvert à l'échange intellectuel et aux débats savants, ne passerait pas de compromis avec les ennemis de l'Église. Comme le cardinal Joseph Ratzinger, le puissant chef de la Congrégation pour la doctrine de la foi (et son successeur sur le trône de saint Pierre), Wojtyla était revenu de son enthousiasme réformateur initial au vu des contrecoups radicaux des réformes de Jean XXIII. Lors de son élection, il était déjà conservateur : sur le plan administratif comme sur le plan doctrinal.

Les origines polonaises de Wojtyla et la tragédie de sa jeunesse aident à comprendre la force peu commune de ses convictions et la singularité de son pontificat. Il avait huit ans quand il perdit sa mère (il devait perdre son frère Edmond, son aîné, trois ans après ; son père, son dernier proche parent, tomba au cours de la guerre : Wojtyla avait 19 ans). Après la mort de sa mère, son père le conduisit au sanctuaire marial de Kalwaria Zebrzydowska, où il devait faire de nombreux pèlerinages par la suite : Zebrzydowska, comme Czestochowa, est un centre important du culte de la Vierge Marie dans la Pologne moderne. À 15 ans, Wojtyla était déjà le président de la sodalité mariale de Wadowice, sa ville natale – premier signe de son inclination à la mariolâtrie (laquelle nourrit à son tour son obsession du mariage et de l'avortement).

La vision chrétienne du nouveau pape s'enracinait dans le style particulièrement messianique du catholicisme polonais. Dans la Pologne moderne, il voyait non seulement la frontière orientale retranchée de la Vraie foi, mais aussi une terre et un peuple élus pour donner l'exemple et être l'épée de l'Église dans son combat contre l'athéisme de l'Est comme le matérialisme de l'Ouest[1]. Avec son long service à Cracovie, isolé des courants théologiques et politiques occidentaux, probablement cela explique-t-il sa propension à embrasser une vision christiano-polonaise étriquée et parfois troublante[2].

Mais cela explique aussi la ferveur sans précédent qui l'entoura dans son pays natal. D'emblée, le pape brisa avec l'acquiescement cosmopolite romain de ses prédécesseurs à la modernité, au sécularisme et au compromis. Sa campagne d'apparitions internationales – avec des prestations soigneusement mises en scène dans d'immenses arènes en plein air, accompagnées de crucifix géants et de tout un attirail de son et lumière et d'un timing théâtral – répondait à un dessein précis. Voici un grand pape, qui se donnait au monde, dans sa personne et sa foi : au Brésil, au Mexique, aux États-Unis et aux Philippines ; en Italie, en France et en Espagne ; mais, par-dessus tout à la Pologne elle-même.

Abandonnant la prudente « Ostpolitik » de ses prédécesseurs, Jean-Paul II débarqua à Varsovie le 2 juin 1979 pour le premier de trois spectaculaires

1. Il est bien sûr dans la fonction de l'Église catholique de dénoncer les idoles matérielles et le péché d'orgueil. Mais Karol Wojtyla alla beaucoup plus loin. Dans ses Exercices de carême de 1975, au Vatican, trois ans avant de devenir pape, il déclara explicitement que, des deux menaces qui pesaient sur l'Église, à savoir le consumérisme et la persécution, le premier était de loin le plus grave danger et donc le principal ennemi.

2. Témoin son soutien initial au projet de couvent carmélite à Auschwitz, par la suite abandonné devant les protestations internationales. Qu'il ait pu étourdiment décrire la Pologne sous la loi martiale comme un « immense camp de concentration » trahit la même limite.

« pèlerinages » en Pologne communiste, où l'accueillirent d'immenses foules en adoration. Sa présence affirma et renforça l'influence de l'Église catholique en Pologne, mais le souci du pape n'était pas simplement d'épauler la survie passive du christianisme sous le communisme. Plongeant parfois ses propres évêques dans l'embarras, il se mit à décourager explicitement les catholiques de Pologne et d'ailleurs en Europe de l'Est d'accepter le moindre compromis avec le marxisme pour faire de son Église un sanctuaire de silence mais aussi un autre pôle d'autorité morale et sociale.

Comme les communistes l'avaient bien compris, un tel changement de position de l'Église catholique – du compromis à la résistance – pouvait avoir un impact local déstabilisateur et défier ouvertement le monopole de l'autorité du parti. Cela tenait pour une part au fait que les Polonais demeuraient majoritairement des catholiques, qui plus est fervents, mais aussi et surtout à l'homme lui-même. Pour autant, ils ne pouvaient pas faire grand-chose : interdire au pape de se rendre en Pologne ou d'y prendre la parole ne pouvait que lui donner plus d'écho et aliéner un peu plus ses millions d'admirateurs. Même après l'imposition de la loi martiale, quand le pape retourna en Pologne en juin 1983 et s'adressa à ses « compatriotes » à la cathédrale Saint-Jean de Varsovie pour évoquer leur « déception et leur humiliation, leur souffrance et la perte de leur liberté », les dirigeants communistes en furent réduits à écouter sans broncher. « La Pologne, déclara-t-il au général Jaruzelski mal à l'aise dans un discours télévisé, doit prendre sa place parmi les nations d'Europe, entre l'Est et l'Ouest. »

Le pape, avait observé Staline, n'a pas de divisions. Mais Dieu n'est pas toujours du côté des gros bataillons : ce qui manquait à Jean-Paul II en nombre de soldats, il le compensa par la visibilité… et le sens du moment opportun. La Pologne de 1978 était déjà au seuil de bouleversements sociaux. Depuis les révoltes ouvrières de 1970, puis de 1976, toutes deux provoquées par les fortes hausses des prix des denrées alimentaires, le premier secrétaire Edvard Gierek avait tout fait pour éviter le mécontentement intérieur – essentiellement, on l'a vu, en empruntant massivement à l'étranger et en se servant de l'argent pour offrir aux Polonais des produits alimentaires et d'autres biens de consommation à des prix subventionnés. Mais la stratégie était un échec.

Grâce à l'émergence du KOR de Jacek Kuroń, l'opposition intellectuelle et les dirigeants ouvriers coopéraient désormais bien plus que par le passé. Devant l'apparition prudente de syndicats « libres » (autrement dit, illégaux) dans un certain nombre de villes industrielles et côtières, à commencer par Katowice et Gdansk, les dirigeants du KOR élaborèrent en décembre 1979 une « Charte des droits des ouvriers », qui comprenait, entre autres revendications, le droit de former des syndicats autonomes, soustraits à l'autorité du parti, et le droit de grève. La réponse prévisible des autorités fut d'arrêter les intellectuels militants et de licencier les ouvriers fautifs, dont l'électricien Lech Walesa, alors inconnu, et quatorze autres employés d'Elektromontaz, à Gdansk.

Il est difficile de dire si le mouvement semi-clandestin pour les droits des ouvriers aurait continué à se développer. La récente visite du pape enhardit certainement ses porte-parole, tout comme leur sentiment que le régime hésiterait à répliquer violemment par crainte d'une désapprobation internationale. Mais leur réseau d'activistes demeurait minuscule et aléatoire. Ce qui déclencha le soutien des masses, ce fut l'annonce, la troisième en dix ans, par le parti communiste, d'une augmentation immédiate du prix de la viande le 1er juillet 1980 pour résoudre les difficultés économiques.

Le lendemain, le KOR se présenta en « agence d'information sur la grève ». Dans les trois semaines suivantes, les grèves de protestation essaimèrent depuis l'usine de tracteurs d'Ursus (théâtre des protestations de 1976) vers toutes les grandes villes industrielles du pays. Le 2 août, le mouvement atteignit Gdansk et ses chantiers Lénine, où les ouvriers décidèrent d'occuper les lieux et formèrent un syndicat officieux, *Solidarnosc* (« Solidarité »), sous la houlette de Lech Walesa. Le 14 août 1980, celui-ci grimpait sur le mur du chantier et prenait la tête d'un mouvement de grève national.

La réponse instinctive des autorités – arrêter les « meneurs » et isoler les grévistes – ayant échoué, ils choisirent plutôt de gagner du temps et de diviser leurs adversaires. Geste sans précédent, des représentants du Politburo furent dépêchés à Gdansk afin de négocier avec des dirigeants ouvriers « raisonnables », alors même que Kuroń, Adam Michnik et d'autres leaders du KOR étaient temporairement arrêtés pour interrogatoire. Mais d'autres intellectuels – l'historien Bronislaw Geremek, l'avocat catholique Tadeusz Mazowiecki – arrivèrent à Gdansk pour aider les grévistes à négocier, et les grévistes eux-mêmes insistèrent pour être représentés par les porte-parole de leurs choix : notamment Walesa, de plus en plus en vue.

Force fut au régime de fléchir. Le 1er septembre, la police libéra tous les détenus restants ; quinze jours plus tard, le Conseil d'État accédait officiellement à la principale revendication des grévistes : le droit de former et d'enregistrer des syndicats libres. Huit semaines après, le réseau informel des grèves et des syndicats *ad hoc* qui quadrillait maintenant la Pologne s'était fondu en une seule organisation, dont les autorités ne pouvaient plus feindre de nier l'existence : le 10 novembre 1980, Solidarité devint le premier syndicat indépendant dûment reconnu dans un pays communiste, avec quelque dix millions d'adhérents. Lors de son congrès fondateur national, en septembre suivant, Walesa fut élu président.

De novembre 1980 à décembre 1981, la Pologne vécut dans les limbes, entre excitation et malaise. Les conseillers de Walesa – attentifs aux erreurs passées et redoutant de provoquer un contrecoup de la part des dirigeants communistes humiliés – prônaient la prudence. Ce devait être une « révolution qui se limite d'elle-même ». Jacek Kuroń, qui avait bien en tête les épisodes de 1956 et 1968, insista sur son attachement continu à un « système socialiste » et rappela que Solidarité acceptait le « rôle dirigeant du parti » : personne ne voulait donner aux autorités de Varsovie ou Moscou un prétexte pour envoyer les chars.

Les contraintes volontaires payèrent, jusqu'à un certain point. Les problèmes ouvertement politiques – désarmement ou politique étrangère – furent exclus de l'ordre du jour de Solidarité, qui préféra se focaliser sur la stratégie de « société pratiquante » établie par le KOR : tisser des liens avec l'Église catholique (souci particulier d'Adam Michnik, qui était résolu à surmonter l'anticléricalisme traditionnel de la gauche polonaise et à forger une alliance avec les autorités catholiques portées par une énergie nouvelle) ; former des syndicats locaux et des conseils d'usine ; revendiquer l'autogestion sur les lieux de travail et les droits sociaux (ces derniers étant empruntés mot pour mot aux conventions de l'Organisation internationale du travail, basée à Genève).

Sous le communisme, cependant, même une tactique aussi prudemment « nonpolitique » ne pouvait que se heurter à la répugnance du parti à concéder la *moindre* autorité ou autonomie véritable. Par ailleurs, l'économie continuait d'imploser : la productivité industrielle s'effondra au cours de 1981, tandis que les travailleurs nouvellement syndiqués organisaient meetings, protestations et grèves pour faire valoir leurs revendications. Vu de Varsovie, et surtout depuis Moscou, le pays était à la dérive et le régime perdait le contrôle de la situation. Il donnait aussi un mauvais exemple à ses voisins. Ses dirigeants avaient beau faire, Solidarité était condamné à réveiller les spectres de Budapest et de Prague.

En février 1981, le général Wojciech Jaruzelski avait été promu, quittant le ministère de la Défense pour devenir Premier ministre, remplaçant un Gierek désormais en disgrâce. En octobre, il succéda à Stanislaw Kania au poste de secrétaire du parti. Assuré du soutien de l'armée, et alors que la direction soviétique le pressait d'agir avec fermeté pour arrêter la dérive incontrôlée de la Pologne, il ne perdit pas de temps pour mettre fin à une situation dont les deux parties savaient qu'elle ne pouvait se prolonger indéfiniment. Le 13 décembre 1981 – alors que les États-Unis et l'URSS poursuivaient leurs discussions sur le désarmement nucléaire à Genève –, Jaruzelski proclama la loi martiale sous prétexte de prévenir une intervention soviétique. Les dirigeants et conseillers de Solidarité furent jetés en prison (même si le syndicat lui-même ne fut officiellement interdit que l'année suivante et entra alors « dans la clandestinité[3] »).

Avec le recul que donne l'après-89, l'essor de Solidarité apparaît comme les premières escarmouches de la lutte finale contre le communisme. Mais on comprend mieux la « révolution » polonaise de 1980-1981 en y voyant l'apogée

3. Avec les encouragements du Vatican, les États-Unis devaient apporter une aide financière significative à Solidarité dans ses années de clandestinité – jusqu'à 50 millions de dollars suivant certaines estimations.

d'un crescendo de protestations ouvrières qui débutèrent en 1970 et visaient la gestion de l'économie, répressive et incompétente, par le parti. Incompétence cynique, carriérisme, vies gaspillées ; hausses de prix, grèves et répression ; émergence spontanée de syndicats locaux et engagement actif d'intellectuels dissidents ; sympathie et soutien de l'Église catholique : tels furent les relais familiers de la renaissance d'une société civile, dont Andrzej Wajda a fait un portrait touchant dans *L'Homme de marbre* (1977) et *L'Homme de fer* (1981), évocation cinématographique didactique des illusions trahies et des espoirs ressuscités de la Pologne communiste.

Mais cela s'arrête là. Il ne s'agissait pas d'un signe avant-coureur de la chute du communisme. Comme Michnik, Kuroń et d'autres continuèrent de le souligner, avant l'imposition de la loi martiale et après, le communisme pouvait être progressivement érodé de l'intérieur et par en bas : il n'était pas possible de le renverser. L'affrontement ouvert tournerait à la catastrophe : l'histoire en avait fait la démonstration convaincante. La loi martiale (qui resta en vigueur jusqu'en juillet 1983) et l'« état de guerre » qui s'ensuivit furent bel et bien une sorte d'aveu d'échec de la part des autorités : aucun autre État communiste n'avait jamais été acculé à prendre de telles mesures et Michnik lui-même parla de « désastre pour l'État totalitaire » (tout en reconnaissant que c'était un grave « revers pour la société indépendante »). Mais le communisme, c'était une affaire de pouvoir, et le pouvoir n'était pas à Varsovie, mais à Moscou. Les événements de Pologne constituent un prologue exaltant au récit de l'effondrement du communisme, mais ils restèrent un détail. La véritable histoire était ailleurs.

La répression en Pologne ne fit que nourrir le refroidissement régulier des relations Est-Ouest qui avait commencé à la fin des années 1970. Gardons-nous d'exagérer l'importance de cette « seconde guerre froide », comme on devait l'appeler : même si, à un moment, Leonid Brejnev et Ronald Reagan s'accusèrent mutuellement d'envisager et même de préparer une guerre nucléaire, ni l'URSS ni les États-Unis n'eurent jamais d'intentions de ce genre[4]. La conclusion des accords d'Helsinki avait donné à Washington *et* à Moscou le sentiment que la guerre froide se terminait à leur avantage. En vérité, la situation européenne convenait aux deux grandes puissances, les États-Unis se conduisant désormais un peu comme la Russie tsariste dans les décennies qui avaient suivi la défaite de Napoléon en 1815 : comme une sorte de gendarme du continent s'assurant qu'aucun trublion révolutionnaire ne viendrait plus perturber le *statu quo*.

4. Même si, au début de sa présidence, en novembre 1981, Reagan laissa tomber qu'une guerre nucléaire en Europe ne conduirait pas nécessairement à un échange stratégique. Les alliés ouest-européens de Washington s'en alarmèrent au moins autant que Moscou et protestèrent eux aussi bruyamment.

Les relations Est-Ouest ne s'en désintégraient pas moins. Largement entreprise à l'instigation du ministre des Affaires étrangères Andreï Gromyko pour restaurer un régime stable et docile sur les frontières méridionales sensibles de son pays, l'invasion de l'Afghanistan, en décembre 1979, amena les États-Unis à boycotter les Jeux olympiques de Moscou en 1980 (le bloc soviétique leur rendit la pareille en boudant les Jeux de Los Angeles en 1984) et incita le président Jimmy Carter à réviser publiquement son « opinion sur la nature des objectifs ultimes des Soviétiques » (*The New York Times*, 1er janvier 1980). L'invasion confirma aussi les dirigeants occidentaux dans l'idée qu'ils avaient eu raison, quinze jours plus tôt au sommet de l'OTAN, de décider d'installer 108 nouveaux Pershing II et 464 missiles de croisière en Europe occidentale, après que Moscou eut déployé en Ukraine une nouvelle génération de missiles SS-20 de portée intermédiaire. Une nouvelle course aux armements semblait s'intensifier.

Personne, et certainement pas les dirigeants ouest-européens dont les pays eussent été les premiers à souffrir d'un échange nucléaire, n'avait la moindre illusion sur la valeur des missiles nucléaires. En tant qu'instruments de guerre, ils étaient singulièrement inutiles : à la différence des ogives, ils n'étaient bons qu'à s'asseoir dessus. En tant qu'outil de dissuasion, l'arsenal nucléaire n'en avait pas moins son utilité, si vous parveniez à convaincre votre adversaire que vous pourriez y recourir. En tout état de cause, il n'y avait pas d'autre moyen de défendre l'Europe occidentale contre un pacte de Varsovie qui, au début des années 1980, alignait plus de 50 divisions d'infanterie et blindées, 16 000 chars, 26 000 véhicules de combats et 4 000 avions de combat.

C'est pourquoi les Premiers ministres britanniques (Margaret Thatcher et avant elle James Callaghan), les chanceliers ouest-allemands et les dirigeants de la Belgique de l'Italie et des Pays-Bas se félicitèrent tous des nouveaux missiles de champ de bataille et autorisèrent leur stationnement sur leur territoire. Saisi d'une nouvelle ferveur pour l'Alliance atlantique, François Mitterrand se montra particulièrement en pointe : en janvier 1983, dans un discours spectaculaire prononcé devant un Bundestag un peu médusé, il appela instamment les Allemands de l'Ouest à tenir bon et à adopter les tout derniers missiles américains[5].

La « nouvelle » guerre froide rouvrit une perspective de terreur manifestement hors de proportion avec les enjeux, ou les intentions de la plupart des participants. En Europe occidentale, le mouvement pacifiste antinucléaire se réveilla, avec le renfort d'une nouvelle génération de militants « verts ». En Grande-Bretagne un assortiment enthousiaste et typiquement anglais de féministes, d'écologistes et d'anarchistes, avec leurs amis et parents réunis, organisèrent un long siège du site de déploiement des missiles Cruise, à Greenham Common, au plus grand étonnement d'une garnison américaine stoïque.

5. Naturellement, il ne fut jamais question de déployer des missiles Pershing ou Cruise en France même…

L'opposition ne fut nulle part plus forte qu'en RFA, où le chancelier social-démocrate Helmut Schmidt fut contraint de se retirer, après que l'aile gauche de son parti eut voté contre les nouveaux missiles – qui furent ensuite approuvés et installés par son successeur chrétien-démocrate Helmut Kohl[6]. Le mirage d'une zone neutre et dénucléarisée en Europe centrale était encore cher à de nombreux Allemands, tandis que des Verts et des sociaux-démocrates ouest-allemands en vue ajoutèrent leurs voix aux appels officiels est-allemands contre des armes nucléaires : lors d'une manifestation qui se déroula en octobre 1983, à Bonn, l'ex-chancelier Willy Brandt appela une foule de 300 000 personnes qui ne demandaient que cela à exiger du gouvernement qu'il renonce unilatéralement aux nouveaux missiles. L'« Appel de Krefeld » contre le déploiement de missiles Cruise et Pershing en RFA recueillit 2,7 millions de signatures.

Ni l'invasion de l'Afghanistan ni « l'état de guerre » en Pologne ne suscitèrent un intérêt comparable en Europe occidentale, même dans les cercles officiels (la première réaction du chancelier Helmut Schmidt, quand Jaruzelski proclama la loi martiale, fut d'envoyer un représentant personnel de haut niveau à Varsovie, en février 1982 pour aider la Pologne à sortir de son « isolement[7] »). Quant aux *peaceniks*, la répression de Varsovie les troublait beaucoup moins que la rhétorique belliqueuse de Washington. Alors même que la décision de l'OTAN de déployer de nouveaux missiles s'était accompagnée de l'offre de négociations pour réduire ces armes (l'approche dite « double voie »), il semblait de plus en plus évident que les États-Unis, avec leur nouveau président, avaient adopté une nouvelle stratégie agressive.

La belligérance de Washington était largement rhétorique. Quand Ronald Reagan exigea que la « Pologne fût la Pologne » ou qualifia Moscou d'« empire du mal » (en mars 1983), il s'adressait au public intérieur. Le même président, somme toute, prenait l'initiative de discussions sur la réduction des armements nucléaires et offrait de retirer ses missiles de portée intermédiaire si les Soviétiques démantelaient les leurs. Mais les États-Unis se lançaient effectivement dans un grand programme de réarmement. En août 1981, Reagan annonça que les États-Unis allaient se constituer un arsenal de bombes à neutron. Le système de missile MX, en infraction avec les traités de limitation des armements stratégiques, fut annoncé en novembre 1982, suivi cinq mois plus tard de l'Initiative de défense stratégique (« Guerre des étoiles »), provo-

6. Il apparut après 1990 qu'au moins vingt-cinq députés siégeant au Bundestag, dans ces années-là, étaient des agents stipendiés de la RDA.

7. Le 13 décembre 1981, le jour de la proclamation de la loi martiale en Pologne, Schmidt se trouvait en RDA, poursuivant des « discussions au sommet » avec son homologue Erich Honecker, et en fut un peu contrarié, moins par l'emprisonnement de centaines de dissidents polonais que par l'impact potentiellement « déstabilisateur » de la situation polonaise sur l'amélioration des relations interallemandes.

quant une protestation des Soviétiques, soulignant, non sans raison, qu'elle violait le traité de 1972 sur les missiles antibalistiques. L'aide militaire officielle et le soutien clandestin à l'Afghanistan et en Amérique centrale progressèrent régulièrement. Les dépenses militaires américaines augmentèrent de 6 % en 1985 : accroissement sans précédent en temps de paix[8].

Dès septembre 1981, Reagan avait averti que, sans accord vérifiable sur les armements nucléaires, il y aurait une course aux armements et que, dans ce cas, c'étaient les États-Unis qui la gagneraient. De fait. Avec le recul, le renforcement de l'arsenal américain allait apparaître comme le levier habilement manipulé qui poussa le système soviétique à la faillite et provoqua son effondrement. Mais ce n'est pas tout à fait exact. L'Union soviétique pouvait difficilement soutenir la course aux armements qu'elle avait elle-même lancée dès 1974, mais la seule faillite n'aurait pas mis le communisme à genoux.

La seconde guerre froide et la belligérance publique de l'Amérique accrurent sans conteste les tensions dans un système dysfonctionnel qui se fissurait. L'Union soviétique avait bâti une machine militaire qui avait abattu Hitler, occupé la moitié de l'Europe et opposé arme pour arme à l'Occident depuis quarante ans. Mais le prix était terrible. À leur sommet, entre 30 et 40 % des ressources soviétiques étaient affectés aux dépenses militaires, soit quatre à cinq fois la part américaine. Il était déjà évident, pour de nombreux experts soviétiques, que leur pays ne pouvait indéfiniment supporter un tel fardeau. À la longue, il faudrait bien payer la facture économique de ce renforcement de l'arsenal militaire sur une génération.

À court terme, tout au moins, les tensions extérieures aidèrent cependant à étayer le régime. L'Union soviétique pouvait bien être un village Potemkine aux dimensions d'un continent – « la Haute-Volta avec des missiles », suivant la description piquante d'Helmut Schmidt –, mais, après tout, elle possédait bien ces missiles, qui conféraient à leurs possesseurs un statut et imposaient un certain respect. Par ailleurs, les dirigeants soviétiques vieillissants, à commencer par le patron du KGB Iouri Andropov, prenaient très au sérieux la menace américaine. Comme leurs homologues de Washington, ils croyaient vraiment que l'autre camp envisageait une guerre nucléaire préventive. La ligne dure de Reagan, et en particulier son Initiative de défense stratégique, rendait la vieille direction soviétique encore moins encline au compromis.

Le véritable dilemme militaire des dirigeants soviétiques ne se trouvait ni en Europe ni à Washington, mais à Kaboul. Nonobstant la sensibilité tardive

8. Du fait de l'augmentation du PIB, la part de la défense dans les dépenses publiques américaines avait régulièrement décliné, en termes relatifs, du milieu des années 1950 jusqu'en 1979, y compris dans les années de guerre au Viêt-nam. Elle connut ensuite une croissance spectaculaire : en pourcentage des dépenses fédérales, les dépenses de défense, en 1987, avaient progressé de 24 % par rapport au niveau de 1980.

de Jimmy Carter aux ambitions stratégiques soviétiques, l'invasion de l'Afghanistan en 1979 n'ouvrit pas de nouveau front dans le combat stratégique du communisme avec le monde libre. Il était plutôt le fruit d'une inquiétude intérieure. Le recensement soviétique de 1979 révéla une augmentation sans précédent de la population (largement musulmane) de l'Asie centrale soviétique. Au Kazakhstan et dans les républiques limitrophes de l'Afghanistan – Turkménistan, Ouzbékistan et Tadjikistan –, la croissance démographique était de plus de 25 % depuis 1970. Au cours de la décennie suivante, alors que la population ukrainienne n'augmentait que de 4 %, celle du Tadjikistan augmentait de près de 50 %. La Russie européenne, aux yeux de ses dirigeants, était démographiquement menacée par ses minorités intérieures : comme un Leonid Brejnev souffrant le reconnut en février 1981 au 26e Congrès du PCUS, il restait des « questions de nationalité » à traiter.

L'occupation de l'Afghanistan eût-elle réussi à installer un régime sûr et ami à Kaboul, les dirigeants soviétiques auraient pu se prévaloir d'une double réussite. Ils auraient réaffirmé la présence chancelante de Moscou au Moyen-Orient tout en adressant un « message clair » à une nouvelle génération de musulmans soviétiques tentés par des rêves d'indépendance. Or les Soviétiques, bien entendu, échouèrent en Afghanistan. Brejnev, Gromyko et leurs généraux n'avaient pas seulement ignoré les leçons du Viêt-nam, répétant maintes erreurs des Américains ; ils avaient aussi oublié les échecs de la Russie tsariste dans la même région, quatre-vingts ans plus tôt. La désastreuse tentative de l'URSS pour soutenir un régime fantoche en territoire hostile et peu familier suscita une opposition intransigeante de guérilleros fanatiques *(moudjahidines)* armés et financés de l'étranger. Et plutôt que de « traiter » des questions de nationalité de son empire, elle ne fit que les enflammer : épaulées par les soviétiques, les autorités « marxistes » de Kaboul ne servirent guère la stature de Moscou dans le monde islamique, à l'intérieur comme à l'étranger.

En un mot, l'Afghanistan fut une catastrophe pour l'Union soviétique. Son effet traumatique sur une génération de conscrits ne devait se manifester que plus tard. Au début des années 1990, on estimait qu'un ancien combattant d'Afghanistan sur cinq était devenu alcoolique ; dans la Russie postsoviétique, beaucoup d'autres, incapables de trouver un travail stable, dérivèrent jusqu'à rejoindre des organisations nationalistes d'extrême droite. Mais bien avant les dirigeants soviétiques eux-mêmes pouvaient prendre la mesure de leur faux-pas. Outre le coût en hommes et en matériel, une décennie de guerre d'usure dans les montagnes afghanes se solda par une large humiliation internationale. Elle exclut dans un avenir prévisible tout autre déploiement de l'Armée rouge hors de ses frontières : comme Igor Ligatchev, membre du Politburo, devait le confier plus tard au journaliste américain David Remnick, après l'Afghanistan il ne pouvait plus être question d'employer la force en Europe de l'Est.

Qu'elle fût à ce point vulnérable à l'impact d'une seule aventure néocoloniale – certes couronnée par un échec spectaculaire – en dit long sur la fragilité fondamentale de l'Union soviétique. Mais le désastre afghan, comme le coût de l'accélération de la course aux armements du début des années 1980, n'aurait pas suffi en soi à provoquer l'effondrement du système. À la faveur de la peur, de l'inertie et des intérêts personnels des vieillards au pouvoir, l'« ère de stagnation » de Brejnev aurait pu durer indéfiniment. Aucun contrepoids, aucun mouvement dissident – en Union soviétique ou dans ses États-clients – n'aurait pu l'abattre. Seul pouvait le faire un communiste. Et c'est un communiste qui le fit.

La prémisse directrice du projet communiste était la foi dans les lois de l'histoire et les intérêts de la collectivité, qui primaient toujours sur les motifs et les actions des individus. Il était donc paradoxalement naturel que son sort fût, en définitive, déterminé par le destin des hommes. Le 10 novembre 1982, à 76 ans, Léonid Brejnev finit par rendre l'âme après n'avoir été depuis longtemps que l'ombre de lui-même. Son successeur, Andropov, avait déjà 68 ans et ne se portait pas très bien. Un an plus tard, avant d'avoir pu lancer aucune des réformes qu'il envisageait, il mourut et fut remplacé au poste de secrétaire général par Constantin Tchernenko, lui-même âgé de 72 ans et si mal en point qu'il ne réussit même pas à achever son discours aux obsèques d'Andropov, en février 1984. Treize mois plus tard, il mourait à son tour.

La disparition successive et rapprochée de trois vieux communistes, tous nés avant la Première Guerre mondiale, était assez symptomatique : la génération des dirigeants du parti qui avaient des souvenirs de première main des origines bolcheviques de l'URSS, et dont Staline avait brisé les vies et les carrières, était en train de disparaître. Ils avaient hérité et supervisé une bureaucratie autoritaire et gérontocratique, dont la priorité absolue était sa propre survie : dans le monde où Brejnev, Andropov et Tchernenko avaient grandi, mourir dans son lit relevait de l'exploit. Dorénavant, cependant, ce monde serait dirigé par des hommes plus jeunes : non moins autoritaires d'instinct, mais qui n'auraient guère d'autre solution que de s'attaquer aux problèmes de corruption, de stagnation et d'inefficacité qui infestaient le système soviétique de la base au sommet.

Le successeur de Tchernenko, dûment promu secrétaire général du PCUS le 11 mars 1985, fut Mikhaïl Sergueïevitch Gorbatchev. Né dans un village de la région méridionale de Stavropol en 1931, il avait été élu au comité central à 41 ans. Et voici que, treize ans plus tard, il se retrouvait à la tête du parti. Gorbatchev n'avait pas seulement vingt ans de moins que ses prédécesseurs soviétiques : il était aussi plus jeune que tous les présidents américains avant Bill Clinton. Son ascension rapide avait été encouragée et facilitée par Andropov, et il était largement perçu comme un réformateur probable.

Un réformateur, mais guère un radical. Mikhaïl Gorbatchev était très largement un *apparatchik*. Il s'était élevé *via* le parti, d'abord premier secrétaire des Jeunes communistes du district de Stavropol en 1956, puis secrétaire du comité des fermes collectives régionales et enfin, depuis 1970, élu au Soviet suprême. Le nouveau dirigeant incarnait nombre des sentiments de sa génération communiste : jamais ouvertement critique envers le parti et ses politiques, il ne fut pas moins profondément touché et excité par les révélations de 1956, à seule fin d'être dépité par les erreurs de l'ère Khrouchtchev et déçu par la répression et l'inertie des décennies Brejnev qui suivirent.

En ce sens, Mikhaïl Gorbatchev était un communiste réformiste classique : ce n'est pas un hasard si au début des années 1950, à la faculté de droit de Moscou, il fut un proche de Zdeněk Mlynář, qui devait jouer un rôle central dans le printemps de Prague en 1968. Mais comme tous les communistes réformistes de sa génération, Gorbatchev était d'abord un communiste, et ensuite seulement un réformateur. Comme il l'expliqua en février 1986 dans un entretien accordé au journal *L'Humanité*, le communisme de Lénine restait pour lui un bel idéal que rien n'avait terni. Quant au stalinisme, c'était un concept forgé par les adversaires du communisme et utilisé abondamment pour salir l'Union soviétique et le socialisme dans son ensemble[9].

Sans doute était-ce ce qu'on attendait de la bouche d'un secrétaire général du parti soviétique, même en 1986. Mais Gorbatchev y croyait certainement, et toutes les réformes qu'il lança étaient très clairement léninistes, ou « socialistes », dans leur intention. En vérité, Gorbatchev était probablement plus sérieux, sur le plan idéologique, que certains de ses prédécesseurs : ce n'est pas un hasard si, dans une déclaration célèbre, Nikita Khrouchtchev avait déclaré qu'en Grande-Bretagne il voterait tory, tandis que l'homme d'État étranger préféré de Mikhaïl Gorbatchev était l'Espagnol Felipe González, dont le dirigeant soviétique devait, avec le temps, juger la social-démocratie très proche de la sienne.

Si l'on pouvait placer quelque espoir en Gorbatchev, cela reflétait plus que tout l'absence de toute opposition intérieure en Union soviétique. Seul le parti pouvait réparer le gâchis qu'il avait fait et, par chance, le parti avait élu à sa tête un homme qui avait à la fois l'énergie et l'expérience administrative pour faire l'effort. Car outre que ses études et son bagage intellectuel étaient peu communs pour un bureaucrate soviétique de haut niveau, Gorbatchev avait un côté typiquement léniniste : il était prêt à transiger sur ses idéaux pour atteindre ses objectifs.

Les difficultés dont Gorbatchev avait hérité en tant que secrétaire général du PCUS n'avaient rien de bien mystérieux. Impressionné par ce qu'il avait

9. En vérité, la famille de Gorbatchev avait beaucoup souffert sous Staline : ses deux grand-pères avaient été emprisonnés ou exilés au cours des purges du dictateur. Mais le nouveau dirigeant soviétique ne consentit à le reconnaître qu'en novembre 1990.

vu au cours de ses voyages en Europe occidentale dans les années 1970, le nouveau dirigeant entendit tout de suite consacrer le gros de ses efforts à réorganiser l'économie moribonde de l'Union soviétique et à s'attaquer au mélange d'inefficacité et de corruption d'un appareil institutionnel trop lourd au sommet. La dette extérieure augmentait régulièrement, alors que le prix du pétrole, principale exportation de l'URSS, ne cessait de baisser depuis son pic de la fin des années 1970 : de 30,7 milliards de dollars en 1986, la dette devait atteindre 54 milliards en 1989. L'économie, qui n'avait guère connu de croissance au cours des années 1970, se contractait désormais : depuis toujours en retard sur le terrain de la qualité, voici que la production devenait maintenant quantitativement insuffisante. L'arbitraire des objectifs du plan central, les pénuries chroniques, les goulets d'étranglement du côté de l'offre, ainsi que l'absence d'indicateurs de prix ou de marché paralysaient toute initiative.

Les économistes communistes hongrois et autres avaient de longue date compris que la décentralisation des prix et de la décision était le point de départ de toute « réforme » d'un tel système. Or celle-ci se heurtait à des obstacles quasi insurmontables. En dehors des Baltes, personne, en Union soviétique, n'avait d'expérience directe de l'agriculture indépendante ou de l'économie de marché : comment fabriquer quelque chose, lui donner un prix et lui trouver un acheteur. Même après la loi de 1986 sur l'Activité professionnelle individuelle autorisant dans une certaine limite la petite entreprise privée, les candidats restèrent étonnamment peu nombreux. Trois ans plus tard, l'Union soviétique ne comptait encore que 300 000 hommes d'affaires sur une population de 290 millions d'habitants.

Par ailleurs, tout apprenti réformateur de l'économie était confronté à un avatar du dilemme de la poule et de l'œuf. Si la croissance économique commençait par la décentralisation de la décision, ou l'octroi de l'autonomie aux entreprises locales et l'abandon des directives par en haut, comment les producteurs, les gérants ou les hommes d'affaires pouvaient-ils s'en sortir sans marché ? À court terme, il y aurait davantage de goulets d'étranglement, non moins, tout le monde se repliant alors sur l'autonomie régionale, voire une économie locale de troc. Par ailleurs, on ne pouvait se contenter d'annoncer un « marché ». Le mot lui-même faisait courir de graves risques politiques dans une société où le « capitalisme » était officiellement flétri et détesté depuis des décennies (Gorbatchev lui-même évita toute mention de l'économie de marché jusqu'à la fin de 1987, et encore ne devait-il jamais parler alors que de « marché socialiste »).

L'instinct réformateur poussait au compromis : à essayer la création – par en haut – de quelques entreprises privilégiées, libérées des entraves bureaucratiques et bénéficiant d'une source fiable d'approvisionnement en matières premières et d'une main-d'œuvre qualifiée. L'idée était que leur succès et même leur rentabilité serviraient de modèles à d'autres entreprises semblables :

l'objectif était une modernisation maîtrisée et une adaptation progressive à la variation des prix et de la production en réponse à la demande. Mais cette approche était d'avance condamnée par sa prémisse de base, à savoir que les autorités pouvaient créer des entreprises efficaces par décret administratif.

En canalisant des ressources rares au profit de quelques fermes, entreprises, usines ou services modèles, le parti réussit bel et bien à forger des unités temporairement viables, voire théoriquement profitables, mais seulement au prix de grosses subventions et au préjudice d'autres entreprises moins favorisées ailleurs. Il en résulta donc toujours plus de distorsion et de frustration. Dans le même temps, les gérants de fermes et les directeurs locaux, ne sachant trop dans quel sens le vent allait souffler, se couvrirent contre le retour de normes planifiées et stockèrent tout ce sur quoi ils pouvaient mettre la main de crainte d'un resserrement des contrôles centralisés.

Pour les critiques conservateurs de Gorbatchev, c'était une vieille histoire. Depuis 1921, tous les programmes de réforme avaient commencé de la même façon et avaient tourné court pour les mêmes raisons, à commencer par la Nouvelle politique économique de Lénine. De sérieuses réformes économiques impliquaient le relâchement, voire l'abandon de contrôles. Non seulement cela commençait par exacerber les problèmes que l'on était censé résoudre ainsi, mais il s'agissait exactement de ce qui était dit, à savoir la perte du contrôle. Or le communisme dépendait de ce même contrôle. Qui disait communisme, disait contrôle : contrôle de l'économie, contrôle du savoir, contrôle des déplacements, des opinions et des hommes. Tout le reste était dialectique et la dialectique, comme l'expliquait un vétéran communiste au jeune Jorge Semprun interné à Buchenwald, « c'est l'art et la manière de toujours retomber sur ses pattes, mon vieux[10] ! »

Il devint bientôt évident à un Gorbatchev aux prises avec l'économie soviétique que, « pour retomber sur ses pattes », il devait accepter qu'il ne parviendrait à résoudre l'énigme économique soviétique *qu'en* la traitant isolément. Elle n'était que le symptôme d'un problème plus vaste. L'Union soviétique avait à sa tête des hommes qui avaient tout intérêt à garder en mains les leviers politiques et institutionnels d'une économie obéissante ; ses absurdités mineures endémiques et sa corruption quotidienne étaient la source même de leur autorité et de leur pouvoir. Pour réformer l'économie, le parti devait commencer par se réformer lui-même.

Là encore, ce n'était guère une idée nouvelle : tel avait typiquement été l'objectif proclamé lors des purges périodiques sous Lénine et ses successeurs. Mais les temps avaient changé. L'Union soviétique, si répressive et arriérée fût-elle, n'était plus une tyrannie totalitaire meurtrière. Grâce aux monumentaux

10. Jorge Semprun, *Quel Beau Dimanche*, Paris, Grasset, 1980, p. 100.

projets de logement de Khrouchtchev, la plupart des familles soviétiques avaient maintenant leurs appartements à elles. Laids et peu fonctionnels, ces logements à loyer modéré n'en assuraient pas moins aux gens ordinaires un degré d'intimité et de sécurité inconnu des générations antérieures : ils n'étaient plus aussi exposés aux mouchards ni susceptibles d'être dénoncés aux autorités par leurs voisins ou leurs belles-familles. L'âge de la terreur était terminé pour la plupart des gens et, du moins pour la génération de Gorbatchev, un retour à l'époque des arrestations massives et des purges du parti était impensable.

Pour briser l'emprise de l'*apparat* du parti et faire passer ses plans de restructuration économique, le secrétaire général recourut plutôt à la *glasnost*, l'« ouverture », la « transparence » : encouragement officiel à engager un débat public sur un éventail de sujets soigneusement restreint. En faisant prendre conscience à la population des changements imminents et des espérances accrues du public, Gorbatchev allait se donner les moyens, à lui comme à ses partisans, de contourner l'opposition officielle à ses plans. C'était un vieux truc, bien connu, notamment, des tsars réformateurs. Dans le cas de Gorbatchev, cependant, ce sont les catastrophiques événements du 26 avril 1986 qui lui firent comprendre la nécessité pressante de la *glasnost*.

Ce jour-là, à 1 h 23, un des quatre réacteurs géants au graphite de la centrale nucléaire de Tchernobyl, en Ukraine, explosa, libérant dans l'atmosphère 120 millions de curies de matière radioactive : plus de cent fois la radiation d'Hiroshima et Nagasaki *réunis*. Le panache des retombées atomiques dériva vers le nord-ouest, en Europe occidentale et en Scandinavie, pour s'étendre jusqu'au Pays de Galles et en Suède et exposer à ses effets quelque cinq millions de personnes. Outre les trente membres de l'équipe de secours d'urgence morts sur place, quelque 30 000 personnes sont depuis décédées des complications créées par l'exposition aux radiations de Tchernobyl, dont plus de 2 000 cas de cancer de la thyroïde chez les habitants du voisinage.

Tchernobyl n'était pas la première catastrophe écologique de l'Union soviétique. À Tcheliabinsk-40, site de recherche secret près d'Ekaterinbourg, dans l'Oural, un dépôt de déchets nucléaires explosa en 1957, polluant gravement une zone de 8 km de large sur 100 km de long ; 76 millions de m3 de déchets radioactifs se déversèrent dans le système fluvial de l'Oural, le contaminant pour plusieurs décennies ; 10 000 personnes durent être évacuées, 23 villages rasés au bulldozer. Le réacteur de Tcheliabinsk appartenait à la première génération de constructions atomiques soviétiques et avait été construit avec une main-d'œuvre servile en 1948-1951[11].

Il y eut d'autres calamités écologiques d'origine humaine d'une ampleur comparable, dont la pollution du lac Baïkal, la destruction de la mer d'Aral,

11. Tel est le sujet du livre que Jaurès Medvedev publia en 1979, en exil sous le titre, *Désastre nucléaire en Oural*.

l'abandon dans l'Arctique et la mer de Barents de centaines de milliers de tonnes de navires atomiques défunts et de leur contenu radioactif ; et la contamination au dioxyde de soufre par la production de nickel d'une région de la taille de l'Italie, autour de Norilsk en Sibérie. Ces catastrophes écologiques et d'autres sont toutes le résultat direct de l'indifférence, de la gabegie et de la pratique soviétique de la « terre brûlée » s'agissant des ressources naturelles. Elles sont nées d'une culture du secret. Des décennies durant, les autorités ne voulurent reconnaître l'explosion de Tcheliabinsk-40, alors même qu'elle se produisit à quelques kilomètres d'une grande ville : la même ville où, en 1979, plusieurs centaines de personnes moururent d'une fuite d'anthrax dans une usine d'armes biologiques, en plein centre-ville.

Les problèmes des réacteurs nucléaires de l'URSS étaient bien connus des spécialistes : deux rapports du KGB, datés de 1982 et de 1984, avaient alerté sur le matériel « miteux » (fourni par la Yougoslavie) et les graves déficiences des réacteurs 3 et 4 de Tchernobyl (c'est le dernier qui explosa en 1986). Mais tout comme cette information avait été gardée secrète (sans qu'aucune action ne fût entreprise), la première réponse, instinctive, de la direction du parti à l'explosion du 26 avril fut de garder le silence : après tout, quatorze centrales du même type que Tchernobyl éraient en activité à travers le pays. Le premier aveu par Moscou qu'il s'était produit quelque chose de fâcheux attendit quatre jours pleins et se résuma alors à un communiqué officiel de deux phrases.

Mais il était impossible de garder le secret sur Tchernobyl : l'inquiétude internationale et l'incapacité des Soviétiques à contenir les dommages contraignirent Gorbatchev à faire une première déclaration publique, quinze jours plus tard, reconnaissant une partie de ce qui s'était produit, mais pas tout, avant de faire appel à l'aide et à l'expertise étrangères. Et alors que ses concitoyens prenaient pour la première fois la mesure de l'incompétence officielle et de l'indifférence à la vie et à la santé, Gorbatchev fut contraint de reconnaître l'ampleur des problèmes de son pays. Le gâchis, le mensonge et le cynisme des responsables du désastre mais aussi les efforts pour le dissimuler ne pouvaient plus être évacués comme une regrettable perversion des valeurs soviétiques : comme le dirigeant soviétique commençait à le comprendre, *c'étaient* les valeurs soviétiques.

Dès l'automne de 1986, Gorbatchev changea de braquet. En décembre de cette même année, Andreï Sakharov, le dissident le plus célèbre du monde, fut libéré de sa résidence surveillée dans la ville de Gorki (Nijni-Novgorod), signe avant-coureur d'un vaste mouvement de libération de prisonniers politiques qui commença l'année suivante. La censure fut relâchée : 1987 vit la parution si longtemps différée de *Vie et destin* de Vassili Grossman (vingt-six ans après que M. A. Souslov, l'idéologue du parti, eut prédit qu'il ne pourrait voir le jour que dans « deux ou trois siècles »). Consigne fut donnée à la police de cesser le brouillage des émissions de radio étrangères. Et en janvier 1987, le secrétaire général du PCUS saisit l'occasion de son discours télévisé au comité central pour plaider la cause d'une démocratie plus complète, par-dessus la tête des conservateurs et en s'adressant directement au pays.

En 1987, plus de neuf ménages soviétiques sur dix possédaient un poste de télévision, et la tactique de Gorbatchev fut d'abord couronnée d'un succès éclatant : en créant *de facto* une sphère publique vouée à un débat semi-ouvert sur les malheurs du pays, et en cassant le monopole de l'information dont disposait la caste gouvernante, il obligeait le PC à suivre le mouvement, tout en permettant aux réformateurs, jusque-là silencieux, de parler sans risque et de lui apporter leur soutien. Dans les années 1987-1988, le secrétaire général allait presque malgré lui créer les bases humaines nationales du changement.

Des organisations informelles surgirent : notamment le « Club perestroïka », formé en 1987 à l'Institut mathématique de Moscou, lequel donna à son tour naissance à « Mémorial », dont les membres entendaient « maintenir en vie la mémoire des victimes » du passé stalinien. D'abord médusées de leur existence même – somme toute, l'Union soviétique demeurait une dictature de parti unique –, elles ne tardèrent pas à fleurir et à se multiplier. En 1988, Gorbatchev trouvait de plus en plus ses soutiens hors du parti, dans l'opinion publique naissante du pays.

Ce qui s'était produit, c'était que la logique des buts réformistes de Gorbatchev, et de sa décision, au fond, d'en appeler à la nation contre ses détracteurs conservateurs au sein de l'appareil, avait transformé la dynamique de la *perestroïka*. Après avoir été d'abord réformateur au sein du parti dirigeant, son secrétaire général travaillait maintenant toujours plus contre lui, ou tout au moins essayait de contourner son opposition au changement. En octobre 1987, Gorbatchev parla pour la première fois publiquement des crimes staliniens et avertit le parti que, s'il ne se faisait pas le champion de la réforme, il perdrait vite son rôle dirigeant dans la société.

En juin 1988, lors d'une conférence du parti, il réitéra son engagement à réformer et à relâcher la censure, tout en appelant à préparer des élections ouvertes (autrement dit, disputées) au Congrès des députés du peuple, lesquelles devaient se tenir l'année suivante. En octobre 1988, il rétrograda quelques-uns de ses principaux adversaires – notamment Igor Ligatchev, critique de longue date – et se fit élire président du Soviet suprême (chef de l'État), évinçant Andreï Gromyko, le dernier des dinosaures. Au sein du parti, l'opposition d'arrière-garde restait forte ; dans l'ensemble du pays, cependant, sa popularité était à son faîte, ce qui lui permit d'aller de l'avant : en vérité, il n'avait guère d'autre solution[12].

12. Dans un sondage d'opinion effectué quelques mois plus tard, en janvier 1990, Gorbatchev arrivait juste après Pierre le Grand dans les faveurs du public... mais loin derrière Karl Marx et V. I. Lénine...

Les élections de mai-juin 1989 furent le premier scrutin plus ou moins libre en Union soviétique depuis 1918. Il ne s'agissait pas d'élections pluripartites – il faudrait attendre 1993, date à laquelle l'Union soviétique avait depuis longtemps disparu –, et l'issue était largement prédéterminée par la réservation de nombreux sièges aux candidats du parti et par l'interdiction de toute compétition interne pour les pourvoir ; mais le Congrès sorti des urnes comptait de nombreuses voix indépendantes et critiques. Quelque 100 millions de téléspectateurs purent suivre ses débats, et voir Sakharov et d'autres réclamer de nouveaux changements, à commencer par le détrônement de sa position privilégiée d'un parti toujours plus discrédité. Malgré sa réticence initiale, Gorbatchev était incapable de les écarter. Le monopole des communistes se délitait et, sur les encouragements de Gorbatchev, le Congrès allait dûment voter, en février suivant, la suppression de la Constitution soviétique de la clause clé – l'article 6 – assignant au parti communiste un « rôle dirigeant[13] ».

Le cours du bouleversement intérieur en Union soviétique, de 1985 à 1989, fut facilité par un changement de cap majeur de la politique étrangère soviétique sous Gorbatchev et son nouveau ministre des Affaires étrangères, Édouard Chevardnadze. D'emblée, Gorbatchev se dit clairement résolu à délester au moins l'URSS de ses charges militaires les plus lourdes. Dans le mois qui suivit son accession au pouvoir, il avait arrêté le déploiement des missiles soviétiques et offert d'engager des négociations sans conditions sur les forces nucléaires, commençant par proposer que les deux superpuissances réduisent de moitié leurs arsenaux stratégiques. En mai 1986, après l'étonnant succès du sommet de Genève avec Reagan (la première de cinq rencontres sans précédent de ce genre), Gorbatchev accepta que les « systèmes de base avancée » américains fussent exclus des discussions sur les armements stratégiques, si cela pouvait aider à les faire avancer.

Suivit un deuxième sommet, en octobre 1986 à Reykjavik, où Reagan et Gorbatchev, incapables de trouver un accord sur le désarmement nucléaire, n'en jetèrent pas moins les bases d'une réussite future. Fin 1987, Chevardnadze et le secrétaire d'État américain George Schutz avaient rédigé un projet de traité sur les forces nucléaires de portée intermédiaire, qui fut signé et ratifié l'année suivante. Consacrant la proposition antérieure d'« option zéro » avancée par Ronald Reagan, ce traité était pour les Soviétiques une manière de reconnaître qu'une guerre nucléaire en Europe n'était pas gagnable et fut le prologue à un traité encore plus important, signé en 1990, limitant strictement la présence et l'activité des forces opérationnelles sur le continent européen.

13. C'est Sakharov qui força le cours des choses en exigeant, en direct à la télévision, l'abrogation de l'article 6 et la restitution aux représentants du peuple du pouvoir que le parti avait « volé » en 1918. Gorbatchev lui-même finit par couper le micro de Sakharov, mais trop tard.

Vues de Washington, les concessions de Gorbatchev sur les armements apparaissaient naturellement comme une victoire pour Reagan... et donc, dans le calcul des jeux à somme nulle des stratèges de la guerre froide, comme une défaite pour Moscou. En revanche, pour Gorbatchev, dont les priorités étaient intérieures, la plus grande stabilité de l'environnement international était en soi une victoire. Cela lui donnait du temps et des soutiens pour ses réformes au pays. La vraie portée de cette succession de rencontres et d'accords résidait dans la reconnaissance par l'URSS que la confrontation militaire à l'étranger n'était pas seulement coûteuse, mais aussi dysfonctionnelle : ainsi que Gorbatchev l'expliqua en octobre 1986 au cours d'une visite en France, « l'idéologie » n'était pas une base adéquate en matière de politique étrangère.

Ces vues reflétaient les conseils qu'il commençait à recevoir d'une nouvelle génération d'experts soviétiques des affaires étrangères, notamment de son collègue Alexandre Iakovlev, qui avait parfaitement compris que l'URSS maîtriserait mieux ses relations extérieures par des concessions judicieusement calculées que par une vaine confrontation. À la différence des problèmes irréductibles auxquels il se heurtait à l'intérieur, la politique étrangère était un domaine qu'il contrôlait directement et où il pouvait donc espérer des améliorations immédiates. Par ailleurs, il ne faut pas exagérer la dimension strictement « grande puissance » des relations extérieures soviétiques : Gorbatchev accordait au moins autant d'importance à ses relations avec l'Europe occidentale qu'à ses tractations avec les États-Unis. Il multiplia les visites en Europe et noua de bonnes relations avec González, Kohl et Thatcher (qui, d'une formule mémorable, salua en lui un homme avec qui elle « pouvait faire des affaires[14] »).

En vérité, à plus d'un titre, Gorbatchev se considérait avant tout comme un homme d'État *européen*, avec des priorités européennes. Son insistance sur la fin de la course aux armements et de l'accumulation d'arsenaux nucléaires était étroitement liée à une nouvelle approche du rôle de puissance clairement *européenne* de l'Union soviétique. « Les armements, déclara-t-il en 1987, devaient être ramenés à un niveau nécessaire à des fins strictement défensives. Il est temps, pour les deux alliances militaires, d'amender les concepts stratégiques pour les mettre davantage en accord avec les objectifs de défense. Tout appartement de la "maison européenne" a le droit de se protéger contre les cambrioleurs, mais il doit le faire sans détruire la propriété de ses voisins. »

Dans un esprit semblable, et pour les mêmes raisons, le dirigeant soviétique comprit d'emblée la nécessité pressante de sortir l'Union soviétique d'Afghanistan, d'en finir avec cette « plaie ouverte » comme il dit en février 1986 au Congrès du parti. Cinq mois plus tard, il annonçait le retrait de 6 000 hommes soviétiques : le redéploiement s'acheva en novembre de la

14. En mars 1985, aux funérailles de Tchernenko, il se fit aussi un devoir d'accueillir et de saluer Alessandro Natta, chef du PC italien, jusque-là en disgrâce aux yeux de Moscou.

même année. En mai 1988, à la suite d'un accord conclu à Genève avec l'Afghanistan et le Pakistan, et garanti par les deux grandes puissances, les troupes soviétiques commencèrent à se retirer d'Afghanistan : les derniers soldats de l'Armée rouge s'en allèrent le 15 février 1989[15].

Loin de résoudre la question des nationalités soviétiques, l'aventure afghane n'avait fait que l'exacerber. La chose n'est que trop flagrante désormais. Si l'URSS était confrontée à un irréductible ensemble de minorités nationales, le problème était en partie de son fait : somme toute, c'étaient Lénine et ses successeurs qui avaient inventé les diverses « nations » sujettes auxquelles ils avaient dûment assigné des régions et des républiques. Faisant écho aux pratiques impériales d'ailleurs, Moscou avait encouragé l'émergence – dans des régions où cinquante ans plus tôt il n'avait encore jamais été question de nationalité ni de nation – d'institutions et d'une intelligentsia regroupées autour d'un centre urbain national ou d'une « capitale ». Les premiers secrétaires du PC du Caucase, ou des républiques d'Asie centrale, étaient typiquement issus du groupe ethnique local dominant. Pour assurer leur fief, on le conçoit, ces hommes furent amenés à s'identifier à « leur peuple », en particulier dès qu'apparurent des fissures dans l'appareil central. Le parti commençait de se fracturer sous l'effet des administrateurs locaux inquiets qui protégeaient leurs intérêts.

Gorbatchev semble n'avoir pas bien saisi ce processus. « Camarades, lança-t-il au parti en 1987, nous pouvons vraiment dire que pour notre pays le problème des nationalités a été résolu. » Peut-être ne croyait-il pas tout à fait ce qu'il disait, mais certainement pensait-il qu'il suffirait de relâcher un peu le contrôle central et de s'attaquer à de vieilles doléances (en 1989, par exemple, les Tatars de Crimée furent enfin autorisés à retourner dans leur pays après des décennies d'exil en Asie). Dans un empire continental comptant plus de cent groupes ethniques, de la Baltique à la mer d'Okhotsk, et qui pour la plupart avaient de vieux griefs que la *glasnost* les encourageait à formuler, cette erreur de calcul devait se révéler lourde de conséquences.

L'inadéquation de la réponse de Gorbatchev aux demandes d'autonomie des lointaines marges de l'empire soviétique ne devrait pas surprendre. Gorbatchev fut dès l'origine un « communiste réformateur », quoique d'un type très inhabituel : percevant bien la nécessité du changement et du renouveau, mais répugnant à s'attaquer aux dogmes centraux du système dans lequel il avait grandi. Comme bien des gens de sa génération, en URSS et ailleurs, il croyait sincèrement que la seule voie du progrès passait par un retour aux « principes » léninistes. L'idée que le projet léniniste lui-même pût être en faute lui demeura très longtemps étrangère : c'est seulement en 1990

15. Dans un écho ironiquement approprié au fiasco américain du Viêt-nam, le régime fantoche de Kaboul, désormais privé du soutien armé de l'étranger, claudiqua jusqu'en 1992 avant de succomber (nonobstant ses cautions internationales) devant les forces des talibans.

qu'il permit enfin la publication d'auteurs franchement anti-léninistes comme Alexandre Soljenitsyne.

Le ton inimitable du nouvel esprit de tolérance officiel envers la pop music, tel qu'il s'exprima dans la *Pravda* en octobre 1986, illustre bien l'esprit qui présidait aux premiers objectifs de Gorbatchev : « Le rock-and-roll a le droit d'exister, mais uniquement s'il est mélodieux, s'il a du sens et qu'il est bien joué. » C'est précisément ce que voulait Mikhaïl Gorbatchev : un communisme mélodieux, qui ait du sens et bien joué. Les réformes nécessaires seraient entreprises, les libertés appropriées accordées, mais pas question de licence totale : en février 1988, le gouvernement pouvait encore bâillonner des maisons d'édition et des imprimeurs indépendants.

C'est l'une des curiosités des réformateurs communistes : ils se sont toujours donné pour objectifs irréalistes de réformer certains aspects de leurs systèmes sans toucher à d'autres, d'introduire des incitations par le marché tout en maintenant la planification centrale, d'accorder une plus grande liberté d'expression tout en laissant au parti le monopole de la vérité. Mais la réforme partielle ou la réforme d'un secteur indépendamment des autres était par nature contradictoire. Le « pluralisme dirigé » ou un « marché socialiste » était d'avance condamné. Quant à l'idée que le parti pouvait conserver son « rôle dirigeant » moyennant l'élimination des excroissances pathologiques de sept décennies de pouvoir absolu, elle trahit une certaine naïveté de la part de Gorbatchev. Dans un système autoritaire, le pouvoir est indivisible : en abandonner une partie, c'est finir par tout perdre. Près de quatre siècles auparavant, le monarque Stuart Jacques Ier l'avait bien mieux compris. Rembarrant sèchement les presbytériens écossais protestant du pouvoir dévolu à ses évêques, il lâcha : « Pas d'évêque, pas de roi. »

L'ampleur des contradictions qu'ils suscitèrent finit par emporter Gorbatchev et sa révolution dirigée. Avec le recul, il observa, non sans regret que, « naturellement, je suis troublé par le fait de n'avoir su garder tout le processus de la *perestroïka* dans le cadre de mes intentions ». Or les intentions et le cadre étaient incompatibles. Sitôt écartés les murs porteurs de la censure, du contrôle et de la répression, tout ce qui comptait dans le système soviétique – l'économie planifiée, la rhétorique officielle, le monopole du parti – s'effondra.

Gorbatchev n'atteignit pas son objectif : un communisme réformé et efficace, débarrassé de ses dysfonctionnements. En vérité, il essuya un fiasco total. Son œuvre n'en fut pas moins impressionnante. Il n'existait pas en URSS d'institutions indépendantes ou même semi-autonomes que les critiques et les réformateurs auraient pu mobiliser derrière eux : le système soviétique ne pouvait être démantelé que de l'intérieur et sur initiative du sommet. En introduisant un premier élément de changement, puis un autre et encore un autre, Gorbatchev éroda progressivement le système même par lequel il s'était élevé. Employant les pouvoirs immenses de secrétaire général du parti, il éviscéra la dictature du parti de l'intérieur.

C'était un tour de force remarquable et sans précédent. Nul n'aurait pu le prévoir en 1984, à la mort de Tchernenko, et nul ne le fit. Gorbatchev, de l'avis d'un de ses proches conseillers, était une « erreur génétique du système[16] ». Avec le recul, il est devenu tentant de conclure que son ascension se fit au moment mystérieusement opportun : le système soviétique chancelait ; apparut alors un dirigeant qui comprit ce qui arrivait et chercha avec succès une stratégie de sortie de l'empire. Quand sonne l'heure, l'homme arrive ? Peut-être. Et Mikhaïl Gorbatchev ne fut certainement pas un simple apparatchik parmi d'autres.

En revanche, il n'avait certainement aucune idée de ce qu'il faisait. L'eût-il su qu'il en aurait été horrifié. Ses critiques étaient plus perspicaces. D'un côté, les durs du parti lui vouaient une haine compréhensible : nombre d'entre eux approuvèrent chaleureusement la fameuse lettre parue le 13 mars 1988 dans le journal *Sovietskaïa Rossiia* et dans laquelle Nina Andreïeva, maîtresse d'école de Leningrad, prévenait avec colère, assez raisonnablement au fond, que les nouvelles réformes ramèneraient inévitablement le pays au capitalisme. D'un autre côté, Gorbatchev ne jouit jamais du soutien inconditionnel des réformateurs radicaux, que son apparente indécision exaspérait chaque jour davantage. Une des faiblesses de Gorbatchev est que, pour garder le contrôle des événements, il se sentit obligé d'occuper le centre du terrain chaque fois que possible, encourageant les idées neuves, mais retombant dans les bras des conservateurs du parti dès que les réformateurs radicaux comme Iakovlev ou Boris Eltsine le pressaient d'aller beaucoup plus loin. Cette valse-hésitation, la répugnance visible de Gorbatchev à aller jusqu'au bout de la logique de ses initiatives, et son souci de ne pas aller trop loin ni trop vite déçurent nombre des premiers admirateurs.

L'ennui est qu'en abandonnant le monopole du parti sur le pouvoir et l'initiative, Gorbatchev réduisit d'autant son influence. Force lui fut donc de forger des alliances tactiques et de louvoyer entre les positions extrêmes des autres. C'est une nécessité familière, quoique inconfortable, pour les hommes politiques des démocraties ; aux yeux d'une nation habituée à soixante-dix ans de dictature, cependant, ces manœuvres eurent pour seul effet de donner de Gorbatchev l'image d'un faible. Dès les premiers mois de 1989, le président soviétique dégringola dans les enquêtes d'opinion. À l'automne de 1990, Gorbatchev aurait le soutien de 21 % seulement de l'opinion.

Bien avant sa chute, Gorbatchev était tombé en disgrâce. Mais uniquement chez lui : ailleurs, la « Gorbimania » florissait. Lors de ses séjours de plus en

16. Andreï Gratchev, cité in Archie Brown, *The Gorbachev Factor*, Oxford, 1997, p. 88.

plus fréquents à l'étranger, Gorbatchev était fêté par les responsables ouest-européens et acclamé par des foules enthousiastes. À la fin de 1988, Margaret Thatcher, qui comptait parmi ses fans les plus ardents, proclama la « fin » de la guerre froide. Vue de l'Europe de l'Est, cette annonce aurait sans doute paru un peu prématurée ; mais là aussi, Mikhaïl Gorbatchev était très populaire.

Les peines intérieures du dirigeant soviétique ne passaient pas inaperçues dans les « démocraties populaires », loin de là, mais elles comptaient beaucoup moins que ses déclarations de politique étrangère, notamment le discours largement diffusé qu'il avait prononcé le 7 décembre 1988 aux Nations unies. Après avoir annoncé des réductions unilatérales des forces classiques soviétiques en Europe, Gorbatchev avait lancé à son auditoire : « La liberté de choix est un principe universel. Il ne devrait pas y avoir d'exception. » C'était plus qu'un simple renoncement à la « doctrine Brejnev », l'aveu que Moscou n'emploierait pas la force pour imposer aux pays frères sa version du « socialisme ». Ce que Gorbatchev concédait – et sa concession fut aussitôt comprise –, c'est que les citoyens des États satellites étaient maintenant libres d'aller leur chemin, socialiste ou non. L'Europe de l'Est était sur le point de rentrer dans l'histoire.

Sous l'autorité de Mikhaïl Gorbatchev, l'Union soviétique s'était progressivement abstenue, depuis 1985, d'exercer une surveillance directe sur ses États-clients. Mais les implications de ce détachement croissant demeuraient nébuleuses. Les démocraties populaires restaient dirigées par des cliques autoritaires, dont le pouvoir reposait sur un appareil répressif massif. Leur police et leurs services secrets restaient étroitement liés et redevables à l'appareil de sécurité soviétique et continuaient de travailler dans une semi-indépendance à l'égard des autorités locales. Et si les dirigeants de Prague, de Varsovie ou de Berlin-Est commençaient à voir qu'ils ne pouvaient plus compter sur le soutien inconditionnel de Moscou, ni eux ni leurs sujets n'avaient une idée claire de ce que cela signifiait.

La situation polonaise résumait ces incertitudes. D'un côté, la proclamation de la loi martiale avait réaffirmé le pouvoir autoritaire du parti communiste. De l'autre, la suppression de Solidarité, tandis que ses dirigeants étaient réduits au silence, ne fit rien pour atténuer les problèmes fondamentaux du pays. Bien au contraire. La Pologne était encore endettée, mais maintenant, du fait de la condamnation internationale de la répression, ses dirigeants ne pouvaient plus se tirer de difficulté en empruntant davantage à l'étranger. En fait, les dirigeants polonais étaient confrontés au même dilemme qu'ils avaient essayé de résoudre dans les années 1970, mais avec encore moins d'options.

En attendant, le régime avait bien pu criminaliser l'opposition : elle n'avait pas disparu. Les publications clandestines se poursuivaient, comme les cours, les discussions, les pièces de théâtre et beaucoup d'autres activités. Quoique interdit, Solidarité lui-même continuait d'exister, surtout après que son porte-parole le plus célèbre, Lech Walesa, eut été libéré de prison en novembre 1982 (avant de recevoir le prix Nobel, *in abstentia*, l'année suivante). Le régime ne put prendre le risque d'interdire une nouvelle visite du pape, en juin 1983, après quoi l'Église s'impliqua toujours plus dans des acticités clandestines et semi-officielles.

La répression avait les faveurs de la police politique. Dans un épisode tristement célèbre, en 1984, elle organisa l'enlèvement et l'assassinat d'un prêtre militant populaire, le père Jerzy Popieluszko, « pour décourager les autres ». Mais Jaruzelski et la plupart de ses collègues comprenaient déjà que les provocations et affrontements de ce genre ne pouvaient plus marcher. Les funérailles de Popieluszko rassemblèrent 350 000 personnes ; loin d'effaroucher l'opposition, l'épisode ne fit que donner plus d'écho à l'ampleur du soutien populaire à l'Église et à Solidarité, légal ou non. Au milieu des années 1980, la Pologne approchait à vue d'œil d'une impasse entre une société récalcitrante et un État toujours plus aux abois.

L'instinct naturel de la direction du parti, à Varsovie comme à Moscou, était de proposer des « réformes ». En 1986, Jaruzelski, maintenant président, libéra de prison Adam Michnik et d'autres dirigeants de Solidarité et, *via* un nouveau « ministère de la Réforme économique », offrit un modeste ensemble de changements économiques destinés, entre autres objectifs, à attirer de nouveau des capitaux étrangers pour financer la dette, qui approchait désormais des 40 milliards de dollars[17]. Dans une étrange révérence à la démocratie, le gouvernement accepta bel et bien de demander aux Polonais en 1987 quel genre de « réforme » économique ils voudraient : « Préféreriez-vous une hausse de 50 % du prix du pain et de 100 % de l'essence, ou de 60 % de l'essence et de 100 % du pain ? » Comme on pouvait s'y attendre, la réponse de la population fut au fond : ni l'un ni l'autre.

La question – et la décision même de la poser – illustre à merveille la faillite politique aussi bien qu'économique des maîtres communistes polonais. En vérité, que l'entrée de la Pologne au FMI ait pu se faire en partie grâce au *consentement* de Solidarité en dit long sur l'effritement de la crédibilité du pays. Quoique interdit, le syndicat avait réussi à garder son organisation à l'étranger, et c'est le bureau bruxellois de Solidarité qui conseilla au directeur général du FMI, en septembre 1985, d'admettre la Pologne, tout en soulignant que les améliorations partielles de Jaruzelski étaient vouées à l'échec et que seul un ensemble de réformes en profondeur pourrait sortir le pays de ses difficultés[18].

17. En 1986, les États-Unis levèrent leur veto sur l'entrée de la Pologne au FMI en contrepartie de la libération de tous les prisonniers politiques restants et d'une amnistie générale.

18. Voir Harold James, *International Monetary Cooperation Since Bretton Woods*, Washington, D.C., IMF, 1996, p. 567.

En 1987, l'aspect le plus marquant de la situation polonaise était l'impuissance pure et simple du parti et de ses organes. Sans qu'aucune menace visible ne pesât sur son monopole, le parti ouvrier unifié polonais sombrait dans l'insignifiance. La « contre-société » théorisée par Michnik et d'autres une décennie plus tôt apparaissait comme une source *de facto* d'autorité et d'initiative. Après 1986, le débat au sein de l'opposition polonaise ne tournait pas tant autour des façons d'apprendre à la société à être libre qu'autour du degré d'engagement envisageable de l'opposition dans le régime et à quelle fin.

Un groupe de jeunes économistes de l'École de planification et de statistiques de Varsovie, sous la conduite de Leszek Balcerowicz, dressait déjà les plans d'un secteur économique privé autonome libéré de la planification centrale, c'est-à-dire d'un marché ; ces propositions, et d'autres, étaient vivement débattues dans les milieux polonais « officieux » et amplement discutées à l'étranger. Mais les dogmes directeurs du « réalisme » politique et les objectifs d'« autolimitation » de 1980-1981 restaient en vigueur : on prit grand soin d'éviter, avec succès, toute espèce de confrontation et de violence qui ne pouvait que faire le jeu des durs du parti. Les conversations étaient une chose, les « aventures » étaient une tout autre affaire.

Le déclencheur de l'éclipse finale du POUP fut, de manière assez prévisible, une autre tentative de « réformer » l'économie ou, plus modestement, de réduire la dette insoutenable du pays. En 1987, les prix à la consommation furent relevés de quelque 25 % ; en 1988, à nouveau de 60 %. Le scénario de 1970, 1976 puis 1980 se reproduisit : la forte hausse des prix déclencha une vague de grèves, dont le point culminant fut un mouvement massif d'arrêts de travail et d'occupations au cours du printemps et de l'été 1988. Par le passé, faute de moyen de pression sur les travailleurs, les autorités communistes avaient soit renoncé à leurs efforts pour relever les prix soit recouru à la force, quand elles n'avaient pas fait les deux choses en même temps. Cette fois, s'offrait une troisième option : appeler à l'aide les dirigeants mêmes des ouvriers. En août 1988, le général Czeslaw Kiszczak, ministre de l'Intérieur, pressa Lech Walesa – théoriquement simple citoyen, chef non reconnu d'une organisation clandestine – d'accepter de le rencontrer pour négocier la fin du conflit social. D'abord réticent, Walesa finit par accepter.

Walesa n'eut pas grand mal à en appeler aux grévistes – l'autorité morale de Solidarité n'avait fait que croître depuis 1981 –, mais les problèmes de fond subsistaient : le taux annuel d'inflation approchait maintenant des 1 000 %. Suivirent quatre mois de contacts officieux sporadiques entre Solidarité et le gouvernement, encourageant de nouveaux appels publics à la « réforme ». Désespérément à la dérive, les autorités oscillèrent entre gestes et menaces : changeant de ministres, niant tout projet de négociations, promettant des changements économiques, menaçant de fermer les chantiers navals de Gdansk. La confiance de l'opinion dans l'État, tel qu'il était, s'effondrait.

Le 18 décembre 1988 – soit, symptomatiquement sinon comme par hasard, juste une semaine après le discours séminal de Gorbatchev à l'ONU –, se constitua à Varsovie un « Comité de citoyens » de Solidarité pour organiser de grandes négociations avec le gouvernement. Apparemment résigné, Jaruzelski finit par se rendre à l'évidence et contraignit un comité central un peu réticent à accepter des discussions. Le 6 février 1989, les communistes reconnurent officiellement à Solidarité la qualité d'interlocuteur et décidèrent d'ouvrir une « table ronde » afin de négocier avec ses représentants. Les discussions durèrent jusqu'au 5 avril. Ce jour-là – de nouveau une semaine après un événement capital en URSS, cette fois les élections ouvertes au Congrès des députés du peuple –, toutes les parties s'accordèrent sur la légalisation des syndicats indépendants, une législation économique de grande ampleur et, par-dessus tout, une nouvelle assemblée élue.

Avec le recul, la table ronde aboutit à la disparition négociée du communisme en Pologne : c'était déjà très clair pour une partie au moins des partenaires. En revanche, nul n'avait anticipé la *rapidité* du dénouement. Les élections prévues pour le 4 juin, tout en accordant une part sans précédent de liberté de choix, étaient truquées de manière à assurer une majorité communiste : si le vote au Sénat était réellement ouvert, les élections au Sejm (assemblée) réservaient la moitié des sièges aux candidats officiels (communistes). En convoquant le corps électoral si tôt, le gouvernement espérait tirer parti de la désorganisation et de l'inexpérience de ses adversaires.

Les résultats furent un choc pour tout le monde. Épaulé par le nouveau quotidien impromptu d'Adam Michnik, *Gazeta Wyborcza (La Gazette des élections)*, Solidarité obtint 99 sièges sur 100 au Sénat et la totalité des sièges auxquels il pouvait présenter des candidats au Sejm. Dans le même temps, seuls deux des candidats communistes se présentant à des sièges « réservés » obtinrent les 50 % de suffrages nécessaires pour prendre leur place. Devant une déroute complète et une humiliation publique sans précédent, les dirigeants communistes polonais avaient trois options : faire fi du scrutin ; proclamer de nouveau la loi martiale ; ou accepter leur défaite et abandonner le pouvoir.

Présenté ainsi, le choix était clair : comme Gorbatchev le dit très explicitement à Jaruzelski au cours d'une conversation téléphonique privée, il fallait s'en tenir au verdict des urnes. La première pensée de Jaruzelski fut de trouver un compromis permettant de sauver la face en invitant Solidarité à le rejoindre dans un gouvernement de coalition, mais il essuya une rebuffade. Après quelques semaines de négociations et d'infructueux efforts des communistes pour désigner leur propre Premier ministre, la direction du POUP accepta l'inévitable : le 12 septembre 1989, Tadeusz Mazowiecki devenait le premier Premier ministre non communiste de l'après-guerre, en Pologne (même si les communistes conservaient le contrôle de certains ministères clés).

Dans le même temps, dans une habile manœuvre politique, le groupe parlementaire de Solidarité décida d'élire Jaruzelski chef de l'État, cooptant de fait les communistes « modérés » dans la transition qui devait suivre et apaisant leur gêne. Le mois suivant, le gouvernement Mazowiecki annonça des plans pour mettre en place une « économie de marché », présenta un programme de stabilisation – le « plan Balcerowicz » – que le Sejm approuva le 28 décembre. Un jour plus tard, le « rôle dirigeant » du PC polonais était excisé de la Constitution du pays. Quatre semaines plus tard, le 27 janvier 1990, le parti lui-même avait été dissous.

La débandade qui caractérisa les derniers mois de la Pologne communiste ne doit pas nous masquer la longueur et l'extrême lenteur du processus antérieur. La plupart des acteurs du drame de 1989 – Jaruzelski, Kiszczak, Walesa, Michnik, Mazowiecki – étaient déjà en scène depuis de longues années. Le pays était passé de l'éphémère épanouissement d'une liberté relative, en 1981, à la loi martiale, suivie d'un long purgatoire incertain de semi-tolérance répressive qui finit par se défaire à la faveur d'une réédition des crises économiques de la décennie passée. Malgré la force de l'Église catholique, la popularité de Solidarité dans le pays et la détestation constante de la nation pour ses dirigeants communistes, ces derniers s'accrochèrent au pouvoir si longtemps que leur chute finale fit un peu l'effet d'une surprise. Les adieux avaient duré longtemps.

En Pologne, la loi martiale et ses suites révélèrent les limites et les insuffisances du parti ; mais si la répression consolida l'opposition, elle la rendit aussi prudente. En Hongrie, une prudence comparable était née d'une expérience très différente. Deux décennies de tolérance ambiguë avaient obscurci les limites précises de la dissidence sur laquelle le régime fermait les yeux. Après tout, la Hongrie était l'État communiste où Hilton ouvrit son premier hôtel derrière le Rideau de fer, en décembre 1976 ; où Billy Graham effectua non pas une mais *trois* tournées publiques au cours des années 1980 ; et qui reçut la visite (et les faveurs implicites) de deux secrétaires d'État américains et du vice-président George Bush au cours de cette même décennie. En 1988, la Hongrie communiste avait décidément une « bonne » image.

En partie pour cette raison, l'opposition au PC mit plus de temps à se manifester au grand jour. Dissimulation et manœuvres semblaient être la meilleure forme de courage, surtout pour qui se souvenait de 1956 ; et la vie, dans la Hongrie de János Kádár, était morne, mais tolérable. En réalité, l'économie officielle, comme on l'a vu au chapitre précédent, ne se portait pas mieux que celle de la Pologne, malgré diverses réformes et les « Nouveaux mécanismes économiques ». Certes, l'économie « noire » ou parallèle permettait à beaucoup de gens d'avoir un niveau de vie plus élevé que dans les pays voisins. Mais comme le révélait une étude de spécialistes hongrois de statistique sociale, le pays souffrait déjà de significatives inégalités de revenu, de santé et de logement ; la mobilité et la protection sociales étaient en retard sur l'Ouest ; tandis que la durée des journées de travail (beaucoup de gens occupaient deux, voire trois emplois), le fort pourcentage d'alcoolisme et de troubles psychiatriques, mais aussi le plus fort taux de suicide de l'Europe de l'Est prélevaient leur tribut sur la population.

Les raisons de mécontentement ne manquaient pas. Mais il n'existait pas d'opposition *politique* organisée. Certaines organisations indépendantes virent bien le jour au cours des années 1980, mais elles se cantonnaient pour la plupart aux questions d'environnement ou à des protestations contre les mauvais traitements infligés à la minorité hongroise de Roumanie : point sur lequel elles pouvaient compter sur la sympathie tacite des communistes (ce qui explique la tolérance officielle du Forum démocratique hongrois, franchement nationaliste, formé en septembre 1987). La Hongrie restait une « république socialiste » (ainsi était-elle officiellement décrite depuis la révision constitutionnelle de 1972). La dissidence et la critique étaient largement confinées au sein du parti dirigeant, même si les candidatures multiples furent pour la première fois autorisées aux élections de juin 1985 et permirent l'élection d'une poignée d'indépendants ayant reçu l'aval des autorités. Les choses ne commencèrent à changer sérieusement qu'en 1988.

En Hongrie, le catalyseur du changement fut l'exaspération des jeunes communistes « réformistes » – fervents partisans des transformations que Gorbatchev accomplissait dans le PCUS – devant l'inflexibilité d'une direction vieillissante. En mai 1988, lors d'une conférence communiste convoquée à cette fin, ils réussirent enfin à écarter le vieux Kádár (76 ans) de la direction pour le remplacer par le Premier ministre, Károly Grósz. Sur un plan strictement pratique, le seul effet de la révolution de palais à l'intérieur du parti se limita à un programme d'austérité économique destiné à seconder les « forces du marché ». Mais sa portée symbolique était grande.

János Kádár gouvernait la Hongrie depuis la révolution de 1956, dans la répression de laquelle il joua le premier rôle. Malgré son image assez bonne à l'étranger, il incarnait aux yeux des Hongrois le mensonge officiel au cœur du « communisme de goulasch », à savoir que le mouvement réformateur hongrois n'avait été qu'une « contre-révolution ». Kádár était aussi l'incarnation vivante de la conjuration du silence entourant Imre Nagy depuis son enlèvement, son procès secret, puis son exécution encore plus secrète et son enterrement trois décennies plus tôt[19]. La mise à l'écart de Kádár semblait donc suggérer que quelque chose avait changé dans la vie publique hongroise : une impression confirmée quand ses successeurs non seulement permirent à un

19. Officiellement, le site de la tombe de Nagy demeura inconnu trente années durant ; son emplacement, dans un coin obscur et anonyme du cimetière municipal de Budapest, était de notoriété publique.

groupe de jeunes dissidents communistes et autres de former Fidesz (Jeunes démocrates), mais en novembre 1988 approuvèrent officiellement l'apparition de partis politiques indépendants.

Dans les premiers mois de 1989, le Parlement communiste adopta une série de mesures concédant la liberté de se réunir et consacrant officiellement la « transition » vers un système pluripartite ; et, en avril, se délestant formellement du « centralisme démocratique » au sein même du parti. Dans une initiative plus lourde de conséquences encore, les dirigeants communistes de la Hongrie, reconnaissant tacitement que leur parti ne pouvait espérer maintenir son contrôle du pays s'il ne regardait pas son passé en face, annoncèrent leur intention d'exhumer les restes encombrants d'Imre Nagy pour l'inhumer à nouveau. Dans le même temps, Imre Pozsgay et d'autres réformateurs du Politburo hongrois convainquirent leurs collègues de créer une commission d'enquête sur les événements de 1956 et de les redéfinir officiellement : cessant d'être une « contre-révolution », ils devinrent alors officiellement un « soulèvement populaire contre un pouvoir oligarchique qui avait abaissé la nation ».

Le 16 juin 1989, pour le 31e anniversaire de sa mort, les restes d'Imre Nagy et de quatre de ses collègues furent à nouveau inhumés en tant que héros de la nation à l'occasion d'une grande cérémonie. On estime que quelque 300 000 Hongrois bordaient les rues à cette occasion, tandis que des millions d'autres suivaient les funérailles en direct à la télévision. Parmi les orateurs qui prirent la parole au bord de la tombe se trouvait Viktor Orbán, le jeune dirigeant des Jeunes démocrates, qui ne put s'empêcher de remarquer que certains des communistes présents aux nouvelles obsèques de Nagy étaient les mêmes qui, quelques années auparavant, avaient déployé tant d'énergie à dénaturer la révolution même dont ils chantaient aujourd'hui les louanges.

C'était vrai. Une curiosité de la sortie hongroise du communisme est qu'elle fut l'œuvre des communistes eux-mêmes : c'est en juin seulement qu'en imitation délibérée du précédent polonais ils organisèrent des tables rondes avec les partis d'opposition. Cela suscita un certain scepticisme dans les rangs des Hongrois anticommunistes, pour qui la résurrection de Nagy, comme jadis son exécution, était une affaire interne au parti qui ne concernait guère maintes victimes du communisme. Mais on aurait tort de sous-estimer la force symbolique des nouvelles obsèques de Nagy. Ce fut un aveu de défaite, une reconnaissance que le parti et sa direction avaient vécu d'un mensonge qu'ils avaient enseigné et imposé.

Quand János Kádár mourut tout juste trois semaines plus tard, le jour même où la Cour suprême réhabilitait pleinement Nagy, le communisme hongrois mourut avec lui. Ne restait plus qu'à s'accorder sur les formalités de sa mort. Le « rôle dirigeant » du parti fut aboli ; des élections pluripartites furent fixées au mois de mars suivant ; et le 7 octobre, les communistes – le parti des ouvriers socialistes hongrois – se rebaptisèrent parti socialiste hongrois.

Le 23 octobre, le Parlement, encore composé très majoritairement de députés communistes élus sous l'ancien régime, décida à son tour de rebaptiser le pays, tout simplement, en République hongroise.

La « révolution » hongroise de 1989 présente deux traits distinctifs. Le premier, on l'a dit, est que ce fut le seul passage d'un régime communiste à un véritable système pluripartite qui se fit exclusivement de l'intérieur. Le deuxième point notable est que si en Pologne, comme plus tard en Tchécoslovaquie et ailleurs, les événements de 1989 gardèrent largement un caractère autoréférentiel, la transition hongroise joua un rôle vital dans l'effilochage d'un autre régime communiste, celui de l'Allemagne de l'Est.

Pour les observateurs étrangers, la République démocratique allemande semblait parmi les moins vulnérables des régimes communistes, et pas simplement parce qu'on pensait universellement qu'aucun dirigeant soviétique ne la laisserait jamais tomber. Le cadre matériel de la RDA, notamment ses villes, pouvait bien donner l'impression de toc délabré ; mais sa sécurité, la Stasi, était notoirement omniprésente, et le Mur de Berlin restait un outrage moral et esthétique. Toutefois, on croyait largement que l'économie est-allemande était en meilleure forme que celle de ses voisins socialistes. Quand, en octobre 1989, aux célébrations du 40e anniversaire du pays, le premier secrétaire du pays Erich Honecker se vanta que la RDA était l'une des dix premières économies du monde, son hôte Mikhaïl Gorbatchev fit entendre un grognement audible ; sinon en autre chose, le régime était efficace dans la fabrication et l'exportation de données bidons : beaucoup d'observateurs occidentaux prenaient Honecker au mot.

C'est en République fédérale qu'on devait trouver les plus fervents admirateurs de la RDA. La réussite évidente avec laquelle l'*Ostpolitik* avait désamorcé les tensions et facilité les communications humaines et économiques entre les deux moitiés de l'Allemagne avait conduit la quasi-totalité de la classe politique à placer ses espoirs dans sa prolongation indéfinie. Des responsables publics ouest-allemands n'encourageaient pas seulement des illusions dans la *nomenklatura* de la RDA : ils s'abusaient eux-mêmes. À force de répéter que l'*Ostpolitik* avait pour effet d'apaiser les tensions à l'Est, ils finirent par y croire.

Préoccupés de « paix », de « stabilité » et d'« ordre », beaucoup d'Allemands de l'Ouest finirent ainsi par partager le point de vue des politiciens est-allemands avec lesquels ils faisaient des affaires. L'éminent social-démocrate Egon Bahr expliqua en janvier 1982, juste après la proclamation de la loi martiale en Pologne, que les Allemands avaient renoncé à leur prétention à l'unité nationale au nom de la paix et que les Polonais devaient juste renoncer à *leur* prétention à la liberté au nom de la même « priorité suprême ». Cinq années plus tard, le très écouté écrivain Peter Bender, s'exprimant lors d'un colloque du SPD sur la « Mitteleuropa », souligna fièrement que, « dans le désir de détente nous avons plus en commun avec Belgrade et Stockholm, *mais aussi avec Varsovie et Berlin-Est* [c'est moi qui souligne], qu'avec Paris et Londres ».

Dans les années suivantes, on devait apprendre que, plus d'une fois, des dirigeants nationaux du SPD tinrent des propos confidentiels et résolument compromettants à des dignitaires est-allemands en visite à l'Ouest. En 1987, Björn Engholm loua la politique intérieure de la RDA, la qualifiant d'« historique », tandis que l'année suivante son collègue Oskar Lafontaine promettait de faire tout ce qui était en son pouvoir pour veiller que le soutien ouest-allemand aux dissidents est-allemands restât en sourdine. « Les sociaux-démocrates, déclara-t-il à ses interlocuteurs, doivent éviter tout ce qui signifierait un renforcement de ces forces. » Comme le signalait en octobre 1984 un rapport soviétique destiné au Politburo de la RDA : « Les représentants du SPD reprennent aujourd'hui nombre des arguments que nous leur avions autrefois servis[20]. »

Peut-être les illusions des sociaux-démocrates ouest-allemands sont-elles compréhensibles. Mais elles étaient partagées, avec une égale ferveur, par maint chrétien-démocrate. Helmut Kohl, chancelier depuis 1982, ne mit pas moins d'empressement que ses adversaires à cultiver de bonnes relations avec la RDA. En février 1984, à l'occasion des funérailles de Iouri Andropov à Moscou, il s'entretint avec Erich Honecker ; et il recommença l'année suivante, aux obsèques de Tchernenko. Des accords allaient être trouvés entre les deux parties en matière d'échange culturel et d'élimination des mines sur la frontière interallemande. En septembre 1987, Honecker devint le premier dirigeant est-allemand à visiter la République fédérale. Les subventions ouest-allemandes à la RDA continuèrent sans fléchir, tandis que l'opposition intérieure de l'Allemagne de l'Est ne devait jamais recevoir le moindre soutien.

Comblé du parrainage ouest-allemand, sûr de l'appui de Moscou et libre d'exporter en Occident ses dissidents les plus turbulents, le régime est-allemand aurait pu survivre indéfiniment. Assurément semblait-il à l'abri du changement : en juin 1987, des manifestants de Berlin-Est hostiles au Mur et chantant les louanges du lointain Gorbatchev furent sommairement dispersés. En janvier 1988, le gouvernement n'hésita pas à emprisonner et à expulser plus d'une centaine de manifestants qui commémoraient le meurtre, en 1919, de Rosa Luxemburg et de Karl Liebknecht avec des pancartes citant Luxemburg elle-même : « La liberté est aussi la liberté de ceux qui pensent autrement. » En septembre 1988, en visite à Moscou, Honecker loua publiquement la *perestroïka* de Gorbatchev, à seule fin d'éviter soigneusement d'en prendre de la graine de retour chez lui[21].

---

20. Je sais gré de cette référence au professeur Timothy Garton Ash.
21. Apparemment, Honecker supputait, assez raisonnablement, que Gorbatchev ne durerait pas et qu'on pouvait l'ignorer sans risque.

Malgré les événements sans précédent qui se déroulaient à Moscou, Varsovie et Budapest, les communistes est-allemands continuaient de truquer les votes en utilisant des techniques familières des années 1950. Le trucage du résultat officiel des élections municipales de mai 1989 – 98,85 % pour les candidats du gouvernement – était si flagrant qu'il suscita des protestations de prêtres, de groupes écologistes, dans tout le pays, et même des critiques au sein du parti. Le Politburo prit grand soin de ne pas en tenir compte. Or, désormais, pour la première fois, les Allemands de l'Est avaient le choix. Ils n'étaient plus tenus d'accepter le *statu quo*, de risquer une arrestation ou de tenter un dangereux passage à l'Ouest. Le 2 mai 1989, dans le cadre du relâchement du contrôle de la circulation et de la parole en Hongrie, les autorités de Budapest avaient supprimé la clôture électrifiée le long de la frontière occidentale du pays, alors même que ladite frontière restait officiellement fermée.

Les Allemands de l'Est se mirent à affluer en Hongrie. Au 1er juillet 1989, quelque 25 000 avaient décidé d'y prendre des « vacances ». Des milliers d'autres suivirent, nombre d'entre eux recherchant un refuge temporaire dans les ambassades ouest-allemandes de Prague et de Budapest. Quelques-uns réussirent à franchir la frontière austro-hongroise encore fermée sans se laisser arrêter par des garde-frontières, mais la plupart se contentèrent de rester en Hongrie. Au début de septembre, ils étaient 60 000 citoyens de la RDA à attendre en Hongrie. Le 10 septembre, sur une chaîne de télévision hongroise, le ministre des Affaires étrangères Gyula Horn auquel on demandait quelle serait la réaction de son gouvernement si ces gens se mettaient en marche vers l'ouest répondit : « Nous les laisserons tranquillement passer et j'imagine que les Autrichiens les laisseront entrer. » La porte de l'Occident était officiellement ouverte : en l'espace de soixante-douze heures, quelque 22 000 Allemands de l'Est s'y étaient engouffrés.

Les autorités est-allemandes protestèrent furieusement : l'initiative hongroise violait un vieil accord entre gouvernements communistes décidés à ne pas laisser leur pays servir de routes d'évasion depuis les pays frères. Mais les autorités de Budapest se contentèrent de faire valoir qu'elles étaient liées par la signature de l'Acte final d'Helsinki. Les gens les prirent au mot. Au cours des trois semaines suivantes, les autorités de la RDA essuyèrent une véritable catastrophe en termes de relations publiques tandis que des dizaines de milliers de leurs concitoyens tentaient d'emprunter la nouvelle issue.

Dans un effort pour reprendre la situation en mains, les dirigeants de la RDA offrirent aux réfugiés est-allemands des ambassades de Prague et de Varsovie un sauf-conduit pour les rapatrier, puis les expédier en RFA dans un train plombé. Mais cette proposition ne fit qu'exacerber l'humiliation croissante du régime : le train traversa la RDA sous les acclamations de dizaines de milliers d'habitants envieux. On estime que quelque 5 000 personnes tentèrent de monter à bord lors de la brève escale du convoi à Dresde. La police essayant de les refouler, s'ensuivit une émeute sous les yeux des médias du monde entier.

Les affres du régime enhardirent ses détracteurs. Un jour après l'ouverture par la Hongrie de ses frontières, un groupe de dissidents est-allemands de Berlin-Est fonda le *Neues Forum* (Nouveau Forum), suivi quelques jours plus tard d'un autre mouvement de citoyens, « Démocratie maintenant », les deux groupes réclamant une « restructuration » démocratique de la RDA. Le lundi 2 octobre, à Leipzig, 10 000 personnes manifestèrent pour dire leur exaspération face au refus du régime de Honecker de se réformer : l'Allemagne de l'Est n'avait pas vu de plus grand rassemblement public depuis le fatidique soulèvement de Berlin, en 1953. Le vieux Honecker, 77 ans, resta impassible. Les Allemands de l'Est qui cherchaient à émigrer, déclara-t-il en septembre, étaient victimes d'un « chantage : on les avait alléchés par des incitations, des promesses et des menaces pour qu'ils renoncent aux principes de base et aux valeurs fondamentales du socialisme ». Devant l'inquiétude croissante de leurs jeunes collègues – qui ne pouvaient plus ignorer l'ampleur du défi auquel ils étaient confrontés –, les dirigeants semblèrent désarmés : figés sur place. Le 7 octobre, pour honorer le 40e anniversaire de la RDA, Mikhaïl Gorbatchev fit le déplacement et prit la parole pour lancer un avertissement mémorable à son hôte au visage de pierre : « La vie châtie les retardataires. » En vain : Honecker se déclara satisfait du cours que suivaient les choses.

Encouragés par la visite du dirigeant soviétique – sans parler de la situation à l'étranger –, les manifestants de Leipzig et d'autres villes se mirent à organiser des manifestations régulières et des « veilles » pour le changement. Les rassemblements du lundi à Leipzig, devenus réguliers, avaient réuni 90 000 personnes la semaine suivant le discours de Gorbatchev, la foule scandant « Nous sommes le peuple » et appelant « Gorbi » à la rescousse. La semaine suivante, la foule avait encore grandi, tandis qu'un Honecker de plus en plus agité proposait maintenant d'employer la force pour mater toute nouvelle manifestation d'opposition.

La perspective d'un affrontement direct semble avoir fini par décider les critiques de Honecker, au sein du parti, à passer à l'action. Le 18 octobre, quelques-uns de ses collègues, sous la houlette d'Egon Krenz, organisèrent un coup de force et écartèrent le vieil homme du pouvoir, après dix-huit ans de règne[22]. Le premier acte de Krenz fut de s'envoler pour Moscou, d'appuyer Mikhaïl Gorbatchev, et d'obtenir son aval, avant de regagner Berlin afin de préparer une prudente *perestroïka* est-allemande. Mais il était trop tard. Lors

22. Trois jours après la visite de Gorbatchev, Honecker reçut la visite d'un dignitaire chinois et compara les troubles en RDA à la récente « contre-révolution » en Chine. Probablement envisageait-il, lui au moins, une réédition allemande du massacre de la place Tienanmen : c'est une des raisons qui décidèrent ses collègues à l'écarter.

de la dernière manifestation en date, 300 000 personnes s'étaient rassemblées pour réclamer le changement ; le 4 novembre, un demi-million d'Allemands de l'Est se réunirent à Berlin pour exiger des réformes immédiates. Le même jour, la Tchécoslovaquie ouvrit ses frontières ; en l'espace de quarante-huit heures, 30 000 personnes s'y étaient engouffrées.

Les autorités commencèrent vraiment à paniquer. Le 5 novembre, le gouvernement de la RDA proposa timidement une vague libéralisation de la loi sur les voyages, mais essuya une rebuffade de ses détracteurs qui la jugèrent lamentablement insuffisante. Sur ce, dans un geste spectaculaire, le gouvernement est-allemand remit se démission, suivie de celle du Politburo. Le lendemain soir – 9 novembre, anniversaire de l'abdication du Kaiser et de la *Kristallnacht* – Krenz et ses collègues proposèrent une nouvelle loi sur les voyages pour arrêter le sauve-qui-peut. Lors d'une conférence de presse retransmise en direct à la radio et à la télévision allemandes, Günter Schabowski expliqua que les nouvelles dispositions, avec effet immédiat, autorisaient les déplacements à l'étranger, sans préavis, et permettaient de franchir les frontières pour entrer en Allemagne de l'Ouest. Autrement dit, le Mur était désormais ouvert.

L'émission n'était pas terminée que la population descendait dans les rues de Berlin-Est et se dirigeait vers la frontière. En l'espace de quelques heures, cinquante mille personnes avaient afflué à Berlin-Ouest : les uns sans retour, les autres juste pour jeter un œil. Le lendemain matin, le monde avait changé. Chacun pouvait le constater : le Mur était bel et bien ébréché. Il ne pouvait y avoir de retour en arrière. Quatre semaines après, c'était au tour de la porte de Brandebourg, à cheval sur la frontière Est-Ouest de rouvrir ; pour la Noël 1989, 2,4 millions d'Allemands de l'Est (1/6e de la population) se rendirent à l'Ouest. À l'évidence, telle n'avait *pas* été l'intention des dirigeants de la RDA. Ainsi que Schabowski lui-même l'expliqua plus tard, les autorités n'avaient « aucune idée » qu'ouvrir le Mur précipiterait la chute de la RDA. Au contraire : ils y voyaient le commencement de la « stabilisation ».

En prenant la décision hésitante d'ouvrir la frontière, les dirigeants de la RDA avaient simplement espéré ouvrir une soupape de sécurité, peut-être se rendre un peu populaires, et surtout gagner suffisamment de temps pour proposer un programme de « réformes ». Après tout, le Mur était largement ouvert pour les mêmes raisons qui avaient conduit à sa construction et à sa fermeture une génération plus tôt : contenir une hémorragie démographique. En 1961, cet expédient désespéré avait réussi ; en 1989, également, si l'on peut dire : étonnamment peu d'Allemands de l'Est s'installèrent définitivement à Berlin-Ouest ou émigrèrent en RFA sitôt qu'ils eurent l'assurance qu'en revenant ils ne se retrouveraient pas à nouveau emprisonnés. Mais l'effondrement du régime ne fut pas le seul prix à payer pour les rassurer.

Après la chute du Mur, le SED accomplit les derniers rites, maintenant familiers, d'un parti communiste moribond. Le 1er décembre, la *Volkskammer*, le Parlement de RDA, vota par 420 voix contre zéro et cinq abstentions de supprimer de la Constitution la clause précisant que l'État est « conduit par la classe ouvrière et son parti marxiste-léniniste ». Quatre jours plus tard, le Politburo démissionnait encore une fois ; un nouveau dirigeant, Gregor Gysi, fut désigné. Comme il se doit, le parti changea aussi de nom pour devenir le parti du socialisme démocratique. L'ancienne direction communiste, dont Honecker et Krenz, fut exclue du parti ; une table ronde, là encore, fut organisée avec des représentants du Neues Forum (de l'aveu général, le plus visible des groupes d'opposition) et des élections libres programmées.

Mais le plus récent, et dernier, gouvernement de RDA dirigé par le patron du parti de Dresde, Hans Modrow, n'avait pas même commencé de rédiger un « programme d'action du parti » que ses actions et ses intentions ne signifiaient déjà plus grand-chose. Après tout, les Allemands de l'Est, avaient une option que n'avaient pas les autres peuples assujettis : il n'y avait pas de « Tchécoslovaquie de l'Ouest » ni de « Pologne de l'Ouest », et ils n'étaient pas près d'y renoncer. Les objectifs changeaient. En octobre 1989, les manifestants de Leipzig avaient scandé : *Wir Sind das Volk*, « Nous sommes le peuple ». En janvier 1990, les mêmes foules avaient adopté un slogan subtilement différent : *Wir Sind* ein *Volk*, « Nous sommes un seul peuple ».

Parce que la mort du communisme allemand devait impliquer – on le verra dans le chapitre suivant – la mort d'un État allemand, en janvier 1990, la question était devenue non pas simplement de *sortir* du socialisme (encore moins de le « réformer »), mais d'*intégrer* l'Allemagne de l'Ouest : il n'est pas facile, rétrospectivement, d'interpréter les espoirs des foules qui firent tomber la RDA au cours de l'automne 1989. Ce qui *est* clair, en revanche, c'est que ni le parti, comme en Hongrie, ni l'opposition, comme en Pologne, ne peuvent revendiquer une grande part dans le cours des événements. Nous avons vu à quel point le parti tarda à prendre la mesure de sa fâcheuse posture ; mais les intellectuels critiques ne furent pas beaucoup plus rapides.

Le 28 novembre, Stefan Heym, Christa Wolf et d'autres intellectuels est-allemands lancèrent un appel « Pour notre terre », afin de sauver le socialisme et la RDA, et résister contre les « ordures scintillantes » de l'Ouest, pour reprendre une formule de Heym. Bärbel Bohley, la figure de proue du Neues Forum, qualifia même de « malheureuse » l'ouverture du Mur de Berlin, parce qu'elle anticipait la « réforme » et précipitait les élections avant que les partis et les électeurs ne fussent « prêts ». Comme beaucoup d'intellectuels « dissidents » d'Allemagne de l'Est (sans parler de leurs admirateurs ouest-allemands), Bohley et ses collègues envisageaient encore un socialisme réformé, débarrassé da sa police secrète et de son parti dirigeant, mais à bonne distance de son *Doppelgänger* capitaliste prédateur de l'Ouest. Ainsi que la suite des événements devait le montrer, c'était au moins aussi irréaliste que le fantasme d'un retour à l'obéissance néostalinienne que caressait Erich Honecker. Ainsi le Neues Forum se condamna-t-il à l'insignifiance politique, ses dirigeants se trouvant réduits à blâmer avec rancœur l'imprévoyance des masses[23].

Le soulèvement allemand de 1989 fut donc peut-être la seule révolution véritablement populaire – de masse – de cette année-là (et la seule révolte populaire de l'histoire allemande qui ait réussi[24]). Quoique survenant au même moment que la transformation en Allemagne de l'Est, la chute du communisme dans la Tchécoslovaquie voisine suivit une trajectoire sensiblement différente. Dans les deux pays, la direction du parti était rigide et répressive, et l'ascension de Gorbatchev fut au moins aussi mal accueillie par le régime de Prague que par celui de Pankow. Mais là s'arrêtent les similitudes.

Il en allait en Tchécoslovaquie comme en Hongrie : le régime communiste reposait inconfortablement sur la mémoire silencieuse d'un passé volé. Mais alors que dans le cas hongrois, Kádár et son parti avaient à moitié réussi à se distancier de leur héritage stalinien, les dirigeants tchécoslovaques n'avaient pas réussi cette transition. Ils ne l'avaient pas non plus cherchée. L'invasion du pacte de Varsovie, en 1968, et la « normalisation » qui suivit continuaient de vivre en la personne de Gustav Husák, au pouvoir depuis 1969. Même quand Husák, alors âgé de 75 ans, démissionna de son poste de secrétaire général du parti en 1987 (tout en restant chef de l'État), il laissa la place à Milos Jakeš, certes plus jeune, mais surtout connu pour son rôle en pointe dans les purges massives du début des années 1970.

Les communistes tchécoslovaques réussirent en fait assez bien à garder le contrôle total de la situation jusqu'au bout. Ni l'Église catholique (toujours un acteur mineur dans les affaires tchèques, sinon slovaques) ni l'opposition intellectuelle n'avaient beaucoup de soutien dans la société en général. Des suites de l'efficacité brutale des purges, la majeure partie de l'intelligentsia du pays, des dramaturges et des historiens aux communistes réformateurs des années 1960, avaient été non seulement chassés de leur travail, mais étaient devenus totalement invisibles. Avant 1989, quelques-uns des critiques intérieurs les plus francs du communisme, à commencer par Václav Havel lui-même, étaient mieux connus à l'étranger que dans leur propre pays. L'organisation civique de Havel, la Charte 77, avait rassemblé moins de deux mille signataires sur une population de 15 millions d'habitants.

---

23. Pour être équitable, les dissidents est-allemands se méprirent en toute honnêteté sur le courage des foules de novembre 1989 en y voyant la base d'un renouveau de la république socialiste. Par ailleurs, leur erreur tient à l'aveuglement qui les empêchait de comprendre ce que le « socialisme » avait fini par représenter, mais aussi à l'intérêt qu'ils avaient à sa survie.

24. À certains égards, son équivalent polonais remontait à 1980-1981, tandis qu'une décennie plus tard, en Pologne, la transition politique fut une affaire autrement plus calculée et négociée.

Bien entendu, les gens avaient peur de prendre le risque de critiquer ouvertement le régime ; mais il faut dire que la plupart des Tchèques et des Slovaques n'étaient pas franchement malheureux de leur sort. L'économie tchécoslovaque, comme la plupart des autres économies est-européennes depuis le début des années 1970, avait été délibérément organisée pour fournir des biens de consommation de base, et dans le cas tchèque bien davantage. En fait, la Tchécoslovaquie communiste imitait consciemment divers aspects de la société de consommation occidentale – notamment les programmes de télévision et les loisirs populaires –, quoique dans un registre médiocre. La vie en Tchécoslovaquie était terne, l'environnement se dégradait et les jeunes, en particulier, s'irritaient spécialement de l'omniprésence des autorités et de la censure. Mais du moment qu'ils se gardaient de toute confrontation ouverte et rendaient un hommage de pure forme à sa rhétorique turgide, les gens étaient livrés à leurs propres moyens.

Le régime réprimait sévèrement, voire brutalement, le moindre signe de dissidence. Les manifestants qui, à Prague et ailleurs, descendirent dans la rue pour marquer le 20e anniversaire de l'invasion, en août 1988, se firent arrêter ; les efforts non officiels pour organiser un séminaire « Est-Ouest » à Prague furent réprimés. En janvier 1989, pour le 20e anniversaire du suicide de Jan Palach sur la place Wenceslas, Havel et treize autres militants de la Charte 77 furent arrêtés et une fois encore emprisonnés (Havel fut traité tout autrement que par le passé : personnalité de réputation internationale, dont le mauvais traitement risquait de plonger ses geôliers dans l'embarras, il fut libéré en mai).

Au cours du printemps et de l'été 1989, des réseaux et groupes informels surgirent à travers le pays, imitant avec espoir ce qui se passait dans les pays voisins : après le « Club de la paix John Lennon » formé en décembre 1988, il y eut en mai 1989 la protestation des « Mères de Prague », puis, le mois suivant, les manifestations écologistes de Bratislava. Faciles à contenir, aucune de ces minuscules bulles d'initiative civique ne menaçait le moins du monde la police ou le régime. En août, cependant, alors que Mazowiecki mettait la dernière main aux projets de son gouvernement à Varsovie et peu avant l'ouverture des frontières hongroises, des manifestants envahirent les rues de la capitale tchèque afin de commémorer, une fois encore, l'écrasement du printemps de Prague.

Cette fois, cependant, la police tchèque fit montre de beaucoup plus de retenue. Le régime de Jakeš avait décidé d'arrondir un peu les angles, de faire au moins semblant de reconnaître le changement d'état d'esprit à Moscou, sans rien changer sur le fond au régime. Le même calcul explique sans nul doute l'attitude de non-intervention des autorités devant la grande manifestation publique suivante, le 28 octobre, pour l'anniversaire de la fondation de l'État tchécoslovaque, en 1918 (officiellement ignorée depuis 1948). Mais il n'y avait toujours pas de forte pression de l'opinion publique sur la direction communiste : même l'annonce, le 15 novembre, que les visas de sortie ne seraient plus nécessaires pour voyager à l'Ouest fut moins une concession à une revendication qu'une imitation stratégique des changements qui se produisaient ailleurs.

C'est ce manque apparent d'intention réformatrice de la part des chefs du parti, et l'absence de toute opposition extérieure efficace – les manifestations de l'été manquaient d'objectifs communs et aucun dirigeant n'avait encore émergé pour canaliser le mécontentement en programme – qui accrédita le soupçon général que la suite fut au fond un « complot » mis en scène : un effort des apprentis réformateurs de l'administration et de la police pour relancer le parti moribond sur la voie d'une *perestroïka* tchèque.

Ce n'est pas aussi bizarre que cela peut paraître avec le recul. Le 17 novembre, la police praguoise approuva officiellement une marche des étudiants à travers le centre-ville pour commémorer une autre date lugubre, le 50e anniversaire du meurtre par les nazis d'un étudiant tchèque, Jan Opletal. Mais quand les étudiants qui défilaient se mirent à scander des slogans anticommunistes, la police attaqua, dispersant la foule et tabassant des victimes isolées. La police elle-même fit alors courir le bruit que – dans une réédition du meurtre d'Opletal – un étudiant avait été tué. La nouvelle était fausse, les autorités le reconnurent par la suite. En attendant, elle eut l'effet qui était à prévoir, suscitant la colère parmi les étudiants eux-mêmes. Au cours des quarante-huit heures suivantes, les étudiants se mobilisèrent par dizaines de milliers ; les universités furent occupées ; des foules gigantesques commencèrent de se rassembler dans les rues pour protester. Cette fois, cependant, la police se contenta d'observer.

Si jamais complot il y eut, son fiasco fut spectaculaire. Certes, les événements du 17 novembre et leurs suites délogèrent la direction néostalinienne du parti communiste : une semaine plus tard, le présidium tout entier, conduit par Jakeš, avait démissionné. Mais leurs successeurs n'avaient pas la moindre crédibilité populaire et se laissèrent en tout cas vite déborder par la rapidité des événements. Le 19 novembre, Václav Havel, qui était quasiment en résidence surveillée dans le nord rural de la Bohême, regagna une capitale en pleine ébullition, où les communistes perdaient rapidement le pouvoir sans qu'il n'y eût encore personne pour le leur arracher des mains.

S'installant, assez naturellement, dans un théâtre de Prague, Havel et ses amis de la Charte 77 formèrent l'*Obcanské Fórum* (Forum civique), réseau informel et fluide qui, en l'espace de quelques jours, se métamorphosa de société de débat en initiative civique, puis en cabinet fantôme. La discussion du Forum civique tourna en partie autour des objectifs de toujours de ses participants les mieux connus, mais se nourrit surtout de l'accélération du cours des événements dans la rue. La première chose que fit le Forum fut d'exiger la démission des responsables de l'invasion de 1968 et de ses suites.

Le 25 novembre, après que les dirigeants du parti eurent dûment démissionné en masse, une foule d'un demi-million de personnes se rassembla au stade Letná de Prague, non pas tant pour exiger des réformes particulières que pour faire entendre leur présence, après deux décennies de silence public apeuré : pour en prendre personnellement et mutuellement la mesure. Dans la soirée, Havel eut droit à une interview sans précédent à la télévision tchèque. Le lendemain, il s'adressa à une foule de 250 000 personnes sur la place Wenceslas, partageant la tribune avec le Premier ministre communiste Ladislav Adamec… et Alexandre Dubček.

Il apparut alors clairement à la direction naissante du Forum civique qu'elle dirigeait, malgré elle, une révolution. Afin de donner quelque orientation, et avoir quelque chose à dire à la foule amassée, un groupe conduit par l'historien Petr Pithart concocta les « principes programmatiques du Forum civique ». Ceux-ci contenaient un bref aperçu des objectifs généraux du Forum ainsi qu'un guide instructif de l'état d'esprit et des priorités des hommes et des femmes de 1989. « Que voulons-nous ? », demande le programme : 1, un État de droit ; 2, des élections libres ; 3, la justice sociale ; 4, un environnement propre ; 5, un peuple instruit ; 6, la prospérité ; 7, le retour en Europe.

Le mélange de revendications politiques passe-partout, d'idéaux culturels et écologiques, ainsi que l'invocation de « l'Europe » est typiquement tchèque et devait beaucoup à diverses déclarations de la Charte 77 au fil de la décennie précédente. En revanche, le ton du programme rendait bien l'état d'esprit des foules dans ces journées fébriles de novembre : tout à la fois pragmatique, idéaliste et d'une extravagante ambition. L'état d'esprit qui régnait à Prague et dans le reste du pays était aussi plus franchement optimiste qu'en aucune des autres « transitions » communistes. Il y avait là un effet d'accélération[25].

Une semaine après la répression sanglante des manifestations d'étudiants, la direction du parti avait démissionné. Une semaine plus tard, le Forum civique et le Public contre la violence (PCV, son *alter ego* slovaque) étaient légalisés et négociaient avec le gouvernement. Le 29 novembre, l'Assemblée fédérale, répondant humblement à une revendication du Forum civique, élimina de la Constitution tchécoslovaque la clause séminale qui garantissait au parti communiste son « rôle dirigeant ». Sur ce, le gouvernement Adamec proposa une nouvelle coalition gouvernementale, mais les représentants du Forum civique, encouragés par de vastes foules déterminées qui occupaient maintenant la rue en permanence, repoussèrent le compromis.

Désormais, le cours des événements à l'étranger ne pouvait guère échapper aux communistes : non seulement leurs collègues de l'ancienne direction est-allemande avaient été exclus le 3 décembre, mais Mikhaïl Gorbatchev dînait

25. L'auteur se trouvait à Prague à ce moment-là et peut témoigner du sentiment grisant que l'histoire se faisait heure par heure.

à Malte avec le président Bush et les États du pacte de Varsovie s'apprêtaient publiquement à désavouer leur invasion de la Tchécoslovaquie en 1968. Discrédité et disqualifié par leurs propres trésoriers, le dernier carré des communistes tchèques et slovaques du groupe Husák, dont le Premier ministre Adamec, donna sa démission.

Après deux jours de « table ronde » (la plus courte des tables rondes de l'année), les dirigeants du Forum civique acceptèrent alors d'entrer dans un gouvernement. Le Premier ministre – le Slovaque Marian Čalfa – était encore au parti, mais, pour la première fois depuis 1948, une majorité de ministres n'était pas communiste : Jiří Dienstbier de la Charte 77 (encore chauffeur cinq semaines auparavant) devint ministre des Affaires étrangères ; l'avocat catholique Jan Čarnogurský, du PAV, vice-Premier ministre ; Vladimir Kusý, du Forum civique, ministre de l'Information ; et l'économiste libéral encore obscur Václav Klaus, ministre des Finances. Le nouveau gouvernement prêta serment le 10 décembre devant le président Husák, qui s'empressa ensuite de démissionner.

La résurgence d'Alexandre Dubček, après deux décennies d'obscurité, avait ouvert la possibilité de son élection à la présidence à la place de Husák : en partie comme symbole de continuité avec les espoirs flétris de 1968, en partie pour atténuer les blessures d'amour-propre des communistes et peut-être faire fléchir les durs de la police et des autres services. Mais à peine commença-t-il à prononcer des discours en public qu'il devint fâcheusement clair que le malheureux Dubček était un anachronisme. Son vocabulaire, son style et même ses gestes étaient ceux des communistes réformistes des années 1960. Apparemment, il n'avait tiré aucune leçon de ses expériences amères, mais s'obstinait à parler de ressusciter une voie plus douce, plus clémente vers le socialisme. Pour les dizaines de milliers de jeunes gens dans les rues de Prague, de Brno ou de Bratislava, il ne fut d'abord qu'une curiosité historique, pour devenir bientôt une présence aussi déplacée qu'exaspérante[26].

À titre de compromis, Dubček fut élu président de l'Assemblée fédérale, tandis que la présidence échut à Václav Havel en personne – chose si étrangement invraisemblable cinq semaines auparavant qu'il en avait doucement repoussé la suggestion la première fois que la foule en liesse, dans les rues de Prague, avait scandé : *Havel na Hrad !* (« Havel au château ! »). Le 7 décembre, cependant, le dramaturge en était arrivé à la conclusion que l'acceptation de ce poste serait peut-être la meilleure façon de faciliter la sortie du commu-

26. Une caricature d'un des éphémères journaux estudiantins de Prague, en décembre 1989, rend bien le fossé des générations. Un homme d'âge mur ventripotent en maillot de corps regarde d'un air dégoûté dans son miroir une femme débraillée qui se tient dans l'encadrement de la porte, avec sa chemise de nuit crasseuse jetée sur les épaules, ses bigoudis et un clope aux lèvres. « Tu me reconnais pas ? raille-t-elle. Je suis ton rêve de 1968. »

nisme ; le 28 décembre 1989, la même Assemblée communiste qui avait dûment approuvé la législation qui avait valu à Havel et à d'autres des années d'incarcération le porta à la présidence de la République socialiste de Tchécoslovaquie. Le 1er janvier 1990, le nouveau président amnistiait 16 000 prisonniers politiques ; le lendemain, la police politique elle-même était démantelée.

La sortie remarquablement expéditive et pacifique du communisme en Tchécoslovaquie – la fameuse « révolution de velours » – fut rendue possible par un concours de circonstances. De même qu'en Pologne, l'opposition intellectuelle était par-dessus tout unie par le souvenir des défaites passées et la détermination à éviter tout affrontement direct : ce n'est pas pour rien que la principale organisation civique de Slovaquie s'appelait « Public contre la violence ». Comme en RDA, la déroute totale du parti au pouvoir devint si vite flagrante que l'option d'une action d'arrière-garde organisée fut presque dès le début exclue.

Mais le rôle d'Havel fut également crucial : pas un seul individu d'une stature comparable ne s'affirma dans aucun autre pays communiste, et tandis que les idées pratiques et même la tactique politique du Forum civique auraient pu être formulées en son absence, c'est lui qui saisit et canalisa l'état d'esprit de la population, poussant ses collègues en avant tout en contenant les espérances de la foule dans les limites du raisonnable. On ne saurait trop insister sur l'impact de Havel et de sa séduction. Comme Tomáš Masaryk, auquel on devait de plus en plus le comparer, cet homme au charisme improbable en vint à apparaître largement comme une sorte de sauveur national. Dans une allusion religieuse peut-être involontaire mais très à-propos, une affiche estudiantine praguoise de décembre 1989 représentait le nouveau président accompagné de ces mots : « Il s'est donné à nous. »

Ce ne sont pas simplement ses multiples incarcérations et son indéfectible opposition morale au communisme qui valurent à Havel d'être hissé sur ce piédestal : c'est aussi sa disposition singulièrement apolitique. Ce n'est pas malgré ses préoccupations théâtrales que ses concitoyens se tournèrent vers Havel, mais à cause d'elles. Comme l'observa un commentateur italien à propos des premiers pas de Havel sur la scène politique tchécoslovaque, sa voix singulière lui permit d'exprimer les sentiments d'une nation bâillonnée : « *Se un popolo non ha mai parlato, la prima parola che dice è poesia* », « si un peuple n'a jamais parlé, le premier mot qu'il prononce est poésie[27]. » Précisément pour ces raisons, c'est Havel, notoirement sceptique à l'égard des séductions du capitalisme (à la différence de Klaus, son ministre des Finances), qui seul pouvait combler le fossé fâcheux entre l'égalitarisme mensonger mais séduisant d'un communisme défunt, et les réalités inconfortables de l'économie de marché.

---

27. Ferdinando Camon, in *La Stampa*, « Tutto Libri », 16 décembre 1989.

Un tel pont était important en Tchécoslovaquie. Même si elle était par bien des côtés le plus occidental des pays communistes européens, la Tchécoslovaquie était aussi le seul qui eût une culture nettement égalitaire et penchant à gauche : après tout, c'était le seul pays au monde où près de deux électeurs sur cinq eussent jamais voté communiste dans des élections libres, en 1946. Malgré quarante années de « socialisme réel » – et vingt ans de « normalisation » abrutissante, quelque chose de cette culture politique durait encore : aux premières élections postcommunistes de juin 1990, 14 % du corps électoral vota communiste. C'est la présence persistance de ce noyau conséquent de partisans communistes – avec la pénombre bien plus vaste de citoyens apolitiques insuffisamment insatisfaits pour protester contre leur condition – qui avait conduit des écrivains dissidents comme Ludvík Vaculík à s'interroger sur la probabilité de grands changements dans l'avenir immédiat. L'histoire semblait jouer contre les Tchèques et les Slovaques : depuis 1938, la Tchécoslovaquie n'était jamais vraiment parvenue à reprendre son destin en mains.

Aussi, quand le peuple se saisit enfin de l'initiative en novembre 1989, la révolution de velours qui s'ensuivit parut presque trop belle pour être vraie. D'où ces histoires de complot policier et de crises fabriquées, comme si la société tchécoslovaque avait si peu confiance en elle que même l'initiative de détruire le communisme devait venir des communistes eux-mêmes. Pareil scepticisme était très certainement déplacé : tout ce que l'on a appris depuis donne à penser que, le 17 novembre, la sécurité tchèque est tout simplement allée trop loin. Il n'y eut pas de « complot » pour forcer la main de la clique dirigeante. En 1989, la population tchécoslovaque prit réellement son destin en charge.

Le cas de la Roumanie est une autre affaire. Là, il paraît évident qu'en décembre 1989 une faction du parti ouvrier roumain conclut que sa meilleur chance de survivre était d'éliminer la coterie régnante autour de Nicolae Ceausescu. La Roumanie, bien entendu, n'était pas un État communiste typique. Si la Tchécoslovaquie était le plus occidental des pays communistes satellites, la Roumanie était le plus « oriental ». Sous Ceausescu, le communisme avait dégénéré de national-léninisme en une sorte de satrapie néostalinienne, où une police secrète tentaculaire soutenait des degrés de népotisme et d'incurie byzantins.

En comparaison de la dictature brutale de Dej, dans les années 1950, le régime de Ceausescu s'en était tiré avec relativement peu de brutalité ouverte ; mais les rares aperçus de protestation publique – les grèves de la vallée minière de Jiu en août 1977, par exemple, ou une décennie après aux ateliers de tracteurs Étoile rouge de Brasov – étaient violemment et efficacement réprimés. Par ailleurs, Ceausescu pouvait compter non seulement sur une population accouardie, mais aussi sur une étonnante discrétion de l'étranger à l'égard de sa politique intérieure : huit mois après avoir jeté en prison les leaders de la grève de la vallée de Jiu, et avoir assassiné leurs chefs, le dictateur roumain se rendait aux États-Unis pour y être reçu par le président Jimmy Carter. En prenant ses distances vis-à-vis de Moscou – on a vu comment la Roumanie s'était abstenue en 1968 lors de l'invasion de la Tchécoslovaquie – Ceausescu s'acheta une liberté de manœuvre et se fit même acclamer à l'étranger, surtout aux premiers stades de la « nouvelle » guerre froide des années 1980. Parce que le dirigeant roumain se fit une joie de critiquer les Russes (et d'envoyer ses athlètes aux Jeux olympiques de Los Angeles), les Américains et d'autres firent silence sur ses crimes intérieurs[28].

Les Roumains n'en payèrent pas moins le statut privilégié de Ceausescu au prix fort. En 1966, pour augmenter la population – vieille obsession « roumaniste » – il interdit l'avortement aux femmes de moins de 40 ans qui n'avaient pas encore quatre enfants (en 1986, l'âge fut porté à 45 ans). En 1984, l'âge légal du mariage pour les femmes fut abaissé à 15 ans. Des examens médicaux mensuels obligatoires pour toutes les femmes en âge de procréer furent institués afin de prévenir les avortements, lesquels n'étaient autorisés, quand ils l'étaient, qu'en présence d'un représentant du parti. Les médecins des quartiers où le taux de natalité diminuait voyaient leur salaire amputé.

La population ne devait pas augmenter, mais le taux de mortalité lié à l'avortement était très supérieur à celui de tout autre pays européen : seule forme de contraception disponible, les avortements illégaux étaient largement pratiqués, souvent dans des conditions effroyables et très dangereuses. La loi de 1966 coûta la vie à au moins dix mille femmes en vingt-trois ans. Le taux réel de mortalité infantile était si élevé qu'après 1985 décision fut prise de n'enregistrer officiellement la naissance qu'après la quatrième semaine : le contrôle communiste du savoir est ici à son apothéose. Au moment du renversement de Ceausescu, le taux de mortalité des nouveaux-nés était de 25 pour 1 000 et plus de 100 000 enfants étaient placés en institution.

Le cadre de cette tragédie nationale était une économie à dessein rétrograde passée de la subsistance à la misère noire. Au début des années 1980, Ceausescu décida de consolider la position internationale de son pays en remboursant l'énorme dette extérieure de son pays. Les agences du capitalisme international – à commencer par le Fonds monétaire international – s'en réjouirent et ne tarirent pas d'éloges à l'adresse du dictateur. Bucarest bénéficia d'un rééchelonnement de sa dette. Pour rembourser ses créanciers occidentaux, Ceausescu exerça des pressions sans précédent et sans relâche sur la consommation intérieure.

À la différence des dirigeants communistes d'autres pays, qui empruntaient sans retenue à l'extérieur pour acheter leurs sujets par des rayons bien garnis, le *Conducator* roumain entreprit d'exporter toute la production intérieure

28. Du moins jusqu'à l'ascension de Mikhaïl Gorbatchev, après laquelle l'Occident n'eut plus rien à faire d'un franc-tireur antisoviétique.

disponible. Les Roumains durent se contenter d'ampoules de 40 Watts à domicile (quand il y avait de l'électricité) de manière à pouvoir exporter de l'énergie en Italie et en Allemagne. Viande, sucre, farine, beurre, œufs et bien d'autres articles encore étaient strictement rationnés. Histoire d'augmenter la productivité, des quotas rigides furent institués, prévoyant des travaux publics obligatoires le dimanche et les jours de fête : l'équivalent de la « corvée » dans la France de l'Ancien Régime.

La consommation d'essence fut réduite au minimum. En 1986, fut lancé un programme d'élevage de chevaux destinés à remplacer les véhicules motorisés. Les charrettes attelées devinrent le principal moyen de transport, tandis que les récoltes se faisaient à la faucille et à la faux. C'était quelque chose de réellement nouveau : tous les systèmes socialistes dépendaient du contrôle centralisé de pénuries induites par le système. Seule la Roumanie réussit à passer d'une économie fondée sur le surinvestissement dans du matériel industriel indésirable en une économie agraire de subsistance préindustrielle.

La politique de Ceausescu n'était pas exempte d'une certaine logique macabre. La Roumanie remboursa bel et bien ses créanciers internationaux, quoique moyennant la réduction de sa population à un état de pénurie. Mais, dans les dernières années, le régime de Ceausescu allait au-delà de cette simple économie délirante. Pour mieux contrôler la population rurale – et intensifier encore la pression sur les paysans pour les forcer à produire des denrées exportables –, le régime inaugura un projet de « systématisation » de la campagne roumaine. La moitié des 13 000 villages du pays (les minorités étant surreprésentées dans les villages choisis) devaient être rasés tandis que leur population serait transférée dans 558 « agrovilles ». Si Ceausescu avait eu le temps de mener ce projet à bien, il aurait complètement détruit le peu qui subsistait du tissu social du pays.

C'est la mégalomanie croissante du dictateur roumain qui lui inspira ce projet de « systématisation ». Sous Ceausescu, le besoin léniniste de contrôler, centraliser et planifier chaque détail de la vie quotidienne se transforma en une obsession de l'homogénéité et de la grandeur qui dépassait les ambitions de Staline lui-même. L'incarnation matérielle durable de cette pulsion monomaniaque devait être la capitale, promise à un changement de style impérial d'une ampleur sans précédent depuis Néron. Ce projet de « rénovation » de Bucarest devait tourner court avec le coup de force de décembre 1989 ; mais il était déjà assez avancé pour que l'ambition de Ceausescu fût à jamais gravée dans le tissu de la ville contemporaine. Un quartier historique du centre-ville de la taille de Venise fut entièrement démoli. Quarante mille immeubles, des dizaines d'églises et d'autres bâtiments furent rasés pour laisser place à une nouvelle « Maison du Peuple » et à un boulevard de la Victoire du socialisme de cinq kilomètres de long sur 150 mètres de large.

Toute l'entreprise n'était que façade. Derrière les devantures blanches et miroitantes de boulevard, s'élevaient les habituels immeubles de béton précontraint sinistres et crasseux. En revanche, la façade elle-même était d'une uniformité agressive, humiliante, implacable : un abrégé visuel du régime totalitaire. Dessinée par un architecte de vingt-cinq ans (Anca Petrescu) pour devenir le palais personnel de Ceausescu, la Maison du Peuple était d'une laideur indescriptible et unique, même à l'aune de ce genre de constructions. Grotesque, cruelle et de mauvais goût, elle était surtout *énorme* : trois fois le palais de Versailles. Campé devant une immense place en forme d'hémicycle capable d'accueillir un demi-million de personnes, avec un accueil de la taille d'un terrain de football, le palais de Ceausescu était, et reste, la monstrueuse métaphore lapidaire d'une tyrannie absolue : la contribution de la Roumanie à l'urbanisme totalitaire.

Le communisme roumain des dernières années se trouvait malaisément à califourchon, au croisement de la brutalité et de la parodie. Les portraits du chef du parti et de sa femme étaient partout ; on chantait ses louanges en des termes dithyrambiques qui eussent gêné Staline lui-même (mais peut-être pas Kim Il Sung, avec lequel on a parfois comparé le dirigeant roumain). Voici une courte liste des épithètes officiellement approuvées par Ceausescu pour rendre compte de ses prouesses : l'Architecte, l'Auteur du Credo, le Sage Timonier, le Mât le plus haut, le Nimbe de la Victoire, le Visionnaire, le Titan, le Fils du Soleil, le Danube de la pensée et le Génie des Carpathes.

Ce que les sycophantes qui entouraient Ceausescu pensaient de tout cela, ils ne le disaient pas. Mais il est clair qu'en novembre 1989 – quand après soixante-sept *standing ovations*, il fut réélu secrétaire général du parti et déclara fièrement qu'il ne devait pas y avoir de réformes –, un certain nombre d'entre eux commençaient à voir en lui un boulet : lointain et coupé non seulement de l'esprit du temps, mais aussi de la montée du désespoir chez ses sujets. Tant qu'il avait le soutien de la police secrète, la Securitate, Ceausescu semblait cependant intouchable.

Assez naturellement, c'est la Securitate qui précipita la chute du régime en décembre 1989 en essayant d'enlever un pasteur protestant hongrois populaire, Lázslo Tökes, dans la ville de Timisoara, à l'ouest du pays. Objet privilégié des préjugés et de la répression sous le régime de Ceausescu, la minorité hongroise avait été encouragée par ce qui se passait de l'autre côté de la frontière, en Hongrie, et supportait d'autant plus mal les vexations permanentes qu'elle subissait en Roumanie. Tökes devint un symbole sur lequel se focalisèrent ces frustrations et, quand le régime le prit pour cible, le 15 décembre, les paroissiens entourèrent l'église dans laquelle il s'était réfugié, organisant une nuit de veille pour le soutenir.

Le lendemain, quand la veille se transforma contre toute attente en manifestation contre le régime, la police et l'armée furent appelées à tirer sur la foule. La Voix de l'Amérique et Radio Europe libre diffusèrent des nouvelles exagérées de « massacre » qui firent le tour du pays. Pour étouffer les protestations sans précédent, qui s'étaient propagées de Timisoara à Bucarest même, Ceausescu rentra d'un voyage officiel en Iran. Le 21 décembre, il apparut au balcon d'un QG du parti dans l'intention de prononcer un discours pour dénoncer la « minorité » des « fauteurs de troubles » : les interpellations bruyantes le plongèrent dans un état de stupeur muette. Le lendemain, après avoir à nouveau essayé de s'adresser à la foule, Ceausescu et sa femme s'enfuirent en hélicoptère depuis le toit de l'immeuble du parti.

À ce stade, le rapport de force avait très nettement basculé au détriment du régime. Dans un premier temps, l'armée avait paru soutenir le dictateur, occupant les rues de la capitale et tirant sur les manifestants qui essayaient de s'emparer des studios de la télévision nationale. À compter du 22 décembre, cependant, les soldats, désormais dirigés par un « Front de salut national » (FSN) qui investit le siège de la télévision, changèrent de bord et se retrouvèrent face aux troupes lourdement armées de la Securitate. Pendant ce temps, les Ceausescu furent pris, arrêtés et sommairement jugés. Reconnus coupables de « crimes contre l'État », ils furent hâtivement exécutés le 25 décembre 1989[29].

Le FSN se transforma en conseil dirigeant provisoire et – après avoir rebaptisé le pays tout simplement « Roumanie » – porta son chef, Ion Iliescu, à la présidence. Iliescu, comme ses collègues du Front, était un ancien communiste qui avait rompu avec Ceausescu quelques années auparavant et qui pouvait se prévaloir d'une vague crédibilité de « réformiste » ne serait-ce que pour avoir fréquenté le jeune Mikhaïl Gorbatchev du temps de ses études. Mais son vrai titre pour diriger la Roumanie d'après-Ceausescu, c'était sa capacité à contrôler les forces armées, et surtout la Securitate, dont les derniers récalcitrants abandonnèrent le combat le 27 décembre. De fait, en dehors de l'autorisation du rétablissement des partis politiques, le 3 janvier 1990, le nouveau président ne fit pas grand-chose pour démanteler les institutions de l'ancien régime.

Comme la suite des événements devait le démontrer, l'appareil qui avait régné sous Ceausescu restait étonnamment intact et ne s'était délesté que de la famille Ceausescu elle-même et de ses affidés les plus franchement compromis. La rumeur de milliers de morts tombés au cours des manifestations et des batailles de décembre se révéla exagérée – le chiffre était plus proche d'une centaine – et il apparut clairement que, nonobstant le courage et l'enthousiasme des immenses foules de Timisoara, de Bucarest et d'autres villes, le véritable combat avait opposé les « réalistes » réunis autour d'Iliescu à la vieille garde de l'entourage de Ceausescu. La victoire des premiers

29. Le procès et l'exécution par un peloton furent filmés pour la télévision, mais ne devaient être diffusés que deux jours plus tard.

permit à la Roumanie une sortie en douceur du communisme – tellement douce qu'elle en devint suspecte.

Le nouveau pouvoir balaya les absurdités de la fin de l'ère Ceausescu, mais la police, la bureaucratie et une bonne partie du parti restèrent intacts et en place. Les noms furent changés – la Securitate fut officiellement abolie – mais pas leurs façons de penser ni leurs pratiques invétérées : Iliescu ne fit rien pour empêcher les émeutes de Tirgu Mures, le 19 mars, qui se soldèrent par huit morts et quelque trois cents blessés dans des attaques orchestrées contre la minorité hongroise locale. Par ailleurs, après l'écrasante victoire de son Front de Salut national aux élections de mai 1990 (après avoir promis de ne pas y participer), et sa réélection officielle à la présidence, Iliescu ne devait pas hésiter, en juin à acheminer des mineurs en bus jusqu'à Bucarest pour faire le coup de poing contre les étudiants protestataires : il y eut vingt et un morts parmi les manifestants et quelque 650 blessés. La Roumanie avait encore une longue route à parcourir.

Le côté « révolution de palais » du scénario roumain fut plus clair encore dans le sud, où le comité central du PC bulgare éjecta sans façon Todor Jivkov à l'âge avancé de 78 ans. Étant le plus ancien dirigeant du bloc communiste – il avait accédé à la tête du parti en 1954 –, Jivkov avait fait de son mieux, dans un style bulgare caractéristique, pour se conformer au plus près au modèle soviétique : au début des années 1980, il institua un « Nouveau mécanisme économique » pour améliorer la production et, en mars 1987, emboîtant le pas à Moscou, il promit de mettre fin au contrôle « bureaucratique » de l'économie tout en claironnant au monde entier que la Bulgarie pouvait désormais se prévaloir de sa propre *perestroïka.*

Mais les échecs persistants de l'économie bulgare, et l'insécurité croissante de la direction communiste au vu du tour que prenaient les choses à Moscou, conduisirent Jivkov à rechercher une autre source de légitimité intérieure : le nationalisme ethnique. La forte minorité ethnique turque (autour de 900 000 sur une population de moins de neuf millions) était une cible tentante : non seulement elle était ethniquement distincte et d'une autre religion, mais elle était aussi l'héritière et le symbole malheureux d'une ère honnie de domination ottomane dont la mémoire directe ne s'effaçait que maintenant. Il en alla en Bulgarie comme dans la Yougoslavie voisine : l'autocratie vacillante du parti déchaîna la fureur du préjugé ethnique contre une victime intérieure démunie.

En 1984, les autorités annoncèrent que les Turcs de Bulgarie n'étaient pas du tout des « Turcs », mais des Bulgares convertis de force qui devaient maintenant retrouver leur véritable identité. Des rites islamiques, comme la circoncision, furent limités et criminalisés ; l'emploi du turc sur les ondes, dans les publications et l'enseignement, proscrit ; et, par une décision particulièrement choquante et très mal vécue, tous les citoyens bulgares portant des noms turcs furent sommés de les remplacer par des noms bien « bulgares ». Le résultat fut une catastrophe. Les Turcs opposèrent une vive résistance, laquelle suscita à son tour une certaine opposition chez les intellectuels bulgares. La communauté internationale protesta bruyamment, et la Bulgarie fut condamnée aux Nations unies et devant la Cour européenne de Justice.

Dans le même temps, à l'étranger, les camarades oligarques communistes de Jivkov prirent leur distance vis-à-vis de lui. En 1989, les communistes bulgares étaient plus isolés que jamais, et passablement perturbés par le cours des événements dans la Yougoslavie voisine, où le parti semblait perdre pied. Le dénouement se produisit avec l'exode vers la Turquie, durant l'été de 1989, de quelque 300 000 Turcs de souche : nouvelle calamité en termes de relations publiques pour le régime, mais aussi désastre économique, tandis que le pays commençait à être à court de travailleurs manuels[30]. Le 26 octobre, quand la police sur-réagit face à un petit rassemblement d'écologistes dans un parc de Sofia – arrêtant et tabassant des militants du groupe *Ecoglasnost* qui faisaient circuler une pétition –, les réformateurs du parti décidèrent de passer à l'action sous la houlette du ministre des Affaires étrangères Petar Mladenov. Le 10 novembre (le lendemain de la chute du Mur de Berlin, comme par hasard), ils chassaient l'infortuné Jivkov.

Suivit l'enchaînement désormais familier : libération des détenus politiques ; approbation des partis politiques ; suppression de la clause du « rôle dirigeant » des communistes dans la Constitution ; « table ronde » pour préparer des élections libres ; changement de nom de l'ancien parti, désormais rebaptisé « Parti socialiste bulgare » ; et le moment venu, élections, que, comme en Roumanie, les anciens communistes gagnèrent aisément (les allégations de fraude électorale allèrent bon train).

En Bulgarie, l'« opposition » politique était apparue largement après-coup et, comme en Roumanie, on avait des raisons de penser que des factions communistes dissidentes l'avaient, jusqu'à un certain point, fabriquée dans leurs propres desseins. Les changements n'en furent pas moins réels. À tout le moins, la Bulgarie parvint à éviter la catastrophe qui attendait la Yougoslavie : le 29 décembre, à la suite de violentes manifestations nationalistes, les musulmans et les Turcs se virent accorder les mêmes droits que les autres. En 1991, un parti majoritairement turc, le Mouvement pour les droits et la liberté, avait recueilli suffisamment de voix pour se retrouver en position d'arbitre à l'Assemblée nationale.

Pourquoi l'effondrement du communisme a-t-il été si brutal en 1989 ? Gardons-nous de céder aux sirènes du déterminisme rétrospectif, si séduisantes soient-elles. Quand bien même le communisme était condamné par ses

30. Officiellement, bien entendu, les Turcs n'existaient pas : « Il n'y a pas de Turcs en Bulgarie » (Dimitar Stoyanov, ministre de l'Intérieur).

absurdités intrinsèques, peu avaient prédit quand et comment il disparaîtrait. Certes, la facilité avec laquelle l'illusion du pouvoir communiste fut crevée montra que ces régimes étaient encore plus faibles qu'on ne le supposait, ce qui éclaire d'un autre jour leur histoire passée. Mais, illusoire ou non, le communisme dura longtemps. Alors pourquoi pas plus longtemps ?

Une réponse est une version de la « théorie des dominos ». Du jour où les dirigeants communistes se mirent à tomber dans un pays, leur légitimité ailleurs s'en trouva fatalement compromise. La crédibilité du communisme reposait en partie sur sa prétention à incarner la nécessité, à être le produit logique du progrès historique, un fait de la vie politique, une présence inévitable dans le paysage moderne. Du jour où cela se révéla tangiblement faux – en Pologne, par exemple, où Solidarité avait apparemment renversé le cours de l'Histoire –, pourquoi continuer d'y croire en Hongrie ou en Tchécoslovaquie ? Nous avons déjà vu que l'exemple des autres pesa lourd dans la balance.

Néanmoins, ce qui frappe dans l'effondrement du communisme en Europe, ce n'est pas la contagion *en soi* : toutes les révolutions se propagent ainsi, corrodant la légitimité des autorités en place par l'effet cumulatif de l'exemple. C'est ce qui s'est produit en 1848, en 1919 et, sur un mode mineur, en 1968. La nouveauté de 1989 fut la *rapidité* même du processus. En octobre 1989, Imre Pozsgay, en Hongrie, ou Egon Krenz, en Allemagne de l'Est, croyaient encore naïvement pouvoir maîtriser ou gérer leur version de la *perestroïka*. La plupart de leurs adversaires avaient tendance à l'accepter et continuaient de chercher quelque compromis intérimaire. « Une société hybride est concevable, avait écrit Adam Michnik en 1980, une société où l'organisation totalitaire de l'État coexistera avec les institutions démocratiques de la société » ; au cœur de l'été 1989, il n'avait guère de raisons de voir les choses autrement.

Un facteur inédit est le rôle que jouèrent les médias. Hongrois, Tchèques et Allemands, notamment, purent suivre leur révolution chaque soir au journal télévisé. Pour les Praguois, la rediffusion régulière à la télévision des événements du 17 novembre eut l'effet d'une sorte d'éducation politique immédiate, martelant un double message : « ils sont impuissants » et « nous l'avons fait ». En conséquence, l'atout crucial du communisme disparut : son contrôle et son monopole de l'information. La peur de se retrouver seul – l'impossibilité de savoir si d'autres partageaient vos sentiments – se dissipa à jamais. Même en Roumanie, la prise des studios de la télévision nationale fut le moment déterminant du soulèvement. Ce n'est pas pour rien que le sort macabre du couple Ceausescu fut filmé à l'intention du public national. Ce schéma n'avait rien de nouveau, bien entendu : tout au long du XXe siècle, les radios et les postes furent les premiers objectifs des foules révolutionnaires, de Dublin à Barcelone. Mais la télévision est *rapide*.

Le second trait caractéristique des révolutions de 1989 fut leur côté pacifique. La Roumanie fut l'exception, bien entendu ; mais compte tenu de la nature du régime de Ceausescu, il fallait s'y attendre. La vraie surprise fut que même à Timisoara et à Bucarest l'ampleur du bain de sang fut bien moindre que tout le monde ne le redoutait. Cela tient aussi, pour une part, à la télévision. Avec toute la population – sans compter une bonne partie du reste du monde – qui observait leurs faits et gestes, les communistes étaient coincés. Être observé ainsi était en soi une perte d'autorité qui limita considérablement leur gamme d'options[31].

Certes, ces considérations ne devaient pas empêcher les autorités communistes de Chine, qui abattirent des centaines de manifestants pacifiques sur la place Tienanmen, le 4 juin de la même année. Nicolae Ceausescu n'aurait pas hésité à imiter Pékin s'il l'avait pu. Et nous avons vu qu'Erich Honecker, tout au moins, envisagea quelque chose de semblable. Pour la plupart de leurs collègues, cependant, ce n'était plus une option ouverte. À un moment crucial, tous les régimes autoritaires moribonds hésitent entre répression et compromis. Dans le cas des communistes, la confiance dans leur capacité de diriger s'évaporait si rapidement que les chances de s'accrocher au pouvoir par la seule force commençaient de paraître minces, tandis que l'intérêt de le faire était loin d'être clair. Dans le simple calcul de l'intérêt personnel, la balance des avantages pour la plupart des bureaucrates communistes et des *apparatchiks* du parti basculait rapidement de l'autre côté : mieux valait nager dans le sens du courant que de se faire balayer par la lame de fond du changement.

Le calcul aurait sans doute été différent si les foules avaient été en colère ou leurs dirigeants, animés d'un esprit belliqueux, avaient voulu prendre leur revanche sur l'ordre ancien. Or pour de multiples raisons – notamment l'exemple de Tienanmen, dont on put suivre le déroulement à la télévision le jour même des élections polonaises –, les hommes et les femmes de 1989 évitèrent sciemment la violence. La révolution polonaise ne fut pas la seule à « s'autolimiter ». Avec des décennies de violence à leur discrédit, ainsi que toutes les armes et les balles de leur côté, les régimes communistes avaient très efficacement enseigné à leurs sujets combien il serait déplacé et imprudent de recourir à la force. Alors que la police continuait de matraquer à Berlin et à Prague jusqu'aux derniers souffles du régime moribond, les Slovaques ne furent pas le seul « Public contre la violence ».

L'aversion pour la violence était tout ce que nombre des révolutionnaires de 1989 avaient en commun. Ils formaient un groupe exceptionnellement bigarré, fût-ce à l'aune de la plupart des insurrections précédentes. L'équilibre variait d'un pays à l'autre, mais « le peuple » comprenait typiquement un mélange de communistes réformateurs, de sociaux-démocrates, d'intellectuels libéraux et

31. Ces considérations ne valaient pas toujours dans les lointaines communautés rurales et les petites villes de province, où la police continua jusqu'au bout d'agir sans être gênée par les caméras de télévision ou le désaveu public.

d'économistes partisans de l'économie de marché, de militants catholiques, de syndicalistes, de pacifistes, sans oublier une poignée de trotskistes impénitents et quelques autres. Cette diversité même faisait partie de leur force : elle constituait précisément *de facto* le complexe informel d'organisations civiles et politiques qui a si mauvaise presse dans un État de parti unique.

On pouvait d'ores et déjà détecter au moins une ligne de faille significative, entre les démocrates libéraux et les populistes nationalistes : entre Mazowiecki et Walesa, par exemple ; ou, en Hongrie, entre les démocrates libres, qui penchaient à gauche (sous la houlette de János Kis et d'autres intellectuels dissidents), et les bons vieux nationalistes du Forum démocratique. Le conflit des générations, on l'a vu, avait aussi sa part dans les foules de 1989. Nombre des leaders aguerris de l'opposition intellectuelle partageaient une histoire commune avec les critiques du régime au sein du parti. Aux yeux des étudiants et de la jeunesse, cependant, ils semblaient coulés dans le même moule : ils appartenaient à un passé qui ne pouvait pas et ne devait pas être revécu. À l'image de son jeune chef de file de 26 ans, Viktor Orbán, le parti politique Fidesz, en Hongrie, était au départ exclusivement destiné aux moins de 30 ans[32].

Les souvenirs et les illusions de la « génération Dubček » n'étaient point partagés par leurs enfants, qui n'avaient guère envie de se souvenir de 1968 ou de sauver les « bons » aspects de la RDA. La nouvelle génération se souciait moins d'engager le débat avec ses dirigeants, ou d'offrir des solutions de rechange radicales à leur régime, qu'à s'en défaire purement et simplement. Cela explique le côté carnavalesque de 1989 que certains observateurs ne manquèrent pas de pointer en Pologne et en Tchécoslovaquie. Le communisme n'était plus tant un obstacle qu'il était devenu insignifiant.

Cela n'est nulle part plus clair que dans le langage communément emprunté pour formuler les objectifs de 1989. Le thème du « retour en Europe » n'était pas neuf. Bien avant le communisme, la moitié orientale du continent avait été l'Europe en quête de reconnaissance ; l'Europe *occidentale* était l'Europe qui se « connaissait » et dont on cherchait si avidement la « reconnaissance[33] ». Avec la formation du bloc soviétique, le sentiment que leur partie de l'Europe avait été coupée de ses racines était devenu un leitmotiv de la dissidence et de l'opposition intellectuelles dans la région.

Mais la déploration de leur identité européenne perdue avait acquis dans les dernières années une signification particulière pour les Européens de l'Est,

32. Compliment équivoque au seul monument durable des années 1960, l'idée que la jeunesse est un état intrinsèquement supérieur : pour citer Jerry Rubin, « ne jamais se fier à quelqu'un de plus de trente ans ».

33. Cette analyse est présente, entre autres, chez Voltaire ; voir l'élégante explication de Larry Wolff, *Inventing Eastern Europe : The Map of Civilization on the Mind of the Enlightenment*, Stanford, 1994.

avec l'émergence à l'Ouest de quelque chose de nouveau : une entité institutionnelle – une « Communauté européenne », une « Union européenne » – construite autour de valeurs délibérément « européennes » auxquelles les Européens de l'Est ne pouvaient que trop volontiers s'identifier : droits de l'individu, obligations civiques, liberté d'expression et de circulation. Pour les jeunes gens, le discours sur « l'Europe » devenait moins abstrait et donc, entre autres choses, plus intéressant. Il ne s'agissait plus seulement de pleurer la culture perdue de la Prague ou de la Budapest d'autrefois, mais d'un ensemble d'objectifs concrets et accessibles. L'opposé du communisme n'était pas le « capitalisme », mais « l'Europe ».

C'était plus que simple rhétorique. Alors que les vieux cadres communistes pouvaient pointer de manière convaincante (et même avec conviction) les déprédations de l'abstraction appelée « capitalisme », ils n'avaient rien à offrir à la place de « l'Europe », parce qu'elle représentait non pas une autre solution idéologique, mais simplement la norme politique. La réflexion prenait parfois l'inflexion de « l'économie de marché », voire de la « société civile » ; mais dans les deux cas « l'Europe » incarnait, carrément et simplement, la normalité et un mode de vie moderne. Le communisme n'était plus l'avenir – son atout revendiqué avec insistance depuis six décennies –, mais le passé.

Naturellement, il y avait des variations. Les nationalistes et même certains conservateurs politiques et religieux – pour beaucoup actifs et influents en 1989 – faisaient moins de cas de l'Europe que de la « Pologne » ou de la « Hongrie ». Et d'aucuns étaient peut-être moins intéressés que d'autres par la liberté et les droits individuels. Les priorités immédiates de la foule varièrent également : l'idée de réintégrer d'une manière ou d'une autre l'Europe fut plus importante pour mobiliser le sentiment populaire en Tchécoslovaquie qu'en Roumanie, pour prendre un exemple évident, où la priorité était d'éliminer un dictateur et d'avoir de quoi manger sur la table. Et tandis que certains leaders de 1989 entreprirent dès le début de construire une économie de marché (lorsqu'il forma son premier gouvernement, en septembre 1989, Tadeusz Mazowiecki, déclara d'une formule mémorable qu'il « cherchait [son] Ludwig Erhard ! »), d'autres – notamment Havel – préférèrent se focaliser sur les fondements civiques de la démocratie.

La portée de ces nuances ne devait apparaître que plus tard. Peut-être est-il opportun ici de faire une observation sur la place des *États-Unis* dans cette histoire. Les Européens de l'Est, surtout les Berlinois de l'Est, avaient parfaitement conscience du rôle que jouaient les États-Unis pour contenir l'Union soviétique. Ils comprenaient aussi les nuances qui distinguaient les hommes politiques ouest-européens – qui, pour la plupart, se satisfaisaient de vivre avec le communisme du moment qu'il les laissait tranquilles – des responsables comme Ronald Reagan, qui le traitait publiquement d'« empire du mal ». Solidarité fut largement financé par les États-Unis, et ce sont ces derniers qui prodiguèrent avec le plus d'insistance leurs encouragements aux protestataires de Berlin-Est et d'ailleurs, du jour où leur victoire parut probable.

On ne saurait en conclure pour autant, comme on le fait parfois, que les peuples captifs d'Europe de l'Est n'aspiraient qu'à devenir… américains ; encore moins que ce sont les encouragements ou le soutien américains qui précipitèrent ou facilitèrent leur libération[34]. Les États-Unis jouèrent un rôle étonnamment modeste dans les drames de 1989, tout au moins jusqu'au lendemain des révolutions. Et le modèle social américain lui-même – « l'économie de marché » – ne fut qu'épisodiquement présenté comme un objet d'admiration ou d'émulation pour les foules ou leurs porte-parole. Pour la plupart des gens qui avaient vécu sous le communisme, la libération ne signifiait aucunement le désir ardent d'une concurrence économique acharnée, encore moins la perte des services sociaux gratuits, de l'emploi garanti, des loyers bon marché et de tous les autres avantages du communisme. Après tout, tel était l'un des attraits de « l'Europe », telle qu'on l'imaginait à l'Est : elle offrait une perspective d'abondance *et* de sécurité, de liberté *et* de protection. On pouvait avoir son gâteau socialiste et le déguster en liberté.

Ces euro-rêves étaient les signes avant-coureurs des déceptions à venir. Mais rares le perçurent à l'époque. Sur le marché des modèles de rechange, l'*American Way of Life* n'était qu'un goût minoritaire et l'Amérique, malgré son poids dans le monde, était bien loin. L'autre superpuissance, toutefois, était sur le pas de la porte. Les États satellites d'Europe de l'Est étaient tous des colonies de l'empire communiste de Moscou. Aussi est-ce dans cette seule mesure que les changements de 1989 sont imputables aux forces sociales ou politiques indigènes, qu'il s'agisse des organisations catholiques clandestines de Slovaquie, des groupes polonais de rock ou des intellectuels libres-penseurs ailleurs. En dernière analyse, c'était toujours Moscou qui comptait.

Dans les dernières lueurs entêtantes de la libération, beaucoup d'Européens de l'Est rabaissèrent l'importance de Moscou pour mieux faire ressortir leurs prouesses. En janvier 1992, le Premier ministre hongrois József Antall, du Forum démocratique, déplora devant un public hongrois que l'Occident mesurait mal le rôle héroïque de l'Europe centrale dans la chute du communisme : « Cet amour non payé de retour doit cesser parce que nous sommes restés à nos postes, que nous avons livré nos combats sans tirer un seul coup de feu et que nous avons gagné la troisième guerre mondiale pour eux. ». Si flatteur qu'il fût pour son auditoire, le tableau amer d'Antall passe à côté de la vérité séminale de 1989 : si les foules, les intellectuels et les dirigeants

34. Même Reagan commença par réagir avec une singulière tiédeur à la proclamation de la loi martiale en Pologne. Ce n'est qu'après de vives critiques publiques (notamment de Henry Kissinger) que Washington adopta la ligne dure qui a fait sa réputation.

syndicaux d'Europe de l'Est ont « gagné la troisième guerre mondiale », c'est, tout simplement, que Mikhaïl Gorbatchev les a laissés faire.

Le 6 juillet 1989, Gorbatchev prit la parole devant le Conseil de l'Europe, à Strasbourg, et déclara à son auditoire que l'Union soviétique ne se mettrait pas en travers d'une réforme en Europe de l'Est : que « c'était exclusivement l'affaire des peuples eux-mêmes ». Le 7 juillet 1989, lors d'une conférence des dirigeants du bloc de l'Est, il affirma le droit de chaque État socialiste de suivre sa trajectoire sans ingérence extérieure. Cinq mois plus tard, dans une cabine de luxe du *Maxime Gorki* au large de Malte, il assura au président Bush qu'il n'était pas question de recourir à la force pour maintenir au pouvoir les régimes communistes d'Europe de l'Est. Sa position ne souffrait pas la moindre ambiguïté. Gorbatchev, ainsi que l'avait observé Michnik en 1988, était « prisonnier de ses succès de politique étrangère ». Du jour où une métropole impériale reconnaissait publiquement qu'elle ne s'accrocherait pas, qu'elle ne pouvait s'accrocher, à sa périphérie coloniale – et recueillait l'acclamation universelle pour l'avoir dit –, ses colonies étaient perdues et, avec elles, les collaborateurs indigènes de l'empire. Il ne restait plus à savoir comment et de quel côté ils tomberaient.

Les collaborateurs eux-mêmes comprirent certainement ce qui se passait : entre juillet 1988 et juillet 1989 Károly Grósz et Miklós Németh, chefs de file des réformateurs au sein du parti hongrois, se rendirent à quatre reprises à Moscou pour y rencontrer Mikhaïl Gorbatchev. Leur collègue Rezsö Nyers s'entretint aussi avec lui à Bucarest le 7 juillet 1989, le lendemain de la mort de Kádár, date à laquelle il était déjà clair que leur cause était perdue. Gorbatchev ne participa ni n'encouragea activement les révolutions de 1989 : il se contenta de rester sur la touche. En 1849, l'intervention russe avait scellé le destin des révolutions hongroise et autres de cette année-là ; en 1989, l'abstention de la Russie contribua à assurer leur réussite.

Mais Gorbatchev fit plus que laisser filer les colonies. En indiquant qu'il n'interviendrait pas, il mina de façon décisive la seule véritable source de légitimité politique à la disposition des dirigeants des États satellites : la promesse (ou la menace) d'une intervention militaire de Moscou. Sans cette menace, les régimes locaux étaient politiquement nus. Économiquement, ils auraient pu lutter quelques années de plus, mais là aussi la logique de la retraite soviétique était implacable : du jour où Moscou se mettrait à faire payer aux prix pratiqués sur le marché mondial (ce qu'elle fit en 1990) ses exportations vers les pays du Comecon, ceux-ci, largement tributaires des subventions impériales, se seraient de toute façon effondrés.

Comme cet exemple le suggère, Gorbatchev laissait le communisme sombrer en Europe de l'Est pour le sauver en Russie, de même que Staline avait construit les régimes satellites non pas pour eux-mêmes, mais pour garantir sa frontière occidentale. Tactiquement, Gorbatchev commit une grossière erreur de calcul : dans les deux ans, les leçons de l'Europe de l'Est allaient être retournées sur son propre territoire contre le libérateur de la région. Stratégiquement, cependant, son œuvre fut immense et sans précédent. Jamais, aussi loin qu'on remonte dans l'histoire, aucun autre empire territorial, n'avait abandonné aussi rapidement ses dominions, d'aussi bonne grâce et en versant aussi peu de sang. On ne saurait porter directement au crédit de Gorbatchev les événements de 1989 : il ne les avait pas préparés et n'en saisit que vaguement l'importance à long terme. Mais il en fut la cause permissive et précipita le cours des événements. Ce fut bien la révolution de M. Gorbatchev.

Quatrième partie

Après la chute : 1989-2005

XX

Un continent fissile

« Je n'ai pas besoin de m'y opposer, les Soviétiques le feront pour moi. Pensez, jamais ils n'accepteront cette grande Allemagne face à eux. »
François Mitterrand (28 novembre 1989[1])

« Au départ, nous ne comprenions pas l'ampleur des problèmes auxquels nous étions confrontés. »
Mikhaïl Gorbatchev (1990)

« Notre pays n'a pas eu de chance. Il a été décidé d'accomplir cette expérience marxiste sur nous. Nous avons fini par établir qu'il n'y avait pas de place pour cette idée : elle nous a simplement écartés de la voie suivie par les pays civilisés du monde. »
Boris Eltsine

« L'existence de la nation tchèque n'a jamais été une certitude, et c'est précisément cette incertitude qui en est l'aspect le plus frappant. »
Milan Kundera

Libérée du communisme, l'Europe de l'Est subit une seconde transformation, plus frappante encore. Au cours des années 1990, quatre États établis disparurent de la carte du continent ; quatorze virent le jour, ou ressuscitèrent. Les six républiques les plus à l'ouest de l'Union soviétique – Estonie, Lettonie, Lituanie, Biélorussie, Ukraine et Moldavie – devinrent des États indépendants, en même temps que la Russie elle-même. La Tchécoslovaquie se scinda en deux États séparés : la Slovaquie et la République tchèque. Et la Yougoslavie se disloqua en autant d'unités qu'en comptait la fédération : Slovénie, Croatie, Bosnie-Herzégovine, Serbie-Monténégro et Macédoine.

Dans son ampleur, ce mouvement de formation et d'éclatement de nations était comparable à l'impact des traités de Versailles, au lendemain de la Première Guerre mondiale ; à certains égards, il fut plus spectaculaire encore. L'émergence d'États-nations à Versailles était l'apogée d'un long processus dont les racines remontaient au milieu du XIXe siècle ou avant ; ce ne fut pas une surprise. En revanche, personne ou presque n'avait envisagé que se produirait quelque chose de semblable à la fin du XXe siècle. En fait, trois

1. [Cité par J. Attali, *Verbatim, III*, Paris, Fayard, 1995, p. 350 ; LP, vol. 1, p. 441.]

des États qui devaient disparaître au cours des années 1990 – Tchécoslovaquie, Yougoslavie et URSS – avaient eux-mêmes vu le jour après 1918.

Toutefois, ce n'est pas un hasard s'il s'agissait des derniers États fédéraux multiethniques de la région. La fission territoriale des années 1990 accompagna l'extinction du dernier des quatre empires continentaux d'Europe : celui de la Russie. Ce fut, en réalité, un épilogue tardif de la construction étatique post-impériale qui avait suivi la chute des trois autres : Turquie ottomane, Autriche des Habsbourg, Allemagne wilhelmienne. Mais la logique de l'éclatement impérial n'aurait pas suffi en soi à déclencher la réorganisation institutionnelle de l'Europe de l'Est. Comme souvent dans le passé, le cours des événements en Allemagne détermina le destin de la région.

La réunification allemande – unique cas de fusion dans une décennie de fission – est à porter, en tout premier lieu, au crédit d'Helmut Kohl. Le chancelier ouest-allemand fut d'abord aussi hésitant que quiconque : le 28 novembre 1989, il présenta au Bundestag un programme *quinquennal* de petits pas vers l'unité allemande. Après avoir écouté les foules est-allemandes (et s'être assuré du soutien de Washington), Kohl se dit qu'une Allemagne unifiée n'était pas simplement possible, mais peut-être urgente. Il était clair que la seule façon de contenir l'hémorragie vers l'Ouest (qui atteignait parfois 2 000 personnes par jour) était que l'Allemagne de l'Ouest aille vers l'Est. Pour empêcher les Allemands de l'Est de quitter leur pays, le dirigeant ouest-allemand entreprit de l'abolir.

Comme au XIXe siècle, l'unification allemande se réalisa d'abord par l'union monétaire ; mais l'union politique suivit inévitablement. L'idée de « confédération », que les Allemands de l'Ouest avaient d'abord encouragée et que le gouvernement de Hans Modrow, en RDA, avait allègrement poursuivie, fut précipitamment abandonnée, tandis qu'aux élections de mars 1990, convoquées à la hâte, les candidats chrétiens-démocrates se présentèrent sur un programme de réunification. Leur « Alliance pour l'Allemagne » recueillit 48 % des voix ; les sociaux-démocrates, handicapés par leur ambivalence notoire à ce propos, n'obtinrent que 22 %[2]. Les anciens communistes – rebaptisés parti du socialisme démocratique – firent un score respectable de 16 % ; mais Alliance 90, coalition d'anciens dissidents, avec le Neues Forum de Bärbel Bohley, n'obtint que 2,8 %[3].

2. En août 1989, le vice-président du SPD avait reproché au gouvernement Kohl d'« aggraver » la crise en accueillant à bras ouverts les réfugiés est-allemands qui cherchaient à passer à l'Ouest par la frontière hongroise ouverte depuis peu. À Berlin, cependant, bastion traditionnel du SPD, celui-ci s'en sortit bien mieux en obtenant 35 % des voix aux élections de 1990.

3. Bohley devait observer alors non sans aigreur : « Nous voulions la justice et nous avons eu le *Rechtstaat* » (l'État constitutionnel).

Le premier acte de la nouvelle majorité de la Volkskammer de RDA, formée par la coalition CDU-SPD-libéraux conduite par Lothar de Maizière, fut d'engager le pays sur la voie de l'unité allemande[4]. Le 18 mai 1990, une « union monétaire, économique et sociale » était signée entre les deux Allemagne ; le 1er juillet, entrait en vigueur sa clause cruciale : l'extension du deutschmark à l'Allemagne de l'Est. Les Allemands de l'Est pouvaient désormais échanger leurs marks est-allemands quasi inutiles – à hauteur de 40 000 DM – au taux terriblement avantageux de 1/1. Les salaires et rémunérations de RDA seraient désormais versés en deutschemark à parité : moyen incroyablement efficace de maintenir les Allemands de l'Est sur place, mais avec de sombres conséquences à long terme pour les emplois est-allemands et le budget ouest-allemand.

Le 23 août, à la suite d'un accord préalable avec Bonn, la Volkskammer vota « l'accession » à la République fédérale. Une semaine plus tard était signé un traité d'unification, aux termes duquel la RFA absorbait la RDA, avec l'approbation des électeurs en mars et conformément à l'article 23 de la Loi fondamentale de 1949. Le traité entra en vigueur le 3 octobre : la RDA « accéda » à la République fédérale et cessa d'exister.

La division de l'Allemagne avait été l'œuvre des vainqueurs de la Seconde Guerre mondiale ; sa réunification, en 1990, ne se serait jamais produite sans leurs encouragements ou leur consentement. L'Allemagne de l'Est était un État satellite de l'URSS : 360 000 soldats soviétiques y étaient encore stationnés en 1989. Malgré son indépendance, l'Allemagne fédérale n'était pas libre d'agir en toute autonomie sur *ce* terrain. Quant à Berlin, tant que n'aurait pas été trouvé un règlement de paix définitif, son sort continuait de dépendre formellement des puissances d'occupation d'origine : France, Grande-Bretagne, États-Unis et Union soviétique.

Ni les Britanniques ni les Français n'étaient particulièrement pressés de voir l'Allemagne réunie. Quand ils pensaient Allemagne unifiée, les Européens de l'Ouest imaginaient, assez raisonnablement, qu'elle verrait le jour au *terme* d'un long processus de changement en Europe de l'Est, non pas au début. Ainsi que l'observa le secrétaire britannique aux Affaires extérieures en décembre 1989, méditant sur la conclusion imminente de la guerre froide, « c'était un système […] sous lequel nous étions très heureux depuis quarante ans ».

Son Premier ministre, Margaret Thatcher, ne faisait pas mystère de ses craintes. Dans ses mémoires, elle évoque un sommet organisé à la hâte avec le président François Mitterrand : « Je sortis de mon sac à main une carte indiquant les différentes configurations de l'Allemagne dans le passé, et qui n'étaient pas vraiment rassurantes pour l'avenir. [Mitterrand] déclara que par

4. Le deuxième acte de Lothar de Maizière fut de reconnaître la responsabilité partagée de l'Allemagne de l'Est dans l'Holocauste et d'allouer 6,2 millions de DM au titre des réparations.

le passé, dans les moments de grand danger, la France avait toujours noué des relations particulières avec la Grande-Bretagne ; il avait le sentiment que cette heure avait de nouveau sonné. [...] Il me semblait que, même si nous n'avions pas trouvé les moyens, au moins avions-nous tous les deux la volonté de faire échec au mastodonte allemand. C'était un début. »

Mme Thatcher – et elle n'était pas la seule – craignait aussi que l'unification allemande ne déstabilisât Mikhaïl Gorbatchev, voire entraînât sa chute (par analogie avec la disgrâce de Nikita Khrouchtchev, à la suite de son humiliation cubaine). Mais les Britanniques, malgré leurs inquiétudes, n'avaient aucune solution de rechange au cours des événements qui se déroulaient alors en Allemagne et se firent un devoir d'acquiescer. Mitterrand ne se laissa pas apaiser aussi facilement. Plus que quiconque, les Français étaient vraiment perturbés par l'effondrement des arrangements stables et familiers en Allemagne comme dans l'ensemble du bloc communiste[5].

La première réaction de Paris fut d'essayer de bloquer toute avancée en direction de l'unification allemande, Mitterrand allant même jusqu'à visiter la RDA en décembre 1989, histoire de montrer qu'il défendait sa souveraineté. Il déclina l'invitation de Helmut Kohl à une cérémonie marquant la réouverture de la porte de Brandebourg, et essaya de convaincre les dirigeants soviétiques que, en tant qu'alliés traditionnels, la France et la Russie avaient un intérêt commun à bloquer les ambitions allemandes. En fait, les Français comptaient sur Gorbatchev pour opposer son veto à l'unité allemande : « Je n'ai pas besoin de m'y opposer, expliqua Mitterrand à ses conseillers, le 28 novembre 1989, les Soviétiques le feront pour moi. Pensez, jamais ils n'accepteront cette grande Allemagne face à eux. »

Mais dès qu'il apparut que tel n'était pas le cas – et après la victoire décisive de Kohl aux élections est-allemandes –, le président français changea d'angle d'attaque. Les Allemands auraient leur unité, mais ils devraient en payer le prix. Il ne saurait être question d'une Allemagne renforcée suivant une voie indépendante, encore moins d'un retour à ses vieilles priorités de *Mitteleuropa.* Kohl devait s'engager à poursuivre le projet européen sous un condominium franco-allemand, tandis que l'Allemagne serait liée dans une union « toujours plus serrée », dont les modalités, notamment une monnaie européenne commune, serait consacrée par un nouveau traité (qui serait négocié l'année suivante dans la ville hollandaise de Maastricht[6]).

5. Ce n'est pas un hasard si Mitterrand fut le seul grand responsable politique occidental à s'accommoder sans hésitation du renversement apparent de Gorbatchev lors du coup d'État avorté de Moscou, l'année suivante.

6. Il est passablement ironique de voir maintenant les successeurs de Mitterrand aux prises avec les contraintes budgétaires et les conséquences sociales de ce même traité.

Les Allemands accédèrent assez volontiers à toutes les conditions françaises, même si la maladresse des manœuvres diplomatiques de la France refroidirent un temps les relations : on a là un écho à des temps plus anciens où Bonn, après 1955, accepta de confiner « l'Europe » aux six pays d'origine pour apaiser les angoisses de la France sur la restauration de la pleine souveraineté de l'Allemagne. Au cours des mois suivants, Kohl accepta même toute une gamme de concessions mineures destinées à remercier Paris de sa patience[7]. L'unification valait bien aussi quelque apaisement à destination des voisins européens nerveux de l'Allemagne. En tout état de cause, Kohl – né à Ludwigshafen et comme son collègue rhénan, Adenauer, d'instinct disposé à tourner ses regards vers l'ouest – ne se montra pas outre mesure gêné à l'idée de lier plus solidement encore l'Allemagne à la Communauté européenne.

Mais, avant tout et surtout, le chancelier allemand avait le vent dans les voiles, ainsi que le confirme une photographie de lui à cette époque : l'unification allemande avait l'appui sans réserve des États-Unis. Comme tout le monde, l'administration George Bush commença par supposer, avec ses alliés, que l'unification allemande se produirait à l'issue de la série des changements imprévisibles en cours en URSS et en Europe de l'Est, et encore uniquement avec le consentement des Soviétiques. Mais Washington fut plus prompte à saisir l'état d'esprit dominant, surtout après qu'un sondage de février 1990 eut montré que 58 % des Allemands de l'Ouest étaient partisans d'une Allemagne unie et *neutre*. C'était l'issue même que les États-Unis (et une bonne partie de la classe politique allemande) redoutait le plus : une Allemagne élargie, neutre et sans attaches au cœur de l'Europe, déstabilisant et perturbant ses voisins des deux côtés.

Les États-Unis s'engagèrent donc sans réserve à soutenir les objectifs de Kohl pour s'assurer que les Allemands n'auraient jamais à choisir entre l'unité et l'Alliance atlantique. Sous la pression de Washington, les Français et les Britanniques acceptèrent en conséquence de s'asseoir avec l'Union soviétique et des représentants des deux Allemagne afin de démêler les modalités de l'émergence d'une nouvelle Allemagne. Ces discussions « 2 + 4 », menées par les ministres des Affaires étrangères de février à septembre 1990, aboutirent au « traité portant règlement définitif concernant l'Allemagne », signé le 12 septembre à Moscou.

7. Notamment la nomination de Jacques Attali, proche de François Mitterrand, à la tête d'une nouvelle institution, la Banque européenne pour la reconstruction et le développement (BERD), qui avait pour mission d'investir dans la reconstruction de l'Europe de l'Est. Après avoir dépensé des millions à remettre à neuf un prestigieux bâtiment pour lui-même – mais fort peu pour les bénéficiaires putatifs de la banque –, Attali fut ignominieusement écarté. L'expérience ne fit aucun tort visible à son ego surdimensionné.

Avec ce traité, qui reconnaissait officiellement les frontières d'une future Allemagne, comme celles des deux États allemands actuels, le statut quadripartite de Berlin prit fin, pour expirer le 2 octobre 1990 à minuit. L'Union soviétique accepta que l'Allemagne unifiée reste dans l'OTAN, tandis qu'étaient trouvées les conditions du retrait de l'Armée rouge et du départ de toutes les troupes étrangères de Berlin (dans un délai de quatre ans, après quoi ne resterait plus sur le sol allemand qu'un petit contingent de troupes de l'OTAN).

Pourquoi Mikhaïl Gorbatchev accepta-t-il si volontiers que l'unification allemande se poursuivît ? Depuis des décennies, le principal objectif stratégique de l'Union soviétique avait été de maintenir le *statu quo* territorial en Europe centrale : Moscou, comme Londres, Paris et Washington, s'était faite à l'idée d'une Allemagne divisée et avait de longue date renoncé à l'objectif de Staline après la guerre : sortir Bonn de l'Alliance atlantique. À la différence des Britanniques et Français, cependant, les dirigeants soviétiques étaient encore en position de bloquer le processus d'unification, tout au moins en principe.

Comme tout le monde en 1990, Gorbatchev avançait dans le noir. Personne, à l'Est ou à l'Ouest, n'avait de plan indiquant que faire en cas de désintégration de la RDA ; et il n'existait pas de projets d'unification allemande. À la différence de ses homologues occidentaux, cependant, le dirigeant soviétique n'avait pas de bonnes options. En tout réalisme, il ne pouvait espérer empêcher l'unité allemande sauf à revenir sur ses déclarations publiques apaisantes des dernières années et à compromettre sérieusement sa crédibilité. Il commença par s'opposer à l'absorption d'une Allemagne unie dans l'OTAN ; et même après avoir donné son accord de principe[8], il continua à faire valoir que les troupes de l'OTAN ne devaient pas être autorisées au-delà des trois cents kilomètres de la frontière polonaise – chose que le secrétaire d'État américain promit effectivement à son homologue soviétique en février 1990. Plus tard, la promesse n'étant pas tenue, Gorbatchev eût été bien en peine d'intervenir.

Ce qu'il réussit à faire, en revanche, c'est, littéralement, à faire payer ses concessions. Comme l'avait prévu le chancelier ouest-allemand, l'URSS était ouverte à la persuasion financière. Gorbatchev avait d'abord essayé de subordonner les négociations d'unification au versement d'une rançon de 20 milliards de dollars, avant de se résigner à une somme d'environ 8 milliards, avec quelque deux milliards supplémentaires de crédits sans intérêt. Globalement, de 1990 à 1994, Bonn transféra à l'Union soviétique, puis à la Russie, l'équi-

8. On a de bonnes raisons de penser que Gorbatchev céda sur ce point crucial par inadvertance, quand en mai 1990 il fit sienne la suggestion du président Bush que le droit de l'Allemagne à disposer d'elle-même devait comprendre la liberté de « choisir ses alliances ».

valent de 71 milliards (et 36 autres milliards de dollars pour les anciens États communistes d'Europe de l'Est). Helmut Kohl consentit aussi à apaiser les craintes soviétiques (et polonaises) d'un irrédentisme allemand en s'engageant à accepter que les frontières est de son pays fussent définitives – engagement consacré l'année suivante par un traité avec la Pologne.

Après avoir obtenu les meilleures conditions possibles, Moscou accepta d'abandonner la RDA. Jouant les Sidney Greenstreet face au Bogart de Washington[9], l'Union soviétique tira le meilleur parti d'une mauvaise main et abandonna ses sous-fifres est-allemands, minuscules et amers, avec les protestations de rigueur mais peu de véritables regrets. Il était plus sensé de construire une relation stratégique avec une nouvelle Allemagne amicale et reconnaissante que de s'en faire une ennemie ; et, dans la perspective soviétique, une Allemagne unie, solidement tenue, et contenue, par l'Ouest n'était pas une si mauvaise solution.

La RDA était mal aimée. Mais il s'en trouva pour pleurer sa disparition. Outre des intellectuels ouest-allemands comme Günter Grass et Jürgen Habermas, qui redoutaient l'âme d'une « grande Allemagne » réunie[10], beaucoup d'Allemands de l'Est qui n'avaient jamais connu d'autre patrie éprouvèrent des sentiments mélangés en voyant « leur » Allemagne disparaître sous leurs pas. Deux générations avaient grandi en RDA. Sans doute ne pouvaient-ils pas croire à ses portraits les plus franchement absurdes, mais ils ne pouvaient être entièrement sourds à la propagande officielle. On ne doit pas s'étonner d'apprendre que, longtemps après 1989, les enfants des lycées d'Allemagne de l'Est continuaient de croire que les troupes est-allemandes avaient combattu aux côtés de l'Armée rouge pour libérer leur pays de Hitler.

Cette méprise enracinée faisait partie de l'identité centrale de la RDA et ne devait pas faciliter le « retour » de ses citoyens désorientés en Allemagne, d'autant que « leur » Allemagne était systématiquement excisée de l'histoire officielle. Villes, rues, bâtiments, comtés changèrent de noms, souvent pour retrouver ceux d'avant 1933. Rituels et mémoriaux furent restaurés. Mais loin d'être une redécouverte de l'histoire, ce fut plutôt son effacement, comme si la RDA n'avait jamais existé. Quand Erich Mielke fut poursuivi et condamné pour meurtre, ce ne fut pas pour les crimes autorisés à la tête de la Stasi, mais pour un assassinat politique commis dans les années 1930, dont les preuves se trouvaient dans les dossiers de son interrogatoire par les nazis.

---

9. Allusion au roman de Dashiel Hammett, *Griffes Jaunes*, porté à l'écran par John Huston, avec Humphrey Bogart et Sidney Greenstreet dans les rôles principaux. *(N.d.T.)*

10. Dans l'esprit de Grass, l'histoire allemande moderne est faite d'une éternelle disposition à enfler et à s'étendre, suivie d'efforts désespérés du reste du continent pour la contenir –, ou, dans ses propres mots : « Régulièrement, et malgré notre constipation panallemande, nous administrons à l'Europe un lavement. »

Plutôt que de regarder en face l'histoire troublée de leur pays, on encourageait ses sujets à l'oublier, rééditant ironiquement l'épisode d'oubli que l'Allemagne de l'Ouest avait connu dans les années 1950. Et il devait en aller après 1989 comme aux premières années de la République fédérale : la réponse serait la prospérité. L'Allemagne achèterait sa sortie de l'histoire. La RDA avait assurément besoin d'un traitement. Ses institutions n'étaient pas seules à se déliter : une bonne partie de son infrastructure matérielle était délabrée. Deux habitations sur cinq dataient d'avant 1914 (le chiffre était d'une sur cinq seulement en Allemagne de l'Ouest en 1989) ; un quart des maisons n'avaient pas de salle de bain, un tiers n'avaient que des toilettes à l'extérieur, et plus de 60 % manquaient de toute espèce de chauffage central.

Comme avec Moscou, la réponse de Bonn consista à mobiliser d'énormes sommes d'argent. Dans les trois années qui suivirent l'unification, le montant total des transferts de l'Allemagne de l'Ouest vers l'Allemagne de l'Est s'éleva à 1 200 milliards d'euros ; à la fin de 2003, le coût de l'absorption de l'ancienne RDA avait atteint 1,2 billion d'euros. Pour les intégrer, la République fédérale subventionna les Allemands de l'Est : leurs emplois, leurs retraites, mais aussi les transports, l'éducation, et le logement, qui tous bénéficièrent d'un énorme accroissement des dépenses publiques. À court terme, cela marcha, confirmant la foi des Allemands de l'Est non pas tant dans l'économie de marché que dans les inépuisables ressources du Trésor ouest-allemand. Après le premier élan de la réunion, cependant, beaucoup d'*Ossies* se laissèrent troubler par le triomphalisme condescendant de leurs cousins occidentaux : sentiment dont les anciens communistes allaient jouer avec un certain succès dans les futures élections.

Dans le même temps, pour éviter de troubler des électeurs ouest-allemands – tous n'avaient pas accueilli l'unification avec un enthousiasme sans mélange –, Kohl choisit de ne pas augmenter les impôts. Pour faire face à ses nouveaux engagements colossaux, la République fédérale, qui avait enregistré jusqu'ici de forts excédents de sa balance des paiements, n'avait dès lors d'autre choix que de consentir au déficit. Effarée de l'impact inflationniste de cette politique, la Bundesbank se mit en conséquence à relever régulièrement les taux d'intérêt : dès 1991, au moment précis où le deutschmark se trouvait à jamais verrouillé dans le projet de monnaie européenne. Les répercussions de ces taux d'intérêt – augmentation du chômage et ralentissement de la croissance économique – allaient se manifester non seulement en Allemagne, mais à travers tout le Système monétaire européen. En fait, Kohl avait exporté le coût de l'unification de son pays, et les partenaires européens de l'Allemagne durent en supporter le poids.

Les concessions de Mikhaïl Gorbatchev sur l'Allemagne contribuèrent certainement au déclin de sa position intérieure : de fait, il avait prévenu James

Baker qu'une Allemagne unifiée au sein de l'OTAN pourrait bien « être la fin de la *perestroïka* ». La perte des autres États satellites d'Europe de l'Est était imputable à la malchance ; abandonner l'Allemagne également passait pour de l'incurie. Le ministre soviétique de la Défense, le maréchal Sergueï Akhroméïev, était convaincu que Gorbatchev aurait pu obtenir de meilleures conditions de l'Ouest s'il s'était penché sur le problème à temps ; et il n'était pas le seul. Mais tel était, bien entendu, le problème de Gorbatchev : à la fin des années 1980, il était tellement accaparé par les défis intérieurs que sa réponse au déclenchement rapide des problèmes au « proche-Occident » de l'URSS consista, de plus en plus, à le laisser livré à lui-même.

Or cette bienveillante négligence n'était pas une option ouverte face aux défis comparables que l'Union soviétique devait relever à l'intérieur de ses frontières. L'Empire russe avait grandi par conquête et accrétion au fil des siècles et une bonne partie des territoires étrangers d'antan étaient désormais intimement liés au cœur du pays. Il ne pouvait être apparemment question de les « lâcher », au sens où l'on avait « lâché » la Pologne ou la Hongrie. Mais les conquêtes soviétiques plus récentes n'étaient qu'à demi digérées et restaient vulnérables aux influences et exemples étrangers : en Asie centrale, au Caucase, mais par-dessus tout à la lisière la plus occidentale de l'empire, le long de la Baltique.

Les républiques baltes de l'Union – Estonie, Lettonie et Lituanie – se distinguaient à trois égards significatifs. En premier lieu, elles étaient plus exposées à l'Ouest qu'aucune autre région de l'Union soviétique proprement dite. Les Estoniens, notamment, étaient en contact avec les pays scandinaves, regardant la télévision finlandaise depuis les années 1970, et avaient une conscience toujours plus aiguë du contraste entre leur condition et celle de leurs voisins prospères. Les Lituaniens, qui avaient d'abord et avant tout des affinités historiques et géographiques avec la Pologne voisine, ne pouvaient guère s'empêcher d'observer que, même sous le communisme, les Polonais étaient bien plus libres et mieux lotis qu'eux.

En deuxième lieu, et malgré la comparaison peu flatteuse avec les voisins étrangers, les pays baltes n'en étaient pas moins prospères au regard des normes soviétiques. Ils étaient les principaux producteurs soviétiques de bon nombre de produits industriels – voitures de chemin de fer, postes de radio, papeterie – aussi bien qu'une source majeure de pêche, de produits laitiers et de coton. Entre les marchandises qu'ils produisaient et celles qui transitaient par leurs docks, les Estoniens, les Lettons et les Lituaniens avaient au moins une vague connaissance d'un mode et d'un niveau de vie dont la majeure partie du reste de l'Union soviétique ne pouvait que rêver.

Mais le troisième trait distinctif des républiques baltes, et de loin le plus significatif, était qu'elles seules avaient fait l'expérience d'une indépendance véritable dans un passé récent. Après avoir gagné leur liberté en 1919, après l'effondrement de l'empire tsariste, vingt ans plus tard, elles avaient été réintégrées de force par les héritiers soviétiques des Romanov, en vertu des clauses secrètes du pacte Molotov-Ribbentrop d'août 1939. L'invasion de 1940 était encore très présente dans les mémoires. Dans les pays baltes, la *Glasnost* de Gorbatchev – qui ailleurs en Union soviétique inspirait la revendication de droits civils et économiques plus larges – rouvrit inévitablement la question de l'indépendance. Dans cette régions, le *samizdat* eut toujours et nécessairement un ton nationaliste.

Une raison supplémentaire de cette situation était la question « russe ». En 1945, la population des trois républiques baltes était très homogène, la plupart de leurs habitants appartenant au groupe national dominant et parlant la langue locale. Au début des années 1980, du fait des expulsions forcées pendant et après la guerre, mais aussi d'un afflux régulier de soldats, d'administrateurs et d'ouvriers russes, la population était beaucoup plus mélangée, surtout dans les républiques du Nord. En Lituanie, 80 % de la population était encore lituanienne ; mais en Estonie, 64 % de la population seulement, d'après les estimations, était ethniquement estonienne et parlait l'estonien ; tandis qu'en Lettonie, la part des Lettons d'origine, d'après le recensement de 1980, était de 1,35 million sur une population totale de 2,5 millions, soit juste 54 %. Les campagnes étaient encore peuplées de Baltes, mais les villes étaient de plus en plus russes et russophones, et cette transformation suscitait une vive rancœur.

Dans la région, les premiers signes de protestation tournèrent donc autour de questions de langue et de nationalité, mais aussi de la mémoire associée des déportations soviétiques en Sibérie de milliers de « subversifs » locaux. Le 23 août 1987, des manifestations simultanées se déroulèrent à Vilnius, Riga et Tallinn pour marquer l'anniversaire du pacte Molotov-Ribbentrop ; trois mois plus tard, à Riga, un meeting commémorait l'anniversaire de la proclamation d'indépendance de la Lettonie, en 1918. Enhardis par leur succès – ou, plus précisément, par la tolérance sans précédent des autorités à l'égard de ces expressions publiques de dissidence implicite –, les groupes et rassemblements indépendants se mirent à essaimer à travers la région.

Le 25 mars 1988, à Riga, des centaines de personnes se rassemblèrent pour commémorer les déportations lettones de 1949 ; en juin, une manifestation marqua les expulsions de 1940. Suivit alors une réunion extraordinairement animée de la jusque-là docile Union des écrivains lettons, où il fut question de « Front populaire letton ». Quelques semaines plus tard, sous les auspices d'un Club de protection de l'environnement (CPE) apparemment apolitique, naissait le Mouvement letton d'indépendance nationale. En Estonie, les événements suivirent un cours quasi identique : après les commémorations de 1987 et une série de manifestations écologistes, on vit surgir d'abord une Société du patrimoine estonien, vouée à la protection et à la restauration des monuments culturels locaux ; puis, en avril 1988, un Front populaire estonien et enfin, en août, un mois après son homologue letton, un Mouvement estonien d'indépendance nationale.

L'aspect le plus spectaculaire de ces mouvements politiques naissants en Estonie et en Lettonie, c'était leur existence même – ainsi que leur nomenclature exceptionnellement subversive. Mais c'est en Lituanie, où la présence russe était beaucoup moins ostentatoire, que le défi au pouvoir soviétique prit un tour explicite. Le 9 juillet 1988, à Vilnius, une manifestation pour la protection de l'environnement, la démocratie et une plus grande autonomie de la Lituanie attira 100 000 personnes derrière le tout nouveau Mouvement de réorganisation lituanienne, ou Sajudis, reprochant ouvertement au PC lituanien sa « soumission » à Moscou et brandissant des banderoles appelant l'Armée rouge à rentrer chez elle. En février 1989, le Sajudis avait été transformé en parti politique national. Le mois suivant, aux élections au Congrès soviétique des députés du peuple, il décrocha 36 sièges sur les 42 de la Lituanie.

Dans les trois républiques, les élections furent une nette victoire pour les candidats indépendants et nourrirent la conscience croissante d'une trajectoire balte commune. Le 23 août 1989 en apporta une nouvelle confirmation symbolique avec une chaîne humaine (la « voie balte ») de 650 kilomètres de long, de Vilnius à Riga, puis à Tallinn, pour marquer le 50e anniversaire du pacte Molotov-Ribbentrop. On estime que 1,8 million de personnes – un quart de la population de la région – y participa. Maintenant que les mouvements indépendantistes estoniens et lettons faisaient écho à leur homologue lituanien et faisaient ouvertement de l'indépendance nationale leur objectif, l'affrontement avec Moscou semblait inévitable.

Il ne s'en précisa pas moins que très lentement. Les mouvements d'indépendance baltes passèrent l'année 1989 à forcer les limites de ce qui était admissible. Quand les Soviets suprêmes, désormais acquis à l'indépendance, de la Lituanie, d'abord, puis de la Lettonie essayèrent d'imiter une loi estonienne de novembre 1988 autorisant la privatisation des entreprises publiques locales, Moscou annula les décrets, comme elle avait auparavant annulé l'initiative estonienne ; mais le gouvernement s'abstint de toute autre intervention. Quand, le 8 octobre 1989 (le lendemain de l'avertissement public de Gorbatchev à Berlin-Est : « La vie châtie les retardataires »), le Front populaire letton proclama son intention de s'acheminer vers une indépendance complète, l'escalade de la crise en Allemagne préoccupait trop les autorités soviétiques pour qu'elles prissent la moindre décision.

Le 18 décembre, cependant, le PC lituanien se scinda, une écrasante majorité se prononçant pour l'indépendance immédiate. Gorbatchev ne pouvait plus garder le silence. Il se rendit le 11 janvier 1990 à Vilnius pour déconseiller le projet de sécession et prôner la « modération ». Toutefois, et ce n'était pas la première fois, son exemple jouait contre lui. Enhardi par la victoire électorale du Sajudis, par le fait que le président soviétique avait lui-même amené le comité central soviétique à abandonner la garantie constitutionnelle du « rôle dirigeant » du parti[11], et par les négociations « 2 + 4 » alors en cours, le Soviet suprême lituanien vota le 11 mars, par 124 voix contre 0, le rétablissement de l'indépendance, restaurant symboliquement la « Constitution de l'État de Lituanie » de 1938 et abolissant en République lituanienne l'autorité de la Constitution de l'URSS.

Que, face à la déclaration de Vilnius, les dirigeants soviétiques n'aient rien trouvé de mieux que de brandir la menace d'un boycott économique en dit long sur l'état de choses incertain de 1990, alors même que le gouvernement de la République russe affirmait maintenant sa « souveraineté » et la préséance des lois russes sur les décrets de l'Union ! Incapable d'empêcher une sécession lituanienne, Gorbatchev n'en restait pas moins capable d'empêcher l'intervention militaire que nombre de ses collègues plus durs exigeaient. Le projet de boycott lui-même fut abandonné en juin, tandis que la Lituanie acceptait de « suspendre » la mise en œuvre intégrale de sa déclaration d'indépendance.

Après six mois de fièvre, qui virent presque chacune des autres grandes républiques soviétiques affirmer leur « souveraineté », sinon leur pleine indépendance, la position de Gorbatchev devenait intenable. Ses efforts pour brider les initiatives baltes avaient sensiblement terni son image de « réformateur », tandis que son incapacité à faire taire les discours d'autonomie, de souveraineté et d'indépendance excitait la rancœur de ses collègues et, de manière plus menaçante, celle de l'armée et des forces de sécurité. Le 20 décembre 1990, son ministre des Affaires étrangères, Édouard Chevardnadze, démissionna en prévenant publiquement des risques croissants de coup d'État.

Le 10 janvier 1991, alors que la guerre du Golfe accaparait les États-Unis et leurs alliés, Gorbatchev lança un ultimatum aux Lituaniens, leur intimant l'ordre, en sa qualité de président de l'Union, de se conformer désormais à la Constitution de l'URSS. Le lendemain, des soldats des forces d'élite du KGB et du ministère soviétique de l'Intérieur s'emparèrent de bâtiments publics à Vilnius pour installer un « Comité de Salut national ». Vingt-quatre heures plus tard, ils attaquèrent les studios de radio et de télévision de la ville, braquant leurs armes sur la grande foule des manifestants qui s'étaient rassemblés sur place : il y eut 14 morts parmi les civils et 700 blessés. Une semaine plus tard, des troupes des mêmes unités prirent d'assaut le ministère letton de l'Intérieur à Riga, tuant quatre personnes.

Le bain de sang de la Baltique marqua le début de la fin en Union soviétique. Une semaine après, plus de 150 000 personnes s'étaient rassemblées à Moscou pour manifester contre les tirs. Ancien secrétaire du comité de

11. Huit semaines auparavant, notons-le, Gorbatchev avait formellement refusé d'envisager pareil changement.

Moscou et, depuis mai 1990, président du Soviet suprême russe, Boris Eltsine se rendit à Tallinn pour signer une reconnaissance mutuelle de « souveraineté » entre la Russie et les Républiques baltes, court-circuitant totalement les autorités soviétiques. En mars 1991, les référendums de Lettonie et d'Estonie confirmaient que le corps électoral était très majoritairement favorable à une indépendance complète. Gorbatchev, qui avait entrepris sans conviction de réprimer les républiques récalcitrantes, renoua alors avec sa position antérieure pour chercher en vain un *modus vivendi.*

Mais le président soviétique était maintenant attaqué sur ses deux flancs. Sa répugnance à écraser les Baltes lui aliéna définitivement le soutien de ses alliés militaires (deux des généraux qui organisèrent les attaques de Vilnius et de Riga allaient jouer un rôle de premier plan dans le coup de force de Moscou). Et ses anciens amis et admirateurs ne lui faisaient plus confiance. En mars 1991, Eltsine dénonça publiquement les « mensonges et tromperies » de Gorbatchev et réclama sa démission, bravant les pressions des autorités qui lui intimaient de se taire sous peine d'être destitué. Dans le même temps, d'autres républiques suivaient l'exemple des pays baltes.

Tant que les structures d'encadrement du pouvoir soviétique demeuraient solides, les dirigeants communistes, de l'Ukraine au Kazakhstan, avaient cantonné leurs « réformes » à une prudente imitation de Gorbatchev. À la suite de la débâcle de la Baltique, cependant, les mêmes antennes qui les avaient conduits à s'accorder à la *perestroïka* leur indiquèrent que l'Union soviétique elle-même pouvait bien être condamnée. En tout état de cause, ils voyaient bien que dans certains cercles dirigeants le président soviétique était devenu suspect. Ainsi, alors que le nouveau cours politique des républiques baltes reflétait une authentique et vaste renaissance nationale, dans mainte autre république la marche vers la « souveraineté » fut typiquement l'effet d'un mélange plus variable de sentiment national et d'instinct de conservation de la *nomenklatura.* On sentait aussi la peur monter : le sentiment que si la sécurité et l'autorité s'effondraient au sommet – ou pire, pouvaient être unilatéralement rétablies par les ennemis de Gorbatchev –, il serait plus prudent de concentrer les rênes du pouvoir entre des mains locales. Enfin, on commençait à se dire, chez les dirigeants soviétiques, que si le centre se disloquait, ce serait la foire d'empoigne autour d'une énorme quantité d'actifs publics de prix : biens du parti, droits miniers, fermes, usines, recettes fiscales et ainsi de suite. L'Ukraine était de loin la plus importante des républiques « souveraines » en herbe qui affirmaient maintenant leurs droits propres[12]. Comme les

12. Les cinq républiques d'Asie centrale – Kazakhstan, Kirghizie, Tadjikistan, Turkménie et Ouzbékistan – couvraient au total une superficie (18 % du territoire soviétique) plus vaste que toute autre république, en dehors de la Russie, même si leur part combinée du PNB soviétique, en septembre 1991, n'était que de 9,9 %. Mais leur histoire sort du champ de cette étude.

républiques baltes, l'Ukraine avait une histoire d'indépendance (quoique en échec), affirmée pour la dernière fois et aussitôt perdue au lendemain de la Première Guerre mondiale. Elle était aussi étroitement associée à l'histoire même de la Russie : aux yeux de maints nationalistes russes, la « Rous » kiévienne – le royaume du XIIIe siècle organisé autour de la capitale ukrainienne et s'étendant des Carpates à la Volga – était partie intégrante de l'identité centrale de l'empire au même titre que la Russie elle-même. Mais les ressources matérielles de la région étaient une réalité pratique d'une portée plus immédiate.

Au carrefour des voies d'accès de la Russie à la mer Noire et à la Méditerranée aussi bien qu'à l'Europe centrale, l'Ukraine était un pilier de l'économie soviétique. Avec 2,7 % seulement de la superficie de l'URSS, elle abritait 18 % de sa population et engendrait près de 17 % du PNB, se situant au deuxième rang juste après la Russie. Dans les dernières années de l'Union soviétique, l'Ukraine contenait 60 % des réserves de charbon du pays et la majeure partie de ses réserves de titane (essentielle pour la production moderne d'acier) ; son sol exceptionnellement riche assurait plus de 40 % de la production agricole soviétique en valeur.

L'importance disproportionnée de l'Ukraine dans l'histoire russe et soviétique se reflétait dans la direction soviétique elle-même. Nikita Khrouchtchev et Leonid Brejnev étaient tous deux des Russes originaires de l'est de l'Ukraine, Khrouchtchev y étant retourné dans les années 1930 en qualité de premier secrétaire du parti ukrainien. Konstantin Tchernenko était le fils de « koulaks » ukrainiens déportés en Sibérie, tandis que Iouri Andropov s'était hissé au sommet pour avoir occupé le poste stratégiquement central de chef du KGB en Ukraine. Mais cette association étroite entre la république ukrainienne et la direction soviétique n'impliquait aucune considération particulière pour ses habitants.

Bien au contraire. Pendant une bonne partie de son histoire de république soviétique, l'Ukraine fut traitée comme une colonie intérieure : ses ressources naturelles exploitées, son peuple étroitement surveillé (et, dans les années 1930, exposé à un programme de répression punitive qui équivalait à un quasi-génocide). Les produits ukrainiens – notamment les denrées alimentaires et les métaux ferreux – étaient expédiés dans le reste de l'Union à des prix fortement subventionnés, suivant une pratique qui se poursuivit presque jusqu'à la fin. Au lendemain de la Seconde Guerre mondiale, la république socialiste d'Ukraine se trouva considérablement agrandie du fait de l'annexion à la Pologne de la Galicie orientale et de la Volhynie occidentale, dont la population polonaise fut expulsée vers l'ouest tandis que les Ukrainiens de souche étaient à leur tour chassés de Pologne.

Ces échanges de population – et l'extermination en temps de guerre d'une bonne partie de la communauté juive locale – créèrent une région très homogène au regard des normes soviétiques : ainsi, tandis que la république russe contenait en 1900 plus d'une centaine de minorités, trente et une d'entre elles vivant dans des régions autonomes, l'Ukraine était à 84 % ukrainienne. Le reste de la population se composait en majorité de Russes (11 %), ainsi que d'un petit contingent de Moldaves, de Polonais, de Magyars, de Bulgares et de Juifs survivants du pays. Qui plus est, la seule minorité significative – les Russes – était conservée dans l'Est industriel du pays et à Kiev, la capitale.

L'Ukraine centrale et occidentale, notamment autour de Lviv, la deuxième ville du pays, était majoritairement de langue ukrainienne et de religion orthodoxe ou uniate (catholique de rite grec). Du fait de la tolérance relative des Habsbourg, les Ukrainiens de Galicie avaient été autorisés à conserver leur langue maternelle. Suivant les districts, c'était la première langue de 78 à 91 % de la population locale, tandis que dans les territoires jadis dominés par le tsar, même ceux qui se disaient Ukrainiens parlaient souvent plus volontiers russe.

La Constitution soviétique, on l'a vu, attribuait des identités nationales aux habitants de ses diverses républiques et, en fait, définissait tous ses citoyens par des catégories ethnico-nationales. En Ukraine, notamment en Ukraine occidentale, annexée récemment, comme ailleurs, cette pratique avait des conséquences autoréalisatrices. Autrefois, du temps où la langue locale était surtout pratiquée dans les campagnes les plus reculées, et où les villes étaient russophones et sous domination soviétique, le caractère théoriquement décentralisé et fédéral de cette union des républiques nationales n'intéressait que les chercheurs et les apologistes soviétiques. Avec le nombre croissant de citadins ukrainophones et de médias ukrainiens ainsi qu'une élite politique qui s'identifiait à des intérêts délibérément « ukrainiens », cependant, le nationalisme ukrainien était le corollaire prévisible de la fragmentation soviétique[13].

Un mouvement non partisan – le RUHK (Mouvement du peuple pour la *perestroïka*) – vit le jour à Kiev en novembre 1988 : il s'agissait de la première organisation politique ukrainienne autonome depuis de longues décennies. Il trouva un soutien considérable, notamment dans les grandes villes et dans les rangs des communistes réformateurs des années 1960. En revanche, à la différence des mouvements d'indépendance de la Baltique, il ne pouvait compter automatiquement sur le soutien des masses et ne reflétait aucune montée en puissance du sentiment national. Aux élections du Soviet suprême ukrainien, en mars 1990, les communistes s'assurèrent d'une confortable majorité tandis que le RUHK obtint moins d'un quart des sièges.

13. Mais largement imprévu. Pour une exception marquante, voir les essais de Roman Szporluk, *Russia, Ukraine, and the Break-Up of the Soviet Union*, Stanford, Hoover Institution Press, 2000 (volume réunissant des essais écrits dans les années 1970 et 1980).

Ce ne sont donc pas les nationalistes ukrainiens qui allaient prendre l'initiative, mais les communistes eux-mêmes. Et le 16 juillet 1990, les communistes du Soviet ukrainien choisirent par vote de proclamer la « souveraineté » ukrainienne puis affirmèrent le droit de la république à posséder son armée ainsi que la primauté de ses lois. Et c'est sous la direction de Leonid Kravtchouk – apparatchik communiste et ancien « secrétaire aux questions idéologiques » du parti ukrainien – que les Ukrainiens participèrent en mars 1991 au référendum organisé dans toute l'Union et firent savoir qu'ils restaient partisans d'un système fédéral (quoique « rénové », suivant le mot de Gorbatchev). C'est seulement en Ukraine occidentale, où la question posée aux électeurs était de savoir s'ils préféraient l'indépendance à une souveraineté intra-fédérale, que les communistes se laissèrent déborder par les partisans d'une rupture complète avec Moscou : 88 % répondirent oui. Kravtchouk et ses collègues dirigeants du parti en prirent note, tout en attendant prudemment de voir comment les choses allaient tourner ailleurs.

Ce scénario se répéta dans les petites républiques soviétiques occidentales, à des degrés divers suivant les circonstances locales. La Biélorussie (ou Belarus), au nord de l'Ukraine, n'avait pas d'identité ni de traditions nationales comparables. L'éphémère « République nationale biélorussienne » *(sic)* indépendante de 1918 ne parvint jamais à obtenir de reconnaissance extérieure, et nombre de ses citoyens se sentaient plus proches de la Russie, ou encore de la Pologne ou de la Lituanie. Après la Seconde Guerre mondiale, avec l'annexion de diverses parties de la Pologne orientale, la république socialiste soviétique de Biélorussie se retrouva avec une minorité significative de Russes, de Polonais et d'Ukrainiens. Les Biélorusses eux-mêmes – quoique constituant de beaucoup la communauté linguistique la plus forte de la république – ne laissaient paraître aucun signe de désirer ou d'espérer quelque forme de souveraineté que ce soit ; pas plus que leur pays, fortement tributaire de la Russie, ne pouvait espérer conserver une véritable indépendance.

Région pauvre et marécageuse, mieux adaptée à l'élevage du bétail qu'à l'agriculture à grande échelle, la Biélorussie avait été dévastée par la guerre. Sa contribution la plus significative à l'économie soviétique de l'après-guerre se résumait aux produits chimiques et au lin, ainsi qu'à sa position stratégique sur le passage des gazoducs et des grands axes de communication de Moscou à la Baltique. *Adradjenne*, « Renaissance », était ce qui ressemblait le plus à un mouvement d'indépendance : basée à Minsk, la capitale, l'organisation avait vu le jour en 1989 et faisait pendant au RUKH ukrainien. En Biélorussie comme en Ukraine, les élections au Soviet de 1990 virent le retour en force des communistes avec une nette majorité ; et quand, en juillet 1990, le Soviet ukrainien se proclama « souverain », son voisin du nord lui emboîta dûment le pas quinze jours plus tard. À Minsk comme à Kiev, la *nomenklatura* locale avançait prudemment, attendant de voir le tour que prendraient les événements à Moscou.

Coincée entre l'Ukraine et la Roumanie, la Moldavie soviétique était une autre affaire, différente et relativement plus intéressante[14]. Le territoire en question – la « Bessarabie », comme on la connaissait sous les tsars – avait oscillé entre la Russie et la Roumanie au cours des siècles et des fortunes de la guerre. Ses quatre millions et demi d'habitants étaient majoritairement moldaves, mais avec de fortes minorités russes et ukrainiennes et un nombre très significatif de Bulgares, de Juifs, de Tziganes et de Gagaouzes (peuple orthodoxe turcophone installé près de la mer Noire). Dans ce mélange typiquement impérial de populations, la majorité était roumanophone ; mais sous le pouvoir soviétique – afin de mieux les séparer des Roumains voisins – les citoyens de Moldavie avaient été contraints d'écrire leur langue en cyrillique et de se définir non pas comme des « Roumains », mais comme des « Moldoves ».

Ici, l'identité nationale était passablement incertaine. D'un côté, nombre de ses habitants, notamment dans la capitale de Chisinau (Kichinev), parlaient bien russe et se considéraient comme citoyens soviétiques ; de l'autre, le lien roumain (historique et linguistique) jetait un pont en direction de l'Europe et constituait une base aux demandes foisonnantes d'autonomie accrue. Quand un « Front populaire » se forma en 1989, son principal objectif fut de demander que le roumain devînt la langue officielle de la république : chose que les autorités communistes locales acceptèrent la même année. Mais on vit aussi se développer un discours incendiaire, largement spéculatif et découragé par Bucarest, demandant que la Moldavie « rejoignît » la Roumanie.

À la suite des élections de 1990, où le Front populaire remporta la majorité, le nouveau gouvernement entreprit de changer le nom de la république : de république socialiste soviétique moldave en république socialiste soviétique de Moldavie (puis, tout simplement, république de Moldavie) avant de proclamer sa souveraineté en juin. Ces initiatives largement symboliques suscitèrent une angoisse croissante, amenant les russophones et la minuscule communauté gagaouze à parler de séparatisme préventif. À la suite du référendum sur l'autonomie de l'automne 1990, les dirigeants communistes de Tiraspol – la première ville de Moldavie orientale, sur l'autre rive du Dniestr, où les Russes et les Ukrainiens étaient localement majoritaires – proclamèrent une république socialiste soviétique autonome de Transnistrie, faisant pendant à la république socialiste soviétique pareillement « autonome » des Gagaouzes, au sud-est.

Comme il y a tout au plus 160 000 Gagaouzes, et que la « Transnistrie » est un territoire en forme de banane, de 4 000 km² seulement pour moins de

14. Ne pas confondre cette Moldavie avec la Moldavie historique, sur l'autre rive du Prut, en Roumanie.

500 000 habitants, l'émergence de telles « républiques autonomes » pourrait paraître absurde : *reductio ad absurdum* de « traditions inventées » et de « nations imaginaires ». Mais alors que la république gagaouze n'alla jamais au-delà de la proclamation de son existence (le futur État moldave allait la réintégrer pacifiquement, en échange d'un droit de faire sécession au cas où la Moldavie « rejoindrait » un jour la Roumanie), « l'indépendance » de la Transnistrie était garantie par la présence de la 14e armée soviétique (plus tard russe) qui aida ses clients à repousser les premières tentatives moldaves de récupération du territoire.

Dans l'état d'esprit de plus en plus incertain de l'époque, les autorités soviétiques, puis russes, ne se faisaient pas prier pour offrir leur protection à un micro-État qui était nécessairement loyal envers Moscou, totalement tributaire du bon vouloir russe et dont les dirigeants étaient des satrapes communistes locaux qui avaient pris le contrôle du territoire et devaient le transformer à bref délai en paradis des contrebandiers et blanchisseurs d'argent. La Transnistrie étant la source de 90 % de l'électricité de Moldavie, les nouveaux dirigeants disposaient même d'une sorte de ressource économique légitime, qu'ils pouvaient menacer de couper si Chisinau refusait de coopérer.

Ni la Moldavie ni personne ne reconnut l'indépendance transnistrienne : même Moscou n'alla jamais jusqu'à accorder la moindre légitimité officielle à la région sécessionniste. Mais la scission au sein de la minuscule Moldavie donnait un avant-goût des troubles autrement plus graves qui allaient se produire à quelques centaines de kilomètres plus à l'est, dans le Caucase. Là-bas, les vieux antagonismes entre Arméniens et Azéris, compliqués en particulier par la présence en Azerbaïdjan d'une forte minorité arménienne dans la région du Nagorno-Karabakh, s'étaient déjà traduits par des heurts violents entre les deux communautés et avec les troupes soviétiques en 1988, lesquels heurts avaient fait des centaines de victimes[15]. De nouveaux heurts se produisirent en janvier de l'année suivante dans la capitale azerbaïdjanaise de Bakou.

Dans la Géorgie voisine, vingt manifestants trouvèrent la mort en avril 1989 à Tbilissi, lors d'affrontements qui opposèrent des nationalistes à des soldats, les tensions allant croissant entre les foules qui réclamaient la sécession d'avec l'Union et les autorités qui cherchaient encore à préserver l'unité. Mais la Géorgie soviétique, comme les républiques soviétiques voisines d'Arménie et d'Azerbaïdjan, était trop vulnérable géographiquement et trop complexe d'un point de vue ethnique pour être à même d'envisager avec équanimité l'insécurité qui devait accompagner l'effondrement soviétique. Aussi les autorités locales décidèrent-elles d'anticiper cette éventualité en la précipitant, les partis communistes dirigeants se redéfinissant comme des

15. Les Azéris étant d'origine turque, le cadre de ces tensions remonte en partie aux massacres arméniens de la Turquie ottomane, dans la Première Guerre mondiale.

mouvements d'indépendance nationale et les chefs régionaux du parti – Édouard Chevardnadze, en Géorgie, étant de loin le plus connu – se mettant en position de prendre le pouvoir sitôt qu'il tomberait dans la rue.

Au printemps de 1991, donc, tout le monde, à la périphérie, attendait de voir ce qui allait se passer au centre. La clé, bien entendu, était la Russie proprement dite : de beaucoup la république dominante de l'Union, avec la moitié de la population du pays, les trois cinquièmes de son PNB et les trois quarts de son territoire. En un sens, la « Russie » en tant que pays n'existait pas : elle était depuis des siècles un empire, de fait ou dans ses aspirations. S'étalant sur onze fuseaux horaires et englobant plusieurs dizaines de peuples, la « Russie » avait toujours été trop grande pour se laisser réduire à une identité unique ou à un dessein commun[16].

Durant comme après la grande guerre patriotique, les autorités soviétiques avaient bel et bien joué la carte russe, invoquant la fierté nationale et exaltant la « victoire du peuple russe ». Mais le peuple russe ne s'était jamais vu assigner une « nation » au sens où les Kazakhs, les Ukrainiens ou les Arméniens étaient officiellement des « nations » dans le jargon soviétique. Il n'y avait pas même de parti communiste « russe » séparé. Être russe, c'était être soviétique. Il existait une complémentarité naturelle entre les deux : à une époque post-impériale, l'Union soviétique était la couverture de l'État impérial, tandis que « Russie » conférait à l'Union soviétique une légitimité historique et territoriale. Le flou était donc entretenu à dessein autour des frontières entre « la Russie » et « l'Union soviétique[17] ».

L'époque de Gorbatchev fut l'occasion d'une insistance plus appuyée sur la « russianité » pour les mêmes raisons qui avaient conduit l'État est-allemand à revendiquer publiquement avec fierté Frédéric le Grand et à exalter les qualités proprement allemandes de la RDA. Dans les années de déclin des républiques populaires, le patriotisme resurgit, tel un substitut commode du socialisme. Pour cette raison, précisément, c'était aussi la forme la plus facile et la moins menaçante d'opposition politique. En Russie ou en RDA, comme en Hongrie, les intellectuels critiques pouvaient bien être persécutés, mais les

16. L'image caractéristique que le Russe a de lui-même, alliage instable d'insécurité et d'hubris, est bien rendue dans les *Lettres philosophiques adressées à une dame* de 1829-1930 [lettre première, original français] du philosophe libéral Piotr Tchaadaïev : « Nous sommes du nombre de ces nations qui ne semblent pas faire partie intégrante du genre humain mais qui n'existent que pour donner quelque grande leçon au monde. L'enseignement que nous sommes destinés à donner ne sera pas perdu assurément, mais qui sait le jour où nous nous retrouverons au milieu de l'humanité, et que de misères nous éprouverons avant que nos destinées s'accomplissent ? » [Cf. *Lettres philosophiques adressées à une dame*, présentation François Rouleau, Paris, Librairie des Cinq continents, 1970.]

17. C'est une des raisons pour lesquelles la fin de l'Union soviétique fut et reste une source de regret sincère chez beaucoup de Russes. Pour tout le monde, « indépendance » était synonyme de gain : pour la Russie elle-même, l'indépendance fut indéniablement une perte.

expressions tempérées de nationalisme n'étaient pas nécessairement réprimées ni même découragées et pouvaient être canalisées à l'avantage des autorités. Le renouveau du « chauvinisme grand-russe » dans les publications et les médias soviétiques est à replacer dans ce contexte. Mais ce fut aussi, naturellement, une source d'angoisse supplémentaire pour les minorités nationales vulnérables.

Tel fut le cadre de l'émergence inattendue de Boris Eltsine. Apparatchik traditionnel de l'ère Brejnev, spécialiste de la construction industrielle avant de devenir secrétaire du Comité central, Eltsine gravit régulièrement les rangs du parti avant d'être sommairement dégradé en 1987 pour être allé trop loin dans la critique de ses supérieurs. À ce tournant crucial, Eltsine, qui avait eu amplement l'occasion d'observer avec quelle efficacité le parti et la bureaucratie pouvaient empêcher tout véritable changement, eut l'instinct politique de se présenter en politicien clairement *russe* : il s'affirma d'abord comme député de la Fédération russe après les élections de mars 1990, puis président du Soviet suprême – c'est-à-dire du Parlement – russe.

Depuis ce perchoir, aussi visible qu'influent, Eltsine devint le chef de file des réformateurs : quittant ostensiblement le parti communiste en juillet 1990, il s'appuya sur sa base dans la Moscou *russe* pour s'opposer à ses anciens camarades de la Moscou *soviétique*. Sa principale cible devint alors Gorbatchev lui-même (alors même qu'Eltsine avait initialement soutenu fermement le président soviétique, après avoir travaillé plus de dix ans dans sa région natale de Sverdlovsk). De jour en jour, les insuffisances du leader soviétique devenaient péniblement évidentes, et sa popularité sombrait. Eltsine ne pouvait pas manquer de le remarquer.

Sur le plan intérieur, la grande erreur tactique de Gorbatchev avait été d'encourager l'émergence d'un corps législatif national jouissant d'une visibilité nationale, de réels pouvoirs et d'une indépendance considérable. Eltsine et ses partisans russes furent beaucoup plus prompts que Gorbatchev lui-même à comprendre que ce nouveau soviet élu librement serait le forum d'expression naturel des mécontentements en tous genres ; et Eltsine s'empressa d'aligner les intérêts de la Russie sur ceux des diverses nations et républiques. Gorbatchev était sensible à la menace que ces alliances faisaient courir à l'Union, mais il était maintenant trop tard pour faire quoi que ce soit, sinon s'aligner sans conviction et malaisément sur les positions des bureaucrates soviétiques nostalgiques de l'ancien monopole du parti : le même monopole qu'il avait tant contribué à briser.

Ainsi, alors que Gorbatchev était encore « triangulé » entre le souhaitable et le possible, plaidant pour un « fédéralisme maîtrisé » (compromis gorbatchévien typique), Eltsine partageait avec ferveur et publiquement les combats pour l'indépendance des pays baltes. En avril 1991, Gorbatchev concéda à contrecœur aux républiques le droit à la sécession dans une nouvelle Constitution de l'Union ; mais cette manière de s'incliner devant la réalité ne fit que l'affaiblir davantage, tout en persuadant ses ennemis conservateurs qu'il fallait écarter Gorbatchev pour rétablir l'ordre. Entre-temps, le 12 juin 1991, Eltsine, qui avait de longue date éclipsé Gorbatchev dans les sondages, fut élu président de la République soviétique russe, devenant le premier dirigeant de la Russie à avoir jamais été démocratiquement élu[18].

Le mois suivant, le 12 juillet, le Soviet suprême de l'URSS se prononçait en faveur d'une nouvelle Union : décentralisée et laissant une latitude considérable aux États membres dissidents. Avec l'élection populaire d'un Eltsine désormais ouvertement anticommuniste, cela renversa définitivement le rapport de forces. La situation des conservateurs du parti était désespérée, et un groupe de hauts dignitaires – dont le Premier ministre, le ministre de la Défense, le ministre de l'Intérieur et Vladimir Krioutchkov, le patron du KGB – commencèrent à préparer un coup d'État. Que quelque chose de ce genre se tramait à Moscou était devenu un secret de Polichinelle : dès le 20 juin, l'ambassadeur des États-Unis avait prévenu Gorbatchev d'un complot, mais en vain.

Le putsch lui-même devait coïncider avec les vacances annuelles de Gorbatchev en Crimée ; le dernier chef du parti à avoir été déposé par la force, Nikita Khrouchtchev, se reposait aussi dans le sud de l'Union quand ses collègues de Moscou avaient organisé son élimination par surprise. Les conjurés de 1991 renouaient donc sans vergogne avec les pratiques soviétiques antérieures. Le 17 août, Gorbatchev se vit donc prier de remettre ses pouvoirs présidentiels à un « Comité d'urgence ». Devant son refus, celui-ci annonça le 19 que le président était incapable d'exercer son autorité « pour raisons de santé » et que le comité allait désormais assumer les pleins pouvoirs. Le vice-président soviétique, Guennadi Ianaïev signa un décret privant Gorbatchev de son autorité et proclama l'« état d'urgence » pour six mois.

Retenu dans sa villa de la mer Noire, sur le promontoire méridional de la Crimée, Gorbatchev était impuissant, mais les conjurés n'étaient guère mieux lotis. En premier lieu, le simple fait qu'ils aient dû proclamer l'état d'urgence et appliquer quasiment la loi martiale à seule fin de remplacer un dirigeant communiste par un autre montrait à quel point les structures traditionnelles de l'Union soviétique s'étaient défaites. Les conjurés n'avaient pas le soutien unanime de leurs instances : le fait crucial est qu'une majorité d'officiers supérieurs du KGB refusèrent de suivre Krioutchkov. Et si ce *contre* quoi se battaient les conjurés était clair, jamais ils ne furent en mesure d'indiquer clairement ce *pour* quoi ils avaient pris le pouvoir.

18. Eltsine recueillit 57 % des voix pour une participation de 74 %.

En outre, les conjurés étaient une caricature involontaire de tout ce qui n'allait pas dans le passé soviétique : des hommes vieux et gris de l'ère Brejnev, qui pratiquaient d'un débit lent la langue de bois, complètement coupés des changements intervenus dans un pays qu'ils voulaient ramener trente ans en arrière. Jadis, quand des hommes de ce genre intriguaient au Kremlin, ils agissaient dans l'ombre ; leurs seules apparitions se limitaient à de lointaines tribunes lors des cérémonies publiques. Or force leur fut alors d'apparaître à la télévision et devant la presse pour expliquer et défendre leurs actions, et la population eut tout le loisir d'observer de près la physionomie d'un socialisme officiel gâteux.

C'est alors que Boris Eltsine saisit sa chance. Trois semaines plus tôt, lors de la visite du président américain en URSS, il avait personnellement rencontré George Bush, et sa stature en était sortie renforcée. Le 19 août, il dénonça publiquement le coup de force au Kremlin comme un coup d'État et prit lui-même la tête de la résistance, dirigeant les opérations depuis son QG du Parlement russe et mobilisant les foules à l'entour pour défendre la démocratie contre les chars. Dans le même temps, sous les feux de tous les médias internationaux réunis, Eltsine se lança dans de longues conversations et négociations avec les dirigeants de la planète : tous, sauf un, lui apportèrent leur soutien public et évitèrent soigneusement de reconnaître les conjurés de plus en plus isolés[19].

La résistance n'était pas simple formalité : dans la nuit du 20 au 21 août, trois manifestants tombèrent dans des affrontements avec l'armée. Mais ayant perdu l'initiative publique, les dirigeants du coup d'État commencèrent à perdre leur sang-froid. Ils ne jouissaient pas du large soutien des forces armées dont ils auraient eu besoin pour prendre le contrôle du pays, et chaque heure d'impasse dans les rues de Moscou (et de Leningrad) leur faisait perdre leur atout crucial : la peur. Loin de les intimider, les événements du Kremlin ne firent qu'enhardir les démocrates et les nationalistes : le 20 août, au plus fort de l'incertitude, l'Estonie proclama son indépendance ; le lendemain, ce fut au tour de la Lettonie. Le 21 août, un des conjurés, Boris Pougo (ministre de l'Intérieur et ancien chef du KGB en Lettonie), se suicida ; ses collègues furent arrêtés sur ordre d'Eltsine. Ce même jour, un Gorbatchev épuisé et inquiet était rapatrié à Moscou.

Officiellement, Gorbatchev reprit ses pouvoirs ; en réalité, cependant, tout avait irrémédiablement changé. Le parti communiste de l'Union soviétique (PCUS) était définitivement discrédité : les porte-parole du parti avaient attendu le 21 août pour condamner publiquement le coup d'État de leurs

19. L'exception fut le président français, François Mitterrand, encore gêné par la déstabilisation de l'Europe de l'Est et un peu trop prompt à croire que les conjurés avaient réussi à rétablir le *statu quo ante*.

collègues ; à cette date, les conjurés étaient déjà en prison et Eltsine avait profité des hésitations fatales du parti pour interdire ses activités dans la fédération russe. Gorbatchev, qui semblait hébété et incertain quand il parut en public, tarda à saisir, on le comprend, la portée de ces développements. Plutôt que de louer Eltsine, le Parlement ou le peuple russe de leur succès, il parla devant les caméras de la *perestroïka* et du rôle indispensable que continuerait de jouer le parti en se renouvelant et en promouvant des réformes.

Son approche continua de rencontrer de bons échos en Occident, où l'on supposait – et espérait – largement que les choses reprendraient leur cours après le coup d'État manqué. En Union soviétique même, cependant, l'anachronisme d'un Gorbatchev incapable de prendre la mesure de ses échecs et son ingratitude évidente envers ceux qui l'avaient secouru, eurent l'effet d'une révélation. Voici un homme qui avait été dépassé par l'Histoire et qui ne le savait pas. Pour beaucoup de Russes, les événements d'août avaient été une véritable révolution, un authentique soulèvement populaire non pas *pour* les réformateurs et leur parti, mais *contre* eux : comme les manifestants le crièrent à l'intention de Gorbatchev lors de son arrivée tardive au Parlement russe, le PCUS était une « entreprise criminelle » dont les ministres avaient tenté de détruire la Constitution. Lorsqu'un Gorbatchev dégrisé finit par comprendre, suspendit le PCUS et, le 24 août, démissionna de ses fonctions de secrétaire général, il était trop tard. Le communisme avait fait son temps ; Gorbatchev, aussi.

Naturellement, l'ancien secrétaire général restait président de l'Union soviétique. Or la pertinence même de l'Union était maintenant directement contestée. Le putsch raté avait donné la dernière impulsion, mais aussi la plus forte, à la sécession. Entre le 24 août et le 21 septembre, l'Ukraine, la Biélorussie, la Moldavie, l'Azerbaïdjan, le Kirghizstan, l'Ouzbékistan, la Géorgie, le Tadjikistan et l'Arménie suivirent les Républiques baltes et se déclarèrent indépendantes de l'Union soviétique – la plupart choisissant de le faire dans les jours confus et incertains qui suivirent le retour de Gorbatchev[20]. Emboîtant le pas à Kravtchouk, en Ukraine, les premiers secrétaires régionaux comme Noursoultan Nazarbaïev au Kazakhstan, Askar Akaïev au Kirghizstan, Gaidar Aliev en Azerbaïdjan, Stanislav Chouchkevitch en Biélorussie et d'autres prirent prudemment leurs distances vis-à-vis de leur parti de toujours pour se replacer à la tête de leurs nouveaux États tout en prenant soin de nationaliser au plus vite les actifs du parti local.

20. Même en Ukraine, où beaucoup de russophones se méfiaient de tout le discours autour de l'indépendance nationale, le coup d'État d'août eut un impact spectaculaire sur l'opinion publique : le 21 août, le Soviet suprême ukrainien vota l'indépendance, soumise à référendum, par 346 voix contre une. Le référendum eut lieu le 1er décembre : 90,3 % des votants (pour un taux de participation de 84 %) se prononcèrent pour l'abandon de l'Union soviétique.

Gorbatchev et le Soviet suprême de Moscou ne pouvaient guère faire plus que de s'incliner devant la réalité, de reconnaître les nouveaux États et de proposer maladroitement une « nouvelle » Constitution qui rassemblerait les républiques indépendantes dans une sorte d'organisation confédérale. Dans le même temps, à quelques centaines de mètres de là, Boris Eltsine et le Parlement russe créaient une Russie indépendante. En novembre, Eltsine avait mis sous le contrôle de la Russie la quasi-totalité des activités financières et économiques sur le territoire russe. L'Union soviétique n'était plus qu'une coquille vide, dépouillée de son pouvoir et de ses ressources.

À cette date, les institutions centrales de l'URSS se trouvaient entre les mains des États indépendants ou avaient cessé de vivre : le KGB lui-même fut officiellement aboli le 24 octobre. Quand Gorbatchev proposa un nouveau « traité sur la Communauté économique des États souverains », la plupart des républiques indépendantes refusèrent purement et simplement de le signer. À la session d'octobre du Soviet suprême de l'URSS, les républiques occidentales étaient absentes. Enfin, le 8 décembre, les présidents et Premiers ministres de Russie, d'Ukraine et de la Biélorussie – États slaves qui formaient le cœur de l'empire soviétique – se réunirent de leur propre chef dans les environs de Minsk et dénoncèrent le traité d'Union de 1922, abolissant *de facto* l'Union soviétique. Ils proposèrent de le remplacer par une Communauté d'États indépendants (CEI).

Apprenant cette initiative, Gorbatchev, à Moscou, la qualifia d'« illégale et dangereuse ». Mais les opinions du président de l'Union soviétique n'intéressaient plus personne. Comme Gorbatchev lui-même devait finir par s'en rendre compte, il n'était plus en charge de rien. Neuf jours plus tard, le 17 décembre, Gorbatchev rencontra Eltsine : les deux hommes admirent (ou plutôt, Gorbatchev concéda) qu'il convenait d'abolir officiellement l'Union soviétique : ses ministères, ses ambassades et ses armées devaient passer sous la coupe de la Russie, tandis que la république russe hériterait de sa place dans le cadre du droit international.

Vingt-quatre heures plus tard, Gorbatchev annonça son intention de démissionner de la présidence soviétique. Le 25 décembre 1991, le drapeau russe remplaçait les insignes soviétiques au sommet du Kremlin : Mikhaïl Gorbatchev céda ses prérogatives de commandant-en-chef au président Eltsine et se démit de ses fonctions. Quarante-huit heures plus tard, Gorbatchev avait vidé son bureau et Eltsine pris sa place. L'Union des républiques socialistes soviétiques cessa d'exister le 31 décembre 1991.

La disparition de l'Union soviétique est un épisode remarquable, sans parallèle dans l'histoire contemporaine. Il n'y eut ni guerre ni révolution sanglante, ni catastrophe naturelle. Un grand État industriel – une superpuissance militaire – s'effondra purement et simplement : son autorité s'évanouit, ses institutions se dissipèrent. La dislocation de l'URSS ne se fit pas totalement sans violence : on l'a vu en Lituanie et au Caucase ; et il devait y avoir d'autres combats dans certaines républiques indépendantes au cours des années suivantes. Dans l'ensemble, cependant, le plus grand pays du monde quitta la scène presque sans protestation. Dire que l'Empire a disparu sans effusion de sang est sans conteste une description exacte, mais elle n'aide guère à saisir la facilité inattendue de tout le processus.

Pourquoi donc fut-il si ostensiblement indolore ? Pourquoi, après des décennies de violences internes et d'agression extérieure, la première société socialiste du monde implosa-t-elle sans même essayer de se défendre ? Une réponse, bien sûr, est qu'en vérité elle n'avait jamais vraiment existé : pour citer l'historien Martin Malia, « le socialisme, ça n'existe pas, et l'Union soviétique l'a construit ». Mais si cela explique la futilité de l'autorité communiste dans les États satellites, qui ne tenaient en place que par l'ombre de l'Armée rouge, cela n'explique pas vraiment ce qui s'est produit au sein même de l'empire. Même si la *société* que le communisme prétendait avoir construite était foncièrement frauduleuse, *l'État* léniniste, lui, était bien réel. Et c'était un produit indigène.

Une partie de la réponse réside dans le succès involontaire de l'éviscération, par Mikhaïl Gorbatchev, de l'appareil administratif et répressif dont dépendait l'État soviétique. Sitôt que le parti perdit son emprise et qu'il apparut clairement que ni l'armée ni le KGB ne seraient déployés sans merci pour briser les critiques du régime et châtier les dissidents – ce qui ne devint clair qu'en 1991 –, les tendances naturellement centrifuges d'un immense empire terrestre prirent le dessus. C'est alors seulement qu'il devint évident – nonobstant soixante-dix ans d'affirmations énergiques du contraire – qu'il n'existait pas de société communiste, mais juste un État flétri avec des citoyens inquiets.

Toutefois, et c'est le second aspect de l'explication, l'État soviétique *n'a pas* vraiment disparu, mais a plutôt éclaté en une multiplicité de petits États successeurs, pour la plupart dirigés par des autocrates communistes aguerris, dont l'instinct premier fut de reproduire et d'imposer les systèmes et l'autorité qui étaient les leurs en tant que responsables soviétiques. Il n'y eut pas de « transition démocratique » dans la plupart des États successeurs : cette transition intervint, quand elle se fit, un peu plus tard. Le pouvoir de l'État autocratique, la seule espèce que la plupart des habitants de l'empire soviétique intérieur eussent jamais connue, ne fut pas tant détrôné que réduit. De l'extérieur, le changement parut spectaculaire ; vécu de l'intérieur, ses implications étaient nettement moins radicales.

Par ailleurs, alors que les secrétaires communistes locaux qui se métamorphosèrent si aisément en chefs de l'État avaient toute raison d'agir énergiquement pour garder leur fief, les autorités soviétiques du centre n'avaient pas de fief territorial à protéger. Elles n'avaient à offrir qu'un retour aux structures décrépites que Gorbatchev avait mis tant d'ardeur à sabrer ; on ne s'étonnera pas que la volonté de poursuivre le combat leur ait fait défaut[21]. Le seul ancien dirigeant communiste qui eût une base à Moscou était Boris Eltsine ; et il agit résolument, mais au nom d'une « Russie » renaissante.

Il ne faut donc pas interpréter l'efflorescence des États successeurs comme le signe que l'Union soviétique s'est effondrée sous le poids d'un nationalisme jusque-là en sommeil qui se serait réveillé dans ses différentes républiques. À l'exception des pays baltes, dont la trajectoire ressemblait davantage à celle de leurs voisins occidentaux, les républiques soviétiques étaient elles-mêmes le produit de la planification soviétique – et on a déjà eu l'occasion d'en voir la grande complexité ethnique. Même les États indépendants depuis peu comptaient de nombreuses minorités vulnérables (notamment les Russes, omniprésents) : d'anciens citoyens soviétiques qui avaient de bonnes raisons de regretter la perte de la protection « impériale » et qui devaient se montrer singulièrement ambivalents envers leurs nouvelles conditions.

Ils n'étaient pas les seuls. Quand le président Bush se rendit à Kiev, le 1er août 1991, il crut de son devoir de recommander publiquement aux Ukrainiens de rester dans l'Union soviétique. « Certaines personnes, déclara-t-il, ont pressé les États-Unis de choisir entre soutenir le président Gorbatchev et soutenir les dirigeants indépendantistes à travers l'URSS. À mon sens, c'est un faux choix. Le président Gorbatchev a accompli des choses étonnantes [...]. Nous garderons les liens les plus solides possibles avec le gouvernement soviétique du président Gorbatchev. » Si cette tentative assez appuyée pour étayer la position d'un président soviétique toujours plus vulnérable n'était pas vraiment une approbation de l'Union soviétique... cela y ressemblait beaucoup.

L'appel public à la prudence du président américain est un autre rappel salutaire du rôle limité que jouèrent les États-Unis dans ces développements. Nonobstant l'autocélébration qui tient lieu d'histoire officielle, Washington n'a pas « abattu » le communisme : le communisme a implosé de son propre chef. Dans le même temps, si son auditoire ukrainien ne suivit pas le conseil de Bush et, quelques mois plus tard, vota de quitter l'Union à une écrasante majorité, ce ne fut pas du fait d'un soudain accès de ferveur patriotique. En Ukraine, en Moldavie ou même en Géorgie, ce n'était pas tant une affaire d'autodétermination que d'autopréservation : une base solide pour édifier un État, comme on devait le constater, mais de piètres fondements pour la démocratie.

Rien dans la vie de l'Union soviétique ne lui convint mieux que sa disparition. On peut en dire largement autant de l'éclatement de la Tchécoslovaquie, avec

21. La volonté, pas les moyens. Si Gorbatchev ou les conjurés d'août, avaient choisi d'utiliser l'armée pour écraser toute opposition, il est loin d'être certain qu'ils eussent échoué.

le « divorce de velours » entre Slovaques et Tchèques qui fut consommé à l'amiable et dans la paix le 1er janvier 1993. À première vue, on pourrait croire à un cas d'école, avec le surgissement naturel de sentiments ethniques venus combler le vide laissé par le communisme : un « retour de l'histoire » en forme de réveil national. Et c'est ainsi, bien entendu, que maints protagonistes locaux présentèrent les choses. À y regarder de plus près, cependant, la division de la Tchécoslovaquie en deux États séparés – Slovaquie et République tchèque – illustre une fois encore, à l'échelle provinciale et au cœur de l'Europe, les limites d'une telle interprétation.

Il ne manquait certes pas d'« histoire » à invoquer. Si indiscernables qu'ils pussent sembler à des étrangers perplexes, Tchèques et Slovaques avaient des passés sensiblement différents. La Bohême et la Moravie – les territoires historiques comprenant les terres tchèques – pouvaient se prévaloir non seulement d'un remarquable passé médiéval et renaissant au cœur du Saint-Empire romain, mais aussi d'un rôle de premier plan dans l'industrialisation de l'Europe centrale. Dans la moitié autrichienne de l'Empire des Habsbourg, les Tchèques jouissaient d'une autonomie croissante et d'une prospérité marquée. En 1914, leur ville principale, Prague – une des gloires esthétiques du continent – était un grand centre du modernisme dans les arts plastiques et la littérature.

Les Slovaques, en revanche, n'avaient pas grand-chose dont ils pussent s'enorgueillir. Gouvernés depuis des siècles par Budapest, ils n'avaient pas d'histoire nationale propre : dans la moitié hongroise de l'Empire, on les considérait non pas comme des « Slovaques », mais comme des paysans slavophones du nord rural de la Hongrie. Les habitants des villes de la région slovaque étaient majoritairement des Allemands, des Hongrois ou des Juifs : ce n'est pas un hasard si la plus grande ville de la région, conurbation sans âme sise sur le Danube à quelques kilomètres à l'est de Vienne, était connue sous le nom de Presbourg des Autrichiens germanophones, mais de Pozsony par les Hongrois. Elle ne devint la deuxième ville du pays sous le nom de Bratislava qu'en 1918 avec l'indépendance de la Tchécoslovaquie et l'intégration un peu à contrecœur des Slovaques dans le nouvel État.

Entre les deux guerres, la République de Tchécoslovaquie était démocratique et libérale, au regard des normes régionales de l'époque, mais ses institutions centralisées privilégiaient fortement les Tchèques, qui occupaient presque toutes les positions de pouvoir et d'influence. La Slovaquie n'était qu'une simple province, pauvre et déshéritée par-dessus le marché. Le même élan qui amena une bonne partie des trois millions de germanophones du pays à écouter les séparatistes pronazis poussa aussi une partie des deux millions et demi de Slovaques de la Tchécoslovaquie à faire bon accueil aux populistes slovaques qui réclamaient l'autonomie, voire l'indépendance. En mars 1939, quand Hitler absorba les régions tchèques dans le « Protectorat de

Bohême et de Moravie », un État slovaque fantoche autoritaire et clérical fut mis en place sous l'autorité du père Józef Tiso. Ainsi le premier État slovaque indépendant vit-il le jour sur ordre de Hitler et sur le cadavre de la République tchécoslovaque.

Il est difficile de savoir après-coup à quel point cette « indépendance » de la Slovaquie était populaire pendant la guerre. Dans l'après-guerre, elle fut discréditée par son propre bilan (elle déporta vers les camps de la mort la quasi-totalité de ses 140 000 Juifs d'avant-guerre) et par son étroite dépendance envers son protecteur nazi. Après la libération, la Tchécoslovaquie redevint un État unique réprouvant les expressions du nationalisme slovaque. De fait, dans les premières années du régime stalinien, le « nationalisme bourgeois slovaque » fut l'une des accusations portées contre les accusés des grands procès mis en scène : Gustav Husák écopa de six ans de prison pour cette raison.

Avec le temps, cependant, les communistes de Tchécoslovaquie, comme d'ailleurs, comprirent qu'il pouvait être avantageux d'encourager un degré modéré de sentiment national. Se faisant l'écho d'un sentiment croissant à Bratislava, les réformateurs de 1968 (pour beaucoup d'origines slovaques) proposèrent une nouvelle Constitution fédérale réunissant deux républiques distinctes : tchèque et slovaque ; de toutes les innovations significatives discutées ou mises en œuvre au cours du Printemps de Prague, ce fut la seule à survivre à la « normalisation » ultérieure. Après avoir d'abord traité la Slovaquie rurale et catholique comme territoire hostile, les autorités du parti en vinrent, si l'on peut dire, à la favoriser (voir chapitre XIII).

L'arriération de la Slovaquie – ou plutôt, l'absence de fortes concentrations de classes moyennes citadines et instruites – joua alors à son avantage. Avec moins de voitures et de postes de télévision et des communications pires que dans les provinces occidentales plus avancées, les Slovaques paraissaient moins vulnérables à l'influence étrangère que les radicaux et les dissidents qui avaient accès aux médias étrangers. Aussi souffrirent-ils beaucoup moins de la répression et des purges des années 1970. Ce sont les *Tchèques* qui étaient désormais mal vus des autorités[22].

Avec cette histoire présente à l'esprit, l'éclatement de la Tchécoslovaquie après 1989 devrait apparaître, sinon comme une issue naturelle, à tout le moins comme le résultat logique de décennies de rancune mutuelle : étouffée et exploitée sous le communisme, jamais oubliée. Mais il n'en alla pas ainsi. Dans les trois années qui séparent la fin du communisme du divorce final, tous

---

22. Ce qui suscita une certaine rancœur parmi les Tchèques. Lors d'une visite à Prague, en 1985, l'auteur de ces pages fut abreuvé par des libéraux tchèques de tableaux des privilèges que le régime accordait aux minorités slovaques. Les maîtres d'école originaires de Slovaquie – recrutés pour enseigner dans les écoles primaires de Prague et jugés désespérément provinciaux et insuffisants par les parents – étaient une cible de ressentiment privilégiée.

les sondages d'opinion indiquaient qu'une forme d'État tchécoslovaque commun avait les faveurs d'une majorité de Tchèques *et* de Slovaques. La classe politique n'était pas non plus profondément divisée à ce propos : tant à Prague qu'à Bratislava, on admit largement dès le début que la nouvelle Tchécoslovaquie serait une fédération qui laisserait à ses parties une autonomie considérable. Et le nouveau président Václav Havel ne cachait pas qu'il croyait au maintien des Tchèques et des Slovaques dans le même pays.

Le résultat des premières élections libres de juin 1990 donne une idée de l'insignifiance initiale de la question « nationale ». En Bohême et en Moravie, le Forum civique de Havel recueillit la moitié des voix, les autres se partageant pour l'essentiel entre les communistes et les démocrates-chrétiens. En Slovaquie, le tableau était plus complexe : Public contre la violence (PCV), le parti frère du Forum civique, s'imposa come le groupe le plus fort, mais une bonne partie de l'électorat se divisa entre démocrates-chrétiens, communistes, démocrates-chrétiens hongrois et Verts[23]. En revanche, le tout nouveau parti national slovaque n'obtint que 13,9 % des voix aux élections au Conseil national slovaque et 11 % aux élections à l'Assemblée fédérale. Moins d'un électeur slovaque sur sept choisit le seul parti qui se prononçât pour la division du pays entre communautés ethniques.

Le Forum civique commença cependant de se désintégrer en 1991. Alliance fondée sur un ennemi commun (le communisme) et un chef populaire (Havel), il n'avait plus maintenant ni l'un ni l'autre : le communisme avait disparu et Havel était président de la République, ostensiblement au-dessus de la mêlée politique. Les différences politiques entre anciens collègues passèrent alors au premier plan, tandis que les tenants de l'économie de marché conduits par le ministre des Finances Václav Klaus (thatchérien déclaré) étaient de plus en plus influents. En avril 1991, après l'approbation par le Parlement d'une loi-cadre sur la privatisation des entreprises publiques, le Forum civique se scinda, et la faction (dominante) de Klaus devint le parti démocratique civique (ODS).

Klaus était résolu à conduire le pays dans une marche rapide vers le « capitalisme ». Mais alors qu'en terres tchèques existait une véritable clientèle pour atteindre cet objectif, tel n'était pas le cas en Slovaquie. La privatisation, l'économie de marché et un secteur étatique réduit ne séduisaient guère la plupart des Slovaques, plus tributaires que les Tchèques des emplois des manufactures, des usines et des mines d'un secteur public non rentable – d'« entreprises » dont les produits ne bénéficiaient plus d'un marché protégé et qui avaient peu de chance d'attirer des capitaux étrangers ou des investisseurs privés.

23. L'apparition d'un parti magyar à part reflète la présence sur le territoire slovaque de quelque 500 000 Hongrois, soit 10 % de la population slovaque.

Aux yeux de certains milieux économiques et politiques de Prague, la Slovaquie était un héritage encombrant.

Dans le même temps, le PCV éclata également, pour des raisons analogues. Son chef de file le plus en vue était désormais Vladimir Meciar, un ex-boxeur qui joua un rôle relativement mineur dans les événements de 1989, mais qui depuis s'était révélé bien plus habile manœuvrier que ses collègues dans les récifs de la vie politique démocratique. Après l'élection de juin, il avait formé un gouvernement au Conseil national slovaque, mais son style personnel rébarbatif provoqua à son tour une rupture au sein de sa coalition. Remplacé par le catholique Ján Čarnogurský, Meciar quitta le PCV et forma son Mouvement pour une Slovaquie démocratique.

De l'automne 1991 à l'été 1992, les représentants des administrations tchèque et slovaque poursuivirent de longues négociations pour dégager la base d'une Constitution fédérale et décentralisée, qui avait la préférence d'une nette majorité de la classe politique et des électeurs des deux parties. Mais Meciar, soucieux de s'assurer une clientèle pour lui et son parti, épousa alors la cause du nationalisme slovaque : un thème pour lequel il n'avait pas montré jusqu'ici un grand intérêt. Les Slovaques, expliqua-t-il à ses auditoires, étaient menacés de tous côtés, par les projets de privatisation tchèques et le séparatisme hongrois comme par la perspective d'absorption dans « l'Europe ». Il y allait de leur existence nationale (sans parler de leurs moyens d'existence).

Porté par cette rhétorique et son style public kitsch mais charismatique, Meciar conduisit son parti à la victoire aux élections fédérales de juin 1992, avec près de 40 % des voix en Slovaquie. Dans le même temps, dans les régions tchèques, triomphait le nouveau parti civique démocratique de Václav Klaus allié aux démocrates-chrétiens. Klaus étant désormais le Premier ministre de la région tchèque, les deux moitiés autonomes de la république fédérale étaient entre les mains d'hommes qui, pour des raisons différentes mais complémentaires, ne seraient pas navrés de voir le pays éclater. Seul le président fédéral incarnait désormais, dans sa fonction constitutionnelle comme dans sa personne, l'idéal d'une Tchécoslovaquie fédérale et unie.

Or Václav Havel n'était plus aussi populaire et donc influent qu'il l'était moins de deux ans auparavant. Son tout premier voyage officiel de président, il l'avait réservé non pas à Bratislava, mais à l'Allemagne : geste compréhensible à la lumière de la vieille animosité germano-tchèque et du besoin de son pays de se faire des amis en Europe occidentale, mais faux-pas tactique néanmoins au vu des sensibilités slovaques. Et Havel ne fut pas toujours bien servi par son état-major : en mars 1991, son porte-parole Michael Zantovský déclara que le système politique slovaque était de plus en plus concentré entre les mains d'ex-communistes et de « gens qui célèbrent l'État slovaque comme l'âge d'or de la nation slovaque[24] ».

L'affirmation de Zantovský n'était pas totalement fausse, mais dans son contexte elle devait se révéler largement autoréalisatrice. Comme d'autres anciens dirigeants tchèques, Havel et ses collègues n'avaient pas toujours une très bonne opinion des Slovaques. Ils étaient tentés de voir en eux des esprits étriqués et chauvins : au mieux des hommes qui couraient naïvement après le mirage de la souveraineté ; au pire, des nostalgiques de l'État fantoche du temps de guerre. Paradoxalement, Klaus ne partageait pas ces préjugés libéraux et se fichait pas mal du passé de la Slovaquie. Comme Meciar, c'était un réaliste. Les deux hommes, qui étaient désormais les responsables politiques les plus puissants de leurs régions respectives, passèrent les semaines suivantes à négocier officiellement un traité d'État en vue d'une Tchécoslovaquie fédérale.

Qu'ils aient jamais pu trouver un accord paraît peu probable : Meciar revendiquait le droit de battre monnaie et d'emprunter pour une République slovaque quasiment souveraine ; un moratoire sur les privatisations ; le rétablissement des subventions de l'ère communiste ; et un tas d'autres mesures, toutes anathèmes pour un Klaus qui poursuivait obstinément son plan de marche forcée en direction d'une économie de marché sans entraves. En fait, leurs réunions des mois de juin-juillet 1992 n'étaient pas vraiment des négociations : Klaus feignit d'être surpris et choqué par les exigences de Meciar, qui n'étaient guère une surprise vu les nombreux discours de Meciar sur le sujet. En pratique, c'est Klaus qui manœuvra en sorte de conduire le dirigeant slovaque à la rupture, plutôt que l'inverse.

En conséquence, alors même que la majorité des députés slovaques au Conseil national slovaque et à l'Assemblée fédérale eussent été ravis d'approuver un traité d'État accordant à chaque moitié du pays une autonomie totale et une égalité de statut au sein de l'État fédéral, ils se retrouvèrent devant le fait accompli. Les négociations étant dans l'impasse, Klaus déclara effectivement à ses interlocuteurs : puisque nous sommes visiblement incapables de parvenir à un accord, autant abandonner ces efforts infructueux pour suivre des voies séparées. Devant l'accomplissement apparent de leurs désirs, force fut aux Slovaques piégés de consentir, souvent malgré eux.

Le 17 juillet 1992, le Conseil national slovaque adopta un nouveau drapeau, une nouvelle Constitution et un nouveau nom : la République slovaque. Une semaine plus tard, Klaus et Meciar, ce dernier encore un peu hébété par son « succès », acceptèrent de partager le pays à compter du 1er janvier 1993. Ce jour-là, la Tchécoslovaquie disparut, laissant place à deux États séparés, deux républiques dirigées par leurs Premiers ministres respectifs,

24. Cité in *Mladá Fronta dnes*, 12 mars 1991. Voir Abby Innes, *Czechoslovakia : The Short Goodbye*, New Haven, Yale University Press, 2001, p. 97.

Klaus et Meciar. Václav Havel, dont les efforts pour sauver l'unité du pays avaient été de plus en plus désespérés – et totalement ignorés dans les derniers mois –, cessa d'être le président de la Tchécoslovaquie pour se réincarner en président d'une République tchèque amputée[25].

Que le divorce fût bénéfique aux deux partenaires demeura quelque temps incertain : ni la République tchèque ni la Slovaquie ne prospérèrent dans la première décennie de l'après-communisme. La « thérapie de choc » de Klaus et le national-communisme de Meciar échouèrent l'un et l'autre, quoique de manières différentes. Mais si les Slovaques finirent par regretter leur flirt avec Vladimir Meciar, et si l'étoile de Klaus pâlit à Prague, la nostalgie de la Tchécoslovaquie ne fut jamais très marquée. Le divorce tchécoslovaque fut le fruit d'une manipulation, dans laquelle la droite tchèque obtint ce qu'elle prétendait ne pas rechercher tandis que les populistes slovaques obtinrent plus qu'ils n'avaient espéré ; peu de gens se réjouirent outre mesure du résultat, mais il n'y eut pas non plus de regret durable. Comme dans l'éclatement de l'Union soviétique, le pouvoir de l'État et de l'appareil politique qu'il avait engendré ne furent pas menacés : il y eut simplement duplication.

La division de la Tchécoslovaquie fut le produit du hasard et des circonstances. Elle fut aussi l'œuvre des hommes. Avec d'autres personnes aux commandes – et des résultats différents aux élections de 1990 et 1992 –, l'histoire n'aurait pas été la même. La contagion y joua aussi un petit rôle : l'exemple de l'Union soviétique – et des événements qui se déroulaient dans les Balkans – fit paraître un peu moins absurde ou inenvisageable qu'il ne l'aurait paru autrement un schisme entre les deux « républiques nationales » d'un petit pays d'Europe centrale. Un traité d'État fédéral eût-il été conclu en 1992 – la Tchécoslovaquie eût-elle duré deux années de plus –, il est fort peu probable que quiconque à Prague ou Bratislava eût vu grand intérêt à poursuivre leurs querelles, la perspective de l'admission au sein de l'Union européenne retenant l'attention et les massacres sanglants de la Bosnie voisine concentrant les esprits.

25. La séparation politique se révéla plus facile à gérer que la séparation économique. L'accord définitif sur le partage des actifs fédéraux de la Tchécoslovaquie dut attendre 1999.

XXI

L'heure du jugement

« Si jamais il y a une autre guerre en Europe, elle sortira de quelque sacrée bêtise dans les Balkans. »
Otto von Bismarck

« Comme si ces paysans querelleurs ne pouvaient guère attendre l'invasion de leur pays pour se traquer et s'entretuer. »
Milovan Djilas, *Une guerre dans la guerre* (1977)

« Nous n'avons pas d'intérêt dans ce conflit. »
James Baker, secrétaire d'État des États-Unis (juin 1991)

« Le pire, dans le communisme, c'est ce qui vient après. »
Adam Michnik

« La vérité est toujours concrète. »
G. W. Hegel

Entre la fragmentation pacifique de la Tchécoslovaquie et la catastrophe qui s'abattit sur la Yougoslavie dans ces mêmes années, le contraste est spectaculaire. Entre 1991 et 1999, des centaines de milliers de Bosniaques, de Croates, de Serbes et d'Albanais furent tués, violés ou torturés par leurs concitoyens ; des millions d'autres furent chassés de leurs foyers et contraints à l'exil. Dans leurs efforts pour expliquer les massacres et la guerre civile d'une ampleur jamais vue depuis 1945 – dans un pays que la gauche avait longtemps tenu pour une sorte de société socialiste modèle –, les commentateurs étrangers ont typiquement proposé deux explications contradictoires.

Suivant une approche, largement diffusée par les médias occidentaux et reprise dans les déclarations publiques des hommes d'État européens et américains, les Balkans étaient un cas désespéré, un chaudron de mystérieuses querelles et de vieilles haines. La Yougoslavie était « condamnée ». Pour reprendre un « bon mot » souvent cité, elle consistait en six républiques, cinq nations, quatre langues, trois religions et deux alphabets, tous réunis par un parti unique. Ce qui se produisit après 1989 était simple : le couvercle ayant été retiré, le chaudron explosa.

Suivant cette explication, des conflits « séculaires » – dans les « extrémités impolies » de l'Europe, suivant une description du marquis de Salaberry en

1791 – continuaient de bouillonner comme dans les siècles passés. Des animosités meurtrières, alimentées par des souvenirs d'injustice et de vengeance, emportèrent toute une nation. Pour reprendre les propos tenus en septembre 1992 par le secrétaire d'État américain Lawrence Eagleburger, « tant que les Bosniaques, les Serbes et les Croates n'auront pas décidé de cesser de s'entretuer, le monde extérieur ne pourra rien faire ».

À l'opposé, certains historiens et observateurs étrangers ont affirmé que la tragédie des Balkans était, au contraire, largement la faute des étrangers. Du fait d'interventions extérieures et d'ambitions impériales, le territoire de l'ancienne Yougoslavie avait été deux siècles durant occupé, divisé et exploité au profit d'autres : Turquie, Grande-Bretagne, France, Russie, Autriche, Italie et Allemagne. S'il y avait de l'animosité entre les peuples de la région, elle était imputable aux manipulations impériales plutôt qu'à l'hostilité ethnique. C'était l'intrusion irresponsable des puissances étrangères qui aurait exacerbé les difficultés locales : si le ministre allemand des Affaires étrangères Hans-Dietrich Genscher, par exemple, n'avait pas tenu en 1991 à reconnaître « prématurément » l'indépendance de la Slovénie et de la Croatie, les Bosniaques ne leur auraient sans doute jamais emboîté le pas ; Belgrade n'aurait pas décidé une invasion, et on aurait pu éviter une décennie de désastre.

Quoi qu'on pense de ces deux lectures de l'histoire balkanique, il est frappant d'observer que, malgré leur apparente incompatibilité, elles ont un trait important en commun. Toutes deux amoindrissent ou ignorent le rôle des Yougoslaves eux-mêmes, évacués comme simples victimes du destin ou des manipulations et erreurs des autres. Certes, il y avait beaucoup d'histoire enfouie dans les montagnes de l'ancienne Yougoslavie, et beaucoup de mauvais souvenirs également. Et l'extérieur a bel et bien contribué de manière cruciale à la tragédie du pays, quoique essentiellement en acquiesçant en toute irresponsabilité à des crimes locaux. Mais l'éclatement de la Yougoslavie – ressemblant de ce point de vue au démantèlement des autres anciens États communistes – fut l'œuvre des hommes, non du destin. Et l'écrasante responsabilité de la tragédie yougoslave incombe non pas à Bonn ou à quelque autre capitale étrangère, mais aux politiciens de Belgrade.

Quand Josip Broz Tito mourut en 1980, à 87 ans, la Yougoslavie qu'il avait rassemblée en 1945 avait une existence bien réelle. Ses républiques constituantes étaient des unités séparées au sein d'un État fédéral, dont la présidence comprenait des représentants des six républiques ainsi que des deux régions autonomes (Voïvodine et Kosovo) de Serbie. Les différentes régions avaient des passés très différents. La Slovénie et la Croatie, au nord, étaient essentiellement catholiques et avaient appartenu jadis à l'Empire austro-hongrois, de même que, pour un laps de temps plus court, la Bosnie. Le sud du pays (Serbie, Macédoine, Monténégro et Bosnie) fut des siècles durant sous domination turque ottomane, ce qui explique son fort nombre de musulmans en plus de la majorité de Serbes orthodoxes.

Mais, quoique bien réelles et exacerbées par la Deuxième Guerre mondiale, ces différences historiques avaient été atténuées au cours des décennies suivantes. Les changements économiques amenèrent des populations rurales jusque-là isolées à se côtoyer parfois malaisément dans des villes comme Vukovar ou Mostar ; mais les mêmes changements accélérèrent aussi l'intégration à travers de vieilles frontières sociales et ethniques.

Même si le mythe communiste d'unité fraternelle supposait de fermer les yeux et de faire la sourde oreille face aux souvenirs de guerre et aux divisions – les manuels d'histoire de la Yougoslavie titiste gardaient un silence prudent sur les guerres civiles qui avaient ensanglanté le passé commun du pays –, ces silences officiels avaient donc des avantages bien réels. La génération montante d'après-guerre fut encouragée à se considérer comme « yougoslave », plutôt que « croate » ou « macédonienne » ; et c'était devenu une habitude pour beaucoup : surtout chez les jeunes, les mieux instruits et le nombre croissant des citadins[1]. Les jeunes intellectuels de Ljubljana ou de Zagreb ne s'intéressaient plus guère au passé héroïque ou troublé de leurs aïeux ethniques. En 1981, dans la ville cosmopolite de Sarajevo, capitale de la Bosnie, 20 % de la population se décrivait comme « yougoslave ».

La Bosnie avait toujours été la région ethniquement la plus mélangée de la Yougoslavie et était donc peut-être atypique. Mais le pays tout entier n'était qu'un patchwork de minorités entremêlées. Les 580 000 Serbes qui vivaient en Croatie en 1991 représentaient 12 % de la population de cette république. Cette même année, la Bosnie comptait 44 % de musulmans, 31 % de Serbes et 17 % de Croates. Le minuscule Monténégro lui-même était un mélange de Monténégrins, de Serbes, de musulmans, d'Albanais et de Croates, sans parler de ceux qui choisirent de se présenter comme « Yougoslaves » lors des recensements. Les habitants des régions ethniquement mélangées n'avaient souvent pas grande idée de la nationalité ou de la religion de leurs amis ou voisins. Les « mariages mixtes » étaient de plus en plus courants.

En vérité, les lignes de faille « ethniques » en Yougoslavie n'avaient jamais été très bien définies. Les distinctions linguistiques permettent d'en donner une illustration représentative. Albanais et slovènes parlent des langues distinctes. Les macédoniens parlent macédonien (c'est-à-dire bulgare, avec des variations mineures). En revanche, les différences entre les formes « serbe » et « croate » du serbo-croate tel que le parle l'écrasante majorité de la population étaient, et restent, très minces. Les Serbes utilisent l'alphabet cyrillique et les Croates (ainsi que les Bosniaques) l'alphabet latin ; au-delà de quelques mots

1. Zagreb, Belgrade et Skopje (capitale de la Macédoine) comptent au nombre des villes d'Europe centrale qui se développèrent le plus vite entre 1910 et 1990.

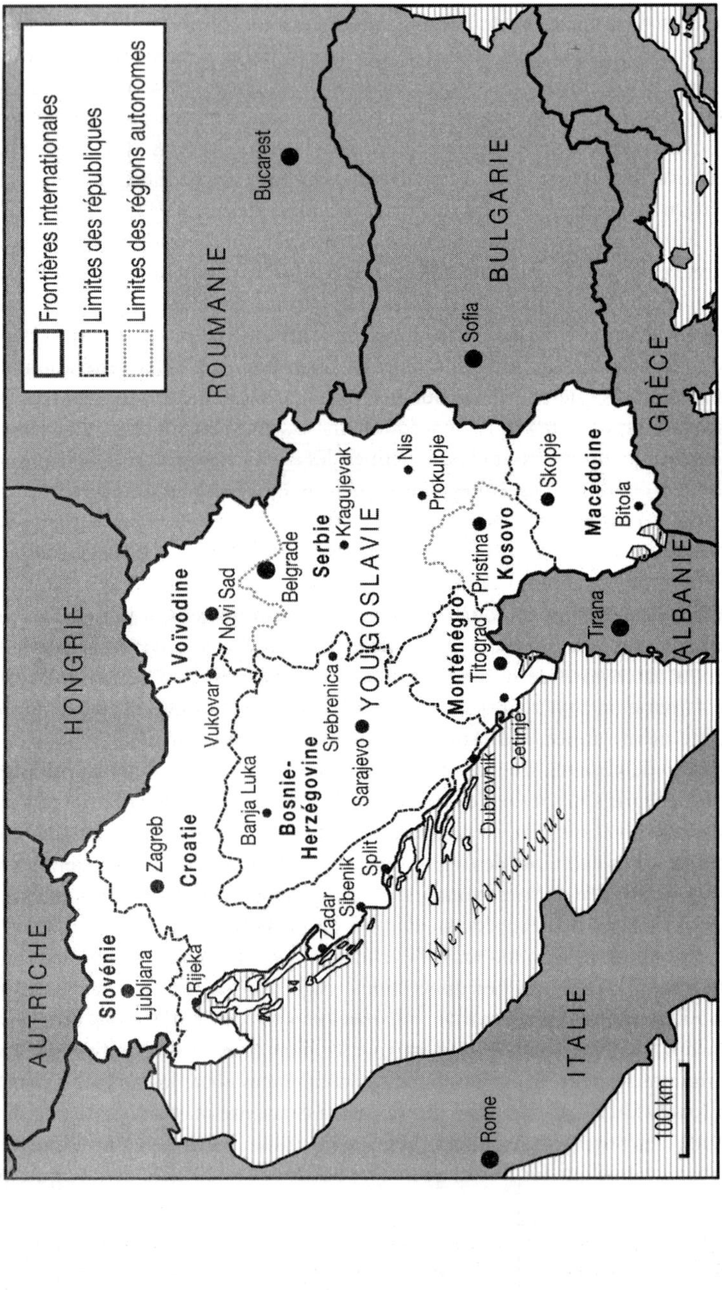

Yougoslavie 1945-1991

littéraires et savants, quelques variantes orthographiques et une prononciation différente de la lettre « e » (« ié » dans la forme « iékavienne » ou croate ; « é » dans la forme « ékavienne » ou serbe), les deux « langues » sont identiques. De plus, les Monténégrins écrivent en cyrillique (comme les Serbes) mais prononcent à la « iékavienne » comme les Croates et les Bosniaques – de même que les habitants serbes de Bosnie. Seuls les habitants historiques de la Serbie proprement dite emploient la variante « ékavienne », et quand les dirigeants nationalistes serbes de Bosnie essayèrent après 1992 d'imposer la prononciation « serbe » (ékavienne) officielle à leurs compatriotes serbes de Bosnie dans la zone qu'ils avaient détachée de cette république, ils se heurtèrent à une vive résistance.

Reconnu en 1974 comme langue officielle de la république de Croatie – pour satisfaire les revendications de la « Déclaration sur la langue » rédigée en 1967 par un groupe d'intellectuels de Zagreb –, le « croate » était donc avant tout une marque identitaire : une façon, pour les Croates, de protester contre la suppression par Tito de toutes les expressions d'identité nationale au sein de sa fédération. De même en allait-il de l'obsession de certains écrivains serbes qui voulaient préserver ou réaffirmer un serbe « pur ». Aussi est-on en droit de conclure que – contrairement aux différences conventionnelles entre dialectes d'une seule et même langue nationale, où l'usage indigène varie amplement tandis que les élites instruites ont tendance à partager une forme « correcte » commune –, dans l'ancienne Yougoslavie c'est la masse de la population qui parlait une seule et même langue interchangeable, tandis qu'une minorité de nationalistes cherchaient à se différencier en accentuant le narcissisme des petites différences.

Les différences religieuses tant invoquées n'en sont pas moins trompeuses. La distinction entre Croates catholiques et Serbes orthodoxes, par exemple, importait bien davantage dans les siècles passés – ou à l'époque de la Seconde Guerre mondiale, quand les Oustachis de Zagreb se servirent du catholicisme comme d'une arme contre les Serbes aussi bien que contre les Juifs[2]. Dans les années 1990, la pratique religieuse déclinait dans les villes en plein essor de la Yougoslavie, et la correspondance entre religion et sentiment national ne conservait un certain poids que dans les campagnes. S'il n'est guère douteux que la vieille pratique ottomane consistant à définir la nationalité par la religion avait laissé sa marque, essentiellement en exagérant la place de la chrétienté orthodoxe chez les Slaves du Sud, les traces en étaient toujours plus discrètes.

Certes, les Yougoslaves plus âgés restaient attachés à maints préjugés des temps passés – le futur président croate Franjo Tudjman était notoirement œcuménique dans ses préjugés, méprisant les musulmans, les Serbes comme

2. « Nous tuerons quelques Serbes, en déporterons d'autres et obligerons les autres à embrasser le catholicisme », promit le 22 juillet 1941 le ministre oustachi de la Religion, à Zagreb.

les Juifs –, mais la seule discrimination généralisée des dernières années était probablement celle qui visait la minorité albanaise du Sud, stigmatisée comme criminelle et fainéante par beaucoup de Slovènes, de Croates, de Serbes, de Macédoniens et de Monténégrins. Ces sentiments n'étaient nulle part plus vifs qu'en Serbie[3].

Il y avait à cela diverses raisons. Les Albanais étaient le groupe dont la croissance était la plus rapide. Alors qu'en 1931 les Albanais ne représentaient que 3,6 % de la population yougoslave, ils étaient déjà 7,9 % en 1948 (du fait de l'immigration après la guerre en provenance de l'Albanie voisine). En 1991, en raison de leur taux de natalité beaucoup plus élevé (onze fois celui des communautés serbe ou croate), les quelque 1 728 000 Albanais de Yougoslavie représentaient 16,6 % de la population totale de la Serbie. La plupart des citoyens albanais de la Yougoslavie vivaient en Serbie, dans la région autonome du Kosovo, où ils constituaient 82 % de la population locale : ils étaient donc bien plus nombreux que les Serbes (194 000), même si ces derniers étaient mieux lotis côté emploi et logement, et jouissaient d'autres privilèges sociaux.

Le Kosovo avait une signification historique dans l'esprit des nationalistes serbes pour avoir été la dernière redoute de la Serbie médiévale contre l'avancée des Turcs et le site d'une défaite historique en 1389. Aux yeux de certains intellectuels et politiciens serbes, la prédominance albanaise locale était donc à la fois démographiquement troublante et historiquement provocante, d'autant qu'elle faisait écho à l'éviction des Serbes par les musulmans en tant que plus forte minorité dans la République bosniaque voisine. Les Serbes perdaient apparemment du terrain, au profit de minorités jusque-là soumises qui avaient profité de l'égalité fédérale rigoureusement appliquée par Tito[4]. Le Kosovo était donc un problème potentiellement explosif, pour des raisons qui n'avaient donc qu'un lien ténu avec les querelles « séculaires » des Balkans. André Malraux s'était montré perspicace lorsque, dans les années 1960, il avait confié à un visiteur yougoslave : « Le Kosovo, c'est votre Algérie dans l'Orléanais. »

Tandis que l'aversion des Serbes pour les Albanais se nourrissait de la proximité et de l'insécurité, dans l'extrême nord de la Yougoslavie, la répulsion croissante pour les méridionaux incapables était ethniquement indiscri-

3. Lors d'un voyage d'information à Skopje, juste après la guerre du Kosovo, en 1999, l'auteur de ces pages eut droit à cette « confidence » du Premier ministre macédonien : les Albanais (y compris son collègue ministre qui venait de quitter la pièce) n'étaient pas fiables : « On ne peut pas croire ce qu'ils disent : c'est simple, ils ne sont pas comme nous. Ils ne sont pas *chrétiens.* »

4. Bien entendu, les Croates et les autres voyaient les choses autrement et pouvaient faire valoir la domination serbe sur l'armée nationale (en 1984, le corps des officiers était serbe à 60 % : si ce fait reflétait équitablement la présence serbe dans la population, il n'en était pas plus rassurant pour autant) et la part disproportionnée de Belgrade dans les investissements et les dépenses fédérales.

minée et reposait non pas sur la nationalité, mais sur l'économie. En Yougoslavie, comme en Italie, le Nord plus prospère supportait de plus en plus mal les méridionaux déshérités, entretenus – leur semblait-il – par les transferts et les subventions de leurs concitoyens les plus productifs. Le contraste entre richesse et pauvreté en Yougoslavie devenait vite dramatique et sa corrélation avec la géographie tournait à la provocation.

Tandis que la Slovénie, la Macédoine et le Kosovo avaient tous à peu près le même poids dans la population nationale (8 %), en 1990 la minuscule Slovénie représentait 29 % des exportations totales de la Yougoslavie, contre 4 % pour la Macédoine et 1 % seulement pour le Kosovo. D'après les statistiques yougoslaves officielles, le PIB par tête était deux fois plus élevé en Slovénie qu'en Serbie, trois fois plus élevé qu'en Bosnie et huit fois plus qu'au Kosovo. Le taux d'analphabétisme était de moins de 1 % dans la Slovénie alpine, mais de 11 % en Macédoine et en Serbie, et de 18 % au Kosovo. À la fin des années 1980, en Slovénie, le taux de mortalité infantile était de 11 décès pour 1 000 naissances vivantes ; le chiffre était de 12 pour 1 000 dans la Croatie voisine et de 16 en Bosnie, mais de 22 en Serbie, de 45 en Macédoine et de 52 au Kosovo.

Ce que ces chiffres suggèrent, c'est que la Slovénie et, dans une moindre mesure, la Croatie, avaient déjà leur place aux côtés des pays les moins prospères de la Communauté européenne, tandis que le Kosovo, la Macédoine et la Serbie rurale ressemblaient davantage à certaines parties de l'Asie ou de l'Amérique latine. Si les Slovènes et les Croates ne tenaient plus en place dans le foyer yougoslave commun, ce n'était pas du fait de quelque réveil de sentiments religieux ou linguistiques profondément enracinés ni de la résurgence d'un quelconque particularisme ethnique. C'est tout simplement qu'ils commençaient à se dire qu'ils seraient mieux lotis s'ils pouvaient gérer leurs affaires sans avoir à tenir compte des besoins et des intérêts des Yougoslaves du Sud aux résultats décevants.

L'autorité personnelle de Tito, qui avait réprimé avec vigueur toute critique sérieuse, avait empêché toute expression publique de ces dissensions. Mais la situation se dégrada rapidement après sa mort. Dans les années 1960 et au début de la décennie 1970, alors que l'essor ouest-européen aspirait la main-d'œuvre yougoslave et assurait de substantielles rentrées de devises fortes, la surpopulation et le sous-emploi du Sud posaient moins de problèmes. À compter de la fin des années 1970, cependant, l'économie yougoslave commença à se défaire. Comme d'autres États communistes, la Yougoslavie était lourdement endettée envers l'Occident : mais alors que Varsovie et Budapest avaient réagi en continuant à emprunter de l'argent à l'étranger, Belgrade choisit de faire tourner toujours plus vite la planche à billets. Le pays ne cessa de s'enfoncer dans l'hyperinflation au cours des années 1980 : le taux annuel d'inflation avait atteint 1 240 % en 1989 et continuait d'augmenter.

Si les erreurs économiques étaient le fait de la capitale, Belgrade, c'est surtout à Zagreb et à Ljubljana que leurs conséquences se faisaient sentir et étaient le plus mal vécues. Communistes ou non communistes, beaucoup de Croates et de Slovènes pensaient qu'ils seraient mieux lotis s'ils pouvaient prendre leurs décisions économiques loin de la corruption et du népotisme des cercles dirigeants de la capitale fédérale. Ces sentiments étaient exacerbés par la peur croissante d'un petit groupe d'*apparatchiks* rassemblés autour de Slobodan Milošević, le président jusque-là obscur de la Ligue des communistes dans sa Serbie natale, qui essayaient de s'emparer du pouvoir à la faveur du vide politique laissé par la mort de Tito – en excitant et en manipulant les émotions nationales serbes.

La conduite de Milošević n'était pas foncièrement différente de celle des dirigeants communistes dans ces années-là. En RDA, les communistes cherchaient à redorer leur blason en invoquant les gloires de la Prusse du XVIIIe siècle ; et le « communisme national » fleurissait depuis quelques années dans la Bulgarie et la Roumanie voisines. Quand en 1986 Milošević salua avec ostentation un mémorandum patriotique de l'Académie serbe des arts et des sciences, ou quand l'année suivante il se rendit au Kosovo pour exprimer sa sympathie aux Serbes qui se plaignaient du « nationalisme » albanais, ses calculs n'étaient pas très différents de ceux des autres dirigeants communistes est-européens de l'époque. Au temps de Gorbatchev, alors que la légitimité idéologique du communisme et du parti dirigeant déclinait à vue d'œil, le patriotisme était un autre moyen de s'accrocher au pouvoir.

Mais alors que dans le reste de l'Europe orientale ce recours au nationalisme et l'invocation des souvenirs nationaux qui l'accompagnait risquaient seulement de susciter des craintes chez les *étrangers*, en Yougoslavie le prix se paierait à l'intérieur. En 1988, pour mieux asseoir sa position au sein de la République serbe, Milošević se mit à encourager ouvertement les rassemblements nationalistes où l'on devait voir étaler pour la première fois depuis quarante ans les insignes des Tchetniks : rappel d'un passé que Tito avait effacé, mais aussi geste calculé pour susciter le trouble, notamment chez les Croates.

Milošević trouva dans le nationalisme un moyen d'assurer son emprise sur la Serbie ; en mai, son élection à la présidence de la république serbe ne fit que le conforter dans son choix. Mais pour préserver et consolider l'influence de la Serbie dans l'ensemble de la Yougoslavie, il lui fallait transformer le système fédéral. L'autorité charismatique de Tito, puis une présidence tournante avaient perpétué l'équilibre soigneusement calculé entre les différentes républiques. En mars 1989, Milošević entreprit donc de bousculer ce dispositif.

En amendant la Constitution de la Serbie, il « absorba » les provinces jusqu'ici autonomes du Kosovo et de la Voïvodine au sein de la Serbie, tout en leur permettant de conserver leurs deux sièges à la présidence fédérale. La Serbie pouvait désormais compter sur quatre des huit voix fédérales en cas de conflit (Serbie, Kosovo, Voïvodine et la docile république proserbe du Monténégro). L'objectif de Milošević étant de forger un État plus unitaire sous la houlette des Serbes, ce qui ne pouvait que susciter la résistance des quatre autres républiques, le système fédéral était bel et bien dans l'impasse. Dans la perspective de la Slovénie et de la Croatie, notamment, le cours des événements n'indiquait qu'une solution possible : puisqu'elles ne pouvaient plus espérer servir ou défendre leurs intérêts *via* un système fédéral dysfonctionnel, leur seul espoir était de prendre leurs distances vis-à-vis de Belgrade, au besoin en proclamant leur indépendance complète.

Pourquoi en était-on déjà arrivé là à la fin de 1989 ? Ailleurs, la sortie du communisme passait par la « démocratie » : de la Russie à la République tchèque, les cadres du parti et les bureaucrates se transformèrent en l'espace de quelques mois de membres de la *nomenklatura* qui disaient oui à tout en habiles praticiens du pluralisme politique. La survie passait par le réalignement de ses allégeances sur les divisions partisanes classiques d'une culture politique libérale. Si invraisemblable que parût la transition dans bien des cas particuliers, elle marcha. Et elle marcha parce qu'il n'y avait pas d'autre solution. Dans la plupart des pays postcommunistes, la carte « classe » était discréditée, et il n'y avait guère de divisions ethniques internes à exploiter : une nouvelle série de catégories publiques – « privatisation », « société civile », « démocratisation » (ou « Europe », qui réunissait les trois) – occupait donc l'essentiel du nouvel espace politique.

Mais la situation était différente en Yougoslavie. Le seul mélange des populations (épargné par les génocides et les déplacements de population qui avaient bouleversé la Pologne et la Hongrie dans les décennies passées) offrait de fécondes occasions à des démagogues comme Milošević ou Franjo Tudjman, son homologue croate. En organisant *leur* sortie du communisme autour d'une nouvelle clientèle politique, ils pouvaient jouer d'une carte ethnique qui n'était plus disponible ailleurs en Europe – et la substituer au souci de la démocratie.

Dans les États baltes, en Ukraine ou en Slovaquie, les politiciens postcommunistes purent suivre la route de l'indépendance nationale pour sortir du passé communiste – construire en même temps un nouvel État et une nouvelle démocratie – sans devoir s'inquiéter indûment de la présence des minorités nationales. En Yougoslavie, cependant, l'éclatement de la fédération en républiques devait laisser partout en rade, sauf en Slovénie, une forte minorité, voire un groupe de minorités. Dans ces conditions, dès qu'une république proclamerait son indépendance, les autres ne pourraient que lui emboîter le pas. Bref, la Yougoslavie se trouvait désormais confrontée aux mêmes problèmes irréductibles que Woodrow Wilson et ses collègues n'avaient pas su résoudre à Versailles soixante-dix ans plus tôt.

Comme beaucoup l'avaient prévu, le catalyseur fut le Kosovo. Tout au long des années 1980, les Albanais avaient manifesté et protesté sporadiquement contre les mauvais traitements que leur infligeait Belgrade, notamment à Pristina, la capitale locale : fermeture de leurs institutions, mise à l'écart de leurs dirigeants, soumission de leurs pratiques à des mesures de police implacables et, à compter de mars 1989, couvre-feu. Les amendements constitutionnels serbes dépouillèrent effectivement les Albanais, qui formaient déjà une sous-classe démunie et déshéritée – de toute autonomie et de toute représentation politique : tournant que Milošević souligna en juin 1989 quand il se rendit dans la province pour célébrer le 600ᵉ anniversaire de la « bataille du Kosovo ».

S'adressant à une foule estimée à près d'un million de personnes, Milošević s'employa à rassurer la population serbe locale : les Serbes avaient à nouveau « reconquis leur intégrité étatique, nationale et spirituelle. [...] Jusqu'ici, du fait de leurs dirigeants et hommes politiques, mais aussi de leur mentalité de vassaux, [les Serbes] se sentaient coupables devant eux-mêmes et devant les autres. Cette situation durait depuis des décennies, elle durait depuis des années, et nous voici réunis sur le champ du Kosovo pour dire que ce n'est plus le cas. » Quelques mois plus tard, à la suite de heurts sanglants entre la police et les manifestants qui se soldèrent par de nombreux morts et blessés, Belgrade ferma l'Assemblée provinciale du Kosovo pour placer la région sous l'autorité directe de Belgrade.

Le cours des événements dans l'extrême sud du pays affecta directement les décisions prises dans les républiques du Nord. Ljubljana et Zagreb, auxquelles le sort des Albanais n'inspirait au mieux qu'une compassion modérée, étaient beaucoup plus directement concernées par la montée de l'autoritarisme serbe. Aux élections d'avril 1990, en Slovénie, une majorité d'électeurs dirent souhaiter rester dans la Yougoslavie mais portèrent leurs voix sur des candidats de l'opposition non communiste ouvertement critiques à l'égard du système fédéral existant. Le mois suivant, dans la Croatie voisine, un nouveau parti nationaliste remporta une écrasante majorité tandis que son leader, Franjo Tudjman, devenait président de la République.

Fait révélateur, la goutte d'eau qui fit déborder le vase date de décembre 1990. Ce mois-là, sous la houlette de Milošević, les dirigeants serbes de Belgrade s'arrogèrent sans autorisation 50 % des droits de tirage de la fédération yougoslave pour payer les salaires et les primes des employés fédéraux et des ouvriers des entreprises publiques. Les Slovènes – qui avec 8 % de la population assuraient un quart du budget fédéral – se montrèrent particulièrement furieux. Le mois suivant, le Parlement slovène annonça qu'il se retirait du système budgétaire fédéral et proclama l'indépendance de la République, mais sans prendre la moindre initiative en vue d'une sécession. Un mois après, le Parlement croate en avait fait autant (dûment suivi par le Parlement macédonien de Skopje).

Dans un premier temps, les conséquences de ces développements restèrent nébuleuses. La forte minorité serbe du Sud-Est de la Croatie – notamment en Krajina, vieille région de peuplement serbe – se heurtait déjà à la police croate et appelait Belgrade à l'aide contre la répression « oustachi ». Mais la distance entre la Slovénie et Belgrade et la présence de moins de 50 000 Serbes dans la République donnaient des raisons d'espérer qu'on pourrait trouver une issue pacifique. L'opinion étrangère était partagée : Washington, qui avait suspendu toute aide économique à la Yougoslavie en raison des mesures serbes au Kosovo, ne s'en opposa pas moins publiquement à toute velléité de sécession.

Anticipant les propos tenus par Bush à Kiev quelques semaines plus tard, le secrétaire d'État James Baker se rendit à Belgrade en juin 1991 et assura à ses dirigeants que les États-Unis étaient partisans d'une « Yougoslavie démocratique et unifiée ». Or une Yougoslavie « démocratique et unifiée » était déjà un oxymore. Cinq jours après le discours de Baker, la Slovénie et la Croatie prenaient toutes deux le contrôle de leurs frontières et amorçaient une sécession unilatérale, avec le soutien de l'écrasante majorité de leurs citoyens et l'aval tacite d'un certain nombre d'hommes d'État européens de premier plan. En guise de réponse, l'armée fédérale fut déployée le long de la nouvelle frontière slovène. La guerre yougoslave était sur le point de commencer.

Ou plutôt, *les guerres* yougoslaves, car il y en eut cinq. L'attaque yougoslave contre la Slovénie, en 1991, ne dura que quelques semaines, après quoi l'armée se retira et laissa l'État sécessionniste quitter la fédération en paix. Suivit alors une guerre autrement plus sanglante entre la Croatie et sa minorité serbe rebelle (soutenue par l'armée de la « Yougoslavie » : en pratique, la Serbie et le Monténégro) qui dura jusqu'au cessez-le-feu précaire obtenu par les Nations unies au début de l'année suivante. Après que les Croates et les musulmans de Bosnie se furent prononcés pour l'indépendance en mars 1992, les Serbes de Bosnie déclarèrent la guerre au nouvel État et entreprirent de découper une « *Republika Srpska* », là encore avec l'appui de l'armée yougoslave, qui assiégea un certain nombre de villes bosniaques – à commencer par Sarajevo, la capitale.

Entre-temps, en janvier 1992, une guerre civile séparée éclata entre les Croates et les musulmans de Bosnie, certains Croates essayant de se tailler un minuscule État dans l'Herzégovine, région sous domination croate. Enfin, une fois terminés ces autres conflits (non sans une nouvelle guerre serbo-croate en 1995, qui permit à Zagreb de reprendre la Krajina, perdue au profit des Serbes trois ans plus tôt), éclata la guerre au et autour du Kosovo : ayant de fait perdu partout ailleurs, Milošević se retourna contre le Kosovo et ne fut empêché de détruire ou d'expulser sa population albanaise que par une attaque sans précédent des forces de l'OTAN contre la Serbie au printemps de 1999.

Dans chacun de ces conflits, une dynamique interne alla de pair avec un engagement extérieur. L'indépendance slovène et croate fut l'aboutissement de considérations intérieures fondées. Mais c'est la reconnaissance précipitée, par l'Allemagne puis la Communauté européenne, des deux nouveaux États indépendants qui confirma leur existence officielle, aux yeux de leurs amis comme de leurs ennemis. Maintenant qu'existait une Croatie indépendante, la propagande hystérique des stations de radio et de télévision de Belgrade commença à jouer sur les peurs de la population serbe du nouvel État, invoquant les souvenirs des massacres du temps de guerre et exhortant les Serbes à prendre les armes contre leurs voisins « oustachis ».

En Bosnie, où les Serbes étaient bien plus nombreux, la perspective d'une Bosnie indépendante avec une majorité croato-musulmane suscitait de semblables inquiétudes. L'indépendance de la Bosnie était-elle inévitable ? La question demeure. C'était la plus intégrée des républiques d'avant-guerre, celle qui avait le plus à perdre à toute velléité de séparation de ses diverses communautés disséminées comme un patchwork sur tout son territoire ; avant l'ascension de Milošević, aucune de ses minorités ethniques ou religieuses n'avait manifesté le moindre désir soutenu de séparation institutionnelle. En revanche, du jour où ses voisins du Nord firent sécession, le problème se posa.

Après 1991, les Croates et les musulmans de Bosnie ne pouvaient que préférer l'indépendance souveraine à un statut de minorité dans ce qu'il restait de la Yougoslavie de Milošević : ils votèrent donc en ce sens lors du référendum de la fin de février 1992. Cependant, les Serbes de Bosnie, que Belgrade abreuvait depuis des mois de discours sur les massacres oustachis et le *djihad* musulman qui s'annonçait, étaient de manière non moins compréhensible disposés à préférer l'union avec la Serbie, ou tout au moins leur région autonome, à un statut de minorité dans l'État croato-musulman dirigé depuis Sarajevo. Du jour de mars 1992 où la Bosnie se proclama indépendante (la Bosnie, ou plutôt ses dirigeants croates et musulmans, les Serbes boycottant le référendum et les législatives), son destin fut scellé. Le mois suivant, les dirigeants serbes de Bosnie proclamèrent la *Republika Srpska*, et l'armée yougoslave intervint pour assurer le territoire et le « nettoyer ».

Les guerres serbo-croate et serbo-bosniaque eurent un coût terrible pour leurs populations. Alors qu'au début les affrontements opposaient des armées plus ou moins régulières, notamment dans et autour des villes stratégiques de Sarajevo et de Vukovar, les combats étaient souvent le fait d'irréguliers, notamment du côté serbe. Ce n'était guère plus que des bandes de brutes et de criminels, armées par Belgrade et dirigées soit par des professionnels du crime comme « Arkan » (Zeljko Raznatovic), dont la « Garde volontaire serbe » (les « Tigres ») massacra des centaines de personnes dans les districts orientaux de Croatie et de Bosnie ; soit par d'anciens officiers de l'armée yougoslave comme le lieutenant colonel Ratko Mladic (que le diplomate américain Richard Holbrooke décrivit comme un « meurtrier charismatique »), qui prit la direction des forces serbes de Bosnie à partir de 1992 et aida à monter les premières attaques contre les villageois croates vivant au sein des communautés majoritairement serbes de Krajina.

L'objectif stratégique numéro un n'était pas tant de vaincre les forces adverses que d'expulser les citoyens non serbes de leurs foyers, de leurs terres et de leurs affaires dans les territoires revendiqués par les Serbes[5]. Tous les camps pratiquèrent ce « nettoyage ethnique » – appellation nouvelle d'une pratique fort ancienne –, mais les forces serbes furent de beaucoup les plus criminelles. Outre les morts (300 000 à la fin de la guerre de Bosnie), des millions furent contraints à l'exil. Les demandes d'asile dans les pays de la Communauté européenne firent plus que tripler entre 1988 et 1992 : en 1991, 256 000 réfugiés demandèrent l'asile rien qu'en Allemagne. Dans la première année des guerres en Croatie et en Bosnie, trois millions de Yougoslaves (un huitième de la population d'avant-guerre) cherchèrent refuge à l'étranger.

La communauté internationale ne pouvait guère ignorer la tragédie yougoslave, qui, en tout état de cause, se déroulait en temps réel sur les écrans de télévision du monde, avec des images effroyables de musulmans mourant de faim dans les camps de prisonniers serbes et pire encore. Les Européens furent les premiers à essayer d'intervenir, dépêchant une équipe de ministres de la CE en Yougoslavie dès juin 1991 : c'est à cette occasion que le malheureux Jacques Poos, ministre luxembourgeois des Affaires étrangères, s'illustra pour l'éternité en lâchant son fameux : « C'est l'heure de l'Europe ! » Malgré la création d'une commission de haut niveau pour enquêter, rendre des arbitrages et faire des propositions, la Communauté européenne et ses diverses agences se révélèrent impuissantes, notamment parce que les pays membres étaient divisés entre ceux qui, comme l'Allemagne et l'Autriche, approuvaient les républiques sécessionnistes et les autres, conduits par la France, qui souhaitaient conserver les frontières et les États existants et qui, pour cette raison entre autres, n'étaient pas totalement exempts de sympathie pour la Serbie.

Les États-Unis, et donc l'OTAN, demeurant résolument au-dessus de la mêlée, ne restaient plus que les Nations unies. Hormis d'imposer des sanctions à Belgrade, les Nations unies ne pouvaient apparemment faire grand-chose. Historiquement, des soldats sous commandement des Nations unies étaient envoyés dans les régions et les pays déchirés par la guerre pour imposer et

5. Comme en Yougoslavie on ne pouvait juger de l'identité ethnique à la physionomie ou à la langue, les milices en vadrouille s'en remettaient aux villageois qui « pointaient du doigt » leurs voisins – souvent des familles avec lesquelles ils avaient vécu en paix, parfois en amitié, depuis des années, voire des décennies.

maintenir la paix : en Yougoslavie, cependant, il n'y avait pas encore de paix à maintenir, pas plus que n'existaient la volonté et les moyens de l'imposer sur le terrain. Comme dans le cas comparable de la guerre civile espagnole, la neutralité affichée par la communauté internationale avait pour effet de favoriser l'agresseur dans un conflit civil : l'embargo international sur les armements imposé à l'ancienne Yougoslavie ne modéra aucunement les Serbes, qui pouvaient compter sur la forte industrie d'armements de l'ancienne fédération ; en revanche, il handicapa sévèrement les musulmans dans leurs combats et explique en grande partie les lourdes pertes qu'ils essuyèrent entre 1992 et 1996.

Concrètement, la seule réalisation de la communauté internationale avant 1995 fut de déployer une force de protection des Nations unies de 14 000 hommes en Croatie pour séparer Serbes et Croates, une fois que les combats se furent calmés, puis d'envoyer dans quelques villes choisies de Bosnie – les « zones de sécurité » – quelques centaines de casques bleus afin de protéger le nombre croissant de réfugiés (le plus souvent musulmans) parqués dans ces zones. Plus tard, les Nations unies autorisèrent la création de « zones d'exclusion aérienne » dans certaines régions de la Bosnie afin d'empêcher la Yougoslavie de menacer les civils (ou d'enfreindre les sanctions infligées par les Nations unies).

De plus grande portée à long terme, peut-être, fut la mise en place en mai 1993 à La Haye d'un tribunal international pour crimes de guerre. La seule existence d'un tel tribunal confirmait ce qui était désormais évident, à savoir que des crimes de guerre, ou pire, étaient perpétrés à quelques vingtaines de kilomètres seulement au sud de Vienne. Mais comme la plupart des criminels présumés, dont Mladic et son collègue serbe de Bosnie Radovan Karadžič (président de la Republika Srpska) poursuivaient activement leurs crimes en toute impunité, ce tribunal n'était encore qu'un vague détail sans conséquence.

La situation ne commença à changer qu'en 1995. Jusque-là, l'idée que les Serbes de Bosnie étaient forts, déterminés et bien armés avait fait échec à toute velléité d'intervention étrangère, que prônaient énergiquement des officiers français et britanniques appartenant ou non aux forces des Nations unies. Il fallait se garder de toute provocation : toute tentative sérieuse pour imposer un règlement de paix en Bosnie contre leur gré ou leurs intérêts, suggérait-on, serait inique et ne ferait qu'aggraver les choses… Milošević ne faisait qu'abonder dans ce sens depuis Belgrade, tout en protestant, non sans invraisemblance, qu'il n'avait guère de prise sur les décisions de ses collègues serbes de Bosnie.

Ayant quasiment les mains libres[6], les Serbes de Bosnie n'en commencèrent pas moins à présumer de leurs forces. Alors même que la communauté

6. Entre 1992 et 1994, les agences de l'ONU dans les Balkans furent pour ainsi dire complices des Serbes de Bosnie, qui disposaient d'un droit de veto sur les entrées et sorties – en hommes et en matériel – dans la ville assiégée de Sarajevo.

internationale (dont un « groupe de contact » de diplomates étrangers qui recherchaient inlassablement un accord) s'accordait largement à penser qu'une fédération « croato-musulmane » (formée en mars 1994, à l'occasion d'une cérémonie qui se déroula à Washington, pour mettre fin aux combats entre les deux communautés) devrait recevoir 51 % de la nouvelle Bosnie fédérale, contre 49 % pour les Serbes, les dirigeants serbes installés à Pale firent comme si de rien n'était et continuèrent leurs attaques. En février 1994, un obus tiré des montagnes environnantes sur le marché de Sarajevo avait fait soixante-huit morts et plusieurs centaines de blessés. L'OTAN, avec l'appui des Nations unies, ayant alors menacé de frappes aériennes en cas de nouvelles attaques, il y avait eu une accalmie temporaire.

En mai 1995, cependant, en représailles contre l'avancée des troupes bosniaques et la reprise de la Krajina par la Croatie (infligeant un démenti au mythe de la prouesse militaire serbe), les Serbes reprirent leurs tirs sur Sarajevo. Les avions de l'OTAN ayant riposté en bombardant des installations des Serbes de Bosnie, les Serbes prirent en otage 350 casques bleus. Craignant pour leurs soldats, les gouvernements occidentaux pressèrent les Nations unies et l'OTAN de renoncer. Loin de contraindre les Serbes, la présence internationale leur donnait une couverture supplémentaire.

Enhardies par cette preuve de la pusillanimité occidentale, le 11 juillet les forces serbes de Bosnie de Mladic pénétrèrent effrontément dans une enclave des Nations unies, la ville de Srebrenica, dans l'est du pays, débordant alors les réfugiés musulmans terrorisés. Srebrenica était officiellement protégée non seulement par un mandat de l'ONU, mais par un contingent de 400 casques bleus hollandais. Or, quand les hommes de Mladic arrivèrent, le bataillon hollandais déposa les armes et n'opposa aucune résistance aux troupes serbes qui se mirent à passer la communauté musulmane au peigne fin, séparant systématiquement les hommes et les garçons des autres. Le lendemain, après que Mladic eut donné sa « parole d'honneur d'officier » qu'il ne serait fait aucun mal aux hommes, ses soldats conduisirent les hommes musulmans, dont des garçons qui n'avaient que treize ans, dans les champs des environs. La quasi-totalité d'entre eux – 7 400 – furent tués au cours des quatre jours suivants. Les soldats hollandais regagnèrent leur pays sains et saufs.

Srebrenica fut le pire massacre de masse qu'ait connu l'Europe depuis la Seconde Guerre mondiale : un crime de guerre d'échelle comparable à ceux d'Oradour, de Lidice ou de Katyn, accompli sous les yeux d'observateurs internationaux. En l'espace de quelques jours, le bruit de ce qui semblait s'être passé à Srebrenica fit le tour du monde. La seule réponse immédiate fut pourtant un avertissement officiel de l'OTAN aux Serbes : que d'autres « zones de sécurité » fussent attaquées et les frappes reprendraient. Ce n'est que le 28 août, sept semaines plus tard, que la communauté internationale finit par réagir, et encore uniquement parce que les Serbes de Bosnie, imaginant assez raisonnablement qu'ils avaient carte blanche pour perpétrer des massacres à volonté, commirent l'erreur de bombarder une seconde fois le marché de Sarajevo, tuant trente-huit civils, dont beaucoup d'enfants.

L'OTAN se décida enfin à agir. Surmontant la réticence persistante des dirigeants des Nations unies, de certains leaders européens et même de quelques-uns de ses soldats, le président Clinton autorisa une campagne de bombardement intense visant à réduire et, en fin de compte, éliminer la capacité de nuisance des Serbes. L'opération fut tardive, mais elle marcha. La machine de guerre tant vantée des Serbes s'évapora. Devant l'attaque prolongée et sans fin prévisible de leurs positions, mais aussi sans l'appui de Milošević (qui avait pris grand soin de marquer ses distances vis-à-vis des hommes de Pale), les Serbes de Bosnie cédèrent.

Maintenant que les Serbes étaient écartés et que les États-Unis s'étaient lourdement impliqués, il s'avéra étonnamment facile d'imposer la paix – ou tout au moins l'absence de guerre – dans les Balkans. Le président Clinton annonça un cessez-le-feu le 5 octobre, déclarant que les parties avaient accepté d'engager des discussions de paix aux États-Unis. Celles-ci commencèrent le 1er novembre sur la base aérienne de Dayton, dans l'Ohio. Elles s'achevèrent trois semaines plus tard par un accord qui devait être signé à Paris le 14 décembre 1995[7]. Tudjman représentait la Croatie ; Alija Izetbegovic défendit les musulmans de Bosnie tandis que Slobodan Milošević signa au nom de la Yougoslavie et des Serbes de Bosnie.

Dans la perspective américaine, l'objectif de Dayton était d'apporter aux guerres yougoslaves une solution qui n'entraînerait pas la partition de la Bosnie. La partition eût été une victoire pour les Serbes (qui auraient alors cherché à rejoindre la Serbie proprement dite pour forger la Grande Serbie des rêves nationalistes) et eût donné l'imprimatur international au nettoyage ethnique comme façon de construire un État. Un système de gouvernance tripartite assez compliqué fut plutôt mis en place, les Serbes, les musulmans et les Croates de Bosnie jouissant tous d'un certain degré d'autonomie administrative et territoriale, mais au sein d'un État bosniaque unique dont les frontières extérieures demeuraient inchangées.

Formellement, la Bosnie survécut donc à la guerre civile. Mais les effets de la terreur et de l'expulsion étaient irréversibles. La plupart des expulsés (surtout des musulmans) ne devaient jamais revenir, malgré les assurances et les encouragements des autorités locales et internationales. En fait, il devait y avoir d'autres « nettoyages », des Serbes cette fois, que Zagreb chassa systématiquement de la Krajina récemment reconquise, quand ce ne sont pas leurs

7. Les Français insistèrent pour que la cérémonie de signature ait lieu à Paris : une surcompensation cérémonielle qui ne fit qu'attirer l'attention sur la réticence antérieure de la France à agir contre les Serbes.

milices armées qui les pressèrent de quitter leurs foyers de Sarajevo et d'ailleurs pour se « réinstaller » dans des zones majoritairement serbes. Dans l'ensemble, toutefois, la paix fut respectée et la Bosnie resta unie, grâce aux 60 000 hommes de l'OTAN faisant office de force de mise en œuvre (IFOR), puis de stabilisation, et à un haut-représentant civil habilité à administrer le pays avant qu'il ne puisse assumer la responsabilité de ses affaires.

À l'heure où j'écris, dix ans après Dayton, le haut-représentant et les troupes internationales sont encore en Bosnie et continuent de surveiller ses affaires : signe de l'état calamiteux du pays au lendemain de la guerre, mais aussi de l'animosité persistante et du manque de coopération entre les trois communautés[8]. La Bosnie a accueilli toutes sortes d'organisations internationales, gouvernementales, intergouvernementales ou non-gouvernementales. De fait, après 1995, l'économie bosniaque devait dépendre presque exclusivement de la présence et des dépenses de ces agences. En janvier 1996, la Banque mondiale estimait que le redressement de la Bosnie nécessiterait 5,1 milliards de dollars sur trois ans. Elle faisait preuve d'un optimisme extravagant.

Une fois la guerre de Bosnie terminée, et les diverses agences internationales installées pour maintenir la paix, l'intérêt de la communauté des nations retomba. L'Union européenne était, comme d'habitude, paralysée par ses propres préoccupations institutionnelles, tandis que Clinton, occupé par les élections intérieures, puis par l'expansion de l'OTAN et l'instabilité de la Russie d'Eltsine, cessa de se focaliser sur la crise des Balkans. Mais alors même que la Slovénie, la Croatie et la Bosnie étaient maintenant des États officiellement indépendants, le problème yougoslave n'avait pas été résolu. Slobodan Milošević restait maître de ce qui subsistait de son pays et le problème qui l'avait porté au pouvoir était sur le point d'exploser.

Les Albanais de Serbie avaient continué de souffrir des discriminations et de la répression : la crise plus au nord retenant l'attention internationale, ils étaient devenus plus vulnérables que jamais. Après Dayton, les fortunes internationales de Milošević s'étaient sensiblement améliorées : s'il n'avait pas obtenu la levée de toutes les sanctions (tel était le motif premier de son empressement à coopérer dans le cadre des initiatives américaines de paix en Bosnie), la Yougoslavie cessa d'être tout à fait le paria qu'elle avait été. Avec une série de défaites à son actif, tandis que les politiciens nationalistes serbes de Belgrade lui reprochaient de s'être compromis avec les « ennemis » de la Serbie, Milošević se retourna donc contre le Kosovo.

Dès le printemps 1997, Elisabeth Rehn, rapporteur spécial des Nations unies pour les droits de l'homme, avertissait du désastre imminent dans la province du Kosovo, tandis que Belgrade y pressurait la majorité albanaise,

8. Le 2 décembre 2004, la force de stabilisation placée sous commandement de l'OTAN laissa place à l'EUFOR de l'Union européenne.

rejetant toutes les demandes d'autonomie locale et privant même la population locale d'un minimum de représentation institutionnelle. Court-circuitant la direction modérée impuissante et humiliée d'Ibrahim Rugova, une jeune génération d'Albanais – armés et encouragés par l'Albanie elle-même – abandonna la résistance non violente pour se tourner de plus en plus vers l'Armée de libération du Kosovo (ALK ou UÇK, en albanais).

Née en Macédoine en 1992, l'ALK menait une lutte armée pour l'indépendance du Kosovo (et peut-être l'union avec l'Albanie). Sa tactique – essentiellement des attaques de guérilla contre des postes de police isolés – donna l'occasion à Milošević de condamner comme « terroriste » toute forme de résistance albanaise et d'autoriser une campagne de violences croissantes. En mars 1998, après que les forces serbes – armées de mortiers et appuyées par des hélicoptères de combat – eurent tué et blessé des douzaines de personnes dans les massacres de Drenica et d'autres villages albanais, la communauté internationale finit par répondre aux suppliques de Rugova et se mit à suivre la situation de plus près. Mais quand les États-Unis et l'Union européenne se dirent « effarés par les violences policières au Kosovo », c'est un Milošević belliqueux qui leur répondit en prévenant que le « terrorisme visant à l'internationalisation du conflit fera le plus de tort à ceux qui ont recouru à ces moyens ».

Tous les dirigeants albanais du Kosovo – pour la plupart en exil, sinon dans la clandestinité – en étaient maintenant arrivés à la conclusion que seule une séparation complète d'avec la Serbie pourrait sauver leur communauté. Pendant ce temps, les États-Unis et les pays du « Groupe de contact » permanent continuaient d'essayer de jouer les médiateurs entre Milošević et les Albanais : en partie pour trouver une solution « juste », en partie pour empêcher que la guerre ne s'embrasât dans le sud des Balkans. Ce n'était pas une peur déraisonnable : si l'on ne pouvait amener la Yougoslavie à traiter dignement ses citoyens albanais – et que ceux-ci choisissent la sécession –, cela pouvait être lourd de conséquences pour la Macédoine voisine, qui comptait elle aussi une forte minorité albanaise malheureuse.

Indépendante depuis peu et, à la demande pressante des Grecs, connue sous le nom d'ex-République yougoslave de Macédoine (ERYM)[9], la Macédoine était une zone historiquement sensible. Ses frontières avec la Bulgarie,

9. Le vieux Premier ministre grec Andreas Papandreou, jouant de la fibre nationaliste à des fins électorales, prétendit que le nom « Macédoine » appartenait au patrimoine antique de son pays et ne pouvait donc désigner que la région la plus au nord de la Grèce elle-même. Si l'État slave découpé dans le sud de la Yougoslavie portait ce nom, c'est qu'il devait nourrir des ambitions irrédentistes. Ce que Papandreou ne pouvait admettre, c'était que de nombreux « Grecs » de la Macédoine grecque étaient eux-mêmes d'ascendance slave, même s'ils avaient été officiellement hellénisés à des fins patriotiques.

la Grèce et l'Albanie avaient été disputées avant comme après les deux guerres mondiales. Tous ses voisins, dont le petit État enclavé est totalement tributaire pour son commerce et son accès au monde extérieur, le considéraient avec méfiance. Et sa survie après l'éclatement de la Yougoslavie était loin d'être acquise. Mais si la Macédoine devait s'effondrer, l'Albanie, la Bulgarie, la Grèce et même la Turquie risquaient d'être entraînées dans le conflit.

Aussi les mauvais traitements continus de Milošević, les massacres d'Albanais au Kosovo, ne pouvaient-ils que susciter la réprobation et provoquer finalement une intervention des puissances occidentales. Curieusement, il semble ne l'avoir jamais bien compris, malgré les avertissements en série de la secrétaire d'État américaine Madeleine Albright (assurant qu'elle tiendrait Milošević pour « personnellement responsable »), de Jacques Chirac et du secrétaire général de l'OTAN Javier Solana. Comme Saddam Hussein, quelques années plus tard, Milošević était isolé, coupé de l'opinion occidentale et trop sûr de sa capacité de manœuvrer et de manipuler les hommes d'État étrangers.

Ce n'était pas entièrement la faute de Milošević. Flatté par les fréquentes visites de certains diplomates américains – que la vanité rendait excessivement confiants dans leurs talents de négociateurs –, Milošević avait de bonnes raisons de penser que l'Occident voyait en lui non pas un ennemi intransigeant, mais un interlocuteur privilégié[10]. Et le dictateur yougoslave avait parfaitement compris que le souci numéro un de la communauté internationale était d'éviter toute nouvelle révision des frontières. En juillet 1998, quand tout indiquait que la situation au Kosovo était désormais désespérée, le groupe de contact des ministres des Affaires étrangères pouvait encore continuer d'exclure publiquement la solution de l'indépendance.

Ce que Milošević ne saisit absolument pas, c'est l'impact transformateur de la catastrophe bosniaque sur l'opinion internationale. Les droits de l'homme – la purification ethnique, notamment – figuraient maintenant en bonne place à l'ordre du jour de chacun, ne serait-ce qu'en raison de la culpabilité collective tenaillant un monde qui jusque-là n'avait pas su agir à temps. En juin 1998, le tribunal pour les crimes de guerre de La Haye se déclara compétent pour exercer sa juridiction sur les crimes commis au Kosovo – son procureur général, Louise Arbour, affirmant que l'ampleur et la nature des combats dans la province en faisaient un conflit armé au regard du droit international –, et le 19 juillet le Sénat américain pressa les officiels

10. Dans l'hiver 1996, à la suite de fraudes tangibles lors d'élections locales, des étudiants serbes manifestèrent trois mois durant dans les rues de Belgrade pour protester contre la dictature de Milošević et exiger des changements. Ils ne reçurent cependant aucune aide ni aucun encouragement des puissances occidentales, qui voyaient dans Milošević un facteur de stabilisation dans l'après-Dayton et ne firent rien pour affaiblir sa position.

de La Haye d'inculper Milošević pour « crimes de guerre, crimes contre l'humanité et génocide ».

La vraisemblance de ces accusations se précisait de jour en jour. Non seulement des unités de la police spéciale venues de Serbie exécutaient maintenant par centaines les « terroristes albanais », mais tout indiquait qu'à la faveur de ce conflit Belgrade se préparait à « encourager » le départ des Albanais, les forçant à fuir leurs terres et leurs gagne-pain pour sauver leur peau. Tout au long de l'hiver 1998-1999, la nouvelle s'ébruita d'actions de la police serbe – parfois en réaction à des attaques de l'ALK, d'ordinaire des opérations impliquant l'exécution en masse d'une ou plusieurs familles élargies – destinées à terroriser des communautés entières pour les amener à fuir et à se réfugier, par-delà les frontières, en Albanie ou en Macédoine.

La communauté internationale était de plus en plus divisée. Les États-Unis et la plupart de leurs partenaires de l'OTAN prônèrent ouvertement une intervention militaire au nom des Albanais assiégés dès octobre 1998. Mais aux Nations unies (qui auraient dû autoriser cette intervention dans les affaires prétendument « intérieures » d'un État souverain), ils se heurtaient à une farouche opposition de la Chine et de la Russie, dont le Parlement vota une résolution qualifiant d'« agression illégale » toute action future de l'OTAN. Au sein de l'Union européenne et de l'OTAN, la Grèce, pour des raisons qui lui appartenaient, s'opposait à toute intervention dans les affaires yougoslaves. Dans le même temps, l'Ukraine et la Biélorussie firent part de leur « solidarité inconditionnelle » et de leur « soutien moral » à leurs frères slaves de Serbie.

L'impasse apparente aurait pu se prolonger indéfiniment si Belgrade n'avait pas accru l'enjeu par une série de massacres au début de 1999, d'abord le 15 janvier au village de Racak dans le sud du Kosovo, puis en mars à travers la province. S'ajoutant au carnage du marché de Sarajevo, l'attaque de Racak, qui fit 45 morts parmi les Albanais (dont 23, visiblement exécutés), poussa enfin la communauté internationale à agir[11]. Après les négociations infructueuses de Rambouillet entre Madeleine Albright et une délégation yougoslave, qui se terminèrent par un refus prévisible de Belgrade de retirer ses forces du Kosovo et d'accepter une présence militaire étrangère sur place, l'intervention devint inévitable. Le 24 mars, malgré l'absence d'un aval formel des Nations unies, la flotte, l'aviation et les missiles de l'OTAN passèrent à l'action contre la Yougoslavie, déclarant de fait la guerre au régime de Belgrade.

La dernière guerre yougoslave dura un peu moins de trois mois, au cours desquels les forces de l'OTAN infligèrent de sérieux dommages à la Serbie proprement dite, tandis que ses efforts pour empêcher l'expulsion de la popu-

11. De même que pour les atrocités de Sarajevo, Belgrade et ses apologistes commencèrent par protester que cela n'était jamais arrivé puis, quand cette position ne fut plus tenable, qu'il s'agissait d'une « provocation » montée par les victimes elles-mêmes.

lation albanaise du Kosovo ne furent couronnés que d'un succès mitigé : au cours de la guerre 865 000 réfugiés (la moitié de la population albanaise du Kosovo) s'enfuirent en direction des camps de fortune implantés de l'autre côté de la frontière au Monténégro, en Bosnie, en Albanie et dans les régions ethniquement albanaises de Macédoine occidentale. Mais, alors que le président Clinton avait eu l'imprudence de déclarer publiquement que l'OTAN n'engagerait pas de forces terrestres – obligeant l'alliance à mener une guerre aérienne avec les inévitables bévues qui firent le jeu de la propagande yougoslave et du culte serbe de la victimisation –, l'issue était acquise d'avance. Le 9 juin, Belgrade acceptait de retirer toutes ses troupes et ses forces de police du Kosovo. L'OTAN suspendit ses attaques et l'ONU donna mandat à la KFOR (Force du Kosovo), placée sous l'autorité de l'OTAN, pour une occupation « temporaire » de la province.

L'occupation du Kosovo marqua la fin d'un cycle décennal de guerres yougoslaves, mais aussi le commencement de la fin pour Milošević lui-même. Sa crédibilité minée par ce tout dernier revers, et le pire pour le projet nationaliste serbe, Milošević essuya une défaite écrasante à l'élection présidentielle de septembre 2000, qui vit le triomphe d'un candidat de l'opposition, Vojislav Koštunica. Quand Milošević admit cyniquement que Koštunica avait recueilli davantage de voix, mais déclara que la marge était si étroite qu'il fallait convoquer à nouveau les électeurs, il suscita enfin une tempête de protestation populaire chez les Serbes qui avaient été jusque-là d'une patience à toute épreuve. Des dizaines de milliers de manifestants descendirent dans les rues de Belgrade et, le 5 octobre, Milošević finit par reconnaître sa défaite et se retira. Six mois plus tard, le gouvernement serbe, dont le besoin de l'aide économique occidentale devenait de plus en plus désespéré, consentit à arrêter Milošević pour le remettre au tribunal de La Haye, où il fut accusé de génocide et de crimes de guerre.

Qui fallait-il blâmer de la tragédie yougoslave ? La responsabilité était sans conteste largement partagée. Dans un premier temps, les Nations unies s'y intéressèrent assez peu – son secrétaire général, Boutros Boutros-Ghali, se montra insuffisant et indifférent, allant jusqu'à parler de la Bosnie comme d'une « guerre de riche » – et quand les représentants de l'ONU arrivèrent dans les Balkans ils employèrent le plus clair de leur temps à bloquer toute action militaire décisive contre les pires criminels. Les Européens réussirent un peu mieux. La France, notamment, se montra singulièrement réticente à blâmer la Serbie du cours des événements – et rechigna clairement à s'engager.

Ainsi, quand en septembre 1990 Washington voulut inscrire la Yougoslavie à l'ordre du jour du sommet de l'OSCE qui devait se tenir à Paris, François Mitterrand accusa les Américains de dramatiser à l'excès et refusa. Quatre mois plus tard, quand le problème se posa à nouveau, le ministère français des Affaires étrangères assura alors qu'il était « trop tard » pour une intervention étrangère... Paris resta tout aussi peu coopératif même après l'engagement des forces internationales dans la région : le général français Bernard Janvier, commandant de la FORPRONU (Force de protection des Nations unies) en Bosnie, interdit personnellement les frappes aériennes contre les forces serbes de Bosnie à Srebrenica[12]. Quant au gouvernement hollandais, il alla jusqu'à opposer son veto à *toute* frappe de l'OTAN contre les bastions des Serbes de Bosnie tant que les soldats hollandais n'auraient pas quitté le pays.

D'autres pays firent un peu mieux, mais pas beaucoup. Si Londres finit par épauler les Américains dans leurs pressions interventionnistes, les autorités britanniques passèrent les premières années cruciales du conflit yougoslave à empêcher tranquillement tout engagement direct de la part de la CE ou de l'OTAN. Et le traitement que les Britanniques réservèrent aux réfugiés yougoslaves fut honteux : en novembre 1992, alors que le flux des Bosniaques sans foyer et désespérés atteignait des sommets, Londres fit savoir qu'aucun Bosniaque ne pourrait se rendre au Royaume-Uni sans visa. C'était la perfide Albion au comble du cynisme. Puisqu'il n'y avait pas d'ambassade britannique à Sarajevo pour délivrer de visas, le seul moyen d'en obtenir, pour une famille bosniaque, était de se rendre dans un pays tiers... où le gouvernement anglais pouvait alors faire valoir, et ne s'en priva pas, que les réfugiés avaient trouvé asile quelque part ailleurs et que la Grande-Bretagne n'avait donc nul besoin de les recevoir. Ainsi, alors que l'Allemagne, l'Autriche et les pays scandinaves accueillirent généreusement des centaines de milliers de réfugiés yougoslaves entre 1992 et 1995, le nombre des demandeurs d'asile au Royaume-Uni déclina au cours de ces mêmes années.

Si Washington mit un temps extraordinairement long à s'intéresser aux événements des Balkans, les États-Unis firent nettement mieux sitôt qu'ils s'engagèrent. En vérité, le fait que ce soit l'initiative américaine qui ait donné à chaque fois l'impulsion nécessaire à l'intervention internationale fut une source d'humiliation en série pour leurs alliés d'Europe occidentale. Mais les États-Unis traînèrent eux aussi les pieds, essentiellement parce que l'establishment américain de la défense répugnait à prendre le moindre risque et que de nombreux responsables politiques américains continuaient de croire que cette guerre ne les concernait pas. L'idée de déployer les forces de l'OTAN dans ces circonstances inédites – ou celle d'une intervention unilatérale des États-Unis dans les affaires intérieures d'un État souverain avec lequel il n'avait pas de querelle – passait mal. Comme l'observa le secrétaire d'État américain Warren Christopher au faîte de la guerre de Bosnie, c'était un « problème d'enfer ».

---

12. En France comme ailleurs, l'attitude de Janvier amena certains à demander qu'il fût co-inculpé pour sa responsabilité dans le massacre qui suivit.

Quant aux Yougoslaves eux-mêmes, personne n'en sort grandi. Belgrade précipita la faillite du système fédéral yougoslave, mais Ljubljana et Zagreb ne se désolèrent pas de sa disparition. Certes, les musulmans de Bosnie n'eurent pas beaucoup d'occasions de commettre eux-mêmes des crimes de guerre : pour l'essentiel, ils se retrouvèrent toujours en butte à l'agression des autres. Aucun sort ne fut plus triste que le leur, et la destruction de Sarajevo est une source particulière de deuil. À l'échelle réduite qui est la sienne, la capitale bosniaque était une ville authentiquement cosmopolite : peut-être le dernier des centres urbains multiethniques, plurilinguistiques et œcuméniques qui étaient jadis la gloire de l'Europe centrale et de la Méditerranée orientale. Elle sera reconstruite, mais jamais elle ne s'en remettra.

Les Croates armés, en revanche, furent responsables d'innombrables actes de violence contre les civils : sous la direction de Zagreb et de leur propre chef. À Mostar, ville de l'ouest de la Bosnie qui se distinguait par un nombre de mariages interconfessionnels exceptionnellement fort, les extrémistes croates entreprirent délibérément de chasser les musulmans et les familles mélangées de la moitié ouest de la ville. Puis ils les remplacèrent par des paysans croates réfugiés en ville et radicalisés par leur expérience du nettoyage ethnique dans les villages, puis assiégèrent les quartiers musulmans de l'est. Dans le même temps, en septembre 1993, ils détruisirent systématiquement le pont ottoman du XVIe siècle sur la Neretva, symbole du passé intégré et œcuménique de la ville.

Les Croates n'avaient donc pas de quoi se vanter ; et, de touts les dirigeants postcommunistes qui émergèrent des décombres, Franjo Tudjman fut un des plus franchement rebutants. Plus que quiconque, il se donna personnellement pour mission d'effacer le passé yougoslave de la mémoire de ses concitoyens : en mars 1993, le nom même de « Yougoslavie » avait été expurgé des manuels, des livres de lecture, des encyclopédies, des titres d'ouvrage et des cartes publiés dans la nouvelle Croatie. C'est seulement après la mort de Tudjman que l'État croate qu'il avait fondé put se repositionner de manière crédible de manière à entrer dans le concert des nations.

Finalement, la principale responsabilité dans la catastrophe yougoslave revient toutefois aux Serbes eux-mêmes et à leur leader élu, Slobodan Milošević. C'est sa conquête du pouvoir qui poussa les autres républiques à partir. C'est lui qui encouragea ensuite les Serbes de Croatie et de Bosnie à se tailler des enclaves territoriales et qui les soutint avec son armée. Et c'est encore lui qui autorisa et mena l'offensive soutenue contre la population albanaise de Yougoslavie, provoquant ainsi la guerre du Kosovo.

Les actions de Belgrade furent partout une catastrophe pour les Serbes. Ils perdirent leur terre dans la région de la Krajina, en Croatie ; force leur fut d'accepter une Bosnie indépendante et de renoncer à leur projet de s'y découper un État serbe souverain ; ils essuyèrent une défaite au Kosovo, d'où la majeure partie de la population serbe a fui depuis, dans la crainte justifiée de la vengeance albanaise ; et dans l'État-croupion yougoslave (dont même la Macédoine a cherché à faire sécession), leur niveau de vie n'est jamais tombé aussi bas. Le cours des événements n'a fait qu'exacerber une vénérable propension serbe à l'auto-apitoiement collectif devant les injustices de l'histoire, et il est vrai qu'à long terme les Serbes peuvent bien être les plus gros perdants des guerres yougoslaves. Que même la Bulgarie et la Roumanie devancent la Serbie par leur niveau de vie actuel et leurs perspectives d'avenir en dit long sur l'état du pays.

Mais ce paradoxe ne doit pas nous faire perdre de vue la responsabilité serbe. La férocité et le sadisme effroyables des guerres croate et bosniaque – violences en série, humiliations, tortures, viols et massacre de centaines de milliers de leurs concitoyens – fut l'œuvre d'hommes serbes, le plus souvent jeunes, portés à des paroxysmes de haine aveugle et d'indifférence à la souffrance par la propagande et l'autorité de chefs qui, en dernière instance, tenaient leurs ordres et leur pouvoir de Belgrade. Ce qui suivit était moins inhabituel : la même chose s'était produite en Europe quelques années auparavant, quand, à travers le continent et sous le prétexte de la guerre – des gens ordinaires commirent des crimes tout à fait extraordinaires.

Nul doute qu'en Bosnie, notamment, existait une histoire que pouvait invoquer la propagande serbe : une histoire de souffrances passées enfouie sous la surface trompeusement calme de la vie yougoslave après la guerre. Mais la décision de réveiller cette mémoire, de la manipuler et de l'exploiter à des fins politiques fut l'œuvre des hommes, d'un homme en particulier. Comme Slobodan Milošević le concéda à un journaliste avec une fausse ingénuité au cours des discussions de Dayton, jamais il n'avait imaginé que les guerres dans son pays dureraient aussi longtemps. Sans doute est-ce vrai. Mais ces guerres ne furent pas l'effet d'une combustion ethnique spontanée. La Yougoslavie n'est pas tombée toute seule : on l'a poussée. Elle n'est pas morte : on l'a tuée.

Le cas de la Yougoslavie fut le pire, mais le postcommunisme fut partout difficile. Au Portugal et en Espagne, le passage de l'autoritarisme à la démocratie accompagna la modernisation accélérée d'une économie agraire arriérée : combinaison que le reste de l'Europe occidentale connaissait bien du fait de son propre passé. En revanche, la sortie du communisme était sans précédent. Le passage tant attendu du capitalisme au socialisme avait été théorisé *ad nauseam* dans les académies, les universités et les cafés, de Belgrade à Berkeley ; mais nul n'avait songé à offrir un avant-projet de transition du socialisme au capitalisme.

Des multiples legs encombrants du communisme, le plus tangible était l'héritage économique. L'industrie obsolète de Slovaquie, de Transylvanie ou de Silésie couplait dysfonctionnement économique et irresponsabilité écologique. Les deux phénomènes étaient étroitement liés : l'empoisonnement du lac Baïkal, la mort de la mer d'Aral, les pluies acides qui s'abattaient sur les forêts du nord de la Bohême n'étaient pas seulement une catastrophe écologique, mais hypothéquaient aussi lourdement l'avenir. Avant de pouvoir investir dans de nouvelles industries, il fallait commencer par démanteler les anciennes et réparer les dégâts.

Dans les *Länder* d'Allemagne de l'Est, c'est le gouvernement fédéral qui paya la facture de la réparation des dégâts du communisme. La *Treuhand* (voir chapitre XVII) dépensa des milliards de DM au cours des quatre années suivantes pour acheter et liquider des usines obsolètes, licencier les employés surnuméraires et, autant que possible, remédier aux conséquences de leurs activités. Mais même si les résultats furent inégaux et mirent le trésor fédéral au bord de la faillite, les anciens Allemands de l'Est n'en eurent pas moins de la chance : *leur* sortie du communisme fut financée par l'économie la plus forte de l'Europe occidentale. Ailleurs, ce sont les victimes elles-mêmes qui durent supporter le coût de la réinvention de la vie économique.

Les gouvernements postcommunistes étaient confrontés à un choix élémentaire : soit essayer de transformer du jour au lendemain une économie socialiste subventionnée en économie capitaliste de marché – l'approche dite du « big bang » –, soit procéder prudemment, démanteler ou liquider les secteurs les plus boiteux de l'« économie planifiée » tout en préservant aussi longtemps que possible les traits qui comptaient le plus pour la population locale : loyers bon marché, emplois garantis, services sociaux gratuits. Si la première stratégie était plus conforme aux théorèmes de l'économie de marché chers à une génération naissante d'économistes et d'hommes d'affaires postcommunistes, la seconde était politiquement plus prudente. Le problème était que les deux approches n'iraient pas sans douleurs et pertes significatives à court terme (et peut-être à pas si court terme) ; dans la Russie de Boris Eltsine, où les *deux* stratégies furent appliquées, l'économie s'enfonça dans une récession spectaculaire de huit ans : le plus gros recul d'une grande économie que l'histoire moderne ait jamais enregistré en temps de paix.

C'est en Pologne, sous la supervision déterminée de Leszek Balcerowicz (d'abord ministre des Finances, puis chef de la Banque centrale du pays), que l'approche du « big bang » fut appliquée le plus tôt et avec le plus de cohérence. De toute évidence, soutenait Balcerowicz, son pays – à tous égards insolvable, sinon officiellement – ne pouvait se rétablir sans l'aide internationale. Or cette aide ne viendrait pas si la Pologne ne mettait en place des structures crédibles propres à rassurer les banquiers et institutions de crédit du monde occidental. Non que le Fonds monétaire international imposât des mesures draconiennes à la Pologne : anticipant les contraintes du FMI, la Pologne allait plutôt mériter et recevoir l'aide dont elle avait besoin. Et la seule façon d'y parvenir était d'aller *vite*, au cours de la lune de miel postcommuniste et avant que la population ne saisît à quel point le processus serait douloureux.

Le 1er janvier 1990, le premier gouvernement postcommuniste de Pologne lança donc un ambitieux programme de réformes : constitution de réserves de change, suppression du contrôle des prix, resserrement du crédit et amputation des subventions (autrement dit, on laissait désormais les entreprises faire faillite), le tout aux dépens des salaires réels intérieurs, qui baissèrent aussitôt de quelque 40 %. Hormis la reconnaissance explicite que le chômage était inévitable (adoucie par la création d'un fonds de soutien et d'aide à la reconversion), ce n'était pas très différent de ce qui avait été tenté en vain par deux fois au cours des années 1970. Ce qui avait changé, c'était le climat politique.

Dans la Tchécoslovaquie voisine, sous la houlette du ministre des Finances (puis Premier ministre) Václav Klaus, fut appliqué un programme d'une ambition comparable, avec une insistance supplémentaire sur la convertibilité de la monnaie, la libéralisation du commerce extérieur et la privatisation conformément au « thatchérisme » déclaré de Klaus. Tout comme Balcerowicz et quelques jeunes économistes du Kremlin, Klaus était partisan d'une « thérapie de choc » : ne voyant rien dans l'économie socialiste qui méritât d'être conservé, il n'y avait aucun avantage à retarder le passage au capitalisme.

À l'autre extrême, se trouvaient des hommes comme Meciar en Slovaquie, Iliescu en Roumanie ou Leonid Koutchma en Ukraine (Premier ministre, puis président). Craignant d'indisposer leurs bases, ils retardèrent l'introduction de changements le plus longtemps possible – le premier « programme de réforme économique » de l'Ukraine fut annoncé en octobre 1994 – et se montrèrent singulièrement réticents à libéraliser le marché intérieur ou à réduire la part de l'État dans l'économie. En septembre 1995, Koutchma devait défendre sa position – en des termes bien connus des historiens de la région – en mettant en garde contre la tentation de « copier aveuglément l'expérience étrangère ».

Après la mue du marasme économique du début des années 1990, le premier niveau des ex-États communistes en ressortit avec des bases plus solides, à même d'attirer les investisseurs étrangers et d'envisager à terme d'entrer dans l'Union européenne. Le relatif succès des stratégies économiques polonaise ou estonienne, en comparaison des fortunes de la Roumanie ou de l'Ukraine, saute aux yeux de tout visiteur : au niveau des petites entreprises, voire de l'optimisme public, les pays d'Europe orientale qui ont connu le plus de réussite s'en sont bien mieux sortis que l'ex-RDA, malgré les avantages apparents de celle-ci.

Il est tentant de conclure que les États postcommunistes les plus « avancés » comme la Pologne – ou la République tchèque, l'Estonie, la Slovénie et peut-être la Hongrie –, furent donc capables, en l'espace de quelques années douloureuses, d'enjamber le fossé séparant le socialisme d'État de l'économie capitaliste de marché, même si cette transition eut un coût pour ses citoyens les plus âgés et les plus pauvres ; dans le même temps, un second étage de pays des Balkans et de l'ex-Union soviétique se trouva réduit à se démener dans leur sillage, entravé par une élite dirigeante corrompue et incompétente, aussi incapable que peu désireuse d'envisager les changements nécessaires.

C'est largement exact. Même sans Klaus, Balcerowicz ou leurs homologues hongrois et estonien, cependant, certains ex-pays communistes étaient voués à mieux réussir que d'autres le passage à l'économie de marché : soit qu'il eussent engagé le processus dès avant 1989, soit que les distorsions de l'ère soviétique y fussent moins pathologiques que chez leurs voisins moins chanceux (la comparaison entre la Hongrie et la Roumanie est éloquente à cet égard). Et, bien entendu, les miracles de la transformation économique visibles dans les capitales de certains pays – Prague, Varsovie ou Budapest, par exemple – ne se retrouvent pas toujours dans leurs lointaines provinces. Il en va aujourd'hui comme par le passé : en Europe centrale et orientale, les vraies frontières ne sont pas entre les pays, mais entre les régions urbaines prospères et un cœur rural négligé et déshérité.

Les similitudes sont relativement plus révélatrices que les différences entre les expériences postcommunistes de ces pays. L'« idylle de l'économie de marché », pour reprendre l'expression méprisante employée par le Premier ministre russe Viktor Tchernomyrdine en janvier 1994, fut universelle[13]. Tout comme les objectifs économiques généraux : libéralisation de l'économie, passage à une forme d'économie de marché et accès à l'Union européenne, avec sa promesse alléchante de consommateurs étrangers, d'investissement et de fonds de soutien régional pour soulager la douleur du démantèlement de l'économie dirigée. Tels étaient les résultats que tout le monde cherchait ; et en tout état de cause, c'est du moins ce que pensaient les milieux autorisés, il n'y avait aucune alternative.

S'il y eut de profondes différences de politique publique d'une société postcommuniste à l'autre, ce ne fut donc pas du fait de quelque division générale de l'opinion sur ce que ces pays devaient faire et où ils devaient aller. Les économies des États communistes pouvaient bien être dénaturées et inefficaces, elles n'en possédaient pas moins des atouts considérables et potentiellement lucratifs : énergie, minéraux, armements, immobilier, médias, réseaux de transports, etc. De surcroît, dans les sociétés postsoviétiques, les seuls personnes qui savaient diriger un laboratoire, une ferme ou une usine – qui

13. Dans la jeune génération qui avait le sens des affaires et avait hâte de s'arracher à un passé encombrant, elle suscita même un nouveau conformisme qui évinça la langue de bois publique du communisme : une adoration aveugle des mantras de l'économie néoclassique qu'aucune familiarité avec ses coûts sociaux ne pouvait fort heureusement ternir.

avaient l'expérience du commerce international ou de la gestion d'une grande institution – et qui savaient faire faire les choses étaient les hommes du parti : l'intelligentsia, la bureaucratie et la *nomenklatura*.

Tels seraient les hommes en charge de leurs pays après 1989 comme avant, du moins le temps qu'apparaisse une nouvelle génération postcommuniste. Mais ils agissaient désormais dans des habits neufs : au lieu de travailler pour le parti, ils appartenaient à divers partis politiques qui se disputaient le pouvoir ; et au lieu d'être des employés de l'État, ils étaient des opérateurs indépendants sur un marché des compétences, des biens et des capitaux ouvert à la concurrence. Quand l'État vendit ses intérêts dans tous les domaines, des droits de forage aux immeubles d'habitation, ce sont les mêmes hommes (il s'agissait le plus souvent d'hommes, la future Premier ministre de l'Ukraine, Ioulia Timochenko, étant une exception notable) qui devaient vendre... et acheter.

Dans l'évangile qui se propagea à travers l'Europe postcommuniste, le capitalisme est une affaire de marché. Et qui dit marché, dit privatisation. La grande braderie des biens publics dans l'Europe de l'Est d'après-1989 n'avait pas de précédent dans l'histoire. Le culte de la privatisation en Europe occidentale qui avait pris de l'ampleur depuis la fin des années 1970 (voir chapitre XVI) servit de gabarit à la débandade de la propriété étatique à l'Est ; autrement, les deux phénomènes n'avaient pas grand-chose en commun. Le capitalisme, tel qu'il était apparu dans le monde atlantique et en Europe occidentale au fil de quatre siècles, s'accompagnait de lois, d'institutions, de réglementations et de pratiques dont il avait un besoin critique pour son fonctionnement comme pour sa légitimité. Dans maints pays communistes, ces lois et ces institutions étaient totalement inconnues... et dangereusement sous-estimées par les néophytes adeptes de l'économie de marché.

Sous couvert de privatisation, ce fut le triomphe de la kleptocratie. Sous sa forme la plus éhontée, dans la Russie de Boris Eltsine et de ses amis, l'économie de l'après-transition passa entre les mains d'une poignée d'hommes qui devinrent extraordinairement riches : en 2004, trente-six milliardaires russes (les « oligarques ») avaient amassé 110 milliards de dollars, soit un quart du produit intérieur total du pays. La distinction entre la privatisation, l'escroquerie et le vol a quasiment disparu : il y avait tant à voler – pétrole, gaz, minerais, métaux précieux, gazoducs – et personne ou presque pour s'y opposer. Les officiels mirent en pièces puis se partagèrent les actifs publics et les institutions, mettant la main sur tout ce qui pouvait être déplacé ou légalement cédé au privé.

Le cas de la Russie est le pire, mais celle-ci devance de peu l'Ukraine. Koutchma et d'autres politiciens se firent élire grâce aux largesses financières des « hommes d'affaires » sous la forme d'acomptes sur de futurs revenus : dans l'Ukraine postsoviétique, ces gens l'avaient bien compris, c'est le pouvoir qui menait à l'argent, non l'inverse. Les biens publics, les prêts ou les subventions de l'État passèrent directement des mains du gouvernement dans les poches d'une poignée de clans, pour finir bien souvent sur des comptes privés à l'étranger. Les nouveaux « capitalistes » de ces pays ne faisaient rien : ils se contentaient de blanchir des actifs publics à leur bénéfice personnel.

Le népotisme fleurit, comme sous le communisme, mais pour des gains privés autrement plus importants : quand le groupe ukrainien Kryvorijtal, un des plus grands groupes sidérurgiques du monde avec 42 000 employés et un profit annuel avant impôt de 300 millions de dollars (dans un pays où le revenu moyen était de 95 dollars par mois), fut tardivement mis en vente en juin 2004, personne ne s'étonna d'apprendre que l'heureux « enchérisseur » s'appelait Viktor Pintchouk, un des hommes d'affaires les plus riches du pays mais aussi gendre du président ukrainien.

En Roumanie et en Serbie, les actifs de l'État connurent un destin semblable ou ne furent pas du tout liquidés, les responsables politiques locaux renonçant à leurs projets initiaux de privatisation et préférant garder leur pouvoir et leur influence à l'ancienne. Comme les Albanais à peu près à la même époque, les Roumains à l'affût de gratifications immédiates sur le marché se virent offrir plutôt des systèmes pyramidaux, promettant d'énormes gains à court terme sans le moindre risque. À son apogée, une des opérations de ce genre, l'arnaque « Caritas », qui fonctionna d'avril 1992 à août 1994, comptait peut-être quatre millions de participants, près d'un cinquième de la population roumaine.

Comme la privatisation « légitime », ces systèmes pyramidaux (également courants en Russie) servaient essentiellement à apporter des fonds privés aux mafias basées dans les vieux réseaux du parti et les anciens services de sécurité. Dans le même temps, quatorze ans après la chute de Ceausescu, 66 % de l'industrie roumaine était encore propriété de l'État, même si quelques-unes des entreprises les plus rentables et attrayantes avaient changé de mains. On comprend que les investisseurs étrangers aient longtemps hésité à risquer leurs capitaux dans ces pays : la perspective de profits juteux était à mettre au regard de l'absence chronique de protections légales.

Ailleurs en Europe centrale, l'équilibre des risques était favorable aux investisseurs étrangers, ne fût-ce que parce que la perspective de l'adhésion à l'UE accélérait la réforme institutionnelle et la législation nécessaires. Malgré tout, en Hongrie comme en Pologne, la privatisation initiale se résuma largement à la transformation d'activités qui relevaient du marché noir à l'époque communiste en entreprises légitimes ou à la vente rapide des pans les plus viables des entreprises d'État à des entrepreneurs locaux épaulés par des fonds étrangers. Trois années après la révolution, 16 % seulement des entreprises publiques polonaises avaient été cédées au secteur privé. Dans la République tchèque, un ingénieux système de coupons, donnant aux gens la possibilité d'acheter des actions dans les entreprises publiques, était censé transformer les citoyens en une nation de capitalistes, mais son principal effet, au cours des années suivantes, fut de jeter les bases de scandales futurs et d'une réaction politique brutale contre le foisonnement des « profiteurs ».

La quasi-absence d'engagement occidental fut une des raisons des distorsions qui accompagnèrent la privatisation dans l'Europe postcommuniste. Certes, Moscou et Varsovie avaient été initialement inondées de jeunes économistes américains offrant d'apprendre à leurs hôtes comment construire le capitalisme, et les entreprises allemandes, en particulier, s'intéressèrent de bonne heure aux sociétés communistes relativement performantes, comme le constructeur automobile tchèque Skoda[14]. Mais il n'y eut quasiment aucun engagement de gouvernements étrangers, ni plan Marshall ni rien qui y ressemblât, fût-ce vaguement : sauf en Russie, où des sommes considérables affluèrent sous forme d'allocations ou de prêts pour soutenir le régime Eltsine – et finirent une fois encore dans les poches des amis et des soutiens d'Eltsine.

En fait, les investissements étrangers rappelaient moins les efforts soutenus qui avaient aidé à reconstruire l'Europe occidentale après la Seconde Guerre mondiale que l'engagement pragmatique du secteur privé après le règlement de Versailles : des fonds investis dans les périodes fastes et retirés sitôt que les choses tournaient mal[15]. Comme par le passé, les Européens de l'Est durent donc rivaliser avec l'Ouest sur un terrain de jeu sensiblement inégal, dépourvus de capitaux locaux et de marchés extérieurs tout en ne pouvant exporter que des produits alimentaires ou des matières premières à faible marge ou encore des produits industriels et des biens de consommation artificiellement bon marché grâce à des salaires peu élevés et des subventions publiques.

Dès lors, on ne s'étonnera pas que beaucoup de nouveaux gouvernements postcommunistes aient été tentés, comme leurs prédécesseurs de l'entre-deux-guerres, de se prémunir contre les coûts politiques de cette situation en instituant des protections : en l'occurrence, des lois restreignant la propriété étrangère de la terre et des sociétés. Non sans outrance qualifiés de « nationalistes » par les critiques étrangers, ces échos de mesures autarciques antérieures donnèrent, comme il était à prévoir, peu de résultats : en inhibant l'investisse-

14. Réveillant la frousse des nationalistes à la perspective d'une nouvelle absorption de Prague dans la Sphère de coprospérité de la Grande Allemagne et inspirant une blague populaire : « S'agissant des perspectives postcommunistes de la Tchécoslovaquie, j'ai une bonne nouvelle et une mauvaise. – Qu'elle est la bonne ? – Les Allemands arrivent ! – Et la mauvaise ? – Les Allemands arrivent. »

15. L'Estonie est une exception notable, puisqu'elle tira un bénéfice immense de sa quasi-adoption par ses voisins scandinaves. En 1992, quand elle quitta la zone rouble, elle réalisait 92 % de ses échanges commerciaux avec l'ex-Union soviétique. Cinq ans plus tard, les trois quarts de ses échanges étaient avec l'Ouest, pour une large part avec les pays baltes.

ment étranger et en déformant le marché local, ils ne firent qu'infléchir davantage encore la privatisation dans le sens de la corruption[16].

Ainsi, pour tout oligarque russe douteux, qui possédait une résidence secondaire à Londres ou à Cannes, ou tout jeune homme d'affaires polonais enthousiaste muni de sa BMW et de son téléphone cellulaire, il y avait des millions de retraités ou d'ouvriers licenciés mécontents pour qui la transition capitaliste fut au mieux un bienfait ambigu, sans parler des millions de paysans qu'il était impossible de redéployer ou de rendre économiquement autonomes : en Pologne, à la fin du XXe siècle, l'agriculture n'assurait que 3 % du PIB, mais occupait encore un cinquième de la population active. Le chômage demeurait endémique dans bien des localités ; et avec la perte d'emploi, disparaissaient les services bon marché et autres prestations qui accompagnaient traditionnellement le travail dans ces pays. Avec la hausse régulière des prix, du fait de l'inflation[17] ou en prévision de l'entrée en Europe, quiconque touchait un revenu fixe ou une pension de l'État (c'est-à-dire la plupart des enseignants, des médecins et des ingénieurs, qui avaient fait la gloire du socialisme) avait de bonnes raisons d'être nostalgique.

En Europe de l'Est, beaucoup, surtout les plus de 40 ans, se plaignaient amèrement de ce qu'ils avaient perdu : sécurité matérielle, pension, logement et services bon marché ; pour autant, ils n'aspiraient pas nécessairement à retourner au communisme. Ainsi que l'expliqua en 2003 à des journalistes une ingénieure de l'armée russe qui vivait de 448 dollars par mois avec son mari retraité : « Ce que nous désirons, c'est avoir une vie aussi facile qu'elle l'était dans l'Union soviétique, avec la garantie d'un bon avenir stable et de prix peu élevés, et en même temps cette liberté qui n'existait pas auparavant. »

En Lettonie, où la population n'imaginerait pas sans horreur le retour de la domination russe, les sondages n'en suggèrent pas moins que les paysans, surtout, sont convaincus qu'ils étaient mieux lotis à l'époque soviétique. Et sans doute ont-ils raison, et pas seulement les paysans. À la fin des années 1980, avant les révolutions, les Européens de l'Est étaient de fervents cinéphiles. En 1997, en Lettonie, la fréquentation des salles obscures avait baissé de 90 %. On retrouve partout la même situation, avec une baisse de 93 % en Bulgarie, de 94 % en Roumanie et de 96 % en Russie. Il est intéressant de constater que, dans ces mêmes années, la baisse ne fut que de 77 % en Pologne, de 71 % en République tchèque et de 51 % en Hongrie. En Slovénie, la situation n'a guère bougé. Ces données suggèrent une relation directe entre la prospérité et la fréquentation des cinémas et confirment l'explication

16. Et de l'inefficacité : un des paradoxes de la privatisation rituelle en Europe de l'Est est que, les fermes collectives laissant place à de minuscules lopins, la main remplaça le tracteur.

17. Suivant les estimations, l'inflation progressait à un rythme annuel de 5 371 % en 1993 dans l'Ukraine postcommuniste.

donnée par un sondage bulgare du déclin de celle-ci : depuis la chute du communisme, le choix de films était meilleur… mais les gens n'avaient plus les moyens de s'offrir des tickets.

Dans ces conditions, la transformation difficile et incomplète de l'Europe de l'Est appelle cette observation à la Johnson : ce n'est pas très bien fait, mais c'est étonnant que ça ait pu se faire. On pourrait en dire largement autant de la transition démocratique. À l'exception de la Tchécoslovaquie, aucune des anciennes sociétés communistes entre Vienne et Vladivostok n'avait la moindre mémoire vive d'une véritable liberté politique, et maint commentateur local était pessimiste quant aux chances du pluralisme politique. Si le capitalisme sans contrainte légale dégénère aisément en vol, en l'absence de limites convenues et comprises à la rhétorique publique et à la concurrence publique, la démocratie, craignait-on, risque de sombrer dans une démagogie compétitive.

Ce n'était pas une peur déraisonnable. En concentrant le pouvoir, l'information, l'initiative et la responsabilité entre les mains de l'État-parti, le communisme avait donné naissance à une société d'individus non seulement méfiants les uns envers les autres et sceptiques à l'égard des allégations ou des promesses officielles, mais aussi dépourvus de toute expérience de l'initiative individuelle ou collective et de toute base pour faire des choix publics en connaissance de cause. Ce n'est pas un hasard si l'initiative journalistique la plus importante des États postsoviétiques fut la parution de journaux d'information destinés à apporter des informations solides : *Faits et arguments* à Moscou, *Faits* à Kiev.

Les personnes âgées étaient les moins bien armées pour négocier la transition vers une société ouverte. La jeune génération avait plus facilement accès à l'information : par la télévision et la radio étrangères et, de plus en plus, par l'Internet. Mais si cela rendit de nombreux jeunes électeurs de ces pays plus cosmopolites, voire plus raffinés, cela ouvrit aussi une brèche avec leurs parents et leurs grands-parents. Une enquête réalisée auprès de jeunes Slovaques dix ans après l'indépendance de leur pays mit en évidence le fossé des générations. Les jeunes gens étaient totalement coupés du passé d'avant-1989, qu'ils ne connaissaient guère ; inversement, ils déploraient que dans le « meilleur des mondes » de la Slovaquie postcommuniste leurs parents fussent à la dérive et démunis : ils n'avaient ni aide ni conseils à prodiguer à leurs enfants.

Ce fossé des générations devait partout avoir des conséquences politiques, les électeurs plus âgés et plus pauvres se révélant périodiquement vulnérables à l'attrait de partis offrant des solutions de rechange nostalgiques ou ultranationalistes au nouveau consensus libéral. Comme il était prévisible, ce problème ne fut nulle part plus grave que dans certaines parties de l'Union soviétique, les plus touchées par les bouleversements et la dislocation, où la démocratie était jusque-là inconnue. Accablés par la misère et l'insécurité, révoltés par la nouvelle richesse ostentatoire d'une infime minorité, les électeurs âgés – ou pas si âgés – de Russie et d'Ukraine se laissaient volontiers séduire par des politiciens autoritaires. S'il fut assez facile dans les ex-pays communistes d'inventer des constitutions modèles et des partis démocratiques, il fut donc autrement plus difficile de forger un corps électoral capable de discernement. Les premières élections eurent partout tendance à favoriser les alliances libérales ou de centre-droit qui avaient organisé le renversement de l'ancien régime ; mais le contrecoup lié aux difficultés économiques et aux inévitables déceptions joua fréquemment au profit des anciens communistes, maintenant recyclés en nationalistes.

Cette métamorphose de l'ancienne *nomenklatura* était moins bizarre qu'elle a pu le paraître aux observateurs extérieurs. Nationalisme et communisme avaient plus de points communs que l'un et l'autre n'en avaient avec la démocratie : ils partageaient, pour ainsi dire, la même « syntaxe » politique, alors que le libéralisme était carrément un autre langage. À défaut d'autre chose, le communisme soviétique et les nationalistes traditionnels avaient un ennemi commun – le capitalisme ou « l'Occident » – et leurs héritiers devaient exceller à manipuler un égalitarisme envieux largement répandu (« à l'époque, au moins, nous étions *tous* pauvres ») pour imputer aux ingérences étrangères tous les affres de l'après-communisme.

L'essor d'un Corneliu Vadim Tudor, par exemple, n'avait rien de particulièrement incongru : sycophante littéraire bien connu à la cour de Nicolae Ceausescu, il avait composé des odes à la gloire du *Conducator* avant de passer du national-communisme à l'ultranationalisme. En 1991, grâce à de l'argent des émigrés, il fonda le parti de la Grande Roumanie, dont le programme associait nostalgie irrédentiste, attaques contre la minorité hongroise et antisémitisme déclaré. Aux élections présidentielles de décembre 2000, un électeur roumain sur trois le préféra à la seule solution de rechange, l'ex-*apparatchik* communiste Ion Iliescu[18].

Même les politiciens nationalistes qui avaient commencé par critiquer le communisme – comme dans le cas du mouvement « patriotique national » russe *Pamiat* (« Mémoire ») – n'eurent pas grand mal à se glisser dans une sympathie symbiotique pour le passé soviétique, mêlant une sorte de ressentiment nationaliste à la nostalgie de l'héritage soviétique et de ses monuments. Le même mélange de rhétorique patriotique et de regret du monde perdu de l'autoritarisme à la soviétique explique la popularité des nouveaux nationalistes en Ukraine, en Biélorussie, en Serbie et en Slovaquie, et trouve des

18. Mais la Roumanie est peut-être un cas unique. Aux élections municipales de Bucarest, en 1998, le parti des ouvriers roumains tapissa la ville d'affiches de Nicolae Ceausescu sur lesquelles on pouvait lire : « Ils m'ont exécuté. Vous vivez mieux ? Souvenez-vous de tout ce que j'ai fait pour le peuple roumain. »

pendants dans les divers partis paysans et « populaires » qu'on vit surgir en Pologne à la fin des années 1990, à commencer par le parti d'autodéfense d'Andrzej Lepper, qui trouva un large écho dans la population.

Si les communistes recyclés s'allièrent partout avec d'authentiques nationalistes[19], l'attrait du nationalisme pur ne fut nulle part plus fort et plus durable qu'en Russie. Ce qui n'a rien d'étonnant : pour citer le bouillant Vladimir Jirinovski, nouvelle figure de la vie politique qui se tailla une base électorale en exploitant sans vergogne la xénophobie de la vieille Russie, « le peuple russe est devenu la nation la plus humiliée de la planète ». Quelles que fussent ses limites, l'Union soviétique avait été une puissance mondiale : un géant territorial et culturel, héritier et prolongement légitimes de la Russie impériale. Sa désintégration fut une source d'humiliation profonde pour les Russes plus âgés, nombreux à partager la rancœur de l'armée soviétique devant l'absorption du « proche-Occident » russe par l'OTAN et l'incapacité de leur pays à l'empêcher. Le désir de retrouver un peu de « respect » sur la scène internationale inspira une bonne partie de la politique étrangère postsoviétique de Moscou et explique à la fois la nature de la présidence de Vladimir Poutine et le large soutien sur lequel il put compter, malgré ou à cause de ses politiques intérieures de moins en moins libérales.

Pour des raisons évidentes, les citoyens de l'ancien empire russe en Europe centrale n'étaient pas enclins à cette forme de nostalgie. Mais le monde perdu du communisme avait un certain attrait jusqu'en Allemagne de l'Est, où les sondages du milieu des années 1990 exprimaient la conviction générale que, les voyages, les médias électroniques et la liberté d'expression mis à part, on vivait mieux avant 1989. Dans d'autres pays, même les vieux médias de l'ère communiste suscitaient une certaine affection : en 2004, le programme le plus populaire de la télévision tchèque était la rediffusion d'une série policière du début des années 1970, *Commandat Zeman*, dont le scénario n'était guère plus que des exercices de propagande pour la « normalisation » d'après-1968.

Le parti communiste ne conserva effrontément son nom que dans la République tchèque (comme en France et dans les États de l'ancienne URSS). Mais dans tous les pays postcommunistes d'Europe centrale, il se trouvait *grosso modo* un électeur sur cinq pour apporter son soutien à des partis « anti » comparables : antiaméricains, anti-UE, antioccidentaux, anti-privatisation... ou, plus couramment, contre tout ce qui précède. Dans les Balkans, spécialement, l'antiaméricanisme ou l'antieuropéanisme était typiquement un code de l'anticapitalisme, une couverture pour les ex-communistes qui ne pouvaient exprimer au grand jour leur nostalgie du bon vieux temps tout en en faisant leur fonds de commerce à la faveur de ce travestissement public.

---

19. Voire avec des fascistes impénitents, nostalgiques du bon temps de la Seconde Guerre mondiale, notamment en Croatie.

Ce vote protestataire illustrait indirectement le consensus inévitable qui unissait le monde politique dominant : il n'y avait qu'un avenir possible pour la région, et cet avenir était à l'Ouest, dans l'Union européenne et sur le marché mondial, quoi qu'il en coûtât. Sur ces objectifs, il n'y avait pas grand-chose pour distinguer les grands partis rivaux, qui remportaient toutes les élections en critiquant les « échecs » politiques de leurs adversaires pour entreprendre ensuite de mettre en œuvre un programme étonnamment semblable. Sur la scène publique de l'Europe centrale et orientale, il en résulta une nouvelle « langue de bois » – « démocratie », « marché », « déficit budgétaire », « croissance », « concurrence » – sans grand sens ni grand intérêt pour de nombreux citoyens.

Les électeurs désireux de marquer leur protestation ou d'exprimer leur souffrance étaient donc attirés par les marges. Au début des années 1990, les observateurs de l'Europe postcommuniste virent dans la montée de partis marginaux nationaux-populistes dirigés par des démagogues une réaction dangereusement antidémocratique, la régression atavique d'une région arriérée qui avait vécu un demi-siècle durant dans un temps suspendu. Plus récemment, cependant, le succès de Jörg Haider en Autriche, de Jean-Marie Le Pen en France et de leurs homologues ailleurs, de la Norvège à la Suisse, a eu pour effet d'atténuer le ton condescendant des commentaires ouest-européens. L'atavisme ne connaît pas de frontières.

Le succès de la démocratie politique dans maints anciens pays communistes eut des conséquences ambiguës pour les intellectuels qui avaient tant fait pour l'assurer. Certains, comme Adam Michnik en Pologne, gardèrent une certaine influence *via* le journalisme. D'autres, comme János Kis, en Hongrie, passèrent de la dissidence intellectuelle à la politique parlementaire (dans le cas de Kis, en qualité de chef des démocrates libres) à seule fin de retrouver la vie universitaire après quelques années agitées sur le devant de la scène. En revanche, la plupart des intellectuels d'opposition des années passées ne réussirent pas leur reconversion en politiciens ou personnalités postcommunistes, si ce n'est comme figures de proue temporaires ; nombre de ceux qui essayèrent échouèrent piteusement. Václav Havel reste un cas unique, sans qu'on puisse dire qu'il ait particulièrement réussi.

« Les meilleurs ne sont que des théoriciens », avait jadis observé Edmund Burke avec mépris à propos d'une précédente génération de révolutionnaires. La plupart n'étaient aucunement préparés aux problèmes politiques et techniques « salissants » de la décennie suivante. Ils n'étaient pas davantage préparés à l'effondrement spectaculaire du statut public des intellectuels en général, tandis que les habitudes de lecture changeaient et que la jeune génération se détournait des sources traditionnelles d'exemples et d'opinion. Au milieu des années 1990, quelques périodiques autrefois influents des intellectuels de la vieille génération étaient devenus tristement marginaux.

Revue littéraire réputée publiée depuis Paris par une exilée polonaise de la génération 68, *Zeszyty Literackie*, de Barbara Torunczyck, avait largement contribué à alimenter le débat culturel en Pologne avant 1989. Et voici qu'après son installation triomphale dans la capitale de sa patrie libérée, elle eut le plus grand mal à conserver 10 000 lecteurs. *Literárni Noviný*, le plus ancien et le plus influent des hebdos culturels tchèques, ne s'en tira guère mieux, avec une diffusion de moins de 15 000 exemplaires en 1994. Certes, au prorata de la population, ces chiffres n'eussent pas paru indignes aux éditeurs de revues et de périodiques littéraires dans la plupart des pays occidentaux ; en Europe centrale, cependant, leur marginalisation croissante marqua un changement traumatique des priorités culturelles.

Une des raisons du déclin des intellectuels vient de ce que leur insistance tant remarquée sur l'*éthique* de l'anticommunisme, la nécessité de construire une société civile moralement consciente pour combler l'espace anomique entre l'individu et l'État avait été éclipsée par le souci pratique de la construction d'une économie de marché. En l'espace de quelques années, en Europe centrale, la « société civile » était devenue une notion archaïque, qui n'intéressait plus qu'une poignée de sociologues étrangers. Un phénomène assez proche s'était produit en Europe occidentale après la Seconde Guerre mondiale (voir chapitre III), lorsque la haute exigence morale de la Résistance avait été dissipée et évincée d'abord par les soucis pratiques de la reconstruction, puis par la guerre froide. Mais alors que les auteurs français ou italiens de ces années-là gardaient un public appréciable – en partie du fait du tapage publicitaire entourant leur engagement politique –, leurs homologues polonais ou hongrois n'eurent pas tant de chance.

Les intellectuels qui *réussirent* leur saut dans la vie publique démocratique étaient habituellement des « technocrates » – juristes ou économistes – qui n'avaient pas joué un rôle très en vue dans la communauté dissidente avant 1989. N'ayant pas joué jusque-là de rôle héroïque, ils offraient des modèles plus rassurants à des concitoyens tout aussi peu héroïques. Peu après avoir succédé à Havel à la présidence de la République tchèque, en 2003, Václav Klaus le dit sans détour dans une allocution : « Je suis un peu comme vous tous. Ni ancien communiste ni ancien dissident ; ni un bourreau ni un moraliste, dont la présence même sur la scène vaut rappel du courage que vous n'avez pas eu : votre mauvaise conscience. »

Les allusions à la mauvaise conscience soulevaient la question troublante de la vengeance : de ce que les gens avaient fait dans le passé communiste et de ce qui, le cas échéant, devait advenir d'eux maintenant. C'est là un dilemme qui devait se révéler traumatique pour la quasi-totalité des régimes postcommunistes. D'un côté, on s'accordait généralement à penser, et pas simplement chez les intellectuels moralisateurs, qu'il fallait faire la lumière sur les crimes politiques de l'ère soviétique et châtier leurs auteurs. À moins d'une reconnaissance publique de la vérité sur le passé communiste, la transition déjà délicate vers la liberté serait plus dure encore : les apologistes de l'ancien régime le laveraient de ses péchés et la population oublierait les enjeux de 1989.

De l'autre, les communistes avaient conduit le gouvernement depuis plus de quarante ans dans tous ces pays : cinquante ans dans les pays baltes, et soixante-dix en Union soviétique. L'État-parti avait eu le monopole du pouvoir. Ses lois, ses institutions et sa police avaient été les seules forces en lice. Qui pouvait dire, après-coup, que les communistes n'avaient pas été les dirigeants légitimes ? Les gouvernements étrangers les avaient assurément reconnus comme tels, et aucune cour ni aucun tribunal international n'avait même jamais qualifié le communisme de régime criminel. Dès lors, comment punir rétroactivement quelqu'un qui avait obéi aux lois communistes ou travaillé pour l'État communiste ?

Par ailleurs, quelques-uns de ceux qui s'illustrèrent dans les premiers appels à la vengeance contre la tyrannie communiste étaient eux-mêmes d'origines douteuses : dans la confusion du début des années 1990, l'anticommunisme était souvent mâtiné d'une certaine nostalgie des régimes que les communistes avaient remplacés. Il n'allait pas toujours être facile de séparer la condamnation du communisme de la réhabilitation de ses prédécesseurs fascistes. Beaucoup de gens raisonnables concédaient qu'il était nécessaire de tirer un trait sur l'ère stalinienne : il était trop tard pour punir ceux qui avaient collaboré aux coups de force, aux grands procès et aux persécutions des années 1950, d'autant que la plupart de leurs victimes étaient mortes.

Le sentiment était que mieux valait laisser ces affaires aux historiens, qui auraient maintenant accès aux archives et pourraient exhumer l'histoire véridique à l'intention des futures générations. S'agissant des décennies *post*staliniennes, toutefois, on s'accordait largement à penser que s'imposait un jugement public des crimes et des criminels les plus insignes : les dirigeants communistes tchèques qui avaient collaboré à l'écrasement du Printemps de Prague ; les policiers polonais responsables de l'assassinat du père Popieluszko (chapitre XIX) ; les autorités est-allemandes qui avaient ordonné de tirer à vue sur quiconque essayait d'escalader le Mur de Berlin, et ainsi de suite.

Mais cela laissait encore en suspens deux dilemmes autrement plus ardus. Que faire des anciens membres du PC et des anciens fonctionnaires de police ? S'ils n'étaient pas accusés de crimes spécifiques, devaient-ils être sanctionnés de leurs actes passés ? Devait-on les autoriser à prendre part à la vie politique, en qualité de policiers, de politiciens, voire de Premiers ministres ? Pourquoi pas ? Après tout, beaucoup avaient activement coopéré au démantèlement de leur propre régime. Mais dans le cas contraire, si l'on devait restreindre les droits politiques ou civiques de ces gens, combien de temps devaient s'appliquer ces restrictions et à quel rang de l'ancienne *nomenklatura* s'arrêter ? Autant de questions largement comparables à celles que rencontrèrent les occupants alliés de l'Allemagne d'après-guerre, quand ils essayèrent d'appliquer leur programme de dénazification – sauf qu'après 1989 les décisions appartenaient aux parties directement concernées, non pas à une armée d'occupation.

Tel était le premier problème épineux. Le second était, à certains égards, encore plus compliqué, et n'apparut qu'au fil du temps. Les régimes communistes ne s'étaient pas contentés d'imposer de force leur pouvoir à des citoyens récalcitrants ; ils avaient encouragé les gens à se rendre complices de leur répression, en collaborant avec les organes de sécurité et en rapportant les activités et les opinions de leurs collègues, voisins, connaissances, amis et parents. Si l'ampleur de ce réseau souterrain d'espions et de mouchards variait d'un pays à l'autre, il était partout présent.

Conséquence : si toute la société devenait suspecte – qui n'avait pu travailler pour la police ou le régime à un moment ou à un autre, fût-ce par inadvertance ? –, il devenait par la même occasion difficile de distinguer la collaboration vénale, voire mercenaire de la simple lâcheté ou du désir de protéger sa famille. L'avenir de ses enfants pouvait être le prix à payer pour qui refusait d'informer la Stasi. Le voile gris de l'ambiguïté morale recouvrait ainsi nombre des choix privés d'individus démunis[20]. Se retournant sur le passé, qui – hormis une poignée de dissidents héroïques et inébranlables – pouvait rendre un jugement ? Et il est frappant de constater que nombre de ces anciens dissidents – à commencer par Adam Michnik – furent les adversaires les plus vigoureux de toute vengeance visant leurs concitoyens.

Alors que ces difficultés étaient communes à tous les États postcommunistes, chaque pays les traita à sa façon. Dans les pays où il n'y eut jamais vraiment de transition – où les communistes ou leurs amis restèrent au pouvoir sous une nomenclature nouvelle et avec des ordres du jour « occidentaux » flambants neufs –, on ne devait pas toucher au passé. En Russie, comme en Ukraine, en Moldavie ou dans ce qui restait de la Yougoslavie, la question de la vengeance ne s'est jamais vraiment posée, et les hauts commis de l'ancien régime se sont paisiblement recyclés au pouvoir : sous Vladimir Poutine, les *siloviki* de l'ère communiste (procureurs, policiers, militaires, hommes de la sécurité) représentaient plus de la moitié du cabinet officieux du président.

En Allemagne, en revanche, les révélations concernant la dimension et les ramifications de la bureaucratie de la sécurité avaient laissé le pays pantois. Il apparut qu'outre ses 85 000 agents à plein-temps, la Stasi comptait approximativement 60 000 « collaborateurs officieux », 110 000 informateurs régu-

20. Mais peut-être pas les agissements intéressés de certains écrivains en vue, qui n'auraient pas risqué grand-chose en déclinant leurs services. Ainsi de Christa Wolf, dont l'ambivalence littéraire tant vantée paraît un peu moins admirable à la lumière des révélations ultérieures sur sa coopération avec la Stasi.

liers et plus d'un demi-million d'informateurs « à temps partiel », qui souvent n'avaient aucun moyen de savoir qu'eux-mêmes entraient dans cette catégorie[21]. Les maris espionnaient leurs femmes, les professeurs faisaient des rapports sur leurs étudiants, les prêtres donnaient des renseignements sur leurs paroissiens. Six millions d'habitants de l'ex-RDA avaient droit à leur fichier, soit un tiers de la population. La société tout entière avait bel et bien été infiltrée, atomisée et polluée par ses gardiens autodésignés.

Afin de percer le furoncle de la peur et de la suspicion mutuelle, le gouvernement fédéral, en décembre 1991, désigna une commission placée sous l'autorité de l'ancien pasteur luthérien Joachim Gauck et chargée de surveiller les dossiers de la Stasi et d'empêcher les abus. Chacun pourrait savoir s'il avait un « dossier » et, s'il le souhaitait, le consulter. Les gens apprendraient ainsi – souvent avec des conséquences familiales dévastatrices – qui les avait mouchardés ; en revanche, le matériau ne serait pas ouvert au grand public. C'était un compromis bancal mais, la suite le démontra, très efficace : en 1996, 1 145 000 personnes avaient demandé à voir leur dossier. Il n'y avait pas moyen de réparer les dégâts humains, mais la commission Gauck ayant reçu pour mission de veiller au grain, les informations dont elle avait la charge ne devaient jamais être exploitées à des fins politiques.

C'est la crainte d'une exploitation de ce genre qui inhiba les procédures similaires ailleurs en Europe de l'Est. En Pologne, les accusations de collaboration passée devinrent une manière habituelle de discréditer ses adversaires politiques : en 2000, Lech Walesa lui-même fut accusé d'avoir collaboré avec les anciens services spéciaux, mais l'accusation n'a jamais pris. Un ministre de l'Intérieur postcommuniste alla jusqu'à menacer de publier les noms de tous ses adversaires politiques qui s'étaient compromis en collaborant ; c'est précisément parce qu'ils s'inquiétaient de ce genre de comportement que Michnik et d'autres étaient partisans de tracer purement et simplement un trait sur le passé communiste et d'aller de l'avant. En accord avec ce point de vue, Michnik alla même jusqu'à s'opposer en 2001 au jugement de l'ancien président communiste Jaruzelski, alors âgé de 78 ans pour avoir donné l'ordre en 1970 d'ouvrir le feu sur des ouvriers en grève. En 1989, le souvenir récent de la loi martiale et de ses suites avait fait juger plus prudent de ne pas rouvrir le passé pour évaluer la culpabilité de chacun ; lorsque le risque eut disparu, l'occasion était passée ; la population avait d'autres sujets d'intérêt et la quête d'une justice politique rétroactive semblait relever davantage de l'opportunisme politique.

En Lettonie, un décret exclut pour dix ans de la fonction publique quiconque avait travaillé pour le KGB. À compter de 1994, les citoyens lettons, suivant le modèle allemand, purent prendre connaissance de leurs dossiers de

21. À titre de comparaison, la Gestapo, en 1941, comptait moins de 15 000 membres pour assurer la police dans toute la « Grande Allemagne ».

police de l'époque communiste ; mais le contenu n'en était rendu public que si une personne posait sa candidature ou cherchait un emploi dans la police. En Bulgarie, le nouveau gouvernement, s'inspirant de ce qui s'était fait en France après Vichy, mit en place des tribunaux habilités à prononcer la « dégradation civique » de personnes reconnues coupables de certains crimes associés au régime précédent.

En Hongrie, vu la bienveillance avec laquelle le parti communiste avait abandonné le pouvoir, il était difficile de justifier une épuration ou de le châtier de ses péchés antérieurs, d'autant que dans l'après-Kádár la principale pomme de discorde était bien entendu 1956, date qui devait bientôt relever de l'histoire ancienne pour une majorité de la population. Dans la Roumanie voisine, où ce ne sont pas les motifs de vengeance qui manquaient, les efforts pour monter une version locale de la commission Gauck se brisèrent pendant quelques années sur la ferme opposition de l'élite politique postcommuniste, dont beaucoup de chefs de file (à commencer par le président Iliescu) eussent été assurément impliqués dans toute remise en cause sérieuse des activités du régime de Ceausescu. Un collège national pour l'étude des archives de la *Securitate* allait être finalement inauguré, sans jamais pouvoir aspirer à l'autorité de l'original allemand.

Dans aucun de ces pays, le problème de l'accommodement avec le passé communiste ne fut résolu à la satisfaction générale ou avec une équité totale. En Tchécoslovaquie, cependant, la solution adoptée suscita la controverse bien au-delà des frontières du pays. Le stalinisme y avait été plus tardif et avait duré plus longtemps qu'ailleurs, et la triste mémoire de la « normalisation » était encore à vif. Dans le même temps, le communisme avait une base politique plus solide dans la région tchèque que partout ailleurs en Europe de l'Est. Enfin, la Tchécoslovaquie était allée d'échec en échec dans ses efforts pour résister à la tyrannie – en 1938, en 1948, puis après 1968 – et cette mémoire suscitait un certain malaise national. Pour une raison ou pour une autre, le pays tout entier, du moins aux yeux de ses critiques intérieurs les plus intraitables, souffrait d'une mauvaise conscience. Václav Klaus savait d'où il parlait.

La première législation tchécoslovaque postcommuniste – une loi de 1990 réhabilitant quiconque avait été illégalement condamné entre 1948 et 1989 et qui permit en définitive le versement de 100 millions d'euros au titre de dédommagements – ne suscita guère de débats. Mais elle fut suivie par une loi dite de *lustration*[22] (prorogée pour cinq ans en 1996, puis de nouveau à son expiration au début du XXIe siècle) dont le but était d'éplucher le passé de tout fonctionnaire ou candidat à la fonction publique pour vérifier ses liens avec

22. Du tchèque *lustrace*, qui veut dire « faire la lumière », bien que la traduction ait aussi des connotations purgatives.

les anciens services de sécurité. Cet objectif apparemment légitime multipliait cependant les possibilités d'abus. Il apparut que beaucoup de noms retrouvés sur les listes d'informateurs de l'ancienne police secrète n'étaient que des « candidats » : des hommes et des femmes que le régime espérait contraindre à la docilité. On y trouvait un certain nombre d'écrivains tchèques bien connus, dont certains qui habitaient même à l'étranger.

Les listes de la police secrète eurent tôt fait de se retrouver dans la presse, tandis que les politiciens ou les candidats à la députation s'en emparaient pour discréditer leurs adversaires. Au cours de cette entreprise de dénigrement, le nom d'Havel lui-même fut mentionné parmi les candidats épisodiques au recrutement dans le réseau des mouchards de la police. Et, comme certains critiques l'avaient dit, autant les dossiers de la police secrète fourmillaient de renseignements sur ceux qu'elle cherchait à recruter, autant ils gardaient le silence sur l'identité des policiers recruteurs. Une caricature parue dans le quotidien *Lidové Noviný* montrait deux hommes discutant devant le Parlement de Prague : « Les lustrations, ça ne m'inquiète pas, dit l'un. J'étais pas mouchard. Je faisais que donner des ordres[23]. »

La *lustration* n'était pas une procédure pénale, mais elle plongea dans la plus grande gêne nombre de ses victimes, injustement « désignées et flétries ». Plus gravement, peut-être, ce fut d'emblée un expédient ouvertement politique. C'est l'une des questions sur laquelle se disloqua l'ancienne alliance du Forum civique, les dissidents de toujours (dont Havel) s'opposant à la nouvelle loi tandis que Klaus s'en faisait le défenseur enthousiaste, y voyant un moyen de « clarifier la situation de chacun » (et d'embarrasser ses critiques ex-dissidents, qui avaient été jadis des communistes réformateurs). Il vaut la peine de signaler que Vladimir Meciar, en Slovaquie, s'opposa également à la loi de lustration, notamment à cause des rumeurs qui allaient bon train, faisant état de ses liens avec la police secrète ; sitôt acquise l'indépendance de son pays, cependant, il puisa abondamment dans les dossiers de la police à des fins politiques personnelles.

Dans les douze premières années de son application, la loi de *lustration* fit assez peu de dommages directs. Elle fut appliquée à quelque 300 000 personnes qui avaient besoin d'être blanchies : on estime que 9 000 candidatures furent rejetées, soit un chiffre étonnamment réduit en comparaison du demi-million de Tchèques et de Slovaques qui perdirent leur emploi ou furent chassés du parti après 1968. Mais l'effet le plus durable de la *lustration* fut le goût amer qu'elle laissa derrière elle, nourrissant un cynisme général dans la société tchèque autour de la façon dont s'était déroulée la « révolution de velours ». Dans la République tchèque, la *lustration*

23. Je dois cette référence à Jacques Rupnik.

servit apparemment davantage à légitimer l'élite naissante qu'à affronter honnêtement le passé qui s'effaçait.

En juillet 1993, le Parlement tchèque adopta une loi sur l'illégalité du régime tchèque et la résistance à celui-ci, qualifiant en fait le parti communiste d'organisation criminelle. Théoriquement, elle aurait dû criminaliser des millions d'anciens membres du parti ; en réalité, elle n'eut qu'un effet purement rhétorique et ne fut suivie d'aucune action. Dix ans après l'adoption de cette loi, des sondages indiquaient qu'un électeur tchèque sur cinq approuvait l'action d'un parti communiste impénitent (et parfaitement légal), qui restait la première formation politique du pays avec 160 000 adhérents.

XXII

La vieille Europe… et la nouvelle

« Il faut se demander pourquoi l'Europe paraît incapable d'entreprendre des actions énergiques sur propre théâtre. »
Richard Holbrooke

« Si c'était à refaire, je commencerais par la culture. »
Jean Monnet

« Il est toujours possible d'unir les uns aux autres par les liens de l'amour une plus grande masse d'hommes, à la seule condition qu'il en reste d'autres en dehors d'elle pour recevoir les coups. »
Freud[1]

« Quelle est l'explication de ce curieux mélange de chômage permanent de 11 % de la population et d'un sentiment général de prospérité relative de la part du gros de la population ? »
Beatrice Webb (1925)

L'humeur politique fissile des années 1990 n'était pas l'apanage des ex-pays communistes de l'Est. Le même besoin de se soustraire aux servitudes du pouvoir central – ou d'abandonner la responsabilité de ses concitoyens déshérités de lointaines provinces – s'exprima à l'Ouest. De l'Espagne au Royaume-Uni, les unités territoriales établies de l'Europe occidentale furent l'objet d'une ample décentralisation administrative, même si toutes réussirent plus ou moins à conserver la forme de l'État national traditionnel.

Dans certains pays, cette propension centrifuge s'était déjà manifestée des décennies plus tôt (voir chapitre XVI). En Espagne, où la nouvelle Constitution avait reconnu la demande d'autonomie en Catalogne ou au Pays basque, la Catalogne, notamment, s'était imposée quasiment comme un État dans l'État en l'espace d'une génération, avec sa langue, ses institutions et ses instances gouvernementales. Grâce à la loi de normalisation *(sic)* linguistique de 1983, le catalan devait devenir la « langue d'enseignement dominante » ; dix ans plus tard, la Generalitat (le Parlement catalan) imposait l'usage exclusif du catalan aux jardins d'enfants et dans l'école primaire. Alors même que le

1. [Freud, *Malaise dans la civilisation* (1929), trad. Ch. et J. Odier, Paris, PUF, 1971, p. 68.]

castillan restait en usage partout, beaucoup de jeunes, on ne s'en étonnera pas, étaient plus à l'aise avec le catalan.

Aucune autre région espagnole ne devait atteindre tout à fait ce niveau de singularité nationale, mais aucune n'avait non plus le même poids dans l'ensemble du pays. En 1993, la Catalogne, une des dix-sept régions espagnoles, représentait un cinquième du PNB du pays. Plus du quart des investissements étrangers se dirigeait vers la Catalogne, en grande partie vers Barcelone, sa florissante capitale ; le revenu par tête de la province dépassait de plus de 20 % la moyenne nationale. Si la Catalogne était un pays indépendant, elle compterait parmi les États les plus prospères du continent européen.

Une des raisons de l'essor de l'identité catalane était la rancœur, facile à attiser, devant la forte contribution au Trésor national demandée aux Catalans, notamment à la suite de la mise en place en 1985 d'un Fonds de compensation interterritorial pour aider les régions les plus pauvres. Mais la Catalogne – comme le pays basque, la Galice, la Navarre et d'autres provinces qui affirmaient depuis peu leur autonomie – bénéficia aussi de l'évidement de « l'hispanité ». Franco avait exploité jusqu'à la corde toute la gamme traditionnelle des prétentions nationales – gloire de l'Empire, honneur de l'armée, autorité de l'Église espagnole – au point qu'après sa mort beaucoup d'Espagnols ne s'intéressaient plus guère à la rhétorique de l'héritage ou de la tradition.

En fait, un peu comme une génération antérieure d'Allemands post-autoritaires, les Espagnols étaient profondément inhibés dès qu'il s'agissait de « parler nation ». En revanche, l'identification régionale ou provinciale n'était souillée par aucune association autoritaire : au contraire, elle avait été la cible favorite de l'ancien régime et il était donc crédible de la présenter comme un élément à part entière de la transition démocratique. Cette association entre autonomie, séparatisme et démocratie était moins claire dans le cas basque, où l'ETA suivait sa trajectoire meurtrière (allant jusqu'à organiser en 1995 des tentatives d'assassinat contre le roi et le Premier ministre). Par ailleurs, alors que les six millions de Catalans prospéraient, les vieux centres industriels du pays basque déclinaient. Le chômage était endémique ; le niveau de revenu y était plus bas qu'en Catalogne et tournait autour de la moyenne nationale.

Si les nationalistes basques ne réussirent à capitaliser sur ces problèmes, cela tient en grande partie au fait que nombre des deux millions d'habitants de la région étaient des nouveaux venus : en 1998, un habitant sur quatre seulement parlait l'euskera, la langue basque. Naturellement, les mouvements séparatistes les intéressaient peu : 18 % seulement des Basques se déclaraient partisans de l'indépendance, lui préférant l'autonomie régionale déjà assurée. Une majorité même des électeurs du parti national basque partageait ce sentiment. Quant à Herri Batasuna, l'aile politique de l'ETA, il perdait des voix au profit des autonomistes modérés, voire des grands partis espagnols. À la fin de la décennie, son déclin en avait fait un parti fourre-tout de marginaux pour Verts en rupture de ban, féministes, marxistes et altermondialistes.

En Espagne, les souvenirs du passé nourrissaient l'éclatement de l'État-nation. En Italie, celui-ci était plus souvent le produit de malaises actuels. Les régions traditionnellement dissidentes de l'Italie étaient les plus au nord : les zones frontalières où l'assignation d'une identité italienne relevait encore de la mémoire vive – souvent des suites de la guerre et en général contre leur volonté – et dont la plupart des habitants parlaient encore français, allemand ou slovène, de préférence à l'italien. Le malaise de ces régions avait été largement apaisé par une série d'accords instaurant de nouvelles régions autonomes : le Val d'Aoste, dans le nord-ouest des Alpes où convergent l'Italie, la France et la Suisse ; le Trentin-Haut-Adige, jouxtant le Tyrol autrichien ; le Frioul-Venezia Giulia, dans les marches ethniquement incertaines le long de la frontière yougoslave, puis slovène. Ces régions bénéficiaient aussi (on l'a vu dans le cas du Haut-Adige) de tout un éventail de subventions régionales et d'autres encouragements de l'Union européenne à Bruxelles. Dans les années 1990, avec l'aide supplémentaire du tourisme alpin et le passage du temps, les régions frontalières du Nord de l'Italie étaient devenues politiquement invisibles : des poches régionales dans un continent régionalisé.

Mais elles avaient laissé place à une forme nettement plus menaçante de séparatisme régional. En 1970, se conformant tardivement à une disposition de la Constitution de l'après-guerre, l'Italie avait été subdivisée en quinze régions, venant s'ajouter aux cinq provinces autonomes (les trois districts frontaliers ainsi que la Sardaigne et la Sicile). Il ne manquait certes pas de précédents : le Piémont, l'Émilie ou l'Ombrie avaient au moins autant de titres historiques à se singulariser que la Catalogne ou la Galice, et même si les distinctions linguistiques régionales qui avaient été si frappantes quelques décennies auparavant allaient en s'effaçant, elles n'avaient pas encore totalement disparu.

À la différence de celles de l'Espagne, toutefois, les nouvelles régions de l'Italie tenaient largement de la fiction administrative. Elles avaient beau se prévaloir de leurs conseils élus et de leurs autorités – qui employaient des masses de gens –, les unités régionales ne pouvaient ni triompher de l'identification ultra-locale des Italiens avec leur village ou leur ville natale ni briser l'emprise politique et, par-dessus tout, financière de la capitale. En revanche, l'établissement de régions eut pour effet de rappeler aux Italiens la fracture fondamentale et permanente entre le Nord prospère et un Sud à la remorque, et d'offrir une expression politique aux ressentiments que suscitait cette situation.

Le résultat en fut l'émergence de quelque chose de tout nouveau, du moins dans le cadre italien : le séparatisme des prospères. Le Nord italien – surtout les villes industrielles et les centres économiques du Piémont et de la Lombardie, ainsi que les fermes et petites entreprises prospères de Bologne et de son arrière-pays – était depuis des décennies sensiblement plus riche que le reste du pays, et l'écart se creusait. À la fin des années 1980, le produit *régional* brut par tête en Lombardie, autour de Milan, était de 132 % de la moyenne nationale, contre 56 % en Calabre, à la pointe de la botte italienne. À la fin des années 1980, dans le *Mezzogiorno*, le taux de pauvreté était trois fois plus élevé qu'en Italie du Nord. Alors que, par leur richesse et leurs services, le Nord et le Centre-Nord de l'Italie étaient comparables à la France ou à la Grande-Bretagne, le Sud avait sombré loin derrière, ouvrant un fossé qui n'était que partiellement compensé par d'amples transferts financiers.

Au cours des années 1980 se forma une nouvelle alliance politique, la Ligue lombarde (plus tard Ligue du Nord, *Lega Nord*), cherchant à tirer parti de l'idée largement répandue que le « Sud » ne vivait que depuis trop longtemps aux crochets de la richesse septentrionale. La solution, selon Umberto Bossi, le charismatique fondateur et leader de la Ligue, consistait à amputer Rome de ses pouvoirs budgétaires, à séparer le Nord du reste et, en fin de compte, à assurer l'indépendance de la Lombardie et de ses voisins, pour laisser se débrouiller tout seul un croupion appauvri et « parasitaire ». La ressemblance avec la Catalogne (ou avec la Slovénie, ou encore la République tchèque de Václav Klaus) saute aux yeux.

Aux législatives des 1990, la Ligue du Nord recueillit suffisamment de voix en Lombardie et en Vénétie pour s'imposer dans les coalitions de gouvernement conservatrices. Paradoxalement, cependant, la présence de la Ligue au pouvoir dépendait de son alliance avec le mouvement de Silvio Berlusconi, *Forza Italia*, et les ex-fascistes de l'Alliance nationale de Gianfranco Fini – qui tous deux (surtout le second) avaient précisément besoin des voix de ces méridionaux pauvres et subventionnés que méprisait tant la Ligue. Malgré ces antipathies mutuelles, et les illusions des partisans les plus imprudents de Bossi, il ne fut jamais sérieusement question d'un éclatement du pays ni de l'indépendance de ses provinces.

De même en va-t-il en France, où le président Mitterrand engagea une décentralisation administrative limitée et consentit quelques efforts passablement décousus pour disperser institutions et ressources en province. Parmi les nouvelles régions, même l'Alsace ou le Pays basque ne se montrèrent pas très soucieuses de couper leurs liens avec Paris, en dépit de leurs identités historiques particulières. Seule la Corse vit se développer un mouvement séparatiste, fondé sur un authentique sentiment de son unicité linguistique et historique et l'idée peu vraisemblable que l'île prospérerait en devenant indépendante du continent. Comme dans le cas de l'ETA, cependant, le goût des nationalistes corses pour la violence (et les règlements de comptes interfamiliaux) limitait leur attrait à une minorité.

Alors que partout ailleurs en Europe la classe politique et les commentateurs rendaient maintenant hommage aux vertus de l'autonomie et de la gestion locale, la France se distinguait par l'avalanche de mépris néojacobin que ne manquaient pas de déclencher dans tout le monde politique les moindres frémissements de séparatisme régional. De surcroît, les provinces qui affirmaient leur différence avec le plus de force – la Bretagne, par exemple, ou les montagnes dépeuplées du Haut-Languedoc – étaient aussi depuis des décennies les plus tributaires des largesses gouvernementales. Tout venait de Paris – des dépenses d'infrastructure pour l'aménagement d'une ligne de TGV aux avantages fiscaux pour les investissements régionaux –, et les rares séparatistes bretons ou occitans restants, essentiellement de vieux militants en rade après le reflux des enthousiasmes des années 1960, n'eurent jamais beaucoup d'écho. Inversement, les zones riches, comme la région Rhône-Alpes, autour de Lyon et de Grenoble, auraient pu prospérer toutes seules, mais elles avaient de longue date perdu tout souvenir d'indépendance et ne laissaient paraître aucune aspiration politique à la reconquérir.

Outre-Manche, en revanche, les franges celtiques – malgré leur forte dépendance économique à l'égard de Londres – avaient connu une sorte de réveil national. Au Pays de Galles, celui-ci prit essentiellement une forme culturelle, avec des pressions accrues pour l'utilisation du gallois dans l'enseignement et les médias. La revendication d'indépendance totale, telle que l'exprimaient les nationalistes du Plaid Cymru, ne reçut un accueil favorable que dans les régions les plus montagneuses et sous-peuplées du Nord. Le Sud urbain, mieux relié à l'Angleterre et jouissant d'attaches solides avec le mouvement syndical national comme avec les partis libéral et travailliste, restait méfiant à l'égard des ambitions nationalistes de petit État des tenants du « Pays de Galles d'abord ».

En conséquence, même si les candidats du Plaid Cymru firent une première percée aux élections nationales de 1974 et conservèrent depuis une implantation modeste mais visible, ils ne réussirent jamais à convaincre leurs compatriotes du bien-fondé de la cause nationaliste. Une minorité d'électeurs gallois se rendit aux urnes en mars 1979 lors de la consultation sur la dévolution aux assemblées régionales : la plupart s'y opposèrent. Quand la dévolution se fit, deux décennies plus tard, ce ne fut pas à la demande des nationalistes gallois, mais dans le cadre du redéploiement administratif par le premier gouvernement New Labour de Tony Blair, lequel calcula, assez finement au fond, que les pouvoirs limités attribués au nouveau Parlement gallois de Cardiff tomberaient très certainement entre les mains de ceux qui les exerçaient alors à Westminster.

L'issue – une assemblée galloise auréolée d'une valeur symbolique considérable, mais sans grand pouvoir réel – parut néanmoins satisfaire les aspirations de la principauté à une identité nationale distincte. Somme toute, le Pays de Galles avait été absorbé dans et sous l'Angleterre en 1536, sous le règne d'Henri VIII – lui-même rejeton d'une dynastie galloise –, et si le regain d'intérêt pour sa langue et son histoire était bien réel, on se serait fourvoyé en y voyant un réveil en bonne et due forme de la conscience nationale. Si la colère et le ressentiment couvaient sous la surface de la vie politique galloise, cela tenait aux affres économiques, non à des aspirations nationales contrariées. Leur eût-on donné le choix entre l'indépendance et le redressement sous domination anglaise des vallées minières, des villages et des ports dévastés par la désindustrialisation et le chômage, fort peu de Gallois eussent hésité.

L'Écosse était une autre affaire. Là encore, le déclin des vieilles industries avait fait beaucoup de dégâts ; mais le parti national écossais (PNE) qui apparut dans les années 1970 pouvait compter sur quatre fois plus de voix que son homologue gallois. Vingt ans après sa percée comme parti « thématique » aux élections de 1974 – où il obtint onze élus –, le PNE avait dépassé les conservateurs et menaçait sérieusement les bastions travaillistes traditionnels. À la différence des Gallois, les électeurs écossais étaient favorables à la décentralisation du pouvoir ; et quand bien même ils durent attendre 1997, le Parlement écossais d'Édimbourg est sans conteste le porte-voix d'un pays qui se considère comme une nation à part, sinon vraiment comme un État.

Le nationalisme écossais a profité de la découverte fortuite de pétrole et de gaz en mer du Nord – lesquels assurèrent la prospérité d'Aberdeen et du Nord-Est –, mais aussi des politiques régionales de la CE, qui permirent aux administrateurs et hommes d'affaires écossais de contourner Londres et de nouer des liens directs avec Bruxelles. Mais, quoique liée à l'Angleterre par l'acte d'Union de 1707, l'Écosse avait toujours été un pays à part. Le sentiment de son identité reposait moins sur des distinctions linguistiques ou religieuses, bien réelles mais qui étaient allées en s'amenuisant pour la plupart de ses habitants, que sur un curieux mélange de supériorité et de ressentiment.

Ainsi, de même que nombre des classiques de la littérature anglaise moderne sont en fait *irlandais*, quelques-unes des plus grandes œuvres de la pensée politique et sociale de langue anglaise depuis les Lumières, de David Hume à Adam Smith et John Stuart Mill et au-delà, sont en vérité *écossaises*. Non seulement Édimbourg fut à certains égards la capitale intellectuelle de la Grande-Bretagne au début de l'industrialisation, et Glasgow le centre radical du mouvement ouvrier britannique dans les premières années du XXe siècle, mais ce sont des hommes d'affaires, des gestionnaires et des émigrés écossais qui établirent, installèrent et administrèrent une bonne partie de l'Empire anglais. De plus, l'Écosse avait toujours revendiqué et affirmé une identité à part : même à l'apogée du pouvoir central de Londres, elle avait conservé son système éducatif et son système juridique.

Une Écosse indépendante était donc une proposition parfaitement plausible, surtout dans une Union européenne, où elle n'eût pas été, et de beaucoup, l'État-nation le plus petit ou le plus pauvre. Que la majorité des Écossais, une fois acquises toutes les apparences de l'indépendance et une part de sa substance, veuillent aller plus loin est moins certain. Les limites de la géographie, de la démographie et des ressources, qui ont rendu l'Écosse dépendante du Royaume-Uni, sont toujours là ; et à la fin des années 1990 on avait apparemment de bonnes raisons de penser qu'en Écosse comme ailleurs la dynamique du nationalisme s'essoufflait.

Qu'il en allât de même parmi les descendants des émigrants écossais qui avaient gagné l'Irlande était moins clair. Le bras de mer qui sépare l'Écosse de l'Irlande du Nord ne dépasse pas quatre-vingt kilomètres de largeur, mais sur le plan des sensibilités le gouffre entre les deux communautés demeure immense. Alors que le nationalisme écossais procédait par-dessus tout d'un désir de résister et de repousser les Anglais, le patriotisme national des Ulstériens protestants se nourrissait d'une détermination dévorante à rester à tout prix dans « l'Union ». La tragédie des « troubles » irlandais réside dans les objectifs opposés mais par ailleurs identiques des ultras des deux bords : l'IRA provisoire qui cherche à chasser les autorités britanniques de l'Ulster et à réunir la province avec une Irlande catholique indépendante ; les Unionistes protestants et leurs volontaires paramilitaires résolus à écraser les « papistes » et à conserver *sine die* le lien triséculaire avec Londres (voir chapitre XIV).

Si, dans les dernières années du siècle, les Unionistes et les Provisoires se virent enfin contraints au compromis, ce n'était pas faute de détermination de la part des extrémistes des deux camps. Mais de même que les massacres de Bosnie et du Kosovo avaient fini par précipiter une intervention extérieure, le cycle apparemment sans fin des atrocités et des contre-atrocités en Ulster eut non seulement pour effet de miner les sympathies locales pour les militants armés des communautés qu'ils prétendaient représenter, mais aussi de forcer Londres, Dublin et même Washington à intervenir plus énergiquement qu'ils ne l'avaient fait jusqu'ici et à presser les belligérants de trouver au moins un accord provisoire.

Que l'accord du Vendredi saint, signé en avril 1998, pût résoudre la question nationale en Irlande demeurait incertain. La solution provisoire sur laquelle s'accordèrent à contrecœur les deux parties laissait bien des choses en suspens. En vérité, les termes de l'accord arrangé par les Premiers ministres de l'Irlande et du Royaume-Uni, avec le concours du président Clinton – autonomie locale *via* une assemblée basée en Ulster, avec des garanties de représentation de la minorité catholique, fin du monopole protestant sur la police et les autres pouvoirs, mesures de nature à renforcer la confiance dans les deux communautés et conférence intergouvernementale permanente pour en superviser la mise en œuvre – contenaient de nombreux éléments qui, avec un peu de bonne volonté de part et d'autre, eussent été imaginables vingt ans plus tôt. Mais en tant qu'armistice dans la guerre irlandaise de Cent Ans, l'accord semblait susceptible de tenir un moment. Ce n'était pas la première fois, dans les affaires de ce genre, que les extrémistes vieillissants qui avaient pris la tête de l'insurrection se laissaient amadouer par la perspective d'exercer le pouvoir.

Par ailleurs, la République d'Irlande elle-même connut une transformation socio-économique sans précédent au cours des années 1990 au point qu'elle ne ressemblait plus guère à l'« Eire » de l'imaginaire nationaliste. Dans la perspective de la jeune Dublin, accaparée par son nouveau rôle de fer de lance multiculturel à la fiscalité avantageuse, de l'euro-prospérité post-nationale, les préoccupations sectaires de l'IRA provisoire étaient désormais vues de la même façon que les obsessions impériales et unionistes de l'Ordre orange à Londres : d'étranges reliques archaïques d'une autre époque.

Aux yeux de quiconque est familier de leur histoire antérieure, la nouvelle politique du particularisme infranational des grands États d'Europe occidentale pourrait faire figure de simple retour à la normale après le détour centralisateur du siècle précédent. De fait, même l'exception européenne contemporaine la plus saillante à ce modèle confirme la règle : l'Allemagne, le plus grand État européen à l'ouest de l'ex-Union soviétique, ne devait pas connaître de résurgence séparatiste comparable. Cela ne tient pas à quelque particularité de son histoire, mais au fait que l'Allemagne postnazie était *déjà* une république authentiquement fédérale.

Qu'ils correspondissent directement à d'anciens États (comme dans le cas de la Bavière) ou qu'ils fussent de nouveaux assemblages de principautés et de républiques jadis indépendantes (comme le Bade-Wurtemberg ou la Rhénanie du Nord-Westphalie), les *Länder* de l'Allemagne moderne jouissaient d'un degré considérable d'autonomie financière et administrative dans nombre de ces aspects du gouvernement qui touchent le plus directement à la vie quotidienne des gens : éducation, culture, environnement, tourisme, radio et télévision publiques locales. Dans la mesure limitée où la politique identitaire, en un sens *territorial*, aurait pu séduire les Allemands – et en l'occurrence le passé singulier de l'Allemagne *joua* probablement un rôle inhibiteur –, les *Länder* offrirent donc un substitut utile.

En vérité, ce n'est pas dans le plus grand pays d'Europe, mais dans l'un des plus petits que la politique du séparatisme national trouva sa forme la plus concentrée. De la taille du Pays de Galles pour une densité de population que seuls dépassent les Pays-Bas voisins, la Belgique était le seul État d'Europe de l'Ouest dont les schismes internes n'étaient pas sans ressemblances avec les développements contemporains dans l'Est postcommuniste. Son histoire peut donc aider à comprendre pourquoi, après le reflux de la vague séparatiste de la fin du XXe siècle, les États nationaux de l'Europe *occidentale* sont demeurés intacts.

Dans les années 1990, les villes et vallées de Wallonie s'enfoncèrent dans le déclin postindustriel. Mines de charbon, aciéries, industries ardoisière et métallurgique, production textile – berceau traditionnel de la richesse

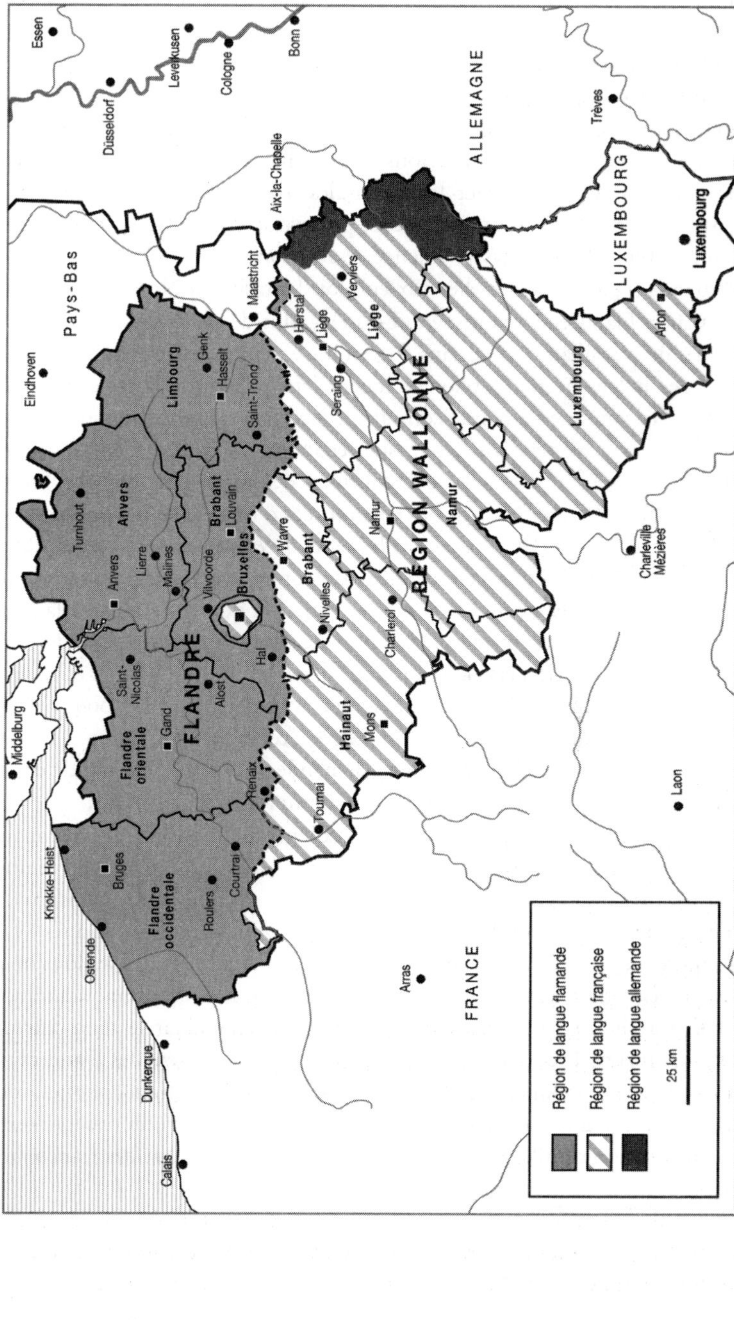

La Belgique 2005

industrielle belge – avaient quasiment disparu. : de 21 millions de tonnes par an en 1961, la production belge de charbon était tombée à moins de deux millions en 1998. Dans ce qui était jadis l'une des régions industrielles les plus profitables d'Europe, ne restaient plus que les usines décrépites de la vallée de la Meuse, au-dessus de Liège, et les lugubres installations minières réduites au silence dans les environs de Mons et de Charleroi. La plupart des anciens mineurs ou sidérurgistes et leurs familles, dans ces communautés, étaient désormais tributaires d'un système de protection sociale administré depuis la capitale bilingue du pays et financé – du moins aux yeux des nationalistes flamands – par les impôts liés aux emplois lucratifs du Nord.

Car la Flandre avait prospéré. En 1947, plus de 20 % de la main-d'œuvre flamande travaillait encore dans l'agriculture ; cinquante ans après, moins de 3 % des Belges néerlandophones tiraient leur revenu de la terre. Entre 1966 et 1975, l'économie flamande connut un taux de croissance sans précédent de 5,3 % par an ; même dans la récession économique de la fin des années 1970 et du début des années 1980, elle continua de croître près de deux fois plus vite que la Wallonie. N'étant pas encombrées d'une vieille industrie ou d'une main-d'œuvre inemployable, des villes telles qu'Anvers et Gand fleurirent avec l'essor des services, de la technologie et du commerce, favorisées par leur position à cheval sur la « banane en or » de l'Europe, qui va de Milan à la mer du Nord. Le pays comptait désormais plus de néerlandophones que de francophones (la proportion était de trois pour deux), et ils produisaient et gagnaient davantage par tête. Le Nord de la Belgique avait dépassé le Sud pour s'imposer comme la région dominante et privilégiée, cette transformation s'accompagnant de la part des Flamands d'une demande sans cesse plus grande de gains politiques en accord avec leur nouvelle domination économique.

Bref, la Belgique mêlait tous les ingrédients des mouvements nationalistes et séparatistes à travers l'Europe : une antique division territoriale[2] renforcée par un fossé linguistique non moins vénérable et apparemment insurmontable (tandis que de nombreux résidents des régions néerlandophones avaient au moins une connaissance passive du français, la plupart des wallons ne parlaient pas hollandais) et sous-tendue par des contrastes économiques tranchés. Et il y avait une complication supplémentaire : pendant le plus clair de la courte histoire de la Belgique, les communautés déshéritées des Flandres rurales avaient été dominées par leurs compatriotes wallons francophones, industrialisés et urbains. Le nationalisme flamand s'était nourri du ressentiment né de l'obligation d'utiliser le français, du monopole apparent des francophones

2. La *Gallia Belgica* de Jules César se trouvait à cheval sur la ligne qui devait séparer les territoires gallo-romains des Francs et marquer dorénavant la limite entre l'Europe latine dominée par les Français du nord germanique.

en matière de pouvoir et d'influence et de la façon dont l'élite francophone s'était arrogé tous les leviers de l'autorité culturelle et politique.

Les nationalistes flamands s'étaient donc traditionnellement octroyés un rôle comparable à celui des Slovaques dans la Tchécoslovaquie avant le divorce – au point même d'accepter de collaborer avec les occupants au cours de la Seconde Guerre mondiale dans le mince espoir de récolter quelques miettes d'autonomie séparatiste de la table nazie. Dans les années 1960, cependant, les rôles s'étaient inversés : désormais, leurs politiciens nationalistes donnaient des Flandres l'image non pas d'un pays arriéré et déshérité comme la Slovaquie, mais d'une nation dynamique et moderne comme la Slovénie (ou la Lombardie, comme ils l'eussent sans doute préféré) prise au piège d'un État anachronique et dysfonctionnel.

Ces identités revendiquées – minorité linguistique réprimée et dynamo économique frustrée – devaient alors *toutes deux* s'entremêler dans le tissu du séparatisme flamand au point que les vieilles injustices avaient beau avoir disparu et les provinces néerlandophones du Nord avoir gagné de longue date le droit d'employer leurs langues dans les affaires publiques, la mémoire des rancœurs et des humiliations continuaient de s'attacher aux nouvelles préoccupations, inoculant aux débats politiques belges une intensité – et un venin – que les seuls problèmes ne sauraient expliquer.

Un des moments symboliques cruciaux de la « guerre linguistique » survint dans les années 1960 – un bon demi-siècle après que l'emploi du hollandais eut été officiellement approuvé dans les écoles, la justice et l'administration locale, et quarante ans après que son usage eut été rendu obligatoire : des étudiants néerlandophones de l'Université de Leuven (Louvain) s'opposèrent à la présence d'enseignants francophones dans une université située dans la province néerlandophone du Brabant flamand. Défilant en scandant *Walen buiten !*, « Les Wallons dehors ! », ils réussirent à faire éclater l'université, dont les membres francophones émigrèrent au sud, dans le Brabant wallon, pour y créer l'Université de Louvain-la-Neuve (le moment venu, la bibliothèque universitaire fut elle aussi partagée et son contenu redistribué au détriment des uns et des autres).

Les dramatiques événements de Louvain – écho étrangement provincial et chauvin des protestations estudiantines qui se déroulaient partout ailleurs à la même époque – firent tomber un gouvernement et se soldèrent directement par une série de révisions constitutionnelles (sept au total) au cours des trente années suivantes. Quoique conçues par des responsables politiques modérés comme des concessions destinées à satisfaire les exigences des séparatistes, ces derniers virent toujours dans ces réaménagements institutionnels de la Belgique de simples étapes sur la voie d'un divorce ultime. Finalement, ni les uns ni les autres n'atteignirent tout à fait leurs objectifs, mais ils furent tout près de démanteler l'État belge unitaire.

Le résultat est d'une complexité byzantine. La Belgique fut divisée en trois régions : la Flandre, la Wallonie et la région de Bruxelles-Capitale, chacune ayant son Parlement élu (outre le Parlement national). Puis il y eut l'institution officielle de trois « communautés » : néerlandophones, francophones et germanophones (les quelque 65 000 habitants de langue allemande qui habitent l'est de la Wallonie, près de la frontière allemande). Les communautés eurent droit elles aussi à leurs Parlements.

Les régions et les communautés linguistiques ne correspondent pas exactement : la Wallonie compte des germanophones, et la Flandre un certain nombre de villes (ou quartiers) francophones. Leur furent donc octroyés à tous des privilèges spéciaux, des concessions et des protections, qui sont une source de rancœur permanente pour toutes les parties. Deux régions, la Flandre et la Wallonie, sont effectivement unilingues aux exceptions près déjà signalées. Quant à Bruxelles, elle fut déclarée officiellement bilingue, alors même qu'au moins 85 % de sa population parle français.

Outre les communautés régionales et linguistiques, la Belgique fut ensuite divisée en dix provinces (cinq pour la Flandre et cinq pour la Wallonie), elles aussi pourvues de compétences administratives et gouvernementales. Au gré des diverses révisions constitutionnelles, cependant, l'autorité réelle devait se retrouver toujours plus concentrée au sein de la région (urbanisme, environnement, économie, travaux publics, transports et commerce extérieur) ou de la communauté linguistique (éducation, langue, culture et certains services sociaux).

Le fruit de tous ces changements est d'une lourdeur comique. Le linguistiquement correct (et la Constitution), par exemple, fait désormais obligation à tous les gouvernements nationaux, quelle que soit leur couleur politique, de maintenir « l'équilibre » entre ministres francophones et néerlandophones, le Premier ministre étant le seul qui doive être bilingue (et qui est donc typiquement flamand). L'égalité linguistique est pareillement de mise à la Cour d'arbitrage (constitutionnelle), avec une rotation annuelle de la présidence pour satisfaire à cette obligation. À Bruxelles, les quatre membres de l'exécutif de la région de la capitale doivent dorénavant siéger ensemble (et s'exprimer dans la langue de leur choix) pour trancher les affaires d'intérêt commun ; pour les affaires de la « communauté » flamande ou francophone, en revanche, ils doivent siéger séparément, deux par deux.

Ainsi, la Belgique n'est plus un État, ni même deux, mais une courtepointe inégale d'autorités qui se chevauchent et se dupliquent. Il est difficile de former un gouvernement : il faut des tractations multipartites et interrégionales, une « symétrie » entre les coalitions partisanes nationales, régionales, communautaires, provinciales et locales, une majorité opérationnelle dans les deux grands groupes linguistiques, ainsi que la parité linguistique à tous les échelons politiques et administratifs. Une fois le gouvernement formé, il n'a guère d'initiative : même la politique étrangère – en théorie une des dernières responsabilités restant de la compétence du gouvernement national – est de fait entre les mains des régions, puisque, pour la Belgique contemporaine, elle se résume essentiellement au commerce extérieur et que les accords en ce domaine sont une prérogative régionale.

Les ressorts politiques de ce chambardement constitutionnel n'étaient pas moins embrouillés que les réformes institutionnelles elles-mêmes. Du côté flamand, surgirent des partis nationalistes et séparatistes extrémistes qui militèrent pour ces changements et s'efforcèrent de profiter des opportunités que ceux-ci leur offraient. Quand le Vlaams Blok, héritier spirituel des ultranationalistes du temps de guerre, s'affirma comme le premier parti à Anvers et dans certaines banlieues néerlandophones du nord de Bruxelles, les partis néerlandophones plus traditionnels se crurent obligés de suivre le mouvement en adoptant des positions plus sectaires.

De même en Wallonie et à Bruxelles, les politiciens des grands partis francophones adoptèrent une ligne « communautaire » plus dure, histoire de mieux satisfaire les électeurs wallons qui vivaient mal la domination de l'ordre du jour politique par les Flamands. De ce fait, tous les grands partis durent finalement se scinder suivant les lignes de fracture linguistiques et communautaires : en Belgique, les démocrates-chrétiens (depuis 1968), les libéraux (depuis 1972) et les socialistes (depuis 1978) se sont tous dédoublés, avec un parti de chaque type dans chaque communauté linguistique. Le résultat inévitable en est l'aggravation de la fracture entre les communautés, les politiciens ne s'occupant plus que des « leurs[3] ».

L'apaisement des séparatistes linguistiques et régionaux s'est payé au prix fort. En tout premier lieu, il y a eu un coût économique. Ce n'est pas un hasard si, à la fin du XXe siècle, la Belgique se distinguait par le ratio dette publique/produit intérieur brut le plus élevé d'Europe occidentale : il est coûteux de dupliquer chaque service, chaque prêt, chaque subvention, chaque enseigne. La pratique consacrée consistant à utiliser l'argent public, dont les subventions régionales de l'UE, sur une base proportionnelle afin de récompenser les clients des divers *pillars* communautaires, s'étendit alors à la vie politique des communautés linguistiques : les ministres, les secrétaires d'État,

---

3. Les principaux journaux d'information, *Le Soir* et *De Standaard*, n'ont presque pas de lecteurs hors de leurs communautés francophone et néerlandophone respectives. En conséquence, aucun des titres ne se donne beaucoup de peine pour informer sur l'autre moitié du pays. Quand quelqu'un parle hollandais à la télévision wallonne (et inversement), le sous-titrage donne la traduction. Même les panneaux d'information automatique sur les trains interrégionaux vont et viennent entre hollandais et français (ou sont dédoublés, comme à Bruxelles) quand ils traversent les frontières régionales. Dire que l'anglais est devenu la langue commune de la Belgique ne relève qu'en partie de la plaisanterie.

leurs cabinets, leurs budgets et leurs amis sont des réalités universelles ; il n'y a qu'en Belgique où à chacun s'attache son *Doppelgänger* linguistique.

À la fin du siècle, le côté fictif de la « Belgique » n'avait fait que s'accentuer. Le voyageur qui pénétrait dans ce pays par la route était pardonnable de ne pas remarquer le panneau où figurait, comme pour s'excuser, un tout petit « België » ou « Belgique ». En revanche, les visiteurs ne pouvaient guère manquer la pancarte colorée qui leur indiquait la province (Liège, par exemple, ou West-Vlaanderen) dans laquelle ils venaient d'entrer, encore moins le panneau d'information (en hollandais ou en français, mais pas dans les deux langues) indiquant qu'ils étaient en Flandre ou en Wallonie. Comme si les arrangements traditionnels avaient été purement et simplement intervertis : les frontières internationales du pays n'étaient que simple formalité, tandis que ses frontières intérieures étaient imposantes et bien réelles. Dès lors, pourquoi la Belgique n'a-t-elle pas éclaté ?

Trois facteurs aident à comprendre l'improbable survie de la Belgique et, plus généralement, la persistance de tous les États d'Europe occidentale. Premièrement, au fil des générations et au gré de la mise en œuvre des réformes constitutionnelles, la cause séparatiste est devenue moins pressante. Les anciens *pillars* communautaires – réseaux sociaux et politiques hiérarchiquement organisés qui se substituaient à l'État-nation – déclinaient déjà. Une jeune génération de Belges se révélait beaucoup moins sensible aux appels fondés sur l'affinité sectaire, même si les politiciens plus âgés tardèrent à en prendre la mesure.

Le déclin de la pratique religieuse, l'accès à l'enseignement supérieur et l'exode rural amoindrirent l'emprise des partis traditionnels. Pour des raisons évidentes, c'était particulièrement vrai des « nouveaux » Belges : les centaines de milliers d'immigrés de deuxième ou de troisième génération originaires d'Italie, de Yougoslavie, de Turquie, du Maroc ou d'Algérie. Comme les nouveaux Basques, ils avaient leurs propres urgences et s'intéressaient assez peu aux agendas poussiéreux de séparatistes vieillissants. Tout au long des années 1990, les sondages devaient indiquer que la plupart des gens, même en Flandre, ne plaçaient plus les problèmes régionaux ou linguistiques en tête de leurs préoccupations.

Deuxièmement, la Belgique était *riche*. La différence évidente entre la Belgique et d'autres parties moins heureuses de l'Europe où les nationalistes purent exploiter avec succès les sensibilités communautaires est que la vie de l'immense majorité des habitants de la Belgique moderne était à la fois paisible et matériellement suffisante. Le pays est en paix, sinon avec lui-même, du moins avec le reste du monde, et la prospérité même qui a soutenu le « miracle flamand » a aussi atténué la portée politique du ressentiment linguistique. Cette observation ne vaut pas moins pour la Catalogne ou même certaines parties de l'Écosse, où les représentants les plus extrémistes de la cause de l'indépendance nationale virent leurs arguments régulièrement désamorcés par les effets démobilisateurs d'une abondance inaccoutumée.

La troisième et dernière raison de la survie de la Belgique – et des autres États-nations intérieurement fragmentés – tient moins à l'économie qu'à la géographie, même si les deux sont étroitement liées. Si la Flandre ou l'Écosse ont pu finalement rester confortablement installées au sein de la Belgique ou du Royaume-Uni, ce n'est pas par manque d'intensité de ce sentiment national qui sembla refaire surface dans les ex-pays communistes. Au contraire : le désir d'autonomie était sensiblement plus fort en Catalogne, par exemple, qu'en Bohême ; et le fossé séparant les Flamands des Wallons était bien plus large que le fossé entre Tchèques et Slovaques, ou même Serbes et Croates. Toute la différence tient au fait que les États d'Europe occidentale n'étaient plus des unités nationales isolées assurées du monopole de l'autorité sur leurs sujets. Ils faisaient aussi et de plus en plus partie d'autre chose.

L'Acte unique européen (AUE) de 1987 définit le mécanisme officiel de la marche vers l'*Union* européenne pleine et entière ; mais ce qui fit réellement avancer le processus, c'est la fin de la guerre froide. Par l'AUE, les douze membres de la Communauté s'étaient engagés à réaliser d'ici 1992 la circulation libre et sans entraves des biens, des services, des capitaux et des hommes : ce n'était guère une percée puisque les mêmes objectifs avaient été envisagés, en principe, des années auparavant. C'est le traité de Maastricht, de cette même année, puis le traité d'Amsterdam, cinq ans plus tard, qui entraînèrent les membres de l'Union dans un ensemble réellement inédit d'arrangements institutionnels et financiers, et ceux-ci furent le résultat direct du bouleversement de la situation extérieure.

À Maastricht, c'est l'accord annoncé à grand renfort de publicité pour créer une monnaie européenne commune qui a retenu l'attention publique. Pour surmonter l'inquiétude que leur inspirait l'unification allemande, les Français arrimèrent solidement la République fédérale à « l'Ouest » en amenant Bonn à accepter d'abandonner le deutschmark pour une monnaie européenne unique – l'euro – et en contraignant l'État allemand élargi à agir dans le cadre d'une Union européenne corsetée par un filet toujours plus dense de lois, de règles et d'accords. Bonn, en retour, insista pour que la nouvelle monnaie fût une copie au carbone du vieux DM, géré, comme la devise allemande, par un conseil autonome de banques centrales et lié par les principes budgétaires de la banque centrale allemande : faible inflation, argent rare et déficits minimes. Se méfiant de la prodigalité des pays du « Club Med » comme l'Italie ou l'Espagne, les négociateurs allemands imposèrent des conditions draconiennes à l'adhésion à la monnaie commune, la Commission européenne étant habilitée à infliger des amendes aux gouvernements qui manqueraient à leurs devoirs.

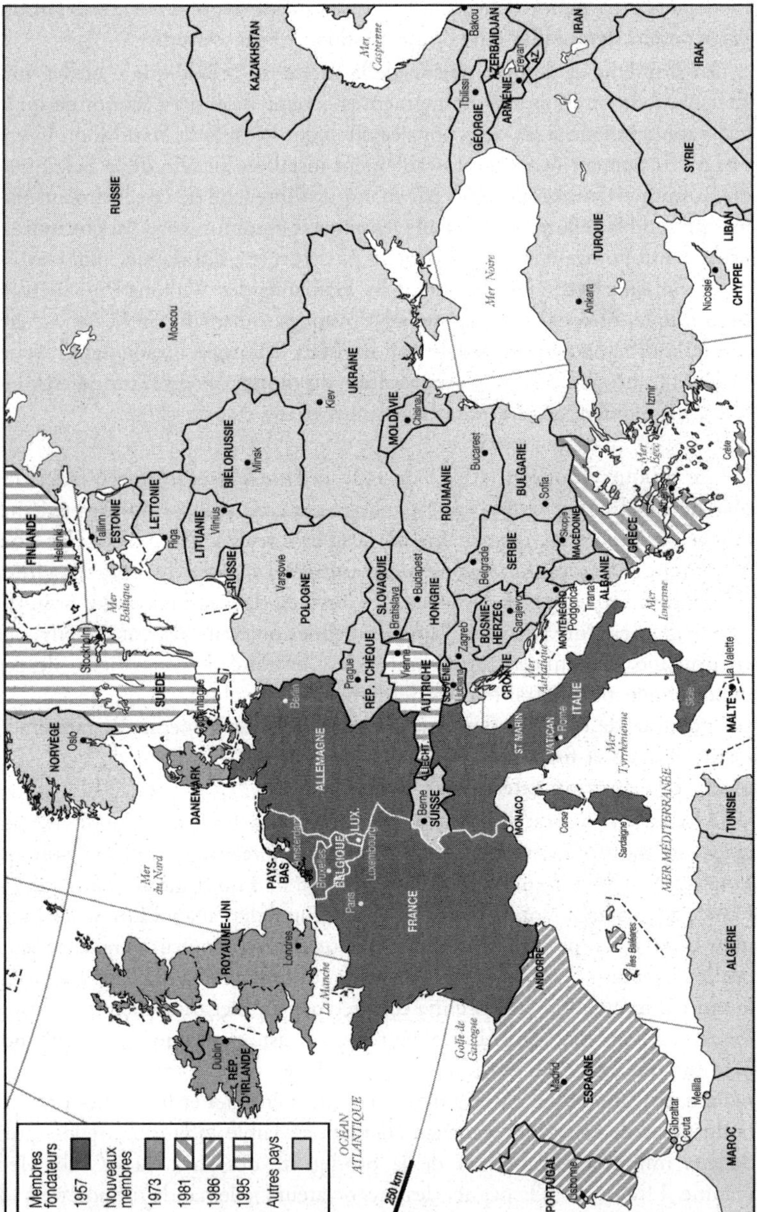

De la Communauté à l'Union : l'UE, 1957-2003

À la demande de Bonn, les ministres européens des finances seraient ainsi liés, tel Ulysse, au mât de l'euro : incapables de répondre aux appels de sirènes des électeurs et des politiciens réclamant un argent moins rare et un accroissement des dépenses publiques. Ces conditions, censées garantir que le nouvel euro serait aussi à l'épreuve de l'inflation que le mark lui-même, ne firent pas l'unanimité : dans les pays membres les plus pauvres, on craignait à juste titre les contraintes qu'elles feraient peser sur la politique publique, voire qu'elles ne fissent obstacle à la croissance. Aussi, pour faire passer les conditions de Maastricht, des primes monétaires furent mises à la disposition des gouvernements récalcitrants : Jacques Delors, le président de la Commission, soudoya presque les ministres des Finances de la Grèce, de l'Espagne, du Portugal et de l'Irlande, promettant de fortes augmentations des fonds structurels de l'UE en contrepartie de leurs signatures sur le traité.

Dans le même temps, le Royaume-Uni et le Danemark signèrent le corps principal du traité, mais choisirent de rester à l'écart du projet de monnaie unique : en partie parce qu'ils anticipaient son impact économique restrictif, mais en partie aussi à cause de sa résonance symbolique dans des pays déjà plus réticents que la plupart à abandonner les atours de la souveraineté à des organisations transnationales ; et dans le cas du Royaume-Uni – comme bien souvent par le passé –, la marche vers l'Union inspirait une vive inquiétude parce qu'on y voyait une nouvelle étape en direction d'un super-État européen[4].

Certes, le traité de Maastricht faisait grand cas du principe de « subsidiarité », sorte de rasoir d'Occam pour eurocrates, précisant que « dans les domaines qui ne relèvent pas de sa compétence exclusive, la Communauté n'intervient [...] que si et dans la mesure où les objectifs de l'action envisagée ne peuvent pas être réalisés de manière suffisante par les États membres et peuvent donc, en raison des dimensions ou des effets de l'action envisagée, être mieux réalisés au niveau communautaire[5] » qu'au niveau national, régional ou local. Mais tout le monde ne l'entendait pas de la même façon : en France, la subsidiarité consistait à limiter le pouvoir des organismes supranationaux échappant au contrôle de Paris ; pour les Allemands, elle impliquait des privilèges et des pouvoirs particuliers pour les gouvernements régionaux ; et pour les Britanniques, c'était un moyen de bloquer l'intégration institutionnelle.

4. Les plus portés vers l'histoire ne manquaient pas de rappeler le passage du *Mémorial de Sainte-Hélène* du comte de Las Cases, où Napoléon Bonaparte en exil envisage une future « association européenne » avec « un code européen, une cour de cassation européenne [...], une même monnaie ». [Comte de Las Cases, *Le Mémorial de Sainte-Hélène*, Paris, Gallimard, Bibliothèque de la Pléiade, 1935, vol. 2, p. 149 (26 août 1816).]
5. [Article 3 B du traité de Maastricht.]

Maastricht eut trois effets secondaires significatifs. Le premier fut le coup de pouce inattendu qu'il donna à l'OTAN. En vertu des conditions restrictives du traité, il était clair (c'est du moins ainsi que l'entendaient les Français) que les pays d'Europe de l'Est libérés depuis peu ne pourraient rejoindre l'Union européenne dans l'avenir immédiat : ni leurs fragiles institutions juridiques et financières ni leurs économies convalescentes n'étaient capables, fût-ce de loin, de se soumettre aux strictes règles budgétaires et autres que les membres de l'Union avaient maintenant imposées à tous les signataires présents et futurs.

Dans les couloirs de Bruxelles, on suggérait plutôt d'offrir à la Pologne, à la Hongrie et à leurs voisins une adhésion rapide à l'OTAN à titre de compensation : un genre de lot de consolation intérimaire. La valeur symbolique de cette extension de l'OTAN était à l'évidence considérable, et les candidats à l'adhésion lui firent aussitôt bon accueil. Les bénéfices concrets étaient moins évidents (à la différence du préjudice pour les relations avec Moscou, lequel fut réel et immédiat). Mais parce que Washington avait des raisons propres de favoriser l'expansion de la communauté de défense de l'Atlantique Nord, un premier groupe de pays d'Europe centrale fut dûment admis dans l'OTAN quelques années plus tard[6].

Le deuxième effet concerne la conscience publique européenne. Le traité de Maastricht suscita une vague d'intérêt sans précédent pour les rouages jusque-là obscurs de l'Union européenne et sa bureaucratie anonyme. Alors même que le traité fut approuvé dans tous les pays où il fut soumis au corps électoral (quoique de justesse en France, avec 50,1 % de oui), il suscita suffisamment d'opposition pour inscrire la question de « l'Europe » sur l'agenda politique intérieur, souvent pour la première fois. Quatre décennies durant, les institutions et les règles d'un nouveau système continental avaient été tranquillement élaborées et décidées dans d'obscures villes du Benelux sans considération des souhaits de la population et en dehors de toute procédure démocratique. Ce temps était apparemment révolu.

Le troisième effet de Maastricht fut d'ouvrir la voie à la cohésion non pas de l'Europe, mais au moins de sa moitié occidentale. La fin de la guerre froide et l'attachement de l'Europe à un marché unique supprimèrent les obstacles à l'adhésion des derniers membres de la zone européenne de libre-échange[7]. N'étant plus contraintes par leur attachement à la neutralité (ou, dans le cas finnois, par la nécessité de conserver de bonnes relations avec Moscou) et de

6. La Pologne, la Hongrie et la République tchèque, en 1999, juste à temps pour être associées, un peu à contrecœur, à l'intervention de l'OTAN au Kosovo. La Bulgarie, la Roumanie, l'Estonie, la Lettonie, la Lituanie, la Slovaquie et la Slovénie les rejoignirent en 2004.

7. La récession économique du début des années 1990 y aida aussi, contribuant à répandre l'idée en Suède que les exportateurs du pays ne pourraient survivre sans un accès total au marché européen.

plus en plus inquiètes d'être tenues à l'écart de l'espace européen commun, la Suède, la Finlande et l'Autriche se portèrent dûment candidates.

Les négociations d'adhésion furent bouclées en trois mois, se révélant d'autant plus faciles que les trois pays étaient non seulement stables et petits – leur population globale était inférieure au quart de la population allemande –, mais aussi clairement riches. Il en serait allé de même avec les derniers à rester sur la touche : la Norvège et la Suisse. Mais, malgré le grand enthousiasme des milieux d'affaires locaux, les populations des deux pays se prononcèrent contre l'adhésion, craignant de perdre leur autonomie et leur initiative dans une fédération supranationale et sceptiques quant aux avantages de la participation à la nouvelle monnaie.

Un même scepticisme caractérisa la consultation organisée en Suède en novembre 1994, quand l'adhésion à l'UE fut soumise à référendum : le oui l'emporta avec seulement 52,3 % des voix, et encore uniquement dans l'idée que le pays resterait à l'écart de la monnaie unique (dix ans plus tard, quand le gouvernement de Stockholm invita par référendum le pays à abandonner enfin la couronne pour rejoindre l'euro, il essuya une défaite écrasante et humiliante, tout comme le gouvernement danois quand il avait posé la même question en septembre 2000). La réaction de Per Gahrton, député vert au Riksdag suédois et farouche adversaire de l'adhésion à l'UE, fait écho à l'inquiétude générale des Scandinaves : « Voici le jour où le Riksdag a décidé de transformer la Suède de nation indépendante en une sorte de province au sein d'une superpuissance en expansion, et de se transformer par la même occasion de corps législatif en à peine plus qu'un panel de conseillers. »

Beaucoup d'Européens du Nord, y compris certains qui n'en votèrent pas moins pour l'adhésion, partageaient ces sentiments. Même ceux qui, dans les élites politiques et économiques suisses et scandinaves voulaient rejoindre l'UE, histoire de ne pas passer à côté des bénéfices du marché unique, reconnaissaient que cette option n'était pas sans coûts économiques et politiques : en privé, ils concédaient que, si la décision était négative, ce ne serait pas une catastrophe sans mélange pour leurs pays. En Suède – comme en Norvège, au Danemark ou au Royaume-Uni –, l'UE, sans parler de sa monnaie désormais intégrée, était perçue comme un choix, non une nécessité.

En Europe centrale et orientale, cependant, l'adhésion à « l'Europe » était la seule option possible. Quels que fussent leurs arguments – qu'il s'agît de moderniser leurs économies, d'assurer de nouveaux marchés, d'obtenir une aide extérieure, de stabiliser les politiques intérieures, de s'arrimer à « l'Ouest » ou simplement de repousser la tentation d'un repli dans le communisme national –, les nouveaux dirigeants, de Tallinn à Tirana, se tournèrent vers Bruxelles. Ils firent miroiter aux électorats libérés de l'Europe postcommuniste la perspective alléchante de rejoindre l'UE, avec sa promesse d'abondance et de sécurité. Ne vous laissez pas abuser par ceux qui prétendent que c'était mieux sous l'ancien système, avertissaient-ils. La douleur de la transition en vaut la peine. L'Europe est votre avenir[8].

Vu de Bruxelles, cependant, le tableau était très différent. D'emblée, le projet européen fut profondément schizophrénique. D'un côté, il était culturellement inclusif, ouvert à tous les peuples d'Europe. La participation à la Communauté économique européenne, à la Communauté européenne et enfin à l'Union européenne elle-même était le droit de tout État européen « dont les systèmes de gouvernement sont fondés sur les principes démocratiques[9] » et qui acceptait les conditions de l'adhésion.

D'un autre côté, l'Union était fonctionnellement exclusive. Chaque nouvel accord ou traité avait compliqué un peu plus les impératifs de l'adhésion en contrepartie de l'entrée dans la famille « européenne » ; et ces règles et réglementations eurent pour effet cumulatif de dresser des barrières toujours plus hautes pour écarter les pays et les peuples incapables de satisfaire aux épreuves. Ainsi, le traité de Schengen (1985) fut une aubaine pour les citoyens des États participants, qui purent désormais circuler sans entraves à travers les frontières d'États souverains. En revanche, les habitants des pays extérieurs au club de Schengen restaient obligés de faire la queue – littéralement – pour entrer.

Maastricht, avec ses contraintes rigides en vue d'une monnaie commune et l'obligation faite aux États candidats à l'adhésion d'intégrer à leurs systèmes de gouvernance « l'acquis communautaire », le code foisonnant des pratiques européennes, fut la zone d'exclusion bureaucratique ultime. S'il ne gêna aucunement les candidats nordiques ou l'Autriche, ce fut un terrible obstacle pour les candidats de l'Est. Vouée par sa charte même à accueillir dans son giron les nouveaux Européens, en pratique l'UE s'efforça de les tenir à l'écart le plus longtemps possible.

Il y avait de bonnes raisons à cela. Les plus riches des nouveaux prétendants – la Slovénie ou la République tchèque – étaient eux-mêmes nettement plus pauvres que tous les membres de l'UE, et la plupart étaient en vérité fort pauvres. Le fossé séparant l'Europe de l'Est de l'Europe de l'Ouest était à tous égards immense : la mortalité infantile dans les États baltes était deux fois supérieure à la moyenne dans les quinze États membres de l'UE en 1996. L'espérance de vie des hommes, en Hongrie, était inférieure de huit ans à la moyenne de l'Union ; en Lettonie, de onze ans.

Si la Hongrie, la Slovaquie ou la Lituanie – beaucoup moins la Pologne, avec ses 38 millions d'habitants – étaient admises au sein de l'Union aux

8. Voir chapitre XXI. La douleur fut bien réelle. Les pays est-européens perdirent entre 30 et 40 % de leur revenu national après 1989. Le premier à retrouver son niveau de 1989 fut la Pologne, en 1997 ; d'autres durent attendre 2000 ou plus tard encore.

9. [Article F du traité de Maastricht.]

mêmes conditions que ses membres présents, le coût en subventions, en aide régionale, en allocations d'infrastructure et autres transferts ne manquerait pas de faire exploser le budget de l'UE. En décembre 1994, la fondation Bertelsmann, en Allemagne, publia une étude suggérant que si les six pays d'Europe centrale candidats à l'adhésion (Pologne, Hongrie, Slovaquie, République tchèque, Roumanie et Bulgarie) étaient admis aux mêmes conditions que les membres existants, le coût pour les seuls fonds structurels dépasserait les trente milliards de DM par an.

La crainte générale était que cela ne provoquât un contrecoup dans l'électorat des pays de l'Union qui payaient l'essentiel des factures et auxquels on demanderait certainement de payer encore plus : les Pays-Bas et la Grande-Bretagne, mais surtout, et de plus mauvais augure, l'Allemagne. En tout état de cause, les pays bénéficiaires de l'Est n'étaient pas en mesure de réunir ne fût-ce que le minimum de fonds nécessaires en vertu des réglementations de l'UE. L'Europe postcommuniste avait au fond besoin d'un plan Marshall que personne ne lui offrait.

Outre leur coût, les nouvelles recrues étaient embarrassantes. Leurs systèmes légaux étaient corrompus et dysfonctionnels, leurs dirigeants politiques inexpérimentés, leurs monnaies instables, leurs frontières poreuses. Leurs citoyens nécessiteux ou indigents, craignait-on, se dirigeraient vers l'Ouest en quête de protection sociale et de travail ou resteraient chez eux et accepteraient des salaires dérisoires, détournant les investisseurs étrangers et les employeurs des vieux pays de l'Union européenne. Dans les deux cas, ils constitueraient une menace. D'aucuns invoquaient « l'invasion » de l'Europe occidentale, écho lointain mais reconnaissable entre tous de Herder et de ses peurs d'un déferlement des « sauvages » d'Europe de l'Est. Nul ne doutait que l'Union européenne pût faire des miracles pour l'Europe de l'Est. Mais que pouvait apporter celle-ci à l'UE ?

Travaillés par ces inquiétudes, les Européens de l'Ouest ne manquèrent donc pas de procrastiner. Juste après 1989, le ministre allemand des Affaires étrangères, Hans-Dietrich Genscher, commença par proposer que l'Union européenne absorbât dès que possible tous les pays d'Europe de l'Est, à titre de mesure prophylactique contre une réaction nationaliste. Mais il dut bientôt rentrer dans le rang ; et même si Margaret Thatcher continua de plaider avec ardeur pour un élargissement rapide (calculant qu'une Union élargie se diluerait immanquablement dans la zone paneuropéenne de libre-échange dont rêvaient les Britanniques), c'est l'approche française qui finit par dominer la stratégie de l'UE.

La première réaction de François Mitterrand avait été de proposer une vague « Confédération européenne », une sorte de cercle extérieur de membres associés, ouvert à tous, sans conditions et avec peu d'avantages matériels. Dans les années suivantes, la diplomatie française devait déplorer le manque de soutien à cette suggestion, regrettant l'occasion manquée d'une « collaboration tranquille » vers une Union élargie. Dans le même temps, le stratagème était transparent : enfermer les États est-européens libérés depuis peu dans un ersatz de « Communauté européenne » qui permettrait de les tenir à l'écart indéfiniment de l'essentiel. Václav Havel le comprit tout de suite et rejeta aussitôt la suggestion, ce qui lui valut d'être un temps *persona non grata* à l'Élysée.

Les relations entre les deux Europe restèrent donc quelques années figées au niveau des échanges et accords commerciaux bilatéraux, certains pays – Hongrie, Pologne, République tchèque et Slovaquie – bénéficiant d'un statut d'« association » strictement limité vis-à-vis de l'UE, mais sans plus. Toutefois, le coup d'État moscovite de 1991 puis les guerres balkaniques qui éclatèrent peu après attirèrent l'attention occidentale sur les risques qu'il y avait à laisser les pays postcommunistes demeurer dans l'incertitude ; en juin 1993, au sommet de Copenhague, il fut donc convenu qu'en principe – et à une date qui restait à déterminer – les « pays associés de l'Europe centrale et orientale qui le désirent pourront devenir membres de l'Union Européenne ».

Cela n'était guère de nature à apaiser la frustration des aspirants à l'adhésion que les tractations avec Bruxelles et les capitales occidentales avaient laissés « déçus », comme dira d'une litote le Premier ministre polonais, Hanna Suchoka. De fait, les dirigeants politiques d'Europe de l'Est, partagés entre la patience et l'exaspération, employèrent largement le reste de la décennie à essayer d'arracher des engagements à leurs partenaires occidentaux réticents, promettant à leurs clientèles intérieures que l'adhésion à l'UE était réellement à l'ordre du jour tout en ne manquant jamais une occasion de montrer à leurs interlocuteurs étrangers combien cela pressait.

Mais autre chose retenait l'attention de l'Ouest. La transition vers une nouvelle monnaie commune et la traduction pratique des projets d'intégration institutionnelle de Maastricht était la préoccupation majeure de toutes les capitales d'Europe de l'Ouest. En Allemagne, l'inquiétude croissait devant les coûts et les difficultés de l'intégration des territoires de l'ex-RDA. Pendant ce temps, la catastrophe yougoslave – qui avait d'abord servi à rappeler aux hommes d'État occidentaux les risques d'une sous-estimation des problèmes postcommunistes en général – était devenue une obsession de chaque instant.

Le regard des intellectuels les plus en vue – baromètre sûr des modes politiques éphémères – s'était détourné. Quelques années seulement avaient passé depuis que « l'Europe centrale » avait été redécouverte par les commentateurs occidentaux – Havel, Kundera, Michnik et leurs collègues devenant la coqueluche des éditoriaux et des revues intellos, de Paris à New York. Mais l'histoire allait vite. Prague et Budapest : déjà le souvenir de leur miraculeuse sortie de la tyrannie s'estompait et était abandonné aux touristes et aux hommes d'affaires. On avait plus de chances de trouver Bernard-Henri Lévy ou

Susan Sontag à Sarajevo. Les quinze minutes de gloire de l'Europe centrale étaient passées, et avec elles le temps des pressions publiques pour hâter l'absorption dans les institutions occidentales. En public, les politiciens et gestionnaires de Bruxelles protestaient qu'ils avaient toujours le désir de voir l'Union élargie à l'Est dès que les conditions seraient « mûres ». Loin de la scène, ils étaient plus francs. Comme l'observa au milieu des années 1990 un haut fonctionnaire de la Commission européenne, « personne ici n'est sérieux à propos de l'élargissement ».

L'élargissement n'en était pas moins à l'ordre du jour. En vertu de ses règles mêmes, l'UE ne pouvait refuser à des pays le droit de demander l'adhésion. La Commission européenne se trouva en conséquence contrainte d'accepter les demandes de la Hongrie et de la Pologne en 1994 ; de la Roumanie, de la Slovaquie, de la Lettonie, de l'Estonie, de la Lituanie et de la Bulgarie en 1995, puis de la Slovénie et de la République tchèque en 1996. Les dix anciens candidats communistes rejoignirent ainsi Malte et Chypre, qui avaient toutes deux posé leur candidature en 1989, et la Turquie, dont la demande languissait depuis 1987. Tous ces candidats se trouvaient désormais parqués dans une antichambre passablement surpeuplée, attendant que l'Union leur prêtât attention.

En 1997, le traité d'Amsterdam apporta une série d'importants amendements techniques au traité originel de Rome, étoffant les objectifs de Maastricht et donnant suite à l'intention déclarée de l'Union d'élaborer un programme de citoyenneté européenne et d'institutions aux dimensions de l'Europe pour s'occuper de l'emploi, de la santé, de l'environnement et de l'absence criante de politique extérieure commune. À ce stade, alors que la monnaie commune devait entrer en vigueur en 1999, l'Union arrivait au terme d'une décennie d'intégration intérieure qui avait absorbé toutes ses énergies bureaucratiques. Elle n'avait plus aucun prétexte pour différer le problème autrement plus épineux de l'expansion.

La préférence de certains dirigeants nationaux et de maints hauts fonctionnaires de la Commission européenne eût été de limiter les négociations d'accession aux cas « faciles » : aux petits pays comme la Slovénie ou la Hongrie, jouxtant les actuelles frontières de l'Union et possédant des économies relativement modernes, qui ne représentaient qu'un défi limité pour le cadre institutionnel de l'UE et son budget. Mais il apparut vite que cela pouvait être politiquement imprudent : abandonnées à elles-mêmes, la Roumanie ou la Pologne risquaient fort de dériver dans des eaux troubles fort peu démocratiques. En 1998, donc, l'UE lança officiellement le processus d'accession des dix candidats d'Europe de l'Est, Chypre et Malte venant s'ajouter à la liste peu après. La Turquie, en revanche, fut écartée.

Dès lors, l'élargissement suivit une dynamique propre, nonobstant les méfiances persistantes de la part d'un certain nombre de membres de l'Union et, à en juger d'après les sondages, le manque d'enthousiasme généralisé parmi leurs populations. Les négociations d'accession bilatérales se mirent en branle, d'abord avec un noyau dur présumé de candidats : Chypre, République tchèque, Estonie, Hongrie, Pologne et Slovénie ; puis, un an plus tard, avec les autres : Bulgarie, Roumanie, Slovaquie, Lettonie, Lituanie et Malte. La présence de la Pologne dans le premier groupe, malgré les difficultés économiques qu'elle posait, s'expliquait par sa taille et son importance. La Slovaquie, inversement, se trouva « reléguée » au second rang du fait de la stagnation et de la corruption liées au régime autoritaire de Meciar, mais aussi pour donner un avertissement et un exemple aux autres.

Suivirent cinq années de négociations intenses, parfois acrimonieuses. « Bruxelles » s'abattit sur les capitales de tous les pays candidats, les inondant de conseillers, de recommandations, d'exemples, de programmes et d'instructions dans un effort pour porter leurs institutions, leurs lois, leurs règlements, leurs pratiques et leurs administrations à un niveau minimum compatible avec ceux de l'Union. Les candidats, à leur tour, réclamèrent avec autant d'énergie qu'ils l'osaient l'assurance de pouvoir accéder librement aux consommateurs de l'UE, tout en évitant que leurs marchés intérieurs ne fussent inondés par les biens et services plus attrayants de l'Ouest.

Le combat était clairement inégal. Alors que l'UE était depuis toujours l'objet déclaré de tous les désirs de l'Est, les nouveaux membres putatifs n'avaient pas grand-chose à offrir en dehors de leurs promesses de bonne conduite. Aussi fut-il convenu que les nouveaux membres auraient droit à quelques concessions limitées – dont des restrictions temporaires sur les achats de terre par des étrangers, qui était un problème politique sensible –, mais qu'il leur faudrait accepter que l'UE, malgré son attachement au marché unique, imposât des restrictions considérables à leur exportation de biens et, surtout, d'hommes.

En réponse aux estimations grossièrement exagérées des flux démographiques probables (un rapport de la Commission européenne, publié en 2000, prophétisait un exode annuel de 335 000 personnes depuis les dix États de l'Est candidats à l'adhésion si l'on ouvrait leurs frontières sans restrictions), la plupart des États membres de l'Ouest demandèrent que fussent fixés des quotas limitant le nombre d'Européens de l'Est qui pourraient se rendre à l'Ouest, au mépris flagrant de l'esprit et en fait de la lettre d'une décennie de proclamations et de traités. L'Allemagne, l'Autriche et la Finlande imposèrent des limites strictes pour une durée de deux ans, avec possibilité de les prolonger encore cinq ans. La Belgique, l'Italie et la Grèce leur emboîtèrent le pas. Seuls le Royaume-Uni et l'Irlande se dirent prêts à se conformer aux principes de la « porte ouverte » de l'Union, tout en annonçant que les prestations sociales des demandeurs d'emploi venus d'Europe de l'Est seraient réduites au minimum.

L'extension à l'est des subventions agricoles et autres avantages fut aussi strictement limitée. Pour une part, comme l'expliquait le *Transition Report 2003*, cela tenait à des « questions sur la capacité des pays accédants à absorber et à utiliser efficacement les allocations après l'accession des fonds structurels et des fonds de cohésion de l'UE ». Mais la raison majeure était simplement de contenir les coûts de l'élargissement et de minimiser la concurrence pour les producteurs occidentaux. Les agriculteurs est-européens devraient patienter jusqu'en 2013 pour toucher les mêmes subventions que leurs homologues de l'Ouest ; mais à cette date, espérait-on, la plupart seraient à la retraite ou auraient cessé leurs activités.

Une fois les négociations achevées, les conditions acceptées et les 97 000 pages de « l'acquis communautaire » de l'Union dûment intégrées aux codes de gouvernement des États candidats, l'élargissement proprement dit eut un peu l'effet d'une douche froide. La plupart des nouveaux États avaient dû patienter quinze ans : on pouvait leur pardonner de ne pas afficher l'enthousiasme qu'ils auraient sans doute montré une décennie plus tôt. En tout état de cause, nombre des avantages pratiques de l'engagement occidental avaient déjà produit leur effet, notamment dans l'industrie automobile, où les anciens États communistes pouvaient offrir une main-d'œuvre qualifiée bon marché et où des compagnies comme Volkswagen, Renault et Peugeot-Citroën avaient déjà lourdement investi dans les années 1990. Entre 1989 et 2003, le montant cumulé des investissements directs étrangers dans l'ensemble de l'Europe de l'Est avait atteint 117 milliards de dollars.

Au début du XXIe siècle, les investissements étrangers dans l'ex-Europe communiste s'amenuisaient. Paradoxalement, cela tenait pour une large part à l'élargissement en cours de l'UE. Du jour où ils seraient dans l'Union, il serait certainement plus facile de faire des affaires dans et avec des pays comme la Pologne et l'Estonie. Et, à leur tour, ceux-ci pourraient vendre davantage à l'Ouest : la Pologne espérait doubler ses exportations alimentaires vers l'UE dans les trois ans suivant son entrée. Mais celles-ci étaient le fruit d'une relative arriération. Sitôt qu'ils auraient intégré l'UE, les salaires et autres coûts des pays d'Europe orientale commenceraient à rattraper les niveaux occidentaux. La région perdrait alors son avantage comparatif en termes de coût sur les usines de l'Inde ou du Mexique. Dans le secteur manufacturier tout au moins, les marges de profit commenceraient à baisser.

Dans le même temps, du fait du coût énorme du débrouillage des économies communistes, l'Europe de l'Est, à la veille de l'accession, restait très loin derrière les pays de l'UE. Le PIB par tête, même dans les nouveaux États membres les plus prospères, était très en dessous de ce qu'il était chez leurs voisins occidentaux : il était à 69 % de la moyenne de l'UE en Slovénie, à 59 % dans la République tchèque et à 54 % en Hongrie, mais de 41 % seulement en Pologne et à 33 % en Lettonie, le pays le plus pauvre des nouveaux entrants. Même si les économies des nouveaux États de l'UE continuaient d'enregistrer un taux de croissance supérieur de 2 points au taux des membres existants[10], il faudrait vingt et un ans à la Slovénie pour rattraper la France. Quant à la Lituanie, elle accusait un retard de cinquante-sept ans. Les citoyens des ex-États communistes n'avaient pas accès à ces informations, bien entendu. Mais la plupart ne se faisaient guère d'illusions sur les difficultés qui les attendaient. Aux sondages qui, en 2000, leur demandaient combien de temps passerait, à leur avis, avant qu'ils ne vissent leur situation « s'améliorer », 30 % des Tchèques répondirent « cinq ans », 30 % « dix ans », 30 % « quinze ans ou plus » et 10 % « jamais ».

Malgré le scepticisme justifié des bénéficiaires, les conséquences formelles du « big bang » de l'élargissement de l'UE n'en furent pas moins bien réelles. Lorsque le traité d'accession, signé en avril 2003 à Athènes, entra en vigueur au 1er mai 2004, l'Union européenne passa d'un seul coup de quinze à vingt-cinq membres (la Bulgarie et la Roumanie étant recalées, leur adhésion étant alors prévue pour 2007). Sa population augmenta d'un cinquième (alors même que son économie ne s'accrut que de 5 %) ; et sa superficie presque d'autant. Quant aux frontières de « l'Europe », qui en 1989 n'allaient encore pas plus loin que Trieste, elles allaient désormais jusqu'au territoire de l'ancienne URSS.

À l'aube du XXIe siècle, l'Union européenne était confrontée à un éventail intimidant de problèmes : d'aucuns anciens, d'autres nouveaux et certains encore de son fait. Ses ennuis économiques étaient peut-être les plus familières de ses préoccupations, et peut-être les moins graves. Avec ou sans les nouveaux États membres, l'UE continuait de consacrer des sommes disproportionnées à ses agriculteurs, comme elle l'avait fait depuis le début : 40 % du budget de l'Union – soit 52 milliards de dollars en 2004 – partait en « paiements de soutien agricole » à motivation politique, souvent au profit du gros agrobusiness mécanisé de France ou d'Espagne qui n'avait guère besoin d'aide.

Même après qu'un accord eut été trouvé pour réduire ces subventions et amputer le programme agricole commun, on prévoyait que le soutien des prix agricoles continuerait de représenter plus du tiers des dépenses totales de l'Union jusque dans la deuxième décennie du XXIe siècle, grevant le budget d'un fardeau insupportable. Le problème n'était pas que l'Union fût pauvre. Au contraire : la richesse collective et les ressources de ses membres étaient comparables à celles des États-Unis. Mais son budget, pour citer un rapport

10. Hypothèse très optimiste. Dans les années qui suivirent leur entrée dans la CE, en 1986, les économies de l'Espagne et du Portugal firent, respectivement, 1 et 1,5 point de croissance de plus que le reste de la Communauté.

indépendant commandé par Bruxelles en 2003, était une « relique historique ».

À ses débuts, un demi-siècle auparavant, l'Union européenne était une simple union douanière – un « marché commun » – dont le lien n'allait guère au-delà d'un tarif extérieur commun. Ses dépenses étaient dictées puis restreintes par des accords négociés sur les tarifs douaniers, les prix, les subventions et les soutiens. Au fil des ans, ses ambitions s'étaient étendues aux domaines de la culture, du droit, du gouvernement et de la politique au point de revêtir, à Bruxelles et ailleurs, maints signes extérieurs d'un gouvernement traditionnel.

Mais alors que les gouvernements traditionnels sont libres de se procurer des fonds pour couvrir leurs coûts anticipés, l'Union européenne avait et a toujours fort peu de moyens de se procurer des ressources par elle-même. Elle tire ses revenus de droits de douane fixes, des prélèvements agricoles, d'une TVA européenne et, surtout, des contributions des pays membres plafonnées à 1,24 % du Revenu national brut (RNB). Une infime partie des revenus de l'UE est donc placée sous le contrôle direct de l'administration de l'Union, tandis que la totalité des rentrées demeure vulnérable aux pressions politiques des divers États-membres.

La plupart d'entre eux bénéficient des largesses de l'UE plutôt qu'ils ne contribuent à son budget. En 2004, à la suite de l'élargissement à l'Est, dix-neuf pays membres de l'Union recevaient de Bruxelles davantage qu'ils ne payaient. Le coût de la gestion de l'Union était en pratique assuré par les contributions de six membres seulement : Royaume-Uni, France, Suède, Autriche, Pays-Bas et Allemagne. Or en décembre 2003, augurant mal des perspectives de l'Union, ces six pays demandèrent à la Commission de voir leurs contributions nationales au budget de l'UE réduites de 1,24 % du RNB à 1 % seulement.

Le budget de l'Union, minuscule même en comparaison de celui du plus petit des États membres et essentiellement affecté à des fonds structurels, au soutien des prix et à l'administration coûteuse de l'UE, reste donc en permanence l'otage des intérêts de ses contributeurs comme de ses bénéficiaires. L'efficacité des leviers de la machine économique de l'Union dépend du consentement de toutes les parties. Quand tout le monde s'accorde plus ou moins sur le principe et bénéficie d'une politique donnée – sur l'ouverture des frontières intérieures, sur le marché sans entrave des biens et des services –, l'UE a fait des progrès remarquables. Quand une poignée de membres fait sécession (voire un seul, surtout quand il est un gros contributeur), c'est l'impasse : l'harmonisation fiscale, comme la réduction des aides agricoles, est à l'ordre du jour depuis des décennies.

Et il arrive que l'horloge tourne à l'envers. Après deux décennies d'efforts poursuivis sous l'égide de Bruxelles pour éliminer les subventions de l'État

Une Union en expansion permanente ? L'UE en 2004

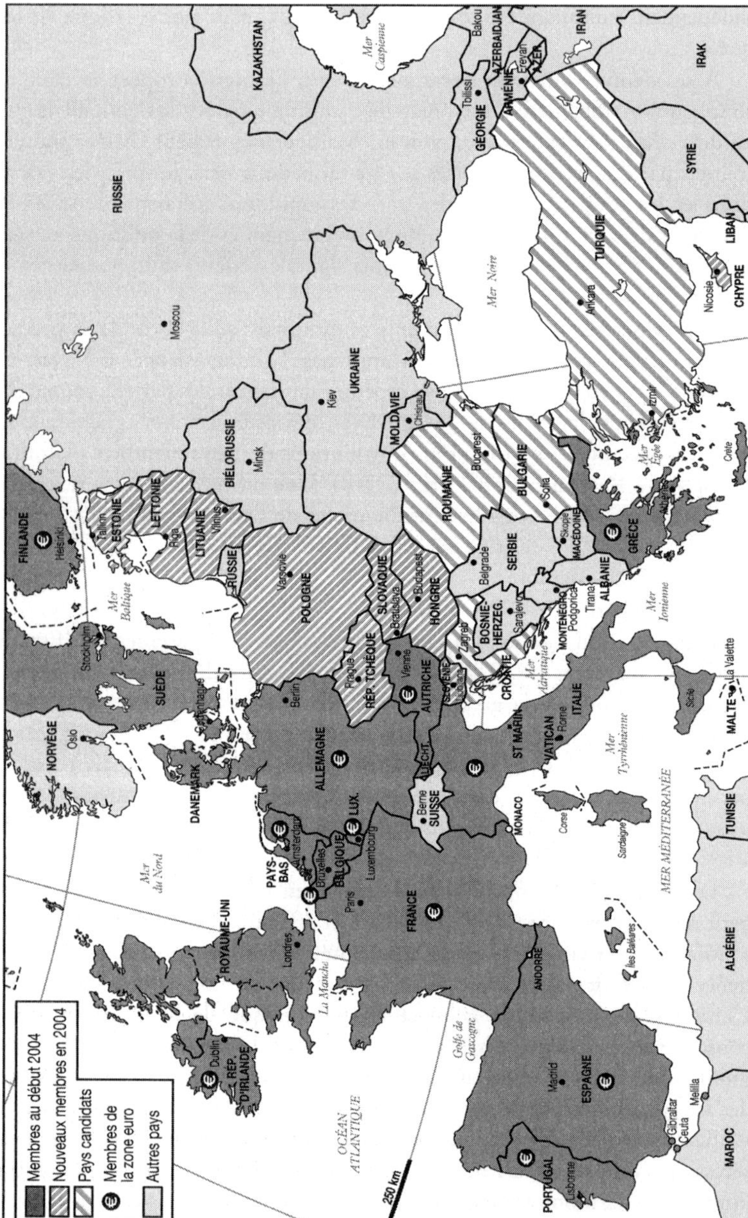

aux « champions » nationaux et assurer les conditions d'une concurrence économique équitable à l'intérieur de l'Europe, le commissaire au marché unique de l'UE (le Hollandais Frits Bolkestein) dit sa surprise, en juillet 2004, de voir la France et l'Allemagne renouer avec les politiques « protectionnistes » des années 1970 pour défendre des entreprises locales menacées. Mais, à la différence des commissaires non élus de Bruxelles, Berlin et Paris doivent compter avec des contribuables qui sont aussi des électeurs.

Les tribulations de l'euro résument bien ces paradoxes de l'union. Le problème de la monnaie commune ne réside pas dans la substitution technique d'une unité de référence unique à une multitude de monnaies nationales – ce processus était engagé longtemps avant l'abolition du franc, de la lire ou de la drachme et se révéla étonnamment facile et indolore[11] –, mais dans l'harmonisation préalable des politiques économiques nationales. Pour éviter les préjudices moraux et les risques pratiques que d'aucuns fussent tentés de faire cavalier seul, Bonn avait réclamé ce qui allait devenir le « pacte de croissance et de stabilité ».

Les pays désirant rejoindre la zone euro étaient obligés de garder la dette publique dans la limite de 60 % du produit intérieur brut et leur déficit budgétaire à 3 % maximum de celui-ci. Tout pays manquant à ces obligations serait passible de sanctions, y compris de fortes amendes, infligées par l'Union. L'objet de ces mesures était d'assurer qu'aucun gouvernement de la zone euro ne baisse la garde, ne laisse filer son déficit budgétaire à sa guise et ne soumette ainsi à des tensions indues les économies des autres pays membres qui devraient supporter le poids du maintien de la stabilité de la monnaie commune.

À la surprise générale, les pays traditionnellement dépensiers du Sud se révélèrent étonnamment disciplinés. L'Espagne se « qualifia » pour la zone euro, par un mélange de *fortuna* et de *virtu*, pour citer le commentaire acerbe d'un observateur espagnol : la reprise de l'économie permit au gouvernement de rembourser la dette publique du pays juste à temps pour l'introduction de la monnaie en 1999. Même l'Italie réussit à passer les tests teutoniques (dont beaucoup d'Italiens soupçonnaient à juste raison qu'ils étaient faits pour les tenir à l'écart), quoique en jonglant avec les chiffres et en vendant des actifs publics. En 2003, la zone euro comptait douze pays, de l'Irlande à la Grèce.

Mais, comme beaucoup de sceptiques l'avaient prédit, les tensions d'une monnaie « taille unique » n'allaient pas tarder à se manifester. La nouvelle Banque centrale européenne (BCE), installée à Francfort, pratiqua d'emblée des taux d'intérêt relativement élevés afin de soutenir la nouvelle monnaie et

11. Au 1er janvier 2002, 600 milliards d'euros en espèces furent distribués et introduits dans les pays de la zone euro : une remarquable prouesse technique.

de la prémunir contre l'inflation. Or les économies des États de la zone euro différaient tant par leur niveau de développement que par leur place dans le cycle économique. D'aucuns, comme l'Irlande, étaient en plein essor ; d'autres, notamment le Portugal, accusaient un très fort retard et auraient pu baisser les taux d'intérêt et laisser glisser leur « monnaie » pour donner un coup de pouce à l'activité économique et aux exportations.

Privé du pouvoir de mettre en œuvre de telles mesures, le gouvernement portugais se trouva dans l'obligation, du fait du « pacte », de réduire les dépenses publiques – sous peine de lourdes amendes – au moment même où, suivant la théorie économique traditionnelle, il aurait dû accroître ses dépenses pour sortir de la récession. Tout cela n'était pas fait pour accroître sa popularité à l'intérieur, mais au moins le pays pouvait-il se vanter d'avoir respecté les conditions de sa participation à la nouvelle monnaie : en 2003, Lisbonne avait réussi à réduire la dette publique à 59,4 % du PIB et le déficit annuel à 2,8 %, soit en deçà des limites officielles.

L'année suivante, cependant, la France enregistra un déficit de près de 4,1 %, et l'*Allemagne*, dont l'économie vieillissante finit par payer le prix de l'unification, lui emboîta le pas avec un déficit de 3,9 % et un ratio d'endettement de près de 65 %. Compte tenu du poids de leurs économies respectives, le fait que ni la France ni l'Allemagne ne se tinssent à ses règles menaçait sérieusement l'ensemble de la construction. Cette fois, cependant, quand la Commission engagea la procédure de sanction, Paris et Berlin firent clairement comprendre qu'ils jugeaient ces déficits « temporaires » économiquement inévitables et qu'ils n'avaient aucunement l'intention de payer des amendes ni même de s'engager à faire sensiblement mieux l'année suivante.

Les petits États de l'Union – à la fois ceux qui, comme la Grèce et le Portugal, s'étaient donné le plus grand mal pour satisfaire les impératifs du pacte et ceux qui, comme les Pays-Bas et le Luxembourg, craignaient pour la stabilité d'une monnaie qui était aussi *la leur* maintenant – crièrent au traître, mais la leçon était claire. Moins de dix ans après sa naissance, le pacte de croissance et de stabilité était mort. Il était difficile de dire dans quelle mesure l'euro pâtirait de la plus grande souplesse laissée aux pays membres dans la gestion de leurs budgets. Beaucoup pensaient que le véritable problème ne venait pas des gouvernements nationaux, mais d'une Banque centrale rigide et apparemment insensible, qui rappelait immuablement son indépendance totale et continuait de livrer les batailles anti-inflationnistes des années 1970.

Les difficultés de l'euro mettaient en évidence une insuffisance plus générale du projet européen : son système de gouvernement extrêmement lourd. Le problème tient à sa conception initiale. Jean Monnet et ses héritiers avaient délibérément évité tout effort pour imaginer, *a fortiori*, mettre en œuvre, un système démocratique ou fédéral. Ils s'étaient plutôt fait les promoteurs d'un projet de modernisation de l'Europe par le haut : une stratégie de productivité, d'efficacité et de croissance économique conçue dans un esprit saint-simonien, gérée par des experts et des fonctionnaires sans prêter grande attention aux désirs de ses bénéficiaires. Les énergies de ses partisans et promoteurs allaient largement aux dimensions *techniques* complexes de la « construction européenne ». D'autres préoccupations surgissaient-elles qu'on les mettait systématiquement de côté.

Dans les années 1990, l'Union européenne était donc encore dirigée dans l'optique définie des décennies auparavant et essentiellement pour assurer le confort de ses dirigeants. La Commission non élue de Bruxelles coiffait une imposante bureaucratie, initiant des politiques et appliquant des ordres du jour et des décisions soumis à l'approbation d'un Conseil des ministres des États membres. Un Parlement européen peu maniable, partagé entre Strasbourg et Bruxelles et élu au suffrage direct depuis 1979, jouait un rôle de surveillance qui s'accroissait lentement (dans le traité de Rome, il n'avait qu'une fonction strictement consultative), mais n'avait aucun pouvoir de prendre la moindre initiative.

Les décisions qui ne prêtaient pas à contestation étaient typiquement prises à Bruxelles par des experts et des fonctionnaires. Les politiques susceptibles d'affecter des clientèles électorales significatives ou des intérêts nationaux étaient réservées au Conseil des ministres et donnaient lieu à des compromis compliqués ou à des accords onéreux. Chaque fois qu'on ne parvenait à trouver une solution ou un accord, on laissait le dossier en suspens. Les États dominants – la Grande-Bretagne, l'Allemagne et surtout la France – n'étaient pas toujours sûrs d'avoir gain de cause, mais ce dont ils ne voulaient absolument *pas* ne passait pas.

C'était là un ensemble de dispositifs unique, et qui n'avait rien à voir avec la situation des États séparés d'Amérique du Nord en 1776, qui tous étaient à l'origine les satellites d'un seul pays – la Grande-Bretagne – dont ils partageaient la langue, la culture et le système juridique. Il n'était pas davantage comparable à la Confédération helvétique, même s'il est arrivé que l'on pointe une analogie : avec leur toile séculaire de souverainetés qui se chevauchent, d'enclaves administratives, de droits et de privilèges locaux, les cantons suisses ressemblent plus à la France de l'Ancien Régime, le roi en moins[12].

Les États membres de l'Union européenne restaient en revanche des unités totalement indépendantes et séparées au sein d'une association volontaire à laquelle ils avaient concédé, au fil du temps, un ensemble de pouvoirs et d'initiatives qui s'étaient accumulés de façon erratique, sans que ne fût jamais précisé quel en était le principe directeur ni jusqu'où devait aller l'entreprise

12. Si le système continuait de fonctionner sans à-coups, c'est en partie que la machine fédérale était bien huilée, mais aussi à cause de l'argent : dans les années 1990, la Suisse restait à tous égards le pays le plus riche du monde.

commune. « Bruxelles » – siège justement anonyme d'une entité administrative indéfinie, ni démocratique ni autoritaire – ne gouvernait que par le consentement de ses membres. Dès le début, elle s'était présentée à ceux-ci comme un jeu à somme positive : la Communauté/Union contribuerait à la prospérité de ses membres sans rien soustraire d'important à leur indépendance. Or cela ne pouvait continuer indéfiniment.

Ce qui précipita la crise, ce n'est pas la nature intrinsèquement complexe et incrémentielle du système de gouvernement de l'Union, mais l'impossibilité de le conserver avec vingt-cinq membres. Jusque-là, la présidence du Conseil des ministres tournait tous les six mois, chaque pays accueillant alors une conférence européenne d'autocélébration biannuelle. Les administrateurs à plein temps de l'Union avaient déjà pris en grippe ce système. La perspective de voir ce cirque faire la tournée des vingt-cinq capitales, pour se traîner de Lisbonne à Ljubljana, était d'une absurdité flagrante. De plus, un système de décision fait pour six, et déjà lourd pour douze, et plus encore pour quinze, ne pouvait que se gripper purement et simplement avec cinquante commissaires européens (deux par pays) ou un Conseil européen représentant vingt-cinq États, qui tous avaient un pouvoir de veto.

Le sommet de Nice, en décembre 2000, ne préfigura que trop clairement les probables difficultés. Théoriquement organisée pour jeter les bases de l'élargissement et mettre au point un nouveau système de vote au Conseil des ministres de l'UE – un système dont le nombre des voix de chaque État serait pondéré en fonction de sa population tout en permettant de prendre des décisions à la majorité –, la conférence se termina en un maquignonnage acrimonieux et affreusement embarrassant. Les Français tenaient à conserver la parité avec l'Allemagne (avec vingt millions d'habitants en moins) tandis que des pays comme l'Espagne et la Pologne (laquelle s'était vue accorder un statut d'observateur) s'efforçaient de maximiser leur nombre de voix futur au Conseil en monnayant leur soutien.

L'indécente lutte d'influence dont Nice fut le théâtre – des hommes d'État de premier plan comme Tony Blair, Jacques Chirac et Gerhard Schröder passèrent leurs nuits à négocier et à se chamailler pour asseoir leur statut et leur influence dans la maison commune européenne – illustre le prix à payer maintenant pour avoir négligé jusque-là les subtilités constitutionnelles. En plongeant l'Union dans une nouvelle impasse, Nice aboutit directement à l'instauration d'une « Convention européenne » : une sorte d'assemblée constituante non élue habilitée à élaborer un système de gouvernance pratique pour une « Europe » élargie et, espérait-on, un exposé crédible des fins du projet européen. Après un certain lobbying (désormais familier) de Paris, la présidence de la Convention échut à un Valéry Giscard d'Estaing vieillissant mais toujours vaniteux.

Après deux ans de délibérations, la Convention publia un document qui était plus qu'une ébauche, mais beaucoup moins qu'une Constitution.

Amputé de son pompeux préambule giscardien (aussitôt comparé, à son désavantage, à l'élégante brièveté de son prédécesseur jeffersonien), le texte était pauvre en propositions constitutionnelles classiques : pas de définitions générales de la liberté individuelle ni d'énoncé clair relatif à la séparation des pouvoirs, etc. De ce point de vue, c'était la déception que beaucoup avaient prédite.

Mais le texte de Giscard – qui fut discuté puis adopté en 2004 à Rome en tant que traité constitutionnel – offrait bel et bien un plan de gestion concrète des affaires de l'Union : systèmes de coordination améliorés en matière de défense et d'immigration ; aperçu simplifié et unifié du droit européen ; charte des droits fondamentaux des citoyens de l'UE destinée à renforcer encore l'autorité des tribunaux européens ; tableau clair et même ambitieux de la compétence et de l'autorité formelles de l'Union.

Par-dessus tout, la Constitution proposée aurait permis de réduire, au fil du temps, le système de représentation nationale déséquilibré au sein de la Commission ; et elle définissait un système de vote au Conseil européen qui, moyennant quelque marchandage, se révéla acceptable par toutes les parties mais aussi démographiquement équitable. Le nouveau dispositif permettrait-il à des majorités claires de se dégager sur des questions épineuses ? La chose demeurait d'autant plus incertaine que, pour les sujets réellement sensibles comme la fiscalité et la défense, il n'en fut pas moins convenu – à la demande pressante des Britanniques, mais au soulagement tacite de bien d'autres pays – de conserver le vieux système gaulliste du veto national. Et personne ne doutait que, malgré la distribution méticuleuse des votes pondérés, le véritable pouvoir continuait d'appartenir aux grands : à toutes fins utiles, avait conclu Ortega y Gasset en 1930, l'Europe se résumait à la « trinité de la France, de l'Angleterre et de l'Allemagne ». Mais au moins serait-il désormais possible de prendre des décisions – à supposer, toujours, que la Constitution fût ratifiée dans chacun des États membres : un obstacle auquel on n'avait pas pensé.

En 2004, à la surprise de nombreux observateurs, l'Union européenne avait apparemment surmonté, ou tout au moins atténué, les difficultés pratiques du gouvernement d'une communauté naissante et lourde de vingt-cinq États. Mais ce qui n'avait pas été fait – ce que ni la Convention de Giscard, ni les divers traités, ni la Commission européenne et ses divers rapports et programmes, ni les coûteuses publications et les sites web destinés à initier le public européen sur l'Union et ses mécanismes n'avaient même commencé de faire –, c'était de s'attaquer au désintérêt chronique de l'opinion européenne.

Si les technocrates qui construisirent les institutions de la nouvelle « Europe » avaient affiché un mépris hautain envers les opinions du grand public, celui-ci devait le lui rendre au centuple. Méditant d'un ton sombre sur l'obsession, propre à ses collègues travaillistes, des techniques et des règles de la direction dans le monde de la politique partisane, le Premier ministre britannique Clement Attlee mettait en garde contre le « sophisme fondamental » qui consiste à croire qu'en « élaborant un mécanisme il est possible de se soustraire à la nécessité d'avoir confiance en ses semblables[13] ». Or telle était précisément la prémisse sur laquelle avaient été édifiées les institutions de l'unité européenne, après la guerre, avec des conséquences qui commençaient enfin à se manifester. L'UE souffrait d'un sérieux « déficit démocratique ».

À chaque élection directe au Parlement européen, la participation baissait ; les seules exceptions à cette règle sont les cas où les élections nationales et européennes coïncidaient et où les électeurs mobilisés autour d'enjeux locaux ou nationaux profitaient de l'occasion pour voter aussi au Parlement européen. Sans quoi le déclin se poursuivit sans interruption : en France, la participation tomba de 60 % en 1979 à 43 % en 2004 ; en Allemagne, de 66 % à 43 % ; aux Pays-Bas, de 58 % à 39 %[14].

Le contraste entre l'intérêt des électeurs pour la politique nationale et leur désintérêt croissant pour le Parlement de Strasbourg est particulièrement révélateur. Aux élections européennes de juin 2004, les premières depuis l'élargissement de l'Union, la baisse de la participation par rapport aux dernières élections nationales fut de 20 points au Royaume-Uni, de 23 en Espagne, de 24 au Portugal, de 39 en Finlande, de 42 en Autriche et de 43 en Suède (80 % de participation aux dernières élections suédoises, contre juste 37 % aux européennes).

L'évolution est trop systématique pour qu'on puisse invoquer des circonstances locales. De surcroît – et avec des conséquences plus graves pour l'avenir de l'Union –, le même scénario se reproduisit dans les nouveaux États membres de l'Est, alors même qu'il s'agissait de leur première occasion de participer à ces élections européennes qu'ils attendaient depuis si longtemps. En Hongrie, la participation aux élections européennes de juin 2004 fut inférieure de 32 points à la participation aux dernières élections nationales ; l'écart fut de 31 points en Estonie ; et en Slovaquie, où la participation avait été de 70 % à la plus récente consultation nationale, elle ne fut que de 17 % aux européennes. En Pologne, elle fut de 20 % seulement, soit 26 points de moins qu'aux élections nationales de 2001 et le taux le plus bas depuis la chute du communisme.

D'où vient que les Européens, « anciens » et « nouveaux », étaient si profondément indifférents aux affaires de l'Union européenne ? Pour une large part, de leur conviction générale qu'ils n'avaient aucune influence en la

13. Kenneth Harris, *Attlee*, Londres, 1984, p. 63.

14. Le déclin en Hollande est peut-être plus particulièrement de mauvais augure. Jadis noyau dur de l'enthousiasme européen et généreux contributeurs aux fonds de la CE et de l'UE, les Pays-Bas se sont repliés sur eux-mêmes au cours des dernières années : la montée de Pim Fortuyn puis son assassinat ont mis en évidence et accéléré ce processus.

matière. La plupart des gouvernements européens n'avaient jamais organisé de scrutin pour savoir s'ils devaient ou non rejoindre l'UE ou la zone euro, notamment parce que dans les pays où la question avait été soumise à un référendum national le non avait triomphé ou le oui l'avait emporté de justesse. Aussi l'Union n'« appartenait »-elle pas à ses citoyens, mais paraissait un peu à l'écart des habituels instruments de la démocratie.

Par ailleurs, l'opinion européenne avait le sentiment généralisé (et fondé) que, de toutes les institutions de l'UE, les 632 députés européens étaient ceux qui avaient le moins de poids. La réalité du pouvoir appartenait à la Commission désignée par les gouvernements nationaux et à un Conseil des ministres formé de leurs représentants. Bref, c'est aux élections nationales que se faisaient les choix cruciaux. À quoi bon perdre son temps à choisir le singe quand le choix du joueur d'orgue de Barbarie requiert votre attention ?

Par ailleurs, même le citoyen le plus distrait voyait de plus en plus clairement que la réalité du pouvoir était entre les mains des hommes et des femmes « sans visage » de Bruxelles. « Bruxelles » pouvait donner (des subventions laitières aux bourses pour étudiants) et « Bruxelles » pouvait prendre (votre monnaie, votre droit de licencier, et même l'étiquette apposée sur votre fromage). Et à un moment ou à un autre, au cours des vingt dernières années, tous les gouvernements avaient jugé expédient de blâmer « Bruxelles » des lois ou des impôts impopulaires, ou encore de politiques économiques qu'ils approuvaient tacitement mais dont ils ne voulaient pas endosser la responsabilité.

Dans ces conditions, le déficit démocratique de l'Union pouvait aisément se transformer de désintérêt en hostilité, au sens où étaient prises « là-bas » des décisions qui avaient des conséquences néfastes pour nous « ici » et sur lesquelles « nous » n'avions rien à dire : un préjugé nourri par une classe politique irresponsable, mais attisé par des démagogues nationalistes. Ce n'est pas un hasard si, à ces mêmes élections européennes de 2004 qui virent s'effondrer l'intérêt des électeurs, nombre de ceux qui se donnèrent la peine de voter apportèrent leur soutien à des candidats ouvertement, parfois fanatiquement, hostiles à l'UE.

En Europe occidentale, l'élargissement lui-même contribua à déclencher cette réaction. En Grande-Bretagne, l'europhobe parti de l'Indépendance du Royaume-Uni et le parti national britannique, adepte de la suprématie blanche, recueillirent à eux deux 21 % des voix, promettant d'écarter le Royaume-Uni de « l'Europe » et de le protéger de la ruée annoncée des immigrés et des demandeurs d'asile. En Belgique le Vlaams Blok, au Danemark le Dansk Folkeparti (parti populaire) et en Italie la Ligue du Nord exploitèrent tous le même filon, comme ils l'avaient fait par le passé, mais avec relativement plus de succès cette fois.

En France, le Front national de Jean-Marie Le Pen adopta une position semblable ; mais les doutes français sur l'élargissement européen n'étaient pas l'apanage des extrêmes. C'était un secret de Polichinelle : l'establishment politique français s'était de longue date opposé à l'expansion de l'UE et à la dilution de l'influence française : Mitterrand, Chirac et leurs représentants diplomatiques avaient tous travaillé dur à différer l'inévitable le plus longtemps possible. L'opinion publique fit écho à ces sentiments : dans un sondage effectué quatre mois avant que les nouveaux membres ne rejoignissent l'Union, 70 % des électeurs français déclaraient que l'UE n'était « pas préparée » à leur arrivée, tandis que 55 % s'opposaient carrément à leur inclusion (contre 35 % pour l'ensemble des électeurs de l'UE)[15].

Mais l'antipathie envers l'UE joua aussi un rôle en Europe de l'Est. En République tchèque, le parti démocratique civique – aligné sur Václav Klaus et ouvertement sceptique à l'égard de l'UE et de ses pouvoirs « surpuissants » – fut à l'évidence le vainqueur de 2004, avec 38 % des sièges de son pays au Parlement européen. Dans la Pologne voisine, les partis eurosceptiques d'extrême droite firent bien mieux que la coalition de centre-gauche au pouvoir, ce qui n'est peut-être pas très surprenant vu que, dans un sondage Eurobaromètre effectué quelques mois plus tôt, à peine plus de la moitié de l'électorat polonais estimait que l'Union européenne était une « bonne chose ».

Et pourtant, tout bien considéré, l'UE *est* une bonne chose. Les bénéfices économiques du marché unique ont été bien réels : même les plus fervents des eurosceptiques britanniques ont dû le reconnaître, surtout après que s'est éteinte la passion de l'« harmonisation » qui avait caractérisé la Commission sous la présidence de Jacques Delors. La nouvelle liberté de voyager, de travailler et d'étudier partout dans l'Union fut une aubaine, en particulier pour les jeunes. Et il y avait autre chose. En termes relatifs, l'élément dit « social » du budget de l'UE était infime : moins de 1 % du PNB de la zone européenne. Mais à compter de la fin des années 1980, les budgets de la Communauté européenne et de l'Union n'en eurent pas moins un caractère clairement redistributif, transférant des ressources des régions les plus riches vers les plus pauvres et contribuant à une réduction régulière de l'écart global entre riches et pauvres, pour remplacer, de fait, les programmes sociaux-démocrates nationaux d'une génération antérieure[16].

Dans les dernières années, les citoyens de l'Europe ont même acquis leur cour. La Cour européenne de justice (CEJ), créée en 1952 par le même traité de Paris qui établit la Communauté européenne du charbon et de l'acier, avait d'abord reçu une tâche limitée : celle de veiller que la législation de la CE (la

15. Peut-être vaut-il la peine d'ajouter qu'en janvier 2004 un adulte français sur cinquante seulement était capable de nommer les dix nouveaux États membres de l'Union.

16. Pas partout, cependant : au Royaume-Uni, comme aux États-Unis, les écarts de revenus entre les riches et les autres n'ont cessé de se creuser depuis la fin des années 1970.

« loi communautaire ») soit interprétée et appliquée de la même façon dans chaque État membre. À la fin du siècle, cependant, ses juges – initialement, un de chaque pays membre – étaient autorisés à trancher des litiges entre les États membres et les institutions de l'UE, mais aussi à se pencher sur des affaires jugées en première instance ou même à recevoir des plaintes contre des gouvernements nationaux. La CEJ avait en effet acquis maints attributs et pouvoirs d'une Cour d'appel paneuropéenne[17].

L'exemple de la Cour le suggère : la façon indirecte et souvent inintentionnelle dont les institutions de l'Union sont apparues avait ses avantages. Même dans les États les plus pro-européens du « noyau dur » de l'Europe, fort peu de juristes ou de législateurs eussent été disposés à abandonner la suprématie locale si on leur avait demandé d'emblée de le faire. De même, si un « projet européen » bien défini, décrivant les objectifs et les institutions de l'Union telles qu'elles ont évolué par la suite, avait été soumis au corps électoral des divers États d'Europe occidentale, il aurait sûrement été rejeté.

L'avantage de l'idée européenne, dans les décennies qui suivirent la Seconde Guerre mondiale, résidait donc précisément dans son imprécision. Comme la « croissance » ou la « paix » – deux mots auxquels elle était étroitement associée dans l'esprit de ses partisans – « l'Europe » était trop anodine pour susciter une véritable opposition[18]. Au début des années 1970, quand le président Georges Pompidou commença à parler d'un ton dégagé d'« Union européenne », le ministre des Affaires étrangères, Michel Jobert, interrogea un jour Édouard Balladur, le futur Premier ministre, sur le sens de la formule : « Mais que signifie-t-elle ? – Rien, répondit Balladur. Mais c'est tout l'avantage ! » Pompidou lui-même n'y voyait qu'une « formule vague », histoire d'éviter les controverses doctrinales paralysantes[19].

Bien entendu, c'est ce flou des formules, associé aux détails qui n'étaient que trop précis des directives législatives de l'UE, qui a donné naissance au déficit démocratique : il est dur pour les Européens de s'intéresser à une Union dont l'identité a été si longtemps peu claire, mais qui dans le même temps semble s'immiscer dans chaque aspect de leur vie. Et pourtant, malgré ses défauts en tant que système de gouvernement indirect, l'Union possède certains attributs intéressants et originaux. Les décisions et les lois peuvent bien être adoptées à un niveau transgouvernemental, mais elles sont mises en

17. Il ne faut pas confondre la CEJ avec la Cour européenne des droits de l'homme, créée [en 1959] sous les auspices du Conseil de l'Europe pour faire appliquer la Convention pour la sauvegarde des droits de l'homme et des libertés fondamentales entrée en vigueur en 1953.

18. L'article I-3-1 de la Constitution de Giscard définit les objectifs de l'Union en ces termes : « promouvoir la paix, ses valeurs et le bien-être de ses peuples ».

19. Cité par Andrew Moravscik, in *The Choice for Europe*, New York, 1998, p. 265 [cf. Michel Jobert, *L'Autre regard*, Paris, Grasset, 1976, p. 164].

œuvre par et *via* les autorités nationales. Tout doit se faire d'un commun accord, puisqu'il n'est pas d'autres instruments de contrainte : pas d'agents du fisc ni de policiers européens. L'Union européenne représente donc un compromis inhabituel : une gouvernance internationale assurée par des gouvernements nationaux.

Enfin, alors que l'Union européenne n'a ni les moyens ni les mécanismes d'empêcher ses États membres d'en venir aux coups, son existence même rend l'idée un peu absurde. La leçon que la guerre est un prix trop lourd à payer pour un avantage politique ou territorial avait été assimilée par les vainqueurs après la Grande Guerre, même s'il fallut une Seconde Guerre mondiale pour inculquer cette leçon aux *perdants*. Mais le seul fait qu'une troisième guerre intra-européenne eût été catastrophique et, peut-être, irrémédiable ne signifie pas qu'elle n'aurait pas pu se produire, tout au moins dans les premières années d'après-guerre.

À la fin du siècle, cependant, les élites et les institutions de l'Union européenne étaient à ce point entremêlées et interdépendantes qu'un conflit armé, sans être à jamais impossible, était devenu plus ou moins inconcevable. C'est bien pourquoi « l'Europe » était un tel objet de désir parmi les aspirants à l'adhésion comme la Lettonie ou la Pologne, qui y voyaient une issue à leur passé et une police d'assurance pour l'avenir. Paradoxalement, c'est aussi pour cela que les dirigeants de l'UE se trouvèrent si sottement démunis face à la réalité de la guerre dans les Balkans.

Son humiliation en Yougoslavie[20] rappelle que l'Union européenne ne saurait échapper aux défauts de ses qualités. N'étant *pas* un État, l'Union a pu lier quelque 450 millions d'habitants dans une même communauté, vaguement définie, avec étonnamment peu de dissension. Mais parce qu'elle n'est pas un État – que la loyauté de ses citoyens va d'abord au pays dans lequel ils vivent, aux lois duquel ils obéissent, dont ils parlent la langue et paient les impôts –, l'Union européenne n'a pas de mécanisme pour déterminer ou faire valoir ses intérêts en matière de sécurité.

Non que « l'Europe » n'ait pas de politique extérieure commune. Au contraire, la Communauté, puis l'UE, qui lui a succédé, ont longtemps fait preuve d'une efficacité extrême pour servir et défendre leurs intérêts dans les forums internationaux et contre les concurrents étrangers. Mais ces intérêts ont d'emblée été soutenus en termes essentiellement économiques ou, plus exactement, protectionnistes. Les ministres européens de l'Économie et les commissaires au commerce ont livré un combat acharné à Washington autour des réductions d'impôt au profit des exportations américaines ou des restrictions frappant l'importation de produits européens.

20. Que le secrétaire d'État américain Lawrence Eagleburger avait prévu d'un ton caustique en annonçant : les Européens « vont se planter et ça leur servira de leçon ».

De manière plus controversée, l'UE s'est aussi battue avec une grande efficacité pour conserver des droits de douane élevés en vue de défendre son agriculture subventionnée – restreignant le commerce de marchandises comme le sucre, par exemple, au détriment des producteurs d'Afrique ou d'Amérique centrale[21]. Mais alors que les divers États de l'UE – même les plus puissants – ont été ravis de se décharger sur Bruxelles de la responsabilité de plaider leur cause économique à l'Organisation mondiale du commerce et ailleurs, ils se sont réservés l'attribut vital par excellence de tout État moderne. L'Union européenne n'a pas d'armée.

C'est en partie un accident de l'histoire. Au début des années 1950, beaucoup pensaient qu'à l'avenir les Européens de l'Ouest pourraient et devraient organiser collectivement leurs affaires militaires. En août 1950, à l'Assemblée consultative du Conseil de l'Europe, Paul Reynaud alla jusqu'à plaider pour un ministre européen de la Guerre. Mais le rejet du projet de force européenne de défense (voir chapitre VIII) et l'intégration de l'Allemagne de l'Ouest à l'OTAN mirent fin à ces idées pour une génération et l'Europe occidentale s'installa confortablement sous le parapluie nucléaire américain.

Après la fin de la guerre de Corée et l'abandon de l'empire, tous les pays d'Europe occidentale réduisirent leurs budgets de la défense. Avec la chute du communisme, les dépenses militaires baissèrent à nouveau. À la fin des années 1980, la part moyenne des dépenses de défense dans le budget des membres de l'OTAN était déjà tombée à 3,4 % du PNB ; en 2003, le Danemark ne consacrait à sa défense que 1,6 % de son PNB ; l'Italie 1,5 % ; l'Espagne à peine 1,4 %. Seuls les Français et les Britanniques dépensaient sensiblement plus, même si dans les deux cas leur budget ne dépassait pas les 5 %, soit un niveau négligeable au regard des normes historiques.

Par ailleurs, aucune des armées de l'Europe n'était sous contrôle « européen » ni n'avait des chances de l'être dans un avenir prévisible malgré les plans européens de force de réaction rapide annoncés en 2000. Alors qu'il existait depuis quelques années un commissaire européen aux Relations extérieures, ses fonctions se trouvent dupliquées (et son autorité ce faisant diminuée) depuis le traité d'Amsterdam par un haut-représentant pour la Politique étrangère et de Sécurité commune, qui n'a de comptes à rendre qu'au Conseil des ministres de l'UE. Et ni le commissaire ni le haut-représentant n'ont autorité pour initier une politique, envoyer des forces armées, ou encore présenter

21. L'UE n'a pas été la seule à subventionner ses agriculteurs au détriment des autres. Elle n'a pas même été la plus en pointe : la Norvège, la Suisse, le Japon et les États-Unis distribuent tous davantage par tête. Mais l'UE a paru relativement plus hypocrite. Bruxelles prêche la vertu au monde entier, mais sa pratique est souvent très sélective. Aux Européens de l'Est, invités à incorporer et à adopter une véritable bibliothèque de règlements européens, il ne pouvait guère échapper que les gouvernements ouest-européens s'exemptent bien souvent eux-mêmes de ces règles.

la politique extérieure ou parler au nom des ministres des États membres sauf instructions préalables. La question sardonique que posait Henry Kissinger une décennie plus tôt n'a rien perdu de sa force : « Si je veux parler à l'Europe, quel numéro je fais ? »

Mais ces limites – le fait que malgré sa taille et sa richesse l'UE ne fût pas un État, encore moins une grande puissance – ont paradoxalement servi à renforcer son image, tant à l'intérieur qu'à l'étranger. À cet égard, tout au moins, l'UE a bel et bien fini par ressembler à la Suisse, foyer d'instances et de coopération internationales, exemple de stratégies « postnationales » pour résoudre les problèmes et assurer la cohésion sociale : non pas tant un réseau d'institutions ou un corpus de lois qu'un ensemble de valeurs – les « valeurs européennes » – consacrées par la nouvelle Charte des droits fondamentaux.

Si les valeurs et les normes de cette nouvelle Europe étaient sous pression, à la fin du XXe siècle, ce n'était pas du fait des États-nations en place auxquels l'idée européenne avait été traditionnellement, mais trompeusement juxtaposée. L'UE *et* ses divers États membres étaient plutôt confrontés maintenant à une vague sans précédent de changements économiques et sociaux provoqués par des forces qui échappaient largement à leur contrôle, pour la plupart liées d'une manière ou d'une autre à ce que l'on prenait l'habitude d'appeler la mondialisation.

La mondialisation n'avait rien de bien mystérieux. Elle n'était pas même sans précédent : l'effet sur l'économie mondiale des nouveaux réseaux rapides de transports et de communications à la fin du XIXe siècle fut au moins aussi spectaculaire que la transformation opérée par l'Internet ainsi que la déréglementation et la libéralisation des marchés financiers un siècle plus tard. Il n'y avait rien non plus de bien nouveau dans la distribution mondiale inégale des bénéfices du commerce libéralisé, d'autant que, à la fin du XXe siècle non moins que dans les années précédant 1914, les régimes régissant le commerce international servaient systématiquement les intérêts des riches et des puissants.

Dans la perspective européenne, cependant, les toutes dernières transformations de l'économie mondiale se distinguaient par un aspect important. À la fin du XIXe siècle, les États européens commençaient tout juste d'étendre leur emprise intérieure : avec le temps, nombre d'entre eux allaient posséder, gérer ou réglementer de larges secteurs de l'économie. Les dépenses publiques – financées par une nouvelle fiscalité progressive – devaient augmenter spectaculairement, en partie pour financer des guerres, mais de plus en plus afin de pourvoir aux besoins sociaux et à la protection sociale dont l'État assumait désormais la responsabilité.

En revanche, l'internationalisation économique des années 1990 suivit de près la première grande vague de privatisations européennes et donna de l'élan à la vague suivante (voir chapitre XVII). L'État européen était désormais dans une phase de repli : d'abord en Grande-Bretagne, puis dans une bonne partie de l'Europe occidentale et enfin dans l'ex-Est communiste. Ce processus profita après 1987 de la mise en œuvre de l'Acte unique européen, avec ses clauses sur la libre concurrence dans et par-delà les frontières. À la faveur de fusions, d'acquisitions et de l'internationalisation de leurs activités, les compagnies et les sociétés se déployaient maintenant à l'échelle du monde. La production et la distribution échappaient souvent au contrôle des pays.

Quant à l'argent, il commençait à se multiplier et à migrer de façons qui eussent été impensables quelques années auparavant. En 1980, la somme de tous les prêts bancaires internationaux était de 324 milliards de dollars par an ; en 1991, ce chiffre était passé à 7,5 billions, soit une augmentation de plus de 2 000 % en à peine plus d'une décennie. Et ce n'était qu'un début. Le contrôle des mouvements de capitaux – que la plupart des États européens avaient éliminé au début des années 1980 – semblait désormais aussi archaïque que le rationnement alimentaire. Le « crash » de septembre 1992 – quand des spéculateurs privés et des investisseurs institutionnels dont ils ne pouvaient empêcher les activités obligèrent le Royaume-Uni, d'abord, puis l'Italie à quitter le Système monétaire européen et à dévaluer – marqua une date hautement symbolique.

Les avantages de cette révolution dans l'économie internationale allaient de soi. N'étant plus entravés par les frontières nationales, les régimes de change ou les réglementations monétaires locales, les capitaux circulaient sans entraves partout où l'on en avait besoin et où l'on pouvait en attendre du profit : en 1990, 34 % de la dette allemande était déjà entre les mains d'étrangers. Mais il y avait aussi des inconvénients : les industriels européens, dont les marges de profit étaient contenues par des hauts salaires et les frais généraux de l'emploi d'une main-d'œuvre qualifiée en Allemagne, en France ou en Suède, étaient désormais libres de rechercher non seulement des investisseurs internationaux, mais aussi une main-d'œuvre étrangère plus malléable et moins coûteuse.

Au lieu d'importer en Europe des travailleurs bon marché des pays pauvres – comme par le passé – les entreprises allemandes, britanniques ou françaises jugeaient désormais plus efficace d'exporter leurs usines, de les installer au Brésil ou au Nigéria, au Portugal ou en Roumanie, puis de vendre directement le produit fini sur les marchés du monde entier. Cela ne fit qu'accélérer la désindustrialisation de l'Europe occidentale, tout en accroissant le poids de l'indemnisation du chômage et des autres services sociaux financés par l'État.

En avril 2004, lorsque la dernière mine de charbon ferma en France – à Creutzwald, en Moselle –, personne ne feignit même de croire que les anciens mineurs retrouveraient jamais un travail régulier. Le chômage, dans ce département, tournait autour de 10 % de la population active : plus au nord, dans les villes minières le long de la frontière belge, il était de 15 %. La France, au total, avait perdu 1,5 million d'emplois industriels dans les trois dernières décennies, la plupart depuis 1980. L'Espagne, qui perdit très vite l'avantage comparatif qu'avait pu lui donner sa position d'une des économies les plus arriérées d'Europe occidentale, vit disparaître 600 000 emplois en vingt ans après la transition démocratique. Au faîte de la récession du milieu des années 1990, 44 % des moins de 25 ans étaient au chômage.

Le chômage n'était pas nouveau. Et compte tenu de la générosité du système de protection sociale existant dans la plupart des pays de l'UE, l'impact de la perte d'emploi sur les individus et les communautés n'était en aucune façon comparable aux ravages de l'entre-deux-guerres (ses conséquences psychologiques sont une autre affaire). En revanche, ce qui distingue les coûts sociaux des désordres économiques des dernières années du siècle, c'est qu'ils augmentèrent en période d'abondance. La privatisation et l'ouverture des marchés financiers avaient créé une grande richesse, quoique pour un nombre relativement restreint ; dans certaines villes – à Londres ou à Barcelone –, ses conséquences sont étonnamment visibles. Et grâce au raccourcissement des distances et à l'accélération des communications – *via* les ordinateurs et les médias électroniques –, chacun pouvait avoir aussitôt tous les renseignements possibles sur la façon dont vivaient les autres.

C'est ce sentiment de contrastes flagrants entre richesse et pauvreté, abondance privée et misère publique, qui nourrit un scepticisme croissant en Europe à l'égard des vertus tant vantées de la dérégulation des marchés et de la mondialisation sans entraves, alors même que bien des Européens bénéficiaient indirectement des changements qu'ils déploraient. Dans le passé, ces sentiments – s'ajoutant aux pressions syndicales et aux intérêts des hommes politiques – auraient pu déboucher sur un repli vers quelque forme de protectionnisme limité.

Or les gouvernements avaient maintenant les mains liées et les syndicats, au sens traditionnel, n'existaient plus guère. La France est le seul pays où une main-d'œuvre syndiquée, avec le soutien de l'opinion, réussit à bloquer temporairement la liquidation d'entreprises publiques, et encore seulement dans des cas particuliers comme EDF, icône du secteur nationalisé de l'après-guerre dont les employés faisaient partie du reliquat de l'autrefois gigantesque Confédération générale du travail (CGT) d'obédience communiste. Dans les dernières années du siècle, EDF restait propriété de l'État alors même que le reste du marché européen de l'énergie était déréglementé.

Mais la CGT, jadis premier syndicat de cols-bleus en France, n'était plus que l'ombre d'elle-même – le mouvement syndical français avait perdu les deux tiers de ses adhérents depuis 1980 – et les ouvriers qu'elle représentait n'était plus typique de la population active du pays ou d'ailleurs. Le travail lui-même avait changé. Dans bien des pays on voyait poindre un nouveau système de quatre classes. Au sommet, se trouvait la couche des professions libérales et des cadres supérieurs : métropolitaine, cosmopolite, aisée et instruite, souvent attachée à des banques et à d'autres organismes financiers, principaux bénéficiaires de la nouvelle économie mondiale. Le deuxième étage était celui du noyau protégé des employés traditionnels – dans les usines ou les services du secteur public –, dont l'emploi est relativement sûr et qui ont gardé nombre des avantages et garanties traditionnels.

Un troisième étage était celui des petites entreprises et des services – commerçants du coin, agents de voyage, tailleurs, réparateurs de matériel électronique, etc. – bien souvent possédés et gérés par des communautés immigrées ou leurs descendants (Arabes en France, Turcs ou Kurdes en Allemagne, Asiatiques du Sud en Grande-Bretagne). À ceux-ci il fallait encore ajouter l'économie « grise », typiquement à base familiale, qui pèse très lourd en Europe méridionale. En Italie, où tout, des chaussures aux textiles et aux pièces détachées, est souvent produit et distribué hors de portée des radars officiels, on estimait en 1997 que le secteur « informel » représentait au moins un quart du produit intérieur brut du pays. Au Portugal, le chiffre national – inévitablement, une estimation – était de 22 % ; dans certaines régions, cependant – comme à Braga dans l'extrême nord du pays – les travailleurs « au noir » représentaient jusqu'à 45 % de la main-d'œuvre locale.

Venait enfin le quatrième et dernier étage, celui dont la croissance a été la plus rapide : des gens dont l'emploi, quand ils en ont un, n'a ni la sécurité à long terme du travail qualifié traditionnel ni les avantages qui étaient devenus la norme dans la phase d'expansion des années 1950 et 1960. Certes, dans quelques pays – Grande-Bretagne ou Pays-Bas – les chiffres du chômage ont fini par tomber à des niveaux terriblement bas : preuve, claironna-t-on, des effets vertueux d'un marché sans entraves et mondialisé. Mais nombre de ceux qui ne figurent plus sur les registres des chômeurs – les femmes et les jeunes, surtout – font des travaux à temps partiel mal rémunérés et sans prestations sociales ; ou ont des contrats à durée déterminée dans des programmes d'embauche subventionnés ou garantis par l'État.

Ceux dont les salaires sont trop faibles pour les faire vivre, eux et leurs familles, peuvent toujours se tourner vers l'État-providence. Beaucoup l'ont fait. Le Royaume-Uni, où l'offensive thatchérienne contre l'État et la société a été la plus violente, compte 14 millions de pauvres, dont 4 millions d'enfants[22]. Une personne sur six ne dépasse le seuil de pauvreté que grâce aux programmes de Soutien du revenu ou de Crédit familial. Le phénomène des SDF, qui avait quasiment disparu en Europe septentrionale à la fin des

22. En 1995, selon une étude de l'UNICEF, un enfant britannique sur cinq vivait dans la pauvreté, contre un sur dix en Allemagne et un sur vingt au Danemark.

années 1950, a resurgi : dans les années Thatcher, le nombre des SDF dans la seule ville de Londres a décuplé. Il avait atteint 80 000 au milieu des années 1990. À une poignée de kilomètres de quelques-unes des propriétés les plus fastueuses du monde, certains quartiers de la capitale britannique commençaient de ressembler à la tristement célèbre « Londres des parias » *(Outcast London)* de la fin de l'époque victorienne[23].

Alors que, dans le passé, les reprises économiques avaient tendance à assurer à beaucoup de pauvres des emplois mieux payés ou plus sûrs, ce n'était plus le cas. Autrement dit, un sous-prolétariat se développait en pleine abondance en Europe. Comme l'avait prédit dans les années 1960 le sociologue français André Gorz, la fin de l'ère industrielle verrait la naissance d'une nouvelle caste de travailleurs temporaires, sans postes fixes – une « non-classe de non-travailleurs » –, en marge de la vie moderne quoique nichant plus ou moins en son cœur[24].

Comme son homologue américain, le quart-monde européen ne tient pas seulement à la pauvreté et au chômage (ou au sous-emploi), mais aussi et de plus en plus à la race : au milieu des années 1990, le taux de chômage à Londres des jeunes *Noirs* de sexe masculin était de 51 %. Les pauvres, comme l'Europe dans son ensemble à la fin du siècle, se distinguaient par leur caractère multinational – ou « multiculturel », comme on a pris l'habitude de dire en prenant acte du fait que beaucoup de Hollandais, Allemands ou Britanniques au teint basané étaient les enfants, voire les petits-enfants, autochtones d'immigrés marocains, turcs ou pakistanais. Le multilinguisme ou le visage multicolore de Rotterdam ou de Leicester aurait laissé pantois quiconque serait revenu dans ces villes après ne serait-ce que vingt ans d'absence. En 1998, les Blancs étaient minoritaires dans les écoles secondaires publiques du cœur de Londres.

Les grandes villes d'Europe, à commencer par Londres, étaient désormais réellement cosmopolites. Si les emplois municipaux bien rémunérés allaient encore aux Européens blancs (et aux Nord-Américains), presque tous les métiers mal rémunérés, du nettoyage de rue aux crèches – n'étaient plus assurés par les traditionnels Européens de « seconde classe » originaires de

23. Recourant à des critères légèrement différents pour aboutir à des conclusions semblables, John Dunn, qui enseigne la théorie politique à Cambridge, divise la population active des pays riches en « ceux qui peuvent s'en tirer très bien par eux-mêmes sur le marché [...], ceux qui peuvent se débrouiller uniquement parce qu'ils font partie des dernières unités d'action collective avec une capacité de nuisance hors de proportion avec la valeur du travail des différents membres, et ceux qui sont déjà en train de couler, parce que personne n'est prêt à beaucoup payer leur travail ». John Dunn, *The Cunning of Unreason. Making Sense of Politics*, Londres, 2000, p. 333.

24. [Cf. André Gorz, *Adieux au prolétariat*, Paris, Seuil, 1981.] Comme il seyait à un homme de son temps et de son milieu politique, Gorz supposait que cette nouvelle classe allait à son tour alimenter une nouvelle génération de mouvements sociaux radicaux. Il n'y en a guère de signes à ce jour.

l'*Alentejo* ou du *Mezzogiorno*, mais par des « minorités », souvent à la peau noire ou brune, pour beaucoup sans cartes de travail. Selon les statistiques officielles, l'augmentation nette d'étrangers vivant à Londres et dans le Sud-Est de l'Angleterre aurait été de 700 000 entre 1992 et 2002 ; en réalité, le nombre est beaucoup plus élevé.

Quoique éternellement découragée et rigoureusement contrôlée à travers l'Europe occidentale, l'immigration était donc encore un facteur démographique majeur : parmi ces mêmes enfants du cœur de Londres, en 1998, un tiers n'avait pas l'anglais pour première langue. Ces enfants étaient souvent les rejetons de réfugiés, de « demandeurs d'asile » comme on dit aujourd'hui, dont les effectifs avaient gonflé dans le sillage des guerres yougoslaves, mais aussi de travailleurs immigrés d'Asie centrale et du Sud-Est, du Moyen-Orient et d'une bonne partie de l'Afrique – pour beaucoup illégaux et sans papiers.

En Allemagne, où les possibilités d'asile étaient (et restent) de loin les plus généreuses d'Europe[25], mais où il était traditionnellement très difficile aux immigrés de devenir citoyens à part entière, ils devaient être près de cinq millions – familles et personnes à charge comprises – à la fin du siècle. À l'aube du nouveau siècle, la majorité des demandes d'asile adressées à l'Allemagne venait d'Irak, de Turquie et des pays de l'ex-Yougoslavie, mais le nombre de demandes allait aussi croissant de la part de l'Iran, de l'Afghanistan, de la Russie et du Viêt-nam.

La peur de voir l'Europe occidentale « envahie » par des « réfugiés économiques », des immigrés clandestins, des demandeurs d'asile et autres a nourri le manque d'enthousiasme général pour l'élargissement de l'UE. Dès les années 1980, les travailleurs polonais sans papiers étaient présents en grand nombre dans les métiers du bâtiment en Grande-Bretagne ou en Allemagne. Mais le problème n'était pas tant la Pologne, la Hongrie ou quelque autre État d'Europe centrale candidat à l'accession, que les pays plus à l'est. En 1992, la Pologne elle-même comptait 290 000 immigrés « irréguliers », pour la plupart de Bulgarie, de Roumanie et de l'ex-URSS ; la Hongrie, avec une population de 10 millions d'habitants seulement, abritait plus de 100 000 demandeurs d'asile. Alors que la vie là-bas – comme en Slovaquie ou en République tchèque – était rude, elle n'était pas insupportable, et l'écart séparant ces pays de leurs voisins occidentaux se comblait déjà, même si ce n'était que lentement. En revanche, le fossé entre l'Europe centrale et le reste de l'Europe postcommuniste était autrement plus béant.

À la fin des années 1990, le salaire mensuel moyen en Pologne et en République tchèque approchait déjà les 400 dollars, mais tournait autour de 80 dollars en Biélorussie, en Ukraine et en Roumanie ; il restait en dessous de

25. Dans la seule année 1992, la République fédérale ouvrit ses portes à près de 250 000 réfugiés yougoslaves ; la Grande-Bretagne en laissa entrer 4 000 ; la France, juste un millier.

70 en Bulgarie et d'à peine 30 en Moldavie – mais cette moyenne est elle-même trompeuse, puisque hors de la capitale de Chisinau, les revenus étaient plus bas dans un pays dont 48 % de la population vivait encore du travail de la terre. Et, contrairement à ce qui se passait en Pologne ou même en Bulgarie, la situation de l'ex-République soviétique ne s'améliorait pas : en l'an 2000, un Moldavien sur deux gagnait moins de 220 dollars à l'année, soit juste 19 dollars par mois.

Dans ces conditions, le seul espoir des Moldaviens – ou des Ukrainiens ou encore de beaucoup de Russes, hors des grandes conurbations – était de trouver du travail à l'Ouest. Ainsi un nombre alarmant d'entre eux – surtout des jeunes femmes – finirent entre les mains de syndicats du crime, expédiés dans l'UE *via* la Roumanie et les Balkans pour être placés au mieux comme apprentis dans des ateliers ou des restaurants, au pire et le plus souvent comme prostitués : en Allemagne ou en Italie, voire en Bosnie, au service d'une clientèle bien payée de soldats, d'administrateurs et de « travailleurs de l'aide » occidentaux. Des « travailleurs immigrés » moldaves et ukrainiens involontaires devaient de la sorte rejoindre les Roma (Tsiganes) tout en bas du monceau multiculturel du continent[26].

Les victimes du commerce sexuel étaient largement invisibles : comme les générations antérieures de migrants blancs des marges de l'Europe, elles se fondaient assez facilement dans la majorité locale, au point qu'il était difficile à la police et aux services sociaux de retrouver leurs traces. En revanche, la plupart des gens que les sociologues et critiques français avaient pris l'habitude d'appeler « les exclus » étaient parfaitement visibles. Le nouveau quart-monde consistait en personnes exclues non pas tant du travail que des « bonnes perspectives de vie » *(life chances)* : laissés-pour-compte de l'économie dominante, enfants en échec scolaire, familles abandonnées dans des immeubles-casernes à la périphérie des villes, sans magasins, sans services ni moyens de transport. En 2004, une étude du ministère français de l'Intérieur concluait qu'ils étaient quelque deux millions à vivre dans des ghettos urbains, brisés par l'exclusion sociale, la discrimination raciale et de hauts niveaux de violence familiale. Dans certains de ces « quartiers chauds », le chômage des jeunes avait atteint 50 % : les plus touchés étaient les jeunes d'origine algérienne ou marocaine.

26. À la fin du XXe siècle, on estimait à 5 millions la population de Tsiganes en Europe : quelque 50 000 en Pologne, 60 000 en Albanie, 500 000 en Hongrie, peut-être 600 000 en Bulgarie de même que dans l'ex-Yougoslavie et en République tchèque, et deux millions au moins en Roumanie. Les préjugés et les mauvais traitements auxquels ils étaient exposés étaient courants dans tous les pays où existait une communauté tsigane (sans parler de pays comme la Grande-Bretagne, où l'entrée leur était interdite).

Trop souvent, ce sous-prolétariat se distinguait non seulement par la couleur de peau, mais aussi par ses croyances. Outre qu'elle était multiculturelle, en effet, l'Union européenne devenait de plus en plus multireligieuse. Les chrétiens restaient l'écrasante majorité, bien que le plus souvent non pratiquants. Les juifs constituaient désormais une petite minorité ; leurs effectifs n'étaient significatifs qu'en Russie, en France et dans une moindre mesure au Royaume-Uni et en Hongrie. Par contre, la présence des hindous et surtout des musulmans était forte et visible au Royaume-Uni, en Belgique, aux Pays-Bas et en Allemagne, ainsi que dans les grandes villes de Scandinavie, d'Italie et d'Europe centrale. Et, fait unique parmi les grandes religions universelles d'Europe, le nombre des adeptes de l'islam croissait rapidement.

Dans les premières années du XXIe siècle, la France comptait peut-être six millions de musulmans (en majorité d'origine nord-africaine) ; et l'Allemagne, presque autant (essentiellement d'origine turque ou kurde). Si on y ajoute près de deux millions de musulmans au Royaume-Uni (pour la plupart du Pakistan et du Bangladesh) et une présence significative dans les pays du Benelux et en Italie, on approchait d'un total de l'ordre de quinze millions dans l'ensemble de l'Union.

La présence musulmane dans des communautés jusque-là majoritairement laïques posait de délicates questions de politique sociale : quelle attitude adopter face au port de vêtements ou de symboles religieux dans les écoles publiques ? Jusqu'où l'État devait-il encourager ou décourager des institutions culturelles ou des services distincts ? Était-il sage de soutenir des communautés multiculturelles (et donc, de fait, séparées) ou les autorités devaient-elles plutôt chercher à faciliter, voire à renforcer l'intégration ? La politique officielle de la France consistait à prôner l'intégration culturelle et à interdire l'exhibition de signes confessionnels à l'école ; ailleurs, notamment en Grande-Bretagne et aux Pays-Bas, on tolérait davantage la distinction culturelle et l'affirmation de son identité religieuse (voir chapitre XXIII).

Si ces questions s'étaient si vite retrouvées en tête des ordres du jour politiques nationaux, et se mêlaient de plus en plus aux débats autour de l'immigration et du droit d'asile, c'est en raison de l'angoisse croissante commune à tout le continent devant la montée d'une nouvelle génération de partis xénophobes. Certains s'enracinaient dans la politique sectaire ou nationaliste d'une autre époque ; d'autres – comme le Dansk Folkeparti, qui connut un étonnant succès, ou la Liste Pim Fortuyn aux Pays-Bas – étaient très récents. Tous se révélèrent cependant habiles, contre toute attente, à exploiter le sentiment « anti-immigré ».

Qu'ils s'en prissent aux « minorités ethniques », comme le British National Party, ou, comme le Front national de Le Pen, qu'ils fissent des « immigrés » leur cible – en allemand, on préférait parler d'« étrangers » –, les partis d'extrême droite devaient prospérer dans ces années-là. D'un côté, le ralentissement de la croissance associé à la vulnérabilité accrue aux forces économiques mondiales exposait maints travailleurs à un degré d'insécurité économique sans précédent de mémoire d'homme. De l'autre, les vieilles orgues de la *gauche* politique n'étaient plus là pour canaliser ou mobiliser cette insécurité sous l'étendard de la classe : ce n'est pas un hasard si le Front national fit ses meilleurs scores dans les anciens bastions du PC.

Pour la nouvelle droite, la présence en nombre croissant d'une minorité visible et culturellement étrangère parmi eux – et la perspective de voir d'autres étrangers encore profiter de la manne sociale ou prendre « nos emplois » sitôt ouvertes les vannes de l'Est – valait cerise sur le gâteau. Protestant que la « barque était pleine », ou que le gouvernement avait abandonné le contrôle de ses frontières à des « intérêts cosmopolites » ou aux « bureaucrates de Bruxelles », les démagogues populistes promettaient d'arrêter l'immigration, de rapatrier les « étrangers » et de rendre l'État à ses citoyens blancs assiégés tout en renvoyant les immigrés chez eux.

En comparaison du fascisme d'une époque antérieure, cette toute dernière manifestation de xénophobie pouvait paraître bénigne, même si au début des années 1990 l'Allemagne connut une vague de crimes haineux visant des étrangers ou des minorités, laquelle poussa des commentateurs à faire état de craintes plus générales : Günter Grass dénonça l'indifférence égocentrique de la culture politique ouest-allemande et l'enthousiasme à courte vue du pays pour une unité « imméritée », protestant que l'élite politique complaisante et amnésique était la première responsable de la violence raciste (surtout dans les villes industrielles moribondes et suppurantes de l'ancienne RDA où l'hostilité aux étrangers était la plus vive).

Mais même si le niveau de violence demeura contenu, le succès populaire de la nouvelle droite fut une sérieuse cause de souci. Sous la houlette de son jeune et télégénique leader Jörg Haider, le parti de la Liberté (PL) de l'Autriche voisine – héritier de la Ligue des indépendants de l'après-guerre mais en apparence débarrassé de ses associations nazies – progressa régulièrement aux élections, en se présentant comme le défenseur des « petites gens » laissées sur la touche du fait de la collaboration mutuellement bénéfique des deux grands partis et menacés par les hordes de « criminels », « drogués » et autre « racaille étrangère » qui envahissaient maintenant leur patrie.

Pour éviter de se mettre hors la loi, Haider prenait généralement grand soin d'éviter tout comportement qui lui aurait valu d'apparaître trop clairement comme un nostalgique du nazisme. Le plus souvent, l'Autrichien, comme Jean-Marie Le Pen, ne révélait ses préjugés qu'indirectement : entre autres choses, en donnant en exemple ce qui le choquait dans la vie publique des hommes qui, comme par hasard, étaient juifs. Ses auditoires et lui étaient plus à l'aise avec des nouvelles cibles comme l'Union européenne : « Nous autres, Autrichiens, ne devons jamais répondre à l'UE, à Maastricht ni à une idée internationale ou à une autre, mais uniquement à cette patrie qui est la nôtre. »

Aux élections législatives autrichiennes de 1986, le parti de la Liberté de Haider obtint 9,7 % des voix. Quatre ans plus tard, il était passé à 17 %. Aux élections de 1994, il bouscula l'establishment viennois en atteignant les 23 %, soit quatre points seulement de moins que le parti populaire qui avait gouverné le pays pendant les premières vingt-cinq années de l'après-guerre et qui dominait encore les provinces rurales de l'Autriche. De manière plus dangereuse encore, Haider avait largement mordu sur l'électorat socialiste traditionnel de la Vienne ouvrière. Sachant que, selon les sondages de 1995, un Autrichien sur trois croyait avec Haider que les « travailleurs immigrés » et autres étrangers en Autriche avaient trop d'avantages et de privilèges, ce score n'était pas très surprenant.

L'influence de Haider atteignit son apogée à la fin du siècle, à la suite des élections d'octobre 1999, où son parti reçut le soutien de 27 % des électeurs autrichiens, reléguant le parti populaire en troisième position et obtenant juste 290 000 voix de moins que les socialistes, arrivés en tête. En février 2000, au milieu des cris d'orfraie un peu excessifs des partenaires européens de l'Autriche, le parti populaire forma un gouvernement de coalition avec le parti de la Liberté (quoique sans Haider). Mais le nouveau chancelier autrichien, Wolfgang Schüssel, avait fait un habile calcul : le parti de la Liberté était un mouvement protestataire, un parti contre « eux » qui en avait appelé aux « spoliés, aux laminés et aux humiliés », pour citer Pierre Poujade (le prototype éponyme des populistes). Une fois au gouvernement, exposé à l'usure du pouvoir et contraint de partager la responsabilité de politiques impopulaires, il allait bientôt perdre son attrait. Aux élections de 2002, le PL fit juste 10,1 %, alors que le parti populaire était remonté à près de 43 %. Aux élections européennes de 2004, le parti de Haider était tombé à 6,4 %.

L'essor et le déclin de Haider, qui n'en resta pas moins le populaire gouverneur de sa Carinthie natale, sont emblématiques de la trajectoire des partis anti-étrangers ailleurs. Après avoir gagné 17 % des voix en 2002, à la suite de l'assassinat de son leader, la Liste Pim Fortuyn fit un court passage dans les rangs du gouvernement à seule fin de voir son électorat s'effondrer à 5 % aux élections suivantes et sa représentation parlementaire tomber de 42 députés à 8. En Italie, l'accession de la Ligue du Nord au gouvernement sous l'aile de Berlusconi précipita un déclin électoral régulier.

Au Danemark, après des débuts obscurs, en 1995, le Dansk Folkeparti était devenu en 2001 le troisième groupe parlementaire du pays. En restant à l'écart du pouvoir et en se focalisant presque exclusivement sur le problème de l'immigration, le parti et son leader Pia Kjærsgaard purent exercer une influence sans commune mesure avec leur taille. Les deux grands partis danois – les libéraux et les sociaux-démocrates – rivalisèrent alors de « fermeté » sur les lois relatives au droit d'asile et aux résidents étrangers. « C'est nous qui sommes aux commandes », devait lâcher Kjærsgaard après que son parti eut obtenu 12 % des voix aux élections de 2001[27].

Dans la mesure où presque aucun responsable des grands partis de droite ou de gauche n'osait paraître « tendre » sur ces questions, elle avait raison. Même le minuscule et brutal British National Party (BNP) réussit à marquer de son ombre la politique des gouvernements du New Labour au Royaume-Uni. Traditionnellement marginal – c'est en 1997 qu'il avait obtenu son meilleur score avec 7 % des voix dans une circonscription d'East London où les Bengalais avaient remplacé les Juifs dans le rôle de minorité ethnique locale –, le BNP recueillit 11 643 voix (14 %) quatre ans plus tard dans deux districts d'Oldham, ancienne ville industrielle du Lancashire où des émeutes raciales avaient éclaté peu avant les élections.

C'étaient des chiffres négligeables en comparaison de ce qui se passait sur le continent et jamais le BNP ne fut en position, fût-ce de loin, de gagner un siège au Parlement. Mais parce que, selon les sondages, ses préoccupations paraissaient refléter un malaise national général, la droite dure réussit à faire peur à Tony Blair, au point de pousser le Premier ministre à restreindre encore les dispositions peu généreuses du pays à l'égard des immigrés et des réfugiés. Qu'un gouvernement du New Labour disposant d'une écrasante majorité parlementaire et ayant obtenu près de 11 millions de voix aux élections de 2001 ait cru néanmoins devoir répondre ainsi à la propagande d'une clique néofasciste qui ne recueillit que 48 000 suffrages dans l'ensemble du pays – 0,20 % des voix et seulement 40 000 de plus que le Monster Raving Loony Party – en dit long sur le climat de l'époque.

La France était une autre affaire. Le Front national avait un problème : les immigrés. Il avait un électorat massif : 2,7 millions de voix aux législatives de 1986 ; et un leader charismatique qui excellait à transformer un mécontentement public généralisé en colère ciblée et en préjugés politiques. Certes, l'extrême droite n'aurait jamais si bien réussi si Mitterrand n'avait cyniquement introduit la proportionnelle pour permettre au Front national d'avoir des députés (et lui donner une visibilité nationale) tout en divisant et en affaiblissant les grands partis conservateurs.

Il n'en demeure pas moins que 4,5 millions d'électeurs votèrent Le Pen à la présidentielle de 1995, puis 4,8 en avril 2002 quand le chef du FN obtint un succès sans précédent, se plaçant deuxième au premier tour de la présidentielle et mettant ainsi hors course le candidat de gauche, le malheureux Premier ministre socialiste Lionel Jospin. En France aussi, les responsables

27. Le Dansk Folkeparti était né d'une scission du parti du progrès danois, lui-même produit des mouvements anti-impôts du début des années 1970 (voir chapitre XIV), mais qu'une nouvelle génération d'extrémistes jugeait trop « tendre » sur l'UE et insuffisamment hostile à l'immigration.

politiques des grands partis en tirèrent la conclusion qu'ils devaient casser l'attrait de Le Pen en s'appropriant ses thèmes et en promettant des mesures rudes pour traiter de la « sécurité » et de l'immigration, sans excuser explicitement le langage de Le Pen ni son programme (la « France aux Français » ; rapatriement de tous les autres).

Malgré les liens de Le Pen avec une tradition d'extrême droite plus ancienne – *via* sa phase poujadiste, son passage par de nébuleuses organisations d'extrême droite au cours de la guerre d'Algérie et sa défense soigneusement pesée de Vichy et de la cause pétainiste –, son mouvement, comme ses homologues du continent, ne saurait être évacué comme une simple régurgitation atavique et nostalgique du passé fasciste de l'Europe. On ne saurait assurément ranger Fortuyn ou Kjærsgaard dans cette catégorie. De fait, tous deux prirent soin d'affirmer leur désir de préserver la tolérance traditionnelle de leurs pays – menacée, à les en croire, par le fanatisme religieux et les pratiques culturelles rétrogrades des nouvelles minorités musulmanes.

Le parti autrichien de la Liberté n'était pas davantage un mouvement nazi ; et Haider n'était pas Hitler. Il prit grand soin de faire valoir publiquement ses titres de créance d'après-guerre. Né en 1950, ne se lassait-il de rappeler à ses auditoires, il avait *die Gnade der späten Geburt*, « la grâce d'une naissance tardive ». Le succès de Haider – comme celui de Christoph Blocher, dont le parti populaire suisse recueillit 28 % des voix en 2003 sur un ticket anti-immigrés et anti-UE – tenait en partie à son habileté à dissimuler son message raciste sous l'image d'un modernisateur, d'un national-populiste de convictions libérales. Cela marcha étonnamment bien auprès des jeunes électeurs : le parti de la Liberté fut un temps le premier parti autrichien chez les moins de trente ans[28].

En Autriche comme en France, c'est la peur et la haine des immigrés (en France, du Sud ; en Autriche, de l'Est ; dans les deux cas de pays qu'ils avaient autrefois dominés) qui ont remplacé les vieilles obsessions – notamment l'antisémitisme – comme ciment de l'extrême droite. Mais les nouveaux partis contre le système bénéficièrent aussi d'autre chose : de mains propres. Exclus du pouvoir, ils échappaient à la corruption qui, au début des années 1990, paraissait gangrener les racines du système européen. Pas simplement en Roumanie, en Pologne ou, surtout, en Russie, où elle pouvait s'expliquer comme le coût collatéral de la transition capitaliste, mais au cœur démocratique du continent.

En Italie, où depuis la guerre les démocrates-chrétiens avaient toujours entretenu des relations intimes et profitables avec les banquiers, les hommes

28. En Suisse, où les préjugés contre les immigrés étaient particulièrement répandus dans les cantons germanophones, le racisme n'était pas toujours enfoui : une affiche électorale présentait tout un éventail de visages basanés accompagnés du slogan, « Les Suisses deviennent des nègres. »

d'affaires, les entrepreneurs, les notables, les employés de l'État et, courait la rumeur, la Mafia, une nouvelle génération de jeunes magistrats entreprit courageusement de s'attaquer petit à petit à des décennies de silence public obstiné. Paradoxalement, le parti socialiste fut le premier à tomber avec le scandale *tangentopoli* (« ville des dessous de table ») révélé en 1992 par les enquêtes sur la gestion de Milan. Le parti tomba en disgrâce et son chef de file, l'ex-Premier ministre Bettino Craxi, fut contraint de s'exiler en Tunisie.

Mais les affaires des socialistes étaient inextricablement liées à celles des démocrates-chrétiens, leurs vieux partenaires de coalition. Les deux partis se trouvèrent encore discrédités par la vague d'arrestations et d'accusations qui suivit, et ils emportèrent avec eux toute la toile des arrangements et accommodements politiques qui façonnaient la vie politique italienne depuis deux générations. Aux élections de 1994, *tous* les grands partis politiques du pays, sauf les anciens communistes et les ex-fascistes furent quasiment laminés, même si le seul bénéficiaire durable de ce séisme politique fut un ancien chanteur de bar devenu un louche magnat des médias, Silvio Berlusconi, entré en politique non pas tant pour faire le ménage que pour s'assurer que ses *propres* affaires ne seraient pas touchées.

En Espagne, c'est un scandale d'une nature assez différente qui mit fin à la carrière politique de Felipe González, quand la presse révéla au milieu des années 1990 (grâce à une jeune et enthousiaste génération de journalistes d'investigation travaillant pour les quotidiens *El Mundo* et *Diario 16*) que son gouvernement avait mené une « guerre sale » contre le terrorisme basque dans les années 1983-1987, autorisant et encourageant des escadrons de la mort à pratiquer l'enlèvement, la torture et l'assassinat tant en Espagne qu'au pays basque français, d'où l'ETA menait souvent ses actions (voir chapitre XIV).

Vu la réputation de l'ETA, cela n'aurait sans doute pas suffi à discréditer le charismatique González – compte tenu du cynisme qui régnait dans les dernières années du régime de Franco, la plupart de ses contemporains avaient acquis une conception nettement instrumentale de l'État et de ses lois –, sans les révélations parallèles des dessous de table et du trafic d'influence auxquels s'étaient livrés ses collègues socialistes : faisant écho à l'exemple italien, le scandale suscita une angoisse générale sur l'état moral de la démocratie espagnole encore toute jeune.

En France, comme en Allemagne ou en Belgique, l'avalanche de scandales qui ternit la vie publique dans les années 1990 ne suggérait pas tant la fragilité des institutions et des mœurs que le coût croissant de la pratique de la démocratie dans des conditions modernes. L'activité politique est coûteuse en personnel, en publicité et en expertises. En Europe, le financement public des partis politiques était strictement limité par la loi et la tradition et n'était généralement disponible que pour se présenter aux élections. S'ils avaient besoin de davantage, les hommes politiques devaient s'adresser à leurs soutiens traditionnels : militants, syndicats (à gauche), mais aussi hommes d'affaires et entreprises privées. Or ces ressources se tarissaient : les rangs des militants s'éclaircissaient, les syndicats de masse déclinaient et, face au consensus croissant des grands partis politiques sur les affaires économiques, les entreprises et les particuliers ne voyaient guère de raison de se montrer généreux envers tel ou tel parti.

Dès lors on peut comprendre que, de manière plus ou moins universelle, tous les grands partis d'Europe occidentale se soient mis en quête d'autres sources de financement au moment précis où, grâce à l'abolition des contrôles et à la mondialisation des affaires, il y avait beaucoup d'argent qui circulait. En France, on découvrit que les gaullistes *et* les socialistes – comme les démocrates-chrétiens en Allemagne et le New Labour en Grande-Bretagne – s'étaient procuré des fonds au cours des deux décennies passées par des voies douteuses : faveurs monnayées, trafic d'influence ou tout simplement appels plus pressants aux bailleurs de fonds traditionnels.

Les choses allèrent un peu plus loin en Belgique : un scandale parmi bien d'autres – l'affaire Dassault/Augusta – servira d'illustration. À la fin des années 1980, le gouvernement belge passa commande de quarante-six hélicoptères militaires à la société italienne Augusta tout en chargeant le Français Dassault de renouveler l'équipement de sa flotte de F-16. Les offres concurrentes furent rejetées. En soi, cela n'avait rien d'inhabituel, et le fait même que trois pays fussent concernés donne même un tour œcuménique paneuropéen à l'affaire.

Toutefois, il apparut plus tard que le PS belge, alors au gouvernement, avait largement profité de commissions sur les deux contrats. Peu après, en 1991, un dirigeant socialiste qui en savait trop, André Cools, fut abattu dans un parking de Liège ; un autre, Étienne Lange, fut arrêté en 1995 ; et un troisième, Willy Claes, ancien Premier ministre, un temps (1994-1995) secrétaire général de l'OTAN et ministre des Affaires étrangères à l'époque de la passation des marchés, fut reconnu coupable en 1998 d'avoir accepté des pots-de-vin pour son parti. Un quatrième suspect, l'ex-général Jacques Lefebvre, qui avait été étroitement mêlé à l'affaire, mourut dans des circonstances mystérieuses en mars 1995.

Si c'est une histoire typiquement belge – « la Belgique, disait Baudelaire, est sans vie, mais non sans corruption » –, c'est peut-être parce que la duplication et la dilution de l'autorité constitutionnelle dans ce pays avaient abouti non seulement à l'absence de toute surveillance du gouvernement, mais aussi au quasi-effondrement d'une bonne partie de l'appareil d'État, y compris de la justice criminelle. Ailleurs, et à l'exception de l'Italie déjà signalée, il y eut assez peu de preuves de corruption *personnelle*, la plupart des crimes et des délits avaient été commis littéralement pour le bien du parti[29] –, même si un certain nombre de personnalités en vue furent brusquement écartées de la vie publique.

Parmi celles-ci on trouve non seulement Gonzalez, Alain Juppé et les chefs historiques de la démocratie chrétienne italienne, mais même l'ancien chancelier Helmut Kohl, le héros de l'unification, dont la réputation fut ternie quand il refusa de révéler les noms des donateurs secrets qui avaient rempli les caisses de son parti. N'eût-il été protégé par son mandat, Jacques Chirac, maire de Paris à une époque où les dessous de table et les échanges de faveurs allaient bon train, aurait certainement rejoint leurs rangs.

Ce qui frappe le plus, dans ces développements, c'est qu'ils aient, au fond, relativement *peu* discrédité le système politique dans son ensemble. Le déclin de la participation aux élections trahit certainement une perte générale d'intérêt pour les affaires publiques, mais celle-ci était déjà détectable des décennies auparavant dans la montée des taux d'abstention et la moindre intensité du débat politique. La vraie surprise, ce n'est pas l'essor d'une nouvelle cohorte de partis populistes de droite, mais qu'ils aient systématiquement échoué à faire mieux, qu'ils n'aient pas su capitaliser sur les bouleversements et le malaise depuis 1989.

Il y avait une raison à cela. Les Européens ont bien pu perdre la foi dans leurs hommes politiques, mais au cœur du système européen, il y a quelque chose que même les partis antisystèmes les plus extrémistes n'ont pas osé attaquer de front et qui continue de bénéficier d'une allégeance quasi universelle. Ce quelque chose n'est certainement pas l'Union européenne, malgré ses multiples mérites. Ce n'est pas la démocratie : trop abstraite, trop nébuleuse et peut-être trop souvent invoquée pour être isolée comme objet d'admiration. Ce n'est pas davantage la liberté ni l'État de droit, qui ne sont pas sérieusement menacés en Occident depuis de longues décennies et passent déjà pour acquises aux yeux d'une jeune génération d'Européens dans tous les États membres de l'Union. Ce qui lie les Européens, même quand ils sont profondément critiques envers tel ou tel aspect des rouages de l'UE, c'est ce qu'il est devenu courant d'appeler – dans un contraste disjonctif mais révélateur avec le « mode de vie américain » – le « modèle social européen ».

29. À une exception près : Edith Cresson, ex-Premier ministre socialiste devenue commissaire de l'UE, contribua au discrédit de la Commission quand on découvrit en 1999 qu'elle avait utilisé son pouvoir à Bruxelles pour assurer à son ancien dentiste un poste de consultant grassement payé.

XXIII

Diversités européennes

« Nous serions sages si nous pouvions discerner véritablement les signes de notre temps et, forts de la connaissance de ses besoins et de ses avantages, ajuster sagement notre position. Plutôt que de perdre nos regards dans l'obscur lointain, regardons posément autour de nous, un moment, la scène confuse qui est la nôtre. »
Thomas Carlyle

« Le Créateur de l'Europe l'a faite petite et l'a même scindée en petits morceaux, que nos cœurs se réjouissent non de sa taille, mais de sa pluralité. »
Karel Čapek

« En Europe, nous étions des Asiatiques, tandis qu'en Asie nous sommes nous aussi des Européens. »
Fiodor Dostoïevski

Quand le communisme est tombé et que l'Union soviétique a implosé, ils n'ont pas simplement emporté avec eux un système idéologique, mais aussi les coordonnées politiques et géographiques de tout un continent. Quarante-cinq années durant – au-delà de la mémoire vive de la plupart des Européens – l'issue incommode de la Seconde Guerre mondiale avait été figée sur place. La division accidentelle de l'Europe, avec tout ce qu'elle impliquait, avait fini par paraître inévitable. Et voici que tout avait été balayé. Avec le recul, le sens des décennies d'après-guerre changea du tout au tout. Jadis compris comme le point de départ d'une polarisation idéologique permanente, elles passèrent maintenant pour ce qu'elles étaient : l'épilogue prolongé de la guerre civile européenne qui avait commencé en 1914, un interrègne de quarante ans entre la défaite d'Adolf Hitler et la résolution définitive de ce que sa guerre avait laissé inachevé.

Avec la disparition du monde de 1945-1989, ses illusions apparurent plus clairement. Le « miracle économique » tant proclamé de l'Europe occidentale d'après-guerre avait rendu à la région la place dans la production et le commerce mondiaux qu'elle avait perdue au cours des années 1914-1945, avec des taux de croissance économiques qui devaient par la suite se stabiliser à des niveaux *grosso modo* comparables à ceux de la fin du XIXe siècle. Ce n'était pas un mince exploit, mais ce n'était pas tout à fait la percée vers la prospérité et la croissance indéfinies que les contemporains s'étaient plu à supposer.

Par ailleurs, le redressement s'était produit non pas en dépit de la guerre froide, mais à cause d'elle. Comme la menace ottomane, autrefois, l'ombre de l'Union soviétique rétrécit l'Europe, mais imposa au croupion qui survécut les bénéfices de l'unité. En l'absence des Européens emprisonnés de l'Est, les citoyens d'Europe occidentale avaient prospéré : exempts de toute obligation de s'attaquer à la pauvreté et à l'arriération des États successeurs des vieux empires continentaux et préservés par le parapluie militaire américain des remous politiques du passé récent. Vu de l'Est, cela avait toujours passé pour une vision étroite des choses. Après la chute du communisme et l'éclatement de l'empire soviétique, elle n'était plus tenable.

Au contraire. L'heureux cocon de l'Europe occidentale d'après-guerre – avec ses communautés économiques et ses zones de libre-échange, ses alliances extérieures rassurantes et ses frontières intérieures redondantes – parut soudain vulnérable, sommé de répondre aux espérances frustrées des « eurocitoyens » en herbe de l'Est et détaché de sa relation naturelle avec la grande puissance d'outre-Atlantique. De nouveau contraints de prendre acte des vastes marches orientales du continent pour esquisser un avenir européen commun, les Européens de l'Ouest furent de force ramenés au passé européen commun.

De ce fait, les années 1945-1989 prirent des allures de parenthèses. La guerre ouverte entre États, trait constitutif du mode de vie européen depuis trois siècles, avait atteint des niveaux d'apocalypse entre 1913 et 1945 : quelque soixante millions d'Européens trouvèrent la mort dans des guerres ou des carnages parrainés par des États dans la première moitié du XXe siècle. De 1945 à 1989, en revanche, les guerres interétatiques disparurent du continent européen[1]. Deux générations d'Européens grandirent dans le sentiment jusque-là inconcevable que la paix était l'ordre naturel des choses. En tant que prolongement de la politique, la guerre (et l'affrontement idéologique) avait été externalisée vers le tiers-monde.

Cela dit, il vaut la peine de rappeler que, tout en restant en paix avec leurs voisins, les États communistes pratiquèrent une forme singulière de guerre permanente contre leurs sociétés : essentiellement sous la forme d'une censure rigoureuse, de pénuries forcées et de mesures de police répressives, sans exclure d'épisodiques conflits ouverts, notamment à Berlin en 1953, à Budapest en 1956, à Prague en 1968 et en Pologne, sporadiquement, de 1968 à 1981, puis sous la loi martiale. En Europe orientale, les décennies d'après-guerre paraissent donc passablement différentes dans la mémoire collective (mais n'en font pas moins figure de parenthèse). En comparaison de ce qui avait

1. Même en tenant compte des guerres yougoslaves des années 1990, le nombre de morts liés à la guerre en Europe dans la seconde moitié du siècle demeure inférieur à un million.

précédé, cependant, l'Europe orientale avait elle aussi vécu une époque de calme inhabituel, quoique involontaire.

Que l'après-Seconde Guerre mondiale, dont le souvenir ne cessait de devenir plus lointain avec la naissance de nouveaux (dés-)ordres mondiaux, devînt ou non un objet de nostalgie et de regret dépendait largement de son lieu et de sa date de naissance. De part et d'autre du Rideau de fer, les enfants des années 1960 – le noyau dur de la génération des baby-boomers, nés entre 1946 et 1951 – se retournaient sans doute avec affection sur leur « décennie », continuant à en garder des souvenirs attendris et à en exagérer la portée. Et à l'Ouest, tout au moins, leurs parents restaient reconnaissants de la stabilité politique et de la sécurité matérielle de l'époque, par opposition aux horreurs précédentes.

En revanche, ceux qui étaient trop jeunes pour se rappeler les *Sixties* supportaient souvent mal l'autoglorification solipsiste de ses mémorialistes vieillissants, alors que nombre de gens plus âgés qui avaient vécu sous le communisme se rappelaient non seulement la sûreté de l'emploi, les loyers bon marché et la sécurité des rues, mais aussi et surtout la grisaille des talents gaspillés et des espérances flétries. Et de part et d'autre de la ligne de fracture, il y avait des limites à ce qu'on pouvait récupérer dans les décombres de l'histoire du XXe siècle. La paix, la prospérité et la sécurité, assurément, mais les convictions optimistes d'une époque antérieure s'étaient bel et bien envolées.

Avant de se suicider en 1942, le romancier et critique viennois Stefan Zweig évoqua d'un ton nostalgique le monde perdu de l'Europe d'avant-1914, exprimant sa « pitié pour ceux qui n'étaient pas assez jeunes au cours de ces années de confiance ». Soixante ans plus tard, à la fin du XXe siècle, tout le reste ou presque avait été retrouvé ou reconstruit. Mais l'assurance avec laquelle la génération européenne de Stefan Zweig était entrée dans le siècle, ne se retrouverait jamais totalement : il s'était passé trop de choses. Les Européens de l'entre-deux-guerres se rappelant la Belle Époque pouvaient murmurer « si seulement » ; mais à la suite de la Seconde Guerre mondiale, le sentiment dominant chez quiconque réfléchissait à la catastrophe de trente ans du continent avait été « jamais plus[2] ».

Bref, il n'y avait pas de retour en arrière possible. Le communisme, en Europe de l'Est, avait été la mauvaise réponse à une vraie question. La même question en Europe occidentale – comment surmonter la catastrophe de la première moitié du XXe siècle – avait été tranchée en laissant carrément de côté l'histoire récente, en récapitulant une partie des réussites de la seconde moitié

2. Raymond Aron (né en 1905) partageait quelques-uns des souvenirs nostalgiques de Zweig, sinon son désespoir : « Depuis que, sous le soleil de juillet, l'Europe bourgeoise est entrée dans le siècle des guerres, les hommes ont perdu la maîtrise de leur histoire [...]. » [Raymond Aron, *Les Guerres en chaîne*, Paris, Gallimard, 1951, p. 62.]

du XIXe siècle – stabilité politique intérieure, productivité économique accrue et expansion régulière du commerce extérieur – et en leur accolant l'étiquette « Europe ». Après 1989, cependant, l'Europe, prospère et postpolitique, se retrouva de nouveau face à sa jumelle de l'Est : il fallait repenser « l'Europe ».

La perspective d'abandonner le cocon, on l'a vu, ne suscita pas un enthousiasme général ; en mars 1993, dans les pages de la revue *Polityka*, Jacek Kuroń n'exagérait pas quand il conjecturait que « certains responsables politiques occidentaux sont nostalgiques de l'ancien ordre mondial et de l'URSS ». Mais ce « vieil ordre mondial » – la *stasis* familière des quatre dernières décennies – avait à jamais disparu. Les Européens étaient désormais confrontés non seulement à un avenir incertain, mais aussi à un passé qui changeait à vue d'œil. Ce qui récemment encore paraissait tout simple devenait à nouveau passablement compliqué. La fin du XXe siècle vit les 500 millions d'habitants du promontoire occidental de la masse continentale eurasiatique s'interroger de plus en plus sur leur identité. Qui sont les Européens ? Que veut dire être européen ? Qu'est-ce que l'Europe ? Et quel genre d'espace les Européens souhaitent-ils en faire ?

Chercher à distiller l'essence de « l'Europe » ne mène pas à grand-chose. L'« idée d'Europe » – thème lui-même amplement débattu – a une longue histoire, pour une part très honorable. Mais alors qu'une certaine « idée » de l'Europe – réaffirmée dans toutes sortes de conventions et de traités – imprègne l'Union à laquelle appartiennent désormais la plupart des Européens, elle n'offre qu'un aperçu très partiel de la vie qu'ils y mènent. En une période de transition démographique et de réinstallation de populations, les Européens d'aujourd'hui sont plus nombreux et hétérogènes qu'ils ne l'ont jamais été. Tout tableau de leur condition commune à l'aube du XXIe siècle doit commencer par reconnaître cette diversité, par relever les contours et les lignes de faille entrecroisées de l'identité et de l'expérience européennes.

J'emploi à dessein le mot « relever » au sens cartographique du terme. Après tout, l'Europe est un territoire. Mais ses frontières ont toujours été passablement fluides. Les anciennes frontières – de Rome et de Byzance, du Saint-Empire Romain et de l'Europe chrétienne – correspondent assez bien aux divisions politiques ultérieures pour suggérer une véritable continuité : les points de rencontre malaisés de l'Europe germanique et slave étaient aussi clairs au XIe siècle pour un Adam de Brême qu'ils le sont pour nous ; les frontières médiévales de la chrétienté catholique et orthodoxe, de la Pologne à la Serbie, étaient largement telles que nous les connaissons aujourd'hui ; et la notion d'Europe divisée entre l'est et l'ouest à l'Elbe eût été familière aux administrateurs de l'Empire carolingien du IXe siècle, s'ils avaient raisonné en ces termes.

Mais que le tracé de ces frontières établies de longue date soit ou non un guide des tenants et aboutissants de *l'Europe* a toujours dépendu de la place qu'on y occupait. Prenons un exemple bien connu : au XVIIIe siècle, la plupart des Hongrois et des Bohémiens étaient catholiques depuis des siècles et beaucoup étaient germanophones. Pour les Autrichiens éclairés, cependant, « l'Asie » n'en commençait pas moins à la Landstrasse, la grande route de l'Est qui partait de Vienne. En 1787, lorsqu'il quitta Vienne pour Prague, se dirigeant vers l'*Ouest*, Mozart expliqua qu'il franchissait une frontière *orientale*. L'Est et l'Ouest, l'Asie et l'Europe ont toujours été des murs dans la tête autant que des lignes sur la terre.

Parce que, récemment encore, une bonne partie de l'Europe n'était pas divisée en États mais trouvait place au sein d'empires, il est bon d'envisager les marqueurs extérieurs du continent non pas comme des frontières, mais comme des régions limitrophes indéterminées – marches, *limes*, *militärgrenze*, *krajina* : des zones de conquête et de peuplement impériaux, pas toujours précises d'un point de vue topographique, mais délimitant une bordure politique et culturelle importante. De la Baltique aux Balkans, ces régions et leurs habitants se sont depuis des siècles considérés comme l'avant-poste de la civilisation, le point vulnérable et sensible où s'arrête le monde familier et où l'on tient les barbares en respect.

Mais ces frontières sont fluides et se sont souvent déplacées au gré des époques et des circonstances : leurs implications géographiques ont de quoi dérouter. Polonais, Lituaniens et Ukrainiens se sont tous présentés, dans leur littérature et leurs mythes politiques, comme les gardiens des bords de « l'Europe » (ou de la Chrétienté)[3]. Or, comme le suggère un rapide coup d'œil sur la carte, leurs prétentions s'excluent mutuellement : ils ne sauraient tous avoir raison. De même en va-t-il des récits rivaux des Hongrois ou des Roumains, ou de l'insistance que mettent les Croates et les Serbes à souligner que c'est *leur* frontière méridionale (avec les Serbes et les Turcs, respectivement) qui constitue la ligne défensive vitale extérieure de l'Europe civilisée.

Ce que montre cette confusion, c'est que les limites extérieures de l'Europe ont été des siècles durant assez significatives pour que les parties intéressées fassent valoir avec force leurs titres contradictoires. Être « en » Europe apportait un degré de sécurité : une assurance – ou tout au moins une promesse – de refuge et d'inclusion. Au fil des siècles, ce devait être de plus en plus une source d'identité collective. Être une « région frontalière », un modèle et un gardien des valeurs centrales de la civilisation européenne, était une source de vulnérabilité mais aussi de fierté : c'est bien pourquoi le sentiment d'avoir été

3. Pour beaucoup de Polonais, notons-le, leur pays occupe le *centre* de l'Europe : la confusion est révélatrice.

exclu et oublié de « l'Europe » rendit la domination soviétique si humiliante pour tant d'intellectuels d'Europe centrale et orientale.

L'Europe n'est donc pas tant une affaire de géographie *absolue* – où se trouve en fait un pays ou un peuple – qu'une question de géographie *relative* : quelle relation un pays entretient avec les autres. À la fin du XXe siècle, les écrivains et les hommes politiques de pays comme la Moldova, l'Ukraine ou l'Arménie affirmaient leur « européanité » non pas sur des bases historiques ou géographiques (qui pouvaient être plus ou moins plausibles), mais précisément comme une défense *contre* l'histoire aussi bien que la géographie. Sommairement délivrés de l'empire moscovite, ces États orphelins postimpériaux se tournèrent alors vers une autre capitale « impériale » : Bruxelles[4].

Ce que ces nations périphériques espéraient gagner de la perspective lointaine de leur inclusion dans la nouvelle Europe était moins important que ce qu'elles avaient à perdre en en restant à l'écart. Les implications de l'exclusion étaient déjà claires dans les premières années du nouveau siècle, même pour le visiteur le plus distrait. Le régime nazi puis soviétique avait de longue date détruit tout ce qu'il pouvait y avoir jadis de cosmopolite et d'« européen » dans des villes comme Czernowitz en Ukraine ou Chisinau en Moldova, tandis que la campagne environnante était aujourd'hui encore un « monde prémoderne de chemins de terre et de charrettes à cheval, de puits et de bottes de feutre, de vastes silences et de nuits de velours noir[5] ». S'identifier à « l'Europe » n'était pas s'identifier à un passé commun, désormais irrémédiablement détruit, mais revendiquer un avenir commun, si fragiles et désespérés que fussent ses titres.

La peur de rester en rade de l'Europe ne se limitait pas au périmètre extérieur du continent. Dans la perspective des Moldaviens de langue roumaine, leurs voisins à l'ouest de la Roumanie étaient comblés par l'histoire. À la différence de la Moldavie, l'Ouest voyait en eux des prétendants, certes en retard, mais légitimes à l'adhésion à l'UE et étaient donc assurés d'un avenir réellement *européen*. Vu depuis Bucarest, cependant, le tableau change : c'est la Roumanie elle-même qui risque d'être laissée sur la touche. En 1989, quand les collègues de Nicolae Ceausescu commencèrent enfin de se retourner contre lui, ils écrivirent une lettre accusant le *Conducator* d'essayer d'arracher leur nation à ses origines européennes : « La Roumanie est et demeure un pays européen. [...] Vous avez commencé de changer la géographie des régions rurales, mais vous ne pouvez pas déplacer la Roumanie en Afrique. » La même

4. Il en va largement de même pour les Kosovars albanais. Libérés par l'OTAN de l'oppression serbe, ils aspirent à former un État indépendant moins par ambitions nationalistes que pour se prémunir contre le risque d'être laissés *en* Serbie – et *hors* de l'Europe.

5. Anna Reid, *Borderland : A Journey Through the History of Ukraine*, 1999, p. 20. D'où la place de « l'Europe » dans la langue et les espoirs de la révolution ukrainienne de décembre 2004.

année, le vieux dramaturge roumain Eugène Ionesco expliquait que son pays était sur le point de « sortir de l'Europe », c'est-à-dire de « sortir de l'histoire » ; mais ce n'était pas un souci nouveau, puisqu'en 1972 E. M. Cioran, se penchant sur le sombre passé de l'histoire de son pays, faisait écho à une vieille insécurité roumaine quand il confiait : « Ce qui m'a le plus déprimé, c'est une carte de l'Empire ottoman. C'est en la regardant que j'ai compris notre passé et le reste[6]. »

Les Roumains – comme les Bulgares, les Serbes et d'autres ayant de bonnes raisons de croire que le « cœur » de l'Europe les voit comme des étrangers (quant il les voit) – sont partagés entre l'affirmation défensive de leurs caractéristiques *Ur*-européennes (en littérature ou en architecture, mais aussi par la topographie, etc.) et la reconnaissance que leur cause est désespérée face à un Occident qui se dérobe. Alors qu'en juillet 2001 l'ancien Premier ministre roumain, Adrien Nastase, décrivait à l'intention des lecteurs du *Monde* « la plus-value roumaine », ses compatriotes roumains représentaient plus de la moitié des étrangers appréhendés en franchissant illégalement la frontière germano-polonaise. Dans un sondage effectué au début du siècle nouveau, 52 % des Bulgares (et une écrasante majorité des moins de 30 ans) affirmaient que, si l'occasion leur en était donnée, ils émigreraient de leur pays, de préférence en « Europe ».

Ce sentiment d'être à la périphérie du centre d'un autre, d'être une sorte d'Européen de deuxième classe, est aujourd'hui largement confiné aux ex-pays communistes, qui font presque tous partie de la zone des petites nations dont Tomas Masaryk avait prédit l'avènement, du cap Nord au cap Matapan dans le Péloponnèse. Mais il n'en a pas toujours été ainsi. Il n'y a pas si longtemps, les autres marges du continent étaient au moins aussi périphériques, économiquement, linguistiquement et culturellement. Évoquant son enfance, où en 1901 il avait quitté les Orcades (Orkneys) pour Glasgow, le poète Edwin Muir disait avoir parcouru « cent cinquante ans en deux jours de voyage » ; c'est un sentiment qui n'eût pas été déplacé un demi-siècle plus tard. Jusque dans les années 1980, les hautes terres et les îles à la lisière de l'Europe – Sicile, Irlande, Écosse du Nord, Laponie – avaient plus de points commun les unes avec les autres, et avec leur passé, qu'avec les régions métropolitaines prospères du centre.

Aujourd'hui encore – en vérité, aujourd'hui surtout –, les lignes de faille et les limites ne sauraient suivre les frontières nationales. Le Conseil des États baltes en est un exemple flagrant. Créé en 1992, il réunit des participants scandinaves : Danemark, Finlande, Norvège et Suède ; les trois pays baltes de

6. Voir Tony Judt, « Romania : Bottom of the Heap », *New York Review*, 1er novembre 2001. [E. M. Cioran, *Œuvres*, Paris, Gallimard, 1995, p. 1779 (lettre à Arsavir Acterian, 1972).]

l'ex-URSS : Estonie, Lettonie, Lituanie ; ainsi que l'Allemagne, la Pologne et la Russie (et à compter de 1995, en faisant violence à la géographie mais à la demande pressante des Scandinaves, l'Islande). Cette réaffirmation symbolique de vieilles affinités commerciales fut très appréciée des anciennes villes hanséatiques comme Hambourg et Lübeck, mais davantage encore appréciée par les autorités municipales de Tallinn et de Gdansk, avides de se placer au centre d'une communauté balte réinventée (moyennant une accentuation occidentale) et de prendre leurs distances vis-à-vis de leur arrière-pays continental et de leur passé récent.

Dans d'autres régions de certains pays participants, notamment l'Allemagne et la Pologne, la Baltique ne représente pas grand-chose cependant. Au contraire : dans les dernières années, la perspective de recettes extérieures liées au tourisme a poussé une ville comme Cracovie, par exemple, à souligner son ouverture au sud tout en vendant son passé de capitale de la « Galicie » des Habsbourg. Bien que les deux villes se disputent les investissements industriels transfrontaliers, Munich et Vienne se sont redécouvert un héritage « alpin » commun facilité par la quasi-disparition de la frontière séparant le sud de la Bavière de Salzbourg et du Tyrol.

Les distinctions culturelles ont donc clairement leur importance, mais les disparités économiques importent davantage encore. L'Autriche et la Bavière partagent plus que le catholicisme d'Allemagne méridionale et le paysage alpin : au cours des dernières décennies, toutes deux se sont transformées en économies de service à salaires élevés tributaires de la technologie plutôt que de la main-d'œuvre, dépassant en termes de productivité et de prospérité les anciennes régions industrielles plus au nord. Comme la Catalogne, la Lombardie et l'Émilie-Romagne, la région Rhône-Alpes et l'Île-de-France, le sud de l'Allemagne et l'Autriche – mais aussi la Suisse, le Luxembourg et certaines parties de la Flandre belge – forment une zone commune de privilège économique européen.

Alors que les niveaux absolus de pauvreté et de handicap économique n'étaient encore nulle part plus élevés que dans l'ex-bloc de l'Est, les contrastes les plus marqués se trouvaient désormais *au sein* des pays, plutôt qu'entre eux. La Sicile et le Mezzogiorno, comme le Sud de l'Espagne, étaient aussi en retard sur le nord florissant qu'ils l'étaient depuis de longues décennies : à la fin des années 1990, le chômage en Italie méridionale était trois fois plus élevé qu'au nord de Florence, tandis que l'écart, en PIB par tête, entre le Nord et le Sud, était en fait plus grand que dans les années 1950.

Au Royaume-Uni, également, l'écart entre les régions riches du Sud-Est et les anciens districts industriels plus au nord s'était creusé dans les dernières années. Londres, assurément, avait prospéré. Tout en restant à distance de la zone euro, la capitale britannique était désormais le centre financier incontesté du continent et avait acquis une énergie tapageuse et high-tech qui faisait paraître démodées et vieillies les autres villes européennes. Envahie de jeunes professionnels et beaucoup plus ouverte au flux et au reflux des cultures cosmopolites et des langues que les autres capitales européennes, Londres, à la fin du XXe siècle, semblait avoir retrouvé son lustre des *Swinging Sixties*, que les blairistes eurent l'opportunisme d'incarner en rebaptisant leur pays du nom de *Cool Britannia*.

Mais le vernis avait l'épaisseur d'une feuille de papier. Avec l'envol des prix de l'immobilier dans la métropole la plus surpeuplée de l'Europe, les conducteurs de bus, les infirmières, les nettoyeurs de rue, les maîtres d'école, les policiers et les garçons de café qui servaient les nouveaux *Britons* cosmopolites ne pouvaient plus se permettre de vivre à proximité et furent contraints de se loger de plus en plus loin, de rejoindre leur lieu de travail en empruntant les routes les plus encombrées d'Europe ou encore le réseau de chemins de fer le plus coûteux et délabré du monde. Au-delà des limites extérieures du Grand Londres, qui étend désormais ses tentacules au cœur du Sud-Est rural, apparaissait un contraste régional sans précédent dans l'histoire anglaise récente.

À la fin du XXe siècle, sur les dix régions administratives de l'Angleterre, trois seulement (Londres, South-East et East Anglia) atteignaient ou dépassaient la richesse nationale moyenne par tête. Tout le reste du pays était plus pauvre, parfois en fait beaucoup plus pauvre. Le PIB par tête du Nord-Est de l'Angleterre, qui avait été jadis le cœur des industries minières et maritimes du pays, n'était que de 60 % de celui de Londres. Après la Grèce, le Portugal, l'Espagne rurale, l'Italie méridionale et les anciens *Länder* communistes de l'Allemagne, le Royaume-Uni était en l'an 2000 le plus gros bénéficiaire des fonds structurels de l'Union européenne, ce qui revient à dire que certaines parties de la Grande-Bretagne comptaient au nombre des régions les plus déshéritées de l'Union européenne. Source de fierté dont les thatchéristes comme les blairistes faisaient grand-cas, les chiffres modestes du chômage dans l'ensemble du pays étaient biaisés par la taille disproportionnée d'une capitale en plein essor : dans le Nord de l'Angleterre, le chômage restait beaucoup plus proche des pires niveaux de l'Europe continentale.

En Grande-Bretagne, des politiques publiques conçues en dépit du bon sens ont exacerbé les disparités régionales marquées en termes de richesse et de pauvreté ; mais celles-ci étaient aussi une conséquence prévisible de la fin de l'ère industrielle. En ce sens, elles étaient, pour ainsi dire, organiques. En Allemagne, cependant, les disparités comparables sont la conséquence directe, quoique involontaire, d'une décision politique. L'absorption des *Länder* de l'Est dans une Allemagne unifiée avait coûté à la République fédérale plus de 1 000 milliards d'euros sous forme de transferts et de subventions entre 1991 et 2004. Or, loin de rattraper l'Ouest, à la fin des années 1990, la région orientale n'avait fait que s'enfoncer encore un peu plus.

Les entreprises privées allemandes n'avaient aucun intérêt à s'installer à l'Est – en Saxe ou au Mecklembourg –, quand elles pouvaient trouver de meilleurs ouvriers pour des salaires moins élevés (mais aussi une meilleure infrastructure de transports et de meilleurs services locaux) en Slovaquie ou en Pologne. Le vieillissement de la population, une éducation médiocre, la faiblesse du pouvoir d'achat, le départ à l'ouest des ouvriers qualifiés et une hostilité profondément enracinée aux étrangers de la part de ceux qui restaient à la traîne sont autant de facteurs expliquant que l'Allemagne orientale restait singulièrement peu attrayante pour les investisseurs extérieurs auxquels s'offraient maintenant bien d'autres options. En 2004, le chômage était à 8,5 % dans l'ancienne Allemagne de l'Ouest, mais dépassait 19 % à l'est. En septembre de cette même année, le parti national démocrate néonazi recueillit 9 % des voix et eut douze élus au Parlement de la Saxe.

Le fossé de rancœur mutuelle séparant les *Wessies* des *Ossies*, en Allemagne, n'était pas seulement lié à l'emploi ou au chômage, à la richesse ou à la pauvreté, même si, vu de l'est, c'en était le symptôme le plus flagrant et douloureux. Les Allemands, comme tout le monde dans la nouvelle Europe, étaient de plus en plus divisés par un nouvel ensemble de distinctions à cheval sur les traditionnelles lignes de partage démographiques ou économiques. D'un côté, se trouvait l'élite sophistiquée des *Européens* : des hommes et des femmes, typiquement jeunes, cultivés et voyageant beaucoup, qui avaient pu étudier dans deux, voire trois universités du continent. Leurs qualifications et leurs professions leur permettaient de trouver du travail partout au sein de l'Union européenne : de Copenhague à Dublin, de Barcelone à Francfort. Hauts revenus, transports aériens bon marché, ouverture des frontières et réseau ferroviaire intégré (voir *infra*) étaient propices à des déplacements fréquents. Pour sa consommation, ses loisirs et ses divertissements, mais aussi pour son travail, cette nouvelle classe d'Européens sillonnait le continent avec assurance, communiquant, comme les clercs du Moyen Âge qui circulaient entre Bologne, Salamanque et Oxford, dans une *lingua franca* cosmopolite ; jadis le latin, désormais l'anglais.

De l'autre côté de la ligne de fracture, se trouvaient ceux – encore l'écrasante majorité – qui ne pouvaient faire partie du « meilleur des continents » ou n'avaient pas (encore ?) choisi de le rejoindre : des millions d'Européens qui, par manque de compétences, de formation, d'opportunités ou de moyens restaient cloués sur place. Ces hommes et ces femmes – les *vilains* du nouveau paysage médiéval de l'Europe, ne pouvaient pas profiter aussi aisément du marché unique européen des biens, des services et du travail. Ils restaient plutôt liés à leur pays ou à leur communauté locale, pâtissant de leur méconnaissance des opportunités lointaines et des langues étrangères, mais aussi beaucoup plus hostiles à « l'Europe » que leurs concitoyens cosmopolites.

Cette nouvelle distinction internationale de classe qui commençait à brouiller les vieux contrastes nationaux admettait deux exceptions notables. Pour les artisans et travailleurs d'Europe de l'Est qui travaillaient à la journée, les nouvelles opportunités de travail à Londres, Hambourg ou Barcelone étaient dans la droite ligne de leurs vieilles traditions de migration et d'emploi saisonnier à l'étranger. Il y avait toujours eu des hommes (essentiellement des hommes) qui se rendaient dans de lointains pays étrangers pour trouver du travail : ignorant les langues étrangères, suscitant la méfiance, voire l'hostilité de leurs hôtes et, en tout état de cause, résolus à rentrer au pays avec leurs économies. Il n'y avait rien là de typiquement européen, et on n'avait aucune chance de retrouver les peintres en bâtiment slovaques – comme les ouvriers de l'automobile turcs ou les revendeurs sénégalais avant eux – dînant à Bruxelles, prenant leurs vacances en Italie ou faisant du shopping à Londres. Reste que leur mode de vie n'en était pas moins désormais aussi typiquement *européen.*

La seconde exception était les Britanniques ou, plus exactement, les Anglais notoirement eurosceptiques. Chassés à l'étranger par les insuffisances météorologiques de leurs cieux natifs et une génération postthatchérienne de charters proposant de les transporter partout en Europe continentale, parfois pour moins cher qu'un repas au pub, une nouvelle génération de *Brits* pas plus instruits que leurs parents n'entrèrent pas moins dans le XXIe siècle en rejoignant le peloton des Européens qui, à défaut d'être vraiment cosmopolites, voyageaient le plus. Le paradoxe de cette juxtaposition de dédain populaire anglais et de méfiance envers les institutions et les ambitions de « l'Europe », mais aussi d'un désir national général d'y passer du temps et d'y dépenser n'a pas échappé aux observateurs continentaux, pour qui cela restait une déroutante curiosité.

Mais il est vrai que les Britanniques – comme les Irlandais – n'avaient pas à apprendre de langues étrangères. Ils parlaient déjà anglais. Ailleurs en Europe, la ressource linguistique devenait rapidement le premier marqueur d'identité disjonctive du continent, un indicateur de standing social et de puissance culturelle collective. Dans de petits pays comme le Danemark ou les Pays-Bas, il était de longue date accepté que le monolinguisme dans une langue que presque personne d'autre ne parlait était un handicap que la nation ne pouvait plus se permettre. Les étudiants de l'Université d'Amsterdam suivaient désormais les cours en anglais, tandis que le moindre petit employé de banque d'une ville danoise de province était censé pouvoir s'acquitter sans difficulté de la gestion d'une transaction en anglais. Au Danemark et aux Pays-Bas, comme dans beaucoup de petits pays européens, les étudiants et les employés de banque avaient au demeurant acquis de longue date une compétence linguistique passive en suivant des émissions de télévision en langue anglaise non doublées.

En Suisse, où quiconque passait par l'enseignement secondaire maîtrisait souvent trois, voire quatre, langues locales, on n'en jugeait pas moins plus facile, mais aussi plus diplomatique, de recourir à l'anglais (qui n'était la première langue de personne) dans les échanges d'une région du pays à l'autre. En Belgique aussi, où les Wallons ou les Flamands étaient rarement à l'aise dans la langue de l'autre communauté, les deux parties recouraient volontiers à l'anglais, devenu instrument de communication commun.

Dans les pays qui assuraient désormais officiellement l'enseignement des langues régionales – le catalan, par exemple, ou le basque, il n'était pas rare de voir les jeunes (surnommés couramment « Génération E », comme Europe) apprendre la langue locale tout en *parlant* anglais dans leur temps libre : geste de révolte adolescente, mais aussi de snobisme social et d'intérêt personnel éclairé. Le perdant n'était pas la langue minoritaire ou le dialecte – qui de toute manière n'avait guère de passé local et aucun avenir international –, mais la langue nationale de l'État environnant. L'anglais devenant la langue de communication par défaut, la plupart des langues étaient maintenant reléguées dans l'ombre. En tant que langue typiquement *européenne*, l'espagnol, comme le portugais ou l'italien, n'était plus largement enseigné hors des frontières nationales ; il ne restait un instrument de communication au-delà des Pyrénées que grâce à son statut de langue officielle de l'Union européenne[7].

L'allemand régressait aussi à vue d'œil dans le concert linguistique européen. L'allemand lu avait été naguère obligatoire pour quiconque participait à la communauté scientifique ou savante internationale. De même que le français, l'allemand avait également été la langue universelle des Européens cultivés : jusqu'à la guerre, il avait été la langue la plus répandue des deux, quotidiennement utilisée de Strasbourg à Riga[8]. Avec la destruction des Juifs, cependant, l'expulsion des Allemands et l'arrivée des Soviétiques, l'Europe centrale et orientale se trouva soudain coupée de l'allemand. Dans les villes, l'ancienne génération continua de lire et – plus rarement – de parler allemand ; et dans les communautés allemandes isolées de Transylvanie et d'ailleurs, elle persista tant bien que mal, telle une langue marginale d'un usage pratique limité. En revanche tout le monde apprenait le russe – ou en tout cas il était partout enseigné.

L'association du russe à l'occupation soviétique nuisit considérablement à son attrait, même dans des pays comme la Tchécoslovaquie ou la Pologne où la contiguïté linguistique le rendait accessible. Bien que les citoyens des États

7. La position internationale de l'espagnol n'en était pas moins assurée en tant que langue commune à des dizaines de millions d'habitants des Amériques, de Santiago à San Francisco. De même en allait-il du portugais, tout au moins sous sa forme brésilienne bien particulière.
8. À l'exception de la Roumanie, où la situation était à l'inverse, le français ayant de loin le plus de locuteurs.

satellites fussent obligés d'étudier le russe, la plupart des gens ne faisaient guère d'efforts pour le maîtriser, encore moins pour le parler, sauf quand ils y étaient forcés[9]. Quelques années après la chute du communisme, il était déjà clair qu'un effet paradoxal de l'occupation par l'Allemagne et l'Union soviétique avait été de détruire toute familiarité véritable avec leurs langues. Dans les pays qui avaient été si longtemps piégés entre la Russie et l'Allemagne, il n'y avait plus qu'une seule langue étrangère qui importât. En Europe de l'Est après 1989, être « européen », surtout pour les jeunes, c'était parler *anglais*.

Pour les germanophones de naissance en Autriche, en Suisse ou en Allemagne, la provincialisation régulière de leur langue – au point que même ceux dont la langue dérivait en droite ligne de l'allemand, comme les Hollandais, n'étaient plus nombreux à l'étudier et à la comprendre – était un fait accompli, et il ne rimait plus à rien de pleurer cette perte. Au cours des années 1990, de grandes entreprises allemandes comme Siemens firent de nécessité vertu et adoptèrent l'anglais comme principale langue de travail. Les hommes politiques et chefs d'entreprises allemands devaient bientôt être réputés pour leur aisance dans les milieux anglophones.

Le déclin du français est une autre affaire. En tant que langue d'usage courant quotidien, le français avait cessé de jouer un rôle significatif en Europe depuis le déclin des aristocraties impériales des anciens régimes. Hors de la France, quelques millions seulement de Belges, de Luxembourgeois et de Suisses, ainsi que de petites communautés isolées dans les Alpes italiennes et les Pyrénées espagnoles, avaient le français pour langue maternelle, et beaucoup parlaient des formes dialectales dénigrées par les gardiens officiels de l'Académie française. En termes strictement statistiques, en comparaison de l'allemand, ou du russe, le français était de longue date à la périphérie linguistique de l'Europe.

Reste que depuis le déclin du latin le français avait été *la* langue des élites cosmopolites cultivées, et donc la langue *européenne* par excellence. Quand, au début du XXe siècle, la proposition fut avancée pour la première fois d'introduire des cours de français dans les programmes d'enseignement des langues modernes à Oxford, plus d'un universitaire s'y opposa, arguant, non sans vraisemblance, que quiconque était digne d'y être admis devait déjà parler couramment français. Jusqu'au cœur du siècle, on devait entendre des affirmations comparables, aussi répandues quoique exprimées avec un peu moins de fermeté, dans les universités et les ambassades. Encore en 1970, de Barcelone à Istanbul, l'auteur peut en témoigner, le français restait un moyen de communication nécessaire et suffisant.

9. L'exception est ici la Bulgarie, où la Russie et sa langue ont toujours trouvé un accueil plus bienveillant.

Trente ans plus tard, tout avait changé. En l'an 2000, le français avait cessé d'être un moyen de communication international fiable jusque parmi les élites. Le français n'était recommandé aux écoliers comme première langue étrangère qu'au Royaume-Uni, en Irlande et en Roumanie : tous les autres apprenaient l'anglais. Dans certaines parties de l'Europe des Habsbourg, le français n'était même plus la *deuxième* langue étrangère à l'école, mais avait été évincé par l'allemand. La « francophonie » – la communauté mondiale des francophones, pour l'essentiel dans les anciennes colonies – restait un acteur linguistique sur la scène mondiale ; mais le déclin du français dans son foyer européen était un phénomène incontestable et, probablement, irréversible.

Même à la Commission européenne de Bruxelles, où le français avait été la langue officielle dominante dans les premières années de la Communauté et où les francophones de naissance de la bureaucratie possédaient donc un avantage psychologique et pratique significatif, les choses avaient changé. C'est moins l'entrée de la Grande-Bretagne elle-même qui produisit ce changement – les fonctionnaires détachés de Londres parlaient tous couramment le français – que l'arrivée des Scandinaves, qui parlaient tous couramment l'*anglais* ; l'expansion (grâce à l'unification allemande et à l'entrée de l'Autriche) de la communauté germanophone, maintenant débarrassée de sa réticence de l'après-guerre ; et la perspective de l'entrée de nouveaux membres de l'Est. Malgré le recours à la traduction simultanée (pour couvrir les 420 combinaisons linguistiques possibles de l'Union à vingt-cinq), la communication dans l'une des trois langues centrales de l'Union était indispensable pour quiconque souhaitait avoir une réelle influence sur la politique et sa mise en œuvre. Or le français était désormais minoritaire.

À la différence des Allemands, les autorités françaises ne réagirent pas en passant à l'anglais dans un souci d'efficacité politique et commerciale. Alors que les jeunes Français étaient toujours plus nombreux à étudier l'anglais et à voyager à l'étranger pour l'utiliser, la position officielle devint résolument défensive : sans doute en partie du fait de la coïncidence fâcheuse du déclin de la langue française et du rôle international amoindri du pays – chose épargnée au Royaume-Uni parce que les Américains aussi parlaient anglais.

La première réaction française aux signes de régression linguistique fut d'insister auprès des autres pour qu'ils continuassent de parler leur langue : si le français devait jamais cesser d'être la première langue de travail de l'Europe, avait déclaré Georges Pompidou au début des années 1970, l'Europe elle-même ne serait jamais pleinement européenne. Toutefois, il apparut vite que c'était une cause perdue, intellectuels et responsables politiques se repliant alors sur une mentalité d'assiégés : si le français cessait d'être parlé hors des frontières nationales, qu'au moins il jouît d'un monopole exclusif à l'intérieur. En juillet 1992, une pétition signée de 250 personnalités – dont les écrivains Régis Debray, Alain Finkielkraut, Jean Dutourd, Max Gallo et Philippe

Sollers – invitait les pouvoirs publics à imposer par la loi l'usage exclusif du français dans les conférences et les réunions tenues sur le sol français, les films réalisés avec des fonds français, etc. Sans quoi, prévenaient-ils, « les angloglottes » nous feront tous parler anglais « ou plutôt, américain ».

Les gouvernements français, toutes tendances confondues, ne furent que trop heureux de les obliger, ne fût-ce que pour la forme. La bataille pour le français est indispensable, déclara la ministre socialiste Catherine Tasca, dans les organisations internationales, dans les sciences et même « sur les murs de nos villes ». Deux ans plus tard, un ministre de la Culture conservateur, Jacques Toubon, embouchait le même thème, explicitant ce que Catherine Tasca avait laissé implicite, à savoir que l'objet de l'inquiétude n'était pas simplement le déclin du français, mais aussi et surtout l'hégémonie de l'*anglais*. Mieux vaudrait que les Français apprissent autre chose, *tout* sauf l'anglais. Et Jacques Toubon de demander pourquoi les petits Français devraient apprendre un « anglais appauvri », qu'ils peuvent de toute façon picorer à n'importe quel âge, plutôt que d'acquérir une connaissance plus profonde de l'allemand, de l'espagnol, de l'arabe, du japonais, de l'italien, du portugais ou du russe.

La cible de Toubon – ce qu'il appelait d'un ton méprisant l'« anglais mercantile » qui évinçait le français (le premier « capital », le « symbole de la dignité du peuple français ») – était déjà hors de portée. Des intellectuels comme Michel Serres pouvaient bien déplorer d'un ton solennel que les rues de Paris sous l'Occupation comptaient moins de mots en allemands qu'il n'y en avait aujourd'hui en anglais, cela ne pouvait être plus indifférent à une jeune génération qui avait grandi avec le cinéma, les émissions de télévision, les jeux vidéo, les sites Internet et la musique pop internationale, et qui parlait un argot changeant truffé de mots et d'expressions empruntés et adaptés.

La législation destinée à obliger les Français à parler français entre eux était une chose, même si elle était largement bafouée. Mais la velléité d'imposer aux étrangers – chercheurs, hommes d'affaires, experts, avocats, architectes et autres – de s'exprimer en français ou de le comprendre quand d'autres le parlaient chaque fois qu'ils se retrouvaient sur le sol français ne pouvait avoir qu'un résultat : les amener à se transporter ailleurs avec leurs affaires et leurs idées. Au tournant du siècle, cette vérité avait fini par s'imposer et la plupart des personnalités et responsables politiques français (mais pas tous, il s'en faut de beaucoup) s'étaient résignés aux dures réalités de l'Europe du XXIe siècle. Les nouvelles élites européennes, quelles qu'elles fussent, ne parlaient pas et ne parleraient pas français : « l'Europe » n'était plus un projet français.

Pour comprendre le genre d'espace qu'était l'Europe à la fin du deuxième millénaire, il est tentant de retracer, comme nous l'avons fait, ses divisions intérieures, ses cassures et ses ruptures, lesquelles font inévitablement écho à l'histoire moderne profondément schismatique du continent et à l'incontournable diversité de ses communautés, identités et histoires qui se chevauchent. Mais le sentiment que les Européens avaient de leur identité et de leur mode de vie était tout autant façonné par ce qui les liait que par ce qui les divisait : et ils étaient maintenant liés plus étroitement qu'ils ne l'avaient jamais été.

La meilleure illustration de l'« union toujours plus étroite » dans laquelle les Européens s'étaient liés – ou plus exactement, avaient été liés par des dirigeants politiques éclairés – était le réseau toujours plus dense des communications auquel cette union donna naissance. Les mêmes pays qui s'étaient rassemblés dans l'espace de Schengen coopéraient maintenant – avec l'aide significative de l'Union européenne – à l'aménagement d'un vaste réseau de trains à grande vitesse, de Madrid et Rome à Amsterdam et Hambourg – avec des projets de développement plus au nord, en Scandinavie, et à l'est, en Europe centrale. Même dans les régions ou les pays qui ne bénéficieraient jamais du TGV, de l'ICE ou de l'ES[10], les Européens pouvaient désormais sillonner le continent, pas nécessairement plus vite qu'un siècle auparavant, mais avec beaucoup moins d'obstacles.

De même qu'au XIXe siècle, l'innovation ferroviaire, en Europe, se fit aux dépens des villes et des régions qui n'étaient pas desservies et qui risquaient ainsi de perdre des marchés et de se dépeupler, mais aussi de prendre du retard sur leurs concurrentes plus heureuses. Mais il existait aussi maintenant un vaste réseau routier de voies rapides, tandis que hors de l'ex-Union soviétique, du sud des Balkans et des provinces les plus pauvres de la Pologne et de la Roumanie, la plupart des Européens avaient maintenant accès à la voiture. Avec les ferries hydrofoil et la déréglementation des transports aériens, ces changements permirent aux gens de vivre dans une ville, de travailler dans une autre et de faire leurs courses encore ailleurs, pas toujours bon marché, mais avec une efficacité sans précédent. Ainsi, chez les jeunes Européens, devint-il très courant d'envisager d'habiter Malmö (Suède) et de travailler à Copenhague (Danemark), ou de faire la navette entre Fribourg (Allemagne) et Strasbourg, voire de traverser la mer pour rejoindre Rotterdam depuis Londres ; ou encore de se déplacer de Bratislava (Slovaquie) à Vienne (Autriche), réveillant ainsi une liaison courante à l'époque des Habsbourg.

Toujours plus mobiles, les Européens se connaissaient désormais mieux que jamais. Et ils pouvaient voyager et communiquer sur un pied d'égalité. Mais certains Européens restaient nettement plus égaux que d'autres. Deux siècles et demi après que Voltaire eut opposé une Europe qui connaît et une Europe qui « attend d'être connue », cette distinction conservait une bonne partie de sa force. La puissance, la prospérité et les institutions étaient toutes concentrées dans le coin le plus à l'ouest du continent. La géographie morale

10. Les fleurons des chemins de fer français, allemands et italiens.

de l'Europe – l'Europe dans la tête des Européens – consistait en un noyau dur d'États véritablement européens (pour certains, comme la Suède, très périphériques), dont les valeurs constitutionnelles, légales et culturelles étaient données en modèle aux Européens en herbe, de moindre stature et qui cherchaient, pour ainsi dire, à devenir réellement eux-mêmes[11].

On attendait donc des Européens de l'Est qu'ils connussent l'Ouest. Quand la connaissance allait dans la direction opposée, ce n'était pas toujours de manière très flatteuse. Ce n'est pas simplement que les Européens appauvris de l'Est et du Sud se rendaient dans le nord ou à l'ouest pour vendre leur travail ou leurs corps. À la fin du siècle, certaines villes est-européennes, ayant épuisé leur charme d'avant-postes redécouverts d'une Europe centrale perdue, avaient commencé à se repositionner pour exploiter une niche profitable : celle de lieux de villégiature bon marché et clinquants pour tourisme de masse bas de gamme à destination de l'Ouest. Tallinn et Prague, notamment, y gagnèrent la réputation peu enviable de rendez-vous des *stag flights* britanniques : forfaits week-end pour Anglais à la recherche d'alcool à gogo et de sexe à bas prix.

Les agents de voyage ou les tour-opérateurs dont la clientèle aurait jadis choisi Blackpool ou, plus récemment, Benidorm faisaient désormais état d'une vague d'enthousiasme pour les destinations exotiques d'Europe de l'Est. Mais là encore, les Anglais étaient périphériques à leur manière – ce qui explique que l'Europe soit restée pour nombre d'entre eux un objet exotique. En 1991, l'hebdomadaire de Sofia *Kultura* demanda aux Bulgares de quelle culture ils se sentaient les plus proches : 18 % répondirent « française », 11 % « allemande » (et 15 % « américaine »). Mais 1,3 % seulement admettaient se sentir quelque proximité avec la « culture anglaise ».

Le *centre* incontesté de l'Europe, malgré les affres d'après l'unification, restait l'Allemagne : de loin le premier État de l'UE par sa population comme par sa production, elle était le noyau même du « cœur de l'Europe », ainsi que tous les chanceliers, d'Adenauer à Schrœder, n'avaient jamais manqué de le souligner. L'Allemagne était aussi le seul pays à cheval sur l'ancienne division. Du fait de l'unification, de l'immigration et de l'arrivée du gouvernement fédéral, le Grand Berlin était maintenant six fois plus important que la région parisienne : symbole de la position relative des deux principaux membres de l'Union. L'Allemagne dominait l'économie européenne. Elle était le premier partenaire commercial de la plupart des États membres de l'UE. Les deux tiers du revenu net de l'Union venaient de la seule République fédérale. Et alors même qu'ils étaient ses principaux bailleurs de fonds – ou peut-être pour

11. En juin 2004, l'auteur de ces lignes a reçu ces mots d'un correspondant au ministère des Affaires étrangères de Zagreb : « Ici, tout va bien. La Croatie a été invitée à entrer dans l'UE. Cela va changer bien des cartes mentales. »

cette raison –, les Allemands comptaient parmi les citoyens les plus engagés de l'UE. Les hommes d'État allemands proposaient périodiquement une Europe à deux vitesses, qui eût permis à certains États d'avancer vers une Europe fédérale pleinement intégrée, et avaient peine ensuite à cacher leur exaspération devant la procrastination de leurs partenaires.

Si l'Allemagne, pour développer l'image voltairienne, était le pays qui « connaissait » le mieux l'Europe, il était naturel qu'au début du XXIe siècle deux autres anciens États impériaux eussent cherché avec le plus d'insistance à s'en faire « connaître ». Comme l'Allemagne, la Russie et la Turquie avaient jadis joué un rôle impérial dans les affaires européennes. Et beaucoup de Russes et de Turcs avaient partagé le difficile destin des communautés ethniques allemandes d'Europe : héritiers déplacés d'une puissance autocratique désormais réduits au rang de minorités mal aimées et vulnérables dans l'État-nation d'un autre, épaves d'une retraite impériale. À la fin des années 1990, on estimait que plus de cent millions de Russes vivaient hors de la Russie dans les pays indépendants de l'Europe de l'Est[12].

Mais là s'arrêtait la ressemblance. La Russie postsoviétique était un empire eurasien plutôt qu'un État européen. Préoccupé par les rébellions violentes du Caucase, il était maintenu à distance par les nouveaux États tampons de la Biélorussie, de l'Ukraine et de la Moldavie aussi bien que par sa politique intérieure de plus en plus illibérale. Il n'était pas question que la Russie fît son entrée dans l'UE : les nouveaux entrants, on l'a vu, étaient tenus de se conformer aux « valeurs européennes » – en matière d'État de droit, de droits civiques, de libertés et de transparence institutionnelle – que la Moscou de Vladimir Poutine était très loin de reconnaître, *a fortiori* de mettre en œuvre[13].

En pratique, la Russie n'en était pas moins une puissance européenne depuis trois cents ans, et l'héritage demeurait. Les banques lettones furent la cible des rachats des hommes d'affaires russes. En 2003, un président lituanien, Rolandas Paskas, fut chassé du pouvoir parce que soupçonné de liens

12. Une autre minorité postimpériale de moindre importance au XXIe siècle était celle des Hongrois en Roumanie, en Slovaquie et en Serbie. En Voïvodine, au nord de la Serbie, les Hongrois présents sur place depuis trois siècles étaient périodiquement agressés et leurs biens vandalisés par de jeunes Serbes. La réaction des autorités de Belgrade, qui semblaient n'avoir rien appris ni rien oublié de la catastrophe des années 1990, était tristement prévisible : les agressions n'étaient pas « sérieuses » et, en tout état de cause, c'étaient « eux » qui avaient commencé.

13. Au contraire. Par une série de mesures du printemps et de l'été 2004, les autorités amputèrent sensiblement les droits de la presse et les possibilités déjà réduites de protestation publique. L'éphémère fenêtre de liberté de la Russie – en vérité de désarroi et d'absence de contrainte plutôt que de vraie liberté protégée par la constitution – se fermait à vue d'œil. En 2004, suivant des observateurs russes, un poste sur quatre, dans l'administration civile du pays, était occupé par des hommes issus des centres du KGB.

étroits avec la mafia russe. Moscou conserva son enclave balte autour de Kaliningrad et continua d'exiger un droit de passage sans restriction (*via* la Lituanie) pour le fret russe et le trafic militaire, mais aussi le droit de voyager sans visa pour les Russes visitant l'UE. Le marché immobilier de Londres et de la Riviera, en France, était un moyen de blanchir l'argent des affaires des oligarques russes.

À court terme, la Russie était donc une présence résolument gênante à la lisière de l'Europe. Mais elle n'était pas une menace. L'armée russe était engagée ailleurs et, de toute manière, dans un état de délabrement avancé. La santé de la population russe était un grave sujet de préoccupation : l'espérance de vie des hommes tombait en chute libre et les organismes internationaux avertissaient depuis un certain temps que le pays connaissait une recrudescence de la tuberculose et se trouvait au seuil d'une épidémie de sida, mais c'était essentiellement une source d'inquiétude pour les Russes eux-mêmes. Dans un avenir immédiat, la Russie serait surtout préoccupée par ses propres affaires.

À la longue, le simple fait de la proximité de la Russie, de ses dimensions et de ses réserves inégalées en carburant fossile doit inévitablement jeter une ombre sur l'avenir d'un continent européen pauvre en énergie. En 2004, déjà, la moitié du gaz naturel de la Pologne et 95 % de son pétrole venaient de la Russie. En attendant, toutefois, ce que les autorités russes et les Russes demandaient à l'Europe, c'était du « respect ». Moscou souhaitait être plus étroitement associée à la prise de décision en Europe, que ce soit à l'OTAN, dans l'administration des règlements des Balkans ou dans les accords commerciaux (bilatéraux ou passant par l'Organisation mondiale du commerce) : non que les décisions prises en l'absence de la Russie fussent nécessairement préjudiciables à ses intérêts, mais pour une question de principe.

Aux yeux de maint observateur, l'histoire européenne avait bouclé la boucle. Au XXIe comme au XVIIIe siècle, la Russie était à la fois dans l'Europe et au-dehors, la « nation d'Europe » de Montesquieu et la « sauvagerie scythe » de Gibbon. Pour les Russes, l'Ouest européen restait ce qu'il avait toujours été depuis des siècles, un objet contradictoire d'attraction et de répulsion, d'admiration et de ressentiment. Les dirigeants et la population de la Russie demeuraient étonnamment sensibles à l'opinion étrangère tout en se méfiant profondément de toute critique ou ingérence extérieure. L'histoire et la géographie avaient légué à l'Europe un voisin qu'elle ne pouvait ni feindre d'ignorer ni accommoder.

On aurait pu en dire autant de la Turquie. Pendant près de sept siècles, les Turcs ottomans avaient été « l'autre » de l'Europe, supplantant les Arabes qui avaient tenu ce rôle un demi-millénaire durant. Pendant de longs siècles, « l'Europe » s'arrêtait où commençaient les Turcs (d'où l'abattement de Cioran en songeant aux longues années de la Roumanie sous la coupe ottomane), et il était devenu un lieu commun de rappeler comment l'Europe chrétienne avait été périodiquement sauvée – aux portes de Vienne, à Budapest ou en 1571, à la bataille de Lépante – des griffes de l'islam turc. La « question d'Orient » – comment gérer le déclin de l'Empire ottoman et que faire des territoires émergeant maintenant de siècles de domination turque – était le défi le plus pressant que dussent relever les diplomates européens.

La défaite de la Turquie dans la Première Guerre mondiale, la chute des Ottomans et leur remplacement par l'État ostentatoirement laïque et modernisateur de Kemal Atatürk avait fait sortir la Question d'Orient de l'ordre du jour turc. Désormais gouvernés depuis Ankara, les Turcs avaient bien assez de soucis tout seuls. Et si leur mise à l'écart des Balkans et du Moyen-Orient arabe avait laissé un enchevêtrement de conflits et de choix lourd de conséquences à long terme pour l'Europe et le monde, les Turcs eux-mêmes ne faisaient plus partie du problème. N'était la position de la Turquie à cheval sur la route maritime de la Russie vers la Méditerranée, le pays aurait bien pu sortir totalement de la conscience occidentale.

Or, tout au long de la guerre froide, Ankara devait se montrer accommodante, prenant part à l'Alliance atlantique et fournissant à l'OTAN un contingent de soldats assez significatif. Les Américains installèrent des missiles et des bases en Turquie dans le cadre du « cordon sanitaire » bordant les frontières soviétiques, de la Baltique au Pacifique, et les gouvernements occidentaux ne furent pas seulement généreux de leur aide financière, mais portèrent aussi un regard bienveillant et dénué d'esprit critique sur ses régimes dictatoriaux instables – souvent issus de coups d'État militaires – et leurs violations flagrantes des droits des minorités (notamment des Kurdes, dans l'extrême-est, qui représentent un cinquième de la population). Dans le même temps, les travailleurs immigrés turcs, comme le reste des populations rurales excédentaires du bassin méditerranéen en quête de travail, émigrèrent en masse vers l'Allemagne et d'autres pays d'Europe occidentale.

L'héritage ottoman devait cependant revenir hanter la nouvelle Europe. À la fin de la guerre froide, la position bien particulière de la Russie prit une signification différente. Le pays n'était plus un avant-poste frontalier ni un État barrière dans une confrontation géopolitique internationale, mais plutôt un axe de communication, pris entre l'Europe et l'Asie, avec des liens et des affinités dans toutes les directions. Certes la Turquie était officiellement une république laïque, mais ses quelque 70 millions d'habitants étaient majoritairement musulmans. Beaucoup de Turcs d'un certain âge n'étaient pas particulièrement orthodoxes, mais avec la montée de l'islamisme radical, la peur s'amplifia que l'État laïque imposé d'une main de fer par Atatürk ne se révélât vulnérable face à une nouvelle génération en rébellion contre ses parents laïcisés et en quête de racines dans le patrimoine plus ancien de l'islam ottoman.

Toutefois, les élites professionnelles et économiques éduquées de la Turquie étaient concentrées de manière disproportionnée dans la ville européenne d'Istanbul et s'identifiaient avec ferveur à l'Occident, à son habillement, sa culture, ses pratiques. Comme d'autres Européens de l'Est ambitieux, elles voyaient dans l'Europe – les valeurs européennes, les institutions européennes, mais aussi les marchés européens et les carrières européennes – le seul avenir possible pour elles et pour leur pays avec sa position ambivalente. Leur objectif était clair : s'extraire de l'histoire et entrer en « Europe ». Par ailleurs, c'était un objectif qu'elles partageaient avec un corps d'officiers traditionnellement influent, qui s'identifiait sans réserve au rêve d'État laïque d'Atatürk et ne cachait pas son irritation devant l'islamisation rampante de la vie publique turque.

Mais l'Europe – tout au moins Bruxelles – était passablement hésitante : de longues années durant, elle laissa en suspens la demande d'adhésion de la Turquie à l'Union européenne. Il existait de bonnes raisons de se montrer prudent : les prisons de la Turquie, sa façon de traiter ses critiques intérieurs, les insuffisances de ses codes civil et économique n'étaient que quelques problèmes parmi beaucoup d'autres que le pays devait résoudre avant de pouvoir espérer aller au-delà de relations strictement commerciales avec ses partenaires européens. De hauts commissaires européens comme l'Autrichien Franz Fischler exprimèrent ouvertement des doutes sur les lettres de créance démocratiques à long terme du pays. Puis il y avait des difficultés pratiques : en tant qu'État membre, la Turquie deviendrait le deuxième pays de l'Union après l'Allemagne, en même temps que l'un des plus pauvres : le fossé entre la bordure occidentale prospère et la partie est immense et déshéritée était énorme et, si on leur en donnait la possibilité, des millions de Turcs pourraient bien se diriger vers l'Europe en quête d'un salaire décent. On ne pouvait faire abstraction des implications pour les politiques nationales d'immigration mais aussi pour le budget de l'UE.

Reste que les vrais obstacles étaient ailleurs[14]. Si la Turquie entrait dans l'UE, l'Union aurait eu une frontière extérieure avec la Géorgie, l'Arménie, l'Iran, l'Irak et la Syrie. La question de savoir si, géographiquement, il y avait du sens à transporter « l'Europe » à quelques centaines de kilomètres de Mossoul était légitime ; dans les circonstances de l'époque, c'était assurément un risque en matière de sécurité. Et plus l'Europe repoussait ses frontières, plus les Européens étaient nombreux à penser – dont les rédacteurs du document constitutionnel de 2004 – que l'Union devait explicitement déclarer en quoi consistait la maison commune. Ce qui amena, le moment venu, un certain nombre de responsables politiques de la Pologne, de la Lituanie, de la Slovaquie et d'ailleurs – sans parler du pape polonais à Rome – à essayer vainement

14. Notamment, les calculs de politique intérieure des politiciens grecs, qui depuis de longues années utilisaient leurs voix à Bruxelles pour gêner et bloquer toute progression de la candidature turque.

d'introduire dans le préambule de la nouvelle Constitution le rappel que l'Europe était jadis une Europe *chrétienne*. En 2004, à Strasbourg, Václav Havel n'avait-il pas rappelé à son auditoire que « l'Union européenne repose sur un large ensemble de valeurs, lequel plonge ses racines dans l'Antiquité et le christianisme » ?

Quoi qu'ils fussent par ailleurs, les Turcs n'étaient assurément pas chrétiens. Le paradoxe était que, pour cette raison précisément, parce qu'ils ne pouvaient se qualifier de chrétiens (ou de judéo-chrétiens), les Turcs aspirants à l'Europe étaient plus portés encore que d'autres Européens à souligner les dimensions laïques, tolérantes et libérales de l'identité européenne[15]. Ils essayaient aussi, avec une urgence croissante, d'invoquer les valeurs et normes européennes comme un levier contre les influences réactionnaires dans la vie publique turque : un objectif sur lequel les membres de l'Europe même insistaient de longue date.

Mais alors qu'en 2003 le Parlement turc, à la demande des Européens, finit par abroger de multiples restrictions à la vie culturelle et à l'expression politique des Kurdes, la longue valse-hésitation des gouvernements et de Bruxelles commençait à avoir des effets négatifs. Les critiques turcs de l'entrée dans l'UE pointèrent avec insistance l'humiliation d'une nation jadis impériale, désormais ravalée au rang de suppliante à la porte de l'Europe, condamnée à implorer le soutien de nations qui lui avaient été assujetties. De surcroît, la montée régulière du sentiment religieux en Turquie donna non seulement la victoire électorale au parti islamiste modéré, mais encouragea le Parlement national à débattre d'une motion rétablissant le caractère criminel de l'adultère.

En réponse aux mises en garde explicites de Bruxelles, prévenant que cela pouvait compromettre définitivement la candidature d'Ankara, la motion fut abandonnée, et en décembre 2004 l'Union européenne avait enfin consenti à engager des discussions d'adhésion avec la Turquie. Mais les dommages étaient faits. Les adversaires de l'adhésion de la Turquie – et il y en avait beaucoup, en Allemagne[16] et en France, mais aussi plus près, en Grèce et en Bulgarie – purent faire valoir une fois de plus qu'elle ne faisait pas l'affaire. En 2004, le Hollandais Frits Bolkestein, commissaire de l'UE sur le départ, mit en garde contre « l'islamisation » de l'Europe. Les chances d'une progression régulière des négociations s'amenuisèrent un peu plus : Günter Verheugen, commissaire de l'UE à l'élargissement, reconnut qu'il ne prévoyait pas une entrée « avant 2015 ». Pendant ce temps, le coût d'un rejet futur ou de nouveaux délais – pour la fierté turque et la stabilité politique de la bordure

15. Qui plus est, ils se plaisaient à qualifier d'« européen » un marché idéalisé, l'opposant aux dessous de table et au copinage caractéristiques de l'économie turque.

16. Les démocrates-chrétiens de la CDU se sont officiellement opposés à l'entrée de la Turquie.

vulnérable de l'Europe – a eu un effet de cliquet. La Question d'Orient était de retour.

Que l'histoire pesât si lourd sur les affaires européennes à l'aube du XXIe siècle était paradoxal, quand on songe à quel point elle ne pesait guère sur les épaules des Européens contemporains. Le problème n'était pas tant l'éducation – l'enseignement, bon ou mauvais, de l'histoire à l'école, même si c'était aussi un sujet de préoccupation dans certaines parties du sud-est de l'Europe – que de l'exploitation publique qui était faite du passé. Dans les sociétés autoritaires, bien entendu, c'était une vieille histoire ; mais l'Europe, suivant sa propre définition, était post-autoritaire. Les gouvernements n'avaient plus le monopole du savoir et il n'était plus si facile de falsifier l'histoire à des fins politiques.

De fait, pour l'essentiel, personne ne le fit. La menace pesant sur l'histoire de l'Europe ne venait pas de la déformation délibérée du passé à des fins mensongères, mais de ce qui avait pu apparaître, dans un premier temps, comme le complément naturel du savoir historique : la nostalgie. Les dernières décennies du siècle avaient vu s'amplifier la fascination pour le passé considéré comme un artefact détaché, enfermant non pas des souvenirs récents, mais des souvenirs *perdus* : l'histoire non pas tant comme une source de lumière sur le présent, que comme moyen de montrer combien les choses étaient différentes jadis. L'histoire à la télévision : racontée ou jouée ; l'histoire dans les parcs à thème ; l'histoire dans les musées : tout soulignait non pas ce qui liait les gens au passé, mais ce qui les en séparait. Le présent était décrit non pas comme l'*héritier* de l'histoire, mais comme son orphelin : coupé des choses d'antan et du monde que nous avons perdu.

En Europe de l'Est, la nostalgie se nourrissait directement des certitudes perdues du communisme, désormais purgé de sa face la plus noire. En 2003, à Prague, le Musée des arts décoratifs monta une exposition de « l'habillement prérévolutionnaire » : bottes, sous-vêtements, robes, etc., d'un monde qui n'avait pris fin que quatorze années plus tôt, mais qui était déjà un objet de fascination détachée. L'exposition attira beaucoup de gens d'un certain âge pour qui la grisaille uniforme des articles de pacotille exposés devait être un souvenir récent. Mais la réaction des visiteurs suggéra un degré d'affection, voire de regret, qui laissa les conservateurs pantois.

L'*Ostalgie*, comme on devait dire en Allemagne, se nourrissait d'une veine semblable de remémoration sélective. Quand on songe que la RDA – pour adapter la description que donna Mirabeau de la Prusse des Hohenzollern – n'était guère plus qu'un service de sécurité avec un État – elle fit montre, rétrospectivement, d'une remarquable capacité de susciter l'affection et même la nostalgie. Tandis que les Tchèques admiraient leurs vieux habits, les Allemands se précipitaient pour voir *Goodbye Lénine* : film dont la façon de se moquer ouvertement des pénuries, des dogmes et de l'absurdité générale de la vie sous Erich Honecker était à dessein compensée par une certaine sympathie pour son sujet et plus qu'une légère ambivalence envers sa perte soudaine.

Mais les Allemands et les Tchèques, comme les autres Centre-Européens, n'avaient eu que trop l'expérience de nouveaux départs nationaux soudains et dramatiques. Leur nostalgie sélective de ce qui était récupérable dans les détritus des passés perdus ne manquait pas de sens : ce n'est pas par hasard que le film d'Edgar Reitz, *Heimat : Eine Deutsche Chronik*, attira une moyenne de neuf millions de téléspectateurs ouest-allemands par épisode lors de sa diffusion en 1984. L'obsession de la nostalgie qui balaya le reste de l'Europe *occidentale* dans les dernières années du vieux siècle, donnant naissance à toute une industrie du patrimoine, à des mémoriaux, des reconstructions, des reconstitutions et des rénovations, n'est pas si aisément explicable.

Ce que l'historien Eric Hobsbawm a décrit en 1995 comme « la grande époque de la mythologie historique » n'était pas sans précédent, naturellement ; Hobsbawm lui-même a évoqué brillamment l'« invention de la tradition » dans l'Europe du XIXe siècle, à l'aube de l'ère nationale : le genre d'ersatz culturel qu'Edwin Muir (à propos de Burns et Scott, dans *Scotland 1941*) a qualifié de « faux bardes pour fausse nation ». Mais la réimagination créative du passé national en France et au Royaume-Uni, à la fin du XXe siècle, était d'un tout autre ordre.

Que l'histoire comme nostalgie ait été si prononcée dans ces deux cadres nationaux en particulier ne doit rien au hasard. Orgueilleuses puissances impériales à leur entrée dans le XXe siècle, les deux pays avaient été dépouillés d'une partie de leur territoire et de leurs ressources par la guerre et la décolonisation. À l'aplomb et à la sécurité de l'empire mondial avaient succédé des souvenirs fâcheux et des perspectives d'avenir incertaines. Jadis très clair, ce qu'être français ou britannique voulait dire ne l'était plus. L'autre membre de l'alternative, devenir des « Européens » fervents, était bien plus facile dans des petits pays comme la Belgique ou le Portugal ou dans des pays, comme l'Italie ou l'Espagne, où mieux valait laisser dans l'ombre le passé national récent[17]. Mais pour des pays élevés dans la mémoire vive de la grandeur et de la gloire, « l'Europe » serait toujours une transition inconfortable : un compromis, non pas un choix.

Institutionnellement parlant, le tournant nostalgique de la Grande-Bretagne commença presque tout de suite après la Seconde Guerre mondiale, quand le ministre travailliste Hugh Dalton créa un « National Land Fund » pour acquérir au profit de la nation des sites et des bâtiments « de beauté et

17. L'Espagne démocratique a bel et bien développé une industrie officielle de « l'héritage », encouragée par son *Patrimonio Nacional*, mais elle a pris soin de faire valoir le lointain Âge d'or du pays plutôt que sa récente histoire.

d'histoire » qui seraient gérés par un National Trust. Une génération plus tard, les propriétés « NT » – parcs, châteaux, palais et « espaces d'une beauté naturelle remarquable » – étaient devenus de grandes attractions touristiques : certaines restaient occupées par leurs propriétaires, qui avaient légué leurs biens de famille à la nation en contrepartie d'une généreuse réduction fiscale.

Des années 1950 jusqu'aux années 1970, une version rassurante du passé récent émergea et réémergea sous forme de films de guerre, de drames costumés et de modes vestimentaires : le recyclage de la mode édouardienne, des *teddy boys* aux ornements hideux du visage, est un trait particulier de ce courant, qui culmina en 1977 avec la célébration délibérément rétro et nostalgique du Jubilé d'argent de la reine à grand renfort de soirées dans les rues, d'expositions de photographies et d'invocation nationale du bon vieux temps. Après la révolution thatchérienne des années 1980, cependant, même cet élément de continuité disparut. Au cours de cette décennie fut emportée la Grande-Bretagne – plus précisément, l'Angleterre – qui pouvait éprouver quelque chaleur et reconnaissance en se retournant sur les années 1940, voir sur 1913.

À sa place apparut un pays incapable de se rattacher à son passé immédiat si ce n'est par l'ironie involontaire du déni, ou comme une sorte d'« héritage » désinfecté, désincarné. Le déni apparaît bien dans l'insécurité du vieil establishment éducatif d'Oxford et de Cambridge, qui se virent contraints de manière humiliante, dans l'atmosphère blairiste d'égalitarisme des chances *(egalitarian opportunism)*, d'insister sur leur « anti-élitisme » ; ou dans le grotesque autodénigrement d'institutions culturelles comme le Victoria and Albert Museum, acculé à se vendre dans les années 1990, à grand renforts de simagrées, comme une « cafète de première classe à laquelle est attachée un joli musée ».

Quant au patrimoine national, il a été sans complexe transformé en commerce : « l'industrie du patrimoine », promue et garantie par un nouveau « Département du patrimoine national ». Créé en 1992 par un gouvernement conservateur, mais conformément à des plans initialement dressés sous le Labour, le nouveau département, sous le New Labour de Tony Blair, devait être absorbé dans un ministère au libellé révélateur : « Département de la culture, des médias et des sports ». L'arrière-plan œcuménique est révélateur : le patrimoine n'était pas un enjeu de politique partisane. Pas question de malmener ou d'exploiter le passé, qui fut au contraire assaini de manière à lui donner un visage heureux.

Barnsley, au cœur du défunt bassin houiller du South Yorkshire, en est emblématique. Jadis centre minier important, Barnsley, dans l'ère post-Thatcher, était devenue méconnaissable. Le centre-ville avait été éviscéré : le cœur de la ville avait été détruit pour laisser place à de sinistres rues piétonnières coincées entre des parkings de béton. Ne restait plus que l'hôtel de ville et une poignée de bâtiments voisins – reliques architecturales de la gloire municipale du XIXe siècle indiquées au passant par des panneaux « à l'ancienne », *olde-worlde*. Dans le même temps, les bouquinistes du coin se spécialisèrent dans l'exploitation de la nostalgie locale à l'intention des habitants du pays (Barnsley ne figurait plus sur aucune route touristique) : photos sépia, gravures et livres portant des titres du style, *L'Âge d'or de Barnsley* ou *Souvenirs du Vieux Doncaster* (une ville voisine) – autant de rappels d'un monde disparu depuis peu et déjà à moitié oublié.

À quelques kilomètres de Barnsley, près du village d'Orgreave, la « bataille d'Orgreave » fut reconstituée pour la télévision en 2001. En 1984, l'affrontement entre les mineurs en grève et la police avait été le choc le plus violent et désespéré du bras de fer opposant Margaret Thatcher au National Union of Miners, cette année-là. Depuis lors, de nombreux mineurs étaient restés au chômage : certains jouèrent les figurants, moyennant finances, repassant pour l'occasion les costumes « d'époque » appropriés. Cette reconstitution des batailles célèbres était un passe-temps anglais établi. Mais qu'Orgreave eût droit à ce traitement « patrimonial » illustrait l'historicisation accélérée qui était maintenant engagée. Après tout, il avait fallu trois cents ans avant que les Anglais ne se décident à reconstituer la bataille de Naseby – épisode de la guerre civile – à deux heures plus au sud. Celle d'Orgreave fut tournée pour la télévision dix-sept ans seulement après.

La ville de Barnsley figurait en bonne place dans *Le Quai de Wigan*, où George Orwell évoque de manière inoubliable la tragédie du chômage, dans l'entre-deux-guerres, au sein de la classe ouvrière britannique. Soixante-dix ans plus tard, à Wigan même, il y avait maintenant non seulement un quai (dont Orwell avait souligné mémorablement l'absence), mais aussi une pancarte, sur l'autoroute voisine, pour inviter les passants à visiter la ville. Près du canal bien nettoyé, avait été construit un musée, « The Way We Were » (« Ainsi étions-nous ») et un café « The Orwell at Wigan Pier », pub moderne stéréotypé qui débite burgers et chips. Au nord, les effroyables taudis d'Orwell avaient été effacés, non seulement du paysage, mais aussi de la mémoire locale : *Memories of Wigan, 1930-1970*, guide en vente au musée, offrait de jolies photos sépia de modestes vendeuses et de pittoresques boutiques oubliées. Mais pas un mot sur les puits de mine et les ouvriers dont les conditions de vie avaient conduit Orwell sur place et avaient fait la douteuse réputation de Wigan.

Mais le Nord ne fut pas seul à bénéficier de ce traitement patrimonial. Dans les régions de poteries du West Midland, en Angleterre, on invitait les touristes et les écoliers à apprendre comment Josiah Wedgwood, le fameux céramiste du XVIIIe siècle, créa ses célèbres faïences. Mais en vain auraient-ils cherché la moindre trace de la vie qu'y menaient les ouvriers ou se seraient-ils demandé pourquoi la région s'appelait le Pays noir (la neige était noire, a raconté Orwell, du fait de la fumée qu'éructait une centaine de cheminées).

Et l'on pourrait multiplier à l'envi ces exemples de substitution de ce qui *aurait dû* être à ce qu'étaient (ou sont) les choses.

Ainsi les vrais chemins de fer britanniques étaient-ils un scandale national avéré ; en l'an 2000, cependant, la Grande-Bretagne comptait plus de locomotives à vapeur et de musées des locomotives que tout le reste de l'Europe réunie : cent vingt au total, dont quatre-vingt-dix rien qu'en Angleterre. La plupart des trains ne vont nulle part, mais même ceux-là parviennent à entremêler réalité et fantaisie avec une merveilleuse insouciance : les estivants de passage à West Riding, dans le Yorkshire, sont invités à prendre « Thomas the Tank Engine » (la locomotive à vapeur Thomas) sur la ligne Keighley-Haworth pour rejoindre le Presbytère des Brontë.

Dans l'Angleterre contemporaine, l'histoire et la fiction se mélangent sans difficulté. L'industrie, la pauvreté et les conflits de classe ont été officiellement oubliés et enterrés. Les contrastes sociaux appuyés sont niés ou homogénéisés. Et même le passé le plus récent et contesté n'est disponible que sous la forme d'une reproduction nostalgique en plastique. Cette expurgation nationale de la mémoire a été l'œuvre insigne de la nouvelle élite politique de la nation. Marchant sur les brisées de Mme Thatcher, le New Labour a réussi à faire l'économie du passé ; et la prospère industrie anglaise du patrimoine l'a dûment remplacé par « le Passé ».

La capacité des Anglais à planter et à soigner un Jardin de l'Oubli, invoquant tendrement le passé tout en s'acharnant à le nier, est unique. En France, l'obsession par ailleurs comparable du patrimoine national a pris un autre tour. La fascination pour l'identification et la conservation des objets et des lieux du passé national qui le méritent remonte à plusieurs décennies : le phénomène est né entre les deux guerres, avec les expositions agraires déjà nostalgiques du monde perdu d'avant-1914, puis a été accéléré par le régime de Vichy, avec ses efforts pour remplacer un présent urbain intempestif par un passé rural idéalisé.

Après la guerre, sous les IVe et Ve Républiques, l'État a consacré des sommes considérables à la conservation nationale et régionale, accumulant de la sorte un « patrimoine culturel » conçu comme une sorte de pédagogie tangible : un rappel contemporain figé (dans le sillage d'un siècle douloureux et troublé) du passé unique du pays. Mais dans les dernières décennies du siècle, la France – la France des présidents Mitterrand et Chirac – changeait au point de devenir méconnaissable. Ce n'était pas la continuité avec la gloire passée – ou la tragédie passée – qui suscitait les commentaires, mais plutôt les discontinuités. Le passé – le passé révolutionnaire, le passé paysan, le passé linguistique, mais par-dessus tout le passé récent, de Vichy à Alger – n'était guère un guide pour l'avenir. Emportée par sa transformation démographique et deux générations de mobilité sociogéographique, l'histoire jadis d'un seul tenant de la France semblait vouée à disparaître carrément de la mémoire nationale.

L'angoisse de la perte eut deux effets. Le premier fut d'accroître la gamme du patrimoine officiel, de l'ensemble des monuments et artefacts estampillés « patrimoine » par l'autorité de l'État. En 1988, à la demande du ministre de la Culture de Mitterrand, Jack Lang, la liste des éléments du « patrimoine culturel » officiellement protégés – jusque-là limitée au patrimoine mondial de l'UNESCO, comme le pont du Gard près de Nîmes ou les remparts de Philippe le Hardi à Aigues-Mortes – fut spectaculairement allongée.

La façade délabrée de l'Hôtel du Nord, quai de Jemmapes à Paris, est révélatrice de l'approche suivie par Lang et ses successeurs : un hommage nostalgique déclaré au film de Marcel Carné (1938). Or Carné tourna son film entièrement en studio. La conservation d'un bâtiment (ou de sa façade) qu'on ne voyait jamais dans le film peut s'interpréter, suivant les goûts, comme un subtil exercice d'ironie postmoderne à la française ou un symptôme de la nature inévitablement factice de toute mémoire dès lors qu'elle est soumise à la taxidermie officielle.

Quant à la contribution de Mitterrand au patrimoine national, elle ne consista pas tant à le préserver ou à le classer qu'à le fabriquer en temps réel. Aucun dirigeant français, depuis Louis XIV, n'avait marqué son règne d'une pareille profusion de bâtiments et de cérémonies. Les quatorze années de présidence Mitterrand ont été marquées non seulement par une accumulation régulière de musées, de mémoriaux, d'inaugurations solennelles, d'obsèques et de nouvelles obsèques, mais aussi par des efforts herculéens pour assurer la place du président *lui-même* dans le patrimoine national : de l'effarante Grande Arche de La Défense, dans l'ouest parisien, et de l'élégante pyramide du Louvre à la modernité agressive de l'Opéra de la Bastille et à la nouvelle et contestée Bibliothèque nationale sur la rive gauche de la Seine.

Alors même que Mitterrand était occupé par son monumentalisme lapidaire, s'inscrivant littéralement dans la mémoire physique de la nation, le sentiment dévorant que le pays perdait contact avec ses racines amena un éminent historien parisien, Pierre Nora, à publier *Les Lieux de mémoire*, œuvre collective de 5 600 pages en trois parties et en sept volumes publiés entre 1984 et 1992 et dont le propos était d'essayer d'identifier et d'expliquer les lieux de la mémoire jadis partagée de la France : les noms et les concepts, les lieux et les hommes, les projets et les symboles qui sont – ou étaient – la France, des cathédrales à la gastronomie, de la terre à la langue, de l'urbanisme à la carte de France dans l'esprit des Français.

Aucun autre pays n'avait jamais imaginé de publication comparable, et on a peine à imaginer qu'il puisse le faire. Car *Les Lieux de mémoire* de Nora rendent à la fois l'étonnant aplomb de l'identité collective française – le postulat incontesté que huit siècles d'histoire nationale ont légué à la France une singularité et un patrimoine commun qui se prêtent à une représentation mnémonique de ce genre – et la crainte, que le maître d'œuvre explicite dans son introduction, de voir se perdre à jamais ces symboles collectifs ordinaires d'un passé partagé.

C'est la nostalgie comme *Angst* : la peur qu'un jour – très bientôt – les panneaux d'information couleur de terre disposés en nombre sur les magnifiques autoroutes paysagères de la France n'aient plus aucun sens pour les Français eux-mêmes. À quoi servirait de faire allusion – d'abord en symboles, puis un peu plus loin nommément – à la cathédrale de Reims, aux arènes de Nîmes, au vignoble du Clos de Vougeot, à la montagne Sainte-Victoire ou à Verdun si l'allusion ne signifiait plus rien ? Que reste-t-il de la France si le voyageur qui croise de tels noms a perdu tout contact avec les souvenirs qu'ils sont censés évoquer et les sentiments qu'ils cherchent à éveiller ?

L'industrie du patrimoine, en Angleterre, suggère une obsession de ce qui *n'a pas été* : la culture, en quelque sorte, de l'authentique nostalgie d'un passé factice. La fascination française pour son patrimoine « spirituel » a au contraire une certaine authenticité culturelle. « La France » s'est toujours représentée en allégories : témoin les diverses représentations et incarnations de « Marianne », *alias* la République. Il était donc tout naturel que le regret des clés d'une francité perdue se focalisât sur un corps formel de symboles, matériels ou intellectuels. Ils « sont » la France. Qu'on les déplace ou qu'ils cessent d'être partagés, et la France ne saurait être elle-même, au sens où l'entendait Charles de Gaulle quand il déclarait que « la France ne saurait être la France sans gloire ».

Autant de postulats qui étaient partagés par des hommes politiques, des intellectuels et des hommes de toutes convictions politiques et qui expliquent le succès des *Lieux de mémoire*, résumant pour des dizaines de milliers de lecteurs une francité évanescente qui se dérobait déjà à eux dans la vie quotidienne. Et il est donc très révélateur que, si le christianisme – les idées chrétiennes, les bâtiments, les pratiques et les symboles chrétiens – occupent une place de choix dans les tomes de Nora, l'ouvrage ne compte qu'un court chapitre sur « les Juifs » – essentiellement en tant qu'objets d'assimilation, d'exclusion ou de persécution – et aucune entrée sur « les musulmans ».

Ce n'était pas une négligence. L'islam n'avait aucune place réservée dans le palais français de la mémoire, et c'eût été aller contre le dessein de l'entreprise que de lui en ménager une après-coup. Mais l'omission n'en illustre pas moins la difficulté que la France, comme ses voisins, allait avoir à accommoder en son sein des millions de nouveaux Européens. Sur les 105 membres de la Convention européenne chargés de rédiger la Constitution de l'Europe, *pas un seul* n'était d'origine non européenne. Comme le restant de l'élite politique du continent, du Portugal à la Pologne, ils représentaient surtout l'Europe blanche et chrétienne.

Ou, plus précisément, l'Europe autrefois chrétienne. Si les variétés de christianisme demeuraient nombreuses en Europe – des uniates d'Ukraine aux méthodistes gallois, des catholiques de rite grec transcarpatiques aux luthériens de Norvège – le nombre de pratiquants continuait de décliner. En Espagne, qui comptait encore 900 couvents et monastères à la fin du XXe siècle (60 % du total mondial), la pratique de la foi régressait, avec une corrélation excessivement prononcée avec l'isolement, le grand âge et l'arriération rurale. En France, un adulte sur sept seulement reconnaissait aller à l'église, et encore juste une fois par mois. En Scandinavie et en Grande-Bretagne, les chiffres étaient encore plus faibles. Le christianisme perdait du terrain même en Pologne, où les citoyens étaient de plus en plus sourds aux exhortations morales d'une hiérarchie catholique naguère puissante. Au tournant du siècle, plus de la moitié des Polonais (et une majorité bien plus nette chez les moins de trente ans) étaient favorables à la légalisation de l'avortement.

L'islam, en revanche, gagnait en attrait, surtout chez les jeunes, pour qui il était de plus en plus une source d'identité communautaire et de fierté collective dans des pays où les citoyens d'origine arabe, turque ou africaine étaient encore largement perçus et traités comme des « étrangers ». Tandis que leurs parents et grands-parents avaient consenti des efforts acharnés pour s'intégrer et s'assimiler, des jeunes gens, garçons et filles, d'Anvers, de Marseille ou de Leicester s'identifiaient désormais haut et fort avec leur pays natal – Belgique, France ou Grande-Bretagne – *et* avec la religion et la région où leur famille avait ses racines. Les filles notamment, se mirent à porter les habits et symboles religieux traditionnels, parfois sous la pression de leur famille, mais souvent en rébellion contre les compromis de leurs aînés.

La réaction des autorités publiques, on l'a vu, devait varier un peu au gré de la tradition et des conditions locales : seule l'Assemblée nationale, en France, dans un vertueux accès de laïcité républicaine, décida par 494 voix contre 36 d'interdire le port de *tous* les symboles religieux dans les écoles publiques. Mais cette décision, prise en février 2004 et dirigée contre le voile islamique, est à replacer dans un contexte plus large et plus troublant. Dans bien des localités, l'extrême droite exploitait le racisme à des fins politiques ; et, pour la première fois depuis quarante ans, l'antisémitisme se réveillait à nouveau en Europe.

Vu d'outre-Atlantique, où c'est devenu le fonds de commerce des politiciens europhobes et des néoconservateurs pontifiants, l'antisémitisme, en France, en Belgique ou en Allemagne fut aussitôt identifié comme un retour au passé noir du continent. Dans les pages du *Washington Post*, en mai 2002, l'influent chroniqueur George Will alla jusqu'à décrire la recrudescence du sentiment antijuif en Europe comme la « seconde phase – finale ? – du combat pour une "solution finale de la question juive" ». L'ambassadeur des États-Unis auprès de l'UE, Rockwell Schnabel, déclara lors d'une réunion spéciale de l'American Jewish Committee à Bruxelles que l'antisémitisme en Europe « en arrive au stade où il est aussi mauvais qu'il l'était dans les années 1930 ».

Ces propos tenaient de la rhétorique incendiaire. Leurs auteurs se fourvoyaient totalement. Les sentiments antijuifs étaient largement inconnus de l'Europe contemporaine – *sauf* parmi les musulmans et surtout les Européens d'origine arabe, où ils étaient l'effet direct de la crise suppurante du Moyen-Orient. Les chaînes de télévision arabes, désormais accessibles en Europe par le satellite, diffusaient régulièrement des reportages sur Gaza et la Cisjordanie occupée. Furieux de ce qu'ils voyaient et entendaient, encouragés par les autorités tant arabes qu'israéliennes à identifier Israël à leurs voisins juifs locaux, des jeunes hommes (surtout) des banlieues de Paris, Lyon ou Strasbourg se retournaient contre leurs voisins juifs : graffitis sur les bâtiments de la communauté juive, profanation de cimetières, attentats contre des synagogues ou des écoles et, dans quelques cas, agressions de familles ou d'adolescents juifs.

Les agressions contre des Juifs et des institutions juives, concentrées dans les premières années du nouveau siècle, ont suscité l'inquiétude moins par leur ampleur, ou même par leur caractère raciste, que par leur nature implicitement intercommunautaire. Ce n'était pas le vieil antisémitisme européen : pour ceux qui cherchaient des boucs émissaires à leur malaise, les Juifs n'étaient plus une cible de choix. En vérité, ils avaient largement régressé dans la hiérarchie. Un sondage de janvier 2004 montra que, si 10 % des personnes interrogées avouaient ne pas aimer les Juifs, un nombre bien plus élevé – 23 % – n'aimaient pas les « Nord-Africains ». Les agressions racistes contre les Arabes – ou, suivant les pays, contre les Turcs, les Indiens, les Pakistanais, les Bangladeshi, les Sénégalais et autres minorités visibles – étaient beaucoup plus nombreuses que les agressions contre les Juifs. Dans certaines villes, elles étaient endémiques.

Le plus troublant, dans ce nouvel antisémitisme, était que, si, une fois encore, les victimes étaient juives, les Arabes (ou les musulmans) en étaient les auteurs. La seule exception à cette règle semblait être en Allemagne où l'extrême droite renaissance ne se donnait pas la peine de faire la distinction, entre immigrants, juifs et autres « non-Allemands ». Mais l'Allemagne, pour des raisons évidentes, était un cas particulier. Ailleurs, les pouvoirs publics s'inquiétaient davantage de l'aliénation croissante de leurs communautés musulmanes, arabes et autres, que du regain présumé du fascisme. Probablement avaient-ils raison.

À la différence des États-Unis, qui continuaient de traiter « l'Islam » et les musulmans comme un lointain défi, étranger et hostile, dont le meilleur traitement était une sécurité renforcée et une « guerre préventive », les gouvernements européens avaient de bonnes raisons de voir les choses tout autrement. En France, notamment, la crise du Moyen-Orient n'était plus une question de politique étrangère : elle était devenue un problème intérieur. La transmigration des passions et des frustrations des Arabes persécutés de Palestine vers leurs frères découragés et révoltés de Paris n'aurait pas dû surprendre : somme toute, c'était encore un héritage de l'empire.

XXIV

L'Europe comme mode de vie

« La gratuité des soins médicaux est l'exemple triomphal de la supériorité de l'action collective et de l'initiative publique appliquées à un segment de la société où les principes mercantiles ne marchent nulle part aussi mal. »
Aneurin Bevan

« Nous voulons que les gens, chez Nokia, sentent que nous sommes tous des partenaires, non pas des patrons et des employés. Peut-être est-ce une façon de travailler européenne, mais pour nous, elle marche. »
Jorma Ollila, P-DG de Nokia[1]

« Les Européens veulent être sûrs qu'on ne va pas à l'aventure. Ils ont déjà trop donné. »
Alfons Verplaetse, gouverneur de la Banque nationale belge (1996)

« L'Amérique est le pays où aller quand on est jeune et célibataire. Mais s'il est temps de grandir, alors retourne en Europe. »
Un homme d'affaires hongrois, enquête d'opinion (2004)

« La société moderne […] est une société démocratique qu'il faut observer sans transports d'enthousiasme ou d'indignation. »
Raymond Aron, *Étapes de la pensée sociologique*

La foisonnante multiplicité de l'Europe à la fin du XXe siècle, la géométrie variable de ses régions, de ses pays et de l'Union, les perspectives et états d'esprit contrastés du christianisme et de l'islam, c'est-à-dire des deux grandes religions du continent ; la rapidité sans précédent des communications et des échanges dans les frontières de l'Europe et au-delà ; mais aussi la multiplicité des lignes de faille qui brouillent des divisions nationales ou sociales autrefois claires et nettes ; les incertitudes sur le passé comme sur l'avenir sont autant de facteurs qui rendent malaisé de discerner la forme de l'expérience collective. La fin du XXe siècle, en Europe, manque de l'homogénéité implicite dans les descriptions assurées de la précédente fin de siècle.

1. In T. R. Reid, *The United States of Europe. The New Superpower and the End of American Supremacy*, NY, 2004, p. 131.

Il n'en émergeait pas moins une identité proprement européenne discernable dans bien des milieux. Dans la haute culture – les arts d'interprétation en particulier – l'État avait conservé son rôle de subventionnaire, tout au moins en Europe occidentale. Musées, galeries d'art, compagnies d'opéra, orchestres, ballets – tous dépendaient fortement, dans certains pays exclusivement, des généreuses allocations annuelles sur les fonds publics. L'insigne exception de la Grande-Bretagne d'après-Thatcher, où la loterie nationale avait partiellement soulagé le Trésor du poids du financement de la culture, était trompeuse. Les loteries ne sont qu'un autre moyen de lever des recettes publiques : elles sont juste plus régressives, socialement, que les organismes traditionnels de collecte[2].

Le coût élevé de ce financement public avait suscité des doutes quant à la possibilité de maintenir indéfiniment des allocations aussi généreuses, notamment en Allemagne, où durant les années 1990 certains gouvernements de *Länder* commencèrent à remettre en cause l'ampleur de leurs largesses. En Allemagne, les subventions publiques défrayaient habituellement 80 % du coût de la gestion d'un théâtre ou d'un opéra. Or, la culture, à ce niveau, était étroitement liée au rang et à l'identité régionale. Malgré ses déficits croissants et la stagnation de ses recettes, la ville de Berlin comptait trois opéras permanents : le Deutsche Oper (l'ancien opéra de Berlin-Ouest), le Staatsoper (l'ancien opéra de Berlin-Est) et le Komische Oper, auquel il convenait d'ajouter l'Orchestre de chambre de Berlin et le Philharmonique. Tous vivaient largement de l'aide publique. Francfort, Munich, Stuttgart, Hambourg, Düsseldorf, Dresde, Fribourg, Würzburg et beaucoup d'autres villes allemandes continuaient de financer des compagnies de ballet ou d'opéra internationales de premier ordre, versant des salaires annuels, avec tous les avantages sociaux attenants et les retraites, aux interprètes, aux musiciens et aux machinistes. En 2003, l'Allemagne comptait officiellement 615 000 « travailleurs artistiques » à plein temps.

En France aussi, les arts, notamment le théâtre, florissaient dans les lointaines villes de province – dans ce cas, grâce à l'aide directe de l'État distribuée depuis le centre par le ministère de la Culture. Outre la construction de sa bibliothèque éponyme et d'autres monuments, le président Mitterrand alloua des sommes sans précédent depuis Louis XIV au Louvre, à l'Opéra de Paris et à la Comédie française, mais aussi aux musées régionaux, aux centres d'art, aux compagnies théâtrales de province ainsi qu'à un réseau national de cinémathèques chargées de conserver et de présenter les films anciens et modernes.

Alors qu'en Allemagne les grands arts sont fièrement cosmopolites (Vladimir Derevianko, le directeur russe du ballet de l'Opéra de Dresde, commanda

2. La Grande-Bretagne n'était pas un cas unique. En une seule semaine de septembre 2004, la loterie nationale espagnole, *El Gordo*, fit rentrer 5 920 293 euros.

des œuvres au chorégraphe américain William Forsythe pour le plus grand bonheur du public allemand), l'objet des subventions artistiques, en France, était largement de conserver et d'exploiter les richesses du patrimoine national : « l'exception culturelle ». La haute culture, en France, a conservé une fonction pédagogique largement reconnue, et le canon du théâtre français, en particulier, était encore rigoureusement enseigné dans le cadre des programmes nationaux. Jane Brown, la maîtresse d'école de Londres qui interdit à ses élèves de voir une représentation de *Roméo et Juliette* – sous prétexte que la pièce était politiquement incorrecte (« sans vergogne hétérosexuelle », suivant sa propre expression) – n'aurait pas fait carrière outre-Manche.

L'ampleur du financement public n'était peut-être nulle part plus frappante qu'en France et en Allemagne, mais l'État était la principale – et, dans la plupart des cas, la seule – source de financement des arts à travers l'Europe. En vérité, la « culture » était le dernier domaine important de la vie publique dans lequel l'État national, plutôt que l'Union européenne ou le secteur privé, pût jouer un rôle singulier en assurant le quasi-monopole du financement. Même en Europe de l'Est, où la vieille génération avait de bonnes raisons de se souvenir en tremblant des conséquences de la mainmise de l'État sur la vie culturelle, le Trésor public appauvri était la seule solution de rechange à l'impact maléfique des forces du marché.

Sous le communisme, les arts d'interprétation avaient été dignes, plutôt qu'excitants, d'ordinaire techniquement compétents, presque toujours prudents et conservateurs : le contraste ne pouvait guère échapper à qui voyait jouer *Die Zauberflöte* à Vienne et à Budapest, par exemple. Après le communisme, cependant, alors que les expérimentations à petit budget firent florès – Sofia, en particulier, devint une pépinière d'expériences postmodernes « recherchées » en matière de chorégraphie et de mise en scène –, il n'y avait quasiment aucune ressource et nombre des meilleurs musiciens, et même des acteurs, passèrent à l'Ouest. Entrer dans l'Europe pouvait aussi signifier devenir provincial.

Une autre raison de cette situation était que le public artistique de l'Europe était devenu lui-même européen : les compagnies nationales des grandes villes jouaient devant des publics de plus en plus internationaux. La nouvelle caste de clercs transnationaux qui traversaient aisément les frontières physiques et linguistiques avait le temps de voyager à sa guise en quête de divertissements et d'édification non moins que de vêtements ou de carrières. La presse de nombreux pays différents pouvait rendre compte d'une exposition, d'une pièce ou d'un opéra. Un spectacle qui avait du succès à Londres ou à Amsterdam pouvait attirer des auditeurs ou des spectateurs de Paris, de Zurich ou de Milan.

Que le nouveau public cosmopolite fût authentiquement raffiné – plutôt que simplement cossu – était sujet à controverse. Des événements aussi vénérables que le festival de Salzbourg ou les rendez-vous périodiques de Bayreuth continuaient d'attirer un public plus âgé, habitué non seulement des œuvres jouées, mais aussi des rituels mondains qui les entouraient. De gros efforts étaient toutefois consentis pour faire découvrir les œuvres traditionnelles à un public plus jeune, dont la connaissance des classiques (et de la langue d'origine) ne pouvait passer pour acquise, ou commander des œuvres inédites et accessibles à une nouvelle génération.

Pour ceux qui les considéraient d'un œil favorable, les opéras au goût du jour, les troupes de danse d'« avant-garde » et l'art « postmoderne » illustraient la transformation de la scène culturelle européenne : juvénile, novatrice, irrespectueuse et par-dessus tout populaire, comme il convenait à une industrie qui avait tant besoin des largesses publiques et qui avait donc l'obligation de toucher un large public et de lui plaire. Pour leurs détracteurs, cependant, la nouvelle scène artistique de Londres (« Brit Art »), comme les ballets controversés de William Forsythe à Francfort, ou les étranges « adaptations » d'opéra parfois données à Paris, les confirmaient dans leur prédiction dyspeptique : plus serait simplement synonyme de pire.

Ainsi considérée, la « haute » culture, qui avait jadis flatté la familiarité héréditaire de ses mécènes avec un canon commun, exploitait maintenant les insécurités culturelles d'un public néophyte, qui ne pouvait distinguer avec assurance le bon du mauvais (mais sur lequel on pouvait compter pour réagir avec enthousiasme aux diktats de la mode). Ce n'était pas une situation aussi inédite que les pessimistes culturels aimaient à l'affirmer : les angoisses exploitables des « nouveaux riches » sous-cultivés étaient un thème de raillerie littéraire et théâtrale au moins depuis Molière. Ce qui était nouveau, en revanche, c'était l'échelle continentale du glissement culturel. La composition du public, de Barcelone à Budapest, était désormais d'une saisissante uniformité, de même que les œuvres proposées. Pour les détracteurs, cela confirmait simplement l'évidence, à savoir que les arts et leur clientèle étaient pris dans une étreinte mutuellement préjudiciable : l'euroculte de l'eurotrash.

L'Union toujours plus étroite des Européens rendait-elle ses bénéficiaires plus cosmopolites ou ne faisait-elle que fusionner des esprits de clocher ? Ce n'était pas simplement une question pour les pages « culture » de la *Frankfurter Allgemeine Zeitung (FAZ)* ou du *Financial Times*. La *FAZ*, le *FT*, *Le Monde* et, dans une moindre mesure, *La Repubblica*, en Italie, étaient désormais des journaux authentiquement européens, universellement disponibles et lus à travers la totalité du continent. Mais la presse tabloïd de grande diffusion demeurait fermement circonscrite par les langues et les frontières nationales. Partout, cependant, leur lectorat était en baisse : nulle part plus élevé qu'en Grande-Bretagne, et plus réduit qu'en Espagne, si bien que les diverses traditions nationales en matière de journalisme populaire importaient moins qu'autrefois : sauf, une fois encore, en Angleterre, où la presse populaire attisait et exploitait le préjugé europhobe. En Europe de l'Est et dans la péninsule ibérique, la longue absence d'une presse libre signifiait que beaucoup de gens, surtout hors des grandes villes, étaient passés à côté de l'ère de la presse d'information, sautant directement de la pré-alphabétisation aux médias électroniques.

Ces derniers, par-dessus tout la télévision, étaient désormais la principale source d'information, d'idées et de culture (grande et populaire) pour la plupart des Européens. Il en va avec la presse comme avec la télévision : ce sont les Britanniques qui étaient les plus attachés aux médias, arrivant régulièrement en tête des téléspectateurs européens, suivis de près par le Portugal, l'Espagne, l'Italie et, quoique avec un certain retard, les Européens de l'Est. Les traditionnelles chaînes de télévision d'État devaient affronter la concurrence des chaînes commerciales terrestres aussi bien que des chaînes diffusées par satellite, mais elles conservaient une part de public étonnamment large. Pour la plupart, elles avaient suivi les traces de la presse quotidienne, et avaient fortement réduit la place donnée à l'actualité étrangère.

Aussi, à la fin du XXe siècle, la télévision européenne offrait-elle un curieux paradoxe. Les divertissements proposés variaient peu d'un pays à l'autre : films importés et sitcoms, téléréalité, jeux et autres émissions incontournables étaient visibles d'une extrémité du continent à l'autre, la seule différence étant que certaines émissions étaient doublées (comme en Italie), sous-titrées ou diffusées dans leur langue d'origine (chose de plus en plus fréquente dans les petits pays ou les États multilingues). Le style de présentation – dans les journaux télévisés, par exemple – était remarquablement semblable, s'inspirant dans bien des cas du modèle des informations locales aux États-Unis[3].

Par ailleurs, la télévision restait un média nettement *national*, voire insulaire. Ainsi, la télévision italienne était incontestablement *italienne*, de ses émissions de variété curieusement datées et de ses interviews guindées au fameux côté BCBG de ses présentateurs et à la façon de placer les caméras face aux jeunes femmes légèrement vêtues. Dans l'Autriche voisine, le plus grand sérieux moral présidait aux *talkshows* de production locale, par opposition au quasi-monopole de l'Allemagne sur le reste de la programmation. En Suisse (ou en Belgique), chaque région avait ses chaînes, employant des langues différentes, rapportant des événements différents dans des styles très contrastés.

La BBC, ne manquaient pas de lui reprocher amèrement ses détracteurs, avait abandonné l'esthétique et les idéaux du temps où elle était l'arbitre moral de la nation et son pédagogue bienveillant pour affronter la concurrence des chaînes commerciales. Malgré la baisse du niveau (ou peut-être pour

---

3. Sans être encore astreint à l'obligation américaine d'associer un blanc (le présentateur principal) avec un noir (sports), une blanche (actualité générale, grands titres) et un présentateur de la météo (une femme ou quelqu'un de couleur, au choix).

cette raison), elle était encore plus immanquablement *british* que jamais. Pour qui en douterait, il suffit de comparer un reportage, un débat ou un spectacle de la BBC avec des émissions semblables de la 2 ou de TF1 en France : ce qui avait changé, de part et d'autre de la Manche, était bien moins frappant que ce qui était resté identique. Les préoccupations intellectuelles ou politiques, les attitudes contrastées envers le pouvoir et l'autorité étaient aussi distinctes et différentes qu'un demi-siècle auparavant. À une époque où la plupart des autres activités collectives et organisations communautaires déclinaient, la télévision était ce que possédait en commun la masse de la population dans tous les pays. Et elle contribuait effectivement à renforcer les distinctions nationales et à entretenir un haut niveau d'ignorance mutuelle.

Sauf durant les grandes crises, les chaînes s'intéressaient étonnamment peu aux événements des pays voisins – relativement moins, si possible, que dans les premières années de la télévision, du temps où la fascination pour la technologie et la curiosité de l'étranger proche s'était traduite par de nombreux documentaires et émissions réalisées depuis des paysages ou des villes exotiques. Mais parce que l'Europe était désormais considérée comme un fait acquis et – à l'exception du Sud-Est troublé et déshérité – était nettement moins exotique pour la plupart des téléspectateurs, les émissions de voyages et autres sur les chaînes européennes s'étaient de longue date « mondialisées » pour se tourner vers des horizons plus lointains tout en laissant languir le reste de l'Europe : un territoire présumé familier, mais au fond largement méconnu.

Les grandes pompes publiques – les enterrements de style impérial en France, les mariages et décès dans la famille royale en Grande-Bretagne, en Belgique, en Espagne et en Norvège, les nouvelles funérailles, les commémorations et excuses présidentielles dans divers pays communistes – étaient des affaires strictement locales, dont le public local était abreuvé, mais que seules des minorités non représentatives regardaient dans d'autres pays[4]. Les médias nationaux ne faisaient état des résultats des élections ailleurs en Europe que s'ils avaient un effet de choc ou des conséquences transcontinentales. Pour la plupart, les Européens n'avaient guère idée de ce qui se passait dans les pays voisins. Leur singulier manque d'intérêt pour les élections européennes ne procédait pas simplement de la méfiance ou de l'ennui face aux élucubrations de Bruxelles, mais était aussi le sous-produit naturel de l'univers mental largement non européen de la plupart des Européens.

Il y avait cependant partout une exception : le sport. Une chaîne de télévision par satellite – « Eurosport » – était spécialisée dans la retransmission des événements sportifs en diverses langues européennes. Toutes les chaînes

4. La mort et la vie posthume morbide de la princesse Diana peuvent faire figure d'exception à cette règle. Mais même si bien d'autres Européens suivirent ses funérailles à la télévision, ils s'en désintéressèrent assez vite. L'étrange déferlante de deuil public resta une affaire strictement britannique.

nationales, de l'Estonie au Portugal, consacraient de larges tranches horaires aux compétitions sportives, pour beaucoup intereuropéennes et souvent ne concernant même pas des équipes nationales. L'appétit de sports à la télévision avait connu une croissance spectaculaire dans les dernières décennies du siècle, alors même que le nombre de supporters qui faisaient le déplacement avait le plus souvent baissé. Dans trois pays méditerranéens, la demande était suffisante pour permettre de vivre à un quotidien sportif très prisé : *L'Équipe* en France ; *Marca* en Espagne ; la *Gazzetta dello Sporto* en Italie.

Alors que de nombreux pays avaient encore des sports et des événements sportifs typiquement nationaux – le hockey sur glace en République tchèque, le basket-ball (curieusement) en Lituanie et en Croatie, le Tour de France et le tournoi annuel de tennis de Wimbledon –, en termes continentaux, ces événements restaient minoritaires, quoique à l'occasion capables d'attirer des millions de spectateurs (le Tour de France était le seul événement sur le parcours duquel le public n'avait cessé d'augmenter au cours des décennies). Les corridas, en Espagne, avaient assez peu d'attrait pour les jeunes, même si les années 1990 avaient vu leur renaissance comme une sorte d'« industrie du patrimoine » en quête de revenus. Le cricket, jeu d'été iconique des Anglais, n'occupait plus qu'une niche en termes de divertissement, malgré les efforts pour le rendre plus haut en couleur, plus spectaculaire, et mettre un terme à des parties de cinq jours relax, mais commercialement désastreuses. Ce qui unissait vraiment l'Europe, c'était le foot.

Tel n'avait pas toujours été le cas. Ce sport se pratiquait dans tous les pays européens, mais dans les premières décennies de l'après-guerre les joueurs restaient près de chez eux. Les spectateurs suivaient les matchs de la ligue nationale ; les matchs internationaux, relativement rares, étaient traités dans certains pays comme la réédition par procuration, très chargée d'émotion, de l'histoire militaire. Quiconque a assisté à des matchs en ce temps-là entre l'Angleterre et l'Allemagne, par exemple, ou l'Allemagne et les Pays-Bas (à plus forte raison entre la Pologne et la Russie) ne pouvait conserver la moindre illusion sur le traité de Rome et l'« union toujours plus étroite ». La référence historique pertinente était très explicitement la Seconde Guerre mondiale.

Dans les premières décennies de l'après-guerre, les joueurs des différents pays européens se connaissaient fort mal et ne s'étaient généralement jamais rencontré hors du terrain : quand, en 1957, l'avant gallois John Charles fit sensation en quittant Leeds United et rejoignit la Juventus de Turin pour la somme alors astronomique de 67 000 livres, il fit la une de la presse dans les deux pays. Jusqu'à la fin des années 1960, il eût été très rare au joueur d'un club de trouver un étranger dans son équipe, sauf en Italie où des managers novateurs se mettaient à débaucher des talents étrangers. La glorieuse équipe du Real Madrid, dans les années 1950, alignait certes sur le terrain l'incomparable Hongrois Ferenc Puskás, mais ce dernier était fort peu représentatif. Capitaine de l'équipe nationale hongroise, il avait fui Budapest après l'invasion soviétique et adopté la nationalité espagnole. Jusque-là, comme tous les autres footballeurs hongrois, il était quasiment inconnu hors de son pays, au point qu'en novembre 1953, quand Puskas conduisit l'équipe hongroise sur le terrain, au stade de Wembley (Londres), un joueur anglais devait lâcher à son propos : « Non mais t'as vu ce patapouf ? On va les massacrer. » (La Hongrie l'emporta par six buts contre trois, infligeant à l'Angleterre sa première défaite à domicile.)

Une génération plus tard, la Juventus, Leeds et le Real Madrid comme presque tous les grands clubs de football européens alignaient des équipes cosmopolites recrutées dans de nombreux pays. Jadis condamné à traîner sa carrière à Košice ou à Trondheim avec de rares apparitions dans l'équipe nationale, un jeune joueur doué de Slovaquie ou de Norvège pouvait désormais espérer jouer dans les grandes ligues : gagnant en visibilité et en expérience tout en empochant un très gros salaire à Newcastle, Amsterdam ou Barcelone. En 2005, le manager de l'équipe d'Angleterre était suédois. Arsenal, la première équipe de foot britannique au début du XXIe siècle, était dirigée par un Français. L'équipe des titulaires du club du nord de Londres comptait des joueurs venus de France, d'Allemagne, de Suède, du Danemark, d'Islande, d'Irlande, des Pays-Bas, d'Espagne, de Suisse, du Brésil, de Côte d'Ivoire et des États-Unis, mais aussi quelques-uns d'Angleterre. Le football était un sport sans frontière, pour les joueurs, les managers et les spectateurs. Les clubs à la mode, comme Manchester United, faisaient fructifier leurs succès en exploitant leur « image » avec autant de succès du Lancashire à la Lettonie.

Une poignée de stars pas nécessairement les plus douées, mais les joueurs qui avaient une belle gueule, de belles femmes et une vie privée animée, tenaient dans la vie publique européenne et la presse populaire un rôle jusque-là réservé aux starlettes de cinéma ou aux membres de seconde zone de la famille royale. Quand David Beckham, joueur anglais aux talents techniques moyens, mais doué d'un sens inégalé de l'autopromotion, quitta Manchester United pour le Real Madrid en 2003, il fit la une des journaux télévisés dans tous les pays de l'Union européenne. Sa piètre prestation, l'année suivante, à la Coupe européenne du Portugal – le capitaine anglais manqua deux pénaltys, précipitant l'élimination ignominieuse de son pays – ne tempéra guère la ferveur de ses fans.

De manière plus révélatrice, l'élimination de l'équipe anglaise n'eut pas d'effet discernable sur les chiffres de l'audimat de la télévision du Royaume-Uni pour les derniers matchs opposant les équipes de petits pays (Portugal, Pays-Bas, Grèce et République tchèque) dont l'enjeu était nul pour les fans britanniques. Malgré la ferveur accrue des matchs internationaux, avec levée des couleurs, fanions et hymnes nationaux, l'obsession commune des matchs

– de n'importe quels matchs – primait sur les loyautés les plus partisanes[5]. Cet été-là, la retransmission par la BBC de la coupe d'Europe devait attirer jusqu'à vingt-cinq millions de spectateurs au seul Royaume-Uni. Le site Web officiel « Euro.com » créé pour la compétition enregistra quarante millions de visites pour un demi-milliard de pages vues au cours des matchs.

Le football était bien adapté à sa nouvelle popularité. Il était sans conteste un passe-temps égalitaire. N'exigeant aucun matériel si ce n'est un ballon, tout le monde pouvait le pratiquer, à la différence du tennis, de la natation ou de l'athlétisme, qui nécessitaient un certain niveau de revenu ou des installations publiques assez peu répandues dans bien des pays européens. Il n'y avait pas d'avantage particulier à être grand et costaud, au contraire, et le jeu n'était pas particulièrement dangereux. En tant que profession, le football avait longtemps été une opportunité mal payée pour les enfants de la classe ouvrière dans les villes industrielles ; désormais, il était un moyen de se hisser dans les hautes sphères de la prospérité des banlieues chic et plus encore.

Par ailleurs, si doués et populaires qu'ils pussent être, les footballeurs faisaient nécessairement partie d'une équipe. Il était malaisé de les transformer, comme Raymond Poulidor, l'éternel second du cyclisme français, en symboles d'effort national non payé de retour. Le football était aussi trop direct pour admettre le genre d'usages métaphoriques et quasi métaphysiques que l'on fait parfois du baseball en Amérique. Et sa pratique était ouverte à Monsieur (et, de plus en plus, Madame) Tout-le-monde, comme ce n'était plus vrai d'aucun sport d'équipe professionnel pratiqué en Amérique du Nord, par exemple. En somme, le football était un type de jeu très *européen.*

En tant qu'objet d'attention publique européenne, le football, ont suggéré d'aucuns, se substituait désormais non seulement à la guerre mais aussi à la politique. Il occupait certainement beaucoup plus de place dans les journaux, et partout les hommes politiques prenaient soin d'honorer les héros sportifs et de démontrer que leurs prouesses n'avaient pas de secret pour eux. Mais la vie politique en Europe avait perdu son tranchant compétitif : la disparition des grands récits d'antan (socialisme contre capitalisme, prolétaires contre propriétaires, impérialistes contre révolutionnaires) ne signifiait pas que les grands enjeux politiques avaient cessé de mobiliser ou de diviser l'opinion publique, mais simplement qu'il était devenu plus difficile de décrire les choix et allégeances politiques en termes partisans traditionnels.

Les vieux extrêmes politiques – extrême gauche et extrême droite – se rejoignaient souvent maintenant : dans leur opposition aux étrangers et leur peur partagée de l'intégration européenne. L'anticapitalisme – recyclé de

5. Avec une exception notoire : celle d'un infime noyau très dur de supporters allemands et, surtout, anglais, qui faisaient le déplacement pour les matchs internationaux en cherchant explicitement la bagarre pour la plus grande perplexité de tous les autres.

manière peu plausible sous le vocable d'antimondialisation, comme si le capitalisme strictement *intérieur* était en quelque sorte une espèce différente et moins nocive – séduisait les réactionnaires racistes comme les internationalistes les plus enragés. Quant au monde politique dominant, les anciennes différences entre centre-droit et centre-gauche s'étaient largement dissipées. Sur un large éventail de problèmes contemporains, les sociaux-démocrates suédois et les néogaullistes français, par exemple, avaient sans doute plus de points communs les uns avec les autres qu'ils n'en avaient avec leurs ancêtres respectifs. La topographie politique de l'Europe avait changé du tout au tout au cours des deux décennies passées. S'il restait habituel de penser en termes de « droite » et de « gauche », ce que ces mots distinguaient était peu clair.

La politique partisane à l'ancienne fut une victime de ces changements, avec le déclin du nombre des militants mais aussi de la participation. Une autre victime en fut une institution européenne presque aussi vulnérable : l'intellectuel public. La précédente fin de siècle avait vu la première floraison des intellectuels politiquement engagés : à Vienne, à Berlin, à Budapest, mais aussi et surtout à Paris, avec des hommes comme Theodor Herzl, Karl Kraus ou Léon Blum. Sur la scène européenne, un siècle plus tard, leurs successeurs étaient, sinon totalement absents, du moins de plus en plus marginaux.

Il y avait diverses raisons à la chute de l'intellectuel occidental (l'espèce avait toujours été rare en Grande-Bretagne, ses exemples isolés étant habituellement un effet secondaire de l'exil, comme dans le cas d'Arthur Koestler ou d'Isaiah Berlin). En Europe centrale et orientale, les problèmes qui avaient autrefois mobilisé l'intelligentsia politique – marxisme, totalitarisme, droits de l'homme ou économie de la transition – ne suscitaient plus qu'une réaction d'ennui et d'indifférence de la part des jeunes générations. Les moralistes vieillissants comme Havel – ou les anciens héros politiques comme Michnik – étaient irrévocablement associés à un passé que peu se souciaient de revisiter. L'« irritation des intellectuels est-européens », jadis diagnostiquée par Czeslaw Milosz, face à l'obsession américaine des produits purement matériels visait désormais de plus en plus leurs concitoyens.

En Europe occidentale, l'intellectuel n'avait pas perdu toute fonction exhortatoire – les lecteurs de la presse allemande ou française de qualité avaient encore périodiquement droit à des sermons politiques incandescents de Günter Grass ou de Régis Debray –, mais celle-ci avait perdu son objet. Les moralistes publics ne manquaient pas de péchés à fustiger, mais il n'y avait pas d'objectif ou d'idéal général au nom duquel mobiliser leurs concitoyens. Le fascisme, le communisme et la guerre avaient été chassés du continent, tout comme la censure et la peine de mort. L'avortement et la contraception étaient presque universellement accessibles, l'homosexualité librement autorisée et pratiquée au grand jour. Les déprédations du capitalisme sauvage, mondial ou local, continuaient partout d'exciter la verve des intellectuels ; mais en l'absence d'un contre-projet anticapitaliste solide, c'était un débat pour experts plutôt que pour philosophes.

Le seul domaine restant où les intellectuels européens pouvaient encore mêler ferveur morale et prescriptions politiques universelles était celui des affaires étrangères, soustrait aux compromis salissants de la politique intérieure, et où les problèmes du bien et du mal, de la vie et de la mort, restaient très présents. Au cours des guerres yougoslaves, des intellectuels d'Europe de l'Ouest et de l'Est prirent fait et cause. Certains, comme Alain Finkielkraut, s'identifièrent corps et âme avec la cause croate. Quelques-uns, notamment en France et en Autriche, condamnèrent l'intervention occidentale comme une atteinte à l'autonomie serbe sous la houlette des Américains, lesquels s'appuyaient, assuraient-ils, sur des informations exagérées ou fausses faisant état de crimes inexistants. La plupart prônèrent une intervention en Bosnie ou au Kosovo au nom de principes généraux, prolongeant les arguments fondés sur les droits qu'ils avaient brandis pour la première fois vingt ans plus tôt et soulignant les pratiques génocidaires des forces serbes.

Mais même la Yougoslavie, malgré son caractère d'urgence, ne put remettre les intellectuels au centre de la vie publique. Bernard-Henri Lévy, à Paris, pouvait bien être reçu à l'Élysée pour consultations, de même que Tony Blair s'autorisait parfois des retraites avec des journalistes britanniques favorisés et autres courtisans littéraires. Mais ces exercices méticuleusement organisés pour soigner une image n'avaient aucun impact sur la politique : ni la France, ni la Grande-Bretagne ni aucun de leurs alliés ne furent sensibles aux pressions intellectuelles au point de modifier leurs calculs en quelque sens que ce soit. Pas plus que les intellectuels engagés ne purent jouer leur rôle d'antan en mobilisant l'opinion, ainsi qu'il apparut clairement au cours de la fracture atlantique de 2003.

L'opinion publique européenne, par opposition à certains hommes d'État européens, était très majoritairement hostile et à l'invasion américaine de l'Irak, cette année-là, et aux grandes lignes de la politique étrangère du président George W. Bush. Mais, même si beaucoup d'intellectuels européens la partagèrent et l'exprimèrent, la vague d'inquiétude et de colère que suscita cette opposition ne leur devait rien dans son expression ni dans son organisation. Certains auteurs français – Lévy, encore une fois, ou Pascal Bruckner – refusèrent de condamner Washington, en partie par crainte de passer pour des anti-Américains irréfléchis et en partie par sympathie envers sa position contre « l'islamisme radical ». Ils ne furent quasiment pas entendus.

Des personnalités naguère influentes comme Michnik ou Glucksmann pressèrent leurs lecteurs de soutenir la politique de Washington en Irak, affirmant, dans la droite ligne de leurs précédents écrits sur le communisme, qu'une politique d'« interventionnisme libéral » pour défendre les droits de l'homme partout dans le monde était justifiée au nom de principes généraux et que l'Amérique était maintenant, comme avant, à l'avant-garde du combat contre le mal politique et le relativisme moral. S'étant ainsi convaincus que le président américain menait *sa* politique étrangère pour *leurs* raisons, ils furent sincèrement surpris de se retrouver isolés et ignorés par leurs publics traditionnels.

Mais le peu de poids de Michnik ou de Glucksmann n'avait rien à voir avec leurs opinions. Le même sort attendait les intellectuels qui adoptèrent le point de vue opposé. Le 31 mai 2003, Jürgen Habermas et Jacques Derrida, deux des écrivains, intellectuels et philosophes les plus connus en Europe, publièrent dans la *Frankfurter Allgemeine Zeitung* un article intitulé « Unsere Erneuerung. Nach dem Krieg : Die Wiedergeburt Europas » (« Notre renouveau. Après la guerre : la renaissance de l'Europe »), où ils soutenaient que la voie nouvelle et dangereuse de l'Amérique était un appel pressant au réveil de l'Europe : l'occasion pour les Européens de repenser leur identité commune, de puiser dans leurs valeurs partagées des Lumières pour se forger une position européenne propre dans les affaires mondiales.

La sortie de leur texte[6] devait coïncider avec la parution dans toute l'Europe occidentale d'essais analogues de personnalités tout aussi renommées : Umberto Eco dans *La Reppublica* ; son collègue italien, le philosophe Gianni Vattimo, dans *La Stampa* ; le président suisse de l'Académie allemande des arts, Adolf Muschg, dans la *Neue Zürcher Zeitung* ; le philosophe espagnol Fernando Savater, dans *El País* ; et un Américain esseulé, le philosophe Richard Rorty, dans la *Süddeutsche Zeitung*. À tout moment ou presque du siècle passé une initiative intellectuelle de cette ampleur, dans des titres aussi en vue et de personnages d'une stature comparable, eût été un événement public de première grandeur : un manifeste et un appel aux armes dont toute la communauté politique et culturelle aurait ressenti les ondes de choc.

Or, si elle exprimait les sentiments partagés de nombreux européens, l'initiative Derrida-Habermas passa quasiment inaperçue. Elle ne fit pas la une de l'actualité, ses sympathisants ne lui firent pas écho. Nul n'implora ses auteurs de prendre leurs plumes et d'ouvrir la voie. Les gouvernements d'un nombre significatif d'États européens, dont la France, l'Allemagne, la Belgique et plus tard l'Espagne, sympathisaient sans doute, dans l'ensemble, avec les vues exprimées dans ces essais ; mais il ne vint à l'idée d'aucun d'entre eux de solliciter les conseils des professeurs Derrida ou Eco. Le projet tourna court.

---

6. [La version française est parue dans le quotidien *Libération* du 31 mai 2003 sous le titre « Europe : Plaidoyer pour une politique extérieure commune » ; texte repris sous le titre « Le 15 février ou ce qui unit les Européens », in J. Habermas, *Une Époque de transition. Écrits politiques,* 1998-2003, trad. Ch. Bouchindhomme, Paris, Fayard, 2005, p. 151-163.]

Cent ans après l'affaire Dreyfus, cinquante ans après l'apothéose de Jean-Paul Sartre, les grands intellectuels de l'Europe avaient lancé une pétition… et personne n'y avait répondu.

Soixante ans après la Seconde Guerre mondiale, l'Alliance atlantique entre l'Europe et les États-Unis était en plein désarroi. C'était en partie l'issue prévisible de la fin de la guerre froide : peu souhaitaient le démantèlement de l'OTAN ou son abandon, mais elle n'avait plus grand sens dans sa forme actuelle et ses objectifs futurs demeuraient nébuleux. L'Alliance souffrit encore au cours des guerres yougoslaves, quand les généraux américains supportèrent mal de partager la décision avec leurs homologues européens qui rechignaient à prendre l'initiative et ne pouvaient apporter un grand soutien pratique sur le terrain.

Par-dessus tout, l'OTAN était travaillée par des tensions sans précédent du fait de la réaction de Washington aux attentats du 11-Septembre. L'unilatéralisme intransigeant et peu diplomatique de Bush (« qui n'est pas avec nous est contre nous »), sa façon de snober l'offre d'aide de ses alliés de l'OTAN ainsi que la marche des États-Unis vers la guerre en Irak, malgré une opposition internationale écrasante et l'absence de tout mandat des Nations unies assuraient que les États-Unis – non moins que la « terreur » contre laquelle ils avaient déclaré une guerre indéfinie – passeraient désormais pour une menace majeure sur la paix et la sécurité du monde.

La distinction « vieille Europe-nouvelle Europe », que le secrétaire américain à la Défense Donald Rumsfeld prétendit avoir identifiée au cours du printemps 2003 pour enfoncer un coin entre les alliés européens de Washington, n'expliquait pas grand-chose des divisions intra-européennes et passait totalement à côté de l'essentiel. L'Amérique ne pouvait compter sur un respect et un soutien solides de la population qu'en Pologne. Ailleurs en Europe, vieille ou nouvelle, la politique américaine en Irak et bien d'autres choses encore suscitaient une vive réprobation[7]. Mais le fait qu'un haut responsable américain pût chercher à diviser les Européens ainsi, quelques années seulement après qu'ils eurent si péniblement commencé à se voir ensemble, en conduisit beaucoup à conclure que les

7. En janvier 2003, à l'initiative des Premiers ministres britannique et espagnol, huit gouvernements européens (Grande-Bretagne, Espagne, Portugal, Danemark, Italie, Pologne, Hongrie et République tchèque) signèrent une déclaration commune de solidarité avec les États-Unis. Quelques mois plus tard, les Hongrois et les Tchèques exprimaient en privé leurs regrets et leur amertume de s'être laissés « bousculer » par le Premier ministre espagnol qui les pressait de signer. Un an plus tard, ce dernier, José Maria Aznar, était chassé du pouvoir par les électeurs espagnols, largement pour avoir impliqué l'Espagne dans la « coalition » destinée à envahir l'Irak, chose à laquelle le pays était majoritairement hostile.

États-Unis étaient désormais le problème le plus grave auquel l'Europe fût confrontée.

L'OTAN avait vu le jour pour compenser l'incapacité de l'Europe occidentale à se défendre sans l'aide américaine. Et elle était restée en activité parce que les gouvernements européens n'avaient jamais réussi à forger une force militaire efficace. Depuis le traité de Maastricht, en 1993, l'Union européenne avait au moins reconnu la nécessité d'une politique étrangère et de sécurité commune, même si on ne savait trop ce qu'elle était ni comment elle serait arrêtée et mise en œuvre. Dix ans plus tard, l'Union européenne était sur le point de créer une Force de réaction rapide de 60 000 hommes en vue d'interventions et de missions de maintien de la paix. Poussés par la France, malgré la contrariété évidente de Washington, les gouvernements européens étaient aussi tout près de s'entendre sur un système de défense autonome capable d'agir hors de la région et indépendant de l'OTAN.

Mais le fossé transatlantique ne se limitait pas à un désaccord sur les armées. Il ne tenait même pas à un conflit économique, bien que l'Union européenne fût désormais assez forte pour exercer des pressions efficaces sur le Congrès des États-Unis et divers industriels américains pour les obliger à se conformer à ses normes et à ses réglementations sous peine de se voir exclus de ses marchés : cela surprit plus d'un membre du Congrès ou homme d'affaires américain. Non seulement l'Europe n'était plus dans l'ombre de l'Amérique, mais la relation, à la limite, s'était renversée. En l'an 2000, les investissements directs européens aux États-Unis avaient atteint 900 milliards de dollars (contre moins de 650 d'investissements directs américains en Europe) ; près de 70 % des investissements étrangers aux États-Unis venaient d'Europe ; et les multinationales européennes possédaient désormais bon nombre de produits américains iconiques, dont Brook Brothers, Random House, les cigarettes Kent, Pennzoil, Bird's Eye ainsi que l'équipe de baseball de Los Angeles, les Dodgers.

Si vive fût-elle, la concurrence économique n'en était pas moins une forme de proximité. Ce qui éloignait véritablement les deux continents, c'était le désaccord croissant sur les « valeurs » : la « communauté transatlantique de valeurs » se défait observa *Le Monde*. Vue d'Europe, l'Amérique – qui était devenue superficiellement familière au cours de la guerre froide – commençait de paraître très étrangère. L'authentique religiosité d'un nombre croissant d'Américains – dont leur tout dernier président *born-again* était l'illustration – était incompréhensible pour la plupart des Européens chrétiens (sinon pour leurs voisins musulmans fervents). Le goût des Américains pour les armes, y compris pour les fusils semi-automatiques, donnait l'impression d'une vie américaine dangereuse et anarchique, tandis que pour l'écrasante majorité des observateurs européens le recours fréquent et sans gêne à la peine de mort semblait exclure l'Amérique du champ de la civilisation moderne[8].

À cela s'ajoutait le mépris croissant de Washington pour les traités internationaux, sa perspective à part sur tous les sujets, du réchauffement de la planète au droit international, et surtout sa position partisane dans la crise israélo-palestinienne. Dans aucun de ces exemples, la politique américaine ne changea totalement de cap après l'élection de George W. Bush en 2000 ; le fossé transatlantique avait commencé de se creuser bien avant. Mais le ton plus rude de la nouvelle administration confirma, dans l'esprit de nombreux commentateurs européens, ce qu'ils soupçonnaient déjà, à savoir que ce n'étaient pas de simples désaccords sur des problèmes politiques isolés. Les signes se multipliaient d'un antagonisme culturel fondamental.

L'idée que l'Amérique était culturellement différente – inférieure, menaçante – n'était guère originale. En 1983, le ministre français de la Culture Jack Lang avait prévenu que le feuilleton *Dallas*, qui avait un immense succès, représentait une grave menace pour l'identité française et européenne. Neuf ans plus tard, quand le film *Jurassic Park* sortit en France, un de ses successeurs conservateurs reprit la même antienne. Lors du lancement d'Euro-Disney, au printemps de 1992, la directrice de théâtre parisienne Ariane Mnouchkine, engagée à gauche, alla un pas plus loin en prévenant que le parc d'attraction serait un « Tchernobyl culturel ». Mais ce n'était là que la petite ritournelle bien connue du snobisme intellectuel et de l'insécurité culturelle, mâtinée, en France comme ailleurs, d'une bonne dose de nostalgie et de chauvinisme. Pour le cinquantième anniversaire du Débarquement, Gianfranco Fini, le chef de file de l'Alliance nationale, ex-fasciste, déclara au quotidien *La Stampa* : « J'espère qu'on ne va pas dire que je justifie le fascisme si je me demande si, avec les débarquements américains, l'Europe n'a pas perdu une part de son identité culturelle. »

Ce qu'il y avait de nouveau, dans la situation au début du siècle, c'est que ces sentiments devenaient des lieux communs, et avaient quitté les marges intellectuelles ou politiques pour occuper le cœur de la vie européenne. La profondeur et l'ampleur de l'antiaméricanisme dans l'Europe contemporaine dépassaient de beaucoup tout ce qu'on avait vu au cours de la guerre du Viêtnam ou même à l'apogée des mouvements pacifistes du début des années 1980. Alors qu'une majorité, dans la plupart des pays, croyaient encore possible de préserver les relations transatlantiques, en 2004 trois Européens sur cinq (beaucoup plus dans certains pays comme l'Espagne, la Slovaquie et, fait

8. « Les Américains dressent de grands panneaux où l'on peut lire "Aime ton prochain", mais ils tuent et violent leurs voisins dans des proportions qui choqueraient tout pays européen. » T. R. Reid, *The United States of Europe*, NY, 2004, p. 218.

surprenant, la Turquie) pensaient qu'un leadership américain fort dans le monde était « indésirable ».

Ce sentiment était en partie imputable à l'aversion générale pour la politique et la personne du président George Bush, par opposition à l'affection qui entourait son prédécesseur, Bill Clinton. Mais beaucoup d'Européens en avaient voulu au président Lyndon Johnson, à la fin des années 1960 : pour autant, leurs sentiments sur la guerre du Sud-Est asiatique ne s'étaient généralement pas transformés en aversion pour l'Amérique ou les Américains en général. Quarante ans plus tard, le sentiment prévalait largement à travers le continent (et notamment chez les Britanniques qui en voulaient terriblement à leur Premier ministre de s'être identifié avec ferveur à son allié américain) que quelque chose n'allait pas dans le genre de pays que l'Amérique était en train de devenir – ou, faisaient valoir certains, qu'elle avait toujours été.

De fait, les qualités « non américaines » présumées de l'Europe devenaient à vue d'œil le plus grand facteur commun de l'auto-identification européenne. On opposait les valeurs européennes aux valeurs américaines. L'Europe était, ou devait s'efforcer d'être, tout ce que l'Amérique n'était pas. En novembre 1998, le président d'Arte, la chaîne de télévision franco-allemande consacrée à la culture et aux arts, avertit que la « créativité européenne » était le seul rempart contre les sirènes du matérialisme américain et donna en exemple le cas de la Prague postcommuniste, sur le point de succomber à une « utopie libérale mortelle », esclave des marchés déréglementés et de la séduction du profit.

Dans les premières années de l'après-communisme, Prague eût sans doute plaidé coupable de désirer tout ce qui était américain, de la liberté individuelle à l'abondance matérielle. Et quiconque visitait les capitales est-européennes, de Tallinn à Ljubljana, ne pouvait manquer de remarquer la nouvelle élite agressive des jeunes gens habillés à la dernière mode, filant d'un air affairé à leurs rendez-vous ou expéditions de shopping dans de nouvelles voitures de luxe, savourant l'utopie libérale mortelle des cauchemars de Jérôme Clément. Mais les Européens de l'Est eux-mêmes prenaient leurs distances vis-à-vis du modèle américain : en partie par déférence envers leur nouvelle association avec l'Union européenne ; en partie du fait de leur aversion croissante envers certains aspects de la politique extérieure américaine, mais de plus en plus parce que, en tant que système économique et modèle de société, les États-Unis ne semblaient plus si clairement la voie de l'avenir[9].

9. La nouvelle classe d'affaires d'Europe de l'Est, notons-le, mangeait, s'habillait, téléphonait et conduisait à l'européenne. Pour être moderne, il n'était plus nécessaire d'imiter les Américains. Les produits de consommation américains passaient souvent pour « quelconques » ou « insipides ».

L'antiaméricanisme extrême, en Europe de l'Est, restait un goût minoritaire. Dans des pays comme la Bulgarie ou la Hongrie, c'est devenu une manière indirecte, politiquement acceptable, d'exprimer sa nostalgie du communisme national et, comme souvent par le passé, un substitut utile de l'antisémitisme. Mais même parmi les commentateurs et les hommes politiques classiques, on avait perdu l'habitude de présenter les institutions ou les pratiques américaines comme une source d'inspiration ou un objet d'émulation. Longtemps, l'Amérique avait été une autre époque : l'avenir de l'Europe. Elle n'était plus qu'un pays parmi d'autres. Beaucoup de jeunes, assurément, rêvaient encore d'aller en Amérique. Mais comme un Hongrois qui travaillait depuis quelques années en Californie l'expliqua à un journaliste : « L'Amérique est le pays où aller quand on est jeune et célibataire. Mais s'il est temps de grandir, alors retourne en Europe. »

L'image de l'Amérique comme pays éternel de jeunesse et d'aventure – alors que l'Europe du XXIe siècle serait le paradis accommodant des gens d'âge mûr et de l'aversion pour le risque – avait largement cours, surtout en Amérique. De fait, l'Europe *vieillissait*. Sur les vingt pays du monde comptant en 2004 la plus forte proportion de plus de soixante ans, tous sauf un se trouvaient en Europe (l'exception étant le Japon). Dans beaucoup de pays européens, le taux de natalité était tombé très en deçà du niveau nécessaire au remplacement des générations. En Espagne, en Grèce, en Pologne, en Allemagne et en Suède, les taux de fécondité étaient inférieurs à 1,4 enfant par femme. Dans certaines parties de l'Europe orientale (Bulgarie et Lettonie, par exemple, ou Slovénie), ils étaient plus proches de 1,1 – le niveau le plus bas du monde. Projetés à l'horizon 2040, ces chiffres suggéraient que beaucoup de pays européens pouvaient s'attendre à voir leur population diminuer d'un cinquième ou plus.

Aucune des explications traditionnelles du déclin de la fécondité ne semblait rendre compte de la crise démographique naissante de l'Europe. Des pays pauvres comme la Moldavie et riches comme le Danemark étaient confrontés au même défi. Dans des pays catholiques tels que l'Espagne ou le Portugal, des jeunes gens, mariés et non mariés, habitaient souvent chez leurs parents jusqu'à trente ans et plus, tandis que dans la Suède luthérienne ils avaient leur maison à eux et avaient accès à un niveau généreux d'aide publique pour élever leurs enfants et à de non moins généreux congés de maternité. Mais alors que les Scandinaves avaient un peu plus d'enfants que les Méditerranéens, les différences de fécondité étaient moins frappantes que les similitudes. Et les chiffres eussent été partout plus bas encore sans les immigrés extra-européens, qui gonflaient le chiffre global de la population et se distinguaient par une propension à procréer bien plus élevée. En Allemagne, le nombre d'enfants nés d'un parent étranger en 1960 était de 1,3 % du nombre total de naissances. Quarante ans plus tard, il était d'un enfant sur cinq.

En vérité, la scène démographique européenne n'était pas si différente de celle d'outre-Atlantique : au début du nouveau millénaire, le taux de natalité indigène américain était également tombé au-dessous du seuil de remplacement. La différence était que le nombre d'immigrants entrant aux États-Unis était tellement plus important – avec une part disproportionnée de jeunes adultes – que la fécondité globale aux États-Unis semblait devoir largement distancer celle de l'Europe dans l'avenir prévisible. Et alors que le creux démographique signifiait que l'Amérique et l'Europe auraient sans doute du mal à assurer les retraites et leurs autres obligations dans les prochaines décennies, les systèmes européens de protection sociale étaient incomparablement plus généreux et étaient donc plus menacés.

Les Européens étaient apparemment confrontés à un dilemme très simple : que se passerait-il quand il n'y aurait plus assez de jeunes actifs pour couvrir les coûts d'une communauté foisonnante de retraités, vivant beaucoup plus longtemps qu'autrefois, ne payant pas d'impôts et, par-dessus le marché, exerçant une pression croissante sur le système de santé[10] ? Une solution consistait à réduire le montant des retraites. Une autre de relever le seuil auquel ces prestations étaient accessibles : autrement dit, d'obliger les gens à travailler plus longtemps. Une troisième solution était d'augmenter les impôts sur les salaires des actifs. Une quatrième option, la seule véritablement envisagée en Grande-Bretagne (et encore assez tièdement), était d'imiter les États-Unis et d'encourager, voire d'obliger, les salariés à se tourner vers le secteur privé. Tous ces choix étaient potentiellement explosifs d'un point de vue politique.

Pour beaucoup de critiques libéraux de l'État-providence européen, le problème central du continent n'était pas la crise démographique mais la rigidité économique. Ce n'était pas qu'il n'y avait pas, ou qu'il n'y aurait pas, assez de travailleurs, mais qu'il y avait trop de lois pour protéger leurs salaires et leurs emplois, ou encore pour garantir une indemnisation du chômage et des retraites élevées, au point que faisait défaut toute incitation au travail. Que l'on s'attaquât à ce « manque de flexibilité du marché du travail » et que l'on réduisît ou privatisât ces prestations sociales coûteuses, plus d'individus pourraient travailler, le fardeau pesant sur les employeurs et les contribuables s'en trouverait allégé d'autant et c'en serait fini de l'« eurosclérose ».

Ce diagnostic était tout à la fois vrai et faux. Que certaines des prestations de l'État-providence, négociées et mises en place au faîte du boom de l'après-guerre, fussent un fardeau sérieux était hors de doute. Tout travailleur allemand qui perdait son emploi avait droit à 60 % de son dernier salaire au cours

10. La France de 1960 comptait quatre travailleurs pour un retraité. En 2000, ils n'étaient plus que deux. En 2020, si les tendances actuelles se poursuivaient, il n'y en aurait plus qu'un.

des trente-deux mois suivants (67 % s'il avait un enfant). Après quoi les versements mensuels tombaient à 53 % (ou 57 %) de la dernière paie, et ce indéfiniment. Que ce filet de sécurité décourageât les chômeurs de chercher du travail n'était pas très clair. Mais le système avait un prix. Avec la masse des réglementations faites pour protéger les intérêts des employés, il était difficile aux employeurs de la plupart des pays européens (notoirement en France) de licencier des travailleurs à plein temps : de ce fait, leur répugnance à embaucher contribuait à la persistance d'un fort taux de chômage chez les jeunes.

Par ailleurs, le fait qu'elles fussent très réglementées et peu flexibles au regard des normes américaines ne signifiait pas que les économies américaines fussent nécessairement inefficaces ou improductives. En 2003, en termes de productivité par heure travaillée, les économies de la Suisse, du Danemark, de l'Autriche et de l'Italie étaient toutes comparables aux États-Unis. Suivant le même critère, l'Irlande, la Belgique, la Norvège, les Pays-Bas et la France *(sic)* devançaient les États-Unis. Si l'Amérique n'en était pas moins plus productive globalement – si les Américains produisaient plus de biens, de services et d'argent –, c'est qu'un plus fort pourcentage d'entre eux occupait des emplois rémunérés : ils faisaient plus d'heures de travail que les Européens (trois cents heures de plus en moyenne par an en 2000) ; et ils avaient moins de vacances.

Alors que les Britanniques avaient légalement droit chaque année à 23 jours de congés payés, les Français à 25 et les Suédois à 30 ou plus, beaucoup d'Américains devaient se contenter de moitié moins, suivant l'endroit où ils vivaient. Les Européens avaient à dessein choisi de travailler moins, de gagner moins… et de vivre mieux. En contrepartie de leur fiscalité très lourde (autre entrave à la croissance et à l'innovation, aux yeux de leurs critiques anglo-américains), ils bénéficiaient de soins médicaux gratuits ou presque, d'une retraite précoce et d'un prodigieux éventail de services sociaux et publics. Grâce à l'enseignement secondaire, ils étaient mieux éduqués que les Américains. Ils étaient plus en sécurité et, en partie pour cette raison, vivaient plus longtemps et en meilleure santé (tout en dépensant moins[11]) et comptaient moins de pauvres.

Tel était donc le « modèle social européen ». Il était sans conteste très coûteux. Pour la plupart des Européens, cependant, sa promesse de sécurité de l'emploi, sa fiscalité progressive et l'importance des transferts sociaux représentaient un contrat implicite entre le gouvernement et les citoyens, mais aussi entre un citoyen et un autre. D'après les sondages annuels Eurobaromètre, une

11. En 2004, la santé absorbait 8 % du PIB en Suède, mais 14 % aux États-Unis. Les quatre cinquièmes du coût de la santé y étaient supportés par l'État contre moins de 45 % par le gouvernement fédéral aux États-Unis, le reste pesant directement sur les entreprises américaines et leurs employés. Quarante-cinq millions d'Américains n'avaient pas d'assurance santé.

écrasante majorité d'Européens étaient d'avis que la pauvreté était le fait de circonstances sociales, plutôt que d'insuffisances personnelles. Ils se montraient également disposés à payer plus d'impôts si ceux-ci servaient à soulager la pauvreté.

Ces sentiments, comme on pouvait le prévoir, étaient largement répandus en Scandinavie. Mais ils étaient presque aussi prévalents en Grande-Bretagne, en Italie ou en Espagne. Un large consensus international, toutes classes confondues, régnait autour du devoir de l'État de protéger les citoyens des aléas des revers de fortune ou du marché : ni l'entreprise ni l'État ne devaient traiter les salariés comme des unités de production jetables. Responsabilité sociale et avantage économique ne devaient pas être mutuellement exclusifs : la « croissance » était louable, mais pas à n'importe quel prix.

Ce modèle européen admettait plus d'un style : « nordique », « rhénan », « catholique », mais aussi des variations dans chacune de ces formes. Ce qu'elles avaient en commun, ce n'était pas un ensemble discontinu de services ou de pratiques économiques, ni un niveau particulier d'engagement de l'État. C'était plutôt le sens – tantôt exprimé dans des documents et des lois, tantôt pas – de l'équilibre des droits sociaux, de la solidarité civique et de la responsabilité collective à la fois appropriés et possibles dans un État moderne. Le résultat d'ensemble pouvait paraître très différent en Italie et en Suède, par exemple. Mais le consensus social qu'il intégrait passait pour formellement contraignant aux yeux de nombreux citoyens : quand, en 2004, le chancelier social-démocrate allemand apporta des changements au système de prestations sociales, il déchaîna une tempête de protestations, tout comme le gouvernement d'Alain Juppé l'avait fait en France dix ans plus tôt en proposant des réformes semblables.

Depuis le début des années 1980, s'étaient succédé diverses tentatives pour résoudre le choix entre solidarité sociale européenne et flexibilité économique à l'américaine. Une jeune génération d'économistes et d'entrepreneurs, pour certains passés par des écoles de commerce ou des sociétés américaines et exaspérés par ce qu'ils tenaient pour la rigidité du cadre économique européen, avaient convaincu la classe politique de la nécessité de « rationaliser » les procédures et d'encourager la concurrence. La bien nommée « gauche américaine », en France, entreprit de libérer la gauche de son complexe anticapitaliste tout en conservant sa conscience sociale ; en Scandinavie, l'effet inhibant d'une fiscalité trop lourde était débattu (sinon toujours reconnu) jusque dans les rangs de la social-démocratie. La droite avait été conduite à reconnaître l'intérêt de la protection sociale ; la gauche allait maintenant reconnaître les vertus du profit.

L'effort pour mêler le meilleur des deux approches rejoignait, ce n'est pas un hasard, la quête d'un projet pour remplacer le défunt débat entre le capitalisme et le socialisme qui avait été au cœur de la vie politique occidentale depuis plus d'un siècle. Le résultat, pendant une courte période à la fin des années 1990, fut la « troisième voie », mêlant ostensiblement l'enthousiasme pour une production capitaliste sans entrave et la nécessaire considération des effets sociaux et de l'intérêt collectif. Ce n'était guère nouveau et au fond pas très différent de « l'économie sociale de marché » de Ludwig Erhard, dans les années 1950. Mais la politique, surtout la politique post-idéologique, est affaire de *forme* ; et c'est la forme de la troisième voie, inspirée par le succès de la « triangulation » de la gauche et de la droite par Bill Clinton et surtout formulée par le New Labour de Tony Blair, qui séduisit les observateurs.

Blair, bien entendu, bénéficiait de certains avantages propres à son époque et à son pays. Au Royaume-Uni, Margaret Thatcher avait considérablement « droitisé » les règles du jeu politiques, tandis que les prédécesseurs de Blair à la direction du parti travailliste s'étaient chargés du rude travail de détruire la vieille gauche du parti. Dans l'après-Thatcher, Blair pouvait donc apparaître comme un progressiste et un « Européen » convaincant en se contentant de tenir des propos décisifs sur la désirabilité de services publics bien distribués, tandis que son admiration proclamée pour le secteur privé et le cadre économique propice aux affaires qu'il cherchait à promouvoir par sa politique le plaçaient fermement dans le camp « américain ». Il parla avec chaleur de faire entrer la Grande-Bretagne dans le bercail européen ; mais il n'en insista pas moins sur la nécessité de tenir son pays à l'écart des protections sociales de la législation européenne et de l'harmonisation fiscale implicite dans le « marché unique » de l'Union.

La troisième voie fut vendue *à la fois* comme une solution pragmatique à des dilemmes économiques et sociaux *et* comme une percée conceptuelle significative après des décennies de stagnation théorique. Ses admirateurs continentaux, inattentifs aux « troisièmes voies » avortées de leurs passés nationaux – notamment la « troisième voie » populaire fasciste des années 1930 – s'y rallièrent avec empressement. Sous Jacques Delors (1985-1995), la Commission européenne avait paru un tantinet soucieuse d'imaginer et d'imposer des règles et des normes, substituant « l'Europe » à l'héritage perdu du socialisme bureaucratique de style fabien. Bruxelles, aussi, semblait avoir besoin d'une troisième voie : une histoire édifiante bien à elle qui pourrait situer l'Union entre l'invisibilité institutionnelle et l'excès de réglementations[12].

La politique *new-look* de Blair ne devait pas survivre longtemps à sa désastreuse décision de compromettre son pays et sa réputation dans l'invasion de l'Irak en 2003 : une initiative qui rappela simplement aux observateurs étrangers que la troisième voie du New Labour allait indissociablement de pair avec la répugnance du Royaume-Uni à choisir entre l'Europe et les États-Unis. Et

12. Le pendule était reparti dans l'autre sens sous les successeurs de Delors : la Commission reste plus active que jamais, mais consacre désormais ses efforts à *déréguler* les marchés.

le fait que la Grande-Bretagne, comme les États-Unis, voyait une augmentation spectaculaire du nombre de pauvres – en opposition au reste de l'UE, où la pauvreté, si elle progressait, ne le faisait que modestement – ternit sérieusement l'attrait du modèle britannique. Mais la troisième voie devait avoir une durée de vie assez courte. Son nom même impliquait la présence de deux extrêmes – capitalisme ultra-libéral et socialisme d'État – qui avaient tous deux cessé d'exister (et, dans le cas du premier, avait toujours été le fruit d'imaginations doctrinaires). Le besoin d'une percée théorique (ou rhétorique) était passé.

Ainsi la privatisation du début des années 1980 avait-elle été controversée, provoquant une ample discussion sur la portée et la légitimité du secteur public et remettant en cause l'accessibilité des objectifs sociaux-démocrates ainsi que la légitimité morale du profit dans la fourniture de biens publics. En 2004, cependant, la privatisation était une affaire strictement pragmatique. En Europe de l'Est, c'était une condition nécessaire de l'adhésion à l'UE, conformément à la réprobation bruxelloise des subventions publiques qui faussent le marché. En France ou en Italie, la vente d'actifs publics était devenue un expédient comptable à court terme destiné à réduire le déficit annuel et à respecter les règles de la zone euro.

Même les projets de troisième voie chers à Tony Blair – la semi-privatisation du métro de Londres, par exemple, ou l'introduction de la « concurrence » dans les services hospitaliers – furent engagés sous forme de calculs coûts/avantages avec considération des bénéfices secondaires pour le budget national. Quand ils furent associés à une question de principe social, ce fut généralement après-coup et de manière peu convaincante. Qui plus est, l'étoile de Blair pâlissait au fil du temps (sa courte victoire électorale de mai 2005 devait le prouver). Le Royaume-Uni avait eu beau amputer les dépenses publiques, se tenir à l'écart de la charte sociale européenne, alléger la fiscalité sur les entreprises et multiplier les cadeaux pour attirer les investissements étrangers, le Royaume-Uni continuait obstinément de souffrir de son manque de productivité. En termes de production horaire, il fit systématiquement plus mal que ses partenaires « sclérosés » de l'UE avec toutes leurs réglementations.

Par ailleurs, le plan du New Labour pour éviter la crise imminente du système de retraites public sous-financé de l'Europe – en en rejetant la responsabilité sur le secteur privé – était déjà voué à l'échec moins de dix ans après son inauguration en grande pompe. Au Royaume-Uni, comme aux États-Unis, les sociétés qui plaçaient leurs fonds de pension sur un marché boursier ombrageux ne pouvaient guère espérer tenir leurs engagements à long terme envers leurs employés, d'autant que ceux-ci, comme les retraités à la charge des finances publiques, devaient vivre beaucoup plus longtemps que par le passé. Il apparaissait clairement que la plupart d'entre eux ne toucheraient jamais une pension complète de leur société… à moins que l'État ne s'en mêlât à nouveau pour compenser le manque. La troisième voie commençait à ressembler à une affreuse partie de bonneteau.

Au début du XXIe siècle, le dilemme auquel se trouvaient confrontés les Européens n'était pas socialisme ou communisme, droite ou gauche, ni donc la troisième voie. Ce n'était pas même « Europe » contre « Amérique », puisque ce choix avait été désormais tranché, dans l'esprit de la plupart, en faveur de l'Europe. C'était plutôt une question – *la* question – que l'histoire avait inscrite à l'ordre du jour en 1945 et qui avait tranquillement mais systématiquement primé sur tout ce qui pouvait réclamer par ailleurs l'attention des Européens. Quel avenir pour les États-nations séparés de l'Europe ? Avaient-ils même un avenir ?

Il ne pouvait être question de revenir au monde de l'État-nation autonome et isolé, qui ne partageait avec son voisin qu'une frontière commune. Polonais, Italiens, Slovènes, Danois – et même les Britanniques – étaient désormais des Européens. Tout comme des millions de Sikhs, de Bengalis, de Turcs, d'Arabes, d'Indiens, de Sénégalais et d'autres encore. Dans la vie économique, tous ceux dont le pays se trouvait dans l'Union européenne – ou voulait en être – étaient dorénavant irrévocablement européens. L'UE était le premier marché unique intérieur du monde, le premier prestataire de services et l'unique source d'autorité de ses États membres dans tout ce qui touche à la réglementation économique et aux codes de loi.

Dans un monde où l'avantage comparatif en dotations fixes – énergie, minerais, terre agricole, et même situation – comptait moins que les politiques de l'éducation, de la recherche et de l'investissement, il importait au plus haut point que l'Union exerçât une initiative croissante dans ces domaines. De même que les États avaient toujours joué un rôle capital dans la constitution des marchés – édictant des règles régissant les échanges, l'emploi et la circulation –, il incombait maintenant à l'UE d'établir ces règles ; grâce à sa monnaie, elle exerçait aussi un quasi-monopole sur les marchés de l'argent. La seule activité économique vitale qui restât du ressort de l'initiative nationale, plutôt qu'européenne, était les barèmes de la fiscalité, et encore uniquement parce que le Royaume-Uni y tenait.

Mais les hommes vivent non pas sur des marchés, mais dans des communautés. Au cours des quelques siècles passés, celles-ci se sont regroupées, volontairement ou (plus souvent) sous la contrainte, en États. Après les expériences de 1914-1945, les Européens éprouvèrent partout un besoin d'État pressant : les politiques et les agendas sociaux des années 1940 reflètent cette angoisse plus que tout autre chose. Avec la prospérité économique, la paix sociale et la stabilité internationale, cependant, cette nécessité devait se dissiper lentement. À sa place, apparurent la méfiance à l'égard d'une autorité publique intrusive ainsi qu'un désir d'autonomie individuelle et d'élimination des contraintes pesant sur l'initiative privée. De plus, au temps des superpuissances, il semblait que le destin de l'Europe lui eût été largement retiré des mains. Les États-nations européens semblaient donc de plus en plus surérogatoires. Depuis 1990, cependant, et *a fortiori* depuis 2001, ces États semblent une fois encore importer beaucoup.

L'État moderne à ses débuts associait intimement deux fonctions : il collectait les impôts et faisait la guerre. L'Europe – l'Union européenne – n'est pas un État. Elle ne lève pas d'impôts et n'a pas capacité pour faire la guerre. Comme on l'a vu, il lui a fallu très longtemps pour acquérir ne serait-ce que des rudiments de capacité militaire, sans parler de politique étrangère. Pendant le plus clair du premier demi-siècle qui suivit la fin de la Seconde Guerre mondiale, ce n'était pas un handicap : la perspective de livrer une nouvelle guerre européenne faisait horreur à la quasi-totalité des Européens, tandis que leur défense contre le seul ennemi probable avait été sous-traitée outre-Atlantique.

À la suite du 11-Septembre 2001, cependant, les limites d'une prescription postnationale pour un meilleur avenir européen apparurent clairement. L'État européen traditionnel, après tout, ne faisait pas seulement la guerre à l'étranger, mais imposait aussi la paix à l'intérieur. Ainsi que Hobbes l'avait compris voici longtemps, c'est précisément ce qui donne à l'État sa légitimité propre et irremplaçable. Dans les pays qui ont connu dans un passé récent une guerre endémique contre des civils non armés (Espagne, Royaume-Uni, Italie et Allemagne), l'importance de l'État – avec sa police, son armée, ses services de renseignement et son appareil judiciaire – n'a jamais été perdue de vue. Dans une époque de « terrorisme », le monopole de l'État sur les forces armées est de nature à rassurer la plupart des citoyens.

Les États se chargent d'assurer la sécurité des citoyens. Et rien n'indiquait que Bruxelles (l'Union européenne) voulût ou pût assumer cette responsabilité dans un avenir prévisible. À cet égard vital, l'État demeurait le représentant légitime essentiel de ses citoyens d'une façon que ne pouvait espérer égaler l'union transnationale des Européens, malgré ses passeports et son Parlement. Les Européens pouvaient bien apprécier la liberté d'en appeler, pardessus la tête de leurs gouvernements, à des juges européens, et beaucoup continuaient de s'étonner que les cours nationales d'Allemagne ou de Grande-Bretagne se pliassent aussi docilement aux arrêts de Strasbourg ou de Luxembourg. Mais s'agissant de faire échec au braqueur ou au terroriste, la responsabilité et donc le pouvoir restaient fermement entre les mains de Berlin et de Londres. Somme toute, que devait faire un citoyen européen si on lançait un engin incendiaire sur sa maison ? Appeler un bureaucrate ?

La légitimité est une fonction de la capacité : c'est en partie parce que l'État ultra-fédéral désarticulé de la Belgique, par exemple, a parfois paru incapable d'assurer la sécurité de ses citoyens que sa légitimité a été contestée. Et bien que la capacité de l'État commence avec les armements, elle ne s'arrête pas là, même aujourd'hui. Tant que l'État – plutôt qu'une entité trans-étatique – versera les pensions, assurera les chômeurs et éduquera les enfants, son monopole d'une sorte de légitimité politique demeurera incontesté. Au cours du XXe siècle, l'État-nation européen a assumé des responsabilités considérables touchant la protection sociale de ses citoyens, leur sécurité et leur bien-être. Dans les dernières années, il s'est délesté de sa surveillance intrusive de la morale privée et d'une partie de son initiative économique, mais pas de toute. Le reste demeure intact.

La légitimité est aussi une fonction du territoire. L'Union européenne, beaucoup d'observateurs l'ont noté, est un animal totalement original : elle se définit territorialement sans être une entité territorialement cohérente. Ses lois et ses règlements s'appliquent à tout le territoire, mais ses citoyens ne peuvent voter aux élections nationales des autres pays (même s'ils peuvent le faire aux scrutins locaux et européens). Quant à la portée géographique de l'Union, elle est totalement démentie par son insignifiance relative dans les affaires quotidiennes des Européens en comparaison de leur pays de naissance ou de résidence. Certes, l'Union assure quantité de services économiques et autres. Mais cela fait de ses citoyens des consommateurs plutôt que des acteurs – « une communauté de citoyens passifs [...] gouvernée par des étrangers » – et risque donc de provoquer des comparaisons peu flatteuses avec l'Espagne ou la Pologne prédémocratiques, ou encore la tranquille culture politique de l'Allemagne de l'Ouest d'Adenauer : autant de précédents peu prometteurs à une entreprise aussi ambitieuse.

La citoyenneté, la démocratie, les droits et le devoir sont intimement liés à l'État, notamment dans des pays qui ont une tradition vivante de participation active des citoyens aux affaires publiques. La proximité physique compte : pour participer à l'État, il faut avoir le sentiment d'en faire partie. Même à l'époque du TGV et de la communication électronique en temps réel, on ne voit pas très bien comment un habitant de Poimbra ou de Rzeszów pourrait être un citoyen actif de *l'Europe*. Pour que le concept garde un sens –et que les Européens demeurent politiques en quelque sens utile –, leur référence, dans l'avenir prévisible, restera Lisbonne ou Varsovie, non pas Bruxelles. Ce n'est pas un hasard si, dans les temps modernes, les États géants – Chine, Russie, États-Unis – ont été gouvernés par des régimes autoritaires ou sont restés résolument centrifuges, leurs citoyens se méfiant passablement de la capitale fédérale et de ses rouages.

Les apparences étaient donc trompeuses. En 2005, l'Union européenne n'avait pas remplacé les unités territoriales traditionnelles, et elle ne devait pas le faire dans un avenir prévisible. Six décennies après la défaite de Hitler, les identités multiples, les souverainetés et les territoires qui, ensemble, définissaient l'Europe et son histoire se chevauchaient et communiquaient assurément entre eux plus qu'à aucun moment par le passé. Ce qui était inédit, et donc relativement plus dur à saisir pour les observateurs extérieurs, c'était la possibilité d'être français *et* européen, catalan *et* européen, ou arabe *et* européen.

Les différents pays et États n'avaient pas disparu. De même que le monde ne convergeait pas vers une norme « américaine » unique, les sociétés capitalistes développées présentaient un large éventail de formes sociales et d'attitudes très différentes envers le marché et l'État, l'Europe avait aussi son palais à elle de peuples et de traditions. L'illusion de vivre dans un monde postnational ou postétatique vient de ce que nous prêtons trop attention aux processus économiques « mondialisés »... et supposons que des évolutions transnationales analogues doivent être à l'œuvre dans toutes les autres sphères de la vie humaine. Vue exclusivement au prisme de la production et de l'échange, l'Europe était bel et bien devenue un ordinogramme continu d'ondes transnationales. Mais vue comme un lieu de pouvoir, de légitimité politique ou d'affinités culturelles, l'Europe restait ce qu'elle avait longtemps été : une accumulation familière de particules étatiques discrètes. Le nationalisme avait largement fait son temps[13] ; mais les nations et les États demeuraient.

Au vu de ce que les Européens s'étaient faits les uns aux autres dans la première moitié du XXe siècle, c'était assez remarquable. Nul n'aurait pu le prédire depuis les décombres de 1945. En fait, la résurgence des populations martyres, ainsi que de leurs cultures et institutions nationales propres, du naufrage d'une guerre continentale de trente ans pourrait bien apparaître comme une prouesse plus grande encore que la réussite des efforts pour forger une Union transnationale. Cette dernière, après tout, figurait sur divers ordres du jour européens bien avant la Seconde Guerre mondiale et profita même, si possible, des dévastations provoquées par le conflit. En revanche, la résurrection de l'Allemagne, de la Pologne ou de la France, sans parler de la Hongrie ou de la Lituanie, avait paru totalement improbable.

Moins prévisible encore – en vérité tout à fait impensable quelques petites décennies plus tôt – était l'émergence de l'Europe, à l'aube du XXIe siècle comme parangon des vertus internationales : une communauté de valeurs et un système de relations interétatiques dans lesquels Européens comme non-Européens voyaient un exemple à imiter. C'était pour une part un effet de la désillusion croissante à l'égard de l'alternative américaine ; mais la réputation était méritée. Et elle ménageait une opportunité sans précédent. Que la nouvelle image brillante de l'Europe, débarrassée de ses péchés et vicissitudes passées, pût relever avec succès les défis du siècle suivant allait cependant dépendre largement de la façon dont les Européens répondraient

13. En Europe, mais pas en Amérique. Dans les enquêtes internationales de la fin du XXe siècle, le nombre d'Américains se disant « très fiers » de leur pays dépassait les 75 %. En Europe, on ne retrouvait semblable ferveur patriotique que chez les Irlandais et les Polonais ; ailleurs, le nombre de gens « très fiers » allait de 49 % (Lettons) à 17 % (ex-Ouest-Allemands).

aux non-Européens en leur sein et à leurs frontières. La question demeurait en suspens dans les premières années troublées du XXIe siècle.

Cent soixante-dix ans auparavant, à l'aube de l'ère nationaliste, le poète allemand Heinrich Heine avait tracé une distinction révélatrice entre deux sortes de sentiment collectif :

> On nous ordonna le patriotisme et nous devînmes patriotes, car nous faisons tout ce que nous ordonnent nos princes. Mais qu'on ne s'imagine pas sous ce patriotisme la même chose qu'ici en France. Le patriotisme du Français consiste en ceci que son cœur s'échauffe, s'emplit de cette chaleur et grandit au point que son amour s'étend non plus seulement à ses proches, mais à toute la France, à tout le pays de la Civilisation. Le patriotisme de l'Allemand, à l'inverse consiste en ceci que son cœur se rétrécit, se racornit comme cuir dans le froid, qu'il hait l'étranger à son pays, qu'il n'est plus citoyen du monde, plus européen, mais seulement un Tudesque borné[14].

La France et l'Allemagne, bien entendu, n'étaient plus les références critiques. Mais le choix que posaient les deux sortes de patriotisme de Heine se rapporte très directement à la situation contemporaine de l'Europe. Si l'Europe émergeante devait prendre un tour « germanique », « se racornir comme cuir dans le froid » pour camper sur un provincialisme défensif – éventualité suggérée par les référendums français et néerlandais du printemps 2005, où des majorités claires rejetèrent le projet de « Constitution » européenne –, l'occasion serait manquée et jamais l'Union européenne ne dépasserait ses fonctions initiales. Elle ne resterait que la somme et le plus grand dénominateur commun des intérêts égoïstes de ses membres.

En revanche, si le patriotisme de l'Europe pouvait trouver un moyen de se dépasser, de saisir l'esprit de la France idéalisée de Heine, pour « s'étendre non plus seulement à ses proches, mais [...] à tout le pays de la Civilisation », alors quelque chose de plus était désormais possible. Le XXe siècle – le siècle de l'Amérique – avait vu l'Europe sombrer dans l'abîme. Le redressement du vieux continent avait été un processus lent et incertain. À certains égards, il ne serait jamais terminé : l'Amérique avait la plus grande armée du monde et la Chine produisait plus, et moins cher. Mais ni l'Amérique ni la Chine n'avait de modèle utile à donner en exemple au monde. Malgré les horreurs de leur passé récent – et dans une large mesure à cause d'elles –, les *Européens* étaient désormais mieux à même que quiconque d'offrir au monde de modestes conseils sur la façon d'éviter de répéter leurs erreurs. Peu l'eussent prédit soixante ans plus tôt, mais le XXIe siècle pourrait bien appartenir encore à l'Europe.

14. [Heinrich Heine, *L'École romantique*, trad. P. Pénisson, Paris, Cerf, 1997, p. 142 (passage censuré).]

Épilogue

De la maison des morts

Essai sur la mémoire européenne moderne

« *Le problème du mal sera le problème fondamental de la vie intellectuelle de l'après-guerre en Europe, de même que la mort est devenue le problème fondamental après la dernière guerre.* »
Hannah Arendt (1945)

« *L'oubli, et je dirai même l'erreur historique, sont un facteur essentiel de la création d'une nation, et c'est ainsi que le progrès des études historiques est souvent pour la nationalité un danger. [...] Or l'essence d'une nation est que tous les individus aient beaucoup de choses en commun, et aussi que tous aient oublié bien des choses.* »
Ernest Renan, *Qu'est-ce qu'une Nation ?* (1882)

« *Tout travail historique sur les événements de cette période devra être mené ou considéré en rapport avec les événements d'Auschwitz. [...] Toute historicisation trouve ici ses limites.* »
Saul Friedländer

Pour les Juifs, concluait Heinrich Heine, le baptême est leur « ticket d'entrée en Europe ». Mais c'était en 1825, quand le prix de l'admission dans le monde moderne était l'abandon d'un héritage oppressif de différence juive et d'isolement. Aujourd'hui, le prix de l'admission en Europe a changé. Dans un tour ironique que Heine – avec ses aperçus prophétiques « des temps sauvages et sombres qui déferlent sur nous » – eût apprécié mieux que personne, ceux qui allaient devenir Européens à part entière à l'aube du XXIe siècle devaient d'abord assumer un autre héritage autrement plus oppressif. De nos jours, la référence européenne pertinente n'est pas le baptême, mais l'extermination.

La reconnaissance de l'Holocauste est notre ticket d'entrée dans l'Europe. En 2004, le président polonais Kwasniewski, cherchant à refermer un chapitre douloureux du passé de son pays et à aligner la Pologne sur ses partenaires de l'Union européenne, reconnut officiellement les souffrances des Juifs polonais durant la guerre, y compris leur victimisation entre les mains des Polonais eux-mêmes. Même le président roumain sortant Iliescu, par concession à l'ambition de son pays de rejoindre l'Union européenne, fut contraint l'année suivante de reconnaître ce que ses collègues et lui s'étaient acharnés à nier : que la Roumanie, aussi, joua son rôle dans la destruction des Juifs d'Europe...

Il est certes d'autres critères à la participation pleine et entière à la famille européenne. Le refus persistant de la Turquie de reconnaître le « génocide » de sa population arménienne en 1915 sera un obstacle à sa candidature à l'UE, de même que la Serbie continuera de languir à la porte de l'Europe tant que sa classe politique n'assumera pas la responsabilité des massacres et autres crimes des guerres yougoslaves. Mais si les crimes de ce genre possèdent de nos jours une telle charge politique – et si « l'Europe » s'est investie de la responsabilité de s'assurer qu'on leur prête attention et de définir les « Européens » comme ceux qui y prêtent attention –, c'est que ce sont des exemples partiels (en l'occurrence, antérieurs et postérieurs, respectivement) *du* crime : les efforts d'un groupe d'Européens pour exterminer chaque membre d'un autre groupe d'Européens, ici, sur le sol européen, dans un massacre qui relève encore de la mémoire vive.

La « solution finale de la question juive » décidée par Hitler en Europe n'est pas seulement la source de pans cruciaux de la jurisprudence internationale de l'après-guerre : « génocide » ou « crimes contre l'humanité ». Elle définit aussi la position morale (et dans certains pays européens, légale) de ceux qui se prononcent à son sujet. Nier ou rabaisser la *Shoah* – l'Holocauste – c'est s'exclure soi-même du champ du discours public civilisé. C'est pourquoi les responsables politiques des grands partis fuient, autant que possible, la compagnie de démagogues comme Jean-Marie Le Pen. L'Holocauste, aujourd'hui, est beaucoup plus qu'un autre fait indéniable d'un passé que les Européens ne peuvent plus choisir d'ignorer. Tandis que l'Europe s'apprête à tourner la page de la Seconde Guerre mondiale – que l'on inaugure les derniers mémoriaux, que l'on honore les derniers combattants et victimes qui ont survécu –, la mémoire retrouvée des Juifs morts de l'Europe est devenue la définition et la garantie mêmes de l'humanité restaurée du continent. Il n'en a pas toujours été ainsi.

Il n'y a jamais eu le moindre mystère autour de ce qu'il était advenu des Juifs d'Europe. Quelques mois seulement après la fin du conflit, on s'accordait largement sur le chiffre de six millions de Juifs tués au cours de la Seconde Guerre mondiale. La poignée des survivants, dans les camps de personnes déplacées ou dans leurs pays d'origine, témoignait implicitement du nombre des morts. Sur les 126 000 Juifs déportés d'Autriche, 4 500 revinrent après la guerre. Aux Pays-Bas, qui comptaient 140 000 Juifs avant la guerre, 110 000 furent déportés : moins de 5 000 devaient revenir. En France, moins de 3 % des 76 000 Juifs (pour la plupart d'origine étrangère) déportés entre 1940 et 1944 survécurent. Plus à l'est, les chiffres étaient encore pires : sur les quelque 3 millions de Juifs que comptait la Pologne avant la guerre, 97,5 % furent exterminés. En Allemagne même, en mai 1945, ne restait plus que 21 450 des 600 000 Juifs du pays.

Les survivants ne furent pas très bien accueillis à leur retour. Après des années de propagande antisémite, les populations locales étaient partout enclines à rendre « les Juifs » abstraitement responsables de leurs souffrances, mais aussi singulièrement navrées de voir revenir des hommes et des femmes dont elles avaient pris les emplois, les biens et les appartements. Dans le IVe arrondissement de Paris, le 19 avril 1945, des centaines de personnes manifestèrent pour protester quand un déporté juif de retour voulut récupérer son appartement (occupé). Avant qu'elle ne fût dispersée, la manifestation dégénéra en quasi-émeute, la foule criant « La France aux Français ! » Le vénérable philosophe catholique français Gabriel Marcel n'aurait sans doute pas recouru à ce vocabulaire. Mais il n'éprouva aucune gêne, quelques mois plus tard, dans les pages de *Témoignage chrétien*, à évoquer l'arrogante présomption des Juifs et leur impatience à tout reprendre.

Comment s'étonner, alors, que Simone Veil, la future ministre ait pu dire, évoquant son retour de Bergen-Belsen « Nous avons eu le sentiment que nos vies ne comptaient pas, alors que pourtant, il y avait déjà si peu de survivants[1] » ? En France, comme en Belgique, les résistants déportés qui avaient survécu et revenaient maintenant étaient traités en héros : ceux qui avaient sauvé l'honneur du pays. Mais les Juifs déportés à cause de leur race, non pour leur engagement politique, ne pouvaient servir une fin utile de cette nature. En tout état de cause, de Gaulle, comme Churchill, était curieusement aveugle à la spécificité raciale des victimes de Hitler, replaçant le nazisme dans le contexte du militarisme prussien. À Nuremberg, le procureur français François de Menthon était mal à l'aise avec le concept même de « crimes contre l'humanité », auquel il préférait celui de « crimes contre la paix », et tout au long du procès il ne fit aucune allusion à la déportation ou au meurtre des Juifs[2].

Près de trois ans après, le 11 janvier 1948, un éditorial du journal *Le Monde*, intitulé « Les survivants des camps de la mort », réussit à évoquer avec émotion les « 280 000 déportés, 25 000 survivants » sans même mentionner le mot « Juif ». Suivant la législation adoptée en 1948, le mot « déportés » n'était applicable qu'aux citoyens ou résidents français déportés pour des raisons politiques ou pour résistance à l'occupant. Aucune distinction n'était faite suivant les camps auxquels on avait été envoyé ni le sort subi à son arrivée. Ainsi les documents officiels décrivaient comme « déportés politiques » les enfants

1. [Simone Veil, entretien, in A. Wieviorka, *Déportation et génocide. Entre la mémoire et l'oubli*, Paris, Plon, 1992 ; rééd. Hachette, Pluriel, 2003, p. 94.]

2. Le procureur américain Telford Taylor en fut frappé après-coup, mais reconnaît ne l'avoir pas même remarqué sur le moment : l'aveu est révélateur. Voir Telford Taylor, *The Anatomy of the Nuremberg Trials : A Personal Memoir*, New York, 1992, p. 296 ; en fr., *Procureur à Nuremberg*, trad. M.-Fr. de Paloméra, Paris, Seuil, 1995, p. 311-312.

juifs enfermés dans des trains et envoyés à Auschwitz pour y être gazés. Avec une ironie involontaire, mais mordante, ces enfants, pour la plupart fils et filles de Juifs d'origine étrangère arrachés de force à leurs parents par des gendarmes français, furent ensuite commémorés dans des documents et sur des plaques comme « morts pour la France[3] ».

En Belgique, les partis catholiques du premier Parlement de l'après-guerre protestèrent contre l'idée de verser la moindre indemnité aux Juifs arrêtés exclusivement pour motif « racial » – et dont on insinuait que la plupart s'étaient probablement livrés au marché noir. Comme 95 % des Juifs déportés de Belgique étaient des ressortissants étrangers ou des apatrides, une loi adoptée après la guerre décida que, à moins qu'ils eussent combattu dans des mouvements de résistance organisée, les survivants juifs qui se retrouvèrent en Belgique après la guerre ne seraient éligibles à aucune espèce d'aide publique. En octobre 1944, les autorités belges attribuèrent automatiquement la nationalité « allemande » à tout survivant juif de Belgique qui ne pouvait prouver qu'il était citoyen belge. Théoriquement, cette mesure abolissait toutes les distinctions « raciales » du temps de guerre, mais elle eut aussi pour effet de transformer des Juifs survivants en étrangers ennemis *de facto*, qui pouvaient être internés et dont les biens furent saisis (et ne furent restitués qu'en janvier 1947). Cela avait encore l'avantage de permettre finalement de renvoyer ces Juifs en Allemagne, maintenant qu'ils n'étaient plus menacés par les persécutions nazies.

Aux Pays-Bas, où, à en croire le journal de la résistance hollandaise, *Vrij Nederland*, les nazis eux-mêmes avait été sidérés de l'alacrité des habitants et des autorités à coopérer à leur humiliation, la poignée de Juifs qui revinrent furent singulièrement mal accueillis. L'une d'elles, Rita Koopman, a raconté en quels termes : « Vous êtes nombreux à rentrer. Vous pouvez être heureux de ne pas avoir été ici : si vous saviez comme on a souffert de la faim ! » De fait, les Hollandais souffrirent terriblement au cours de l'« Hiver de la faim » 1944-1945, et les nombreuses maisons évacuées par les Juifs déportés, notamment à Amsterdam, étaient une source précieuse de bois et autres fournitures. Mais malgré l'empressement des autorités hollandaises en temps de guerre à identifier et rafler les Juifs du pays, celles de l'après-guerre – la conscience tranquille – ne se sentaient aucune obligation de dédommager en quoi que ce soit les Juifs. Avec une certaine autosatisfaction, elles se firent au contraire un devoir de refuser de faire la moindre distinction entre citoyens hollandais

3. Dans la ville de Pithiviers, près d'Orléans, où des enfants juifs raflés à Paris furent internés avant d'être expédiés à l'est, un monument fut érigé en 1957, sur lequel on pouvait lire : « À nos déportés morts pour la France. » Il fallut attendre 1992 pour que la municipalité décide d'apposer une nouvelle plaque évoquant la mémoire des 2 300 « enfants juifs internés au camp de Pithiviers du 19 juillet au 6 septembre 1942 avant d'être déportés et assassinés à Auschwitz ».

pour raisons raciales ou autres et vouèrent ainsi les Juifs perdus du pays à un anonymat et à une invisibilité rétrospectives. Dans les années 1950, les Premiers ministres catholiques du pays déclinèrent même de contribuer à un projet de monument international à Auschwitz, le qualifiant de « propagande communiste ».

En Europe de l'Est, il ne fut bien entendu jamais beaucoup question de reconnaître la souffrance des Juifs, encore moins de l'indemniser. Dans l'immédiat après-guerre, les Juifs de cette région se préoccupèrent avant tout simplement de rester en vie. Le polonais Witold Kula a raconté un voyage en train de Lodz à Wroclaw, en août 1946, où il fut témoin des moqueries antisémites que dut essuyer une famille juive : « L'intellectuel polonais moyen ne comprend pas qu'un Juif en Pologne ne peut conduire une voiture, ne prend pas le risque de voyager en train, n'ose pas envoyer son enfant dans une sortie scolaire ; pas question pour lui de se rendre dans de lointaines localités ; il préfère les grandes villes, même aux moyennes, et mal lui en prend s'il sort après la tombée du jour. Il faudrait être un héros pour continuer de vivre dans une atmosphère pareille après six années de tourment. »

Après la défaite de l'Allemagne, beaucoup de Juifs d'Europe de l'Est devaient s'en tenir à leur stratégie de survie du temps de guerre : cacher leur identité juive à leurs collègues, leurs voisins et même leurs enfants, se fondre de leur mieux dans le monde d'après-guerre et reprendre au moins un semblant de vie normale. Et pas simplement en Europe de l'Est. En France, alors que de nouvelles lois interdirent la rhétorique antisémite déclarée de la vie publique d'avant-guerre, l'héritage de Vichy demeura, les tabous d'une génération ultérieure ne s'étaient pas encore imposés, et des comportements qui devaient plus tard susciter la réprobation étaient encore acceptables. Comme dans les années 1930, la gauche n'était pas à l'abri. En 1948, le parlementaire communiste Arthur Ramette attira l'attention sur un certain nombre d'hommes politiques juifs en vue – Léon Blum, Jules Moch, René Mayer – pour les opposer aux parlementaires de son parti, avant d'ajouter, d'une formule aussi inconvenante que fausse, « nous, communistes, n'avons que de vrais noms français[4] ».

Dans ces conditions, le choix de la plupart des Juifs d'Europe semblait tranché : partir (pour Israël, dès que l'État vit le jour, ou pour l'Amérique, après qu'elle ouvrit ses portes en 1950) ou se taire et, autant que possible, se faire invisible. Certes, nombre d'entre eux étaient tenaillés par un besoin pressant de parler et de témoigner. Primo Levi se dira animé par un « devoir absolu, pathologique, de raconter » qui le poussait à coucher par écrit ce qu'il venait de vivre. Mais le destin même de Levi est instructif. En 1946, quand il

4. [Cité in Pierre Birnbaum, *Un mythe politique : la « République juive », de Léon Blum à Pierre Mendès France*, Paris, Fayard, 1988, rééd. Gallimard, coll. *TEL*, 1995, p. 283.]

soumit *Se questo è un uomo*, l'histoire de son internement à Auschwitz, à Einaudi, le principal éditeur de gauche en Italie, il essuya un rejet sans appel : son récit de persécution et de survie, à commencer par sa déportation en qualité de Juif plutôt que de résistant, n'était pas conforme aux récits italiens édifiants de résistance de tout le pays au fascisme.

C'est un petit éditeur qui finit par publier *Se questo è un uomo.* L'essentiel du tirage – juste 2 500 exemplaires – resta dans un entrepôt de Florence pour être détruit vingt ans plus tard par une grande inondation. La publication des mémoires de Levi dut attendre 1959 en Grande-Bretagne : *If This Is a Man* ne se vendit qu'à quelques centaines d'exemplaires (l'édition américaine, sous le titre *Survival in Auschwitz*, ne commença à se vendre vraiment que vingt ans plus tard). Gallimard, le plus prestigieux des éditeurs français, s'abstint longtemps d'acheter quoi que ce soit de Levi ; ce n'est qu'après sa mort, en 1987, que son œuvre et sa signification commencèrent à être reconnues. De même que son sujet, Primo Levi resta donc largement inaudible de longues années durant. En 1955, observa-t-il, il était devenu « indélicat » de parler des camps : « On risque d'être accusé de poser en victime, d'étalage indécent. » Elle aussi survivante d'Auschwitz, l'Italienne Giuliana Tedeschi fit la même observation : « J'ai croisé beaucoup de gens qui ne voulaient rien savoir, parce que les Italiens aussi avaient souffert, après tout, même ceux qui n'étaient pas allés dans les camps. [...] Ils disaient : "Au nom du ciel, tout cela est fini", et donc longtemps je me suis tue[5]. »

Même en Grande-Bretagne on ne parlait pas de l'Holocauste en public. De même que Buchenwald était le camp de concentration par excellence pour les Français, avec ses comités de prisonniers politiques communistes bien organisés, dans la Grande-Bretagne d'après-guerre l'image iconique du camp nazi n'était pas Auschwitz, mais Bergen-Belsen (libéré par les troupes britanniques), avec ses survivants squelettiques montrés aux actualités cinématographiques à la fin de la guerre et qui n'étaient pas typiquement identifiés comme Juifs[6]. Toujours en Grande-Bretagne, les Juifs préféraient souvent adopter un profil bas et garder leurs souvenirs pour eux. Évoquant en 1996 son enfance anglaise de fils de survivant d'un camp, Jeremy Adler rappela que, si la discussion de l'Holocauste n'était frappée d'aucun tabou à la maison, le sujet demeurait déplacé partout ailleurs : « Mes amis pouvaient raconter fièrement comment leur papa s'était battu avec Monty dans le désert. Il était exclu de faire état des expériences de mon père. On ne leur a fait une place

---

5. Giuliana Tedeschi, citée in Nicola Caracciolo *et al.*, *Uncertain Refuge : Italy and the Jews During the Holocaust*, Urbana, University of Illinois Press, 1995, p. 121.

6. En Grande-Bretagne, après la guerre, on disait d'une personne excessivement maigre ou malingre qu'on l'on croirait « sortie de Belsen ». En France, dans les foires, les chambres d'horreur portaient le nom de « Buchenwald » : incitation à l'exploitation mercantile du voyeurisme.

que dernièrement. Le cycle public du refoulement à l'obsession en Grande-Bretagne a mis une cinquantaine d'années[7]. »

Après-coup, c'est le caractère universel de la négligence qui est le plus frappant. L'extermination des Juifs fut chassée des consciences non seulement où il y avait de bonnes raisons d'y penser – comme en Autriche (qui, avec un dixième seulement de la population de l'Allemagne, avant la guerre, avait donné un gardien de camp de concentration sur deux) ou en Pologne, mais aussi en Italie – où la majeure partie du pays n'avait aucun motif de honte sur ce chapitre – ou encore en Grande-Bretagne, où les années de guerre étaient par ailleurs considérées avec fierté, voire avec une certaine nostalgie. Le déclenchement rapide de la guerre froide y contribua, naturellement[8]. Il y avait cependant aussi d'autres raisons. Pour la plupart des Européens, la Seconde Guerre mondiale n'avait pas concerné les Juifs (sauf quand on les en blâmait), et toute idée que leurs souffrances méritaient la place d'honneur suscitait une vive réprobation.

L'Holocauste était une des nombreuses choses qu'on voulait oublier : « Dans les années fastes de l'après-guerre [...], les Européens s'abritèrent derrière une amnésie collective » (Hans-Magnus Enzensberger). Entre leurs compromis avec les instances et les dirigeants du temps de guerre et leurs humiliations privées, leurs épreuves matérielles et leurs tragédies personnelles, des millions d'Européens avaient de bonnes raisons de se détourner du passé récent ou d'en fausser la mémoire, de l'édulcorer. Ce que l'historien français Henry Rousso devait plus tard appeler le « syndrome de Vichy » – ces décennies où l'on eut du mal à reconnaître ce qui s'était produit au cours de la guerre et le désir irrésistible de bloquer la mémoire ou de la remanier de manière utilisable sans courir le risque de corroder les liens fragiles de la société d'après-guerre – était loin d'être l'apanage de la France.

Chaque pays occupé, en Europe, développa son « syndrome de Vichy ». En Italie, par exemple, les privations du temps de guerre, au pays comme dans

---

7. Voir *The Times Literary Supplement* du 4 octobre 1996. Les Juifs ne furent pas les premiers, en Grande-Bretagne, à choisir la discrétion quand il était question de l'Holocauste. Sous Churchill, pendant la guerre, le gouvernement choisit de ne pas divulguer d'informations sur les camps de la mort dans sa propagande contre les nazis de crainte de provoquer une poussée d'antisémitisme – déjà très fort dans certains quartiers de Londres, ainsi que l'avaient observé les services secrets.

8. Surtout en Amérique. En 1950, la Commission des Personnes déplacées du Congrès déclara : « Les unités de Waffen SS de la Baltique doivent être considérées comme des unités à part et distinctes, par leur fin, leur idéologie, leurs activités et leurs qualifications, des SS allemands. Les Waffen SS de la Baltique avaient compté parmi les plus brutales et enthousiastes quand il s'était agi de torturer et de tuer des Juifs sur le Front est, mais dans les circonstances inédites de la guerre froide, ils étaient "nos" nazis, bien sûr ». Je dois ce renseignement au professeur Daniel Cohen, de Rice University.

les camps de prisonniers, détournèrent l'attention publique des souffrances que les Italiens avaient infligées à d'autres : dans les Balkans, par exemple, ou dans les colonies africaines. Les histoires que les Hollandais ou les Polonais se racontaient sur la guerre devaient nourrir l'image que la nation voulait se donner d'elle-même des décennies durant, les Hollandais, notamment, faisant grand cas de leur image de pays qui avait résisté, tout en s'efforçant par tous les moyens d'oublier les 23 000 Hollandais engagés volontaires dans la Waffen SS : le plus fort contingent de toute l'Europe occidentale. La Norvège elle-même devait tant bien que mal digérer le souvenir du cinquième de ses officiers qui avaient volontairement rejoint le *Nasjonal Samling* (Rassemblement national) de Vidkun Quisling avant ou après avril 1940. Mais tandis que la Libération, la résistance et les déportés – voire des défaites héroïques comme Dunkerque ou le soulèvement de Varsovie en 1944 – pouvaient être utiles à la construction d'un mythe national compensatoire, il n'y avait rien d'« utilisable » dans l'Holocauste[9].

Par certains côtés, il fut plus facile aux *Allemands* de regarder en face et de reconnaître l'ampleur de leur crime. Pas tout de suite, naturellement : nous avons vu l'échec de la « dénazification ». L'enseignement de l'histoire, dans la jeune République fédérale, s'arrêtait à l'Empire wilhelminien. À la rare exception d'un homme d'État comme Kurt Schumacher – qui prévint ses compatriotes dès juin 1947 que mieux vaudrait apprendre à « parler tout de suite des Juifs en Allemagne et dans le monde » –, les personnalités publiques allemandes des années 1940 et 1950 réussirent à éviter toute allusion à la Solution finale. L'écrivain américain Alfred Kazin a observé que pour ses étudiants de Cologne, en 1952, « la guerre était terminée. Il ne fallait pas parler de la guerre. Mes étudiants ne pipaient mot de la guerre ». Quand les Allemands de l'Ouest se retournaient sur le passé, c'était pour évoquer les souvenirs de leurs propres souffrances : suivant les sondages des années 1950, une écrasante majorité parlait de l'occupation alliée d'après-guerre comme de « la pire époque de leur vie ».

Certains observateurs l'avaient prédit en 1946 : les Allemands réussirent à prendre leurs distances vis-à-vis de Hitler, à se soustraire au châtiment comme à la responsabilité morale en offrant le Führer au monde en bouc émissaire. En vérité, ce que Hitler avait produit suscitait une rancœur considérable : mais on lui en voulait plus de ce qui s'était abattu de son fait sur la tête des Allemands que de ce que les Allemands et lui avaient fait à d'autres. Pour beaucoup d'Allemands de ces années-là, avoir pris les Juifs pour cible n'était pas tant le plus grand crime de Hitler que sa plus grave *erreur* : dans une enquête de 1952, près de deux adultes d'Allemagne de l'Ouest sur cinq

9. Sauf en Israël, bien entendu.

n'hésitèrent pas à répondre aux sondeurs qu'il valait « mieux » pour leur pays n'avoir pas de Juifs sur son territoire.

La relative absence de rappels proches des atrocités nazies facilitaient ces attitudes : les nazis avaient pris soin d'implanter leurs principaux camps de la mort loin du « Vieux Reich ». Non que cette proximité fût en soi la garantie d'une sensibilité quelconque. Le fait que Dachau fût une banlieue de Munich, à portée de tram du centre-ville, n'aida aucunement la population locale à comprendre ce qui s'y était passé : en janvier 1948, le Parlement bavarois décida à l'unanimité de transformer le site du camp nazi en *Arbeitslager*, en camp de travail forcé pour « tire-au-flanc, éléments asociaux ». Ainsi que l'observa Hannah Arendt quand elle visita l'Allemagne en 1950 : « Partout on remarque qu'il n'y a pas de réaction à ce qui s'est produit, mais il est difficile de dire si cela est dû à un refus intentionnel de porter le deuil ou si c'est l'expression d'une authentique incapacité émotionnelle ». En 1955, un tribunal de Francfort acquitta un certain Dr Peters, le directeur général d'une société qui livrait du Zyklon B aux SS, sous prétexte qu'il « manquait de preuves » qu'il avait servi à tuer des déportés.

En même temps, cependant, les Allemands – cas unique en Europe – ne pouvaient nier ce qu'ils avaient fait aux Juifs. Ils pouvaient éviter d'en parler ; ils pouvaient insister sur leurs propres souffrances ; ils pouvaient rejeter la faute sur une « poignée » de nazis. Mais ils ne pouvaient esquiver leur responsabilité en imputant le crime de génocide à un autre. Même Adenauer, qui se cantonna publiquement à exprimer sa sympathie aux « victimes » juives sans jamais nommer leurs bourreaux, avait été contraint de signer le traité de réparation avec Israël. Et alors que ni les Britanniques ni les Français, ni même ses compatriotes italiens, ne montrèrent le moindre intérêt pour les souvenirs de Primo Levi, le *Journal d'Anne Frank* (document, il est vrai, plus accessible) allait devenir le best-seller au format de poche de toute l'histoire allemande avec plus de 700 000 exemplaires vendus en 1960.

Le déclencheur de l'auto-interrogation allemande, on l'a vu, fut une série de procès résultant d'enquêtes tardives concernant les crimes allemands sur le front est. Tout avait commencé à Ulm, en 1958, avec des poursuites engagées contre des membres des « Groupes d'intervention » du temps de guerre, suivies de l'arrestation et du jugement d'Adolf Eichmann. Le point culminant avait été les procès de Francfort, entre décembre 1963 et août 1965, dont les accusés étaient d'anciens gardes d'Auschwitz : tous ces procès donnèrent pour la première fois l'occasion, aux survivants des camps, de parler publiquement de leurs expériences. Dans le même temps, la loi sur la prescription des meurtres (20 ans) en Allemagne fédérale fut élargie (sans être encore abolie).

Ce changement d'état d'esprit s'explique largement par la vague de vandalisme antisémite de la fin des années 1950 et les signes de plus en plus clairs que les jeunes Allemands ignoraient tout du IIIe Reich : leurs parents ne leur avaient rien dit et leurs enseignants évitaient le sujet. Dès 1962, dix *Länder* ouest-allemands annoncèrent que, dorénavant, l'enseignement de l'histoire des années 1933-1945 – y compris l'extermination des Juifs – serait obligatoire dans toutes les écoles. Ainsi revint-on sur le postulat initial de Konrad Adenauer au lendemain de la guerre : la santé de la démocratie allemande exigeait désormais qu'on se souvînt du nazisme, non qu'on l'oubliât. Et l'attention portait de plus en plus sur le génocide et les « crimes contre l'humanité », plutôt que les « crimes de guerre » auxquels le nazisme avait été jusque-là essentiellement associé. Il fallait faire prendre conscience à une nouvelle génération de la nature – et de l'ampleur – des atrocités nazies. Des magazines populaires comme *Stern* et *Quick* ne pourraient plus minimiser la signification des camps, comme ils l'avaient fait dans les années 1950, ni chanter les louanges des « bons » nazis. Une certaine conscience publique du caractère inacceptable et indigne du passé récent de l'Allemagne commençait de s'installer.

Mais gardons-nous d'exagérer le changement. Dans les années 1960, la RFA eut pour chancelier (Kiesinger) et président (Hans Lübke) d'anciens nazis : contradiction flagrante dans l'image que voulait se donner la République de Bonn et que ne manquèrent pas de remarquer les jeunes commentateurs (voir chapitre XII). Et une chose était de dire la vérité sur les nazis, une tout autre affaire était de reconnaître la responsabilité collective du peuple allemand, sujet sur lequel le gros de la classe politique gardait encore le silence. Par ailleurs, alors que le nombre d'Allemands de l'Ouest croyant que Hitler, « sans la guerre », eût été un des plus grands hommes d'État de l'Allemagne chuta de 48 % en 1955 à 32 % en 1967, ce dernier chiffre (même si les personnes âgées étaient surreprésentées dans cette catégorie) n'était guère rassurant.

La véritable transformation survint au cours de la décennie suivante. Une série d'événements – la guerre israélo-arabe des Six jours, en 1967, le chancelier Brandt qui s'agenouilla devant le mémorial du ghetto de Varsovie, le meurtre des athlètes israéliens aux Jeux olympiques de Munich en 1972 et, enfin, la diffusion du feuilleton *Holocauste* en janvier 1979 – contribua à mettre les Juifs et leurs souffrances en tête de l'ordre du jour public allemand. La série télévisée fut de loin le facteur le plus important. Pur produit de la télévision commerciale américaine – avec son histoire simple, ses personnages essentiellement bidimensionnels, la structuration du récit pour un impact émotionnel maximum – *Holocauste* (voir chapitre XIV) suscita l'exécration et l'abomination des cinéastes européens, d'Edgar Reitz à Claude Lanzmann, qui l'accusèrent de transformer l'histoire allemande en feuilleton mièvre à l'américaine, et de rendre accessible et compréhensible ce qui devrait toujours rester indicible et impénétrable.

Mais ces limites mêmes expliquent l'impact de la diffusion, qui occupa quatre soirées consécutives sur la chaîne nationale ouest-allemande et réunit devant le petit écran près de vingt millions de téléspectateurs, soit nettement plus de la moitié de la population adulte. Il se trouve qu'elle coïncida aussi avec un autre procès, celui d'anciens gardes du camp de la mort de Majdanek : rappel, à l'intention des téléspectateurs, que le dossier n'était pas clos. L'impact public fut considérable. Cinq mois plus tard, le Bundestag votait l'abolition de la loi sur la prescription des meurtres (il vaut la peine de rappeler que le futur chancelier Helmut Kohl fut de ceux qui votèrent contre). Dorénavant, les Allemands allaient être parmi les Européens les mieux informés sur la *Shoah* et au premier plan des efforts pour entretenir la conscience publique du crime singulier de leur pays. Alors qu'en 1968 il n'y avait eu que 471 groupes scolaires pour visiter Dachau, à la fin des années 1970 ils étaient largement plus de 5 000 par an.

La connaissance – et la reconnaissance publique – de ce que les Allemands avaient fait aux Juifs quatre décennies auparavant marqua une avancée considérable ; en revanche le situer dans l'histoire allemande et européenne resta un dilemme difficile et irrésolu, ainsi qu'allait le démonter dans les années 1980 la « querelle des historiens ». Certains chercheurs conservateurs, dont l'historien jusque-là respecté Ernst Nolte, acceptaient mal l'insistance à traiter Hitler, son mouvement et ses crimes comme un phénomène unique et *sui generis.* Pour comprendre le nazisme, protestèrent-ils, il nous faut le situer dans son époque et dans son espace. Selon Nolte, la montée du nazisme et quelques-unes de ses pratiques les plus grotesques furent avant tout une réponse au bolchevisme : elles ne firent que suivre et dans une certaine mesure imiter l'exemple et la menace de Lénine et de ses héritiers. Cela n'amoindrit aucunement les crimes du nazisme, plaida Nolte dans un article tristement célèbre de la *Frankfurter Allgemeine Zeitung* en juin 1986, mais sans le précédent bolchevique on ne saurait pleinement les expliquer[10]. Il était temps de reconsidérer l'ère nazie, de situer l'Holocauste dans le cadre plus général des génocides modernes.

La réaction à Nolte vint surtout de Jürgen Habermas, qui – comme Enzensberger, Günter Grass et d'autres membres de la « génération sceptique » – était assez âgé pour se souvenir du nazisme et donc profondément méfiant à l'égard de toute velléité de « limiter » les responsabilités allemandes. Absurde, répliqua Habermas à Nolte : la question, en ce qui concerne le nazisme, est précisément de ne pas de le « situer » ou l'« historiciser ». Telle est précisément la tentation à laquelle aucun allemand ne devrait jamais avoir le droit de s'abandonner. Le crime nazi – le crime allemand – fut unique :

10. [« Vergangenheit, die nicht vergehen will », *in « Historikerstreit ». Die Dokumentation der Kontroverse um die Einzigartigkeit der nationalsozialistichen Judenvernichtung,* Munich, 1987, p. 39-47 ; en français « Un passé qui ne veut pas passer », trad. B. Vergne-Cain, in *Devant l'histoire, les documents de la controverse sur la singularité de l'extermination des Juifs par le régime nazi,* Paris, Cerf, 1988, p. 29-35. Ce volume reprend l'ensemble du dossier, notamment la réponse de Habermas.]

unique dans son ampleur, unique dans son ambition, unique dans son mal insondé. La contextualisation au sens de Nolte, avec la relativisation implicite de la responsabilité allemande qui doit s'ensuivre inévitablement, était purement et simplement proscrite.

Mais l'attitude intransigeante d'Habermas fixait une norme à laquelle il était peu vraisemblable que nombre de ses compatriotes (dont les historiens, pour qui comparaison et contexte sont la substance même de leur discipline) se tinssent longtemps. La nouvelle place éminente de l'Holocauste dans le débat public allemand – qui atteignit des sommets dans les années 1990 avec de copieux étalages de remords officiel pour les insuffisances passées, des Allemands se livrant alors à ce que l'écrivain Peter Schneider a appelé un « genre de vertueuse haine de soi » – ne pouvait durer indéfiniment. Demander à chaque nouvelle génération d'Allemands de vivre à jamais dans l'ombre de Hitler, exiger qu'ils endossent la responsabilité de la mémoire de la culpabilité unique de l'Allemagne et en faire l'aune même de leur identité nationale était le moins qu'on put exiger… mais c'était attendre beaucoup trop.

Ailleurs, en Europe occidentale, le processus de remémoration et de reconnaissance dut d'abord triompher des illusions locales intéressées : un processus qui demanda en général deux générations et plusieurs décennies. En Autriche – où le feuilleton *Holocauste* fut diffusé deux mois plus tard seulement qu'en Allemagne –, il fallut attendre le milieu des années 1980, avec la révélation que le président Kurt Waldheim avait joué un rôle dans l'occupation brutale de la Yougoslavie par la Wehrmacht, pour que (certains) Autrichiens commencent de s'interroger prudemment, sans encore aller jusqu'au bout, sur le passé nazi de leur pays. En vérité, le fait que Waldheim eût été précédemment secrétaire-général des Nations unies sans que quiconque, dans le concert des nations, ne se souciât de son passé pendant la guerre nourrit chez bien des Autrichiens le soupçon que l'on mettait pour eux la barre spécialement haut. Après tout, l'Autriche avait eu après la guerre un chancelier juif – le socialiste Bruno Kreisky : on ne pouvait en dire autant des Allemands.

Mais personne n'attendait beaucoup des Autrichiens. Leurs relations largement impassibles avec le passé récent – en 1990, deux Autrichiens sur cinq pensaient encore que leur pays avait été une victime de Hitler, plutôt que son complice et 43 % des Autrichiens imaginaient que le nazisme « avait des bons et des mauvais côtés » – confirmaient simplement leurs préjugés et ceux des autres[11]. Le voisin alpin de l'Autriche, la Suisse, était une autre affaire.

11. En octobre 1991, à la suite de la profanation de tombes au cimetière juif de Vienne, l'institut Gallup sonda les Autrichiens sur leur attitude envers les Juifs : 20 % estimaient que les « positions d'autorité » devaient être fermées aux Juifs ; 31 % disaient « n'avoir aucune envie d'un Juif pour voisin » ; et 50 % étaient prêts à souscrire à la proposition suivant laquelle « les Juifs sont responsables de leur persécution passée ».

Quarante années durant, après 1945, elle avait bénéficié d'un « laissez-passer, il n'y a rien à voir » concernant sa conduite pendant la guerre. Non seulement on avait oublié que les Suisses n'avaient pas ménagé leurs efforts pour maintenir les Juifs dehors, mais partout, dans la fiction populaire comme au cinéma, le pays était présenté comme un havre sûr et accueillant pour tous les persécutés qui se présentaient à ses frontières. La Suisse avait la conscience tranquille et jouissait de l'admiration envieuse du monde.

En vérité, en 1945, la Suisse n'avait accueilli que 28 000 Juifs, dont sept mille avant le début de la guerre. Les réfugiés de guerre n'étaient pas autorisés à travailler et vivaient grâce aux taxes prélevées sur les riches résidents juifs. Il fallut attendre juin 1994 pour que les autorités de Berne reconnussent officiellement que la demande adressée par la Suisse à Berlin en octobre 1938 – que la lettre « J » fût estampillée sur les passeports de tous les Juifs allemands, pour mieux les exclure – était un acte de « discrimination raciale intolérable ». Si la mauvaise conduite des Suisses s'était arrêtée là, cela n'eût guère fait grand bruit : si Londres et Washington ne demandèrent jamais de marque d'identification sur les passeports juifs, leur comportement quand il fallut sauver des réfugiés juifs n'est pas particulièrement un motif de fierté. Mais les Suisses allèrent beaucoup plus loin.

Ainsi que la chose devint péniblement claire au cours des enquêtes officielles menées tout au long des années 1990, la Suisse ne se contenta pas de recycler l'or pillé et d'apporter une substantielle contribution pratique à l'effort de guerre allemand (voir le chapitre III) : des banques et des compagnies d'assurance suisses avaient eu l'indécence d'empocher en connaissance de cause des sommes substantielles appartenant aux titulaires de comptes juifs ou aux ayants-droit des polices d'assurance contractés par des parents assassinés. Par un accord secret d'après-guerre avec la Pologne communiste – rendu public en 1996 –, Berne offrit même d'assigner les comptes bancaires des Juifs polonais décédés aux nouvelles autorités de Varsovie, en contrepartie de l'indemnisation des banques et des entreprises suisses expropriées après la prise du pouvoir par les communistes[12]. Du jour où les preuves de ce genre commencèrent d'apparaître, la réputation du pays vola en éclats, et toutes les excuses du monde (présentées à contrecœur), les indemnisations et les fonds destinés aux victimes ne sont pas près de la rétablir. Le 13 septembre 1996, un éditorial du journal allemand *Die Zeit* – observant que la Suisse était enfin rattrapée par la « longue ombre de l'Holocauste » – sentait passablement la *Schadenfreude.* Mais ce n'était que pure vérité.

La belle image de la Hollande pendant la guerre – où tout le monde ou presque était censé avoir « résisté » et avoir fait de son mieux pour entraver

12. Les Polonais se firent une joie d'accepter : dans ces affaires, Varsovie ne voyait aucun obstacle à définir les Juifs comme des Polonais…

les plans allemands – fut ébréchée et discréditée un peu plus tôt, et à l'initiative locale. Au milieu des années 1960, des histoires officielles en plusieurs volumes apportèrent d'abondantes informations sur l'expérience des Pays-Bas durant la guerre, dont les déportations, mais s'arrêtèrent au *quoi* et évitèrent soigneusement de traiter du *qui*, du *comment* et du *pourquoi* de la catastrophe juive en particulier. En tout état de cause, elles eurent peu de lecteurs. En avril 1965, cependant, un historien hollandais, Jacob Presser, publia *Ondergang*, la première histoire complète de l'extermination des Juifs hollandais : l'ouvrage se vendit à 100 000 exemplaires dans la seule année 1965 et provoqua une vague d'intérêt public pour le sujet[13]. Suivirent à bref délai une avalanche de documentaires télévisuels et d'autres émissions sur l'Occupation – dont une, *De bezetting* (« L'Occupation »), devait se prolonger deux décennies durant – ainsi qu'un changement de l'état d'esprit officiel. C'est en 1965 qu'un gouvernement hollandais, pour la première fois, offrit de contribuer au mémorial d'Auschwitz, même s'il fallut encore sept ans avant que les Pays-Bas ne consentissent enfin à verser aux déportés juifs survivants la pension qui avait été accordée aux résistants et autres victimes nazies depuis 1947.

De même qu'en Allemagne, les procès israéliens et allemands du début des années 1960 furent le déclencheur de l'intérêt des Hollandais pour un passé occulté. Et aux Pays-Bas comme ailleurs, les baby-boomers de l'après-guerre se montraient curieux de l'histoire récente et passablement sceptiques envers l'histoire que la « génération silencieuse » de leurs parents leur avait racontée – ou, plus exactement, ne leur avait pas racontée. Les changements sociaux des années 1960 aidèrent à briser le mur du silence officiel à propos de l'Occupation : la rupture des tabous sociaux et sexuels – qui, dans certaines régions des Pays-Bas, notamment à Amsterdam, bouscula en profondeur une société jusque-là conservatrice – entraîna dans son sillage une méfiance envers d'autres pratiques et truismes culturels reçus. Une nouvelle cohorte de lecteurs devait lire d'un tout autre œil le classique de l'Holocauste en Hollande, le journal d'Anne Frank : après tout, c'est leurs voisins hollandais qui avaient livré Anne et les siens aux Allemands.

À la fin du siècle, les années 1940-1945 étaient devenues la période la plus systématiquement étudiée de l'histoire hollandaise. Mais si la vérité sur la contribution des Hollandais à l'identification, l'arrestation, la déportation et la mort de leurs concitoyens juifs entra dans le domaine public dans les années 1960, il fallut longtemps pour que l'on prît la pleine mesure de ses implications : c'est en 1995 seulement qu'un chef d'État régnant – la reine Béatrice – reconnut publiquement la tragédie des Juifs hollandais, lors d'un voyage en Israël. Mais peut-être la leçon ne fut-elle vraiment assimilée qu'au milieu des

13. *Ondergang* parut en 1968 en anglais, sous le titre *The Destruction of the Dutch Jews.*

années 1990, avec l'image de casques bleus hollandais armés, impassibles, pendant que les milices serbes raflaient et assassinaient sept mille musulmans à Srebrenica. C'est alors que put enfin s'engager un débat national longtemps différé sur le prix auquel les Hollandais avaient payé leur héritage d'ordre, de coopération et d'obéissance.

À leur défense, les Hollandais, comme les Belges, les Norvégiens, les Italiens (après septembre 1943) et la majeure partie de l'Europe orientale occupée, pouvaient faire valoir que, si honteuse que fût la coopération de divers bureaucrates, hommes politiques et autres avec les autorités d'occupation, l'initiative était toujours venue d'en haut : des Allemands. Ce n'est pas aussi vrai qu'on l'a cru jadis, et dans certains pays, notamment des territoires comme la Slovaquie ou la Croatie (ou encore la Hongrie, dans les derniers mois de la guerre), où des gouvernements fantoches locaux poursuivirent des projets criminels propres, ce ne fut jamais qu'une demi-vérité. En revanche, dans l'Europe occidentale occupée, à une exception saillante près, il n'y eut pas de régimes locaux accrédités par la population, ni de gouvernement national ostensiblement légitime exerçant son autorité et donc pleinement responsable de ses actions. Les Allemands n'auraient pu faire ce qu'ils firent en Norvège occupée, en Belgique ou en Hollande sans la collaboration des habitants (dans le seul pays, le Danemark, où cette collaboration fit défaut, les Juifs survécurent). Dans tous ces cas, cependant, ce sont les Allemands qui donnèrent les ordres.

L'exception, bien entendu, ce fut la France. Et c'est la mémoire torturée, longtemps niée et systématiquement incomplète de la guerre – du régime de Vichy et de sa complicité, voire de son zèle, dans les projets nazis – qui a voilé d'une ombre rétrospective tous les efforts de l'Europe d'après-guerre pour s'accommoder de la Seconde Guerre mondiale et de l'Holocauste. Ce n'est pas que la France se soit la plus mal comportée. Mais c'est la France qui comptait le plus. Jusqu'en 1989, pour les raisons évoquées dans ce livre, Paris était encore la capitale intellectuelle et culturelle de l'Europe : plus peut-être qu'à aucune période depuis le Second Empire. La France était aussi de loin l'État le plus influent de l'Europe de l'Ouest continentale, grâce à Charles de Gaulle qui avait remarquablement réussi à réintroduire son pays dans les couloirs du pouvoir international. Et c'est la France – ses hommes d'État, ses institutions, ses intérêts – qui fit avancer, aux conditions françaises, le projet de continent uni. Tant que la France ne pourrait regarder son passé en face, une ombre resterait suspendue au-dessus de la nouvelle Europe : l'ombre d'un mensonge.

Le problème de Vichy ne se laisse pas exposer simplement. C'est le dernier Parlement de la IIIe République qui, en juillet 1940, avait porté au pouvoir le régime du maréchal Pétain ; celui-ci fut donc le seul régime du temps de guerre à pouvoir revendiquer quelque continuité, si spécieuse fût-elle, avec les institutions démocratiques de l'avant-guerre. Au moins jusqu'à la fin de 1942, une écrasante majorité de Français virent dans Vichy et ses institutions l'autorité légitime du pays. Et pour les Allemands, Vichy fut une aubaine : il leur épargna la peine d'installer eux-mêmes un coûteux régime d'occupation dans un pays aussi vaste que la France, tout en leur apportant tout ce dont ils avaient besoin d'un tel régime : l'acquiescement à la défaite, des « réparations de guerre », des matières premières, une main-d'œuvre bon marché... et bien d'autres choses encore.

Car le régime de Vichy fit plus que s'accommoder, lui-même et ses sujets, de la défaite de la France et gérer le pays à la convenance des Allemands. Sous Pétain et son chef du gouvernement, Pierre Laval, la France prit elle-même l'initiative de projets de collaboration : l'introduction de triste mémoire des « lois juives » de 1940 et de 1941 sans que l'Allemagne n'exerçât la moindre pression en ce sens, et l'arrangement en vertu duquel les autorités françaises elles-mêmes devaient rafler la population juive du pays (à commencer par les nombreux Juifs d'origine étrangère qui y habitaient) pour remplir les quotas exigés par les autorités nazies dans le cadre de la Solution finale alors engagée. Des suites de cette affirmation réussie de l'autonomie administrative du pays, la plupart des déportés juifs de France ne virent même jamais un uniforme étranger avant d'être livrés aux Allemands pour être acheminés à Auschwitz depuis le dépôt ferroviaire de Drancy (au nord de Paris). Jusque-là, tout se passait entre Français.

Après la Libération, malgré l'opprobre visant Pétain et ses collaborateurs, c'est à peine si la contribution du régime à l'Holocauste fut évoquée et certainement pas par les autorités françaises d'après-guerre elles-mêmes. Ce n'est pas juste que les Français réussirent à enfermer « Vichy » dans un coin de la mémoire nationale pour le recouvrir ensuite d'une bâche. Le fait est simplement qu'elles ne firent pas le lien entre Vichy et Auschwitz. Vichy avait trahi la France. Les collaborateurs avaient trahi et commis des crimes de guerre. Mais les « crimes contre l'humanité » ne faisaient pas partie du lexique juridique français : c'était l'affaire des Allemands.

Cette situation prévalait encore vingt ans après. Quand l'auteur de ces pages étudiait l'histoire française au Royaume-Uni à la fin des années 1960, les travaux de recherche sur la France de Vichy – il s'agissait bien de cela – ne prêtaient presque aucune attention à la dimension « juive ». En France et ailleurs les « études sur Vichy » se focalisaient sur la question de savoir si le régime pétainiste était « fasciste » ou « réactionnaire », et dans quelle mesure il incarnait la continuité ou une rupture avec le passé républicain du pays. Il existait encore une école respectée d'historiens français pour prétendre que le « bouclier » pétainiste avait protégé la France de la « polonisation », comme si Hitler avait jamais songé à traiter ses conquêtes occidentales avec la férocité barbare qu'il réserva à l'Est. Et toute remise en cause du mythe d'une résistance nationale héroïque était encore hors de question, dans l'historiographie comme dans la vie nationale.

La seule concession que les autorités françaises de ces années-là devaient faire au changement d'état d'esprit à l'étranger se produisit en décembre 1964, quand l'Assemblée nationale intégra tardivement la catégorie de « crimes contre l'humanité » (définie pour la première fois par les accords de Londres, le 8 août 1945) au droit français et les déclara alors imprescriptibles. Mais cela n'avait encore rien à voir avec Vichy. C'était une réponse au procès d'Auschwitz alors en cours à Francfort et il s'agissait de faciliter les poursuites futures, sur le sol français, d'individus, allemands ou français, pour leur participation directe à l'entreprise exterminatrice des nazis. Il apparut clairement que la pensée officielle était à mille lieues de rouvrir la question de la responsabilité *collective* de la France en 1969, quand le gouvernement français interdit à la télévision française de diffuser *Le Chagrin et la pitié* de Marcel Ophuls.

Documentaire sur l'occupation de Clermont-Ferrand, au cœur de la France rurale, le film d'Ophuls était fait d'entretiens avec des Français, des Britanniques et des Allemands. Il n'y avait quasiment rien sur l'Holocauste et pas grand-chose sur Vichy. Son thème était la vénalité générale et la collaboration quotidienne des années de guerre : Ophuls allait voir derrière l'histoire intéressée de la résistance construite après la guerre. Mais c'était déjà trop pour les autorités dans la dernière année de la présidence du général de Gaulle. Et pas uniquement pour les autorités : quand le film fut enfin diffusé, deux ans plus tard, non pas à la télévision nationale, mais dans une petite salle du Quartier latin, une femme d'âge mûr, sortant du cinéma, devait lâcher : « C'est une honte, mais qu'est-ce que vous espériez ? Ophuls est juif, n'est-ce pas ? »

Le fait mérite qu'on y insiste : en France, singulièrement, l'exemple d'un regard plus honnête sur l'histoire du temps de guerre fut l'œuvre d'historiens *étrangers*, notamment de deux – Eberhard Jäckel en Allemagne et Robert Paxton aux États-Unis, dont les grands livres parurent entre la fin des années 1960 et le début des années 1970 – qui furent les premiers à utiliser des sources allemandes pour démontrer à quel point les crimes de Vichy furent commis à l'initiative des Français. Ce n'était pas le genre de sujet qu'un chercheur indigène était à l'aise pour traiter : trente ans après la Libération de la France, les sentiments nationaux étaient encore à vif. En 1976, apprenant les détails d'une exposition à la mémoire des victimes françaises d'Auschwitz, le ministère des Anciens combattants pouvait encore demander certains changements, sous prétexte que les noms de la liste « n'avaient pas une résonance très française[14] ».

14. Voir Sonia Combe, *Archives interdites. Les peurs françaises face à l'histoire contemporaine*, Paris, Albin Michel, 1994, p. 14.

Comme si souvent en France dans ces années-là, ces sentiments s'expliquaient probablement davantage par l'orgueil blessé que par un racisme sans fard. En 1939, la France était encore une grande puissance internationale. Mais en l'espace de trois courtes décennies elle essuya une défaite militaire écrasante, une occupation avilissante, deux retraites coloniales aussi sanglantes qu'embarrassantes et, en 1958, un changement de régime en forme de quasi-coup d'État. La Grande Nation avait accumulé tant de pertes et d'humiliations depuis 1914 que la propension compensatrice à ne jamais manquer une occasion d'affirmer l'honneur national était devenue profondément enracinée. Les épisodes peu glorieux – ou pires –, mieux valait les consigner dans un trou de mémoire. Vichy, après tout, n'était pas la seule chose que les Français eussent hâte de laisser derrière eux : personne n'avait envie de parler des « sales années » en Indochine et en Algérie, encore moins de la pratique de la torture par l'armée.

Le départ de De Gaulle ne changea pas grand-chose de ce point de vue, alors même qu'une génération de jeunes Français ne s'intéressaient guère à la gloire nationale et n'avaient aucun enjeu personnel dans les mythes qui entouraient l'histoire récente de la France. Dans les années suivantes, les Français allaient sans conteste prendre une plus ample conscience de l'Holocauste et devenir plus sensibles à la souffrance juive en général, en partie du fait de la vague d'indignation provoquée par la tristement célèbre conférence de presse du général, le 27 novembre 1967, quand, après la victoire d'Israël dans la guerre des Six jours, le président français avait parlé des Juifs comme d'un « peuple sûr de lui et dominateur ». Et le documentaire de Claude Lanzmann, *Shoah*, eut un effet spectaculaire sur le public français, alors même, ou peut-être parce qu'il portait presque exclusivement sur l'extermination des Juifs à l'Est.

Mais quand bien même – dans le sillage de leurs collègues étrangers – les historiens français établissaient désormais sans conteste l'écrasante responsabilité des dirigeants de la France, pendant la guerre, dans le sort des Juifs déportés du territoire français, l'attitude officielle ne devait jamais varier. De Georges Pompidou (1969-1974) à Valéry Giscard d'Estaing (1974-1981) puis François Mitterrand (1981-1995), la ligne demeurait la même : ce qui avait pu être fait sous ou par le régime de Vichy restait l'affaire de Vichy. Vichy avait bien pu s'installer en France et être l'œuvre de certains français, mais Vichy était une parenthèse autoritaire dans l'histoire de la République. Autrement dit, Vichy n'était pas « la France ». La France pouvait donc garder la conscience tranquille.

François Mitterrand, le dernier chef de l'État français à avoir vécu en adulte la Seconde Guerre mondiale (il était né en 1916), avait une raison particulière de maintenir cette distinction jésuitique. Ancien fonctionnaire de Vichy, il avait largement construit sa carrière politique ultérieure en masquant les compromis et les ambiguïtés de sa biographie et en projetant ces ambiguïtés sur l'ensemble du pays. Dans les occasions publiques, il prenait grand soin d'éviter toute allusion à Vichy, et alors qu'il ne montra jamais la moindre réticence à parler de l'Holocauste en général – que ce fût à Jérusalem en 1982 ou en France pour le cinquantième anniversaire de la rafle de 12 884 Juifs parisiens en juillet 1942 – jamais il ne laissa échapper la plus petite suggestion que c'était une affaire dans laquelle la France eût des dettes à payer.

Le tabou que Mitterrand respecta, incarna et aurait certainement emporté dans la tombe devait être finalement brisé (comme cela arrive souvent dans ce domaine) par une série de procès. En 1994, après cinquante ans ou presque de planques, Paul Touvier, ancien de la Milice de Vichy, fut arrêté et traduit en justice pour le meurtre de sept Juifs français en juin 1944, près de Lyon. En lui-même, Touvier était insignifiant : un rouage de la machine de Vichy et un collaborateur de Klaus Barbie, le chef de la Gestapo à Lyon, qui avait été arrêté et jugé en 1987. Mais le procès Touvier – et les preuves qu'il fit surgir de la collaboration des autorités de Vichy avec la Gestapo et leur rôle dans la déportation et le meurtre des Juifs – fut une sorte d'ersatz des autres procès qui ne s'étaient jamais tenus : notamment celui de René Bousquet, le secrétaire général de la police de Vichy. Le procès de Bousquet, qui en 1942 avait personnellement négocié la livraison des Juifs avec les autorités allemandes, aurait pu donner à la France l'occasion d'affronter la vérité sur Vichy. Et pas simplement sur Vichy, car Bousquet avait vécu des décennies durant sans être inquiété dans la France de l'après-guerre, protégé par des amis haut placés, dont Mitterrand lui-même. Mais avant de pouvoir être jugé, Bousquet fut opportunément assassiné (par un « fou ») en juin 1993.

À la suite de la condamnation de Touvier, et en l'absence de Bousquet, la justice française trouva enfin le courage, après la mort de Mitterrand, d'inculper, d'arrêter et de poursuivre une autre figure de premier plan, Maurice Papon. Ancien ministre et préfet de police de Paris sous de Gaulle, Papon avait été secrétaire général de la région administrative de Bordeaux pendant la guerre. C'était un poste purement administratif et ses fonctions à Bordeaux au service de Pétain n'avaient aucunement nui à sa carrière de haut fonctionnaire après la guerre. Alors même qu'à Bordeaux Papon avait été directement responsable de l'arrestation et de l'envoi des Juifs de la région à Paris, puis en déportation. C'est pour cela – désormais considéré comme crime contre l'humanité dans le droit français – qu'il fut jugé en 1997.

Le procès Papon, qui dura six mois, n'apporta aucun élément nouveau, si ce n'est, peut-être, sur l'homme lui-même, qui fit montre d'une étonnante absence de pitié et de remords. Et naturellement le procès eut lieu cinquante ans trop tard : trop tard pour punir un Papon octogénaire de ses crimes ; trop tard pour venger ses victimes ; et trop tard pour sauver l'honneur de son pays. Un certain nombre d'historiens français, appelés à témoigner en spécialistes, refusèrent de déposer. Leur tâche, protestèrent-ils, était de raconter et d'expliquer ce qui s'était produit en France cinquante ans plus tôt, non pas d'utiliser ce savoir dans un procès criminel[15]. Le procès n'en fut pas moins exemplaire. Il démontra de manière concluante que la belle distinction entre « Vichy » et « la France » que tout le monde, de De Gaulle à Mitterrand, prenait grand soin d'établir n'avait jamais existé. Papon était un Français qui avait servi le régime de Vichy, puis la République : tous deux avaient su ses activités à la préfecture de Bordeaux, sans qu'ils en fussent troublés le moins du monde.

De surcroît, Papon n'était pas un cas isolé : l'homme et ses états de service étaient très ordinaires. Comme tant d'autres, il n'avait fait que signer l'arrêt de mort de gens qu'il n'avait jamais rencontrés et dont le sort lui était indifférent. Le plus intéressant, dans le cas de Papon, comme dans celui de Bousquet, c'est qu'il ait fallu à la France officielle près de cinquante ans pour les identifier en son sein et que la chape de silence ait fini par se briser à l'extrême fin du siècle. Les explications sont nombreuses, et pas toutes flatteuses pour la classe politique française ou les médias nationaux. Mais le passage du temps, avec la signification psychologique de la fin d'une époque, est peut-être la plus pertinente.

Aussi longtemps que Mitterrand resta au pouvoir, il incarna dans sa personne même l'incapacité de parler franchement de la honte de l'Occupation. Avec son départ, tout changea. Jacques Chirac, qui lui succéda, n'avait que onze ans à la Libération, en 1944. Quelques semaines après son entrée en fonctions, pour le 53e anniversaire de la même rafle du Vel' d'Hiv à l'égard de laquelle Mitterrand était toujours resté circonspect, Chirac brisa un tabou de cinquante ans en reconnaissant clairement pour la première fois le rôle de son pays dans l'extermination des Juifs d'Europe. Dix ans plus tard, le 14 mars 2005, au musée de l'Holocauste qui venait d'être inauguré à Jérusalem, son Premier ministre, Jean-Pierre Raffarin, déclara solennellement : « La France [...] a parfois été la complice de cette infamie. [...] La France a contracté une dette imprescriptible qui l'oblige. »

À la fin du XXe siècle, la place centrale de l'Holocauste dans l'identité et la mémoire ouest-européennes semblait acquise. Certes, il restait des individus et des organisations – « révisionnistes » – qui persistaient à essayer de montrer que l'extermination massive des Juifs n'avait pu se produire (même s'ils étaient plus actifs en Amérique du Nord qu'en Europe). Mais ces hommes appartenaient aux marges extrêmes de la scène politique, et leur insistance sur

15. Le professeur Paxton, de Columbia University, qui avait inauguré les recherches historiques sur les crimes de Vichy près d'un quart de siècle auparavant (quand la plupart de ses collègues français étaient occupés ailleurs), adopta une conception moins monastique de sa profession et apporta un témoignage important.

l'impossibilité technique du génocide était une sorte d'hommage involontaire à l'énormité même du crime nazi. Reste que l'ubiquité compensatoire avec laquelle les Européens reconnaissaient, enseignaient et mémorialisaient maintenant la perte de leurs Juifs n'allait pas sans risques.

Pour commencer, il y avait toujours le danger d'un contrecoup. À l'occasion, on avait même entendu des responsables politiques allemands s'exaspérer du poids de la culpabilité nationale. Dès 1969, le social-chrétien bavarois Franz-Josef Strauss avait dit publiquement le fond de sa pensée en lâchant qu'« un peuple qui a connu une réussite aussi remarquable a le droit de ne pas en entendre davantage sur "Auschwitz" ». Les politiciens avaient bien sûr leurs raisons[16]. Ce qui était peut-être plus révélateur du changement culturel en cours, c'était le besoin général, à l'aube du XXIe siècle, de rouvrir la question de la souffrance *allemande* après des années d'attention publique aux victimes juives.

Artistes et critiques – dont Martin Walser, contemporain d'Habermas et homme de lettres écouté dans la République fédérale de l'après-guerre – commençaient à traiter d'un autre « passé qui ne passe pas » : non pas de l'extermination des Juifs, mais d'un autre pan méconnu de l'histoire allemande récente. Pourquoi, demandaient-ils, après tant d'années ne pas parler des villes allemandes incendiées, ou même de la vérité fâcheuse que la vie dans l'Allemagne de Hitler (pour les Allemands) était loin d'être désagréable, du moins jusqu'aux dernières années de la guerre ? Parce que nous devons plutôt parler de ce que l'Allemagne a fait aux Juifs ? Mais cela fait des décennies que nous en parlons ; c'est devenu une routine, une habitude. La République fédérale est l'un des pays les plus ouvertement philosémites du monde. Combien de temps devrons-nous, nous les Allemands, nous tenir à carreau ? Les nouveaux livres sur « les crimes des Alliés » – le bombardement de Dresde, l'incendie de Hambourg et le coulage, pendant la guerre, de navires de réfugiés allemands (sujet de *Im Krebsgang, En Crabe* le roman de Günter Grass paru en 2002[17]) – furent de gros succès de librairie.

Mais la nouvelle place d'honneur donnée à l'Holocauste dans les tableaux officiels du passé de l'Europe exposait au danger d'une autre forme de distorsion. Car telle était la vérité réellement fâcheuse sur la Seconde Guerre mondiale : ce qui était arrivé aux Juifs entre 1939 et 1945 était loin d'être aussi important pour la plupart des protagonistes que les sensibilités ultérieures

16. En 1985, alors qu'on conseillait au président Ronald Reagan d'éviter le cimetière militaire de Bitburg (où se trouvaient un certain nombre de tombes SS) et d'aller plutôt s'incliner dans un camp de concentration, lors de son voyage en Allemagne de l'Ouest, le chancelier Kohl lui écrivit que cela « aurait un grave effet psychologique sur les sentiments amicaux du peuple allemand pour les États-Unis d'Amérique ». Les Américains capitulèrent : Reagan visita Bergen-Belsen *et* Bitburg.
17. [Trad. Cl. Porcell, Paris, Seuil, 2002.]

pouvaient le souhaiter. Si beaucoup d'Européens s'étaient débrouillés pour ignorer des décennies durant le sort de leurs voisins juifs, ce n'était pas qu'ils fussent rongés par la culpabilité ou qu'ils refoulassent des souvenirs insupportables. C'était que, sauf dans l'esprit d'une poignée de hauts responsables nazis, les Juifs n'avaient pas été l'enjeu de la Seconde Guerre mondiale. Même pour les nazis, l'extermination des Juifs faisait partie d'un projet plus ambitieux de nettoyage ethnique et de déplacements de population.

La tentation compréhensible de projeter sur les années 1940 le savoir et les émotions d'un demi-siècle après invite ainsi à réécrire l'histoire et à placer l'antisémitisme au cœur de l'histoire européenne. Après tout, comment rendre compte autrement de ce qui est arrivé en Europe dans ces années-là ? Mais c'est trop facile et, en un sens, trop confortable. Si, après la défaite de 1940, par exemple, Vichy fut acceptable à la plupart des Français, ce n'est pas qu'il leur plaisait de vivre dans un régime qui persécutait les Juifs, mais parce que le pétainisme leur permettait de continuer de vivre dans une illusion de sécurité et de normalité et avec un minimum de troubles. Le traitement des Juifs par le régime laissait indifférent : les Juifs n'avaient pas eu tant d'importance. Et il en allait de même dans beaucoup d'autres pays occupés.

Cette indifférence peut bien nous choquer aujourd'hui, nous apparaître comme le symptôme d'une grave faille morale de l'Europe dans la première moitié du XXe siècle. Et nous avons raison de rappeler que, dans tous les pays européens, d'aucuns *virent* ce qui arrivait aux Juifs et firent de leur mieux pour triompher de l'indifférence de leurs concitoyens. Mais si nous ignorons cette indifférence et supposons plutôt que la plupart des autres Européens vécurent la Seconde Guerre mondiale comme les Juifs la vécurent – comme une *Vernichtungskrieg*, une guerre d'extermination – nous nous envelopperons d'une nouvelle couche de fausse mémoire. Après-coup, « Auschwitz » est ce qu'il y a de plus important à connaître dans la Seconde Guerre mondiale. Mais ce n'est pas ainsi que les choses apparaissaient à l'époque.

Ce n'est pas non plus ainsi que les choses apparaissaient en Europe orientale. Pour les Européens de l'Est, tardivement délivrés après 1989 du fardeau des interprétations de la Seconde Guerre mondiale imposées par les communistes, l'obsession occidentale fin de siècle de l'extermination des Juifs a des conséquences dérangeantes. D'un côté, l'Europe orientale, après la guerre, avait bien plus à se rappeler, et à oublier, que l'Europe occidentale. Les Juifs étaient plus nombreux dans la moitié orientale de l'Europe, et davantage avaient donc été tués ; la plupart des tueries eurent lieu dans cette région et bien plus d'habitants de ces pays y prirent une part active. Mais d'un autre côté, les autorités d'Europe de l'Est, après la guerre, avaient mis beaucoup plus de soin à effacer toute mémoire publique de l'Holocauste. Non que l'on ait minimisé les horreurs et les crimes de la guerre à l'Est, au contraire : la rhétorique officielle ne cessait d'y revenir, et les mémoriaux et les manuels de les rappeler. C'est simplement que les Juifs n'avaient pas leur place dans cette histoire.

En Allemagne de l'Est, où tout le poids de la responsabilité du nazisme fut rejeté sur les seuls héritiers ouest-allemands de Hitler, le nouveau régime versa des indemnités non pas aux Juifs, mais à l'Union soviétique. Dans les manuels scolaires de la RDA, Hitler était présenté comme l'instrument des capitalistes monopolistes qui s'emparèrent de territoires et lancèrent des guerres dans l'intérêt du grand capital. Inaugurée par Walter Ulbricht en 1950, la « Journée du souvenir » commémorait non pas les victimes de Hitler, mais les onze millions de combattants tombés en luttant « contre le fascisme hitlérien ». Les anciens camps de concentration sur le sol de l'Allemagne de l'Est – notamment Buchenwald et Sachsenhausen – furent un temps transformés en « camps d'isolement spécial » pour prisonniers politiques. De longues années plus tard, après que Buchenwald eut été transformé en lieu de mémoire, le guide présentait en ces termes les objectifs déclarés du « fascisme allemand » : « Détruire le marxisme, venger la défaite et faire régner une terreur brutale contre tous les résistants. » Dans le même livret, des photos du quai d'Auschwitz où avait lieu la sélection s'accompagnaient d'une citation du communiste allemand Ernst Thälmann : « La bourgeoisie poursuit assidûment son objectif d'anéantissement du parti et de toute l'avant-garde de la classe ouvrière[18]. » Ce texte ne disparut qu'après la chute du communisme.

On pouvait retrouver la même version des événements dans toute l'Europe communiste. En Pologne, il n'était pas possible de nier ou de minimiser ce qui s'était produit dans les camps d'extermination de Treblinka, de Majdanek ou de Sobibor. Mais certains de ces lieux n'existaient plus. Les Allemands s'étaient donné le plus grand mal pour les effacer du paysage avant de fuir devant l'avancée de l'Armée rouge. Et où les preuves avaient survécu – comme à Auschwitz, à quelques kilomètres de Cracovie, la deuxième ville de Pologne – on leur assigna rétrospectivement un sens différent. Alors que 93 % des quelque 1,5 million de personnes assassinées à Auschwitz étaient des Juifs, le musée créé sur place sous le régime communiste après la guerre ne répertoriait les victimes que par nationalité : Polonais, Hongrois, Allemands, etc. On faisait défiler les écoliers polonais devant des photos choquantes ; on leur montrait les tas de chaussures, de cheveux et de lunettes. Mais on ne leur précisait pas que, pour la plupart, ils appartenaient à des Juifs.

Certes, il y avait le ghetto de Varsovie, dont la vie et la mort étaient effectivement mémorialisées sur le lieu où se trouvait le ghetto. Mais la révolte juive de 1943 était occultée, dans la mémoire polonaise, par le soulèvement des Polonais de Varsovie, un an plus tard. En Pologne communiste, alors que

18. Cité par Ian Buruma in « Buchenwald », *Granta*, 42, 1992.

personne ne niait ce que les Allemands avaient fait aux Juifs, le sujet n'était guère discuté. La « réincarcération » de la Pologne sous les soviets, avec la conviction largement répandue que les Juifs avaient bien accueilli et même facilité la prise du pouvoir par les communistes, brouillait la mémoire populaire de l'occupation allemande. En tout cas, les souffrances polonaises du temps de guerre diluaient l'attention locale à l'Holocauste des Juifs et, dans une certaine mesure, lui faisaient concurrence : ce problème du « comparatisme victimaire » allait empoisonner les relations judéo-polonaises pendant de longues décennies. Toute juxtaposition était déplacée. Trois millions de Polonais non juifs moururent dans la Seconde Guerre mondiale : proportionnellement moins que dans certaines parties de l'Ukraine ou chez les Juifs, même si le chiffre n'en est pas moins terrible. Il y avait pourtant une différence. Il était difficile aux Polonais de survivre sous l'occupation allemande, mais en principe on le pouvait. Pour les Juifs il était possible de survivre sous l'occupation allemande, mais en principe on ne pouvait pas.

Où un régime fantoche avait collaboré avec ses maîtres nazis, ses victimes étaient dûment mémorialisées, mais on ne prêtait guère attention au fait qu'elles étaient majoritairement juives. Il y avait des catégories nationales (« Hongrois ») et surtout des catégories sociales (« ouvriers »), mais les marqueurs religieux ou ethniques étaient soigneusement évités. La Seconde Guerre mondiale, on l'a vu (chapitre VI), était qualifiée de guerre antifasciste et enseignée comme telle ; on passait sous silence sa dimension raciste. Après 1968, le gouvernement tchécoslovaque se donna même la peine de fermer la synagogue Pinkus de Prague et de peindre les inscriptions murales qui donnaient les noms des Juifs tchèques victimes de la Shoah.

Dans cette refonte de l'histoire récente de la région, les autorités communistes d'après-guerre purent certainement compter sur la persistance du sentiment antijuif – ce qui explique qu'elles se soient donné du mal pour en effacer les traces, même rétrospectivement (dans les années 1970, la censure polonaise interdisait systématiquement toute allusion à l'antisémitisme du pays dans l'entre-deux guerres). Mais si les Européens de l'Est, après-coup, prêtèrent moins attention au sort des Juifs, ce n'est pas seulement parce qu'ils y avaient été indifférents à l'époque ou qu'ils avaient été préoccupés par leur propre survie. C'est aussi que les communistes imposèrent eux-mêmes assez de souffrances et d'injustice pour forger tout une nouvelle couche de rancœurs et de souvenirs.

Entre 1945 et 1989, l'accumulation de déportations, d'emprisonnements, de grands procès et de « normalisations » fit de tout le monde ou presque, dans le bloc soviétique, un perdant ou le complice de la perte d'un autre. Les appartements, les boutiques et autres biens qui avaient été pris aux Juifs morts ou aux Allemands expulsés ne furent que trop souvent de nouveau expropriés quelques années plus tard au nom du socialisme, avec pour effet qu'après 1989 la question du dédommagement des pertes du passé devint d'une inextricable complexité en fonction des dates. Fallait-il indemniser les gens de ce qu'ils avaient perdu quand les communistes avaient pris le pouvoir ? Ou fallait-il restituer les biens aux héritiers de ceux dont les affaires et les appartements avaient été saisis ou volés entre 1938 et 1945 ? À quelle date ? 1938 ? 1939 ? 1941 ? À chaque date, s'attachaient des définitions politiquement sensibles de la légitimité nationale ou ethnique non moins que des questions de préséance morale[19].

Il y avait ensuite les dilemmes propres à l'histoire intérieure du communisme lui-même. Fallait-il poursuivre en justice pour ces crimes ceux qui avaient invité les chars russes à écraser la révolution hongroise de 1956 ou à réprimer le Printemps de Prague en 1968 ? Au lendemain des révolutions de 1989, beaucoup pensaient qu'il le fallait. Mais certaines de leurs victimes étaient d'anciens dirigeants communistes. Qui méritait l'attention de la postérité ? D'obscurs paysans slovaques ou hongrois dépouillés de leurs biens ou les apparatchiks communistes qui les chassèrent avant d'être à leur tour victimes quelques années plus tard ? À quelles victimes, quelles mémoires, donner la priorité ? Qui devait trancher ?

La chute du communisme provoqua à sa suite un torrent de souvenirs amers. Les débats enflammés sur ce qu'il fallait faire des dossiers de la police secrète n'étaient qu'une dimension de l'affaire (voir chapitre XXI). Le vrai problème était la tentation de venir à bout de la mémoire du communisme en l'invertissant. La vérité officielle d'autrefois sombrait désormais dans le discrédit le plus total pour devenir, en quelque sorte, officiellement fausse. Mais cette manière de briser les tabous ne va pas sans risque. Avant 1989, tout anticommuniste avait eu droit à l'épithète infamante de « fasciste ». Mais si l'« antifascisme » n'avait été qu'un mensonge communiste de plus, il était très tentant désormais de considérer avec une sympathie rétrospective, voire avec bienveillance, *tous* les anticommunistes jusque-là discrédités, y compris les fascistes. Les auteurs nationalistes des années 1930 revinrent à la mode. Les Parlements postcommunistes d'un certain nombre de pays adoptèrent des motions louangeant le maréchal roumain Antonescu ou ses homologues d'autres pays des Balkans et d'Europe centrale. Tout récemment encore exécrés comme nationalistes, fascistes et collaborateurs nazis, on allait désormais leur ériger des statues en l'honneur de leur héroïsme pendant la guerre (le Parlement roumain accorda même à Antonescu une minute de silence).

19. En 1991, quand le Parlement tchécoslovaque vota l'indemnisation des biens saisis après la guerre, il en limita explicitement les bénéfices aux personnes expropriées après 1948, en sorte d'exclure les Allemands des Sudètes expulsés en 1945-1946, avant que les communistes ne prissent le pouvoir.

D'autres tabous tombèrent en même temps que la rhétorique discréditée de l'antifascisme. Il était désormais permis de discuter du rôle de l'Armée rouge et de l'Union soviétique sous un autre jour. Les États baltes récemment libérés exigèrent que Moscou reconnût l'illégalité du pacte Molotov-Ribbentrop et la destruction unilatérale de leur indépendance par Staline. Les Polonais, ayant enfin (en avril 1995) obtenu des Russes la reconnaissance que les 23 000 officiers polonais massacrés dans la forêt de Katyn avaient bel et bien été exécutés par le NKVD, non pas par la Wehrmacht, exigèrent l'ouverture totale des archives russes aux enquêteurs polonais. En mai 2005, aucune de ces demandes ne semblait susceptible d'obtenir une réponse positive des Russes. Les souvenirs de chacun lui restaient sur le cœur[20].

Mais les Russes avaient aussi leurs souvenirs propres. Vue des pays satellites, la version soviétique de l'histoire récente était un mensonge tangible ; pour beaucoup de Russes, en revanche, elle contenait plus qu'un grain de vérité. La Seconde Guerre mondiale fut bien une « Grande Guerre patriotique » ; en termes *absolus*, les soldats et civils soviétiques en furent les principales victimes ; l'Armée rouge libéra effectivement de larges pans de l'Europe orientale des horreurs de la domination allemande ; et la défaite de Hitler fut une source de satisfaction et de soulagement sans mélange pour la plupart des citoyens soviétiques, et d'autres encore. Après 1989, beaucoup en Russie furent sincèrement surpris de l'apparente ingratitude des anciens pays frères, qui avaient été libérés en 1945 du joug allemand grâce aux sacrifices des armes soviétiques.

Malgré tout cela, la mémoire russe elle-même était divisée. De fait, cette division prit elle-même une forme institutionnelle avec la création de deux organisations civiles pour promouvoir des récits critiques mais diamétralement opposés du passé communiste du pays. *Mémorial* fut créé en 1987 par des dissidents libéraux dans le but de découvrir et de publier la vérité sur l'histoire soviétique. Ses membres s'intéressaient tout particulièrement aux violations des droits de l'homme et jugeaient important de reconnaître ce qui s'était fait dans le passé pour empêcher que cela ne se renouvelle. *Pamiat*, formée deux ans plus tôt, entendait aussi retrouver et honorer le passé (le mot veut dire « mémoire » en Russe), mais là s'arrête la ressemblance. Les fondateurs de *Pamiat*, des dissidents anticommunistes qui sont loin d'être des libéraux, entendaient offrir une version améliorée du passé russe : épurée des « mensonges » soviétiques, mais aussi libre des autres influences étrangères à la tradition russe, par-dessus tout celle des « sionistes ». Quelques années plus tard, *Pamiat* s'était transformée en mouvement politique nationaliste, se ser-

20. La Russie de Poutine continue de souligner que les Baltes furent libérés par l'Armée rouge, après qu'ils eurent rejoint de leur plein gré l'Union des républiques socialistes soviétiques.

vant de l'histoire négligée et « violentée » de la Russie comme d'une arme pour repousser les intrus « cosmopolites ».

La politique des mémoires lésées – si fortes que fussent les différences de détail et si contradictoires fussent-elles – constituait le dernier lien restant entre l'ancien centre soviétique et ses possessions impériales. Il existait une rancœur partagée envers une communauté internationale qui sous-estimait leurs souffrances et pertes passées. Et les victimes du Goulag ? Pourquoi n'avaient-elles pas été indemnisées et mémorialisées comme les victimes et survivants de l'oppression nazie ? Et quid des millions de gens pour qui l'oppression nazie s'était muée après la guerre en oppression communiste sans césure discernable ? Pourquoi l'Occident y prêtait si peu attention ?

Le désir d'aplanir le passé communiste et de le mettre en accusation en bloc – de tout lire, de Lénine à Gorbatchev, comme une histoire uniforme de dictature et de crimes, une suite continue de régimes et de répressions imposées par des étrangers ou perpétrées au nom du peuple par des autorités non représentatives – comportait d'autres risques. Pour commencer, ce n'était pas de la bonne histoire : elle éliminait les enthousiasmes et engagements authentiques des précédentes décennies. Mais la nouvelle orthodoxie était aussi grosse d'implications politiques contemporaines. Si les Tchèques – les Croates, les Hongrois, etc. – n'avaient tenu aucun rôle actif dans le côté noir de leur passé récent, si l'histoire de l'Europe de l'Est, depuis 1939 – ou de la Russie, de 1917 à 1991 – était exclusivement l'œuvre d'autres, toute cette époque devenait une sorte de parenthèse dans l'histoire nationale : comparable à la place assignée à Vichy dans la conscience française de l'après-guerre, mais couvrant une période autrement plus longue et des archives plus sinistres encore de mauvais souvenirs. Et les conséquences seraient les mêmes : en 1992, au festival cinématographique de Karlovy Vary, les autorités tchécoslovaques interdirent un documentaire de la BBC sur l'assassinat en 1942 à Prague de Reinhard Heydrich parce qu'une séquence « inacceptable » montrait une manifestation tchèque de soutien au régime nazi pendant la guerre.

Avec cette remise en ordre postcommuniste de la mémoire en Europe de l'Est, le tabou frappant la comparaison du communisme et du nazisme commença de s'effriter. Les responsables politiques comme les chercheurs se mirent en fait à insister sur ces comparaisons. À l'Ouest, ces juxtapositions demeuraient controversées. Le problème n'était pas la comparaison directe de Hitler et de Staline : rares étaient désormais ceux qui contestaient que les deux dictateurs fussent des monstres. Mais l'idée que le communisme – avant et après Staline – devrait être placé dans la même catégorie que le nazisme ou le fascisme était grosse d'implications dérangeantes pour le passé même de l'Ouest, et pas seulement en Allemagne. Pour beaucoup d'intellectuels d'Europe occidentale, le communisme était la variante ratée d'un héritage progressiste commun. Pour leurs homologues d'Europe centrale et orientale, cependant, c'était une application locale, qui n'avait que trop réussi, des pathologies criminelles de l'autoritarisme du XXe siècle. Et c'est ainsi qu'il fallait s'en souvenir. L'Europe pouvait bien être unie, la mémoire européenne demeurait profondément asymétrique.

La solution occidentale au problème des difficiles mémoires de l'Europe a consisté à les fixer, littéralement, dans la pierre. Dans les premières années du XXIe siècle, plaques, mémoriaux et musées aux victimes du nazisme sont apparus à travers toute l'Europe occidentale, de Stockholm à Bruxelles. Dans certains cas, on l'a vu, il s'agissait de versions amendées ou « corrigées » de sites existants ; mais beaucoup étaient nouveaux. D'aucuns aspiraient à une fonction ouvertement pédagogique : le Mémorial de la Shoah, qui a ouvert ses portes à Paris en janvier 2005, mêlait deux lieux existants : le Mémorial du martyr juif inconnu et le Centre de documentation juive contemporaine (CDJC). Complété par un mur de pierre gravé au nom des 76 000 Juifs déportés de France vers les camps nazis, il fait écho à la fois au Viêt-nam Memorial américain et, sur une échelle bien plus modeste, aux ambitions de l'Holocaust Memorial Museum de Washington, ou de Yad Vashem, à Jérusalem. L'écrasante majorité de ces installations étaient en fait consacrées – en tout ou partie – à la mémoire de l'Holocauste : la plus imposante de toutes ouvrit à Berlin le 10 mai 2005.

Le message explicite de la plus récente vague de mémoriaux contraste franchement avec l'ambiguïté et la prévarication d'une génération antérieure de commémorations lapidaires. Le mémorial de Berlin, qui occupe un lieu en vue de 19 000 m^2 adjacent à la porte de Brandebourg, est le plus explicite de tous : loin de commémorer dans un esprit œcuménique les « victimes du nazisme », il est, très ouvertement, un « Mémorial aux Juifs assassinés d'Europe[21] ». En Autriche, les jeunes objecteurs de conscience pouvaient maintenant choisir de remplacer le service militaire par une période dans le *Gedenkdienst* (Service commémoratif) créé en 1991 et financé par l'État, pour travailler dans les grandes installations de l'Holocauste à l'intérieur ou comme guides. Il ne fait guère de doute que les Européens de l'Ouest, par-dessus tout les Allemands, ne manquent désormais pas d'occasions de regarder en face toute l'horreur de leur passé récent. Ainsi que le chancelier allemand Gerhard Schrœder le rappela à son auditoire à l'occasion du 60e anniversaire de la libération d'Auschwitz, « la mémoire de la guerre et du génocide fait partie de notre vie. Rien ne changera cela : ces mémoires font partie de notre identité ».

---

21. Le mémorial n'a pas échappé aux controverses : outre tous ceux, nombreux, qui n'en appréciaient pas la conception abstraite, d'aucuns, comme le maire chrétien-démocrate de la ville, Eberhard Diepgen, lui reprochèrent de contribuer à transformer Berlin en « capitale de la repentance ».

Ailleurs, cependant, l'ombre demeure. En Pologne, où un nouvel Institut de la Mémoire nationale s'est efforcé d'encourager des recherches sérieuses sur des sujets historiques controversés, la contrition officielle liée au sort que la Pologne a réservé à sa minorité juive a suscité de bruyantes objections. On en a un exemple décourageant dans la réaction du prix Nobel de la paix et héros de Solidarité Lech Walesa à la publication en 2000 du livre de Jan Tomasz Gross, *Voisins*, étude marquante d'un historien américain sur le massacre de Juifs par leurs voisins polonais pendant la guerre : Gross, déplora Walesa à l'occasion d'une interview radiophonique, a cherché à semer la discorde entre Polonais et Juifs : il n'était qu'un « écrivain médiocre [...], un Juif qui cherche à faire de l'argent ».

L'expérience de la Hongrie illustre de manière éloquente combien il est difficile d'intégrer la destruction des Juifs dans la mémoire contemporaine au sein de l'Europe postcommuniste. En 2001, le gouvernement de Viktor Orbán inaugura une Journée de la Mémoire de l'Holocauste, fixée au 16 avril, anniversaire de la création en 1944 du ghetto de Budapest. Trois ans plus tard, le successeur d'Orbán au poste de Premier ministre, Péter Medgyessy, ouvrit un Centre de la Mémoire de l'Holocauste dans une maison de Budapest où avaient été internés des Juifs. Mais le plus clair du temps, ce centre demeure quasiment vide, ses expositions et ses fiches d'information n'intéressent qu'un nombre infime de visiteurs, pour la plupart étrangers. Dans le même temps, de l'autre côté de la ville, les Hongrois se sont bousculés à la *Terrorhaza*.

La *Terrorhaza* (« Maison de la Terreur »), comme son nom l'indique, est un musée des horreurs. Elle raconte l'histoire des violences d'État, des tortures, de la répression et de la dictature en Hongrie, de 1944 à 1989. Les dates sont significatives. Telle qu'elle est ici présentée, façon musée de Mme Tussaud, aux milliers d'écoliers et autres visiteurs qui défilent dans les cachots, les chambres de torture et d'interrogatoire jadis aménagées sur les lieux (la Maison de la Terreur est l'ancien QG de la Sécurité), l'histoire hongroise n'établit aucune distinction entre les brutes des Croix fléchées de Ferenc Szálasi, qui exercèrent le pouvoir d'octobre 1944 à avril 1945, et le régime communiste qui fut installé après la guerre. Or les Croix fléchées et l'extermination de 600 000 Juifs hongrois à laquelle ils ont activement contribué ne sont représentées que dans trois pièces. Le reste de ce très grand bâtiment est consacré à un catalogue copieusement illustré et résolument partisan des crimes du communisme.

Le message, qui n'a rien de particulièrement subliminal, est ici que communisme et fascisme sont équivalents. Sauf qu'ils ne le sont pas : la présentation et le contenu de la *Terrorhaza* de Budapest indiquent très clairement que, aux yeux des conservateurs du musée, le communisme n'a pas seulement duré plus longtemps, mais qu'il a aussi fait beaucoup plus de mal que son prédécesseur nazi. Pour beaucoup de Hongrois d'un certain âge, c'est d'autant plus plausible que c'est conforme à leur propre expérience. Et la législation hongroise postcommuniste a confirmé le message en interdisant l'étalage public de *toutes* les représentations du passé non démocratique du pays : pas simplement la croix gammée ou le symbole des Croix fléchées, mais aussi l'étoile rouge, jusque-là omniprésente, ainsi que la faucille et le marteau. Plutôt que d'évaluer les distinctions entre les régimes représentés par ces symboles, la Hongrie, pour citer les mots du Premier ministre Orbán lors de l'inauguration de la Maison de la Terreur, le 24 février 2002, n'a fait que « claquer la porte au macabre XXe siècle ».

Mais cette porte n'est pas si facile à fermer. La Hongrie, comme le reste de l'Europe centrale et orientale, reste victime d'un retour de flamme[22]. Les mêmes États baltes qui ont rappelé instamment Moscou à son devoir de reconnaître les mauvais traitements qu'elle leur avait fait subir ont été singulièrement lents à s'interroger sur leurs propres responsabilités : depuis qu'elles ont gagné leur indépendance ni l'Estonie, ni la Lettonie ni la Lituanie n'ont engagé la moindre poursuite contre des criminels de guerre survivants. En Roumanie, alors même que l'ancien président Iliescu avait reconnu la participation de son pays à l'Holocauste, le Mémorial des victimes du communisme et de la résistance anticommuniste inauguré à Sighet en 1997 (avec le soutien du Conseil de l'Europe) commémore toutes sortes de militants de la Garde de fer dans l'entre-deux-guerres et pendant la guerre et d'autres fascistes et antisémites roumains désormais recyclés en martyrs de la persécution communiste.

À l'appui de leur insistance sur « l'équivalence », les commentateurs d'Europe de l'Est peuvent se prévaloir du culte de la « victime » dans la culture politique occidentale contemporaine. Nous passons de l'histoire des vainqueurs à l'histoire des victimes, observent-ils. Fort bien, mais alors soyons cohérents. Même si le nazisme et le communisme étaient totalement différents dans leurs intentions – si, suivant la formulation de Raymond Aron, « il reste une différence entre une philosophie dont la logique *est* monstrueuse et celle qui *se prête* à une interprétation monstrueuse[23] » –, c'est une maigre consolation pour leurs victimes. On ne doit pas calibrer les souffrances humaines selon les objectifs des bourreaux. Dans cette façon de raisonner,

---

22. En mars 2004, quatre-vingt quatre écrivains hongrois, dont Péter Esterházy et György Konrád, quittèrent l'Union des écrivains du pays pour protester contre sa tolérance de l'antisémitisme. Le détonateur fut les propos du poète Kornel Döbrentei après l'attribution du prix Nobel de littérature à Imre Kertesz, survivant de l'Holocauste. Pour Döbrentei, ce prix n'était qu'une manière de soulager sa conscience en récompensant un écrivain qui ne faisait que s'abandonner au « goût de la terreur » de « sa minorité ».

23. [Raymond Aron, *Penser la guerre, Clausewitz. II. L'Âge planétaire*, Paris, Gallimard, 1976, p. 218.]

pour ceux qui y sont punis ou tués, un camp communiste n'est ni meilleur ni pire qu'un camp nazi.

De même, l'insistance sur les « droits » (et la réparation des violations) dans la jurisprudence internationale moderne et la rhétorique politique a fourni un argument à ceux qui estiment que *leurs* souffrances et leurs pertes n'ont pas été reconnues ni indemnisées. En Allemagne, dans le sillage de la condamnation internationale du « nettoyage ethnique », certains conservateurs ont rouvert le dossier des droits des communautés allemandes expulsées de leurs terres à la fin de la Seconde Guerre mondiale. Pourquoi, demandent-ils, seraient-ils des victimes de seconde catégorie ? Ce que Staline avait fait aux Polonais – ou, plus récemment, Milošević aux Albanais – était-il vraiment d'une autre nature que ce que le président tchécoslovaque Beneš avait fait aux Allemands des Sudètes après la Seconde Guerre mondiale ? Dans les premières années du nouveau siècle, on parlait dans les milieux respectables de créer à Berlin un autre mémorial : un « Centre contre les expulsions », un musée consacré à toutes les victimes du nettoyage ethnique.

Ce dernier infléchissement, avec sa suggestion que *toutes* les formes de victime collective sont au fond comparables, voire interchangeables, et ont donc des titres égaux sur notre mémoire, suscita une réfutation véhémente de Marek Edelman, le dernier chef survivant de l'insurrection du ghetto de Varsovie, qui signa en 2003 une pétition contre le projet de Centre. « Quel genre de mémoire ! Ils ont souffert tant que ça ? Parce qu'ils ont perdu leurs maisons ? Bien sûr, c'est triste d'être forcé de quitter sa maison et d'abandonner sa terre. Mais les Juifs ont perdu leurs maisons *et* tous leurs parents. Les expulsions sont des souffrances, mais il y a tant de souffrances dans ce monde. Les malades souffrent, et personne ne construit des monuments pour les honorer » (*Tygodnik Powszechny*, 17 août 2003).

La réaction d'Edelman est un rappel opportun des risques que nous courons en nous abandonnant à l'excès au culte de la commémoration, et en mettant les victimes à la place des bourreaux au centre de l'attention. D'un côté, il n'y a aucune limite de principe aux souvenirs et aux expériences dignes d'être rappelées. De l'autre, mémorialiser le passé sous forme d'édifices et de musées est aussi une manière de le contenir, voire de le négliger : de laisser à d'autres la responsabilité de la mémoire. Tant qu'il y avait autour de nous des hommes et des femmes qui se souvenaient vraiment, par leur expérience personnelle, peut-être cela n'avait-il pas tant d'importance. Mais aujourd'hui, comme un Jorge Semprún âgé de 81 ans le rappela à ses camarades survivants lors du 60e anniversaire de la libération de Buchenwald, le 10 avril 2005, « le cycle de la mémoire active est en train de se fermer ».

Quand bien même, d'une manière ou d'une autre, l'Europe *pourrait* s'accrocher indéfiniment à une mémoire vive des crimes passés – si insuffisants soient-ils, c'est pour cela que sont faits les mémoriaux et les musées –, cela ne rimerait pas à grand-chose. La mémoire est par nature litigieuse et partisane : la reconnaissance de l'un est omission d'un autre. Et elle fait un piètre guide du passé. L'Europe de l'immédiat après-guerre s'est construite sur une mémoire délibérément *mauvaise*, sur l'oubli comme mode de vie. Depuis 1989, l'Europe s'est plutôt construite sur un excédent compensatoire de mémoire : de la remémoration publique institutionnalisée comme fondement même de l'identité collective. La première ne pouvait durer, mais la seconde ne durera pas non plus. Une certaine dose de négligence, voire d'oubli est une condition nécessaire de la santé civique.

Dire cela, ce n'est pas prôner l'amnésie. Une nation doit d'abord se souvenir de quelque chose avant de pouvoir commencer à l'oublier. Tant que les Français n'avaient pas compris le régime de Vichy tel qu'il a été – et non tel qu'ils avaient choisi d'en garder un souvenir déformé –, ils ne pouvaient le mettre de côté et aller de l'avant. De même en va-t-il pour les Polonais dans leur récollection embrouillée des Juifs qui vivaient jadis parmi eux. De même en ira-t-il de l'Espagne, également, qui au cours des vingt années qui ont suivi la transition démocratique a tiré tacitement un voile sur la douloureuse mémoire de la guerre civile. Le débat public commence tout juste autour de cette guerre et de son issue[24]. C'est seulement après avoir mesuré et digéré l'énormité de leur passé nazi – un cycle de soixante ans de négation, d'éducation, de débat et de consensus – que les Allemands ont pu commencer de vivre avec lui, c'est-à-dire de le mettre derrière eux.

Dans tous ces cas, l'instrument du rappel n'a pas été la mémoire elle-même, mais l'*histoire*, au double sens du mot : le passage du temps et l'étude professionnelle du passé – celle-ci, par-dessus tout. Il ne saurait jamais y avoir de remémoration satisfaisante du mal, surtout du mal à l'échelle où le pratiqua l'Allemagne nazie. L'énormité même du crime rend toute mémorialisation incomplète[25]. Son invraisemblance intrinsèque – la difficulté même qu'il y a à le concevoir posément après-coup – ouvre la porte à l'édulcoration, voire au déni. Si impossible qu'il soit de s'en rappeler tel qu'il fut vraiment, il est par nature vulnérable à sa remémoration tel qu'il n'était pas. Contre *ce* défi, la mémoire elle-même est impuissante : « L'historien, l'historien seul, animé

24. À Madrid, la dernière statue de Franco fut tranquillement retirée, le 17 mars 2005 à l'aube, devant une centaine de badauds.

25. « Nous, les survivants, ne sommes pas les vrais témoins. […] Nous sommes une minorité […] anormale : nous sommes ceux qui, grâce à la prévarication, l'habileté ou la chance, n'ont pas touché le fond. Ceux qui l'ont fait ceux qui ont vu la Gorgone, ne sont pas revenus pour raconter, ou sont revenus muets […]. » Primo Levi, *Les Naufragés et les rescapés. Quarante ans après Auschwitz*, trad. A. Maugé, Paris, Gallimard, 1989, p. 82.

par l'austère passion des faits, des preuves, des témoignages, qui sont les nourritures de son métier, peut veiller et monter la garde[26]. »

À la différence de la mémoire, qui se confirme et se renforce, l'histoire contribue au désenchantement du monde. L'essentiel de ce qu'elle a à offrir est dérangeant, voire perturbant : c'est bien pourquoi il n'est pas toujours politiquement prudent de manier le passé comme une trique morale pour frapper et réprimander un peuple de ses péchés passés. Mais l'histoire demande à être apprise, et périodiquement réapprise. Dans une blague de l'époque soviétique, un auditeur appelle « Radio Arménie » pour poser une question : « Est-il possible de prédire l'avenir ? » Réponse : « Oui, pas de problème. Nous savons exactement ce que l'avenir sera. Notre problème, c'est le passé. Il n'arrête pas de changer. »

Ainsi en va-t-il, et pas seulement dans les sociétés totalitaires. Il n'en reste pas moins que l'investigation et l'interrogation rigoureuses des passés rivaux de l'Europe – et la place occupée par ces passés dans l'idée collective que les Européens ont d'eux-mêmes – ont été une des réalisations et sources méconnues de l'unité européenne dans les dernières décennies. Mais c'est un acquis qui ne manquera pas de s'effondrer à moins d'être sans cesse renouvelé. Déjà, les jeunes Européens ne sont plus en mesure de se rappeler l'histoire barbare récente de l'Europe, l'« autre » obscur contre lequel l'Europe d'après-guerre s'est laborieusement construite. Dans une génération, les mémoriaux et les musées tomberont en poussière : seuls les amateurs et les parents les visiteront, comme aujourd'hui les champs de bataille du front occidental.

Si, dans les années à venir, nous voulons nous rappeler pourquoi il a paru si important de construire une sorte d'Europe sur les crématoires d'Auschwitz, l'histoire seule peut nous y aider. La nouvelle Europe, liée par les signes et les symboles de son terrible passé, est une remarquable réalisation ; mais elle demeure à jamais hypothéquée à ce passé. Si les Européens veulent conserver ce lien vital – pour que le passé de l'Europe continue de donner à l'Europe présente un sens qui vaille réprobation et un dessein moral –, il faudra *l'enseigner* à nouveau à chaque relève des générations. L'« Union européenne » peut bien être une réponse à l'histoire, elle ne saurait jamais en être le substitut.

26. Yosef Hayim Yerushalmi, *Zakhor : Jewish History and Jewish Memory*, Seattle, rééd. 2005, p. 116 [en français, « Réflexions sur l'oubli », in coll., *Usages de l'oubli*, Paris, Seuil, 1988, p. 7-21, ici p. 7 (ne figure pas dans la version fr. de *Zakhor*, trad. É. Vigne, Paris, La Découverte, 1984 ; TEL, Gallimard, 1991)].

Suggestions de lecture

Cette bibliographie s'adressait initialement aux lecteurs de l'édition américaine. Elle fait donc la part belle aux travaux en langue anglaise. Son propos n'est pas de dresser une liste exhaustive des sources – primaires ou secondaires – sur l'Europe de l'après-guerre dans les grandes langues européennes : une telle liste occuperait plusieurs centaines de pages. Elle n'indique pas non plus toutes les publications françaises que j'ai lues ou consultées (sauf quand elles sont disponibles en traduction anglaise). Tout spécialiste de la question le sait : sur maint aspect de l'histoire européenne récente, existe une historiographie française abondante et riche, dont j'ai tiré un immense profit.

La bibliothèque consacrée à l'Europe depuis la Seconde Guerre mondiale est immense et, comme l'Europe elle-même, elle ne cesse de s'étendre. Les titres indiqués ici ne sont qu'un modeste choix des ouvrages, disponibles en langue anglaise, qui m'ont paru les plus intéressants ou les plus utiles en écrivant *Après-guerre*. Chaque fois que possible, j'ai donné les références complètes qui permettront au lecteur de les trouver plus aisément. Pour la même raison, je n'ai pas donné les sources primaires, en dehors de mémoires ou documents contemporains et je me suis limité aux titres en langue anglaise [et en français, pour cette version].

Cette bibliographie est organisée en trois parties. La première section regroupe des livres traitant de l'histoire de l'Europe contemporaine, ainsi que des ouvrages consacrés à des pays ou régions en particulier. La deuxième est divisée en un certain nombre de rubriques générales : guerre froide, culture et arts, économie, etc. Enfin, dans la troisième, j'ai rassemblé les livres par chapitre, indiquant des travaux supplémentaires où j'ai puisé des renseignements qui m'ont paru particulièrement utiles.

Cette organisation de la bibliographie implique d'inévitables chevauchements. Les lecteurs qui voudraient en savoir plus sur les intellectuels français dans la guerre froide, par exemple, devront se reporter à diverses rubriques : France, Guerre froide, Europe et États-Unis, Intellectuels mais aussi au chapitre VII : Guerres culturelles. De même, les lecteurs intéressés par l'histoire économique de l'Europe d'après-guerre consulteront utilement les rubriques : Histoires générales, Économies ou Union européenne, ainsi que les divers chapitres qui insistent sur l'histoire économique, notamment les chapitres III, X et XIV. Comme *Après-guerre*, ces suggestions de lecture s'adressent au grand public, même si, je l'espère, étudiants et spécialistes y trouveront aussi un guide utile.

Histoires générales

Ambrosius, Gerold, et Hubbard, William H. *A Social and Economic History of Twentieth-Century Europe*, Cambridge, MA, Harvard University Press, 1989.

Blanning, T. C. W., *The Oxford History of Modern Europe*, Oxford, Oxford University Press, 2000.

Boer, Pim den, Bugge, Peter, Wæver, Ole, Wilson, Kevin, et van der Dussen, W. J., *The History of the Idea of Europe*, Milton Keynes, Open University, 1995.

Brubaker, Rogers, *Citizenship and Nationhood in France and Germany*, Cambridge, MA, Harvard University Press, 1992.

Bullock, Alan, *Hitler and Stalin. Parallel Lives*, Londres, 1991 ; *Hitler et Staline. Vies Parallèles*, trad. S. Quadruppani, 2 vol., Paris, Albin Michel/Robert Laffont, 1994.

Chirot, Daniel, *The Origins of Backwardness in Eastern Europe : Economics and Politics From the Middle Ages Until the Early Twentieth Century*, Berkeley, University of California Press, 1989.

Cipolla, Carlo M., *The Fontana Economic History of Europe*, Hassocks, Harvester Press, 1976.

– *The Twentieth Century*, Hassocks, Harvester Press, 1977.

Cook, Chris, Paxton, John, et Cook, Chris, *European Political Facts, 1918-90*, New York, Facts on File, 1992.

Crampton, R. J., *Eastern Europe in the Twentieth Century and After*, Londres ; New York, Routledge, 1997.

Crouzet, Maurice, *De la Deuxième Guerre mondiale à nos jours : la Renaissance de l'Europe*, Paris, Flammarion, 1970.

Davis, J., *People of the Mediterranean : An Essay in Comparative Social Anthropology*, Londres, Routledge & K. Paul, 1977.

Deighton, Anne, *Building Postwar Europe : National Decision-Makers and European Institutions, 1948-63*, New York, St. Martin's Press, 1995.

Dunn, John, *The Cunning of Unreason : Making Sense of Politics*, New York, Basic Books, 2000.

Fejtö, François, *Histoire des Démocraties populaires*, 2 vol., Paris, Points-Seuil, 1992.

Ferguson, Niall, *The Cash Nexus : Money and Power in the Modern World, 1700-2000*, New York, Basic Books, 2001.

Garton Ash, Timothy, *History of the Present : Essays, Sketches, and Dispatches From Europe in the 1990s*, New York, Random House, 1999.

Gillis, John R., *Youth and History : Tradition and Change in European Age Relations, 1770-Present*, New York, Academic Press, 1981.

Glenny, Misha, *The Rebirth of History : Eastern Europe in the Age of Democracy*, Londres ; New York, Penguin Books, 1990.

Glover, Jonathan, *Humanity : A Moral History of the Twentieth Century*, Londres, J. Cape, 1999.

Graubard, Stephen Richards, *Eastern Europe – Central Europe – Europe*, Boulder, Westview Press, 1991.

Gress, David, *Peace and Survival : West Germany, the Peace – Movement, and European Security*, Stanford, Hoover Institution Press Stanford University, 1985.

Hitchcock, William I., *The Struggle for Europe : The Turbulent History of a Divided Continent, 1945 to the Present*, New York, Anchor Books, 2004.

Hobsbawm, E. J., *The Age of Extremes : A History of the World, 1914-1991*, New York, Pantheon Books, 1994 ; *L'Âge des extrêmes*, Bruxelles, Complexe, 1999.

– *Nations and Nationalism Since 1780 : Progamme, Myth, Reality*, Cambridge, 1990 ; *Nations et Nationalisme depuis 1780. Progamme, mythe, réalité*, trad. D. Peters, Paris, Gallimard, 1992.

Horn, Gerd-Rainer, et Padraic, Kenney, *Transnational Moments of Change : Europe 1945, 1968, 1989*, Lanham, Md., Rowman & Littlefield, 2004.

Jackson, Gabriel, *Civilization & Barbarity in 20th-Century Europe*, Amherst, Humanity Books, 1999.

James, Harold, *Europe Reborn : A History, 1914-2000*, Harlow ; New York, Pearson Longman, 2003.

Johnson, Lonnie, *Central Europe : Enemies, Neighbors, Friends*, New York, Oxford University Press, 2002.

Kaldor, Mary, *The Disintegrating West*, New York, Hill and Wang, 1978.

Kennedy, Paul M., *The Rise and Fall of the Great Powers : Economic Change and Military Conflict From 1500 to 2000*, New York, Vintage Books, 1989.

Keylor, William R., *A World of Nations : The International Order Since 1945*, New York, Oxford University Press, 2003.

Lange, Peter, Ross, George, et Vannicelli, Maurizio, *Unions, Change, and Crisis : French and Italian Union Strategy and the Political Economy, 1945-1980*, Londres ; New York, Allen and Unwin, 1982.

Liberman, Peter, *Does Conquest Pay ? : The Exploitation of Occupied Industrial Societies*, Princeton, Princeton University Press, 1996.

Lichtheim, George, *Europe in the Twentieth Century*, Londres, Phoenix Press, 2000.

Magocsi, Paul R., *Historical Atlas of Central Europe*, Seattle, University of Washington Press, 2002.

Magris, Claudio, *Danube*, trad. J. et M.-N. Pastureau, Paris, Gallimard/L'Arpenteur, 1988.

Marrus, Michael Robert, *The Unwanted : European Refugees in the Twentieth Century*, Philadelphie, Temple University Press, 2002.

Mazower, Mark, *Dark Continent : Europe's Twentieth Century*, New York, A. A. Knopf, 1999.

Mény, Yves, et Knapp, Andrew, *Government and Politics in Western Europe : Britain, France, Italy, Germany*, New York, Oxford University Press, 1998.

– *et al.*, *Politique comparée : les démocraties, Allemagne, États-Unis, France, Grande-Bretagne, Italie*, Paris, Montchrestien, 2004.

Mitchell, B. R., *European Historical Statistics, 1750-1975*, New York, Facts on File, 1980.

Naimark, Norman M., *Fires of Hatred : Ethnic Cleansing in Twentieth-Century Europe*, Cambridge, MA, Harvard University Press, 2001.

Okey, Robin, *Eastern Europe, 1740-1985 : Feudalism to Communism*, Londres, Hutchinson, 1986.

Overy, R. J., *Why the Allies Won*, New York, W.W. Norton, 1996.

Paxton, Robert O., *Europe in the Twentieth Century*, Belmont, Thomson Wadsworth, 2005.

Pollard, Sidney, *European Economic Integration, 1815-1970*, Londres, Thames and Hudson, 1974.

Postan, Michael Moisse, *An Economic History of Western Europe*, Londres, Methuen, 1967.

Power, Samantha, *A Problem From Hell : America and the Age of Genocide*, New York, Basic Books, 2002.

Rakowska-Harmstone, Teresa, *Communism in Eastern Europe*, Bloomington, Indiana University Press, 1984.

Reynolds, David, *One World Divisible : A Global History Since 1945*, New York, W.W. Norton, 2000.

Roberts, J. M., *A History of Europe*, New York, Allan Lane, 1997.

Rothschild, Joseph, *Return to Diversity : A Political History of East Central Europe Since World War II*, New York, Oxford University Press, 2000.

Rupnik, Jacques, *L'autre Europe, crise et fin du communisme,* Paris, Odile Jacob/Points Seuil, 1993.

Schöpflin, George, *Politics in Eastern Europe, 1945-1992*, Oxford, Blackwell, 1993.

Snyder, Timothy, *The Reconstruction of Nations : Poland, Ukraine, Lithuania, Belarus, 1569-1999*, New Haven, Yale University Press, 2003.

Stokes, Gale, *From Stalinism to Pluralism : A Documentary History of Eastern Europe Since 1945*, New York, Oxford University Press, 1995.

Teich, Mikuláš et Porter, Roy, *The National Question in Europe in Historical Context*, New York, Cambridge University Press, 1993.

Urwin, Derek W., *A Political History of Western Europe Since 1945*, New York, Longman, 1997.

Van der Wee, Herman *Prosperity and Upheaval : The World Economy, 1945-1980*, Berkeley, University of California Press, 1986.

Verheyen, Dirk, et Søe, Christian, *The Germans and Their Neighbors*, Boulder, Westview Press, 1993.

Walicki, Andrzej, *Marxism and the Leap to the Kingdom of Freedom : The Rise and Fall of the Communist Utopia*, Stanford, Stanford University Press, 1995.

Watson, Peter, *A Terrible Beauty : A History of the People and Ideas that Shaped the Modern Mind*, Londres, Weidenfeld & Nicolson, 2000.

Weinberg, Gerhard L., *A World at Arms. A Global History of World War II*, New York, Cambridge University Press, 1994.

Wolf, Eric R., *Peasant Wars of the Twentieth Century*, Norman, University of Oklahoma Press, 1999.

Wolff, Larry, *Inventing Eastern Europe : The Map of Civilization on the Mind of the Enlightenment*, Stanford, Stanford University Press, 1994.

Zeman, Z. A. B., *The Making and Breaking of Communist Europe*, Oxford, B. Blackwell, 1991.

Histoires nationales

Autriche et Suisse

Bader, William B., *Austria Between East and West, 1945-1955*, Stanford, Stanford University Press, 1966.

Bischof, Günter, et Pelinka, Anton, *Austro-Corporatism : Past, Present, Future*, New Brunswick, Transaction Publishers, 1996.

Bouvier, Nicolas, Craig, Gordon Alexander et Gossman, Lionel, *Geneva, Zurich, Basel : History, Culture & National Identity*, Princeton, Princeton University Press, 1994.

Clute, Robert Eugene, *The International Legal Status of Austria, 1938-1955*, La Haye, M. Nijhoff, 1962.

Fossedal, Gregory A., *Direct Democracy in Switzerland*, New Brunswick, NJ, Transaction Publishers, 2002.

Jelavich, Barbara, *Modern Austria : Empire and Republic, 1815-1986*, Cambridge, Cambridge University Press, 1987.

Pauley, Bruce F., *From Prejudice to Persecution : A History of Austrian Anti-semitism*, Chapel Hill, University of North Carolina Press, 1992.

Pick, Hella, *Guilty Victim : Austria From the Holocaust to Haider*, Londres, I.B. Tauris, 2000.

Steinberg, Jonathan, *Why Switzerland ?*, Cambridge ; New York, Cambridge University Press, 1996.

Sully, Melanie A., *The Haider Phenomenon*, New York, East European Monographs, 1997.

Wodak, Ruth, et Pelinka, Anton, *The Haider Phenomenon in Austria*, New Brunswick, Transaction Publishers, 2002.

Ziegler, Jean, *La Suisse, l'or et les morts*, trad. J. Etoré et B. Lortholary, Paris, Seuil, 1997.

Balkans et Turquie

Altmann, Franz-Lothar, et Batt, Judy, *The Western Balkans : Moving On*, Paris, Institute for Security Studies, European Union, 2004.

Bell, John D., *The Bulgarian Communist Party from Blagoev to Zhivkov*, Stanford, Hoover Press, 1986.

Crampton, R. J., *The Balkans Since the Second World War*, New York, Longman, 2002.

– *A concise History of Bulgaria*, Cambridge, Cambridge University Press, 2005.

Glenny, Misha, *The Balkans : Nationalism, War and the Great Powers, 1804-1999*, Londres, Penguin, 2001.

Griffith, William E., *Albania and the Sino-Soviet Rift*, Cambridge, MA, MIT Press, 1963.

Hockenos, Paul, *Homeland Calling : Exile Patriotism and the Balkan Wars*, Ithaca, Cornell University Press, 2003.

Iatrides, John, éd., *Greece in the 1940s : A Nation in Crisis*, Hanover, MA, University Press of New England, 1983.

Jelavich, Barbara, *History of the Balkans*, Cambridge ; UK, Cambridge University Press, 1983.

Malcomson, Scott L., *Borderlands – Nation and Empire*, Boston, Faber and Faber, 1994.

Mazower, Mark, *After the War Was Over : Reconstructing the Family, Nation, and State in Greece, 1943-1960*, Princeton, Princeton University Press, 2000.

– *Inside Hitler's Greece : The Experience of Occupation, 1941-44*, New Haven, Yale University Press, 1993 ; *Dans la Grèce d'Hitler (1941-1944)*, trad. Ch. Orfanos, Paris, Les Belles Lettres, 2002.

– *The Balkans : A Short History*, New York, Modern Library, 2000.

– *Greece and the Inter-War Economic Crisis*, Oxford, Clarendon Press, 1991.

McNeill, William Hardy, *The Metamorphosis of Greece Since World War II*, Chicago, University of Chicago Press, 1978.

Stavrou, Theofanis George, et Lampe, John R., *Redefining Southeastern Europe : Political Challenges and Economic Opportunities*, Munich, Südosteuropa-Gesellschaft, 1998.

Todorova, Maria Nikolaeva, *Balkan Identities : Nation and Memory*, New York, NYU Press, 2004.

White, Jenny B., *Islamist Mobilization in Turkey : A Study in Vernacular Politics*, Seattle, University of Washington Press, 2003.

Zürcher, Erik Jan, *Turkey : A Modern History*, Londres, I.B. Tauris, 2004.

Pays du Benelux

Blom, J. C. H., et Emiel Lambrechts, éd., *History of the Low Countries*, New York, Berghahn Books, 1999.

Donaldson, Bruce, *Dutch. A Linguistic History of Holland and Belgoum*, Leyde, Nijhoff, 1983.

Fitzmaurice, John, *The Politics of Belgium : A Unique Federalism*, Boulder, Westview Press, 1996.

Fox, Renée C., *In the Belgian Château : The Spirit and Culture of a European Society in an Age of Change*, Chicago, I.R. Dee, 1994.

Gladdish, Ken, *Governing from the Center : Politics and Policy-Making in the Netherlands*, De Kalb, Northern Illinois University Press, 1991.

Kossmann, E. H., *The Low Countries*, Oxford, Oxford University Press, 1978.

Mommen, André, *The Belgian Economy in the Twentieth Century*, Londres, Routledge, 1994.

Van der Zee, Henri A., *The Hunger Winter : Occupied Holland, 1944-1945*, Lincoln, Neb., University of Nebraska Press, 1998.

Tchécoslovaquie

August, Frantisek, et Rees, David, *Red Star Over Prague*, Londres, Sherwood Press, 1984.

Golan, Galia, *Reform Rule in Czechoslovakia : The Dubcek Era, 1968-1969*, Cambridge, MA, Cambridge University Press, 1973.

King, Jeremy, *Budweisers Into Czechs and Germans : A Local History of Bohemian Politics, 1848-1948*, Princeton, Princeton University Press, 2002.

Klíma, Ivan, et Paul R. Wilson, *The Spirit of Prague and Other Essays*, New York, Granta Books, 1995.

Krejcí, Jaroslav, *Social Change and Stratification in Postwar Czechoslovakia*, Londres, Macmillan, 1972.

Sayer, Derek, *The Coasts of Bohemia : A Czech History*, Princeton, Princeton University Press, 1998.

Steiner, Eugen, *The Slovak Dilemma*, Cambridge, MA., University Press, 1973.

France

Agulhon, Maurice, *La France de 1940 à nos jours*, Paris, Nathan, 1984.

Avril, Pierre, *Le Gouvernement de la France*, Paris, Éditions universitaires, 1969.

Burrin, Philippe, *La France à l'heure allemande, 1940-1944*, Paris, Seuil, 1995.

Campbell, Peter, *French Electoral Systems and Elections Since* 1789, Londres, Faber, 1965.

Cerny, Philip G., *Social Movements and Protest in France*, New York, St. Martin's Press, 1982.

Cerny, Philip G., et Schain, Martin, *French Politics and Public Policy*, New York, St. Martin's Press, 1980.

Chapman, Herrick, *State Capitalism and Working-Class Radicalism in the French Aircraft Industry*, Berkeley, University of California Press, 1990.

Cleary, M. C., *Peasants, Politicians, and Producers : The Organisation of Agriculture in France Since 1918*, Cambridge, MA, Cambridge University Press, 1989.

Crozier, Michel, *Le Phénomène bureaucratique*, Paris, Seuil, 1971.

Dyer, Colin L., *Population and Society in Twentieth Century France*, New York, Holmes & Meier, 1978.

Flynn, Gregory, *Remaking the Hexagon : The New France in the New Europe*, Boulder, Westview Press, 1995.

Forsé, Michel *et al.*, *Recent Social Trends in France, 1960-1990*, Francfort, Campus Verlag, 1993.

Hazareesingh, Sudhir, *Political Traditions in Modern France*, Oxford, Oxford University Press, 1994.

Hoffmann, Stanley, *Decline or Renewal ? France Since the 1930s*, New York, Viking Press, 1974 ; *Essais sur la France : déclin ou renouveau*, textes traduits et remaniés, Paris, Seuil, 1974.

– éd., *In Search of France*, Cambridge, Harvard University Press, 1963.

Jennings, Jeremy, *Syndicalism in France : A Study of Ideas*, New York, St. Martin's Press, 1990.

Keeler, John T. S., *The Politics of Neo-Corporatism in France : Farmers, the State, and Agricultural Policy-Making in the Fifth Republic*, New York, Oxford University Press, 1987.

Larkin, Maurice, *France Since the Popular Front : Government and People, 1936-1996*, Oxford ; New York, Clarendon Press, 1997.

MacRae, Duncan, *Parliament, Parties, and Society in France, 1946-1958*, New York, St. Martin's Press, 1967.

Marceau, Jane, *Class and Status in France : Economic Change and Social Immobility, 1945-1975*, Oxford Clarendon Press, 1977.

McMillan, James F., *Twentieth-Century France : Politics and Society 1898-1991*, Londres ; New York, E. Arnold, 1992.

Rioux, Jean-Pierre, *La Quatrième République, 1944-1958*, Paris, Seuil, 1980.

Serfaty, Simon, *France, De Gaulle, and Europe ; the Policy of the Fourth and Fifth Republics Toward the Continent*, Baltimore, Johns Hopkins Press, 1968.

Suleiman, Ezra N., *Politics, Power, and Bureaucracy in France ; the Administrative Elite*, Princeton, Princeton University Press, 1974 ; *Les Élites en France*, Paris, Seuil, 1979.

Allemagne

Ahonen, Pertti, *After the Expulsion : West Germany and Eastern Europe, 1945-1990*, Oxford ; New York, Oxford University Press, 2003.

Bark, Dennis L., et David Gress, *A History of West Germany*, vol. I & II, Oxford ; Cambridge, MA, Blackwell, 1993.

Calleo, David P., *The German Problem Reconsidered : Germany and the World Order, 1870 to the Present*, Cambridge ; New York, Cambridge University Press, 1978.

Craig, Gordon Alexander, *Germany, 1866-1945*, New York, Oxford University Press, 1978.

Dennis, Mike, *German Democratic Republic : Politics, Economics, and Society*, Londres ; New York, Pinter Publishers, 1988.

Fritsch-Bournazel, Renata, *Confronting the German Question : Germans on the East-West Divide*, Oxford ; New York, Berg, 1988.

Fulbrook, Mary, *The Divided Nation : A History of Germany, 1918-1990*, New York, Oxford University Press, 1992.

Glatzer, Wolfgang *et al.*, *Recent Social Trends in West Germany, 1960-1990*, Francfort, Campus Verlag, 1992.

Moeller, Robert, *War Stories. The Search for a Usable Past in the Federal Republic of Germany*, Berkeley, University of California Press, 2003.

Nicholls, Anthony James, *The Bonn Republic : West German Democracy, 1945-1990*, Londres ; New York, Longman, 1997.

Pulzer, Peter G. J., *German Politics, 1945-1995*, New York, Oxford University Press, 1995.

Richie, Alexandra, *Faust's Metropolis : A History of Berlin*, New York, Carroll & Graf, 1998.

Stern, Fritz Richard, *Dreams and Delusions : The Drama of German History*, New Haven, Yale University Press, 1999 ; *Rêves et Illusions. Le drame de l'histoire allemande*, trad. J. Etoré, Paris, Albin Michel, 1989.

Turner, Henry Ashby, *Germany From Partition to Reunification*, New Haven, Yale University Press, 1992.

Hongrie

Berend, Ivan, *The Hungarian Economic Reforms, 1953-1988*, New York, Cambridge University Press, 1988.

Gati, Charles, *Hungary and the Soviet Bloc*, Durham, NC, Duke University Press, 1986.

Heinrich, Hans-Georg, *Hungary : Politics, Economics, and Society*, Boulder, Colo., L. Rienner, 1986.

Hoensch, Jörg K., *A History of Modern Hungary, 1867-1994*, Londres ; New York, Longman, 1996.

Kovrig, Bennett, *Communism in Hungary : From Kun to Kádár*, Stanford, CA, Hoover Press, 1978.

Tökes, Rudolf, *Hungary's Negotiated Revolution : Economic Reform, Social Change and Political Succession, 1957-1990*, Cambridge, Cambridge University Press, 1996.

Italie

Ben-Ghiat, Ruth, *Fascist Modernities : Italy, 1922-1945*, Berkeley, University of California Press, 2001.

Bosworth, R. J. B., et Dogliani, Patrizia, *Italian Fascism : History, Memory, and Representation*, New York, St. Martin's Press, 1999.

Clark, Martin, et Martin Clark, *Modern Italy, 1871-1995*, Londres ; New York, Longman, 1996.

De Grand, Alexander J., *The Italian Left in the Twentieth Century : A History of the Socialist and Communist Parties*, Bloomington, Indiana University Press, 1989.

Doumanis, Nicholas, *Italy*, Londres, Arnold, 2001.

Ginsborg, Paul, *A History of Contemporary Italy : Society and Politics*, 1943-1988, Londres ; New York, Penguin Books, 1990.

– *Italy and its Discontents : Family, Civil Society, State, 1980-2001*, New York, Palgrave/Macmillan, 2003.

Kogan, Norman, *A Political History of Italy : The Postwar Years*, New York, Praeger, 1983.

Mack Smith, Denis, *Modern Italy : A Political History*, Ann Arbor, University of Michigan Press, 1997.

McCarthy, Patrick, *The Crisis of the Italian State : From the Origins of the Cold War to the Fall of Berlusconi and Beyond*, New York, St. Martin's Press, 1997.

Miller, James Edward, *The United States and Italy : The Politics and Diplomacy of Stabilization*, Chapel Hill, University of North Carolina Press, 1989.

Putnam, Robert, *Making Democracy Work : Civic Traditions in Modern Italy*, Princeton, Princeton University Press, 1993.

Sassoon, Donald, *Contemporary Italy : Economy, Society, and Politics Since* 1945, New York, Longman, 1997.

Zamagni, Vera, *The Economic History of Italy, 1860-1990*, Oxford, Clarendon Press, 1993.

Pologne

Davies, Norman, Heart *of Europe : A Short History of Poland*, Oxford ; New York, Oxford University Press, 1986.

Garton Ash, Timothy *The Polish Revolution : Solidarity*, New Haven, CT, Yale University Press, 2002.

Gomulka, Stanislaw, et Antony Polonsky, *Polish Paradoxes*, Londres ; New York, Routledge, 1991.

Gross, Jan T., *Polish Society Under German Occupation : The Generalgouvernement, 1939-1944*, Princeton, Princeton University Press, 1998.

Quinn, Frederick, *Democracy at Dawn : Notes From Poland and Points East*, College Station, Texas A&M University Press, 1998.

Schatz, Jaff, *The Generation : The Rise and Fall of the Jewish Communists of Poland*, Berkeley, University of California Press, 1991.

Toranska, Teresa, *« Them » : Stalin's Polish puppets*, New York, Harper & Row, 1987 ; *ONI : Des staliniens polonais s'expliquent*, trad. L. Dyèvre, Paris, Flammarion, 1986.

Zamoyski, Adam, *The Polish Way : A Thousand-Year History of the Poles and Their Culture*, New York, F. Watts, 1988.

Roumanie

Boia, Lucian, *History and Myth in Romanian Consciousness*, Budapest, Central European University Press, 2001.

Deletant, Dennis, *Communist Terror in Romania : Ghergiu-Dej and the Police State, 1948-1965*, New York, St. Martin's Press, 2000.

– *Ceausescu and the Securitate : Coercion and Dissent in Romania, 1965-1989*, Armonk, M. E., Sharpe, 1995.

Fischer-Galati, Stephen, *Twentieth-Century Romania*, New York, Columbia University Press, 1991.

Ionescu, Ghita, *Communism in Romania, 1944-1962*, New York, Oxford University Press, 1964.

Mitu, Sorin, *National Identity of Romanians in Transylvania*, Budapest, Central European University Press, 2001.

Shafir, Michael, *Romania, Politics, Economics, and Society : Political Stagnation and Simulated Change*, Boulder, L. Rienner Publishers, 1985.

Tismaneanu, Vladimir, *Stalinism for All Seasons : A Political History of Romanian Communism*, Berkeley, University of California Press, 2003.

Verdery, Katherine, *National Ideology Under Socialism : Identity and Cultural Politics in Ceausescu's Romania*, Berkeley, University of California Press, 1991.

– *Transylvanian Villagers : Three Centuries of Political, Economic, and Ethnic Change*, Berkeley, University of California Press, 1983.

Espagne et Portugal

Aguilar, Paloma, *Memory & Amnesia : The Role of the panishCivil War in the Transition to Democracy*, New York, Bergham Books, 2002.

Boyd, Carolyn P., *Historia Patria : Politics, History, and National Identity in Spain, 1875-1975*, Princeton, Princeton University Press, 1997.

Carr, Raymond, et Fusi, Juan Pablo, *Spain, Dictatorship to Democracy*, Londres ; Boston, Allen & Unwin, 1981.

Gallagher, Tom, *Portugal : A Twentieth-Century Interpretation*, Manchester, Manchester University Press, 1983.

Guirao, Fernando, *Spain and the Reconstruction of Western Europe, 1945-57 : Challenge and Response*, New York, St. Martin's Press, 1998.

Herr, Richard, *An Historical Essay on Modern Spain*, Berkeley, University of California Press, 1974.

Hooper, John, *The New Spaniards*, Londres ; New York, Penguin Books, 1995.

Kinder, Marsha, *Blood Cinema : The Reconstruction of National Identity in Spain*, Berkeley, University of California Press, 1993.

Payne, Stanley G., *Politics and Society in Twentieth-Century Spain*, New York, New Viewpoints, 1976.

Perez-Díaz, Víctor, *Spain at the Crossroads : Civil Society, Politics, and the Rule of Law*, Cambridge, MA, Harvard University Press, 1999.

Pinto, Antonio Costa, *Salazar's Dictatorship and European Fascism : Problems and Perspectives of Interpretation*, Boulder, Social Science Monographs, 1994.

Preston, Paul, *The Politics of Revenge : Fascism and the Military in Twentieth-Century Spain*, New York, Routledge, 1995.

– *Spain in Crisis : The Evolution and Decline of the Franco Regime*, Hassocks, Harvester Press, 1976.

Royaume-Uni et Irlande

Addison, Paul, *Now the War is Over : A Social History of Britain, 1945-51*, Londres, Jonathan Cape, 1985.

Barnett, Correlli, *The Audit of War : The Illusion & Reality of Britain as a Great Nation*, Londres, Macmillan, 1986.

Benson, John, *The Rise of Consumer Society in Britain, 1880-1980*, Londres, Longman, 1994.

Coogan, Tim Pat, *The IRA*, New York, Palgrave, 2002.

Hennessy, Peter, *Never Again : Britain, 1945-1951*, New York, Pantheon Books, 1993.

McKibbin, Ross, *Classes and Cultures : England 1918-1951*, Oxford, Oxford University Press, 1998.

McKittrick, David, *Making Sense of the Troubles*, New York, New Amsterdam Books, 2002.

Morgan, Kenneth O., *The People's Peace : British History, 1945-1989*, Oxford, Oxford University Press, 1990.

Parliamentary Reform 1933-1960 : A Survey of Suggested Reforms, Londres, Published for Hansard Society by Cassell, 1961.

Patterson, Henry, *Ireland Since 1939*, Oxford, Oxford University Press, 2002.

Porter, Roy, *London, a Social History*, Cambridge, MA, Harvard University Press, 1995.

Reynolds, David, *Britannia Overruled : British Policy and World Power in the Twentieth Century*, Londres, Longman, 1991.

Sked, Alan, et Cook, Chris, *Post-war Britain : A Political History*, New York, Penguin Books, 1990.

Woodhouse, C. M., *British Foreign Policy Since the Second World War*, New York, Praeger, 1962.

Young, Hugo, *This Blessed Plot : Britain and Europe From Churchill to Blair*, Woodstock, Overlook Press, 1999.

Union soviétique

Amalrik, Andrei, *L'Union soviétique survivra-t-elle en 1984 ?*, Paris, Pluriel, 1977.

Applebaum, Anne, *Gulag : A History*, New York, Doubleday, 2003 ; *Goulag : une histoire*, trad. P.-E. Dauzat, Paris, Grasset, 2005.

Bardach, Janusz, *Surviving Freedom : After the Gulag*, Berkeley, University of California Press, 2003.

Butenko, I. A., et Razlogov, Kirill, *Recent Social Trends in Russia, 1960-1995*, Montreal, McGill-Queen's University Press, 1997.

Deutscher, Isaac, *Russia After Stalin*, Indianapolis, Bobbs-Merrill, 1969.

Dobb, Maurice Herbert, *Soviet Economic Development Since 1917*, New York, International Publishers, 1967.

Hosking, Geoffrey A., *Church, Nation, and State in Russia and Ukraine*, New York, St. Martin's Press, 1991.

– *The First Socialist Society : A History of the Soviet Union From Within*, Cambridge, MA, Harvard University Press, 1990.

Keep, John L. H., *Last of the Empires : A History of the Soviet Union, 1945-1991*, Oxford ; New York, Oxford University Press, 1995.

King, Charles, *The Moldovans : Romania, Russia, and the Politics of Culture*, Stanford, Hoover Institution Press, 2000.

Kotkin, Stephen, *Magnetic Mountain : Stalinism as a Civilization*, Berkeley, University of California Press, 1995.

Malia, Martin E., *The Soviet Tragedy : A History of Socialism in Russia, 1917-1991*, New York, Free Press, 1994 ; *La Tragédie soviétique. Histoire du socialisme en Russie, 1917-1991*, trad. J. P. Bardos, Paris, Seuil, 1995.

McAuley, Mary, *Soviet Politics 1917-1991*, Oxford, Oxford University Press, 1992.

Nove, Alec, *An Economic History of the USSR, 1917-1991*, New York, Penguin Books, 1992 ; *L'Économie soviétique*, trad. J. J. Bonhomme, Ph. Lavergne et C. Rouzeau, Paris, Economica, 1981.

Petrone, Karen, *Life has Become More Joyous, Comrades : Celebrations in the Time of Stalin*, Bloomington, Indiana University Press, 2000.

Polian, P. M., *Against Their Will : The History and Geography of Forced Migrations in the USSR*, Budapest, Central European University Press, 2004.

Reid, Anna, *Borderland : A Journey Through the History of Ukraine*, Boulder, Westview Press, 1999.

Rosenberg, William G., et Young, Marilyn Blatt, *Transforming Russia and China : Revolutionary Struggle in the Twentieth Century*, New York, Oxford University Press, 1982.

Schapiro, Leonard, *The Communist Party of the Soviet Union*, New York, Random House, 1970.

Wilson, Andrew, *The Ukrainians : Unexpected Nation*, New Haven, Yale University Press, 2002.

Yakovlev, A. N., Austin, Anthony et Hollander, Paul, *A Century of Violence in Soviet Russia*, New Haven, Yale University Press, 2002.

Yougoslavie

Allcock, John B., *Explaining Yugoslavia*, New York, Columbia University Press, 2000.

Carter, April, *Democratic Reform in Yugoslavia : The Changing Roleof the Party*, Londres, Frances Pinter, 1982.

Dedijer, *The Battle Stalin Lost : Memoirs of Yugoslavia, 1948-1953*, New York, Viking Press, 1970 ; *Le Défi de Tito, Staline et la Yougoslavie*, trad. M. Paz, préface de K. S. Karol, Paris, Gallimard, 1970.

Drakulic, Slavenka, *How We Survived Communism and Even Laughed*, Londres, Hutchinson, 1992 ; *Les Restes du communisme sont dans la casserole*, Paris, J. Bertoin, 1992.

Judah, Tim, *The Serbs : History, Myth, and the Destruction of Yugoslavia*, New Haven, Yale University Press, 2000.

Lampe, John R., *Yugoslavia as History : Twice There Was a Country*, New York, Cambridge University Press, 2000.

– *Yugoslav-American Economic Relations Since World War II*, Durham, Duke University Press, 1990.

Malcolm, Noel, *Kosovo : A Short History*, New York, New York University Press, 1998.

Ron, James, *Frontiers and Ghettos : State Violence in Serbia and Israel*, Berkeley, University of California Press, 2003.

Tanner, Marcus, *Croatia : A Nation Forged in War*, New Haven, Yale University Press 2001.

Unfinished Peace : Report of the International Commission on the Balkans, Washington DC, Carnegie Endowment, 1996.

Wachtel, Andrew, *Making a Nation, Breaking a Nation : Literature and Cultural Politics in Yugoslavia*, Stanford, Stanford University Press, 1998.

West, Rebecca, *Black Lamb and Grey Falcon : The Record of a Journey Through Jugoslavia in 1937*, Londres, Melbourne Macmillan, 1968 ; *Agneau noir et faucon gris : un, voyage à travers la Yougoslavie* ; trad. G. Joulié, Lausanne, L'Âge d'homme, 2000.

Thèmes

La guerre froide

Cronin, James E., *The World the Cold War Made : Order, Chaos and the Return of History*, New York, Routledge, 1996.

Dockrill, M. L., *The Cold War, 1945-1963*, Atlantic Highlands, NJ, Humanities Press International, 1988.

Fitzgerald, Frances, *Way Out There in the Blue : Reagan, Star Wars, and the End of the Cold War*, New York, Simon & Schuster, 2000.

Gaddis, John Lewis, *The Long Peace : Inquiries Into the History of the Cold War*, New York, Oxford University Press, 1987.

– *We Now Know : Rethinking Cold War History*, Oxford, Oxford University Press, 1997.

Gray, William Glenn, *Germany's Cold War : The Global Campaign to Isolate East Germany, 1949-1969*, Chapel Hill, University of North Carolina Press, 2003.

Gress, David, *From Plato to NATO : The Idea of the West and its Opponents*, New York, Free Press, 1998.

Halle, Louis Joseph, *The Cold War as History*, New York, HarperPerennial, 1991.

Hanhimäki, Jussi, et Westad, O. A., éd., *The Cold War : A History in Documents and Eyewitness Accounts*, New York, Oxford University Press, 2003.

Isaacs, Jeremy, et Downing, Taylor, *Cold War : An Illustrated History, 1945-1991*, Boston, Little, Brown & Co., 1998.

Leffler, Melvyn P., et Painter, David S., *Origins of the Cold War : An International History*, Londres, Routledge, 2005.

Murphy, David E., Kondrashev, Sergei A. et Bailey, George, *Battleground Berlin : CIA vs. KGB in the Cold War*, New Haven, Yale University Press, 1997.

Weiler, Peter, *British Labour and the Cold War*, Stanford, Stanford University Press, 1988.

Zubok, V. M., et Pleshakov, Konstantin, *Inside the Kremlin's Cold War : From Stalin to Khrushchev*, Cambridge, MA, Harvard University Press, 1996.

Culture et Arts

Aldgate, Anthony, Chapman, James et Marwick, Arthur, *Windows on the Sixties : Exploring Key Texts of Media and Culture*, Londres, I.B. Tauris, 2000.

Bartov, Omer, *The « Jew » in Cinema : From « The Golem » to « Don't Touch My Holocaust »*, Bloomington, Indiana University Press, 2005.

Blécourt, Willem de, et Davies, Owen, *Witchcraft Continued : Popular Magic in Modern Europe*, Manchester, Manchester University Press, 2004.

Carroll, David, *French Literary Fascism : Nationalism, Anti-Semitism, and the Ideology of Culture*, Princeton, Princeton University Press, 1995.

Chudo, Alicia, *And Quiet Flows the Vodka, or, When Pushkin Comes to Shove : The Curmudgeon's Guide to Russian Literature and Culture, With the Devil's Dictionary of Received Ideas, Alphabetical Reflection on the Loathsomeness of Russia, American Academia, and Humanity in General*, Evanston, Northwestern University Press, 2000.

Clark, Katerina, *Petersburg, Crucible of Cultural Revolution*, Cambridge, Harvard University Press, 1995.

Cohn, Ruby, *From Desire to Godot : Pocket Theater of Postwar Paris*, Berkeley, University of California Press, 1987.

Dalle Vacche, Angela, *The Body in the Mirror : Shapes of History in Italian Cinema*, Princeton, Princeton University Press, 1992.

Demetz, Peter, *After the Fires : Recent Writing in the Germanies, Austria, and Switzerland*, San Diego, Harcourt Brace Jovanovich, 1992.

Dennis, David B., *Beethoven in German Politics, 1870-1989*, New Haven, Yale University Press, 1996.

Durgnat, Raymond, *A Mirror for England ; British Movies From Austerity to Affluence*, New York, Praeger, 1971.

Ellwood, David W., Kroes, Rob et Brunetta, Gian Piero, *Hollywood in Europe : Experiences of a Cultural Hegemony*, Amsterdam, Free University Press, 1994.

Fehrenbach, Heide, *Cinema in Democratizing Germany : Reconstructing National Identity After Hitler*, Chapel Hill, University of North Carolina Press, 1995.

Figes, Orlando, *Natasha's Dance : A Cultural History of Russia*, New York, Metropolitan Books, 2002.

Forrester, Sibelan E. S., Zaborowska, Magdalena J. et Gapova, Elena, *Over the Wall/After the Fall : Post-Communist Cultures Through An East-West Gaze*, Bloomington, Indiana University Press, 2004.

Goetz-Stankiewicz, Marketa, *Drama Contemporary : Czechoslovakia*, New York, Performing Arts Journal Publications, 1985.

Hanák, Péter, *The Garden and the Workshop : Essays on the Cultural History of Vienna and Budapest*, Princeton, Princeton University Press, 1998.

Haraszti, Miklós, *The Velvet Prison : Artists Under State Socialism*, New York, Basic Books, 1987.

Harker, David, *One for the Money : Politics and Popular Song*, Londres, Hutchinson, 1980.

Hewison, Robert, *Culture and Consensus : England, Art and Politics Since 1940*, Londres, Methuen, 1995.

– *In Anger : British Culture in the Cold War, 1945-60*, New York, Oxford University Press, 1981.

– *Too Much : Art and Society in the Sixties, 1960-75*, New York, Oxford University Press, 1987.

Insdorf, Annette, *Indelible Shadows : Film and the Holocaust*, New York, Cambridge University Press, 2003.

Kaes, Anton, *From Hitler to Heimat : The Return of History as Film*, Cambridge, MA., Harvard University Press, 1989.

Laqueur, Walter, et Mosse, George L., *Literature and Politics in the Twentieth Century*, New York, Harper & Row, 1967.

Marks, Steven G., *How Russia Shaped the Modern World : From Art to Anti-Semitism, Ballet to Bolshevism*, Princeton, Princeton University Press, 2003.

Marwick, Arthur, *The Sixties : Cultural Revolution in Britain, France, Italy, and the United States, c. 1958-c. 1974*, Oxford, Oxford University Press, 1998.

Nepomnyashchy, Catharine Theimer, *Abram Tertz and the Poetics of Crime*, New Haven, Yale University Press, 1995.

O'Flaherty, Kathleen Mary Josephine, *The Novel in France, 1945-1965 : A General Survey*, Cork, Cork University Press, 1973.

Poiger, Uta G., *Jazz, Rock, and Rebels : Cold War Politics and American Culture in a Divided Germany*, Berkeley, University of California Press, 2000.

Rearick, Charles, *The French in Love and War : Popular Culture in the Era of the World Wars*, New Haven, Yale University Press, 1997.

Roman, Denise, *Fragmented Identities : Popular Culture, Sex, and Everyday Life in Post-Communist Romania*, Lanham, Lexington Books, 2003.

Sorlin, Pierre, *European Cinemas, European Societies, 1939-1990*, New York, Routledge, 1991.

Strinati, Dominic, et Wagg, Stephen, *Come on Down ? : Popular Media Culture in Post-War Britain*, Londres, Routledge, 1992.

Suleiman, Susan Rubin, et Forgács, Éva, *Contemporary Jewish Writing in Hungary : An Anthology*, Lincoln, University of Nebraska Press, 2003.

Économie

Armstrong, Philip, Glyn, Andrew et Harrison, John, *Capitalism Since* 1945, Oxford, Basil Blackwell, 1991.

Bardou, Jean-Pierre *et al.*, *La Révolution automobile*, Paris, Albin Michel, 1977.

Berend, T. Iván, et Ránki, György, *Economic Development in East-Central Europe in the 19th and 20th Centuries*, New York, Columbia University Press, 1974.

Crafts, N. F. R., et Toniolo, Gianni, *Economic Growth in Europe Since 1945*, Cambridge, Cambridge University Press, 1996.

Eichengreen, Barry J., *Europe's Postwar Recovery*, Cambridge, Cambridge University Press, 1995.

Flora, Peter *et al.*, *State, Economy, and Society in Western Europe 1815-1975 : A Data Handbook in Two Volumes*, Francfort, Campus Verlag, 1983.

Floud, Roderick, et McCloskey, Deirdre N., *The Economic History of Britain Since 1700*, New York, Cambridge University Press, 1994.

Giersch, Herbert, et Schmieding, Holger, *The Fading Miracle : Four Decades of Market Economy in Germany*, New York, Cambridge University Press, 1992.

Gourevitch, Peter Alexis, *Politics in Hard Times : Comparative Responses to International Economic Crises*, Ithaca, Cornell University Press, 1986.

Hobsbawm, E. J., et Wrigley, Chris, *Industry and Empire : From 1750 to the Present Day*, New York, The New Press, 1999.

James, Harold, *International Monetary Cooperation Since Bretton Woods*, Washington, DC, IMF, 1996.

Kaplan, Jacob, et Schleiminger, Günther, *The European Payments Union : Financial Diplomacy in the 1950s*, Oxford, Clarendon Press, 1989.

Kaser, Michael Charles, et Radice, E. A., éd., *The Economic History of Eastern Europe, 1919-1975*, Oxford, Clarendon Press, 1985.

Maier, Charles S., *In Search of Stability : Explorations in Historical Political Economy*, New York, Cambridge University Press, 1987.

Marglin, Stephen A., et Schor, Juliet, *The Golden Age of Capitalism : Reinterpreting the Postwar Experience*, Oxford, Clarendon Press, 1990.

Mills, Dennis R., *English rural Communities : The Impact of a Specialised Economy*, Londres, Macmillan, 1973.

Milward, Alan S., *The European Rescue of the Nation-State*, Berkeley, University of California Press, 1992.

Nove, Alec, *The Economics of Feasible Socialism Revisited*, Londres, HarperCollins Academic, 1991.

Reich, Simon, *The Fruits of Fascism : Postwar Prosperity in Historical Perspective*, Ithaca, Cornell University Press, 1990.

Tsoukalis, Loukas, *The New European Economy : The Politics and Economics of Integration*, New York, Oxford University Press, 1993.

Williams, Allan M., *The Western European Economy : A Geography of Post-War Development*, Totowa, NJ, 1987.

Union européenne

Asbeek Brusse, Wendy, *Tariffs, Trade, and European Integration, 1947-1957 : From Study Group to Common Market*, New York, St. Martin's Press, 1997.

Bainbridge, Timothy, et Teasdale, Anthony, *The Penguin Companion to European Union*, New York, Penguin Books, 1995.

Gillingham, John, *European Integration, 1950-2003 : Superstate or New Market Economy ?*, Cambridge ; Cambridge University Press, 2003.

Henderson, W. O., *The Genesis of the Common Market*, Chicago, Quadrangle Books, 1963.

Josselin, Daphne, *Money Politics in the New Europe : Britain, France and the Single Financial Market*, Houndmills, Macmillan Press, 1997.

Lipgens, Walter, et Loth, Wilfried, *Documents on the History of European Integration*, Berlin, De Gruyter, 1985.

Moravcsik, Andrew, *The Choice for Europe : Social Purpose and State Power From Messina to Maastricht*, Ithaca, NY, Cornell University Press, 1998.

Nelson, Brian, Roberts, David et Veit, Walter, *The European Community in the 1990s : Economics, Politics, Defense*, New York, Berg, 1992.

Stirk, Peter M. R., *European Unity in Context : The Interwar Period*, New York, Pinter Publishers, 1989.

Tugendhat, Christopher, *Making sense of Europe*, New York, Columbia University Press, 1988.

Europe et États-Unis

Brenner, Michael J., *Terms of Engagement : The United States and the European Security Identity*, Westport, CT, Praeger, 1998.

Cohen, Stephen F., *Failed Crusade : America and the Tragedy of Post-Communist Russia*, New York, W.W. Norton, 2001.

De Grazia, Victoria, *Irresistible Empire : America's Advance Through Twentieth-Century Europe*, Cambridge, Ma., Harvard University Press, 2005.

Diner, Dan, *America in the Eyes of the Germans : An Essay on Anti-Americanism*, Princeton, NJ, Markus Wiener Publishers, 1996.

Garton Ash, Timothy, *Free World : America, Europe, and the Surprising Future of the West*, New York, Random House, 2004 ; *Monde libre*, trad. P.-E. Dauzat pour Gallimard, qui a renoncé à l'édition.

Gordon, Philip H., et Shapiro, Jeremy, *Allies at War : America, Europe, and the Crisis Over Iraq*, New York, McGraw-Hill, 2004.

Michta, Andrew A., *America's New allies : Poland, Hungary, and the Czech Republic in NATO*, Seattle, University of Washington Press, 1999.

Pells, Richard H., *Not Like Us : How Europeans Have Loved, Hated, and Transformed American Culture Since World War II*, New York, Basic Books, 1997.

Servan-Schreiber, Jean-Jacques, *Le Défi américain*, Paris, Denoël, 1967.

Immigrants et minorités

Acton, T. A., *Gypsy Politics and Social Change ; the Development of Ethnic Ideology and Pressure Politics Among British Gypsies From Victorian Reformism to Romany Nationalism*, Londres ; Boston, Routledge and K. Paul, 1974.

Baldwin-Edwards, Martin, et Schain, Martin A., *The Politics of Immigration in Western Europe*, Portland, Frank Cass, 1994.

Bjørgo, Tore, et Witte, Rob, *Racist Violence in Europe*, New York, St. Martin's Press, 1993.

Collinson, Sarah, *Beyond Borders : West European Migration Policy Towards the 21st Century*, Londres, Royal Institute of International Affairs, 1993.

Freeman, Gary P., *Immigrant Labor and Racial Conflict in Industrial Societies : The French and British Experience, 1945-1975*, Princeton, Princeton University Press, 1979.

Haus, Leah A., *Unions, Immigration, and Internationalization : New Challenges and Changing Coalitions in the United States and France*, New York, Palgrave Macmillan, 2002.

Ireland, Patrick R., *The Policy Challenge of Ethnic Diversity : Immigrant Politics in France and Switzerland*, Cambridge, Harvard University Press, 1994.

King, Russell, *Mass Migration in Europe : The Legacy and the Future*, New York, Wiley, 1995.

Levy, Daniel, et Weiss, Yfaat, *Challenging Ethnic Citizenship : German and Israeli Perspectives on Immigration*, New York, Berghahn Books, 2002.

Mandelbaum, Michael, *The New European Diasporas : National Minorities and Conflict in Eastern Europe*, New York, Council on Foreign Relations Press, 2000.

Phillips, Mike, et Phillips, Trevor, *Windrush : The Irresistible Rise of Multi-Racial Britain*, Londres, HarperCollins, 1998.

Preece, Jennifer Jackson, *National Minorities and the European Nation-States System*, Oxford, Oxford University Press, 1998.

Senocak, Zafer, et Leslie A. Adelson, *Atlas of a Tropical Germany : Essays on Politics and Culture*, 1990-1998, Lincoln, University of Nebraska Press, 2000.

Soysal, Yasemin Nuho glu, *Limits of Citizenship : Migrants and Post-national Membership in Europe*, Chicago, University of Chicago Press, 1994.

Teitelbaum, Michael S., et Winter, J. M., *A Question of Numbers : High Migration, Low Fertility, and the Politics of National Identity*, New York, Hill & Wang, 1998.

Winder, Robert, *Bloody Foreigners : The Story of Immigration to Britain*, Londres, Little Brown, 2004.

Intellectuels

Annan, Noel Gilroy Annan, *Our Age : Portrait of a Generation*, Londres, Weidenfeld and Nicolson, 1990.

Caute, David, *Communism and the French Intellectuals, 1914-1960*, New York, Macmillan, 1964 ; *Le Communisme et les intellectuels français, 1914-1966*, trad. M. Paz, Paris, Gallimard, 1967.

Chiaromonte, Nicola, *The Worm of Consciousness and Other Essays*, New York, Harcourt Brace Jovanovich, 1976.

Enzensberger, Hans Magnus, *Europe, Europe : Forays Into a Continent*, New York, Pantheon Books, 1989 ; *Europe, Europe*, trad. P. Gallissaires et Cl. Orsini, Paris, Gallimard, 1988.

– éd., *L'Europe en ruines*, Paris, Sorlin, 1995.

Foucault, Michel, *Les Mots et les choses. Une archéologie des sciences humaines*, Paris, Gallimard, 1966.

Giesen, Bernhard, *Intellectuals and the German Nation : Collective Identity in An Axial Age*, New York, Cambridge University Press, 1998.

Goldfarb, Jeffrey C., *Beyong Glasnost : The Post-totalitarian Mind*, Chicago, University of Chicago Press, 1991.

Harris, Frederick John, *Encounters With Darkness, French and German Writers on World War II*, New York, Oxford University Press, 1983.

Hughes, H. Stuart, *The Obstructed Path : French Social Thought in the Years of Desperation, 1930-1960*, New Brunswick, Transaction Publishers, 2002.

– *Sophisticated Rebels : The Political Culture of European Dissent, 1968-1987*, Cambridge, Ma., Harvard University Press, 1988.

Judt, Tony, *The Burden of Responsibility : Blum, Camus, Aron, and the French Twentieth Century*, Chicago, University of Chicago Press, 1998 ; *La Responsabilité des Intellectuels. Blum, Camus, Aron*, trad. J.-Fr. Sené, Calmann-Lévy, 2001.

Khilnani, Sunil, *Arguing Revolution. The Intellectual Left in Post-War France*, Newhaven, Yale University Press, 1993.

Kolakowski, Leszek, *Main Currents of Marxism. Vol. III : The Breakdown*, New York, Oxford University Press, 1978 (seul des trois vol. non traduit en français).

Koestler, Arthur, *The Trail of the Dinosaur & Other Essays*, New York, Macmillan, 1955 ; *L'Ombre du dinosaure*, trad. D. Van Moppès, Paris, Calmann-Lévy, 1956

Lilla, Mark, *New French Thought : Political Philosophy*, Princeton, Princeton University Press, 1994.

Lottman, Herbert R., *The Left Bank : Writers, Artists, and Politics From the Popular Front to the Cold War*, Chicago, University of Chicago Press, 1998 ; *La Rive gauche, Du Front Populaire à la guerre froide*, trad. M. Véron, Paris, Seuil, 1981.

Lyotard, Jean François, *La Condition postmoderne*, Paris, Minuit, 1979.

Macciocchi, Maria Antonietta et Althusser, Louis, *Lettres de l'intérieur du Parti : le Parti Communiste, les masses et les Forces révolutionnaires pendant la campagne électorale à Naples en mai 1968*, traduit de l'italien, Paris, Maspero, 1970.

Merquior, José Guilherme, From *Prague to Paris : A Critique of Structuralist and Post-Structuralist Thought*, Londres, Verso, 1986.

Michnik, Adam, *Letters From Prison and Other Essays*, Berkeley, University of California Press, 1985 ; *Penser la Pologne : morale et politique de la résistance*, textes [traduits du polonais] réunis et annotés par Zinaïda Erard ; préface de Leszek Kolakowski ; introduction d'Aleksander Smolar, Paris, Maspero, 1983.

Milosz, Czeslaw, *La Pensée captive. Essai sur les logocraties populaires*, Paris, Gallimard, 1953.

Müller, Jan-Werner, *Another Country : German Intellectuals, Unification, and National Identity*, New Haven, Yale University Press, 2000.

Poster, Mark, *Existential Marxism in Postwar France : From Sartre to Althusser*, Princeton, Princeton University Press, 1975.

Schivelbusch, Wolfgang, *In a Cold Crater : Cultural and Intellectual Life in Berlin, 1945-1948*, Berkeley, University of California Press, 1998.

Stern, J. P., *The Heart of Europe : Essays on Literature and Ideology*, Oxford, Blackwell, 1992.

Walicki, Andrzej, *A History of Russian Thought From the Enlightenment to Marxism*, Stanford, Stanford University Press, 1979.

– *Stanislaw Brzozowski and the Polish Beginnings of "Western Marxism"*, Oxford, Oxford University Press, 1989.

Partis et mouvements politiques

Barltrop, Robert, *The Monument. The Story of the Socialist Party of Great Britain*, Londres, Pluto Press, 1975.

Blackmer, Donald L. M., et Kriegel, Annie, *The International Role of the Communist Parties of Italy and France*, Cambridge, MA., Harvard University, 1975.

Buchanan, Tom, et Conway, Martin, *Political Catholicism in Europe, 1918-1965*, Oxford, Oxford University Press, 1996.

Cheles, Luciano, Ferguson, Ronnie et Vaughan, Michalina, *The Far Right in Western and Eastern Europe*, New York, Longman, 1995.

Eley, Geoff, *Forging Democracy : The History of the Left in Europe, 1850-2000*, New York, Oxford University Press, 2002.

Evans, Robert H., *Coexistence : Communism and its Practice in Bologna, 1945-1965*, Londres, University of Notre Dame Press, 1967.

Hanley, David, éd., *Christian Democracy in Europe : A Comparative Perspective*, Londres, Pinter, 1996.

Hockenos, Paul, *Free to Hate : The Rise of the Right in Post-Communist Eastern Europe*, New York, Routledge, 1993.

Johnson, R. W., *The Long March of the French Left*, New York, St. Martin's Press, 1981.

Kalyvas, Stathis N., *The Rise of Christian Democracy in Europe*, Ithaca, Cornell University Press, 1996.

Kertzer, David I., *Politics and Symbols : The Italian Communist Party and the Fall of Communism*, New Haven, Yale University Press, 1996.

Kolinsky, Martin, et Paterson, William E., *Social and Political Movements in Western Europe*, Londres, Croom Helm, 1976.

Krantz, Frederick, *History From Below : Studies in Popular Protest and Popular Ideology*, Oxford, Blackwell, 1988.

Lange, Peter, et Vannicelli, Maurizio, *The Communist Parties of Italy, France, and Spain : Postwar Change and Continuity : A Casebook*, Londres, Allen & Unwin, 1981.

Leonardi, Robert, et Wertman, Douglas, *Italian Christian Democracy : The Politics of Dominance*, New York, Palgrave, 1989.

Lindemann, Albert S., *A History of European Socialism*, New Haven, Yale University Press, 1983.

Markovits, Andrei S., et Gorski, Philip S., *The German Left : Red, Green and Beyond*, New York, Oxford University Press, 1993.

Morgan, Roger, et Silvestri, Stefano, *Moderates and Conservatives in Western Europe : Political Parties, the European Community, and the Atlantic Alliance*, Rutherford, Fairleigh Dickinson University Press, 1983.

Pelling, Henry, et Reid, Alastair J., *A Short History of the Labour Party*, New York, St. Martin's Press, 1996.

Ramet, Sabrina P., *The Radical Right in Central and Eastern Europe Since* 1989, University Park, Pennsylvania State University Press, 1999.

Rémond, René, *La droite en France, De la Première Restauration à la Ve République*, 2 vol., Paris, Aubier, 1968.

Sassoon, Donald, *The Strategy of the Italian Communist Party : From the resistance to the Historic compromise*, New York, St. Martin's Press, 1981.

Schain, Martin, Zolberg, Aristide R. et Hossay, Patrick, *Shadows Over Europe : The Development and Impact of the Extreme Right in Western Europe*, New York, Palgrave, 2002.

Urban, Joan Barth, *Moscow and the Italian Communist Party : From Togliatti to Berlinguer*, Ithaca, Cornell University Press, 1986.

Vinen, Richard, *Bourgeois Politics in France, 1945-1951*, Cambridge, Cambridge University Press, 1995.

Wall, Irwin M., *French Communism in the Era of Stalin : The Quest for Unity and Integration, 1945-1962*, Westport, Greenwood Press, 1983.

Religion

Estruch, Juan, *Saints and Schemers : Opus Dei and its Paradoxes*, New York, Oxford University Press, 1995.

Fetzer, Joel, et Soper, J. Chrisopher, *Muslims and the State in Britain, France and Germany*, New York, Cambridge, Cambridge University Press, 2004.

Gruber, Ruth Ellen, *Virtually Jewish : Reinventing Jewish Culture in Europe*, Berkeley, University of California Press, 2002.

Klausen, Jytte, *The Islamic Challenge : Politcis and Religion in Western Europe*, New York, Oxford University Press, 2005.

Karam, Azza M., *Transnational Political Islam : Religion, Ideology, and Power*, Londres, Pluto Press, 2004.

Reese, Thomas J., *Inside the Vatican : The Politics and Organization of the Catholic Church*, Cambridge, MA, Harvard University Press, 1996.

L'État-providence

Atkinson, Alexander, et Mogensen, Gunnar Viby, *Welfare and Work Incentives : A North European Perspective*, Oxford, Oxford University Press, 1993.

Atkinson, A. B., *The Economic Consequences of Rolling Back the Welfare State*, Cambridge, MA, MIT Press, 1999.

– *Incomes and the Welfare State : Essays on Britain and Europe*, New York, Cambridge University Press, 1995.

Blackburn, Robin, *Banking on Dath or Investing in Life : The History and Future of Pensions*, Londres, Verso, 2003.

Cochrane, Allan, Clarke, John et Gewirtz, Sharon, *Comparing Welfare States*, Londres, Sage Publications in association With the Open University, 2001.

Esping-Andersen, Gosta, *The Three Worlds of Welfare Capitalism*, Princeton, Princeton University Press, 1990.

Flora, Peter, *Growth to limits : The Western European Welfare States Since World War II*, Berlin, W. de Gruyter, 1986.

Flora, Peter, et Heidenheimer, Arnold J., *The Development of Welfare States in Europe and America*, New Brunswick, Transaction Books, 1981.

Gladstone, David, *Poverty and Social Welfare*, Londres, Routledge, 1996.

Lawson, Roger, et Reed, Bruce, *Social Security in the European Community*, Londres, Chatham House, 1975.

Mishra, Ramesh, *The Welfare State in Capitalist Society : Policies of Retrenchment and Maintenance in Europe, North America, and Australia*, New York, Harvester Wheatsheaf, 1990.

– *The Welfare State in Crisis : Social Thought and Social Change*, New York, St. Martin's Press, 1984.

Payer, Lynn, *Medicine and Culture : Varieties of Treatment in the United States, England, West Germany, and France*, New York, Henry Holt, 1996.

Richardson, J. J., et Henning, Roger, *Unemployment : Policy Responses of Western Democracies*, Beverly Hills, Sage Publications, 1984.

Guerre et mémoire

Best, Geoffrey, *War and Law Since 1945*, Oxford, Clarendon Press, 1994.

Boym, Svetlana, *The Future of Nostalgia*, New York, Basic Books, 2001.

Cohen, Shari, Politics *Without a Past : The Absence of History in Post-Communist Nationalism*, Durham, University Press, 1999.

Doumanis, Nicholas, *Myth and Memory in the Mediterranean : Remembering Fascism's Empire*, New York, Macmillan, 1997.

Farmer, Sarah Bennett, *Martyred Village : Commemorating the 1944 Massacre at Oradour-sur-Glane*, Berkeley, University of California Press, 1999 ; *10 Juin 1944. Oradour. Arrêt sur mémoire*, Paris, Perrin, 2004.

Fishman, Sarah, *France at War : Vichy and the Historians*, New York, Berg, 2000.

Gildea, Robert, *The Past in French History*, New Haven, Yale University Press, 1994.

Hayner, Priscilla B., *Unspeakable truths : Facing the Challenge of Truth Commissions*, New York, Routledge, 2002.

Jong, L. de, *The Netherlands and Nazi Germany*, Cambridge, MA., Harvard University Press, 1990.

Kramer, Jane, *The Politics of Memory : Looking for Germany in the New Germany*, New York, Random House, 1996.

Lagrou, Pieter, *Mémoires patriotiques et Occupation nazie. Résistants, requis et déportés en Europe occidentale, 1945-1965*, Bruxelles, Complexe, 2003.

McAdams, A. James, *Judging the Past in unified Germany*, Cambridge ; New York, Cambridge University Press, 2001.

Margalit, Avishai, *The Ethics of Memory*, Cambridge, MA, Harvard University Press, 2004.

Merridale, Catherine, *Night of stone : death and Memory in Twentieth Century Russia*, New York, Viking, 2001.

Paxton, Robert O., *Vichy France : Old Guard and New Order, 1940-1944*, New York, Knopf, 1972 ; *La France de Vichy, 1940-1944*, trad. Cl. Bertrand, avec une préface de Stanley Hoffmann, Paris, Seuil, 1973.

Rév, István, *Retroactive Justice : Prehistory of Post-Communism*, Stanford, Stanford University Press, 2005.

Revel, Jacques, et Hunt, Lynn, *Histories : French Constructions of the Past*, New York, New Press, 1995.

Sebald, W. G., *On the Natural History of Destruction*, New York, Modern Library, 2004 ; *De la destruction comme élément de l'histoire naturelle*, trad. P. Charbonneau, Arles, Actes Sud, 2004.

Winter, J. M., et Sivan, Emmanuel, *War and remembrance in the Twentieth Century*, Cambridge, Cambridge University Press, 1999.

Biographie et mémoires

Acheson, Dean, *Present at the Creation. My Years in the State Department*, Londres, Hamilton, 1970.

Antonov-Ovseenko, Anton, *The Time of Stalin. Portrait of a Tyranny*, New York, Harper & Row, 1981.

Arbatov, Georgi, *The System : An Insider's Life in Soviet Politics*, New York, Random House, 1992.

Aron, Raymond, *Mémoires. 50 ans de réflexion politique*, Paris, Julliard, 1983.

Barnstone, Willis, *Sunday Morning in Fascist Spain : A European Memoir, 1948-1953*, Carbondale, Southern Illinois University Press, 1995.

Brandt, Willy, *My Life in Politics*, Londres, Hamish Hamilton, 1992 ; *Mémoires*, trad. F.-M. Gathelier et B. Chabot, Paris, Albin Michel, 1990.

Brandys, Kazimierz, *En Pologne, c'est-à-dire nulle part*, trad. A. Lach, Paris, Seuil, 1978.

Brown, Archie, *The Gorbachev Factor*, Oxford, Oxford University Press, 1996.

Bullock, Alan, *Ernest Bevin, Foreign Secretary : 1945-1951*, Oxford, Oxford University Press, 1985.

Campbell, John, *Edward Heath : A Biography*, Londres, J. Cape, 1993.

Chace, James, *Acheson : The Secretary of State Who Created the Modern World*, New York, Simon and Schuster, 1998.

Clare, George, *Before the Wall : Berlin Days, 1946-1948*, New York, E. P. Dutton, 1990.

Clay, Lucius D., *Decision in Germany*, Westport, Conn., Greenwood Press, 1970.

Crane, Stephen Lee, *Survivor From An Unknown War : The Life of Isakjan Narzikul*, Upland, Diane Pub., 1999.

Demetz, Hanna, *The Journey From Prague Street*, New York, St. Martin's Press, 1990.

Deutscher, Isaac, *Stalin. A Political Biography*, Oxford, Oxford University Press, 1967 ; *Staline*, trad. J.-P. Herbert, Paris, Gallimard, 1973.

Djilas, Milovan, *Wartime*, New York, Harcourt Brace Jovanovich, 1980 ; *Une guerre dans la guerre : Yougoslavie, 1941-1945*, trad. B. Vierne, revue à partir de l'original serbo-croate par Kosta Christitch ; préface par Kosta Christitch, Paris, R. Laffont, 1980

Dobrynin, Anatoly Fedorovich, *In Confidence*, New York, Random House, 1995.

Eden, Anthony, *Full Circle. The Memoirs of the Rt. Hon. Sir Anthony Eden*, Londres, Cassell, 1960.

Foot, Michael, *Aneurin Bevan. A Biography*, Londres, New English Library, 1966.

Friedländer, Saul, *Quand vient le souvenir...*, Paris, Seuil, 1978.

Frisch, Max, *Journal, 1946-1949*, trad. M. Besson et Ph. Pilliod, Paris, Gallimard, 1964.

Garton Ash, Timothy, *The File : A Personal History*, New York, Vintage Books, 1998.

Ginzburg, Evgeni Semenovna, *Journey Into the Whirlwind*, New York, Harcourt Brace Jovanovich, 1975 ; *Le Vertige. Chronique des temps du culte de la personnalité*, trad. B. Abbots et J.-J. Marie, Paris, Seuil, 1967.

– *Le Ciel de la Kolyma. Le Vertige*, 2, trad. G. Johannet, Paris, Seuil, 1980.

Gorbatchev, Mikhaïl, *Memoirs*, New York, 1996 ; *Mémoires*, trad. G. Ackerman, M. Secinski et P. Lorrain, Paris, Éditions du Rocher, 1997.

Grundy, Trevor, *Memoir of a Fascist Childhood : A Boy in Mosley's Britain*, Londres, Heinemann, 1998.

Harris, Kenneth, *Attlee*, Londres, Weidenfeld & Nicolson, 1995.

Healey, Denis, *The Time of My Life*, New York, W.W. Norton, 1990.

Heath, Edward, *Travels : People and Places in My Life*, Londres, Sidgwick & Jackson, 1977.

– *The Course of My Life*, Londres, Coronet Books, 1999.

Hörner, Helmut, et Powell, Allan Kent, *A German Odyssey. The Journal of a German Prisoner of War*, Golden, Fulcrum Pub., 1991.

Kennan, George Frost, *Memoirs, 1925-1950*, Londres, Hutchinson, 1968.

Khrouchtchev, Nikita, *Khruschev Remembers*, trad. et éd. de Strobe Talbott, New York, Bantam, 1971.

– *Khruschev Remembers : Khruschev's Last Testament*, trad. et éd. de Strobe Talbott, Boston, Little Brown, 1974.

Kravchenko, Victor, *J'ai Choisi la liberté*, trad. Jean de Kerdéland, Paris, Éditions Self, 1947.

Kun, Miklós, *Stalin. An Unknown Portrait*, Budapest, Central European University Press, 2003.

Lacouture, Jean, *De Gaulle. 2. Le Politique (1944-1959) ; 3. Le Souverain (1959-1970)*, Paris, Seuil, 1985 et 1986.

Leonhard, Wolfgang, *Child of the Revolution*, Londres, Ink Links, 1979 ; *Un enfant perdu de la révolution*, trad. P. Ollagnier, Paris, France-Empire, 1983.

Levy, Robert, *Ana Pauker : The Rise and Fall of a Jewish Communist*, Berkeley, University of California Press, 1988.

Lodge, David, *Out of the Shelter*, New York, Penguin Books, 1989 ; *Hors de l'abri*, trad. M. et Y. Couturier, Paris, Rivages, 1996.

Mack Smith, Denis, *Mussolini*, New York, Vintage Books, 1983.

Márai, Sándor, *Memoir of Hungary, 1944-1948*, Budapest, Corvina in association With Central European University Press, 1996 ; *Mémoires de Hongrie*, trad. G. Kassai et Z. Bianu, Paris, Albin Michel, 2004.

Milosz, Czeslaw, *Native Realm : A Search for Self-Definition*, New York, Farrar, Straus and Giroux, 2002 ; *Enfant d'Europe*, trad. M. Tschui, J. Silberstein et l'auteur, Lausanne, L'Âge d'homme, 1980.

Molotov, Vyacheslav Mikhaylovich, *Molotov Remembers*, Chicago, Ivan Dee, 1993.

Monnet, Jean, *Mémoires*, Paris, Fayard, 1976.

Nowak, Jan, *Courier From Warsaw*, Détroit, Wayne State University Press, 1982 ; *Courrier de Varsovie*, trad. J.-Y. Erhel, Paris, Gallimard, 1983.

Padover, Saul K., *Experiment in Germany ; the Story of An American Intelligence Officer*, New York, Duell, 1946.

Pinkus, Oscar, *The House of Ashes*, Schenectady, Union College Press, 1990.

Preston, Paul, *Franco. A Biography*, New York, Basic Books, 1994.

Roberts, Frank, *Dealing With Dictators : The Destruction and Revival of Europe, 1930-70*, Londres, Weidenfeld & Nicolson, 1991.

Ryder, Sue, *Child of My Love*, Londres, Harvill Press, 1997.

Sakharov, André, *Mémoires*, trad. A. et W. Berelowitch, Paris, Seuil, 1990.

Sante, Luc, *The Factory of Facts*, New York, Pantheon Books, 1998 ; trad. C. Le Bœuf, *L'Effet des faits*, Arles, Actes Sud, 2001.

Schwarz, Hans-Peter, *Konrad Adenauer*, Providence, Berghahn Books, 1995.

Sebag-Montefiore, Simon, *Stalin. The Court of the Red Tsar*, Londres, Weidenfeld & Nicolson, 2003 ; *Staline : la cour du tsar rouge*, trad. Florence La Bruyère et Antonina Roubichou-Stretz, Paris, Éditions des Syrtes, 2005.

Semprún, Jorge, *Quel beau dimanche !*, Paris, Grasset, 2002.

Simmons, Michael, *The Reluctant President. A Political Life of Vaclav Havel*, Londres, Methuen, 1991.

Slingova, Marian, *Truth Will Prevail*, Londres, Merlin, 1968.

Souvarine, Boris, *Staline. Aperçu Historique du bolchevisme*, Paris, Champ Libre, 1977.

Szulc, Tad, *Pope John Paul II. The Biography*, New York, Scribner, 1995.

Taubman, William, *Khrushchev : The Man and His Era*, New York, Norton, 2003.

Tec, Nechama, *Dry Tears. The Story of a Lost Childhood*, New York, Oxford University Press, 1984.

Thatcher, Margaret, *Mémoires*, Paris, Albin Michel, 1993.

Tiersky, Ronald, *François Mitterrand : The Last French President*, New York, St. Martin's Press, 2000.

Wat, Aleksander, *Mon Siècle. Confession d'un intellectuel européen. Préface de Czeslaw Milosz*, trad. G. Conio et J. Lajarrige, Paris-Lausanne, De Fallois/L'Âge d'Homme, 1989.

Lectures complémentaires par chapitre

Chapitre I : L'héritage de la guerre

Booker, Christopher, *A Looking-Glass Tragedy. The Controversy Over the Repatriations From Austria in 1945*, Londres, Duckworth, 1997.

Byford-Jones, W., *Berlin Twilight*, New York, Hutchinson, 1947.

Corsellis, John et Ferrar, Marcus, *Slovenia 1945 : Memories of Death and Survival 1945*, Chicago, I. B. Tauris, 2005.

De Zayas, Alfred M., *Nemesis at Potsdam : The Expulsion of the Germans From the East*, Lincoln, University of Nebraska Press, 1989.

Flanner, Janet, *Paris Journal*, New York, Harcourt Brace Jovanovich, 1977.

Footitt, Hilary, *War and Liberation in France. Living With the Liberators*, New York, Palgrave, 2004.

Lewis, Norman, *Naples '44. An Intelligence Officer in the Italian Labyrinth*, New York, H. Holt, 1994 ; *Naples 44*, trad. P. Guliani et I. Tate, Paris, Phébus, 2003.

Luza, Radomir, *The Transfer of the Sudeten Germans : A Study of Czech-German Relations, 1933-1962*, New York, New York University Press, 1964.

Macardle, Dorothy, *Children of Europe : a Study of the Children of Liberated Countries, Their Wartime Experiences, Their Reactions, and Their Needs, With a Note on Germany*, Londres, Gollancz, 1949.

Overy, R. J., *Russia's War*, New York, Penguin Putnam, 1997.

Pearson, Raymond, *National Minorities in Eastern Europe, 1848-1945*, Londres, Macmillan, 1983.

Proudfoot, Malcolm Jarvis, *European Refugees : 1939-52. A Study in Forced Population Movement*, Londres, Faber and Faber, 1957.

Report on Conditions in Central Europe, Philadelphie, American Friends Service Committee, 1946.

Rystad, Göran, *The Uprooted : Forced Migration as An International Problem in the Post-War Era*, Lund, Lund University Press, 1990.

Skriabina, Elena, *The Allies on the Rhine, 1945-1950*, Londres, Feffer & Simons, 1980.

Vachon, John, et Vachon, Ann, *Poland, 1946 : The Photographs and Letters of John Vachon*, Washington, Smithsonian Institution Press, 1995.

Waller, Maureen, *Londres 1945. Life in the Debris of War*, New York, St. Martin's, 2004.

Wyman, Mark, *DPs : Europe's Displaced Persons, 1945-1951*, Ithaca, Cornell University Press, 1998.

Chapitre II : Vengeance

Buscher, Frank M., *The U.S. War Crimes Trial Progam in Germany, 1946-1955*, New York, Greenwood Press, 1989.

Deak, Istvan, Gross, Jan Tomasz et Judt, Tony, *The Politics of Retribution in Europe : World War II and its Aftermath*, Princeton, Princeton University Press, 2000.

Domenico, Roy Palmer, *Italian Fascists on Trial, 1943-1948*, Chapel Hill, University of North Carolina Press, 1991.

Footitt, Hilary, et Simmonds, John, *France, 1943-1945*, New York, Holmes & Meier, 1988.

Kedward, H. R., et Wood, Nancy, *The Liberation of France : Image and Event*, Oxford, Berg, 1995.

Lottman, Herbert R., *The Purge*, New York, Morrow, 1986 ; *L'Épuration, 1943-1953*, trad. B. Vierne, Paris, Fayard, 1986.

Marrus, Michael Robert, *The Nuremberg War Crimes Trial, 1945-46 : A Documentary History*, Boston, Bedford Books, 1997.

Merritt, Anna J., et Merritt, Richard L., *Public Opinion in Occupied Germany : The OMGUS Surveys*, 1945-1949, Urbana, University of Illinois Press, 1970.

– Public *Opinion in Semi-Sovereign Germany : The HICOG Surveys, 1949-1955*, Urbana, University of Illinois Press, 1980.

Merritt, Richard L., *Democracy Imposed : U.S. Occupation Policy and the German Public, 1945-1949*, New Haven, Yale University Press, 1995.

Novick, Peter, *The Resistance Versus Vichy : The Purge of Collaborators in Liberated France*, Londres, Chatto & Windus, 1968 ; *L'Épuration française, 1944-1949*, trad. H. Ternois, préface de J.-P. Rioux, Paris, Balland, 1985, rééd. Points-Seuil, 1991.

Olsson, Sven-Olof, *German Coal and Swedish Fuel, 1939-1945*, Thèse, Institute of Economic History, Gothenburg University, 1975.

Osiel, Mark, *Mass atrocity, Collective Memory, and the Law*, New Brunswick, Transaction Publishers, 1997.

Stern, Frank, *The Whitewashing of the Yellow Badge. Antisemitism and Philosemitism in Postwar Germany*, Oxford, Pergamon Press, 1992.

Taylor, Lynne, *Between Resistance and Collaboration : Popular Protest in Northern France, 1940-45*, New York, St. Martin's Press, 2000.

Taylor, Telford, *The Anatomy of the Nuremberg Trials : A Personal Memoir*, New York, Knopf, 1992 ; *Procureur à Nuremberg*, trad. M.-Fr. de Paloméra, Paris, Seuil, 1995.

Tent, James F., *Mission on the Rhine. Re-Education and De-Nazification in American-Occupied Germany*, Chicago, University of Chicago Press, 1982.

Chapitre III : La réhabilitation de l'Europe

Diefendorf, Jeffry M., *In the Wake of War. The Reconstruction of German Cities After World War II*, New York, Oxford University Press, 1993.

Ellwood, David W., *Rebuilding Europe : Western Europe, America, and Postwar Reconstruction*, Londres, New York, Longman, 1992.

Gimbel, John, *The Origins of the Marshall Plan*, Stanford, Stanford University Press, 1976.

Harper, John Lamberton, *America and the Reconstruction of Italy, 1945-1948*, New York, Cambridge University Press, 1986.

– *American Visions of Europe : Franklin D. Roosevelt, George F. Kennan, et Dean G. Acheson*, Cambridge, Cambridge University Press, 1994.

Hogan, Michael J., *The Marshall Plan : America, Britain, and the Reconstruction of Western Europe*, 1947-1952, New York, Cambridge University Press, 1987.

King, Russell, *Land Reform : The Italian Experience*, Londres, Butterworth, 1973.

Maier, Charles S., et Bischof, Günter, *The Marshall Plan and Germany : West German Development Within the Framework of the European Recovery Progam*, New York, Berg, 1991.

Milward, Alan S., *The Reconstruction of Western Europe, 1945-51*, Londres, Methuen, 1984.

Pelling, Henry, *Britain and the Marshall Plan*, New York, St. Martin's Press, 1988.

Schain, Martin, *The Marshall Plan : Fifty Years After*, New York, Palgrave, 2001.

Shennan, Andrew, *Rethinking France. Plans for Renewal, 1940-1946*, Oxford, Clarendon Press, 1989.

Turner, Ian D., Recons*truction in Post-War Germany. British Occupation Policy and the Western Zones, 1945-55*, New York, Berg, 1989.

Chapitre IV : Le règlement impossible

Annan, Noel, *Changing Enemies : The Defeat and Regeneration of Germany*, New York, Norton, 1996.

Berend, T. Iván, *et al.*, *Evolution of the Hungarian Economy 1848-1998*, Boulder, Social Science Monographs, 2000.

Deighton, Anne, *The Impossible Peace : Britain, the Division of Germany and the Origins of the Cold War*, Oxford, Oxford University Press, 1990.

Hammond, Thomas Taylor, *Witnesses to the Origins of the Cold War*, Seattle, University of Washington Press, 1982.

Gorlizki, Yoram, et Khlevniuk, Oleg, *Cold Peace : Stalin and the Soviet Ruling Circle, 1945-1953*, New York, Oxford University Press, 2004.

Kennan, George Frost, et Lukacs, John, *George F. Kennan and the Origins of Containment, 1944-1946 : The Kennan-Lukacs correspondence*, Columbia, University of Missouri Press, 1997.

Kertesz, Stephen, *Between Russia and the West : Hungary and the Illusions of Peacemaking, 1945-1947*, Notre Dame, University of Notre Dame Press, 1984.

Kuniholm, Bruce R., *The Origins of the Cold War in the Near East : Great Power Conflict and Diplomacy in Iran, Turkey, and Greece*, Princeton, Princeton University Press, 1979.

Reynolds, David, éd., *The Origins of the Cold War in Europe : International Perspective*, New Haven, Yale University Press, 1994.

Rostow, W. W., *The Division of Europe After World War II : 1946*, Austin, University of Texas Press, 1981.

Thomas, Hugh, *Armed Truce. The Beginnings of the Cold War, 1945-46*, New York, Atheneum, 1987.

Chapitre V : L'arrivée de la guerre froide

Åman, Anders, *Architecture and Ideology in Eastern Europe During the Stalin Era. An Aspect of Cold War History*, New York, Architectural History Foundation, 1992.

Banac, Ivo, *With Stalin Against Tito. Cominformist Splits in Yugoslav Communism*, Ithaca, Cornell University Press, 1988.

Betts, Reginald Robert, *Central and South East Europe, 1945-1948*, Londres, Royal Institute of International Affairs, 1950.

Djilas, Milovan, *Conversations With Stalin*, New York, Harcourt, Brace Jovanovitch, 1963 ; *Conversations avec Staline*, trad. Y. Massip, Paris, Gallimard, 1971.

Gillingham, John, *Coal, Steel, and the Rebirth of Europe, 1945-1955. The Germans and French From Ruhr Conflict to Economic Community*, New York, Cambridge University Press, 2004.

Hitchcock, William I., *France Restored. Cold War Diplomacy and the Quest for Leadership in Europe, 1944-1954*, Chapel Hill, University of North Carolina Press, 1998.

Holloway, David, *Stalin and the Bomb. The Soviet Union and Atomic Energy, 1939-1956*, New Haven, Yale University Press, 1994.

Kennedy-Pipe, Caroline, *Stalin's Cold War. Soviet Strategies in Europe, 1943 to 1956*, Manchester, Manchester University Press, 1995.

Mastny, Vojtech, *The Cold War and Soviet Insecurity : The Stalin Years*, New York, Oxford University Press, 1996.

Naimark, Norman M., *The Russians in Germany. A History of the Soviet Zone of Occupation, 1945-1949*, Cambridge, MA., Harvard University Press, 1995.

Novak, Bogdan C., *Trieste, 1941-1954 ; The Ethnic, Political, and Ideological Struggle*, Chicago, University of Chicago Press, 1970.

Procacci, Giuliano, et Adibekov, Grant, *The Cominform. Minutes of the Three Conferences, 1947/1948/1949*, Milan, Fondazione Giangiacomo Feltrinelli, 1994.

Stirk, Peter M. R., et Willis, David, *Shaping Postwar Europe : European Unity and Disunity, 1945-1957*, New York, St. Martin's Press, 1991.

Ulam, Adam B., *Titoism and the Cominform*, Cambridge, MA, Harvard University Press, 1952.

Young, John W., *France, the Cold War, and the Western alliance, 1944-49. French Foreign Policy and Post-War Europe*, New York, St. Martin's Press, 1990.

Chapitre VI : Le Vertige

Bloomfield, Jon, *Passive Revolution. Politics and the Czechoslovak Working Class, 1945-1948*, New York, St. Martin's Press, 1979.

Brent, Jonathan, et Naumov, Vladimir Pavlovich, *Stalin's Last Crime : The Plot Against the Jewish Doctors, 1948-1953*, New York, Harper Collins, 2003 ; *Le dernier crime de Staline. Retour sur le complot des blouses blanches*, trad. É. Robert-Nicoud, Paris, Calmann-Lévy, 2006.

Connelly, John, *Captive University : The Sovietization of East German, Czech and Polish Higher Education, 1945-1956*, Chapel Hill, University of North Carolina Press, 2000.

Constante, Lena, *The Silent Escape. Three Thousand Days in Romanian Prisons*, Berkeley, University of California Press, 1995.

Courtois, *et al.*, *Le Livre noir du communisme*, Paris, Robert Laffont, 1997 ; rééd. 2000.

Deletant, Dennis, *Communist Terror in Romania : Gheorgiu-Dej and the Police State, 1948-1965*, New York, St Martin's press, 2000.

Dimitrov, Georgi, et Banac, Ivo, *The Diary of Georgi Dimitrov, 1933-1949*, New Haven, Yale University Press, 2003.

Grossman, Vassili, *Vie et destin*, trad. A. Berelowitch et A. Coldefy-Faucard, Paris, Julliard/L'Âge d'homme, 1983.

Hodos, George H., *Show Trials. Stalinist Purges in Eastern Europe, 1948-1954*, New York, Praeger, 1987.

Kaplan, Karel, *Report on the Murder of the General Secretary*, Columbus, Ohio State University Press, 1990.

Kenney, Padraic, *Rebuilding Poland. Workers and Communists, 1945-1950*, Ithaca, Cornell University Press, 1997.

Kersten, Krystyna, *The Establishment of Communist Rule in Poland, 1943-1948*, Berkeley, University of California Press, 1991.

Knight, Amy, *Beria : Stalin's First Lieutenant*, Princeton, Princeton University Press, 1993.

Loebl, Eugen, *My Mind on Trial*, New York, Harcourt Brace Jovanovich, 1978.

Naimark, Norman M., et Gibianskii, L. I. A., *The Establishment of Communist Regimes in Eastern Europe, 1944-1949*, Boulder, Westview Press, 1997.

Ostermann, Christian, éd., *Uprising in East Germany*, 1953, Budapest, CEU Press, 2001.

Pelikán, Jirí, *The Czechoslovak Political Trials, 1950-1954*, Londres, Macdonald, 1971.

Péteri, György, *Academia and State Socialism. Essays on the Political History of academic Life in Post-1945 Hungary and Eastern Europe*, Boulder, Social Science Monographs, 1998.

Rubenstein, Joshua, et Naumov, Vladimir Pavlovich, *Stalin's Secret Pogrom. The Postwar inquisition of the Jewish Anti-Fascist Committee*, New Haven, Yale University Press, 2005.

Trial of the Leadership of the Anti-Conspiracy Centre Headed by Rudolf Slansky, Prague, Ministry of Justice, 1953.

Trial of Three Slovak Bishops, Prague, Orbis, Ministry of Information, 1951.

Weiner, Amir, *Making sense of War. The Second World War and the Fate of the Bolshevik Revolution*, Princeton, Princeton University Press, 2001.

Chapitre VII : Guerres culturelles

Aron, Raymond, *L'Opium des intellectuels*, Paris, Calmann-Lévy, 1955 ; rééd. Gallimard, 1968.

Berghahn, Volker Rolf, *America and the Intellectual Cold Wars in Europe. Shepard Stone Between Philanthropy, Academy, and Diplomacy*, Princeton, Princeton University Press, 2001.

Caute, David, *The Dancer Defects : The Struggle for Cultural Supremacy During the Cold War*, Oxford ; New York, Oxford University Press, 2003.

Crossman, Richard, éd., *The God That Failed*, New York, Harper, 1949 ; *Le Dieu des ténèbres*, postface de R. Aron, Paris, Calmann-Lévy, 1950 ; rééd., 1994.

Furet, François, *Le Passé d'une illusion. Essai sur l'idée communiste au XXe siècle*, Paris, Robert Laffont/Calmann-Lévy, 1995.

Judt, Tony, *Past Imperfect. French Intellectuals, 1944-1956*, Berkeley, University of California Press, 1992 ; *Un Passé imparfait. Les Intellectuels en France, 1944-1956*, trad. P.-E. Dauzat, Fayard, 1992.

Saunders, Frances Stonor, *The Cultural Cold War. The CIA and the World of arts and Letters*, New York, The New Press, 2001.

Urban, G. R., *Radio Free Europe and the pursuit of Democracy. My War Within the Cold War*, New Haven, Yale University Press, 1997.

Wagnleitner, Reinhold, *Coca-colonization and the Cold War. The Cultural Mission of the United States in Austria After the Second World War*, Chapel Hill, University of North Carolina Press, 1994.

Chapitre VIII : La politique de stabilité

Duggan, Christopher, et Wagstaff, Christopher, *Italy in the Cold War : Politics, Culture and Society* 1948-1958, Oxford ; Washington, Berg, 1995.

Frei, Norbert, *Adenauer's Germany and the Nazi Past : The Politics of Amnesty and Integration*, New York, Columbia University Press.

Harrison, Hope Millard, *Driving the Soviets up the Wall. Soviet-East German Relations, 1953-1961*, Princeton, Princeton University Press, 2003.

Harrison, Mark, *The Economics of World War II : Six Great Powers in International Comparison*, Cambridge, Cambridge University Press, 1998.

Large, David Clay, *Germans to the Front. West German Rearmament in the Adenauer Era*, Chapel Hill, University of North Carolina Press, 1996.

Schwartz, Thomas Alan, *Lyndon Johnson and Europe : in the Shadow of Vietnam*, Cambridge, Harvard University Press, 2003.

Trachtenberg, Marc, *A constructed Peace. The Making of the European Settlement, 1945-1963*, Princeton, Princeton University Press, 1999.

Wall, Irwin M., *The United States and the Making of Postwar France, 1945-1954*, New York, Cambridge University Press, 1991.

Zimmermann, Hubert, *Money and Security. Troops, Monetary Policy and West Germany's Relations With the United States and Britain, 1950-1971*, Washington, German Historical Institute, 2002.

Chapitre IX : Illusions perdues

Ambler, John S., *The French Army in Politics, 1945-1962*, Columbus, Ohio State University Press, 1966.

Ansprenger, Franz, *The Dissolution of the Colonial Empires*, Londres, Routledge, 1989.

Békés, Csaba, Byrne, Malcolm, et Rainer, János, *The 1956 Hungarian Revolution. A History in Documents*, Budapest, Central European University Press, 2002.

Clayton, Anthony, *The Wars of French Decolonization*, Londres, Longman, 1994.

Connelly, Matthew James, *A Diplomatic Revolution. Algeria's Fight for Independence and the Origins of the Post-Cold War Era*, New York, Oxford University Press, 2002.

Fanon, Frantz, *Les Damnés de la terre*, préface de Jean-Paul Sartre, Paris, La Découverte, 2002.

Ferro, Marc, *Histoire des Colonisations*, Paris, Seuil, 1993.

Haas, Ernst B., *The Uniting of Europe. Political, Social, and Economic Forces, 1950-1957*, Notre Dame, University of Notre Dame Press, 2004.

Horne, Alistair, *A Savage War of Peace : Algeria, 1954-1962*, Harmondsworth, UK ; New York, Penguin Books, 1979.

Kopácsi, Sándor, *In the Name of the Working Class. The Inside Story of the Hungarian Revolution*, New York, Grove Press, 1987.

Kunz, Diane, *The Economic Diplomacy of the Suez Crisis*, Chapell Hill, University of North California Press, 1991.

Kyle, Keith, *Suez*, New York, St. Martin's Press, 1991.

Litván, György, Bak, János M. et Legters, Lyman Howard, *The Hungarian Revolution of 1956. Reform, Revolt, and Repression, 1953-1963*, Londres ; New York, Longman, 1996.

Louis, William Roger, et Owen, Roger, *Suez 1956. The Crisis and its Consequences*, New York, Oxford University Press, 1989.

Pinder, John, *Britain and the Common Market*, Londres, Cresset Press, 1961.

Chapitre X : L'âge de l'abondance

Alford, B. W. E., *British Economic Performance, 1945-1975*, Cambridge ; New York, Cambridge University Press, 1995.

Berghahn, Volker Rolf, *The Americanisation of West German Industry, 1945-1973*, Cambridge ; New York, Cambridge University Press, 1986.

Berghahn, Volker Rolf, et Karsten, Detlev, *Industrial Relations in West Germany*, New York, Berg, 1987.

Bogdanor, Vernon, et Skidelsky, Robert, *The Age of Affluence, 1951-1964*, Londres, Macmillan, 1970.

Dunnett, Peter J. S., *The Decline of the British Motor Industry*, Londres, Croom Helm, 1980.

Franklin, S. H., *The European Peasantry : The Final Phase*, Londres, Methuen, 1969.

Goldthorpe, John *et al.*, *The Affluent Workers : Industrial Attitudes and Behaviour*, Cambridge, Cambridge University Press, 1968.

Hall, Peter, éd., *The Political Power of Economic Ideas : Keynesianism Across the Nations*, Princeton, Princeton University Press, 1989.

Harp, Stephen L., *Marketing Michelin : Advertising & Cultural Identity in Twentieth-Century France*, Baltimore, Johns Hopkins University Press, 2001.

Chapitre XI : Le moment social-démocrate

Chevalier, Louis, *L'Assassinat de Paris*, Paris, Calmann-Lévy, 1977.

Esping-Andersen, Gøsta, *Politics Against Markets. The Social Democratic Road to Power*, Princeton, Princeton University Press, 1985.

Levin, Bernard, *The Pendulum Years : Britain and the Sixties*, Londres, Cape, 1970.

Luther, Kurt, et Pulzer, Peter, *Austria 1945-1995 : Fifty Years of the Second Republic*, Londres, Ashgate, 1998.

Molin, Karl, éd., *Creating Social Democracy. A Century of the Social Democratic Labor Party in Sweden*, Penn State University Press, 1993.

Pimlott, Ben, *Harold Wilson*, Londres, HarperCollins, 1992.

Ponting, Clive, *Breach of Promise. Labour in Power 1964-1970*, Londres, Penguin, 1990.

Sassoon, Donald, *One hundred Years of Socialism : The West European Left in the Twentieth Century*, New York, The New Press, 1996.

Chapitre XII : Le spectre de la Révolution

Brown, Bernard Edward, *Protest in Paris ; Anatomy of a Revolt*, Morristown, General Learning Press, 1974.

Caute, David, *The Year of the Barricades. A Journey Through 1968*, New York, Harper & Row, 1988.

Fink, Carole *et al.*, *1968 : The World Transformed*, Cambridge, Cambridge University Press, 1998.

Hirsh, Arthur, *The French New Left : An Intellectual History From Sartre to Gorz*, Boston, South End Press, 1981.

Johnson, Richard, *The French Communist Party versus the Students : Revolutionary Politics in May-June, 1968*, New Haven, Yale University Press, 1972.

Lumley, Robert, *States of Emergency : Cultures of Revolt in Italy From* 1968 *to* 1978, Londres, Verso, 1990.

Seidman, Michael, *The Imaginary Revolution. Parisian Students and Workers in 1968*, New York, Berghahn Books, 2004.

Statera, Gianni, *Death of a Utopia. The Development and Decline of Student Movements in Europe*, New York, Oxford University Press, 1975.

Suri, Jeremi, *Power and Protest : Global Revolution and the Rise of Detente*, Cambridge, MA, Harvard University Press, 2003.

Chapitre XIII : Dénouement

Bell, Peter D., *Peasants in Socialist Transition : Life in a Collectivized Hungarian Village*, Berkeley, University of California Press, 1984.

Fišera, Vladimir Claude, *Workers' Councils in Czechoslovakia, 1968-69. Documents and Essays*, New York, St. Martin's Press, 1979.

Golan, Galia, *The Czechoslovak Reform Movement : Communism in Crisis, 1962-1968*, Cambridge, Cambridge University Press, 1971.

Hamšík, Dušan, *Writers Against Rulers*, Londres, Hutchinson, 1971.

Hejzlar, Zdenek, et Kusin, Vladimir, *Czechoslovakia, 1968-1969 ; Chronology, Bibliography, Annotation*, New York, Garland Pub., 1975.

Heneka, A, *A Besieged Culture : Czechoslovakia ten Years After Helsinki*, Stockholm, The Charta 77 Foundation and International Helsinki Federation for Human Rights, 1985.

Lampe, John R., et Mazower, Mark, *Ideologies and National Identities : The case of Twentieth-Century Southeastern Europe*, Budapest, Central European University Press, 2004.

Levy, Alan, *Rowboat to Prague*, New York, Grossman Publishers, 1972.

Littell, Robert, *The Czech Black Book*, New York, Praeger Publishers, 1969.

Mlynár, Zdenek, *Nightfrost in Prague : The End of Humane Socialism*, New York, Karz Publishers, 1980 ; *Le Froid vient de Moscou*, trad. G. Fritsch-Estrangin et J.-M. Gaillard-Paquet, Paris, Gallimard, 1981.

Pehe, Jiri, *The Prague Spring. A Mixed Legacy*, New York, Freedom House 1988.

Pelikan, Jirí, *Socialist Opposition in Eastern Europe : The Czechoslovak Example*, New York, St. Martin's Press, 1976.

Piekalkiewicz, Jaroslaw, *Public Opinion Polling in Czechoslovakia, 1968-69 ; Results and Analysis of Surveys Conducted During the Dubcek Era*, New York, Praeger Publishers, 1972.

Raina, Peter K., *Political Opposition in Poland, 1954-1977*, Londres, Poets' and Painters' Press, 1978.

Simecka, Milan, *Obnoveni Poradku*, Bratislava, 1984, en samizdat ; *Le Rétablissement de l'ordre : Contribution à la typologie du socialisme réel*, trad. C. Fournier, Paris, Maspero, 1979.

Skilling, H. Gordon, *Czechoslovakia's Interrupted Revolution*, Princeton, Princeton University Press, 1976.

Valenta, Jiri, *Soviet Intervention in Czechoslovakia, 1968. Anatomy of a Decision*, Baltimore, Johns Hopkins University Press, 1991.

Williams, Kieran, *The Prague Spring and Its Aftermath : Czechoslovak Politics, 1968-1970*, Cambridge, Cambridge University Press, 1997.

Chapitre XIV : Espérances réduites

Becker, Jillian, *Hitler's Children. The Story of the Baader-Meinhoff Terrorist Gang*, Londres, Panther, 1979.

Burk, Kathleen, et Cairncross, Alec, *« Goodbye Great Britain » : The 1976 IMF Crisis*, New Haven, Yale University Press, 1992.

Olson, Mancur, *The Rise and Decline of Nations. Economic Growth, Stagflation and Social Rigidities*, Newhaven, Yale University Press, 1984 ; *Grandeur et décadence des nations : croissance économique, stagflation et rigidités sociales*, trad. J. Gières et D. Litvine, Paris, Bonnel, 1983

Sciascia, Leonardo, *L'Affaire Moro*, trad. J.-N. Schifano, Paris, Grasset, 1978, repris in L. Sciascia, *Œuvres complètes, II, 1971-1983*, Paris, Fayard, 2000.

Tarrow, Sidney, *Protest and Politics in Italy*, 1965-75, Oxford, Oxford University Press, 1989.

Wright, Joanne, *Terrorist Propaganda. The Red Army Fraction and the Provisional IRA 1968-1986*, New York, Palgrave, 1991.

Chapitre XV : Un nouveau ton en politique

Duchen, Claire, *Women's Rights and Women's Lives in France, 1944-1968*, New York, Routledge, 1994.

Garton Ash, Timothy, *In Europe's Name. Germany and the Divided Continent*, New York, Random House, 1993 ; *Au nom de l'Europe. L'Allemagne dans un continent divisé*, trad. P.-E. Dauzat, Paris, Gallimard, 1995.

Harvie, Christopher, *The Rise of Regional Europe*, New York, Routledge, 1994.

Haslam, Jonathan, *The Soviet Union and the Politics of Nuclear Weapons in Europe, 1969-87*, Ithaca, Cornell University Press, 1990.

Hobsbawm, E. J., et Napolitano, Giorgio, *The Italian Road to Socialism : An Interview*, Westport, L. Hill, 1977.

Keating, Jones, *The European Union and the Regions*, Oxford, Oxford University Press, 1995.

Kitschelt, Herbert, *The Logics of Party Formation : Ecological Parties in Belgium and West Germany*, Ithaca, Cornell University Press.

Mandel, Ernest, *From Stalinism to Eurocommunism : The Bitter Fruits of « Socialism in One Country »*, Londres, NLB, 1978.

– *Critique de l'eurocommunisme*, Paris, Maspero, 1978.

Mayo, Patricia Elton, *The Roots of Identity : Three National Movements in Contemporary European Politics*, Londres, Allen Lane, 1974.

Middlemass, Keith, *Power and the Party. Changing Faces of Communism in Western Europe*, Londres, A. Deutsch, 1980.

Nelson, Keith L., *The Making of Détente. Soviet-American Relations in the Shadow of Vietnam*, Baltimore, Johns Hopkins University Press, 1995.

Sarotte, M. E., *Dealing With the Devil. East Germany, Détente, and Ostpolitik, 1969-1973*, Chapel Hill, University of North Carolina Press, 2001.

Thomas, Daniel C., *The Helsinki Effect : International Norms, Human Rights and the Demise of Communism*, Princeton, Princeton University Press, 2001.

Vallance, Elizabeth, et Davies, Elizabeth V., *Women of Europe : Women MEPs and Equality Policy*, Cambridge, Cambridge University Press, 1986.

Chapitre XVI : Une époque de transition

Bermeo, Nancy, *The Revolution Within the Revolution : Workers's Control in Rural Portugal*, Princeton, Princeton University Press, 1986.

Liebert, Ulrike, et Cotta, Maurizio, éd., *Parliaments and Democratic Consolidation in Southern Europe*, Londres, Pinter, 1990.

Linz, Juan J., *Problems of Democratic Transition and Consolidation : Southern Europe, Latin America and Post-Communist Europe*, Baltimore, Johns Hopkins University Press, 1996.

Nataf, Daniel, *Democratization and Social Settlements : The Politicsz of Change in Contemporary Portugal*, Albany, Suny Press, 1995.

Pérez Díaz, Víctor, *The Return of Civil Society. The Emergence of Democratic Spain*, Cambridge, MA, Harvard University Press, 1993.

Preston, Paul, *Juan Carlos, Steering Spain From Dictatorship to Democracy*, New York, Norton, 2004.

– *The Triumph of Democracy in Spain*, New York, Methuen, 1986.

Williams, Allan M., *Southern Europe Transformed : Political and Economic Change in Greece, Italy, Portugal, and Spain*, Londres, Harper & Row, 1984.

Chapitre XVII : Le nouveau réalisme

Clarke, Thomas, and Pitelis, Christos, éd., *The Political Economy of Privatisation*, Londres, Routledge, 1993.

Hall, Peter, *Governing the Economy : The Politics of State Intervention in Britain and France*, New York, Oxford University Press, 1986.

Judt, Tony, *Marxism and the French Left*, Oxford, Oxford University Press, 1986 ; *Le Marxisme et la gauche française, 1830-1981*, trad. P.-E. Dauzat, Paris, Hachette, 1987.

Kavanagh, Dennis, *Thatcherism and British Politics*, Oxford, Oxford University Press, 1997.

Penniman, Howard Rae, *The French National Assembly Elections of 1978*, Washington, American Enterprise Institute for Public Policy Research, 1980.

– *France at the Polls, 1981-1986*, Durham, Duke University Press, 1988.

Thatcher, Margaret, *The Downing Street Years*, New York, HarperCollins, 1993 ; *10 Downing Street*, trad. Ch. Claro, H. Denès, A. Gnaedig et S. Quadruppani, Paris, Albin Michel, 1993.

Tiersky, Ronald, *François Mitterrand : The Last French President*, New York, St. Martin's Press, 2000.

Wolmar, Christian, *Broken Rails : How Privatisation Wrecked Britain's Railways*, Londres, Aurum Press, 2001.

Wright, Vincent, *Privatization in Western Europe : Pressures, Problems, and Paradoxes*, Londres, Pinter, 1994.

Young, Hugo, *One of Us. The Life of Margaret Thatcher*, Londres, Pan Books, 1993.

Chapitre XVIII : Le pouvoir des sans-pouvoir

Bahro, Rudolf, *The Alternative*, 1978 ; *L'Alternative : pour une critique du socialisme existant réellement*, trad. sous la direction de P. Charbonneau, Paris, Stock, 1979.

Funder, Anna, *Stasiland*, Londres, Granta, 2003.

Garton Ash, Timothy, *The Uses of Adversity : Essays on the Fate of Central Europe*, New York, Random House, 1989 ; *La Chaudière. Europe Centrale*, trad. J.-P. Carasso, A. Charpentier, P.-E. Dauzat, D. Peters et R. Saint-James, Gallimard, 1990.

Havel, Václav, *The Power of the Powerless : Citizens Against the State in Central-Eastern Europe*, Armonk, M.E. Sharpe, 1985 : *Essais politiques* (contient « Le pouvoir des sans-pouvoirs »), textes réunis par R. Errera et J. Vadislav, Paris, Calmann-Lévy, 1989.

– *Living in Truth*, Londres, Faber & Faber, 1989.

Koehler, John, *Stasi : The Untold Story of the East German Secret Police*, Boulder, Westview Press, 1999.

Konrád, György, *Antipolitics. An Essay*, New York, H. Holt, 1987 ; *L'Antipolitique*, trad. M. Poucan, Paris, La Découverte, 1987.

Kopstein, Jeffrey, *The Politics of Economic Decline in East Germany, 1945-1989*, Chapel Hill, University of North Carolina Press, 1997.

Kornai, János, Con*tradictions and Dilemmas : Studies on the Socialist Economy and Society*, Cambridge, MA, MIT Press, 1986.

Rakovski, Marc, *Towards An East European Marxism*, New York, St. Martin's Press, 1978 ; *Le Marxisme face aux pays de l'Est*, préface A. Touraine, Paris, Savelli, 1977.

Skilling, H. Gordon, et Wilson, Paul R., *Civic Freedom in Central Europe : Voices From Czechoslovakia*, New York, St. Martin's Press, 1991.

Soljenitsyne, Alexandre, *L'Archipel du Goulag*, trad. collective, Paris, Seuil, 3 vol., 1974-1976.

Szelényi, I., et Konràd, G., *La Marche au pouvoir des intellectuels. Le cas des pays de l'Est*, trad. G. Kassai et P. Kende, Paris, Seuil, 1979.

Tismaneanu, Vladimir, *The Crisis of Marxist Ideology in Eastern Europe : The Poverty of Utopia*, New York, Routledge, 1988.

Triska, Jan F., et Gati, Charles, *Blue-Collar Workers in Eastern Europe*, Boston, Allen & Unwin, 1981.

Vaculík, Ludvík, *A Cup of Coffee With My Interrogator : The Prague Chronicles of Ludvík Vaculík*, Londres, Readers International, 1987.

Chapitre XIX : La fin de l'ordre ancien

Antohi, Sorin, et Tismaneanu, Vladimir, *Between Past and Future : The Revolutions of 1989 and Their Aftermath*, Budapest, Central European University Press, 2000.

Banac, Ivo, éd., *Eastern Europe in Revolution*, Ithaca, Cornell University Press, 1992.

Boldin, V. I., *Ten Years That Shook the World. The Gorbachev Era as Witnessed by His Chief of Staff*, New York, Basic Books, 1994.

Brandys, Kazimierz, *Carnets de Varsovie, 1978-1981*, trad. Thérèse Douchy, Paris, Gallimard, 1985.

Brown, J. F., *Surge to Freedom : The End of Communist Rule in Eastern Europe*, Durham, Duke University Press, 1991.

Chirot, Daniel, *The Crisis of Leninism and the Decline of the Left : The Revolutions of* 1989, Seattle, University of Washington Press, 1991.

Codrescu, Andrei, *The Hole in the Flag*, New York, Morrow, 1991.

Darnton, Robert, *Berlin Journal, 1989-1990*, New York, Norton, 1991 ; *Dernière danse sur le mur. Berlin, 1989-1990*, trad. M. Garène, Paris, Odile Jacob, 1992.

Garton Ash, Timothy, *The Magic Lantern. The Revolution of '89 witnessed in Warsaw, Budapest, Berlin, and Prague*, New York, Random House, 1990 ; « Nous, le Peuple », in *La Chaudière. Europe Centrale*, trad. J.-P. Carasso, A. Charpentier, P.-E. Dauzat, D. Peters et R. Saint-James, Gallimard, 1990.

Gorbachev, Mikhail Sergeevich, *Conversations With Gorbachev*, New York, Columbia University Press, 2002.

Gratchev, Andreï, *L'Histoire vraie de la fin de la Russie*, Paris, Rocher, 1992.

– *Le Mystère Gorbatchev : la terre et le destin*, Paris, Rocher, 2001.

Kenney, Padraic, *A Carnival of Revolution. Central Europe 1989*, Princeton, Princeton University Press, 2002.

Kligman, Gail, *The Politics of Duplicity : Controlling Reproduction in Ceausescu's Romania*, Berkeley, University of California Press, 1998.

Lévesque, Jacques, 1989 *: La fin d'un empire : l'URSS et la liiberation de l'Europe de l'Est*, Paris, Presses de la Fondation nationale des sciences politiques, 1995.

Lewin, Moshe, *The Gorbachev Phenomenon : A Historical Interpretation*, Berkeley, University of California Press, 1991 ; *La grande mutation soviétique*, trad. W. Desmond, Paris, La Découverte, 1989.

Medvedev, Jaurès A., *Nuclear Disaster in the Urals*, New York, Vintage Books, 1980 ; *Désastre nucléaire en Oural*, trad. de l'anglais par Anne-Rose Fontanet, Roger et Bella Belbéoch, Cherbourg, Isoète, 1988.

Philipsen, Dirk, *We Were the People. Voices From East Germany's Revolutionary Autumn of* 1989, Durham, Duke University Press, 1993.

Stokes, Gale, *The Walls Came Tumbling Down. The Collapse of Communism in Eastern Europe*, New York, Oxford University Press, 1993.

Chapitre XX : Un continent fissile

Braithwaite, Rodric, *Across the Moscow River : The World Turned Upside Down*, New Haven, Yale University Press, 2002.

Grass, Günter *et al.*, *Two States – One Nation ?*, San Diego, Harcourt Brace Jovanovich, 1990.

Hosking, Geoffrey A., Aves, Jonathan et Duncan, Peter J. S., *The Road to Post-Communism : Independent Political Movements in the Soviet Union, 1985-1991*, Londres, Pinter, 1992.

Innes, Abby, *Czechoslovakia : The Short Goodbye*, New Haven, Yale University Press, 2001.

James, Harold, et Stone, Marla, *When the Wall Came Down : Reactions to German Unification*, New York, Routledge, 1992.

Jarausch, Konrad, *The Rush to German Unity*, New York, Oxford University Press, 1994.

Lieven, Anatol, *The Baltic Revolution : Estonia, Latvia, Lithuania, and the Path to Independence*, New Haven, Yale University Press, 1993.

Misiunas, Romuald J., Taagepera, Rein et Misiunas, Romuald J., *The Baltic States, Years of Dependence, 1940-1990*, Berkeley, University of California Press, 1993.

Remnick, David, *Lenin's Tomb : The Last Days of the Soviet Empire*, New York, Vintage Books, 1994.

Sa'adah, Anne, *Germany's Second Chance : Trust, Justice, and Democratization*, Cambridge, MA, Harvard University Press, 1998.

Schabert, Tilo, *Mitterrand et la réunification allemande. Une histoire secrète (1981-1995)*, trad. O. Mannoni, Paris, Grasset, 2005.

Schneider, Peter, *The German Comedy : Scenes of Life After the Wall*, NY, Farrar, Straus, Giroux, 1991 ; *L'Allemagne dans tous ses états*, trad. N. Casanova, Paris, Grasset, 1991.

Smith, Hedrick, *The Russians*, New York, Times Books, 1985 ; *Les Russes*, trad. Maud Sissung, France-Marie Watkins, Jeanne-Marie Witta, Paris, Belfond, 1976.

Stent, Angela, *Russia and Germany Reborn : Unification, the Soviet Collapse, and the New Europe*, Princeton, Princeton University Press, 1999.

Szporluk, Roman, *Russia, Ukraine, and the Break-Up of the Soviet Union*, Stanford, Hoover Institution Press, 2000.

Zelikow, Philip, et Rice, Condoleezza, *Germany Unified and Europe Transformed : A Study in Statecraft*, Cambridge, MA., Harvard University Press, 1995.

Chapitre XXI : L'heure du jugement

After Milošević : A Practical Agenda for Lasting Balkans Peace, Bruxelles, International Crisis Group, 2001.

Andjelic, Neven, *Bosnia-Herzegovina. The End of a Legacy*, Londres, Frank Cass, 2003.

Biserko, Sonja, *In the Name of Humanity, Belgrade*, Helsinki Committee for Human Rights in Serbia, 1996.

Burg, Steven L., et Shoup, Paul, *The War in Bosnia-Herzegovina : Ethnic Conflict and International Intervention*, Armonk, M.E. Sharpe, 1999.

Drakulic, Slavenka, *The Balkan Express : Fragments From the Other Side of War*, New York, Norton, 1993 ; *Balkan-Espress : chronique de la Yougoslavie en guerre*, trad. M. Robin et C. Wajsbrot, Paris, Mentha, 1992.

– *Café Europa : Life After Communism*, New York, Norton & Co., 1997.

Frydman, Roman, *et al.*, *The Privatization Process in Central Europe*, Budapest, Central European University Press, 1993.

– *The Privatization Process in Russia, Ukraine, and the Baltic States*, Budapest, Central European University Press, 1993.

Gal, Susan, et Kligman, Gail, *The Politics of Gender After Socialism : A Comparative-Historical Essay*, Princeton, Princeton University Press, 2000.

Holbrooke, Richard, *To End a War*, New York, Random House, 1998.

Holmes, Leslie, *The End of Communist Power : Anti-Corruption Campaigns and Legitimation Crisis*, New York, Oxford University Press, 1993.

Jones, Derek C., et Miller, Jeffrey B., *The Bulgarian Economy : Lessons From Reform During Early Transition*, Aldershot, Ashgate, 1997.

Krastev, Ivan, *Shifting Obsessions. Three Essays on the Politics of Anticorruption*, Budapest, Central European University Press, 2004.

Linz, Juan J., et Stepan, Alfred C., *Problems of Democratic Transition and Consolidation. Southern Europe, South America, and Post-Communist Europe*, Baltimore, Johns Hopkins University Press, 1996.

McFaul, Michael, et Stoner-Weiss, Kathryn, *After the Collapse of Communism : Comparative Lessons of Transition*, New York, Cambridge University Press, 2004.

Medvedev, Roy, *Post-Soviet Russia : A Journey Through the Yeltsin Era*, New York, Columbia University Press, 2000.

Meier, Andrew, *Black Earth. Russia After the Fall*, Londres, HarperCollins, 2004.

Mungiu, Alina, et Krastev, Ivan, *Nationalism After Communism : Lessons Learned*, Budapest, Central European University Press, 2004.

Pinson, Mark, et Mottahedeh, Roy P., *The Muslims of Bosnia-Herzegovina : Their Historic Development From the Middle Ages to the Dissolution of Yugoslavia*, Cambridge, MA, Harvard University Press, 1996.

Reddaway, Peter, et Glinski, Dmitri, *The Tragedy of Russia's Reforms : Market Bolshevism Against Democracy*, Washington, United States Institute of Peace Press, 2001.

Remnick, David, *Resurrection : The Struggle for a New Russia*, New York, Vintage Books, 1998.

Rupnik, Jacques, éd., *International Perspectives on the Balkans*, Clementsport, Press of the Pearson Peacekeeping Centre, 2003.

– *Les Balkans. Paysage après la bataille*, Bruxelles, Complexe, 1999.

Siegelbaum, Lewis H., et Walkowitz, Daniel J., *Workers of the Donbass Speak : Survival and Identity in the New Ukraine, 1989-1992*, Albany, State University of New York Press, 1995.

Simms, Brendan, *Unfinest Hour. Britain and the Destruction of Bosnia*, Londres, Penguin Books, 2002.

Smith, Graham, *Nation-Building in the Post-Soviet Borderlands : The Politics of National Identities*, Cambridge ; New York, Cambridge University Press, 1998.

Soros, George, *Underwriting Democracy : Encouraging Free Enterprise and Democratic Reform Among the Soviets and in Eastern Europe*, New York, Public Affairs, 1991 ; *Sauver la démocratie à l'Est*, trad. E. Châtelain et S. Quadruppani, Paris, Albin Michel, 1993.

Stark, David Charles, et Bruszt, László, *Postsocialist Pathways. Transforming Politics and Property in East Central Europe*, Cambridge, Cambridge University Press, 1998.

Szporluk, Roman, *National Identity and Ethnicity in Russia and the New States of Eurasia*, Armonk, M.E. Sharpe, 1994.

Teitel, Ruti G., *Transitional Justice*, New York, Oxford University Press, 2000.

Tismaneanu, Vladimir, *Fantasies of Salvation. Democracy, Nationalism, and Myth in Post-Communist Europe*, Princeton, Princeton University Press, 1998.

Ugrešic, Dubravka, *The Culture of Lies : Antipolitical Essays*, University Park, Pennsylvania State University Press, 1998.

Verdery, Katherine, *What Was Socialism, and What Comes Next ?*, Princeton, NJ, Princeton University Press, 1996.

Wedel, Janine R., *Collision and Collusion : The Strange Case of Western Aid to Eastern Europe*, 1989-1998, New York, St. Martin's Press, 1998.

Chapitre XXII : La vieille Europe – et la nouvelle

Alam, Asad, *et al.*, *Growth, POverty andInequality : Eastern, Europe and the Former Soviet Union*, Hernden, World Bankj Publications, 2005.

Alesina, Alberto, et Edward Glaeser, *Fighting Poverty in the U.S. and Europe : A World of Difference*, Oxford, Oxford University Press, 2004.

Judt, Tony, *A Grand Illusion ? An Essay on Europe*, New York, Hill and Wang, 1996.

Lieven, Anatol, et Trenin, Dmitri, *Ambivalent Neighbors : The EU, NATO and the Price of Membership*, Washington DC, Carnegie Endowment for International Peace, 2003.

Mandelbaum, Michael, *The Dawn of Peace in Europe*, New York, Twentieth Century Fund Press, 1996.

Mattli, Walter, *The Logic of Regional Integration : Europe and Beyond*, New York, Cambridge University Press, 1999.

Murphy, Alexander, *The Regional Dynamics of Language Differntiation in Belgium*, Chicago, University of Chicago Press, 1988.

Ost, David, *The Defeat of Solidarity : Anger and Politics in Post-Communist Europe*, Ithaca, Cornell University Press, 2005.

Perrineau, Pascal, Grunberg, Gérard et Ysmal, Colette, *Europe at the Polls. The European Elections of* 1999, New York, Palgrave, 2002.

Wallace, William, *The Dynamics of European Integration*, Londres, Pinter, 1990.

Chapitre XXIII : Diversités européennes

Calleo, David P., et Gordon, Philip H., *From the Atlantic to the Urals : National Perspectives on the New Europe*, Arlington, Seven Locks Press, 1992.

Judt, Tony, et Lacorne, Denis, *Language, Nation, and State : Identity Politics in a Multilingual Age*, New York, Palgrave, 2004 ; *La Politique de Babel : du monolinguisme d'État au plurilinguisme des peuples*, Paris, Karthala, 2002.

Nelson, Brian, *et al.*, *The Idea of Europe : Problems of National and Transnational Identity*, New York, Berg, 1992.

Nora, Pierre, éd., *Les Lieux de mémoire*, 7 vol., Paris, Gallimard, 1984-1992.

Sassen, Saskia, *The Global City. New York, Londres, Tokyo*, Princeton, NJ, Princeton University Press, 2001.

Wise, Michael Z., *Capital Dilemma : Germany's Search for a New Architecture of Democracy*, New York, Princeton Architectural Press, 1998.

Chapitre XXIV : L'Europe comme mode de vie

Balibar, Étienne, *Nous, Citoyens d'Europe : les frontières, l'État, le peuple*, Paris, La Découverte, 2001

Calleo, David P., *Rethinking Europe's Future*, Princeton, Princeton University Press, 2001.

Edwards, Michael, *Future Positive : International Co-operation in the 21st Century*, Londres, Michael Edwards, 2004.

Reid, T. R., *The United States of Europe : The New Superpower and the End of American Supremacy*, New York, Penguin Press, 2004.

Shore, Cris, *Building Europe : The Cultural Politics of European Integration*, New York, Routledge, 2000.

Slaughter, Anne-Marie, *A New World Order*, Princeton, Princeton University Press, 2004.

Épilogue : De la maison des morts

Bartov, Omer, Grossmann, Atina et Nolan, Mary, *Crimes of War. Guilt and Denial in the Twentieth Century*, New York, New Press, 2002.

Bauer, Yehuda, et Rotenstreich, Nathan, *The Holocaust as Historical Experience*, New York, Holmes & Meier, 1981.

Bloxham, Donald, Genoc*ide on Trial : War Crimes Trials and the Formation of Holocaust History and Memory*, New York, Oxford University Press, 2001.

Borkowicz, Jacek *et al.*, *Thou Shalt not Kill : Poles on Jedwabne*, Varsovie, Wiez, 2001.

Braham, Randolph L., *The Politics of Genocide : The Holocaust in Hungary*, NY, Columbia University Press, 1981.

Brenner, Michael, *After the Holocaust : Rebuilding Jewish Lives in Postwar Germany*, Princeton, NJ, Princeton University Press, 1997.

Caracciolo, Nicola, Florette Rechnitz Koffler, et Richard Koffler, *Uncertain Refuge : Italy and the Jews During the Holocaust*, Urbana, University of Illinois Press, 1995.

Colijn, G. Jan, et Littell, Marcia Sachs, *The Netherlands and Nazi Genocide : Papers of the 21st Annual Scholars' Conference*, Lewiston, E. Mellen Press, 1992.

Douglas, Lawrence, *The Memory of Judgment : Making Law and History in the Trials of the Holocaust*, New Haven, Yale University Press, 2001.

Evans, Richard J., *In Hitler's Shadow : West German Historians and the Attempt to Escape From the Nazi Past*, New York, Pantheon Books, 1989.

Golsan, Richard, *The Papon Affair : Memory and Justice on Trial*, New York, Routledge, 2000.

Grodzinsky, Yosef, *In the Shadow of the Holocaust : The Struggle Between Jews and Zionists in the Aftermath of World War II*, Monroe, Maine, Common Courage Press, 2004.

Gross, Jan, *Neighbors. The Destruction of the Jewish Community in Jedwabne, Poland*, Princeton, Princeton University Press, 2001 ; *Les Voisins*, trad. P.-E. Dauzat, Paris, Fayard, 2002.

Hass, Aaron, *The Aftermath. Living With the Holocaust*, New York, Cambridge University Press, 1995.

Herf, Jeffrey, *Divided Memory. The Nazi Past in the Two Germanys*, Cambridge, MA, Harvard University Press, 1997.

Hirschfeld, Gerhard, *Nazi Rule and Dutch Collaboration : The Netherlands Under German Occupation, 1940-1945*, New York, Berg, 1988.

Hockenos, Matthew D., *A Church Divided : German Protestants Confront the Nazi Past*, Bloomington, Indiana University Press, 2004.

Huyssen, Andreas, *Twilight Memories : Marking Time in a Culture of Amnesia*, New York, Routledge, 1995.

Joerges, Christian, et Ghaleigh, Navraj Singh, *Darker Legacies of Law in Europe. The Shadow of National Socialism and Fascism Over Europe and its Legal Traditions*, Portland, Hart., 2003.

Kushner, Tony, *The Holocaust and the Liberal Imagination : A Social and Cultural History*, Oxford, Blackwell, 1994.

La Capra, Dominick, *History and Memory After Auschwitz*, Ithaca, Cornell University Press, 1998.

Levi, Primo, *Les Naufragés et les rescapés. Quarante ans après Auschwitz*, trad. A. Maugé, Paris, Gallimard, 1989.

– *Si c'est un homme*, trad. M. Schruoffeneger, Paris, Julliard, 1987.

Maier, Charles S., *The Unmasterable Past : History, Holocaust, and German National Identity*, Cambridge, MA., Harvard University Press, 2003.

Mankowitz, Zeev W., *Life Between Memory and Hope. The Survivors of the Holocaust in Occupied Germany*, New York, Cambridge University Press, 2002.

Marrus, Michael Robert, *The Holocaust in History*, New York, New American Library, 1989 ; *L'Holocauste dans l'histoire*, trad. Fr. Brodsky, Paris, Flammarion, 1994.

Marrus, Michael Robert, et Robert O. Paxton, *Vichy France and the Jews*, Stanford, Stanford University Press, 1995 ; *Vichy et les Juifs*, trad. M. Delmotte, Paris, Calmann-Lévy, 1981.

Mikhman, Dan, *Remembering the Holocaust in Germany, 1945-2000 : German Strategies and Jewish Responses*, New York, P. Lang, 2002.

Mitscherlich, Alexander et Margarete, *The Inability to Mourn : principles of Collective behaviour*, New York, Grove, 1984 ; *Le deuil impossible : les fondements du comportement collectif*, trad. L. Jospin, Paris, Payot, 2004.

Mitten, Richard, *The Politics of Anti-Semitic Prejudice : The Waldheim Phenomenon in Austria*, Boulder, Westview Press, 1992.

Moore, Bob, *Victims and Survivors. The Nazi Persecution of the Jews in the Netherlands, 1940-1945*, New York, Arnold, 1997.

Müller, Jan-Werner, *Memory and Power in Post-War Europe : Studies in the Presence of the Past*, Cambridge, Cambridge University Press, 2002.

Nora, Pierre, éd., *Les Lieux de mémoire*, 7 vol., Paris, Gallimard, 1984-1992.

Nossiter, Adam, *The Algeria Hotel : France, Memory, and the Second World War*, Boston, Houghton Mifflin, 2001.

Polonsky, Antony, *« My Brother's Keeper ? » Recent Polish Debates on the Holocaust*, New York, Routledge, 1990.

Presser, J., *Ashes in the Wind : The Destruction of Dutch Jewry*, Londres, Souvenir Press, 1968.

Rousso, Henry, *Le Syndrome de Vichy de 1944 à nos jours*, Paris, Seuil, 1987 et 1990.

Todorov, Tzvetan, *Mémoire du mal, tentation du bien. Enquête sur le siècle*, Paris, Robert Laffont, 2000.

Utgaard, Peter, *Remembering and Forgetting Nazism : Education, National Identity, and the Victim Myth in Postwar Austria*, New York, Berghahn Books, 2003.

Index

L'Europe aujourd'hui

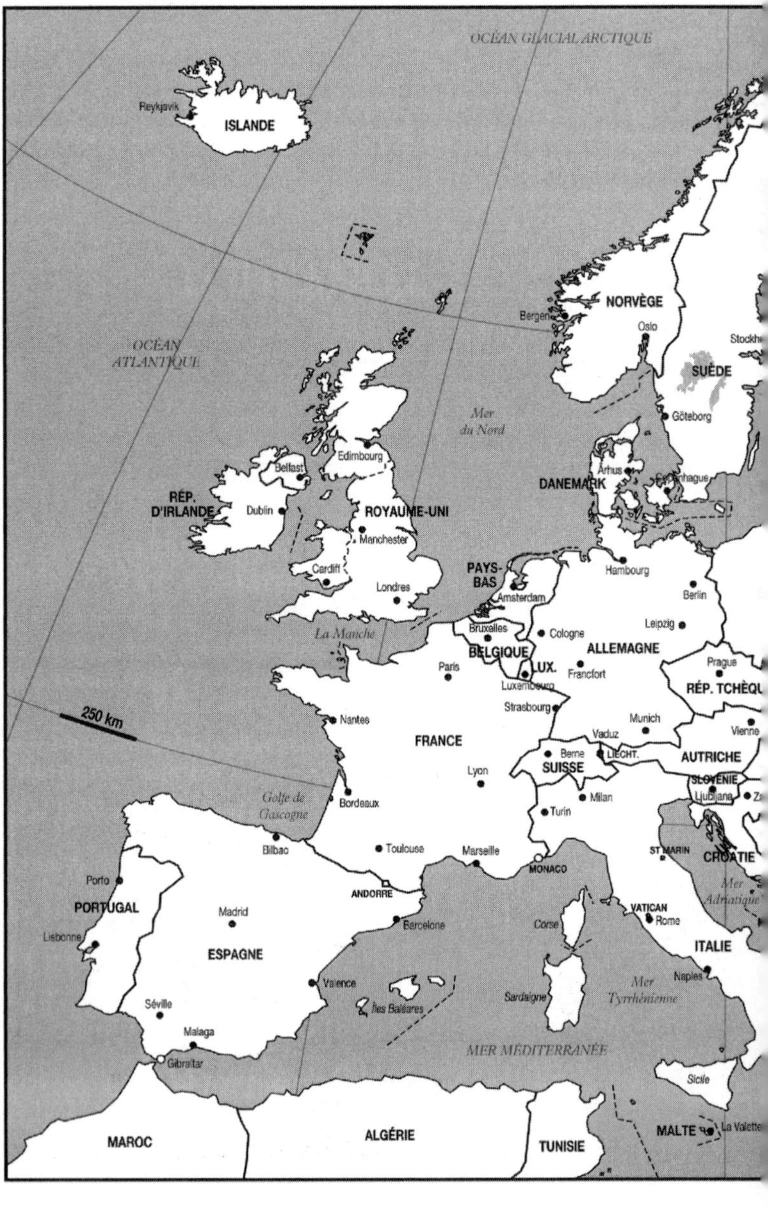

FINLANDE
Helsinki
St-Pétersbourg
Tallinn
ESTONIE
LETTONIE
Riga
LITUANIE
Vilnius
RUSSIE
Kaliningrad
BIÉLORUSSIE
Minsk
Varsovie
Cracovie
UKRAINE
Kiev
Kharkov
Dniepropetrovsk
Donetsk
Rostov-sur-le-Don
MOLDAVIE
Chisinau
Odessa
Sébastopol
ROUMANIE
Bucarest
Belgrade
SERBIE
BULGARIE
Sofia
Skopje
MACÉDOINE
Thessalonique
GRÈCE
Mer Égée
Athènes
Crète
Istanbul
Izmir
Ankara
TURQUIE
Mer Noire
Nicosie
CHYPRE
LIBAN
ISRAËL
SYRIE
IRAK
IRAN
GÉORGIE
Tbilissi
ARMÉNIE
Erevan
AZER.
AZERBAIDJAN
Bakou
Mer Caspienne
KAZAKHSTAN
Volgograd
Saratov
Samara
Moscou
Nijni-Novgorod
Kazan
Oufa
Perm
RUSSIE

Table des cartes

Tables des matières

Troisième partie

Récession : 1971-1989

Quatrième partie

Après la chute : 1989-2005

Pour l'éditeur, le principe est d'utiliser des papiers composés de fibres naturelles, renouvelables, recyclables et fabriquées à partir de bois issus de forêts qui adoptent un système d'aménagement durable.

En outre, l'éditeur attend de ses fournisseurs de papier qu'ils s'inscrivent dans une démarche de certification environnementale reconnue.

Achevé d'imprimer en janvier 2009 en Espagne,
par LIBERDÚPLEX (Barcelone)
HACHETTE LITTÉRATURES - 31 rue de Fleurus - 75006 PARIS
Collection n° 25 - Édition 01
Dépôt légal : avril 2009